1 MONTH OF
FREE
READING

at
www.ForgottenBooks.com

ISBN 978-0-428-75573-7
PIBN 11306292

"REGESTVM"

CLEMENTIS PAPAE V

EX VATICANIS ARCHETYPIS

SANCTISSIMI DOMINI NOSTRI

LEONIS XIII PONTIFICIS MAXIMI

IVSSV ET MVNIFICENTIA

NVNC PRIMVM EDITVM

CVRA ET STVDIO

MONACHORVM ORDINIS S. BENEDICTI

ANNO MDCCCLXXXIV

ROMAE

EX TYPOGRAPHIA VATICANA

MDCCCLXXXV

SS. DOMINO NOSTRO

LEONI PAPAE XIII

BEATISSIME PATER

Quae cogitata sapienter et provide a Te constituta sunt, ut historiae cultus Romae provehatur, ea partim laetos tulere fructus, partim spem faciunt uberioris bonorum copiae ad religionis decus et optimarum artium incrementum. Iam enim ex voluntate Tua explicata per litteras a. d. XV Kalendas Septembris datas anno superiore ad tres viros Eminentissimos DE-LVCA, PITRA, HERGENROETHER, patet volentibus aditus (caute occlusus antea) ad Pontificia Tabularia, unde nemo, cuius spectata sit fides et honestas, arcetur. Neque vero desunt plures qui vocibus Tui adhortantis, ut explorent monumenta vetustatis, impigre respondeant: idque eo libentius praestant, quod per leges a te latas de Vaticanis Tabulariis recte habendis, accedentibus curis viri Eminentissimi iisdem Praefecti, optime prospectum sit, ut qui ea celebrant, expedite et commode documenta perquirere possint et studia sua exercere. Ingens illa scriptorum voluminum vis, quae tandiu scientiae cupidos acuerat, belle prostat instructa, scite in ordinem digesta, indicibus descripta suis: nihil est quod inhonesto sordescat pulvere, nihil quod suae non aptetur sedi, nihil quod oculos manusque fugiat inquirentis. Quare docti viri qui hisce scientiae praeceptis utuntur, dum Decessorum Tuorum mirantur sollertiam, qua factum est ut ea pretiosa supellex per tot difficultates temporum et rerum discrimina ad nostram usque aetatem pervenerit, Tibi potissime se devinctos sentiunt, qui opes illas in commune bonum contulisti, et nullum curarum et munificentiae genus optimo Principe dignius existimasti, quam quod impenditur, ut solidà scientia floreat, et veritatem quaerentibus maiora quae possunt admoveantur lumina ac praebeantur subsidia.

At vero satis Tibi non fuit thesauros scientiae recludere, hortationes adhibere discendi cupidis, iisque manum tendere adiutricem: maius aliquid praestare voluisti. Probe nimium intellexeras, patefactis hisce fontibus historicae veritatis, illustria hinc posse hauriri argumenta, quibus invicte a malignis obtrectationibus plurium Praedecessorum Tuorum fama, et Romanae Ecclesiae vindicetur decus. Erat itaque gravitatis Tuae prudens inire consilium quo id perficeretur. Neminem autem prae Te decebat illorum temeritati obsistere, qui Romanorum Pontificum nomini turpes gaudent notas inurere, eosque gravibus criminationibus affectos in summam invidiam adducere. Alia ex parte iure Tibi persuasum erat, nihil in hisce Tabulariis latere, quod Decessorum Tuorum memoriae labem inferre posset; immo plura ex hinc eruenda fore quae magnos eorum animos rei christianae procurationi intentos, laudem apud posteros immortalem meruisse ostenderent. Certam demum spem Te fovere oportebat fore ut, sinceris antiquitatis monumentis in medium prolatis, vituperatorum maledicta obruerentur, neque amplius essent valitura ut deciperentur incauti: ea namque vis veritatis est ut, vix e suis educta latebris, sua luce niteat et intuentes alliciat. Quas ob res certis lectisque viris negotium dedisti ut, reseratis Tabularii scriniis, acta Decessorum Tuorum eruerent, et in apricum ederent. Quod apprime rationi congruit aetatis nostrae, qua gentes florent omni humanitate excultae, penes quas antiquitatis studia maxime exercentur, constitutis cultorum historiae patriae societatibus, Tabulariis excussis, codicibus e situ depromptis, traditisque passim voce docentium diplomaticae et palaeographicae artis praeceptis ac doctrinis. Id Tibi explorate perspectum esse, alio etiam indicio significasti, quum de Romanae Ecclesiae dignitate optime meritus, clericos praesertim ad illam studiorum rationem omni ope compelleres, ne sacerdotalis ordo in tam acri animorum contentione, iis qui eruditionis laudem sectantur, contemptui ac ludibrio sit.

Caeterum haud ambigimus quin incepta Tua ad Romani Pontificatus honorem tuendum feliciter cessura sint; illustria enim prostant exempla doctorum hominum etiam inter acatholicos, qui veri investigandi cupiditate ducti, Summorum quorumdam Pontificum res gestas perquirere, adeoque documenta accurate scrutari et expendere aggressi sunt. Ex horum studiis tanta facta est sententiarum mutatio, ut in quos maxima conflata fuerat invidia, Illi penes historiae cultores singularem gratiam inierint. In hoc numero cernimus viros sanctissimos Gregorium VII, Innocentium III, Bonifacium VIII, saepe ad haec usque tempora vituperatos, quasi principum iuribus et bono rei publicae infestos; qui nunc, convicio in laudem converso, velut iustitiae adsertores fortissimi suspiciuntur. Faustis itaque ominibus rem adortus pietate dignam et sapientia Tua, eo praecipuas convertisti curas ut Vaticana Regesta vulgarentur, quippe quae, prae caeteris, consilia referunt et cogitata Romanorum Pontificum, et animorum quasi imaginem verbis expressam exhibent legenti; ex his insuper plura manant in rem litterariam commoda et mirifice illustratur historia. Haec Regesta edenda nobis S. BENEDICTI alumnis demandasti, quibus nihil accidere potuit optabilius; praeclara enim oblata est occasio, ut possimus maiorum nostrorum in hisce studiis servare instituta et vestigia persequi. Quidquid operi nostro usui foret liberaliter decrevisti, sedulo prospiciens, ne qua nobis opportuna subsidia deessent. Potissimum autem inter ea subsidia ducimus, quod Eminentissimos Cardinales PITRA, HERGENROETHER, PECCI, BARTOLINI, PAROCCHI, quos Tuis hac in re consiliis elegisti administros, nobis adsignaveris patronos; qui nos doctrina monent, auctoritate erigunt, humanitate recreant. Verum magnitudine beneficii Tui, quod, altius quam quisque retur, in pectora nostra descendit, nos, licet alacres ad habendam gratiam, ad referendam omnino impares reddidisti. Faxit DEVS nos ita creditum obire munus, ne ex defectione virium aut nos operis suscepti pudeat, aut Te Tuae erga nos indulgentiae et fiduciae poeniteat. Studium certe dicto parendi Tuo nobis non defuit; eiusque pignus habeto primum Clementis Papae V Regesti volumen, quod Tibi venerabundi sistimus, ut maiestate nobilitatum nominis Tui in lucem prodeat, et auspiciis commendatum Tuis honestius excipiatur.

Demum vota fundentes, ut ea res Tibi, Pater Sanctissime, Beati Petri Sedi, rei litterariae universae ac nobis benevertat, abs Te petimus, ut nos pedibus provolutos Tuis Apostolica benedictione prosequi ne dedigneris.

SANCTITATIS TVAE·

Humillimi et Obsequentissimi in Christo Filii
ALOISIVS TOSTI Abbas Congr. Casinensis O. S. B., Abbatiae Montis Casini, Vice-Archivista S. Sedis.
GREGORIVS PALMIERI O. S. B., Abbatiae S. Paulli extra Vrbem, Custos Archivi Vaticani.
IOHANNES SARCANDER FRANCISCVS NAVRÀTIL O. S. B., Abbatiae Raigradiensis in Moravia.
CAROLVS ALOISIVS STASTNY O. S. B., Abbatiae Raigradiensis in Moravia.
ANSELMVS M. CAPLET O. S. B., Abbatiae Montis Casini.

PROLEGOMENA

PROLEGOMENA

CLEMENTIS PAPAE V Regestum in lucem edituri, operae pretium existimavimus de papalium Regestorum numero, partitione, forma, actis quibus ea constant, de variis discriminibus et casibus, quibus saeculorum lapsu fuerunt obnoxia, ac tandem de eorum integritate et authenticitate lectorem breviter admonere.

A *regerendo* Regestis nomen inditum; eaque conficientes *Regendarii* quandoque appellabantur: eoque sunt nomine vocata, quod epistolae et acta quaeque in seriem ordinatim in unum regererentur. Huiusmodi habemus, praeter papalia Regesta, Regestum *Farfense*, auctore Gregorio Catinensi, monasterii Farfensis alumno et monacho, *Sublacense*, et Abbatiae Casinensis, *Petri Diaconi, S. Angeli in Formis, Bernardi Abbatis* Regesta, et alia.

I. Quae autem Pontificum *Regesta* proprie vulgoque appellamus, ab eorum scriptoribus quandoque *Regestra* et etiam *Registra* (italice *Registri*), inclinatae latinitatis voce, nuncupata fuere, ut videre est in fronte plurium Regestorum cum antiquiorum tum recentiorum. Legimus enim, *Rotulus seu Regestrum litterarum, Regestrum Epistolarum Innocentii IV, Regestrum*, et aliquando etiam *Registrum domini Clementis Papae V, Leonis X*, et aliorum. Pius IV *Regestra* nominat in Brevi ad Cardinalem Amulium sub die 15 Iunii 1565 [1]. Patet enim huiusmodi scripturarum nomen derivatum ab iis, qui ex eorum officio *Registratores* appellabantur. Successu temporis factum est ut Pontificum monumentorum collectanea, indiscriminatim *Regesta* et *Regestra* inscriberentur. Regesta quidem a *regerendo*, quia sparsae scripturae in unum veluti locum vel codicem, aut etiam in plura continentia

---

[1] *Arch. Vat.* Arm. XLII, vol. 22, p. 397.

volumina regerebantur [1]. Et adeo indubium est Regestum notionem prae–
seferre collectanearum, ut ipse thesaurus fisci, inclinata latinitate, *Regestum*
diceretur [2]. Regestra autem seu Registra dicuntur a *registrando*, infimae
latinitatis vocabulo, quia Registratores Bullas, Brevia et huiusmodi, quorum
exemplaria ad quos spectabant mittebantur, exscribebant et in ordinem rege-
rebant, ut ea adeuntibus praesto essent [3].

Non est nobis mens ea persequi, quae ad ecclesiae romanae bibliothecam vel scrinium, retroactis praesertim temporibus, vel quae ad Regestorum antiquitatem aut originem pertinent, cum de illis tantum Regestis
quae ob oculos nostros versantur, loqui consilium sit. Non arduum quidem
esset ex ethnicorum scriptis, ex antiquis Conciliis, ex priscorum Pontificum
vitis, ex Hieronymi, Augustini, Gregorii Magni aliorumque plurimorum litteris, aut etiam novissimorum Scriptorum elucubrationibus, multa congerere
et in haec nostra derivare prolegomena, quae ad rem perbelle facerent. Ne
autem in eruditionis iactantiae notam incurramus, rem disputationibus et
controversiis refertam consulto missam facimus, eruditisque viris discu-
tiendam enucleandamque permittimus.

[1] Iso Magister in Glossis ait « *Regestum* vocatur liber continens memorias aliorum librorum
« et epistolas in unum collectas: et dicitur *Regestum*, quasi iterum gestum. » Apud Vopiscvm *in Probo*,
2. legimus «·Vsus sum etiam *Regestis* Scribarum porticus porphyreticae, actis etiam Senatus ac
« Populi. » Et in praefatione Codicis Theodosii Imperatoris « quae in *Regestis* diversorum officiorum
« relata sunt. » Idem pluries occurrit in Codice Iustiniani.

[2] Gregorivs Turonensis, hist. lib. 9, cap. 9. « Tanta in illius thesauris reperiunt, quanta nec
« in ipso aerarii publici *Regesto* poterant inveniri. » Et cap. 10 « Multitudo autem auri argentiae ac
« diversarum specierum in eius *Regestis* reperta est. »

[3] Apud eumdem Isonem legimus « Regestum, Iohannes Scotus *Registron* dicebat. » Et Ducange.
« Edicta Principum in Curiis supremis *Regestra* seu *Registra* dicimus. » Videsis Cviacivm lib. 15;
Petrvm Fabrvm ad leg. 92, *de regulis iuris*, et alios.

Qui vero Regesti nomen a rebus gestis derivare censent, haud bene coniiciunt; licet enim inter
Regesta et *res gestas* quaedam sit vocum consonantia, Regestorum tamen nomen a rebus gestis
etymologice derivare nulla suadet ratio. Apud Colvmellam, lib. 2, c. 3. Regestum, est acervus
terrae effossus. « Resolutaque humus quae erat autumno *regesta,* usque ad mediam sulcorum altitu-
« dinem reponitur ». Apud Ovidivm (*Met.* XI, 188) est terra in pristinum locum ingesta. «Indiciumque
« suae vocis, tellure regesta, Obruit, et scrobibus tacitus discedit opertis ». Qvintilianvs 2, 11 *sub
finem* « Ex diversis congesta oratio cohaerere non potest, similisque est commentariis puerorum in
« quos ea quae, aliis declamantibus, laudata sunt, *regerunt* ». Et licet verum sit, de quo nemo dubitat,
in Pontificum Regestis eorum res gestas aliquo sensu contineri, verissimum etiam fatendum est nullum
inter Regesta et res gestas etymologicum derivationis nexum intercedere. Idque luce clarius patet,
sive una sive altera, qua Regesti nomen constat, pars inspiciatur. Illud enim *re,* non est a voce *res,*
qua aliquid significatur, sed est mera vox duplicativa, quae innuitur renovatio seu duplicatio actionis
expressae per verbum quod afficit. Sic dicimus *referre, regerere, rescribere, revisere,* et alia id generis
quamplurima. Itaque *Regestum* significat scripturas denuo exaratas et in libros gestas, ingestas, illatas.

Gestum vero, quod altera pars nominis Regesti est, a verbo *gerere* derivare, liquido patet. Verbum
autem *gerere* duplicem habet significationem; alteram primitivam et propriam, alteram minus propriam
et derivatam. Iuxta priorem significationem, *gerere* idem est ac ferre, inferre, portare: iuxta posteriorem,
idem est ac agere aut facere, sed metaphorice; ut bellum, munus gerere, et huiusmodi. Regestum porro

Si Regesti nomen usurpare mens esset ad significanda collectanea quae‑
cumque in Vaticano asservata Archivo, ad Pontifices aliquatenus spectantia,
vel ex eorum‑duplici potestate manantia, plusquam tria millia discurrenda
nobis essent volumina. Quod si extra Vaticani Archivi septa oculos con‑
vertimus, plura eorum · millia cum spiritualium tum civilium negotiorum
occurrunt. Cum vero de Regestis tantum in Vaticano Archivo servatis loqui
propositum nobis sit, ea nunc enarranda aggredimur.

II. Regesta papalia, in Vaticano Tabulario recondita, 2440 recensentur,
quae in duas ·praecipuas discriminantur series. Prima complectitur Regesta
Vaticana proprie dicta, in aula eius media locata, a num. 1 ad 2038; altera

a verbo *gerere* manat, non iuxta hanc postremam et impropriam significationem, quasi res gestas
innuat, sed iuxta primam ac propriam, quia, ut diximus, scripturas in unum codicem ingestas aut
conlatas significat.

Item Regestum non a rebus gestis sed a scripturis regerendis derivare, ex eo etiam colligere licet,
quod saepe, sive in antiquioribus sive in recentioribus codicibus, pro *Regesto, regestrum* reperimus.
Iam vero si Regestum a rebus gestis dictum quis contendat, numquam quomodo in regestum illud
r irrepserit, poterit deprehendi. Iure autem in *Regestris* illud *r* locum obtinet, si Regestum a scri‑
pturis regerendis ortum dicamus; quia, dum regeruntur aut congeruntur, registrantur. Si vero Re‑
gestum esset a rebus ‘gestis, codices qui eas continent, non neutro genere Regesta, aut singulariter
Regestum, sed pluraliter *Resgestae* inscripti fuissent. Accedit quod praeclarorum virorum res gestae,
non Regestis, sed historiis annalibusque consignantur. Quis enim Taciti Annales, vel Livii Historias
populi romani res gestas referentes, *Regesti* nomine unquam inscripsit? Quod si rerum gestarum
narrationes Regesta dixerimus, tot erunt alicuius Regesta quot rerum ab eo gestarum narratores.
Exploratum est denique rerum gestarum nomine, non acta quaeque significari ordinaria et communia
vel spiritualis iurisdictionis quae, ut plurimum, in Regestis adnotantur, sed praeclara tantum et extra
communem ordinem, civilia praecipue et bellica, Cic. *de Oratore,* lib. I, cap. 1 et 2; Idem *de Of‑
ficiis,* I, 19. CAES. passim et SALL. Et sane, nemo adhuc censuit collationem alicuius beneficii, con‑
cessum privilegium, gratias et favores exhibitos etiam privatis ignotisque personis, et alia huiusmodi,
quibus Regesta maxima ex parte constant, quaeque a Pontificum ordinaria manant potestate, eorum
res gestas esse (*Imprese*). Immo bullas et epistolas, potiusquam Pontificum res gestas continere, illis
ad quos mittuntur, saepius veriusque rerum gerendarum normam esse dixerimus. Quod autem ad
monasteriorum attinet Regesta, quis umquam sanus sibi persuadeat, abbatum res gestas ab agrorum
domorumve permutationibus donationibusve in notariorum *rogitis* exquiri posse? Monasteriorum enim
et huiusmodi Regesta nil aliud nobis exhibent, quam contractus, donationes, venditiones, concessiones
vel confirmationes privilegiorum, nomina personarum et locorum et similia, quae historiae studiosis
et aliquatenus etiam philologiam colentibus, maximo sunt usui et adiumento; ex his tamen fontibus
rerum ab eis gestarum notitiam nemo hausit umquam.

Ex quibus omnibus consequitur Pontificum regesta in Archivo tantum romanae Curiae exsistere,
perpaucis exceptis in publicis vel etiam privatis bibliothecis servatis. Quod si a sententia discedimus
ab eruditis viris in lexicis unanimiter expressa, ut in sententiam concedamus eorum qui *Regesta* idem
ac *res gestas* esse aiunt, Pontificum Regesta ex unaquaque eorum bulla vel littera ut boletos pullulare
cernemus, et hac illac cursare et regeri, prout vel vendentium aviditas vel ementium exiget contentio.
Sin vero, ut demonstravimus, a *regerendo* Regestis fuit nomen, et Regestorum notio ea est quae
eruditis viris probatur, consequens est ea in Archivis tantum romanae Curiae exstare, ita ut si ea
destrui, quod Deus avertat, contingeret, Pontificum Regesta haberentur nullibi. Vt enim talia iure
censeri haberique valeant, non sufficit mera eorum transcriptio, sed illorum cum archetypo collatio a
persona ad id legitime deputata, eorumque in romana Curia custodia, ita ut si inde asportari illegitime
contingat, de eorum possit authenticitate dubium suboriri. Non diffitemur plures bullas vel litteras

Regesta pontificum Avenionensium num. 402 in aula inferiori servata, quibus adiecta sunt 80 circiter indicum volumina. Haec porro secundae seriei Regesta exhibent archetypa omnium fere Regestorum, quae postea in membranis conscripta et ad pontifices Avenionenses spectantia, in prima serie occurrunt. Quod vero membranacea Regesta, brevi temporis intervallo a *minutarum* sive archetyporum confectione, concinnata fuerint, et quidem in Provinciae finibus, clare perspicitur aliis missis, ex documento quod proferimus [1].

Avenionensia Regesta inter se forma non differunt; omnia exarata in charta bombycina, utpote *minutis* et archetypis concinnandis magis accommodata. Haec Avenione usque ad annum 1784 sedem habuerunt in antiquo Pontificum palatio, et tandem Romam translata, in loco a reliquis Vaticanis Regestis distincto reposita fuerunt [2]. Actorum autem et bullarum secundae seriei exemplaria in membranis Avenione confecta, et, post diuturnum quinquaginta circiter annorum schisma, Romam, identidem iubentibus Pontificibus, allata, una cum caeteris antiquioribus Regestis, post varios casus, anno 1611, iussu Paulli V, in sedem quam adhuc obtinent, delata sunt [3].

summorum Pontificum in pluribus Archivis et alibi authenticas exstare, quae in Vaticanis desiderantur Regestis, quia deperditae, aut neglectae, vel quia ab illis quorum intererat, earum non fuit quaesita transcriptio. Istae tamen respectu illarum in Vaticanis Regestis exstantium, paucae numerantur. Et quamvis istae illas aequarent numero, vel excederent, quamdiu sparsae et authenticitate destitutae, ex iis quae monuimus, iure *Regestorum* nomine honestari minime posse contendimus.

[1] *Arch. Aven.* Rat. Cam., vol 150, fol. 115.
Eodem die (22 mens. febr. 1336) pro rasura duodenarum pargamenorum in quibus pargamenis fuit scriptum registrum litterarum apostolicarum secretarum et aliarum anni primi pontificatus domini nostri pape (*Ben. XII*), per Magistrum Gasbertum de septem fontibus scriptorem domini nostri; et pro ligatura dicti registri, solvi dicto Magistro Gasberto LII sol. VI den. tur. grossorum.

[2] *Legazione di Avignone,* del FILOMARINO, 1784, vol. XIII, pag. 28. — Dalla Segreteria di Stato — All'Abb. Bondacca, Vditore.
. Vmiliatosi a N. S. il ragguaglio dell'attenzione usata dall'Abbate Bondacca Vditore di V. S. nella riordinazione di cotesto Archivio Apostolico, e nella formazione dell'Indice composto di tre grossi volumi già qui trasmessi e deposti nell'Archivio Vaticano, vuole S. S. che, a titolo di gratificazione, sieno pagati allo stesso abbate Bondacca Lire tremila da ritrarsi dalla Cassa Camerale, e che venga il medesimo altresì rimborsato di tutte e singole spese da Lui fatte nella gita a Marsiglia per assistere all'imbarco delle casse de' molti volumi di Bolle apostoliche inviate a Roma. Sarà quindi cura di V. S. di dar gli ordini opportuni, e corrispondenti a cotesto Tesoriere ad effetto che siano adempite pienamente le Pontificie determinazioni; ed attendendone il correlativo riscontro, resto augurandole copiosa prosperità.
Roma, 24 novembre 1784.
[3] *Arch. Vatic.*
Girolamo Scannardi Notaro di Camera apostolica, e Custode dell'Archivio di essa Camera.
Avendo noi deliberato che li sopradetti libri (*Pontificum Regesta*) essistenti al presente nell'Archivio di detta Camera si ponghino nell'Archivio novo ordinato da noi presso la Bibliotheca Vaticana, dove si custodiscono d'ordine nostro molti altri libri dell'istesse e simili materie che trattano li sopradetti, e quelli fare dell'istessa natura, legge e natura delli detti che hora vi stanno, et il tutto acciò più condecentemente si conservino. Per tanto in virtù della presente di nostro moto proprio ecc. vi ordi-

Alia etiam ratione discerni Regesta possunt; et quidem iuxta varia negotia singulis papalibus Registratoribus assignata, ut sunt litterae ad episcopos, ad principes vel nobiles viros, ad privatas personas, supplicationes ad Pontifices, acta papalis cum spiritualis tum civilis iurisdictionis et alia. Horum singulorum negotiorum acta in distinctas series distributa, proprie *Regesta litterarum, Regesta bullarum, Regesta supplicationum* etc. appellantur, eisque propria, in Archivo Vaticano, attributa est sedes. Cum autem Regesta, quae responsa, bullas vel epistolas Pontificum continent, ratione personae a qua emanant, et personarum ad quas mittuntur, et negotiorum, quae, ut plurimum, ad universam spectant Ecclesiam, caeteris Regestis omnino praestent, factum est ut, cum Regesta simpliciter dicimus, haec postrema designentur.

Mittimus plures alias Regestorum divisiones quas, subtiliori potius quam utiliori ratione, petere quis posset a chartae, characterum vel temporum varietate. Hoc unum monuisse sufficiat, generatim loquendo, membranam tantum adhibitam fuisse in Regestis usque ad Innocentium VI; quae vero inter eum et Clementem VII antipapam intercedunt, alia in charta bombycina, quae primum apparet in Clementis V *minutarum* fragmentis, alia in membranis sunt conscripta. A num. autem 301 Regestorum (Clementis VII antipapae ann. XII) ad ultimum, num. 2019 signatum, (Sixti V) omnia in charta bombycina sunt exarata, eamdemque habent formam quam Avenionensia, cum primum Avenione mos invaluerit in huiusmodi charta et sub eadem forma papales litteras scribendi. Iampridem in temporalibus negotiis ad Romanam curiam pertinentibus, bombycinam chartam in usu fuisse constat ex libris Collectorum decimarum et *spoliorum*, et ex Nicolai III

niamo facciate la consegna d'essi libri a Balthassare Ansidei Custode della detta Bibliotheca Vaticana, con l'assistenza del Rmo Card. Cesi et Hortensio de Rossi Commissario della nostra Camera, et con pigliarne da esso Balthassare una o più quietanze come a voi parerà, etiam per mano di Notaro, poichè noi di simil moto proprio decretiamo che vi siano fatti buoni dalli Ministri et officiali di detta Camera, et mai per alcun tempo da detti ministri o qualsivoglia altra persona per simil consegna fatta, possiate esser molestato. Et perchè per la vostra Custodia di detti libri che si consegneranno, et altri che resteranno in detto Archivio, vi fu consegnata dalla santa memoria di Clemente VIII nostro Predecessore et confirmata da Noi la provisione di dieci scudi d'oro in oro il mese, volendo noi provedere alla vostra indennità, vogliamo et ordiniamo che la detta provisione vi' resti nè vi possi, per causa d'esser levati li sopradetti libri, in conto alcuno, nè sotto qualsivoglia pretesto, levare nè sminuire, poichè tale è mente nostra, non ostante qualsivoglia cosa in contrario, et in particolare la costituzione di Pio IV nostro Predecessore *de registrandis;* alle quali tutte havendo li loro tenori con le derogatorie de derogatorie qui per espressi et inserti per questa volta sola e a questo effetto, espressamente deroghiamo.

Dal nostro Palazzo Apostolico, li 20 Dic. 1611.

(*Di mano del Papa*)

PAVLVS PAPA V.

Regestum Clementis Papae V.

libro *Introitus et Exitus* anni 1279 [1] italico sermone conscripto. Sed, haec tetigisse, satis.

III. Pontificum Regesta in Vaticano Archivo asservata, a Pontificatu Innocentii III initium sumunt, perpaucis tantum anteriorum Pontificum actis in membranis separatis superstitibus, saeculo X non antiquioribus. Inter haec adnumerare libet parvae molis librum saeculi circiter XII [2], qui iure Regesti nomine gaudet, siquidem *praecepta* continet, ut tunc temporis appellabantur, litteras vel privilegia, ad Tiburtinam ecclesiam spectantia. Publici hunc iuris nuper fecit [3] Aloisivs Brvzza Sodalis Barnabites, anno superiore, reipublicae litterariae damno, e vivis ereptus. Verum quidem est duo priora primae seriei volumina exiguum referre numerum litterarum Iohannis VIII et Gregorii VII. At notandum, ea neque authentica neque in papali curia regesta fuisse; quod, cum ex notula in fronte Regesti Iohannis VIII, quam mox proferemus, tum patet ex forma scripturae amborum codicum, in Beneventano Ducatu et praesertim in tabulario Casinensi usitatae. Litterarum autem forma in primo codice adhibita, (*beneventana* appellata), aliquamdiu fuit in more romanae Curiae; quae postea ab Alexandro III ad initium Pontificatus Clementis V nobis praebet in Bullis et Regestis *monachalis* scholae (ut nonnulli [4] appellandam censent, quia a monachis scriptoribus propagata et in Italia praecipue recepta) romanam litteram (cuius forma a modernis [5] *angularis* nuncupatur), postea in *gallicanam* (sic enim in quodam librorum inventario, circa id tempus concinnato, appellatur), Avenione immutatam; quod facile deprehenditur in Clementis V Regestis (paucis exceptis italica manu descriptis), et in omnibus avenionensibus archetypis, quae secundam Regestorum supradictam seriem vel divisionem constituunt. Aliis postea characterum formis, ab extincto schismate ad Sixtum V, levibus identidem et sensim mutationibus irrepentibus, Regestorum scriptores sunt usi.

Et sane mirari iure nemo potest, a monachis, qui antiquae sapientiae voluminibus exscribendis impigras sollertesque admoverunt manus, ex quibus tantus ad nos usque dimanavit thesaurus, altam quodammodo et traditam scripturae formam fuisse. Quam cum callerent optime, illi praesertim quibus conscribendorum codicum munus erat commissum, factum est plurimos ex iis ad pontificalium Regestorum conscriptionem fuisse accitos. Inter plura quae afferre possemus, huius rei testimonium nobis suppeditat Reg. 32 (Clementis IV) fol. 135 *a* « Frater Guillelmus monachus ordinis cisterciensis

---

[1] *Arch. Avenion.* Ration. Camer. Vol. 1.
[2] *Arch. Castri S. Angeli,* Arm. XIII. 5, 1.
[3] *Studi e Documenti di Storia e Diritto.* Roma, Tipogr. della Pace, 1880-81.
[4] Wattenbach, *Anleitung,* ecc. *Gothisch, oder Mönchschrift;* pag. 33.
[5] Predelli, *Sulla Storia della Scrittura.* Venezia 1881.

« de Moris incepit scribere feria III post pascha istum librum ». In Reg. 22 (Innocentii IV) fol. 112*b*, legimus « Martinus (mon.) de Stans complevit « librum istum ».

In Iohannis VIII Regesti primo folio haec legitur notula. « Liber fra-« trum Casinensium assignatus per Berardum Canonicum basilice principis « apostolorum domino pape »; a qua monemur eum in monasterio Casinensi conscriptum fuisse. Alterum vero eorum codicum, (cuius, Regestum num. 3 signatum, est exemplar saeculo XVI confectum), acta quaedam com-·plectens Gregorii VII, ex eodem monasterio fuisse delatum, gravis est suspicio; siquidem scripturae forma eadem est, qua memorati monasterii scriptores utebantur. Hoc tamen in comperto est, monachis in more fuisse ea Pontificum acta exscribere et servare, quae vel magis monasterio essent usui et propriis rebus inservirent, vel aliquam communis utilitatis vel negotii speciem praeseferrent. Ea propter ambo hi codices non omnes Iohannis VIII et Gregorii VII referunt litteras, sed tantummodo earum delectum, monasterio vel scriptoris ingenio accommodatum.

Quonam autem tempore hi codices ex Casinensi in Vaticanam bibliothecam migraverint, nobis certo non constat. Nonnulli coniecturis, nimium quam par est, indulgentes, putarunt hos codices Leoni X a Casinensibus monachis dono datos, probe noscentes consuetudinem quae, illos inter et Cardinalem Iohannem de Medicis, postea Leonem X, intercesserat. In Vaticano Archivo praeclarum exstat documentum, eruditis viris forte adhuc incompertum, circa Iohannis Medices votum monasticum habitum induendi in monasterio Casinensi, cum annum vix attigisset undecimum [1].

---

[1] *Reg.* 691 (Innoc. VIII), fol. 17. — Innocentius etc. venerab. fratribus Archiepiscopo florentino et episcopo fesulano, salutem etc.

Cupientibus vitam ducere regularem apostolicum decet adesse presidium ut eorum pium propositum possint ad laudem divini nominis adimplere. Cum itaque, sicut accepimus, dilectus filius magister Iohannes Laurentii de Medicis clericus florentinus notarius noster cupiat in monasterio Casinensi ord. S. Ben. nullius dioc. romane eccl. immediate subiecto, una cum dilectis filiis illius conventu (*sic*), sub regulari habitu, virtutum domino famulari; Nos ipsum Ioh. in huiusmodi suo laudabili proposito confovere volentes, ipsumque Ioh. a quibuscumque excommunicationis, suspensionis et interdicti aliisque ecclesiasticis sententiis, censuris et penis a iure vel ab homine, quavis occasione vel causa latis, si quibus quomodolibet innodatus existat, ad effectum presentium dumtaxat consequendum, harum serie absolvendum et absolutum fore censentes, motu proprio, non ad ipsius Iohannis vel alterius Ioh. a nobis super hoc oblate petitionis instantiam, sed de nostra mera liberalitate fraternitati vestre per apostolica scripta, motu simili, mandamus, quatenus vos vel alter vestrum eundem Iohannem, si sit idoneus et aliud Canonice non obsistat, in eodem monasterio in monachum, auctoritate nostra, recipiatis, et in fratrem, sibique regularem habitum iuxta ipsius monasterii consuetudinem exhibeatis seu recipi et exhiberi faciatis, eumque ibidem sincera in domino caritate tractari, et nihilominus professionem regularem per ipsius monasterii monachos emitti solitam, ab eodem Iohanne, si illam in vestris manibus sponte emittere voluerit, dicta auctoritate recipiatis et admittatis. Contradictores etc.

Datum Rome apud S. Petrum, 1486 pridie idus Martii, anno tertio.

Eum, monachum reapse fuisse et Sancto Benedicto vota nuncupasse non
constat: immo contrarium videtur, cum, biennio post, ab eodem Innocentio
ad Cardinalatus honorem vocatus fuerit, ea tamen conditione, ut, non nisi
post annos tres in theologicis studiis emensos, illa dignitate frueretur. Eum
postea monasterium Casinense adiisse, et eiusdem monasterii Abbatis Com-
mendatarii dignitate fulsisse, extra aleam est positum; quam dignitatem
abdicavit, ubi ad summi Pontificatus fastigium evectus fuit: quod se prae-
stiturum antea, ut fama fert, promiserat, si aliquando Petri Sedem con-
scenderet. Nec levi haec eis videbatur donationis coniectura fundamento
niti, cum aequum esset credere, monachos in pristinum ius restitutos, nil
sibi dignius Leonive acceptius praestare potuisse, quam ea Pontificum
Regesta, quorum nec exemplar nec vestigium in Vaticana bibliotheca super-
erat. Praeterea in ipso Vaticano Archivo documenta habemus in Arm. LXII
voll. 46, 47, 48, 49, quae monachorum Casinensium singularis in Sedem
apostolicam devotionis insigne praeseferunt. In istis quippe quamplurimae
exhibentur Concilii Tridentini Patribus lectiones variae ex Casinensis Coe-
nobii Mss. Bibliis latinis et hebraicis, ita fideliter et accurate expressae,
ut voluntatem magis et studium libenter offerentium, quam alicuius obligationis liberationem demonstrent. Videsis apud Maium [1] seriem plurimorum
nunc in Vaticana bibliotheca codicum, qui a monachis Casinensibus ultro
oblati Pontificibus per vices fuere. At donationis supradictae assertores
latebant cum notula supra memorata, ex cuius scripturae forma manifeste
evincitur codicem inter vaticana Regesta iam a saeculo XIV connume-
ratum fuisse, tum inventarium [2] omnium papalium Regestorum, Avenione

[1] *Spicileg. rom.*
[2] *Arch. Aven.* vol. 468, fol. 284 *b.* (*num. ant. CIV b*)
Inventarium librorum, Registrorum, litterarum apostolicarum diversorum dominorum Summorum
Pontificum existencium (*sic*) Camera subtus studium domini nostri pape in qua consuevit se indui (*sic*)
quando intrabat Consistorium.
Et primo fuerunt ibidem reperti decem et novem libri papirei, continentes rubricas litterarum
domini Iohannis pape XXII suo tempore factarum, quorum aliqui sunt postibus sine pelle, et alii
pergameno sine postibus cooperti.
Item quadraginta sex volumina papirea, cooperta postibus sine pelle, que continent Regestra Litterarum predictarum domini Iohannis pape predicti.
Item septem quaterni papirei, cooperti pergameno continentes Rubricas litterarum domini Benedicti pape XII suo tempore fattarum. (*sic*)
Item octo libri papirei, cooperti pergameno, continentes Regestra litterarum prefati domini Benedicti pape.
Item duodecim libri papirei, cooperti pergameno, continentes Rubricas litterarum domini Clementis
pape Quinti tempore suo fattarum.
Item quadraginta unum volumina papirea, cooperta postibus sine pelle continentia Regestra litterarum dicti domini Clementis.
Item decem libri papirei, cooperti pergameno continentes Rubricas litterarum domini Innocentii
pape VI.

·in *thesauraria* pontificia servatorum anno 1369, inter quae Iohannis VIII Regestum recensetur. Re quidem vera, gallico notario qui inventarium con-fecit, forte, ·huic conscribendo regesto adhibitam characterum formam, quae Alpes numquam transiliit, non callenti, satis fuit volumen indicare verbis a Berardo mutuatis; scribit enim « Item quidam liber de pergameno coo-« pertus ;corio Albo, intitulatus in primo folio; *Liber fratrum Casinensium* « *assignatus per Berardum Canonicum basilice principis apostolorum, do-* « *mino nostro papé* ». De Gregorii VII Regesto in illo inventario nulla fit mentio; sed valde probabiliter a primo dissociatum numquam fuit; nec censere licet hoc sub sequentibus verbis delitescere « item alius liber de ·« pergamena, et de mala littera et illegibili » cum, e contra, Gregorii VII ·Regestum inter perantiquos et optimae scripturae formae codices merito ·accenseatur.

Item decem et novem volumina papirea, cooperta postibus sine pelle, continentia Regestra litte-rarum prefati domini Innocentii pape VI.

Item quadraginta sextem (*sic*) libri in pergameno scripti, cooperti pergameno continentes Re-gestra litterarum domini Iohannis pape XXII.

Item trigintaquatuor libri papirei, cooperti postibus sine pelle, continentes ·Regestra et rubricas litterarum patentium et clausarum, terras ecclesie Romane tangentium, de tempore dicti domini Iohannis pape XXII.

Item quidam liber de pergameno, coopertus corio rubeo, continens processus et sententias habitos contra omnes nomen Vicariatus sedis apostolice in ytalia sine licentia assumentes, qui incipit in secundo folio *nominum* et finit in penultimo folio *quat.* de tempore prefati domini Iohannis pape XXII.

Item quidam quaternus in·pergameno scriptus, continens constitutiones dicti domini Iohannis pape factas super taxatione litterarum apostolicarum Regestri, et notariorum ac abreviatorum qui incipit in secundo folio *quod* et finit in penultimo folio *eis.*

Item decem et novem libri de pergameno, continentes Regestra litterarum domini Benedicti pape XII, quorum septem sunt postibus et corio rubeo et alii pergameno cooperti.

Item sexaginta unum libri, in pergameno scripti cooperti aliqui postibus et corio, alii pergameno, continentes litteras domini Clementis pape VI.

Item viginti libri de pergameno, quorum aliqui sunt postibus et corio et alii pergameno cooperti continentes litteras domini Innocentii pape VI.

Item octo quaterni de pergameno, dissuti continentes Regestrum litterarum secretarum dicti domini Innocentii VI.

Item duodecim libri de pergameno tam parvi quam magni, quorum aliqui sunt pergameno et alii corio cooperti, continentes Regestra litterarum domini Innocentii pape tertii.

Item decem libri de pergameno tam parvi quam magni, cooperti pergameno, continentes Regestra litterarum domini Innocentii pape quarti.

Item novem libri tam parvi quam magni, cooperti pergameno, continentes Regestra domini Bo-nifacii pape VIII.

Item decem libri de pergameno, quorum unum postibus sine pelle et alii sunt pergameno coo-perti continentes Regestra litterarum domini Gregorii pape IX.

Item duo libri de pergameno, cooperti pergameno, continentes Regestra litterarum domini Gre-gorii pape X.

Item quinque libri de pergameno, continentes Regestra litterarum domini Honorii pape tertii.

Item quatuor libri de pergameno, litterarum domini Honorii pape quarti Regestra continentes.

Item septem libri de pergameno, Regestra litterarum domini Alexandri pape quarti continentes, et unum volumen modicum papireum.

IV. Cur autem Pontificum acta ante Innocentium III desiderentur, antiquitatis studiosos adhuc latet, cum nulla sint monumenta, quae de eorum vel conditione vel iactura eos certiores faciant. Procul dubio Pontificalis Vrbis commotiones, illa aetate, frequentes et subitae, procax libertas quae Italiae civitates miscebat, Antipaparum, Germanorum praesertim Imperatorum iniuria, electiones extortae, utriusque partis conatus Laterani potiundi, a quo papalis auctoritas in universum extenditur orbem, Romanorum Pontificum hac illac peregrinationes, ut propriae consulerent incolumitati, caussae fuerunt vel occasiones direptionis et dispersionis plurium Regestorum sive actorum Pontificalium ante Gregorium VII. Neminem quoque latet quam aerumnosa Guiscardi fuerit Romae victoria; quippe qui a Laterano ad Coliseum omnia igne et ferro vastaverit. Huc accedit quod eorum nullum fere uspiam testimonium aut mentio occurrat, licet id in Pontificum Scriptorumve

Item quatuor libri de pergameno, continentes Regestra litterarum domini Nicolai pape tertii.

Item quinque libri de pergameno, continentes Regestra litterarum domini Nicolai pape quarti.

Item tres libri, de pergameno, continentes Regestra litterarum domini Vrbani pape quarti.

Item magnus liber continens Regestra domini Benedicti pape XI.

Item alius liber coopertus postibus sine pelle continens Regestrum litterarum domini Iohannis pape XXI.

Item alius liber de pergameno, continens Regestrum litterarum domini Innocentii pape quarti.

Item duo libri de pergameno, cooperti postibus sine pelle continentes Regestrum domini Clementis pape quarti.

Item parvus liber de pergameno, qui intitulatur desuper articuli erronei Armeniorum ultimo ordinati.

Item duo quaterni de pergameno, continentes constitutiones super ordinatione fratrum minorum fattas. (*sic*)

Item tres quaterni de pergameno, continentes quasdam litteras domini Clementis pape VI.

Item quidam liber papireus, copertus corio rubeo continens tabulam quarumdam Epistolarum.

Item duo libri de pergameno, continentes Regestra domini Martini pape IIII.

Item in quadam capsa sapinea sine sera, fuerunt reperti novem magni libri de pergameno, quorum quatuor sunt corio viridi et alii corio rubeo cooperti continentes Regestra litterarum domini Iohannis pape XXII.

Item quatuor magni libri de pergameno, quorum duo sunt corio viridi et alii duo corio rubeo cooperti, continentes Regestra litterarum domini Vrbani pape quinti.

Item quatuor libri papirei, continentes Rubricas diversarum litterarum summorum Pontificum.

Item Breviarium magnum notatum, coopertum corio albo quod incipit in secundo folio *post. kal. ut* (?), et finit in penultimo folio *cum.*

Item quidam liber coopertus postibus sine pelle, qui dicitur Margarita per versus incompletus, qui incipit in secundo folio *tores,* et finit in penultimo folio in fine versus *rathias.*

Item parvus liber continens Epistolam ysidori pape, coopertus corio albo, qui incipit in secundo folio *axysi* et finit in penultimo folio *Verita.*

Item alius liber intitulatus desuper decretum abreviatum qui incipit in secundo folio *IX probat,* et finit in penultimo folio *actiones.*

Item duo quaterni de pergameno, continentes Regestra quarumdam litterarum apostolicarum.

Item in quadam alia Capsa sapinea cum sera, reperti fuerunt novem quaterni de pergameno dissuti continentes copiam diversarum litterarum.

Item quidam magnus liber de pergameno, sine coopertura continens processus super facto fratris Petri de corbario Antipape factas.

litteris, post Gregorium VII, peropportunum accidisset. A Guiscardo ad In-nocentium III, centum circiter annos, si non continenti, subcesiva saltem, Roma gavisa est pace: et nihilo secius, nullum, ut diximus, ante Inno-centium III exstat in Archivo Regestorum vestigium. Sciendum tamen nonnullos' antiquos Scriptores, quae desiderantur, commemorare Regesta. Ex. gr.; Petrus Diaconus Casinensis in suo libro *De Viris illustribus* asserit Leonem Cardinalem, cum monachum Casinensem ageret, Regesti Vrbani II auctorem fuisse; et Gelasium II ex Caietanorum familia, et monachum Casi-nensem, eodem modo Pasquali II ab epistolis fuisse. Honorius III plura post Gregorium VII, papalia Regesta ad suam usque aetatem commemorat, quod etiam in Gregorii IX litteris interdum occurrit.

In epistola 126, Regesti 9' Honorius III, *A. Priorissae et Sororibus Monacorum S. Iacobi de Monte Mauro*, scribit: « Nos igitur quibusdam

Item quidam liber de pergameno sine coopertura, continens Regestrum litterarum domini Inno-centii pape.

Item quidam liber de pergameno coopertus corio albo intitulatus in primo folio liber fratrum Cassinensium assignatus per Berardum canonicum basilice principis apostolorum domino nostro pape.

Item alius liber de pergameno, et de mala littera et illegibili, coopertus corio sine postibus intitulatus in primo folio, hic est liber sancte Marie Nove.

Item in eadem camera fuit reperta una cathedra de sapineo subtus cordata, cum Cussino fustaneo et vivo panno de serico, auro vetato et operato in longo.

Item alia Cathedra fustea Pontificalis cum IIII capitibus leonum in parte superiori.

Que omnia et singula prout in presenti cartulario videlicet in CVI foliis precedentibus, isto incluso, scripta et designata sunt prefatus Reverendus pater et dominus dominus G. Magalonensis Episcopus domini nostri pape Thesaurarius, se habuisse et recepisse a prefato domino Cardinali Ierosolimitano re-cognovit, una cum quodam magno Instrumento in quatuor pellibus pergameni conglutinatis composito atque facto manu magistri Andree Fabri notario auctoritate Apostolica et Imperiali, continente in se diversas obligationes factas per nonnullos homines ac Vniversitatem Comitatus Venayssini, scilicet de arnesiis sive Artilheria ipsis Vniversitatibus traditis per supradictum dominum Cardinalem, pro defen-sione comitatus eiusdem, quod Instrumentum factum est sub anno a nativitate Domini MCCCLXVIII Indictione VI die IIII mensis martii et incipit in tertia linea *Pho,* et finit in eadem *Guillelmo;* et incipit in penultima linea *ducandum,* et finit in eadem *condomino.*

Item et quodam parvo Instrumento scripto et recepto manu magistri Iohannis portanerii notarii, etiam sub anno predicto die XIII mensis novembris, quod incipit in secunda linea *anno* et finit in penultima linea *singnavi.* Continente quomodo Reverendus in Christo pater dominus Robertus Episcopus Senecensis Vicarius Episcopatus Mimatensis pro domino nostro papa, habuit a dicto domino Cardinali de consensu prefati domini Thesaurarii dominorum Mauritii de Barda et Guillelmo Atrebatensis cle-ricorum Camere apostolice. Videlicet unam mitram cum smaltis de lontono et crosam argenti estimatam ad C. florenos auri.

Acta et recitata sunt hec Avinione in predicto palacio apostolico in magno deambulatorio supra audientiam, presentibus venerabilibus et religiosis viris dominis Reverendo Iordani Precentore Nemau-sensi et Vicario Magalonensi et Berengario de Salvio priore Ecclesie Beate Marie de Tabulis montis populi, ac magistris Bernardo Pellicerii de Cavallione et Rodulpho Noyron auctoritate apostolica et Imperiali notariis, Meque Iohanne Surrelli clerico Senonensis Diocesis publico, auctoritate predicta apo-stolica et Imperiali, notario qui hec scripsi — Anno a nativitate Domini MCCCLXIX, IIII die mensis Maii indictione VII, pontificatus sanctissimi in Christo patris et domini nostri domini Vrbani pape V, anno VII.

« litteris felicis memoriae Alexandri pape predecessoris nostri diligenter in-
« spectis, in quibus etc. ». In ep. 476; *Abbati et fratribus S. Mariae de*
« *Vrano Camaldulensis ordinis;* « In Regesto noni anni felicis memorie
« Alexandri pape III predecessoris nostri sic perspeximus contineri, » etc.
In ep. 796, *Roderico Archiepiscopo et Capitulo Toletano.* « Supplicasti
« nobis, frater Archiepiscope, ut, cum in Regestis Romanorum Pontificum
« quedam contineantur munimenta ecclesie Toletane, illa conscribi et tradi tibi
« sub bulle nostre munimine faceremus, ne, Regestis ipsis perditis casu fortuito,
« aut vetustate consumptis, ius ipsius ecclesie contingat cum pereuntibus de-
« perire. Nos igitur tue sollicitudinis providentiam commendantes, presentium
« significatione, testamur quod in Regestis felicis recordationis Vrbani pape
« secundi predecessoris nostri scriptum est de bone memorie Bernardo To-
« letano Archiepiscopo in hec verba. Hoc tempore, Toletanus Archiepiscopus
« Bernardus Romam ad dominum papam Vrbanum veniens etc. ».

Eidem ep. 797; .... quod in Regestis felicis recordationis Adriani quarti,
Anastasii quarti et Alexandri III Romanorum pontificum predecessorum
nostrorum continentur littere, etc.

Eidem ep. 798; .... quod in Regestis felicis recordationis Pascalis
secundi predecessoris nostri continentur littere in hec verba. *Bernardo Toletano primati et episcopis qui legionensi concilio interfuerunt.* Magnam in
Burgensi ecclesia perturbationem evenisse cognovimus etc.

Eidem ep. 799; .... quod in Regestis felicis recordationis Gelasii secundi et Lucii secundi Romanorum Pontificum predecessorum nostrorum,
continentur littere, etc.

Eidem Archiepiscopo eadem petenti, Honorii III ep. 796 exemplar mittit
Gregorius IX ep. 201, (Reg. 19).

Non praetereundum tamen, Innocentium III, qui *audax homo fuit et magni
cordis*, ut verbis utamur Fr. Salimbene in eius *chronica* [1], ad quaeque grandia
natum, nova pontificiam Cancellariam disciplina instruxisse, novasque condi-
disse leges per quas Regestorum tutelae prospiceretur et incolumitati. Nec in-
verosimile est, eis in Vaticano excipiendis, novam statuisse sedem, Praedecessorum actis in Lateranensi Patriarchio et alibi relictis: quod etiam coniicere
licet ex Eugenii IV epistola ad Rosellum, XII kal. iul. 1441; «... libros ... ad
« sanctam romanam ecclesiam spectantes, a fel. rec. praedecessoribus nostris
« quibusdam romanis pontificibus ab alma urbe roma et Archivis celeberrima-
« rum *lateranensis* et *s. Petri* ecclesiarum ad partes Avenionenses aliaque loca

[1] Haec edidit Petrus Fiaccadori, Parmae anno 1857, pluribus mendis et lacunis scatentia ex
Codice Bibliothecae Vaticanae sign. n. 7260: pro verbis supra memoratis, editor parmensis posuit,
homo generosus fuit et mag..... dis.

« olim fuisse portatos ». Et, nostra adhuc aetate, in Lateranensis Basilicae Archivo plura summorum Pontificum Regesta asservantur. Compertum est equidem anno 1307 illam incendio absumptam; et in continenti Patriarchio, si qua adhuc servabantur Regesta, non abs re est coniicere aliqua ex eis tunc incensa vel direpta fuisse. Sunt etiam qui Regestorum iacturae Asisinates insimulant. Tradunt enim historiae scriptores [1] eos, specie belli adversus Perusinos gerundi, (1320) violenter papalem diripuisse thesaurum qui in conventu S. Francisci Asisii custodiebatur, in quo aliquorum etiam Cardinalium pecuniae sepositae fuerant [2]; cumque antiquiora Regesta eo custodienda, Perusio anno 1309 missa fuissent [3], censent ea fere omnia communi direptione fuisse dispersa. Consulto autem *fere* omnia dicunt, nam quae Innocentium III (1198–1216) praecedunt, tantummodo desiderantur. Haec Regestorum direptionis coniectura non sublesto videtur niti fundamento, cum noverimus aliquos libros bibliothecae conventus Asisinatis, cui scripturae et Regesta erant concredita, nuper repertos fuisse contectos fragmentis quibusdam *minutarum* Regesti Innocentii IV, in quibus scripta sunt capitula accusationum contra Fridericum II in Concilio lugdunensi. Ex quo non modo certum eruitur argumentum Regesta olim Asisii asservata fuisse, sed probabile etiam, eorum aliqua ibi fuisse vel absumpta vel dispersa, cum ipsius Innocentii III acta annorum X, XI, et XII in desiderio eruditis viris usque adhuc fuerint, licet ea, antiquitatis investigator diligentissimus BALVZIVS, in lucem ediderit. Die enim quarta ianuarii anni mox incoepti, nobilis vir Comes de ASHBVRNHAM unus ex Angliae primoribus, in suae erga romanam ecclesiam devotionis pignus, eius Pontificis Regestum archetypum, memoratorum annorum actus referens, iampridem a sua distractum sede, munificentia regali magis quam privata, Leoni XIII laetissimus obtulit. Sicque factum est ut romana ecclesia denuo unius ex illustrioribus suis Pontificibus Regesti non exiguam partem, in Vaticano deponendam Archivo, reciperet ab eo quem, non multos ante annos, pia Mater in sinum suum laetanter exceperat. Accedit quod in publica bibliotheca Perusii Asisio finitimi, iam inde a saeculi huius initio, servatur codex signatus E. 50, sex constans *quaternis*, in unum, ex duobus voluminibus, compactus. Duo prima quaterna delectum continent litterarum et negotiorum quae intercesserunt inter Gregorium IX et Fridericum II ecclesiae romanae et populi christiani iura conculcantem, et Italiae ac Alamanniae, hac super re, civitates; medium eorum desideratur; quatuor reliqua formulas continent litterarum papalium pro diversis negotiis

[1] VILLANI, lib. 9. c. 102, et alii passim.
[2] *Arch. Vatic. Instrum. miscell.* et *Arch. perus. Act. Decemvir.* In appendice aliqua super hoc facinore, duce Mutio, patrato, subnectimus documenta. Vide num. I.
[3] Reg. 57, (*Clem. V*) f. 277 *b*.

Regestum Clementis Papae I.   d

a Magistro Ricardo de Pofis accommodatas, et ex eis duo saltem quaterna desunt. Novissima huius codicis verba haec sunt ; *Explicit summa
Magistri Ricardi de Pofis, cuius anima requiescat in loco dei, anno
domini millesimo trecentesimo secundo, indictione XV mense Maii, pontificatus domini Bonifatii pape anno octavo.*

Vtriusque codicis aetas eadem est, nempe saec. XIII, scriptor autem
non idem. Quonam tempore et quomodo hunc codicem perusina bibliotheca adepta fuerit, fama fert illum ex Asisinate S. Francisci Conventu ab
aliquo extractum, ab alio postea emptum, tandem hoc saeculo ineunte in
eam receptum fuisse. Huiusmodi codices seu regesta sunt etiam in Tabulario Vaticano; litteras enim quae aliquod insolitum vel grave referrent
negotium, solebant romanae curiae scriptores ex comuni seu magno Regesto excerpere, et in aliud regerere et conflare. Non tantum memoratus
codex qui nunc Perusii, et, Bonifacii VIII pontificatu, in papali Archivo
certo extabat, sed alii plures ibi adhuc supersunt, huiusmodi negotiis excipiendis, conscripti. Vt Caelestini V, Bonifacii VIII aliorumque mittamus,
Reg. 62 quamplurimas litteras et varia continet quae ad Tartaros et orien-
talem spectant ecclesiam, collecta ex plurium Pontificum litteris, Ioh. XXII,
Ben. XII, et Clem. VI. Reg. 519 (Pii II) multa complectitur quae ad *Crucia-
tam* pertinent. In Reg. 697 (Sixti IV) varia legimus, acta cum nonnullis
principibus, apud quos, legationis munere, papales missi vel nuncii sunt functi.

Caeterum haec, ex parte saltem, Regestorum dispersio aliunde et lucu-
lento probari posse videtur testimonio. Iohannes XXII plures epistolas ad
varias personas misit ut bona Asisii direpta recuperaret [1], quorum Inventarium nobis non tantum pretiosa exhibet res mobiles, verum etiam plurimos
libros, praecipue liturgicos; Benedictus XII, in epistola [2] die 22 oct. 1336

---

[1] *Arch. Vat.* Instrum. miscell. 13 Oct. 1327. Inventarium damus in *Appendice*. Vide num. II.
[2] Reg. 131, *(Bened. XII)*, epist. 306.
Ven. Fr. Bertrando Archiep. Ebred. Apost. Sed. Nuntio.
Fraternitatis tuae acceptis noviter litteris......... Postmodum autem ordinata responsione huiusmodi, supervenerunt alie tue littere nobis presentate cum certis scripturis per tuam solertem diligentiam
in Thesauro ecclesie Romane, qui Assisii conservatur, repertis, quas quidem litteras et scripturas
leta manu recepimus tuam predictam diligentiam multipliciter in domino commendantes. Verum intel-
lecta scripturarum ipsarum serie, si originalia litterarum quarum tenores scripture ipse continent nobis
absque periculo possent mitti, nobis placibile redderetur. Rursus illa que de incauta etiam indecenti
custodia Thesauri predicti, maxime sanctarum Reliquiarum ac ornamentorum, paramentorum, privilegiorum, Registrorum et aliorum multorum predicte ultime littere seriosius exprimebant, anxia nobis
sunt merito et molesta et idcirco, ad futura pericula precavenda, volumus ut iuxta tuum consilium
in tuis litteris predictis descriptum quod sanum et utile reputamus, per te vel aliquem aut aliquos
viros fideles et idoneos quos ad hoc provideris deputandos, reiectis multis cofinis nullius valoris
vacuis et qui possunt faciliter vacuari, in ceteris cofinis bonis et fortibus que, ut tua continet inscriptio
sunt ibidem, vel ut hiis et archis habendis ac clavibus firmatis idoneis in uno cofino aut Vchia vel
archa predicte Reliquie honeste ac fideliter recondantur. In aliis vero cofinis aut uchiis vel archis

ad Bertrandum Archiepiscopum Ebredunensem, verba facit de Regestorum incauta custodia, eique mandat ut in « cophinis *bonis et fortibus* recondantur « ad se secure transmittenda absque tumultu ac scandalo et multorum « scientia ». In alia epistola die 20 nov. 1338 [1], ad Magistrum Iohannem de Amelio, quamquam non loquatur aperte de libris vel scripturis, queritur « quod quidam iniquitatis filii et perditionis alumpni de thesauro ecclesie « romane qui conservatur Assisii, nonnulla bona tam pretiosa quam alia

privilegia, littere apostolice ac Regum et principum et instrumenta iurium predicte Romane ecclesie que per diversa loca periculose ibidem dispersa dicuntur existere, factis de omnibus et singulis Inventariis, fideli adhibita diligentia, collocentur. In ceteris autem Regestra summorum Pontificum predecessorum nostrorum ordine suo, necnon et libri de iuribus et redditibus Terrarum et provinciarum eiusdem ecclesie, factis de libris huiusmodi transumptis seu copiis, Rectoribus et Thesaurariis Terrarum et Provinciarum ipsarum, sicut oportunum extiterit, situentur. Item in aliis paramenta et ornamenta altarium.... Prefati quoque cofini seu Vchie vel arche, cum omnia predicta in eis reposita fuerint, ut est dictum, claudantur et firmentur cum clavibus antedictis, ac in locis tutis et idoneis collocentur, confectis scripturis in singulis eorundem succinte continentibus, ac sigillatim et distincte quitquid erit repositum in eisdem, quarum quidem scripturarum copie nobis cum predictis Inventariis fideliter transmittantur, que quidem omnia perficere studeas diligenter. Porro placeret nobis admodum et nichilominus expediens crederemus sit, absque tumultu ac scandalo et multorum scientia, secure tamen, Reliquie, privilegia et Regestra necnon Mape paramenta et ornamenta usui idonea per diversas vices nobis per te, ac si res tuas transmitteres, possent mitti; super quibus quid agendum iuxta conditionem illius patrie tibi videbitur, attente consideres et rescribas.

Datum Avinione XI kal. nov., anno secundo.

[1] Reg. 133, (*Bened. XII*), ep. 422.

Dilecto fil. Mag. Ioh. de Amelio Archidiacono foroiuliensi· Camere nostre clerico.

Perlatum est ad nostri apostolatus auditum quod quidam iniquitatis filii et perditionis alumpni tam familiares seu propinqui dil. fil. Mag. Raymundi de poioliis Archid. petragoric. ducatus Spol. Rectoris, quam alii, eodem vero ignorante Rectore, de Thesauro ecclesie romane qui conservatur Asisii nonnulla bona tam pretiosa quam alia extrahere temerariis et sacrilegis ausibus presumpserunt, ea secum asportandocon, tractando et retinendo nequiter et furtive, aliaque circa dictum Thesaurum commiserunt detestanda et dampnanda, que in magnum eiusdem ecclesie noscuntur detrimentum et preiudicium redundare. Nolentes igitur talia pertransire conniventibus oculis, nec intendentes incorrecta relinquere, si veritas relatibus suffragetur, discretioni tue de qua fiduciam in domino gerimus specialem per apostolica scripta committimus et mandamus quatenus ad Civitatem Assisinatem et partes illas, de quibus tibi videbitur, te conferre procurans, de premissis omnibus et singulis et ea quomodolibet contingentibus seu dependentibus ex eisdem simpliciter et de plano sine strepitu et figura iudicii, vocatis illis de quibus expedire videris, solerti adhibita diligentia, veritatem inquirens, eaque que de Thesauro predicto, tempore Rectoris predicti sic extracta, occupata, sublata et asportata repereris cum integritate facias in eodem restitui et reponi, eos qui de predictis culpabiles reperti fuerint, prout debitum iusticie suaserit et excessus seu delicti qualitas cuiuslibet exegerit, corrigendo et taliter puniendo, quod pena ipsorum ceteris transeat in exemplum. Contradictores quoque quoslibet et rebelles per censuram ecclesiasticam, appellatione postposita compescendo. Nonobstante constitutione fel. rec. Iohannis pape XXII praedecessoris nostri que incipit. *Cum Matheus* [1] et aliis contrariis quibuslibet a sede apostolica editis per quas tue iurisdictionis executio posset in hac parte impediri quomodolibet vel differri, seu si aliquibus communiter vel divisim ab eadem sit sede iudultum quod interdici, suspendi vel excommunicari non possint per litteras apostolicas non facientes plenam et expressam, ac de verbo ad/ verbum de indulto huiusmodi mentionem. Volumus autem quod de hiis que circa premissa quomodolibet feceris, nos plenarie reddere studeas certiores.

[1] Vide in *Appendice* num. III.

« extrahere, temerariis et sacrilegis ausibus presumpserint, ea secum aspor-
« tando, contractando et retinendo nequiter et furtive, aliaque circa dictum
« thesaurum commiserint detestanda et dampnanda, que in magnum eius-
« dem ecclesie noscuntur detrimentum et preiudicium redundare ».

V. Quae ab Innocentio III supersunt Regesta, non semper stabilem et
tranquillam habuere sedem, temporum iniquitate exagitata, et, s. Sedis iuribus tuendis, hinc inde asportata. Eorum translatio prima videtur contigisse
tempore Concilii anno 1245 Lugduni celebrati, quo plures secum invexit
Innocentius IV scripturas et diplomata ex Archivo papali, ut Friderici II
usurpationibus obsisteret, et Romanae ecclesiae iura, sarta tectaque servaret.
Harum autem scripturarum, apographa plura confici tunc iussit Innocentius,
quae rite a Concilii Patribus probata et sancta, 40 obsignata sigillis, in nullo
sanctiori tutiorive servari posse arbitratus est loco, quam in Cluniacensi monasterio, in quo ea ipsemet reposuit. Ex sigillorum numero deprehendimus
quot in hoc negotio Patres adlecti fuerint, eorumque nomina, cum aliunde
non innotescat quinam huic adfuerint Concilio. Id ea mente fieri iussit Innocentius ut, si quando archetypa Romam deferenda, direptioni subiicerentur,
eorum saltem apographa superessent. Raynaldum ea gesta memorantem latuit
locus in quo apographa illa deposita fuerunt. Martene [1] publici iuris fecit argumenta horum omnium diplomatum, quae monachi Congregationis S. Mauri [2]
anno 1745, quingentis post annis ab illorum confectione et repositione, Bocquillot vidisse et ad manus habuisse testantur. Haec omnia ecclesiae romanae
privilegia et huiusmodi tot circumvallata praesidiis, et in memorato monasterio
tam caute et fidenter recondita, iamdiu in communi naufragio periere: archetypa
vero et apographa quibus timebat Innocentius in propria adhuc exstant sede [3].

Quamquam ea sit muneris nostri ratio praecipua, de Regestis verba
facere, nihil tamen nobis praetereundum ducimus quod ad ipsa, aliquo modo,

---

[1] *Scriptt. vett. coll.* II, 1225.

[2] Le Pape Innocent IV ne jeta point les yeux sur d'autres Archives que celles du Monastère
de Cluni, pour y déposer les doubles des titres les plus importants de l'Église romaine. M. Bocquillot
rendant compte à un ami des observations qu'il avoit faites dans un voyage, raporte qu'entré dans
le chartier de Cluni, il vit des cofres fort, pleins d'anciens titres et de chartes. L'on m'en ouvrit un,
ajoute-t-il, qui contenoit tous les titres de l'Église de Rome. Ce ne sont que des copies de ces titres,
qu'Innocent III ou IV fit faire au Concile de Lion en présence des Évêques qui y étoient et dont
les sceaux sont au bas de chaque titre pour les rendre plus authentiques. Ce Pape demanda que
ces copies fussent gardées dans l'Abbaye de Cluni, pour y avoir recours au cas que les originaux
vinssent à être pillés et enlevés de Rome. « Les démêlés d'Innocent IV avec l'empereur Frédéric II
lui faisoient aparament craindre pour ces titres quelque accident semblable a celui qui était arrivé
aux Archives de Philippe Auguste. Les plus anciens diplômes renouvellés par ce Pape ne remontoient
pas au delà des Othons: tant l'injure des tems en avoit fait périr. Mais sans nous arêter à ces réflé-
xions, concluons qu'une distinction si glorieuse pour les Archives Monastiques les dédomage bien du
mépris de quelques critiques modernes. » *Nouveau Traité de diplomatique*, I, 111.

[3] *Arch. Castri S. Angeli.* Arm. I, 10.

coniiciendo, spectare posse videatur. Benedictus siquidem XI [1], in eos ani-
madvertit qui Anagniae, tempore captivitatis Bonifacii .VIII, papalem diri-
puerunt thesaurum [2]: nec a veritate aberant qui putabant aliqua saltem ex romanae ecclesiae scripturis et Regestis in illa tunc fuisse commotione deperdita. Legimus enim in margine fol. 63 *b* Regesti 32, (Clementis IV);
Regestum istud fuit ablatum de Camera domini Bonifacii pape VIII
tempore captionis sue, et restitutum domino B. Boiardi cum diminutione
ista; sub qua diminutione venit pars epistolae XXVIII ad Carolum Siciliae
regem, cui eiusdem Regni investitura conceditur et eius haeredibus, et integra epistola XXVIIII ad regem Franciae, qua ei indulgetur ut a nemine,
cuiuscumque sit dignitatis, possit excommunicari. Ex quo etiam videtur,

---

[1] Reg. 51, (*Bened. XI*), ep. 879.

Benedictus episcopus servus servorum dei, universis christi fidelibus presentes litteras inspecturis salutem et apostolicam benedictionem.

Nuper Anagnie dum ibi fel. rec. Bonifatius papa VIII predecessor noster cum Romana Curia resideret, nonnulli iniquitatis filii, primogeniti Satane et perditionis alumpni, in eundem predecessorem temerariis, immo sceleratis, summum audentes nefas, iniectis manibus effrenis, et cece cupidinis ardore succensi, ad ecclesie Romane thesaurum et alia bona ad ipsum et dictam ecclesiam ac tunc fratres eius et nunc nostros, aliasque personas diebus ipsis apud sedem apostolicam constitutos pertinentia, perversum converterunt animum et insatiabiles oculos iniecerunt, diripendo (*sic*) multa de thesauro et bonis predictis, ea nequiter asportando. In Vrbe etiam et aliqua parte Campanie, tempore tempestatis illius et potestatis tenebrarum hora, contra aliquos de dictis fratribus in eorum bonis idem extitit per alios perpetratum. De bonis insuper que dictus predecessor, cum proxime in eadem Vrbe ma-
neret, *in sua habebat camera*, apud aliquos sive subtracta sive alio modo fore in magna quantitate et non in modica summa dicuntur. Quidam vero sub colore quod sic perdiderant, propterea multa de ipso Thesauro et bonis ad alios spectantia, voragini cupiditatis immersi, receperunt avare, et recepta, eis quorum sunt, restituere differunt impudenter. Nos igitur Thesauri et aliorum bonorum pre-
dictorum recuperationem solerti studio intendentes, apostolica omnes et singulos penes quos aliqua de Thesauro vel aliis bonis predictis existunt, ut ea nobis aut Camerario nostro, sive dictis nostris fratribus et personis aliis ad quos pertinuerint, seu diocesanis locorum vel alicui de penitentiariis nostris aut prioribus predicatorum vel Guardianis Minorum fratrum ordinum, consistentium in suis Civitatibus vel Diocesibus infra dies octo, postquam huius monitio ad notitiam eorum pervenerit, cum integritate restituant, omnesque ac singulos scientes ubi vel penes quos existant aliqua ex eisdem, quod ea, infra eundem terminum, nobis aut ipsi Camerario seu predictis nostris fratribus et personis quorum fuerint vel predictis diocesanis seu alicui ex eisdem penitentiariis aut ipsis prioribus seu Guardianis revelent, djctos quoque diocesanos, penitentiarios, Priores et Guardianos, quod omnia que ipsi de Thesauro et bonis predictis restituta aut revelata fuerint, assignent, revelent et insinuent fideliter nobis aut prefato Camerario seu personis ipsis ad quos pertinuerint, infra totidem dierum numerum post restitutionem et revelationem huiusmodi eis factas, auctoritate monemus, Alioquin exnunc in omnes cuiuscumque dignitatis fuerint aut status, auctoritate predicta excommunicationis sententiam promulgamus et mandamus per eosdem diocesanos et Rectores etiam parochialium ecclesiarum Civitatum et diocesium earundem singulis diebus dominicis et festivis, pulsatis campanis et candelis ex-tinctis, publice nuntiari, ad alia nihilominus processuri prout protervia exegerit eorumdem, nobisque videbitur opportunum. Vt autem in hoc nemo per ignorantiam valeat excusari, volumus et districte mandamus ut singuli locorum diocesani ad quos presentes pervenerint, eas in suis Civitatibus et diocesibus coram Clero et populo solemniter studeant publicare.

Datum Laterani, VIII Idus Novembris, Pontificatus nostri anno primo.

[2] Vide in *Appendice* num. IV.

nisi aliunde constaret, colligi posse,. Romanos Pontifices antecessorum suorum Regesta secum deferre cunsuevisse, ut negotiis, de quibus erat agendum, melius consultum foret; Regesta siquidem et praeteritorum fidem firmant, et futurorum normam praebent.

VI. Sed dispersioni Regestorum et scripturarum papalium, ex parte saltem, occasionem praebuit Petri cathedrae in Provinciam translatio. Clemens V ad se Carpentoractum Regesta tantum Bonifacii VIII et Benedicti XI Perusio afferri iussit, ut coniicere licet ex testimonio codicis 467, fol. 4 et 36 Archivi Avenionensis. Cum enim ibi in pontificio palatio, post Clementis mortem, adessent Cardinales congregati, praeceperunt Raymundo Fabri thesaurario defuncti pontificis, ut thesaurum veterem et novum Arnaldo de Auxio traderet; quare in inventario mense maio confecto, recensentur Regesta Bonifacii VIII et Benedicti XI [1].

---

[1] *Arch. Aven.* vol. 467, f. 3. In nomine Domini amen. Anno domini millesimo trecentesimo quartodecimo die vigesima septima mensis Maii per obitum felicis recordationis domini Clementis pape V, apostolica sede vacante, Reverendi in Christo patres, domini Arnaldus Episcopus Albanensis, sedis apostolice predicte Camerarius, et Neapoleo sancti Adriani diaconi Cardinales, fecerunt evocari ad se venerabiles et discretos viros dominum Bernardum Boyardi auditorem contradictarum et dominum Petrum Spoletanum Electum, et Magistrum Petrum de Verdala Auditorem Camere ad portam Palatii sive Turris Conclavis in quo sacrum Collegium dominorum Cardinalium sancte romane ecclesie residet, quibus comparentibus coram eis, prefatus dominus Neapoleo, presentibus domino Iohanne viterbiensi electo, Odone de Sermineto, et Iohanne de Regio eiusdem sedis Camere clericis, legit quandam cedulam continentis talis. Placet Collegio sancte romane ecclesie Cardinalium et singulis de Collegio quod tam thesaurus ecclesie antiquus quam novus non consignatus videatur diligentius, ponderetur et describatur etc. . . . . in palatio episcopali carpentoratensi presentibus camere clericis supradictis ac presentibus fratre Iohanne Rigaudi, fratre Iohanne de Podio, fratre Iohanne de Mora, Iohanne Arzbico (*sic*) et fratre Galterio de Corvilla penitentiariis, receperunt nomine Collegii a venerabili viro domine Raymundo Fabri archidiacono Tullensi, olim prefati domini Clementis thesaurario. . . . . , , . .
. . . .
novem Regestra domini Bonifatii pp. VIII, unum Regestrum domini Benedicti pp. undecimi, et X Regesta domini Clementis pp. quinti.
    Item unum librum censualem.
    Item duos libellos de regula Templi.
    Item undecim tam libellos quam quaternos de diversis materiis et formis.
    Predicta Regestra libelli et quaterni positi sunt in tribus cofinis signatis per ✠
    Item multas litteras sigillatas sigillis pendentibus negotia quondam Imperatoris Henrici Ferrariensia, Regum Francie, Aragonie, Vngarie et Sicilie.
    Item specialiter assignavit quatuor litteras cum bulla aurea, et VI litteras cum sigillis pendentibus quondam Henrici Imperatoris, super arduis negotiis Ecclesiam Romanam tangentibus, confectis in sui coronatione, iuramenti prestatione, et ecclesie libertatibus.
    (*In margine*); *De tempore domini Clementis.*
    Item duas litteras bullatas, dicti domini Clementis super coronatione Imperatoris, super ipsius coronatione et procuratione Cardinalium qui iverunt pro eo, ac etiam tres litteras sigillatas sigillis Episcopi Basiliensis et Iohannis de Molans.
    Item assignavit duas litteras qualiter Cardinales receperunt iuramentum ab eo.
    Item unam litteram bullatam, tria instrumenta, et quasdam litteras clausas.

Cum autem Pontificum Regesta, quamdiu Perusii essent, ob discordias grassantes non tuto consistere loco existimaret, veterum direptionum memor Clemens V [1], litteris die 15 Martii 1309 datis Gregorio de Placentia (qui post duos annos denuo de mandato eiusdem Pontificis ad Commune Pe-

Predicte littere sunt in una techa, posite in cofino signato per hoc signum ⅹ

Item assignavit decem litteras bullatas bullis aureis Regis Roberti, super diversis confectas, et duas litteras bullatas bulla domini Clementis pape quinti.

Item duas litteras sigillatas sigillis Regum Caroli et Roberti.

Item unam litteram aurea bulla bullatam Regis Aragonie, super recognitione Regni Sardinie.

Item unum papireum tartarorum.

Item littere Regum Caroli et Roberti.

Predicte littere sunt in duabus cassulis posite in cofino signato superiori proximo.

Item quedam fragmenta argenti cristalli, et linguarum ponderis I libre et II untiarum argenti.

Item unum cofinellum parvum in quo sunt multe littere Regis Francie super facto Templariorum, et est repositus in eodem cofino.

Item unam cassullam cum litteris multis tangentibus Venetos, et factum ferrarie.

Item aliam cassulam, cum multis litteris tangentibus factum domini Bonifatii.

Predicta posita sunt in cofino signato per hoc signum †

Item unam malam magnam plenam multis scripturis, litteris et libris computorum et rationum decimarum, et aliorum negotiorum portatam de Perusio . . . .

[1] Reg. 57, (*Clem. V*), f. 277 b.

Dilectis filiis Magistris Gregorio de Placentia Archipresbitero ecclesie de Monte silice cappellano nostro, Vitali de Cabanaco clerico paduano et Burdegalensis dioc. ac Guillermo de Lua servienti nostro. De vestre circumspectionis industria et fidelitate probata plenam fiduciam obtinentes, discretioni vestre mandamus quatenus ad civitatem Perusinam personaliter accedentes, vos vel duo vestrum a dilectis filiis Magistris Iacobo de Casalibus Decano Sancti Severini Burdegalensis et Petro de Eugubio canonico Laudunensis ecclesiarum Camere nostre clerico. Thesaurum nostrum sive in aurea, sive in argentea pecuniis aut auri vel argenti massis aut vasis sive anulis lapidibus pretiosis ac sericis scarletis aut lineis et tappetis seu quibuscumque aliis pannis et rebus consistant custodie ipsorum commissum, petere et recipere et ad Cameram nostram una cum altero predictorum Magistrorum Iacobi et Petri deferre fideliter studeatis. Nos enim petendi et recipiendi a dictis Magistris Iacobo et Petro quibus super hoc per alias nostras litteras scribimus, Thesaurum eundem ipsosque, de hiis que receperitis ab eisdem, quitandi plenarie et etiam absolvendi, liberam vobis seu duobus vestrum, tenore presentium, concedimus potestatem.

Datum Avenione Idibus Martii anno quinto.

Reg. 57, (*Clem. V*), f. 278 a.

Dilectis filiis Magistris Iacobo de Casalibus Decano S. Severini Burdegalensis, et Petro de Eugubio Camere nostre clerico Laudunensis ecclesiarum. Cum nos dilectos filios Magistros Gregorium de Placentia Archipresbiterum ecclesie de Montesilice cappellanum nostrum et Vitalem de Cabanaco clericum Paduanum et Burdegalensis diocesis ac Guillermum de Lua servientem nostrum latores presentium Perusium receptoros a vobis Thesaurum nostrum sive in aurea sive in argentea pecuniis, sive in auri vel argenti massis seu vasis aut anulis lapidibus pretiosis ac sericis, scarletis aut lineis et tappetis seu quibuscumque aliis pannis et rebus consistant custodie vestre commissum et ad Cameram nostram una cum altero vestrum delaturos specialiter destinemus, volumus et per apostolica scripta discretioni vestre mandamus quatenus predictum Thesaurum Capellano, Vitali et Guillelmo prefatis aut duobus eorum nostro et ecclesie Romane nomine assignare curetis. Nos enim eisdem Capellano, Vitali et Guillelmo aut duobus ipsorum vos de huiusmodi Thesauro quem eis duxeritis assignandum postquam eis assignatus extiterit, plene quitandi et etiam absolvendi liberam per alias nostras litteras vobis presentandas concedimus facultatem. Volumus insuper quod alter vestrum qui cum nunciis et Thesauro predictis non venerit, tran-

rusinum nuncius occûrrit) capellano suo [1], mandavit ut registra, scripturas et alia huiusmodi una cum rebus *modici valoris* in pontificio thesauro ibi servatis, (quae omnia magistri Iacobi de Casalibus decani Sancti
Severini burdegalensis dioecesis, et Petri de Eugubio canonici laudunensis,
camerae papae clerici custodiae commissa fuerant), ex illa Vrbe in conventum S. Francisci Asisii deferri curaret, sicuti superiori saeculo Innocentius IV in monasterio Cluniacensi, ut supra monuimus, Romanae Ecclesiae diplomata authentica reposuerat, exemplum secutus Honorii IV,
qui, ante annos circiter triginta, Asisii reponi iusserat « iocalia seu bona

sumpta omnium privilegiorum, instrumentorum, munimentorum et *Registrorum in libris de Pergameno
scriptorum* que custoditis cum Thesauro predicto, fieri faciat illaque nobis quam citius facta extiterint
studeat destinare, quodque originalia dictorum privilegiorum, instrumentorum, munimentorum et *Regestrorum* ac res illas modici valoris quas in Thesauro conservatis eodem, queve vobis et dictis nuntiis
non videbuntur portande, in domo fratrum ordinis minorum beati Francisci de Asisio in aliquo tuto
loco deponere studeatis, ad quorum custodiam ille ex vobis duobus qui cum Thesauro predicto ut
premicitur non venerit, remaneat quousque a nobis super hoc aliud receperit in mandatis. Volumus
autem quod assignatione huiusmodi duo publica instrumenta vestris munita sigillis harum seriem
continentia in quibus distincte per singula omnia que capellano, clerico et servienti prefatis vel duobus
eorum assignanda duxeritis, et alias quidquid deposueritis in premissis et feceritis exprimantur, confici
faciatis, quorum, uno penes vos retento, reliquum nobis per eosdem capellanum, clericum et servientem aut duos ipsorum destinare curetis.
    Datum Avin., Id. Martii, anno IV.
    Reg. 57, (*Clem. V*), f. 278 *b*.
    In eodem modo scribitur venerabilibus fratribus universis Archiepiscopis et episcopis ac dilectis
filiis electis Abbatibus, Prioribus, Decanis, Prepositis, Archidiaconis, Archipresbiteris, Plebanis et aliis
ecclesiarum Prelatis et eorum vices gerentibus, et aliis personis ecclesiasticis Religiosis et secularibus
exemptis et non exemptis, Cistercensium, Cluniacensium, Cartusiensium, Premonstratensium, sanctorum
Benedicti et Augustini et aliorum ordinum necnon sancti Iohannis Ierosolimitani domorum beate Marie
Theotonicorum et Calatravensium Magistris et Preceptoribus, necnon Principibus, Ducibus, Marchionibus Comitibus et Baronibus ceterisque nobilibus, Potestatibus quoque, Capitaneis seu Rectoribus
Ballivis, Scabinis, Consiliis, Populis et Vniversitatibus Civitatum, Castrorum et aliorum quorumcumque
locorum, et aliis universis ad quos littere iste pervenerint, salut. etc. Cum nos dilectos filios Magistros
Gregorium de Placentia Archipresbiterum ecclesie de Montesilice Capellanum nostrum, Vitalem de
Cabanaco clericum Paduanum et Burdegalensis diocesis, et Guillermum de Lua Servientem nostrum
latores psesentium ad Civitatem Perusinam certas res de Thesauro nostro quem per dilectos filios Magistros Iacobum de Casalibus Decanum sancti Severini Burdegalensis et Petrum de Eugubio Canonicum
Laudunensem ecclesiarum Camere nostre clericum ibidem facimus custodiri ad eandem Cameram una
cum altero Magistrorum Iacobi et Petri predictorum delaturos specialiter destinemus. Universitatem
vestram rogamus et hortamur attentius, vobis nihilominus per apostolica scripta mandantes quatenus
eisdem capellano clerico et servienti in eundo necnon et eis ac alteri predictorum Magistrorum Iacobi
et Petri quem una cum eis cum rebus venire contigerit supradictis, pro nostra et apostolice sedis
reverentia morando et reddeundo (*sic*) seu veniendo de securo conducto cum illud a vobis duxerint
postulandum, liberaliter providere curetis. Ita quod ipsi cum ad nos reddierint (*sic*) de vobis grata
conferre valeant, nosque proinde sinceritatem vestram commendare merito valeamus.
    Datum Avinione, Idus Martii, anno quinto.
    [1] Hunc Gregorium ab anno 1306 Papae capellanum, de praebenda vacante vel vacatura in ecclesia
paduana providendum curaverat Clemens, 14 Aug. 1306. Reg. 53, fol. 28 *b*, ep. 72. « *ne diu inane
canonici nomen gerat.* »

« . . . per baiulos Regnì Siciliae pro censu ipsius Regni s. Sedi obligata »
quae paullo post Nicolaus IV ad suam praesentiàm afferri voluit [1]. De
pretiosioribus autem Pontificii thesauri rebus Avenionem deferendis, actus
decemvirales perusini Archivi documentum nobis exhibent quod àd ap-
pendicem amandamus. Quod circa Regesta et scripturas Perusii asservata
iussit Clemens, non abs re est coniicere eum idem iussisse circa illa quàe
Romae essent, cum eadem, nedum maiora, ibi imminerent pericula. Fallitur
ergo Panvinius, ut recte advertit Caietanus Marinius, in suo libello cui ti-

[1] *Arch. Castri S. Ángeli.* Arm. III, 2, 63. 64.

Nicolaus episcopus Servus servorum Dei.

Dilectis filiis.. Ministro et.. Custodi ac Conventui fratrum minorum Sancti Francisci de Asisio,
salut. et ap. ben. Cum iocalia sive bona que dudum dilecti filii nostri Benedicti, Sancti Nicolai in
carcere Tulliano, Diaconi et bone mem. Ancheri tit. S. Praxedis, ac Gervasii tit. S. Martini in Montibus Presbiterorum Card. consignata sigillis in loco vestro deposita confidenter, et que postmodum nobis
per Baiulos Regni Sicilie pro censu ipsius Regni obligata fuerunt, ad nostram presentiam afferri velimus, ac propter hoc dilectos filios Rizardum de Ferentino capellanum et fratres Huguicionem ac
Iacobum de Pocapalea cubicularios nostros latores presentium, ad vos specialiter destinemus, universitati vestre per apostolica scripta in virtute obedientie districte precipiendo mandamus, quatinus
capellano et cubiculariis presentibus supradictis, cofinos in quibus iocalia seu bona memorata consistunt, quamtocius aperire ac ea de ipsis extrahere studeatis, illaque singulariter omnia dictis Capellano
et cubiculariis ostendentes, eosdem cofinos, repositis diligenter in eis omnibus iocalibus prelibatis,
claudere, ac vestris et capellani ac cubiculariorum ipsorum curetis consignare sigillis, dictosque cofinos
taliter consignatos, prefatis capellano et cubiculariis, dilatione submota qualibet, assignetis, facientes
de assignatione huiusmodi duo confici publica similia instrumenta, quorum vobis alterum retinentes,
nobis reliquum transmittatis. Et nihilominus nobis per vestras litteras harum seriem continentes, plenius
intimare curetis ea que predictis capellano et cubiculariis duxeritis assignanda.

Dat. Reate, X kal. iunii, Pontificatus nostri anno secundo.

Arm. III, 2, 64.

Nicolaus episc. Servus Serv. Dei.

Dilectis filiis Rizardo de Ferentino capellano et fratribus Huguitioni ac Iacobo de Pocapalea
cubiculariis nostris, salut. et apost. ben. Cum iocalia sive bona que dudum dilecti filii nostri Benedicti
sancti Nicolai in carcere Tulliano diaconi et bone memorie Ancheri tit. sancte Praxedis et Gervasii
tit. sancti Martini in montibus presbiterorum Card. consignata sigillis in loco fratrum minorum S. Francisci de Asisio deposita confidenter, et que postmodum nobis per Baiulos Regni Sicilie pro censu
ipsius Regni obligata fuerunt, ad nostram presentiam afferri velimus, dilectis filiis.. Ministro et..
custodi ac conventui predictorum fratrum damus per alias nostras sub certa forma litteras in virtute
obedientie districtius in mandatis, ut, vobis presentibus, cofinos in quibus iocalia seu bona predicta
consistant, quamtotius aperire ac ea de ipsis extrahere non postponant, vobisque illa singulariter omnia
ostendentes, eosdem cofinos, repositis diligenter in eis omnibus iocalibus prelibatis, claudere ac suis
et nostris studeatis consignare sigillis, dictosque cofinos taliter consignatos, vobis, dilatione submota
qualibet, assignare procurent, facientes de assignatione huiusmodi duo confici publica similia instrumenta, quorum sibi alterum retinentes, reliquum nobis mictant; quocirca discretioni tue per apostolica scripta mandamus, quatinus ad locum predictum personaliter accidentes, cofinos ipsos cum
dictis Iocalibus repositis in eisdem taliter consignatos a ministro et custode ac conventu predictis
accipere studeatis, eos nobis fideliter delaturi: Nos enim vobis faciendi quitationem plenariam, nostro
et ecclesie Romane nomine, ministro, custodi et conventui memoratis de hiis que in hac parte receperitis ab eisdem, liberam concedimus, auctoritate presentium, potestatem.

Dat. Reate, VIII kal. iunii, Pontificatus nostri anno secundo.

Regestum Clementis Papae V.

tulus, *Memorie istoriche degli Archivii della S. Sede*, ex quo plura ad rem nostram excerpsimus, cum dicit iam tum a translata in Provinciam apostolica Sede, bibliothecam Avenionem delatam fuisse; per annos enim circiter quatuor, nullam certam sedem habuit Clemens, donec mense Aprili anni 1309 Avenione pedem fixit. Et ipsum Marinium latuere litterae supra memoratae ad Gregorium de Placentia, quae primo nobis occurrerunt, Clementis V Regestis vulgandis manum admoventibus. Nec obstat, cum bibliotheca et Regesta ab invicem secreta servarentur, quominus bibliotheca Avenionem transferri potuerit, et Regesta Asisium; nam contra quod Panvinius asserit, tabulae et testes clamant: sunt enim nobis documenta quae testantur bibliothecam et archivum in domo Fratrum minorum S. Francisci Asisii usque ad annum 1342 servata fuisse, quae inferius proferemus. Bibliothecae autem et thesauri locupletissimum exstat inventarium [1], iussu Benedicti XII, anno 1339 Asisii confectum. De thesauro vero quod Benedictus XI Perusini communis custodiae commiserat, documenta supersunt in ipso Perusino archivo [2]. Ex his colligimus memoratos Gregorium de Placentia, Vitalem de Cabanaco et Gulielmum de Lua in mandatis habuisse a Clemente V ut eiusdem thesauri duae fierent partes, quarum una Avenionem postea mittenda, Asisium altera delata, deponenda « in loco beati Francisci de Asisio ». Quae huc pervenit, magna ex parte direpta fuit anno 1320 ab Asisinatibus, bello contra Perusinos gerundo; quae autem Senas mittenda erat, actus decemvirales perusini Archivi docent, eam Comune Perusii abnuisse cum papalibus nunciis usque eo, praesidii caussa, comitari: quae quomodo tandem vel quando Avenionem deducta fuerit non constat. Baluzius [3] videtur in eorum abire sententiam qui dicunt, thesaurum Romae et in Campania et ex patrimonio ecclesiastico conquisitum, cuius translatio Avenionem cardinalis Gentilis curae commissa fuerat, Lucae substitisse, praecipue ob infirmitatem et mortem eiusdem cardinalis. Ex quibus omnibus colligitur, pluribus personis de pluribus thesauris Avenionem deferendis mandata dedisse Clementem. Cardinalis enim Gentili in mandatis habuit thesaurum Romae et in Campania et ex ecclesiastico patrimonio collectum Avenionem deferre; Gregorius vero, illius qui comuni Perusii aliisque personis concreditus fuerat, curam suscipere et partim Asisium, partim Avenionem mittere iubetur [4].

VII. Iohannes XXII in epistola die 13 ian. 1325 ad Iohannem de Amelio et Petrum de Mainade de Regestis verba facit, scribens: « Volentes

---

[1] Hoc publici iuris facimus in *Appendice*, sub num. V.
[2] Vide in *Appendice*, num. VI.
[3] *Vitae Paparum Avenionensium*, I, 581.
[4] Vide in *Appendice*, num. VII.

« de Regestris antiquis Romanorum Pontificum quae sunt in Thesauraria
« Asisii, ut scripsistis, habere certitudinem pleniorem; (eis mandat ut scribant)
« quae et quot regestra huiusmodi et quorum Romanorum Pontificum sint
« ibidem, ac qualiter possent ad romanam curiam transferri, quotque sau-
« merii essent propter hoc necessarii » Aequum est credere Iohannem de
Amelio et Petrum de Mainade quamprimum morem gessisse Pontifici : sed
revera, ut infra videbimus, multum intercessit temporis antequam Avenionem
transferrentur Regesta.

Duas Iohannis XXII habemus in Archivo epistolas eiusdem diei et anni
et eisdem personis missas, nempe Bertrando Cariti [1] et Fr. Guillelmo Dulcini.
Apographae sunt hae litterae, et unaquaeque inventarium per eam a Pontifice
iussum continet. Ambo documenta certe vidit Marinius, qui ex his unum
conflavit, sicque, historicae veritatis iniuria, asseruit nullam in eis de papalibus Regestis mentionem occurrere. Ast in primo Inventario die 19 Aug. 1327
confecto [2] ut exequutioni mandaretur Pontificis iussio, res plures pretiosae
enumerantur et libri, quos inter, aliqua summorum Pontificum Regesta : in
altero [3] autem, improprie *Inventarium* dicto, (inveniendarum enim potius
quam rerum inventarum est descriptio), enumerantur ea quae, tempore belli
adversus Perusinos, direpta fuerant; et « cum ad restitutionem (predicti)
« thesauri romane ecclesie dudum de ecclesia fratrum minorum Asisinatis
« violenter abstracti, dilecti filii Commune Civitatis Asisinatis *(existerent)*

---

[1] Perperam *Carici* apud Marinium.
[2] *Arch. Castri S. Angeli*, Arm. C. Fasc. 2, num. 5. Vide in *Appendice* num. VIII.
[3] *Arch. Vat.* Instrum. miscell. Vide in *Appendice* num. IX.

Iohannes ep. Servus servorum Dei. Dilectis filiis Magistro Bertrando Cariti Archidiacono
Vaurensi, et Guilelmo Dulcini de ordine fratrum Predicatorum eiusdem ordinis procuratori generali,
Apostolice sedis nunciis, salutem et apostolicam benedictionem.

Cum ad restitutionem thesauri Romane ecclesie dudum de ecclesia fratrum minorum Asisinati
violenter abstracti, dilecti filii Comune civitatis Asisinatis existant efficaciter, sicut patere instrumentis
publicis dicitur, obligati; Nos cupientes nostris et eiusdem ecclesie indempnitatibus super hiis precavere, ac de vestre circumspectionis industria plenam in domino fiduciam obtinentes, petendi, exigendi,
recuperandi et recipiendi, nostro et eiusdem ecclesie nomine, thesaurum predictum tam de dicto Communi, quam quibusvis personis aliis ecclesiasticis et secularibus, ac Communitatibus et Vniversitatibus
ad quas quoquomodo pervenerit vel que ad illius restitutionem tenentur, super quibus vos summarie,
simpliciter ac de plano et sine strepitu et figura iudicii, si necesse fuerit, informetis, nec non contradictores et rebelles quoslibet cuiuscumque sint ordinis, condicionis, dignitatis et status ad hoc per
censuram ecclesiasticam, appellatione postposita, compellendi, invocato ad hoc, si necesse fuerit, auxilio
brachii secularis. Non obstante etc. . . . ac quoscumque vobis restituentes et assignantes thesaurum
predictum, quitandi et plenius absolvendi de hiis que receperitis ab eisdem, plenam et liberam vobis
et vestrum cuilibet in solidum concedimus, auctoritate presentium, facultatem. Volumus autem quod de
singulis restitutionibus et assignationibus vobis de thesauro predicto, duo confici faciatis publica instrumenta, quorum altero penes ipsos restituentes et assignantes dimisso, reliquum ad nostram cameram
mittere studeatis.

Datum Avinione, nonis Novembris, Pontificatus nostri anno XI. (1326)

« efficaciter, sicut patere instrumentis publicis dicitur, obligati; (idcirco) pre-
« sentatus fuit processus domino Capitaneo populi Civitatis Asisii et Ma-
« gistro Angeli, Pucarello Bianchelli, Antoino (*sic*) Barberii, Ciccolo Magistri
« Angeli, Muicio Prioribus ipsius Civitatis, presentibus Magistro Iohanne
« Andree notario, Arnaldo Bibiera dioc. Albiensis . . . . in processu Com-
« munitatum die XIIII Octobris, sub anno domini MCCCXXVII, ind. XI. »

VIII. Triginta iam elapsis annis, ex quo Romani Pontifices Avenione
morabantur, plures terrarum domini, duces et comites iura absentium Pontificum in civitates et castella, invadebant impune. Hinc, iis recuperandis
et reliquis praecavendis, ex Archivo quod Assisii asservabatur, anno 1334
in forma authentica excerpta fuerunt omnia documenta, quae b. Petri patrimonium spectarent [1], ad id quoque impellente suspicione labis haereticae
nonnullis Italiae principibus, videlicet « Eustachio (Ostasio) de Polenta,
« Cecho. de Hordalaffis Raynaldo et Opizoni de domo Estensi, Bernar-
« dino Comiti de Cunio, Friderico de Monte Feretro, » aliisque inusta, ut
patet ex processibus super hoc sub Iohanne XXII confectis [2]. Et revera,
cum toti in eo semper fuerint Romani Pontifices ut ecclesiae vineam a
feris depascentibus tuerentur, eo de fide catholica, in Italia praesertim, ab
errorum contagione immunem servandam, sollicitiores fuisse ambigit nemo.
Anno autem 1336, illa exscripta sunt documenta quae controversias cum
Aragonum regibus dirimere valerent.

Vsque adhuc Avenionenses Pontifices, licet numquam a Gallia pedem
moverint, nondum in animum induxerant Romani Pontificis personam a
Romana perpetuo dissociare sede. Clemens V, qui, primus inter Romanos
Pontifices, ad suam numquam accessit sedem, instabilis prope, ut eius monet Regestum, et velut peregrinus semper fuit, in aliena tandem domo
moriturus. Iohannes XXII eius successor, Avenione praecipue moram traxit
prope episcopale palatium, quod sub finem vitae suae, magis hospes quam
dominus, incoluit. Ea propter, iis adhuc ancipitibus utrum ad Cathedram a
qua nomen sumebant et auctoritatem, accederent, an ab ea diutius abes-
sent, satis fuit Regesta, libros et thesaurum in tuto in domo Fratrum
minorum Asisii collocare. Benedictus vero XII serio cogitavit de sede papali perpetuo quodammodo Avenione figenda. Die enim 17 mensis iunii
anni 1336 [3] episcopi Avenionensis palatium emit, in quo aliquamdiu prae-
decessor suus moratus fuerat, quod et ipse tunc incolebat, iubens ne amplius episcopale, sed papale palatium diceretur. Maxime illi ex tunc cordi fuit

---

[1] Arm. XXXV, vol. 14.
[2] Vide in *Appendice* num. X.
[3] Arm. XXXIV, vol. 2 A, fol. 35. In *Appendice* documenta damus sub num. XI.

scripturas, Regesta, bibliothecam et huiusmodi Asisio et aliunde deducere,
et in nova sua sede collocare, et in id omnes suas impendit curas. Proinde
die 21 Novembris eiusdem anni, scribit Benedictus Bertrando Archiepiscopo
Ebredunensi, gratulaturus de scripturis, in thesauro ecclesiae romanae Asisii
servato, per eum repertis; et mandat ut, si absque periculo fieri possit,
archetypa quorum tenorem indicaverat, ad se mittat [1]. Idem Pontifex Iohannem. de Amelio, II kal. nov. anni 1338 mittit Asisium « ut .... privi-
« legia, registra, libros, et scripturas, que et quas elegerit, et de thesauro
« receperit .... sibi mittere studeat [2] ». Constituerat Pontifex haec omnia
transferenda, cura mercatorum societatis Azayalorum (Acciaiuoli). Quocirca [3]

[1] Reg. 131, (*Bened. XII*), ep. 396.

[2] Reg. 133, (*Bened. XII*), ep. 353.

Dilecto filio Magistro Iohanni de Amelio archidiacono foroiuliensi, clerico Camere nostre.

Cum certis privilegiis, Registris, libris et scripturis ecclesiam Romanam tangentibus que in Thesauro eiusdem ecclesie qui conservatur in civitate Assisinati existunt, pro quibusdam incumbentibus
ad praesens ecclesie memorate negotiis egeamus; nos de tue circumspectionis et fidelitatis industria
plenam in domino fidutiam obtinentes, te pro eisdem privilegiis, Registris, libris et scripturis per-
quirendis, eligendis ac nobis mittendis vel deferendis, ad civitatem. eandem providimus destinari.
Quocirca discretioni tue· per apostolica scripta committimus et mandamus quatinus illuc te personaliter conferre procurans, dilectis filiis Magistris Raimundo de Poiolis Archidiacono Petragoricensi
Rectore et Iohanne Rigaldi canonico Albiensi thesaurario Ducatus spoletani vel eorum altero,
necnon duobus vel pluribus tabellionibus, auctoritate apostolica publicis tecum adhibitis, visis quoque
ac recensitis Inventariis alias de thesauro predicto confectis, privilegia, Registra, libros, et scripturas
huiusmodi de quibus tibi verbotenus diximus et iniunximus, perquirere ac eligere, solerti et fideli
adhibita diligentia, non postponas, illa ex eisdem privilegiis litteris et scripturis de quibus iuxta voluntatem et intentionem nostram quam tibi oraculo vive vocis expressimus cognoveris expedire, de
verbo ad verbum per dictos Tabelliones transcribi et eorum transumpta in formam publicam redigi
faciendo et nihilominus decernendo auctoritate apostolica, eisdem transumptis in publicam formam ut
prefertur, redactis et coram te solemniter publicatis, esse ubique perpetuo in iudicio et extra iudicium
fidem plenariam tamquam originalibus adhibendam. Subsequenter vero privilegia, Registra, libros et
scripturas que, quos et quas elegeris et de Thesauro predicto receperis, seu ipsorum privilegiorum
litterarum et scripturarum transumpta publicata, ut superius est expressum, nobis mittere studeas .
fideliter vel deferre.

Datum Avinione, II kal. novembris anno quarto.

[3] *Arch. Perus.*, Actus Decemvirales.

Benedictus episcopus, Servus servorum dei. Dilectis filiis Prioribus, Consilio et Communi Civitatis perusine, nostris et ecclesie romane devotis, salutem et apostolicam benedictionem. — Cum de
thesauro ecclesie romane qui apud Assisium conservatur, quasdam litteras et scripturas ecclesiam
memoratam tangentes, quibus, pro ipsius ecclesie negotiis presentialiter incumbentibus, indigemus, ordi-
naverimus et mandaverimus per dilectos filios mercatores societatis Azayalorum de florentia nobis
deferri secrete, universitatem vestram rogamus et in domino attentius exhortamur, quatenus fardellos
integros litterarum et scripturarum huiusmodi, nobis per eosdem mercatores mittendos absque displicatione, disligatione seu dissolutione illorum per districtus vestros transire sic libere permittatis, quod
nos devotionis vestre sinceritatem apertius super hiis cognoscentes, vobis exinde ad gratiarum actiones
uberes teneamur.

Datum Avinione, II kal. nov., Pontificatus nostri anno IV.

Eodem modo scribitur Prioribus, Consilio et Comuni civitatis Florentiae, Reg. 133, ep. 358.

E. m. Dilectis filiis Prioribus, Consilio et Communi civitatis Pisane nostris et eccl. rom. devotis.
Ibidem, ep. 358.

kal. nov. anni supradicti, scribit Prioribus, Consilio et Communi civitatis
Perusii, quatenus « fardellos integros litterarum et scripturarum sibi per
« eosdem mercatores mittendos, absque displicatione seu dissolutione illorum,
« per districtus suos transire libere permittant ». Idem scribit Communi
Florentino, Pisano, Ianuensi, Asisinati et Guardiano conventus Fratrum
minorum huius civitatis [1]. Votis res optime cessit: nam iussis obtemperare
sategit impiger Iohannes, qui [2] « iter suum arripuit ad eumdem dictum
« locum de Assizio (*sic*) die XXVIII mensis Novembris (1338) pro dictis
« rebus adportandis apud Avinionem et reduxit ad Curiam romanam
« die XVIII mensis Aprilis (1339), et sic stetit extra Curiam per CLII
« dies, deputatis sibi pro stipendiis suis, pro singulis diebus, IIII florenis
« auri, qui assendunt (*sic*) de toto tempore predicto ad summam VI centum
« et VII flor. auri et sic restant ad solvendum eidem VIII flor. auri quos
« idem dominus thesaurarius solvit et tradidit eidem domino Iohanni de

---

[1] Reg. 153, (*Bened. XII*), epist. 361.

Dilectis filiis... Custodi... Guardiano et conventui fratrum ordinis minorum Assisinatium.

Cum nos dilectum filium Magistrum Iohannem de Amelio archidiacono foroiuliensi clerico Camere nostre pro querendis, eligendis et recipiendis de Thesauro ecclesie romane qui apud domum vestram conservatur, certis privilegiis, Registris, libris et scripturis quibus pro eiusdem ecclesie incumbentibus negotiis egemus, presentialiter ad partes illas providerimus destinandum, Vniversitati vestre per apostolica scripta mandamus quatinus eidem Magistro Iohanni super hiis, prout vos requirendos duxerit, pareatis, assistatis et prestetis consilium et favorem, taliter quod nos devotionem vestram exinde commendare merito valeamus.

Datum Avinione, II kal, nov., anno quarto.

Reg. 153, (*Bened. XII*), epist. 362.

Dil. fil. Cons. et Comm. Civ. Assisinat.

Cum nos, etc. ut supra (ep. 361) usque *destinandum*, Vniversitatem vestram rogamus, requirimus attentius et hortamur, quatinus eidem Magistro Iohanni super predictis prout vos requirendos duxerit sic prompte assistere, sibique auxilium consilium et favorem prestare curetis, quod nos exinde devotionem vestram commendare merito valeamus.

Datum Avinione, II kal. nov. anno quarto.

Reg. 133, (*Bened. XII*), ep. 355.

Dilectis filiis Consilio et Communi Civitatis Ianuensis.

Cum nos dilectos filios Consules, Vniversitatem et populum Castri Montispessulani Magalonensis dioc. quos velut nostros et homines ecclesie fideles et devotos, favore benivolentie prosequimur specialis, cupiamus ubique ad salubria dirigi et a noxiis preservari, Vniversitatem vestram rogamus et in domino attentius exhortamur quatinus cum ipsos seu mercatores et habitatores Castri predicti per civitatem, districtus, portus et loca vestra transire vel ad vos ubique convenire contigerit, eos, pro nostra et apostolice sedis reverentia, favorabiliter et benigne recommendatos habentes, nullas eis in personis et rebus eorum inferri permittatis molestationes indebitas aut iniurias vel offensas, sed eos sic ab illis potius, quantum in vobis fuerit, defendatis, quod nos sinceritatem vestre devotionis ex hiis apertius cognoscentes, vobis reddamur non indigne ad favores et gratias propterea promptiores.

Datum Avinione, VIII id. nov. anno quarto.

In. e. m. dilectis filiis Consilio et Communi Civitatis Saonensis. Dat. ut supra.

In. e. m. dil. filiis nobili viro Carolo Militi de Ianua in Castro Monachi Niciensis diocesis commoranti, ceterisque habitatoribus et incolis dicti castri. Dat. ut supra.

[2] *Arch. Avenionensis*, Rat. Cam. vol. 178, fol. 147.

« Amelio dicto. » Ibidem legimus solutos memorato Iohanni 40 flor.
auri « de expensis per ipsum factis pro portatura quorundam fardellorum
« plenorum Regestris summorum Pontificum ac libris aliis, privilegiis et
« scripturis D. N. Papam et romanam ecclesiam tangentibus per ipsum re-
« ceptorum in Assisio de sacrestia superiori fratrum Minorum, in qua
« conservatur certus thesaurus D. Papae et romane ecclesie et assigna-
« torum per ipsum in Avinione D. N. Pape et. Camere apostolice, tam
« pro naulo navis, quam pro loquerio mulorum qui portaverunt predicta
« per certa loca, cordis, gabellis, et passagiis que solvit dominus thesau-
« rarius eidem domino Iohanne pro predictis expensis quas asseruit rece-
« pisse ab azayolis et eisdem. »

In memorato Codice 178, fol. 151 haec leguntur. « Die VII mensis
« iulii, facto computo cum domino Petro de Caunis archipresbytero de
« Regali Monte Albiensis diocesis, scriptore et familiari D. N. Pape qui
« die VIII mensis Aprilis prox. praet. (1339) fuit missus per D. N. Papam
« ad partes spoletanas pro asportandis certis scripturis et privilegiis tan-
« gentibus romanam ecclesiam sibi tradendis per dom. Iohannem de Amelio
« clericum camere domini Pape, et qui invenit dictum dominum Iohannem
« apud Nicium, et stetisset tam in terra quam in mari, eundo, stando et
« redeundo per XXI. dies, et expendisset tam pro se quam uno notario
« et quatuor famulis tam in victualibus, loquerio equitaturarum de Nicia
« usque Avinionem et pro naulo et quibusdam aliis necessariis LXII flor.
« auri, VIII sol. XI denarior. ob. » Ex epist. 15 Martii 1342, colligimus
Petro de Caunis memorato curam demandatam fuisse thesauri Avenionem
deferendi, cum id Iohannes de Amelio per se praestare non posset.

Ex alia epistola Benedicti XII patet quantum ei cordi fuerit, scripturas
et Pontificum regesta undequaque conquirere et ad propriam revocare
sedem [1]. Cum vero praecipua primus Asisio asportaverit Iohannes de Amelio

---

[1] *Arch. Castri S. Angeli*, Arm. C. Fasc. 3, 1.
Benedictus Episcopus servus servorum Dei, dilecto filio Magistro Petro Arquerii decano ecclesie
Rothomagensis capellano nostro salutem et apostolicam benedictionem. Cum, sicut intelleximus, nonnulla instrumenta, munimenta, Registra, scripture ac littere que, ratione cessionis olim facte per
quondam Benedictum Rotharium civem Astensem camere felicis recordationis Iohannis pape XXII
praedecessoris nostri, de bonis mobilibus ac debitis et creditis ipsius Benedicti Cameram nostram con-
cernunt penes te qui dudum per eumdem predecessorem fuisti super hiis commissarius deputatus
consistant, discretioni tue per apostolica scripta mandamus quatenus instrumenta, Registra, scripturas
et litteras hniusmodi negotium continentia quovismodo, que penes te vel tuos fuerint, ut praefertur,
dilecto filio Magistro Bertrando Cariti Archidiacono Augi in ecclesia Rothomagensi tibi per nos super
dicto negotio surrogato resignare fideliter et assignare procures, faciendo super assignatione huiusmodi
duo confici publica instrumenta, quorum altero retento penes te, reliquum ad nostram predictam
mittere Cameram non· postponas.
Datum Avinione, XVI kal. sept., Pontificatus nostri anno quinto.

originalia diplomata et regestra, reliquae scripturae et libri papalis Bibliothecae memorato conventui concrediti interim remanserunt. Ast die 3 Sept.
eiusdem anni 1339 idem Iohannes, qui nuntii et reformatoris provinciarum
et terrarum ecclesiae in Italia munere fungebatur, scripsit Thesaurario Marcae
Bertrando Senherio et Thesaurario Spoleti Iohanni Rigaldi, iisque misit
thesauri Asisinatis claves, et iussit ut publicum exinde conficeretur inventarium, quod, nulla interiecta mora, die quinta eiusdem mensis incoeptum,
decima absolutum fuit [1].

Capsa etiam scripturarum missa olim fuerat ad Fratres Ordinis Praedicatorum Tarvisii, sigillata tribus signis et clavibus tribus clausa, quarum
una penes Priorem fratrum eiusdem domus, alia penes Guardianum fratrum Ordinis Minorum, et tertia penes Capitaneum custodiebatur. Sed
documenta desiderantur, quae indicent cuius hoc nutu factum fuerit. Putat
Marinius hanc capsam Clementis V iussu Tarvisium missam: at impro-
babile videtur, hoc Clementem Avenione in mandatis dedisse, cum omnia
fere Asisium, ut ibi tutius servarentur, misisset. Nobis vero probatur opinio,
Benedictum XI Tarvisinum genere, et Ordinis Praedicatorum familiae, in
Conventu Tarvisii cooptatum, adhuc cardinalem aliquas ibi reliquisse scripturas, quae, brevi sui pontificatus tempore, huc illuc peregrinans, ut ad se
deferrentur, curare non potuit. Vt ut se res habeat, Benedictus XII die 3
Martii 1341 [2] episcopo tarvisino iubet ut « una cum Priore, Guardiano
« et Capitaneo, dictam archam seu capsam faciat aperiri, et si qua pri-
« vilegia vel munimenta in ea repererit, quae romanam ecclesiam con-
« tingere dinoscantur, illa sibi clausa suoque consignata sigillo sub dili-
« genti custodia quantocius destinare procuret. » Ex quo etiam patet
minus recte Marinium asserere omnia ad se deferri iussisse Benedictum,
cum ea tantum requirat privilegia et munimenta, quae *romanam ecclesiam*
contingere dinoscantur.

[1] Hoc in lucem proferimus in *Appendice*, sub num. XII.
[2] Reg. 136, (*Bened. XII*), ep. 291.

Ven. fratri.. Ep. Tervisino. Ad audientiam apostolatus nostri pervenit quod in domo dilectorum
filiorum fratrum ord. pred. Tervisinor. est quedam archa seu capsa sigillata tribus sigillis et clavibus
clausa, quarum una penes Priorum fratrum eiusdem domus, alia penes Guardianum fratrum Ordinis
Minorum Civitatis Tervisine, tertia vero penes eiusdem Civitatis Capitaneum conservatur, in qua quidem
capsa nonnulla privilegia et munimenta ecclesiam romanam concernentia esse dicuntur. Quocirca fraternitati tue per apostolica scripta mandamus, quatenus, ne quod absit, per negligentiam vestrum eiusdem romane ecclesie, si qua privilegia seu munimenta predicta sibi competant, valeant, deperire,
post recepionem presentium, omni mora et dilatione sublatis, tu una cum predicto Priore et Guardiano
ac Capitaneo dictam Archam seu capsam facias aperiri, et si qua privilegia vel munimenta in ea repereris que dictam romanam ecclesiam contingere dinoscantur, illa nobis clausa tuoque consignata sigillo,
sub diligenti custodia quantocius destinare procures. Contradictores etc. Volumus insuper quod quidquid super hiis feceris per tuas litteras harum seriem continentes, nobis quatotius studeas intimare.

Dat. Avinione, kal. Martii anno septimo.

Ex Regesto secretorum eiusdem Pontificis ep. 100 colligimus scripturas et Regesta omnia, circa quae curam demandaverat Iohanni de Amelio, advecta tandem Avenionem fuisse anno 1342. Ea illic certo erant anno 1369, ut videre est in inventario quod s. Sedis Camerarius a scriptoribus apostolicis confici iussit, quodque sub anno eodem, Vrbani V vitae scriptores antiqui memorant. Muratorius publici id iuris fecit [1]. Eodem anno Card. Philippus Cabassole Graveolino, episcopo Magalonensi tradidit chartas et diplomata in pluribus cophinis servata in *thesauraria*, et quamplurimos codices in palatii Avenionensis dissitis partibus exstantes, et Regesta litterarum papalium ab Innocentio III ad Vrbanum V, inter quae, ut supra monuimus, Iohannis VIII Regestum recensetur. A quo monemur anteriorum Pontificum Regesta ea aetate iam defecisse, et a veritate abesse qui putant antiquiora eorum Regesta, Vrbe anno 1527 a Caroli V gregariis militibus direpta, deperdita fuisse. In eodem inventario, 53 Clementis V enumerantur *Regestra papirea*, quae tamen, si eorum pauca excipiamus fragmenta, iamdiu deperdita dolemus, cum Archivum Vaticanum eius membranacea tantum, ex archetypis transcripta, servet Regesta. Quid de reliquis actum sit, ignoratur. Balvzivs [2] Iohannis XXII litterae et Christophori Browerii testimonio fretus, putat Clementis V nonnulla Regesta post eius mortem, sede adhuc vacante, opera quorumdam Cardinalium fuisse exusta, addens; *certe perierunt omnino Regesta trium priorum annorum pontificatus Clementis.* Profecto Clementis Papae V Regestum, absolutissimum in Vaticano Archivo prae manibus habemus, in quod edendum, de mandato Leonis XIII, incumbimus. Cum autem a veritate discrepare Balvzii assertio videatur, et virum caeteroquin omnigena eruditione excultum et in documentis expiscandis acri praeditum ingenio, de facili in sua assertione deceptum nefas sit arbitrari, restat ut eum, nonnisi gravi fultum testimonio, id asseruisse censeamus. Et re quidem vera, si ad mentem revocemus dicta in par. II, duplicem nempe Paparum Avenionensium exstare Regestorum seriem, quae invicem adversari videntur, amice inter se conspirare cernemus. In prima namque serie Pontificum Avenionensium Regesta ex bombycinis archetypis (in inventario anni 1369 et alias *papirea* dicuntur), Avenione in membranis conscripta, [3] una cum aliorum

---

[1] Ant. med. aevi, T. VI, p. 76.

[2] Balvzivs, *Vitae Paparum Avenionensium.* II, 688.

[3] *Arch. Aven.* Rat. Cam. vol. 177, fol. 90 a. Die XXIII mensis ianuarii, Magistro Hugoni Agulherii pergamenario pro V duodenis pargamenorum edulinorum tam de maiori forma quam media ab ipso receptis, et Magistro Petri Villaris domini nostri pape scriptoris pro *Registris litterarum apostolicarum Secretarum faciendis*, traditis, ad rationem pro quolibet duodenario, IX sol. monete nove currentis, soluta sunt XLV sol. dicte monete.

Die IX mensis Februarii traditi sunt domino Petro Vilaris Archidiacono Montis mirabilis in ecclesia Albiensi, pro satisfaciendis dictis Scriptoribus qui *transcribunt Registra papirea in perga-*

Pontificum Regestis, variis vicibus, et demum Vrbani VIII iussu, Avenione
asportatis, collocata sunt; altera vero, Avenionensium tantum papalium
Regestorum archetypis constat. Primae seriei Regesta numquam vidit Balvzivs, sed neque de illis eius est sermo. Alterius vero seriei Regesta quae
Avenione remanserunt usque ad annum 1784, excutienda et prae manibus
versanda, tanto viro potestatem factam fuisse valde vero est simile. Cum
autem scribat *trium priorum annorum* Regesta periisse, de Avenionensibus
Regestis eum loqui nullum est dubium, quae iam ante eum defecerant; et
cum *trium priorum annorum* tantum iacturam doleat, manifestum est reli-
quorum annorum archetypa tunc adhuc exstantia prae manibus habuisse.
Haec certe non amplius supererant pontificatu Clementis XI, cuius iussu,
omnes Avenionensis Archivi chartae et Regesta in ordinem redacta, et
non ita multo post, indicibus locupletissimis aucta fuere. Regesta autem servabantur « in camera subtus studium domini nostri pape in qua con-
« suevit se indui (*sic*) quando intrabat consistorium [1]. »

Censet Caietanus Marinius hoc inventarium iussu Vrbani V confectum,
animo restituendi Romae Archivum papale, postquam Avenioni valedixisset.
Verum nec Vrbanus, qui, paullo post quam aratro manus imposuerat, retro
aspexit, nec Gregorius XI eius successor, qui Romam Sedem apostolicam
tandem reduxit die 17 ianuarii 1377, videntur tam brevi temporis spatio
(ex hac enim vita migravit die 28 martii anni insequentis), et Praelatis obsi-
stentibus, consilia sua exsequi valuisse. Plurima autem bibliothecae volumina
in hoc inventario descripta asportavit secum in Hispaniam Petrus de Luna
(Benedictus XIII): quo ibi in castro Paniscolae e vivis sublato, omnia sibi
vindicavit neo-antipapa Clemens VIII. Huic electioni potenter, consilio et
impensa, auri fame potissimum cogente, favit Aragonum rex Alphonsus.
Ad hunc anno 1424, Legatum misit Martinus V Petrum de Fuxo cardinalem
tit. s. Stephani in monte Celio, ipsius regis consanguineum, acturum de
schismati finem imponendo. Huius Legationis narrationem singula perse-
quentem [2] fideliter texuit unus ex cardinalis familiaribus et in itinere et legatione socius, quae nos docet non prius voti compotem factum fuisse Legatum
quam per aspera multa incederet. Schismate tandem, Deo favente, extincto,
Legatus Paniscolae castrum ingressus, inter alia, plurima *Regestorum*

---

meno; quibus datur pro folio quolibet pergameni XIII den. iuxta ordinationem per...... Camerarium
factam. XL libr. monete nove; in duplicibus nigris Cunii Regis Francie.

[1] *Arch. Aven.* vol. 468, f. 284.

[2] *Arch. Castri S. Angeli.* Arm. XVII; 2, 1, fol. 97.
Successive tractatus extitit de instantia paniscolensium quod dominus legatus ad Castrum paniscole accederet pro recipiendis iocalibus, *munimentis et privilegiis* ecclesie ibidem reconditis quod eis
concessit. Et ad demonstrandum quod etc.

volumina invenit [1] quae, an Romam delata tunc fuerint nec ne, certo non liquet. Nonnullos ex bibliotheca codices quos abunde Avenione Paniscolam corraserat Benedictus, Eugenius IV postea eidem cardinali dono dedit; quorum pars aliqua, post varias vicissitudines, Parisiis in Bibliotheca *nationali* asservatur. Ad eundem cardinalem, post annos circiter duodecim, Rosellum de Rosellis misit Eugenius IV ut libros, ornamenta et huiusmodi ad ecclesiam romanam pertinentia et adhuc sub illius potestate vel custodia posita, reciperet [2]. Probabile est aliqua adhuc inter haec servata fuisse quae a castro Paniscolae, post extinctionem schismatis, idem cardinalis Legatus asportaverat.

IX. Vita functo Gregorio XI, et Vrbano VI in eius locum suffecto, ob Clementis VII antipapae nefariam electionem, coepit schisma ecclesiae Dei prae caeteris infensum et, non nisi post annos quinquaginta, penitus extinctum. Toto interim huius temporis spatio, legitimi romani Pontifices Romae sedentes, Regestis et antiquis romanae ecclesiae scripturis propemodum caruerunt, quae pseudo–pontificum Avenione sedentium sub potestate erant. Extincto schismate, unoque dato Ecclesiae Dei pastore, non illico de reducendis Romam ex Avenione Archivis cogitatum fuit, utpote quae tuta ubi essent haberentur, et maiores premerent curae. Interea tamen Martinus V

---

[1] Ibidem, fol. 100.

Sequenti die iovis, 25 Aug. 1429, iocalibus quibusdam ecclesie, videlicet Cruce domini et quibusdam aliis reliquiis et vestimentis ecclesiasticis, licet paucis, ibi repertis, respectu earum que olim Benedictus ibi recondiderat, et libris utriusque facultatis, licet in pauco numero, respectu multitudinis librorum quos idem olim Benedictus ibidem recollexerat et cunctis paramentis ceterisque mobilibus modice extimationis, respectu eorum que olim Benedictus de Avinione ibi adportari fecerat, inventariatis, exceptis paramentis camere paramenti et Cappelle necessariis quos et plura utensilia necessaria castro paniscole, pro ecclesia dei et domini nostre pape ac sui honestate servanda et infamia detrahentium evitanda, pro honore domini regis Aragonum cui, de mandato domini nostri Martini pape habebat dimittere villam et castrum, idem dominus legatus dimisit, receptisque *Regestis plurimorum romanorum pontificum in eodem Castro repertis, usque ad numerum triginta botarum ex illis impletarum, et maioribus et antiquis romane ecclesie privilegiis ibidem etiam repertis ac Dertuse diocesis in tecis suis ferreis specialiter et diligenter usque ad quantitatem trium sarcinatarum;* exacto quoque a domino Egidio iuramento, si sciebat aliqua privilegia fuisse alibi baiulata, dato responso quod non, nisi quasdam recognitiones feudales regni trinacrie per dominum Ferdinandum patrem huius regis factas per illum qui dominum Benedictum olim passionaverat baiulatas, et, fractis sigillis, originalia ad manus domini Alfonsi episcopi Valentini tandem pervenerant, quibus peractis cum suis versus civitatem dertusensem in qua celebraturus erat consilium, idem dominus legatus, traditis villa et castro Paniscole in manibus dicti domini regis Aragonum, iter suum direxit letissimus, quia de principali negotio sue legationis feliciter erat per dei providentiam expeditus; dictusque dominus cum sua familia ad villam sancti Mathei, et prefati magistri Eximinus Dahe et frater Dominicus de bona fide sequendo dominum legatum ad civitatem dertusensem accesserunt, omnesque tam maiores quam minores qui cum olim Benedicto et Egidio prefato ibidem moram traxerant, scisma fovendo, ab eodem castro et Paniscole foras recesserunt, dominum legatum pro maiori parte sequentes pro consequendis provisionibus oportunis.

[2] Reg. 360, (*Eug. IV*), fol. 76.

quae Romae sparsa erant Regesta in unum collegit, et in apostolico palatio
ad sanctos Apostolos reposuit[1].

Notat Caietanus Marini in libro supra memorato, contra Panvinium
asserentem Archivum et bibliothecam iam tum ab anno 1417 Avenione
Romam translata, Regesta a Martino V collecta, non esse Pontificum qui
ante Clementem V Romae, nec eorum qui Avenione, sed illorum qui
post Gregorium XI Romae sederunt. Archiepiscopo Narbonensi Camerario suo, Mantua, XII kal. ian. anni 1418, scribit Martinus, *recogno-
scens* et *fatens* inter caetera, aliquos libros de suo mandato ad se Me-
diolanum, ex Avenionensi palatio excerptos, missos et ibidem receptos:
et alios similiter ex eodem palatio extractos de mandato Baldassaris Cossae
(Iohannis XXIII), eidemque Constantiae per eum traditos, recognoscit et
fatetur[2].

At Eugenius IV, data occasione, anno 1441 de reportando Romam
Avenionensi Archivo, primus serio cogitavit: ex litteris enim datis Florentiae, XII kal. iulii huius anni, Rosello de Rosellis Camerae apostolicae
clerico et nuntio suo, ac Bartholomaeo de Branchatiis nobili civi Aunensi,
colligimus primitias scripturarum ex Avenione Romam advectas fuisse
anno supradicto, centeno ex quo eas primum Asisio Avenionem accerserat
Benedictus XII, cum probabile videatur ea quae e castro Paniscolae *ad
quantitatem trium sarcinatarum*, invenerat Regesta Cardinalis de Fuxo,
Avenionem missa, magna ex parte, fuisse[3].

[1] Arm. XXIX, 11, 167 b.
Benedictus etc. Reverendo in Christo Patri dom. Petro eadem gratia episcopo electo necnon
egregiis dominis Arpino de Alexandria super supplicationum, (sic) et domino iacobo de Cerratanis et
domino Petro de Casaciis litterarum apostolicarum scriptoribus super bullarum seu apostolicarum
litterarum registris ipsorumque registratoribus per dominum nostrum papam sanctissimum magistris deputatis, salut. etc. Fraternitati et prudentiis vestris de mandato etc. facto etc. tenore pre-
sentum districte precipimus et mandamus, quatenus omnibus mora exceptione et difficultate remotis,
predictorum registrorum eorumque libros quoscumque de locis conventus S. Marie supra Minervam
Alme Vrbis, in quibus diu steterunt et stant etiam de presenti, per totum diem hodiernum remo-
visse et ad loca pro dictis Regestis in palatio apostolico apud ss. apostolos nunc parata, portari et
poni in eisdem fecisse omnimode debeatis seu portari et poni faciatis, in contrarium facientibus non
obstantibus quibuscumque.
    Dat. 6 mens. iulii 1428 apud SS. apostolos, pontif. XI. Io. de Gallesio.
[2] Reg. 352, (*Mart. V*), fol. 216.
[3] Reg. 360, (*Eug. IV*), fol. 76.
Eugenius etc. Dilectis filiis Rosello de Rosellis camere apostolice clerico, nuntio ac Bartholomeo de branchatiis nobili civi Auniensi salutem etc.
    Cum apud venerabilem fratrem Petrum Episcopum Albanensem Cardinalem de fuxo apostolice
Sedis legatum ad presens reperiantur et sint nonnulla privilegia, reliquie, insignia, libri, ornamenta,
res alie et diversa bona ad sanctam romanam ecclesiam sedemque apostolicam spectantia que a felicis
recordationis predecessoribus nostris quibusdam romanis pontificibus ex Archivis celeberrimarum lateranensis et S. Petri ecclesiam (sic) ad partes Avinionenses aliaque loca olim fuerunt portata. Nos res

Non omnia tamen, quae Avenione erant, habuit Regesta Eugenius. Archivorum et bibliothecae non exiguam partem ex Avenione transtulit Nicolaus V Eugenii successor, quamquam et ipse non pauca nec ignobilia successoribus suis legenda reliquerit, ut infra videbimus.

Tunc temporis Pontifices negotiis arduis distinebantur perplexisque. Anno 1453 Asiae totius metropolis, Turcarum impetu oppressa, succubuerat; et cum summorum Pontificum conatus ad hanc avertendam calamitatem irriti evasissent, ad eam quodammodo leniendam, multorum insequentium Pontificum, minoris momenti negotiis posthabitis, diu incubuit mens. Iure autem mirari nemo potest nullum, inter Nicolaum V et Sixtum IV, Pontificem ad scripturas ac reliqua regesta Avenione Romam avehenda animum intendisse, cum, quamdiu Avenione essent, tutiori ea quam Romae loco consistere tunc putarent.

X. Iam inde a sui Pontificatus exordio cogitaverat Sixtus IV de novis in Vaticano palatio construendis bibliothecis. Idcirco per Card. Vrsinum Camerarium, mandavit vectigalium praefectis ut Iuliano Angelini, Paullo Pisanelli, Manfredo Lombardo, et Andreae Ficedulae architectis ad hoc necessarias petras effodere, et absque aliqua solutione datii et gabelle ... ad praefatum palatium exportare permitterent [1].

et bona huiusmodi ad predictam almam urbem, deo duce, cupientes reportare, devotioni vestre, privilegia, reliquias, insignia, libros, ornamenta, res et bona superius dicta ac supradicto cardinali, nostro et sedis ac ecclesie predictorum nominibus, repetendi et ipsum cardinalem de eorum omnium restitutione integra requirendi, et si, prout speramus, ipsa vobis vel alteri vestrum consignabit, recipiendi et acceptandi, ac ad vos deferendi vel aliter transmittendi, antedictum quoque cardinalem post factam huiusmodi consignationem, de ipsis omnibus rebus quas vobis dederit et consignaverit nostro et ecclesie ac sedis predictarum nominibus quitandi, ut nunquam ipse vel heredes sui, eorundem occasione, valeat in posterum molestari, plenam et liberam auctoritate apostolica, tenore presentium, concedimus facultatem.

Datum Florentie, XII kal. iulii, anno undecimo.

[1] Arm. XXIX, t. 36, p. 66.

Latinus Episcopus Tusculanus Cardinalis De Vrsinis, domini Pape Camerarius.

Mandatum de lapidibus vehentibus (sic) *pro Biblioth. in pallatio.*

Cum pro opportunitatibus certi edificii bibliothecarum in palatio apost. S. Petri construendarum necessarium sit ex diversis locis habere magnam quantitatem petrarum ad id necessariarum, iccirco, tenore presentium, universis et singulis ad quos spectat de mandato etc. et auctoritate etc. mandamus quatenus honorabilibus Magistris Iuliano Angelini, Paulo de Campagnano, Mariano Pauli Pisanelli, Manfredo Lombardo et Andree Ficedule architectis et huiusmodi edificii usu necessariarum dummodo ad privatas personas non pertineant, effodere ac exportare ad prefatum palatium permittant, absque aliqua solutione petrarum ipsarum seu datii et gabelle que ipsarum occasione persolvenda essent, in contrarium facientibus non obstantibus quibuscumque. Quod si forte ad alium locum petre ipse exportabuntur, volumus quod penam ducatorum duorum magistri et conductores prefati incurrant pro quacumque salma que ad alium locum quam ad prefatum palatium deveherentur; cuius pene medietas apostolice camere, altera medietas accusanti irremissibiliter applicetur.

Datum Romae etc. XVII dec. MCCCCLXXI, anno primo.

LATINVS Card. de VRSINIS.

HIER. SAXOFERATVS.

Anno 1475 epistola data pridie kalendas iulii [1] sub gravissimis poenis
« omnibus et singulis occultis voluminum et omnium bonorum huiusmodi
« detentoribus, cuiuscumque dignitatis, status, gradus, ordinis vel conditionis
« fuerint (iubet) quatenus, in (*sic*) 40 dierum terminum, dicta volumina et
« bona a se debita restituant cum effectu, ac de eis plenam ac debitam
« satisfactionem impendant. Scientes vero illorum detentores revelent . . . .
« Si clerici fuerint, beneficiis quae obtinent, lapso termino predicto, absque
« monitione aut declaratione alia, auctoritate apostolica, privati existant,
« que ex tunc vacare censeantur eo ipso, et impetrari valeant, ac de eis
« impetrantibus libere provideri ».
Servandis libris Regestisque, absolutis aedibus, Bibliothecae publicae
codices in inferiori aula atrii dicti *del Pappagallo* subtus capellam ab ipso
erectam, ex eius nomine *Sixtinam* appellatam, fuerunt inlati. Eam prope
cubicula erant bibliothecario et custodibus assignata, ut ex inscriptione

---

[1] Arm. XXXI, 62, 110.

Sixtus . . Ad futuram rei memoriam.

Officii nostri debitum exigit ut quemadmodum cunctis poscentibus pro suis bonis et iuribus con-
servandis, fuimus in exhibitione iustitie liberales. Itaque romane ecclesie bona bibliothecae precipue
palatii nostri pro communibus fidelium utilitatibus ordinate, ne diminutionem aliquam patiatur, partes
nostre sollicitudinis adhibere curemus: occultosque librorum ipsius detentores quos dei timor a malo
non revocat, saltem ad illorum restitutionem debitam, censuris ecclesiasticis, compellamus. Nuper siquidem, fide dignorum relatione, accepimus quod a tempore felicis record. Eugenii pape IV predecessoris
nostri citra, nonnulle ecclesiastice et seculares persone a quorum oculis dei timor abscessit, diversa
librorum volumina tam sacre theologie et aliarum facultatum, quam alia bona ad bibliothecam predictam et palatium spectantia, exquisitis modis et diversis temporibus habuerunt. Que adhuc temere et
malitiose occultare et occulte detinere presumunt, non curantes ea restituere in animarum suarum
periculum et ipsius romane ecclesie detrimentum. Nos igitur quorum interest super his de opportuno
remedio providere, omnes et singulos occultos voluminum et omnium bonorum huiusmodi detentores,
cuiuscumque dignitatis, status, gradus, ordinis vel conditionis fuerint, auctoritate apostolica harum
serie requirimus et monemus, quatenus in quadraginta dierum terminum, dicta volumina et bona a
se debita restituant cum effectu ac de eis plenam et debitam satisfactionem impendant. Scientes vero
illorum detentores revelent. Et si id intra dictum terminum non adimpleverint, nunc prout ex tunc
in eos et eorum quenlibet sententiam excommunicationis proferimus, a qua praeterquam a nobis aut
successoribus nostris nequeant absolutionis beneficium obtinere. In quo obtinendo reatum in specie
exprimere teneantur. Et si deteriores predicti clerici fuerint, beneficiis que obtinent, lapso termino
predicto, absque monitione aut declaratione alia, auctoritate predicta, privati existant, que ex tunc
vacare censeantur eo ipso et impetrari valeant, ac de eis impetrantibus libere provideri. Si vero laici
sunt et officia publica obtineant, ad exercenda illa prorsus reddantur inhabiles. Liceatque omnibus
utriusque sexus fidelibus detentores predictos denuntiare, et si maluerint accusare ad effectum omnium
premissorum. Volumus autem quod si ex libris aut bonis predictis aliqui venditi aut pignorati fuerint,
facta super hoc denuntiatione opportuna, et ad nostram seu deputandis per nos deducto notitiam,
precium seu pecuniarum summas per eos expositas omnino recipiant, alioquin in censuras incidant
supradictas. Nulli ergo etc. nostre requisitionis, monitionis, prolationis ac voluntatis infringere etc. Si
quis autem etc.

Datum Romae, apud s. Petrum anno, Incarnationis Dominice MCCCCLXXV.
Pridie kalendas iulii, Pontificatus nostri anno IV.

supra portam ingressus. Ex hac aditus patebat ad bibliothecam secretam, palatinam vel etiam vaticanam appellatam, in qua Archivum erat repositum: huius absolutissimum habemus inventarium, in quo praeter innumera privilegia et diplomata, plurima occurrunt Regesta ab Innocentio III, ad Sixtum IV. Munificus pontifex Bartholomaeum Platina . eis praefecit. Et sane quantum de eorum conservatione' sollicitus exstiterit Sixtus, ex Bulla idib. iulii 1477 patet, quam heic libet subtexere [1], cui adstipulatur inscriptio eius honori, in bibliotheca a se erecta, posita;

> Templa, domum expositis, vicos, fora, moenia, pontes,
> Virgineam Trivii quod repararis aquam.
> Prisca licet nautis statuas dare commoda portus,
> Et Vaticanum cingere, Sixte, iugum;
> Plus· tamen Vrbs debet; nam *quae squallore latebat*
> Cernitur in celebri *bibliotheca* loco.

XI. Eatenus diplomata et plura Regesta custodiebantur in cubiculo prope Bibliothecam proprie dictam, quae bibliotheca etiam *secreta vaticana seu palatina* appellabatur, non tamen in ordinem digesta, utpote nuper Avenione Romam delata.

[1] Reg. 658, (*Sixti IV*), fol. 165 b.

Sixtus episcopus· etc. ad perpetuam rei memoriam. Romanus Pontifex in eminenti dignitatis specula, divina disponente clementia, constitutus, circumspecte prospicit . et diligenter attendit ut Bibliothecis per eum, pro adipiscenda scientiae Margarita, laudabiliter ordinatis, tales deputet gubernatores, per quos, auctore domino, continue suscipiat incrementa. Dudum siquidem a nobis emanarunt littere tenoris sequentis. Sixtus episcopus ad perpetuam rei memoriam. Ad decorem militantis ecclesie, fidei catholice augumentum eruditionisque ac litterarum studiis insistentium virorum commodum et honorem, Romanus Pontifex commendabilis cuiusque exercitii liberalis adiutor, ut sectatores liberalium artium et facilius ad tam precelsum humane conditionis fastigium acquirendum, acquisitum vero in alios effundendum inducat, paternis hortatur monitis, muneribus iuvat, beneficiis iuvat, bybliothecas et loca eis accomoda preparat ac sparsa librorum volumina, ad ipsorum profectum, in unum reducit prout in domino conspicit salubriter expedire. Sane cum nos dudum in palatio nostro apostolico quamplura librorum volumina Romanorum Pontificum predecessorum nostrorum et nostra confuse sparsa et nullo certo aut proprio loco conclusa partim incuria, minus decenter curata deprehendissemus, illa in unum certum et accomodatum locum, omni cultu ornata et ad ordinem decenter disposita esse curavimus, et perdilectum filium magistrum Bartholomeum Platynam, scriptorem et familiarem ac continuum commensalem nostrum quem ipsorum librorum et bybliothece Gubernatorem ac Bybliothecarium quoad vixerit, cum salario decem ducatorum auri de Camera singulo mense de pecuniis infrascriptis persolvendo deputavimus, omni cura et studio custodiri iussimus. Et quo codices et ipsa Bybliotheca manuteneri, conservari et iuvari possit, nequa vetustas, quod deus avertat, officiat illis, et tam nostro quam predecessorum nostrorum Romanorum Pontificum tempore, iamdudnm observatum fuit: quod quilibet officialis qui ad aliquod officium Romane Curie per resignationem vacans de novo admittitur, tam nobis quam dictis predecessoribus pro recognitione superioritatis et reverentia sedis apostolice, certa iocalia seu pecuniae summam loco eorumdem exhibeant et exhibuerint; idcirco pro conservatione bybliothece huiusmodi volumus et, auctoritate apostolica decernimus quod de. cetero summa predicta que, ratione officiorum per resignationem pro tempore vacantium Romano Pontifici exhibebatur prefate Bybliothece tradatur et realiter et cum effectu et similiter exennium quod dilecti filii scriptores apostolici singulis annis faciunt, ac etiam quicquid pro .dispensationibus per scriptores etc.

Dudum Archivum et bibliotheca, amico sociata foedere, uno in loco constiterant, quamvis inter se distincta, et unius tantum concredita fidei. Inde factum est ut Archivum et bibliotheca communi quandoque vocabulo vulgo appellarentur, quamvis ad unum ab alia discernendum, quod nunc Archivum dicimus, appellaretur *bibliotheca secreta*, non a secretiori vel penitiori loco in quo Scripturae et Regesta servabantur, sed quod a notitia et oculis penitus esset secreta vulgi: altera vero *bibliotheca* simpliciter vel *bibliotheca publica* diceretur, quod omnibus ad eam pateret aditus. Bibliothecae secretae nomine, Archivum appellat Leo X in bulla anni 1513; et anno 1521 Aleander bibliothecarius, tunc in Germania ad Carolum V Imperatorem Nuncius, petit ut epistola 'Lutheri (iamdiu deperdita) quam mittit, reponatur in cubiculo *Bibliothecae secretae* [1]. Scripturae autem, quae in hoc exstabant cubiculo, tam caute custodiebantur, ut Cardinalis Amulius bibliothecae praefectus, die 7 decembris 1556 duobus custodibus iusserit « ne cui permittant aliquem librum aut scripturam in secreta bibliotheca « perquirere; neve omnino ingredi loca ubi sunt Regesta summorum « Pontificum ». Et Gregorius XIV die 23 ianuarii 1591 Marino Rinaldo bibliothecae Vaticanae et eius secretioris Archivi custodi mandat « ut in « posterum nemini permittant exemplum facere scripturarum vel librorum « ipsius Archivi, neque in eo libros aut scripturam aliquam perquirere ». Et, iure quidem meritoque, multis erant circumvallanda praesidiis documenta et scripturae quae tam magni momenti negotia continerent; quo sollicito studio, tantus ad nos usque thesaurus pervenit.

Iam inde a fine saeculi XIV aliquot libros et Camerae apostolicae Regesta in Castro S. Angeli asservata fuisse novimus, ex eo quod veniam petat Antonius Casini [2] « de non mittendis exemplaribus aliquarum bul« larum quas existere pro certo sciebat, propter carentiam librorum et Re« gistrorum apostolice camere in Castro Crescentii (sic appellabatur ea tem« pestate moles Hadriana, nunc arx S. Angeli) de Vrbe presentialiter existentium ».

Scripta ergo monimenta, praesertim ad Ecclesiae romanae ditionem pertinentia, antiqua cimelia, cum Sixto IV visa fuerint non satis tute in secretiori licet bibliotheca consistere, in Castrum S. Angeli delata, Pontifice

---

[1] *Arch. Vatic.* Nunziatura di Germania, Vol. 50, fol. 201*b* anno 1521.

Mando ancora la epistola di Luther *ad Caesarem,* la qual essendo presentata per Mons. de Cistein come procurator di Luther, pregando Sua Maestà li volesse far ragione, quella la lacerò, come si vede, e gettolla in terra: et è quella propria: che fu una grande demonstrazione a tutta questa Dieta, qual sentenzia dona *Caesar* alle cose di Luther. — Supplico V. S. Rma chè poi che N. S. l'harà vista, la se facci servar in la *camera secreta* della Bibliotheca palatina, se così a lei pare.

[2] *Arch. Aven.* Lib. oblig. Cam. anno 1413, fol. 113.

quodammodo divinante, eam arcem unicum futurum refugium Vrbis et Orbis Pastori Clementi VII, quando, quinquaginta post annis, Carolus V Vrbem direptioni haereticorum militum permisit. Antequam vero hoc exsequeretur consilium, Vrbano Flisco ex Comitibus Lavaniae, Protonotario et Referendario, iussit ut omnia fideliter transcribi et authenticitate firmari curaret; quod tribus magnis voluminibus perfectum fuit. Bartholomaeus Platina, ordine diverso chartis distributis, in alia tria volumina, charactere optimo, lectissimisque membranis, easdem bullas et huiusmodi quae praecipue temporalem s. Sedis dominationem spectarent, regessit, illisque titulum posuit, *Privilegia Pontificum et Imperatorum ad dignitatem Sanctae Romanae Ecclesiae spectantia.* Ad eorum autem quae in haec regesserat volumina fidem conciliandam, in epistola nuncupatoria ad eumdem Sixtum scribit Platina « quod si quis exemplaria ista legendo minus fidei tantae rei « praebuerit, interposita etiam SS. nominis tui auctoritate, poterit idem, si ei « per beatitudinem tuam licebit, haec eadem in vetustissimis Bullis legere, « omni auro et gemma pretiosioribus, quasque, certe non immerito, summa « cum diligentia ob varios casus in Arce S. Angeli servari mandasti [1]. » Haec tria volumina authenticitate donata et in capsa ferrea inclusa, in eodem Castro reposita fuerunt: tanti ea faciebat Pontifex!

Sixtum IV imitatus Leo X, per Zenobium Acciaiuoli Ord. Praed. plures scripturas, praecipue privilegia et principum epistolas, in eodem Archivo collocavit; quarum inventarium ab Acciaiuolo confectum in lucem edidit Montfauçon [2].

XII. Sic, scripturis et privilegiis tutiori loco collocatis, supererant adhuc, cum Avenione tum in bibliotheca secreta, Regesta: quod liquet ex Iulii II mandato in fol. 243 vol. 57 Divers. Camer. [3]. Etenim inter armorum fre-

---

[1] Vide in *Appendice* num. XIII.
[2] Bibl. Bibliothecar., Vol. I, 102.
[3] Arm. XXIX, 57, 243 *b*.

Iulius Papa II.

Cum, sicut accepimus, ex consuetudine in Camera apostolica laudabiliter observata, consueverunt scripture, acta et libri Camere apostolice et gestorum in ea tam interesse Sedis apostolice et dicte Camere quam particularium personarum que continentia in Scriniis sive Archiviis suis Armario dicte Camere apostolice per Notarium et alios deputatos ordinate et fideliter sub clavibus et seris conservari et custodiri et quando opus erat per presidentem et clericos dicte Camere illa legi, perquiri vel examinari in dicta Camera apostolica, visitari et perlegi consueverant, et non portari extra ad domos clericorum vel notariorum, ne illa perdi vel corrumpi contingeret. Et ut nuper non absque animi nostri displicentia intelleximus ex fide dignorum relatione, per clericos, Notarios et alios officiales dicte Camere ex quadam abusione et corruptela, sine licentia dicti libri et scripture ab aliquibus annis citra, passim et indifferenter extra dictam Cameram ad domos proprias eorum deportate et delate fuerunt, et quod deterius est in dies transportentur, absque eo quod de reportando ad dictam Cameram unde recepte fuerunt, cura aliqua adhibeatur vel diligentia, unde evenit diversa damna et inconvenientia tam in concernentibus utilitatem et honorem ac interesse dicte Camere apostolice, quam privatarum personarum causata fuerint, et in dies diverse querele propterea oriantur tam ex perdi-

mitus quae per Italiam debacchabantur, quaeque eum angebant undique, ad scripturarum tutelam mens illi non defuit. Alii plures libri in Archivo Camerae exstabant, quorum indicem legere est in Reg. 1212, (Leonis X). Ad calcem eiusdem enumerantur nonnulla Pontificum Regesta, a Martino V ad Leonem X, quae in Camera apostolica exstabant anno 1528, ut ex testimonio notariorum patet, ex quo colligimus Clementem VII in recuperationem scripturarum animum intendisse [1]. Quamplurimae etiam chartae, iuxta varia negotia, in variis Vaticani palatii Archivis servabantur, idest in

tione sive cancellatione dictorum librorum vel illorum suppressione sive mutatione, et in dies causentur, et in futurum maiores causari formidande sint; Nos igitur in premissis de oportuno remedio providere volentes ac predictis inconvenientibus obviare intendentes; dilectis filiis dicte Camere presidentibus et clericis ac Notariis, officialibus et ministris ac aliis omnibus et singulis cuiuscumque gradus et preeminentie fuerint, sub excommunicationis late sententie pena a qua nonnisi a Nobis et successoribus nostris, preterquam in mortis articulo constituti, absolvi non possint, presentibus precipimus et mandamus quatenus omnes et singulos libros et codices, regestra et Bastardellos ac Bullas apostolicas que ad Cameram devenerint ac alias quascumque scripturas et documenta tam publica quam privata ad ipsam cameram quomodolibet spectantia, a dicta Camera vel aliunde quomodolibet habita vel habitas et asportata et extracta debeant infra X dies proxime sequentes in dictam Cameram reportasse, et in locis consuetis dicte Camere reposuisse, coram Notario et duobus vel tribus clericis dicte Camere et illa vel illas sic reportata vel reportatas et assignatas describi et annotari in dictis libris Camere; fecisse ex nunc in antea nullus ex predictis aut alii quicumque cuiuscumque gradus et preeminentie sint, aliquos ex dictis libris vel bullis nisi prorsus et totaliter expeditas, sive scripturas ac registra que in dicta Camera conservari debent, apud se nullatenus retinere vel habere ultra terminum octo dierum vel ad plus quindecim, postquam a dicta Camera illa acceperint et tunc de speciali licentia et mandato dicte Camere presidentium et clericorum, que in scriptis in libro ad id deputato per eiusdem Camere Notarios redigi et annotari debeant, audeant vel presumant vel aliquis ex eis audeat vel presumat. Notarii quoque prefati, presertim ille qui libros vel registra ex Camera extracta annotavit ea omni exacta diligentia, recuperari procuret. Alioquin, elapso dicto termino, vel illa sine licentia predicta recipiendi non parentes vel contra facientes, pro qualibet vice qua contraventum fuerit, sçiant se maioris excommunicationis sententiam incurrisse a qua non valeant ut supra absolvi, et quos ut tales ex nunc declaramus et denuntiamus et ulterius penam suspensionis ab introitibus et participatione emolumentorum per sex menses ipso facto incurrendam officiorum que obtinueriut vel obtinent. Et si in dictis contraventionibus fuerit aliquis plusquam semel inventus contravenisse, et perseverare, ex tunc privatione officii quod obtinet, ipso facto incurrat. In contrarium facientibus non obstantibus quibuscumque.

Placet, et ita motu proprio mandamus. I.

Intimatum et presentatum presens mandatum R. P. D. presidentibus et clericis Camere apostolice per me Christoforum de Schiaratin. S. D. N. pape Cursorem, die XV ianuarii 1505.

CHRISTOFORVS CVRSOR.

[1] Reg. 1212, (*Leonis X*), fol. ult. *b*.

Die Mercurii XXIII Decembris 1528. D. Nicolaus Casalarius et Petrus Paulus Arditius Camere apostolice notarii amonitione per R. P. D. Camere apostolice clericos in Camera apostolica notarios eiusdem Camere de portando scripturas Cameram tangentes prout in ipsa monitione continetur, parentes illi consignarunt in Camera apostolica michi Bernardo substituto D. Bernardini de Alexandris dicte Camere notarii tenenti clavem Camere archivii et librorum eiusdem omnes et singulas, ut dixerunt scripturas tangentes dictam Cameram, videlicet libros ligatos et quinternos non ligatos et non perfectos; et dixerunt penes eos non existere alios libros, exceptis libris resignationum per ipsos dumtaxat confectis; et deinde dicti D. Nicolaus et Petrus reportarunt quinternos imperfectos, animo perficiendi et reportandi ad dictam Cameram, et dixerunt comparuisse in Camera et predicta notificasse dictis Clericis in Camera.

collegio Secretariorum, in cancellaria, in cubiculo, vulgo *Guardarobba* ubi omnes ad Siciliam spectantes scripturae custodiebantur, quae in Archivum Arcis S. Angeli postea translatae fuere, earumque indicem copiosissimum aeque ac accuratissimum confecit Iohannes Bapt. Confalonerius, sub Vrbano VIII ab anno 1626 ad annum 1638 eiusdem Archivi praefectus. Aliae quamplures apud nepotes Pontificum vel eorum haeredum, nimia nescio an oscitantia vel indulgentia, detinebantur.

Harum chartarum dispersioni occurrens Pius IV, et simul publicae utilitati privataeque Romanorum Pontificum commoditati prospiciens, nepotis cardinalis Caroli Borromaei eius a negotiis consilio, cogitavit de generali in Vaticano palatio Archivo erigendo, et ea de re mentem suam in publico consistorio aperuit [1]. Proinde 15 iunii 1565 *procurationem hanc adeo laudabilem* card. Amulio demandavit, ei facultatem et potestatem faciens ex bibliotheca Vaticana, « caeterisque tam publicis quam privatis eiusdem « Vrbis bibliothecis et ex totius orbis civitatibus . . . . scripturas ac Sum « morum Pontificum Regestra . . . . . describi, et si ei videbitur etiam « scripta originalia . . . . ad Vrbem deferri facere atque curare, descriptaque « ac delata, in Archivo huiusmodi reponere et collocare [2]. »

[1] Acta consist., vol. I, 92.
[2] Arm. XLII, vol. 22, ep. 237.
Dilecto filio nostro Marco Antonio tit. S. Marcelli Presbytero Cardinali Amulio vocato.
Dilecte fili noster, Salutem etc. Cum inter gravissimas curas, quibus assidue pro christiana Republica administranda distinemur, statutum nobis sit cum ad publicam utilitatem, tum ad privatam Romanorum Pontificum commoditatem, Tabularium seu Archivium eorum omnium quae ad nos et Sedem Apostolicam quoquomodo pertinent, conquisitis undique et transcriptis non in alma modo urbe et ditione nostra ecclesiastica, verum per universum Terrarum orbem exemplaribus, libris et voluminibus et aliis scripturis in Palatio nostro Vaticano quanta possumus diligentia parare atque instruere, animoque nostro revolventes cuinam praestantis ingenii viro ex Cardinalium ordine procurationem hanc adeo laudabilem et honorariam demandaremus, Tu nobis imprimis occurristi cuius certe diligentiam et doctrinam pari quidem cum industria ac prudentia coniunctam maxime semper probavimus. Itaque munus hoc quemadmodum nos libenti animo tibi deferimus, ita tu pro singulari tui animi in tam egregia monumenta propensione, alacri studio, opera, sollicitudine, opus ipsum primo quoque tempore aggredi ac promovere curabis. Nos enim ut id facilius exequi valeas, circumspectioni tuae, ut tam ex Bibliotheca nostra Vaticana, quam quibusvis aliis locis, et praesertim, ubi supellex nostra custoditur et conservatur, atque etiam ex Arce S. Angeli, caeterisque tam publicis quam privatis bibliothecis eiusdem Vrbis ac status nostri ecclesiastici, ac denique ex totius orbis civitatibus, oppidis, provinciis, atque etiam ecclesiis, monasteriis, sacrisque domibus, quaecumque exemplaria, libros, volumina, Scripturas, ac Summorum Pontificum Regestra quae ibi esse intellexeris, per te vel alios probos, eruditos et fideles viros ad id a te deputandos, describi, et, si id tibi videbitur, etiam scripta originalia ex civitatibus nostris Avenionis, Bononiae, Perusii, Asisii, Beneventi, Anagniae, Viterbii, Ravennae, Maceratae et quibusvis aliis ad Vrbem deferri facere atque curare, descriptaque ac delata, in Archivo huiusmodi reponere et collocare, caeteraque omnia ad hoc negotium conficiendum necessaria et opportuna gerere, mandare et exercere libere et licite valeas, plenam et liberam, auctoritate apostolica, tenore praesentium, facultatem concedimus et potestatem. Quocirca omnes et singulos eadem exemplaria, libros, volumina, scripturas et regestra habentes seu custodientes hortamur et

Quapropter missae fuerunt die 28 sept. eiusdem anni [1] litterae ad Superiores Ordinum religiosorum, quibus mandabatur, ut « cardinali Amulio « sive eius scribis, habita per ipsos ex scripto manu eorum facto de eis receptis « fide, ac restituendis promissione, benigne transcribenda prompte ac liberaliter « tradant, concedant et accommodent. » Epistola die 8 oct. [2] ad Laurentium Lenti episcopum Firmanum et Vice–legatum Avenionensem directa, iubetur ut ad nutum cardinalis Amulii, Avenione Romam Archivum mittat. Die 20 nov. [3] Augustinus Molignatus Brettinorensis episcopus et Ravennae vicarius apostolicus habuit in mandatis, ut, quam cito fieri posset, chartas et libros Archivi archiepiscopalis mitteret quos utiles vel necessarios s. Sedi esse censeret. Ad card. Borbonium ad Avenionem de latere Legatum eadem die [4] scribitur, ut auxilium ad hoc vicelegato impendat, et omnes retineat scripturas, quas utiles vel necessarias Legationi existimaverit, quarum exemplar Romam missum sufficiet. Ast, Pontifice die 9 decembris eiusdem anni e vivis sublato, evanuerunt quodammodo haec in Archivum studia et consilia, licet eorum fructus non amitteretur penitus, superstitibus illis qui a consiliis hac in re Pontifici fuerant.

Pius V eius successor, ex parte probans quae ab ipso fuerant decreta, misit Avenionem Marium Zazzarinum [5], ut inde scripturas, libros et Regesta ad Sedem apostolicam pertinentia Romam afferret [6], et card. Borbonio ibi

requirimus in Domino, eisque, si opus fuerit, etiam in virtute sanctae obedientiae mandamus ut illa tibi vel tuis scribis, habita per ipsos ex scripto manu vestra facto de eis receptis fide ac restituendis promissione, benigne transcribenda, prompte ac liberaliter tradant, concedant et accommodent. Volumus autem quod tibi non liceat nisi librum vel regestrum unum singulis vicibus e bibliotheca vaticana sumere, nec alium inde habere, antequam primum restitutum fuerit, quodque, quando tibi placuerit, librarios quotquot volueris, ad transcribendos libros eiusdem Bibliothecae in eam intromittere possis. Exemplis vero seu transumptis harum litterarum eamdem fidem haberi quae eisdem litteris adhiberetur, si forent exhibitae vel ostensae, et nostrae huic voluntati nihil omnino obstare decernimus.

Datum Romae apud S. Petrum sub Annulo Piscatoris, die XV iunii 1565, anno sexto.

CAESAR GLORIERIVS.

[1] Arm. XLII, vol. 23, p. 293.
[2] Loc. cit. p. 223.
[3] Loc. cit. p. 462.
[4] Loc. cit. p. 464.
[5] Perperam *Lazzarinum*, Marinius loc. cit.
[6] Arm. XLII, Vol. 25, fol. 486.

Dilecto filio Mario Zazzarino clerico Amerino.

Dilecte fili, salutem et apostolicam benedictionem. Cupientes pro usu ac servitio nostri et apostolice Sedis, scripturas, libros et regestra ad ipsam apostolicam Sedem pertinentia, quae in Archivio Palatii maioris Civitatis nostrae Avinionensis esse reperiuntur, ad almam Vrbem nostram deferri, ac de tua probitate, fide, diligentia plurimum in domino confisi, volumus ac tibi per praesentes mandamus, ut quamprimum Avenionem te conferas, necnon scripturas, libros et regestra ipsa diligenter conquiras, ac, prout tibi expediens esse videbitur, ea apud te accipias et habeas, omniaque ad nos fideliter deferri studeas; super quibus tibi plenam et liberam per easdem praesentes concedimus facultatem. Mandantes in virtute sanctae obedientiae et sub arbitrii nostri poenis, dilectis filiis Legato nostro,

ex latere Legato [1] mandat ut ad hoc eidem Mario praesto adsit. Hunc Zazzarinum munere suo egregie functum, favore prosequitur Pius V, tabellionatus officio augens, ut ex fol. 33, vol. 224 *Diversorum Cameralium* [2]. Die 15 Maii, Dionysium Zanchi constituit omnium chartarum et membranarum revisorem, quae apud librarios, bracteatores, aliosque pro diversis eorum usibus essent, eique facultatem fecit eas omnes retinendi quae pontificio inservirent principatui, ac iussit per card. Camerarium ea super re edi decretum, quod die 9 iunii eiusdem anni promulgatum fuit.

Parcens vero magnis expensis ad Pii IV molimina necessariis, quas, maiori catholici orbis bono, adversus Turcarum tyrannum, victrici convertit manu, id unum Pius V motu suo proprio. die 19 aug. 1568 prae oculis habuit, ut accuratum et universale conficeretur Inventarium omnium scripturarum, quae quoquomodo ad Romanae Ecclesiae iura spectarent, cum indice librorum, chartarum et huiusmodi cum in palatio vaticano, tum

eiusque locumtenenti seu vicelegato, necnon Consulibus ac communitati dictae Civitatis, caeterisque ad quos spectat ut tibi, circa praemissa exequenda, omnem favorem et auxilium, prout a te fuerint requisiti, prompte et efficaciter praestent et exhibeant. Ita ut, re bene et ex sententia nostra confecta, ad nos brevi redire valeas. Contrariis non obstantibus quibuscumque.

    Datum Romae apud S. Petrum, etc. die X Maii 1566, anno primo.

                      CAESAR GLORIERIVS.

   [1] Arm. XLII, Vol. 25, fol. 487.

   Dilectis filiis nostris Carolo S. Chrisogoni Borbonio Civitatis nostrae Avinionensis etc. nostro et apostolice Sedis de latere legato seu Georgio S. Nicolai in Carcere Armeniaco vocatis presbiteris Cardinalibus.

              Dilecte filii noster salutem etc.

   Mittimus Avinionem, dedita opera, dilectum filium Marium Zazzarinum qui tres tibi reddidit litteras, ut scripturas libros et regestra ad sedem apostolicam pertinentia, quae in Archivio Palatii maioris istius nostrae Civitatis Avenionis esse reperiuntur, colligat et ad nos quamprimum diligenter et fideliter deferat. Quare volumus, circumspectionique tuae iniungimus atque mandamus ut eidem Mario in accipiendis et habendis scripturis, libris et regestris huiusmodi, ad nosque bene et accomodate deferendos, omnem tuum favorem et auxilium benigne seduloque praestes et impertias. Quemadmodum te, iuxta honestum hoc animi desiderium, pro tua erga nos observantia, facturum esse non dubitamus. Quod sane nobis erit gratissimum.

    Datum Romae apud S. Petrum, die X Maii 1566, anno primo.

                      CAESAR GLORIERIVS.

   [2] Arm. XXX, Vol. 224, fol. 33.

      Patentes sollicitatoris Camerae pro D. Mario Zazzarino.

             Vitellotius etc. Camerarius.

   Dilecto nobis in Christo spectabili in domino Mario Zazzarino clerico Amerino, familiari nostro et Camerae apostolicae sollicitatori, salutem in domino sempiternam. Fides et devotio quibus Nos et Romanam semper prosecutus fuisti ecclesiam, non indigne promerentur ut te specialibus favoribus et gratiis prosequamur. Sane cum officium sollicitatoris cam. apost. quod nuper F. de Vitelleschis, etc.

   Teque etiam quem pro Sede apostolica nuper, in conducendis e Civitate Avenionensi ad hanc almam Vrbem quam pluribus libris in Archivo dicte Civitatis tunc existentium et servitium sedis apostolice concernentibus, admodum elaborasse certo scimus, et quem iam non solum familiari experientia, etc.

    Datum Romae, 28 oct. 1567.

in Archivis Vrbis et Avenionis ac etiam privatarum personarum exstantium. Hoc munus Carolo Grassi episcopo Montisflasconis, et Honufrio Camaiani demandavit, iubens nomina servari locorum et personarum, quae talia possiderent monumenta, ut, cum opus esset, ubi requirenda forent resciretur [1]. Quae vero ad curiam papalem spectabant, nec alieni iuris erant, quaeque in bibliothecam secretam seu Archivum inferre potuit, omnia intulit. Quod patet ex supra memoratis documentis [2] et inscriptione inter vaticanas picturas « Pius Papa V, CLVIII volumina litterarum diversorum « Pontificum Avenione in bibliothecam Vaticanam asportari iubet ». Haec autem volumina litteras referebant Nicolai IV, Clementis V, Iohannis XXII, Benedicti XII, Clementis VI, Innocentii VI, Vrbani V, Gregorii XI, et Clementis VII. Non omnia tamen praedictorum Pontificum Regesta, tunc temporis Romam Avenione allata fuisse, constat tum ex maiori Regestorum numero quae inter Clementem V et Clementem VII intercedunt (sunt enim 259) tum, ut caetera mittamus, ex testimonio Contelorii Archivi Vaticani custodis, testantis nonnulla ex eis sibi a card. Barberino tradita, ut in Archivo reponerentur. Alia huiusmodi documenta tunc Avenione in Archivum Camerae apostolicae invecta fuere; inter quae, volumina collectionis Decimarum et similium, confecta, paucis exceptis, sub Pontificibus Avenionensibus, in Archivum Vaticanum, saeculo superiore fuerunt inlata.

Regesti Gregorii XI duo volumina postliminii iure donata, Romam revisere, sedente Gregorio XIII. Hic quoque vestigiis insistens decessorum suorum, cogitavit de colligendis in Archivo monumentis. Quapropter episcopo Leodiensi die 13 febr. 1575 scripsit, rogans ut omnem diligentiam adhiberet in reperiendis scripturis ad Hadriani VI pontificatum pertinentibus, quas, post illius mortem, eius a secretis Theodericus, ecclesiae Leodiensis canonicus et decanus, secum asportaverat [3]. Sed cum serius quam negotium postulabat,

---

[1] Arm. LII, vol. 3, fol. 172.
[2] Arm. XLII, vol. 25. foll. 486, 487.
[3] Arm. XLIV, vol. 22, f. 329.
Venerabili fratri Episcopo Leodiensi.
Vt perquirat scripta Pontificis Hadriani VI.
Gregorius Papa XIII.
Venerabilis frater, Salutem et apostolicam benedictionem. Theodoricus quidam istius tuae Ecclesiae Canonicus et Decanus obiit circiter annum MDXL. Is fuit Secretarius felicis memoriae Hadriani VI; abstulit hinc secum eius Pontificatus scripturas omnes, quae ubi sint, ignoramus; iis magnopere indigemus, quotidieque accidit ut aliquid Nobis eius temporis ac Pontificatus cognoscendum sit et quidem in rebus gravissimis, maximeque ad res publicas, et quae Dei sunt, pertinentibus. Facies nobis gratissimum si omnem diligentiam adhibueris in scriptis illis reperiendis atque ad Nos mittendis. Idque ut facias, quantum possumus, postulamus. Eo autem nobis gratior erit tua opera, quo vehementius scripta illa desideramus.
Datum die XII Februarii 1575.

in id animum intendisset, (Theodoricus enim ante annos 35 e vivis excesserat), earum nulla Romam pervenit. In vehendis vero ad Anagnia documentis et membranis felicior evasit; noverat enim aliquos ex suis praedecessoribus ibi, anteactis saeculis, moram traxisse; nec abs re videbatur scripturarum saltem et Regestorum vestigia ibi delitescere; idcirco opera Iohannis Andreae Caligari maximam harum vim ex ea civitate abduxit, et in Vaticano Archivo collocavit. Plures fortasse tunc temporis fuerunt Romam delatae scripturae, quae in direptione, de qua verba facit Benedictus XI in epistola a nobis in par. V allata, ablatae et amissae fuerant. Has omnes Leonicus et Contelorius postea Archivi Custodes in ordinem redegerunt, et indicibus donavere. Non omnia tamen quae in his descripta sunt ad nos usque pervenerunt. Desideratur inter alia, _libellus gallice scriptus de quadam expeditione facta per nobiles flandros et Gallos in subsidium Terre sanctę tempore Innocentii pape tertii et Henrico Dandoli Ducis venetiarum._

Sixtus V, inter gravissimi momenti negotia quibus, brevi sui pontificatus tempore, distentus fuit, non indiligentem se praebuit circa ea quae ad Archivum Camerae spectarent; in id enim plures, variis vicibus, intulit libros, ceu ex Cod. 671 Bibl. Cors. et aliunde apparet.

In Arch. Castri S. Angeli, Arm. IX Ord. II, habemus, _Inventarium Scripturarum existentium in Guardarobba Sanctissimi_ (Clementis VIII). Harum plures iamdiu exciderunt; nonnullae postea in distincta, pro suo quaeque negotio, distributae Armaria, in Vaticano exstant Archivo. Plures sunt libri et huiusmodi quae nec ad Regesta faciunt, nec ad Cameram, sed ad bibliothecam privatam Pontificis spectabant. Hos inter erant _Prophetie de Pontifice post Gregorium XIII; Vaticana de Pontifice futuro post Gregorium XIIII._

XIII. Clemens VIII, suadente Bartholomaeo Caesio tunc Thesaurario, novum et amplum Archivum in summitate arcis S. Angeli erexit. Ad haec, post tam ornatam mansionem Archivo paratam, in Consistorio die 29 ianuarii 1593 animum suum aperuit Bullam pro eo condendi « eamque dandi « per manus ut quisque singulariter admoneat Sanctitatem Suam de sua sen- « tentia, et inde proponatur in hoc sacro loco » _Minuta_ super hoc exstat [1] italice

---

[1] Arm. XXXVII, vol. 40, fol. 31.

Describenda succinte et in optimo caractere ut non transeat primam faciem huius folii et dicat prius Illm̄us Dominus meus si est convertenda latino sermone.

Havendo noi per l'adietro considerato la poca cura quale in tutti i secoli passati è stata et hora è più che mai usata circa la conservatione delle scritture e ragioni concernenti l'autorità e dignità di questa S. Sede apostolica et interessi della Camera, et se i primi tempi meritano alcuna scusa per le turbolentie d'Italia et di questa S. Sede, gli più bassi meritano reprensione, perchè cessate, per Dio gratia, quelle flutuationi, si è continuato questa somma negligenza non già servata dalli altri

scripta. In ea asperrimis verbis conqueritur Pontifex de scripturarum ad Sedis apostolicae auctoritatem et dignitatem spectantium iactura, iubetque ut infra 15 dierum spatium earum detentores eas ad Archivum memoratum deferant, ibi collocandas. Haec autem Bulla lucem vidit numquam: ideoque cum effectu caruerit Pontificis consilium, verosimile èst eas in potestate priorum deten- torum remansisse. Licet vero Bullam non condiderit Clemens VIII, ingentes tamen sumptus in exemplaribus transcribendis impendit, quae reapse num- quam authenticitate donata fuerunt. Plures scripturae ex vulgo *Guardarobba*

Principi et Republiche etiam straniere ne da quelli che da Noi sonno dimandati Barbari, et ancorchè Benedetto XII, Sisto IV, Innocenzo VIII, Pio V, Gregorio XIII et Sisto V, nostri predecessori per quanto si vede habbino con somma pietà pensato a questa conservatione delle scritture, nondimeno per varii accidenti non l'hanno potuto essequire.

Per il che quelle scritture, che più importano come lettere di Principi et Republiche mandate al Pontefice et le copie delle mandate da lui ad essi et così gli fatti de legati et Nontii mandati pure a Principi et Republiche, non si ritrovano hoggi appresso al Pontefice, ma rimangono etiam nelli loro originali, appresso a quelli che ne sonno stati ministri co'lor secretarii et heredi et se ne vanno in perditione et altre scritture et ragioni si trovano distratte in diversi lochi, et questi sonno gli atti consistoriali appresso il Rmo Vice Cancelliere, le Capitulationi et atti de' Conclavi et electioni di Pontifici appresso Prothonotarii, Giuramenti de obedienze de' Principi appresso Maestri delle Ceri- monie. Vi sonno poi la Secreteria di brevi domestici, la Secretaria di brevi apostolati, l'altra de' Se- cretarii apostolici, la Biblioteca, l'Archivio della Camera, l'Archivio di Castello, quello di S. Offizio, Registro delle Bolle et Registro delle Supplice, nelle quali come in diverse botteghe sonno disperse erectioni di Principiati temporali et di chiese Parrochiali, Metropolitane e Cathedrali, et altre infeu- dationi, Vicariati, Capitulazioni, Confederationi, Relationi, Instructioni, legationi, pagamenti di Censi, Constructioni publiche, depositioni, devolutioni, confiscationi de' beni feudali et lor possessioni et altre raggioni attinenti alla dignità et autorità predette et all'Interesse della Camera.

Ci sonno anco varie raggioni nelli Arch. di Campidoglio et di Monasterii, hospitali, Chiese così di Roma come delle Città del stato et lor comunità, come sonno transactioni perpetue fra esse Co- munità et Collegii sopra confini, Fiumi, Monti, Gabelle, Pedagii, Passi et altre cose publiche, essentioni di dette Comunità, Inventarii di Rocche et altri simili. Et di queste et altre ne sonno anco prodotte nelle cause vertenti, così in Rota come al Auditor della Camera.

Però habbiamo pensato di constituire un Archivio in Castel S. Angelo senza però rimuovere li detti, nè far loro preiudicio alcuno, nanco ne l'avvenire et ordinare per nostra bolla consistoriale *ad perpetuam rei memoriam*, che in esso da qualunche persona, etiam Nepoti di Papi et Card. di S. Chiesa et altri a quali appartiene et ogn'altra persona di qualunche dignità et titolo così ecclesiastica come secolare sotto pena di Scommunica etc., debbono in termini di quindici giorni haver consegnate dette scritture così originali come copie in detto Archivio, ritenendosene se così vorrà le copie, et per provedere con modi opportuni da dichiararsi in detta nostra bolla che nell'avvenire si debbano riporre tali scritture in esso et che nelli archivi et offici che non sonno proprii della Camera, per non dar loro questo disturbo et spese, siano deputati homini a cercarle et redurle in libri a spese della Camera, con dichiaratione et promissione da farsi da Noi in detta bolla che dette Scritture, reposte che saranno, non si possino mai cavare per qualunche urgente et necessaria causa di detto Archivio: et che non se ne possino far copie se non per interesse proprio et immediato della Sede et Camera apostolica; ma per altri interessi si debba andar da quelli offitiali chi oggi si trova con dargli il loro emolumento, talché non gli sia fatto alcun preiudicio.

Si deputarà in Custode di detto Archivio il nostro Thesorier generale che è e sarà pro tempore con doi sottocustodi, l'uno de' quali sarà Notario di Camera, et l'altro Notario Chierico con tener doi chiavi, una appresso dello Custode principale, l'altra appresso detto Notario di Camera, nè possino mai entrare in detto Archivio se non tutti a tre insieme, et alle Scritture che loro transunteranno

in Archivum invectae sunt: aliae plures penes notarios relictae [1]. Vt Archivi incremento consuleret, aciem mentis Avenionem quoque direxit, iubens
ut librorum manuscriptorum ibi in Archivo apostolico exstantium index conficeretur, qui cura Legati cardinalis de Acquaviva, anno 1594 concin-
natus fuit [2]. Multa desiderantur eorum quae in hoc inventario 163 foliis
constante, sunt descripta: quae supersunt, iam inde a tempore Paulli V per
Bibliothecae secretae sive Archivi custodes in ordinem distributa, partim
Contelorius in Vaticanum, partim Leonicus et Confalonerius postea in Archivum Castri S. Angeli intulere. Idem Pontifex plures chartas et scripturas
Ravenna, quod iampridem Pius IV Molignato, ut legimus, iusserat, Romam
adferri mandavit anno 1594, quarum inventarium in memorato Archivo
exstat; quas tamen, extremo vitae suae tempore, per custodem eiusdem archivi restituit, facta Card. Caesio facultate, authentica instrumenta ex eis
conficiendi quae s. Sedi necessaria fore censeret [3]. Et sane Clementis in
his omnibus non est mirandum consilium, cum sciamus ei Philippum Ne-
rium et Baronium quem cardinalatus auxit honore, quemque, ad Annales
ecclesiasticos imprimendos, impensis iuvit, in deliciis fuisse; qui, pro suo quisque ingenio et prudentia, ad quaeque preclara pro ecclesia Dei capessenda,
illi consilio aderant. Eius temporis exstat adhuc volumen libris et chartis
excipiendis quae identidem ad Archivum Castri S. Angeli mittebantur [4]. In
hoc inter alia memoratur traditio nonnullarum scripturarum a domino Agucchi
fratre card. Agucchi, cuius nepos ad Venetos nuncius fuit sub Vrbano VIII,
de quo infra par. XVI. Est quoque aliud volumen in quo adnotabantur libri
nonnullis personis commodati et ab eisdem restituti.

se gli dia piena fede in giudizio et fora, et detto Custode principale giudicarà quelle Scritture che
si dovrà retenere et quelle che si potran restituire nella consegnation da farsi come di sopra. Et
con le dette provisioni si potrà effectuare così santissima opera a laude di Dio et honore et utile
della Santa Sede et Camera apostolica.

[1] Arm. XVIII. 5. n. 6. p. 105.

[2] Arm. LVI, vol. 38.

[3] Arm. XV, vol. 8, 13.

Domenico Rinaldo Custode del nostro Archivio di Castello. Consignarete al Signor Cardinal Al-
dobrandino tutte le scritture che vennero da Ravenna, retenendo nell'Archivio copia autentica di
quelle che giudicarà il Cardinal Cesis esser necessarie per servitio della Sede Apostolica, non ostante
qualsivoglia scommunica et altri ordini datovi da Noi. Che così è mente nostra.

Data in Vaticano il dì 19 nov. 1604.
(Di mano del Papa)

CLEMENS PAPA VIII.

In codice Arm. IX, Ord. II, legimus. « Nomine autem dicti Cardinalis (Caesii) fuerunt deinde
« (scripturae supra memoratae) assignatae D. Constantino Caetano Monacho Cassinensi ut ex ipsius
« receptis patet, dat. XXI ian. 1605 ».

[4] *Arch. Castri S. Angeli*, Arm. IX, Ord. sup., Nota delli libri et scritture che alla giornata si
repongono nell'Archivio di Castello, eretto da Clemente VIII.

Clementis VIII successores, eius aemulantes sollertiam, quas quaeque dies ferebat chartas maioris momenti negotia referentes, in hoc Archivum servandas mittebant; quod per 200 circiter annos factum fuit, donec in unum veluti Archivum duo coalescerent, cum Archivum Castri S. Angeli in Vaticanum anno 1798 translatum est, antiquo chartarum ordine ad·unguem servato, qui eis a Ioh. Bapt. Confalonerio, presbytero romano totius Minervae viro, eiusdem Archivi praefecto ab anno 1626 ad 1638, constitutus fuerat. Et iure censemus, si quid in hoc Archivo boni est, huic fuisse caput Confalonerium, qui indicibus id locupletissimis ditavit, et plusquam 100 volumina sua descripta manu, et illius chartas enarrantia in eo reliquit.

Iussu Paulli V a Michaele Leonico Estensi, Archivi Castri S. Angeli custode, fuerunt ex Vaticanis Regestis acta insigniora veterum Romanorum Pontificum collecta et *transsumptata* et in plura volumina digesta; eaque manu dicti Leonici subscripta, semper et ubique probant, fidemque faciunt tam in iudicio quam extra, perinde ac si *originalia* ipsa exhiberentur, ut ex Brevi Paulli V sub datum 3 maii 1607 [1].

---

[1] Arm. I. *Processuum.*

> *Dilecto filio Michaeli Leonico clerico Paduanae dioecesis.*
>
> Paullus Papa Quintus.

Dilecte fili, salutem et apostolicam beneditionem.

Sincera fides et devotio quas erga nos et apostolicam sedem gerere comprobaris, nec non diligentia, solertia et experientia, aliaeque virtutes super quibus apud nos fidedigno commendaris testimonio, nos inducunt ut opera tua in infrascriptis uti decreverimus. Cum itaque te ad colligenda acta insigniora veterum Romanorum Pontificum Praedecessorum nostrorum, concessiones nimirum, alienationes, infeudationes et similia, eaque in Archivo arcis nostrae Sancti Angeli de Vrbe reponenda, ne lapsu temporis pereant, deputaverimus, volentes ut praemissa et alia quaecumque circa ea necessaria et opportuna accuratius et exactius agere valeas, te publicum, auctoritate apostolica, Notarium et Tabellionem, tenore presentium creamus et facimus, tibique ut tamquam publicus notarius etiam in Archivo romanae curiae descriptus et matriculatus, scripturas omnes et singulas, instrumenta, documenta, diplomata, privilegia et alia similia, quas et quae, tam in Archivo Camerae apostolicae quam ex aliis tam almae Vrbis quam aliarum Civitatum et locorum nobis et apostolicae sedis mediate vel immediate subiectis archiviis, propria vel aliena manu ex authenticis et originalibus voluminibus exemplari feceris, subscribendi, firmandi et authenticandi, ita quod ipse scripturae sic extractae et exempla dictarum scripturarum nec non etiam aliae omnes et quaecumque scripturae manu tua pro tempore subscriptae et subscribendae, semper et ubique probent et fidem faciant, tam in Iudicio coram quibuscumque Magistratibus, Iudicibus et officialibus, quam extra Iudicium in omnibus et per omnia, perinde ac si libri metipsi scripturaeque, instrumenta, documenta, diplomata, privilegia et alia similia authentica et originalia ex quibus dictae scripturae exemplatae fuerint producerentur, tuque publicus, apostolica auctoritate, notarius de more creatus ac in dicto Archivio romanae curiae descriptus et matriculatus existeres, auctoritate et tenore praesentis concedimus et impartimur, volumusque et decernimus scripturas sive exempla scripturarum supradictarum sicut prefertur, tua manu subscripta semper et quandocumque plenam et indubiam fidem facere ac perinde etiam valere ac si partes de quarum interesse agitur citatae fuissent, sicque et non aliter in praemissis omnibus et singulis ab omnibus censeri, ac ita per quoscumque Iudices ordinarios et delegatos, etiam Causarum curiae, palatiique apostolici Auditores ac ipsius Camerae apostolicae clericos, praesidentes, Thesaurariumque et Commissarium nostros generales, et S. Romanae ecclesiae Camerarium, aliosque ipsius

XIV. Quod Pius IV de novo et instructiori in Vaticanis aedibus Archivo condendo cogitarat, et morte praeventus efficere non valuit, Paullus V
aeternam sibi ex hoc gloriam comparans, Caesio cardinale suadente, coepit
perfecitque. Hic enim fundamenta iecit moderni Archivi Vaticani, armaria
construens, Regestis excipiendis idonea, caelaturis exornata, eidemque sedem
constituens, cameris in meliorem usum versis, quae antea cardinalibus
bibliothecae apostolicae praefectis pro tempore inserviebant. In hoc Archivum praeter selectos codices, quibus iampridem Sixtus V duas aulas
tribuerat, per Breve die 2 Oct. 1612, una cum pluribus libris Archivi Cameralis omnia Romanorum Pontificum Regesta, quae in Bibliotheca Vaticana secreta a Iohanne XXII ad Paullum III asservabantur, transferri
iussit, ut patet ex fragmento instrumenti manu Livii Antinorii Cam. apost.
protonotarii et Petri Cardinalis Aldobrandini. In eo accurate cum numero
foliorum, quibus unumquodque constat, Regesta omnia ab Innocentio III
ad Sixtum V numerantur. Mens enim Paulli V fuit ut scripturas, quae
nulla inter se gaudent affinitate, locus quoque seiungeret.

Iussit autem Paullus ut bibliothecae Vaticanae Custos, Archivo quoque
nuper a se erecto praeesset; quia decebat Regesta, quae tunc primum ex
Vaticana amovebantur sede, ut in novam aptioremque immitterentur, sub
eadem esse inspectione et cura qua servata antea fuerant, et antiquo contineri ordine, quo eorum melius prospiceretur authenticitati. Quod cavit
idem Paullus per Breve die 31 ianuarii 1612, his verbis. « Cum nuper
« dilectus filius Hieronymus Scanardus Camerae apostolicae Notarius et
« Archivii eiusdem Camerae Custos in executione chirographi, ...
« Nos ne propter translationem librorum a veteri in novum archivium hu
« iusmodi, eisdem libris fides in aliquo denegetur providere volentes, motu
« proprio. . . . praedictis libris sic de veteri in novum Archivium translatis,

---

sanctae romanae ecclesiae Cardinales, etiam de latere legatos, sublata eis et eorum cuilibet quavis
aliter iudicandi et interpretandi facultate et auctoritate, iudicari et definiri debere, ac irritum et inane
quidquid secus super hiis a quoquam, quavis auctoritate, scienter vel ignoranter contigerit attemptari;
non obstantibus constitutionibus, et ordinationibus apostolicis ac Almae Vrbis Camerae apostolicae
Curiae, Capitolini Archivii, et quarumcumque Civitatum, Terrarum et locorum etiam iuramento et confirmatione apostolica vel quavis firmitate alia roboratis, statutis et consuetudinibus, illis praesertim
quibus cavetur quod copiae scripturarum datae, non citata parte de cuius interesse agitur, nullius
valoris existant, privilegiis quoque, indultis et litteris apostolicis quibuscumque verborum formis et
tenoribus, et cum quibusvis etiam derogatoriarum derogatoriis, aliisque efficacioribus ac insolitis
clausulis ac irritantibus, et aliis decretis in contrarium praemissorum quomodolibet concessis et approbatis; quibus omnibus et singulis eorum tenores praesentibus pro expressis habentes, hac vice
dumtaxat, specialiter et expresse derogamus, caeterisque contrariis quibuscumque.

Datum Romae, apud s. Mariam Maiorem sub Anulo Piscatoris, die III maii MDCVII, pontificatus nostri anno secundo.

SCIPIO COBELLVTIVS.

« eandem plenam et indubitatam fidem in iudicio et extra ac ubique
« locorum · adhiberi debere decernimus et declaramus, quae illis adhi-
« beretur, si in veteri Archivio praedicto asservata fuissent et asservarentur,
« eorumque exemplis seu transumptis tam in iudicio quam extra et ubique
« fides adhibeatur ¹ .... ».

¹ *Arch. Vatic.*

Paullus Papa V.

Ad perpetuam rei memoriam. Cum nuper dilectus filius Hieronymus Scanardus Camerae apostolicae Notarius et Archivii eiusdem Camerae Custos in executione chirographi manu nostra subscripti
sub datum die XX Decembris 1611, complures ex libris dicti Archivii in chirographo predicto nume-
ratos et nominatos, dilecto etiam filio Balthassari Ansideo Bibliothecae nostrae Vaticanae Custodi coram
Notario et testibus cum interventu dilecti pariter filii nostri Bartholomaei tituli S. Mariae in Porticu
presbyteri cardinalis Caesii nuncupati et dilecti etiam filii Hortensii de Rubeis dictae Camerae commissarii consignaverit, ipseque Balthassar libros omnes huiusmodi sic consignatos in publico Archivio
in dictae bibliothecae una ex mansionibus noviter, iussu nostro constructo et erecto, pro perpetua inibi
conservatione unico contextu, et cum eorumdem Bartholomaei cardinalis, et Hortensii interventu, et
coram Notario pariter et testibus reposuerit, Nos ne propter translationem dictorum librorum a veteri
in novum Archivium huiusmodi, eisdem libris fides in aliquo denegetur providere volentes, motu
proprio et ex certa scientia nostra, ac de Apostolicae potestatis plenitudine, dictum Balthassarem et
pro tempore existentem praed. bibliothecae custodem etiam dicti Archivii noviter constructi et erecti
custodem et publicum officialem, tenore praesentium, declaramus, et, quatenus opus sit, deputamus, ac
praedictis libris sic de veteri in novum Archivium translatis, eandem plenam et indubitatam fidem in
iudicio et extra ac ubique locorum adhiberi debere decernimus et declaramus, quae illis adhiberetur, si
in veteri Archivio praedicto asservata fuissent et asservarentur, eorumque exemplis seu transumptis tam
in iudicio quam extra et ubique fides adhibeatur, nec non eosdem libros in omnibus et singulis pro-
hibitionibus, constitutis etiam et sub censuris et poenis ecclesiasticis et temporalibus emanatis, quibus
dictae bibliothecae libri subiacent et comprehenduntur, perpetuo subiicimus et subiectos esse et fore
declaramus; sicque in omnibus et singulis censeri et ita per quoscumque iudices quavis auctoritate
fungentes, sublata eis et eorum cuilibet quavis aliter iudicandi et interpretandi facultate et auctoritate,
iudicari et diffiniri debere, ac irritum et inane si secus super his a quoquam, quavis auctoritate, scienter
vel ignoranter contigerit attentari, etiam decernimus. Non obstantibus constitutionibus et ordinationibus
Apostolicis ac legibus etiam municipalibus, nec non, quatenus opus sit, dicti Archivii statutis, etiam
iuramento, confirmatione apostolica, vel quavis firmitate alia roboratis, privilegiis quoque indultis et
litteris apostolicis eidem Archivo illiusque custodi et aliis ministris sub quibuscumque tenoribus et
quibusvis clausulis et decretis in contrarium praemissorum quomodolibet concessis, confirmatis et
innovatis; quibus omnibus et singulis, eorum tenores praesentibus pro expressis habentes, illis alias
in suo robore permansuris, hac vice dumtaxat specialiter et expresse derogamus, ceterisque contrariis
quibuscumque.

Datum Romae apud S. Petrum, sub Annulo Piscatoris, die ultima ianuarii MDCXII, Pontificatus
nostri anno VII.

I. Valterivs.

Arm. XLII, vol. 54, fol. 142.

Dilecto filio Scipioni Cobellutio nostro et apostolicae Sedis notario ac secretario domestico et
familiari, continuo commensali nostro.

Paullus Papa V.

Dilecte filii, salutem et apostolicam benedictionem. Grata devotionis et familiaritatis obsequia quae
nobis et apostolicae Sedi hactenus impendisti et adhuc sollicitis studiis impendere non desinis, necnon
vitae ac morum honestas, aliaque laudabilia probitatis et virtutum merita quibus personam tuam cum
fide singulari praeditam familiari experientia iuvari comperimus, nos inducunt ut praecipua tibi munera
credamus teque specialibus favoribus et gratiis prosequamur. Cum itaque nuper officium Custodum

Ita Archivo Vaticano instructo, nobiliorique quam antea loco et propria sede donato, idem Paullus per Breve die 25 ian. 1616 decreta praedecessorum suorum innovando et declarando, mandavit omnibus et singulis sedis apostolicae et camerae scripturarum detentoribus, ut infra sex dierum spatium commissario Camerae apostolicae seu bibliothecae vel Archivi Castri S. Angeli custodibus eas restituant et tradant [1].

Archivi arcis nostrae S. Angeli de Vrbe per obitum Balthassaris Ansidei clerici perusini cubicularii nostri apud sedem apostolicam defuncti vacaverit et vacet ad praesens. Nos quibus praedictum Archivum ob summi momenti scripturas ad nos et apostolicam Sedem et ecclesiam catholicam spectantes quae illic tanquam in sanctiori tabulario accuratissime asservantur, maximae curae existit, merito sperantes te officium praedictum recte et ex animi nostri sententia administraturum, Motu proprio non ad tuam vel alterius pro te nobis super hoc oblatae petitionis instantiam, sed ex certa scientia ac mera deliberatione nostris officium, praedictum cum omnibus et singulis privilegiis, facultatibus, honoribus, oneribus, portione ex palatio nostro apostolico, salariis et emolumentis solitis et consuetis, et cum quibus predictus Balthassar obtinebat, apostolica auctoritate tenore praesentium, ad tui vitam concedimus et assignamus. Mandantes propterea dilecto filio nostro et sancte romane ecclesie Camerario caeterisque omnibus et singulis ad quos spectat et in futurum spectabit, ut te praedicti Archivii Custodem et archivistam iuxta tenorem presentium agnoscant. Thesaurario vero et depositario nostris generalibus necnon domus et palatii nostri praefectis caeterisque ad quos pertinet, ut de provisione et emolumentis ac portione palatii nostri earundem presentium tenore, debito tempore cum effectu respondeant ac responderi curent et faciant, contrariis non obstantibus quibuscumque. Volumus autem ut de officio huiusmodi recte et fideliter administrando, in manibus nostris debitum praestes iuramentum.

Datum Romae apud S. Petrum etc. die 7 Martii 1615 anno X.

(Di mano del Papa)

Expediatur

PAVLVS PAPA V

[1] Arm. XLII, vol. 57, fol. 145.

Paulus Papa V.

Ad perpetuam rei memoriam. Apostolicae Sedis regimini licet immeriti a Domino praepositi, sollicite curare debemus ut eiusdem Sedis et Camerae res et iura illaesa illi conserventur, et quae eidem Sedi et Camerae absunt et a quacumque persona occupantur et detinentur contra ius et praedecessorum nostrorum Romanorum Pontificum constitutiones in praeiudicium eiusdem Sedis et Camerae ac illa detinentium salutis animarum, recuperentur. Cum itaque quotidiana experientia compertum sit multas et varias eiusdem Sedis et Camerae scripturas penes diversas personas reperiri, idcirco praed. nostrorum Romanorum Pontificum constitutiones et decreta desuper facta innovantes et declarantes seu extendentes, motu proprio et ex certa scientia nostra, deque apostolicae potestatis plenitudine, hac nostra perpetuo valitura constitutione districte praecipiendo mandamus omnibus et singulis tam ecclesiasticis quam saecularibus cuiuscumque status, gradus, ordinis vel conditionis fuerint et quacumque amplissima et speciali digna nota, dignitate praefulgeant, qui libros registrorum litterarum sub plumbo aut sub annulo Piscatoris expeditarum, seu Bullarum et Brevium ac supplicationum motuum propriorum nuncupatorum et epistolarum, necnon etiam qui litteras ipsas sub plumbo expeditas aut Brevia et epistolas originales minutas earumve minutarum necnon computorum, censuum similiter libros, instrumenta et alia quaecumque iura et scripturas ad sedem et Cameram praefatas quomodolibet spectantia et pertinentia detinent vel in posterum perpetuis futuris temporibus detinuerint, ut libros, litteras, Brevia, epistolas, minutas instrumentorum, scripturarum et alia iura praefata infra sex dierum terminos quorum duo pro primo et duo pro secundo et duo pro tertio et peremptorio termino assignamus, dilecto filio comissario camerae nostrae apostolicae generali seu bibliothecae Vaticanae aut Archivi, Castri S. Angeli custodibus cum effectu restituant et tradant sub excommunicatione latae sententiae ipso facto incurrenda, a qua, praeterquam in mortis articulo, a nemine etiam quarumcumque facultatum

XV. Quod Paullus V alieno consilio opportunoque tempore perfecit, ante annos quadringentos pro suo ingenio Innocentius III difficillima christianae reipublicae tempestate praestiterat, ceu lynceis oculis, coniiciendo, de more divinavit clarissimus vir Ioh. Bapt. DE ROSSI. Ex eo enim quod « apud s. Petrum . . . . fecerit (Innocentius) de novo . . . domos cancellarii, « camerarii etc. [1] » recte coniicitur eum suum saltem Regestum penes se ibi retinuisse, quod a suis etiam successoribus factum fuisse in comperto est. Cum vero nulla antiquiorum Pontificum supersint Regesta, et ab Innocentio III e contra eorum seriem non interruptam habeamus, nefas est hoc fortuito evenisse arbitrari. Antiquiora enim in Lateranensi scrinio reliquit Innocentius [2], alia in ipso Soractis monte custodiebantur [3] et plurima in *Turri chartularia* prope Palladium, nempe prope arcum Titi ad Palatinum, uti argumentis satis firmis praefatus DE ROSSI suadet. Cum autem Frangipanes, *genere nobiles sed nobilitate degeneres* [4], Turrim supradictam eorum concreditam fidei, Friderico Imperatori anno 1244 prodidissent, nulli insidere potest dubium, quin tunc in ea servatae scripturae absumptae fuerint vel dispersae. Accedit ut post Gregorium IX (1226–1241) qui in suis litteris Vrbani II aliorumque Praedecessorum suorum Regesta memorat [5], nullus amplius Pontificum de eis mentionem faciat, quamvis ea peropportuna accidisset. In Deusdedit, Mon. Casinensis probabiliter et Cardinalis, Canonum collectione Victori III dicata, et Cencio Camerario, antiquissima Pontificum Regesta commemorata legimus, ex quo nonnulli autumant plura ex illis usque ad initium saec. XII in Rom. eccl. scriniis et alibi extasse [6].

Antequam vero ad Vaticanum in suo palatio domos cancellarii etc. aedificaret, initio sui pontificatus aliqua constituerat Innocentius, circa Curiae

seu indultorum a nobis aut praedecessoribus nostris Romanis Pontificibus illi concessorum vigore, absolvi non possint, nec non aliis poenis etiam corporis afflictivis nostro et pro tempore existentis Romani Pontificis arbitrio. Non obstantibus constitutionibus etc.

       25 ianuarii 1616, anno undecimo.

[1] MAI, *Spicil. rom.* p. 307, in additamento ad librum *Vita et res gestae Innocentii III,* in *Arch. Vat.* Arm. XI, vol. 25. Edidit MURATORI in T. III. R. I. S. p. 486-567.

[2] Vide par. IV.

[3] DE ROSSI, loc. cit. Iuvat hic verba subtexere quae ad rem nostram faciunt ex GRAZINI « Vindiciae ss. Martyrum Arretinorum, p. 73. » Arretii, 1775. « In pede scalae Lateranensis palatii accessit « ad eum (Guidonem) quidam clericus . . . et ait . . . Mitte ad Montem Syratti [1] pro registro pape « Alexandri in quo est definitiva sententia etc. . . . . quo (registro) misso et aperto, statim occurrit « praefata sententia, secundum quam Arretinus episcopus victoriam retulit. » Paullo ante annum 1125.

[4] MURATORI, T. III, R. I. S. p. 481.

[5] Vide par. IV.

[6] De hoc verba facit clarissimus vir DE ROSSI loc. cit., p. 33, ad quem lectorem amandamus.

    [1] Inf. XXVII, 94.   Ma come Costantin chiese Silvestro
                                  Dentro *Siratti* a guarir della lebbre,
                                  Così mi chiese questi per maestro,
                                  A guarir della sua superba febbre.

scriptores ut legimus in codice Archivi Vaticani, quem ex BALVZIO aliisque edidit MVRATORIVS [1], T. III, R. I. S. p. 486–567. Sed unde discessimus redeamus.

XVI. Certatim subsequentes Pontifices varias in illud per vices invehere non destiterunt scripturas. Vrbanus VIII in eo collocavit Bullas, quae pene secretarios apostolicos exstabant a Sixto IV ad Pium V, libros, regestra, minutas Brevium ab Alexandro VI ad Pium V ex Secretaria Brevium congestas, pluraque ex Avenione Regesta; quod etiam patet ex manu Contelorii in Reg. 54 [2]. Eius quoque curae fuit [3], eos penes quos apostolicae sedis acta exstarent, compellere ut eorum archetypa ad se mitterent vel exemplaria. Non videtur autem rem acu tetigisse Marinius [4], cum ad hoc adstruendum, in medium proferat testimonium epistolae ad Nuncium apud Venetos: haec enim missa fuit ad eum non quia Nuncius sed quia ab epistolis cardinali Ludovisio Romae fuerat, ut ex ipsius littera ad cardinalem

---

[1] Arm. XI, vol. 25, fol. 12 b. Inter omnes itaque pestes habuit (Innocentius) venalitatem exosam, cogitans qualiter eam posset a Romana ecclesia extirpare. Statim ergo (1198) fecit edictum ut nullus officialium Curiae suae quicquam exigeret, praeter solos scriptores et bullarios, (*sic*) quibus certum modum praefixit, districte praecipiens ut singuli suum officium gratis impenderent, receipturi gratanter, si quod eis gratuito donaretur. Fecit igitur Ostiarios a Notariorum cameris amoveri, ut libere ad eos pateret accessus. Erat autem infra sacrum Lateranense palatium in transitu iuxta cisternam coquinae, nummulariorum mensa locata, super quam cotidie ponebantur vasa aurea et argentea, monetarum diversitas, multusque thesaurus ad vendendum vel cambiandum, quam idem sollertissimus Pontifex illius zelo successus qui mensas nummulariorum subvertit, de toto palatio fecit penitus removeri. Ter in hebdomada solemne consistorium, quod in desuetudinem iam devenerat, publice celebrat, in quo, auditis querimoniis singulorum, minores causas examinabat per alios: maiores autem ventilabat per se tam subtiliter et prudenter, ut omnes super ipsius subtilitate et prudentia mirarentur. Multi literatissimi viri et iurisperiti, romanam ecclesiam frequentabant ut ipsum dumtaxat audirent, magisque discebant in eius consistoriis quam didicissent in scholis; praesertim cum eum promulgantem sententias audiebant, quoniam adeo subtiliter et efficaciter allegabat, ut utraque pars se victuram speraret dum eum pro se allegantem audiret; nullusque tam peritus coram eo comparuit advocatus, qui oppositiones ipsius vehementer non timeret. Fuit autem in ferendis sententiis ita iustus, ut nunquam personas acciperet, nunquam a via regia declinaret, easdem cum multa maturitate, deliberatione praehabita, proferebat. Ob hoc ad eius audientiam tot et tantae ceperunt de toto orbe etc.

[2] Questo libro di Bolle di Clemente V anno 2 fu mandato d'Avignone all'Eñio Card. Barberino quale lo consegnò a me Felice Contelori per rimetterlo nell'Archivio Vaticano l'anno 1636.

[3] *Arch. Vat.* — Nunziatura di Venezia vol. 275, delle lettere scritte di Roma a Monsignor (G. B. Agucchia) Nuntio di Venetia l'anno 1627 fino a tutto l'anno 1631.

Nostro Signore fa diligente ricerca per ricuperare tutte le scritture spettanti alla Segreteria di Stato, et alla Camera e Sede apostolica. Se ne è fatta richiesta alli signori nepoti de' Sommi Pontefici, e loro heredi che sono qua. *Monsignor mio Illño Card. Ludovisi dice di non tenerne, se non alcuna, che ha consegnata; e che le altre crede siano in mano di V. S.* Ha però comandato Sua Santità, che se le significhi il tutto, affine che ella si compiaccia far ritrovare tutte le lettere che sono in suo potere dal tempo della santa memoria di Gregorio XV, e quelle effettivamente facci consegnare a questa Segreteria per riporle a' suoi luoghi. Nel che premendo assai S. B. può accertarsi V. S. che l'ossequio di lei in questo sarà altrettanto caro a Sua Santità, quanto n'è grande il desiderio, et io per fine me le raccomando di cuore. Roma 19 ag. 1628.

(*Questa fu scritta anche al Vescovo di Foligno, eccettuatone il corsivo*).

[4] Marini, loc. cit. pag. 37.

Barberinium quam proferimus, [1] liquet. Anno 1625 Contelorio, quem magni merito faciebat, Nunciorum saeculi XVI litteras, in *Guardarobba* exstantes et plures ad Concilium Tridentinum spectantes tradidit Vrbanus, in Vaticano Archivo, ubi nunc sunt, reponendas. Contelorius per 18 circiter annos, Leonici sub Paullo V Archivi eiusdem, et Ioh. Bapt. Confalonerii Archivi Castri S. Angeli custodum, studium et operam imitatus, in Regestorum praecipue inventariis et indicibus conficiendis totus fuit.

---

[1] *Arch. Vat.* — Nunziatura di Venezia, vol. 49, pag. 353.

Ottima deliberatione nel vero, come sono tutte l'altre di N. S. è quella di fare raccogliere le lettere, e scritture della Segreteria di Stato appartenenti alla Sedia apostolica, cosa molte volte ordinata, nè mai eseguita: oltra che non si è mai pensato di porvi il rimedio al tempo che più bisognava, io dico nel mutarsi de' Pontificati; onde non solamente per l'obbligo mio di ubbidire sempre ai cenni di Sua Santità e di V. S. Illᵐᵃ, ma per mia propria inclinatione eseguirò prontissimamente quanto ella mi comanda intorno a questa materia. Io dico dunque a V. S. Illᵐᵃ che havendo io fatto conservare le lettere che si ricevettero al tempo di Papa Gregorio di felice memoria e fare li registri di quelle che si scrivevano nel modo che io trovai essere stato fatto dai segretarii miei antecessori, io feci consegnare l'une e gli altri al S. Card. Magalotti, o al S. Hieronimo Aleandri che le ricevette a nome di S. S. Illᵐᵃ. E perchè nel mio venir qua ci mandai due casse di mie scritture, quali perchè venissero con buon tempo, le mandai un pezzo avanti e le raccolsi però in fretta senza molto riveàerle e distinguerle, furon poste fra esse per errore due mazzi di lettere del nuntio di Spagna che io haveva separate dall'altre per essere di negotii importanti che all'hora pendevano, e mi accadeva di haverle a rivedere qualche volta. E questi s'invieranno con le prime da me a V. S. Illᵐᵃ. Altre lettere non mi rimasero ch'io mi ricordi, ma rivedrò con diligenza le mie scritture, per cercare se tra esse ne fossero di sorte alcuna, e parimente trovandone glie le invierò. Quanto alle lettere da porsi in cifra e deciferate, perchè non trovai che fossero per avanti state registrate o poste con l'altre o fosse per la segretezza o perchè si scrive alle volte liberamente, e si scriveva anche all'hora d'interessi privati, seguitai il medesimo stile per farne poi quello che'l Sig. Cardinale Ludovisio mi havesse ordinato; ma perchè erano tutte minute di mia mano scritte con molta fretta, in modo che alcune non si sarebbono potute intendere da altri che da me, deliberai di farle chiare tutte in libri o quinterni distinti, e di unirle co' deciferati, e di seguirne poi la volontà di S.S. Illᵐᵃ, et in fatti le portai qua per questo, e si cominciò a copiarle; ma per mancamento che ho havuto di persona che bene il facesse, si è scorso avanti, e se ne stanno quasi ne' termini di prima. Manderò dunque a V. S. Illᵐᵃ le deciferate senza dilatione, perchè ogni spaccio ne verrà qualche mazzo, e le minute farò copiare diligentemente, e con la maggior prestezza che si potrà, et con le minute delle cifre potrà essere che se ne trovi alcune di lettere che andavano con esse, o che eran verso di se importanti. Delle istruzioni non ne trovai niuna nella Segreteria con l'esempio delle quali mi potessi governare. Ne feci tuttavia, come seppi il meglio, intorno a trenta in poco più di due anni, e le feci registrare tutte in un libro il quale diedi, avanti che'l Papa morisse, al Sig. Card. Ludvisi che me l'haveva dimandato, e mi parve d'intendere che di S. S. Illᵐᵃ fossero comunicate al Sig. Cardinale Magalotti. Di altre scritture io non ho cosa di momento ch'io ricordi; potrà essere che ne separassi talvolta alcune dalle lettere per valermene, facendosi sopra la nota della lettera, con la quale era venuta, e che ne sieno rimase fra le mie scritture, si che ritrovandone nel riveàerle tutte, saranno infallantemente mandate. In Roma non lasciai niente che riguardi alla Segreteria, se bene vi lasciai molte scritture, perchè quelle son cose veechie, che è quanto debbo dire a V. S. Illᵐᵃ, rispondendo ad una delle sue lettere del 19, èt con ogni humiltà le bacio le mani.

Di V. S. Illᵐᵃ e Rᵐᵃ.

Di Venetia li 26 di Agosto 1628.
Humiliss. Divotiss. et Obblig. Servitore
G. B. ARCIVESCOVO DI AMATA.

Sublato e vivis Vrbano VIII, Innocentius X eius successor, Contelorio immerite posthabito, Archivi custodem praefecit Centofiorinium, cuius in Archivum studii, (quamquam ei per integrum Innocentii pontificatum, omni procul negotio, praefuisset), pauca nec valde utilia supersunt monumenta.

Alexander VII opus ab Vrbano VIII inceptum sedulo feliciterque prosecutus, Archivo camerales scripturas subtexuit: primusque in aula superiori Armaria exstruxit litteris Nunciorum excipiendis, queis addidit cardinalium, praelatorum, principum privatarumque personarum epistolas, quae antea nihili ferme habebantur. Clemens XI, bonarum artium et studiorum altor, cultor et ipse eximius, in eadem aula aliam erexit sedem, quae duodecim Armaria, *Politicorum* libros fere omnia continentia, exciperet.

Benedicto XIII sedente, Petrus Domninus de Pretis Vrbevetanus, qui Archivi gubernacula tenuit ab anno 1727 ad 1740, omnium voluminum in aula superiori contentorum, quae supra memoravimus, catalogum, et *Minutarum* Brevium et litterarum a Clemente VII ad Gregorium XIII indicem confecit, qui laboriosum potiusquam eruditum prodit virum.

XVII. Tandem anno 1751 faustissimo Archivo omine, Iosephus Garampius Ariminensis Praefectus renunciatur. Hic suasor exstitit Benedicto XIV plurium codicum emendorum multa et varia s. Sedis negotia referentium. Idem etiam de Archivo optime est meritus, quia labore et ingenio usus fuit Iohannis Baptistae Pistolesii florentini, qui per viginti et amplius annos Regestorum et plurium in Archivo librorum et scripturarum innumeris pene schedulis concinnandis impiger insudavit, quae maximi sunt adhuc usus et utilitatis. Garampius interea pluribus codicibus (1300 et amplius) qui, eius suasu, ex Camera apostolica in Archivum Vaticanum invecti fuerant, indicibus donandis argumentisque apponendis, sollertem admovit manum. Eius praeclara in Archivum merita, singularem in antiquis scripturis, codicibus et membranis interpretandis enarrandisque peritiam, maiorem quam in dies de se in re diplomatica et litteraria excitabat spem, probe prudenterque noscens Clemens XIII, suae erga eum aestimationis et benevolentiae signum aliquòd exhibendi occasionem praestolabatur. Interea Nicolao Antonellio anno 1758 ad cardinalatum assumpto, eiusque nepote Leonardo qui ei adiutor datus fuerat, officio in *Secretaria* donato, Archivi Castri S. Angeli praefectura vacavit. Hanc ultro libenterque Garampio nostro detulit sapiens Pontifex cum Vaticani Archivi praefectura cumulandam. Sicque factum est ut duo Archiva, licet dissita, unius committerentur curae, quae, post octo circiter lustra, in unam recipienda erant sedem. Aliquot post annos eum ad Germaniae principes Nuncium misit Clemens XIV. In sua peregrinatione, studiorum, queis iam tum a puero imbutus fuerat, non immemor, omnia fere perlu-

stravit Archiva et Bibliothecas, praesertim monasteriorum quae, ea praecipue
aetate, cimeliis abunde erant referta, ex quibus, ceu apis argumentosa, quae ad
sua facerent studia patienter et fructuose delibavit; quorum pars non exigua in
Archivum, de quo tantopere est meritus, migravit. Eius habemus Regni Po-
loniae Archivi, Cracoviae asservati, indicem copiosum aeque ac accuratum, dum
ibi esset, opera sua confectum. Inter plurima quae eius laboris, ingenii et in-
vestigationis in Archivo Vaticano exstant monumenta, septem abhinc annis
Regestum chartaceum nobis occurrit epistolarum Nicolai Laurentii (*Cola di
Rienzo*) qui Romani populi Tribunus surrexit, cum Avenione Romani se-
derent pontifices. Hoc, ante annos fere quingentos, Pragae in Curia Archiepiscopali valde probabiliter asservabatur. Libet verba proferre, quae in membrana qua tegitur codex, saeculi XIV manu exarata, leguntur [1]. Hic
procul dubio cum caeteris Archivi documentis asportatis, seu verius Parisios
deportatis non erat, cum, nonnisi post mortem cuiusdam cardinalis qui
card. Garampii negotia gesserat, in Vaticano fuerit Archivo repositum, una
cum pluribus eiusdem libris et codicibus post annum 1820. In suis pere-
grinationibus emunctae naris virum, ubi pretiosus codex delitesceret, certe
non fugit: quomodo autem et a quo illum obtinuerit nos latet; et ei putamus
grates rependendas, quia unus hunc potuit thesaurum effodere. Hic certe
Marinii oculos et Theineri effugit, cum inter nullius fere momenti chartas a
nobis inventus fuerit. Saeculo elapso, Pragae eum descripsit PELZEL, quem
publici tandem iuris, Amburgi anno 1841, fecit Felix PAPENCORDT, qui dolet
quod archetypum nullibi ei invenire datum fuerit, quodque indubiis mendis
scatentem, prohiberetur castigatum edere. Hunc vulgari donatum eloquio in
lucem edidit Taurini, Thomas GAR, 1844. Mens erat lectiones varias, quae
saepe mendas de medio sustulissent editionis praefatae, accurata cum archetypo instituta collatione, in vulgus edere, ad quod manum continuo admo-
veramus, clar. viro DE ROSSI suadente; sed perfectioni tempus defuit; id tamen brevi praestituros speramus.

  Garampii opera, Archivum *Nuntiaturae* polonicae Archivo vindobonensis
Nuncii adauctum fuit, quod Emi Cardinalis PITRA consilio, cum adhuc monachum Ordinis sancti BENEDICTI ageret, et in Europae Archivis et bibliothecis,
alter MABILLONIVS, perlustrandis excutiendisque totus esset, in Archivum Va-

---

[1] Arm. XV, vol. 45. Rmo in Christo patri ac domino, domino Paulo, ecclesie Pragensis administratori, sede vacante, ac doctori dignissimo, nec non preposito. . . . pragensi domino meo gratioso
et semper perpetue. . . . . amantissimus . . . . . Matheus Sl. . . . .
  In fol. ult. 56*b*, haec legitur notula eiusdem aetatis, *Margh.* . . . . . *aetatis viginti quinque annorum, nigra facie, statura mediocris, crasso corpore, divertit a m. . : . . . in (liehen)?*
  Alterius manus, sed eiusdem aetatis in eodem folio legimus: *Liber episcopi Tacbicensis qui resti-
tuatur eidem.*

ticanum, aliis huiusmodi sociandum, inlatum fuit. Huic quoque, nam occasio accidit peropportuna, grates par est referre quod, quae in Innocentii III Regesto deerant, paucis abhinc diebus haud amplius eruditis viris in desiderio sint. Nobilis enim vir comes de ASHBVRNHAM [1], tanti viri auctoritate motus, quod magni, rogatus, divendere potuisset, LEONI XIII lubens, liberalitate obtulit maiori.

Pius VI, paucis ante annis quam Gallorum copiae Avenione et Vrbe potirentur, omnes quae in Avenionensi palatio supererant scripturas et Pontificum Avenionensium archetypa Romam, in Vaticano collocanda Archivo, detulit [2], quae secundam in illo Regestorum seriem constituunt [3].

Sub finem saeculi elapsi Caietanus Marinius a S. Archangelo, vir omnigena eruditione apprime excultus, una cum Callisto Marinio Pisaurensi, Marino Zampinio adiutor in utroque Archivo datus fuit. Tandem ipse sub gallica potestate Archivi praefectus renuntiatus, illud egregie illustravit, opus Garampii prosecutus, prout ea quae sui ingenii monumenta manuscripta reliquit, et in lucem edita volumina testantur. Eius cura, ex Arce S. Angeli Archivum feliciter translatum ad Vaticanum fuit, Gallis qui ipsam occupabant inspicientibus; opus maximae cum audaciae tum prudentiae. At cum confuse et raptim a sede sua avulsum fuisset et in Vaticanum Archivum iniectum mense maio anni 1798, aequis tandem conditionibus, in varias idoneas thecas sub Pio VII inclusum, antiquo chartarum ordine servato, hodieque ibi custoditur. Eo praefecto, anno 1810 maxima Archivo ingruit calamitas. Nam Francorum Imperatoris iussu, id Parisios deportatum fuit, una cum omnibus aliis romanarum congregationum Archivis, non excepto s. congr. de propaganda Fide. Reddita tandem Vrbi et Orbi tranquillitate anno 1814, omnia fere quae Aquila rapax abstulerat antiquam revisere sedem, opera, sollertia et prudentia eiusdem Caietani Marinii et eius nepotis Marini Marinii, qui ei in Archivi praefectura successerat.

XVIII. Sollicitudo in Archivi Vaticani et omnibus Romanae Curiae scripturis et monumentis ad varia eius Archiva pertinentibus reportandis, non sivit cuncta ordinatissime in capsis collocari: quapropter multa volumina unius Archivi in aliud illata fuerunt, et, ut amissa, per annos multos desiderata sunt. Die 10 ianuarii anni superioris 150 circiter libros *Minutarum brevium* a Clemente VII ad Pium V ex Datariae Archivo, ubi per 70 circiter annos latuerant, LEO XIII, Cardinalis HERGENROETHER Archivi Vaticani Praefecti consilio, in Vaticanum Archivum iterum transferri iussit. Idem munificus

---

[1] Vide par. IV.
[2] Legazione di Avignone, vol. XIII, p. 28, anno 1784.
[3] Vide par. II.

Pontifex die 26 ianuarii hûius anni in sua reponendum sede, Innocentii III annorum X, XI et XII archetypum Regestum misit, quod a saepe dicto nobili viro comite de Ashbvrnham dono acceperat.

Archivorum Imperialium praefectus Daunou, Archivi Vaticani scripturis et codicibus ordine distribuendis incumbens, veteri numeratione posthabita, novos antiquis numeris superimposuit. Aegre fatemur Marinum et Theinerum eius successorem numeros veteres indicibus qui in Archivo adhuc servantur, et scriptorum citationibus congruentes, instaurare neglexisse.

Iam antea Pii IX munificentia nova extructa fuere armaria, ad novissimas excipiendas scripturas et similia, Rosi Archivi praefecto et custodibus suadentibus. Votis tandem eruditorum morem sapienter gerens Leo XIII, Tabularii arcana reclusit anno 1881. Hinc aula studiosis excipiendis concinne instructa, et nova novissimis addita armaria, ut plures codices meliori commodiorique donarentur ordine; quod custodum cura et labore feliciter perfectum est, qui hoc prae caeteris ob oculos habuerunt, ut antiquus qui indicibus respondet numerus, novo reiecto, in singulis codicibus et scripturis appareret.

Brevi, altera ad haec aula studiosorum commodo et nonnullis servandis scripturis documentisque aptior, de eiusdem Pontificis munificentia, pro eo quo historiae cultores favore prosequitur, exstructa instructaque patebit.

Vt autem debita sit scripturis in Archivo Vaticano servatis fides, operae pretium ducimus ad calcem huius praefationis earum Roma Parisios, iterumque Parisiis Romam translationis historiam, ipsius Marini Marinii verbis subtexere: ex qua, paucis exceptis, omnia integre antiquam repetiisse sedem nemo non deprehendet.

DE REGESTO
CLEMENTIS PAPAE V

PECVLIARIS EXCVRSVS

De Regestis Chartaceis.

Cum iam satis de Pontificum Regestis in tabulario Vaticano exstantibus, et de eorum casibus et discriminibus actum sit; officii nostri ratio postulat de Clementis V Regesto, quod nunc primum in lucem edimus, peculiarem instituere disquisitionem. Quae profecto in pontificiam cancellariam inlustrandam animum nostrum deflecteret, nisi a viro apprime docto et rei peritissimo iam inceptum opus in idem concurrendi imparibus viribus mentem nostram prohibuisset. Eam potius totam in decem Clementis V Regesti membranacea volumina excutienda vertimus; et quidquid ab iis palaeographiae et historiae rationem declarans critices argumentis erui nobis datum erit, lectorum iudicio subiiciemus. Quoniam vero haec exemplaria, quorum textum in lucem edimus, archetypis in charta bombycina exaratis derivatione adnectuntur, haec aliquo studio prosequenda censuimus, licet temporum iniuria discerpta et pessumdata fuerint.

Ex regestis chartaceis Clementis V, quae *praeparatoria* vocare libet, quia scriptores actus authenticos, vel minutas in eis transcribebant, antequam in membranaceis regestis, ad usum posterioris aevi, iterum exararentur [1], non-

---

[1] In fragmento chartaceo regestorum anni XIV Iohannis XXII, legimus: « Verum est quod iste quaternus rubricatus est. Et transcriptus in pergameno. » Inter alia argumenta nostrae assertioni faventia, citare liceat volumen chartaceum Vrbani V, part. I, vol. 22; in quo iam regesta subdividuntur in litteras de curia, litteras dominorum cardinalium, de provisionibus prelatorum, de dignitatibus vacantibus, de praebendis, de beneficiis, de regularibus, de fructibus percipiendis, de conservatoriis, de litteris diversarum formarum, de monachis et monialibus recipiendis, de licentia testandi, de officio tabellionatus, de altari portatili et celebratione ante diem, de absolutione plenaria; porro in his diversis regestis seu quaternionibus, saepe occurrunt sequentes notae: « scriptum in pergamena; cassata de mandato; rubricatus est et grossus est; correcta de mandato; attende quia debet esse de anno septimo; vacat, posita est in loco ubi debet poni etc. ».

nulli tantum superfuerunt *quaterniones*, incendio Carpentoracti temporisque
edacitati erepti [1]. Primus, quinque constans foliis, aliis assutus fuisse quaternis videtur et efformavisse unum ex Regestis, vulgo dictis Avenionensibus;
quia exhibet in margine numerum 57, manu XVII saeculi ad finem vergentis
exaratum, qui usque ad numerum 65 progreditur. Caeteris foliis deperditis,
incipit a capitulo X quod respondet eidem capitulo, tum apud alium quaternionem membranaceum, tum apud Regestum 52 occurrenti. Altitudo
eius 365 millim. latitudo 280 millim. circiter habet; lineae stylo ferreo vel
plumbeo ductae, triginta sunt numero, sed earum prima scripto vacat; manus
peritissima; epistolae videntur ex ipsis authenticis bullatis transcriptae, salutationem, communes formulas, annosque pontificatus absque rubricis offerentes. Capitula et taxa signantur in margine, et lineae ex obliquo deductae
super unamquamque epistolam, certo non expungendi gratia, indicant, ut opinamur, tales epistolas in membranaceum regestum iam fuisse transcriptas.

Desinit quaternio cum *executoria* Magistri Iohannis Tephanelli capeilani,
qui non solvit taxam, ut in margine indicatur; verbum « vacat, » occurrit
iuxta hanc ultimam epistolam, sed postea expunctum est. Nonnullas va-
riantes lectiones exhibet, v. g. « Data apud Montempesullanum. Idus octobris
Pontificatus nostri anno primo [2]. » De die silet. Reg. 52, forsitan ob difficultates quae ex tali data exoriuntur; ex ea enim consequitur litteras datas
fuisse apud Montempessulanum die 15 octobris, dum habemus alias epistolas datas Biterris die 16, et iterum apud Montempessulanum, die 17
eiusdem mensis. Executoria epistolae directae Othoni de Castellione, habebat in margine, numerum XI, qui deinde deletus est, addita formula
« Eodem capitulo; » attamen sequens epistola duodecima numeratur; et

---

[1] BALVZIVS. *Vitae paparum Avenionensium. Parisiis MDCXCIII, col. 687.* Verba Baluzii: « Certe
perierunt omnino regesta trium priorum annorum pontificatus Clementis, » in sensu stricto sumenda
non censemus; sed tantum de chartaceis voluminibus, sive de Rationibus Camerae, aliisque ad computum spectantibus. Caeterum Christophorus BROWERVS (*Fuldensium Antiquitatum libri IIII. An-
tuerpiae 1612 libro quarto, LII. pag. 320*) loquens de electione abbatis Henrici de Hohenberg, qui
tempore quo sedes Romana vacabat, mortuo Clemente, Galliam petierat, addit: « Memorandum hic,
quod iuris Pontificii Regestis, quibus pretium inscriptum, quod curiae Romanae pendere confirmandi
Abbates solent, Carpentoracti Galliae Narbonensis urbe, ubi Clemens obierat, exustis, cum plus antiquitus
numeraretur, Henricus ad quadringentorum (aureorum) florenorum censum paginas accepti redegit. »

[2] Reg. 52. fol. 3 a. Facilius in itinere, varietas in datis occurrere poterat. Nunc Clemens Lugdunum tendit; Gregorius vero XI, occasione sui felicis reditus ad Vrbem, sequens decretum in regesto
cancellariae suae inseri voluit: « Item kalendis februarii anno VII, ordinavit, quod omnibus et singulis,
qui ante areptum iter suum de Avenione ad urbem accedendum, super confirmatione beneficiorum
impetraverant; super quibus littere apostolice propter impedimenta itineris nequiverunt expediri; littere
apostolice, super huiusmodi confirmatione, concedantur sub data dicte diei et usque ad quatuor
menses in antea computandi, in cancellaria valeant expediri et expediantur. » Ex Cod. Vat. 3987,
*Regulae datae in vicecancellaria, per dominos Iohannem papam XXII, Ben. XII, Clem. VI, Innoc. VI,
Vrb. V, Greg. XI et Clem. VII, fol. 25.*

error etiam in fragmenta quaterni membranacei de quo mox locuturi sumus, illatus est.

Inter alia fragmenta chartacea, quae prae manibus habuimus, invenimus alium quaternum incipientem a cap. DLXV cuius prima pagina n. 92 notatur [1] Altitudo eius 310 millim., latitudo autem 240 millim. aequat. Numerus versuum in unaquaque pagina, ut ita dicam, diversus; lineae verticales super scripturam, ut in praecedenti quaternione, sunt ductae, deficientibus lineis ad dirigendum calamum aptis; iam abesse incipiunt verba: « Clemens etc., Pontificatus nostri; » executoriae epistolis beneficium tribuentibus postponuntur, et charta signum officinae non habet. Post capitulum DLXVII, eiusque executoriam, reponenda essent fragmenta, quae in codice Ottoboniano 2516, a folio primo usque ad quintum occurrunt, et capitula DLXXXVI–DIC exhibent [2]; praeposito tamen alio fasciculo deficiente, ut ex numero capitulorum patet. Error incuria scriptorum irrepsisse videtur; quia in duabus paginis sequentibus, capitula DXVI – DXIX signa correctionis offerunt [3]. Ad calcem paginae 95 secundi Regesti chartacei, (numeros citamus, ut pote occurrunt, advertentes quod immutanda esset istorum fragmentorum et ipsius Regesti 52 numeratio foliorum, quia perperam assuta sunt) legitur in margine, post capitulum DXIX, « Variatur capitulum » et sequitur numerus DCCCC [4]. »

Folia archetypa, seu praeparatoria, Regesti Clementis V, huc illuc decursu temporis discerpta. Folium quintum Codicis Ottoboniani, ad quem nunc revertendum, incipit a Cap. DCLX, et prosequitur series usque ad Capitulum DCLXXXIII [5]. In folio 14*b* praedicti Codicis, ducta linea super numerum DCLXXXIII, corrector scripsit: « Mutatur capitulum »; deinde numero DCCCLXXXXV reducto ad DCCCXXV, legitur in margine: « Inquire tres litteras de eodem numero II et III sub isto signo ✠. » Epistola dirigitur Raymundo clerico Tolosano et occurrit in Regesto 52, inter epistolas sub numero octingentesimo et sequentibus notatas [6]. In folio 15, numeri duo immutati DCLXXXIIII et DCLXXXI, quorum locum subit numerus DCCCXXVI et sic progreditur immutatio usque ad n. DCCCXXXI, in cuius fine corrector signum quoddam apposuit. In folio 18*b* solum capitulum DCCLXXXVIII, signatur [7], et desinit quaternio chartaceus in folio 21*b*, cum capitulo DCCIC. Codex multa alia continet quae ad Pontificatum Clementis V, aliorumque Summorum Pontificum pertinent. Qui

---

[1] Hic numerus respondet primae epistolae fol. 117*b*. Reg. 52.
[2] Vide Reg. 52. fol. 120-122.
[3] Reg. 52, fol. 124*a*.
[4] Reg. 52, fol. 165.
[5] Reg. 52, fol. 41*b*-47*b*.
[6] Ibidem, fol. 147.
[7] Loco citato, fol. 73*b* et seqq.

codicis compactionem direxit, nonnulla documenta Leoni Bartholomaei Gustavini, tribuenda esse asseruit in titulo fragmentis praevio, ob transumptum
epistolae Raymundo de Favolis directae, quae tamen in Regesto 52 absque
actu Notarii praedicti, simplex occurrit [1].

In pag. 96–113 secundi quaterni occurrunt cap. DCCLIV–DCCLXXII [2].

Notandum, more solito, manus et atramentum frequenter immutari, lineas
super scripturam duci, taxas in margine indicari. In margine paginae 102
legitur « Nichil » quod refertur ad taxam epistolae directae ad Augerium
de Baslada, vicarium Arnaldi Garsiae Clementis V fratris, Rectoris Vallis

---

[1] Codex Ottobonianus haec habet in folio 9 b: « In nomine domini Amen. Hoc est transcriptum seu
transumptum quarumdam litterarum apostolicarum Sanctissimi Patris Domini Clementis Pape quinti,
vera ipsius bulla plumbea et filo canabis integro bullatarum, non abrasarum, non abolitarum, nec
in aliqua earum parte coruptarum, sed omni suspicione carentium, quarum tenor per omnia talis
est. » Clemens . . . Raymundo de Favolis, Priori de Curte, Agennen. dioc. . . . Ex parte fratrum . . .
Datum Scaune III. Non. Octobris, Pontificatus nostri Anno primo. Et ego Leo Bartolomei Guis-
tavini de Fractis Gaietan. dioc. publicus imperiali auctoritate notarius predictum transcriptum seu
transumptum, prout in dictis originalibus litteris inveni, ita hic de verbo ad verbum transcripsi, nil
addens, nil minuens quod sensum mutet, vel viciet intellectum, ipsumque cum discretis viris Ioffrido
de Sancto Patre et Petro Bene de Balordis de Forlivio notariis publicis ad hoc adhibitis et vocatis
testibus, fideliter abscultavi et cum dictis originalibus litteris concordare inveni, me in testem subscripsi et in testimonium premissorum, meo consueto signo signavi, sub anno domini Millesimo trecentesimo quinto, indictione tercia, die septimodecimo Octobris, apud Montempessulanum. Pontificatus
Sanctissimi Patris domini Clementis pape quinti. Anno primo. » Sequitur monogramma Leonis. Ex
hoc transumpto bulla iam usum fuisse discimus Clementem, qui Lugdunum petens, eadem die decima
septima apud Montempessulanum, ut aliae epistolae probant, degebat. Die 31 iulii bulla eius nondum
cusa fuerat; ut legitur in cod. Ottobon. 3977, fol. 173: « Clemens etc. etsi in temporalium dispositione bonorum habenda sit discretionis cautela, precipue ut ea digne et utiliter dispensentur; in ecclesiasticis rebus, multo fortius vigilare nostra debet intentio, ut iuxta personarum conditiones et
status ad divini nominis laudem et ipsarum utilitatem provideatur ex merito ecclesiis de personis,
cum iuxta canonicas sanctiones nihil sit quod ecclesie dei magis officiat quam quod indigni assu-
mantur prelati ad regimen animarum. Hac igitur consideratione convicti etc. Burdegalen. ecclesiam
de qua licet immeriti fuimus noviter ad hunc statum summi apostolatus assumpti, et Mon. Sancte
Crucis Burdegalen. ordinis sancti Benedicti, vacans per (1736) obitum quondam fratris Guillermi de
liberia abbatis eiusdem, et generaliter omnes patriarchales Archiepiscopales, Episcopales ecclesias Mon.
Prioratus, et quoslibet personatus, dignitates et officia cuiuscumque ordinis et condicionis existant,
necnon Canonicatus, Prebendas ecclesias cum cura et sine cura, et quelibet beneficia ecclesiastica
quocunque nomine appellentur, que apud sedem apostolicam vacare noscuntur ad presens, et que
toto nostri Pontificatus tempore vacare contigerit in futurum, provisioni, collacioni et disposicioni
nostre et sedis eiusdem, hac vice auctoritate apostolica reservamus, decernentes ex tunc irritum et
inane, si quid contra hec per quoscumque, quavis auctoritate, scienter vel ignoranter attemptatum est
hactenus, vel in futurum contigerit attemptari, Constitucione fe. re. Clementis quarti et Bonifacii VIII.
Romanorum Pontificum predecessorum nostrum et ala (alia) qualibet in contrarium edita non obstante,
et quia plus dubitari solet quod specialiter iniunguntur, quam quod generaliter imperatur, hac reser-
vacione nostra et decreto eciam ligari volumus ignorantes, qui ea bullam nostram non habemus ad
presens; ad cautelam presencium et memoram (sic) futurorum, huius nostre reservacionis edictum, cum
premissi interposicione decreti scribi et in publicam formam redigi iussimus per Bernardum Capiarii
publicum Notarium infrascriptum, quod eciam sigilli quo utebamur olim burdegalen. ecclesie presidentes fecimus appensione muniri. Dat. Burdegal. pridie kal. Augusti, Pontificatus nostri anno primo.

[2] Reg. 52, fol. 63 b - 68 a.

Spoletanae; iterum in margine paginae 112 legimus: « pro qualibet istarum, viginti; » agitur de epistola electionis Ioannis Episcopi Spoletani, eiusque executoriis. Inter paginas 113 et 114 duo folia desiderantur; pagina vero 114 exhibet capitulum DCCLXXXIX, et ultima DCCLXXXX [1]. Epistola Regesti 52: « Apostolice provisionis . . . [2] » deest in hoc quaterno, qui pariter epistolam Nicolao Ostiensi episcopo directam: « Quanto Romanam ecclesiam . . . [3], » et quinque alias omittit; quoad executorias utitur his verbis: « et cetera, ut in forma ». Epistola ad Archiepiscopum Eboracensem hanc exhibet notulam in margine: « De aula, nichil. » Epistolae Tenctoris Clementis V scriptoris non sunt taxatae; sed in margine legitur: « Nichil pro « Tenctore. » Duas epistolas scribere incepit amanuensis huius quaternionis qui forte viginti foliis constabat; sed eas deinde lineolis delevit. In pag. 122, quae est ultima et trium scriptorum manum prodit, epistolam, quae praeficit Aymericum Abbatem monasterio de Parinhaco, immediate sequitur alia epistola Armando Priori Dayras, lineolis expuncta et in Regesto 52 desiderata. Deinde alia manus scripsit epistolam ad vassallos monasterii de Parinhaco; pagina vero sequens vacua remansit.

Alius quaternio maximi momenti, licet madore pene consumptus, lectorem in desperationem adducit, quia tangi non potest, nisi summa adhibeatur prudentia, quin aliqua chartae particula sub digitis evanescat. Nullum signum transcriptionis in membranaceis regestis offert; lineae super scripturam in aliis fragmentis ductae, hic penitus desunt, et nisi alia regestorum Clementis membranaceorum fragmenta alibi lateant, istae paginae lectu difficillimae, praesertim in parte inferiori, a viro historico, auro gemmisque pretiosiores sunt iudicandae. Longitudo eius est 375 millim., latitudo 285 millim.; versus numerum quadragesimum quintum saepe superant, sed ad inferiorem descendunt; sicut in praedictis fragmentis, mutantur et manus et color atramenti. Numeratio paginarum recentior a 67 ad 91 ascendit; sunt tamen 13 folia, quia pagina vacua praetermissa est. Incipit a capitulo MVII acephalo et in margine legitur: « sed pocius credo ut sit de curia. » sed tūm numerum taxae, tum ista verba alia manus obliteravit. Sequens epistola qua Clemens supplicationibus Amanevi de Lebreto suspendit sententiam excommunicationis in quam vicecomes de Lautreco incurrerat, habet in margine: « Nil solvit nec erat taxata, dominus de Lebreto eam non habuit. » Iterum ad latus sequentis epistolae: « nil pro domini de Lebreto persona. » Raymundus sanctae Mariae novae diaconus cardinalis non solvit

---

[1] Ibi, fol. 70a et seqq. Primus numerus fuit correctus; in folio 116 recurrit num. DCCLXXXII.
[2] Ibi, folio eodem.
[3] Ibi, fol. 71b.

Regestum Clementis Papae V.

epistolam, quae eum a residentia eximit; in pagina enim 71 legimus:
« nil quia de curia pro domino Raymundo cardinali »; eadem nota recurrit
ad aliam epistolam quae similem clericis suis tribuit gratiam. Eodem privilegio gaudent camerarius cardinalis Petri tituli sanctae Priscae Vicecancellarii, et cardinalis Berengarius: « Nichil quia de curia pro camerario domini vicecancellarii. Nichil solvit quia cardinalis Berengarius. » Inter pag. 77
et 78 medium folium scripto vacat, sed capitulorum series modo regulari
progreditur. In pagina 78 epistolae ad parentes Cardinalis Thomae de Iorz
tituli sanctae Sabinae sequentibus notulis ornantur: « Nichil de hiis omnibus
que secuntur sub eodem capitulo quia cardinalis Guardius. » Aliae epistolae
sequentium paginarum in Angliam directae sub eodem capitulo habent in
margine « gratiosa. » In pagina 84 litteris nonnullis Camerae mercatoribus
directis praefigitur nota, seu titulus: septem littere que secuntur sunt taxate
ad LVI turonenses grossos ». Pagina 86 nobis offert initium epistolae directae Raymundo Singlerii Rectori ecclesiae de Vallibus, ductu multiplici
linearum obliteratae, et sequentes notulas: « Nihil pro nepote abbatis Lesati.
Nihil pro nepote pape (Raymundo Guillelmi de Bussos). In pagina 88,
longa epistola Abbati et conventui monasterii Vallis magnae Cisterciensis
ordinis, duplici linea in formam litterae X ducta, necnon et alia linea in
ipso capituli numero, fuit expuncta, et in margine legitur: « Taxata centum
sed nondum solutum est. » Paganus de Asprano de Traiecto, utpote Clementis scriptor non solvit pro epistola occurrente in pagina 90, in cuius
margine notatur: « Nichil pro Pagano socio domini vicecancellarii [1]. » Desinit
quaternio cum capitulo MXLV.

Codex qui in aula inferiori Archivi primus extat inter regesta chartacea
Avenionensia, non est Regestum proprie dictum; regestum enim chartaceum conflari deberet ex fragmentis de quibus locuti sumus, vel aliis
adhuc forsitan inter miscellanea latitantibus. De primo regesto Avenionensi
et praesertim de codicibus 8, 10 quibus titulus « Rationes Camerae, » de
fragmentis *Formularii* Clementis, aliisque regestis indirecte tantum sese
referentibus ad Regestum proprie dictum, alibi disserendi locus erit.

---

[1] In Codice Vat. 3987 legimus: « Infrascripte sunt regule tradite de mandato Sanctissimi in
Christo patris et domini nostri domini Iohannis divina providentia pape XXII, per reverendissimum
in Christo patrem et dominum dominum Petrum miseracione divina tituli sancti Stephani in Celio-
monte presbyterum cardinalem sancte Romane ecclesie vicecancellarium ac michi et aliis sibi assistentibus super ordinacione notularum et examinacione grossarum ac earum expedicione ad bullam
sub debito et religione iuramenti presiti inconcusse observari precepte. » Omnes attenti et solliciti
esse debebant « circa signacionem petitionum » in quibus, deficiente puncto, vel littera, vel occurrente
aliquo suspecto signo, non solum vicecancellarius, sed ipse Pontifex monendus erat, et circa omnia
quae ad officium suum pertinebant.

De Regestis Membranaceis.

Praeter ista fragmenta chartacea, alia membranacea remanent, quae Regesti Clementis V praeludium quoddam dici possunt. Vnum tantum quaternum cum quibusdam aliis foliis invenimus. Habet in altitudine 360 millimetra, in latitudine 268, duodecim foliis constat et capitulis viginti quatuor. Legitur in fronte primi folii: « Incipit Registrum domini Clementis pape V primi anni. » Litterae neo–gothicae huius tituli quinque millimetra in altitudine habent, si excipiamus duo ultima verba formae minoris, ob spatii defectum. Membrana subflava, saltem ex una parte, rudis, imperfecta inaequalis, et a scriptoribus bullarum reiecta, imo ex rasuris et linearum duplici directione patet nonnulla folia esse palimpsesta. Amanuensis duarum priorum epistolarum, bullarum seu diplomatum scripturae assuetus, scriptori imperito calamum statim tradit. Initio enim epistolae folii primi a tergo, legimus in margine: « Hic incipiatur. » Alumnus qui scripserat « multimodo, » linea ducta super hanc vocem, mendum tollit, scribendo « multitudo; » iterum mutat « ab aliquibus, » in « aliquatenus; » legendum erat, in minuta ut puto, (quia in epistola bullata non tali modo errasset), « ordinis; » scripserat: « honor; » bis insuper in sequentem errorem incidit: « Pontificatus anni primi ». In folio tertio occurrit notula: « et hic finiatur; » quae refertur ad verba superius citata: « Hic incipiatur. » Duae epistolae inter duplicem notulam inclusae directae fuerunt « Neapoleoni Sancti Adriani diachono cardinali » qui taxam non solvit; ut in margine bis adnotatur: « Nichil solvit. » Versus uniuscuiusque paginae sunt vigintiquinque; sed primus scriptura vacat. Non occurrunt tituli; sed signantur capitula in margine: « Capitulo primo; » et quando agitur de executoribus, non numerantur, sed veniunt sub formula: « Eodem Capitulo. » Taxa non indicatur nisi pro prima epistola: « Clemens episcopus et cetera. Dilecto filio Guillelmo Vicecomiti Brunequelli, Salutem et cetera. Etsi coniunctos , . . . ; » in margine: « Taxata IIII turonenses [1]. » Executoriarum nonnisi compendium dedit amanuensis; et in folii duodecimi postica pagina, non absoluto Capitulo XXIIII, tribus verbis inter lineas inclusis, initium quaternionis sequentis indicavit. Censemus huiusmodi regestum saltem usque ad capitulum septingentesimum vigesimum quintum anni primi Clementis V progressum fuisse; quia alius quaternio membranaceus incipiens a Capitulo DCCXX [2] et desinens cum Capitulo DCCXXV, cui nonnulla folia vacua succedunt, in Archivo Vaticano occurrit.

[1] Reg. 52, fol. 1.
[2] Reg. 52, fol. 55a et seqq.

VOLVMEN I REGESTI INSCRIPTVM LII.

Annus I Pontificatus Clementis V. (1305–1306)

Series Regestorum Clementis V excurrit a numero quinquagesimo secundo ad sexagesimum primum collectionis regestorum summorum Pontificum in Archivo Romanae Ecclesiae asservatorum; quia numerus sexa-
gesimus secundus potius dicendus Compilatio documentorum ad Armenos
caeteraque negotia spectantium ex epistolis Clementis V aliorumque summorum Pontificum collatorum, quam regestum proprie dictum. Si excipiamus
primum annum Pontificatus, qui a die vigesimaquarta Augusti anni 1305,
in qua, ut verbis utamur Clementis: « consensum electioni praefatae solemniter et publice, licet inviti, ac multis devicti instantiis praestitimus [1] »,
usque ad diem decimam quartam Novembris an. sequentis, qua incipit annus
secundus; unicuique anno suum respondet volumen; et duobus primi anni
tomis, tomos octo annorum sequentium addentes; inveniemus Regestum
Clementis decem complecti volumina, quae nunc, singulariter, et praecipue
sub ratione palaeographica perscrutari iuvat.

· Licet difficillime admittere possimus rumores vulgi nobis depingentis
iuvenem Bertrandum, nudis pedibus civitatem Vasatensem quotidie petentem, studiorum causa; solo pane victitantem, immo calceis a sutore donatum [2]; libenter obsecundamus viris historicis nobis narrantibus, ob con-
tinua inter Angliam et Galliam dissidia, plures ex nobilibus familiis, inter
quas annumeranda gens de Guto, ad paupertatis statum, tunc temporis re-
dactas fuisse [3]. Ad sedem Burdegalensem evectus Bertrandus monasterium
Sanctae Crucis adiit, ut subsidium obtineret; quod abbas et conventus
« nullo penitus discordante » concesserunt [4]. In actu huius concessionis
legimus « quod fructus suae sedis archiepiscopalis, qui propter guerrarum
discrimina quasi ad nihilum redacti erant, nec alia bona sua sufficiebant
ad onera debitorum . . . . Propter quae tam inevitabili necessitate compulsus . . . . moderatum subsidium postulabat ». In Regesto 54, fol. 137,
Clemens asserit ecclesiam Burdegalensem, dudum sponsam, nunc filiam
praedilectam, oneribus debitorum gravatam « per illos qui ante nos » ei
praefuerunt contractorum. Pontifex electus, saepius, ut ex Regestis patebit,

---

[1] BALVZIVS, *Vitae Paparum Avenionensium*, vol. II, col. 62, cf. etiam loc. cit., vol. I, col. 55
Bernardum Guidonem qui ut ex contextu patet, eamdem datam admittit; licet ibi pro IX kal.
Augusti, legatur XI.
[2] Loc. cit. vol. I, col. 616.
[3] RABANIS, *Clément V et Philippe le Bel*. Paris 1858 pag. 51.
[4] *Gallia christiana*, Parisiis, 1720, vol. II inter instrumenta, col. 298.

ad mercatores Camerae, initio pontificatus sui, recurrit [1]. Ex tali rerum circumstantia, unusquisque facillime intelliget, nondum curia in Galliam translata, deficientibus mediis ad id aptis, ordinem servatum in conficiendis, registrandis expediendisque epistolis necessario imperfectum fuisse.

Auctores novi tractatus *De re diplomatica* [2] asserunt Papinianum Episcopum Parmensem fuisse vicecancellarium Bonifatii VIII, Benedicti XI, et etiam Clementis V. Nescimus qua nitatur auctoritate ista assertio; sed saltem opinamur, parvissimo temporis spatio, tali munere Papinianum functum fuisse; initio enim Regesti 52 [3], in epistola sub data 8 diei mensis augusti 1305, iam Abbatem sanctae Crucis Petrum Arnaldi de Bearnio vicecancellarium invenimus; antequam Lugduni ad honorem cardinalatus promoveretur [4]. In alia epistola data die 18 ianuarii an. 1306 [5] sequentia legimus: « Dilectus filius noster Petrus tituli sancte Prisce, presbyter cardinalis, sancte romane ecclesie vicecancellarius in nostra retulit presentia constitutus, quod venerabilis frater noster Papinianus episcopus Parmensis, dudum eiusdem ecclesie vicecancellarius, sibi quasdam litteras resignavit, quas ipse episcopus tunc vicecancellarius a felicis recordationis Benedicto papa XI predecessore nostro adhuc vivente recepit confectas sub eiusdem predecessoris nomine, in hac forma. Benedictus episcopus etc.... Verum quia antequam huiusmodi littere bullate fuissent, dictus predecessor diem clausit extremum, idem cardinalis vicecancellarius, illas nobis postquam fuimus, licet immeriti, ad apicem summi apostolatus assumpti, attentius legere procuravit. Nos itaque earumdem litterarum intellecto tenore resignationi dicti Episcopi et relatione [6] eiusdem cardinalis vicecancellarii fidem plenariam adhibentes, ac quod per eundem predecessorem circa eundem incoatum est, debitum sortiri volentes effectum, discretioni vestre etc. » Ex huius epistolae auctoritate, nobis probabilius videtur, Petrum abbatem, cuius scientiam et pietatem noverat, ut immediate necessitatibus Ecclesiae provideretur, ab electo Clemente, ante coronationem, ad dignitatem vicecancellarii assumptum fuisse. Petro Vicecancellario tribuimus chartacea et membranacea fragmenta de quibus disseruimus, dubii haerentes circa primum Regestum anni primi Clementis de quo nunc agemus.

Regestum 52, tum forma scripturae, tum rubricarum numerorumque defectu, (ex quo accidit incautum compactorem, nobis in restituendo quater-

[1] Videsis quaternionem chartaceum 69-91, pag. 84.
[2] *Nouveau Traité de Diplomatique*, Tome cinquième. Paris 1762, pag. 302.
[3] Fol. 8*b*.
[4] Cf. BALVZIVM loc. cit. tom. I col. 651.
[5] Reg. 52, fol. 93*b*. Imo in folio 98*b* occurrit alia epistola diei 2 ianuarii, in qua eadem asseruntur.
[6] Alibi: *relationi*.

nionum ordine ab ipso male perturbato desudantibus, multas diei noctisque
furatum fuisse horas), tum quadam imperitia scriptorum, notariorum, ipsius-
que forsitan vicecancellarii, a novem sequentibus regestis evidenter differt.
Regesti praedicti tegumentum ex corio viridi confectum, mendacem titulum
aureis litteris in purpureo corio impressum prae se fert: « Clementis V de
Curia, an. I; » maior enim pars epistolarum quas continet sunt communes,
paucis de curia exceptis; manus posterior addidit, sed perperam, in eodem
externo titulo: « Par. II. » Altitudo eius 430 millim., longitudo 360 millim.
aequat; forma characterum neo–gothica. Tres scriptores opus complendum
inter se diviserunt, modo sequenti. Primus scripsit folia 1-7, 33-76, 89–100,
141–180, et fragmenta Ottoboniana 113–124 [1]; secundus: 7-32, 125-136;
tertius: 77-88, 101–124, 137–140.

In fronte folii primi, ad sinistram aspicientis, imprudens et recentior calamus numerum 53 scripsit, quem subter latet evanidum, sed valde pretiosum
monogramma notarii Leonis Bartholomaei Gustavini de Fractis, Caietanae
dioeceseos, a quo, et a duplici signo O in utroque latere superiori, a vicecancellario, vel notario inscripto, unusquisque quaternionum auctoritatem et vim authenticam accipit; pars dextera quae, ex more, capitulorum
seriem indicat, exhibet hunc titulum secunda manu additum: « Regestrum
primi anni domini Clementis pape V. » Spatium quatuor linearum titulo
servatum, vacuum remansit; idemque dicendum, de loco in quo scribendae
erant litterae initiales, sive epistolarum rubricae, quae in margine minu-
tiori scriptura exaratae occurrunt. Primus quaternio 1–12, duorum scriptorum opus, offert in unaquaque pagina 46 lineas, stylo ferreo, non calamo
ductas, quorum prima scripto vacat. Prior amanuensis, imcomposito capitulorum ordine regestorum chartaceorum exterritus, numerationem eorum, si
excipias capitula XVIII, XX–XXIII, XXXII, XXXIII, XXXVI–XXXVIII,
reiecit, eumque alii duo scriptores imitati sunt, exceptis primis capitulis
folii 77, quorum tertius amanuensis numerum indicavit. Occurrit, tamen aliqua
capitulorum numeratio; sed posterioris temporis, XV forsitan saeculi.

Prima epistola ordine, non tempore, data apud Nemausim, die 21 octobris
an. 1305; permittit matrimonium inter Raymundum filium vicecomitis Brunequelli et Braydam filiam Beraldi (*sic*) del God; prima vero ratione temporis occurrit in f. 5, et Bertrando de Bordis canonicatum Lectorensem confert, de quo
eum ipse Clemens « per nostrum anulum presentialiter » investit; data est
Burdegalis, die 27 iulii an. 1305. Die vero 30 augusti [2] Mainardus Borrelli
clericus Xanctonensis « examinatus per dilectum filium Petrum monasterii

---

[1] Cod. Vatican. Ottobon. 2546.
[2] Reg. 52, fol. 9 *b*.

sanctae Crucis Burdegalensis (abbatem) capellanum nostrum » tabellionatus officium accipit. Vicecancellario munus conferendi tabellionatum, seu potius tale officium expostulantes interrogandi, plerumque incumbebat.

In folio 10, legimus inter executores, die 22 novembris, nomen Iacobi de Normannis Clementis notarii. In folio 12*b*, quatuor verba quadrato bislongo inclusa indicant sequentem quaternionem 13–24, et eodem modo signatur quaternio 25–32, qui octo folia tantum habet; epistolae autem quas exhibent tres praedicti quaterniones, excurrunt a die 27 mensis iulii an. 1305 ad diem 25 maii an. 1306. In folio 13*b* citatur Capit. LXXIIII quod in folio praecedenti legitur. Vt tempori et labori parceretur, huiusmodi notulas scriptores in margine exarabant: « Pone eandem rubricam in sequenti littera; » notas quandoque ipsi textui inserebant: « Non erat ibi data. Deficit executoria » [1]. Epistolam Iohanni de Monteforti directam [2] censemus ex minuta registratam. Scripserat amanuensis: « in decimo nono tue etatis anno vel cuiquam illum existas; » deinde expuncto verbo: « cuiquam, » verbum « circa » modo compendiario forte in minuta exaratum, superposuit. Idem amanuensis in fol. 19 alio atramento usus est, et numerum versuum imminuit, ita ut ultimis foliis ad quadraginta reducatur, sicque finem quaternionis a vicecancellario sive notario sibi commissi, obtinuit. Tres praedicti quaterniones, praesertim pridie kalendas augusti, favores in parentes et amicos defluentes, instar stellarum e caelo, ut asserit vulgus, praedicto mense cadentium, nobis ostendunt; ex eisdem nonnulla eorum nomina, qui iam apud Curiam speciali officio fungebantur, erui possunt. Magister Andreas de Eugubio, canonicus Cathalaunensis, die 29 Octobris an. 1305, erat Clementis V thesaurarius [3]. Magister Guillelmus Rufati capellanus et referendarius [4], die 24 novembris an. 1305, Albertum Medici clericum Burdegalensem in minoribus constitutum, iam tabellionatus officio dignum iudicaverat. Arnaldus Burdegalensis electus, erat Camerarius [5] die 27 novembris eiusdem anni; quo munere, ad cardinalatus honorem assumptus, anno sequenti adhuc fungebatur [6]; die enim quinta ianuarii, confertur tabellionatus Iohanni Iocellini de Rupefulcaldi cuius *examinator* a Clemente deputatus fuerat. Die praecedenti [7] alia occurrit electio notarii valde nobilis, cuius nomen marginis recisio nobis abstulit; de eo

[1] Reg. 52, fol. 15, 2, 18*b*.
[2] Ibi, fol. 26*b*.
[3] Ibi, fol. 27.
[4] Ibi, fol. 20*b*.
[5] Ibi, fol. 14*b*.
[6] Fol. 30.
[7] Fol. 21*b*.

sic loquitur Clemens: « Te nobis et fratribus nostris romane ecclesie cardinalibus gratum plurimum et acceptum ac apostolice sedis devotum, in
ipsorum fratrum presentia in nostrum et eiusdem sedis notarium, auctoritate
apostolica duximus assumendum, ac dilectum filium nostrum Richardum
sancti Eustachii diaconum Cardinalem de eiusdem notariatus officio, tuo
nomine, per nostrum anulum presentialiter investimus, has tibi litteras in
testimonium assumptionis huiusmodi concedentes. Datum Lugduni II nonas
ianuarii. » Ex inspectione primorum foliorum, iam perspeximus ordinem
servatum in registrandis epistolis, non ex die datae gratiae, seu *signaturae*
Pontificis in *supplicationibus* vel in *rotulis* tantum procedere; sed etiam
ex aliis causis, de quibus in his disquisitionibus agemus. Prima epistola,
ratione temporis, non occurrit nisi in folio quinto, dum [alias [epistolas
mensium iulii et augusti an. 1305 in ultimis huius regesti foliis, imo in
sequentibus regestis inveniemus. Epistolae quae die 19 septembris Neapoleoni Cardinali administrationem Hospitalis Sancti Spiritus, et archipresbyteratum S. Petri committunt, epistola Petro de Sabaudia decano Salesbe-
riensi directa die 12 octobris, antecedunt concessionem Hospitalis construendi Roberto Burgundiae duci, probabiliter saltem, die 17 augusti factam;
dum epistolae in Angliam directae in principio decembris praeveniunt epistolam Guillelmi de Compellis legum professoris et Caroli Andegavensis
cancellarii, die 30 augusti, in folio *29b* occurrentem, post dispensationem
matrimonii inter Manfredum de Vico praefectum Vrbis et Theodoram filiam quondam Petri de Comite die 8 ianuarii, specialemque beneficiorum
promissionem Philippo Iacobi regis Maioricarum filio, die 10 novembris
concessas. Denique epistolae mensis augusti filios Iohannis de Haveringa,
novis favoribus, mensis octobris, cardinalem Sancti Martini Gentilem titulo
sanctae Praxedis ampliantes, alias primo decembris die datas sequuntur.

Ordo Regesti usque ad folium 32 non fuit ab antiquo compactore ex-
turbatus; sed nunc foliorum, seu potius quaternionum locus immutandus,
si primaevam Regesti dispositionem percurrere velimus. Folia 33–76,
quae quaterniones sequentes complectuntur, nunc reiicienda; citant enim
capitula CDXXXVI et DCCLIV, in praecedentibus foliis nondum occur-
rentia. Qui novam addidit capitulis numerationem scripsit in margine fol. 32b
numerum CLXXX; sed epistolas in praecedentibus foliis registratas, circiter
ducentas esse opinamur, et certum est ordinem regesti iam inversum
fuisse, quando inducta fuit haec nova numeratio, quae in margine folii 89,
perperam nobis offert numerum CCCC; folium enim 97 numerum istum
ab antiquo scriptore exaratum exhibet. Quaternio 89–100, quem hic collo-
candum esse censemus, habet ad partem sinistram aspicientis, in superiori

margine, nomen Leonis, et insuper signum O; ut in praecedentibus quaternionibus; ad laevam autem, vix legitur: « Capitulo CC ». Recurrit primus amanuensis, qui descripsit epistolas datas a die '31 iulii an. 1305 ad diem 23 ianuarii 1306; nobis asserens Gaylhardum de Preyssaco electum fuisse Tolosanum Episcopum die 22 ianuarii [1] et licet taxa in margine huius Regesti non indicetur, addidit in margine: « Nichil »; scilicet, nihil registratoribus solvendum esse a Gallardo, qui Clementis ex sorore nepos erat. Opportunitate data, transcribimus sequentem formulam, quae frequenter recurrit in his foliis: « Cum itaque canonicatus et prebenda . . . per liberam resignationem . . . sponte factam in manibus dilecti filii Altegradi electi Vicentini Notarii Nostri . . . apud sedem apostolicam vacare noscantur ad presens, de quibus nullus preter nos disponere potest, pro eo quod nondum die resignationis huiusmodi tempus effluxit statutum per moderationem pie memorie Gregorii pape X predecessoris nostri adhibitam in generali concilio Lugdunensi, circa constitutionem felicis recordationis Clementis pape IIII predecessoris nostri editam super canonicatibus et prebendis et aliis beneficiis ecclesiasticis apud sedem predictam vacantibus, per Romanum dumtaxat pontificem conferendis [2]; » alibi additur: « postquam fuimus ad apostolice fastigium dignitatis assumpti, personatus, dignitates et alia beneficia ecclesiastica que apud sedem predictam tunc vacabant, queve vacare contigerit in futurum, donationi apostolice reservantes, decrevimus ex tunc irritum, et inane, si secus super hoc contigerit attemptari ».

Praecedenti quaternioni succedere debent folia 113–124, quae servantur in codice Vaticano–Ottoboniano 2546, pretioso thesauro ex nonnullis Summorum Pontificum fragmentis collecto, cui suum tributum, infelici casu, solverunt duo Regestorum Clementis V volumina. In folio 113, recentior manus hunc addidit titulum: « Minute et Modula diversarum literarum Apostolicarum B ». Nescimus quam ob rationem compactor ordinem foliorum ita immutaverit, ut folium 119 primum sit reponendum, folium vero 118 ultimum; ut optime indicant, cum verba quaterni sequentis « vive vocis oraculo » ad calcem folii praedicti exarata [3], tum locus capitulorum, quae in litteris citantur. Datae epistolarum a 31 die Iulii, anni 1305 ad 10 diem Februarii excurrunt. Marginis recisio nobis rubricas abstulit; apparent tamen in fronte folii 119, ad sinistram partem, nomen Leonis et signum O. Primus amanuensis quis praeter hunc quaternum, folia 1–7, 33–76, 89–100,

---

[1] In suo aureo libro cui titulus est: *Series Episcoporum Ecclesiae Catholicae*. Cl. vir P. Pius Bonifacius GAMS anceps remanet de die huius electionis, his verbis: « 1305, circa 25, XII, electus. » Reg. 52, fol. 91 *b*.

[2] Reg. 52, fol. 93 *b*.

[3] Reg. 52, fol. 169.

Regestum Clementis Papae V.

141–180 exaravit, nobis offert bullam translationis Bertrandi episcopi Agennensis ad ecclesiam Lingonensem, sub data XI kal. feb. [1]; facultatem, seq. mense, Guillelmo Archiepiscopo Eboracensi concessam mutuum contrahendi « usque ad summam sex milium marcharum sterlingorum; » necnon et confirmationem electionis Donatae monialis monasterii S. Mariae « In Iulia [2] » ordinis sancti Benedicti in abbatissam generalem Sanctuciarum, die 5 ian. an. 1306. Animadvertendum eo tempore Clementem favores plena manu largitum fuisse, ut pacem inter Robertum Flandriae Comitem et Philippum servaret. Comiti indulget « ut aliquis de comitatu tuo predicto, infra comitatum degens eundem, sive in ea parte que, est de regno francie, sive in illa que de imperio existit, extra comitatum ipsum in causam trahi, vel ad iudicium evocari non possit invitus, per litteras dicte sedis vel legatorum . . . que . . . de indulto huiusmodi plenam et expressam non fecerint mentionem ». Sub eadem data, die 17 ianuarii 1306, « obtentu dilectorum filiorum nobilium virorum Roberti Flandren. et Ludovici eius primogeniti Nivernen. et Regitesten. comitum », clerici et familiares eorum (propriis tamen exigentibus meritis) canonicatus obtinent; Robertus duas personas ad officium tabellionatus proponere potest etc». Alia epistola data die 20 ianuarii monemur Clementem novis argumentis usum fuisse, ut pax magis ac magis firmaretur: « Venerabilibus fratribus nostris Remen. et Colonien. archiepiscopis, Cameracen. Tornacen. Attrabaten. Morinen. ac Traiecten. episcopis, in Comitatu Flandren. iurisdictionem mediatam vel immediatam habentibus, per alias nostras litteras iniungimus, ut omnes causas et lites, inter quoscumque vel cum quibuscumque de comitatu predicto iam ortas, vel infra predictum terminum oriendas, ad eorum cognitionem ratione fori ecclesiastici pertinentes, infra predictum comitatum in locis tutis, ydoneis, et Flandrensibus non suspectis, in locis similibus delegare procurent ». Eodem mense Iohannem Drocen. comitem et Beatricem eius uxorem favoribus prosequitur; sed de his alibi dicendum. Nunc adnotemus formulas scriptoris: « ut supra in littera sexta precedenti. Ita per totum sicut in precedenti, de verbo ad verbum, mutato nomine ecclesie, ut in CCCXXII capitulo continetur; sicut continetur in capitulo CCCXLIIII »; ex citationibus praedictorum capitulorum, in folio 118 occurrentibus, certiores facti de congruo loco a nobis quaternis assignato. In inferiori parte huius folii, quae signa rasurae, etiam in verbis sequentem quaternionem nuntiantibus exhibet, iterum fit mentio Petri vicecancellarii: « Dilectus filius noster Petrus

---

[1] Apud *Seriem episcoporum*, mensis et dies incerti.

[2] Legendum « in insula »; amanuensis in alium errorem incidit, legens in minuta « iuncta »; postea emendans « invocata ».

sancte Romane ecclesie Cardinalis ac vicecancellarius in nostra retulit presentia constitutus, quod ipse a venerabili fratre nostro Papiniano episcopo Parmensi, qui eum in officio vicecancellarie immediate precessit, quasdam litteras felicis recordationis Benedicti pape XI predecessoris nostri, que propter ipsius predecessoris obitum, ad bullam non pervenerant, sed in cancellaria dicte ecclesie penes eundem episcopum tunc, ut predicitur, vicecancellarium servate fuerant, receperat in hac forma . . . [1]. » Folio Ottob. 118 quaternio 169–180 Regesti 52 succedit, cum fine epistolae electionis Galteri in Abbatem monasterii Omnium Sanctorum in insula Cathalaunensi: « vive vocis oraculo . . . », recurrentibus in fronte paginae nomine Leonis, et numeris capitulorum pene deletis. Iterum redeunt novae indulgentiae oratorio sancti Fiacri in villa Beatricis Drocensis, sancti Leodegarii in Aquilina, et Capellae de Conayo, Carnoten. dioecesis, concessae ad pacem Galliae et Flandriae firmandam; nec Anglia ex animo Pontificis effluit, testibus Ioanne de Haveringe senescallo Vasconiae, Ioanne de Bauquelle milite et nuntio Eduardi principis Walliae, monasterio ordinis sancti Giliberti de Sempingham, etc.; nec Hispaniae, Trinacriae, nec suae ecclesiae Burdegalensis, neque suorum obliviscebatur Clemens, tunc temporis praecipue intentus, ut perfecta pace inter Occidentis principes confirmata, totis viribus ad praecipuum animi sui votum obtinendum tenderet, liberationem terrae, quam « patrimonium sibi et hereditatem elegit » Christus. Iam Philippi animum conciliaverant plura a Clemente benevolentiae tradita testimonia; ut Cardinalium Columnensium iterata creatio, gratiae Mariae reginae Franciae, Comiti Ebroicensi eiusque uxori Margaritae concessae, evectio card. Petri de Columna ad dignitatem diaconi Ecclesiae Romanae, et archipresbyteri sancti Iohannis Lateranensis Basilicae, quam « caput ecclesiarum omnium celestis dispensator statuit et amplioribus honoribus insignivit. » Iam regibus decimas, nobilibus viris amplissimos favores largitus fuerat Pontifex, et Magistro Hospitalis sancti Iohannis Ierosolimitani, die sexta iunii anno 1306 scripserat, ut « quanto secretius » potuisset, venisset, secum « et cum dilecto filio magistro domus milicie templi, » cuius laudat circumspectam probitatem et probatam circumspectiorem, deliberaturus de negotio Terrae Sanctae; quia inter caetera sua desideria illud est « praecipuum . . . quod locus ille sanctissimus ubi virgo puerpera peperit celi regem, locus Redemptoris nostri sanguine precioso perfusus, et locus (ubi) poni meruit sepulcri dominici firmamentum; quem resurgens Christus a mortuis, resurrectionis gloria mul-

---

[1] Ex verbis: « qui eum in officio vicecancellarie immediate precessit . . . penes eundem episcopum tunc, ut predicitur, vicecancellarium, » magis ac magis censemus Papinianum non fuisse Clementis vicecancellarium.

tiplicer illustravit, et in quo domini pedes steterunt et nunc coinquinatorum
pedibus teritur, et aliarum [1] subvertitur imperio nationum, ad cultum christiane religionis redigatur, » tandem die decimatertia iunii epistolas mittit
veluti tela, ut animos adureret, quibus etiam confodiuntur ii qui Templarios
iam damnatos somniant, ut refert Angeliacensis fabula. Litterae « carissimis
in Christo filiis regibus, ac venerabilibus fratribus patriarchis, archiepiscopis
et episcopis ac dilectis filiis nostris principibus, viris, marchionibus, ducibus
comitibus, baronibus, potestatibus, capitaneis, rectoribus singulisque personis
ecclesiasticis et secularibus » directae, valde commendant fratrem Humbertum
Banchum ordinis militiae Templi in Alvernia et Petrum de Longres civem
Massiliensem, pericula rerum personarumque subire paratos; quibus « ammiratis galearum deputatarum subsidio terre sanctae, » necnon et negotii
sociis, plena peccatorum conceditur venia, et dispositio bonorum, cum infidelium, tum impiorum christianorum qui contra prohibitionem factam, ad
partes infidelium, ferrum, lignamina et caetera huiusmodi deferunt. In hisce
foliis occurrunt nobis Iacobus de Manilhauco scriptor Papae, capellanus et
familiaris Vicecancellarii Cardinalis Petri, nonnullique electi episcopi, Philippus de Marigny electus die 22 Ianuarii a. 1306 [2] Petrus de Levis electus
Magalonensis, eadem die, et Petrus, in minoribus tantum constitutus cuius
virtutes « familiaris experientia » Clementi notas fecerat, die quarta iunii
Palentinus electus, mox Petri cardinalis tituli sanctae Priscae, in vicecan-
celleria successor [3]. Praeter morem scriptorum Regesti huius, in margine
notatur: « Taxata CXL provisio. » Eadem die occurrunt Bernardus de
Fargis translatus ad ecclesiam Rothomagensem, et Berardus canonicus et
diaconus Neapolitanus, adhuc ob defectum aetatis et ordinis huic officio
impar, electus Salernitanus. Ad latus epistolarum legitur in margine: « Provisio. Taxata CII. Taxata CII provisio. »

   In folio 179 immutatur atramentum, quod idem perseverat usque ad
finem quaterni; et in margine inferiori eiusdem folii, additio quaedam cha-
racteris minutioris et rotundioris formae quem *romanum minutum* vocant,
et praeludit scripturae sequentium registrorum, partem epistolae datae sub
die 12 iunii et directae ad cardinalem Stephanum tituli sancti Cyriaci in
Thermis, verbo: « va...cat » inclusam, emendat; hanc vero additionem
mortuo iam cardinali Petro vicecancellario additam facile opinamur. Idem folium duas epistolas cum salutatione: « Ad perpetuam rei memoriam » continet. Prior canonicatus ecclesiarum Paduanae, Vicentinae, et Tervisinae, occa-

---

[1] Ms. *aliorum.*
[2] De mense et die silet GAMS.
[3] Nihil de eo apud GAMS.

sione consecrationis Pandulphi electi Tervisini vacaturos reservat, die 24
novembris 1305. Posterior nobis narrat iustam Pontificis indignationem
contra quemdam rectorem Agennensis dioecesis, qui non attendens « quam
penam litterarum apostolicarum abusores merentur, quasdam litteras apostolicas per quas, iuxta morem Romanorum pontificum, nostre benedictionis
sollempnia scribebamus, quasque cuidam ex nostra familia deferendas in
retributionem servitii dederamus, ab illo, pacto recipiens, licet certis personis
huiusmodi littere mitterentur, illis tamen presumptione dampnabili abutens
. . . . ad alias quam plures, questuario modo se transferens, apostoliceque
sedis per ostensionem litterarum ipsarum asserens se legatum, ac per illas
iurisdictionem habere, ab ecclesiis ac monasteriis ac personis ecclesiasticis, tum
equos, tum res alias, tum etiam extorsit pecuniae quantitates. » Dies extremi
in quibus datae sunt epistolae, sunt ultimus iulii an. 1305' et vigesimus
eiusdem mensis anni sequentis. Antequam tertius scriptor calamum accipiat
a secundo, qui ultimam partem posticam folii 180 vacuam reliquit, adnotare
liceat inter monachos monasterii Moysiacensis O. S. B. tunc temporis
nomina « fratris Bertrandi de Bier prioris scolarium Tholose studentium,
fratris Raymundi de Cornazart doctoris puerorum. » Gualterus episcopus
Pictaviensis iam « certis ex causis ab omni spiritualium et temporalium
administratione » a Clemente fuerat suspensus, die 21 novembris. Epistola
diei 29 ianuarii currentis anni mandat Episcopo Ebroicensi, ut procuret
recipi « in Fontisebrardi, Cadomen., sancti Taurini Ebroicensis, ac sanctae
Mariae Suessionensis monasteriis ordinis sancti Benedicti, singulis videlicet eorum, singulas personas ydoneas quas idem Comes (Drocensis) semel
duxerit nominandas, in monachas et sorores. » Eadem die Ioanna Comitissa
de Ronciaco obtinet relaxationem quadraginta dierum de poenitentiis in-
cinctis, tum sibi, tum aliis audientibus praedicationes in sua praesentia.
Epistola 20 iulii 1306, quae peremptorie citari mandat Bernardum de
Serveriis, ut infra viginti dierum spatium cum omnibus actis et munimentis suis se praesentet; fuit « taxata sex » (grossos). Ex tribus ultimis
quaterni epistolis directis Arnaldo diacono cardinali sanctae Mariae in
Porticu, prima data die 20 maii 1306 concedit ei facultatem testandi « cum
nichil sit quod magis hominibus debeatur, quam ut suppreme voluntatis liber
sit stilus et liberum, quod iterum non redit arbitrium; » ultima vero penul-
timam in favorem clericorum eius concessam, ampliat et includit « usque
ad datam que est eadem, » scilicet 8 die ianuarii eiusdem anni.

Tertius scriptor cuius scriptura, minoris formae, sed crassior et imper-
fectior, nunc quatuor quaternos, a se scriptos, principio et fine a Leone Frac-
tensi authenticitate donatos et perperam a compactore disiunctos, nobis offert.

In primo quaterno 77-78 signaverat capitula, tum in summo margine, tum ad latus uniuscuiusque eorum; sed numeri quinquies in principio deleti, et deinde post nonum omissi fuerunt. Primo quaterno, cuius recentior ep. data est die 19 feb., succedit quaternus 137-140, cum epistola data die 26 martii, deletis verbis quae illum in fine praedicti quaterni praesignabant, et excipitur a duobus aliis quaternis 101-112 et 113-124, verborum significatione inter se coniunctis. Habent epistolam diei 27 iunii an. 1306. Incipit primus quaternio cum epistola directa ad Ioannem comitem Drocensem, data secunda die ianuarii 1306, qua conceditur ei ingressus in monasteria monialium, « cum honesta comitiva virorum, » dummodo accedat assensus abbatissarum et ibi « non edatis, nec etiam pernoctetis; » sequenti vero epistola isdem ingressus sub conditione consensus abbatissarum Ioannae comitissae Drocensi permittitur, « cum honesta comitiva mulierum que vicenarium numerum non excedant, sed ibi comedere et pernoctare potest; in tertia, Clemens eidem comiti indulget: « ut ordinare valeas quod te, cum domino placuerit, sublato de medio, corpus tuum in duas dividatur partes, ad duo loca, que ad hoc, te vivente elegeris, deferendas. » In duabus sequentibus, comitissa obtinet quod praedicator, ipsa praesente, verbum Dei proponens sibi aliisque audientibus poenitentibus et confessis, indulgentiam centum dierum largiatur; comes vero, quod nullus, nisi certis datis circumstantiis, in eum excommunicationis, in terras suas interdicti sententiam promulgare possit. Haec in primo folio, in eodem die concessa; dum in penultimo tantum folio quarti et ultimi quaterni ab eodem scriptore exarato, legimus epistolam, die prima huius mensis directam « venerabilibus fratribus Suessionen. Silvanecten. et Melden. episcopis, ut inducant in possessionem beneficiorum, personas idoneas, quas rex Philippus duxerit nominandas, « in singulis tam cathedralibus quam collegiatis, secularibus vel regularibus ecclesiis regni sui, ac etiam in maiori et singulis collegiatis ecclesiis Cameracensis civitatis. » Epistolam quae incipit: « Dum fidei pietas, devotionis integritas et reverentie plenitudo, quibus carissimus in Christo filius noster, Philippus rex Francorum illustris erga Deum, Romanam ecclesiam matrem suam, progenitorum suorum laudanda vestigia prosequendo, pollere dinoscitur; » tum amplitudine concessionis, tum forma vere paterna, ad animum regis captandum aptissimam fuisse, nemo est qui dubitet; attamen nonnisi in fine huius partis regesti venit; ex quo facto, necnon ex aliis huiuscemodi epistolis in regestis posterioris anni registratis, iam collegimus, non semper servato ordine temporis epistolas regestis insertas fuisse; sed tum ob quaestiones de beneficiis exortas, tum ob voluntatem eorum quibus gratiae, seu favores concedebantur, tum ob dilationem inter datam epistolam eiusque *expeditionem;*

quae dilatio, ita iubente pontifice, frequenter occurrebat, tum *per oblivionem*, *per errorem*, ut aiunt ipsi scriptores, *registraturam*, procrastinatam fuisse. Post favores a Comite Drocensi acceptos, Ludovicus primogenitus Roberti Comitis Flandriae obtinet, quod sex clerici sui familiares non residentes in ecclesiis suis, fructus tamen *beneficiorum* percipiant.; et duplici privilegio, eodem tempore, etiam patri suo concesso, donatur; scilicet, audiendi missam antequam illucescat dies, et etiam in locis interdicto subiectis.

Eodem mense, Clemens finem imponere quaerit liti exortae circa prae-bendam de Haucevoth in dioecesi Saresberiensi, quam non poterat assequi Iohannes natus Berti de Frescobaldis, quia « ex quibusdam causis ad sedem (oppositores appellaverant) eamdem; ac huiusmodi et quarumdam aliarum hinc inde, premissorum occasione, ad sedem interiectarum predictam, appel-lationum causis coram diversis auditoribus in eis successive per sedem de-putatis, nonnulli habiti sunt processus. . . . »

Quaternio continet epistolas directas Catherinae Imperatrici Constanti-nópoli, quae praeter privilegia in favorem clericorum, libertatem, cuiuslibet ie-iunii tempore, evidenti necessitate urgente, vesci carnibus obtinet; Henrico Comiti Lincolnensi; Iohanni nepoti Cardinalis Nicolai tituli sancti Eusebii, et rectori beatae Mariae de Fourmetot, cui scolasticis disciplinis insistere cu-pienti conceditur, ut usque ad septennium, nullatenus residere teneatur. Aliae diriguntur epistolae universis fidelibus quibus centum dies de poeni-tentiis relaxantur, ut manus porrigant adiuctrices fratribus Praedicatoribus ecclesiam in honorem sancti Dominici « inceptam opere sumptuoso » con-struentibus; aliae Petro de Comite nova beneficia in provincia Neapolitana expectanti; aliae Mariae Reginae Franciae, Mariae eiusdem nepoti, Co-mitissae Iuliacensi, cui liber datur ingressus in monasterium Longicampi in quo duas sorores germanas habebat, Mariae relictae Sancii Regis Castellae et Legionis, Constantiae reginae Castellae, Mathildi Comitisse Atrebatensi, Amanevo de Lebreto, quibus Clemens largitur solitos favores.

Die quinta Decembris an. 1305 pulcherrimas epistolas dirigit Archie-piscopis Coloniensi, Maguntino, Treverensi, Marchioni Brandeburgensi, Duci Sassoniae, Margravio Magdeburgensi, Duci Bavariae, Comiti Palatino, et Marchioni Brandeburgensi, Duci Sassoniae, Margravio Magdeburgensi, Duci Bavariae. Comiti Palatino, et Marchioni Moraviae, ut iura Elisabeth Reginae Romanorum, instar Bonifacii VIII, tueatur. Verba sequentia Alberto Regi Romanorum directa, nobis Summi Pontificis digna videntur: « Licet clare memoria Rudolphus (rex) Romanorum pater tuus carissime in Christo filie nostre Elisabeth Regine Romanorum illustri, tunc consorti sue, ratione doni matutini, quod quantecumque quantitatis, secundum usum Alemanie, prout

asseritur validum est, et vulgariter vocatur *Morgengabel*, donaverit et concesserit tria milia marcharum argenti . . . tu tamen . . . possessiones predictas adhuc ei nullatenus assignasti. » Quatuor episcoporum, duobus primis
anni 1306 mensibus, confirmatam electionem legimus, Guillelmi Archiepiscopi Eboracensis, die 8 feb., Radulphi Londoniensis, die 1 eiusdem mensis,
Henrici Magdeburgensis, die 22 ian., Arnaldi Montisregalis, die 17 feb. [1];
electio autem Egidii abbatis s. Dyonisii, die 22 ianuarii fuit confirmata [2].

Quaternio 137-140 nobis ostendit Humbertum Dalphinum Viennensem
sollicitum, ut canonicatus filio Henrico obtineat, Amedeumque Comitem
Sabaudiae Aymonis filii honori consulentem; qui cumulatus favoribus, nec
etiam, clericorum relicta corona, ut patri succederet, praesentiae Clementis
apud Matisconem oblitus est. In praecedenti quaterno, Clemens episcopo
Gebennensi concesserat, ut dioecesim suam, per discretum virum visitaret,
debitasque procurationes pro visitatione, in pecunia numerata acciperet;
quia abesse non poterat, propter « guerrarum discrimina »; et ad defensionem
iurium ecclesiae Gebennensis quoddam castrum aedificare inceperat « opere
plurimum sumptuoso »; nunc adiuvat episcopum Eduensem cathedralem
ecclesiam Sancti Nazarii instaurantem, concedens ei ad triennium fructus
et redditus primi anni vacantium beneficiorum in sua dioecesi; sed quoad
partem dioecesis ad regnum Franciae pertinentem, non ante elapsum tempus
eiusdem gratiae Philippo a Benedicto XI concessae. In duabus epistolis,
die 26 martii, eximit a decima Antonium Patriarcham Ierosolymitanum et
Dunelmensem Episcopum, in subsidium terrae Sanctae « vivifice crucis
assumpto signaculo transfretare » cupientem; eumque solvit « ab omni iurisdictione cuiuslibet iudicis ordinarii» et a subiectione ecclesiae Eboracensi
cuius ecclesia Dunelmensis suffraganea erat. In quaterno sequenti duae aliae
epistolae eiusdem diei, eumdem Patriarcham pallio donant, et cum familiaribus,
domesticis commensalibus « sub beati Petri et nostra protectione . . . . ex
tunc, et postquam iter arripieris transmarinum », susceptum declarant. Die
26 Februarii sub eadem forma scriptor *registrat*, modo sequenti, beneficia
concessa quatuor clericis domicelli Bertrandi de Duroforti: « etc, sicut in
alia, mutato nomine, datum ut supra », rubricasque compendiario scribit :
« Scribitur eidem Aymoni, nato, ut supra; Rubrica ut supra, eiusdem
Antonii, Executores, ut supra ».

Electiones trium Abbatum, die 22 ianuarii electorum, et quinque Episcoporum enumerat duplex quaternio 101-124. Nonnulla ex epistola ad
electum Casinensem excerpta nobis liceat transcribere, cum propter loci

---

[1] Confer GAMS, a quo dissentit Regestum.
[2] Cf. *Galliam Christianam*. Tom. VII, col. 397; ex regesto emendandam.

nobilitatem, tum, ut de imperitia tertii scriptoris iudicetur: « Sane monasterio [1] Casinensi, ad Romanam ecclesiam nullo medio pertinente, ordinis
Sancti Benedicti, per mortem quondam Thome abbatis [2], ut moris est,
convenientes in unum, ac die ad eligendum prefixa, vocatis et presentibus
omnibus qui voluerunt, debuerunt et potuerunt comode interesse ad electionem futuri abbatis, per viam scrutinii procedere intendentes, tres ex se
ipsis votorum suorum scrutatores concorditer elegerunt, qui sua et aliorum [3]
vota secreto et sigillatim diligentius perscrutati, illa publicarunt illico [4] in
comuni, et demum, comperto quod omnes de dicto conventu, in te tunc
abbatem monasterii Sancte Marie de Capellis prope Neapolim, predicti
ordinis, direxerunt vota sua, unus ex ipsis scrutatoribus, suo nomine et
eorumdem conscrutatorum suorum et predictorum decani et conventus
mandato, te elegit in abbatem ipsius monasterii Casinensis, dictaque electio
fuit postmodum clero et populo solempniter publicata, tuque infra tempus
a iure statutum, huiusmodi electioni consentire curasti, ac deinde infra
tempus legitimum, iter accipiens ad sedem apostolicam veniendi, te, ut
debuisti, ipsius sedis conspectui presentasti; proposito itaque eiusdem electionis negocio [5] in consistorio publico coram nobis, et postulato a nobis,
humiliter, ut electionem confirmaremus eandem. Nos electionem ipsam et
personam tuam examinari fecimus diligenter, et quia electionem eandem
invenimus esse canonicam, et de persona ydonea canonice celebratam, eam
de fratrum nostrorum consilio confirmamus, preficientes te ipsi Casinensi
monasterio in abbatem, curam et administrationem ipsius, tibi in spiritualibus et temporalibus committendo, habita de te firma fiducia, quod cum
sis [6] literatus et providus ... monasterium Casinense, divina favente clementia, in statum salutis dirigi, et in prosperis debeat ampliari ... Eodem
modo scribitur vassallis eiusdem Monasterii ... decano et conventui ...
carissimo in Christo filio Carolo Regi Scicilie (*sic*) illustri ... » Electio Bartholomaei abbatis Electensis, de quo nihil apud *Galliam Christianam*, facta
fuit per viam compromissi, toto die usque ad vesperas, compromissariis ad
electionem concesso; eodemque modo processum est circa electionem Petri
abbatis Sancti Vedasti Atrebatensis [7] tradita potestate commissariis « usque
ad consumptionem candele, que ibidem accensa erat. »

[1] Reg. *monasteria*.
[2] Supple: *regimine destituto pastoris, decani et conventus;* prior enim Casinensis monasterium
Glandisfolii regebat.
[3] Reg. *aliarum*.
[4] Reg. *pubblicarum illoco*.
[5] *Preposito . . . negocii*.
[6] Reg. *sedis*.
[7] Conf. *Galliam Christianam*, vol. III, col. 387.

Die decimaoctava februarii Franciscum electum Caietanum episcopum;
in mense autem ianuario, die octava, Iohannem de Columna nepotem
Iacobi cardinalis in administratorem Patracensem; die vigesima secunda,
Forcardum in episcopum Catanensem, Bartholomaeum in archiepiscopum
Brundusinensem, et die trigesima prima Bartholomaeum in archiepiscopum
Panormitanum electos, ibidem legimus. De electione episcoporum et abbatum nunc silebimus, series eorum ex regestis desumptas alibi daturi;
haec fiant satis, ut omnibus pateat, perlectis auctoribus de hac materia tra-
ctantibus, apud quos vel electi desunt, vel dies electionis immutanda, quanti
referat ad regesta, optimos historiae iudices, appellatio. Nunc itinere incepto,
spicas obviam datas colligentes, perseveremus. Ludovicus Ebroicensis, Guido
de sancto Paulo comites suis favent clericis; Margarita comitissa Ebroicensis,
paucis tantum exceptis, omnia Galliae monasteria causa devotionis visitare,
ibique pernoctare et edere carnes potest; Robertus comes Claromontensis
absolvitur, propter infirmitatem, a voto transfretandi in terram sanctam, sed
in subsidium eiusdem terrae decem millia librarum bonae monetae solvere
tenetur; Margarita vero eius uxor obtinet monialibus de Poysaco, quod cibis
ordinis sui constitutionibus prohibitis vesci, et loqui possint, si ad mensam
suam eas contigerit adesse. Orantibus pro filiis Philippi indulgentiae tri-
buuntur; aliis conceditur electio confessarii, aliis ecclesiarum aedificatio, dispensatio votorum etc. Praeter alia, Margarita regina Angliae obtinet quod
quocumque declinaverit, per capellanum suum sibi et familiae suae « secundum usum et consuetudinem ecclesie Parisiensis quem progenitores tui,
a tempore cuius memoria non existit, ubi libet observarunt, et adhuc observare noscuntur, (possit) licite facere celebrari; » et eadem gratia Margaritae
filiae Roberti ducis Burgundiae tribuitur. Anno praeterito, die 18 decembris,
Episcopus Parisiensis mandatum acceperat, ut requisitus a Stephano dicto
Haudri cive Parisiensi duas capellas aedificare volenti « primarium lapidem »
benediceret ipsumque poneret, alioquin ad id faciendum compellendus ab Abbate sancti Dyonisii, Priore sancti Martini de Campis, et decano sancti Aniani
Aurelianensis.

Die 16 ianuarii an. 1306 Iohanni nato Brace (?) de Saracenis Clemens
dat primiceriatum Vrbis, post mortem Petri Fulcerati. Die 22 eiusdem mensis
Carolo regi « Cicilie » qui nondum solverat nonaginta tria milia unciarum
trecentas et quadraginta uncias auri ad generale pondus regni « cecilie »,
pro censu eiusdem regni, etiam post solutionis dilationem a Bonifacio VIII
concessam « usque ad festum beati Petri proximo preteritum, quod fuit in
presenti anno domini MCCC quinto; » spirituales et temporales poenas di-
mittit, novamque solutionis dilationem « usque ad memoratum festum

beati Petri proximo venturum, quod erit anno domini MCCC sexto, » concedit ea conditione, ut infra quadrimestre, litteras supplicationem et concessionem continentes « aurea bulla munitas » remittat. Die 1 februarii largitur Bergamino Lanfranci de Pergamo marescallo et familiari suo, sub censu annuo quadraginta solidorum usualis monete, singulis annis « infra quindenam nativitatis dominice. . . . cum presentium ostensione, » terras, domos, vineas, et possessiones in castro Montisflaconis eiusque territorio sitas, quas sub eodem censu Pax de Senis aurifex quondam obtinuerat; et in epistola die 27 iunii quae formam iuramenti tabellionum continet, officio tabellionatus donat Petrum de Vria cuius *examinatio* Petro cardinali sanctae Priscae vicecancellario committitur.

Numeri capitulorum a chartaceis regestis indicati, quatuor quaternionibus sequentibus, quorum primi duodecim foliis constant, ultimus octo, foliis scilicet 33-76, a primo scriptore exaratis, hunc locum recte tribuendum docent. Auctoritatem suam, solito more, in principio et fine a signo notarii Leonis accipiunt; et uno vel pluribus verbis, in ultimo folio sequentem quaternionem indicantibus, regulariter inter se connectuntur. Datarum epistolarum remotior dies est 31 iulii an. 1305; recentior est saltem 6 augusti an. 1306; frequentius epistolae percurrunt, inordinate tamen, quinque primos anni 1306 menses. Iterum inversionem temporum notamus, quae frequenter in aliis regestis recurrit; die enim 26 februarii adest electio Antonii Patriarchae Ierosolimitani et Episcopi Dunelmensis, cum tertius scriptor iam inseruerit in quaternis anterioribus duas epistolas 26 martii eumdem Patriarcham a decima, et a iurisdictione Eboracensi eximentes; epistola qua usus pallii archiepiscopo Strigoniensi conceditur, data die 6 februarii, anteit epistolam electionis eiusdem datam die 31 ianuarii; sed gravioribus inversionibus occurrere licebit. Iam scriptores, epistolas in formulario occurrentes, nec compendiario modo citant, supplicationi concessam gratiam solummodo, deficiente rubrica, indicantes [1]: « Conceditur Roggerio de Armaniaco archidiacono ecclesie Agennen. quod possit in iure civili per quinquennium studere, fructus beneficiorum suorum percipiendo. Proviso quod per vicarium ydoneum dicto archidiaconatui deservire, et est forma communis. Datum Lugdun. XVII kal. februarii. » Prima quaterni epistola data est die 15 ianuarii, in favorem Gilberti de Boubury clerici Eduardi regis; deinde recurrunt epistolae diei 3 ianuarii, privilegia Margaritae Ebroicenci comitissae concedentes, a regibus et principibus huius temporis exoptata, et de quibus sat locuti sumus. Videtur, saltem hac vice, scriptor minutis, vel formulario usus fuisse, non epistola bullata; quia post verba: « Eodem modo conceditur eidem, » spatium vacuum re-

---

[1] Fol. 53.

liquerat; postea subtiliori charactere et pallidiori atramento scripsit: « comitisse, quod possit uti altari portatili; » deinde prosecutus: « et scribitur
ut supra capitulo CDXXXVI. Datum Burdegalis XVII kal. septembris; »
In folio 34 citatur capitulum DCXXVI, quod in eadem pagina occurrit;
in folio 42*b* capitulum DCXLIV, in antecedenti folio scriptum; in folio 63*b*,
capitulum DCCXXXIV, quod in folio 58 legitur; epistolae autem ad scriptorem Tenctorem directae [1] numerum DCCLXXXVIII, DCCLXXXIX
apud chartacea regesta gerunt, et sic asserere licet tres huius regesti
scriptores in mente habuisse, ut numerum capitulorum ducentesimum in
suis quaternis circiter aequarent. Certum est, ut ex aliorum regestorum
lectione videbimus, numerum quemdam capitulorum transcribendorum scriptoribus assignatum fuisse; qui licet aliquoties in eodem scriberent quaterno, saepius tamen diversa quaterna chartacea accipiebant in membranacea
regesta transferenda. In quaternis chartaceis, prout expediebantur, vel insertio
earum requirebatur, plerumque transcribebantur epistolae bullatae, sive ex
ipsis authenticis bullatis, sive ex minutis; ita ut in unaquaque, ut ita dicamus
pagina, differat calamus; attamen non unum, sed plures fuisse quaterniones
censemus [2].

[1] Fol. 73*a*, 73*b*.

[2] In Reg. ann. I. Iohannis XXII, quod inter Avenionis chartacea regesta secundum occupat
locum, legimus sequentem notam (fol. XXXI), quae peremptorie damnat eos qui asserunt semper ex
grossis gratias concessas in Regesto esse transcriptas: « At quod regestrata est de sedula signata per
dominum vicecancellarium, non de littera bullata. » Sequentes notae Reg. 63 Iohannis XXII, fol. 8
et 427, eamdem confirmant sententiam: « At quia ista correcta fuit in cancellaria, et est posita in
capitulo; at quia dominus vicecancellarius dedit eam in nota. » Sed maiori cum gaudio in regesto
chartaceo praedicto invenimus (docti enim viri inter se de hac quaestione disceptantes, nos in quamdam
fluctuationem deiciunt) epistolas cum datis diversis, certis diebus, et cum regulari numerorum pro-
gressione ad registratores deferri, sive ab eis partibus quorum interest, reddi; v. g. Die Iovis II decembris signantur capitula 946-964; die Veneris III decembris 965-988; die sabbati IIII decembris et
die dominica V, capitula 989-1000; die Lunae VI decembris 1001-1005; etc. Huic assertioni favet
regula quae occurrit in folio 51 Cod. 3977. « Sanctissimus in Christo pater et dominus noster, dominus
Clemens divina providentia papa VII, (non annumeratur inter summos Pontifices) kalendis martii,
pontificatus sui anno IX ordinavit; quod si de cetero, super quibuscumque gratiis beneficialibus, vel
aliis, contingat vicecancellarie sue scilicet, aliquas litteras sub bulla expediri, gratiam vel iustitiam
continentes, que in regesto litterarum apostolicarum registrabuntur; quod primo in bulla per lectorem
scribatur in plica littere, post taxam, dies, mensis et annis (sic) iuxta morem romane curie, per kalendas, nonas et indictionem, secundum quod eveniet; et deinde, quod in registro scribatur dies
mensis et annis (sic) modo consimili quibus huiusmodi littere de dicto registro tradentur parti; et
quod super hoc registratores et eorum clerici prestabunt in manibus eiusdem domini nostri, seu eius
vicecancellarii, aut vicegerentis solemne iuramentum, de consignando et scribendo, ut premictitur,
diem registrationis et expeditionis dictarum litterarum, voluit et ordinavit prefatus dominus noster
quod huiusmodi consignationi et scripture que per dictos registratores fiet, ut premicitur, stabitur
et plena fides exhibebitur in decisione omnium causarum tam in curia romana, quam extra ». In
secundo volumine chartaceo Ioannis XXII docemur etiam, chartaceos quaterniones singulis scriptoribus distributos. Quaternio XII hanc in principio exhibet notam: « Quaternus Ambrosii; » quaternio XIV:

. Nunc paululum inter fruteta Pontificatus Clementis deambulemus, quorum fructus, ut a multis accusatur, nimis familiae suae membris hoc anno distribuit. Iam die 24 decembris, consideratione neptis suae Beatricis Lautricensis, consanguineo eius Piliforti de Lautreco ordinis sancti Augustini vix octo annos nato, canonicatum in ecclesia Tolosana concesserat; die 2 martii [1] Amanevo de Lebreto Patrimonium beati Petri in Tuscia, in temporalibus regendum committit, eum « cuius meritum et virtutes. . . . per familiarem experientiam » noverat, votis, eheu incassis prosequens: « sperantes firmiter quod. . . . sub tui felicis regiminis tempore, vigebit habundantia pacis, etc. reddetur iustitia universis. . . . itaque rectoriam. . . . sic exercere studeas. . . . quod exinde predicte ecclesie honor consurgat et comodum, et felicem progressum accipiat exaltatio subditorum, tuique fama nominis, de bono semper in melius, altius extollatur. » Eadem die scribitur comitibus, baronibus, potestatibus etc, singulisque personis Patrimonii, ut praedicto tradant « castra, arces et terras predicta cum munitionibus et fornimentis. » Amanevo adiungitur rector in « spiritualibus tantummodo, in fulcimentum iurisdictionis temporalis, » Petrus Marsilii, die tertia martii. Die nona eiusdem mensis « universis presentes litteras inspecturis » scribitur, ut « illuc eundo vel inde revertendo . . . ob reverentiam apostolice sedis et nostram, favorabiliter » pertractetur, et de securo conductu, si ab eo vel eius vicariis, officialibus, familiaribus requisitum fuerit, provideatur. Eadem die alias accipit civitates, inter quas rectoriam Castri Mirande cum Campo rustico quam illi tradere debet episcopus Reatinus comitatus Sabinensis rector. Adnotamus, quod in duobus foliis signum O in medio margine pluries, aliisque foliis in quibus istae praecipuae recurrunt epistolae, ab ipso vicecancellario, seu notario, nostra quidem opinione, ut maiori auctoritate donarentur, delineatum fuerit. Die octava eiusdem mensis [2] nobilem virum Raynaldum Guillelmi de Buzos nepotem suum Clemens rectoriae civitatis Beneventanae « que nostrum et Romane ecclesie speciale mandatum domanium fore dinoscitur » praeficit. « Item. Eodem modo. Conceditur Raymundo de Monte Boerii Canonico sancte Rufine rectoria Civitatis Beneventane in spiritualibus, sicut in litteris domini Bertrandi del God conceditur Vitali Brost clerico Burdegalensi, rectoria Marchie Anconitane, cuius tenor et narratio hec est, Cum nos pridem dilecto filio nobili viro Raymundo Guillelmi de Busos nepoti nostro et cetera. Datum ut

---

« Quaternus P. de Aqua; » quaternio XVII habet: « Iohannes de Rocca; » in fine additur: « Explevit Iohannes de Rocca. » Aliquoties duo scriptores citantur, ut in XXII quaternione: « Iacobus Romanus et Bernardus. » In folio 199 haec marginalis notula transcriptioni in membranaceo faciendae innuit: « Hic ponatur executoria que est facta pro Iordano in littera Iacobi de Columpna per totum. »

[1] Fol. 64*b*.

[2] Fol. 54*a* et 54*b*.

supra »; quae epistola, nisi capitula sub numero septingentesimo in praesentibus quaternionibus occurrerent, numerusque octingentesimus luce clarius
appareret initio quaternionis 141–168, in quo leguntur epistolae eiusdem
diei[1] rectoriae Marchiae Anconitanae Bertrandum in temporalibus, Vitalem
in spiritualibus assignantes; nos de recta quaternionum dispositione iterum
inducenda in desperationem adduceret. Alia epistola[2] Bertrando concedens
potestatem exigendi etiam fructus praeteriti temporis non solutos, componendi, transigendi, poenas imponendi, impositas relaxandi, (cui addas aliam
epistolam eiusdem diei 8 Martii[3] tres novas ei civitates committentem) epistolas posterioris quaternionis pariter supponit. In exemplum eiusdem con-
fusionis citari potest epistola diei 25 Martii[4]; Arnaldo Bernardi de Preysaco
dicto Soldano, Clementis nepoti, rectori Massae Trabariae et civitatis Castelli
maiorem auctoritatem conferens; quae antecedit epistolas diei 8 Martii, quibus
in spiritualibus Hugo de Fontanilhas, et ipse Bernardus in temporalibus,
eorumdem locorum rectores nominantur. Maior occurrit ordinis turbatio in
electione Arnaldi Garsiae vicecomitis Leomaniae et Clementis fratris in
rectorem ducatus Spoletani[5] quae data caret. Scriptor, parte tantum epistolae
transcripta, addidit: « et cetera ut in cap. DCCLXXXIIII scribitur ». Nullo
modo illud in foliis antecedentibus invenire potuimus; sed in quaterno epistolarum incipiente a cap. DCCC occurrit[6], et die 8 martii rectoriam Anconitanae
Marchiae nepoti Clementis, Bertrando del God domino de Duratio concedit.
E contra in praesenti quaterno[7] epistola data die 22 Martii Petro « de Colompna sancte romane ecclesie diacono cardinali, rectori Romaniole » mandat
ut Bovihano de Valduinis de Bononia, domicello et familiari Bertrandi « potestariam et regimen » castri, seu villae « de Medicina » et terrae quae dicitur
« Donicata. » Nodus solvitur, seu potius indicatur error in fol. 14 fragmenti
Regesti chartacei, quod continet codex Ottobonianus 2516. Arnaldo Garsiae
socius datur rector in spiritualibus ducatus Spoletani Robertus de Riomo
clericus et legum doctor, die 23 eiusdem mensis[8].

   Nonnullae epistolae datae die 5 novembris an. 1305, et die 5 mensis
februarii sequentis[9] concedunt Petro de Chambliaco cambellario regis Franciae
et Ysabellae eius uxori ut tres capellas in honorem beati Ludovici confes-

---

[1] Fol. 149.
[2] Ibi, fol. 66.
[3] Ibi, fol. 75.
[4] Ibi, fol. 66*b*.
[5] Ibi, fol. 65.
[6] Ibi. 148*b*
[7] Ibi, fol. 68.
[8] Ibi, fol. 66*b*
[9] Fol. 75*b*, 76*a*.

soris a se in domibus suis, in tribus dioecesibus Rothomagensi, Belvacensi et Ebroicensi dotare possint etc. Die 13 octobris an. 1305 Nicolao episcopo, Ostiensi ecclesia sanctae Praxedis de Vrbe Ordinis Vallisumbrosae carens « ad presens proprio cardinali.... in spiritualibus et temporalibus *commendatur* [1].» Eodem mense, Clemens Iacobum Aragoniae, Sardiniae et Corsicae regem favoribus auget [2], dans abbatibus sancti Cucufatis et de sanctis Crucibus facultatem absolvendi ab excommunicationum sententiis eos qui contra inhibitionem sanctae Sedis adierunt Sarracenos Alexandriae, cum mercimoniis et rebus prohibitis; ea conditione, ut mares quartam, et feminae quintam partem de lucro damnato abbatibus praedictis tradant, regi exhibendam; eumdem a iuramento absolvit, et nullam declarat venditionem castrorum, quam necessitate compulsus, propter ecclesiam fecerat, quia deceptus fuerat circa dimidiam partem pretii, eique decimas ad quatuor annos tribuit, ut sic adiuvetur in adipiscenda possessione Sardiniae et Corsicae, et in debellandis infidelibus.

In mense ianuario cuius epistolae, more solito, ratione temporis sunt separatae et inter alios menses dispersae, negotium iam a Benedicto XI susceptum prosequitur, scilicet recuperationem imperii Constantinopolitani, ad quam se paratum asserebat Carolus comes Andegavensis, ratione uxoris suae Catharinae imperatricis Constantinopolitanae; « nam si, quod absit, idem imperium ad Turcos aliosque Saracenos et infideles, a quibus dictus Andronicus iugiter impugnatur, devenire contingeret, non posset faciliter erui de manibus eorumdem. O quam grave discrimen et ingentem confusionem reciperet, si, quod Deus avertat, talis casus emergeret, romana mater ecclesia, totaque religio! » Sapiens consilium, verba digna Pontifice Romano, etiam recentiorum politicae artis peritorum iudicio! Prima epistola episcopo Silvanectensi fuit directa; sequens, eadem die 14 ianuarii, Episcopum Cephaludensem collectorem alterius decimae in Sicilia colligendae, et Frederico regi Trinacriae, si vult se Carolo comitem adiungere, secus Carolo soli tradendae, nominat. Sequuntur aliae epistolae praelatis Galliae, Siciliae, Carolo, Venetis, Ianuensibus directae ad praedictam recuperationem, per quam « terre sancte negocium quod non sine lacrymarum profluvio ad memoriam revocamus, facilius, ymo felicius peragetur. » Die 18 adnotemus electionem Ioannis episcopi Corinthien. et nobiles epistolas quibus se iustitiae amantissimum ostendit.

In hoc saeculo XIV, saepissime « pro suis necessariis et ecclesiae suae negotiis » episcopi mutuum contracturi a *mercatoribus*, ad summum Pon-

[1] Fol. 71 *b*.
[2] Fol. 37 et 63.

tificem recurrebant, ut epistolam sub certa forma obtinerent, sine cuius auxilio et procuratorum iuramento, mercatores ordinario pecuniam mutuare nolebant. In his epistolis, « usuris omnino cessantibus, » executoribus concedebatur ut ad poenas recurrerent ecclesiasticas contra debitores temporis praefixi ad solvendum oblitos. « Nos igitur, qui ex debito pastoralis officii sumus omnibus in iusticia debitores, (sic loquitur pontifex executoribus scribens) . . . discretioni vestre . . . mandamus, quatenus, si episcopus et capitulum . . . infra unius mensis spatium, post monitionem vestram, plene et integre de predictis pecunie quantitatibus mercatori non satisfecerint . . . ipsos ex parte nostra . . . citare curetis' ut infra duos menses . . . per procuratores . . . compareant coram nobis, dicto mercatori super hiis de iusticia responsuri, ac facturi et recepturi quod ordo dictaverit rationis. » Nonnullos mercatores in hoc mense ad Pontificem recurrentes invenimus, inter quos Ghectum Honesti, et Ghectutium filium quondam Dini, filii dicti Ghecti cives Lucanos, contra Ioannem ducem Lotaringiae; Octavianum Callibuctonis et Gilectum eius filium cives et mercatores Romanos contra episcopos Traiecten. Leodien. Cameracen. et alios; Cursium mercatorem Florentinum de societate quondam Lambertutii de Frescobaldis contra archiepiscopos Salernitanum et Compostellanum, citare iuvat. Tres episcopos die 22 ianuarii electos legimus, Riccardum successorem Cardinalis Berengarii in ecclesia Bitterrensi; Iacobum Faventinum, et Sistarien. episcopum; die vero 23 Cardinalem Landulphum, Martini Casinensis Abbatis vices sumentem in monasterio de Capellis prope Neapolim.

Epistolae de litterarum studio in Aurelianensi civitate promovendo « ad perpetuam rei memoriam » datae, sub die 27 ianuarii[1] nunc integrae referri deberent: « Cum igitur in Aurelianensi civitate litterarum studium in utroque iure, ac presertim in iure civili laudabiliter viguerit ab antiquo, et ad presens, domino faciente, refloreat; Nos ipsum Aurelianense studium, quod nos olim essentiam minoris status habentes, legendi et docendi in legibus scientia decoravit . . . volentes oportunis confovere favoribus, et presidiis communire . . . . concedimus, ut doctores et scolares in dicto Aurelianensi studio nunc et in posterum immorantes habeant universitatem et collegium regendum et gubernandum ad modum universitatis et collegii generalis studii Tholosani . . . ». Scolares per civitatem Aurelianensem armati incedere non debent; doctori et episcopo Aurelianensi cui incumbit, ut « sic delinquentium castiget excessus, quod scolarium servetur honestas, » committitur dispositio bonorum scolarium, qui decesserint intestati. Nullus scolaris pro contracto debito capi potest; et si in aliquem eorum suspicio exorta fuerit « cessantibus carcerum

[1] Ibid. fol. 64, 58.

exactionibus dimittatur »; si tamen dignum carcere crimen commiserit, tunc
nocentem episcopus in carcere tenebit. « Et si doctoribus et scolaribus,
quod absit, . . . inferatur iniuria . . . liceat doctoribus usque ad satisfactionem
condignam eorum suspendere lectiones; » aliis ornatur privilegiis studium
Aurelianense, quae referre nimis longum esset. Qui Petri successores lucis
scientiae, et *progressus* inimicos asserunt, sequens accipiant responsum.
« Nos itaque profectibus publicis ex debito pastoralis officii, cui, dante domino
presidemus, efficacibus studiis intendentes, ingenti utique desiderio ducimur
et cura propensioris sollicitudinis excitamur, ut studia litterarum per que
scientiarum thesaurus acquiritur, et ad spiritualis et temporalis gaudii gloriam
pervenitur . . . convalescant ». Februarii die prima, Clemens concedit Guerro
Bonaccursi domicello et familiari suo quadringentos florenos aureos annuatim
percipiendos a thesaurario comitatus Veynesini in festo Resurrectionis dominicae; die 8 cum cardinali Berengario dispensat de suscipiendo diaconatu;
die 17 electum Lixironensem confirmat; die 18 Philippum Eysteten-
sem, Ioannem Argentinensem, Leucium Bituntinum electos episcopos confirmat. Et ne electos huius mensis praetereamus, episcopum Hugonem,
die 26, administratione et cura Arborensis ecclesiae donatum, quia ecclesia
sua Bibliensis, in manus inimicorum christianae fidei devenerat; et die seq.
Franciscum Surrentinum Archiepiscopum electum citamus. Notemus, festinanter transeuntes, Raynaldum de Raxaco clericum absolutum ad cautelam ab
excommunicatione qua se innodatum timebat, quia Frederico regi Trinacriae
et Siculis adhaeserat « dum olim in rebellione sancte Romane matris ecclesie
persistebant. » Yldebrandino de Comite vacaturum canonicatum in dioecesi
Beneventana expectanti, abbas Sancti Severini Neapolitani, archipresbyter Sanctae Mariae de Vallemontone, et Matheus Filimarini canonicus
Capuanus executores dantur. Guillelmus de Grandisono, doctori ius civile filios suos Iohannem et Thomam docenti, vacaturum beneficium; Robertus « de Boctemont » duabus filiabus suis puellis litteratis, ingressum
in monasteria Sanctae Trinitatis de Cadomo et Sancti Salvatoris Ebroicensis
dioecesis obtinent [1]; monasterium de Nonantula Nicolao Ostiensi commendatur [2]; indulgentiae conceduntur illis qui fratribus Praedicatoribus Nivernensibus ecclesiam de novo aedificantibus manum adiutricem porrexerint;
« quia presertim ordo ipsorum predictus est in paupertate fundatus [3] ».
Quoad ea quae ad usus cancellariae spectant, nescimus ob quam rationem
scriptor in quatuor foliis rubricas omiserit [4]; idem executores vocat iudices:

[1] Die 5 Martii.
[2] Die 18 Februarii.
[3] Die 25 Martii.
[4] Ibi fol. 47 *b*-52.

Regestum Clementis Papae V.

« Isti sunt iudices gratie precedentis [1]. » Praeter epistolam electionis archiepiscopi Coloniensis, aliae decano et capitulo, nobilibus et vasssallis ecclesiae,
nobilibus et populo civitatis, et regi Romanorum directae, imo etiam epistolae
consecrationis, omnes data carent. Finem hisce quaternionibus imponamus
citando verba a Clemente directa scriptori suo Tenctori, mox a Iohanne XXII
inter cardinales adnumerando; qui in minoribus tantum constitutus, et iam
in Basilica principis apostolorum de Vrbe beneficiatus, die 21 aprilis archidiaconatum Tiburtinum assequebatur: « Obsequiorum gratitudo que in
Cancellaria sancte Romane ecclesie dilecto filio nostro Petro tituli sancte
Prisce presbytero cardinali eiusdem ecclesie vicecancellario cuius capellanus
et familiaris existis, circa ipsius Cancellarie executionem officii assistendo,
sollicite, ac fideliter hactenus impendisse dinosceris et iugiter impendere non
desistis, exposcunt (sic) ut nos personam tuam paterna benevolentia prosequamur ».

Primus amanuensis cum duobus sequentibus quaternionibus 141–152
et 153–166, duo enim folia 167, 168 sunt vacua, epistolam quae cardinali
Landulfo beneficia a Francisco archiepiscopo Surrentino possessa ante promotionem suam, aliis conferenda tradit, relinquens imperfectam, nec ultimae
quaterni epistolae finem imponens, suum repente deserit calamum. Apparent
signa tum vicecancellarii, seu notarii, tum monogramma Leonis ad partem
laevam marginis superioris folii 141, ad dexteram vero aspicientis, legitur:
« DCCC capitulo. » Duo quaterniones ducentas litteras amplexi essent, ut
caeteri, si ad finem fuissent deducti. Scriptor epistolas priorum anni 1306
mensium praesertim transcripsit; sed tamen a die 12 sept. an. 1305 ad diem
28 iulii an. 1306 excurrit. Perdurat in his quaternis aetas quam, parentes
Clementis, non Itali, auream appellaverunt. Epistola cui data deficit, concedit
Gallardo de Preyssaco, ut, non obstante defectu quem in ordinibus vel aetate
patitur, dignitates episcopales, archiepiscopales, seu patriarchales, aut alias
suscipere valeat; Raymundus de Goto nepos Pontificis amicis favet [2]; die
2 martii an. 1306, Otho de Casanova in rectorem comitatus Sabinae aliarumque urbium eligitur, et eadem die, epistola directa « dilectis filiis nobilibus viris rectoribus Marchie Anconitane, Vallis spoletane, Campanie, Maritime,
ommniumque terrarum in illis partibus ad romanam ecclesiam pertinentium,
(provincia Romaniolae prorsus excepta)... ceterisque personis.... per easdem
terras constitutis, » Amanevum de Lebreto rectorem electum annuntiat.
Omnes epistolae ad haec spectantes, circulis authenticis ornatae fuerunt.
Die 8 martii Bertrando del God Clementis nepoti domino de Duratio, in

---

[1] Ibi fol. 59.
[2] Die 24 Nov. 1305.

temporalibus; Vitali Brost, die 10, in spiritualibus, rectoria Marchiae Anconitanae tribuitur. In eodem mense Amedeus filio et amicis favores obtinet; Clemens, sub solita forma « ad perpetuam rei memoriam » ecclesias Palentinensem, Eugubinensem et monasterium sancti Salvatoris maioris Reatinae dioecesis reservat; mandat marescallo iustitiae curiae suae, ut citet Ioannem Delphinum, apud quem sese receperant milites Lugdunenses et Bellicences qui domicellum et familiarem suum « armis feritoriis » percusserant; et Patriarcham Ierosolymitanum novis ornat favoribus. Iam in mense februario sese obtulerunt epistolae [1] cum solemni salutatione « ad perpetuam rei memoriam » constitutionem Bonifatii VIII de citationibus apostolicis, et aliam cuius initium: « Clericis Laycos, » moderantes.

Clemens suos amabat, Philippo forte nimis favebat; sed ingenue fatemur, perlectis Regesti Clementis voluminibus, quae speculum et testes vitae Pontificis dici possunt, magis ac magis distamus ab accusationibus, seu sententiis, oculis clausis admittendis, quibus cardinalis Neapoleo de Vrsinis in Pontificem (cuius pietatem et sinceritatem miramur), nullo modo defuncto parcens, in epistola sua [2] quae verbis veritatem sapientibus alia adulatoria in Philippum, iniuriosa in Petri successorem immiscet verba, crudeliter saevit. Cui viro catholico non respuunt ista? « Talia quae scimus pro certo conceperat, et iam ordinaverat quod vere se ipsum, si complesset, et ecclesiam destruxisset. » Nec nobis arridet sequens insinuatio Neapoleonis Pontificem volentis: « qui sit amicus Regis et regni, et qui terrae sanctae negotium, quod Rex assumpsit, prosequatur efficaci opere, non fallaci. » Sincere credimus Clementem toto vitae suae tempore, a die coronationis usque ad mortis horam, totis viribus, licet non felici, seu potius perfecto exitu, terrae sanctae liberationem exoptavisse, et omnibus prosecutum fuisse mediis. In novum assertionis nostrae argumentum afferatur pulcherrima epistola die 28 februarii an. 1306 abbatibus Cisterciensi et Cluniacensi directa, quae nobis rationem gratiarum Amedeo concessarum demonstrat [3]. Etsi multis et arduis que in amplum romane curie alveum undique fluunt, quasi torrens, pregravemur negotiis. . . . ad ea tamen ferventius intendimus. . . . ex quibus periculosa oriri scandala. . . . et maiora sequi pericula verisimiliter formidamus. Sane quam fuerit animabus periculosa, corporibus dispendiosa et rebus incomoda, plurimarum guerrarum conmotio que inter dilectos filios nobiles viros Sabaudie comitem et Dalfinum Viennensem. . . . fere omnium cismarinarum partium nationes agnoscunt. Quapropter nos qui licet

[1] Die 1 februarii 1306.
[2] BALVZIVS, Tom. II, col. 293.
[3] Reg. 52, fol. 152.

immeriti REGIS PACIFICI VICES GERIMVS ET TENEMVS IN TERRIS, ad mala
omnia supradicta vitanda, et quoniam guerra huiusmodi, si duraret, passagio
ultramarino ad quod summo studio anelamus, periculum, dispendium, atque
dampnum esset non modicum allatura... treugas... a nobis, vel auctoritate
nostra usque ad instans festum resurrectionis dominice partibus supradictis
indictas.... de novo indicimus. .... usque ad proximum festum beati Michaelis Archangeli, et ab inde usque ad annum unum continuum et completum. Die 4 aprilis, iterum pacifica verba Lucae de Sabello dirigit, ut
nepotem Poncellum de filiis Vrsi inducat, ad liberaliter restituendum Petro
de Columna diacono cardinali civitatem Nepesinam, et ita removeatur omnis
dissensionis materia. Scriptor sic contrahit epistolam Ioanni episcopo Tusculano directam, ut hortetur cardinalem Franciscum ad assentiendum desideriis
Clementis, in alia epistola consensum ·Francisci postulantis; quia Iacobo de
de Columna cardinali archipresbyterarum sanctae Mariae Maioris dare volebat, eo quod ornamento et structurae eiusdem basilicae studuisset reddi-
tusque ampliasset: « ut supra in prehabita littera, loquendo de domino
Francisco in tercia persona, cum in prehabita ad eumdem dirigatur sermo in
secunda persona, usque ad illam partem, sicut . prius. » Non omittendum,
quod Clemens, decenti cardinalium statui providens, basilicae Principis apostolorum non oblitus, canonicis, singulis annis, per duos menses abesse « pro
corporum infirmitate vitanda et sanitate recuperanda. ... absque defalcatione. ... sex librarum provenientium senatus. » Benigna manus rubricam,
ne prorsus deperiret, renovavit [1]. Nec praetereundum auxilium, mediantibus
indulgentiis porrectum Nivernensibus super Ligerim pontem constructum re-
ficientibus [2]; Episcopo Ebroicensi, qui « ecclesiam Ebroycensem in beate Marie
Virginis honore inceptam, opere quam plurimum sumptuoso. ... viriliter,
auctore Domino, consummare » intendebat [3].

Nunc ex ordine capitulorum reponendus esset quaternio chartaceus quem
numquam « rubricatum » esse, seu « scriptum in pergameno » censemus, et
de quo iam disseruimus. Habet circulos solitos in margine superiori, continet
capitula MVII–MXLV, et usque ad initium augusti progreditur.

Vltimus quaternio collocandus 125–136, a secundo amanuensi scriptus,
saltem usque ad diem 25 iulii progreditur, et consuetis ornatur signis. Pulcherrimas nobis epistolas de auxiliis Armenorum regi tribuendis offert, quas
Deo adiuvante integras publici iuris faciemus. Electionis magistri Raynaldi
dicti Mazoni de Setia in ecclesiae Romanae oeconomum, tarde ad regestum

---

[1] Fol. 146.
[2] Die 4 aprilis 1306.
[3] Die 15 maii.

venientis, nonnulla citanda sunt verba: « De fidelitate ac industria tua plenam in domino fiduciam obtinentes, te nostrum et ecclesie Romane yconomum, procuratorem, seu actorem constituimus in omnibus causis, tam
civibus, quam criminalibus, motis et movendis contra nos, dictam ecclesiam,
seu rectores, aut officiales terrarum ipsius ecclesie, necnon et processus
eorum. . . . ac faciendi cetera que verus et legitimus procurator et yconomus,
sive actor facere debet et potest, ac substituendi alium, vel alios procuratores
ad omnia et singula supradicta. . . . » In alia epistola data post primam cardinalium creationem, quia Petrus vicecancellarius iam titulum sanctae Priscae
obtinebat, Clemens « officium scriptorie litterarum penitentiarie nostre, cum
suis licitis obventionibus » Guillelmo Legerii de sancto Saumo concedit.
Die 11 februarii dat consensum permutationi inter archiepiscopum Arela-
tensem et Carolum regem Siciliae, quia prior: « piscarias Stagni Marcici ad
mensam sui archiepiscopatus pertinentes, ipsius mense utilitate pensata, (ac
posterior) nonnulla, ex castris, sive redditibus suis (cupiebant) invicem permutare. » In pluribus aliis epistolis variis executoribus directis, « cum dilecti
filii Lance Agolantis et eius socii de societate Amannatorum de Pistorio,
ad reformationem dicte societatis, ex cuius lapsu gravia dampna et incomoditates pluribus incumbebant [1] diligenter intendant; » commendat, ut debitoribus eiusdem societatis, quicumque sint, tempus ad solvendum assignent,
et deinde ad censuras recurrant. Die 7 iulii episcopo Tridentino contra ducem
Carinthiae et Comitem Tirolensem ecclesiae suae oppressores adiuvat. Praeter
nonnulla Surrentini electi beneficia [2], Landulfus Brancacius suo titulo proprio
titulum sanctae Mariae in Transtiberim addiderat; Leonardus Albanensis administrationem sancti Stephani in Caelio monte [3], Guillelmus sancti Nicolai
in carcere Tulliano diaconus cardinalis administrationem monasterii sancti Angeli in Formis monasterio Casinensi subiecti [4] acceperant; nunc, die 25 iunii,
Berengario sanctorum Nerei et Achillei presbytero cardinali vacatura beneficia, praesertim in sua dioecesi Biterrensi « dummodo proventus ipsorum
omnium mille librarum parvorum turonensium bone monete, antique, que
communiter expendebatur tempore clare memorie Ludovici regis Francie,
secundum taxationem decime, valorem annuum non excedant, » reservat Clemens, ut incumbentia expensarum onera ad honorem apostolicae sedis congrue supportare possit. In principio epistolae ab omnibus laudandae quam
Ianuensibus dirigit, Pontifex commemorat antiqua inter eos et Venetos dis-

---

[1] Reg. *incubebant.*
[2] Reg. 52, fol. 165.
[3] Fol. 21.
[4] Fol. 164*b*.

sidia, Tripolitanam cladem, Aconis excidium, damnosam cupiditatem et discordiam quietis inimicam et aemulam pacis; nunc imminens inter eos et regem Cypri bellum, generali christicolarum passagio obstat, «et crucis hostibus
abominanda letitia generatur. . . . Numquid silebimus ubi nobis clamare
precipitur?. . . . Hoc filioli prorsus absit a nobis. » *Treugam* quatuor annorum
precipit « ita tamen quod extra treugam sint, eisque offendatur impune, qui
contra processa et sententiam predecessorum nostrorum. . . . et canonicas sanctiones, quas et vos per aliqua vestra statuta, sicut filii benedictionis sequimini,
in Alexandriam, Egiptum et terras Babilonie soldano subiectas transeunt et
transferunt prohibita ac illicita. » Tres executores, archiepiscopus Ianuensis,
Gregorius de Placentia et frater Philippinus ordinis minorum, gravissimis
poenis contra frangentes treugam iuratam latis, ut ex utraque parte inviolabiliter observetur, vigilare debent. Die 2 iulii, Clemens in alia epistola
Gregorio Patriarchae, et Leoni Armenorum regi directa laboribus eorum
compatitur, et adversitatibus condolet; incursibus inimicorum crucis qui
Armeniam « moliuntur sue ditioni subicere, funestis fedare ritibus inhiant . . .
(contraire) per generale passagium (exoptaret); sed, qu;a hoc dilationem ex
aliqua causa posset forsan recipere ad presens de aliquo, in vere autem
proximo de alio convenienti et particulari subsidio vobis . . . deo auctore
putavimus succurrendum, vos igitur confortamini. . . . » Eadem die depre-
catur Ianuenses, ut inanes suspiciones de colligentibus pecuniam quae offertur,
deponant, aut alios eligant de quibus « non possit suspicio remanere. . . Vellemus predilecti filii, quod dictum subsidium celerius perveniret, quia ibi hostis
instat, nec dormit; ibi vero modicum festinatur »; ipse de camera sua in
quantum potest erogabit pecuniam. In alia epistola quam executoribus scribit,
iterum loquitur de praeponendis receptioni pecuniae, ut evanescant suspiciones Ianuensium; remaneat Gregorius de Placentia usque ad kalendas Oct.
et « auxilium trescentorum equitum et quingentorum peditum, si fieri potest
in continenti mittatur ». Non vacua et inania verba ducimus, sed sincerum
cordis desiderium et effusiones animi patris filio colloquentis sequentem
Clementis epistolam, eadem die, Arthuro minoris Brittanniae duci directam:
« Laudamus fili et exultamus in domino, quod, tam per litteras tuas, quam
ex relatione dilecti filii Hugonis de Masnoneto . . . vere comperimus qua
affectione ferveas ad terre sancte subsidium . . . » Quod postulatur, a votis
patris Arthuri non discrepat, addita enim pecunia in testamento eius in
subsidium terrae sanctae relicta oblationi Pontificis ad aerarium suum, in
« quantum sufficit » manum extendentis, « poterit de convenienti auxilio
equitum, sepedictorum Armenorum laboribus provideri. Age, (prosequitur
Clemens), sic apud eos quorum interest insta, et da operam efficacem . . . .

ita siquidem faciens, celerius, quod desiderare debes, anime patris tui· subvenies, servies Deo, et promereberis dicte sedis gratiam ampliorem ».

Regestum imperfectum desinit cum epistola Guidoni Famagustano episcopo directa : « Personam tuam precipua benivolentia prosequentes . . . . iuxta Lateranensis statuta concilii . . . . » indicatis primis verbis quaterni sequentis : « legitime devoluta. » Faxit Deus, quod in alio codice errantem quaternum, ad locum proprium reducere valeamus !

VOLVMEN II REGESTI INSCRIPTVM LIII.

Annus I Pontificatus Clementis V. (1305–1306)

Primum Regestorum volumen, in quo prima gratia concessa die 27 iulii an. 1305 data fuit, aliaque fragmenta eiusdem Regesti primi anni, nonnisi a 21 die octobris eiusdem anni incipiunt; in folio sexto, iam datur Lugduni epistola die 15 decembris, et in folio 32*b* occurrit epistola diei 25 maii an. 1306; dum Regestum 53, a die 4 octobris incipit; ex quo imprudens lector perperam censens Regesto 53 primum locum esse assignandum, in externo titulo Regesti 52 mendosum titulum addidit : *Par. II.* Regestum 52 vere primum dicitur, eique succedere debet Regestum 53·

In vol. 313 Arch. Avin., cuius titulus est « Obligationes et solutiones servitiorum communium 1293-1317 [1], » haec nota ad an. 1306 refertur : « Die dominica, quarta mensis septembris, Reverendus Pater Dominus Petrus vicecancellarius terminum presentis vite complevit. » Eodem anno eum vita functum asserit Bernardus Guidonis in sua Clementis vita : « Petrus Arnaldi Bearnensis Abbas sanctae Crucis Burdegalensis; cui non fuerunt anni attributi in cardinalatu; sed obiit infra annum [2]. » Errat ergo Franciscus Duschesnius a quo dies obitus Petri notatur anno 1306, die tertia septembris, magis ac magis errat Panvinius aliique non pauci asserentes eum Clementis fuisse superstitem [3]. Decor Curiae eclipsin, deficientibus viris usibus vicecancellariae assuefactis, vel tali officio subeundo non sufficienter paratis, passus erat, et morte novi vicecancellarii interveniente, peior rerum status imminebat. Iam vidimus quaterniones membranaceos interruptos, epistolas adhuc in vili charta iacentes et pene destructas; censemus tamen vicecancellariatus officio repente fuisse provisum. Successorem Petri, omnibus pene viris historicis ignotum, in regesto saepe saepius recurrentem videbimus;

---

[1] Ibi, fol. 30*b*.
[2] BERNARDVS Guidonis apud BALVZIVM, vol. I, col. 56.
[3] Ibi, col. 652.

sed forsan ob nominis paritatem, cum abbate S. Crucis, postea S. Priscae Cardinali confusum. Sic de eo loquitur Clemens [1] in epistola qua in episcopum Palentinum, die quarta iunii an. 1306, praeficitur: « Considerantes attentius magne devotionis affectum et solide fidei puritatem quas erga nos et romanam ecclesiam inconcusse servasti, et servare continuatis studiis non desistis. Attendentes etiam tue profunditatem scientie, grandia merita probitatis . . . . te canonicum Carnotensem, in minoribus dumtaxat ordinibus constitutum, eidem Palentine ecclesie . . . in episcopum preficimus . . . » Sequuntur sex executoriae, quarum prima Ferrando regi Castellae dirigitur. In testimonium autem electionis eius in vicecancellarium, iam die decima februarii an. 1307 factae, sequentem epistolam ex Regesto 54 desumptam [2] transcribere iuvat.

« Dilecto filio Petro Electo Palentin. sancte Romane ecclesie vicecancellario.

Cum in obsequiis nostris et apostolice sedis, circa executionem officii per nos tibi commissi, continuatis laboribus immoreris, ac propter hoc te oporteat regimen ecclesie Palentin. tue gubernationi commisse per alium exercere, nos tuis supplicationibus inclinati, auctoritate tibi presentium indulgemus, ut tu qui es in Diaconatus ordine constitutus, ad susceptionem sacerdotalis ordinis, donec officium exercueris antedictum, minime tenearis, quodque interim tibi non currat tempus de consecrandis episcopis a canonibus diffinitum. Nulli etc. concessionis, etc. Datum Pessaci prope Burdegalas, IIII Idus Februarii, Anno secundo. »

Tres scriptores, qui certo a scriptoribus Regesti 52 differunt, sequentibus regestis exarandis opus contulerunt, quorum nomina nos adhuc ignota, tribus primis alphabeti litteris indicamus. Indices forte non eisdem manibus, sed eidem tribuendi sunt saeculo. Regestum 53, formam scripturae Regestorum Bonifacii VIII, Benedicti XI, et Ioannis XXII, dictam a nonnullis romanam, reassumit, et Petro Cardinali, iam vita functo, a duobus scriptoribus A, B, iubente Petro Palentino, (a quo forsitan revocatus tertius scriptor C[3], qui in regesto 54, prima vice apparet, quamvis eum regestis Bonifacii. VIII, Benedicti XI et Ioannio XXII operam impendisse facile credamus), exaratum fuit. In huius assertionis argumentum afferre possumus plures epistolas, inter quas venit epistola directa Priorissae de Rama [4] cui additum est emen-

---

[1] Reg. 52, fol. 175.
[2] Reg. 54, fol. 53*b*.
[3] Scriptor C. cum Bartoldo Benedicti XI scripsit regestum, in cuius fine haec legimus: « Ista XXVII folia scribit bartoldus, quodlibet folium continent LXXX et VI lineas, et comput(ando) pro folio centum linearum tres solidos, ascendunt ad summam XXXIIII grossorum cum dimidio. »
[4] Reg. 53, fol. 39.

dationis signum « va . . . cat; » data enim fuit, omisso anno Pontificatus,
die 20 novembris apud Vinandraldum, anno 1306, iam mortuo Petro cardinali, et ad annum 1305 referri nequit, in quo Clemens Lugduni residebat;
alia epistola [1] verbo « vacat » pariter expuncta, et die 29 eiusdem mensis
data, argumento vires addit; imo tertia epistola Vinandraldi data [2], nos ducit
usque ad diem 19 ianuarii, in quo iam certiores facti sumus Petrum Palentinum fuisse vicecancellarium; epistola enim data die 18 ianuarii [3] eum
tali officio fungentem nobis citat. Imo in ipso Regesto [4] epistola diei 12 octobris 1306 mortuum asserit vicecancellarium Petrum Cardinalem. Epistolae
huius regesti excurrunt tantum usque ad finem primi anni Clementis, scilicet diem 13 Novembris an. 1306; dum non nisi in sequenti regesto [5],
iam die 16 septembris an. 1307 mortuum Petrum Palentinum invenimus,
ex quo nobis iustum videretur integrum regestum 53 et forte regestum 54,
quoad priorem partem, regimini Petri Palentini esse adscribenda. In dubiis
tamen non ferenda sententia; sed opinionum libertas unicuique reliquenda;
alii Abbati Sanctae Crucis tribuent fragmenta membranacea in itineribus
primi anni festinanter ordinata; volumen 52 ab initio Pontificatus reiteratum,
Petri Palentini, subsequentia vero volumina Avenione scripta, Arnaldi abbatis Fontisfrigidi Cisterciensis, opus esse asserent. Huic opinioni favet
spatium fere unius anni, saltem in prioribus Clementis V regestis, excurrens
inter priorem epistolarum transcriptionem in chartaceis regestis, ad usum,
ut ita dicamus, scriptorum regesti quotidianum, et posteriorem maiori cura
in membranis confectam et usui Pontificum totiusque ecclesiae reservatam;
quae prioris simplex exemplar dici nequit, quia in ea aliae epistolae insertae
occurrunt.

Regestum 53 antecedit index cuius scriptura non videtur duobus scriptoribus A. et B, sed alii tribuenda; sex foliis constabat quorum tria ultima
vacua recisa fuerunt. Hunc quaternum praetermisit, qui recentiori tempore numeros foliis apposuit. Qui titulum rubris litteris exaraverat, anno
secundo regestum tribuerat; verbum enim « primi » erasae membra-
nae superimpositum; ita tamen ut prioris verbi appareant signa. Incipit: *Rubrice licterarum Communium domini Clementis pape V, anni primi.*
Index vero incipit a numero primo et desinit cum numero ducentesimo septua-
gesimo quarto. Nonnullos titulos a se relictos ipse amanuensis in margine addidit; identidem recentior manus indulgentias et nomina locorum in margine

---

[1] Ibi, fol. 37.
[2] Ibi, fol. 60*b*.
[3] Reg. 54, fol. 147*b*.
[4] Reg. 53, fol. 61.
[5] Reg. 54, fol. 90.

Regestum Clementis Papae V.

pariter indicat. Quaternus signis authenticitatis consuetis ornatur; quae etiam in sequentibus recurrunt quaternis. Quaternus 1–3, ab A. descriptus, constabat quatuor foliis, quorum ultimum vacuum remanserat, sed deinde recisum est. Continet, contra usum regestorum sequentium, epistolas « de curia » quarum index desideratur, et litteris communibus praeponitur.

Fol. 1. *Regestrum domini Clementis pape V licterarum de Curia primi anni. Dilectis filiis Nobilibus Viris Gentili de filiis Vrsi et Stephano de Columpna Senatoribus Vrbis. Letanter accepimus* ... Scriptor A. litteras initiales epistolarum non rubro tantum, sed et lineolis coloris caerulei ornat. Rubricae praeparatoriae, seu *rubricellae* non in una, aut duabus lineis iuxta extremum marginem instar columnae se extollunt, ut in alio regesto, sed in quatuor, aut amplius lineis, in eadem directione ac scriptura textus, habentibus in longitudine viginti aut triginta millimetra; huiusmodi rubricas scriptor A. saepe pumice laevigavit; pumice etiam utitur in emendando textu. Post septimam epistolam [1], alia epistola cuius littera initialis G, ut deinde coloribus delinearetur, in margine indicata fuerat, prorsus pumicis auxilio disparuit. Haec epistola novem linearum spatium occupabat, quae nunc vacant, cum parte postica huius folii.

Ambo scriptores A. et B. membranis ex uno latere albis, ex parte adversa fulvis utuntur, stylo ferreo, aut argenteo lineas ducunt quadraginta sex, quarum prima in quaternis scriptoris B, scriptura vacat. Altitudo folii 0,43 cent., longitudo 0,350 mil.; altitudo autem partis scriptae 0,31, longitudo 0,21 cent. aequant. Numeri capitulorum et taxa registri ad laevam aspicientis in margine excurrunt; verba quibus indicatur quaternus sequens, forsitan a compactore recisa, desunt. Epistolae primi quaterni datae inter diem secundum martii et vigesimum quintum octobris an. 1306; in sequenti vero 5–12 a scriptore B. exarato, inter diem vigesimum septimum februarii, et decimum octobris.

Fol. 5. *Regestrum domini Clementis pape V licterarum communium anni primi.* Amanuensis B. qui nunc sumit calamum, cum initialium litterarum quas solo colore rubro ornat, tum etiam aliarum litterarum forma, scriptori A. est inferior. Initialem litteram epistolae Gentili et Stephano directae, quam iterum offert, paululum lineolis rubris ornavit. In margine primi folii quaterni 13–20 (cuius dies extremi in data, sunt 27 februarii et 7 novembris 1306), scriptor A. qui partem folii praecedentis scripsit, omnibus praeparatoriis rubricis erasis, sequentem notam ad epistolam executoriam electionis Episcopi Sagonensis, die 27 februarii iudici de Sinarcha directam, taxae XX supposuit: « sed gratis reddita de mandato domini vi-

[1] Reg. 53, fol. 3.

cecancellarii;» et iterum indulgentiae die festivitatis et translationis capitis S. Ludovici concessae [1] sequentem addidit notulam marginalem: « Gratis de mandato domini vicecancellarii.» Epistola huius concessionis est diei 6 novembris an. 1306, Petro cardinali sanctae Priscae iam vita functo; ex quo concludere licet Petrum Palentinum iam vicecancellariae fuisse praefectum. Sequens quaternus 21–28 scriptoris B, habet epistolas datas die 20 februarii et die 13 novembris; in folio autem 25 ad verba « apud eandem (sedem) vacare,» veritatis amor, vel vicecancellarii redarguentis timor, notulae marginali sequenti occasionem dedit: « deficit *sedem* in littera.» Epistola Symoni electo Balneoregiensi directa, epistola translationis Bertrandi ad ecclesiam Agennensem, cum suis quinque executoriis nihil regesto solverunt, legitur enim in margine: « Gratis de mandato vicecancellarii. Gratis de mandato domini vicecancellarii, omnes [2].» Scriptor B. rubricas salutationum epistolarum executoriarum in margine signaverat, spatium vacuum in textu relinquens; sed huiusmodi rubricae lineis expunctae sunt, et salutationes sub solita forma: « In eundem modum etc.» non minio, sed atramento additae [3]. Scriptor A. quaternum 29–34 sex tantum foliis constantem, transcripsit. Anno secundo male tribuit epistolam Henrico Fanucii Gaitani de Pisis directam, datam die 3 dec. Lugduni, a quo Clemens certo aberat, anno secundo [4]; sed ipse infra refert aliam epistolam die 22 novembris Lugduni datam, anno primo, ex quo clare patet epistolam Henrici anno 1305 esse assignandam. Habemus in hoc quaterno epistolas datas die 22 novembris an. 1305, et die 7 novembris an. 1306 [5].

Omnes praeparatorias rubricas abstulit pumex, et in folio 29, priore scriptura deleta, emendationi trium versuum locum praeparavit. Sequenti quaterno octo foliorum regulari modo assuto, duplex folium, ante ultimum quaterni addidit scriptor B.; ita ut sint decem folia 35–44, cum epistolis a 11 die februarii ad annum sequentem Pontificatus Clementis, diem scilicet 29 novembris a. 1306. Iuxta taxam XVIII grossorum epistolae Benedicti de Florentia camerarii et capellani Francisci cardinalis diaconi Sanctae Luciae in silice, legitur: « set gratis de mandato vicecancellarii.» Iuxta antiquam formulam: « eodem » et taxam executoriae cuius rubricam scriptor B. in margine notula sua, deinde expuncta, praeparaverat; legitur iterum: « gratis ut supra;» epistola Iacobo Sancti Georgii ad velum aureum diacono Cardinali directa suum « gratis » habet; aliud « gratis » occurrit in epistola

[1] Fol. 18*b*.
[2] Fol. 25*b*.
[3] Fol. 25*b* et 26.
[4] Fol. 29.
[5] Fol. 29.

ad episcopum [1] de cuius nomine silent regestum et index. Auctor indicis perturbatum ordinem capitulorum CVII, CVI, litteris *b. a.*, iuxta regestum composuit, omittens epistolam Bernardo de Rivo directam [2] cuius numerus expunctus est, addito verbo « va. . . . cat, » quod epistolam abrogatam includit. Epistola [3] Priorissae de Rama, linea super numerum CXVIIII deducta a B, et verbo « va.̇ . . . cat, » simili modo expuncta, pariter in indice desideratur. Notarii taxam non solvunt, et ideo epistola quae Iacobo de Normannis papae notario, archidiacono Narbonensi, fructuum beneficiorum absque residentia perceptionem concedit [4], habet in margine: « Gratis pro notario; » idem dicendum de huius epistolae executoria sub eodem « capitulo » abbatibus S. Genovefae Parisiensis, S. Alexii de Vrbe, et notario Clementis Neapoleoni de filiis Vrsi. Nepos notarii Pandulphi de Normannis, qui consideratione avunculi canonicatum Cameracensem, et perceptionem fructuum beneficiorum, non obstante absentia, per quinquennium accipit, taxas solitas solvit. Folium duplex numeratum 47 et 49, in parte externa pellis, quadam chimica mixtione linitum est, antequam scriptoribus traderetur, quae teredinibus valde placuit, sed scripturae folii aliorumque vicinorum foliorum nocumentum attulit. Scriptor A. in quaterno a se exarato 45–56 excurrit a die 18 ianuarii ad diem 6 novembris anni 1306, et solito more, rubricas marginales erasit. In margine inferiori folii 51, nos docet duas executorias, iam registratis earum epistolis, ad registraturam venisse; omnes a solutione taxae eximuntur, utpote quae Geraldo, et Raymundo de Sancta Eulalia diriguntur: « Executorie inscripte Geraldi et Raymundi de Sancta Eulalia sunt scripte hic in margine, quia sine gratiis venerunt post. » [5]; attamen cum epistolae, tum executoriae, sub eodem die 31 martii Bituris datae. In ultimo folio numerum linearum auget, ut quaternum suum cum epistola et executoria eiusdem Geraldi quibus praeficitur in margine: « Gratis de mandato Vicecancellarii, » finem imponat. Regesti, ultimi quaterniones 53–60, 60–70, 71–74, et 75–77 a quo ultimum folium vacuum recisum est, inter se foliorum numero dispares, a scriptore B. fuerunt exarati. Duae epistolae cum salutatione: « ad perpetuam rei memoriam » [6] occurrunt. Prior data Valleviridi die 20 oct. an. 1305,

---

[1] Fol. 40.

[2] Fol. 37.

[3] Fol. 39.

[4] Fol. 44.

[5] *Gratia* pariter citatur in relatione cum *executoria* in cod. 3987, qui caute legendus est, quia regulas cancellariae etiam sub Pontificibus illegitimis latas continet. In folio 71*b* legimus: « prout habentur in quibusdam litteris apostolicis, una videlicet gratiosa cum filiis (filis) curici (sericis) rubei et crocea (crocei) colorum, et alia cum cordula canapis . . ; » deinde citatur tenor prioris, scilicet *gratiosae* et posterioris quae *executoria* vocatur. Iam in nota praecedenti actum est de litteris *gratiam vel iustitiam* continentibus.

[6] Fol. 75*b*. et 76.

asserit « Gualterum episcopum Pictaven. tunc pluribus excommunicationum sententiis ligatum,-» et decanum Pictavii sublatis procurationibus quas a monasteriis percipiebat, in compensationem, decanatum ruralem de Marolio accepisse; posterior vero apud Vinandraldum data die 20 oct. a. 1306, ecclesiam Dublinensem reservat; anno integro, licet posterior anteriorem immediate sequatur, inter se distant. In folio 54, epistola Vinandraldi data, ultimum secundi anni Clementis terminum tangit; in folio 60, quidquid dicat scriptor, epistola Vinandraldi data die 19 ianuarii, non nisi ad annum secundum Pontificatus referri potest, quia anno 1306 Lugduni degebat Pontifex, non Vinandraldi. A taxa eximuntur Rogerius de Lasdernas, et duo scriptores Clementis, presbyter Iacobus de Cruce, et Petrus de Quarteriis clericus in minoribus constitutus, officio tabellionatus donati; quoad scriptorem Iacobum de Sabello, nec taxa, nec verbum « gratis » apparent. Vltimum regesti capitulum CCLXXV in quo nulla calami mutatio occurrit, desideratur in indice. Sic desinit Regestum anni primi in folio 77 cuius tertia pars scriptura vacat. Electiones episcoporum et abbatum abundant in hoc regesto; non desunt tamen ea quae avidius a multis desiderantur, epistolae ad Senatores Vrbis, ad reges Franciae, Siciliae, Cypri, Hispaniae, ad mercatores curiae romanae, ad scolares Tolosae, ad episcopum eiusdem civitatis, ut optimi tantum ibi tolerentur medici. Concessio Sardiniae quae ordine temporis ad regestum 52 pertinuisset, non nisi in folio 70 occurrit. Clemens qui de militibus sancti Iohannis optime sperabat, regi Cypri ut libere naves munire, regi Siciliae ut equos et victualia habere possent, scribit. Notemus duos pontificios scriptores Iacobum de Cruce, et Petrum de Quarteriis officio tabellionatus donatos, et hanc clausulam concessionis testandi Petro tituli sancti Vitalis cardinali factae: «« Proviso quod de ornamentis capelle tue taliter disponere valeas, quod eadem ornamenta exponi venalia, vel alias distrahi non contingat, sed ecclesiis, de quibus tibi videbitur, relinquantur divini cultus usibus deputanda ».

VOLVMEN III REGESTI INSCRIPTVM LIV.

Annus II Pontificatus Clementis V. (1306-1307)

Excussis duobus voluminibus Regesti primi anni Clementis V, inter eius notarios invenimus Magistrum Iacobum de Normannis, Magistrum Iacobum de Sabello, Magistrum Neapoleonem, Altegradum electum Vicentinum et Magistrum Bindum Riccardi S. Eustachii diaconi Cardinalis consobrinum, quem censemus non differre ab eo notario cuius nomine Clemens praedictum cardinalem die 4 ianuarii an. 1306, notariatus officio per

annulum investivit. Inter scriptores occurrunt Tenctor archidiaconus Ti-
burtinus, Nicolaus de Gairino, Iacobus de Cruce, Iacobus de Manilhauco,
Petrus de Quarteriis, Paganus de Aprano. Guillelmus Legerii de Sancto
Saumo erat scriptor poenitentiariae. Clerici Camerae erant Magistri Oddo
de Sermineto, Ioannes de Regio, Ioannes de Bononia et Ioannes de Verulis.
Iam citavimus camerarium Arnaldum successorem Ioannis electi Spoletani,
Andream de Eugubio thesaurarium, Guillelmum Rufati referendarium; addamus Gotifridum litterarum apostolicarum bullatorem, Nicolaum de Fractis
earumdem litterarum correctorem, Guydonem de Baysio archidiaconum Bononiensem litterarum contradictarum auditorem, Bertrandum de Bordis inte-
riorem thesaurarium, Raynaldum de Setia oeconomum seu procuratorem ecclesiae Romanae, Busonem de Parma auditorem causarum sacri Palatii,
medicos Guillelmum de Brixia et Petrum de Garda; caeterum tempore suo
series capellanorum, domicellorum, familiarium, aliorumque Clementis officialium dabimus. Nunc volumen II anni illustrandum aggrediamur.

Externo titulo in corio purpureo, litteris aureis, legitur: « Clem. V,
an. II »; in inferiori autem parte additus est numerus 54. Tegumentum est
eiusdem coloris et materiae ac in praecedenti et sequentibus regestis.
Primum folium compacturae inserviens hanc habet notam: « Fatto legare
da me Felice Contelori 1636; » in sequenti vero addidit idem Contelorius:
« Questo tomo di Bolle di Clemente V anno 2. fu mandato d'Avignone
all'Eṁo Sig. Card. Barberino, quale lo consegnò a me Felice Contelori
per rimetterlo nell'Archivio Vaticano l'anno 1636 ». Index, quatuor constans
foliis, eidem manui adscribendus, quae Regesti 53 ordinavit indicem, ace-
phalus incipit a capitulo CXXXXVI et desinit imperfectus, cum capitulo CCCCXXXXIII: Codex Ottobonianus 2546 partim supplet desiderata
capitula, a numero LXXVII ad CXLV [1], et iterum a num. CDXLIV
ad CDXCVIII [2]; duo alia folia numeros I–LXXVI et CDXCIX–DCLXXII
complectentia, in alio codice forsan, Deo adiuvante, inveniemus.

Initium huius Regesti 54 occurrit in praedicto Codice [3] scriptum ab A.
Rubeo charactere legitur in principio folii: « *Hoc est Regestrum secundi
anni domini Clementis pape V. Dilecto filio Ludovico Electo Vivariensi.
Cum super* .... Prima anni II epistola, data die 14 novembris Burdegalis,
occurrit in eodem folio, eligens Arnaldum in episcopum Pictaviensem « per
liberam resignationem fratris Gualterii ordinis fratrum minorum, tunc episcopi
Pictaven. in nostris manibus sponte factam ». Sequuntur executoriae decano

---

[1] Cod. Ottob. 2546. fol. 110.
[2] Ibi fol. 111.
[3] Pag. 98.

et capitulo ecclesiae Pictaviensis, clero civitatis et dioecesis, populo civitatis et dioecesis, universis vassallis ecclesiae, et tandem regi; nec desunt in his foliis favores quibus novi episcopi saepe ampliantur. Epistola Guillelmi episcopi Lingonensis offert signa rasurae in loco quem occupant sequentia verba: « per translationem venerabilis fratris nostri Bertrandi episcopi [1] ». Ordo foliorum regesti in hoc codice errantium, perperam ab incauto compactore fuit inversus, et sic iuxta numeros capitulorum componendus: 98, 99, 104, 100, 101, 105, 102, 103. Forte scriptor A. senescit, quia non desunt rasurae, et facile extra lineas verticales scripturam ducit. In folio 100, epistola directa Roberto de Malovicino nepoti Guillelmi cardinalis sanctae Potentianae, habet in margine: « Gratis pro nepote cardinalis. » Simili privilegio gaudet electus Tullensis, Oddo, qui obtinet facultatem contrahendi mutuum « quinque milium librarum Olandensium: « Gratis de mandato domini vicecancellarii ». A. in hoc quaterno et in sequenti, non ascendit nisi ad principium maii; dum epistola Oddonis progreditur usque ad diem tertium iunii; atramentum pallidius, scriptura praesertim in fine epistolae extra consuetum limitem exit; ita ut credamus hanc epistolam postea registratam in vacuo spatio. Die 19 ianuarii an. 1307 [2]. Clemens permittit Generali et Priori ordinis de Sempingham, ut in clausuris monasteriorum monialium facere possint: « fenestras decentes bene munitas gratibus ferreis intermissis, per quas videre valeant corpus dominicum, illudque adorare, prout convenit, reverenter ». Die 21 ianuarii legimus confirmationem officii tabellionatus Raymundi de Mezalha quem hoc officio dignum iudicaverat vicecancellarius Petrus Palentinus. Duos medicos suos favoribus auget Pontifex, praebens decanatum ecclesiae Salamantinae Magistro Ioanni de Montedomeri, et a residentia Petrum de Garda eximens. Amedeus obtinet annexionem canonicatus ecclesiae Maurianensis ecclesiae sanctae Catharinae prope Aquambellam. In hoc quaterno anni secundi occurrit iterum epistola quae, intuitu Raymundi de Hispania, relaxat interdictum cui subiacebat civitas de Castro Maroni vetere [3] quae perperam notatur, ut iam diximus in regesto 53, tamquam pertinens ad annum primum [4]. Magister ordinis Templi Hugoni de Peraudo visitatori et praeceptori domorum Franciae, qui tunc apud sedem romanam residebat, scripserat ut ad se veniret; Hugo tamen a Pontifice retinetur et, non obstante adventu dicti magistri ad partes cismarinas, officia praeceptoriae et visitationis per fratres idoneos exercere potest [5].

[1] Fol. 98 *b*.
[2] Fol. 101.
[3] Fol. 102 *b*.
[4] Reg. 53, fol. 60 *b*.
[5] Reg. 54, fol. 105 *b*.

Vltimum capitulum ad epistolas communes pertinens, quod occurrit in his foliis, signatur numero XXXVIIII, et epistola dirigitur Willelmo rectori ecclesiae de Swetinhan; deinde notantur prima verba sequentis quaterni, adhuc in quodam forulo bibliothecarum latentis: *Nuper Camerinen. ecclesie.*

Nunc ad regestum 54 revertamur. Incipit acephalum capitulum (LXI) « tempore quo de mandato nostro in eisdem partibus Alamanie eiusdem ecclesie Romane servitiis institisti... Dat. apud Pessacum prope Burdegalas V kal. martii anno secundo; » ex quo patet, unum deficere quaternum. Primus quaternus (1–10) ab A. exaratus, et tres sequentes 11–19, 20–25, 26–34, opus scriptoris B, numero foliorum, ut patet, inter se differunt, et CXCVIII capitula complectuntur. Datae inter se remotiores sunt dies 9 decembris 1306, et 2 septembris 1307. Ne ariditas materiae nimiam afferat molestiam, aliqua notatu digna passim colligamus; in rei exemplum, Nicolaum a Clemente Abbatem « monasterii sancti Pauli ad romanam ecclesiam nullo medio pertinentis, ordinis sancti Benedicti electum, die 13 martii a. 1'307 [1]; filios sancti Basilii monasterii de Montanea nigra in Armenia, fugientes Saracenorum tyrannidem, apud amoena Ianuensium littora hospitio receptos, et ibi, annuente Pontifice, ecclesiam construentes. Nec pigeat notare pulchra Clementis verba: « Licet singulis in afflictionis angustia constitutis, paterno et misericordi compatientes affectu, eos libenter ab eorum relevemus afflictionibus; illis tamen libentius aperimus viscera pietatis, qui ad laudem divini nominis pro dilatatione fidei christiane ferventibus studiis laborantes, se mortis periculis exponere non formidant [2] ». Epistola collectoribus decimae impositae ad biennium, « in terris quas dilectus filius Philippus Princeps Achaye tenet mediate, vel immediate in principatu Achaye, et partibus Romanie, necnon in provinciis Arelatensi, Aquensi, Ebredunensi, Viennensi et etiam Lugdunensi, pro ea parte que de Regno Francie non existit, terris mediatis, vel immediatis dilectorum filiorum nobilium virorum Comitis Sabaudie et dominorum Bellioci dumtaxat exceptis, pro recuperatione terrarum quas in principatu et partibus antedictis tenent Greci scismatici, per sedem apostolicam constitutis »; praeter formam iuramenti collectorum, alia notatu digna offert [3]. In epistola qua die 16 iunii Guictonum episcopum Vrbevetanum suum in Vrbe vicarium constituit [4], Clemens nobis ostendit sibi persuasissimum esse, nusquam gentium Romanum Pontificem melius sedere, quam Romae, in ipsa Petri cathedra: « Dum itaque Romani

[1] Reg. 54, fol. 1 *b*.
[2] Fol. 16 *b*.
[3] Fol. 8 *b*.
[4] Fol. 21 *b*.

cleri et populi velud specialium ipsius ecclesie filiorum salutem paternis desideramus affectibus, et dum devotos peregrinos de diversis mundi ,partibus . . . venientes beatorum apostolorum limina visitare, ac loca sanctorum sanguine rubricata, in quibus eorum sacratissima corpora requiescunt, querimus iuxta debitum Romani Pontificis consolari; nos ipsis et eis debita pietate compatimur, quod multorum ecclesie predicte negotiorum varietate distracti, *nequivimus ibidem ubi corde sumus et animo, personaliter inte-resse.* Propterea remedium, quod possumus in hoc apponere cupientes, decrevimus talem in eadem urbe vice nostra deputare personam, que nostram presentiam per executionem pastoralis officii representans, suppleat absentie nostre defectum ». Eventus spem Pontificis fefellit.

A. calamum reassumit in quaternis 35–45, 46–54; quem iterum scriptori B. cedit in sequentibus quaternis 55–62, 63–70 et 71–78; ambo non praetergrediuntur in datis primum septembris diem. Nobis ostendunt Clementem pro negotio Constantinopolitano sollicitum [1], novo Vicecancellario Petro Palentino faventem [2], et iam eius successore Arnaldo Abbate in curia morante, monachis Fontisfrigidi concedentem, ut si cedat vel decedat, alium possint abbatem eligere. Pampilonensis civitas, adveniente Ludovico Navarrae rege, timore et interdicto sublatis, gaudet; tres episcopi inquirunt de vita, recolendae memoriae Ludovici episcopi Tolosani [3]; diva Anna in palatio regis Maioricarum honoratur [4]. Clemens Hungariae regno consulit [5] et Guillelmum de Quereza de Advocatis de Vercellis, quem Abbatem sancti Stephani Vercellensis Ordinis sancti Benedicti eligit, sic alloquitur: « Considerantes sincere devotionis affectum, et clare fidei puritatem quibus progenitores tui de nobili genere procreati, ab olim erga romanam ecclesiam claruerunt, et quod propter huiusmodi devotionem et puritatem fidei damna rerum, et personarum dispendia pertulerunt, temporibus retrohactis; quodque novissime hiis diebus nobiles viri Iacobus et Petrus dicti de Queregna, et alii[t] germani et consanguinei tui, pro defensione catholice fidei, contra pestiferam novatam sectam Dulcini et suorum sequacium, hereticorum perfidorum, usque ad captionem et interemptionem eorum, constanter et viriliter pugnaverunt; personas et bona ipsorum propter hoc totaliter exponentes, seque morti exponere minime formidantes; et volentes propterea, tuis exigentibus meritis etc. » Epistola data est die 4 iulii an. 1307 [6].

---

[1] Fol. 48.
[2] Fol. 53*b.*
[3] Fol. 54*b.*
[4] Fol. 56*b.*
[5] Fol. 58*b.*
[6] In cod. Avin. 8. *Rationum Camerae* legimus in mense iunio viginti florenos auri datos fuisse: « nuntio episcopi qui cepit fratrum Dulcinum. »

Duo prima folia quaterni 79–86, cum duabus lineis folii sequentis, scri‑
ptori A. adscribenda, qui in epistolis de curia, non praetergreditur diem
31 iulii, et in epistolis communibus usque ad diem 5 septembris, registro
operam navat; nusquam reversurus, nobis se subtrahit. Scriptori B. post
quaternos 87–94, 95–102 socium se adiungit novus scriptor C, qui facile a
duobus aliis distinguitur. Praeter formam characterum, hastas litterarum *b, h, l*
quadam ornat cauda; bullarum scripturae, ut A, videtur assuetus, et prima
verba sequentis folii ad calcem quaternorum quadrato duplici includit. Hu‑
iusmodi verba raro in praecedentibus foliis apparent; forte a compactore
resecta. A. et C. quadraginta sex versus in pagina scribunt; B. quadraginta
quinque; A. quaternos decem foliorum amat, B. et C. suis octo folia assignant.
In quaterno 95–102, contra morem suum, B. versus quadraginta octo exa‑
ravit, quem C. imitatus est in quaternis 103–110, 111–118; deinde in qua‑
ternis 119–126, 127–134, versus quadraginta sex scriptos unicuique paginae
assignat. Scriptor B. a media parte quaterni 135–142, in qua revertitur, eum‑
dem numerum versuum servavit; ambo, primam linearum stylo ductarum
vacuam relinquunt. Folium 143 quod paene integrum scriptura vacat, et fo‑
lium 144 in quo legitur index epistolarum curialium, glutino inter se ad‑
haerent, quia compactoris avaritia duo folia vacua subtraxit. In folio 81,
A. vel mortuo, vel a registrorum officio amoto, prima epistola occurrens
concedit novo episcopo Palentino, ut mutuum sex millium florenorum auri
contrahat, sub data diei 26 octobris; sed epistola confirmans eius transla‑
tionem ab ecclesia Portugalensi ad Palentinam [1], taxata CXXXX, die 16 se‑
ptembris annis 1307, haec habet: « Sane Palentina ecclesia, per obitum
quondam Petri electi Palentini, sancte romane ecclesie vicecancellarii, qui
nuper apud sedem apostolicam, diem clausit extremum, pastore vacante,
nos attendentes etc. » Hanc epistolam immediate praecedit, sub data 27 o‑
ctobris concessio tabellionatus facta Guillelmo nato Bertholini de Cogrossis
clerico Parmensi, qui hoc officio dignus « per dilectum filium Arnaldum
Abbatem monasterii Fontisfrigidi, Cisterciensis ordinis, Narbonensis diocesis,
Sancte Romane ecclesie Vicecancellarium » repertus fuerat. Ex quo, ut nobis
probabilius videtur, amotio A. scriptoris, et regressus C, administrationi novi
vicecancellarii sunt tribuenda. De modo quo progrediuntur datae in Regesto,
quaedam dicamus. Epistola data die 29 octobris et Aegidio Priori Prioratus de
S. Amando Noviomensis dioecesis directa, insertum referens Stephani mi‑
seratione divina tituli sancti Cyriaci cardinalis arbitrium, datum et actum
Parisiis sub anno domini, a nativitate Millesimo Trecentesimo septimo, In‑
dictione V, die 13 mensis ianuarii Pontificatus Clementis anno secundo,

[1] Fol. 90.

in folio 87 *b* occurrit. In folio 90 *b*, die 6 novembris; in folio 95, die 7 eiusdem mensis datas legimus epistolas; in folio 103, C. prima vice calamum sumit et inceptam epistolam a' B, ad finem deducit. Haec epistola data est die 8 novembris. Sequens, data eadem die, habet notulam in margine: « De Curia; » ambae autem referuntur ad Guictoni Vicarii in Vrbe agendi rationem; qui, non obstante collatione beneficii a cardinali Petro de Columna Nicolao Ciceroni clerico de Vrbe facta, illud contulerat alii; et monachis S. Pauli persuaserat, ne electionem abbatis ipsius monasterii, neve ipsorum electum ad Pontificem et curiam remitterent, et praedictum electum Sallimbene defectum natalium patientem benedixerat, *cum hoc soli Romano pontifici et nulli alii notorie competere asseratur;* ideo Ioannes Archiepiscopus Pisanus, Pandulphus de Sabello notarius Papae et Petrus Capotiae sanctae Mariae maioris canonici, Guictonum suspendere debent ab officio vicariatus etc.

Iam in folio 104 docemur haec folia, post annum secundum Pontificis exarata, habemus enim epistolam datam Pictavis die 24 novembris anno tertio. In folio 109 epistola concedens Iterio Royardi, ut studio iuris civilis immoretur, data est Pessaci novembris die 5, anno primo, scilicet an. 1306. Eiusdem anni epistola, data die 24 sept. inter alia privilegia Arnaldi archiepiscopi Burdegalensis occurrit in folio 137; et concessiones testandi Petro et Iacobo de Columna, die primo decembris, anno tertio, datas, in folio 117*b* invenimus. Si excipiamus folia Ottoboniana quae incipiunt a primo die anni secundi, die scilicet 15 nov. an. 1306; dies totius huius regesti remotior 24 novembris an. 1306, non legitur nisi in folio 142 quod est penultimum epistolarum communium.

Vt res per summa tangamus capita, referamus Neapoleonem Malabrancae tunc vicecancellarium Vrbis [1], et inter innumeros favores, decem dies de iniunctis poenitentiis relaxatos his qui apud regem aeternum pro salute Comitis Ebroicensis, Comitissae et filiorum eorum orationibus institerint, vel pro anima Philippi eiusdem Comitissae patris divinam imploraverint misericordiam; privilegia Archiepiscopo Maguntino eiusque nepoti concessa [2] Pictavis, die 23 octobris an. 1307, et Vignandraldi 25 decembris an. 1306. Alia privilegia [3] Alberto regi Romanorum, archiepiscopis Coloniensi, Maguntino, aliisque Germaniae viris, tarde veniunt ad regestum, cum data diei 25 decembris an. 1306; aliae epistolae eiusdem temporis inferius recurrunt, v. g. mandatum executoribus datum ut nonnulla castra archiepiscopo Maguntino restituantur [4],

[1] Fol. 95.
[2] Fol. 111.
[3] Fol. 114*b* et seq.
[4] Fol. 122*b*; die 25 decembris.

et archiepiscopo Argentinensi, ut faciat recipi in canonicos in nonnullis dioe‐
cesibus, personas idoneas ab Elisabeth regina Romanorum nominandas [1] etc.

Die quinta septembris Fulconi et fratribus hospitalis sancti Ioannis scribit
Clemens: « insulam Rodi quam scismaticorum Grecorum infidelitas deti‐
nebat, non sine magnis laboribus, sumptibus et expensis in potenti brachio
accepistis [2] quam etiam hodie per Dei gratiam retinetis, evulsis prorsus inde
scismaticis, et infidelibus omnino deiectis. . . . predictam insulam cum omnibus
iuribus et pertinentiis suis vobis. . . . apostolica auctoritate concedimus. »
Tarde in regesto occurrit epistola confirmans electionem Fredoli in episcopum
Portugalensem, die 16 septembris [3]; praedecessorem enim illius eadem die
ad Palentinam ecclesiam transeuntem in folio 90 vidimus. Notemus litem
exortam inter canonicos maioris et sancti Pauli ecclesiarum Lugduni, et
ecclesiam sancti Iusti, cuius canonici, die rogationum, confratres suos inhu‐
maniter exceperant, arrepto a quodam sancti Pauli vexillo, « in quo ymago
beati Pauli depicta erat, et crux argentea desuper cum ymagine Crucifixi, »
et in pavimentum proiecto; episcopus Matisconensis et abbas Savigniacensis
iudices a papa constituuntur [4]. Pulchriores sane et maioris sunt momenti episto‐
lae eligentes die 23 iulii [5] in suffraganeos Ioannis de Monte Corvino archie‐
piscopi Cambaliensis, Andream de Perusio, Nicolaum de Bantra, Petrum
Albuini, Vlricum Soyfridstorf, Peregrinum de Castello, Guillelmum de Vil‐
lanova omnes ordinis minorum. Vere digna successoris Petri, sequentia
verba: « Nos summi Regis magisterio eruditi, qui inclinata celorum alti‐
tudine ut hominem redimeret factus homo, discipulos quos elegit, in uni‐
versum mundum misit evangelium predicare, cupientes viros providos et
discretos, scientes ad salutem populos incredulos erudire, in partem huius
sollicitudinis evocare, qui rectas faciant semitas Dei nostri, populumque ac‐
ceptabilem ei reddant; te sufficienter in lege domini eruditum, vita et reli‐
gione conspicuum. . . . in episcopum assumimus. . . . » Vtinam imperium
Sinense vere caeleste fiat, et in Cambaliensi civitate Christus vincat, regnet
et imperet!

Fol. 144. *Rubrice litterarum de Curia domini Clementis pape V, anni
secundi*. Continet index XLVI titulos, et parte postica huius folii scripto
vacua relicta, legimus in folio sequenti: *Hoc est Regestrum litterarum Curie
domini Clementis pape V, anni secundi. Venerabili fratri Petro Episcopo
Sabinensi. Cum te ad Anglie. . .* Huius quaterni sex folia cum dimidio ab

---

[1] Fol. 124, die 23 decembris.
[2] Fol. 127.
[3] Fol. 130.
[4] Fol. 134.
[5] Fol. 138.

A. exarata sunt; caetera C. ad finem deduxit. Initialis epistola, more solito ornata lineolis triplicis coloris, perita manu deductis; nonnullae sequentium initialium minoris formae, duplici tantum colore fuerunt ornatae. Petrus pro urgentibus et arduis negotiis ad Angliam missus, die 28 nov. a. 1306 donis spiritualibus cumulatur; hasce litteras excipiunt aliae Bertrandum de Milignano potestatem Viterbii constituentes; Romae senatores praebentes, vel Carolo regi Siciliae tempus census solvendi prorogantes. Tres pulchrae epistolae cum salutatione « ad perpetuam rei memoriam » nobis narrant Bernardum Royardi Palatii auditorem causarum potestate donatum, ut lites occasione beneficiorum collationis exortas, componat; a cuius audientia ad Arnaldum abbatem Fontisfrigidi appellabatur, tandem ad Petrum Palantinum vicecancellarium recurrebatur [1]; huic decreto succedit revocatio commendarum diei 20 febr. a. 1307, quam excipit sub eodem capitulo, ratihabitio omnium epistolarum coronationem praecedentium, non obstantibus obiectionibus eorum qui; « asserere non verentur, quod Summus Pontifex, ante sue benedictionis et coronationis solemnia, se non debet intromittere de provisionibus ... nec se in litteris Episcopum simpliciter, sed electum Episcopum scribere, neque etiam uti bulla in qua nomen exprimatur ipsius [2] ». Iulii et augusti nonnullas epistolas integras nos referre iuvaret, in quibus computationes inter cameram, Carolum regem Siciliae et mercatores non sunt a viris historicis parvi faciendae. Apocha Guillelmo Testa et Amanevo de Lebreto scripta, absolvit eos, de summa pecuniae Camerae a Magistro Arnaldo Darinha nomine eorum tradita; quae ascendit ad « decem et octo milia florenorum auri, pro quatuor milibus marchis sterlingorum, quos in partibus Anglicanis a vobis de proventibus quorum collectionem tibi, fili archidiacone, et collegis tuis in eisdem partibus, duximus committendam, recepisse se asserit, ipsamque pro dicta quantitate florenorum, Parisius cambiisse ». In epistola ad Carolum, Clemens memorans « inextimabilia fere obsequia (quae pater eius) romane impendit ecclesie »; pulchre citatis parabola duorum debitorum et iubilaeo antiquae legis, eum sic alloquitur : « Nos tuus in Christo pater, dominus, atque pastor, tui dilectissimi filii, gloriosi vassalli, et dulcissime ovis pascue nostre disponimus portare onera, deprimentes te fasciculos cupimus solvere et pondus aggravans benigne disrumpere cogitamus. Quapropter ... debiti trecentarum et sexagintases milium unciarum auri. ... tertiam partem remittimus et de gratia, non trahenda ab aliis in exemplum, speciali donamus »; recuperatio terrae sanctae et generale passagium semper Pontificis menti insidebant, ut apparet in eadem epistola. Scriptor C, in

---

[1] Data est epistola die 26 Februarii an. 1307.
[2] Fol. 152*b*

folio 151 iterum regesto exarando incumbit, et relata electione senatorum Riccardi Theobaldi de Anibaldis et Ioannis de Columna, nobis offert epistolam legationis Cardinalis Gentilis, et privilegia, tali occasione, eidem concessa. Vltima epistola, seu capitulum XXVIIII [1] « Cum te ad Vngarie. . . . hospitalis sancti Iohann Ierosolimi — in Codicis Ottoboniani 2546, fol. 106 prosequitur — tani militie etc. »; deinde sequuntur aliae epistolae eidem directae, vel regi Romanorum. In folio 106*b* legimus Stephanum sancti Cyriaci in Thermis in partes Franciae missum, pro urgentibus negotiis; in sequenti folio mandata accipiunt Magister Testa, Garsias Arnaldi et Petrus Amalvini, contra nonnullas societates mercatorum collapsas; quae « multas et magnas pecunias » camerae debebant. Folium 107 cum capitulo XXXVII non ad finem ducto, desinit: « si id inhobedientia . . . . » uno folio certo deficiente; deinde in folio 108 scriptor B. regreditur cum capitulo acephalo (XLI) « a sede sit indultum . . . . Datum ut supra. XLII. Eidem episcopo Penestrino. Que ad prosperitatem tui status . . . . » Post capitula XLV, XLVI, seu nobiles epistolas directas archiepiscopo Cambaliensi eiusque suffraganeis, occurrit alia epistola alterius manus in folio sequenti, non citata in indice, quae die 24 Iunii an. 1307 permittit Carolo filio Philippi regis Galliae, ut tempore opportuno, contrahat matrimonium in certis gradibus a canonibus prohibitis.

VOLVMEN IV REGESTI INSCRIPTVM LV.

Annus III Pontificatus Clementis V. (1307–1308)

Antequam aggrediamur disquisitiones nostras in regestum huius anni, paululum retrospiciamus ad regestum praeteritum. Duos alios medicos, Ioannem de Montedomeri, Ioannem de Causanicis de Alesto; Raymundum scriptorem Poenitentiariae; notarios papae Pandulphum de Sabello, Gaufridum de Plexiaco, Neapoleonem de Campofloris, (iam vidimus Neapoleonem de filiis Vrsi) Mathaeum de Carazulo, citare possumus. Manuale expensarum Camerae Clementis V, in Archivo asservatum, largam messem nobis offerret; sed vix aliqua excerpere licet, quia ad appendices anni II pertinet. Non praetereundum tamen, in computo diei 29 septembris annumeratos esse 515 florenos auri datos « familiae vicecancellarii defuncti, » quem iam vita functum asserit epistola regesti praecedentis data die 16 septembris an. 1307. Caeterum numquam forte transcripsimus codicem qui nobis maiorem attulerit laetitiam. Hic, habemus vitam intimam curiae et Pontificis, et insuper

---

[1] Fol. 152*b*.

commentarium optimum Regesti. Codices Rationum Camerae Arch. Vat. [1] et alii huiusmodi quos alibi latere nobis asserunt, nos in eam sententiam adducunt, ut nunc abstineamus ab edendo Clementis Itinerario. Vnoquoque folio, expensarum occasione, discimus nomina officialium Papae, cursorum, nuntiorum huc illuc missorum; nunc videmus episcopum Armeniae cui dantur centum fioreni auri de mandato Papae, nuntios Regis Tartarorum, vel Philippi optime exceptos; nunc pro exequiis domini Eduardi Regis Angliae, 281 florenos auri et duos turonenses grossos expensos in cera, praeter 28 florenos pro pannis sericis; nunc Clementem iter facientem sequimur.

Ad principium eiusdem anni pertinet sequens bulla de qua iam locuti sumus; sed amore veritatis ducti, et ne panegyricum sermonem, potiusquam historicum agamus, eam integram referre iuvat.

In capituli pavimento, ipso loco quo beati sane nostri Benedictini Sacri Corporis Doctoris gentium custodes, iuxta divi Patriarchae Regulam, culpas regulares manifestant; haec verba ex divina scriptura desumpta marmore inciderunt: « Iustus est accusator sui. Dic tu peccata tua, ut iustificeris. » Clemens instar Hipponensis Doctoris sit accusator sui. In illa luce qua fusius perfunditur mens nostra introspiciens, appropinquante morte, tribunal Christi, « omnes commendationes » revocavit. In sequenti enim bulla, quam nos poenitet in praecedenti anno tantum citavisse; sub forma solemni: « Ad perpetuam rei memoriam, » die 20 februarii anni 1307 legimus: « Sane pridem nos licet insufficientibus meritis ad summi apostolatus apicem sicut domino placuit evocati, ab ipso nostre promotionis exordio, antique notitie Regum, Prelatorum, Magnatum et aliarum notabilium personarum ecclesiasticarum et secularium memores existentes, ac ipsorum aliquibus, tum quia in terris morantes eorum, gradum huius promotionis habuimus, tum quia solite ad eos amicitie specialibus affectibus ducebamur, aliquibus vero ex assueta Romanorum liberalitate Pontificum, quam in suis exercere sunt soliti novitatibus, volentes honoris et liberalitatis affluentia complacere, ad eorum importunas tamen et multiplicatas precum instantias nonnullis clericis et personis ecclesiasticis, religiosis et secularibus diversorum ordinum, dignitatum, condicionum et statuum, patriarchales, archiepiscopales et episcopales ecclesias, et monasteria propriis destituta pastoribus sub Commende vel Custodie, seu Cure vel guardiae, aut administrationis titulo, nomine, vel vocabulo, duximus perpetuo, vel ad vitam, seu ad certi temporis spatium committenda. Super hiis autem, an tales videlicet et tantas gratias per nos fieri decuisset, variorum et arduorum negotiorum multiplicitate distracti, usque ad tempus quo infirmitate satis periculosa, nos hiis diebus deus visitavit omnipotens,

---

[1] *Rationes Camerae* 8 et 10.

nequivimus plenarie cogitare. Verum in debilitate ipsius egritudinis constituti et a negotiorum utcumque discussione semoti. . . . prospeximus evidenter, quod ecclesiarum et monasteriorum eorumdem cura negligitur, bona et iura dissipantur ipsorum, ac subiectis eis personis et populis spiritualiter plurimum et temporaliter derogatur, eisque redundat ad noxam, que dicebantur cedere ad profectum, ac ne dum ipsis, sed etiam Romane matri ecclesie, que disponente domino, ipsorum caput fore dinoscitur et magistra, graviora inde futura pericula formidantur. . . . omnes et singulas commissiones huiusmodi, per nos, ut premittitur factas. . . . ex certa scientia revocamus, cassamus. . . . etc. » Nunc volumen quartum aggrediamur.

Titulus externus signat annum tertium et numerum 55; incipit autem index quem continent duo quaterni, quorum posterior non octo foliis, instar prioris, constat, quia tria ultima vacua recisa fuerunt: *Rubrice licterarum communium anni Tertii domini Clementis pape V. Rubrice Tercii anni;* sequuntur tituli MXII. Deinde recentior manus addidit. *Super facto militie Templi multae bullae.* Auctor indicis prosecutus fuerat: *Rubrice licterarum de Curia Tertii anni;* sed, mutato consilio, istas rubricas ante curiales epistolas in duplici folio descripsit. Eadem manus quae praecedentem notulam regesto apposuit; nunc addit: *Nota quod in fine sunt aliae rubricellae et aliae Bullae;* tertia vero manus superaddit: *Deficiunt.*

Duo scriptores B. et C. totum opus inter se partiti; notulas rubricarum rarius in laterali, sed potius in superiori parte folii ob id magis recisi, ita ut saepe notulae istae ablatae fuerint, et identitem in inferiori margine scribunt. Initiales litterae et specialiter littera rubra primae epistolae lineolis violacei coloris adornata, haud facile B scriptori tribui possunt, nisi exercitio magis evaserit peritus, quia differunt ab eis quibus antea usus est. Scriptores B, quaterni sequentis primum, vel prima verba, quatuor lineis includit; C. huiusmodi lineas duplicat. Quaterni nomen Leonis et circulum exhibent; linearum scriptarum numerus in principio variat; sed in secundo quaterno reducitur ad 43; altitudo partis scriptae in folio minuitur, augetur autem latitudo; ita ut illa sit 0,235 millim., ista 0,300.

Scriptor B. prior arripit calamum, signatis, ne forte inter se permisceantur quinque primis foliis rubro colore in extremo margine laterali, circa medium, sequenti modo: *bI, bII, bIII, bIIII,* ✠; forte huiusmodi signa in aliis foliis recisa; in quaterno enim 25-34 recurrunt cum littera ,*a*, *aI, aII* etc.; in quaterno 65-76, numeri tantum *I, II, III, IIII, V, VI,* ✠ indicatur; praeter ista signa, quando notulae rubricarum multiplicantur, signa specialia e regione notulae et epistolae cui referenda est, collocantur, ne oriatur confusio rubricarum.

Fol. 1. *Regestrum Anni Tertii litterarum communium domini Clementis pape V.* Sequitur epistola Ingerramno Episcopo Morinensi directa. Certum est codicem non nisi post diem 7 novembris anni 1308 exaratum fuisse; quia inter epistolas datas Pictavis, ubi certo residebat Clemens in fine anni 1307, alias datas apud Laureum montem diebus 31 oct. [1] et 7 nov. [2], eodem tertio pontificatus anno, in primis foliis invenimus; et aliunde certiores facti sumus Pontificem non nisi mensibus octobris et nov. an. 1308 apud Laureum montem resedisse; praeterea in hisce foliis, iam a die 16 novembris, peragratis sequentibus mensibus, nondum completo primo quaterno, plures epistolas mense aug. an. 1308 datas habemus [3]. Quaterni 1–8, 9–16, 17–26, 27–38 a B. exarati perfecte verborum sensu et signo consueto inter se connectuntur. Scriptor B. habet epistolam anni secundi [4] quae data Pictavis die 29 iulii an. 1306, Magistrum Guillelmum de Matiscone archidiaconum Ambianensem, nepotem Guillelmi Ambianensis episcopi, a residentia eximit, ut legat aut insistat scolasticis disciplinis « in loco ubi studium vigeat. » Ipse scriptor, more suo, rubricatis verbis et quadrato bislungo eiusdem coloris inclusis, in margine notavit: « Anni secundi. » Die 21 decembris an. 1307 longam epistolam dirigit Clemens nonnullis clericis Burdegalensibus, quibus generalis provisio beneficiorum, litigiorum cum adversariis occasionem dederat [5]; quaestiones « in Romana Curia agebantur... dum ansam solvimus, (ait Pontifex) nodum ligasse videmur; » inter nova media assumpta ut discordiae et expensis finis imponatur, declarat: « Super hu-

---

[1] Reg. 55, fol. 3*b*.

[2] Fol. 5*b*.

[3] Regestum Avenionense 8 inter « Rationes Camerae, » nobis ostendit die 11 martii an. 1307, Clementem recedentem de Burdegalis et versus Pictavim tendentem; verumtamen habemus epistolas datas diebus 12 et 13 Burdegalis. Pontifex, iuxta regestum, erat Beaniae diebus 14 et 17, Iundaci 19, apud Pontem 21, Xanctonis 22, 29, apud Fontem coopertum et Fayolae 30; computationes vero excurrentes a die Veneris 17 mensis martii ad diem Veneris 24 eiusdem mensis citant eleemosynas factas fratribus minoribus et fratribus praedicatoribus Sancti Emiliani, et religiosis eorumdem ordinum apud Pontem. Andreas apothecarius accipit centum florenos auri « pro IV equitaturis, et aliis necessariis pro domino in itinere. » Inter expensas notatas ultimo die martii pro septimana proxime praeterita, legimus: « Item pro calciamentis IIII domicellorum, qui ducunt dominum, per abenas, VII flor. auri, VIII turonenses grossos, et IIII turonenses parvos. » Regestum habet epistolas datas diebus sequentibus mensis aprilis, 1 apud Fontemcoopertum, 2 et 4 Fayolae, 3 apud Forasteriam, 7 Metuli, apud monasterium Bonaevallis 9, 10, 13, 14, et eodem die 14 Pictavis. Scortikinus acceperat « pro portatura coquine de Burdegalis usque Xanctonem VI flor. auri, III sol. et III denarios turonensium parvorum, nunc die 7 aprilis « pro portatura coquine de Xanctonis usque Pictavis » recipit IX flor. I sol. et VI den. tur. parvorum. Eodem die XX sol. tur. parvorum accipit Andreotius « pro paratura consistorii ad Fontemcoopertum et Pictavis. Die 21 notamus datas fuisse in praeterita septimana « pro pane familie extrinsece expenso apud Bonamvallem, pro V diebus, et Pictavis pro duobus diebus XI cuscias frumenti. »

[4] Fol. 17.

[5] Fol. 8*b*.

Regestum Clementis Papae V.

iusmodi autem tempore receptionis dictarum litterarum de eadem Cancel-
leria, et notitie vacationis eorumdem beneficiorum, stetur vestro solummodo
iuramento. » Auctor indicis capitulum LVI, quod extat in regesto prae-
termittit.

In sequentibus quaternis 35–42, 43–50, 51–56, in locum B, succedit
scriptor C. qui una vice folia in inferiori margine signavit: *aI, aII, aIII,* ✠;
alia vice solis numeris. Scriptor B. non signavit in ultimo folio a se scripto
sequentem quaternum; C, contrario, post capitulum CCXCIX indicavit principium capituli CCCI folii sequentis 57. Huic operi navantes operam saepe
invenimus differentiam inter indicem et textum, et nonnullos numeros erasos
et emandatos, ut concordia revertatur. Epistolae nunc occurrentes tribus
primis mensibus a. 1308, presertim datae sunt; sed tamen a die 16 novembris
1305, aliae excurrunt. Capitulum CCLXXI cui deest rubrica in regesto, desideratur in indice. Duo quaterni sequentes 57–64, et 65–76 sunt scriptoris
B, qui non signavit sequentem quaternum a C. exarandum. Praeter epistolam
diei 3 septembris, anni secundi, ut ipse rubricatis litteris in margine indicavit; habet epistolas datas a die 25 novembris a. 1307, ad diem 4 augusti
a. 1308; nonnulla a se omissa et etiam integram executoriam in margine
addidit. Scriptor C. in suis tribus quaternis 77–100 quos regulariter signavit,
praeter epistolam anni secundi die 14 aprilis datam, cui notulam apposuit:
« at anni secundi per errorem, » alias habet epistolas diebus 19 ianuarii et
15 iulii; die 10 iulii, [1] nobis offert epistolam electo Thebano Archiepiscopo
directam, in qua fit mentio electi Constantinopolitani, cuius electionis epistola
infra occurrit [2] data die 31 iulii. Scriptori B. tribuendi omnes quaterni sequentes usque ad folium 214; scilicet: 101–108, 109–120, 121–130, in quo
folium duplex 127–128 ad epistolas « Hospitalis » additum est, non regulari modo assutum; 131–138, 139–116, 147–154; quinque quaterni quorum
unusquisque 8 foliis constat, 155–494; sequens 195–201 cuius ultimum
folium vacuum recisum est; et duo ultimi 203–210, 211–214. Epistolae
quas refert, usque ad diem 9 novembris 1308 perveniunt. Tres habet epistolas anni primi, quarum prima [3] die 16 novembris a. 1305 Lugduni data
Arnaldo III electo Burdegalensi et successoribus suis nonnulla privilegia
confert, et immediate sequitur quatuor epistolas anni secundi, die 22 febr.
in favorem Arnaldi IV datas (auctor indicis primae addidit notulam: «attende
de primo; » quatuor anni secundi: « attende, de anno secundo;) » secunda
die 19 martii a. 1306 Nivernis data, et Hugoni de Fontanilhas directa [4];

[1] Fol. 97.
[2] Fol. 104 *b.*
[3] Fol. 169.
[4] Fol. 183 *b.*

tertia diei 17 iulii a. 1306 [1] confirmans Bertrando de Mota « pensionem annuam centum et quinquaginta librarum turonensium parvorum » ei a Bernardo Archiepiscopo Rothomagensi factam; omnes ab ipso B. in margine signatae. Quatuor epistolae anni secundi insuper notandae sunt. Prima 30 ianuarii die, Vinandraldi data a. 1307 [2]; secunda Pictavis, die 26 februarii [3]; tertia Lugudiaci, die 25 iunii, Raymundo sanctae Mariae novae cardinali directa [4]; quarta data die 23 octobris [5] eiusdem anni. Omnes in textu et in margine utpote ad annum secundum pertinentes a B. signatae fuerunt. Duae aliae epistolae Vinandraldi anno tertio [6], diebus 20 et 22 novembris datae, anno secundo, vel forte quarto referendae. In folio 110, post epistolam quae Bernardo de Mercato officium tabellionatus confert die 22 iulii, venit secunda data eadem die, tertia die 15 eiusdem mensis et deinde sex versuum spatium aliis tabellionatus officio pariter donatis servatum. In folii 123 *b* summo margine manus coaeva, forsitan ipsius B. addidit: « Littere hospitalis. » Quaternus chartaceus litteris « passagii ultramarini » a Magistris et fratribus Hospitalis specialiter efficiendi destinatus ansam praebuit cuidam confusioni, quae nunc inter regestum et indicem occurrit a capitulo DCXXIII ad capitulum DCXXXVII. In folio 128 *b* spatium epistolis « In eumdem modum » *passagio* sese referentibus fuit servatum. Maius spatium vacuum occurrit in folio 201, in quo desinit capitulum MXIII, quod in indice desideratur. In fronte folii sequentis 203 legitur: « Littere contra ordinem Templi; » in margine, solito more scriptoris B, infra quatuor lineolas clausam notulam invenimus: « Require rubricas hoc capitulo DCCLXXX.; » in indice autem, eadem manus iuxta praedictum scripsit numerum: « Littere contra Templum; » deinde: « require in fine libri. » Cap. DCCLXXX et sequentia nullo modo ad Templarios referuntur; dum epistolae in quaternis 203-216, sine numeris, cum initiali littera magis ornata incipientes occurrunt. Tali negotio speciales quaterni chartacei servati fuerant; qui forsitan post capitulum DCCLXXX immediate veniebant. Scriptor B. indicat verbo « forma » quatuor lineolis incluso, praecipuas epistolas ex quibus aliae transcribi debebant; ter, e regione epistolarum hanc notulam similibus lineolis rubri coloris inclusam in margine addidit: « contra ordinem [7]; » aliamque epistolam alibi reponendam esse indicavit: « Hec intrat supra, ubi signata est hoc signo ✠.

[1] Fol. 163.
[2] Fol. 128.
[3] Fol. 111.
[4] Fol. 145*b*.
[5] Fol. 161.
[6] Fol. 190*b* et 186*b*.
[7] Fol. 210.

Pars aversa folii 214 lineas scriptas 23 tantum exhibet, et prior pars f. 215 integre vacua, habet ex adverso titulum sequentem. « *Rubrice Litterarum de Curia Anni Tertii domini Clementis papae V.* Vltimum indicis capitulum LVIII, « Litterae concilii etc » habet hanc vocem « Vidi » additam ab eo, qui in fine indicis litterarum communium notas apposuit. Epistola cardinalis Neapoleonis cum numero LIX pallidiori atramento scripta in regesto, sine numero in indice postea pariter fuit adiuncta. Aversa pars folii 216 vacua remansit.

Fol. 217. *Regestrum Anni Tercii Litterarum de Curia Domini Clementis pape V. I. Dilecto Filio Petro de Columpna* etc. B. scripsit a folio 217 usque ad septimam lineam folii 121; C. quaterno huic cum folio 224, finem imposuit et quaternum 225-232, usque ad lineam vigesimam folii 230, prosecutus est, tradens calamum socio suo, usque ad finem regesti. Additur in margine laterali folii 237: « Lictere concilii. » Tertia pars ultimi folii 240 scriptura vacat.

Tantis abundat divitiis regestum huius anni, ut eas nunc omittentes, ad praefationem specialem illius servandas esse ducamus. Iam in decembri a. 1307 favet Clemens militibus Ordinum s. Ioannis et s. Iacobi, et Vrosio Regi Rassiae scribit. Initio anni sequentis 1308, legimus epistolas Haquino Regi Norvegiae, novis Sabinae et Marchiae Anconitanae rectoribus directas; et studium generale de civitate Vlixbonensi ad Colimbriensem civitatem translatum. Aliae epistolae Regi Tartarorum cum salutatione « veritatem agnoscere et agnitam custodire, » vel rectori Tusciae, vel executoribus missae sunt ut pax iterum vigeat in Vniversitate Parisiensi. Mense aprili nova recurrit epistola regi Vrosio directa. Roma senatores accipit; milites s. Ioannis aliis donantur privilegiis; archiepiscopus Thebanus ad Cyprum, nuntii ad civitatem Ferrariensem destinantur. In maio notamus Guillelmum de Villanova suffraganeum Cambaliensem electum, Archiepiscopum Humbertum Neapolitanam ecclesiam reaedificantem, privilegiis indulgentiisque adiutum, Cardinalem Ioannem tituli sanctorum Marcellini et Petri domum de Cardineto pauperibus secularibus Parisiis offerentem.

Inter menses anni, augustus maioris momenti offert epistolas. Franciscus Carazoli accipit canonicatum Parisiensem, ut studio vacet; Vniversitas Parisiensis iterum mentem Pontificis occupat, qui diebus 11 et 12 eiusdem mensis universo Orbi dirigebat epistolas sese referentes ad Templarios, ad milites Hospitalis sancti Ioannis, ad concilium Viennense, et *passagium* ad quinque annos, quae multos scriptoribus labores imposuerunt; nec obliviscebatur incendii ecclesiae Lateranensis, Isnardo vicario suo, Cardinalibus de Columna, senatoribus, capitulo Basilicae s. Petri et universis fidelibus scribens «ad reparationem ipsius paternis studiis » efficaciter intendens. In septembri, praeter epistolam de studio Perusino, alias pulcherrimas epistolas dirigit Philippo, civitatibus maritimis Italiae, fratribus sanctae Mariae Theothonicorum, semper de Terra Sancta cogitans. In sequentibus mensibus irascitur Poncello de filiis Vrsi, et totis viribus intendit, ut favoribus innumeris' Philippum eiusque amicos ad *passagium* disponat futurum.

VOLVMEN V REGESTI INSCRIPTVM LVI.

Annus IV Pontificatus Clementis V. (1308-1309)

In anno 1307 mense saltem Decembri [1] iam Bertrandus de Bordis thesaurarius Clementis in locum Camerarii Cardinalis Arnaldi successerat, et in mense novembri Iacobum de Casalibus successorem habuerat in officio thesaurarii. Iam notare potuimus notarios Mathaeum de Neapoli, Gaufridum de Plexeio, et scriptorem Nicolaum de Setia. In sequenti anno, Isnardum archiepiscopum Thebanum vicarium Papae in Vrbe, Arnaldum Bertrandi de Preyssaco rectorem comitatus quondam Vrbini, Petrum Marsilii, Petrum de Lalanda, Guillelmum de Rivoforcato, Vitalem Brost, Robertum de Riomo et Ioannem de Lucofrigido in variis provinciis rectores in spiritualibus, Nicolaum de Fractis litterarum pontificiarum correctorem, Sycardum de Vauro palatii auditorem, invenimus. In anno praesenti IV, Ioannes de Sumabuo erat scriptor Poenitentiariae, Ioannes de Verulis, Ioannes de Lescapon, Guillelmus de Balaeto [2] erant clerici Camerae, Gregorius de Placentia auditor causarum, Berengarius card. Tusculanus poenitentiarius, Ber-

---

[1] Reg. 55.

[2] In quodam quaderno chartaceo cuius numeratio incipit a folio 1, et desinit cum 7, licet folia sint duodecim, ex officina Italica desumpta, quia signum *Filipuzo* gerunt, invenimus nonnullas epistolas et citationes quae nos docent quaternum, an. 1308 a Guillelmo de Balaeto nuntio sanctae Sedis in Sicilia citra Farum, exaratum fuisse. Die 27 maii scribit sociis et amicis, nuntians, praeter alia, occisionem regis Alamaniae et promittens « bona vina in presenti estate, quia prout asserunt astrologi Paduani, intentiores calores erunt circa finem iulii et principium augusti, quam fuerint, viginti quinque anni et amplius sunt elapsi. » Optima dat consilia Guillelmo Audeberti cognato suo, ut diligenter studeat, pravas societates fugiat, permittens ei, ut libris suis utatur, et offerens decem florenos per Petrum missos, cum clausula: « Nolo tamen quod hoc alicui reveles. » Paduae datae sunt epistolae, quae memorant alias Mediolani mense ianuario datas. In alia epistola clericis Camerae commendat nuntium suum Petrecium de Madrengano, qui ivit per Lombardiam et debet portare Camerario epistolas episcoporum Paduani et Vicentini, quae referuntur ad processus quos fecit contra inquisitores. Petrecius accipit septem florenos cum dimidio, pro salario; sed de aliis expensis in stando et redeundo a se factis, compensationem accipere debet. Has epistolas, et alias in fine huius anni citantes archiepiscopum Capuanum et Abbatem Sancti Laurentii de Aversa, ut Neapoli, apud Sanctum Georgium maiorem compareant, Deo iuvante, publici iuris faciemus.

nardus Royardi auditor causarum, Ioannes de Divione ordinis minorum poenitentiarius Papae, Guillelmus de Soe potestas Viterbii etc.

Quae de titulo externo, de altitudine et longitudine foliorum, et versuum numero, de signis authenticitatis, in praecedenti regesto diximus, huic conveniunt. Primum folium initio codicis additum, est fragmentum indicis anni sexti, quod incipit a numero LXXX et integre invenitur in Regesto 58; pars aversa iam alii agglutinata codici, vix scripturae servavit vestigia. B. rubricas, initiales, indicem forte scripsit in praecedenti regesto; nunc C. integrum indicem, initiales litteras et rubricas in quaternis suis exarat ipse. Duos quaternos octo foliorum praeparaverat ad indicem, sed in fine ultimi folii, perspiciens quod integrum opus non perfecerat, addidit duplex folium quo ultimum quaternum inclusit, ita ut post priorem quaternum, folium ex utraque parte scriptura vacuum remanserit. Incipit index rubricatis litteris: *Rubrice litterarum communium domini Clementis pape V. Anni Quarti.* Tituli indicis sunt MCLXXXIII. Vltimum folium fere integre vacuum remansit. Frequenter in hoc regesto index et textus inter se discordant; sed mox, post nonnulla capitula, discrepantia cessat.

Fol. I. *Rubrice litterarum communium domini Clementis pape V. Anni Quarti. Dilecto filio Guillelmo abbati monasterii Bŭrgidolen. etc.* Quadringenta prima capitula trancripsit C. in undecim quaternis octo foliorum, a fol. 1 ad 88. Stylo plumbeo, ut videtur, quadraginta quatuor lineas quarum prima vacua remanet; pars superior regesti magis recisa; notulae rubricarum plerumque non apparent; maior initialis simplex et absque consuetis lineolis eiusdem, aut diversi coloris. Ex diebus datarum epistolarum; (iam in foliis 7 et 10, dies 26 ianuarii et 6 februarii legimus); constat opus non fuisse ante primos menses a. 1309 initiatum. Praeter actus praeteritorum annorum pontificatus, dies remotior est 17 novembris a. 1308, recentior autem quae non occurrit, nisi in folio penultimo quaternorum, quos C. scripsit [1], est diei 9 augusti a. 1309. Duas epistolas habet anni primi. Prior data Pessaci die 9 nov. a. 1305 (non 11, ut vult Cocquelines [2];) qua Clemens a longe praeparat viam, ut a iurisdictione Bituricensi eximat Burdegalensem ecclesiam « que nos olim ante nostre promotionis initia fovit ut filium, ac deinde nos sponsum habuit, nostre gubernationi commissa; nunc vero demum nos patrem ac dominum recognoscit; » in margine hanc notam a C. exaratam exibet « at de anno primo [3]; » posterior autem [4] directa Petro episcopo Magalonen. habet

---

[1] Fol. 87 *b*.

[2] COCQVELINES, *Bullarum, privilegiorum, ac diplomatum Romanorum pontificum amplissima collectio*. Romae, 1741, vol. III, pars secunda, pag. 110.

[3] Fol. 23.

[4] Fol. 9 *b*.

in erasa membrana: « Dat. Pessaci prope Burd. III kal. aug. anno primo »
et in margine: « at de anno primo, correctum per me. O. » Pariter legitur in
indice: « At de anno primo, » Huic epistolae, praeter utriusque executorias,
sequens epistola eidem episcopo directa, sub eadem data, probabilius addi
potest. Epistolam anno tertio, die 5 novembris, Abbati de Bonofonte dirigit
Clemens, ut familiaris suus Petrus de Setz victum et vestitum, quoad vixerit
in praedicto monasterio percipiat [1]. In praecedenti epistola, Petrus die 12 februarii a. 1309, ex terris praedicti monasterii obtinet: « quantum duo boum
paria possent annis singulis laborare; » facile censemus, occasione huius
epistolae a Petro insertionem epistolae anni tertii fuisse postulatam. Alia
eiusdem anni, signato anno in margine ab ipso C., ut in praecedentibus,
die 7 novembris [2] permittit per triginta annos, sororibus sanctae Clarae
Burdegalensis, ut de licentia ministri provincialis, e monasterio suo per unum
mensem, temporibus tum messium, cum vindemiarum, exeant ad quaeren-
dum victum; « ita tamen quod soror iuvenis sine sorore sene aliquatenus
non incedat ».

Notemus quod nonnulla inter indicem et regestum propter epistolas Templariorum, interveniat discrepantia post capitulum VII, quae tamen mox cessat,
in capitulo XIII. Epistola quae Manueli Spinulae concedit, ut, a quocumque
voluerit, subdiaconatum accipiat, ne consecratio sua in episcopum Albin-
ganen. prolixius procrastinetur, die 13 maii data [3], ad regestum venit ante
epistolam electionis quae est eiusdem diei [4].

Folia 89–166, a cap. CDI ad DCCCV transcribenda suscepit scriptor B.
Non computatis annis litterarum ad anteriora regesta pertinentium, dies datarum epistolarum extremi sunt 24 nov. an. 1308 [5] et 4 nov. an. 1309. [6]
In Reg. 55 [7] B. retulit epistolam datam die 17 iulii anno primo, qua Bertrando
de Lamota tribuitur pensio annua 150 librarum turonensium parvorum;
nunc scribit [8] executoriam eiusdem epistolae eodem die datam. Alias octo epistolas anni tertii passim in quaternis supradictis errantes invenimus. Prima
indulgentias concedit visitantibus ecclesiam monasterii fratrum eremitarum
de porta sancti Angeli Perusini, ordinis sancti Basilii, die 11 iulii; secunda, data die 9 augusti, dispensat canonicum Pontium a residentia; tertia
die 6 octobris beneficium clerico tribuit; quarta Nicolaum presbyterum car-

[1] Fol. 41 *b*.
[2] Fol. 26.
[3] Fol. 61 *b*.
[4] Fol. 65.
[5] Fol. 146 *b*.
[6] Fol. 97 *b*.
[7] Fol. 163.
[8] Fol. 182 *b*.

dinalem S. Eusebii multis ampliat favoribus, die 31 octobris; eadem die, quinta Bertrando episcopo Albiensi dat facultatem testandi; sexta cui sua unitur executoria sub diverso capitulo, ecclesiae Burdegalensi favet; septima Abbati Montis Aragonum collationem quorumdam beneficiorum tribuit; octava errat inter alias in gratiam Gallardi episcopi Tolosani, mense novembri anno IV datas, fere omnes a B, utpote ad annum tertium pertinentes, fuerunt signatae [1]. Scriptor, nova rubrica superinducta in erasa membrana, scripsit in margine rubricatis litteris: « correcta [2]. » Inter quindecim clericos tabellionatus officio donandos, si a vicecancellario Arnaldo abbatis Fontisfrigidi digni reperti fuerint, unus tantum est diaconus, et omnes epistolam eis directae eadem die datae videntur, scilicet secunda die iulii, una excepta quae est diei 4 novembris a 1309 [3]. In eodem folio, post huiusmodi epistolam « in eumdem modum, » alio tempore usus est spatio a se prius vacuo relicto, ut registraret duas alias epistolas quae in indice non fuerant relatae. Emendato numero DXXXX, iterum incipit a numero DXXX; ita ut inter indicem et regestum adsit discrepantia decem capitulorum; sed indicis auctor post numerum DLI ponit numerum DXLII, et sic prosequendo, concordiam inter se et B renovat. In folio 125 tres epistolae Bertrando episcopo Albien. directae, sequentes habent notulas in margine, quae postquam in spatio interlineari textus fuerunt additae, deductis lineis deletae sunt: « percipiat et percepit ab antiquo . . . . per vos, vel alium, seu alios ». Huiusmodi notae, non possunt tribui omissioni scriptoris; sed sententia quidem nostra, registratis iam epistolis et post immutationem epistolarum bullatarum appositae fuerunt; et idem dicimus de aliis additionibus factae in fol. 138, epistolae Bertrando episcopo Albiensi directae; in margine enim B. notavit: « correcta postea; » sed ne ullum remaneat dubium, nunc citanda est nota quae occurrit in folio 171; duobus enim versibus pumice deletis et emendatione addita, legimus «. Correcta secundum bullatam de novo per vicecancellarium. » Agitur de relaxandis sententiis contra Florentiam, per legatos latis. Duas saltem epistolas de curia inter communes invenimus [4] et ut tales in margine signatas « de Curia. » In folio 159 epistolam « In eundem modum. Dilecto filio Geroldo Preposito generali Monasteriorum beate Marie Magdalene in Alamania » praeponendam esse epistolae Conrado Provinciali et ceteris Prioribus et Priorissis directae, in margine, B. indicavit, addito signo crucis, et voce « prima. »

---

[1] Vide folia 110, 125 *b*, 107 *b*, 106 *b*, 153, 142, 122, 99 *b*.
[2] Fol. 94 *b*.
[3] Fol. 97 *b*.
[4] Fol. 134, et 144.

Si excipiamus folia 225–232, ultimos quinque versus folii 253*b*, et quatuor ultima folia epistolarum communium 254–257 a B. exarata; caetera a folio 167 ad 257 scriptori C, sunt tribuenda. Occurrunt epistolae datae a die 30 decembris 1308, ad diem ultimum anni IV Pontificatus, 13 novembris, imo usque ad annum quintum; in folio enim 222 videmus epistolam diei 2 decembris an. 1309, cum hac' nota marginali: « At de V per oblivionem. » Vnusquisque quaternorum octo constat foliis, praeter 223–234 a C. et B. exaratum, et ultimum cuius vacuum folium fuit recisum, post recentem foliorum numerationem. Omnes quaterni signati consueto more, excepto primo 167–174 qui non fuit annuntiatus a B. in folio antecedenti. Epistola, die 20 novembris an. 1305 data, confirmat donationem quondam Galhardi fratris Clementis, nuper vita functi, sive ex casu muri, die coronationis, ut vult Amalricus; sive in lite exorta inter clientes papae et cardinalium, ut placet Matthaeo Wesmonasteriensi; sed certo ante diem 23 novembris [1]. Motam, domos de Pessaco et alia bona Gallardus « cupiens terrena pro celestibus, et transitoria pro eternis feliciter commutare » ecclesiae Burdegalensi confert. Alia eiusdem anni primi, die 26 novembris, alibi edenda, Burdegalensem ecclesiam a Bituricensis iurisdictione eximit. « Nos qui dudum ante susceptum a nobis summi apostolatus officium dicte Burdegalensi ecclesie presidentes discentiones, scandala, et pericula predicta palpavimus . . . te ac successores tuos archiepiscopos (Arnaldo electo Burdegalensi Clemens loquitur) . . . . ab omnium iure primatie . . . omniumque iurisdictione . . . Archiepiscopi Bituricensis . . . penitus liberamus. » Nec Galterii, nec Archiepiscopi Bituricensis oblitus erat [2].

Tredecim epistolas anni tertii notavimus. Prima die 21 dec. an. 1307 Magistro et fratribus hospitalis Sancti Ioannis protectorem assignat abbatem s. Syri Ianuensis. Alia data die 4 februarii a. 1308, quam, ordine temporis sequitur concessio tabellionatus' officii die 14 martii facta. Executoria epistolae datae die 26 maii, quae occurrit in Regesto 55, sub n. DCCCXLIII, fol. 171*b*, concedens Fernando Velasci canonico in ecclesia Salamantin. vacaturam dignitatem; nunc ad regestum venit, citans, sub eodem die, aliam executoriam: « ut in eadem littera que regestrata est in libro anni tertii per totum, sed hic posita est quia correcta est in executoribus, usque Datum Pictavis VII kal iunii anno tercio. » Inter tres executores, Magister Neapoleo de filiis Vrsi Archidiaconus de Maiorica in ecclesia Legionensi, locum Magistri Busoli de Parma, papae Capellani, canonici Tornacensis sumit [3].

---

[1] Cf. BALVZIVM, op. cit. vol. I, coll. 97, 686.
[2] Vide *Galliam Christianam*, vol. II, col. 1187.
[3] Fol. 255.

Hanc partem Regesti 56 in qua secunda executoria legitur; non nisi post diem secundam decembris an. 1309 scriptam; quaternos vero in quibus occurrit prima executoria non ante initium novembris an. 1308 exaratos asserere possumus. Secundam executoriam sequitur in praesenti regesto alia epistola anni tertii eximens Petrum de Garlenx capellanum et familiarem Clementis a residentia; data fuit prima die octobris. Alia epistola die 1 iulii data, tertio anno, cuius insertionem in regesto probabiliter petiit Arnaldus IV, quia haec epistola immediate sequitur epistolam anni primi iam citatam, in favorem Arnaldi III, et antecedit concessionem admittendi duas personas ad tabellionatus officium Arnaldo IV factam, die 9 octobris 1309; indulget ecclesiae Burdegalensi, sex poenitentiarios per viginti dies ante et post festum translationis Sancti Andreae. In foliis 234 et 235 sub eadem forma « ad perpetuam rei memoriam » duo alia privilegia ecclesiae Burdegalensi concessa eadem die, eodemque tertio anno legimus. Post favorem Petro de Columna Romanae ecclesiae diacono Cardinali factum, in aversa parte eiusdem folii, die 11 iulii an. 1309, mandat Clemens executoribus, ut iubeant reponi in ecclesia Burdegalensi *truncum* excipiendis fidelium oblationibus ad *passagium* Terrae Sanctae assignatum, et perperam a canonicis et clericis amotum. « Volumns tamen (prosequitur Clemens) quod tempore indulgentie per nos ipsi ecclesie Burdegalensi, in festo Revelationis beati Andree concesse, idem truncus . . . removeatur . . . et eodem finito tempore immediate . . . reducatur. » Iterum facile censemus, occasione huius ultimae epistolae, duas anni tertii in regesto fuisse insertas. Die quinta augusti tertii anni invenimus epistolam tabellionatus tarde registratam; die 11, epistolam pro pace componenda inter episcopum Pictaviensem et capitulum eiusdem ecclesiae; die 12, concessionem octo florenorum auri archiepiscopo Pisano, pro singulis diebus quibus Templariorum negotio vacabit; die 20 electionem abbatis Nobiliacensis episcopo Eduensi commissam. Alia tandem epistola anni tertii die 31 octobris data est. Nunc, more solito, nonnulla de insertione epistolarum huius anni dicamus.

In folio 177, epistola: *Callidi serpentis* . . . . in qua agitur de captione Templariorum, legitur directa Eduardo regi Angliae die 30 decembris a. 1308, et citat capitulum nonum quod in principio regesti occurrit: « ut in precedenti nono capitulo presentis libri; » deinde veniunt formulae. « In eumdem modum » quae dant regum nomina, quibus praedicta epistola eadem die data directa fuit. Epistolas istas antecedunt duae aliae clerico Eduardi faventes et die 20 Martii datae; dum epistola Guillelmo de Sabaudia die 4 iulii concedens, ut non obstante constitutione Nicolai IV (quia a fratribus minoribus ad monachos Sancti Michaelis de Clusa transierat), ad dignitatem abbatialem ascendat, sequitur confirmationem electionis suae in abbatem huius monasterii, die 15 iulii datam [1]. Epistola encyclica omnibus episcopis directa die 11 iulii, et missam « Contra paganos » praecipiens, non nisi in folio 198 legitur. In indice, post capitulum MXIX, quo indulgentiae conceduntur Christi fidelibus manum adiutricem Priori et monachis, prioratum Sancti Martini de Legudiaco reaedificantibus, sequitur: « MXX. Eisdem conceditur idem. et Arnaldum Sancii ». Iste Arnaldus clericus Constantiensis beneficium accipit [2] die 25 aprilis in epistola, quae sequitur concessionem aliarum indulgentiarum, die 7 novembris factam in favorem familiaris Rogerii regis, Rogerii Busepot, capellam in honorem Beatae Virginis, in loco qui dicitur Fons Regis, in civitate Neapolitana construentis. Maior pars duorum quaternorum sequentium reservatur parentibus Camerarii Clementis, ac refert favores eis, circa finem iulii a multis concessos. Inter benefactores, Hugonem abbatem monasterii Casae Dei, Guillelmum abbatem monasterii sancti Victoris, Aymonem abbatem sancti Antonii Viennensis, Fulconem de Vilareto Magistrum Hospitalis Sancti Iohannis Ierosolimitani, Henricum abbatem Cluniacensem, Bertrandum camerarium, Abbatem Fontis dulcis, Isabellam abbatissam sanctae Crucis Pictaviensis, Draconetum abbatem monasterii Aureliacensis, et Clementem ipsum, citare iuvat. Huiuscemodi favores, qui incipiunt a folio 243 in quo capitulorum imperfecta numeratio postea videtur addita, non eodem anno facti sunt; sed nunc eorum insertionem forsitan camerarius expostulavit. Vltimum capitulum concordat cum indice.

Post folium 257, folio reciso, ut iam diximus, sequitur folium 259 quod continet indicem epistolarum de Curia. *Rubrice litterarum de Curia domini Clementis papae V. anni quarti.* Sequuntur CI capitula; in textu sunt CV, quod evenit ex subdivisione capituli C. Folium indicis erat duplex, reciso vacuo folio 260, sequitur folium 261. *Rubrice litterarum de Curia domini Clementis pape V. anni quarti.* Quaterni 261-268, 269-276, 277-281 a quo tria folia vacua abstulit, ut credimus, avarus compactor, omnes sunt scriptoris C, qui nobis refert magni momenti epistolas suo tempore publici iuris faciendas. Index subito transit a Capitulo XXVII ad LVIII, quia sunt epistolae legationis Arnaldi cardinalis sanctae Mariae in Porticu, quae suos in textu habent numeros. Consueto more C. indicavit quaternos sequentes qui signis authenticitatis ornantur; epistola qua committitur episcopo Valentino absolutio participantium cum Saracenis circulo consueto roboratur. Dies extremi datarum epistolarum sunt 18 novembris 1308, et 12 novembris 1309. In folio 279 duae epistolae quarum prima Iohanni Burgundi

---

[1] Fol. 182.
[2] Fol. 242*b*.

negotium inquisitionis Templariorum, die 1 septembris committit, alia encyclica praelatis, monasteriis nuntians electionem abbatis de Latilliaco ad idem officium, sub eodem die, habet in margine sequentem notulam a C, exaratam: « prima autem data est III. kalendas anno IIII ». Recentior manus in margime addidit: « scribatur, » transcriptione dignas iudicans pulcherrimas epistolas quarum prior Venetis directa incipit: « Attendite filii ad Christi vicarium patrem verum et ad matrem ecclesiam, que vos in spiritu regeneravit et aqua, audite quaesumus prudenter, que loquimur. . . ; » posterior cuius initium: « Transiturus ad patrem dominus de hoc mundo hereditatem pacis sue legavit discipulis . . . . » inter epistolas legationis Arnaldi de Pelagrua occurrit.

Nimius epistolarum ad alios pertinentes annos, locum nonnullis manipulis rerum historicarum nobis occurrentibus tulit; monitum tamen volumus lectorem, hanc non a regesti sterilitate provenire omissionem. Iam in folio 2 bullam magni momenti « Ad omnium fere notitiam . . . » contra Templarios aliasque de eadem materia tractantes: « Callidi serpentis . . . » duci Austriae[1], vel episcopis directas citare potuissemus. In folio 22, Clemens Magistro et fratribus sancti Iohannis iubet, ut obediant, in passagio « quod summe utile fore speratur in yemali tempore proximo venturo » legato Petro episcopo Ruthenensi, cuius epistolas legationis in folii 33, 153 etc. legemus; in folio 34 eos adiuvat, scribens omnibus in fiumine Rhodano pedagia, seu laudas habentibus, ut libere per flumen deportentur lignamina quibus praedicti fratres egent « pro faciendis galeis et aliis vasis navigabilibus ad passagium huiusmodi oportunis. » Defuerunt naves, et die 25 iulii pii Germaniae peregrini indulgentias centum annorum accipientes, quia « pro defectu navigii » transfretare non potuerunt, forte murmurantes, ad patriam redierunt. Clemens tamen, ad pecuniam camerae recurrebat, et « verbo crucis » in Hispania Christi debellabat hostes. Mensibus iunio et septembri, legato suo et regi Cypri pulchram epistolam: « Vulnus et livor et plaga tumens . . . . in ara crucis, expansis manibus, in auribus fidelium, clamat assidue dominus ihesus christus; clamant livores, et vulnera; clamant capud, manus, et pedes et latera; clamant spine clavi et lancea . . . » dirigit, qua valde de republica christiana meritus est. Nec deerant aliae curae invadentes eius animum instar torrentis, ut ipse saepe asserit. In Gallia contra eos qui falsam monetam cudebant insurgebat. Templariorum bona, et inquisitiones episcopis commissa, opus nullo aptum modo ad affectum conciliandum; epistolae de eadem materia regibus Angliae et Hispaniae, ipsis Templariis ut « spiritum sanioris

---

[1] In folio 177 b eadem epistola regi Angliae, aliisque directa regibus recurret, data eadem die 30 dec. a. 1308. Hanc excipit epistola: « Deus ultionum dominus . . . » episcopis administratoribus bonorum Templi in Hispania, data die 18 oct. a. 1308; dum eamdem in litteris contra ordinem Templi, administratoribus Germaniae die 12 aug. missam, in Regesto LV, folio 212, legimus.

concilii » habeant, scribendae; epistola Henrico, Philippo minus grata, qui duo lnminaria caeli sacerdotium scilicet et imperium, in Gallia voluisset; senatores Romae, Marchiae Anconitanae rectores dandi; legatus ramum olivae et gladium prae manibus, blandimenta et minas in ore habens, ad Italiam exturbatam mittendus; peremptorie citandi Ludovicus Ebroicensis, Guido sancti Pauli, Ioannes Drocensis comites, ac Guillelmus de Plasiano, instabat enim anxietas regia, Bonifacii famam honori suo iniuriosam reputans, haec omnia vere torrens inundans animam dici poterant.

Versus finem [1] anni IV, velut mater blandiens parvulo, regi Siciliae, « ut novello regi novella quedam solite lenitatis ecclesie levis aure letificationis occurrat, » relaxat debita; in Fredericum regem Trinacriae, in Lucanam et Florentinam civitates se misericordem, in pauperes clericos se pium praebet [2]. Antequam deponamus calamum, non praetereamus, *operarium* ecclesiae Vasatensis indulgentiis adiutum, ecclesiam Pictaviensem Burdegalensi subiectam declaratam [3]. Die 16 ianuarii Clemens « propriis manibus » cardinalium, episcoporum et abbatum stipatus corona, corpus sancti Bertrandi, maxima transfert solemnitate [4]; die 22 aprilis [5] laude dignam epistolam dirigit scolaribus Aurelianensibus ad renovationem studiorum: « nam moderne stelle prioribus impares, non manentes in suo ordine, a cursu solito deviantes, novis quorundam adinventionibus succedentibus, splendorem solitum (retraxerant). » Vrget tempus, sed nolumus viros doctos latere quod frequenter in epistolis occurrimus, non parvi faciendis imperatorum et regum praeceptis ibi insertis; in exemplum veniant documenta lingua Gallica scripta [6]. Notemus nunc frequenter post concessiones tabellionatus officii, et conservatorum, spatium servari in quo eiusdem et etiam diversi generis concessiones registrabantur. Huiusmodi spatium in folio 151 occurrit, in quo fratres s. Augustini monasterii sancti Antonii Viennensis « in romana curia hospitalitatis opera exercentes » conservatores accipiunt [7]. Vicecancellarius suorum fratrum cisterciensium non obliviscebatur, obtinens, eis et innumeros conservatores, et privilegiorum confirmationem.

[1] Fol. 197.
[2] Fol. 189*b*, 191, 171, 276*b*.
[3] Fol. 47; die 20 novembris a. 1308.
[4] Fol. 68.
[5] Fol. 80.
[6] Fol. 136*b*. Taxa huius epistolae partim recisa legi nequit; taxa vero epistolae « super omagio » Roberti est CC.
[7] Praeter Hospitale S. Antonii, citantur in cod. 8 *Rationum Camerae* Hospitalia Sancti Spiritus de Vrbe, et de Altopassu. Fratres horum Hospitalium comitabantur Curiam, hospitalitatis officia erga pauperes Curiales aliosque exercentes, confessiones eorum qui in Curia erant audientes etc. Praeter oblationes fidelium, unaquaque septimana, eleemosynas a Camera accipiebant.

VOLVMEN VI REGESTI INSCRIPTVM LVII.

Annus V· Pontificatus Clementis V. (1309–1310)

Regestum non differt ab aliis, nec quoad formam externam, nec quoad partem internam; si excipias quod quantitas scripturae in pagina minuitur; lineae enim scriptae numero 41 occupant spatium cuius altitudo est 285 millim. latitudo 225. Duos quaternos quorum, primus octo habet folia, posterior sex tantum, occupat index, in quo anni omissi in prioribus regestis, frequentius signantur; videtur descriptus a C, qui quaternum sequentem notat, sicut in praecedentis regesti indice. Capitula signata, sunt num. MLXXXVI. Incipit: *Rubrice litterarum communium. Anni quinti domini Clementis pape V.* In fine capitulorum recentior manus cui occurrimus in alio regesto, scripsit: *Vide in fine libri residuum;* alia manus fere regesto coaeva ante hanc notam addit: *Vide in fine libri que transiverunt per cameram.*

Scriptor B. prius incipit; quaternis octo foliorum utens, et progrediens usque ad folium 72. Post rubricam: *Regestrum licterarum communium domini Clementis pape V. Anni quinti:* maioris formae initialem litteram tribus coloribus, rubeo, caeruleo et violaceo, forte ipse ornavit. Praeter signa Leonis et circulos in summo margine ad laevam aspicientis legitur: *Ave Maria.* In folio .tertio occurrit prima epistola huius anni, ratione temporis, die 14 novembris an. 1309 data in favorem Petri de Savinhaco; et in folio quinto iam ducimur usque ad diem 9 aprilis an. 1310; in folio 72, ultima epistola ascendit usque ad diem 24 iulii. Primum quaternum suum notavit signis *b I, b II, b III, b IIII.* ✠ rubri coloris; omnes autem numeros capitulorum ultimi quaterni utens pumice partim delevit et correxit. Hunc ultimum quaternum prae manibus non habuisse videtur C, quando composuit indicem; numeri enim capitulorum et tituli hoc supponunt. Cap. CCXLIX, cum titulo: *Ade Bonihominis* etc. est ultimum quaterni 57–64; et capitulum CCL: *Fratri Guillelmo Clementie* directum, est primum quaterni 73–80 a C exarati. E contra in quaterno 65–72 quod incipit cum lunga epistola directa Priori Grandimontensi « taxata CCC », primum capitulum signatum fuerat numero CCLI, et ultimum CCLX; ita ut in margine inferiori, inter quatuor lineolas in formam quadrati dispositas, indicaretur numerus CCLXI capituli describendi in sequenti quaterno. Scriptor B. istos numeros immutavit; primo capitulo numerum, CCL; ultimo, CCLIX imponens; et delineavit in indice signum crucis duplicibus brachiis ornatae et in linea rubea in modum fenestrae, seu portae rotundae inclusae, e latere capitulorum CCL et CCLI. Idem signum addidit, ad calcem folii, ubi decem titulos omissos

scriptor C. exaravit sub numeris iteratis CCL–CCLIX, et in principio notae
sequentis: « Hic sunt X capitula dupplicata per errorem, que inferius sunt
signata. »

In alia indicis parte denuo legimus in margine: « Nichil perpetuum. »
Identidem locum taxae sumunt notulae: « Gratis pro deo. Gratis de mandato
vicecancellarii.» Clemens die 9 septembris a. 1309 [1] Arnaldo electo Conseranen.
et Guillelmo Meschini « specialem examinationem pauperum clericorum qui
suas nuper obtulerunt petitiones super beneficiis ecclesiasticis [2], tam in communi forma pauperum, quam vacantibus de iure et de facto, obtinendis, »
commisserat; nunc [3] iidem constituuntur examinatores clericorum ad officium
tabellionatus aspirantium, in epistola die 13 ianuarii an. 1310 data, quam
sequuntur 88 aliae epistolae « in eumdem modum » totidem clericis tabellionatum concedentes; sub capitulis XCVII, XCVIII, (in indice XCVII, XCIX),
iterum occurrunt 49 tabelliones clerici suo officio ab eisdem examinatoribus
digni reputati. Spatium vacuum aliis clericis inscribendis remansit in f. 26,
et color atramenti non semper idem. Prima utriusque capituli epistola die
13 ianuarii data; in fine tamen primi capituli alia epistola data die 13 augusti,
postea addita est. Omnes isti clerici quorum aliqui sunt coniugati, ex omnibus, ut ita dicamus, orbis regionibus, assumpti. Alii de Vrbe, tres de terra
monasterii Casinensis, alii Pampilonenses, Lincolnienses, Dublinenses, Hiber-
nenses, alii de Milano, de Taurino etc. etc.

In folio 16 invenimus epistolam datam eodem die 13 ianuarii, qua Pontifex dispensat, ut ad ordines promoveri possit, et ecclesiasticum beneficium
obtinere, cum clerico redimenti « favore virtutum, quod ortus odiosus ademit. »
Sequuntur decem aliae epistolae sub forma: *Illegitime genitos*, quarum ultima 23 die martii fuit data. Iam in praecedenti regesto notavimus in curia
propensionem ad colligendum in specialibus regestis chartaceis epistolas
ad eamdem spectantes materiam. In folio praecedenti apparent in membrana
obliterationis signa cum additione in margine et notula « correcta, » quas
includunt lineolae a B. delineatae; idem correctionis signum alibi recurrit [4].
Folia regesti, quae sub oculis nostris rapido cursu evolvuntur, optimi Falerni,
amphorae componere liceat, quam vix extremis attingimus labiis; dum aura
dulcis, sed potens, nos fere invitos ad littus appellere cogit. Clemens tunc

[1] Reg. 56, fol. 276*b*.
[2] In regulis Cancellariae cod. 3987, bis saltem indicantur gradus approbationis: « Tria bene. Duo bene et unum competenter. Vnum bene, unum competenter, et unum debiliter. Duo bene et unum male. Duo competenter in lectura et constructione et unum male in cantu etc. » Paulus Diaconus in suo Commentario ad Regulam s. Benedicti praestantiorem gradum cantui confert.
[3] Reg. 57, fol. 17*b*.
[4] Fol. 52*b*.

favet pauperi subdiacono, ei concedens, ut « perpetuum beneficium subdiaco-
nale vulgariter appellatum » quod in manus Arnaldi Conseranensis electi
« examinatoris super licteratura eorumdem pauperum clericorum deputati »
resignaverat, iterum assumat ; Iohanni de Sado de Avinione utriusque
iuris professori Ebredunensem canonicatum confert; « Magistro Iohanni
de Gandavo canonico Parisiensi Magistro in Theologia, » abeundi a sua
ecclesia parocchiali de Kieldrecht, « legendo Parisius, vel ibidem insistendo
studio litterarum .... proviso, quod interim ecclesia ipsa debitis obsequiis
non fraudetur » licentiam ad triennium concedit; Ioannem de Insula legum professorem, et adolescentem fratris sui in Magisterio scolarum ecclesiae
Xanctonensis successorem liberalitatis suae munificentia prosequitur. Nunc recuperata Civitate Ferrariensi, ventus Bononiae, non Venetis secundus: « Induere
vestimentis glorie, gloriosa civitas, que per arma iusticie, bellicos aspernata
sudores, nullis victa laboribus, nullis dispendiis fatigata, sub vibramine fulgu-
rantis aste, sic victoriose, sic strenue, hoc preterito necessitatis tempore, domino
militasti. Exulta Syon filia, iocundare Bononia, quasi bona omnia merearis. »
Salutatio epistolae nobilis: *Dilectis filiis Communi et populo Civitatis Bononie
ecclesie Romane fidelibus;* conclusio salutationis digna: « Ecce Potestatem et
Capitaneum civitatis vestre, qui nunc sunt et pro tempore fuerint, ipsorum durante regimine, in nostros et apostolice sedis familiares, perpetuo duximus
admictendos. Volentes ut ipsi, vestes et alia de Camera nostra et dicte
sedis, perpetuis futuris temporibus habeant et recipiant, sicut milites nostri
recipiunt, et recipient alii papales milites in futurum. » Aliae epistolae Archiepiscopum Ravennatem, episcopos Ferrariensem, et Parmensem *conservatores* scolaribus Vniversitatis Bononiae constituunt; vel licentiatis Bononiae
concedunt, ut ubique possint legere et docere; aliae omnibus personis ecclesiasticis studentibus a residentia eximunt; vel ibidem, nonnullis tamen exceptis, audire leges et phisicam permittunt; aliae aliis privilegiis donant
civitatem; quia fidelitatis eius memoriam « de sacrario matris ecclesie non
delevit oblivio. » Nunc Cesenates absolvit, quorum Potestas et Capitaneus,
Vbertus de Malatestis, Tonsum cursorem quem Cardinalis legatus « ad
Vrbem cum· suis litteris clausis destinabat capi fecerat » aperiens et legens
praedictas litteras; nunc electum Basiliensem protegit; nunc iratus rectori
civitatis Beneventanae eiusque vicariis scribit: « Volumus et per apostolica
vobis scripta mandamus, quatenus Civitatem ipsam secundum iura et laudabiles consuetudines civitatis eiusdem, regere studeatis, eisdem fidelibus
in singulis emergentibus casibus facientes iustitie complementum, et a quibuslibet indebitis exactionibus et gravaminibus abstineatis, si nostre et apostolice sedis indignationis aculeos cupitis evitare; » nunc Priori Grandi-

montensi eiusque fratribus optimas vitae regularis proponit leges quas
libenter mirabuntur .omnes, quos morum et rituum antiquorum delectat
studium; nec taedium regestum legentibus afferent actus notariorum Provinciae, patria lingua descripti: « E io avant deyt Garsias daveron qui
aquesta carta escrivuy et mon senau accostumat y pausei » etc.·

Novem sequentes quaterni 73–144 a C. exarati, excurrunt a die 18 novembris 1309 ad ultimum anni quinti Pontificatus, diem scilicet 13 novembris an. 1310. Signa consueta vix apparent in summo margine initiali
quaternorum, sed regulariter in fine uniuscuisque quaterni notantur prima
verba quaterni sequentis. Epistola translationis Iacobi, mox Ioannis XXII,
ad sedem Avenionensem [1] unam tantum executoriam habet, servato spatio
vacuo alterius executoriae. Adnotandum etiam quod sub eodem cap. CCCXIII,
ob quam nescimus rationem, tres epistolae tum in indice, tum in textu occurrunt quae. inter se nullam, sive temporis, sive obiecti ratione, habent
relationem. C. in ultimo folio quaternorum suorum indicavit primum verbum
quaterni sequentis B. scriptoris, qui recurrit cum quinque quaternis 145–184,
et quaterno 185–188 quatuor foliorum, et fere integrum annum quintum percurrit. In folio 182, B. additionem factam in margine: « cum cura vel sine
cura » in quadrato includit, addens: « correcta postea. » Quando transcripsit capitulum DCCXXXI salutationem, seu titulum epistolae non habens,
haec tantum exaravit: « Dilecto filio Durando . . ; auctor vero indicis numerum praetermisit, et titulum.

B. capitula scripsit a numero DXLIV ad numerum DCCLI; nunc C.
procedit a DCCLI, quod ab ipso B, in imo margine fuit annuntiatum, usque
ad ultimum capitulum MLXXXVI litterarum communium, quae cum indice
litterarum curiae occupant folia 189-272, et ascendunt, iuxta indicem, ad
1096, si addamus decem alia capitula quaterni 65–71. Octo foliis constat
unusquisque sex quaternorum quos scripsit, excepto ultimo, qui quatuor
tantum habet folia. Offert·epistolas datas a 17 die novembris an. 1309 ad
diem 13 eiusdem mensis 1310; imo alias pertinentes ad annum VI, datas
die 14 eiusdem mensis [2] cum notula: « at de anno VI per oblivionem; »
die 7 decembris cum notula: « at de VI per errorem [3]; » et tandem die
30 iunii an. 1311 cum sequenti nota in margine: « at de VI per obli-
viunem [4]; » ex quo concludere licet scriptorem C. nondum operi suo finem
imposuisse circa medietatem anni 1311.

---

[1] Fol. 75*b*.
[2] Fol. 193. Vltimus dies anni Pontificatus Clementis, ut alibi vidimus, erat dies 13 novembris,
primus vero anni sequentis dies 14 eiusdem mensis.
[3] Fol, 239.
[4] Fol. 267.

Ex tribus epistolis « Dilecto filio Sanctio de Fargiis Domicello, Magistro
Hostiario et familiari nostro » directis [1] anno quinto; ultima non habet notatum diem in quo fuit data [2]; sed C. sequentem notam e regione apposuit:
« at quia in presenti littera non erat data, ego remisi eam ad cancellarium
pro data, et quod remitteret michi, et numquam ipsam potui revidere. »
Nunc nobis obviam venit chartaceum folium Archivi Vaticani, quod refertur ad viginti quatuor epistolas [3] directas *executoribus* archiepiscopo Remensi, episcopo Silvanectensi et Abbati sancti Dyonisii « super facto pacis
et concordie facte inter Regem Francie et Guidonem comitem Flandrensem
et villam Brugensem. » Hoc capitulum tantum indicatur ab auctore indicis
qui addit, eisdem scribi « per plures alias licteras in Regestro contentas sub
pluribus et diversis capitulis. »

Lictere super negocio pacis Flandren. expedite.

« De istis loquitur dominus noster assertive, et habet procuratoria dominus
Camerarius, quia coram ipso domino nostro venerunt procuratores earumdem.
Primo de Villa de Brugen. – De Franco officio Brugen. – de Gandavo.
De istis viderunt procuratoria, domini cardinales, videlicet, Penestrinus,
Tusculanus, domini Stephanus et Raymundus, prout retulerunt et ita fiunt
lictere villarum ipsarum ad relationem ipsorum, et fit in qualibet littera
mentio de eisdem.
Item de Popelinghes – de Novo portu de Loch et de Lumbardia – de Ypra
– de Furnes – de Blanqueberghe – de Cassello – de Audenarde – de Dam,
de Munequaerede, de Hoque et de Muda – de Oestende – de Torout – de
Roliers – de Ardenbourq et de Oestbourq – de Bergues – de Houdenbourq
et de Guystella – de Dykemue – de Veteriburgo Ganden. – de Bourbourq
et de Gravelinghes et de Merdica – de Wtkerque [4] – de Curtraco et de Thiel
– de Territorio Waisio – de Lescluse [5]. »   ·
Ordo civitatum differt in Regesto. Villae de Popelinges succedunt sequenti modo: « habitatores et comunitates Ville castri Castellanie de Bergues – Ville Furnen – Ville de Thorout – Ville de Oestede – Ville de
Lesclusa – Ville de Roliers – Ville de Houdembourq et de Guystella – Villarum et locorum Ballivie Veterisburgi Ganden. – Locorum et Villarum

---

[1] Fol. 220*b* et seqq.
[2] Fol. 222.
[3] Fol. 246*b* et seqq.
[4] Prius legebatur *Wtkerqueke*.
[5] A tergo folii manus recentior addidit: *an. 1310, 13 iunii;* et revera prima epistola die isto
data fuit.

Terre Waisie – Villarum de Dam, de Munekaerede, de Hoque et de Muda – Ville de Audenarde – Villarum de Novo portu de Logh – Ville de Dikemue – Villarum de Bourbourt, de Gravelinghes et de Merdica – Ville Ypren. – Villarum et castri Ballivie de Cassello – Villarum de Hardenbourq et de Oestbourq – Ville de Vtkerke et Territorii ipsius – Ville de Blankenberghe – Ville et castellanie Curtracen, et de Thiel. »

In hoc regesto sequentem legimus [1] epistolam 27 octobris die datam et Arnaldo vicecancellario directam [2].

Dilecto filio Arnaldo Abbatis monasterii Fontisfrigidi Cisterciensis ordinis, Narbonensis diocesis sancte Romane ecclesie vicecancellario.

« Dignum est, ut in nostris, et apostolice sedis officiis, determinatus ministrorum seu officialium numerus habeatur, ne provisione careat superflua multitudo, vel ex paucitate, oportunum nobis et eidem sedi servitium subtrahatur. Sane frequenter, pro parte dilectorum filiorum Scriptorum litterarum nostrarum fuit nobis expositum, quod propter importunam instantiam plurimorum quibus sedes predicta se exhibuit liberalem, eorum numerus adeo dicitur augmentatus, quod ipsi qui ad presens centum e decem, vel circiter, esse noscuntur, secundum eorum decentiam, et laudabilem antiquam Romane Curie consuetudinem, non possint de officii sui obventionibus comode sustentari. Quare ex parte ipsorum fuit nobis humiliter supplicatum, ut cum temporibus aliorum Romanorum Pontificum predecessorum nostrorum, iidem Scriptores, in tanta multitudine non fuissent, sed eorum officium in decenti numero personarum, prout incumbentium agendorum exposcebat qualitas et utilitas, fuerit moderatum, providere super hoc de benignitate apostolica dignaremur, dictumque officium reduci ad certum Scriptorum numerum mandaremus. Cum igitur nostre intentionis existat, quod dicti Scriptores, qui nostri Officiales existunt, propter superfluam multitudinem non graventur, quinimmo ad decentem redacti numerum, iuxta eorum decentiam et consuetudinem prelibatam, comode valeant sustentari; considerantes quod tam agendorum multiplicium qualitates et onera que variarum rerum producit continuata necessitas, quam dictorum Scriptorum multitudo superflua te non latent, sed te ipsa facti iam longa experientia docuit, quid in talibus secundum dicte sedis decentiam debeat observari; discretioni tue de qua in hiis et aliis fiduciam in domino gerimus specialem, per apostolica scripta committimus et mandamus, quatinus, si eorumdem Scriptorum officium, consideratis circumstantiis universis que in hoc fuerint attendende, inveneris in huiusmodi

---

[1] Fol. 266.

[2] Cf. Cocqvelines loc. cit. pag. 135, qui eandem epistolam tradit, anno sequenti Berengario Tusculano directam, sed ad reductionem poenitentiariae scriptorum refertur, et in nonnullis, huiusce est dissimilis.

multitudine pregravatum, officium ipsum reducere ad certum numerum competentem, iuxta datam tibi a deo prudentiam, prout consideratis premissis
congnoveris expedire, auctoritate nostra procures. Statuens et ordinans auctoritate predicta, quod dictum officium deinceps predicto numero sit contentum,
nec ad illud de cetero aliquis admittatur, quousque sit ad predictum numerum,
per te statuendum, redactum, et aliquis defecerit de eodem; nisi forte multiplicium agendorum, vel alterius cause necessitas, aliud circa hoc geri et statui
in futurum, per eiusdem sedis providentiam postularet. Datum Paternis, Carpentoracten dioc. VI. kal. novembris anno Quinto.

In die sequenti eiusdem anni [1] sese gratum ostendit Clémens erga scriptores suos, qui multum in negotio Ferrariensi desudaverant.

*Dilecto filio Magistro Andree, nato quondam Andree de Robertellis de
Setia militis, canonico Ferentinati, Scriptori nostro.*

« Et si sedes apostolica veluti pia mater non numquam extraneis et
ignotis manum provisionis porrigere consueverit liberalem, Officiales tamen
ipsius, qui per obsequiorum gratitudinem et laudabilis conversationis et vite
merita se dignos gratia representant, digne prosequitur, benevolentia gratiosa.
Cum itaque in officio scriptorie litterarum nostrarum laboraveris hactenus,
presertim in negocio recuperationis civitatis nostre Ferrariensis, et semper
sis laborare paratus fideliter et devote, tibique alias de vite ac morum honestate aliisque virtutum meritis laudabile testimonium suffragetur. Nos volentes tibi premissorum consideratione gratiam facere specialem, canonicatum
ecclesie Ferentinatis, dummodo sint ibi prebende quarum fructus, redditus
et proventus quadraginta florenorum auri secundum taxationem decime valorem annuum non excedant, cum plenitudine iuris canonici, apostolica tibi
auctoritate conferimus, et de illo etiam providemus; prebendam vero, si qua
in eadam ecclesia vacat ad presens, vel proximo vacaturam, cuius fructus,
redditus et proventus annui, secundum taxationem eandem, valorem non
excedant predictum. . . . conferendam tibi cum omnibus iuribus et pertinentiis
suis, donationi apostolice reservamus. . . . Datum Carpentoracti. V kal nov.
anno quinto [2]. »

[1] Fol. 257.
[2] Fol. 257 *b*. Sequentibus scriptoribus, sub data eadem, ut videtur, eorumdem laborum pariter re-
muneratio datur: (Dilectis filiis Magistris) « Petro de Sancto Petro Canonico Fesulan., scriptori nostro. —
Petro Margariti Canonico ecclesie sancti Angeli Reatin. s. n. — Mayfredo Benedicti Canonico ecclesie
sancti Iohannis Evangeliste Reatin. s. n. — Francisco de Casalareto Canonico Adrien. s. n. — Andree
Taccon. nato Oddonis de Setia Canonico Terracinen. s. n. — Dino Castellani de Senis Canonico Vul-
teran. s. n. — Goctifrido Gregorii Ginace canonico ecclesie sancte Marie de Setia Terracinen. s. n. —
Iohanni de Trebis Canonico Marsican. — Petro Iusti de Aquila Canonico Aquilen. — Blasio Guer-
ronis de Cassia Canonico Spoletan. — Pascali Biviani de Pontecurvo clerico Aquinat. diocesis s. n. [1] —

[1] Datur ei beneficium ad provisionem Abbatis Montis Casini.

Folium 270 integre vacuum est; in sequenti autem legimus: *Rubrice litte-*
rarum de Curia Anni Quinti domini Clementis pape Quinti. Incipit index qui
habet LXXVII capitula; deinde tertia parte folii 272 vacante; in sequenti
occurrunt epistolae Curiae: *Regestrum domini Clementis pape V Anni Quinti*
Licterarum de Curia. A folio 273 ad folium ultimum codicis 300, habemus
quaternum unum a B., et tres a C. exarati, quorum ultimus quatuor tantum
foliis constat. Datae epistolae, omnes maximi momenti, fere integrum percurrunt annum quintum; et nobis alia curiae et cancellariae revelant secreta.

Clemens instar prudentis architecti, ligna, lapides, caeteraque aedificio
exstruendo apta comparantis, se accingit ad futurum concilium, pecunias
colligens maximis expensis necessarias; sed praesertim membranas, ut Pauli
verbis utamur. Oculis, ut ita dicamus clausis, quae sub manibus cadunt; deficientibus, tum spatio, tum tempore, confusa sed nobis iucunda, nec legentibus taedium allatura, proferamus.

Praetereamus thesaurum e civitate Perusina Avenionem deferendum,
« sive in aurea, sive argentea pecuniis, sive in auri vel argenti massis,

Nicolao Bruno Canonico Alatrin. s. n. — Iohanni de Zuchellis clerico Parmen. s. n. — Blasio Petri
de Vico Canonico secularis ecclesie sancte Marie Alatrin. s. n. — Symoni quondam Magistri Raynaldi de Podiobonizi Canonico Florentin. s. n. — Gualterio quondam Petri Berardi de Viterbio, Canonico secularis ecclesie sancti Stephani Viterbien. s. n. — Ambrosio Regi de Corbeta Canonico
canonice. Decumanorum Mediolanen. s. n. — Symoni quondam Bevenuti de Aretio Canonico plebis
sancte Marie Aretin. s. n. — Iohanni Nicolai Decibilis Canonico ecclesie sancte Balbine Anagnen. s. n. —
Petro Iohannis Mathie de Amitista clerico Suessan. s. n. [1] — Hugolino quondam Magistri Iohannis
de Murro Can. firman. s. n. — Hugolino quondam Magistri Iohannis de Murro Canonico firman. s. n. —
Iacobo Adinulphi Canonico ecclesie sancte Agnetis Anagnin. s. n. — Nicolao Rainulphi de Fractis
clerico Gaietan. diocesis s. n. — Iohanni Magni Aurificis de Anagnia Canonico ecclesie sancti Andree
Anagnin. s. n. — Petro Ascibilis de Setia Can. Narnien. s. n. — Gerio quondam Detaiuti Iudicis
clerico Castellan. s. n. — Iordano quondam Iacobi clerico Tudertin. s. n. — Petro Capulupo de Pontecurvo clerico Aquinat. diocesis s. n. — Petro Nicolai Frederici Canonico Reatin. s. n. — Nicolao
Beniamin Canonico ecclesie sancte Marie de Piperno Terracinen. s. n. — Branchino Iohannis de
Braida Canonico ecclesie sancti Iohannis de Modoetia Mediolanen. diocesis s. n. — Bartholomeo
Nicolai Iohannis Iudicis de Pontecurvo clerico Aquinat. diocesis s. n. — Nicolao Iacobi de Traiecto
clerico Gaietano diocesis s. n. — Onufrio de Fractis clerico Gayetane diocesis s. n. ». Epistola Nicolai habet numerum MLVIII, dum Onufrii epistola est ultima litterarum communium.

In Regesto 58 alii scriptores, occasione eadem, die praesertim 17 februarii a. 1311 canonicatus
accipiunt [2]; non differt forma epistolarum quae diriguntur: (Dilectis filiis Magistris) « Andree nato
Petri Pennese de Setia canonico Tiburtino, scriptori nostro. — Lamberto quondam Stephani de Sancto
Miniate canonico Lucan. s. n. — Blasio Notarii Mathei de Sugio Canonico Aversano s. n. — Iacobo
Vallilarge de Guarano Canonico Alatrin, s. n. — Nicolao Campellen. de Fractis clerico Gayetan, s. n. —
Bartholino de Buarno Canonico Brixien, s. n. — Franco Consolini de Vrbe clerico, s. n. — Antonio
de Turranis Canonico ecclesie sancti Michaelis de Tridino Vercellensis diocesis s. n. — Leonardo
Synibaldi Canonico Reatino s. n. — Petro Iacobi de Traiecto Canonico Aversano, s. n. — Cambio
Marsilii de Guarcino Canonico Verulano, s. n. — Iacobo Petri Can. ecclesie sancti Rufi Reatin. s. n. —
Nicolao Gaytano Canonico Ferentinati s. n. »

[1] Iterum recurrit cum paucis variantibus verbis, sub numero MLIII, in indice; loco rubricae, C. scripsit: « Vacat quia bis facta ».
[2] Reg. 58 fol. 66 *b* et seqq., 118 *b* et seqq.

seu vasis, aut anulis, lapidibus pretiosis, ac sericis, scarletis, aut lineis, et
tapetis, seu quibuscumque aliis pannis et rebus » consistentem; nobis magis
arrident verba sequentia: « Volumus insuper, quod alter vestrum (Iacobo
de Casalibus et Petro de Eugubio Camerae clerico die 15, martii a. 1310,
scribit [1]) qui cum nuntiis et thesauro predictis non venerit, transumpta
omnium privilegiorum, instrumentorum, munimentorum et registrorum in
libris de pergameno scriptorum que custoditis cum thesauro predicto, fieri
faciat, illaque nobis quam citius facta extiterint, studeat destinare; quodque originalia dictorum privilegiorum, instrumentorum, munimentorum et
Regestrorum .... in domo fratrum ordinis minorum beati Francisci de
Asisio in aliquo tuto loco deponere studeatis .... » Alia nobis obviam
venit epistola omnibus Galliae praelatis directa, et eodem mense die 26,
data, admiratione magis, quam reprehensione digna, quam nunc in lucem
proferimus.

    « Venerabilibus fratribus universis Archiepiscopis et Episcopis et dilectis
filiis Electis, Abbatibus, Prioribus, Decanis, Archidiaconis et aliis ecclesiarum
tam secularium quam regularium Prelatis et Capitulis, et Conventibus infra
Regnum francie constitutis. Dudum post nostre promotionis auspicia ad
summi Pontificatus honorem, nobis apostolice munificentie largitate, quam
eiusdem promotionis inducebat novitas, suadente; ac multorum principum
et prelatorum et aliorum ecclesiasticorum et secularium virorum magne auctoritatis et status quorum nobis olim in minoribus constitutis insistendo
studio litterarum, et alias in diversis regionibus atque locis dederat conver-
satio temporis diffusi notitiam, et aliarum plurium diversarum conditionum
personarum instantia importuna propter quam conceduntur interdum non
concedenda, nec non et speciali quam ad personas eiusdem Regni de quo
traximus originem gerimus affectione devicti, personis quam pluribus de
canonicatibus, prebendis, dignitatibus, personatibus ac officiis ecclesiarum in
quibus ad nos Canonicorum receptio ac prebendarum et dignitatum collatio
noscitur pertinere, tunc proxime in eisdem ecclesiis vacaturis, etiam ultra
voluntatis nostre propositum meminimus providisse, sed postmodum, id benignius advertentes, a concessione similium gratiarum, ut expectantium numerus, in eisdem non multiplicaretur ecclesiis, vosque personis de quibus
vobis videretur expediens, cum se facultas offerret providere possetis, ad
tempus deliberavimus abstinere. Cum itaque multorum ex vobis qui super
provisionibus faciendis de Canonicatibus, prebendis, dignitatibus personatibus
ac officiis in ecclesiis supradictis nobis instanter et frequenter per speciales
litteras supplicarint, adeo importunitas infestarit, quod id quod ad remedium

[1] Fol. 278.

in hac parte per nos adinventum extiterat, tendere videtur ad noxam, cum prout asseritur, occasione supplicationum huiusmodi, plures ad presens quam Triennio iam elapso, quo supersedimus a collationibus antedictis, et quo quam plures litteras super similibus gratiis diversis personis in eisdem ecclesiis tunc concessas, in Cancellaria nostra retineri voluimus, et mandavimus non bullari, sint ad presens in eisdem ecclesiis expectantes. Vniversitati vestre per apostolica scripta districte precipiendo mandamus, vobis nichilhominus districtius inhibentes, ne vos aut vestrum aliquis aures apostolice sedis super huiusmodi gratiis obtinendis usque ad Biennium proxime secuturum infestare, aut super hiis alicui concedere supplicatorias litteras quovis modo presumat. Datum Avinion. VII [1] kalendas aprilis anno quinto.

Haec epistola nobis aliquantulum lucis offert ad divinandum ordinem in registrandis epistolis servatum. Initio Pontificatus, multos canonicatus, multas dignitates « etiam ultra voluntatis propositum » contulerat; deinde intuitu episcoporum ab huiusmodi collationibus abstinuerat, sed multiplicatis *supplicatoriis* epistolis episcoporum; « cum prout asseritur, occasione *supplicationum* huiusmodi plures ad presens quam Triennio iam elapso, quo supersedimus a collationibus antedictis, et quo quam plures litteras super similibus gratiis diversis personis in eisdem ecclesiis tunc concessas, *in Cancellaria nostra retineri voluimus, et mandavimus non bullari*, sint ad presens in eisdem ecclesiis expectantes; » districtius eis inhibet ne praesumant alicui concedere *supplicatorias litteras* [2].

---

[1] Prius legebatur: VI. Fol. 274.

[2] Electus Brixiensis Fridericus de Madiis nobis narrat modum *supplicationes* offerendi, in sua epistola ad Albertum abbatem monasterii SS. Martyrum Faustini et Iovitae, quem socium habuerat, iter faciens ad limina apostolorum. « Constitutus igitur coram Felicissimo Patre Domino Clemente Papa V, memorato Domino electo, ac Abbate praefato, et aliis inferius nominatis, et cum supradictis honoribus et insigniis Episcopalibus a praefato Summo Pontifice impetrandis, idem Abbas *suam petitionem haberet paratam* offerendam Summo Pontifici, Nobilis et magnae laudis miles, ac strenuus Dominus Bertolinus de Madiis pro ipso Domino Abbate, et Monasterio, ad instantiam eiusdem, praefato Summo Pontifici humiliter supplicavit; ut de solitae, et benignae Paternitatis affectu dignaretur concedere, ut idem Abbas, pro honore dicti Monasterii, et eius nomine, auctoritate Apostolica uti posset Anulo, et Benedictione solemni, ut superius est expressum; unde memoratus Summus Pontifex praefati Militis precibus inclinatus, mandavit, et iniunxit praefato Domino Electo, ut auctoritate apostolica, cum consilio sui Capituli, ipsi Domino Abbati, nomine Monasterii memorati, pro honore, et reverentia Martyrum praedictorum concedat, ut libere uti possit insigniis Episcopalibus supradictis ». Praeter testes, aderant etiam in Camera Clementis, nonnulli Cardinales [1].

Imperator, reges, episcopi, principes, ordines religiosi habebant in Curia *procuratores* [2]: Codex Barberinianae Bibliothecae XXXI, 11, praeter formularium Ioannis XXII, alia maximi momenti continet, ex quibus, perhumaniter annuente, Viro optimo Sante Pieralisi huius Bibliotecae docto Praefecto, nonnulla excerpsimus. Andraeas Sapiti procurator Eduardi III regis et aliquorum episcoporum Angliae, in suo pretioso quaterno supplicationum nobis offert procuratorii formam.

[1] *Bullarium Casinense*, a R. P. D. Cornelio Margarino editum. Venetiis 1650. Const. XL pag. 40.

[2] De *procuratoriis* actum est in folio CXXXVIII.

Omnes, malorum ex transmigratione Babylonica provenientium Clementem accusant, asserentes, captivos Pontifices nimis patriae et regi faventes haudquaquam plenae libertatis compotes, ac suae plenae potestatis; quod sentiens Clemens noster, ut sese Philippi vinculis eriperet, partes Franciae, deserens Avenionem adiit; sed, cum omnium pace dicamus, ab ipso Vrbis conditae principio, facilius regere, quam regi Romanis civibus; et non immerito, si iudicio Nicolai Laurentii non suspecto credamus, de illorum in-

« Forma procuratorii ad promittendum commune servitium per prelatos promotos et provisos per dominum papam.

In nomine domini Amen, anno etc. Episcopus, vel.. Electus fecit, constituit et ordinavit suos veros et legiptimos procuratores, Actores, factores et nuntios speciales tales et tales licet absentes et quemlibet eorum in solidum, ita quod non sit melior conditio occupantis, sed quod unus eorum inceperit etc. Ad promittendum Sanctissimo in Christo patri domino nostro domino. I. divina providentia. pp. XXII. Et sacro collegio dominorum Cardinalium sancte Romane Ecclesie, seu eorum Camerariis, aut quibusvis aliis recipientibus nominibus ipsorum et cuiuslibet eorumdem, illud commune servitium, quod ipse.. ratione promotionis sue ad talem Ecclesiam, dictis domino Pape, et Sacro Collegio, et cuilibet eorum solvere tenetur, ac pro huiusmodi servitio componend. et paciscend. usque ad illam pecunie summam, que sibi imposita fuerit, seu eiusdem procuratoribus vel eorumdem alteri visum fuerit expedire, et ad solvendum huiusmodi servitium dictis dominis Pape et sacro Collegio seu Camerariis eorumdem, loco, termino, seu terminis ad hoc statutis, dictumque.. et eius successores dictamque Ecclesiam, et eorum bona et quelibet ipsorum solempniter obligandum, Et ad iurandum corporaliter ad sancta dei evangelia manu tacta, quod ipse.. huiusmodi pecunie summam ratione dicti servitii promissam eisdem domino Pape, et Collegio, seu Camerariis eorumdem dabit et solvet loco ac termino seu terminis supradictis, Et ad submittendum propterea dictum.. et eius successores dictamque.. ecclesiam, et quemlibet eorum, ac bona ipsorum iurisdictioni et cohertioni dictorum dominorum, Pape, Collegii et Camerariorum, et cuiuslibet eorum. Et ad volendum et consentiendum quod ipsi et quilibet eorum in eorundem.. ex nunc prout ex tunc excommunicationis sententiam ferant et processus alios quoscumque fatiant contra eum quociescumque et quandocumque voluerint si huiusmodi servitium non fuerit prefatis loco et termino seu terminis persolutum, alium seu alios procuratores loco sui substituendo et revocando. Et generaliter etc. Promittens etc. Actum etc. Et fiat sub signo notarii publici, sub sigillo Episcopi, sive Abbatis cuius nomine commune servitium deberet promicti, Vel sub sigillo prelati huiusmodi pro quo promissio fieri deberet. »

In fol. 50 legimus: « In isto quaterno continentur, de verbo ad verbum supplicationes, que fiunt domino pape, tam ex parte domini mei domini Regis Anglie, quam ex parte aliorum dominorum meorum; et nomina supplicantium, ex opposito supplicationum describuntur. » E regione supplicationum occurrunt notae: « Concessa. Responsio domini pape est, Absque preiudicio matricis ecclesie. Fiat un in forma B. Concessa per dominum papam. Negata. Non est adhuc concessa. Fiat B. Exibeatur vicecancellario dicta littera, et examinet eam, et referat. » Frequenter recurrit deprecatio supplicantium: « Item supplicat quod transeat sine alia lectione. » Vt legimus in bulla Clementis inter *eoncessionem* et *expeditionem* longum tempus excurrere poterat. Res non in quatuor dierum spatio ad finem deducebatur, ut vult Gaufridus in suo pulcherrimo Carmine contra obtrectatores curiae Romanae [1]; *Regulae Cancellariae* Cod. Vat. 3987, tum de simplicibus *supplicationibus*, tum de *rotulis* qui saltem sex supplicationes continere debebant, sive cardinalium, sive Vniversitatis Parisiensis quae una die praecedebat alios in data, sive aliorum; idem asserunt. Simplex nota « Fiat B. » apposita, non semper supplicantem beneficio donabat. Caeterum audiamus Andream.

« Memorandum missum mihi Andreae Sapiti per dominum Guillelmum Trussell. » Enumeratis supplicationibus Regis Angliae exhibitis domino Papae per Guillelmum praedictum et Riccardum Bintheworth nuncios Regis, legitur in folio sequenti: « Supplico vobis ex intimo cordis affectu, qua-

[1] *Veterum Analectorum....* Ioannis Mabillonii, Lutetiae Parisiorum 1685 vol. IV, p. 535.

stabilitate diffisi sunt pontifices. Vnus ex accusatoribus [1] fatetur pontificiam sedem a Clemente translatam *propter seditiones italicas quibus mederi non poterat.* Eadem fere verba protulerat Andreas Victorelli [2]: « Recta fuit Pontificis mens, transtulit enim sedem, ob Italicas seditiones, quibus remedium offerre non poterat. » Severus nimis, imo iniustus. Neapoleo Vrsinus, dum dicit: « Vrbis tota sub eo, et per eum extremae ruinae subiacuit, et sedes beati Petri, immo et Domini nostri Iesu Christi disrupta est [3]. » Respondeat Clemens scribens poenitentiario suo Guillelmo de sancto Marcello quem Romam mittit, cives « quos velud speciales filios affectione paterna » complectitur, benigne allocuturum, et « ad bonum pacis et concordie inclinaturum [4]: « Sane ex adversis conditionibus urbis prefate, quas frequenter meditatione lugubri recensemus, tanto vehementius anxiamur, quanto earum occasione, non solum eiusdem urbis civibus, verum alienigenis et fere fidelium nationibus universis, quibus ad visitanda apostolorum limina, aliaque veneranda et piissima loca urbis predicte aditus clauditur, graviora conspicimus animarum et corporum pericula provenire . . . . » Guillelmum, nobilibus urbis, « a quibus principaliter huiusmodi turbationum causa depen-

tinus diligenter habeatis in corde negocia littere domini Comitis Marescalli Anglie, ita quod negocia sint expedita, et ego deo dante sic faciam vobis, quod vos bene et sufficienter eritis contentus, et ego subiectioni vestre semper ero paratus.... Magistro Andree Sapiti. »

« Memorandum pro tribus graciis corigendis, per dominum Vicecancellarium.

Reverende Pater dignemini obtinere licentiam a domino nostro papa expediendi gratiam factam ad supplicationem domini Regis Anglie Benedicto de Eure Monacho Monasterii de Seleby ordinis Sancti Benedicti, olim ordine fratrum Predicatorum expresso professo, super abilitatione ipsius in qua scriptum est in cancellaria, non potest eam habere sine speciali mandato domini.

Item corigendi etiam gratiam ad ipsius domini Regis supplicationem factam Willelmo de Notchewelle de Ecclesia parochiali de Waineflete vacante per dimissionem Magistri Antonii Beeke sedis apostolice Capellani, eo quod fuit per capitulum Ecclesie Lincoln. electus in decanum, et in dictis litteris continetur quod auctoritate litterarum apostolicarum decanatum ipsum fuerat assecutus.

Item expediendi litteram gratie facte domino Walterio de Londoniis Eleemosinario dicti domini Regis, quod possit parochialem ecclesiam quam obtinet, postquam in Ecclesia Lincoln. dignitatem, personatum, seu curatum officium assecutus fuerit, usque ad beneplacitum Sedis apostolice, retinere in comendam, in qua scripsistis: tolle. Non obstante etiam quod obtinet.

« Item memorandum pro infrascriptis tribus expediendis per dictum dominum Vicecancellarium.

In primis videre instrumentum vobis presentatum super negociis Hospitalis domini mei, domini Comitis Lancastrie, et referre, ita quod littere super hoc conficiende valeant expedire.

Item facere relationem super negotio Hospitalis de Crepelsgate Londonien. vobis similiter commisso.

Item obtinere licentiam quod Executores quibus scribetur super exhumatione corporum dominorum Varini de Insula, et Henrici Tyais militum; habeant potestatem compellendi contradictores. »

[1] GENEBRARDVS. Gen. Chron. l. IV. pag. 665.

[2] CIACONIVS. *Vitae et res gestae Pontificum Romanorum et S. R. E. Cardinalium.* Romae 1677. Tom. II. col. 363.

[3] BALVZIVS. loc. cit. vol. II. col. 290.

[4] Reg. 57. fol. 273, die 15 ianuarii an. 1310.

Regestum Clementis Papae V.

det » commendat; minis blandimenta miscet, suae intentionis esse asserens,
si fuerint « degeneres filii; ac matris ubera respuentes . . . apponere manus
ad fortia et ferro abscindere vulnera que medicamenta non senserint leni-
tiva. » In mense sequenti, alia epistola Abbati Sancti Pauli de Vrbe caeterisque abbatibus mandat; ut, onus dividendo, singulis diebus duos florenos
auri exhibeant Guillelmo « cui in eundo et reddeundo de necessariis expensis pro se et familia sua de camera nostra fecimus provideri. » Die
14 martii aliud amoris paterni signum Romanis offert; quia nondum adim-
pleto tempore regiminis Fortibrachiae et Ioannis de Anibaldis, senatorum
Vrbis electionem « consulibus bovacteriorum et mercatorum, collegio iudicum et notariorum, consulibus artium, tredecim bonis viris electis per singulas regiones, et populo Vrbis, committit. Nonnullae apochae, camerae
clericis et familiaribus factae de receptis pecuniis provenientibus ex Anglia,
Scotia, Hibernia, Wallia aliisque regionibus, nunc citari possent, utpote quae
usus temporis et monetae varia exhibent nomina; v. g. Magistro Ioanni de
Lescapon clerico camerae conceditur: « quod pecuniam quam te recipere
predictorum negotiorum ratione contigerit, possis per terram, vel per mare
ad cameram nostram ipsius camere periculo particulariter mittere.» Mandatur
Priori et subpriori fratrum Praedicatorum Tolosae, ut viris ad hoc deputatis
assignent septem millia turonensium parvorum apud eos sive a Bertrando
camerario, sive a suis officialibus deposita; archiepiscopo Vpsalensi, ut veniens ad concilium (cuius convocationem prorogant epistolae in his foliis
occurrentes, episcopis, monasteriis et regibus directae), « omnem pecuniam
de denario beati Petri ecclesie Romane in regno Swetie debito, » ad
cameram deferat. Aliae epistolae episcopis mandant, ut adiuvent clericos
camerae, contra eos qui non obstantibus sententiis excommunicationis, suspensionis et interdicti, « arreragia decime sexannalis solvere nolebant; vel
quitant Guillelmum Testa, Petrum Amalvini, Garsiam Arnaldi et Guillelmum
de Prato ad Angliam destinatos, de 69870 millibus florenorum auri. Adnotemus, transeuntes, electionem comitis Brunequelli in Vicarium generalem
Ferrariae in temporalibus et longam epistolam Ferrariensibus directam [1],
die 11 februarii anni 1310, certo non parvi faciendam [2] in qua legitur
iuramentum fidelitatis ambassiatorum huius civitatis quae « ab antiquis-
simo tempore et a fundatione ipsius civitatis ecclesie Romane subest. »
Citat inter testes Bertrandum episcopum Albiensis camerarium, Arnaldum abbatem Fontisfrigidi vicecancellarium, Guidonem de Baysio auditorem contradictorum, Nicolaum de Fractis correctorem litterarum, non-

[1] Reg. 57 fol. 281.
[2] COQVELINES. loc. cit. fol. 120.

nullos capellanos, Oddonem de Sermineto et Ioannem de Verulis clericos
camerae, fratres Gotefredum et Bernardum bullatores, Ioannem de Fumone,
Andream de Setia, Manulem de Parma, Nicolaum de Ferentino scriptores,
duos hostiarios et duos servientes papae, Bandinum de Aretio, Symonem
de Podiobonici, Petrum de sancto Laurentio abreviatores, Grimerium de
Pergamo, Thadeum de Eugubio, et Andream de Mediolano, advocatos in
Curia. Ioannes de Regio actum redegit. Addamus Franciscum Grimerii
de.lacrocta et Agolantem Guidonis advocatos in Curia, Ioannem de La-
scapono clericum Camerae; Robertum de Malovicino thesaurarium Papae,
et scriptores citatos in nota pagina CXL. In alia epistola cum titulo: « Ad
certitudinem presentium et memoriam futurorum » citantur opponentes et
defendentes in quaestione Bonifacii; eius exemplar bullatum fuit appositum
Avinione hostiis domus fratrum Praedicatorum in qua Clemens habitabat.
Aliae epistolae quaestionem Lugdunensem, Germaniam, Angliam, Italiam,
Hispaniam, Galliam respiciunt. Tunc Ferdinandus rex Castellae obtinet a
Clemente « predicationem generalem in Ispania; » quia Algeziram, et
praesertim locum qui vulgariter dicitur Gibraltar, cum « de fortioribus
mundi munitionibus reputetur, » e manibus « Agarenorum, fetide na-
tionis, » eripere cupiebat. Tunc Henricus imperialem coronationem anhe-
labat. Notemus nonnullas legationes,. praesertim Thomae Cardinalis qui,
consueto more, hac data occasione a Summo Pontifice multiplicibus favoribus ampliatur. Folium 299 fere integrum, et sequens, codicis ultimum,
scriptura vacant. Antequam sequens evolvamus regestum, indicem epistolarum ad alios pertinentium annos prout in codice occurrunt semel damus,
ut de huiusmodi ordinis immutatione a viris doctis qui his studiis dele-
ctantur, facilius iudicetur.

« Anni quarti. » In favorem monasterii S. Antonii Viennensis diei 29 augusti a 1309 [1]. - Anni quarti, Petro de Labarta; provisio beneficii; die
7 ian. [2] - At de anno quarto, Lupo Garsiae Sacristae eccl. Palentin. dispens.
super beneficiis; die 18 octobris [3]. - At de IIII. Eduardo regi Angliae commendatur Abbas Fiscamnensis, die 11 septembris [4]. - At de IIII. Indulgentiae concessae ecclesiae monasterii S. Nicolai de Camporotundo; die
5 novembris [5]. - Anno primo, Guillelmo Amanevi de Mota, quem Bertrandus habuerat ex muliere, cum qua matrimonium inierat, primum eius
maritum falso reputans mortuum; dispensatur super defectu natalium, die

[1] Fol. 3.
[2] Fol. 29.
[3] Fol. 98.
[4] Fol. 126 b.
[5] Fol. 131 b.

1 augusti 1305 [1]? – Anno quarto, Reginaldo Archidiacono Blaviae conceditur quod possit audire causas; die 24 iunii, a 1309 [2]. – (Anno quarto),
Ioanni de Campis monacho S. Augustini Lemovicensis providetur de prioratu vacaturo, die 15 februarii [3]. – (Anno quarto), Raymundo de Crossis;
provisio beneficii, die 5 novembris [4]. – (Anno quarto), Theobaldo de Castellione cantori ecclesiae Vasatensis; concessio audiendi ius civile; die 24 octobris [5]. – At de anno VI, per oblivionem. Raymundo Ioanni de Vasato;
provisio prioratus; die 14 novembris a. 1310 [6]? – At de IIII. Petro Sancii;
provisio canonicatus, die 17 maii a. 1309 [7]. – At de (quarto), Generali, pro-
vincialibus, prioribus, et universis fratribus de Monte Carmelo. Inhibetur ordinibus mendicantibus contructio ecclesiae etc. iuxta loca praedictorum fratrum « infra spatium centum quadraginta cannarum mensurandarum etiam
per aera, ubi alias recte non permitteret loci dispositio; » die 5 nov. [8]. –
At de anno Tertio. Agolante Guidonis advocato in curia Romano; dispensatur super Ordinibus; die 9 augusti, a. 1308 [9]. – At de anno Quarto.
Bernardo Vaguerii; provisio Canonicatus, die 19 septembris an. 1309 [10]. –
At de IIII. Rustichello quondam Bartholomei Falabrinae de Luca; provisio
canonicatus. die 18 octobris [11]. – At de IIII. Ioanni de Lucomonte; provisio
ecclesiae; die 5 iulii [12]. – At de IIII. Guerino scriptori, qui non solvit taxationem; dispensatur super ordinibus et residentia; die 18 augusti [13]. – At de
IIII. Ioanni Octaviani de Brunforte; provisio beneficii; die 27 aprilis [14]. – At
de IIII. Nicolao electo Iaurinensi; die 28 iulii a. 1309. Clericus erat, genitus de soluto et soluta, sed valde a Cardinali Gentili et Carolo rege
Hungariae commendatus [15]. – At de VI per errorem. Epistolam Nicolai sequitur indulgentia tribus ecclesiis concessa, die 12 septembris a. 1310; quam
excipit alia indulgentia, die 7 dec. a. 1310 data fidelibus eleemosynam prae-
bentibus Hospitali pauperum, constructo in parrochia ecclesiae Sancti Mauritii

---

[1] Fol. 156 b.
[2] Fol. 158 b.
[3] Fol. 161.
[4] Fol. 175.
[5] Fol. 183.
[6] Fol. 193.
[7] Fol. 201 b.
[8] Fol. 212.
[9] Fol. 216 b
[10] Fol. 220 b.
[11] Fol. 223 b.
[12] Fol. 230 b.
[13] Fol. 231 b.
[14] Fol. 235.
[15] Fol. 238 b.

Carnotensis, a Reginaldo dicto Barbon Philippi Consiliario [1]. – At de IIII. Sequuntur duae aliae indulgentiae « pro fabrica » ecclesiae et monasterii Aduren. datae die 18 maii a. 1309 [2]. – At de IIII. Raymundo Sanctae Mariae novae Cardinali, resignatio et collatio commendatae in favorem Bertrandi de Pomeriis; die 21 aprilis [3] – At de IIII. Rostagno Augerii; providetur de canonicatu et eleemosynaria ecclesiae Vticensis; die 7 iulii [4] – At de IIII. Tres epistolae datae die 8 septembris, referuntur ad Magistros, et scolares facultatis medicinae in Montepessulano [5], statuentes super electione cancellarii et licentia, quarum prima occurrit apud Baluzium [6] – At de IIII. Tres epistolae die 9 novembris, tribus canonicis, Fortio, Guillelmo, Petro Raimundi de Auxio, ad septennium concedunt, ut iuris civilis studio insistere valeant [7]. Ne credas ergo falsis doctoribus in utraque manu faces nimis fumosas quocumque circumferentibus, et temerariis mendacibusque asserentibus verbis, saeculis retroactis populos Europae densissimis ignorantiae tenebris consulto a summis Pontificibus circumdatos, ne sol veritatis et scientiae mentes illustraret. Frequenter epistolas Clementis studium iuris permittentes, in hoc regesto et in aliis, citare possemus v. g. Iterio Royardi Xantonensis dioecesis, Petro de Suisiaco canonico Parisiensi, nepoti Stephani Card. Sancti Ciriaci, Petro de Chambliaco, Theobaldo de Castellione, Manfredino Bonaventure de Longis, nepoti Cardinalis sancti Nicolai in carcere; sed uno quolibet, ut ita dicamus folio, eximuntur a residentia, ut studiis aliis vacent, non clerici tantum, sed rectores ecclesiarum, abbates Cistercienses (gaudium, non scandalum Mabillonio) [8] canonici, imo episcopi. In exemplum adducamus Riccavum filium Riccavi de Insula monachum monasterii sancti Victoris Massiliensis cupientem « litterarum studio insudare, » accipientem prioratum, cuius redditus erant « sexaginta librarum denariorum refortiatorum », de quo « studio insistendo » valeat sustentari [9]. Tunc florebat monasterium sancti Victoris, cuius monachi favoribus non semel ampliantur. Iohannes de Aquileria, inter alios, obtinet prioratum beatae Mariae de Grausello a multis exoptatum, « propter pulcritudinem loci ibidem per nos constructi. » – At de VI per oblivionem [10]. Haec epistola concedit Petro de

---

[1] Fol. 239.
[2] Ibi.
[3] Fol. 252.
[4] Fol. 254.
[5] Fol. 263 *b*.
[6] BALVZIVS loc. cit. Vol. II. col. 165; ubi perperam epistolam datam asserit anno 1308.
[7] Reg. 57. fol. 264 *b*.
[8] Reg. 56. fol. 14. Aymericus abbas monasterii de Perignaco.
[9] Reg. 57. fol. 266 *b*.
[10] Fol. 267.

Labattut familiari papae, quod per triennium possit absens percipere fructus beneficiorum suorum, et data est die 30 iunii anni 1311; sequitur alia epistola eumdem tribuens favorem Bernardo Royardi. Dignum notatu videtur, quod ante duas istas epistolas registrata est eadem concessio Raymundo Fabri data eadem die, sed anno quinto, scilicet a. 1310; ex tali similitudine error forsitan exortus est. – At de IIII [1]. Nunc recurrit alia epistola magistris facultatis medicinae in Montepesulano data eadem die 8 septembris. De consilio Guillelmi de Brixia et Ioannis de Alesto phisicis et capellanis suis et phisici Arnaldi de Villanova, volens quod de ydoneitate et peritia Baccalariorum constet, statuit « quod singulares Baccalarii in facultate ipsa in eodem studio ad statum huiusmodi promovendi, medicinales scilicet commentatos et Gallieni de complexionibus, de Malitia complexionis diverse, de simplici medicina, de morbo et accidenti, de Crisi et creticis diebus, de Ingenio sanitatis et Avicenne, vel eius loco Rasis, ac Costantini et Isaac libros habere huiusmodi tempore teneantur. Et insuper duos Commentatos et unum non commentatum, videlicet Tegne et pronosticorum, vel aphorismorum Ipocratis quoad ipsorum quinque particulas ac regimenti, et Iohannitii, aut febrium ipsius Isaac, vel antidotarii, seu de morbo et accidenti, et de ingenio sanitatis libros, quoad eius octo particulas legerint . . . . etc. »

VOLVMEN VII REGESTI INSCRIPTVM LVIII.

Annus VI Pontificatus Clementis V. (1310–1311)

Consuetum titulum exhibet in externo tegumento. Index titulo caret; si excipias notulam in summo margine: « Anno VI domini Clementis V; » duobus constat quaternis quorum prior octo, posterior sex tantum habet folia. Auctor huius indicis non indicavit in margine diversorum annorum capitula; sed in fine, post ultimum capitulum MXXII, titulus rubro colore exaratus: « de diversis annis » duodecim epistolarum titulis praeponitur. Isti tituli habent numeros indicis praedicti; deficiente tamen numero anni ad quem pertinent epistolae. Iterum in margine superiori legimus « nichil, nichil perpetuum » secundae manus. Media pars ultimi folii scriptura vacat.

Fol. I *Regestrum licterarum communium domini Clementis pape V. anni sexti. Clemens episcopus servus servorum dei Dilecto filio Helie Thalarandi. . . .* Primae epistolae initialis non optimi calami opus. Nomen Leonis et signum O quaternis praefigitur; sed ita deleta, ut vix appareant. Septem primi quaterni (1–56) quorum unusquisque octo foliis constat, B. tribuendi,

[1] Fol. 269.

qui sequentes quaternos solito more indicavit, eumdem versuum numerum, idemque partis folii scriptae spatium ac in praecedenti regesto, servavit. A primo die anni sexti ad diem 23 Maii anni 1311 excurrit. C ab initio sexti anni pariter incipiens usque ad diem sextum augusti, a. 1311 progreditur, in 17 sequentibus quaternis quorum ultimus non octo folia, sed decem habet (57 194); excipienda tamen folia 121, 122 et tertia folii 123 pars B. tribuenda, qui deinde omnes alias epistolas tum communes, tum de curia, praeter septem capitula [1] a C. transcripta, registravit; nos deducens ad ultimum anni VI annum, diem scilicet 13 novembris a 1311. Vnusquisque 8 quaternorum (195-258) octo foliis constat.

Quaternus 259-266 quatuor ultima vacua folia recisa deperdidit; sed recens numeratio tria folia tantum deperdita indicat. Folium 260 sexdecim versus ultimae epistolae exaratos habet; deinde sequitur numerus MXXIII adhuc expectans capitulum suum in indice deficiens. Post folium 260, venit folium 263, in quo desideratur rubrica titulorum indicis, cum titulo CXXVIII desinentis in octava linea folii 265, quod immediate excipitur a folio 267. Regulari numero foliorum constant ultimi quatuor quaterni (267-298). In primo folio legimus: « *Regestrum litterarum de Curia domini Clementis pape V. anni sexti. Clemens episcopus.* . . . Incipit cum epistola Archiepiscopo Terraconensi directa, et desinit cum capitulo CXXIX, in quo sapienter providetur de tribus millibus florenorum auri a Ioanne Nigri cive Ianuensi legatis; quorum pars « cum alia pecunia de camera ipsa » in opus fabrice Lateranensis Basilice que de novo, de mandato nostro reficitur » convertenda; alia pro anima Ioannis distribuenda. Hoc capitulum, quod in indice desideratur; iam legitur inter epistolas communes abbati s. Cyri directum [2]; et prosequitur usque ad quintum versum aversae partis folii 298; in quo legimus numerum CXXX, capitulo suo deficiente. Liceat nobis, haecce folia excutientibus, ut ea quae praesertim ad partem palaeographicam spectant connotemus; facta identidem colligere, quae historiam tangunt et participes facere lectores gaudii quo perfundimur rebus notatu dignis occurrentes; ne stylus nimis vulgaris quem arida materia requirit, nos afficiat taedio. Gaufridus de Plexeio notarius papae, (qui eum reputat magis universali quam particulari ecclesiae utilem, et nepoti eius Ebroicensem episcopatum tradit), accipiens resignationem beneficiorum nepotis, personis idoneis tradendorum, taxationem solvit; licet, alia vice, epistola ei directa, « gratis » fuerit registrata. Non apparet signum « Gratis », sed taxatio XXVI, ante epistolam [3]

---

[1] Reg. 58 fol. 256*b* - 258*b*.
[2] Fol. 224*b*.
[3] Fol. 3*b*.

Bertrando episcopo Albiensi Camerario resignationis beneficiorum acceptationem eorumque collationem personis idoneis pro libitu concedentem; idem
dicendum de eadem gratia ab Arnaldo vicecancellario [1], nunc tituli sanctae
Priscae presbytero cardinali acceptata; dum filius Petri Romanutii in Romana
curia breviatoris, cancellariae servitiis fideliter insistentis non solvit. Favores
praecipue nunc in Cardinales, et familias nobiles in Italia, Romae praesertim
degentibus diriguntur. Imminebat discordiarum bellorumque tempestas; nec
animus Clementis quiete gaudebat; aderat Philippus memorie Bonifacii, et
coronae Henrici invidus; aderant querelae Italorum in rectores a Gallia missos;
aderant hospitales sanctae Mariae Theutonicorum, hospitalium sancti Iohannis
fortitudinem non imitantes, sed potius in Christi fideles vertentes arma;
aderant inquisitiones in Templarios, audaces actus sectariorum nimis libertati
faventium, sollicitudo concillii celebrandi, Saraceni ex discordia Christianorum
populorum lucrum facientes; et ideo scribit Ludovico de Sabaudia: « in
spiritualium filiorum quiete quiescimus, et in Vrbis ipsius tranquillitate con-
tinua, sicut in recreationis nostre pomerio delectamur [2]. » Veneti adhuc « perditionis filii; » (nondum enim catenis suis patriae libertatem obtinuerat Dan-
dulus) verbis appetuntur quae tacere iuvat, ne offendamus aures maris reginae,
quam Marcus in pace semper servet. Pontius Hugonis Impuriarum comes
navis bonis Venetorum onustae a se raptae legitimus possessor declaratur;
« Nos intendentes quod dicti nostri processus presertim quandiu dicti Veneti
in sua contumacia et rebellione perstiterint, sicut adhuc persistunt, inviolabiliter observentur [3]. »

In folio 27 occurrit electio Guillelmi de Bordis ad episcopatum Lectorensem, die 12 ianuarii a. 1311; dum in folio 28 *b* legimus epistolam die 7
decembris a. 1310 datam, qua absolvitur ad cautelam a quacumque irregularitate, ut dignitates obtinere possit; folio vero sequenti aliae epistolae eidem
electo nonnullos concedunt favores die 23 februarii, inter quos, ut private,
cum duobus aut tribus aliis clericis, studio iuris civilis insistere possit. In
folio 35 *b* aliud exemplum epistolae post eius in registrum insertionem cor-
rectae nobis offert scriptor B, qui margini iuxta emendatum textum notulam
lineolis consuetis inclusam apponit: « Correcta de mandato domini vicecancellarii Cardinalis. » Sequens epistola Nicolaum de Sancto Germano professorem iuris civilis socium et familiarem Ludovici de Sabaudia senatoris
Vrbis die 15 decembris 1310 electi, canonicatu Sedunensi donat.

Iam diximus in his foliis Romam favoribus ampliatam; nunc scribit
Clemens Isnardo Vicario suo in Vrbe, ut moniales monasterii Sanctorum

---

[1] Fol. 26.
[2] Fol. die 15 Decembris 1310.
[3] Fol. 14 *b*. Epistola data est die 21 decembris an. 1310.

Cyriaci et Nicolai pacifice possideant ecclesiam Sanctorum Cyri et Ioannis prope muros Vrbis; rectoribus in spiritualibus et temporalibus Marchiae Anconitanae, ut pacem turbatam inter civitates instaurent; Henrico Regi Romanorum aliisque nobilibus viris et praelatis Germaniae, ut defendant monasterium in Inseneborch contra oppressores suos; eidem Regi, ut removeat « insolita pedagia gravia et quasi intollerabilia » (quibus) turbatur quies patriae; nunc regi Angliae et praelatis Germaniae de inquisitione Templariorum, quae cunctanter procedebat. Die primo martii [1] respondet Comiti Anguillariae, consilio et communi Sutrino appellantibus contra sententiam Ludovici de Sabaudia Vrbis Senatoris: « pro parte vestra ad nos tamquam ad Senatorem dicte Vrbis cuius idem Ludovicus existit vicarius (est appellatum); volumus . . . ut intacta ipsa causa remaneat, donec aliud super hoc, per nos vel alium duxerimus ordinandum ». In foliis 71 et seqq. scribit Vitali Brost rectori in spiritualibus et thesaurario Marchiae Anconitanae nonnullas epistolas integre edendas; quae nobis probant extraneo viro vix possibile regimen in aliena patria. Rebelles resipiscentes absolvuntur a labore peregrinationis ad sanctum Iacobum, sed debent visitare « limina beati Michaelis Archangeli in Apulia. Caeterum in litteris de Curia legimus rectores Anconitanae Marchiae non fuisse immunes ab accusationibus Neapoleonis de Vrsinis eos vocantis « praedones potius quam rectores »; sed Clemens nocentes non sinit bonis male comparatis gaudere. Die prima Iulii Bernardo de Cucuiaco scribit: « Ad audientiam nostram pervenit quod nonnulli officiales per nos in provincia Anchonitana constituti, qui sunt ibidem ad presens, et alii qui precesserunt eosdem, extendentes ad illicita manus suas, multa in eadem provincia commiserunt, ex quibus nostris et apostolice sedis honoribus derogatur . . . . ». Bernardus accipit plenam potestatem interrogandi et condemnandi omnes officiales. Vitalis Brost, et Geraldus de Tastis accusantur peculatus, summas camerae debitas penes se retinentes; sed reges, in bona Templariorum, qui tunc, ipso iubente Pontifice, inclementer, si agendi rationem huius temporis ex usibus nunc receptis iudicamus, tormentis subiciebantur, manus facile immittebant. Philippus, manum quam ad praedicta bona, *ne perirent*, extenderat; ad *requisitionis* Clementis *instantiam* amovit [2], expostulans tamen ut de suis inter administratores nonnulli admitterentur. Computorum duo instrumenta confici debebant, quorum « unum penes nos, et aliud penes dictum regem (remaneret); et pecunia post redditam rationem in locis tutis « sub eiusdem regis protectione » reponebatur [3]. Iacobo regi Aragonum, Ioanni Delphino

[1] Fol. 71.

[2] Fol. 285.

[3] Fol. 101.

Regestum Clementis Papae V.

Viennensi, Eduardo filio Amedei Comitis Sabaudiae, Hugoni de Burgundia
Ioanni de Cabilone, Odoni de Ruaus praecipitur [1]; ut bona Templariorum
administratoribus reddant. Gratiae, imbrium instar, in Iohannem filium Iacobi
Aragonum regis, in nono aetatis suae anno, depluunt [2]. Die 13 Iunii canonicatum Toletanum; Conchensem, die 14 iunii; Burgensem et Compostellanum, die 16 iunii; Lisbonensem, die 17 eiusdem mensis; die 18
Palentinum; Bracharensem die 19; die 20 Legionensem; et sic diebus
sequentibus 21, 22, 23, 24 canonicatus Ispalensem, Salamantinum, Iler-
densem, Valentinum accipit; alii favores cum patri, tum filio concessi sequentia folia occupant. Vltima epistola [3] die 11 iunii data, nobis ostendit
Clementem velut tenellum filium, Ioannem verbis suavibus alloquentem:
« Mirabiliter copulata verbo Dei mater ecclesia, sanctoque repleta spiritu
pueros sibi datos a Domino, in circuitu suo leta constituit . . . Collaudamus
etenim misericordiam Salvatoris, quod sue pietatis copiosa clementia in
celestis benedictione dulcedinis etatis tue tenere annos preveniens pueriles . . .
Verum ut per incrementa virtutum crescas in domo domini cumulo meritorum, tibi . . . propriis manibus primam tonsuram contulimus clericalem.
Sperantes etc. ». Fatemur nobis esse ignotam rationem propter quam
insertio huius epistolae venit ultima ad registrum; dum in aliis antecedentibus fit mentio iam acceptae tonsurae. Alia huiusmodi peregrinationis
epistolarum exempla innumera referre possemus. In folio 87*b*, v. g. notamus
duas epistolas directas die 13 martii Priori Generali et fratribus beatae Mariae
de Monte Carmelo, qui, non obstantibus constitutionibus Bonifacii VIII,
possunt aedificare aliam domum, cum domus Parisiensis « in tantum a
studio sit remota, quod ex hoc a scientia capescenda fratres vestri ordinis
retardentur; et quia « sacer ordo . . . in honore beate Marie virginis gloriose
divinitus institutus . . . (qui) in terra sancta suum recepit exordium . . .
in citramarinis partibus tardius ceteris aliis ordinibus in paupertate fundatis
inceperit, » in 21 civitatibus ibi nominatis nova queunt construere monasteria. E contra in folio 170*b* legimus aliam epistolam die 29 ianuarii
datam, in qua permittitur eisdem aedificatio aliorum monasteriorum « in
quibus ad honorem Dei, et beate Marie virginis, necnon pro sospitate
nostra quamdiu vixerimus, cum nota, singulis diebus, et post obitum
nostrum, pro defunctis missa celebretur . . . » In folio 211, adhuc remotior
est dies datae epistolae archiepiscopo Lugdunensi directa, ut iidem possint
acquirere locum ampliorem, novo monasterio extruendo aptum. Duae epistolae in quibus inserti sunt actus Philippi regis et Bernardi archiepiscopi

[1] Fol. 152.
[2] Fol. 255*b* et seqq.
[3] Fol. 161*b*.

Rothomagensis circa collegium canonicorum quod in ecclesia de Escoys Engerramnus Marinius e fastigio honorum mox ad patibulum ascensurus, stabilire volebat, spatio 64 foliorum inter se distant, licet eadem die fuerint datae. Idem dicendum de epistolis novae ecclesiae Aurelianensis constructioni faventibus. Nunc festinanter notemus Pontificem in Ianuenses iratum ob invectas in Alexandriam merces, Roberto regi Siciliae faventem, Henrico regi romanorum formam iuramenti tradentem. Hanc ultimam, quam sequuntur epistolae formam coronationis exhibentes, cum maiori cura C. transcripsit, initiales litteras minio ornans. Vltimum quaterni folium 194 aliis gratiis Petri de Bordis, quae hic abundant, forte inserendis servatum, vacuum remansit.

Clemens Magistro Capellarum Haquini regis Norwegiae, Osino regi Armeniae, cancellario Roberti, vel Arnaldo legato, privilegia largiens, Spoletum et Tudertum protegens, Guillelmo ordinis Praedictorum Philippi confessori permittens, ut libros a munificentia regis acceptos conventui suo Parisiensi eroget; aut adiuvans nobile propositum Iohannis Cardinalis tituli sanctorum Marcellini et Petri pauperibus studentibus Parisiis domum praebentis; nec longinquarum regionum obliviscebatur. Notent alii castrum de Bastida prope Viennensem civitatem Roberto electo Salernitano thesaurario servatum, ut ibi camerae thesaurum deponat; mirentur alii insertas in Regesto manumissionis litteras, Episcopum et capitulum Nivernensis ecclesiae maximo honore afficientes; qui intuitu illius « qui humanam carnem voluit assumere, ut divinitatis sue gratia, disrupto quo tenebamur captivi, vinculo servitutis, pristine nos restitueret libertati . . . » manumissis concedunt, ut « plenissime sint ingenui, et cives Romani, sive etiam Nivernenses; » vituperent alii « effusum in Philippum studium, » Clementem nimis voluntati regiae cedentem, ut maiora obtineret bona, « regnum Francie in peculiarem populum electum a Domino in executionem mandatorum celestium » asserentem, nimis accusatorum Bonifacii cuius tamen honori providet querimonias auscultantem, et regesta praedecessoris eradentem; nobis magis arrident epistolae Tartaris episcopos destinantes. Sed redeamus ad palaeographiae notas. Inter epistolas aliorum annorum passim in hoc regesto peregrinantes, citemus concessionem tabellionatus anno primo die 9 maii a. 1306 factam, cum notula marginali « at de anno primo [1]; » promissionem prioratus Roberto de Monasterio, monacho Sancti Victoris « anno quinto [2]; » eodem anno indulgentias Cavallicensi ecclesiae beatae Virgini dicatae et ab Innocentio IV consecratae [3]. Die primo octobris eiusdem anni quinti Cle-

---

[1] Fol. 64.
[2] Fol. 214.
[3] Fol. 216*b*.

mens collationem Guillelmo de Pauliaco decretorum doctori a Bonifacio VIII factam, confirmat [1]: « et licet litterae tibi per eumdem predecessorem, super huiusmodi dispensatione concesse, bullate fuissent; tamen cum micterentur postmodum ad Regestrum; propter supervenientem predecessoris eiusdem subitam captionem in hospicio eius qui eiusdem predecessoris litteras registrabat, predicte littere amisse casualiter extiterunt, tuque postmodum de missione litterarum huiusmodi ad Regestrum, per unum testem fide dignum, qui ipsas ad Regestratorem detulerat, ac predictas litteras fuisse signatas et grossatas, per alios duos testes vel tres fide dignos, coram venerabili fratre nostro . . Archiepiscopo Narbonensi legitime probasti; quamvis prefatus Archiepiscopus premissorum ignarus, ante probationem huiusmodi, predictam ecclesiam sancti Iuliani, quam vacare credebat, Magistro Durando de Fontemarino Phisico . . . duxerit conferendam . . . » etc. Anno V [2] alia epistola collationem prioratus ad nutum Cardinalis Petri de Columna tradit; « anno quarto » in alia epistola agitur de dispensatione beneficiorum [3]; eodem anno episcopus datur conservator Cisterciensibus [4]. In folio 239 scriptor B. registrat concessionem testandi data die 16 novembris anno septimo Aegidio Archiepiscopo Rothomagensi. Haec epistola nec in indice, nec in margine textus signata. In folio 250*b* duae epistolae quarum prior est anni tertii, posterior anni secundi, dant conservatores fratribus Hospitalis Sancti Ioannis et Amanevo archiepiscopo Auxitano. In folio 254 occurrit dispensatio anno quarto data in favorem vicecancellarii Caroli regis Hungariae; in folio 256 dispensatio residentiae concessa, anno quinto, Ranulpho de Brolio, qui detentus in negotio Templariorum, debilis et senex, non poterat fungi munere suo in ecclesiis Bituricensi et Xanctonensi quarum Cantor erat. Desinunt autem epistolae communes cum tribus litteris eiusdem anni in favorem Beraudi de Savignaco.

Inter epistolas de curia, capitulum MC, in indice citatum, includitur consueto more verbo « va . . . cat », quod etiam in margine recurrit, cum nota pariter rubro charactere scripta « cassata postea. » Non prima vice occurrimus huic modo emendandi, aut tollendi epistolam, quo usi sunt scriptores, quando etiam agebatur de paucis verbis, licet in hoc casu saepius punctis unicuique litterae subpositis uterentur; C. aliquoties lineolam rubri coloris ducit super verbum quod emendare desiderat.

Notemus in his foliis nonnulla nomina scriptorum, vel aliorum officialium Clementis. In anno 1310 Silvester de Adria, Guillelmus de S. Victore, Guil-

[1] Fol. 222.
[2] Fol. 225*b*.
[3] Fol. 235.
[4] Fol. 236*b*.

lelmus Toringhelli, tabellionatus officio donatus, erant scriptores; Leonardus vero Archid. Patracen. notarius. Iacobus de Normannis iam vita functus erat. In anno 1311 occurrunt inter scriptores passim citati, Petrus Iudicis de Vrbe, Guerinus de Tilleriis, Nicolaus dictus Gaytanus, Dominicus de Penestre. Praeter alios medicos, Amalvinus de Podio, Guillelmus de Brixia, Ioannes de Alesto citandi sunt. In die 2 augusti an. 1311 invenimus Robertum Salernitanum electum, thesaurarium Papae [1]; in epistolis die 11 oct. eiusdem anni scriptis Guillelmo episcopo Lectorensi fratri Cardinal. Bertrandi Camerarii defuncti, fit mentio thesaurarii Raymundi Fabri. Clemens labori non parcebat, quando gravitas rei id postulabat; « licet vacationum tempora intervenerint [2], » cum cardinalibus porrectas epistolas diligenter inspiciebat; volebat ut officiis diversis conveniens numerus scriptorum assignaretur; sed, ut alibi notavimus, non superfluus. Quod egerat circa numerum scriptorum Cancellariae, nunc renovat circa Poenitentiariae scriptores, die 2 septembris huius anni 1311 [3], scribens Berengario episcopo Tusculano epistolam a Baluzio editam, et reducens numerum scriptorum qui ad praesens erant viginti unus vel circiter, ad numerum duodenarium, vel alium numerum competentem. Caeterum series tum cardinalium, tum episcoporum, tum omnium Papae officialium, tempore opportuno dabimus.

VOLVMEN VIII REGESTI INSCRIPTVM LIX.

Annus VII Pontificatus Clementis V. (1311–1312)

Index duobus constat quaternis, quorum priors octo, posterior sex habet folia. Incipit litteris atramento scriptis: *Rubrice litterarum communium anni septimi.* Numeri protenduntur usque ad DCCCCLXXXXII, sequentibus titulis absque numeris, quibus succedit index « de diversis annis » sex complectens capitula cuius ultimum notatur numero MXVIII. Absunt etiam numeri in textu a DCCCCLXXXXI, si excipias MXII–MXVIII. Hunc ultimum sequitur epistola, quae in indice de diversis anni sub MXVIII citatur. Decem ultima documenta numeris carent, excepta numeratione recentioris aevi. Scriptores C. et B. inter se laborem partiti sunt, sequenti modo. Quatuor primos quaternos (1–32), qui octo foliis constant, C. exaravit. Si excipiamus « officium scriptorie litterarum poenitentiarie nostre » concessum Reginaldo Darassa die 21 iulii 1310 [4] capitulum XCV « de anno VI per

---

[1] Fol. 294*b*.
[2] Reg. 57, fol. 100*b*.
[3] Reg. 58, fol. 230.
[4] Fol. 4.

oblivionem, » et aliam epistolam eiusdem anni numero CXXVI in indice
diversorum annorum signatam, a die 15 nov. 1311, ad 6 augusti an. 1312
progrediuntur. Quatuordecim quaternos (33–144) complevit B. Dies extremi
epistolarum quas transcripsit, sunt 16 dec. an. 1311 et 17 oct. an. 1312. Ambo
proprios quaternos signaverunt, omittentes verba quibus annuntiare debebant
folia 33 et 145. Sex epistolae Episcopo Cenomanensi directae, includuntur
in capitulo CXXVI; sequuntur duae aliae epistolae prorsus diversae quibus
desinunt quaterni C., numeris tum in indice, tum in textu ipso carentibus;
dum primum capitulum quaternorum B. fert numerum CXXX. Sub eodem
numero CDXCVIII, B. et index colligunt epistolas Simonis de Marvilla, Raynaldi Metensis et Ioannis electi Hauelbergensis. Capitulum sequens Ingerramno electo Capuano directum fert numerum CDIC; ex quo videtur B.
in mente habuisse, ut sequentem quaternum cum numero D inciperet.

Titulum epistolae Palmerio Placentino directae, quae in textu notatur
numero DCXXXVII, auctor indicis in eadem linea post numerum DCXXXVI,
addit sub numero DCXLI; et sic progreditur eius numeratio discordans cum
textu, usque ad numerum DCLVII; tunc retrogressus ad numerum DCLIV,
iterum comitatur alios regesti titulos. Nova perturbatio accidit in fine quaterni 137-144. B. et index concorditer procedunt usque ad num. DCXCVI; ultima epistola quae in textu non habet numerum, venit sub numero DCXCVII,
in indice qui sequentis quaterni duas epistolas sub uno colligit numero;
et sic cessat discordia. Sex quaterni (145-192) C. tribuendi, qui incipit
cum capitulo DCC. Praeter epistolam anni IV signatam in margine, non
autem in indice, et tribuentem archiepiscopo Auxitano electionem abbatis
monasterii de Pessano; habet epistolas datas die 6 martii et 7 octobris. In
quinque sequentes quaternos (193-226) opus simul contulerunt C. et B. Quaternus 209-214 sex foliis, quaternus 223-226 quatuor foliis; alii omnes
octo foliis constant. Epistolae ibi registratae nos a die 23 februarii ad diem
11 novembris deducunt; sed habemus epistolas annorum sexti et quinti [1]
quarum annum duplicibus lineolis rubris et nigris in formam quadrati ductis,
B. in margine inclusit; indulgentiae tamen Sanctae Mariae Escoyarum; quae
tunc « de novo opere plurimum sumptuoso reaedificabatur, » anno sexto,
die 12 maii 1311 concessae, non signantur in margine, nec in indice [2].
Alias epistolas annorum quinti et sexti [3] non refert index diversorum annorum. In sua nota marginali [4] « at de. anno octavo per oblivionem » C.
nobis indicat hanc partem regesti nondum scriptam fuisse die 31 iulii a. 1313.

---

[1] Fol. 204.
[2] Fol. 205.
[3] Fol. 206*b*, 207.
[4] Fol. 216*b*.

Haec epistola dat Petro de Columna Sanctae Romanae ecclesiae diacono tres *Conservatores*, Iacobum de Sabello Archidiaconum Bruxellensem papae notarium, Abbatem Sancii Laurentii foris muros Vrbis, et primicerium Sancti Marci de Venetiis. Tandem, in folio 222 epistola data « Burdegalis II nonas iulii anno primo » canonicatum Londoniensem Henrico de Hastinges conferens, ad registrum venit. Quatuor ultimos quaternos (227–250) quibus addendum est folium 251 ultimum regesti, exaravit solus B; continent epistolas datas a die 25 novembris annis 1311, ad diem 21 septembris an., 1312.

Fol. 1. *Regestrum Litterarum Communium Anni septimi domini Clementis pape Quinti. Clemens Episcopus servus servorum Dei Venerabili fratri Egidio Archiepiscopo Rothomagensi.* Incipit epistola cum littera initiali duplicis coloris rubei et caerulei, cuius ornamenta usque ad inferiorem marginem descendunt. In primo folio insurgit Clemens contra falsificatores bullarum. Iam vidimus [1] laudatos fratres Sanctae Trinitatis et captivorum, quia veritatis amici et execratores falsitatis deprehenderant quosdam ordinis sui fabricatores privilegiorum sub nomine Clementis; nunc [2] scribit pontifex episcopo Thelesino, ut comprehendat monachum Sanctae Mariae de Gualdo, qui, ut retulerant abbas et monachi eiusdem monasterii, « in illam (proruperat) horrende perversitatis audaciam, ut quadam vera Bulla de quodam privilegio apostolico ipsius monasterii, nephario ausu subtracta, ipsam quibusdam litteris per eundem monachum fabricatis diabolico spiritu (duxerat) apponendam, quibus usus (fuerat) post modum tanquam veris; » iterum iratur [3] Clemens in canonicum sancti Augustini, qui « pretextu quarumdam litterarum sub nostro nomine, presumptione dampnabili fabricatarum » prioratum sibi conferri fecerat; tandem citamus epistolam Priori Sanctae Mariae de Ponte, Clonensis dioecesis, scriptam [4], contra alium eiusdem peccati reum: « Ne igitur falsariorum temeritas remaneat impunita, discretioni tue per Apostolica scripta mandamus, quatenus litteras ipsas, quarum tenorem tibi sub bulla nostra mittimus interclusam, tibi faciens exhiberi... eas, si prefato tenori concordent, denunties penitus esse falsas... ac fabricatorem dictarum litterarum, si eum habere poteris, quem caute comprehendere studeas, perpetuo facias carceri mancipari, pane arcto et aqua brevi, dum vixerit sustentandum.... etc. Dum alia quaeramus, tabulis nostris stylo rapido notemus die 16 nov. Nicolaum de Raynone electum rectorem in spiritualibus provincie Romaniolae; Clementem, qui « nunc sub indefessis laboribus, conti-

[1] Reg. 58, fol. 159 *b*.
[2] Reg. 59 die 20 novembris a. 1311.
[3] fol. 47.
[4] fol. 181.

nuisque vigiliis » concilium Viennense prosequebatur, bonum pacis et con—
cordiae offerentem Ferrariensibus et Venetis. Scribit Ianuensibus et Regi
Romanorum, sperans quod « ad ulciscendam nostri Redemptoris iniuriam, in
eiusdem terre sancte partibus (suos convertat) sepius cogitatus »; ut resti—
tuantur Hospitalibus sancti Ioannis bona a nonnullis Ianuensibus ablata.
Mense sequenti revocat processus contra Fulginates « ac de actis et qua—
ternis Curie dicti ducatus omnino cancellari » mandat; mox in mense februa—
rio alios favores aliis civitatibus Italiae concessurus.

In folio 17 *b*, spatio forte insufficienti relicto ad transcribendam epistolam
quae desinit incompleto sensu, C. eidem epistolae finem in margine imposuit.
Notatu digna nobis videtur epistola directa Abbati et Conventui Monasterii
S. Mariae de Becco Helluini quae in fol. 19 occurrit cum priori data IIII kal.
martii, deinde immutata (VII kal.) post novam insertionem cum suis addi—
tamentis et temperamentis circa obligationem prioratuum; C., qui utramque
scripsit, addit in margine [1]: « At quia presens littera fuit registrata in
Capitulo LXXII presentis libri, prout ibi invenitur, postea fuit correcta in
Cancellaria, ut hic est. »

Saepe iam a nobis de Mercatoribus Curiae Romanae mentio facta est. In
quodam computorum regesto temporis Bonifacii VIII, legimus unoquoque
Sabbato obventus Camerae in manus tradi Mercatorum; ad quos saepe re—
currebant cardinales in curia degentes, et praesertim electi episcopi et abbates,
ut expensis occurrentibus facerent satis. Clemens Isnardo archiepiscopo
Thebano Vicario Vrbis in spiritualibus, die 13 februarii a. 1311 electo
scribens, iusserat ut a Ioanne de Tuderto canonico, olim Basilicae Principis
apostolorum de Vrbe *altarario*, de obventionibus *altarariae* exactam rationem
exigeret: « Volumus autem, quod pecuniam quam tibi dictus Magister Io—
hannes duxerit assignandam, retentis in subventionem expensarum tuarum
ducentis florenis auri, quas tibi donamus, penes aliquos mercatores fide
dignos, nostro nomine, ad nostrum tenendam mandatum integraliter de—
ponas; faciens de huiusmodi depositione confici duo publica instrumenta
quorum unum, retento tibi simili, nobis per fidelem nuntium mictere non
omictas [2]; » in hoc regesto [3] concedit ad triduum Willelmo episcopo Dunkel—
densi perceptionem fructuum rectoriae quam habebat tempore consecrationis
suae, ut sic satisfacere possit debitis quae in Curia Romana contraxerat,
dum ibi degeret; adiuvat etiam alium episcopum qui « multis in Curia
Romana contractis debitis (erat) obligatus » debens ducentos florenos auri

[1] 1 fol. 211.
[2] Reg. 58, fol, 268.
[3] Reg. 59, fol. 78.

eiusdem curiae mercatoribus [1]. Capitulum LXXVII [2] nobis exhibet modum agendi quando mercatores facile pecunias accipientes, sed difficilius resti-tuentes, ad huiusmodi restitutionem compellendi erant. Inquirebantur mer-catorum debitores a quibus, paterna tamen cum benevolentia, dato tempore exigebatur solutio debiti; et sub poena excommunicationis, qui tenebant « libros, papiros, litteras sigillatas in pendenti, vel instrumenta publica . . . bona mobilia et immobilia ad eosdem mercatores . . . spectantia, ea viris a Pontifice deputatis tradere debebant, usque ad solutionem debiti. Aliunde quando episcopi, vel abbates statuto tempore non solvebant, tunc pontifex ipse scribebat executoribus mutui, ut, mediantibus poenis ecclesiasticis, ad plenam satisfactionem renitentes compellerent [3].

Agebatur in Concilio Viennensi de extinguendo Templariorum ordine, de damnandis Beguardis; sed ante quaestiones Lugdunenses, veniebat recupe-ratio Terrae Sanctae. « Illa precipue meditatio mentem nostram occupat . . . (sic Clemens scribens Philippo principi Tarentino) ut ea que divini nominis laudem respiciunt, augmentum fidei orthodoxe contingunt, et recuperationi terre sancte profutura cognoscimus, optime diligentie studio promoveamus, sollicite et efficacia fructuosi operis prosequamur [4] » Viris politicis forte non apparebunt vituperanda consilia in animo Clementis mature agitata. Iam Falco de Villareto Ordinem sancti Ioannis formidandum esse Barbaris osten-derat; iam Fortitudo Eius Rhodum Tenuerat quam Amedeus IV Sabaudiae comes, pari fortitudine mox erat defensurus; sane opportunum videbatur, ut suscipiendae sacrae expeditionis quam meditabatur Pontifex aliud propugna-culum haberet; hanc ob causam, decimam omnium ecclesiasticorum reddituum Siciliae citra Pharum, Sardiniae, Corsicae etc. ad sex annos ab episcopis « in generali Concilio quod ad presens celebramus » oblatam, *non in usus alios convertendam* concedit eidem Philippo in subventionem expensarum necessariarum ut « terrae ac loca in partibus Romanie et specialiter in prin-cipatu Achaye constituta ita muniantur, quod Grecorum scismaticorum illarum partium non habeant molimina formidare » fidei cultores. Hanc epistolam die 30 apr. datam aliae sequuntur episcopis et collectoribus directae. Eodem mense non paucis favoribus cumulantur nobiles Galliae familiae; nomina Ingerrandi, Roberti, et Ioannis de Marigniaco, Idae, Isabellae de Croisilles, Fulconis Marescalli Franciae, Ioannis de Gressibus, Caroli Andegavensis et Mathildis, dioecesium Rothomagensis et Ebroicensis, sororum sancti Ludovici de Pes-siaco, fratrum Regalis loci de Nova villa; nec Philippo molesta epistola,

---

[1] Fol. 114.
[2] Fol. 20 *b*.
[3] Confer cap. LXXX.
[4] Fol. 33.

Regestum Clementis Papae V.

Decet sanctam Romanam ecclesiam semper in suis actibus comitem habere cle-
mentiam. . . . qua revocantur processus facti in Campania a tempore Captionis
Bonifacii VIII [1]. Caeterum, decima, quam « in relevationem onerum, expensarum quas nos oportet subire continue » (sic loquitur Clemens), omnes
archiepiscopi, episcopi, abbates Galliae, duobus episcopis exceptis, promise-
rant [2], assignari debet Philippo « in subventionem expensarum que pro suis
et eiusdem Regni ac Terre Sancte negotiis, que ferventer assumpsit, imminere noscuntur. »

Die 2 maii, « non sine cordis amaritudine et dolore, sacro approbante concilio, bona Templariorum Hospitali sancti Ioannis concedit; id, « post longam
deliberationem . . . acceptabilius fore credentes altissimo, magis honorabile
fidei orthodosse cultoribus, ac subventioni terre sancte utilius » existimantes [3].

Dispositio bonorum posteriori tempore declarata in Hispania. Durante
adhuc concilio, pulcherrimum exemplum posteris imitandum dabat Gaufridus
de Plexeio Papae notarius, qui episcopatum abnuerat, ut facilius Pontifici et
Regi serviret [4]: « Sane dilectus filius Gaufridus de Plexeyo notarius noster
cupiens terrena in celestia, et transitoria in eterna, salubri commertio commutare, ac preparare sibi domum non manufactam in celis, dum eius intuitu,
qui pro minimis grandia recompensat, pauperibus hospitium parat in terris,
domum suam sitam in magno vico sancti Iacobi Parisiensis *ad receptionem*
scolarium pauperum studentium in artibus ac iure canonico, et theologica
facultate deputare, ipsisque scolaribus assignare, ac competentes redditus pro
ipsorum scolarium, victu et inhabitatione perpetuo donare proponit . . . » etc.
Clemens se in amore scientiae et veritatis vinci non patiebatur, statuens
studium generale in civitate Dublinensi, die 13 iulii a. 1312.

Fatemur nos vero inebriari gaudio, legentes haec verba pontificis quem quidam turpiter ecclesiam Dei destruentem asserunt: « Nos enim qui *ad dandam*
plebi fidelium scientiam salutarem deputati sumus a domino, studio diligentis
indagationis exquirimus, qualiter in domo Dei, que omnipotentis ecclesia, columpna et firmamentum veritatis existit, eruditos nutrire filios valeamus,
qui sciant in ea salubriter conversari . . . » integra epistola luce dignissima [5].
In folio 82 *b*, duae clausulae post registrationem immutatae sunt verbo « vacat, » in concessione intrandi monasteria sanctae Clarae nobili mulieri
datae: *Va* ex eo presertim quod plures sunt in eisdem monasteriis con-
sanguinee tue, ordinem ipsum professe *cat*. . . *Va* causa visitandi consanguineas

[1] Fol. 119*b*.
[2] Fol. 231*b*.
[3] Fol. 60*b*.
[4] Fol. 36*b*. Die 23 aprilis 1312.
[5] Fol. 196*b*.

supradictas *cat;* in margine legitur in consueto quadrato: « correcta postea. »
Electio Balduini abbatis sancti Richarii [1] alia verba in regesto mutata offert; in margine enim, iuxta executoriam, Philippo nimis de iuribus suis
anxio electum commendantem, legimus: « De hac littera regis amotum
est *in spiritualibus et temporalibus* » In folio 129, titulus signa rasurae
praebet, et ex adiunctis in margine cum formula « correcta postea » videtur
Ioannes Salyon canonicus Cumanus confusus fuisse in epistola cum patre
suo Ioanne de Padua medico Philippi regis. Canonicatus conceditur propter
virtutes, sed etiam intuitu Philippi filii regis, Pictaviae Burgundiaeque
Comitis Palatini. In executoria bullae: « ad perpetuam rei memoriam. Fructum labiorum nostrorum pacem . . . » quae agit de pace firmanda « inter
Anagninam et Alatrinam civitates et Loffridum Fundanum et Benedictum
Gaytanum Palatinos comites, ac quosdam alios, » addita sunt nonnulla cum
nota « Correcta in Cancellaria. » Taxatio epistolae est L; taxa primae executoriae directae Vicariis in spiritualibus et temporalibus Campaniae et Maritimae,
LII; taxa secundae Roberto regi Siciliae et Philippo principi Tarentino expeditae
LII [2]. Saepe occurrunt in margine additiones manu ipsius scriptoris factae;
B. quando usus est pumice, notam consuetam « Cor(recta) » lineolis quadratis
inclusam, e regione textus, in margine ponit. Epistolam die 28 Iulii datam
et Arnaldo de Maloingenio clerico Raymundi sanctae Mariae novae cardinalis
iam vita functi directam [3], immediate sequuntur duae epistolae prima die aug.
et decima tertia Iulii datae, ipsi Cardinali directae; alia autem epistola occurrit in folio 204, concedens acceptationem resignationis et collationem
personae idoneae, Thesaurariae ac prestimoniorum, sub data diei 19 Iulii,
anni sexti, Petro Episcopo Penestrino, quem epistola anni septimi [4] mortuum
asserit. Circa usus et mores temporis notare non pigeat, censum annuum
unius calicis argenti valoris decem librarum turonensium in permutatione
facta inter comitem Hannoniae etc. et Capitulum Traiectense [5]; novam abbatissam sanctae Agnetis extra muros Vrbis, O. S. B. instar abbatum, prae-
stantem iuramentum fidelitatis, iuxta formam in bullis Pontificis interclusam;
et iuramenti formam ab ipsa praestiti, de verbo ad verbum, per epistolas
patentes sigillo signatas, ab episcopo Reatinensi, per proprium nuntium
Pontifici remittendam [6]. E contrario Vgo abbas Conchensis, Ruthenensis diae-
ceseos, absolvitur a iuramento quod, benedictionem apud sedem apostolicam

---

[1] Fol. 110*b*, die 23 Iunii 1312.
[2] Fol. 145; data die 20 Aprilis, durante Concilio.
[3] Fol. 177*b*.
[4] Fol. 75*b*.
[5] Fol. 36.
[6] Fol. 37.

recipiens, fecerat [1] « de visitando annis singulis citra montes, et de biennio in biennium, ultra montes Romana Curia residente, apostolorum limina. » Burchardus Archiepiscopus Magdeburgensis qui se obedientiorem quam Maguntinus ostenderat, occasione captionis Templariorum, nunc satisfactionem obtinet de expensis, et absolvitur ab excommunicatione contra *incastellatores et munitores* ecclesiarum in eum lata ab Episcopo Alberstadiensi [2]. Post concilium, poenas suspensionis ab ingressu ecclesiae solvunt episcopi qui personaliter vocati non venerunt ad concilium; durioraque haec verba iudicabunt qui primatum Petri negant: « peccatum paganitatis incurrit, qui se christianum asserit, et sedi apostolice obedire contempnit; » alii multiplici favore gaudent, et conservatores, vel residentiae dispensationem clericis et capellanis suis obtinent. Sanctio in perpetuum valitura, die quinta maii lata, sancit ut sanctae Romanae ecclesiae Cardinales, absentes de licentia Pontificis, et in Curia cum ipso residentes, exceptis legatis, « ad omnes fructus, redditus et proventus, ac obventiones inter cardinales dividi consuetos... velut presentes admicti per omnia debeant [3]. Rodericus archiepiscopus Compostellanus benevolum Pontificem sentit. Praeter privilegium providendi in singulis Cathedralibus ecclesiis suae provinciae quod taxatur in regesto, L, et signo authenticitatis O, sicut praecedens privilegium munitur; [4] praeter facultatem absolvendi, una vice, Ferdinandum Castellae regem ab excommunicationis sententiis ab homine, vel a iure prolatis, si aliquam incurrerit [5], indulgentias a Clemente obtinet fidelibus sibi manum adiutricem porrigentibus in ornando sepulcro quod nunc nobilius quam felicius regnans Pontifex noster vere gloriosum reddidit: « Cum itaque supra sepulcrum corporis beati Iacobi apostoli, quo in ecclesia Compostellana sepultum esse dinoscitur, quoddam magnum opus construatur, plurimum sumptuosum ad cuius consumationem operis fidelium suffragia sunt non modicum oportuna... » Centum dies de iniunctis poenitentiis conceduntur per spatium viginti annorum.

In parte aversa folii 224 incipiunt: *Rubrice litterarum de Curia anni septimi*. Sequuntur CXXI titulus. Folium 226 integre vacuum remansit; in folio 227 legitur: *Regestrum anni septimi domini Clementis pape V litterarum de Curia. Clemens episcopus* etc. Incipit cum consueta initiali ornata, epistola super concordia inter Venetos et Ferrarienses. Bis occurrit parvi momenti differentia inter textum et indicem. Praeter alia alibi notata, in his epistolis de Curia invenimus episcopum Sabinensem legatum, rectorem Sabinae,

[1] Fol. 171 *b*.
[2] Fol. 138.
[3] Fol. 247 *b*.
[4] Fol. 220 *b*.
[5] Fol. 171.

Vtricoli, et aliorum castrorum electum die 18 Decembris a. 1311; Amanevum de Lebreto et Petrum de Lalanda exoneratos a rectoria patrimonii beati Petri in Tuscia, quam idoneis personis committere debet praedictus legatus. Die prima februarii anni sequentis, Iacobus Iordani de Marsilia datur in socium Roberto de Chiesa canonico Lateranensi *superintendenti* « operi Basilice Lateranensis quam facimus reedificari ... cupientes ut opus ipsum celerem et optatam consumationem suscipiat. » Clemens Arnaldi de Villanova physici sui defuncti « valde utilem librum super medicinae practica toto nisu perquiri iubet. Arnaldus sanctae Mariae in porticu cardinalis administrationem ecclesiae Sanctorum Ioannis et Pauli, Iacobus de Columna Sanctae Mariae maioris administrationem accipiunt; eodem favore gaudet, quoad ecclesiam Sancti Laurentii in Damaso, Arnaldus Sanctae Priscae Cardinalis qui innumeris onustus privilegiis, cum Arnaldo episcopo Pictaviensi Camerario, nuntius in Angliam mittitur; milites quondam Templi et Valentini citantur, tarde decimam solventes minis impetuntur [1]; Clemens providet Collegiatis beatae Mariae de Vsesta et Sancti Martini de Villandraut a se fundatis, et inter filios magni Pauperis Asisinatis qui paupertatem sibi desponsaverat, de paupertate disputantes, pacem seminare gestit, animus enim suus « ab etate tenera pia devotione efferbuit ad huius professores regule, et ad ordinem ipsum totum, et nunc revolvit « fructus uberes quos ex eorum exemplari vita et salutari doctrina toti universali ecclesie (cernit) provenire. »

VOLVMEN IX REGESTI INSCRIPTVM LX.

Annus VIII Pontificatus Clementis V. (1312–1313)

Index qui duos quaternos occupat quorum prior octo, posterior sex habet folia, ornamento rubro unicuique titulo praefixo, sed deficiente rubro charactere, incipit: *Rubrice litterarum communium anni octavi.* Tituli sunt DCCCVIII, praeter titulos trium capitulorum iam in anteriori indice occurrentium quos praecurrunt haec verba: *De diversis annis.* Nescimus utrum auctor indicis, C. forsitan, an alius iterum scripserit in margine superiori ad dexteram aspicientis: *Nihil perpetuum;* in eodem indice alia vice recurrit: *Nihil.* In fine duo folia fere integra scriptura vacant.

Fol. 1. *Regestrum anni octavi litterarum communium domini Clementis pape Quinti.* Deinde cum initiali littera optime ornata incipit textus: « Clemens episcopus servus servorum dei. Dilecto filio Magistro Gaucelino » etc.

---

[1] Fol. 243 *b*. E regione istarum epistolarum legitur in margine verbum: *collige*, bis exaratum.

B. scripsit undecim primos quaternos, quorum unusquisque octo constat
foliis, et duo folia in fine addita (1–90). In datis epistolarum, excurrit a
die 16 novembris an. 1312, ad 12 diem novembris an. 1313; in tribus
primis quaternis non progreditur ultra ianuarium; in sexto iam habet epistolam die nono octobris datam, in ultimo ascendit usque ad diem ultimum
anni VIII, diem scilicet 13 novembris an. 1313. Non indicans quaternum
sequentem, a folio 91 ad folium 194, calamum tradit socio suo C., qui
in istis 13 quaternis, quorum unusquisque 8 folia habet, integrum pariter
percurrit annum; nec signat initium quaterni sequentis, quando opus reassumit B., qui a folio 195 ad folium 258, praeter duo folia quaterni 259–262
in quo occurrit index, registrat in octo quaternis parem foliorum numerum continentibus, epistolas datas a die 31 decembris ad finem anni VIII.
Litteras de Curia datas a die 1 decembris ad diem 27 octobris descripsit C.
in quinque quaternis numero consueto foliorum constantibus (263–302).
Litterae extravagantes, ut ita dicamus, numero rariores; progressus datarum
magis temporis ordinem sequitur, licet non desint quaedam epistolae anni
praecedentis. Habemus acceptationem resignationis canonicatus Rothomagensis, personae idoneae conferendi, concessam Cardinali Petro de Columna
die 18 iulii anni VII [1]. Isnardus Patriarcha Antiochenus administrator in
spiritualibus et temporalibus ecclesiae Papiensis, die 13 iulii obtinet facultatem visitandi per alium; in margine C. scripsit: « at de VII per oblivionem [2]. » Die 6 augusti [3] quatuor accipit privilegia, quorum primum habet
in margine: « at de VII; » in fine aliorum legitur: « Datum ut supra, proximo. » Vltima epistolarum communium non signata in indice, die 29 iunii
an. VII data, tarde accedit desideriis Adae de Egles, qui saltem tres ecclesias
parochiales in tribus dioecesibus diversis obtinere cupiebat. Inter epistolas
curiales [4], duae diriguntur Raymundo abbati Monasterii de Sancto Severo;
prior data die 11 dec. an. 1312 reservat huic abbati tria beneficia vacatura;
posterior die 12 aug. eiusdem anni, praedicto concedit ut prioratum de Buzeto retinere possit; C. scripsit in margine: « at de VII per oblivionem. »

In hoc regesto recurrit discrepantia quam in aliis notavimus, quando
sibi invicem succedunt scriptores. In folio 86, capitulum CCLXX et sequentia concordant cum indice; sed tria capitula praedicto capitulo succe-
dentia, et prorsus diversa, numeris evidenter in margine deletis, carent;
deinde venit capitulum CCLXXI, cui succedunt quatuor documenta numeris
deletis carentia; quae erasiones perseverant usque ad capitulum CCLXXVI;

[1] Fol. 15.
[2] Fol. 130*b*.
[3] Fol. 152 *b*.
[4] Fol. 268 *b*, et 269.

numero CCLXXII duo pariter adnectuntur capitula; nec praetereundum est quod B. a folio 89 numerum consuetum linearum scriptarum 41, ad 38 reducit, et curat ut verba maiori spatio inter se distent. Scriptor C. suos quaternos inceperat a numero CCLXV in folio 91; sed B. ut concordem sibi socium faceret, priores numeros aut partim, aut integre delevit. Numerum CCLXXII imposuit primo quaterni capitulo quod sequuntur duo capitula absque numeris; quinque alia capitula, numeris abrasis, excipiunt numerum CCLXXIV, duo numerum CCLXXV; deinde omnia ad normam procedunt. Iam in chartaceis regestis, a quibus probabiliter oritur, huiusmodi dissensionem notavimus. B. incipit iterum in folio 195 cum numero DC; in folio 248, quinque versus vacuos executoriae probabiliter servatos, relinquit; a folio 219 usque ad finem, lineas scriptas ad numerum 38 reducit; identidem bis scribit eumdem numerum, unde nascitur discrepantia cum indice, sed mox in concordiam redeunt; saepe ambo sub eodem capitulo includunt privilegium diversis personis concessum.

Folio 261. *Rubrice litterarum de Curia anni Octavi.* Sequuntur tituli CXLI.

Fol. 263. *Regestrum litterarum Curie Anni Octavi Domini Clementis pape Quinti. Clemens ... Venerabili fratri.. Episcopo Cesaraugustano.* Rubricae et initialis littera consuetis lineolis varii coloris ornata, videntur scriptori C. tribuendae. Vsque ad numerum CXV, index et C. sibi invicem sociantur; sed tunc novem capitula non signantur a C. dum numeratio indicis progreditur; primus numerus recurrens in textu est CXXI, qui respondet CXXV indicis; ultimus est CXXV cuius titulus notatur in eodem indice, numero CXXIX; deinde prorsus absunt numeri in textu.

In folio 2, B., ut solet, additionem in quadrato inclusam, adnotavit verbo *Cor*(recta); idem emendationis signum recurrit in folio 24, in folio 67 in quo deletis septem vel octo verbis in epistola ad archiepiscopum Salzebургensem, legitur in margine « correcta postea. » Executoria electionis Nicolai abbatis Trenorchiensis, addito signo in fine alterius executoriae [1] in inferiori margine scripta, habet notulam solito more B. inclusam: « facta postea. » Alia epistola, quae committit prioratum de Canonica Guidoni de Caniliaco monacho sancti Victoris Massiliensis, signa rasurae in data et in textu offert; B. addidit in margine: « correcta hic et in data. » Integra epistola quae Adolpho episcopo Leodiensi « regalia, seu temporalem iurisdictionem Leodiensis ecclesiae » confert, duplici *va–va... cat–cat* rubeo et nigro expuncta est, et in quadrato lineolis duplicis coloris efformato [2] B. haec scripsit: « ista

---

[1] Fol. 74.
[2] Fol. 227 *b*.

littera est correcta infra, folio tertio, in capitulo DCCXXVII. » Eadem epistola recurrit loco citato [1]; sed quae referuntur Henrico imperatori clarae
memoriae, qui tunc invitatus a Clemente, regalia non restituerat, verba scilicet : « que tempore vacationis eiusdem ecclesie tenuerat et tenebat, » nunc
absunt, data tamen est eadem [2].

De falsariis apostolicarum epistolarum iterum agitur in hoc regesto [3].
Die 1 decembris an. 1312 scribit Pontifex episcopo Caesaraugustano qui
quosdam falsarios carceri tradiderat; ut etiam per tormenta, si expedierit,
exquirat ab istis falsariis, an alios habeant socios. In mense iulio mittitur
archiepiscopo Rothomagensi transumptum epistolarum, quibus mediantibus,
Riccardus de Aumesnillo (*sic*) beneficium obtinuerat; concordantibus praedictis epistolis de falsitate suspectis cum tenore transumpti sub bulla inter-
clusi, tunc clericus comprehendi debet [4].

Vehementius irascitur Clemens, dum scribit fidelibus per Marrochitan.
Civitatem et dioecesim ac alias partes Africae constitutis, necnon et archiepiscopo Hispalensi, contra falsum episcopum qui epistolis falsis, et pessimis
innixus sociis, sese ut verum gerebat et omni conatu, episcopo electo. et
consecrato, ne in possessionem intraret, obstabat [5].

Decimae fequentiores, tractatui speciali materiam praeberent. In folio 7,
recurrit epistola cuius *formam* in alio regesto vidimus, et quae die 22
novembris a. 1312, Archiepiscopis Arborensi, Neapolitano, Brundusino et
episcopo Bisatiensi annuntiat decimam sex annorum a primo die ianuarii,
tribus primis annis principi Tarentino in defensionem Achaiae concessam.
Archiepiscopo Coloniensi die 1 decembris, sub alia forma dirigitur epistola,
quae huius decimae ad sex annos « per universas mundi partes » solven-
dae, initium a kalendis tantum octobris proxime futuri pro his partibus
determinat. Kalendae octobris et aprilis sunt duo termini solutionis annuae [6].
Sequuntur 88 aliae epistolae episcopis et abbatibus directae, cum formula
« Datum ut supra. » Die 19 eiusdem mensis Petrus de Garlenx et Petrus
Duranti nuntii mittuntur ad partes Alamaniae, accepturi decimas iam collectas vel colligendas, « et insuper quatuor millia florenorum auri, in quibus
bone memorie Theobaldus episcopus Leodiensis, Camere nostre dum viveret tenebatur, et pro quibus Episcopatus Leodiensis bona adhuc eidem
sunt camere obligata; » habent plenam potestatem petendi, accipiendi *qui-*

---

[1] Fol. 230 *b*.
[2] Die 23 octobris an. 1313.
[3] Fol. 263.
[4] Fol. 252.
[5] Fol. 185, die 4 septembris an. 1313.
[6] Fol. 277.

tandi etc, et de acceptis pecuniis duo instrumenta confici debent, unum apud eos servandum et camerae deinde assignandum; alterum solventibus tradendum [1]. Eodem die executores decimae ad sex annos, in Gallia eliguntur, Episcopus Autisiodorensis, Magister Gaufridus de Plexeio et Abbas Sancti Dionysii. Duo solutionis termini assignantur; primus est festum beatae Mariae Magdalenae proxime futurum, secundus festum purificationis beatae Mariae Virginis; amplis facultatibus eligendi collectores, accipiendi, compellendi, post solutionem absolvendi a sententiis, ornantur. Fatemur haec verba multum Philippo favere: « Verum carissimus in Christo filius noster Philippus Rex Francorum illustris, qui una cum carissimo in Christo filio nostro Ludovico Navarre Rege Illustre, suam exhibuit in concilio memorato presentiam, tanquam *Christianissimus principum;* eiusdem terre sancte negotium cordi gerens ac zelo fidei et devotionis accensus, ad terram ipsam de impiorum manibus eruendam, et illius in ea vindicandas iniurias, super quem pro redemptione nostra opprobria ceciderunt, sic direxit et dirigit desideria mentis sue, quod in eodem concilio, *generalis passagii per nos ordinati suscepit negotium prosequendum;* intendens propterea usque ad certum tempus recipere vivifice crucis signum, cum deliberato proposito potentialiter et personaliter in eiusdem terre sancte subsidium transfretandi [2]; » sed toto caelo distant ab istis verbis, nec pauperis et ignorantis rustici dignis, quae divus Antoninus, nimia fidelitate Villani opus vertens, [3] ponit in ore archiepiscopi Burdegalensis, quem nullo accedente argumento, « avidum honoris et gloriae, ut Vasconem, et ad omnia flexibilem, ut illa consequeretur exhibet. Domine mi rex .... noveris, tuum esse praecipere, et meum obedire, sum enim ad omnia paratus . . . At archiepiscopus omnia servare promisit (etiam rem arduam et magnam, quam ignorabat) cum iureiurando, super venerabile Eucharistiae sacramentum. » Non sic agunt, non ita loquuntur Romanae Ecclesiae episcopi. Fatemur Clementem nimis in suos tenerum, nimis in eos, a quibus servitia acceperat, gratum; nimis severum, imo crudelem dicent, quando de iuribus et honore Ecclesiae agebatur vindicandis, qui omnem ecclesiae potestatem abnuentes, libenter eam tribuunt perditis viris cuius praecipuus finis est, artis et historiae monumenta et societatem ipsam ad *nihilum* redigere; sed eum vilem adulatorem, favores regis et pecuniam, pretio honoris ecclesiae commutantem, perlectis eius regestis, nemo pronuntiabit. Alia epistola eiusdem datae, « Venerabilibus fratribus universis Archiepiscopis et Episcopis, ac dilectis filiis, electis, abbatibus, prioribus, decanis, prepositis, archidiaconis, archipresbyteris et aliis ecclesiarum pre–

---

[1] Fol. 267 *b.*
[2] Fol. 25 *b.*
[3] ODORICVS RAYNALDVS, *Annales ecclesiastici*, vol. XV, an. 1305, n. 1.

latis, capitulis, còllegiis, et conventibus Cistercien. Cluniacen. Premon_
straten., sanctorum Benedicti et Augustini, Cartusien. Grandimonten. et
aliorum ordinum, ceterisque personis ecclesiasticis, secularibus et regu_
laribus, exceptis et non exceptis, per regnum francie constitutis, personis
et locis hospitalis sancti Ioannis Ierosolimitani, et aliorum militarium or_
dinum dumtaxat exceptis » nuntiat decimam, electis executoribus, et « per
eos, vel eorum aliquem . . . Regi Francie, seu illi, vel illis quem, vel quos
ipse ad hoc duxerit deputandos, pro dicto eiusdem passagii negotio .assi-
gnandam. »

    Denarius Sancti Petri colligebatur in Anglia, minus tamen fideliter ec-
clesiae Romanae solutio exhibebatur; Clemens, die 8 martii, Magistrum
Guillelmum de Balaeto [1] consuetis privilegiis roboratum, revocato Guillelmo

    Guillelmus de Balaeto in debitores tarde satisfacientes Camerae saeviebat; sed infra videbimus
quod fideliter officio suo functus fuerit. In alio chartaceo regesto quod ex temporis iniuria partem
superioris marginis deperdidit, et ob hanc rationem non notatus est, Hugonis Geraldi referendarii
processus, nonnullae supplicationes aliaque ab eo, vel a suis notariis inserta occurrunt ex quibus
discimus iura camerae pari iustitia ab eo exacta fuisse. In folio enim 27 *b* legimus: « Mandat Magister
Hugo Geraldi domini pape Refferendarius denunciari in audientia publica excomnunicatum, periurium,
suspensum, interdictum abbatem Monasterii Clipte ferrate prope Vrbem Romanam; pro eo quod
in termino sibi dato non satisfecit de servitio promisso domino pape. »

    Otto Meinardus nobis indicat expensas solvendas tempore suo [1]. « Littere necessarie pro expe-
ditione ecclesie metropolitane. Littera principalis 24 grossos. — Ad capitulum 24 gr. — Ad clerum
24 gr. — Ad populum 24 gr. — Ad vassallos 24 gr. — Ad regem 24 gr. — Munus consecrationis et forma iuramenti 28 gr. — Si bulle fuerint super aliqua pensione, taxantur secundum quantitatem pecunie, omnes iste bulle quadruplicantur in taxis. Si ecclesia fuerit in taxa ad quatuor millia
et sit in Francia, reducitur et solvit in cancellaria prothonotariis 27 ducatos. Custodi taxas muneris
consecrationis, forme iuramenti (*sic*). — In plumbo pro prima bulla · 25 duc. — Pro aliis secundum
taxas. In registro taxas ordinatas pro portu ad Cameram duc. 1, gr. 4. — In Camera. Pape pro communi
collegio suo. 500. duc. — Collegio dominorum. cardinalium. 500 duc. — Pro uno minuto collegii.
90 duc. sol. 20. — Pro minuto camere. 90 duc. sol. 20. — Pro tribus aliis minutis. 271 duc. sol. 10.
— Pro sacra. 100 duc. — Pro subdiaconis. 34 duc. — Pro quitantia et obligatione. 4 duc. —
Nota quod pro presenti sunt presentes undecim cardinales, et si plures essent, tunc dividuntur in
multis; secundum quod recipit unusquisque cardinalium, si minus augetur summa. — Pro pallio
sunt tres bulle, quaelibet taxatur 16 gr. — Item habet concordare cum subdiaconis, qui contenti erunt de 16 duc. vel minus. — Item cum clericis serymoniarum (*sic*) pro 10 duc. — Pro instrumento receptionis pallei 2 duc. — Propina danda domino cardinali diacono 6 duc. — Propina
danda commissario arbitraria. — Propina danda scutifero 50 duc. — Pro parafrenariis 4 duc. — Notario cause 50 duc. — In plumbo pro principali, taxam cedulae. — Pro munere consecrationis et forma
iuramenti 2 duc. gr. 2. — Pro bullatoribus 1 duc. — Pro propina eorumdem, si vis de ecclesia 10000.
2 duc. — Pro familiaribus bullatorum 5 gr. — In Registro. Pro principali taxam. Pro conclusio-
nibus mediam taxam. — Magistri. 1 duc. pro monasterio gr. 5. — Registratura 1 duc. — Pro portu 1
duc. gr. 3.

    De taxationibus occurrentibus in Regesto Clementis nonnullas taxationes extraordinarias citamus.
In reg. 54 praeter alias epistolas notatas L, CXX, causa Aymonis nati comitis de Sabaudia taxatur CXX;
executoria habet CXXX; in reg. 55, epistola directa archiepiscopo Neapolitano habet XXIIII; una-

    [1] Neues Archiv der Gesellschaft für ältere deutsche Geschichtskunde Zehnter Band. Erstes Heft. Hannover 1884. III. Formel-
sammlungen und Handbücher aus den Bureaux der päpstlichen Verwaltung des 15 Jahrhunderts, in Hannover, Von. Otto Meinardus p. 72.
Confer Cesare Guasti *Gli avanzi dell'Archivio di un Pratese Vescovo di Volterra* etc. Firenze 1884, pag. 75 et seqq.

Testa, nunc cardinali, ad partes Angliae mittit; cui tempore missionis singulis diebus septem solidos sterlingorum, praelati, religiosi etc. · solvere

quaeque sex executoriarum XXIIII; epistola abbatis sancti Vincentii . cum suis tribus executoriis
LXXX; in reg. 56 electio Regis Romanorum, L; in reg. 57, epistola ordinis Grandimontensis, CCC;
singulae 24 epistolarum pro pace inter Galliam et Flandriam, XXX; in reg. 58, manumissio Nivernensis C; epistola: *Rex glorie* . . . et aliae de Curia CCC; in reg. 59. epistola pro Fulginatibus
habet L; pro epistola *conservatoria* episcopi Brandeburgensis, L; pro pace inter nonnullas Italicas
civitates L, LII, LII; pro Armenis haec occurrit nota O. . ; pro duobus fratribus minoribus O.; in
reg. 60, epistola: *Decet sedis* . . . confirmatio pactorum inter Venetos et Ferrarienses, MM; absolutio D;
restitutio beneficiorum C; sequuntur aliae epistolae cum taxationibus LXXX vel LX; epistola concedens bona Templariorum in Maiorica, Hospitalibus sancti Ioannis, D; archiepiscopus Toletanus pro
epistola qua sibi cenceditur provisio ecclesiarum in sua provincia et dioecesi, LX, solvit regesto; alii pro
conservatoriis epistolis L vel. XXIIII solvunt. In regesto 61, taxatur CL longa epistola permutationis
abbatis de Sancto Tiberio; epistola conservatoria abbatis Farfensis et nonnullae executoriae pro mutuo
contrahendo L, numerum exhibent.

In Regesto 10 Rationum Camerae, inter alia, occurrit: « Liber receptorum, proventuum, et obventionum Camere » Clementis V, anno tertio Camerariatus Bertrandi Albiensis episcopi. Hoc Regestum incipit anno Domini 1309 die XIV mensis novembris. « Item receipt supradicta die, pro
communi servitio . . Episcopi Tarvien. pro parte Camere. CC. L. flor. Item receipt de obventionibus
Bulle VII. libr. IX sol. et IX den. Tur. grossorum. Item CLXXXX. flor. auri. . . . Item recepit
die XX mensis martii (an. 1310) a domino Arnaldo de Cantalupo Cardinali pro tribus libris legalibus,
LXXV flor. auri. Item recepit ab eodem, dicta die, pro una taxa cum coperculo et tribus pedibus,
que fuit prioris de Roma olim Cubicularii, et duobus potis de argento, qui fuerunt cuiusdam prioris
defuncti, que vasa ponderant in universo, VIII march. cum dimidia, computatis march. pro IIII flor.
cum dimidio, XXXVIII flor. et III tur. grossos. . . . Item Recepit a quodam pro restitutione Thesauri, II tur. grossos cum dimidio. . ·. Item Recepit de obventionibus Bulle LIII sol. tur. grossorum
et XXXI flor. auri. . . . Item Recepit a Magistro Tauro pro residuo Rose XXVI flor. auri. . . . Item
Kecepit die IIII maii a penitentiariis pro male ablatis IX flor. auri, et I tur. grossum. . . . » Istae
computationes progrediuntur usque ad mensem novembrem ; deinde in folio sequenti incipit liber expensarum camerarii Arnaldi.

Fol. 9. In nomine domini Amen. Anno domini a Nativitate, M.CCCVIIII. Indictione VII. die XIIII
mensis novembris. Incipit liber expensarum Camere Sanctissimi Patris et domini nostri, domini Clementis, divina providentia. pp. V. Anno sui Pontificatus quinto, factarum per Venerabilem in Christo
patrem dominum Bertrandum Episcopum Albien. eiusdem domini Camerarium. Anno sui Camerariatus tertio . . » Nonnulla excerpere liceat ut ratio computorum habeatur. In mense ianuario legimus: « Item
magistro in Theologia, misso Parisius pro complemento expensarum quas fecit, et computatis XL sol.
pro garzionibus LIX flor. auri. III. sol. et IIII. den. tur. parv. Item duobus Cursoribus missis ferra-
riam VIII. flor. auri.

Item Magistro Amelio, pro pergamenis. cera rubea et aliis. XXXIIII et VI den. tur. parvorum.
Item Magistro Bernardo de Artigia, pro luminari in festo purificationis. VI. lbr. III. sol. et VI.
den. tur. parvorum.

Item Symoni, pro pergamenis emptis, pro negotiis domini XXXII sol. tur. parvorum.

Item Magistro Petro de Labactut. pro una papiru. VI. sol. tur. parvorum. . . . Item Magistro
Amelio pro XIX duodenis pergamenorum et XXV caternis cum dimidio de papiru. XII flor. auri. XL
sol. et V den. tur. parvorum. . . . Item pro vestibus trium Clericorum Notariorum Camere, XV flor.
auri. Item pro vestibus XVII Officialium XXXIIII flor. auri. Item pro vestibus Trium Cocorum magne
Coquine XV flor. auri. . . » In computo mensis novembris legimus : « Item Episcopo Pictaven. misso in
Anglia CC flor. auri. Item Magistro Bernardo Regis misso per dominum C. flor. auri. . . » In mense decembri : « Item Gabrieli pro una Vncia cum dimidio perlarum grossarum, in mantello domini, sex flabellis
pro domino et quibusdam aliis minutis XXIII flor. et V tur. grossos . . . Item pro duobus libris rationum
Camere XVI sol. et VIII tur. parv. » In mense ianuario anni sequentis: « Item Magistro Tauro, pro para-

debebant [1]. Abbas Westmonasterii non solvebat statutis terminis octo milia florenorum camerae debita; Guillelmus facultatem accipit die 26 iulii, sequestrandi redditus maneriorum, cum omnibus hamelectis sive villulis, donec perficiatur solutio. Die 15 februarii in epistola Vlixbonensi episcopo directa asserit papa, quod disposuerat eum cum aliis episcopis ad collectionem decimae deputare; « *id tamen per oblivionem illorum quibus litterarum ipsarum expeditionem commisimus extitit pretermissum* [2]. Os facile promittit; tardior manus ad erogandum; plures epistolas episcopis et abbatibus directas [3] sub formula: *Licet olim . . .* nunc legimus; quae munera promissa requirunt. Die 6 aprilis scribitur Taurinensi et Vercellensi episcopis, Abbati Sancti Ambrosii Mediolanensis: « Licet olim Guillelmus abbas monasterii sancti Michaelis de Clusa, ordinis Sancti Benedicti, Taurinensis diocesis, nobis, nostris consideratis oneribus, devota mente compatiens, Camere nostre mille et quingentos florenos auri de Florentia, per eum ipsi Camere, in festo beati Michaelis, anni domini MCCCVIII, persolvendos obtulerit, se ac successores suos et sua et successorum ipsorum et dicti monasterii bona, ad hoc sub penis gravibus obligando, et etiam promittendo, quod si in termino ipso deficeret in solutione predicta, infra duos menses a die termini supradicti; in curia romana personaliter compareret, non recessurus exinde, donec per ipsum, esset prefate Camere de dicta florenorum summa integre satisfactum...» Non obstantibus poenis excommunicationis et interdicti quibus, si infidelis in promissione esset, se submiserat, non comparebat. Nunc perem-

tura vasorum, et argento posito in eisdem III sol. tur. grossorum. . . » In mense februario: « Item Magistro Amelio pro cera et tinta XI sol. tur. parvorum. . . » In mense martio: « Item Bonino pro duobus magnis pergamenis VIII tur. grossos. . . . . Item Magistro Tauro, pro Rosa domini, pro letare Ierusalem C. flor. auri. . . . Item Magistro Iohanni de Tuilleria, pro transcriptis, XIIII tur. grossos. Item pro complemento vestium Comitis Sabaudie. V. lbr. XVII sol. et VI den, tur. parvorum. Item Magistro Amelio pro tinta, et cera rubea XXXII sol. tur. parvorum. . . . » In mense aprili: « Item Magistro Petro de Suessa pro pergamenis XLVIIII sol. tur. parvorum. Item pro sex anulis datis per Dominum VI prelatis, quos consecravit LV flor. auri. . . » Desinit codex incompletus primo die mensis maii. Eamdem sequitur normam quae observatur in fol. 8.

Omnes facile intelligent cuius pretii sint istae Camerae rationes de quibus iam disseruimus. Vnaquaque die Veneris rationes computorum agebantur pro *Coquina, Panetteria, Bucticularia, Marescalla;* deinde veniebat *Mandatum in vadiis datum* et expensae extraordinariae, tandem summa summarum Si excipiamus expensas extraordinarias, regulari modo unusquisque accipiebat quod sibi ex usu competebat. Citantur in his rationibus, dominus Camerarius, quatuor clerici Camerae, Cancellaria, auditor contradictarum, duo bullatores, capellani, cubicularii, hostiarii, supracocus et socii coquinae tum magnae, tum parvae, brodarii, pannettarii, bucticularii, macellarii, apothecarii, marescalcus iusticiae, notarii quatuor officiorum, marescalcus marescallae, palafrenarii, servientes, cursores, poenitentiarii, carrectarii, hospitalia, eleemosynarii, domicelli, garziones, medici, furnerii, piscionarii, magister letteriae etc, etc., omnes non servato dignitatis ordine, sic in regesto occurrentes. Si licet, hos codices integros publici iuris faciemus.

[1] Fol. 268; cf. aliam epistolam eiusdem datae, fol. 291.
[2] Fol. 266.
[3] Fol. 281 *b*, et seqq.

ptorie citatur. Peremptorie pariter citatur Archiepiscopus Amalfitanus, die 18 iulii, eiusdem anni qui decimas pro rata suorum proventuum, licet pluries canonice fuisset monitus, non solverat, imo iuramentum a suffraganeis obtinuerat ne decimas collectoribus solverent. Epistola archiepiscopo Compostellano die 13 martii scripta, magis recreat animum [1]. Castellae reges sapientiae zelatores, ad decus ecclesiarum et illuminationem fidelium, studium generale, auctoritate sedis apostolicae confirmatum, in civitate Salamantina constituerant; ita ut ad hoc studium, « propter aptitudinem loci et fertilitatem victualium copiosam que habebatur ibidem, de diversis mundi partibus magistrorum et scolarium multitudo concurreret. » Reges ex parte decimarum sibi concessarum, gratiose salariis magistrorum providebant; sed *dictis regibus ... ab ipsorum salariorum solutione cessantibus, prefatum studium dinoscitur defecisse.* Clemens de statu rerum interrogat archiepiscopum, ut ex decimis salaria magistris ministrentur, et sic studium refloreat. Haec de decimis sufficiant.

De mercatoribus, sive de rebus ad computi rationem pertinentibus, nonnulla nobis dicenda sunt. In principio anni 1313 [2] scribit Clemens Ademaro de Sancto Pastore sacristae, ac Geraldo de Baiorano canonicis ecclesiae Convenarum, ut de redditibus ad mensam episcopi pertinentibus quandam pecuniam annuatim assignent ad opus fabricae huius ecclesiae. quae tunc construebatur. Incipit epistola: « Ad consummationem operis fabrice ecclesie Convenarum, quam ad honorem beati Bertrandi gloriosissimi confessoris edificari facimus de bonis nostris, opere sumptuoso diligentius intendentes, ac decens reputantes et congruum, ut opus ipsum de bonis spectantibus ad mensam Venerabilis fratri nostri [3]. Episcopi Convenarum, qui per eandem ecclesiam honoratur et temporalibus divitiis noscitur habundare, percipiat congrue subventionis auxilium ...; » Boso duo millia florenorum promiserat, et redditus de quibus agitur aequare videntur mille florenos auri. Die 19 eiusdem mensis [4] epistola quae in eodem folio fuit registrata mandat Priori et conventui fratrum ordinis praedicatorum Burdegalensium, ut viris ad id deputatis assignent nongentas marchas sterlingorum penes eos a Ioanne de Lescappon clerico Camerae depositas: « Nos enim, facta assignatione huiusmodi, vos a dicto debito liberamus et instrumentum predictum (quo de depositione constat) precipimus vobis reddi ».

Bernardus de Bovisvilla decanus sancti Aemiliani Burdegalensis dioecesis nunc vita functus, « pro expeditione litterarum ordinationis ipsius ecclesiae ...

---

[1] Fol. 70.
[2] Fol. 264*b*; die 30 ianuarii.
[3] Boso de Salignac.
[4] Fol. 264.

romanam sequendo curiam, expensis trecentis florenis auri, quos receperat mutuo sub usuris a certis creditoribus, sed non soluta pecunia praedicta hisce creditoribus termino statuto, cum suis fideiussoribus in sententiam excommunicationis incurrerat, quia iurisdictionis Camerae sese sponte sub‒ miserant, si deficerent in restitutione. Clemens intuitu fratris defuncti Petri de Gavaret, scribit Raymundo Gaufridi archidiacono Sarnensi in ecclesia Burdegalensi, ut praedictam summam « pro exoneratione anime dicti Ber‒ nardi » creditoribus restituat [1].

Die 15 maii [2] Guillelmus de Balaeto, qui ad regnum Siciliae citra et ultra Pharum et ad Lombardiam et alias partes deputatus erat, et a die 15 augusti a. 1307 usque ad quadriennium completum, omnia fideliter prose‒ cutus fuerat; ac tam de receptis, quam liberatis, traditis et expensis etc. quo‒ rum omnium particulas in presentibus vult Clemens pro expressis haberi, ac si essent in eisdem expressae; quia particulariter et districte plenam, legalem, et fidelem rationem sive computum sibi et Camerae reddiderat; ideo plene eum et heredes suos, beneficia et bona sua ex certa scientia absolvit et ab omni alio computo liberat. Huiusmodi apochas camerario et mercatoribus Camerae factas iam vidimus. Robertus rex Siciliae, sic quotannis suas apochas accipit, solvens octo millia unciarum auri in festo beatorum Apo‒ stolorum Petri et Pauli, pro censu regni Siciliae; et in festo Virginis As‒ sumptae duo millia unciarum auri, de summa nonaginta trium millium tre‒ centarum et quadraginta unciarum auri ad generale pondus regni Siciliae, ad quam ascendit debitum avi et genitoris, pro eodem censu [3]. Philippus princeps Tarentinus quatuor millia unciarum auri a mercatoribus mutuo acceperat, sed solutione nimis procrastinata, societates mercatorum ad Ponti‒ ficem recurrunt, qui die 22 aprilis archiepiscopo Neapolitano aliisque epi‒ scopis, et clericis camerae scribit ne alicui solvant decimas, antequam Philippus de summa praedicta satisfecerit [4]. Die prima septembris eisdem episcopis novas dirigit epistolas [5] circa aliud mutuum a Philippo principe contractum. Epi‒ stola scripta eadem die « Gerardo Lanfredini et Raynaldo Lothoringi, ac Dino Forheti, et aliis mercatoribus Florentinis de Societate Bardorum de Florentia « confirmat mutuum a Philippo factum pro defensione principatus Achaiae, mille quingentarum unciarum auri, « in florenis auri de Florentia, quinque florenis pro uncia qualibet computatis, quas pro dicto succursu, intendit expendere, super quo eius conscientiam oneramus... vobis resi‒

---

[1] Fol. 50.
[2] Fol. 269*b*.
[3] Fol. 230, 230*b*.
[4] Fol. 103*b*.
[5] Fol. 186*b*, 187.

duum decime supradicte, propter hoc usque ad summam predictam. . . .
specialiter obligando, prout constat sufficientibus documentis etc.» Caeterum
qui mercatorum historiam scribere vellet, largam messem in regestis nostris
facile inveniret [1].

Antequam hocce relinquamus regestum, nonnullas spicas prout occurrunt,
cursim colligamus.

Initio decembris an. 1312 die 4, Iacobus sancti Georgii ad velum aureum administrationem sanctae Mariae in Transtiberim accipit [2]; die 11 Clemens nepoti Bonifacii VIII Francisco sanctae Mariae in Cosmedin iustitiam
reddi iubet, scribens Arnaldo Sabinensi, legato suo, ut Castrum Iovis dioecesis Ameliensis eidem restitui procuret; et «pro nostri Redemptoris cuius
in hac parte rem gerimus, ac nostra dicteque sedis reverentia» hortatur
Philippum regem, ut bona Templariorum adhuc a nonnullis suis subditis detenta, praeceptoribus Hospitalis sancti Ioannis tradat; eidem tamen,
die 18, in quo declarantur suspensa privilegia Hospitalium et quondam Templariorum, conceditur, ut administratoribus, aliquas personas sua gaudentes
fiducia addere possit [3]. Die 21 Philippo qui filios suos aliosque nobiles, cum
eo signum crucis assumere cupientes «militari cingulo decorare» circa
Pentecosten volebat, usque ad octo dies post festum praedictum, assumendae
crucis tempus prorogatur [4]. Eadem die committitur dispensatio consanguinitatis et sponsalium Aegidio archiepiscopo Rothomagensi et Roberto Con-
stantiensi circa futurum matrimonium inter filiam Caroli Valesii comitis
heredem ex matre imperii Constantinopolitani, et Philippum principem Ta-
rentinum, in quo liberationis Imperii spem reponebat Pontifex [5]; in folio 109
dispensatio matrimonii inter Carolum primogenitum principis et Ioannam
filiam Caroli Valesii, datur die 19 apr. Mense ad finem vergente, videmus Arnaldum e Curia ad valetudinem recuperandam abeuntem, favoribus auctum [6].

Ianuarius strenis suis archiepiscopum Salisburgensem cumulat [7]; Vitali
tituli Sancti Martini in montibus cardinali administrationem ecclesiae sanctae
Crucis in Ierusalem de Vrbe, massariam de Fabrica ad Cavense monasterium
pertinentem, ecclesiam Sanctae Mariae Rotundae Neapolitanae aliaque beneficia tribuit [8]. Hospitalarii sancti Ioannis «athlete domini strenui qui pro
defensione fidei, se periculis mortis iugiter exponentes, onerosa nimis et

---

[1] Conf. fol. 158*b*, in quo societatum nomina plurium invenies.
[2] Vide fol. 268*b*, 264*b*, 19.
[3] Fol. 22*b*.
[4] Fol. 20.
[5] Fol. 4*b*.
[6] Fol. 263 et seqq.
[7] Fol. 66*b* et seqq. De pluribus gratiis concessis familiae regis in fine decembris vide fol. 72.
[8] Fol. 267.

periculosa dispendia pertulerunt et continue perferunt in partibus transmarinis, ipsam domum militiae Templi ceterasque domos . . . » aliasque Templariorum bona dono accipiunt [1]. Pax inter Venetos et Ferrarienses firmata
apostolicis epistolis [2]; ac severis prolatis verbis in senatorem et capitaneum
Vrbis qui loca nonnulla patrimonii Santi Petri, « pro gratis ingrata » repen-
dentes occupaverant, et in Reatinenses qui in Castrum in territorio Roccae
Mirandae construebant; regimen huius Roccae cum iuribus suis Arnaldo
episcopo committitur [3].

Diem forsitan totius vitae suae faustissimum Clemens iudicavit, decimum
februarii diem a. 1313; quando expeditis epistolis Iacobo quondam Ioannis
Arlocti cuius electionem in senatorem et capitaneum Vrbis a populo romano
factam approbat, gaudens quia pax, « fecunda bonorum omnium mater »
intestinis bellorum excidiis successit; confirmata electione Poncelli Iacobi
Ioannis de Petiis civis Romani qui multos labores « pro pacifici status
eiusdem Vrbis reformatione subierat » in scribam senatus; aliisque « pacifici
Regis exemplo, » nobilibus viris, vigintisex bonis viris ad reformationem
Vrbis specialiter deputatis, ac maiori consilio, senatui et populo Romano,
directis epistolis [4]; sigillum suum apponi iussit bullae quae Nicolaum tituli
sancti Eusebii presbyterum nuntium mittebat ad dandum crucem regi Franciae filiis et baronibus eius [5]. Si ipse calamum in exaranda epistola non arripuit, saltem, ut pontifex, laetissimo vultu legentem epistolam audivit: « Exur-
gant igitur virtuoso dicti regis exemplo in ipsius terre subsidium, viri ad
bella doctissimi. . . . » Plenam peccatorum veniam indulget et nuntium privilegiis ornat. Die 17 eiusdem mensis dirigit longam epistolam ad Venetos, verba
pacifica proferens, ut pacta antiqua serventur inter ipsos et Ferrarienses et
sic « bonum pacis et concordie stabiliter » perduret [6]. Epistola die sequenti
data, Robertum de Albarupe rectorem ducatus Spoletani in spiritualibus
eligit [7].

Die primo martii certis ex causis quae in aliis litteris expressae inve-
niuntur, Arnaldo Sabinensi mittitur copia litterarum imperatoris, coronationem et unctionem petentis [8]. Die secunda committit Neapoleoni sancti
Adriani diacono Cardinali ut successorem Ioannis de Tuderto, vita functi,

[1] Fol. 22.
[2] Fol. 30*b* et seqq.
[3] Fol. 265 et seqq.
[4] Fol. 29*b*.
[5] Fol. 270.
[6] Fol. 32.
[7] Fol. 73*b*.
[8] Fol. 276.

in custodiae altaris Basilicae Principis apostolorum officio eligat [1]. In eodem mense, epistolae Arnaldum episcopum Albanensem, Arnaldum tituli sanctae Priscae, Guillelmum Testae cardinales, pacis nuntios in Angliam missos, privilegiis donantes, habent additiones in margine post registrationem factas [2]. Obiter notemus epistolam archiepiscopo Neapolitano, Aquinati et Venafran. episcopis, die 6 martii directam, de praepositura seu monasterio S. Magni, bis subreptitiis epistolis erepto et bis Casinensibus reddito [3]; mandatum Florentino, et Bononiensi episcopis, tribuendi Magistro Francisco clerico coniugato Florentino, si eum idoneum repererint, plenam facultatem « legendi et docendi, ac regendi ubique terrarum et locorum in iure canonico et civili, per libri traditionem et anuli, et alias iuxta modum consuetum in talibus observari [4]. » Promissio canonicatus Vitali scolari, filio Baxani notarii et scribae ducatus Venetiarum datur; Robertus rex Siciliae quem Clemens decorat titulis *magnificentiae* et *serenitatis*, custos eligitur observationis pactorum inter Venetos et Ferrarienses [5]; Galterus qui ad concilium venerat, a residentia eximitur, quia: « propter proprii corporis debilitatem quam in te parit odiosa senectus, ac etiam viarum et locorum discrimina per que in redeundo ad ecclesiam tuam Nigroponten. te facere transitum oporteret, et precipue, propter turbam inimicarum gentium, (Catalanae societati non favebat Clemens) compagniam in illis partibus vulgariter nuncupatam, que quondam Galterum Ducem Athenarum de cuius genere originem traxisse diceris, inhumaniter interfecit, et ducatum Athenien̄sem detinet occupatum, insulam Nigroponten. frequenter morsibus hostilibus nequiter invadendo, homines eiusdem insule capiendo, ac etiam depredando, nequis, ut asseris, ad eandem ecclesiam absque gravi persone et rerum tuarum periculo remeare. »

Epistola confirmans Vitali Broŝt in spiritualibus marchiae Anconitanae vicario generali, regimen in temporalibus quod ex commissione Raymundi Attonis nunc defuncti tenebat, die 8 Aprilis data fuit, cum duabus aliis Pandulfo et Malatestino de Malatestis de deposito pecuniae ad cameram pertinente tradendo eidem Vitali directis; dum epistola nuntians nobilibus viris Marchiae Anconitanae confirmationem regiminis, die 1 aprilis fuit data [6]. Hoc mense, Clemens capitulis « de Villa de Vseste et de Vinandrau » favet [7]. Episcopus Senonensis in episcopum Trecensem suffra-

---

[1] Fol. 101.
[2] Fol. 269*b* et 270.
[3] Fol. 63.
[4] Fol. 111.
[5] Fol. 111*b*.
[6] Fol. 274.
[7] Fol. 77.

Regestum Clementis Papae V.

ganeum suum apud sedem apostolicam detentum, excommunicationis sen_
tentiam, eo quod non venerat ad concilium provinciale, tulerat; « de quo non
modicum admiramur (ait Clemens). Nos itaque fraternitati tue mandamus
quatinus, visis presentibus, dictam excommunicationis sententiam sine difficultate qualibet relaxare. . . . procures. Sic ergo in huiusmodi executione
mandati solerter te gerere studeas, quod nulla dicto episcopo proinde
supersit ulterius materia conquerendi, *nec nos oporteat scribere iterato.* »
Eandem auctoritatem redolet alia epistola eodem mense scripta Geraldo
episcopo Albiensi et iustum Clementem probat. Nonnulli cives Albienses
hereseos suspecti, quorum plures iam vita functi fuerant post primam
Clementi directam epistolam, nunc iterum ad Pontificem recurrunt. Clemens
scripserat episcopo Bernardo et inquisitoribus « ut ipsi erga dictos cives
eorum officii debitum adimplerent, prout ordo exigeret; » sed ipsis pro
libitu voluntatis in negotio procedere differrentibus, licet a praedictis civibus fuissent requisiti, nunc Clemens mandat episcopo ut ita solerter se
gerat « quod iidem cives, qui longis temporibus carceris angustias sunt
perpessi et cupiunt quod meruerunt rationabiliter in hac parte consequi,
non cogantur propter hoc habere recursum ad sedem apostolicam iterato. »
Eodem modo episcopo Maioricensi cuius dioecesis a sede romana immediate
pendebat praecedenti mense scripserat [1] de Templariis. Absolutis, de bonis
ordinis ut iuxta sui status decentiam vivant, subministretur; poenitentibus
rigor iustitiae cum affluenti misericordia mitigetur; in impoenitentes et re-
lapsos, observetur quod iustum est, quod aequitas canonum suadet.

Clemens saepe saepius tempore pontificatus sui, religiosorum ordinibus
mederi conatus est, nec hospitalium ipsorum oblitus qui tunc favoribus
ampliabantur; die 22 aprilis scribit Rogerio episcopo Senensi Vrbis vicario [2],
(epistola quae eum vicarium nominat, non ante diem 23 augusti ad regestum
venit), ut eiiciat e monasterio Sancti Laurentii foris portam Vrbis nonnullos monachos qui ex aliis ordinibus ad hoc monasterium transierant, ibique
graves discordias, amicorum et consanguineorum fulti potentia, suscitabant,
ac eos extra loca vicinia Vrbis, in alio monasterio constituat, ubi in fratres
recepti, sincera in Domino caritate tractentur.

*Hec est cordis apostolici requies; hoc refrigerium mentis nostre. . . . ut
ubique, fidelibus singulis, plenitudo quietis arrideat. . . .* Sic pulchre incipit
epistola Ianuensibus, ut habeant pacem cum Rege Cypri et Imperatore
Henrico, die 28 aprilis directa. Die 30 eiusdem mensis Isnardo patriarchae
Antiocheno ecclesiae Papiensis administratori in quem haud immemor

[1] Fol. 80*b*.
[2] Fol. 78, 293*b*.

optimae hospitalitatis sibi fugienti oblatae sese gratum ostenderat, commendat
priorem Iacobum de Ponte nuntium pacis ad has partes missum et alias
epistolas Comiti Philippono turbationis auctori caeterisque dirigit, quarum
unaquaeque taxam L, in margine regesti exhibet.

Primo die maii se scientiae amantem exhibet Clemens in epistola non
parvi facienda quam tribus Angliae episcopis dirigit ut pax studiorum amica
inter fratres praedicatores et universitatem Oxoniensem iterum vigeat. Die
quinto, Iacobo episcopo Avenionensi electo mox Ioanni XXII « concedit ut beneficiis suis fruens usque ad unum annum consecrationem suam proroget, et
Caelestinum V albo sanctorum adscribit. In fine mensis, Isabellam Angliae
reginam consuetis favoribus, et Ioannem de Cherletone camerarium Eduardi
altaris portatilis privilegio donat; fratribus Hospitalis sancti Ioannis inhibet
ne bona Templariorum in subsidium Terrae Sanctae deputata, cuilibet, cuiuslibet sit dignitatis, concedant absque sedis apostolicae licentia, et Iacobo
Episcopo Portuensi, Praenestinum, Senensem episcopos et abbatem sancti
Paulli de Vrbe *conservatores* praebet.

Pace ad annum inter Scotos et Anglos, mediante comite Ebroicensi confirmata, iuvenis Angliae rex cum uxore, filia Philippi, Lutetiam tendit: « Non
est memoria quod unquam fuerit in Francia tantum festum » ait Iohannes
S. Victoris [1]. Die Pentecostes tres filios suos et multos nobiles milites
fecit Philippus. Feria quarta in insula sanctae Mariae, Nicolaus sancti Eusebii
et alii praelati, volentibus cruces porrigebant, quas acceperunt Philippus, eius
filii, Eduardus et novi milites, crastina die eorum uxoribus exemplum imi-
tantibus. In duobus epistolis curiae [2] Clemens laudat Philippum, Eduardum
aliosque principes qui « ad vindicandas nostri Redemptoris iniurias, ad libe-
randam Terram Sanctam de Agarenorum manibus, crucem assumpserant, sed
irascitur contra excessus torneamentorum. « Cum enim in torneamentis et
iustis que interdum in aliquibus partibus fieri solent, multa pericula immineant
animarum, neces hominum, consumptio pecuniarum et equorum destructiones
plerumque contingant; nemini venit in dubium sane mentis quin illi qui
torneamenta faciunt, vel fieri procurant, impedimentum procurent passagio
faciendo . . . » vituperat etiam iustas « que tabule rotunde in aliquibus partibus vulgariter nuncupantur » et severas praedecessorum suorum, in eos
etiam qui subsidia torneamentis praebent, sententias renovat. Praeterimus
bullam Roberto contra Henricum aliosque eius hostes protegentem omnibus
notam. Mense sequenti annuit petitioni eiusdem regis, concedens Ministro et
provinciali ac fratribus Ordinis Minorum Montis sancti Angeli, ut duo nova

[1] Cf. BALVZIVM loc. cit. vol. I. col. 19, et 52.
[2] Fol. 293 et 297.

monasteria construant [1]. Mense septembri, iam vita functo Henrico, nova bulla interpretationes prioris, seu potius cavillationes eorum qui invadere Siciliam volebant, eludit [2]. Henrico Robertus erat lesae maiestatis reus, Pontifici utilis vassallus; et operae pretium est meminisse, in epistola qua bullas praedictas Philippus postulabat, praecipuum argumentum fuisse quod tempestas contra Robertum excitata *passagio generali* Terrae Sanctae valde obstaret. In eodem mense praeter suum titulum sancti Cyriaci in Thermis, sancti Clementis titulum aliosque favores cardinalis Guillelmus accipit [3].

Ne praetereamus Ioannem filium magistri Ioannis Ricardi medici regis Philippi ab alio ordine ad Benedictinos transeundi licentiam die 30 maii obtinentem [4]; die 10 augusti medicum Pontificis Guillelmum de Brixia iuste a residentia exemptum [5]. Nicolaum de Petra praepositum ecclesiae beatae Mariae Brugensis Roberti comitis Flandriae medicum et familiarem a residentia ad triennium pariter eximit epistola, die 23 octobris data. Eamdem datam exhibet epistola quae licitum declarat matrimonium inter nobilem virum Bertrandum Dante natum quondam Arvei Dante militem, et Comitissam filiam Dimberti Dante [6]; Eodem mense nonnullae litterae magistris scolarum Toletanae et Conchensis ecclesiarum, Iacobo Regi Aragonum aliisque directae probant Clementem satagentem, ut Antonio Segorbricensi et Sanctae Mariae de Albarazino reddatur iustitia [7]; aliae epistolae Abbatibus sanctae Iustinae et monasterii de Vangaticia mandant ut sibi tradendos a Venetis postulent viros, qui post supplicium cruentae mortis intentatum Raymundo Attonis de Spello tunc Marchiae Anconitanae rectori raptamque pecuniam, « ad terram Venetiarum tanquam sibi male conscii » aufugerant [8].

Die 22 augusti Clemens, pio et paterno compatiens affectu captivis Aragonibus « in terra Soldani Bambillonie » detentis, Iacobo Regi permiserat, ut navis ad has partes transiret, quae ambassiatores, nuntios, mercatores et *merces non vetitas* deferret; non tamen cum armis, ferro, lignaminibus et aliis vetitis a iure [9]; nunc anno octavo finem imponit [10], haud immemor misericordiae, sed iurium ecclesiae fidelis custos.

[1] Fol. 127 *b*.
[2] Fol. 300.
[3] Fol. 296, 297.
[4] Fol. 163.
[5] Fol. 223.
[6] Fol. 209 *b*.
[7] Fol. 208 et seqq.
[8] Fol. 294.
[9] Fol. 259 *b*.
[10] Fol. 217 *b*. 218.

In multis Hispaniae ecclesiis decimae in tres partes dividebantur; primam episcopus, secundam clerici, tertiam ecclesiarum fabricae accipiebant. Duas portiones tertiae partis ad debellandos Crucis hostes ad triennium acceperat Fernandus rex Castellae, nunc vita functus; sed triennio elapso vetitum fructum sumens, eo ipso in sententiam excommunicationis incurrerat, et terrae eius interdicto subiacebant. Alphonso eius filio in annis tenerae infantiae constituto compatitur Pontifex; et, ut recedant scandala, et quies redeat, consentit ut relaxetur interdictum, ea tamen conditione, ut sine licentia speciali non praesumat rex vel eius gubernator praedictas decimas accipere; secus excommunicatio et interdictum in diebus dominicis et festivis publice nuntientur.

VOLVMEN X REGESTI INSCRIPTVM LXI.

Annus IX Pontificatus Clementis V. (1313–1314)

Quatuor foliis constat index, qui exhibet nonnullos titulos numero carentes. Numerum CCXXIII ultimo signatum undecim capitula sequuntur, tertia parte ultimi folii vacante. Omnes epistolas communes B. exaravit in novem quaternis quorum unusquisque octo habet folia, et partem epistolarum de curia in ultimo quaterno inchoato et ad finem deducto a C. scriptore. Indicis scriptura paululum neglecta, nonnisi in principio titulorum minio ornatur; forsitan scriptor nichil accipiebat; quia in primi folii superiori margine iterum legimus « nichil. » In folio 77, B. registravit epistolam, quae die 19 augusti an. 1310 Robertum Siciliae regem, provinciae Romaniolae et comitatus Britonorii, in temporalibus, praeficit rectorem; in margine legitur notula: « Anno quinto ». In folio 75 C. addit in margine « At de VIII, et registrat inter alias epistolas, sub forma eam recipientibus non iucunda: « Licet olim . . . » mandatum die quinto aprilis an. 1313 datum Petro de Garlenx et Petro Durandi, exigendi a successore Conradi Salisburgensis Archiepiscopi decimam reddituum duorum annorum « pro nostris et ecclesie Romane necessitatibus relevandis » oblatam. Iterum duae aliae epistolae cum notula marginali « Octavo » quae videntur eodem die 27 iunii, datae, duobus rectoribus, ut aliam ecclesiam curam animarum habentem, accipere possint, concedunt [1]. Anno octavo epistola adscribenda est, quae in folio 34 venit, confirmans collationem ecclesiae, non obstante quod in praecedentibus litteris mentio de defectu in ordinibus et aetate non fuerit facta. In regesto legitur: « Dat. Montiliis Avinionensis dioc. XIII kal. no-

[1] Fol. 37.

vembris anno nono. » Prima regesti epistola data fuit primo die anni IX, die scilicet 14 novembris a. 1313; nonus quaternus epistolarum communium habet epistolam die 7 aprilis datam; prima epistolarum de Curia die 22 decembris a. 1313 data fuit; ultima a C. exarata, Carpentoracti die 4 aprilis data, alia tamen a B. registrata ad diem quintum aprilis ascendit.

    Fol. I. *Anno nôno. Regestrum domini Clementis pape Quinti. Anni noni. Clemens episcopus servus servorum Dei* . . . Sequitur epistola directa prioribus praedicatorum Heremitarum et Guardiano fratrum minorum, ut pro iusto pretio concedant Ricardo Sancti Eustachii cardinali locum ordinis Saccorum, ut ibi religiosos viros, vel mulieres collocet. Die 16 novembris [1] Aymo, filius Amedei Comitis Sabaudiae, obtinet Eboracensem canonicatum; eximitur a residentia, ut studiis vacet; archidiaconatum suum Remensem per alium visitare potest, et insuper ad sacros ordines promoveri non tenetur. Huius gratiae rationem ipse Clemens refert in epistola: « Cum itaque dilectus filius nobilis vir Amedeus Comes Sabaudie genitor tuus, sicut pro parte sua fuit expositum coram nobis, duos dumtaxat, te videlicet et dilectum filium nobilem virum Eduardum eiusdem Comitis primogenitum, germanum tuum liberos habeat, ipseque Eduardus nondum prolem suscepisse noscatur; nos qui prefatum Comitem, ob devote sinceritatis affectum, quo nos et sedem apostolicam reveretur, in pectoris intimis pre multa dilectione portamus; aspera et dira pericula que circa gubernationem et statum Comitatus Sabaudie, si ad sacros ordines, antequam Eduardum prefatum, heredum solatio gaudere contingat, te faceres promoveri, possent emergere, diligentius attendentes . . . tibi, auctoritate presentium, indulgemus ut . . . non tenearis, quousque prefatus Eduardus duos masculos filios legitimos habeat . . . . ad aliquos sacros ordines te facere promoveri etc. » Die 25 eiusdem mensis [2] pulchram epistolam regesto insertam qua confirmatur constructio duarum capellaniarum in castro de Budos integram referre iuvaret in exemplum pietatis parentum Clementis: « Vniversis . . . . salutem et plenam presentibus dare fidem. Si prophetarum maximus, qui sancto repletus spiritu summa divinitatis sacra misteria scrutabatur, velut ad hoc inops et impotens hesitabat quod, unde retribueret domino, pro receptis beneficiis non haberet, non indigne recta dei iudicia terrere possunt nos assiduos peccatores, in huiusmodi valle positos plorationis atque miserie, nichil prorsus habentes preter culpe contagium, quod valeat nostra fragilitas nostro rependere creatori, qui de summis celorum ad ima mundi descendens, ut hominem de laqueo servitutis eriperet, vestem nostre mortalitatis

[1] Fol. 2*b*.
[2] Fol. 53.

induit, proprii volens aspersione sanguinis incendia perpetui cruciatus extin-
guere, ac suos eterne morti deditos perempnis vite facere possessores ...
Epistola diei sequentis [1] taxata CL, actus ipsius pontificis tunc episcopi Convenarum de permutatione quadam cum Abbate sancti Tiberii non parvi
faciendos includit. « Publicum instrumentum sigillis pendentibus, veris et
integris, ut prima facie apparebat, dominorum, Episcopi et Capituli (erat)
sigillatum. In quo quidem sigillo domini Episcopi erat quedam ymago Episcopalis in medio sigilli impressa, induta pontificalibus cum mitra in capite,
tenens in manu baculum pastoralem; et in ipsius circumferentia erant impresse
quedam littere, seu caracteres, videlicet, tales. Sigillum Bertrandi dei gratia
Episcopi Convenarum ad caussas; que aperte legi poterant et cognosci. »
Notemus in hoc mense Guillelmum Catros rectoria Ferrariensi in spiritualibus
donatum; et die 2 ianuarii an. 1314, Beneventanam in spiritualibus rectoriam
concessam Geraldo de Vitrinis. Eodem mense fratres beatae Mariae de Monte
Carmelo damnantur ad septennem absentiam a domo villae Castri de Clethan
Clonensis dioecesis quam sine consensu episcopi acceperant; ad eam tamen,
elapso septennio, reversuri; sed alias domos in Hibernia construere possunt.
Fratres praedicatores provinciae Lombardiae inferioris eamdem gratiam accipiunt in civitate Auximana quae ad hoc est « ob ipsius comoditates et
conditiones multiplices habilis et apta non modicum. » Divus Anselmus iam
moriturus, aliquantulum temporis a Deo expostulabat ut cuidam tractatui a se
composito finem imponeret; Clemens totius vitae suae σκοπὸν nec ipse obtinuit.
Iam Ludovici IX praeterierat saeculum. Aquinatis locum paulatim iuris et
legum periti sumebant; animorum magnanimitati propriae utilitatis succe-
debat amor; scientia humana paulatim in superbiam elata, Theologiam ut
pedissequam habebat, donec decursu temporis stulte respueret eius lumen
quod in coelo, nunc iterum refulget. Cordis vota etiam incassa respicit et
remunerat Deus. Clemens a ducatu Athenarum initium Terrae Sanctae liberationis sperabat; sed « nonnulli, qui olim ad partes illas credebantur in
favorem fidelium accessisse ... in propria catholicorum viscera, immisericordi
crudelitate » (desaeviebant); Gualterum de Brenna ducem Athenarum, qui
ad defensionem dictorum fidelium, tamquam Christi verus athleta, et fidelis
pugil ecclesiae, adversus Graecos schismaticos laborabat nequiter (occiderant);
filios eius et nobilem mulierem Iohannam de Castellione, relictam eius, vi-
duam impugnantes; » scribit Patriarchae Constantinopolitano aliisque praelatis, ut bona Templariorum in ducatu Athenarum, Gualtero de Castellione
tradant eique auxilium impendant; magistro Hospitalis, ut quatuor galeas armatas, dicto capitaneo contra Catalanam societatem luctanti mittant.

---

[1] Fol. 12.

Primo die Martii [1] multis auget privilegiis fratres Hospitalis de Altopassu Lucanae dioeceseos, « qui cum sint pauperes spiritu sponte subeunt onera paupertatis, ut pauperibus possint copiosius subvenire. . . . habundant pauperibus, sibi egent; . . . non solum recipiunt hospites, sed et trahunt . . . ; » praelatis et omnibus fidelibus eos commendans. Fratres Hospitalis de Ficeculo, qui « caritatis igne succensi super fluvium Arni in loco qui dicitur Ficeculum, ubi multi periclitari solebant, pontem pro salute transeuntium, propriis sumptibus refecerunt » ut illum iterum reficiant pluribus epistolis adiuvat, exemplum sequens decem summorum Pontificum, « Alexandri, Lutii, Vrbani, Clementis, Celestini, Innocentii, Honorii, Gregorii, Innocentii IV, et Alexandri » suorum praedecessorum. Die 14 huius mensis, unaquaeque epistolarum, quae referuntur ad electionem regis Roberti in Vicarium Imperii in Italiae partibus subiectis Imperio, L. taxata est [2]; numerum CCXI in textu habent; in indice sub numeris CCXXIII, CCXXIIII citantur. Eadem die [3] tribus executoribus mandatur, ut citent Raynerium abbatem sanctae Mariae de Latina in Ierusalem ordinis sancti Benedicti; qui praeter alia « in illam verborum insaniam dicitur prorupisse, ut ordinationem dudum factam in dicto Concilio de ordine quondam Templi, publice asseruerit fuisse contra iustitiam attemptatam. » Haec epistola comitatur electionem Petri episcopi Ruthenensis in Patriarcham Ierosolymitanum diei 25 Februarii. In exemplum procrastinationis in registratione citari potest ultima epistola communis [4] qua eligitur Petrus monachus sancti Dionysii in abbatem monasterii sancti Petri de Capriola ordinis sancti Benedicti, Surrentinae dioeceseos, die 22 Decembris an. 1313; dum in folio 58*b*, iam, sub eadem data, legimus epistolam translationis praedecessoris sui, in abbatem sancti Iohannis in Venere. In folio 70 occurrunt epistolae ultimae ratione temporis, datae enim sunt die 7 aprilis 1313 apud Castrum novum. Agitur de duplici mutuo contrahendo ab Alberto magno praeceptore ultramarino et Fulconis de Villareto locum tenente in partibus citramarinis; cuius procurator substitutus in epistolis ad executores, erat Philippus de Gragniaria Prior Vrbis. Quarta pars circiter folii 71 scriptura vacat, sicut prior pars folii 72. In aversa parte legitur: *Rubrice litterarum de curia anni noni.* Deinde sequuntur decem et octo tituli; in folio autem 73 scriptor C. epistolis de curia hunc rubricatum titulum praeficit: *Regestrum litterarum de Curia Anni Noni domini Clementis pape Quinti. Clemens episcopus servus servorum dei Venerabili*

---

[1] Fol. 62 et seqq.

[2] Fol. 69.

[3] Fol 59 *b*. Vnicuique legenti *Dictamina Bernardi* patebit, Ordinem valde a primo fervore defecisse.

[4] Fol. 71.

fratri Arnaldo Episcopo Albanen. et dilectis filiis Nicolao tituli sancti Eusebii, ac Arnaldo tituli sancte Prisce presbyteris Cardinalibus. Deinde cum initiali littera, rubeo, caeruleo et violaceo ornata coloribus incipit epistola: « Dudum in generali concilio . . . data die 22 Dec. an. 1313, ex qua sequentia decerpsimus verba ad usum eorum, qui avaritiae, vel crudelitatis reum Clementem declarant: « Mandamus quatinus... visis et consideratis inquisitionibus contra magistrum et visitatorem, ac Terre sancte, Normannie, Aquitanie, et Pictavie preceptores predictos . . . ad absolvendum, vel condempnandum ipsos... et ad imponendum eis pro modo culpe penitentiam salutarem, ac etiam faciendum ipsis ministrari victum et vestitum et alia necessasia, de bonis quondam dicti ordinis Templi; prout iustum fuerit et vestre circumspectioni expedire videbitur, procedatis, » Die 10 februarii [1] confirmat Clemens annexionem quarumdam ecclesiarum factam ecclesiae de Vinhandrau ab electo Agennensi Amanevo cuius epistola in regesto inseritur: « Audito siquidem, quod sanctissimus pater et dominus noster, dominus Clemens, Dei providentia, papa V. . . . duas ecclesias, unam videlicet in castro de Vinhandrau, aliam vero in villa de Vsesta. . . . construi fecit, opere plurimum sumptuoso, et eis quas in collegiatas erexit, de dote disposuit honorabili providere . . . nos etc. . . Die 25 martii Raymundus Guillelmi de Budos quietationem computorum suorum in rectoria comitatus Veneysini accipit. Capitulum XVIII, ultimum indicis, die 12 mart. Rogerio episcopo Senensi iniungit, ut Franciscum de Cortona ordinis Praedicatorum, nuper in poenitentiarium papae inferiorem assumptum, ad Vrbem ut poenitentiariae officium exerceat directum, benigne excipiat. Vltima vero regesti epistola, Carpentorati die 4 apr. data, sub forma: « Ad perpetuam rei memoriam, » saevit contra raptores thesauri et occisores Raymundi de Aspello, marchiae Anconitanae rectoris. Atramentum est pallidius, numerus capituli XIX et epistola postea fuerunt addita. In parte postica ultimi folii 80, in spatio vacuo secunda manus scripsit: « Explicit etc. [2] »

[1] Fol. 74.

[2] De Clementis formulario, antequam operi finem imponamus, nonnulla dicenda. Ex duobus constat quaternionibus, quorum prior habet viginti folia, posterior vero quatuordecim, a duobus scriptoribus exarata. Prior quaternio ad primum Clementis annum pertinet et epistolas habet quarum nonnullae in regesto 52 desunt. Continet gratiosas, et executorias epistolas, aliquoties in margine, cruce et circulo signatas, et titulis ornatas v. g. « Quod habeant indulgentiam qui orant pro ea; quod possit audire missam ante diem; quod confessor suus possit dispensare super ieiuniis; quod clerici nobiles possint percipere fructus beneficiorum. » In folio 6 apparet in margine littera R, quae indicat epistolam ad regestum devenisse; aliae formulae ex bullatis epistolis fuerunt desumptae, titulis enim earum apposita est notula: « De bullata. » Omnes datis carent. In folio tertio, caeteris foliis deficientibus, et desinit in folio vigesimo secundo; nova tamen addita numeratio, a pagina quinta ad paginam quadragesimam quartam excurrit. « Lictere coronationis pape [1] venerabili fratri . . episcopo Aquilen. Levabo oculos meos . . . » nobis ostendunt totius orbis statum Clementi optime notum: « Minus quidem bene (ait) quiescit ecclesia, ipsius terras et adiacentes Provincias

[1] Fol. 21b.

Regestum Clementis Papae V.

In praecedentibus regestis occurrunt cofisueti notarii et scriptores. In. reg. 60 notamus Raymundum archidiaconum de Sarbourch thesaurarium papae, Rogerium eius Vicarium, Nicolaum de Fractis apostolicarum episto-larum correctorem, Gregorium de Placentia auditorem causarum, Guillel-mum Meschini notarium et vicecamerarium Clementis, Petrum electum Spo-letanum camerarium Collegii cardinalium, scriptores Andream de Setia, Nicolaum Brunum de Vico, Dominicum Leonardi, notarios Bindum de Senis, Matheum de Carazulo, Napoleonem de filiis Vrsi, Pandulfum de Sa-bello etc; in regesto 61, Bernardum Royardi contradictarum auditorem, Bertrandum de Mediolano, et Aymericum Girardi Palatii auditores. Code$_x$ Avinionensis 467 qui Clementis pulchrum offert Testamentum, nobis auxilio erit in concinandis cum genealogia, tum indicibus cardinalium, episcoporum, vel papae officialium. Sequens Senatorum series nunc fiat satis, ut omnibus pateat quanti sit pretii regestorum excussio [1].

bella vastant civilia; illas hostiles incursus, et quandoque congressus exterminant; Terram sanctam babillonicus hostis, non sine ignominia christiani nominis, miserabiliter occupatam detinet; » addit insidias quas sibi invicem nonnulli christiani principes parant, et ideo recurrit ad sanctorum ora-tiones, ut digne regere possit ecclesiam, ad cuius regimen « per electionem canonicam, et concordem Cardinalium » vocatus est. Vltima epistola [1] favens canonicis Sancti Petri de Vrbe et memorans pretiosissimam vultus Christi imaginem, quam *Veronicam* appellant, ac gloriosissimum corpus aetherei Ianitoris innumerabiliumque martyrum et aliorum sanctorum venerandas reliquias, desinit incompleta: « si canonici, et beneficiati prefati ad loca aliqua pro nego . . . » Alius quaternio qui recenti numeratione caret, incipit a folio 131 et desinit cum folio 144, ex quo docemur folia 22-130 aut periisse, aut alibi latere. Ad annum tertium Clementis refertur, nec ad finem ducitur ultima epistola: « Dilecto filio I. Canonico Astoricen. Illis apostolice sedis benignitas sue consuevit liberalitatis dexteram aperire qui vacando virtutibus, eius obtinere benivolentie gratiam meruerunt. Oblata... » Integra legitur in Reg. 55 fol. 76*b*; ubi aliae, aliquo tamen distantes intervallo, occurrunt. Forte tamen excipienda epistola directa Ioanni de Monte Domeri medico Clementis, qui de eius mandato apud sanctam sedem « studio divini iuris, Theologice videlicet facultatis, » assidue vacabat.

[1] Reg. 53, fol. 1. Nobilibus viris, Gentili de filiis Vrsi, et Stephano de Columpna committitur senatoria Vrbis. (4 Octobris 1306) « statuto seu prefixo per alias litteras nostras vestri regiminis termino non obstante, ipsius urbis regimen. . . usque in finem incepti anni vestri regiminis, nisi aliud de regimine ipso ordinandum duxerimus, exercere curetis . . . »

Reg. 54, fol. 146*b*. Petro de Sabello et Iohanni Iohannis Stephani Normanni nobilibus Civibus Romanis, non obstantibus constitutionibus et statutis quae Iohannem, utpote de regione Transtiberim, a tali dignitate arcebant, pro sex mensibus futuris incipiendis in kalendis Maii proxime secuturi, senatoria Vrbis committitur. (9 martii 1307)

Fol. 151. Riccardus Theobaldi de Anibaldis, et Iohannes de Columpna dominus Genzani, milites, accipiunt Senatoriam Vrbis usque ad sex menses ab instantibus proxime futuris kalendis Novembris. (8 octobris 1307)

Reg. 55, fol. 220*b*. Eisdem usque ad beneplacitum Pontificis praedictum regimen committitur. (5 aprilis 1308)

Fol. 231. Stephano de Comite et Vrso Francisci de Campofloris usque ad sex menses ab initio inchoati regiminis, datur Senatoria Vrbis. (13 aug. 1308)

Fol. 232. Senatoribus scribitur de reaedificatione Ecclesiae Lateranensis. (11 augusti? 1308)

[1] Fol. 22*b*.

REGESTVM ARCHIVI VATICANI LXII.

Regestum Vaticani Archivi numero 62 signatum, cum externo titulo : « Clementis V, Iohannis XXII, Benedicti XII, Clementis VI Bullarium; » dici potest collectio documentorum, tum ex Regestis supradictorum Pontificum, tùm ex libro composito tempore Benedicti XII, in quo indicantur 117 Armenôrum errores, tum ex nonnullis epistolis a tempore Innocentii III, usque ad annum 1355 scriptis, conflata; quae agit de rebus Tartarorum, Graecorum, Armenorum etc.

Duo folia XIV saeculi ineuntis, inserviunt custodiae codicis et sunt fragmenta Regesti in quo indicabantur decimae quaedam collectae. Prius incipit: Archipresbyteratus de Quinto. Plebes, S. Cassiani. Presbyter Petrus· solvit. L solidos (parvos) Albertus clericus solvit XXVII solidos (parvos) etc.;

Fol. 234*b*. Stephano de Comite et Vrso nato quondam Francisci de Campofloris militibus, Civibus Romanis, Senatoribus Vrbis scribit Clemens ut citent peremptorie Poncellum de filiis Vrsi, qui « Capitaniam Anconitarum aliorumque rebellium incautus » assumpserat. (24 octobris? 1308)

Reg. 56, fol. 270*b*. Theobaldus de Sancto Eustachio et Iohannes Petri Stephani de Vrbe senatoriam accipiunt per sex menses « a die receptionis presentium memorandos. » (3 iunii 1309)

Fol. 272*b*. Fortibrachio de filiis Vrsi et Iohanni Anibaldi de Anibaldis Militibus Civibus Romanis eadem senatoria committitur « usque ad sex menses, a die finiti regiminis dilectorum filiorum Theobaldi et Iohannis dicte Vrbis senatorum. » (3 iunii *sic* 1309)

Fol. 273*b*. Iohannes natus quondam Petri Stephani de filiis Stephani Civis Romani, nuper cum Theobaldo de Sancto Eustachio pro sex mensibus futuris a die receptionis litterarum in senatorem assumpto, confirmatur a papa in Senatoria, licet sit de Regione Transtiberim. (27 iunii 1309)

Reg. 57, fol. 273*b*. « Fortibrachio de filiis Vrsi et Iohanni nato nobilis viri Riccardi de Anibaldensibus Alme Vrbis Senatoribus » commendatur Guillelmus de Sancto Marcello. (15 ianuarii 1310)

Fol. eod. « Consulibus Bovacteriorum et Mercatorum, Collegio Iudicum et Notariorum, Consulibus artium, tredecim bonis viris Electis per singulas Regiones, et populo Vrbis, » Clemens V committit electionem senatorum etc., a kalendis maii proxime prosecuturis usque ad annum completum, adempta potestate Fortibrachio et Iohanni de Anibaldis, licet tempus regiminis eorum non sit adimpletum. (14 martii 1310).

Reg. 58, fol 276 « Contigit per aliquod temporis spatium eandem urbem carere regimine Senatoris... te.... elapsis iam de anno ipso tribus mensibus elegerunt ... tibi senatoriam eiusdem Vrbis et regimen usque ad tres menses incipiendos postquam annus fuerit finitus supradictus, videlicet a proximis kal. maii usque ad kalendas augusti immediate sequentis .... committimus exercendum .... Datum avinionis XVIII kl. ianuarii anno sexto. » (15 decembris 1310). De eodem senatore fit mentio in epistolis 1 februarii, et 1 martii an. 1311, foll. 35*b*. et 71.

Reg. 60, fol. 265*b*. Die 27 ianuarii? anni 1313, Clemens scribit: « Senatori et Capitaneo ac consilio et populo Romano, qui castra nonnulla Tusciae occupaverant.

Fol. 29*b*. Die decima mensis februarii scribit Iacobo quondam Arlocti Senatori et Capitaneo Vrbis ut admittat ad officium scribae Senatus Vrbis Poncellum Iacobi Iohannis de Petiis, qui in procuranda pace multum desudaverat. Eadem die praedicto Iacobo scribit approbans electionem eius ad annum. Nuper, intestina bella « statum pacificum enormi laceratione colliserant; » tertia epistola eiusdem datae eum admonet quod super eius regimine « varia et diversa referantur a multis, » et eum hortatur, ut abstineat a nobilium molestiis, prudenter agat et terras iniuste in Tuscia a quibusdam occupatas restituendas procuret. Scribitur etiam nobilibus urbis, Vigintises (*sic*) bonis viris ad reformationem Vrbis deputatis, ac maiori Concilio, Senatui et populo Romano.

pars aversa istorum foliorum vix legi potest. Codex, tempore Innocentii XII compactus et purpureo indutus corio stemma huius Pontificis exterius exhibet. Altitudo eius ad 332 millim. ascendit, longitudo autem ad 237 mill.

Praecedit index cum sequenti titulo: « Incipiunt Rubrice litterarum, seu scripturarum tangentium de negociis Tartarorum, partim ultramarinarum et infidelium ac scismaticorum tempore felicis recordationis Clementis V, Iohannis XXII, Benedicti XII et Clementis VI per eosdem missarum et receptarum. — Et primo domini Clementis V scribentis. — Collectori decime imposite per sedem apostolicam in Insula Sycilie pro negocio Imperii Constantinopolitani contra condam Michaelem Paleologum dum vixit et post eius obitum per Andronicum eius filium scismaticos . . . — Secundo domini Iohannis XXII scribentis Georgio regi Georgianorum, ut se convertat ad fidem. » Sequuntur aliae epistolae, inter quas una directa Regi Franciae pro passagio ultramarino; quae vacat in Codice, et notatur ab illo qui numeros foliis Regesti et marginibus Indicis apposuit, ut lector documenta facilius inveniret. Tertio loco epistolae Benedicti XII, quarto et ultimo epistolae Clementis sexti indicantur; deinde sequentia occurrunt: « Est eciam unus parvus liber compositus tempore felicis recordationis domini Benedicti XII dicentis quod ad audientiam sancte memorie domini Iohannis XXII sepissime pervenisset, quod Armeni in et de hiis que ad fidem et credenciam pertinent christianam communiter in utraque Armenia vel specialiter in una vel in alia Armenia, aut aliqui de una vel de alia tenebant et dicebant vel eciam predicabant errores varios seu diversos tam contra divinam scripturam, Concilia generalia, quam eciam contra alia que determinavit, docet et docuit ac predicavit et predicat sancta Romana ecclesia mater omnium et magistra. Volens idem dominus papa super predictis et eorum singulis inquirere ac scire plenius veritatem, ad sui presentiam fecit venire multos Armenos qui deposuerunt, tam per verba quam per scripturas, quod dicti Armeni servant errores infrascriptos, qui sequuntur, qui sunt in numero CXVII. Sunt eciam in isto libro quedam littere scripte et recepte de Archivo ecclesie Romane de quodam Coffro (alia manu: tangentes partes ultramarinas).

Et est sciendum, quod in Regestis felicis recordationis Clementis V, Iohannis XXII, Benedicti XII, Clementis VI, nulla littera praefatis summis Pontificibus missa per Infideles, Scismaticos, Sarracenos, Tartaros regestrata invenitur. Ideo supradicte littere de dicto Coffro hic sunt posite. Est eciam sciendum quod in dicto Coffro sunt alie multe littere tam auro, quam incausto scripte que non possunt hic aliqua via explicari sermone, quia non sunt interpretes, seu explicatores, nec scriptores qui scirent contrafacere.

Index quatuor folia fere integra occupat, praeter quatuor alia prorsus vacua, quorum duo praecedunt, sequuntur duo.

Regestum proprie dictum, seu potius excerptum ex variis regestis necnon ex epistolis originalibus, a quatuor saltem amanuensibus fuit digestum. Primus epistolas Clementis V, Iohannis XXII et Benedicti XII transumpsit, quae primam Codicis partem a folio primo ad folium trigesimum quintum occupant; deinde sequuntur quatuor folia vacua.

Quoad rem quae ad nos pertinet, nihil novi offert, quia epistolae hic descriptae, exceptis variantibus nullius momenti, leguntur in Regesto Clementis V, numero 54 signato, anno II, folio 48 et seqq. sub numeris Regesti 260, 261, 262, 263, 264 et 273.

Lineae quibus dirigendus est calamus, ex una tantum parte folii exaratae instrumento quod nullum coloris signum relinquit. Numerus istarum linearum quarum prima scripturam non exhibet, non semper idem est, sed nunc 37, nunc 38, nunc 39. Quaterniones decem folia habent, quorum ultimum offert in inferiori margine tria aut quatuor verba folii sequentis, sine alio signo. Praeter epistolas supradictas continet quasdam epistolas Ioannis XXII, ab anno sexto ad annum decimum octavum, et Benedicti XII, ab anno III usque ad annum septimum.

In locum primi amanuensis succedens secundus, a folio XL ad folium XCVIII, cuius dimidia pars cum folio sequenti vacua remansit, epistolas Clementis VI, de rebus transmarinis tractantes, ab anno Pontificatus illius secundo usque ad annum decimum descripsit. Quaterniones decem foliis constant; indicato quaternione sequenti, tribus verbis, quibus supponitur delinatio quaedam figuram numeri 8 arabici partim exhibentis. Lineas duxit ex utraque parte folii, 37, 38, vel 39 numero; et pallidiori atramento usus est. Tertius amanuensis perpendiculares lineas non stilo plumbeo, sicut secundus amanuensis, sed tum perpendiculares, cum alias, quae inter numeros 30, 31, 32, 33, 34 variant, stilo ferreo duxit. Duos quaterniones quorum prior decem folia habet, posterior vero sexdecim, scripsit. Secundus, praeposito titulo: « de Clemente VI. » Nomen Clementis cum initiali delineationibus ornata, et altioribus litteris exaraverat; tertius simili modo incipit: « In Nomine Domini. Amen. Cum dudum ... » Et narrat convocationem factam a Papa Benedicto XII, tum Armenorum, tum Latinorum qui Armeniam visitaverant, qui sive per se, sive per interpretes coram eodem Pontifice, vel coram Reverendo patre domino Bernardo tituli sancti Cyriaci in Thermis Cardinali, depositiones 117 errorum fecerunt. Actus convocationis et ipsi errores in margine signati, a folio C usque ad folium CXX excurrunt, cuius aversa pagina et folia sequentia duos offerunt indices. Prior continet errorum rubricas sub XIX titulis; posterior autem hos XIX titulos sive rubricas generales « situatas superius inter rubricas speciales. » Inter utrumque occurrit spatium vacuum; folium vero CXXV prorsus vacat.

Hanc partem Codicis eadem manus a folio I usque ad CXXIV, sequenti modo adnotavit. Folio I. In margine superiori et ad sinistrum angulum aspicientis: « Taxatio ad XII dictiones pro linea. » Numeratis centum lineis occurrit littera C, quae post eumdem linearum numerum recurrit; deinde post quadraginta lineas: « Vsque huc I grossus, » et sic servato eodem ordine, prosequitur usque ad partem aversam folii XXXV, in qua scripsit iuxta ultimam lineam: « Vsque huc XI denarii, et sic assunt supradicti quatuor caterni, X grossi, XI denarii. Eadem verba recurrunt in primo folio secundi amanuensis: « Taxatio ad XII dictiones pro qualibet linea, » et sic dicendum de formula: « Vsque huc I. grossus, » post lineas numero 240, aut circiter. Iuxta ultimam lineam folii XCVIII, in margine legitur: « Vsque huc. XXI denarii et sic assunt supradicti VI caterni, XVI grossi, XXI denarii. In fronte folii C, ad laevum marginem iterum legitur: « Taxatio ad duodecim dictiones pro qualibet linea, » et in inferiori margine posticae partis folii CXXIV: « Vsque huc XIX denarii, et sic assunt duo caterni, V grossi, XIX denarii. » Ex quo arguitur tres nostros amanuenses accepisse grossum unum pro lineis numero 240, ab eadem persona; et circa idem tempus, XIV saeculum, scripsisse. Secundo amanuensi desunt 33 lineae ut septemdecim grossos accipiat.

Alia pars Codicis a folio CXXVI usque ad folium CXLIII, paullo recentior licet eiusdem saeculi, sic incipit: « sequitur quedam littera latinis verbis et grecis scripta, extracta de Archivis sancte Romane Ecclesie inventa cum pluribus aliis de Imperatorum Grecorum et Romeorum, atque Soldano missa per eum sancte memorie, domino Innocentio pape VI, cuius tenor talis est.

Ego Iohannes in Christo deo fidelis imperator, et moderator Romeorum, Paleologus, iuro. .... Actum in urbe magna Constantinopolis, in nostro sacro palacio Blachernarum, anno a constructione mundi sexto milleno, octavo centeno, sexagesimo quarto. A nativitate autem Domini millesimo CCC quinquagesimo quinto, die quinta decima decembris. — Item sequitur alia littera in papiro scripta duabus bullis aureis bullata. » Sequuntur aliae epistolae, tum Michaelis imperatoris, tum Andronici eius filii, exhibentes professiones fidei et promissiones factas ab utroque pluribus summis Pontificibus; tum Iohannis Constantinopolitani Patriarchae epistola anni 1276, tum concordia inter Benedictum, tituli sanctae Susannae presbyterum Cardinalem, apostolicae sedis legatum, et Thomam Maurocenum Patriarcham Constanti-

nopolitanum ex una parte, et dominum Henricum et Barones, et Milites
et populum ex altera, a. 1206, tum litterae testimoniales Philippi de Tociaco
Baiuli Imperii Romani etc., datae anno 1247 fratri Dominico yspano de
ordine fratrum minorum, quem in urbe retinuerat timor Vatacii, tum
epistola Mogolis Imperatoris cuius initium: « Per virtutem dei vivi – et po-
tenciam Chaan – verbum Abagha – Sacrosancte Ecclesie Romane Summo
Pontifici. » Hanc epistolam sequitur nota iam citata in indice. « Supradicte
littere sunt extracte de Archivo . . . . qui scirent contrafacere. Sequuntur
tenores quinque litterarum Regis Armenie Bullis aureis bullate, et in dicto
Coffro invente. » Prior dirigitur Innocentio III, a Leone Armenorum Rege,
sub anno 1199, aliae eidem directae data carent.

Ad ducendas lineas quae sunt numero 33, sive 34, identidem atramento
usus est hicce scriptor qui decem folia unicuique quaterno assignat, indicans
ad calcem ultimi folii quaterni prima verba quaterni sequentis. A folio CXXVI
usque ad mediam partem folii CLXIII scripsit, duo sequentia folia vacua
relinquens. Descriptionem istorum documentorum quae non sunt parvi
momenti, vix attigimus, quia ad opus nostrum hic et nunc non pertinent.
Raynaldus, ad hanc partem Regesti, non una vice, recurrit.

Nunc nobis disserendum esset de diversis Pontificum collectaneis, eorum
instar qui edendis Conciliis, Romano, vel peculiaribus Bullariis, manus admoverunt; longa auctorum series a Dionysio Exiguo ad nostrum Petrum Cou-
stant, a divo Hieronymo Damasi Cancellario, ad Eminentissimos Ioh. Bapt.
Pitra Bibliothecae, et Ios. Hergenroether Archivi Ecclesiae Romanae Prae-
fectos esset congerenda; imo de recentioribus auctoribus, vel de claris viris, qui
quotidie pervulgandis Summorum Pontificum Regestis totis viribus incum-
bunt, mentio esset facienda; verumtamen de his silebimus, quia Regestorum
limites modo transilire nolumus [1].

Regestum est LAPIS LYDIVS *epistolarum Pontificum;* dici potest etiam *authenticitatis tribunal* ad quod Hieronymus, imo ipsi Pontifices, decursu saeculorum, millies appellaverunt; *fons purissimus* ex quo limpidos historicae
veritatis rivulos derivare cuique datum est. Regestum Clementis, prout iacet,
integre et fideliter nunc edimus, illius ordinem perfecte servantes; nec etiam
numerationem foliorum a compactoris incuria ab antiquo exturbatam immu-
tantes. Omnibus notum est epistolas in regesto aliquoties *per errorem, per
oblivionem,* proprio loco sibi competente non fuisse insertas; sed *existit verus
insertionis ordo,* quo fit ut ex variis causis epistolae ad regestum, non servata

---

[1] In specimine scripturae amanuensium Regesti Clementis V, sequentem ordinem observavimus.
Numerus primus offert signum Leonis ex fol. 10 Cod. Ottob. 2516 desumptum, deinde veniunt fragmenta chartacea, tres scriptores Reg. 52, I, II, III, cum rubricella, et tandem tres scriptores A, B, C.

semper temporis ratione, veniant; quarum ordinem immutare, cum plerisque eruditis viris, tum nobis visum est nefas. Epistolae Regestis insertae sunt indubiae fidei; quae a Regestis absunt, non semper eodem gaudent privilegio; quapropter huiusmodi epistolas nunc silentio praeterimus. Si nobis Deus aderit, tum vitam Clementis, tum illius itinerarium, tum epistolarum chronologicum ordinem dabimus. Opus adgressuros

BENEDICAT NOS DEVS, DEVS NOSTER, BENEDICAT NOS DEVS.

APPENDIX DOCVMENTORVM

APPENDIX DOCVMENTORVM

I.

Supervacaneum arbitramur sententiam excommunicationis contra Mutium quondam Francisci per Thebaldum Asisinatem episcopum anno 1326 prolatam, iamque in lucem editam [1], denuo typis vulgare. Libet potius aliud proferre documentum ex quo patet eum tresdecim post annos, adhuc infamiae nota dignum a Benedicto XII inventum fuisse.

Benedictus episcopus servus servorum Dei. Dilectis filiis Communi Perusino salutem et apostolicam benedictionem. Latere prudentiam vestram non credimus, cum iam dudum fuerit in illis partibus nuncia fama publica, seu verius infamia divulgatum, quod homo ille iniquus et impius, Mutius Francisci de Assisio, dum olim Civitatem Assisinatem, nobis et ecclesiae Romanae immediate subiectam, sub sua tirannide detineret, Thesaurum eiusdem ecclesiae, qui tam de sacris et cultui deputatis divino quam diversis preciosis rebus et aliis in Sacristia ecclesiae Fratrum ordinis Minorum Assisinatum pro tuta reposita custodia, servabatur, per se suosque complices ausu sacrilego et nefando, fractis violenter eiusdem Sacristiae ostiis, in gravem divine maiestatis offensam et eiusdem Romanae ecclesiae contumeliam et iniuriam manifestam, subripuit et nequiter asportavit, et quamvis postmodum per processus felicis recordationis Iohannis pape XXII predecessoris nostri contra dictum Mutium habitos, diversas poenas et sentencias spirituales et temporales continentes, per quas etiam ipse Mutius inter cetera, servus effectus fuit capientium, et expositus fidelibus, citra tamen mutilationem membrorum et mortis periculum capiendus nisi processibus ipsis cum effectu pareret inflictas, monitus et requisitus fuerit, ut dictum Thesaurum in loco predicto de quo illum, ut praemittitur, subripuerat, reponeret absque diminutione qualibet, indeque competentem satisfactionem ecclesiae memoratae prestaret, hoc tamen infra terminum peremptorium sibi praefixum in eisdem processibus super iis, vel etiam postea, facere non curavit. Quum autem ipse de Thesauro huiusmodi et aliis quae tempore dictae tirannidis in eadem Civitate Assisinati, dicitur extorsisse, nimium locupletatus, nonnulla bona mobilia et immobilia habere asseratur in vestris Civitate et districtu, de quibus saltem pro aliqua parte dicti Thesauri, eidem ecclesiae Romanae satisfactio prestari valeret. Vniversitatem vestram rogamus, requirimus et in domino attentius exhortamur quatenus immanitatem tanti tamque scelerosi facinoris abhorrentes et illatum Deo et ecclesiae sanctae sue tam contumeliosam offensam et iniuriam detestantes, bona praedicta quae praelibatum Mutium in vestris Civitate et districtu reperietis habere, arrestare, et ad manus vestras

---

[1] Archivio storico italiano, T. XVI, p. II, pag. 495. Firenze 1851.

arrestata recipere studeatis, de illis in satisfactionem predictam, sicut rationabile fuerit, converten-
dis, dilecto filio magistro Iohanni de Amelio Archidiacono Foroiuliensi, clerico Camere nostre, cui
litteras nostras oportunas inde dirigimus, nichilominus nostro et ecclesie Romane predicte nomine,
respondendo, vos super premissis pro divina et nostra, sedisque Apostolice reverentia, taliter habituri, quod ex inde perennis mercedis acquiratis premium, nobisque nostram et sedis eiusdem uberiorem
graciam merito vendicetis. Dat. Avinione, IV kal. decembris, Pontificatus nostri anno quinto.

(Foris) — Dilectis filiis Communi Perusino. *Archiv. Perusin.* B. num. 123.

II.

Iohannes episcopus servus servorum Dei. Dilectis filiis Potestati, Capitaneo, Consilio et Communi
Perusino salutem et apost. benedictionem. Antiquo devotionis vestre et fidei illibate constantia a longis
retro temporibus erga obsequia Romane ecclesie invariabiliter comprobata in memoriali eiusdem ecclesie
archivo conscripta et per gratam continuationem secundum novorum contingentium exigentiam successu
temporum augmentata, dum nostris et fratrum nostrorum presentatur obtutibus tam ex preteritis
quam ex commendabilium aucta continuatione successuum vos fore percipimus peculiariter diligendos.
Sane scimus vestram prudentiam non latere qualiter nuper quidam Cives Assisinates in superbiam
cornua erigentes, ut possent in Civitate Assisinati seram tirampnidem exercere, nonnullos alios Concives
devotos fideles ecclesie zelantes pacem et statum pacificum Civitatis violenter extra ipsius civitatis
menia deiecerunt, ac deinde addendo excessus excessibus, in illius detestabilis genus sacrilegii prorupisse dicuntur, ut ad locum fratrum Minorum Assisinatum ubi beati Francisci gloriosissimi confessoris corpus venerabile requiescit, in hostilis furoris impetu accedentes, immunitate ecclesiastica
violata, hostia thesauri eiusdem loci in quo pecunia decime, a diversis ecclesiis de mandato sedis
apostolice recollecte, pro terre sancte subsidio et aliis necessitatibus eiusdem ecclesie servabatur ausu
dampnabili, confregerunt, et de thesauro predicto partem quam voluerunt de dicta pecunia asportarunt,
Custodes ponentes et statuentes ibidem qui residuam pro eorum libito inde recipiant, expendendam
prout de ipsorum processerit voluntate, ac preter hec, alia deposita que ibidem nonnulli etiam ex
fratribus nostris sancte Romane ecclesie Cardinalibus et persone alie tanquam in loco tutissimo depo-
suerant conservanda dicuntur similiter asportasse, ex quibus quanta et quali status eorum respergatur
infamia quantave labe criminis involvatur violatio loci sacri, lex fracta depositi, execrabilis rapine
commissio et reatus sacrilegii cunctis fidelium mentibus detestandus, si ad considerationis recte iudicium
referantur evidentius manifestant. Licet igitur ad dictorum intrinsecorum civium superbiam compri-
mendam, ad requisitionem dilecti filii Rectoris Ducatus Spoleti solite devotionis insignia demonstrantes
in potenti manu contra illos sufficientis gentis armigere presidium duxeritis destinandum, super quo
diligentiam vestram gratam habentes, plurimum et acceptam eam multipliciter in domino commendamus,
quia tamen circumspectionem vestram iam dudum in preteritis providam non decet nec expedit in
presentibus absque perpenso et remediabili consilio preterire, quantum egritudinis et periculosi dissidii
Provincie inferat malorum geminata societas, quantum virus machinate nequicie dilatetur nisi suo pre-
cidatur in ortu, quantunve summe necessarium et opportunum existat ipsis obstare principiis, cum
convalescentia mala per moras difficile imo difficillime succidantur, nec etiam expediat post negligentie
terga deiicere, mutationem Civitatis Spoletane que similiter nonnullis pulsis Concivibus, et nonnullis
etiam captivatis preter subversionem seu perversionem propriam totius provintie divisionem et scandalum comminatur, Vniversitatem vestram affettuose requirimus et rogamus attente quatinus premissis
provida meditatione pensatis, ad preces et instantiam eiusdem rectoris cui super reformatione status
pacifici Civitatum ipsarum, si forte dicte Civitates litteris nostris quas super eorum emendandis erro-
ribus et reformando statu pacis in eis paterna caritate dirigimus non parebunt, sollicitudinem et diligentiam duximus iniungendas, qualiter priusquam, quod absit, ulterius crescant huiusmodi mala per
moram, requisitis vicinarum devotis Communibus Civitatum, tam pro bono eorum speciali, quam pubblico debeat se habere adversus eorum inobedientiam, ut ad obedientiam reducantur, prava in directa,
et aspera dirigantur in plana, nec inquietudo malorum Provincie, nostram aliorumque devotorum quietem conturbet, eidem Rectori potenter et viriliter prout inobedientium qualitas exiget, assistatis, ita
quod, huiusmodi vestro presidio mediante, eorumdem Assisinatum qui statum totius provintie perver-

tere moliuntur, superbia deprimatur, et per hoc securitati et quieti totius prefate Provintie, depressa malorum nequitia, auxiliante deo, salubriter valeat. provideri. Dat. Avinione, X kal. aprilis. Pontificatus nostri anno quinto.

(Foris) Perusinis. *Archiv. Perus.* B. n. 11.

1 Iohannes Papa XXII per eius Bullam directam Potestati, Consilio et Communi Assisinati expeditam Avinione, X kal. aprilis Pontificatus an. quarto quia Assisinates et praecipue Mutius q. Francisci militis, civis Assisinas principalis minister, expulsis nonnullis Civibus de dicta Civitate, accedentes ad locum fratrum Minorum dictae civitatis in quo corpus B. Francisci Confessoris venerabile requiescit et immunitate ecclesiastica violata, ostia Thesauri ubi pecunia decime diversarum ecclesiarum de mandato Sedis Apostolice servabatur, confregerunt et de dicto Thesauro partem d. pecuniae asportaverunt, propterea mandavit eisdem sub penis excomunicationis et interdicti, ac duorum millium marcharum argenti quatenus infra X dies post publicationem d. Bulle solemniter faciendam, Perusii vel in aliis locis insignibus circumpositis, d. Cives expulsos remittant iuxta arbitrium Rectoris Ducatus Spoletani, et pecuniam sublatam reponant in eodem loco Thesauri; que si non adimpleverint, decrevit dictis penis eos subiacere et d. Mutium fore privatum omnibus feudis, et bonis eiusque personam citra mortis periculum exponimus fidelibus capiendam ita quod ab omnibus libere capi possit. *Ibid.*, B. n. 17 ¹/₂.

Iohannes episcopus servus servorum Dei, Dilectis filiis Potestati, Capitaneo Consilio, et Communi Perusino, Salutem et apostolicam benedictionem. Quum olim bone memorie Petrus Episcopus Spoletanus, multorum bonorum ad ecclesiam Romanam spectantium a longis retroactis temporibus, administrationem gessisse noscatur, nec de illis debitam reddiderit ut audivimus rationem, Nos volentes super hoc indempnem prefatam ecclesiam conservare, dilecto filio Raynaldo de Sancta Arthemia, thesaurario ecclesie Novioniensi Ducatus Spoletani rectori, damus per nostras litteras in mandatis, ut ipse una cum dilecto filio Iohanne de Amelio Canonico Lichefeldensi nostro et eiusdem ecclesie in dicto Ducatu Thesaurario, *libros*, aurea, et argentea vasa, pecunias, et res alias, in quibuscunque consistant, dudum tam per dictum Episcopum, et alios, pro eodem, dum viveret, quam post obitum eius, penes Priorem, et Conventum fratrum ordinis Predicatorum Perusinum, et quosvis alios, ubicunque et a quibuscunque deposita, ad eisdem Priore, et Conventu, et aliis depositariis, et quibusvis detentoribus eorundem, nostro eiusdem et ecclesie Romane nomine, petere, exigere, ac recipere cum integritate procuret, eos, et ipsorum quemlibet ad tradendum et assignandum sibi, et Thesaurario supradicto, *libros*, vasa, pecunias, et res predicta, si necesse fuerit, per censuram ecclesiasticam super quibus omnibus, dicto Rectori potestatem concedimus, appellatione postposita, compellendo. Invocato ad hoc si opus fuerit auxilio brachii secularis. Quare Vniversitatem vestram rogamus, et hortamur attentius quatenus rectori, et thesaurario supradictis circa recuperationem, et receptionem *librorum*, vasorum, pecuniarum et rerum predictarum, pro nostra, et apostolice sedis reverentia, cum ab eis, vel ipsorum altero fueritis requisiti, sic efficaciter assistatis quod illa plene, ac libere, ad ipsorum Rectoris et Thesaurarii manus valeant pervenire, nobisque sincere devotionis affectum quem ad nos et prefatam ecclesiam, vos habere confidimus pateat per effectum, et provide diligentiam quam in hac parte duxeritis adhibendam commendare non immerito valeamus. Dat. Avinione, V idus februarii, Pontificatus nostri anno quarto.

(Foris) Dilectis filiis Potestati Capitaneo Consilio et Communi Perusino. *Ibidem*, B. n. 9.

(Sub num. VIII damus Inventarium *Regestorum in Sacristia S. Francisci Asisii extantium die 19 aug. 1329).*

III.

Iohannes episcopus servus servorum Dei, Venerabilibus fratribus.. Patriarche Aquileiensi eiusque suffraganeis, salutem et apostolicam benedictionem. Prophanus hostis et impius, et auctor ymanis scelerum et culparum Matheus Vicecomes de Mediolano partium Lombardie rabidus populator fidei documentis abiectis, de gremio matris ecclesie, propter multiplicitatem scelerum et culparum huiusmodi tamquam vagus et profugus, in profundum malorum noscitur cecidisse. Verum nos eum paternis monitis ad viam satagentes reducere veritatis, ut ipsum modesta correctione sanante non traheret illum ad desperationis laqueum magnitudo peccati, sed pie porrecta manus apostolice discipline reduceret ad salutem, ab iniquitatis invio Virum impium studuimus revocare, ad penitentiam trahere in funiculis caritatis. Sed eodem Matheo ne monitionum nostrarum saluberrimam iussionem audiret sibi more aspidis procurante aurium cordis surditatem voluntariam, et erecta elatione sue cervicis durissime contempnente seque nobis inobedientem exhibente, patenter et notorie contumacem in eum suosque valitores, adiutores, fautores, complices, consiliarios, et sequaces ipsumque recipientes aut parentes vel adherentes eidem, diversos processus habuimus excommunicationis, et alias varias spirituales ac temporales penas ac sententias continentes, quos post lapsum temporis in diversis locis et partibus, ut ad notitiam fidelium devenirent fecimus solenniter publicari, et deinde quia idem Matheus eandem excommunicationis sententiam, dampnabili presumptione contempnens per Triennium et amplius animo, quasi bibens aquam pro maledictione, sustinuerat indurato, sicut tunc etiam sustinebat et adhuc sustinere presumit, et per hoc idem Matheus haberetur de labe nec indigne suspectus heretice pravitatis, Nos super hoc intendentes inquirere contra eum, ipsum per litteras nostras citari mandavimus, ut certo termino personaliter, etiam si terminus ipse infra tempus caderet feriatum, apostolico se conspectui presentaret, inquisitionem huiusmodi subiturus, nostrisque pariturus beneplacitis, et mandatis ac facturus et recepturus quod iustitia suaderet, per alias nichilominus litteras nostras citari mandantes eundem, ut certo termino coram nobis, super eisdem contemptu et contumatia, nostris mandatis plenarie pariturus, ac facturus et recepturus quod ordo exigeret rationis. Sed idem Matheus citationibus ipsis, animo irreverenti et infrunito despectis, nec per se nec per alium, coram nobis comparere curavit. Cumque postmodum ad nostri apostolatus pervenisset auditum quod idem Matheus et Galeatius et Marchus et alii filii sui Tyranni sevissimi rebelles et excommunicati, armata impietate crudeliter contra ecclesiasticam libertatem in Prelatos ecclesiarum et alias personas ecclesiasticas impie seviebant, et alia nonulla execrabilia et nephanda, statuta transgrediendo canonica, committebant que sapiebant heresim proculdubio manifestam, propter que diversas sententias excommunicationis incurrerant, seque per hoc constituerant dei adversarios et hostes eiusdem ecclesie manifestos, et fidei catholice corruptores sicut in aliis nostris vobis directis litteris duximus seriosius exprimendum. Nos considerantes quod apostolatus offitium nobis licet immeritis divina dispositione commissum est ad destruendum omnem altitudinem extollentem se adversus scentiam dei, ac redigendum omnem intellectum in obsequium Christi per arma iustitie preparatum, habeatque in promptu ad omnem inobedientiam ulciscendum, ut provideamus bona non solum coram deo sed etiam coram omnibus hominibus potestatem, auctoritate potestatis huiusmodi, omnibus vere penitentibus et confessis qui predictos tyrannos, ipsorumque adiutores, valitores, consiliarios et fautores aut quomodolibet adherentes vel parentes eisdem, et illos qui eis imposterum, dum extra fuerint apostolice sedis gratiam faverent in personis propriis nec non et hiis qui in personis propriis, alienis tamen sumptibus expugnarent, et super hoc per annum incipiendum a die festivitatis purificationis beate Virginis proxime venturo, de quo dilectus filius noster Bertrandus tituli sancti Marcelli presbyter Cardinalis apostolice sedis Legatus auctoritate nostra dinoscitur ordinasse continuum vel interpolatim infra Biennium extunc complendum proxime laborarent ecclesie predicte sequendo vexillum, tam clericis quam laicis, et eis insuper, qui suis dumtaxat expensis iuxta facultatem et quantitatem suam bellatores ydoneos destinarent per dictum tempus moraturos et laboraturos ibidem, illam veniam peccatorum, que proficiscentibus in Terre sancte subsidium concedi per dictam sedem apostolicam consuevit, per dictas litteras duximus concedendum, eos autem qui non per annum integrum, sed pro ipsius anni parte in huiusmodi servitio dei forsitan laborarent, iuxta quantitatem laboris et devotionis affectum, voluimus esse participes indulgentie supradicte. Quod si forsan ipsorum aliquos post iter acceptum in prosecutione dicti negotii ex hac luce migrare contingeret, vel interim negotium ipsum congrua terminatione compleri, eos integre participes esse volumus indulgentie memorate. Huius etiam remissionis voluimus et concessimus esse participes iuxta quantitatem subsidii et devotionis affectum, omnes qui ad predictorum impugnationem de bonis suis congrue ministrarent prout in prefatis litteris plenius et seriosius poteritis intueri. Quia vero nostre intentionis existit quod pecuniarium subsidium contra predictos per fideles transmittendum eosdem adhibita diligenti cautela et fideli custodia conservetur, Vniversitati vestre per apostolica scripta mandamus, quatenus singuli vestrum infra singulas vestras Cathedrales et Collegiatas ac parrochiales ecclesias vestrarum Civitatum et diocesum, in tutis et accomodis locis singulas Archas seu Truncos suffossos et cavatos bene firmatos et clausos, tribus ferreis serraturis qui cum tribus omnino dissimilibus aperiantur clavibus et claudantur, in quibus huiusmodi pecuniarium subsidium per fideles eosdem, prout eis ministrabit dominus, offeratur et etiam recondatur, pro nostra et apostolice sedis reverentia constitui fatiatis vestris sumptibus et expensis. Volumus autem quod singuli vestrum unam de ipsis clavibus Archarum seu Truncorum eorumdem quos videlicet in Maiori et aliis ecclesiis vestrarum Civitatum constitui contigerit, custodiat et conservet, alia vero per Capitula seu Rectores ecclesiarum ipsarum, et reliqua per Priorem Predicatorum seu Guardianum Minorum fratrum ordinum vel alium quem ad hoc in singulis eisdem ecclesiis locorum illorum in quibus fratres ipsi non essent forsitan deputandum duxeritis, conservetur. Aliarum vero Archarum, seu Truncorum quos in ecclesiis vestrarum diocesum ad hoc constitui contigerit, Capitula seu Rectores ecclesiarum ipsarum custodiant unam clavem. Alia vero per Priorem seu Guardianum predictorum ordinum, vel Religiosum alium, seu Sacerdotem secularem bone opinionis et fame, quem ad hoc in singulis predictis ecclesiis, illorum scilicet locorum in quibus dicti fratres non essent duxeritis assumendum, et tertia per alium bonum virum bone opinionis et fame, fide et facultatibus fidum, per vos ad hoc assumendum similiter conservetur, quidquid huiusmodi pecuniarum subsidium dicti Legati Nuntio vel Nuntiis, cum ab eo super hoc quandocumque, et quociescumque requisiti fueritis, eisdem Archis seu Truncis in eorum apertis presentia, integraliter assignetur, facientes fieri de qualibet assignatione pecunie, eisdem Nuntiis assignande, duplices consimiles patentes litteras, assignantium et Nuntii, seu Nuntiorum ipsorum Sigillis munitas, quarum altera penes vos retenta, reliquam ad Cameram nostram per fidelem nuntium transmittatis. Presentibus post dictum Biennium minime valituris. Datum Avinione, V kalendas februarii, Pontificatus nostri anno sexto.

IV.

Iam in eo eramus ut praelo rerum pretiosarum et bibliothecae Bonifatii VIII codicum Inventarium [1] *eius iussu confectum subiiceremus, quodque in pag. XXIX innuebamus, et clar. vir Ioh. Bapt. De Rossi praedixerat* [2], *cum ad nostram notitiam pervenit, clar. virum* EHRLE S. I. *huic edendo mentem iampridem et manum intendisse, una cum pluribus aliis huiusmodi inventariis hinc inde ex variis Archivis et Bibliothecis labore summo et patientia pari exquisitis* [3]. *Cum autem in illo Inventario nulla sit de - Regestis mentio, et vir praefatus non tantum in hoc edendum incumbat, verum etiam libris in eo contentis enarrandis ingenium ponat, ultro libenterque iure decessimus nostro, ut illius partem inventarii quae de libris agit primum in vulgus proferendi integer ei sit honor. In librorum enumeratione occurrunt inter alios nota dignos, in fol. 64.... item liber miraculorum Beate Virginis qui incipit ad omnipotentis dei laudem, et sermones vulgares in uno volumine; in fol. 68, breviarium notatum de nota quadra, aliud notatum de nota romana.... Item quidam liber antiquus de littera beneventana.*

Ne autem inaniter promisisse videamur, libet hic subnectere, speciminis gratia, enumerationem quorundam, ex plurimis, librorum, queis Pontifices Avenionenses variis vicibus coemptis eorum privatam bibliothecam honestarunt. Reliquos quamprimum, consueta diligentia enarratos, publici iuris faciet cl. praefatus EHRLE. *Ex supradicta enumeratione librorum, innotescunt eorum scriptores, qui eos vendiderint et quanti, et plures circa eos regeri possunt notiones quae si eruditis viris non modice sapiunt de nonnullis etiam forte deperditis libris desiderium excitabunt.*

Arch. Aven. Rat. Cam. vol. 13, fol. 23 a.

Die XXI mensis Febr. 1316, tradidi Magistro Guillelmo Galterii pro quadam biblia empta in partibus francie pro domino nostro, LX flor. auri. Ibidem fol. 23 b. Die XII mensis Aprilis de mandato domini nostri fratri Guillelmo Duranti Rectori fratrum predicatorum burdegal. pro libris infrascriptis emptis per prefatum dominum nostrum LXX libr. tur. parvorum in LXXXXVII flor. auri, IX sol,

[1] Arm. LVI, vol. 45.

[2] G. B. DE ROSSI: *La Biblioteca della Sede apostolica ed i cataloghi dei suoi Manoscritti — I Gabinetti di oggetti di scienze naturali, arti ed archeologia annessi alla Biblioteca Vaticana* — Roma, tip. della Pace, 1884, p. 39.

[3] Vide *in Dissertatione*, Zur Geschichte des Schatzes des Archives und der Bibliotek der Päpste im XIV Jahrhundert, *edita in ephemeride*, Archiv für Litteratur und Kirchengeschichte des Mittelalters herausgegeben von H. DENIFLE Ord. Praed. und F. EHRLE S. I. Berlin, Reimer 1885 p. 1, et seqq.

VIII den., videlicet; pro libro scripto phisicorum fratris Thome. Item pro metaphisica eiusdem. Item pro scripto fratris Egidii super librum de anima. Item pro scripto Metamurorum (*sic*) Magistri Petri de Alvernia. Item pro scripto de celo et mundo fratris Thome super postremum et secundum et partem tertii cum supplemento Magistri Petri de Alvernia super totum residuum. Item de anima fratris Thome. Item de sensu et sensato eiusdem. Item de memoria et reminiscentia eiusdem. Item de sompno et vigilia Magistri Petri de Alvernia. Item de generatione fratris Egidii. Item de iuventute et senectute Magistri Petri de Alvernia. Item de morte et vita eiusdem. Item de motibus animalium eiusdem. Item pro scripto phisonomie fratris Egidii. Item de bona fortuna eiusdem. Item pro scripto fratris Thome super librum Ethicorum. Item super librum politicorum eiusdem, super primum et secundum eiusdem et partem tercii cum supplemento Magistri Petri de Alvernia super totum et residuum. Item pro scripto fratris Egidii super librum rethoricorum. Item questiones de veritate fratris Thome. Item questiones de malo eiusdem. Item questiones de potentia dicti eiusdem. Item pro expositione eiusdem super boetium de trimboco (*sic*). Item questiones eiusdem de anima. Item de virtutibus in comuni; eiusdem de correctione fraterna. Item de virtutibus cardinalibus eiusdem. Item de unione verbi incarnati eiusdem. Itèm de spiritualibus creaturis eiusdem. Item questiones de anima coniuncta et separata fratris bernardi de trilia ordinis predicatorum cum quibusdam quibuslibet eiusdem. Item pro prima et secunda fratris thome super sententiis. Item quolibet a XI fratris thome. Item pro quodam tractatu de usuris. Item pro distinctione predicta meritorum secundum Magistrum Henricum. Item de unitate et uro secundum eundem. Item de inchoatione formarum cuiusdam fratris predicatorum de Anglia. Item de unitate forme cuiusdam fratris eiusdem ordinis. Item tractatus fratris Roberti eiusdem ordinis de tempore. Itèm tractatus fratris Alberti eiusdem ordinis de finali iudicio et antichristo. Item tractatus fratris Kolandi eiusdem ordinis de relationibus. Item tractatus de unitate forme fratris Egidii de Valenchinis eiusdem ordinis. Item IIII folia cuiusdam quodlibet fr. Iohannis de pachavo ordinis fratrum minorum.

Ibid. vol. 13, f. 28. Die II mensis martii tradidi fratri Guillelmo de brea pro satisfaciendis scriptoribus et illuminatoribus domini nostri et ligatoribus librorum XVII lib. parve monete. _

Ibid. f. 28. Die XVIII mensis aprilis 1317 solvi mandato domini nostri fratri Guillelmo Duranti lectori fratrum Predicatorum Burdegalens. pro prima parte summe fratris Thome de Aquino. Item pro prima parte secunde summe eiusdem. Item pro secunda secunde eiusdem. Item pro ultima parte. Item pro summa contra gentiles eiusdem, emptis per ipsum Dominum LXXXXVII. flor. auri IX, sol. VIII den. turon. provisinorum.

Ibid. f. 28 *b*. Item die XX mensis iulii soluti sunt fratri Petro de Godorio, et fratri Iacobo burgeuri de ordine beate Marie de Carmelo Avinione pro libris infrascriptis venditis per Priorem dicti ordinis domino nostro, LXV libr. tur. parvorum; LXXXX florenorum auri IIII sol. tur. parvorum.

Videlicet vendidit dictus Prior Policletum et Vegetium de Re militari in uno volumine. Item Augustini de Civitate dei contra fastum (*sic*) in uno volumine. Item Hugonem de Sacramentis, Augustinum contra Iulianum, contra Maximum, Richardum de potestate ligandi et solvendi, Crisostomum de eo quod nemo leditur ab eo in uno volumine. Item Valerium Maximum. Item originalia dionisii . et aucelini in uno volumine. Item Augustinum super Genesim ad litteram de pollutione nocturna. Item de laude trinitatis de trinitate, de doctrina christiana, de disciplina christiana, de vera religione, de libro iob. de correctione et alia de professione iustitie nominis de quantitate anime. Sex musice de mortalitate anime de sortilegiis in uno volumine. Item librum retractationum de gratia novi testamenti de moribus ecclesie et manicheorum de vera religione, de gratia libero arbitrio de narrationum professione iusticie de natura et gratia, de predestinatione sanctorum, de bono perseverantie. Epistola quaedam fulgensi encheridon (*sic*) de doctrina christiana in uno volumine de Istoriis animalium. Ambrosium de officio ministrorum opus Guidonis logicam veterem et novam alphabetum narrationum.

Ibid. f. 29 *a* die ultima iulii pro libro declamationum Senece cum expositione empto pro domino nostro solvi fratri Guillelmo de broa XIX libr. tur. parvorum. Item pro libro tragediarum Senece cum expositione empto pro domino nostro solvi eidem XII libr. tur. parvorum.

Ibid. vol. 16, 117 *b*. Die XXI mensis nov. 1317, pro libris infrascriptis emptis pro domino nostro, scilicet, Summa de casibus cum apparatu de ceptatione inter Athasium (*sic*) patriarcham Alexandrinum catholicum et fortium Sabellum et dominum presbyterum hereticos coram presbitero iudice et summam ipsius presbiteri iudicis. Flores ex dictis Sanctorum. Tractatus Gregorii nazareni (*sic*). Item de Gregorio et Basilio episcopis Cappadocie. Regula S. Basilii episcopi; prefatione Gelasii secundi pape super regula sancti Augustini. Item regula S. Augustini. Item regula S. Benedicti. Item regula S. Macharii. Item regula fratrum minorum et expositio eius duplex domini nicholai pape tertii, ex domini Gregorii pape IX. Ahnsiud (*sic*) sancti secundum sanctum Ciprianum in uno volumine. Item geometria, arismetica et quibusdam aliis in uno volumine. Item almagesto. Item libris plinii, libris damasceni et postillis fratris thome. Item ecclesiasticis autestoriis (*sic*) pontificale, solvi in omnia fratri Guillelmo de broa qui de mandato domini nostri dictos libros emit de camerario domini Hostiensis, ut dixit LXXXXVI flor.

Ibidem, f. 117 *b* fratri Rafrido penitentiario domini nostri pro quodam libro epistolarum S. Ieronimi empto pro domino nostro per eum, XVI flor. auri; videlicet vendidit dictus Prior Policratum et Vegetium.

Ibid. f. 118 *a*. Die IIII mensis eiusdem solvi et tradidi Aufrido triginta librarum de Avinione de mandato domini nostri. Pape pro quadam Biblia que quondam fuerat domini Garini prioris sancti Remigii et ipso Aufrido per ipsum priorem in pignore tradita et per dictum Aufridum domino nostro pape restituta et assignata XXIIII libr. tur. parvorum quas super ipsa Biblia dictus Aufridus mutua verat dicto Priori.

Ibid. f. 306..... Item die IX mensis iulii 1317 solvi fratri Petri de godorio et fratri Iacobo Burgensi de ordine Beate Marie de Carmelo Avinionensi pro libris infrascriptis venditis per Priorem dicti ordinis domino nostro LXV libr. tur. parvorum. LXXXX flor. auri et IIII sol. tur. parvorum.

Ibid. vol. 54, f. 90. Die IX mensis Dec. 1331, pro vigintiquinque sexternis Summe copiose quam scripsit Iohannes de Tholosa scriptor tholosanus pro domino nostro papa videlicet pro labore scripture solvimus dicto Iohanni vigintiquinque librar. tur. parvorum in XXXIII. sol. tur. cum O rotunda XII den. viennensium.

Die XIX mensis iunii pro triginta quinque sexternis scribendis de summa Hostiensi que dicitur copiosa pro domino nostro papa cuius partem scribit Magister Iohannes Baconi scriptor anglicus habitator Avinionis et residuam partem scribit Iohannes scriptor de Tholosa scriptor supradictus. Solvimus et tradidimus domino Philippo de Revesto Canonico s. Agricoli Avinionensis recipienti pro domino Iohanne Bacone XXXV libr. tur. parvorum in XLIII sol. IX dicitur grossorum cum O rotunda.

Ibid. vol. 86, f. 62. Die XI mensis februarii de anno a nativitate domini MCCCXXVIII. pro ligatura trigintaquinque librorum continentium litteras apostolicas et Regestus quos Magister Iohannes de Parisius ligatori librorum ligaverat pro domino nostro in palatio eiusdem domini nostri. Solvimus eidem ligatori pro Salaria, postibus et aliis necessariis pro ligatura predicta XII libr. vien. III. IIII lib. valesiorum.....

Ibid. vol. 92. f. 61. Die XXX mensis iulii de anno a nat. dom. millesimo CCCXXIX, pro libris infrascriptis emptis diversis preciis pro Domino nostro papa a fratre Hugone de Meianello et fratre Bertrando de Monte Equino de ordine Cisterciensi et Conventus Monasterii Candelii diocesis Albiensis; videlicet pro libro de proprietatibus rerum precio IX flor. auri, et pro libro originalium Augustini precio VI flor. auri, et pro libro Godofridi de fontibus precio II flor. cum dimidio; et pro libro expositionum Bede super proverbiis precio unius floreni cum dimidio; et pro libello Bede et libello Florum Bernardi precio VIII den. tur. grossorum, solvimus dictis fratribus XIX flor. auri, VIII d. tur. parvorum cum O rotunda.

Ibid. vol. 98. f. 73. Die IIII mensis Aprilis de anno domini 1329, pro duobus libris uno de verbis domini et de verbis Apostoli, et alio de ovibus et pastoribus et mendacio et opere monachorum Augustini, emptis a fratre Iohanne de Biterriis procuratore ordinis S. Augustini pro domino nostro solvimus dicto procuratori de mandato dicti domini nostri XX flor. auri.

Die XXIII mensis iunii 1329 pro novem sexternis et quatuor foliis pergamenorum et pro scriptura eorumdem de libris diversis beati Augustini quos libros scribi fecerat et fieri procurator ordinis S. Augustini pro domino nostro papa, de mandato eiusdem solvimus dicto procuratori VI fol.

Ibid. vol. 124. f. 75. Die XIII mensis septembris 1332 pro scriptura librorum infrascriptorum videlicet librum epistolarum Ieronimi ad damasum. Item libri expositionum Remigii, super epistolis pauli tradidimus domino Philippo de Preneste scriptori domini nostri pape XX. sol. tur. grossor. cum O rotunda.

Regestum Clementis Papae V.

Die 11 mensis ianuarii 1332, de mandato domini nostri pape tradidimus fratri Iohanni Rever de ordine predicatorum recipienti per manus fratris Armandi lectoris et Magistri Curie qui frater Iohannes faciebat certa scripta pro ipso domino nostro XII. flor. auri.

Die XIX mensis ianuarii 1333, pro correctione facta cuiusdam libri vocati *mamotreci* et additionibus ibi positis, ac pro pergamenis et scriptura, illuminatione et ligatura foliis libri pro domino nostro solvimus de mandato ipsius fratri Iohanni de Monte de ordine Sancti Augustini XXX. flor. auri.

Die XXII mensis Martii pro duobus libris videlicet uno vocato tabule Boecii, et alio vocato liber vocabulorum Biblie quod compilaverat frater Georgius de ordine S. Augustini pro domino nostro solvimus eidem fratri de mandato ipsius domini nostri IIII. flor. auri.

Ibid. Vol. 131. fol. 73. Die VI mensis septembris 1333, pro quodum libro S. Ambrosii vocato Exameron empto de mandato domini nostri a domino Henrico de Harandone doctore legum Rectore ecclesie de Scaldone lilcolniensis (*sic*) diocesis pretio IIII. flor. auri, solvimus eidem pro domino nostro IIII. flor. auri.

Die XXVIII mensis septembris, tradidimus domino Iohanni Durandi pro scripturis domini nostri et pergamenis librorum ipsius domini nostri XI sol. tur. gross. cum O rotunda.

Die XIX mensis octobris, pro quodam libro vocato tabula librorum Dyonisii, quem dominus noster habuit a fratre Georgio alias Gregorio de ordine Augustinorum, solvimus de mandato ipsius domini nostri dicto fratri V. flor. auri.

Die XIII mensis ianuarii, pro tribus libris videlicet de Ape, et Giulberti super Cantica Canticorum et libro avicenne de sufficientia pro domino nostro papa, solvimus de mandato eiusdem Recupero, alias Recuperio stacionario, VIII flor. auri.

Die XXVI februarii, pro quodam libro ad Iulianum comitem et s. Basilii ad Religiosos et b. Hieronimi super Exechielem in uno volumine empto per dominum nostrum solvimus de mandato suo domino Henrico de Harandone doctore legum de Anglia XII. flor. auri.

Die IX martii de mandato domini nostri pro duobus libris magni voluminis videlicet, tabule originalium et tabula philosophie estimatis LX florenos et pro..... XL florenorum quos dominus precepit dari fratri Henrico custodi provincie Saxonie (*sic*) de ordine fratrum minorum solvimus dicto fratri pro domino nostro C. flor. auri.

Ibid. vol. 149, f. CI. Anno predicto (1336) die XXII mens. februar. pro ligatura duorum magnorum librorum continentium omelias sanctorum Gregorii, Augustini, Ambrosii et Ieronimi, et quorundam aliorum Sanctorum, et pro IIII postibus et duabus pellibus mutoninis necessariis pro tegendis dictis libris, nec non pro ligatura duorum magnorum librorum papireorum in quibus continentur rationes domini Arnaldi de Verdalla super negotiis per ipsum gestis tempore fel. rec. dom. Iohannis pape XXII, solvi Magistro Iohanni de Tullo ligatori librorum II flor. auri IIII den. tur. grossorum.

Arm. XXXIX, vol. 46, p. 63 (*Clementis VII* Brevia).

Hisce ex pluribus quas de eodem negotio variis personis scripsit Clemens VII epistolas, unam adiicimus, ceu aliarum specimen.

Vniversis et singulis Patriarchis, Archiepiscopis, Episcopis, ac quibuscumque in dignitate ecclesiastica constitutis, Presbyterisque et Clericis, nec non Ducibus, Baronibus, Comitibus, nobilibus, officialibus, communitatibus, hominibus et particularibus personis inclytarum nationum Germaniae, Franciae, Daciae, Angliae et Scotiae, aliarumque nationum ad quas dilectum filium Iohannem Heytmers Commissarium et Accolitum nostrum declinare contigerit, salutem et apostolicam benedictionem. — Cum in minoribus adhuc essemus, animo nostro cogitare cepimus Cosmum et complures progenitores nostros et praesertim Iulianum et Laurentium de Medices, nec non fel. rec. Leonem Papam X praedecessorem et patruelem nostrum secundum carnem, in primis infinitam curam et sollicitudinem impendisse ac incredibiles impensas fecisse ut ad communem studiorum et studiosorum utilitatem veteres libros Graecae, latinae et hebraicae linguae a diversis et remotissimis mundi partibus, etiam infidelium ditioni subiectis latentes, per viros doctos inquirerent, et in Italiam conduci et in publicis bibliothecis per eos erectis et constitutis reponi et custodiri curarent. Nos qui etiam hos linguarum viros ex omni studio generali et in omniscientia peritissimos semper enutrivimus ac magnis stipendiis et donis traximus et vocavimus, talemque inquirendi libros diligentiam imitari desideramus, eorumque in privata domo nostrorum praedecessorum et progenitorum bibliothecam a doctis omnibus frequentatam servamus, postquam ad summi apostolatus apicem, divina favente clementia, assumpti fuimus, inter alia revolventes librorum copiam christianae religioni imprimis fructuosam esse, indeque multis nostrae fidei arcana et secreta elici, nihil duximus omittendum quod ad eam rem conducere arbitrati fuimus, ut in his miseris et afflictis christianae reipublicae temporibus et perfidorum haereticorum tumultibus divina et humana omnia permiscentibus tum caeteris curis et sollicitudinibus, tum hoc etiam perquirendorum librorum studio orthodoxam fidem iuvaremus. Et propterea certiores facti quamplurimos desideratos vetustos libros latere, qui si in lucem ederentur Rempublicam litterariam diu antea periclitantem et pene intermortuam plurimum iuvare, et praecipue christianae Religionis aliquantulum fluctuantem ac etiam studiosorum animos inflammare possent; dictum Iohannem nostrum Commissarium et accolitum isthuc destinavimus ut bibliothecas omnes dictarum Provinciarum et Regnorum perlustret, librosque omnes studio et diligentia inquirat, et illos vel eorum exempla ad nos transportet, seu transportari faciat. Quare vos omnes et singulos et imprimis charissimos in christo filios nostros Carolum Romanorum Regem in Imperatorem electum, nec non Franciae, Daciae, Angliae et Scotiae Reges illustres paterna hortamur charitate ac maiori quo possumus studio et affectu requirimus, ut pro nostra et in hanc sedem reverentia atque christianae religionis et doctrinae intuitu, velitis ipsum Iohannem benigne recipere, sinceraque in Domino charitate tractare ac permittere ut quascumque bibliothecas ingredi possit, eidemque, si ei videbitur, de opportunis salvis conductibus providere demumque in exsequenda huiusmodi commissione nostra circa tam laudabile opus ita favere atque adesse, ut quod nos de re litteriara et fide orthodoxa ac de commodo et ornamento studiosorum omnium mente concepimus, idipsum, auctore domino, perficere valeamus. Offerentes nos vestram in nos et hanc sanctam sedem voluntatem et observantiam memori animo prosecuturos et quandocumque se occasio tulerit in Domino parem etiam vobis gratiam relaturos. Detentoribus insuper et occupatoribus huiusmodi librorum et ad nos et dictam sedem illos mittere recusantes, ac scientibus occupatores et detentores huiusmodi, et non revelantibus, sub excommunicationis latae sententiae quam ferimus in his scriptis, et a qua nonnisi per nos quemvis absolvi posse volumus, districte praecipientes mandamus, quatenus, visis praesentibus, dictos libros vel exhibeant vel manifestent ut censuras et poenas praedictas effugiant ac de obedientia et religionis christianae conservatione promptitudine a nobis et dicta sede atque omnibus litterarum studiosis merito commendari, nec non a Deo bonorum omnium remuneratore, immortale praemium sperare et consequi possint. Et ut facilius et citius dictus Iohannes praemissa exsequi valeat damus per praesentes facultatem substituendi unum vel plures ad praemissa et quodlibet praemissorum cum pari aut limitata potestate, et ab eisdem rationem gestorum et administrationem exigendi et cogendi; super quibus plenam etc. harum serie concedimus ei potestatem.

Datum Romae etc. die XVII Ian. 1526 anno tertio.

IAC. SADOLETVS.

V.

Hoc quoque Inventarium integre, quamquam divisim, in lucem proferre mens erat, cuius pars aliqua iam impressa fuerat. Eisdem vero rationibus moti quas in praecedenti numero attulimus, eius minimam tantum partem quae de libris et litteris agit, strictim ad scrinium sive Arch. pontificium pertinentibus, in num. XII proferimus. Reliquam vero eruditissimo praefato viro EHRLE *libentissime permittimus, eo vel magis quod huiusmodi libris et rebus pretiosis enarrandis unici potiusquam rari se praebeat ingenii virum. Nemo non facile sibi persuadeat plures ex litteris in Inventario notatis iamdudum excidisse.*

VI.

Reg. 54 (*Clem. V*), fol. 150 b. — Dat. Pictavis, V Id. Iul. anno sec. (1307).

Dilectis filiis Nicolao Phylippi et Bonsignori Lambertutii sociis et Mercatoribus de societate Circulorum de florentia — Nuper de mandato nostro dilectus filius Arnaldus tit. S. Marcelli presb.

Card. . . . Item solvistis pro vestia tertia parte ducentos sexaginta sex florenos auri et VIII turonenses grossos de argento familiaribus nostris Perusii ad *thesauri custodiam* residentibus pro eorum expensis, etc.

Arch. Com. Perus. 1310-12. Actus Decemvirales, c. 13, t.

In nomine domini, amen. MCCCX, indictione VIII die VII mensis Novembris; convocatis et congregatis dominis prioribus artium in numero IX absente et sapientibus infrascriptis sono campane — Paulucius Andree prior voluntate et presentia aliorum priorum proposuit et sibi utile consilium pro comuni et populo perusino petiit exhibere. — Cum sanctissimus pater dominus Clemens sacrosancte romane ecclesie summum pontifex per apostolica scripta mandaverit honestis et discretis viris magistris Iacobo de Casalibus decano S. Severini Burdegalensis et Petro de Eugubio canonico Laudunensi quatenus thesaurum sancte romane ecclesie eorum commissum custodie, honestis viris Magistro Gregorio de Placentia Archipresbitero ecclesie de Monte silice ipsius summi Pontificis capellano et Vitali de Cabanaco clerico paduanensi et Burdegalensis diocesis, et Guilelmo de Lua nuntiis suis perusii assignare procurent, et ipsis magistro Gregorio, Vitali et Guilielmo per alia apostolica scripta mandaverit quatenus ipsum thesaurum ad ipsum summum pontificem deferant et transmictant, et etiam cum per predictos nuntios pro parte dicti summi pontificis petatur a comuni perusii scorta usque Senas pro thesauro ad ipsum summum pontificem deferendo, et pro thesauro deponendo in loco beati Francisci de Asisio usque ad Asisium, quid videtur et placet ipsis sapientibus providere et deliberare super predictis et circa predicta.

Feolus libriocti unus ex dictis sapientibus surgens in dicto consilio consuluit et dixit quod in presenti consilio ordinetur, quod quicquid petitur et mandatur pro parte summi pontificis circa prefatum thesaurum, integraliter fiat per comune perusii et executioni mandetur, dummodo ab ipso summo pontifice exquiratur quod hoc de ipsius voluntate procedat et quod per dominos priores artium cum sapientibus quos secum habere voluerint fiat numptiis predictis ista responsio ut ipse consuluit.

D. Lambertus d. Iohannis unus ex dictis sapientibus consuluit et dixit, quod visis pactis et promissionibus iam factis inter ecclesiam romanam et comune perusii, tempore adventus Benedicti pape XI, et si in ipsis promissionibus comune perusii non est in aliquo obligatum ratione dicti thesauri, quod libere licteris dicti summi pontificis obediatur et etiam nuntiis supradictis, dummodo prius pro parte comunis perusii scribatur dicto summo pontifici et dominis cardinalibus quod si de earum intentionis voluntate processerit, predicta per ipsos nuntios petita fieri.

D. Gratia boni unus ex dictis sapientibus consuluit quod, si comune perusii ex forma dictorum pactorum et obligationum in aliquo non tenetur, quod petita per dictos nuntios summi Pontificis et in licteris dicti summi pontificis contenta per dictum comune perusii exequantur.

D. Iacobus Oradoris ex dictis sapientibus consuluit ut dictus D. Gratia dixit, quorum sapientum nomina sunt hec D. Iohannes dñi Balionis, D. Lambertus dñi Iannis, D. Franciscus Oddutii, D. Thomas Boniohominis, D. Tadeus d. Bartholomei, D. Michael d. Nicolae, D. Gratia Boni, D. Rodulfus d. Ranerii, D. Iacobus Oradoris, D. Symon Iohannis, D. Iannes d. Sensii, Zuzius d. Iannis, Maffolus d. Boncontis, Maffutius Crispingni, Iohannellus Angeli, Andrutius Iacobelli, Marinellus Peri, Contolus Ranerii, D. Filippus d. Guidonis, D. Gualfredus d. Bonapartis, D. Vfreducius d. Iaconi, Paulutius d. Guidonis, Vegnacolus Riccoli, Granolus Riccoli, Herculanus Deoracomandi.

Inter quos sapientes facto et misso diligenti partito per dominum Paulucium priorem, voluntate dictorum priorum, de sedendo ad levandum, placuit omnibus supradictis, nemine eorum discordante, et sic ordinatum fuit secundum dictum et ad dictum domini Lamberti.

VII.

Annal. decemvir. Arch. Communis Perusini.

In nomine domini Amen. — Noverint universi quod nos Iacobus de Casalibus, decanus S. Severini Burdegalensis domini pape capellanus, Petrus de Eugubio camerarius ipsius domini pape clericus laudunensis ecclesiarum, dicti domini thesaurarii seu custodes ecclesie romane apud Perusium existentis, Vitalis de Cabanaco clericus et Guilelmus de Lua dicti demini pape serviens per ipsum dominum papam missi apud Perusium pro dicto thesauro, de bonis dicti thesauri fecimus et fieri fecimus inventarium. Et die sabbati penultima die februarii anno domini millesimo CCCXI incepimus facere ponderari et describi. Et super facto impense fiende pro scorta thesauri domini pape et super facto provisionis fiende nuntiis domini·pape deferentibus et deferre debentibus ipsum thesaurum. . . . . et quia dicti perusini sunt sue´ voluntatis et non consueverunt multum legatos et nuncios sedis apostolice inibi volentes processus facere, revereri . . . fuit concilium curialium et aliorum quod in dicto transitu non irritaremus eos.

VIII.

Huius etiam Inventarii, partem tantum damus quae ad Regestorum enumerationem pertinet; reliquam, quae de rebus pretiosioribus et huiusmodi agit, cl. EHRLE *edendam relinquentes, eisdem quibus supra rationibus moti.*

Arch. Castri S. Angeli Arm. C. Fasc. 2, num. 5, 8 Aug. 1327.

Iohannes episcopus servus servorum dei. — Dilectis filiis Magistro bertrando Carici (*sic*) Archidiacono Vaurensi et Guillelmo Dultini (*sic*) de ordine fratrum predicatorum eiusdem ordinis procuratori generali, apostolice sedis nuntiis salutem et apostolicam benedictionem. Cum sicut accepimus in Ecclesia fratrum minorum et quibusdam aliis locis civitatis assisinatis sint nonnulla res et bona de thesauro Romane Ecclesie que vetustate et incuria consumuntur. Nos volentes nostris et eiusdem Ecclesie indempnitatibus super hiis precavere, discretioni vestre de qua in domino (fiduciam) gerimus specialem per apostolica scripta committimus et mandamus quatenus vos de rebus et bonis huiusmodi, clare particulariter et distincte et qualiter possent commutari seu de illis valeret utilius ordinari, diligenter et fideliter informantes de premissis et eorum singulis nos reddere studeatis quantocius certiores, ut ordinare plenius valeamus quod nobis expedire videbitur in hac parte. Datum Avinione, nonis nov. anno undecimo. (1326).

Nos itaque archidiaconus et procurator predicti in suprascriptis litteris apostolicis nominati, ipsis litteris cum reverentia receptis, et earum tenore diligentius inspecto contentaque in eisdem, ut tenemur complere et executioni demandare studiosius affectantes, de Civitate perusii, ubi aliquando diu pro quibusdam aliis dicti domini pape negotiis nobis missis exequendis fueramus, ad Civitatem Assisinatem nos transtulimus personaliter octava die mensis augusti anno a nativitate domini millesimo trecentesimo vicesimo septimo, convocatisque et presentibus nobiscum fratre Iohanne monacho monasterii Sancti Petri perusii, quem venerabilis pater abbas dicti monasteri qui clavem sacristie fratrum minornm assisin custodiebat, et alia clave ressepta (*sic*) quam Rector ducatus Spoletani nobis requirentibus destinavit, nec non et quibusdam fratribus antiquis et prudentibus dicti Conventus fratrum minorum Assisii, ad quamdam altiorem cameram eorum sacristie in qua thesaurus, de quo in dictis litteris apostolicis habetur mentio, tenebatur, que clausa duobus serris fuerat accedentes dictam cameram fecimus aperiri; qua aperta prospicientes vidimus in eadem quamplurimos cottinos cordis et non seris seu clavibus clausos seu ligatos, nec non etiam quam plures cathedras ligneas, pannos, scabella et supellecalia (*sic*) (*suppellectilia*) quedam, que in maiori parte vetustate consumi et destrui videbatur, et quia articulatim, iuxta dictarum litterarum continentiam procedere volebamus, omnes et singulas res et bona tam in dictis cottinis quam extra concistentia (*sic*) particulariter et diligenter videre volumus (*sic*) et distincte ut melius et clarius appareret, quid de ipsis bonis valeret commutando vel alias utilius ordinari, nosque dictum dominum nostrum pontificem super hiis, secundum formam nobis traditam, possemus clarius reddere certiorem et in primis fecimus unum de dictis coffinis esmaldatum adportari in quo erant quedam privilegia papalia et imperialia, inter que erant triginta sex lictere imperiales et Regum et aliorum principum bullis aureis bullate et tres bulle sive sigilla aurea sine litteris et quamplures alie littere et scripture Romane Ecclesie prout in eisdem scripturis et litteris legebatur.

F. 1 *b*. Deinde fecimus alium cofanum aperiri in quo erant libri diversorum voluminum, quos et alios libros in aliis coffinis infrascriptis existentibus per fratres minores nobis assistentes videri fecimus, nosque ipsos libros respeximus diligenter et ut melius potuimus eorum valorem extimari fecimus prout inferius continetur in dicto vero coffinio erat liber catholice et canonice scripture contra pericula eminentia ecclesie copertum pelle rubea estimatur fol. IIII. Duo libri regestorum aragonen. et navarr. nullius valoris. . . . .

Fol. 6a. Item fecimus alium de dictis coffinis aperiri in quo fuerunt reperte res que sequuntur, videlicet multi libri decimarum Ecclesie diversorum temporum.

Item in alio Coffinio (*sic*) erant plura instrumenta et littere patrimonii. — Item in alio Coffinio sive caxa fuerunt reperti libri de Iuribus seu Iurisdictionibus Civitatum et Castrorum Romane Ecclesie et scensum (*sic*) libri continentes introytus et exitus et expensas. — Item alio coffinio fuerunt reperta Registra summorum Pontificum num. XXV. — Item in alio Coffinio quem fecimus aperiri fuerunt reperta quedam alia Registra Summorum pontificum. — Item alio Coffano fuerunt etiam reperta quedam alia Registra quorundam tunc summorum pontificum. — Item in alio Coffano fuerunt reperte multe scripture seu Registra et quedam instrumenta sive Carte modici valoris. — Item in alio Coffano etiam fuerunt reperte scripture registrorum et instrumenta sive Carte. — Item in alio Coffano erant plures, libri rationum et multe alie scripture et cartelli inutiles. — Item in alio Coffano fuerunt etiam reperti quidam alii libri rationum et multe scripture minute. — Item in alio Coffano fuerunt reperti multi Caterni decimarum Romane ecclesie. Item in alio coffano fuerunt reperti multi caterni Rationum et processus. — Item in alio Coffano erant multi Cartapelli et multe lictere. — Item in alio erant multe lictere cartelli et scripture nullius valoris. — Item in alio erant etiam quamplures scripture lictere et cartelli decimarum Ecclesie. — Item in alio Coffano fuerunt reperte quamplures scripture decimarum et quedam alie scripture diverse. — Item in alio Coffano fuerunt reperti libri scripti in lingua greca, num. XIII. — Item in alio fuerunt reperte quedam caxicule cum quibusdam scripturis et cartapellis decimarum. — Item in alio Coffano erant plures caterni rationum cum quadam pixide et quedam serramenta que erant inutilia. — Item in alio erant plures libri seu Caterni registrorum summorum pontificum. — Item in alio Coffano erant complures caterni et cartapelli rationum. — Item in alio coffano erant Canones apostolorum et multi sacculi pleni cartis et privilegiis summorum pontificum quondam (*sic*) — Item in alio Coffano erant una Campanella et alique scripture et bulle. — Item in alio coffano erant diversi libri seu caterni in quibusdam sacculis et diverse lictere et scripture. — Item in alio erant multi libri seu caterni rationum et decimarum ecclesie. — Item in quodam alio Coffano erant quedam alie diverse scripture modici valoris. — Item in alio Coffano erant erant plures scripture rationum et introytum summorum quondam pontificum et epistola carpentoraten. — Item in alio Coffano erant una cassa cum multis instrumentis et flabellis modici valoris. — Item in alio Coffano fuerunt reperti XX libri scripti de lictera greca. — Item in alio Coffano fuerunt reperti libri super decimis et expensis introytum quorumdam summorum pontificum quondam et alie diverse scripture. — Item in alio Coffano fuerunt reperta multa instrumenta et privilegia et lictere auttentice et unum privilegium cum corda rubea et licteris de auro. — Item in alio Coffano erant scripture antique multe. — Item in alio Coffano erant plures lictere et instrumenta antiqua. — Item in alio Coffano erant lictere bullate et plura instrumenta antiqua. — Item in alio Coffano erant libri seu caterni rationum et expensarum et instrumenta antiqua Romane ecclesie. — Item in alio Coffano erant libri officialium Romane ecclesie provincie marchie et alie scripture antique. — Item in alio Coffano fuerunt reperti tres libelli sermonum et multe alie scripture decimarum romanorum pontificum. — Item in alio Coffano erant multi caterni de papirii super elemosinis et expensis summorum pontificum quondam. — Item in alio Coffano erant multa privilegia papalia et libri rationum et expensarum. — Item in alio Coffano erant plures scripture decimarum introytum et expensarum summorum pontificum quondam. — Item in alio Coffinio erant libri rationum introytum et expensarum summorum pontificum quondam. — Item in alio Coffano erant plures Caterni simul ligati rationum diversorum introytum et expensarum Romane ecclesie et multe alie diverse scripture. — Item in alio Coffino erant diverse scripture et acta antiqua et vetusta. — Item in alio Coffano erant Caterni decimarum Ecclesie et quedam alie diverse scripture. — Item in alio Caffano erant varie scripture super negotiis romane ecclesie; *cancellatum fuit quia scriptum est alibi supra.*

IX.

Arch. Vat. Instr. misc. 13 oct. 1327. Iohannes episcopus, etc. ut in nota num. 3, p. XXXV; post quae immediate veniunt sequentia.

Nos igitur Nuncii delegati et executores prefati cupientes mandatum apostolicum ut tenemur complere et exequi diligenter ad Civitatem Assisii predictam personaliter transferentes de et super contentis in ipsis litteris apostolicis solertem ac diligentem inquisitionem et informationem fecimus iuxta traditam nobis formam per quas inquisitionem et informationem legitime nobis constet. Vos dictum Comune et Vniversitatem per vos seu alios vestri nomine et mandato recepisse de thesauro predicto Romane ecclesie olim deposito in Sacristia fratrum minorum dicte Civitatis quamplures pannos aureos et sericos ac fregia, vasaque argentea et aurea, gemmas et lapides preciosos, ac diversas argenti et Eris pecuniarum quantitates. Nec non res arnesia et indumenta papalia inferius particulariter et distincte plenius designata que in usus dicte Civitatis et communis ac universitatis et eorum tuitionem vel alias ut vobis Communi et universitatis placuit convertistis et impignorari fecistis. Auditisque omnibus hiis que proponere voluistis. Attentisque diligentius et inspectis que nostros poterant animos super hiis informare et habito tractatu diligenti et consilio peritorum quia constat nobis vos dictum Communem et Vniversitatem teneri et fuisse et esse legitime obligatos ad dictorum bonorum rerum et pecuniarum quantitatum restitutionem non obstantibus quibusdam frivolis exceptionibus per vos seu partem vestram propositis in hac parte — Idcirco vos et vestrum quemlibet auctoritate apostolica qua fungimur in hac parte monemus nichilominus vobis et vestrum cuilibet in virtute sancte obedientie et sub penis infrascriptis canonica monitione premissa districte precipiendo mandamus quatenus infra sex mensium spacium a die notificationis seu presentationis presentis processus vobis faciende, immediate sequentium quorum duos pro primo, alios duos pro secundo et reliquos duos pro tertio et perhemptorio termino vobis et vestrum cuilibet assignamus omnia et singula res et bona supradicta inferius designata aut communem et competentem seu legalem estimationem eoraum vos supranominati et vestrum quilibet prout quemlibet tangit nobis seu nostrum alteri vel Camere domini nostri pape infra dictum terminum ipsorum seu mensium solvatis restituatis et integraliter consignetis salvo errore calculi pluris vel minoris. Alioquin si huiusmodi monitionis nostre fueritis contemptores quomodolibet vel rebelles et mandata nostra predicta non adimpleveritis cum effectu in vos et vestrum quemlibet ex nunc prout ex tunc et ex tunc prout ex nunc excommunicationis sententiam ferimus in hiis scriptis ac etiam promulgamus. Civitatem vestram assisii supradictam elapso dicto termino nichilominus ecclesiastico interdicto supponentes. Ad alias penas contra vos et vestrum quemlibet gravius processuri prout vestra contumacia exigerit sive culpa, per hunc autem presentem nostrum processum nolumus nec intendimus nobis vel nostrum alteri in aliquo deroguare quominus nostrum quilibet libere possit in executione presentis negocii iuxta formam predicti mandati apostolici procedere, absolvendo, liberando plenius et quietando quoscumque solventes nobis vel nostrum alteri seu Camere domini nostri pape ut premititur assignantes. Nec non terminos et dilationes proroguando et minuendo, agravando processus et sententias suprasdictas, et etiam absolvendo prout nobis placuerit et videbitur expedire. Litteras autem apostolicas suprascriptas nostram iuridictionem continentes vobis non mittimus tamen tenorem eorum inserem in presenti processu videre, et eiusdem ac presentis processus si volueritis copiam habere poteritis tamen vestris sumptibus et expensis. presentes vero litteras processum nostrum Huiusmodi continentes ad cautelam fecimus registrari ac etiam scribi et publicari mandavimus per hugonem fabri, et Iohannem Andree tabelliones dicti domini nostri pape infrascriptos et quodlibet eorumdem, et nostrorum sigillorum appentione muniri, quibus sigillis appositis vel non fractis vel integris volumus per vos et quoscumque alios eidem presenti processui fidem plenariam adhiberi. De quorum presentatione et intimatione seu notificatione vobis et cuilibet vestrum facienda relationi Bortholi quondam Ginni (?) Nuncii nostri Iurati latori eorum dabimus plenam fidem prefatas autem litteras processum nostrum huiusmodi continentes non penes vos sed penes latorem eorumdem omnino volumus remanere, quas sub pena excommunicationis predicta eidem latori facta presentatione restituetis integras et illesas. Cui processui omnia et singula omnia et singula res et bona per vos et nomine dicti Communis et Vniversitatis Assisii et summas pecuniarum per vos capta et recepta ad quarum restitutionem tenemini et estis ut premittitur obligati ac per nos moniti prout superius continetur fecimus presenti nostro processui ut sequitur integraliter et per ordinem registrari. Et sunt hec videlicet. Vnum fregium largum ornatum et fornitum perlis grossis quod est in campo deaurato cum viginti lapidibus preciosis ponderis trium librarum et septem unciarum. Item unum fregium largum deauratum et in parte fornitum perlis et in parte sine fornimento perlarum cum quinque lapidibus preciosis ponderis librarum trium et medie. Item aliud fregium cum cruce a capite laboratum et fornitum perlis et coralliectis parvis quod fregium est ponderis unius libre, et quinque unciarum. Item aliud fregium deauratum cum perlis et fregeptis ponderis unius libre et unius uncie et trium quartarum. Item aliud fregium apluviale laboratum ad ymagines de auro cum perlis ponderis duarum librarum et quatuor unciarum et medie. Item unum bodallium a planeta laboratum de auro cum perlis et cum vigintisex lapidibus preciosis et duobus boctoncellis quod est ponderis libre unius et quinque unciarum et medie. Item duo drappi de Syrico laborati ad aurum tractum ponderis librarum duarum unciarum duarum et trium quartarum. Item aliud fregium de auro fornitum perlis cum triginta tribus ymaginibus sanctorum in campo Sindonis virmilii ponderis libre unius septem unciarum et unius quarti. Item unum Badale de auro tracto cum perlis ponderis sex unciarum et unius quarti. Item duo fodera corporalium de auro tracto cum perlis et viriolis ponderis undecim unciarum et medie. Item unum par scarpetarum papalium cum auro tracto et perlis grossis ponderis libre unius et duarum unciarum. Item sex scarpectule cum auro tracto et perlis munitis ponderis quatuor librarum et quatuor unciarum. Item unum pecium fregii de auro tracto cum perlis grossis et septem lapidibus preciosis ponderis unius libret quatuor unciarum et medie. Item unum Badale de Samito rubeo cum perlis et botoncellis de auro xli ponderis undecim unciarum et medie. Item unum fregium de Samito Sanguineno cum cruce a capite laboratum de auro cum perlis et cum centum lapidibus preciosis, quod fregium est ponderis duarum librarum et quinque unciarum et unius quarti. Item alium fregium pro aliqua parte deauratum de auro tracto et pro alia parte est in campo de Sirico bruno cum perlis et auro in massa et cum viginti lapidibus preciosis ponderis librarum duarum et medie. Item due Rotelle de auro a Cirotecis in una quarum sunt sex lapides preciosi et Bactoncelli de auro in alia Rotella sunt septem lapides preciosi que due Rotelle sunt ponderis duarum unciarum. Item duo guanti orlati et fregiati de auro et perlis grossis, quorum guantorum fregia sunt de auro tracto cum effimaltis et boctoncellis de auro et duabus Rotellis de auro ponderis sex unciarum et medie. Item unum pezzettum fregii de auro tracto cum una ymagine ihesu xpi. laborata perlis ponderis duarum unciarum et medie. Item unum fregium de auro tracto largum ab altari laboratum ad imagines sanctorum ponderis trium librarum et sex unciarum. Item in alia mano due planete et una toncella et una dalmatica de Samito Viridi cum fregiis de auro tracto ponderis viginti librarum. Item unum fregium ab altari de auro tracto laboratum ad ymagines sanctorum quod fregium est ponderis librarum duarum et duarum unciarum. Item perle grosse in una cartucia bambocinis, Centum septuaginta una. Item una planeta de djaspero laborata ad acum de auro ad figuras cum perlis cum fregio aureo a pede ponderis Novem librarum et trium unciarum. Item alia planeta in campo albo laborata de auro ad acum ad figuras avium et arborum et perlis a capite grossis ponderis Novem librarum et octo unciarum. Item alia planeta cum campo rubeo laborata ad acum cum grifonibus et catenis et aliis figuris de auro ponderis septem librarum et trium unciarum. Item alia planeta de Samito albo foderata de Sindone Rubeo laborata ad figuras sanctorum et angelorum de auro ponderis librarum undecim. Item alia planeta de Samito albo laborata de auro ad Grifones et ad aquilas cum duobus capitibus unamquamque et alias aves de auro ponderis sex librarum et sex unciarum et medie. Item unum pluviale de Samito Rubeo laboratum ad aquilas de auro tracto cum duobus capitibus. Vnam et ad grifones de auro tracto foderato de Sindone Rubeo ponderis novem librarum et medie. Item una planeta de Samito albo laborata ad ymmagines sanctorum et angelorum et aliarum figurarum de auro foderata de Sindone Rubeo ponderis Novem librarum et undecim unciarum. Item alia planeta de Samito albo laborata ad aves de auro et cum fregio de auro a capite et a pede ponderis octo librarum et Novem unciarum. Item alia plancta de Samito vermelio laborata ad ymmagines sanctorum de auro cum foliis de Syrico ponderis duodecim librarum et unius uncie. Item unum pluviale de Samito Rubeo laboratum ad aquilas cum rotis, que aquile et rote sunt de auro cum fregio ad figuras sanctorum de auro et cum perlis ponderis librarum octo et unciarum octo et medie. Item aliud pluviale de Samito Rubeo laborato ad rotas et aquilas duorum capitum et ad Grifones et alias aves de auro cum quodam fregio cum perlis ponderis novem librarum et septem unciarum. Item aliud pluviale de Samito Rubeo laborato ad aquilas duorum capitum et ad Grifones et alias aves de auro cum rotis et cum fregio ornato perlis grossis et caputeo foderato de Sindone Iallo ponderis librarum tresdecim et trium quarti uncie. Item unum pluviale de Samito Rubeo laborato ad aurum cum cancelletis auri fini et fregiis de auro ponderis librarum septem et quatuor unciarum. Item unum fregium largum ab altari laboratum ad figuras sanctorum de auro et argento deaurato cum perlis coraliis et vitriolis foderatum de Sindone Rubeo ponderis librarum Novem et decem unciarum. Item una casseptina de argento deaurata ad modum unius tabullete cluditiva in qua intus sunt quatordecim lapides pretiosi sex alve grosse et due parve et a latere exteriori super dicta tabuleta sunt quintaginta lapides preciosi et perle grosse quadraginta una que tabuleta est cum ipsis lapidibus ponderis novem unciarum que involuta est in Sindone Rubeo. Item septem cassepte de argento quarum due sunt deaurate ponderis inter omnes undecim librarum et trium unciarum. Item quedam ymmago beate Marie cum filio in brachiis de argento deaurato ponderis trium librarum et unciarum trium. Item ymmago unius Angeli cum aliis de argento ponderis undecim unciarum. Item una cuppa de argento ponderis septem librarum duarum unciarum et unius quarti. Item unum tirabulum et duo parva candelabra et duo vaselepta de argento que inter omnes sunt ponderis librarum duarum, octo unciarum et trium quartarum. Item tres rotelle a carrepta et duo anuli parvi de argento deaurato ponderis octo unciarum. Item duo cande- labra unum sanum et aliud fractum de argento deaurato et de cristallo et diaspero cum lapidibus preciosis CCLXXXV. et perlis LXXXVI. ponderis decem librarum et decem unciarum. Item unum candelabrum cum pede de argento deaurato et desuper de cristallo cum sex perlis grossis in ipso pede et octo lapidibus preciosis ponderis trium librarum et septem unciarum et medie. Item duo calices cum patenis de argento deaurato ponderis duarum librarum et trium unciarum. Item unum pluviale de Samito Rubeo cum fregis de auro fornitum ponderis quatuor librarum et trium unciarum. Item aliud pluviale dicti panni et coloris fregiatum de auro ponderis quatuor librarum et unius uncie. Item aliud pluviale eiusdem coloris et panni ponderis quatuor librarum et trium unciarum. Item aliud pluviale eiusdem panni et coloris et fornimenti ponderis quatuor librarum et duarum unciarum. Item unum pannum seu drappum auri pro altari ponderis trium librarum et quatuor unciarum et medie. Item unum pecium panni seu drappi de auro ponderis trium librarum et trium unciarum. Item aliud pecium panni de auro laboratum ad scutos ponderis quatuor librarum et trium unciarum et unius quarti. Item alius pannus laboratus ad aurum ponderis trium librarum, et quinque unciarum et medie. Item alius pannus laboratus ad aurum ponderis trium librarum sex unciarum et trium quartarum. Item unum pecium panni seu drappi de auro ponderis unius libre et medie. Item alius pannus ad aurum laboratus ponderis quatuor librarum trium unciarum et medie. Item una planeta drappi de auro ponderis duarum librarum et decem unciarum. Item alius pannus ab altari laboratus ad aurum ponderis quatuor librarum novem unciarum et medie. Item aliud pecium panni de auro ponderis trium librarum et novem unciarum. Idem duo pectoralia ad camisam laborata de auro, cum perlis et cum quinque petiis fregii laborati cum perlis et auro ponderis duarum librarum et duarum unciarum et medie. Item una toncella drappi de auro fregiata ponderis trium librarum, minus. I. quarta. Item septem pecia drappi de auro parvi ponderis librarum quinque sex nciarum et trium quartorum. Item unus pannus de auro ponderis quatuor librarum quatuor unciarum et trium quartorum. Item unus pannus drappi de auro ponderis quatuor librarum sex unciarum et unius quarti. Item unus alius pannus de auro laboratus ad aquilas et grifones ponderis duarum librarum quinquen un- ciarum et medie. Item alius pannus de auro ponderis quatuor librarum sex unciarum et trium quar- torum. Item alius drappus de auro laboratus ad aquilas et Grifones ponderis sex librarum septem unciarum et trium quartorum. Item alius pannus parvus seu drappus ad aurum laboratus pon- deris unius libre sex unciarum et trium quartorum. Item una concha de argento cum quatuor pedibus et duabus manicis ad eam applicatis et octo parasides de argento ponderis quindecim librarum octo unciarum et medie. Item quatuor Saleria de argento et octo nappi de argento. Unum Inciso- rium fractum de argento et tres Cocchiarie parve de argento ponderis inter omnes octo librarum undecim unciarum et medie. Item duo vasa de argento copertata in quibus coperchiis erant due ymmagines ad modum duorum canium ponderis octo librarum trium unciarum et medie. Item quedam cuppa copertata que videtur esse de auro et esse smaltata cum uno flore super coperchio dicte coppe ad modum unius boctoni ponderis quinque librarum quinque unciarum et unius quarti. Item una alia cuppa que videtur esse de auro copertata que est smaltata in nodo de medio dicte coppe et habet in coperchio unum florem relevatum ponderis trium librarum et septemunciarum duorum quar- torum et medii. Item unum vas argenteum deauratum et copertatum smaltatum cum lapidibus et gemmis sive vitreis ponderis trium librarum et septem unciarum. Item una Cuppa argentea deaurata cum coperchio in quo coperchio sunt duo milites fabricati ponderis trium librarum novem unciarum trium quartorum et medii. Item una alia coppa argentea et deaurata et laborata cum certis laboreriis relevatis smaltata intus et granata que similatur uni Calici ponderis duarum librarum et unius uncie. Item alia Cuppa coperta et deaurata cum figuris hominum et habet nodum de medio et super coperchio ipsius ad modum unius castelli ponderis duarum librarum unius uncie et trium quartorum et medii. Item alia Cuppa coperta de argento deaurata et smaltata que habet nodum de medio, et in medio coperchii ad modum unius Castelli cum uno babuino intus posito ad modum stelle in quodam compasso ponderis librarum quinque sex unciarum trium quartorum et medii. Item unus Nappus copertatus et cum uno pede laborato ad babomos qui est deauratus in cuius coperchio est unum botone ponderis quatuor librarum et medie. Item una cuppa copertata de argento deaurata non laborata nisi in nodo de medio cum uno floreto in coperchio ponderis duarum librarum et unius quarti. Item alia cuppa parva argentea et deaurata smaltata in nodo de medio et copertata cum uno flore in coperchio granata intus cum duobus smaltis ponderis duarum librarum et quinque unciarum. Alia cuppa copertata similis proxime superiori ponderis duarum librarum decem unciarum et unius quarti. Item alia cuppa copertata de argento deaurata in cuius coperchio est unus nodus tondus smaltatus cum uno flore circa dictum Nodum laborata cum duobus smaltis intus ponderis duarum librarum trium unciarum et unius quarti. Item duo Candalabra de argento ponderis duarum librarum et duarum unciarum. Una coppetella ad modum Salerie copertata que est parvior aliqua de argento non deaurata quod bene discernatur ponderis unius libre et decem unciarum et trium quartorum et medii. Una secchia de argento laborata arma Regis Castelli et regis Aragonis ponderis quatuor librarum novem unciarum et medie. Vnum Cocchomum de argento ponderis duarum librarum et septem unciarum. Duo flascones de argento cum Circhiis deauratis smaltati in fundis cum duobus anulis pro quolibet ponderis undecim librarum et medie. Vna cuppa coppertata argentea et deaurata smaltata cuius nodum pedis erat fabricatum ad modum unius castelli et habebat in coperchio unum castellum simili modo fabricatum cum sex leotellis in pede ipsius cuppe applicatis ponderis quinque librarum et undecim unciarum et trium quartorum. Duo vasa de argento cum bocchiis largis in quorum fundis signatum erat unum. A. ponderis duodecim librarum et quinque unciarum et medie. Unum vas de auro smaltatum in manica et copercio ipsius vasis et intus et deforis ad · arma Regis Caruli ponderis trium librarum, et novem unciarum. Vnum vas de argento deauratum in manica et Circulo fundi dicti vasis et copertatum in quo coperchio erat unum botone ad modum unius glandis ponderis trium librarum et sex unciarum et unius quarti et medii. Aliud Vas argenteum deauratum et smaltatum per totum ad babuinos in colore rubeo et Azureo in cuius coperchio erat unus flos relevatus cum glandellis ponderis trium librarum et duarum unciarum et unius octave. Aliud Vas de argento copertatum deauratum et granatum et habebat unum botone granatum ponderis trium librarum undecim unciarum et unius quarti. Item una Cuppa de argento deaurata smaltata in nodo pedis dictae Cuppe et erat unum smaltatum de azuro et aliud in colore rubeo et erat smaltata intus in una ymmagine ad modum unius mulieris et unius fere et granata intus et in coperchio erat relevatus unus flos et in pede dicti floris erat unus nodus ponderis duarum librarum quatuor unciarum et unius octave. Item una alia cuppa de argento deaurata cum quodam milite intus fabricato cum Niso in manu et uno braccho ad pedem Equi ponderis unius libre et undecim unciarum. Alia Cuppa smaltata intus ad babuinos in colore viridi adzuri et rubei ponderis unius libre unius uncie et medie et unius octave. Alia cuppa de argento deaurata cum quodam leone relevato intus et laborata ad babuynos ponderis unius libre quinque unciarum et trium quartorum. Vna alia cuppa de argento deaurata et granata intus et in medio smaltata cum uno babuyno in colore azuri ponderis unius libre ·quatuor· unciarum et unius quarti et medii. Vna alia cuppa copertata in cuius coperchio est designatum ad modum campanilis et est smaltata intus cum ymagine ad modum leonis stantis in medio, et in medio dicte cuppe est smaltum ad modum unius columbe et in nodo pedis fabricatum ad modum campanilis ponderis duarum librarum Novem unciarum et medie. Vna alia cuppa copertata de argento et deaurata smaltata in medio cum uno dragone in campo azzuri et granata intus deforis non et cum coperchio granato, intus et in pede dicte cuppe erant designata arma Regis Caruli et quedam alia arma in campo aureo et cruce nigra et alia certa arma ponderis trium librarum quatuor unciarum trium quartorum et medii. Item alia cuppa de argento et deaurata copertata et smaltata in nodo cum·uno smalto Rubeo et alio azzuro granata intus et deforis non, cuius coperchium erat smaltatum de azzurro cum uno babuino cum uno flore in dicto coperculo et in medio dicti floris erat unum malum tondum ponderis duarum librarum et unius uncie et unius quarti. Alia cuppa de argento et deaurata copertata et smaltata in canna in colore adzuri ponderis trium librarum duarum unciarum et unius octave. Alia cuppa de argento deaurata et granata intus et deforis non smaltata intus cum duabus rosectis et smaltata in canna et nodo in colore azzurri et coloris rubei ponderis trium librarum et duarum unciarum. Alia cuppa de argento deaurata et copertata in cuius coperculo est ymago unius militis cum Niso in manu et cum uno castellecto in dicto coperculo ponderis duarum librarum undecim unciarum unius quarti et unius octave. Vna alia cuppa de argento deaurata non laborata cum coperchio granato intus et smaltata in nodo de medio ponderis duarum librarum et decem unciarum et medie. Item septem parassides de argento ponderis quinque librarum det decem unciarum. Item duo Nappi de argento et unum salerium de argento ponderis unius libre quinque unciarum et trium quartorum. Vna alia cuppa granata intus et Smaltata in colore rubeo azzurri et viridi in quo viridi est quedam roseta ponderis duarum librarum decem unciarum et trium quartorum. Alia cuppa de argento et deaurata cum coperculo in cuius coperculo est intus quedam Rosa in campasso ad modum unius stelle ponderis unius libre decem unciarum et medie. Item unum decretum cum apparatu. Vnus codex cum apparatu. Vnus liber lecture decretalium. Vnum digestum novum cum apparatu. Vna lectura pandecte. Vna summa codicis azonis. Vnum volumen cum apparatu. Vnum Inforciatum cum apparatu. Vnum digestum novum. Vnum decretum cum apparatu. Vnum par decretalium. Vna summa azonis. Vna summa super titulis decretalium. Sextus liber decretalium de regulis iuris. Sextus liber Bonifacii. Summa domini Gofredi super titulis decretalium. Summa domini Innocentii. Summa azonis. Vnus liber Innocentii. Vnum missale cum coperta Samiti rubei. Vnum Breviale cum Samito Rubeo. Vnum missale sine pistolis et evangeliis cum coperta Samiti rubei. Vnus liber evangeliorum tocius anni. Vnum missale cum coperta Samiti rubei. Vnus liber summarum cum coperta panni lini Indici. Vnus liber secunde partis cum coperta Samiti rubei. Vnum breviale notatum. Vnum breviale completum cum coperta panni lini. Vnus liber moralium sancti Gregorii cum coperta corii Rubei. Vnus liber Biblie completus parvulus. Vnum Missale, sine pistolis et evangeliis cum coperta viridi. Vnus liber Messale pauli pistillati cum coperta viridi. Vnus liber medicine cum coperta Samiti zalli. Vnus liber medicine cum simili coperta. Vnus liber epistolarum pauli postillati cum coperta alba de corio. Vnum Missale cum coperta Rubea. Vna Biblia cum coperta corii Rubei vel quasi. Vnum breviale cum coperta cori rubei. Vna planeta Samiti albi. Vna planeta de Samito violato cum uno fregio. Vnum puviale de Samito virmilio non fornitum. Vna planeta de samito violato fornita cum fregio deaurato. Vnum palium ad altare ad giglos et vites de auro. Vna dalmatica de Samito violato, due pecie Samiti cum figuris laborate ad aurum tractum. Vnum puviale de Samito Rubeo non fornitum. duodecim pecie frigiorum de Samito laborate ad aurum filatum. Septem pecie frigiorum de Samito laborate ad aurum filatum. Vna planeta de diaspero albo una planeta de Samito Albo. Vna dalmatica de Samito virgato. Vna toncella de dicto Samito. Vnum pluviale de Samito rubeo. Vna planeta de tasilio foderata de cendado rubeo. Vna toncella de Samito Virmilio. Vnum pluviale de samito virmilio cum uno fregio. Vnum pluviale de Samito Guasflore laboratum ad aurum. Vna dalmatica de Samsilio foderata de Sindone rubeo. Vna toncella de Samito virmilio cum certis laboreriis ad aurum. Vna dalmatica de Samito albo Virgata ad aurum. Vna toncella de dicto Samito laborata dicto modo. Vna alia dalmatica simili modo. Vna dalmatica de Samito virmilio virgata ad aurum. Vna planeta. Vna dalmatica. Vna toncella omnes fornite de Samito violato. Vna planeta. Vnum pluviale. Vna dalmatica. Vna toncella fornite de Samito violato. Vnum pluviale. Vna dalmatica fornite de Sanito albo. Vna planeta de Samito virmilio. Summe vero predictarum pertinentiarum sunt hec videlicet ab una parte septingenti floreni de auro, et trescente quintaginta sex libre, duodecim solidi et octo denarii cortonenses in aliis dictorum monetis argenti. Item sexcenti decem et octo floreni auri iusti ponderis. Et in aliis monetis argenti duomilia octuoginta libre denariorum cortonensium usualium in provincia spoletaua, et sexdecim solidi et octo denarii dictorum Cortonensium. Datum et Actum perusii in domo fratrum predicatorum die xiii mensis octobris. Sub anno Nativitatis domini Millesimo trecentesimo vigesimo septimo Indictione XI, pontificatus sanctissimi patris et domini nostri domini Iohannis divina providentia pape xxii, anno duodecimo presentibus Religiosis viris fratribus Geraldo de Guarrigia, paulo de Narnia priore conventus Minerve Civitatis Romane ordinis fratrum predicatorum, Iohanne persone diocesis Caturcensis, et Iohanne de Martiosio testibus ad hec vocatis specialiter et Rogatis.

Et Ego Hugo Fabri clericus Caturcensis diocesis publicus Auctoritate apostolica et Imperiali notarius publicus et Iudex ordinarius predictis omnibus et singulis processibus, preceptis, monitionibus et
sententiis factis et latis ac habitis per predictos dominos delegatos dum agerentur interfui una cum
magistro Iohanne Andree notario Infrascripto et ea de mandato et precepto dictorum dominorum dele-
gatorum quorum cum scriba in duabus pellibus conglutinatis scripsi et publicavi, meoque signo consueto
signavi rogatus.

Et ego Iohannes Andree Notarius predictus qui vocatus una cum dicto Magistro Hugone fabri
notario supra scripto premissis omnibus et singulis interfui, dum sic agebantur, quare de precepto
dictorum dominorum hic me subscripsi et signum meum apposui Rogatus.

X.

Arch. Vat. Instr. misc. 21 Aug. 1320.

Iohannes episcopus Servus servorum Dei, Venerabilibus fratribus Cathaniensi et.. Saonensi
Episcopis, salutem et apostolicam benedictionem. Ad nostri apostolatus auditum relatio fidedigna perduxit, quod ad.. Guardianum et fratres ordinis Minorum Ianuensium, quedam Crux et una ycona auree
in quibus magna pars de ligno vivifice Crucis, multeque sanctorum reliquie conservantur, nec non et
duo capita sanctorum in duabus aureis seu argenteis thecis recondita, margaritis ac lapidibus pretiosis
et esmaltis ornata, que cum aliis bonis thesauri ecclesie romane de Sacristia ecclesie santi fridiani
Lucani, ubi tunc servabantur, subtracta per violentiam extiterunt per tradicionem Nicolosi Dani factam
eis pervenisse noscuntur. Quare fraternitati tue per apostolica scripta mandamus, quatinus vos vel
alter vestrum super hiis de plano, summarie, sine strepitu et figura iuditii vos plenius informantes
Crucem, yconam et capita dictorum sanctorum cum thecis eisdem et aliis ornamentis ipsorum, faciatis
vobis, nostro et eiusdem ecclesie romane nomine, plene restitui et integraliter assignari; ad hoc eosdem
Guardianum et fratres per excommunicationis in personas cuiuslibet eorum et interdicti in conventum
et locum ipsarum sententias et ipsarum sententiarum aggravationem, sicut expedire videritis, appellatione postposita, compellendo. Invocato ad hoc, si opus fuerit, super quibus omnibus plenam vobis
et unicuique vestrum potestatem concedimus, auxilio brachii secularis. Non obstantibus si eodem ordini
Minorum ac fratribus dicti ordinis generaliter quod fratres ipsius ordinis aut predictis Guardiano et
fratribus Ianuensibus specialiter aut aliquibus eorumdem communiter vel divisim a sede apostolica sit
indultum quod excommunicari suspendi, aut ipsi vel eorum loca interdici non possint per litteras
apostolicas non facientes plenam et expressam ac de verbo ad verbum de indulto huiusmodi mentionem, et quibuslibet privilegiis indulgentiis et litteris apostolicis generalibus vel specialibus eisdem ordini
seu fratribus a dicta sede concessis, per que nullum eis contra premissa volumus afferri suffragium,
aut commisse vobis potestatis explicatio impediri valeat quomodolibet vel differri.

Datum Avinione, XII kal. septembris, Pontificatus nostri anno quarto.

Arch. Castri S. Angeli, Arm. C. Fasc. 71, I. 29 Aug. 1325.

In nomine Domini Amen. Anno Domini Millesimo trecentesimo vigesimo quinto, ind. VIII. tempore domini Iohannis pape XXII, die iovis vigesimanona mensis Augusti. Pateat evidenter quod pro
parte Reverendi viri et domini domini Iohannis de Amelio archiediaconi (*sic*) Foroiuliensis, spoletani
ducatus in spiritualibus ac temporalibus rectoris per sanctam romanam ecclesiam generalis presentate
fuerunt hodie die dicta prudentibus et discretis viris Ciccho Petrioli, et Bellatio Petri Consulibus vicem
Potestatis Bictonii gerentibus in palatio Communis Bictonii existentibus et dominis defensoribus
populi Terre Bictonii in domibus eorum habitationis existentibus per Cicchutum Andreutii de Spello
qui se dicit baiulum ducalis curie, quedam littere et copia quarundam aliarum litterarum eidem domino
Rectori a Sanctissimo Patre et domino Domino Iohanne Sacrosancte Romane ac universalis ecclesie
Summo Pontifice directarum in quibus inter alia continentur de multis aliqui excessus commissi per
virum sceleratum et impium Castrutium Gerii de Anterminellis. Et processus facti contra dictum Castrutium occasione excessuum predictorum. Quarum litterarum et principii et finis ipsarum litterarum
appostolicarum Tenor talis est. Iohannes de Amelio Archiodiaconus (*sic*) foroiuliensis Spoletani ducatus
in spiritualibus et temporalibus Rector per Sanctam Romanam Ecclesiam generalis Religiosis et

honestis viris, Guardiano fratrum Minorum, Prioribus fratrum predicatorum et agustinorum ac nobilibus viris.. Potestatibus.. Vicariis.. Consulibus. ceterisque officialibus, Consiliis et Communibus terrarum Trevii, Montisfalchi, Ianii Gualdi capitaneorum, Mevanie, Collismancie, Bictonii, Cannari, Spelli, Sassiferrati, Gualdinucerii, Salutem in domino. Noveritis hiis diebus a Patre Santissimo domino nostro domino Iohanne sacrosancte Romane ac universalis ecclesie Summo Pontifice litteras vera bulla plumbea bullatas apostolicas recepisse, tenoris et continentie infrascripte. Iohannes episcopus servus servorum dei dilecto filio.. Rectori ducatus spoletani salutem et apostolicam benedictionem. Angit nos detestabilium excessuum per virum sceleratum impium Castrutium Gerii de Anterminellis, contra deum et Nos et romanam ecclesiam fidemque Catholicam patratorum acerbitas, ut adversus eum quem dei timor a malo non retrahit, ad tantorum castigationem facinorum, partes auctoritatis appostolice sollicite, sicut expedit, apponere studeamus. Et ut ipsa facinora in divine Maiestatis offensam, Ecclesie contumeliam ac eiusdem fidei lexionem redundantia, fidelibus filiis ecclesie clarius patefiant, quedam de illis, pauca de multis videlicet, succincti sermonis serie, providimus non sine mentis amaritudine recensenda. Olim siquidem dictus Castrutius ad dei et eiusdem ecclesie sponse sue iniurias et offensas asperas cum Civitas Lucana que sub gubernatione et Regimine karissimi in Christo filii nostri Roberti Regis Sicilie illustris in devotionem ipsius ecclesie cum eius districtu et territorio tenebatur per eundem Castrutium ac quosdam complices suos occupata fuisset, eorumque seve tirannidi subiugata, ipse Castrutius cum eisdem complicibus ac Thesaurum Romane ecclesie qui de Perusio ad eandem Civitatem Lucanam de mandato fel. rec. Clementis pape quinti predecessoris nostri portatus extiterat et in Sacristia sancti Affrodiani (*sic*) Lucani tunc temporis servabatur etc. Et in fine dictarum litterarum apostolicarum continebatur, Quocirca discretioni tue per apostolica scripta mandamus quatenus dictum Castrutium excommunicatum et fautorem dictorum hereticorum predictas penas et sententias incurrisse ac eis subiacere in locis decrete tibi provincie de quibus fuerit expediens, publice numptiare, dictaque monitiones, inhibitiones, mandata et alia contenta in presentibus litteris ut ad illorum, quorum interest, notitiam deduci valeat, solempniter publicare, partes faciens inde fieri publica instrumenta, principium et finem presentium continentia. Et nobis fideliter mictere non postponas. Dat. Avinione II kal. maii pontificatus nostri anno nono. Quas litteras ipsi domini consules et.. defensores cum devotione, reverentia et honore quo decuit receperunt, et volentes predictis omnibus et singulis devote et plenius obbedire, deliberaverunt et ordinaverunt quod die Sabbati ultima mensis - huius, generalis et publica contio hominum terre Bictonii in platea Communis Bictonii deberet solempniter congregari. In qua denumptientur, notificentur et publicentur omnia et singula que in dictis apostolicis litteris continentur.

Die Sabbati ultima mensis Augusti, convocata et congregata generali et publica Contione, etc.

Arch. Vatic. Instrum. Misc. 28 Febr. 1328.

In nomine domini nostri Iesu Christi, amen. Nos frater Lambertus de Cingulo ordinis fratrum predicatorum inquisitor heretice. pravitatis in provintia lombardie, et in provincia Romandiole specialiter deputati ad perpetuam rei memoriam. Eterni Iudicis de cuius vultu vere Iudicia prodeunt. Et qui cum tranquillitate iudicat orbem terre, summa providentia que in sui dispositione non fallitur, statuit ut in orbe terrarun, recti iudices eligantur qui iustitiam diligant et iudicente quitatem, penasque inferant et premia tribuant secundum exigentiam meritorum. Hec est enim ipsius Iudicis voluntas precipua, ut qui precixorum ab ecclesia sponsa sua maximo in contemptu participia non evitant, ab ipsius ecclesie gremio separentur, et cum eisdem precisis quorum consortia elegerunt dampnentur et ipsi. Sane post sententiam iam diu latam contra Raynaldum et oppizonem de domo Estensi infectos de labe heretice pravitatis qui iusto fuerunt ecclesie, iudicio velut heretici condempnati contra nonnullos eorum fautores, vallitores, complices et sequaces prout ad commissum nobis ab apostolica sede pertinebat officium, sedula diligentia inquirentes per famam publicam multis rumoribus validatam. Immo quasi rei evidentia manifestam. Bernardinum comitam de cunio provincie romandiole quidam fideles ecclesie nobis frequentius detulerunt quod ipse Bernardinus qui devotus ecclesie putabatur, et cuius noscitur esse vasallus, in contemptu dei et ipsius ecclesie ad dampnatos hereticos supradictos Raynaldum et oppizonem ferariam personaliter proficiscens eos in pallatiis habitant (*sic*) eorum debuerat visitasse cum eis bibisse et familiariter comedisse, ipsosque equitantes associasse ac nihilominus ligam societatem et confederationem cum eis interpoxitis iuramentis fecisse quod se invicem mutuo adiuvarent. Et sibi ipsis alterutris probarent

contra omnes homines, auxilium consilium et favorem. Nos volentes de predictis scire plenius veritatem super hiis omnibus, formatis articulis inquisitionis cepimus inquirere diligenter, recipientes aliquando
comuniter, aliquando per nostrum alterum ex commissione alterius tam in bononia quam in provincia
romandiole testes multos ac multos idoneos et fideles omni exceptione maiores, secundum morem officii
inquisitionis. Nec non requirentes ac citantes dictum Bernardinum comitem, ut statuto termine se excu-
saturus super predictis omnibus et singulis legitime compareret. Quo coram nobis fratre Lamberto inquisitore predicto personaliter compareante licet examinato super predictis confessus fuerit se ad predictos Raynaldum et oppizonem in civitate ferarie et mutine accessisse . . . . in locis predictis
visitasse eosdem vel alterum eorumdem, et alia in articulis inquisitionis contenta negavit. Tamen per
testes ut predicitur receptos et examinatos quamplures contra ipsius negationem convincitur et constat esse convictum, quod ipse Bernardinus comes tam in ferraria predictos Raynaldum et oppizonem
in persona propria visitavit, et cum eis familiariter comedit et bibit eosque per terram equitando asociavit,
quam etiam in mutina, Raynaldum predictum et tandem cum eis ligam societatem et confederationem
fecit, inivit et promisit iuvando et invicem promittendo quod contra omnes homines mutuo se iuvarent
ac sibi ipsis impenderent auxilium consilium et favorem. Ipsumque Bernardinum comitem tam in ba-
gnachavallo in quo de facto dominatur quam locis aliis sibi subiectis tenuisse ac vocasse scienter sti-
pendiarios predictorum Raynaldi et oppizonis, iisque prebuisse et ab eis nomine predictorum recepisse
auxilium, consilium et favorem statuto demum dicto comiti bernardino termino competenti ad habendam copiam attestationum testium predictorum et ad omnem defensionem suam faciendam super predictis
si quam facere intendebat et aliis solempnitatibus observatis que secundum morem officii inquisitionis
pravitatis heretice servari debuerunt et consueverunt prout hec omnia supradicta·in actis dicti Inquisitionis officii plenius et latius continentur. Quare visis et consideratis articulis inquisitionis prefate confessione et negatione comitis supradicti depoxitionibus testium receptorum deponentium contra ipsum
nec non et omnibus et singulis atitatis (*sic*) per nos et quemlibet nostrum in causa inquisitionis predicte, communicatoque consilio multorum tam prelatorum et magistrorum in sacra pagina ac doctorum
in iure canonico quam aliorum iuris procuratorum et religioxorum virorum coram quibus omnia et
singula supradicta atitata contra dominum Comitem Bernardinum per nos exposita et ostensa fuerunt
et per nos ipsos deliberatione prehabita diligenti ut ex ipsis commissis et perpetratis per ipsum comitem pena debita subsequatur et ipsius comitis qui secundum consilium predictorum sapientum in
omnibus et singulis actibus supradictis predictorum hereticorum fautor est manifestus reputatus punitio
sit cepteris in exemplum et ex pena eiusdem a favoribus et defensionibus ac societatibus eórumdem here-
ticórum alii detrahantur et quia propter condempnationis sententiam. . . . . hereticis promulgatam, Comitem eorum non videtur plene punitum si fautorum suorum dimiteretur inultum. XPI nomine invocato
in hiis scriptis pro tribunali sedentes absente dicto Comite Bernardino citato tamen legiptime ad hanc
sententiam audiendam sequentes consilium predictorum diffinitive pronuntiamus et sententiamus predictum Comitem Bernardinum per predictos actus perpetratos per eum et quemlibet eorumdem ut superius
exprimitur fuisse et esse manifestum fautorem Raynaldi et oppizonis hereticorum predictorum ac subiacere et involutum et ligatum esse omnibus et singulis penis et sententiis inductis tam per iura comu-
nia quam etiam per privillegia et consultationes offitii inquisitionis contra hereticorum fautore. Ipsum
autem Comitem bernardinum velud hereticorum fautorem perpetue infamie volumus subiacere et eundem
ad futuros honores et dignitates inhabilem esse volumus, et hac nostra diffinitiva sententia declaramus.
Si vero dignitates et honores obtinet ad presens cum secundum iura, reatus omnem dignitatem
excludat, ipsum bernardinum privamus eisdem et privatum esse decernimus ita quod Comes nec Milex
de ceptero nominetur. Decernimus insuper predicti bernardini personam a fidelibus chapiendam ubicumque, et apud quoscumque inveniatur, et sic a Reverendissimo patri et domino domino bertrando
dei gratia hostiense et velletrensi episcopo cardinali apostolice sedis legato in partibus Lombardie
bononie nunc existenti vel nobis fideliter presentandam et ulterius omnia et singula ipsius bona mobilia et immobilia quecumque et ubicumque consistant Inquisitionis offitio seu Romane ecclesie con-
fiscamus et decernimus applicata. Intelligentes insuper et volentes quod omnia et singula feuda bona
et iura ipsius ad quascumque ecclesias pertinentia absque aliquo impedimento ad ipsas ecclesias libere
revertantur, ita quod rectores earum de ipsis feudis bonis et iuribus possint et valeant providere secundum quod eis melius videbitur expedire et cum eterne maiestatis ofénsa multo amplius et iustius

quam temporalia secundum iura sit merito punienda, intantum ut non solum perfidi heretici nomen domini blasfemantes et ipsorum accedentes fautores defensores complices et sequaces sed etiam eorumdem filii et nepotes usque ad secundam generationem in detestationem tanti criminis et ofense beneficiis cunctis temporalibus, publicis offitiis, et honoribus, dignitatibus offitiis et beneficiis ecclesiasticis quibuscumque sunt privandi de iure vel potius privati publice nunciandi. Ideo atendentes quod deus gelotes (*sic*) et puniens peccata parentum in filios et quod iura in favorem filii cum diligentia observari predicti bernardini fautoris hereticorum filios ac nepotes usque ad secundam generationem ut in memoriam paterni criminis continuo merore tabescant sacros chanones imitantes chanonicatibus beneficiis et prebendis que habuerant et tenuerant in aliquibus ecclesiis nec non dignitatibus personatibus et honoribus quibuscumque ac beneficiis ecclesiasticis ubicumque consistant et publicis offitiis apostolica auctoritate qua fungimur ac presenti sententia privamus et privatos fore decernimus et esse ad predicta inhabiles et indignos, omnibus vero et singulis personis ecclesiasticis et mondanis cuiuscumque conditionis existant, districte precipimus et mandamus quatenus predictum bernardinum hereticorum fautorem nullo modo receptare debeant vel presumant. Nec participare vel communicare cum eo aud prestare sibi per se vel per alium directe vel indirecte aliquod auxilium consilium vel favorem, nec processum vel sententiam nostram latam contra ipsum bernardinum aud offitium nostrum aliquo verbo vel facto quocumque modo vel ingenio impedire perturbare aud molestare presumant. Nec ipsi processui vel sententie contrahire. Nec bona mobilia vel immobilia predicti bernardini in totum vel in parte occupare vel etiam detinere. Alioquin si quis vel aliqui contrafacent in predictis vel in aliquo predictorum volumus et decernimus eum vel eos incurere penas spirituales et temporales, que secundum iura et secundum privillegia ac consultationes offitii inquisitionis talibus trasgressoribus et perturbatoribus imponuntur.

Lata et pronuntiata fuit supradicta sententia per supradictos dominos. . . . . . et inquisitorem pro tribunali sedentes et lecta per me vicentium de spiapastis notarium infrascriptum bononiensem in capitulo fratrum predicatorum presentibus testibus ad hec vocatis et rogatis-Religiosis viris dominis fratre benvenuto bononiensi priore fratrum predicatorum in conventu bononie fratre Vbertino de mutina dicti ordinis predicatorum, fratre Iacobo actolini de bononia ordinis minorum Vicario guardiani in conventu bononie fratre Vgolino de ciposa et fratre Mathiolo de fabiano, ac fratre Iohanne de pisis omnibus ordinis minorum fratre dondeo de garisendis et fratre Nappoleone de arientis ambobus de ordine Militie beate Marie virginis Guide a quercus notario offitii Inquisitionis bononiensis Valentino quondam prandi de rubeis notario dictorum dominorum Episcopi et Inquisitoris et aliis multis tam clericis quam secularibus. Anno nativitatis dominis nostri Ihesu Christi millesimo trecentesimo vigesimo octavo indictione undecima die ultimo mensis februarii tempore sanctissimi patris et domini domini Iohannis divina providentia pape vigesimisecundi.

Ego frater Andriolus cremonensis ordinis fratrum predicatorum auctoritate imperiali publico et offitii Inquisitionis iuratus notarius predictam sententiam de mandato predicti Inquisitoris manu propria scripsi prout Inveni in actis offitii Inquisitionis predicte scripte manu vicentii de spiapastis notarii predictorum dominorum episcopi et Inquisitoris nichil scienter adens vel diminuens set solum ut inveni in actis offitii.

Ego Minonus bombologni Imperiali auctoritate notarius et nunc dicti domini Inquisitoris et sui offitii notarius prout inveni in quadam sententia scripta et sumpta ex actis offitii Inquisitionis predicte per supradictum fratrem Andriolum Cremonensem ordinis fratrum predicatorum et etiam dicti offitii Inquisitionis notarium ita dictam sententiam per ordinem scripsi et exemplavi nichil addens vel minuens quod sensum mutet vel intellectum.

XI.

Arch. Vat. Arm. XXXIV, vol. 2 a pag. 35.
Emptio Hospitii Arnaldi S. Eustachii Diaconi Cardinalis.

In nomine domini amen. Anno a nativitate domini MCCCXXXVI, Indictione IIII, Pontificatus Sanctissimi patris et domini nostri domini Benedicti divina providentia pape XII anno secundo, die penultima mensis Ianuarii. In presentia mei Notarii et testium Subscripforum ad hec specialiter vocatorum

et Rogatorum, Reverendi in Christo patres domini Petrus Penestrinus, Bertrandus Ostiensis et Velle-
trensis, Gaucelinus Albanensis Episcopi, .ac Bertrandus Sancte Marie in Aquiro diaconus Cardinalis
asserentes se fore Executores testamenti sive ultime voluntatis bone memorie domini Arnaldi quondam
Sancti Eustachii diaconi Cardinalis habentes inter cetera a dicto quondam domino Cardinali plenam
et liberam potestatem et speciale mandatum, pro complenda sua ultima voluntate, vendendi, alienandi,
et distrahendi bona sua immobilia ubicumque consistant precium recipiendi et quittandi prout constat
per testamentum dicti quondam domini Cardinalis scriptum et signatum manu et signo Raymundi
amelii clerici tholosane diocesis publici apostolica auctoritate notarii, et prout in clausula dicti testamenti potestatem dictorum Executorum continente que inferius est inserta, continetur expresse, Executoriis nominibus quibus supra et pro complenda dicti quondam domini Cardinalis ultima voluntate,
omni meliori modo forma et Iure quibus melius potuerunt vendiderunt et tradiderunt, ac titulo pure
et perfecte venditionis concesserunt ex causa predicta Venerabili Viro domino Iohanni de Coiordano
Archidiacono lunatensi in Ecclesia Bitterensi dicti domini pape Thesaurario, ementi et recipienti vice
et nomine dicti domini nostri pape et Ecclesie Romane, et pro ipsa Ecclesia Romana quoddam hospicium magnum dicti quondam domini Arnaldi et in quo idem dominus Cardinalis habitare consuevit
et habitabat tempore mortis sue, cum quibusdam plateis contiguis ipsi hospicio, in quibus plateis est
unum ayrale olim emptum a francisco Aloyni Cive Avinionensi, quod servit annuatim preposito Avinionensi mediam gallinam, et modicam summam pecunie. Item aliud Ayrale olim emptum a Mona
gavota quod servit pitanserio monasterii Sancti Andree Avinionensis diocesis, VIII sol. malgoyren. annuatim. Item aliud ayrale iuxta magnam turrim dicti hospicii quod servit annuatim domino Iohanni
Cabasole xii denarios. Item aliud Ayrale iuxta magnam turrim quod servit annuatim Ecclesie Sancti
Agricoli, x sol. monete Avinionensis currentis quodquidem hospicium cum plateis predictis sita sunt
Avinione in parrochia Sancti Stephani, et confrontant cum podio Castelli et cum hospiciis Raymundi
Taliati et Raymundi damiani, et hospitalis pontis Avinionensis et carreriis publicis. Item quoddam
aliud hospicium dicti quondam domini Cardinalis situm ibidem ex opposito dicti magni hospicii carreria publica in medio, quod confrontatur cum carreria publica et cum hospiciis domini Raymundi
de lascoutz et Guillelmi Vedelli de Avinione cum omnibus et singulis que infra predictos continentur
confines, vel alios si qui forent, et cum omnibus et singulis que habent, infra seu intra se in integrum,
et cum omnibus appendaciis, Iuribus et pertinentiis suis, et cum omnibus in ipsis hospiciis et Ayrolis,
sive plateis fixis muratis et clavatis, cum omnibus etiam que in eis sunt super terram vel subtus apparentibus vel non apparentibus, et omne Ius quod in ipsis hospiciis et plateis habent, vel dictus
dominus Cardinalis habebat dum viveret in predictis, in dictum dominum Iohannem thesaurarium stipulantem et recipientem vice et nomine dicti domini nostri Summi Pontificis et Ecclesie Romane, et
in ipsam Ecclesiam Romanam in perpetuum et irrevocabiliter quo supra nomine transtulerunt precio
videlicet et nomine precii, septem milium florenorum auri de florenis boni et recti ponderis et de Conio
florentino, quoquidem *(sic)* precium totum dicti domini Cardinales Executores confessi fuerunt se a
dicto domino Iohanne Thesaurario nomine quo supra solvente de pecunia Camere domini pape habuisse,
et in numerata pecunia recepisse, et de dicto precio fecerunt dicto emptori quo supra nomine recipienti finem quittationem liberationem et pactum de perpetuo non petendo. Renunciantes exceptioni
non habiti, non recepti, et non numerati precii Supradicti, Quas res venditas dicti venditores constitue-
runt se dicti domini nostri pape et Ecclesie Romane nomine precario possidere, donec dictarum rerum
possessionem idem emptor acceperit corporalem quam accipiendi auctoritate propria et retinendi deinceps
licenciam omnimodam contulerunt atque dederunt. Et si predicta hospicia, platee, et alia circum adia-
cencia supradicta que omnia dicti domini Executores dicto domino Iohanni Thesaurario quo supra
nomine stipulanti et recipienti iure salvare semper et deffendere, ab omni collegio, et universitate, ac
ab omni vinculo obligationis liberare ac ab omni controversia et interpellatione et a quacumque persona et hanc venditionem non revocare aliqua ratione seu causa.

Quod si res supradicte per dictos dominos Cardinales Executores vendite plus valent precio
supradicto, vel sunt imposterum valiture illud plus valens dicti domini venditores eidem emptori ut
supra nomine stipulanti et recipienti imperpetuum dederunt atque concesserunt. Et si dictus dominus
Iohannes vel alius nomine Ecclesie Romane vel ipsa Ecclesia Romana tracti in causam pro hospiciis,
plateis, adiacentibus et appendiciis supradictis, expensas, dampna, litigando fecerit vel incurrerit in curia

vel extra litem totum vel partem retinuerint sive in causa victi fuerint sive non, promiserunt prefati domini Executores dicto domino Thesaurario quo supra nomine stipulanti et recipienti, se illas expensas et dampna et interesse et etiam res evictas, si contingat dictum dominum Thesaurarium quo supra nomine, aut ipsam Ecclesiam Romanam inde quomodolibet vici in causa restituere, resarcire, solvere, et emendare et de hiis et quantitate eorum, et utrum eas et ea fecerint vel incurrerint credere simplici verbo dicti domini Thesaurarii vel illius quem in causa trahi continget sine Iuramento et testibus et quolibet alio genere probationis super hoc non exacto, Remissa eis quo supra nomine necessitate denunciandi et appellandi. Promiserunt insuper dicti domini Cardinales Executores quo supra nomine dicto domino Thesaurario nomine domini nostri et Ecclesie Romane stipulanti et recipienti, predicta omnia et singula, Rata grata et firma habere perpetuo et tenere et nullo umquam tempore contrafacere vel venire, aliqua ratione seu causa, sub omnium dicte Executionis obligatione bonorum, que pro predictis omnibus specialiter et efficaciter obligarunt. Tenor autem clausule dicti testamenti continentis potestatem dictis dominis Executoribus attributam talis est. Ad predicta autem omnia et singula* exequenda et complenda constituo et facio .Exequutores meos, Reverendos patres dominos dei gratia, Petrum Penestrinum Gancelinum Albanensem Episcopos, et Bertrandum de Montefavencio, Sancte Marie in aquiro diaconum Cardinalem quos volo deffensores, protectores et adimpletores presentis mee ultime voluntatis, et mei presentis ultimi testamenti et omnium contentorum in ipso, supplicans eis reverenter quantum possum quod eis placeat onus hoc suscipere, nec velint aliquatenus recusare dans eisdem executoribus plenam licentiam et omnimodam et liberam potestatem recipiendi auctoritate propria et absque licentia seu auctoritate alicuius Iudicis vel procuratoris, omnia et singula bona mea mobilia et inmobilia presentia et futura, ubicumque et in quibuscumque rebus consistant, ipsaque bona ad manum suam tenendi, et pro Executione huiusmodi administrandi donec omnia et singula supradicta ordinata per me in hoc meo presenti testamento, et etiam inferius ordinanda seu disponenda fuerint plene et integre completa et debite exequutioni mandata. Dans etiam nichilominus dominis meis Exequutoribus Supradictis omnimodam et liberam potestatem et auctoritatem vendendi et distrahendi de dictis bonis meis pro predictis et infra dicendis exequendis et complendis, prout eis melius videbitur faciendum. Acta fuerunt hec Avinione in camera dicti domini nostri pape, anno Indictione mense, die et pontificatu predictis, presentibus dominis Iohanne durandi decano Ecclesie beate Marie de Villanova heredeque dicti quondam domini Cardinalis Iohanne Cariventi precentore dicte Ecclesie et procuratore Capituli Ecclesie memorate, Ludovico de Petragrossa procuratore fiscali, Geraldo de Lalo Archidiacono Aurelianensi in Ecclesia Claromontensi Guillelmo de Bos, Iohanne Amelii, Michaele Ricomanni clericis Camere domini pape, Guillelmo de Castaneta Aniciensis, Bertrando Arnaldi preposito Sistaricensis et Hugone meruli Vivariensis Ecclesiarum Canonicis, testibus ad premissa vocatis et rogatis. Postquam anno, die, mense, Indictione et Pontificatu predictis, ac nobis notario et testibus infrascriptis, prefati domini Cardinalis Executores predicti, discretis viris Supradictis dominis Guillelmo de Castaneto, Bertrando Arnaldi, et Hugoni Meruli vive vocis oraculo commiserunt et mandaverunt ut ad dictas domos et Res venditas personaliter accedant dictumque dominum Iohannem thesaurarium nomine dicti domini nostri pape, et Ecclesie Romane inducant et tradant, amoto quocumque evicto qui dictas domos nomine ipsorum sive quondam dicti domini Cardinalis eas teneret et possideret, qui domini Supranominati, una cum dicto domino Iohanne Thesaurario, ad dicta hospicia accesserunt ac ipsum quo supra nomine in corporalem possessionem dictarum domorum per traditionem clavium portarum principalium apericionem et clausurarum ipsarum induxerunt, idemque dominus Thesaurarius claves dictorum hospiciorum, ac ipsa hospicia, tenenda et custodienda, nomine dicti domini nostri et Ecclesie Romane tradidit Raymundo de Rocha domicello diocesis Caturcensis de quibus dictus Thesaurarius requisivit sibi de predictis unum vel plura per me Michaelem clericum camere fieri publica instrumenta. Acta fuerunt hec in carreria pubblica ante hospicia supradicta presentibus Bernardo Aloini, Raymundo Colays, Poncio Crosati, Bertrando Arnaldi, Poncio Nigri, Ludovico de Petragrossa procuratore fiscali, Civibus Avinionensibus testibus ad predicta vocatis et Rogatis.

Item anno die loco, et Pontificatu predictis, ac etiam testibus supranominatis presentibus, dicti domini Cardinales Executores asserentes quod ad ipsorum pervenit noticiam, quod dictus quondam dominus Arnaldus Cardinalis dum adhuc viveret, usum et habitationem hospicii supradicti per eos venditi Reverendo patri domino Talayrando miseratione divina tituli sancti Petri ad vincula presbytero Cardinali

legaverat per eum quamdiu viveret possidendum. Idcirco protestati fuerunt, quod per supradictam vendictionem Iuri competenti dicto domino Talayrando Cardinali in usu et habitatione predictis, nullum preiudicium generetur. De quibus Requisiverunt nos Notarios Supradictos de predictis Sibi fieri publicum Instrumentum.

Arch. Vat. Arm. 34, vol. 2 A pag. 37 *b*.
Emptio Palatii Avenionensis.

In nomine domini Amen. Anno a nativitate eiusdem millesimo Trecentesimo Tricesimo Sexto Indictione Quarta, scilicet die decima septima Mensis Iunii, Pontificatus sanctissimi patris, et domini nostri domini Benedicti divina providentia pape XII, anno secundo. Comparentibus coram Reverendis in Christo patribus dominis Petro dei gratia Episcopo Penestrino Sancte Romane ecclesie Cardinali, et Vicecancellario, et Cocio patriarcha Constantinopolitano Commissariis ad infrascripta specialiter deputatis, Reverendo in Christo patre domino Iohanne dei gratia Episcopo Avinionensi ex parte una et discreto viro magistro Ludovico de petragrossa Archipresbytero Ecclesie Vivariensis, procuratore dicti domini nostri pape, et Sancte Romane ecclesie, ex parte altera, ad hec specialiter evocatis, prefati domini Cardinalis et patriarcha, legi et publicari fecerunt quasdam litteras apostolicas vera bulla plumbea cum filis canapis bullatas, non viciatas, non cancellatas, nec in aliqua parte suspectas quarum tenor talis est. Benedictus episcopus servus servorum dei. Venerabilibus fratribus Petro Episcopo Penestrino et Cocio Patriarche Constantinopolitano, Salutem et apostolicam benedictionem. Et si Ecclesie Romane Cui disponente domino presidemus comodis et honoribus ampliandis intendere iustis modis et licitis teneamur, alias tamen Cathedrales ecclesias, quarum Cura nobis imminet generalis minime debemus negligere, quin earum provideamus indempnitatibus et utilitatibus consulamus. Attendentes siquidem, et intenta consideratione pensante, eidem Romane Ecclesie plurimum expedire in Civitate Avinionensi, ubi Romana Curia resedit diutius, sicut nos cum eadem Curia presencialiter residemus, proprium habere palacium in quo Romanus Pontifex quando et quandiu, expediens sibi videbitur decentius valeat immorari, et advertentes etiam quod felicis recordationis Iohannes papa XXII predecessor noster tam in reparationibus et constructionibus palacii Episcopalis Avinionensis, in quo morabatur dum viveret, sicut eciam nos moramur ad presens, quam in quibusdam aliis domibus et locis dicto palacio contiguis vel propinquis per eum acquisitis, non modicas de Camera sua expendit pecunie quantitates quodque nos ad presens in eodem palacio et aliquibus locis, eidem contiguis, nostro et eiusdem Romane Ecclesie nomine acquisitis, fieri fecimus edificia non modicum sumptuosa. Pridem ea intentione, ut idem Palacium prefate Romane ecclesie admodum opportunum appropriari et applicari valeret, absque incomodo et enormi lesione Avinionensis ecclesie, cui propter hoc in aliis opportunis domibus decens et utilis recompensatio prestaretur, quasdam domos sitas in eadem Civitate satis prope memoratam Avinionensem Ecclesiam que olim fuerunt bone memorie Arnaldi sancti Eustachii diaconi Cardinalis emi nomine nostri, et supradicte Romane Ecclesie ab heredibus et executoribus testamenti dicti Cardinalis, certo precio, proinde soluto de pecunia Camere nostre fecimus. Intendentes quod de illis ad dictum palacium et etiam vice versa cambium seu permutatio fieret, per quod vel quam, idem palacium ad Romanam, et domus prefate ad Avinionenses predictas ecclesias devenirent, eis perpetuis temporibus remansura. Volentes igitur ut ad cambium seu permutationem huiusmodi procedatur, fraternitati vestre per apostolica scripta committimus et mandamus, quatenus Venerabili fratre nostro Iohanne Episcopo Avinionensi et dilecto filio magistro Ludovico de petragrossa Archipresbytero Ecclesie Vivariensis, nostro et predicte Ecclesie Romane procuratore vocatis ad huiusmodi permutationem seu cambium inter prefatum Episcopum cum sui consensu Capituli, suo et successorum suorum, et sepefate Avinionensis Ecclesie, ac eundem procuratorem nostro et successorum nostrorum Romanorum Pontificum, et supradicte Romane Ecclesie nominibus auctoritate nostra facienda, procedere studeatis, prefatum palacium cum omnibus habitacionibus quas predecessor noster dicti Episcopi tenuerat, ac prefatus predecessor noster tenebat dum viveret, et nos etiam pro nobis, Officialibus et familiaribus nostris tenemus ad presens nobis nostrisque successoribus, et memorate Romane Ecclesie dictasque domos cum suis pertinenciis prefato Episcopo Avinionensi eiusque successoribus et ecclesie Avinionensi iam dicte appropriando et applicando perpetuo ac etiam assignando, et nichilominus decernendo auctoritate predicta huiusmodi cambium, seu permutationem, non obstante quantovis maiori valore alterutrius seu quibusvis aliis

Iuris vel facti racionibus, et exceptionibus, que proponi allegari vel opponi possent aliquo tempore obtinere debere peremniter perpetuam et inviolabilem firmitatem. Volumus autem super et de premissis duplicata vel multiplicata instrumenta publica confici presentium tenorem continentia, quorum unum in archivo predicte Roman eecclesie conservandum remaneat, et aliud prelibatus Avinionensis Episcopus pro se suisque successoribus in prefata Avinionensi Ecclesia habeat pro sua et Ecclesie sepefate Avinionensis cautela. Datum Avinione, Nonis Iunii, Pontificatus nostri Anno secundo. Quibus litteris apostolicis publicatis et lectis prefati domini Cardinalis et patriarcha Commissarii iuxta tenorem litterarum apostolicarum predictarum ad permutationem et cambium predictam procedentes, consentientibus partibus supradictis, videlicet dicto domino Iohanne Avinionensi Episcopo nomine suo, et Avinionensis Ecclesie cum consilio et assensu sui Capituli de quo consensu constat, per publicum Instrumentum, cuius tenor inferius est insertus, ex una parte et dicto magistro Ludovico de petragrossa procuratore dicti domini nostri pape et sancte Romane ecclesie ex parte altera, predictum palacium Episcopale Avinionense cum omnibus domibus et habitationibus quas predecessores dicti domini Avinionensis Episcopi tenuerunt, et felicis recordationis dominus Iohannes papa XXII tenebat dum viveret, et quas etiam sanctissimus pater dominus, dominus Benedictus papa XII pro se, officialibus et familiaribus suis tenet ad presens, appropriaverunt et applicaverunt perpetuo ac etiam assignaverunt auctoritate apostolica, et ex causa dicte permutationis et cambii, dicto magistro Ludovico procuratori presenti et recipienti vice et nomine dicti domini nostri pape et sancte Romane ecclesie, et per eum dicto domino pape eiusque successores et Romane Ecclesie memorate. Itaquod dictum hospitium quod episcopale nominari consueverat de cetero palatium apostolicum in perpetuum nominetur. Quodque dictum palacium cum domibus et habitationibus sibi contiguis situm est in Civitate Avinionensi, et confrontatum ex una parte, cum ecclesia cathedrali Avinionensi et claustro eiusdem, cappella sancti Iohannis et Cimiterio de cortina vocato in medio existentibus, ex alia parte cum domibus Sacriste et decani dicte Ecclesie Avinionensis carreria publica in medio existente, ex alia parte cum domibus prepositure Avinionensis de Treulhacio nominatis et ex alia parte confrontatur cum carreria publica qua itur de puteo Guillelmi Amelii quondam versus dictam Ecclesiam cathedralem inclusis domibus per dictum dominum papam noviter acquisitis confrontatur etiam ex alia parte cum domibus Bertrandi gauterii heredum Bertrandi Raynardi, et cum carreriis publicis includendo domum qua tenetur audiantia et domum Perrini Bedelli quondam. Et versavice, ac simili modo, auctoritate predicta, et ex causa dicte permutationis et cambii, recompensando appropriaverunt, et applicaverunt perpetuo et etiam assignaverunt dicto domino Iohanni Episcopo Avinionensi presenti et recipienti eiusque successoribus et predicte Avinionensi Ecclesie hospitium et domos sitas in eadem Civitate Avinionensi que olim fuerunt domini Arnaldi bone memorie Sancti Eustachii diaconi Cardinalis, et noviter empte, per dictum dominum papam ab heredibus et executoribus dicti domini Cardinalis, certo precio persoluto. Ita quod ipsum hospitium et domus pro recompensatione predicta Episcopale palacium de cetero nuncupetur, dictum autem hospitium et domus in recompensationem pro palacio Episcopali date et assignate site sunt in dicta civitate Avinionensi in parrochia sancti Stephani, et confrontatur ex una parte cum patuo castri communitatis Avinionensis, ex alia parte cum domibus hospitalis et pontis Sancti Benedicti, ex alia cum domibus Raymundi coliaci, et Raymundi damiani, ex alia parte cum careria publica qua itur a castro predicto versus portam aquerium. Decreverunt insuper dicti domini Cardinalis et patriarcha Commissarii, auctoritate apostolica sibi in hac parte comissa, huiusmodi cambium et permutationem obtinere debere perpetuam et inviolabilem firmitatem non obstante quantovis maioris valoris alterutrius seu quibusvis aliis Iuris vel facti rationibus et exceptionibus, que in contrarium proponi vel opponi possent aliquo tempore seu quomodolibet alligari, et pro abundantiori cautela iidem domini Commissarii dictum magistrum Ludovicum procuratorem nomine quo supra, de dicto palacio apostolico cum domibus ac Iuribus et pertinentiis suis, et dictum dominum Iohannem Avinionensem episcopum de dicto palatio episcopali cum domibus, iuribus et pertinenciis suis per suos anulos investiverunt et concesserunt eisdem ut auctoritate sua propria corporalem possessionem dictorum palaciorum ac domorum, Iurium et pertinentiarum ipsorum quandocumque eis placuerit apprehendant; dicti vero dominus Episcopus et magister Ludovicus nomine quo supra, predictam permutationem gratam et ratam habentes, idem dominus Episcopus pro se et successoribus suis cum consilio et assensu sui Capituli, ius quod habebat in palacio apostolico superius confrontato ex dicte permutationis causa, nunc et in perpetuum transtulit in dictum magistrum ludovicum presentem et nomine quo supra recipientem nomine dicti domini pape et successorum suorum, ac Romane Ecclesie sacrosancte se et successores suos Avinionenses Episcopos de dicto Iure exuens, et dictum procuratorem nomine quo supra per suum birretum investiens solempniter et expresse. Et versa vice dictus magister Ludovicus procurator nomine quo supra ius quod dictus dominus papa habebat, in predicto palacio Episcopali Avinionensi superius confrontato ex causa dicte permutationis nunc et in perpetuum transtulit in dictum dominum Episcopum Avinionensem, et dictum dominum episcopum Avinionensem presentem stipulantem et recipientem eiusque successores et ecclesiam Avinionensem predictam, se et dictum papam et successores suos de dicto iure exuens, et dictum dominum Episcopum per suum caputium investiens presencialiter de eodem. Ad hec venerabiles et religiosi viri domini Petrus Ricani, prepositus Gaufridus de Ruppe, Archidiaconus Guillelmus pluverii, Sacrista Rostagnus de Sancto Saturnino decanus administrans Raymundus aurus operarius Guillelmus Berengarius Isnardus maurini, Petrus de calciata Petrus sifredi presbyteri, Raymundus de arenis Canonici Avinionenses dicte permutacioni eis presentibus facte ex certa scientia prebuerunt consilium et assensum sicut olim in capitulo prebuerunt, prout constat per publicum Instrumentum, et de predictis omnibus, tam dictus dominus Episcopus Avinionensis quam dictus magister Ludovicus nomine quo supra pecierunt sibi fieri publica instrumenta. Acta fuerunt hec Avinione in hospitio dicti domini Cardinalis Vicecancellarii, presentibus reverendo patre domino G. abbate monasterii Montisolivi ordinis sancti Benedicti Carcassonensis diocesis et venerabilibus viris dominis Guillelmo de Sancto Victore Thesaurario ecclesie Turonensis cappellano domini pape, Andrea de Verrulis preposito ecclesie beate Marie Cracoviensis, Petro de Campanhaco Rectore ecclesie Sancti Petri de montedrachone castrensis diocesis pape scriptoribus, Guillelmo de Sancto germano Rectore ecclesie sancti germani de spanello turcensis diocesis, Galhardo nigri Archidiacono de bargiaco in ecclesia Convenarum, testibus ad premissa. Postquam anno, die, indictione et pontificatu quibus supra, dictus dominus Iohannes Avinionensis Episcopus una cum dicto magistro Ludovico procuratore volente, et expresse consentiente, ad dictum palacium Episcopale personaliter accedens, claves portarum ipsius palacii et domorum de manu dicti procuratoris recepit, et possessionem corporalem palacii et domorum eorumdem ac pertinenciarum ipsorum realiter apprehendit palacium et domos huiusmodi, cum dictis clavibus aperiendo et claudendo ac protestando, quod per hoc vult et intendit dicti palacii et omnium domorum ad ipsum pertinencium, et pertinenciarum eorum possessionem apprehedere corporalem, petens de receptione et apprehensione huiusmodi, sibi fieri publicum instrumentum. Actum Avinione, in porta dicti palacii episcopalis presentibus Bernardo aloini, Raymundo colays, Poncio Crosati, Bertrando Arnaldi, Poncio nigri civibus Avinionensibus, et Venerabilibus viris dominis Guillelmo de asilano de Torenchis Raymundo servientis Sancti Germani Tolosane et Vauriensis Ecclesiarum parrochialium Rectoribus et pluribus aliis testibus ad premissa. Consequenti anno, Indictione et pontificatu quibus supra, dictus magister Ludovicus procurator nomine quo supra, una cum dicto domino Avinionensi Episcopo ad dictum palatium apostolicum olim Episcopale personaliter accedens, claves portarum ipsius palacii et domorum, de manu dicti domini episcopi recepit in possessionem corporalem palacii apostolici et domorum eorumdem, ac pertinenciarum ipsorum realiter apprehendit palacium apostolicum et domos huiusmodi cum dictis clavibus aperiendo et claudendo ac protestando quod per hoc vult et intendit dicti palacii, et omnium domorum ad ipsum pertinentium possessionem apprehendere corporalem petens de apprehensione huiusmodi sibi fieri publicum Instrumentum. Actum in porta dicti palacii apostolici presentibus testibus venerabilibus viris dominis Raymundo servientis Guillelmus de asilhano, Arnaldo laurencii, fultrando galterii clericis Petro damors, Guillelmo Barre, Petro de ventenaco cursoribus domini pape, et bertrando arnaldi iuniore, cive Avinionensi testibus ad premissa.

Tenor autem instrumenti super consensu Avinionensis Capituli confecti sequitur in hec verba. In nomine domini Amen. Anno eiusdem MCCCXXXVI Indictione IIII, die decima mensis iunii, Pontificatus sanctissimi patris et domini nostri, domini Benedicti divina providentia pape XII, anno secundo. Noverint universi qui in presentia mei notarii et testium infrascriptorum venerabilibus et religiosis viris dominis Petro Ritani preposito Guillelmo pluverii, sacrista Rostagno de sancto saturnino Decano administrante, Guirano cabassole decano administrante, Rostagno Guirani priore claustrali, Isnardo mezoay priore de Romanino Bertrando triginta librarum Isnardo maurini Guillelmo Berengarii, Petro de calciata, Petro suffredi Alciaco de Sancto Saturnino, presbyteris canonicis ecclesie beate marie de donis,

Avinionense Capitulum ipsius ecclesie facientibus, ut moris est, pro infrascriptis ordinandis et faciendis in Capitulo ipsius ecclesie congregatis, Reverendus in Christo pater dominus Iohannes dei gratia Avinionensis Episcopus pluribus tractatibus inter ipsum dominum Episcopum et dictum Capitulum habitis, ut dixerunt super infrascriptis, prefatus dominus Episcopus quandam litteram apostolicam vera bulla plumbea in filo canapis more Romane Curie bullatam, non cancellatam, nec in aliqua eius parte suspectam in eodem Capitulo coram eis legi et publicari fecit, cuius tenor talis est. Benedictus episcopus servus servorum dei. Venerabilibus fratribus Petro Episcopo Penestrino et Cocio patriarche Constantinopolitano, Salutem et apostolicam benedictionem. Et si ecclesie Romane cui, disponente domino, presidemus etc. *ut supra* p. CCXVIII, *sub initium instrumenti usque* anno secundo. Quibus quidem litteris sic lectis, et per ipsum Capitulum plenius intellectis, idem dominus Episcopus prefatum Capitulum interrogavit si videbatur eis expediens ac utile pro Ecclesia Avinionensi prefata quod fieret permutatio supradicta. Quod capitulum, prius petita et obtenta licencia ab eodem domino Episcopo viva voce, deliberacione prius et ut super predictis habita inter eos unanimiter dixerunt, quod volebant consulebant et consentiebant salva et retenta ordinatione et voluntate prefati domini nostri pape, quod permutatio, seu cambium, fieret supradicta prout in litteris apostolicis sepedictis continetur, et ad predicta suum prestabant assensum et consensum; de quibus omnibus supradictis, tam dictus dominus Episcopus, quam Capitulum memoratum requisiverunt sibi fieri unum vel duo publica Instrumenta per me notarium infrascriptum. Acta fuerunt hec Avinione in Capitulo dicte ecclesie beate Marie Avinionensis Presentibus testibus Venerabilibus Viris dominis Guillelmo de Bos preposito foroiuliensi, Michaele Ricomanni Camere Apostolice clericis, Guillelmo de Azilhano doctore decretorum, Rectore ecclesie de Totenchis Tholosane diocesis, testibus ad premissa. Et ego Bernardus Canelle Clericus Narbonensis diocesis, publicus apostolica auctoritate Notarius premissis omnibus una cum dictis testibus interfui et requisitus, per dominum Episcopum et Capitulum supradictos hec in nota recepi publicavi, conficiendo inde hoc presens publicum Instrumentum signo meo signatum, in testimonium premissorum.

Et ego Michael Ricomanni dertusensis diocesis Camere domini pape clericus publicus apostolica auctoritate notarius habens a dicto domino nostro Summo Pontifice per suas litteras apostolicas potestatem Instrumenta de quibus rogatus fuero per alium scribi facere dum tamen in eis postea me subscriberem, predictis omnibus et singulis prout superius per ordinem continentur una cum supranominatis testibus presentibus.... ideo huic publico Instrumento nomine meo scripto manu magistri Petri saphi clerici Narbonen. publici apostolica auctoritate notarii, me subscripsi signumque meum apposui consuetum Rogatus.

Arch. Avin. Rat. Cam. vol. 146, f. CXXXI. ... XXV die mensis iunii (1335), de mandato Domini nostri pape, emi ab Alfonso Octalherii Camsore avinionensi quandam domum iuxta palatium papale, situatam et confrontatam prout in instrumento venditionis per manum magistri Fulcaudi Guaterii notarii publici nemausensis dioc. recepto, plenius continetur pro *palatio apostolico ampliando, et quadam Turre ibidem edificando,* pro pretio IIII mil. flor. auri de florentia.

Cum de medio sublatus fuerit tenor litterae Benedicti XII, quae in instrumento supra memorato repetita fuerat, prout videre est in pag. CCXXI, ne vacuum relinqueretur spatium, libuit hic subnectere alteram Clementis VII epistolam quae alii in pag. CCII, socianda fuisset. Ambas cum aliis huiusmodi, pro sua in nos humanitate, indicavit nobis cl. PETRVS WENZEL *primus Arch. Vat. Custos.*

Arm. XXXIX, vol. 46, p. 54 (*Clem. VII,* Brevia).
Carissimo in Christo filio Christierno Daciae, Sveciae, Norvegiae et Gothiae Regi illustri.
Carissime in Christo fili noster, salutem etc. Inter infinitas curas et sollicitudines quas pro afflicta et undique perturbata christiana republica assidue suscipimus, eam quoque non remittimus cogitationem, ut, nostra opera et impensa, etiam in summae apostolicae sedis indigentia, bonas artes et illorum studiosos quantum cum Dei adiutorio possumus, adiuvemus, ad idque maxime facere arbitrantes librorum copiam, antiquorum praesertim et probatorum, qui propter iniquas temporum conditiones in variis, ut accepimus, mundi partibus adhuc incogniti latent in tenebris, deputavimus Commissarium nostrum dilectum filium Iohannem Żeytmers sedis apostolicae acolitum, pro inquirendis et inveniendis ac ad nos transmittendis seu transmitti curandis huiusmodi antiquis libris in omnibus et singulis Provinciis, Terris, locis, populis, nationibus quo dictum Iohannem propterea devenire,

morari, stare, transire, ire et redire contigerit. Et quoniam facile posset evenire quod dictorum librorum domini vel revera dubitarent, vel dubitationem praetenderent, ne, si ipsi libri ad nos trans-mitterentur ipsi amitterent, propterea se ad illos nostro Commissario credendos, tradendosque difficiles redderentur: et si certe minime dubitare deberent, tamen ad maiorem illorum cautelam man-davimus in Camera nostra sufficientem praestari cautionem quod tales libri, si ad nos transmitterentur, postquam exscripti hic fuerint ad illorum veros dominos integri et illaesi remittantur, dedimusque per eandem Cameram dicto Iohanni nostro Commissario facultatem, alias obligationes quas ipse iudi-cabit super hoc nomine nostro et praefatae Camerae faciendi, solum ut huiusmodi libri originales ad nos perveniant, et non illorum exempla, ut veris illorum originalibus inspectis, doctissimi viri Curiae nostrae, quorum opera in hoc utimur, talia opera correcta prius optime et castigata, nostra impensa, ad communem litteratorum utilitatem imprimi facere possint. Cum vero intelligamus plures similes libros et praesertim opera B. Pauli in ruina Turris Castri Collemburgensis latentia in Serenitatis tuae potestate esse, plurimumque confidamus in Domino, illam pro sua virtute, et humanitate huic nostro laudabili desiderio prompto animo obsecuturam, commisimus specialiter tam eidem Iohanni Commis-sario homini sane apto ac tue Serenitatis studiosissimo, ut te in primis adiret idque abs te nostro nomine peteret. Quare Serenitatem tuam impensius hortamur in domino et studiose requirimus ut ipsum Commissarium nostrum commendatum habeas ac per eum ad nos dicta opera Pauli et alios huiusmodi libros originales, quos ipse duxerit necessarios et opportunos, ad nos transmitti permittat ac mandet. Quod erit a Serenitate tua studiosis omnibus fructuosum, tibi certe honorificum, nobis vero qui id a Serenitate tua toto cum affectu expectamus, ita acceptum, ut, offerente se nobis in Domino occasione, simus tibi parem gratiam libenter relaturi. — *Datum Romae, die 17 Ian. 1526, anno tertio.*

IAC. SADOLETVS.

XII.

Arch. Aven. Vol. 468. fol. 1.

Hoc est inventarium rerum sancte Romane ecclesie existentium et inventarum in loco beati Francisci de Asisio per dominum Thesaurarium Marchie anconitane.

In dei nomine amen. Venerabiles viri domini Bertrandus Senherii Canonicus et Sacrista Lom-beriensis Marchie Anconitane et Iohannes Rigaldi legum doctor Canonicus Albiensis Spoletani ducatus Thesaurarii per Sanctam Romanam Ecclesiam generales et Commissarii ad infrascripta specialiter deputati a Reverendo Viro domino Iohanne de Amelio Clerico Camere domini nostri pape Apo-stolice sedis nunctio ac Reformatore Provintiarum ac Terrarum Romane Ecclesie in partibus Italie constituto ab eadem sede specialiter deputato, cuius commissionis tenor dignoscitur esse talis.

Iohannes de Amelio Archidiaconus foroiuliensis Clericus Camere Domini pape Apostolice sedis nunctius ac Reformator provintiarum et terrarum Romane Ecclesie in partibus Italie constitutus ab eadem Sede specialiter Deputatus. Venerabilibus viris dominis Bertrando Senherii Canonico et Sacrista lomberiensi Marchie anconitane, et Iohanne Rigaldi legum doctori, Canonico Albiensi Spoletani ducatus Thesaurariis per sanctam Romanam Ecclesiam generalibus salutem in domino. Dudum in Romana curia de veniendo ad partes Italie ex parte sedis apostolice preparati, in presentia Sanctissimi patris et domini, domini Benedicti divina providentia pape XII personaliter existentibus.

Idem dominus noster papa dedit nobis vive vocis oraculo in mandatis ut claves duas Thesauri qui pro ipso domino nostro et Romana Ecclesia in loco fratrum minorum de Asisio conservatur vestrum cuilibet unam ex ipsis clavibus custodiendam, et dicti Thesauri custodiam committendam ambobus. Nos vero mandata dicti domini nostri pape ut tenemur exequi cupientes, Vobis committimus et mandamus quatenus ad Civitatem ipsam personaliter et ad locum ubi ipse Thesaurus conservatur accedentes, duobus publicis notariis vobiscum adhibitis de ipso Thesauro fideliter et solerter Inventarium facientes et ab hiis qui in loco ubi idem Thesaurus conservatur, a vobis introducti quomodolibet fuerint, Iuramentum cor-porale quod nihil inde subtrahant nec extrahant exigentes, tria faciatis de inventis confici publica instru-menta, quorum unum penes vestrum quemlibet retinentes, reliquum nobis assignare curetis, ex nunc prout ex tunc et ex tunc prout ex nunc, ipsarum clavium quarum nobis Thesaurario Marchie clavim concavam cum qua aperitur inseratura inferior ostii Sacristie Thesauri memorati et nobis Thesaurario ducatus clavim non concavam cum qua aperitur seratura superior eiusdem ostii Sacristie realiter et corporaliter assignamus. Et inventorum in ipso Thesauro plenam et fidelem sub pena prestiti iuramenti auctoritate predicta committimus custodiam per presentes. In quorum testimonio litteras presentis tenoris duplicatas fieri fecimus unam penes vestum quemlibet retinendo sigilli nostri munimine communitam; datum in palatio novo Ecclesie Romane Montis falconis die tertio mensis Septembris sub anno domini Millesimo CCC Trigesimo nono, Indictione septima — Pontificatus Sanctissimi patris et domini nostri domini Benedicti pape XII, Anno quinto. — Accedentes die quarto eiusdem mensis Septembris, post tradictionem et receptionem suprascriptarum clavium per dictum dominum Iohannem de Amelio ipsis Thesaurariis factam ad Civitatem Asisii prefatam, et die vero quinto predicti mensis Septembris hora quasi vesperorum in Ecclesia sive loco Sancti Francisci in Sacristia superiori dicte Ecclesie per quam immediate accessus seu ingressus habetur ad Cameram ubi dictus Thesaurus erat et est repositus, Volentesque exequi reverenter commissionem predictam eis factam, lecta publice per me notarium infrascriptum commissione suprascripta de qua voluerunt requisierunt et mandaverunt retineri publicum instrumentum; In presentia Religiosorum virorum fratris Iohannis Loli Ministri provintialis et fratris Crispolti de Asisio Custodis provintie Sancti Francisci ordinis fratrum minorum, nec non fratris Petri Thosche et fratris Iohannis Clavelli de ordine predictorum fratrum minorum ac aliorum plurium ad hec vocatorum. Et recepto prius corporali sacramento seu Iuramento a nobis dictis notario et a dictis fratribus Petro et Iohanne Clavelli et quibusdam aliis sine quibus comode predicta eis commissa exequi non poterant quod nihil inde subtraherent nec extraherent, et quod fideliter et bona fide facerent facienda ibidem iuxta formam commissionis ipsorum, Ostium Camere supradicte, cum supradictis duabus clavibus aperierunt et immediate Inventarium de rebus inventis inceperunt facere continuatis diebus singulis infrascriptis.

I. In primis invenerunt domini Commissarii supradicti in quodam Cofino picto variis albis et nigris quatuordecim pannos de sirico pro parandis capella seu consistorio quorum campus est viridis coloris, seminatis ibidem armis Romane Ecclesie sub figura circulari Bonifatii pape VIII et Regum Frantie et Anglie, quorum tresdecim foderati sunt de tela viridi, alius est sine fodera, aptis ad paramentum altaris qui cofinus signatus est per num. I.

Item invenerunt in alio cofino etc. . . . .
. . . .

XXV. Item invenerunt in quodam alio cofino viridis coloris litteras, instrumenta, Recognitiones et Iuramenta fidelitatis, ac alia multa fatientia ad Regnum Sicilie, qui cofinus signatus est per num XXV.

XXVI. Item invenerunt in quodam alio cofino rubeo litteras super facto Regis Aragonum, et illa que sunt communia cum Rege Sicilie, et litteras Regis Portugalie, et litteras Regis Castelle. Qui cofinus signatus est per num. XXVI.

XXVII. Item invenerunt in quodam alio cofino rubeo cum plastris ereis deauratis et cum smaltis et diversis armis in eisdem scultis qui signatus est per num XXVII, quoddam privilegium Octonis quarti, cum bulla aurea pendenti de regalibus, terris et possessionibus beati Petri.

Item aliud privilegium Octonis bullatum bulla aurea pendenti super iuribus et terris Ecclesie, et de prestando auxilium in recuperatione regni Sicilie.

Item aliud privilegium Frederici Imperatoris bulla aurea bullatum in quo continentur compositiones facte per quosdam Romane Ecclesie Cardinales super discordia que fuit inter Fredericum et quasdam communitates lombardie, et fuit compositio quod ipse Communitates teneantur exhibere suis propriis sumptibus quingentos milites ad biennium pro subsidio terre sancte et sub datum MCCXXIII.

Item quamdam litteram patentem Frederici imperatoris bulla aurea bullatam per quam commisit Gregorio pape taxationem et moderationem dotis matrimonii contrahendi inter ipsum Fridericum et sororem Regis Anglie.

Item quamdam aliam litteram patentem Frederici imperatoris cum bulla aurea quam misit Innocentio pape post electionem eiusdem Innocentii ad papatum, gaudere se dicens de electione sua.

Item quamdam litteram clausam cum bulla aurea Regis Vngarie de credentia ad dominum papam.

Item aliam litteram clausam cum bulla aurea eiusdem Regis in qua supplicat Sedi Apostolice de dando sibi remedio et auxilio.

Item aliam litteram clausam cum bulla aurea eiusdem regis, que continet excusationem ut ad mandatum Sedis Apostolice non teneatur occupare terras asceni scismatici, et quasdam alias speciales petitiones.

Item quamdam aliam litteram clausam eiusdem Regis cum bulla aurea directam Iohanni pape super matrimonio contrahendo inter filium dicti Regis et neptem dicti domini pape.

Item quamdam aliam litteram clausam cum bulla aurea eiusdem Regis in qua conqueritur de Iohanne papa quia non confirmavit postulationem factam de Archiepiscopo Coloniensi ad Ecclesiam Strigoniensem.

Item quamdam litteram patentem eiusdem regis bulla aurea bullatam ad dictum papam de credentia.

Item quamdam aliam litteram patentem cum bulla aurea eiusdem Regis directam dicto domino pape super quibusdam specialibus petitionibus.

Item quamdam aliam litteram patentem cum bulla aurea eiusdem regis continentem certas et speciales petitiones quas fecit domino Celestino pape.

Item quamdam aliam patentem cum bulla aurea super confirmatione postulationis Archiepiscopi Coloscensis ad Ecclesiam Strigonensem.

Item quamdam aliam patentem cum bulla aurea eiusdem Regis pro confirmatione eiusdem postulati in Episcopum Ieuriensem.

Item aliam patentem cum bulla aurea eiusdem Regis de credentia ad dominum nostrum papam.

die Martis septimo mensis eiusdem Septembris.

Item in eodem cofino quoddam privilegium Rodulfi Imperatoris cum bulla aurea de innovatione et confirmatione terrarum Ecclesie.

Item quamdam aliam litteram patentem Regis Sicilie cum bulla aurea in qua constituit procuratorem ad petendum a Sede Apostolica meliorationem et reformationem conditionis in privilegio apostolico contentorum sub concessione dicti Regni sub datum MCCLVII.

Item quamdam aliam litteram patentem eiusdem Regis cum bulla aurea in qua continetur prorogatio Census nonaginta trium milium, et trecentarum quadraginta untiarum usque ad certum diem.

Item quamdam aliam litteram patentem eiusdem Regis cum bulla aurea in qua continetur absolutio facta per dominos Cardinales super certis penis quas dictus rex incurrerat propter solutionem non factam de dictis quantitatibus.

Item quoddam privilegium Regis karoli bulla aurea bullatum continens quamdam gratiam factam Beneventanis.

Item quamdam litteram patentem eiusdem Regis bulla aurea bullatam continentem prorogationem terminum Census predicti.

Item quamdam litteram patentem eiusdem Regis bullatam qualiter papa Clemens constituit conservatorem Tuscie, vacante Imperio, ad certum tempus karolum Regem Sicilie.

Item quoddam instrumentum patens cum bulla aurea Karoli secundi Regis Sicilie continens confirmationem et receptionem eiusdem regni in feudum ab Ecclesia factam per Karolum Genitorem suum.

Item quoddam aliud cum bulla aurea continens Iuramentum fidelitatis eiusdem karoli de dicto Regno.

Item quoddam aliud cum bulla aurea continens absolutionem Regis Karoli, a quibusdam excommunicationis et interdicti sententiis et approbationem ipsius.

Item privilegium quoddam frederici regis Sicilie cum bulla aurea factum tempore domini Innocentii pape super forma electionum Ecclesiarum vacantium in Regno Sicilie servanda.

Item quamdam litteram clausam Regis Armenie cum bulla aurea in qua conqueritur de quodam legato Cardinali, quia denegabat sibi iustitiam in causa, quam habuit nepos suus Comes Antiochie contra Comitem Tripolitanum.

Item quamdam aliam litteram eiusdem regis cum bulla aurea, in qua significavit pape qualiter nepos suus fuit admissus ad Comitatum Anthiochie.

Item quasdam alias litteras eiusdem regis clausas cum bulla aurea super occupatione Civitatis Antiochie et postulatione quod nepos dicti regis assumptus ut heres in principem dicte Civitatis confirmetur per papam.

Item quasdam alias eiusdem regis clausas cum bulla aurea in quibus conqueritur de legato.

Item aliam litteram eiusdem Regis clausam sub bulla aurea in qua postulat a Sede Apostolica subsidium contra Inimicos fidei sub datum MCXXIX.

Item quamdam litteram clausam Regis Bohemorum ad dominum Innocentium papam cum bulla aurea continentem separationem matrimonii factam inter ipsum et uxorem suam que sibi in quarto gradu parentele actingebat.

Item quamdam aliam litteram clausam eiusdem Regis cum bulla aurea ad dominum honorium papam continentem excusationem qualiter nihil fecerat contra Ecclesiasticam libertatem.

Item est ibi quedam bulla aurea, in qua fuerunt littere in carta bombicina, que cum ipsa modicum se tenet.

Item quamdam parvam litteram in carta pecudina scriptam litteris grecis cum magna bulla aurea.

Item quamdam litteram Imperatoris frederici in qua confitetur Comitatum Comitisse Mathilde ad Romanam Ecclesiam pertinere et castrum Consache eiusdem Comitatus occupatum a filiis Comitum Alberti de Casadelis, quod sub magnis penis mandat restitui Ecclesie vel offitialibus suis, que quidem littera bullata est bulla aurea.

Item unum privilegium frederici Imperatoris scriptum litteris aureis in carta violati coloris bullatum bulla aurea in quo tractatur de terris et possessionibus Romane Ecclesie.

Item aliud privilegium Octonis Imperatoris scriptum litteris aureis in carta violati coloris, in quo privilegio bulla non est, licet alia per tempora videbatur fuisse in quo tractatur de terris et iuribus Ecclesie Romane.

Item unam litteram cum bulla aurea in qua continetur acceptatio Rodulfi Romanorum Imperatoris super gestis per fratrem Corradum procuratorem suum coram domino Nicolao papa III et formam Iuramenti prestiti per eumdem domino pape.

Item Sex bullas cum multis sigillis cereis prelatorum publicatas et auctorizatas per Innocentium papam quartum in generali concilio lugdunensi ad futura pericula precavenda amissionis ipsarum litterarum vel perditionis bullarum auri que sunt hic frederici secundi et henrici patris eius, et Octonis et Regum Vngarie, Anglie, Aragonie et philippy (?) Imperatoris.

Item invenerunt in eodem cofino quinque frustra chartarum de scortice arboris scripta quisbusdam licteris quae legi non possunt, quarum due ex eis erant bullate bulla plumbea.

Item invenerunt in quodam alio cofino rubeo cum plastris ereis deauratis et cum smaltis et diversis armis in eisdem scultis, qui cofinus est similis proximo superiori et signatus per num. XXVIII quamdam patentem litteram sigillatam sigillo cere pendenti, in qua continetur recognitio Alberti regis romanorum quomodo Imperatores posmodum promovendi accipiunt gladii potestatem ab Ecclesia Romana.

Item in eadem littera continetur iuramentum fidelitatis ipsius et confirmatio omnium que donata fuerunt Ecclesie a patre suo et aliis predecessoribus suis et maxime per Lodovicum et Octonem tempore pascalis et Iohannis prout in capitulis decretorum continetur.

Item quamdam aliam litteram eiusdem Imperatoris cum sigillo consimili que continebat quod non mictat Vicarium in Tuscia usque ad quinquennium et post quinquennium nisi fidelem Ecclesie Romane et quod non procurabit aliquem de filiis suis quos suscepit, vel suscipiet de uxore sua sorore Corradini eligi vel assumi ad Regimen Theotonie seu Imperii Romanorum et super hoc iuravit.

Item litteram quamdam patentem principum Imperii sigillatam multis sigillis cereis pendentibus, ratificantem recognitionem, confirmationem, innovationem de novo, donationem, declarationem, concessionem, iuramentum factum et factas Nicolao pape III et suis successoribus.

Item quasdam litteras testimoniales prelatorum qui viderunt litteras principum Alemanie, quorum hic in eis tenor inseritur super approbatione privilegiorum concessorum eidem Ecclesie per Fredericum cum multis sigillis cereis pendentibus.

Item litteram donationis Octonis Imperatoris bullatam bulla plumbea parvula.

Item litteram confirmationis scriptam per Octonem domino Nicolao pape III super hiis quas fecerat dictus R. Imperator pater suus.

Regestum Clementis Papae V.

Item quasdam litteras continentes formam compositionis et iuramenti Regis Bele sigillo cereo sigillatas.

Item quoddam privilegium Imper. Henrici sine aliqua bulla apparet tamen quod aliquo tempore fuit.

Item quasdam litteras in quibus continetur procuratio facta de fratre Corrado.

Item quasdam litteras sigillatas sigillo rupto cere super obligationibus Regis Vngarie et iuramento ipsius.

Item litteras sine sigillo in quibus continetur iuramentum Regis Guillelmi.

Item procuratorium factum per Rodulfum Regem Romanorum ad fatiendum beato Petro et successoribus suis confirmationes, concessiones et iuramentum et cetera que alii Reges fecerunt.

Item litteram commissionis facte per Rodulfum Regem Romanorum domino pape Nicolao III super confederatione et amicitia fatienda inter ipsum Regem et dominum Carolum Regem Sicilie, et est sigillata sigillo cereo.

Item instrumentum factum per Regem Vngarie ad prosequendum coram Apostolica Sede quamdam appellationem.

Item privilegium Frederici Imperatoris sigiilo cere pendenti super revocatione statutorum que facta fuissent contra Esclesiasticas personas et Ecclesiasticam libertatem et consuetudines pravas et generaliter super libertatibus Ecclesiarum et Ecclesiasticorum iurium.

Item litteras Lodovici ducis Bavarie super confirmatione et innovatione donationum factarum Ecclesie sigillo cereo pendenti sigillatas.

Item litteras de construendo quoddam hospitale.

Item litteras Regis Vngarie sigillo cereo pendenti, sigillatas in quibus continetur qualiter acceptavit leges statuta et constitutiones edita et approbata per Ecclesiam contra hereticos.

Item litteras Regine cum sigillo cere pendenti continentem quandam notificationem appellationis.

Item quasdam litteras duplices cum sigillis cereis pendentibus continentes qualiter Bela Rex Vngarie observabit pacem inter filium suum, et nurum ex una parte, et se ipsum ex altera.

Item quoddam privilegium cum bulla plumbea continentem concessionem factam per Alexandrum papam Episcopo Sabinensi.

Item quamdam litteram iuramenti dom. Reg. Sicilie prestiti pape Innocentio bulla plumbea buliatam.

Item invenerunt in eodem Coffino unum publicum instrumentum scriptum et publicatum manibus Pauli de Reate notario continentem quod frater Corradus minister fratrum minorum superioris Alemanie, ut procurator Rodulfi Regis Romanorum prestitit iuramentum fidelitatis domino Nicolao pape III et confirmavit Ecclesie omnia privilegia Romanorum Imperatorum.

Item duos Rotulos non publicatos quorum unus continet ordinationem fatiendam super discordia que erat inter Ecclesiam et Fredericum Imperatorem. Alius vero continet transcripta privilegiorum concessorum Ecclesie a Frederico Imperatore et concordie facte inter ipsum et Ecclesiam apud Cipranum.

XXIX. Item invenerunt in quodam alio cofino Rubeo quemdam librum, qui appellatur testamentum duodecim profetarum. Item in dicto libro continentur sermones festivi et distinctiones Mauritii in uno volumine cum postibus.

Item Sermones Cancellarii parisiensis sine postibus.

Item librum sexti domini Hugonis Terdonensis, cum postibus et corio albo.

Item sermones beati Bernardi sine postibus super cantica canticorum.

Item postillas super psalterium sine postibus.

Item summam de Sacramentis cum postibus.

Item tres libros parvos cum postibus in quibus sunt sermones seu artes predicandi.

Item expositiones Bede super parabolis Salomonis.

Enumerationem omnium codicum ad papalem bibliothecam pertinentium in hoc inventario descriptorum, (qui plurimi sunt, quos inter plures notatu digni), diligenter de more in praefata DISSERTATIONE *publici iuris faciet enarrabitque saepe fatus cl. F. EHRLE.*

XIII.

Arch. Castri S. Angeli. Arm. III, ord. infer.

Ad Sixtum IIII Pontificem Maximum Platyne bibliothecarii epistola in Litteris Apostolicis et privilegiis Pontificum et Imperatorum ad dignitatem Sancte Romanae Ecclesiae spectantibus.

Mirari interdum soleo, Beatissime Pater, cum gravissimis in rebus quotidie verseris, quod animum ad minima queque vertere tam facile possis. Gubernare populum christianum tibi necesse est, gubernare ecclesie civitates et oppida. Audire accedentes ad sedem apostolicam, sedare lites, tollere discordias, componere animos disceptantium, signare, probare que recte facta sunt; que secus, improbare et refellere. Delinquentes castigare, adhibita clementia et pietate, benemerentes premiis afficere. Magna quidem hec sunt; et que non unius principis opera, sed plurium indigeant; Ad que obeunda quam facile intendas et prompte sciunt non aulici modo quorum negocia quotidie transiguntur, verum etiam familiares tui qui vicem tuam interdum dolent, quod dum quiescendi, dormiendi, edendi tempus est, solus, posthabita omni commoditate corporis, tantum ponderis sustineas. Sed illud profecto maximum est, quod bellum hoc hetruscum non voluntate tua sed quorundam sceleratorum crudelitate et ambitione susceptum ita sustines, ut nihil a te dicatur, nihil fiat, quod non constantiam, prudentiam, fortitudinem preseferat. Hec ut dixi, etsi maxima sunt, non tamen ita distrahunt mentem istam tuam prope divinam, quin parvis de rebus cogites et disponas, si parve res dici possunt archetypi et privilegia sedis apostolice, quibus tanquam optimis fundamentis et romana ecclesia et fides christiana innititur. Hinc enim cernere licet, quid Pontifices Imperatoribus, Regibus, principibus, populis christianis, pro meritis eorum erga sedem apostolicam concesserint, quidque vicissim Imperatores, Reges, principes, quorum potentia ex deo est, ne ingrati viderentur, dono dederint huic sancte Sedi et concesserint. Preterea vero intueri licet quotiens Greci, Trapezuntii, Armenii, romane ecclesie auctoritate victi, ad opinionem catholicorum accesserint, licet postea gentis vicio que levis habetur, ad vomitum redierint. De auctoritate anathematizandi eos qui contra sedem apostolicam moliti aliquid fuerint; quique heresim et seditionem in ecclesia dei severint, tam latus in his bullis apparet campus, ut fulmina quedam in prevaricatores ipsos et scismaticos e celo missa videantur. Merito igitur, ob auctoritatem pontificiam et communem hominum utilitatem, imperasti ut privilegia ista, magna ex parte Sigillis aureis munita, describerentur reponerenturque in loco idoneo, ne ob vetustatem et situm tantus thesaurus periret, utque legi ea percommode possent que vel Pontifices vel Cardinales vel Prelati pro dignitate ecclesiastica exoptarent. Ego vero qui nihil in vita carius habeo quam tuis sanctissimis mandatis obtemperare, bullas ipsas secundum tempora in ordinem redegi, nomina pontificum per alphabetum distinguendo, ne lecturi querendo mentes suas defatigarent. Tria sunt volumina; Et ut primum secundo, ita secundum tercio, numero ac ratione annectitur. Si quis autem exemplaria ista legendo minus fidei tante rei prebuerit, interposita etiam sanctissimi nominis tui auctoritate, poterit idem, si ei per beatitudinem tuam licebit, hec eadem in vetustissimis bullis legere omni auro et gemma preciosioribus; quasque, certe non immerito, summa cum diligentia ob varios casus in arce Sancti Angeli conservari mandasti tamquam alteram Phidie minervam, amaltheeque Sibylle libros, quibus fata populi romani continebantur.

XIV.

MEMORIE STORICHE

dell' occupazione, e restituzione degli Archivii della S. Sede e del riacquisto de' Codici e Museo Numismatico del Vaticano, e de' manoscritti, e parte del Museo di Storia Naturale di Bologna; raccolte da MARINO MARINI *Cameriere secreto di N. S. Prefetto de' detti Archivii e già Commissario pontificio in Parigi. MDCCCXVI.*

AL BEATISSIMO NOSTRO SIGNORE

PIO SETTIMO PONTEFICE MASSIMO

Se a questo mio, qualunque siasi, lavoro non mettessi in fronte il glorioso nome di Vostra Beatitudine, troppo certamente mi scosterei dalle tracce segnatemi dagli Archivisti miei predecessori, i quali sempre ad onor sommo recaronsi di dedicare i lavori che in servigio degli Archivii faceano, ai Pontefici sotto gli auspicii favorevoli de'quali erano prodotti. Platina a Sisto IV consecrò l'ammirabile sua collezione de'Privilegii della Chiesa Romana, e, tralasciandone ben altri molti, a Benedetto XIV e a Pio VI, Garampi quell'uomo di eterna rimembranza, dedicò due Indici, che con tanto sapere, e maestria avea egli composti. Se adunque umilio alla Santità Vostra queste memorie, la narrazione delle vicende a cui soggiacquero in questi ultimi anni i Documenti preziosi della Santa Sede, io mi lusingo, che ne condonerete l'ardire, e vorrete anzi benignamente accoglierle, e gradirne l'offerta siccome appartenenti agli Archivii Secreti, cui Vostra mercè presiedo, successore di quello Zio che con tanta clemenza riguardaste, e lo zelo di cui io procurerò d'imitare per non rendermi immeritevole di quelle molte beneficenze, delle quali Voi, Padre Santo, mi avete con singolare bontà ricolmo. Penetrato di sincera ed eterna gratitudine, umilmente ai Piedi vostri prostrato, imploro l'Apostolica Benedizione.

Umilissimo, Devotissimo, Obbmo Suddito
MARINO MARINI

§ I. — *Motivi di queste Memorie — Deportazione del Papa — Decreto dell' occupazione degli Archivii.*

Era il giorno sesto di Luglio del 1809, quando succedè la sacrilega deportazione dell'immortale Pio VII. Roma non è più che sede della tristezza, e delle lagrime. Spettacolo commovente! quella Città a cui il Mondo intero fu tributario, or vede se stessa a misera servitù ridutta. Tutto si manomette in essa, e si vuole perfino de'documenti spogliarla che i gloriosi fasti contengono della sua Religione, i diritti del suo popolo, le azioni degli uomini sommi, che in essa fiorirono. Correa al suo termine il Gennaio, quando mi fu riferito l'ordine fatale dell'occupazione degli Archivii: tal nuova mi trafisse l'animo, veggendo a qual dilapidazione fossero esposti i preziosi monumenti della

Chiesa Romana. Il mio collega.D. Carlo Altieri [1], tosto che n'ebbe notizia, ne diede avviso a Monsig. Maggiordomo, e il richiese di poter assistere al futuro incassamento delle Carte. Il Decreto dell'occupazione degli Archivii fu fatto ai 2 di Febbraio del 1810, ma non dato alle stampe, e si conserva manoscritto in Parigi negli Archivii Reali.

§ II. — *Incassamento de' medesimi — Richieste de' Generali Francesi di alcuni documenti.*

Erano varii a Roma i Ministri di Napoleone, i quali, a mio credere, se avessero avuta uguale possanza di lui lo avrebbono superato nel mal fare. Radet, quel Generale che Roma ricorderà sempre con orrore, fu destinato a dare esecuzione al dett'ordine. S'incominciarono ad incassare i Volumi delle Bolle; il Padre Altieri ed io presedevamo a questa operazione, previo il permesso di Monsig. Maggiordomo; e se allora i nostri occhi non si sciolsero in lagrime, cagion ne fu lo smarrimento che impediva dar luogo a riflessione. Miollis chiese la Bolla di Scomunica contro Napoleone: Radet fece ricerca de'processi dei Templari: Altieri credè non dover ricusar loro que'documenti: e come negarli, se·gli Archivii interi erano in potere della forza loro? Furono mandati al Ministro de' Culti, e con essi il processo di Galileo tolto dall'Archivio del S. Offizio.

§ III. — *Sottrazione di più pergamene e sigilli.*

Coloro che incassavano gli Archivii lo faceano con tanta sollecitudine e vigilanza, che impossibile sembrava poterle eludere. Mi si affacciò nondimeno il pensiero di sottrarre le carte più interessanti, e i più ricchi sigilli d'oro. L'effetto corrispose al desiderio, ed il tutto fu rinchiuso in due Cassette, le quali consegnai all'Abate Giuseppe Cesarini Beneficiato di S. Pietro, ma che poi un avvenimento inopinato, e violento riunì agli altri monumenti esistenti in Parigi. Mi dolea il vedere quell'ottimo amico esposto ai risentimenti di Miollis: lo zelo col quale egli concorse a sottrarre quelle carte dal comune naufragio dovea essergli imputato a grave delitto. Gli atti originali del Concilio di Trento avrei pur anche voluto salvare, ma come farlo? Gli ostacoli erano ben difficili a superarsi, laonde, quasi disperando di un felice successo, avrei rinunziato al concepuo progetto, se Altieri a cui lo svelai, non mi avesse incoraggiato e prestato aiuto perchè lo effettuassi. I volumi adunque del Tridentino, furono nascosti nella Vaticana.

§ IV. — *Partenza degli Archivisti da Roma.*

Gli Archivi erano destinati a Reims, ma poi lo furono a Parigi, e si dicea che Luigi Martorelli da Osimo, e il già ricordato mio zio, Gaetano Marini, doveano accompagnarveli. A questi,

---

[1] Don Carlo Altieri fu monaco dell'Ordine di S. Benedetto. Figlio del Principe Emilio Altieri e di D. Livia Borghese, venne educato alla Religione ed alle lettere nella Badia di S. Paolo fuori le mura, ove, nell'ancor tenera età di anni sedici, volle rendersi Monaco il 30 Novembre 1780, posponendo alla operosa pace del chiostro, gli agi e gli onori che poteva impromettergli la chiarezza de' suoi natali. Di acre ingegno e pieghevole ad ogni maniera di scienze e di negozii, non solo nelle discipline filosofiche e teologiche acquistò grande perizia, ma anche nelle storiche ed archeologiche. A queste lo volsero gli esempi ed i conforti dell'Illustre Benedettino Mons. D. Pier Luigi Galletti, che lasciò tanti argomenti della sua dottrina nella Biblioteca Vaticana. Il Pontefice Pio VI, a tener fronte alle invadenti dottrine giansenistiche, deputò l'Altieri ad insegnar Teologia nella Badia di S. Vitale di Ravenna, ove lo colse la francese rivoluzione capitanata dal Buonaparte.
A que' dì il Pontefice, a sostenere e ripellere la forestiera invasione ne' suoi Stati, gli commise negozii assai pericolosi: e questi trattò con tanta integrità di fede e vigoria di consigli che gli suscitarono le ire del Buonaparte, il quale giunto a Ravenna, difilato n'andò alla Badia di S. Vitale, in cerca dell'Altieri, per farne segno alle sue vendette. Ma il Monaco fecondo trovatore d'ingegni, ebbe a campare dalle mani di quel furibondo.
Papa Pio VII lo volle a cure meno turbolenti, creandolo scrittore della Vaticana, e Custode dell'Archivio segreto, nel quale ufficio meritò assai bene della S. Sede, perchè rapito dagl'invasori francesi l'Archivio Vaticano, egli andò a Parigi con Gaetano Marini a vegliarne le sorti, come è narrato da Marino Marini suo nipote.
Dopo il Congresso di Vienna, l'Imperator d'Austria che lo avea in grande stima, lo creò teologo della sua Corte. Finalmente, già ritornato il Pontefice Pio VII alla sua sede, anch'egli volle raccogliersi nel silenzio del Monastero del Sacro Speco in Subiaco, ove il 18 Giugno 1837 conchiuse in pace la travagliata sua vita.

cioè a mio zio, scrissi io stesso tale nuova, comecchè avess' egli lasciato Roma il giorno immediato
alla violenta partenza del Supremo Gerarca: ne fu afflitto. Mi rispose che io facessi di tutto, perchè
il Generale desistesse di fargli intraprendere quel viaggio, giacchè l'inferma salute sua ne avrebbe
risentito grave danno; gli fu permesso di restarsi ov'era. Il Governo in luogo di mio zio destinò
Altieri e me ad aver cura in Francia degli Archivi, e ai 23 Febbraio 1810 ci ordinò di partire [1].
Rendei consapevole Mons. Attanasio Delegato Apostolico, dell'ordine ricevuto per la imminente partenza
mia, il quale fu di sentimento, che, stante la forza che me l'imponea, ed il bene che se ne sperava, in
potea obbedire a tal comando. Ci fu permesso di passare per la Romagna, e cammin facendo mi
lesse Altieri una lettera di Radet, che voleva che mio zio partisse immediatamente per Parigi, e si
presentasse al Ministro de' Culti, da cui avrebbe saputo il motivo della sua missione, giacchè essendo noti
i suoi talenti volea l'Imperadore impiegarli particolarmente in bene della Chiesa Cattolica [2]. Quando
egli la lesse, grande fu l'afflizione che provò. Volea non obbedire, ma l'ordine pressante, e le tante
ragionevoli osservazioni che gli furono fatte da savie persone, lo determinarono, suo malgrado, alla
partenza. Agli undici di Aprile arrivammo a Parigi. Il sig. Cardinal Dugnani per antica amicizia
molto legato a mio zio, ci volle suoi contubernali; veramente fu un atto di rara bontà, di cui la
memoria non potrà mai sfuggirmi. Stammo sedici mesi con lui, e in tutto quel tempo ci molto
edificati, siccome quegli che essendo inconsolabile per i mali che affligean la Chiesa, porgea continui
voti all'Altissimo onde placare il suo sdegno, e, quasi dimentico delle proprie afflizioni, si dolea oltremodo di quelle de' suoi Colleghi, che in parte procurò ad alcuno di essi renderle meno aspre. Dalla
bontà del suo cuore che non può mai sperarsi! Molto noi fummo dolenti per lui, e molto tememmo
che alcuna nuova sciagura non dovesse accadergli, quando alla richiesta di giuramento, che dal Governo
gli fu fatta nel Maggio del 1810, come ad uno de' quattro Vescovi Suburbicarii, egli si mostrò sì
renitente, e sì avverso, che ogni pena fu pronto a subire anzichè prestarlo o dimettere il Vescovato.
Fu spogliato del Vescovato, e sarebbegli certamente stato proibito il vestire la Sagra Porpora, e relegato
forse sarebbe stato in alcun angolo della Francia, se motivi politici non avessono indutto Napoleone
a celare sotto il cenere dell' indifferenza il fuoco dell' ira sua. Il Cardinal Fesch fece egli pure mille
cortesi esibizioni a mio zio, delle quali non potè valersi. Il Cardinale tuttavia stimò ben fatto parlare di lui all'Imperadore, il quale sentendo tutto ciò che a quel Porporato piacea dire in commen-
dazione di lui, ordinò, che gli fosse dato un annuo assegnamento di dieci mila franchi. Al Padre
Altieri e a me ne furono fissati dal Ministro de' Culti cinque mila per ciascuno.

§ V. — *Loro arrivo in Parigi.*

Gli Archivi arrivavano successivamente, e noi fummo chiamati per collocarli in quel modo
con cui stavano al Vaticano, ma solamente sei mesi dopo il loro arrivo. Erano depositati nel *Palazzo
Soubise* di dove trasportar si doveano in quello, che si destinava a contenere gli Archivi, non solo
di Francia, ma di tutta l'Europa. Su le piante di Parigi incise nel 1813 e 1814, si scorge questa
progettata fabbrica in un angolo del Campo di Marte. In questo mentre mio zio fu sorpreso da
grave malattia, cosicchè dopo due volte non potè più rivedere gli Archivi. Io continuai ad andarvi,
ma per più di un anno e mezzo non volli essere ne osservatore de' lavori che in essi faceano
gl'Impiegati francesi. Una lettera di Sua Santità ricevuta in risposta dal Padre Altieri, nella quale
si dicea che nè *direttamente* nè *indirettamente* acconsentissimo all'usurpazione di essi fu per me di un
nuovo stimolo a non prestarmi a quanto richiedea l'Archivista Imperiale, il quale annoiato della mia
lunga ritrosia, male scrisse di me al Ministro dell'Interno: ma io non cambiai d'avviso, e per giustificare il proceder mio, protestai di non essere Impiegato francese, ma di correre la sorte degli Archivii,
e restare in essi al servizio della S. Sede, conformandomi così alla detta lettera di Nostro Signore.
Eravamo già alla fine della famosa assemblea de' Vescovi convocata a Parigi l'anno 1811, cosicchè
otto di essi [3], e cinque Cardinali [4] si disponeano a partire per Savona, gli uni per ordine del

[1] Vedi, pag. CCL, num. 1.
[2] Ivi, pag. CCL, num. 2.
[3] Gli arcivescovi di Tours, e Malines, e i Vescovi di Nantes, Evreuz, Treveri, Piacenza, Faenza e Bergamo.
[4] Gli Emi Doria, Dugnani, Ruffo, Roverella e di Bayan.

Governo, gli altri colla sola permissione. Mi prevalsi di questa occasione per ottenere dal Santo Padre almeno una tacita approvazione di poter assistere agli Archivi e calmare le interne mie agitazioni. Il Cardinal Roverella fu da me pregato di questo ufficio [1]: al suo ritorno mi rasserenò col dirmi, che la Santità Sua vedea con piacere che noi fossimo in Parigi alla custodia delle nostre Carte. Vi andava dunque sempre animato dagli esposti principii, ed intenzioni di giovare agli interessi della Santa Sede.

§ VI. — *Istituzione dei Vescovi di Francia.*

Mentre si teneano le sessioni del preteso Concilio, il Ministro de' Culti, M. Bigot Préameneau, scrisse a mio zio di fare diligenti ricerche negli Archivi Segreti, onde venire in chiaro se veramente avessono alcuni Vescovi di Francia, de' quali i nomi non si leggono fra quelli della *Gallia Christiana,* ricevuta l'Istituzione da Roma. L'intenzione del Governo era di spogliare il Papa di questo sacro diritto, se si fosse provato che prima della pragmatica sanzione, e durante, un Vescovo solo non fosse stato istituito con approvazione o antecedente o susseguente della Santa Sede. A chiedere tali ricerche fu persuaso il Ministro da un Prete italiano, il quale sicuro per la testimonianza del de Marca, *de Concordia Sacerdotii, et Imperii* e di altri autori francesi, che ne' tempi più favorevoli alle varie pretensioni affacciate dalla Francia, e più infausti a Roma, non era mai riuscito di torre al Papa il diritto di dare l'Istituzione Canonica agli Arcivescovi e Vescovi di quel Regno, stimò bene di suggerire che convenevol cosa ell'era di consultare la storia dei Vescovadi di Francia prima che il Governo a cose s'inducesse, che non fossero sostenute da alcun esempio, ma favorite soltanto dal volere dell'Imperadore, che sembrava proclive allo Scisma. Quel Prete D. Vincenzo Ducci nel proporre tali ricerche credè che il risultato di esse avrebbe certamente renduti inutili gli sforzi di coloro, che macchinavano progetti contro la S. Sede, giacchè fu di sentimento che l'Imperadore non avrebbe mai aderito a cosa, di cui per lo innanzi non vi fosse stata memoria, e questo suo sentimento sottomise egli al savio parere dell'Emo sig. Card. Spina che il trovò non solamente giusto, ma assai commendevole. Il Ministro mandò agli Archivi quel Prete medesimo, del cui zelo avrò sempre ricordanza, e dopo lunghe e diligenti ricerche che insieme facemmo, si vide che non solo i Vescovi di cui parlasi nella *Gallia Christiana* furono confermati dal Papa, ma quelli pure, di cui non fassi menzione. Fu gran trionfo per Roma l'aver trovate non interrotte le serie de' Vescovi; le armi colle quali gli acerrimi nemici suoi voleano trafiggerle il seno, si rivolsero a danno e ad onta di essi medesimi.

§ VII. — *Lettera di Luigi XIV e sue note.*

L'Imperadore volle dal Ministro de' Culti la celebre lettera di Luigi XIV sullo annullamento pella dichiarazione del Clero Gallicano fatta nell'Assemblea del 1682. Egli si tenne sì cara cotal lettera, e con tal gelosia, che fra le carte l'avea riposta, che segretamente custodivansi nel suo Gabinetto, e dell'un foglio e dell'altro di essa, siccome scritti di mano del Re, e de' due sigilli ne fece fare un ectipo. Questo documento già prodotto al pubblico dal Cardinale Sfondrati e da altri Scrittori assai dotti, rimarrassi negli Archivi Segreti testimonianza irrefragabile, e della devozione di quel Re verso la S. Sede, e del niun rispetto per il Papa di alcuni de' Vescovi che intervennero a que' riprovati Comizi [2]: da quale spirito vi fossero condotti ora il sanno essi, e allora non l'ignoravano. Egli è manifesto

---

[1] Gli Emi Cardinali, e la deputazione de' Vescovi furono chiamati a Parigi ai 7 di Febbraio 1812, e vi arrivarono sul principio di Marzo dello stesso anno.

[2] I Vescovi ch'ebbero maggior influenza in que' Comizi furono quelli che *avaient dessein de mortifier le Pape, et de satisfaire leur propre ressentiment. Addit. aux nouv. Opusc.* de FLEURY pag. 16. I sentimenti però che i migliori di essi internamente nutrivano erano ben diversi da quelli che la circostanza lor fece in apparenza addottare. Si legga come scrisse Bossuet sull'infallibilità della S. Sede, impugnata dal Vescovo di Tournai nelli stessi Comizi. *Quae Cathedrae Petri dignitatem, maiestatemque spectant, ea Christianis quidem omnibus, sed nobis potissimum Episcopis curae esse oportet... Sed error occultus non fefellit Petri Sedem, in qua fides apostolico ore laudata et Christi oratione firmata non potest sentire defectum.* (Lett. de' Vesc. Vol. 86, Arch. Segr.) e come si espresse Fénélon su l'autorità e infallibilità del Papa.... *Hoc sane debetur obsequium supremae qua omnibus Ecclesiis praeest auctoritati... tuum est, Sanctissime Pater, iudicare; meum vero in Te Petrum, cuius Fides nunquam deficiet viventem, et loquentem audire ac revereri... utrumque opus, Beatissime Pater, Sanctae Romanae Ecclesiae caeterarum Matris.*

che non lo zelo di difendere, e mantenere i diritti della Chiesa Gallicana, ma i particolari risentimenti ve li adunarono, e rimane or solo a desiderarsi che Luigi XVIII eseguisca la promessa del suo glorioso antecessore. Credo utile dare copia di questa lettera in quel modo che altri forse mai non fece, perchè da me esattamente trascritta dall'originale [1], e aggiungo per maggior soddisfazione di chi legge queste memorie, ciò che si dice di essa nelle correzioni e addizioni fatte ai nuovi opuscoli di M. de Fleury, stampate in Parigi l'annò 1807, pag. 9-12 [2].

§. VIII. — *Richiesta delle lettere di Bossuet, e di altri Vescovi.*

Il Ministro dell'Interno, Conte di Montolivet, domandò all'Archivista copia delle Lettere del celebre Vescovo di Meaux, e degli altri molti che radunaronsi ne'suddetti Comizi; fatto di esse il confronto con quelle che conservansi in Francia, si vide che le originali esistenti negli Archivi Segreti erano ben diverse da quelle e della dottrina Romana vera apologia anzichè biasimo. Fu sospesa la nuova edizione che se ne volea fare, giacchè contraddivano i sentimenti che i Vescovi esternarono nell'Assemblea. Piaccia a Dio che queste lettere esistano tuttavia in Archivio, le quali, stante il disordine in cui sono le Carte, non ho ancor potuto rinvenire, ma se qualche mano sacrilega le avesse involate, e fossero rimaste in Parigi, crederassi forse di aver sottratti de'monumenti di cui

---

ac Magistrae iudicio submitto. (Lett. de' Vesc. Vol. 86.) E però farà sempre torto a Fleury ciò che egli disse nel suo discorso sulle libertà Gallicane; *Sous Jules II en 1515, on passa jusqu'à soutenir l'infallibilité du Pape.*

[1] *Arch. Castri S. Angeli,* Arm. II, 3, 17.

« Très S. Pere, jai toujours beaucoup esperé de l'exaltation de V. S. au pontificat pour les advantages
« de l'Eglise et ladvancement de notre sainte religion. Jen eprouve maintenant les effets avec bien de la joye dans
« tout ce que V. B. fait de grand, et davantageux pour le bien de lune, et de lautre. Cela redouble mon respect
« filial envers V. S., et comme je cherche de le lui faire conoistre par les plus fortes preuves que jen puis
« donner, je suis bien aise aussi dé faire scavoir a V. S. que jai donné les ordres necessaires affin que les choses
« contenues dans mon édit du 2 Mars 1682, touchant la declaration faite par le Clergé de France (a quoy les
« conjunctures passées m'avoyent obligé) ne soyent pas observées. Désirant que non seulement V. S. soit informée
« de mes sentimens mais aussi que tout. le monde conoisse par une marque particulière la veneration que jai
« pour ses grandes et saintes qualités. Je ne doute pas que V. B. ny réponde par toutes les preuves et démonstrations
« envers moy de son affection paternelle, et je prie Dieu cependant qu'il conserve V. S. plusieurs années aussi
« heureuses que le souhaite. Très S. Père.

     « A Versailles le 14 de Sept. 1693
                                                  « *Vostre très devot fils*
                (Di fuori)   Louis. »
    (Loc. sig.)   « *A notre très S. Père*   (Loc. sig.)
                   Le Pape. »

[2] M. Dupin, qui, dans son Histoire ecclésiastique du dix-septième siècle, entre sur le démêlé de Louis XIV avec les papes Innocent XI et Alexandre VIII et sur l'accomodement qui eut lieu sous le pape Innocent XII dans le plus grand détail, garde le même silence sur la lettre de Louis XIV: il en est de même de l'abbé Racine, dans son Histoire ecclésiastique, et en un mot, de tous nos historiens et de tous nos jurisconsultes. Comment peut on supposer que tous ces auteurs très opposés d'ailleurs dans leur sentiment, s'ils avoient eu quelque connoissance d'une lettre aussi importante, et aussi intéressante, se fussent accordés à n'en faire aucune mention, eux qui discutent si longuement la lettre qui écrivirent les députés, et qui sont si divisés sur la manière de l'entendre?...

Cette ignorance profonde où nous paroissons avoir été jusqu'à présent à l'égard de la lettre de Louis XIV est d'autant plus étonnante, que nous venons de reconnoître que cette lettre a été bien connue, et bien fréquemment rapportée par les théologiens étrangers.

Le P. Serry, dominicain, dans son Traité *de Romano Pontifice*, imprimé a Padoue en 1732, et l'auteur de l'ouvrage ayant pour titre, *Romani Pontificis privilegia* imprimé a Venise en 1734, la citent: et c'est d'après ces auteurs que le P. Billuart, dominicain, la rapporte tout entière dans son Cours de théologie, qui a paru il y a près de soixante ans, tom. 8, diss. *de Infallibilitate Romani pontificis.*

Il est donc bien prouvé que la lettre de Louis XIV au pape Innocent XII, sur laquelle les théologiens et les jurisconsultes français gardent un si profond silence, a été, presque aussitôt après qu'elle fut écrite, très-connue et très-publique hors de la France. Cependant on auroit pu élever des doutes sur son authenticité, et les fonder sur le silence absolu de tous les écrivains français. Mais le témoignage de M. le chancelier d'Aguessau, qui rapporte textuellement la lettre, et qui ajoute que Louis XIV l'avoit écrite de sa propre main, exclut ici toute espèce de doute. Ainsi l'avantage qu'a procuré le dernier volume des oeuvres du chancelier n'est-point d'avoir fait connoître la lettre par Louis XIV au Pape Innocent XII; c'est d'en avoir assuré l'authenticité.

si abbisogni a sostegno maggiore, e gloria della dottrina di Roma? No certamente, giacchè tali lettere mai pubblicò la S. Sede troppo gelosa dell'onore dei Vescovi che ne'Comizi esternarono que'sentimenti, che privatamente riprovarono, e troppo sicura della verità della sua dottrina.

§ IX. — *Ricerche negli Archivii* — *Opuscolo sul dominio temporale dei Papi.*

Molti senza che nè il Padre Altieri, nè io potessimo impedirlo, sen veniano agli Archivii lusingandosi di potere da essi ritrarre notizie, che valessero a far concepire sinistra opinione della Sede Apostolica: s'ingannarono e sebbene il Governo fece pubblicare in un opuscolo sul dominio temporale de'Papi vari fatti istorici, e inediti sino a quell'epoca, perchè immeritevoli delle stampe, è certo però che non già essi, ma le sole note arditamente apposte loro tendono a denigrare la commendevole condotta di Roma. Quale caso deplorabile non fu mai il trasporto a Parigi degli Archivi Segreti! ma qual bene non ne è risultato dal disinganno di tanti, che li credeano depositari di maneggi artificiosi, e indegni della Corte Romana! L'autore del detto opuscolo per vie più accreditare le cose che contro la S. Sede va in esso spargendo, lo finge tradotto dallo Spagnuolo, ma questa mentita traduzione non hagli dato alcun pregio, ne gli ha impedito di essere al comparire alla luce proibito da Napoleone, da quello stesso che ne avea ordinata la stampa, giacchè le note manifestano un'animosità sfacciata contro i diritti della Sede Apostolica, e contro Sua Santità. Le copie di questa infame produzione furono per lungo tempo in deposito nella Stamperia Reale. Finalmente caduto il passato Governo Francese, io informai di ciò l'Emo Pacca, e ne feci parlare, e scriss'io stesso al Ministro dell'Interno, cosicchè ora non sono più nella suddetta Stamperia, e S. M. Cristianissima le avrà fatte collocare in luogo tale, che non siano più per comparire al pubblico.

§ X. — *Discorso di Napoleone cogli Archivisti* — *D. Carlo Altieri parla in favore di Sua Santità, e di alcuni Cardinali, e Prelati.*

Fra quelli che desideravano far conoscere fatti della Sede Apostolica, che potessero favorire le ambiziose mire del Governo Francese, era principalmente Napoleone, che, venutosi nel novembre del 1811, agli Archivii domandò ad Altieri, e a me se ancora fra quelle carte alcuna ne fosse che meritasse i torchi. Gli rispondemmo, Sire, tutto quello che qui vedete accolto sono monumenti preziosi: lettere de'Pontefici risguardanti il Governo della Chiesa: donazioni degl'Imperadori, e Principi fatte ad essa. Altieri parlò con tale eloquenza, ed energia a favore di Sua Santità, che Napoleone proruppe, come dal ragionar suo percosso, dunque voi siete Preti? Se le massime seguite di Gesù Cristo, bene sta, se quelle di Gregorio VII., siete sacerdoti del diavolo! che non ho fatto io per la Chiesa! che altra cosa ho desiderata per darle pace! Avrei potuto imitare Enrico VIII, io voglio la Religione Cattolica. Mio volere non è di ritenere il Pontefice nella cattività, ma non voglio ch'ei divida le sue cure fra il divin culto, e gli affari temporali. Il Regno suo non è di questo mondo, la mia autorità viene da Dio. Il Papa si è sempre opposto ai miei desiderii, e mi odia. . . . . Altieri l'interruppe; anzi che odiarvi ha per voi sentimenti di amore. De'sentimenti di amore! replicò; tali cose date a credere a questi Francesi (accennando il Maresciallo Duroc, e l'Archivista, i due soli presenti) non a me che sono italiano al par di voi altri. De'sentimenti di amore! tali sono gli effetti di questo amore! Io non volli che il bene d'Italia, giacchè in uno stato solo meditava riunirla, e lo sarà per certo: il Papa vi si è opposto. Fuori di ogni ragione ha fulminato l'anatema contro di me: Iddio mi ha conceduto un erede, e questa sua nuova benedizione è testimonianza non dubbia dell'ingiustizia di un tal procedere a mio riguardo, Riprovata dottrina oltramontana, tutti ne siete imbevuti! Sire, diss'io, oltramonti ognuno rispetta i Sovrani; la dottrina che vi si apprende impone per sacro dovere un tal rispetto, ben vi si venera, e sostiensi la giusta massima, che il Pontefice qual Padre possa correggere i figli. E vi par poco! diss'egli, acceso di nuovo sdegno, e vi par poco! tale dottrina è pensier mio di emendare, e a'Vescovi ho già ordinato di surrogare ad essa la gallicana. Tutti congiurate a mio danno, e il Cardinal Petra (de Pietro), e Fontana or pagano il fio de loro intrighi. Ma cosa è questo Petra, domandò furioso, è egli dotto? e Fontana lo è altresì? inteso che lo erano ambedue, e che il secondo alla scienza sacra univa le belle lettere; e bene, ripigliò, amendue manderolli in Batavia.

Fontana ha fatto un voto contro il mio matrimonio, e Petra fu sempre mio nemico. Il Cardinal Gabrielli quell'uomo tenace ne'suoi principii, e il Card. Oppizzoni, che ai benefizii, di cui l'ho ricolmo, preferisce de'vani scrupoli; e de Gregorio [1], morranno anch'essi in Batavia. Tentarono sollevare contro me l'Impero, collo spargervi de'Brevi del Papa; de Gregorio per timore di smentire quel carattere fermo, e risoluto, di cui è soverchiamente geloso, non ha voluto disvelare colui, che in sue veci lasciò qual delegato Apostolico in Roma: ma se le lusinghe non lo hanno vinto, se il carcere non hallo intimorito, egli pure si morrà [2] in Batavia. Invano Altieri perorò la causa di quegli illustri prigionieri, e invano prese a difender lo zelo che santamente gli avea animati a prò de'diritti del Pontefice, e della misera Francia, il cui scisma era imminente. Da una sala all'altra scorrendo ei domandava più cose. Parlò della Bolla d'oro, e volle vedere i Brevi, che il Papa gli avea scritti. Disse che sarebbe andato a Roma, e chiese quanto denaro impiegato i Papi nella costruzione della Chiesa di S. Pietro. Gli risposi; Sire, se alle voci communi puossi prestar fede, quaranta milioni di scudi importò la fabbrica di quel Tempio, che esige le vostre cure onde resistere alle ingiurie del tempo. Io faccio più conto di una capanna di Cesare, che del Tempio Vaticano, e se ne andò. Del ragionamento di Napoleone non solamente il senso ho qui ritratto, ma le parole da lui proferte ho con ogni maggior verità espresse, giacchè furono da me subito poste in carta. La venuta di lui non apportò alcun bene agli Archivii, che continuarono a restarsi nelle umide camere ov'erano deposti. Un raggio di speranza di poterneli ritrarre traspari quando a Fontainebleau si volea trattare di pace: ma cotale speranza, a guisa di baleno, al comparire disparve.

§ XI. — *Gaetano Marini è esortato a non ritornare in Italia; motivi di ciò — Ingresso degli Alleati in Parigi — Decreto di restituzione degli Archivii — A chi ne fosse fatta la consegna.*

Quando Sua Santità era a Fontainebleau ove la violenza di un guerriero l'avea condotta [2] mio zio sempre più aggravato da'suoi incommodi risolvè tornarsene in Italia, e prima di chiedere il permesso al Governo, che gli negò altra volta, ricercò quello del Papa che non volle concedergli, e le parole seguenti gli fece scrivere dal Sig. Cardinal Dugnani « Vorrebbe la Santità Sua che « deponeste affatto il pensiero di partire; che non vi allontanaste dalla sposa (gli Archivii) che vi è « stata affidata potendo venire de'momenti ne'quali la vostra persona potrà essere necessarissima. « Tanto vi scrivo per espressa com missione ».

La lettera è in data de'28 Agosto 1813. Mio zio non pensò più a ripatriare, contento per obbedire alla Santità Sua, di soffrire il rigore di quei freddi, dai quali fu in quell'inverno ridutto per due volte quasi al termine del viver suo. Manifestò adunque a quel porporato la di lui sommissione ai desiderii del Santo Padre, e n'ebbe in risposta ai 7 di Settembre quanto qui trascrivo. « Ha « gradito sommamente il Santo Padre di essere da voi stato assicurato, che per ora più non pensate « al viaggio. Come vi stima, e vi ama vi desidera vicino, dove poter far capitale di voi, che più « di ogni altro potrete dare dei lumi, o direzione per averli alle opportunità che si presenteranno. » E di più ai 9 di Settembre. « Replico assicurandovi di nuovo che avete fatto una cosa gratissima « col prestarvi al desiderio di chi ha per voi una vera stima e conta sul vostro attaccamento. » Queste tre lettere ci colmarono di consolazione, ed aspettavamo che arrivasse il momento di potere liberamente impiegarci in servizio della Chiesa Romana. Ne'preliminari dell'intavolato accordo fra la Santità Sua, e Napoleone, si dicea, che gli Archivii sarebbero collocati ove si stabilisce la Santa Sede. Arrivò allora in Parigi l'Emo Pacca, che sen veniva da Fenestrelle per aver dato riprove del suo

---

[1] Al Prelato de Gregorio non fu dato l'assegnamento che agli altri Romani avea fissato il Governo Francese per indennizzarli delle spese a cui erano astretti dal soggiorno di Parigi. Il Ministro de'Culti però avea fatto travedere che un assegnamento maggior degli altri, voleasi dargli quando avess'egli palesato il Delegato Apostolico di Roma.

[2] Nostro Signore arrivò a Fontainebleau ai 10 di luglio del 1812, e ne partì nel 1814 ai 20 di gennaio; e ne'quattro giorni seguenti i sedici Porporati, che la provvidenza avea colà mirabilmente ricondutti dall'esiglio, e dalle carceri, furono costretti cercarsi altrove un asilo, non essendo loro permesso di seguire Sua Santità.

zelo per la buona causa; lo pregai che se il trattato si conchiudea fosse interpellato mio zio su ciò che riguardava gli Archivii, e gli lessi una nota de' documenti che non poteano preterirsi nella richiesta delle carte; le concepute speranze restarono spente, e gli Archivii furono tuttavia riputati come appartenenti alla Francia, sino a che il Signore Iddio fece finalmente sorgere un giorno di allegrezza che alle passate tribolazioni dovea por termine. Già Roma vedea quel sospirato momento, che al Vaticano avrebbe renduto il Pontefice, ad essa il Principe, al Popolo il Padre. Il 31 Marzo 1814. gli Alleati entrarono in Parigi, ai 19 di Aprile fu fatto il Decreto di restituzione degli Archivii, degli Arredi sacri, dei Triregni, e di tutte le pergamene, libri e carte partite da Roma dopo l'ultima invasione de'Francesi. Dal Conte d'Artois fu emanato il Decreto ad istanza di Emanuelo de Gregorio Prelato distintissimo, che era sortito da Vincennes, ove come del buon partito non che seguace, ma fautore, avea per lungo tempo sofferto ciò che di nojoso, e tristo offre il carcere. In virtù del suddetto decreto il Commissario dell'Interno, M. Beugnot, volle, che degli Archivii ne fosse fatta consegna a M. de Gregorio, a mio zio, ed a me, la quale prendemmo ai 28 Aprile 1814 [1]. Il Commissario nella lettera che scrisse al Cavalier Daunou Regio Archivista, dice, che, avendo egli destinato col piacere del Conte D'Artois il Prelato de Gregorio a prendere possesso degli Archivii Romani, sua intenzione era, che non solo i monumenti spettanti agli Archivii fossero renduti, ma tuttociò che era stato trasportato da Roma, e ne specifica le cose. Io suggerii al Segretario Generale del Ministero, M. Gery, ciò che dovea rendersi, giacchè in virtù del solo decreto non sarebbe stato restituito tutto. Grande fu la sorpresa e molto il rincrescimento di Daunou nel dover rinunziare la custodia degli Archivii Romani, e meno sarebbegli dolsuto se al solo M. de Gregorio, o ad alcun altri ne avesse dovuto fare la consegna, anzi che a me (mio zio non era presente impedito da malattia) con cui sovente era stato alle prese per opinioni diverse intorno alla dottrina romana; ma peritissimo di ogni documento si tinse di nuovo pallore il suo volto, siccome essendo egli peritissimo nell'arte diplomatica, il pregio sommo conoscea di ciascuno di essi. Tuttavia la buona fede di lui rammenterò con piacere, e il loderò quale uomo moderatissimo, che tale fu sempre. Fu proposto di biffare gli Archivii, ma molti, e giusti furono i motivi che ritrassero M. de Gregorio dal far ciò: già erano stati aperti per lo spazio di cinque anni, e sembrava allora soverchio dubitare della buona fede dell'Archivista, nè altri parea dovess'ardire involar documenti nel tempo in cui potea essere facilmente da me scoperto. Fu dunque deciso che Daunou continuasse a ritenere le chiavi sino a che si fosse eseguito l'incassamento di essi, che si dovea fare a tenore degl'Indici da lui stesso composti, e dati alle stampe.

§ XII. — *A chi ne fosse fatta la consegna — Gli arredi sagri sono rimandati a Sua Santità.*

Fui incumbenzato di presiedere a tutti gli Archivii Romani, e sebbene tale incarico a me costasse disgusti, inquietudini, noie e fatiche, l'onore però di aver servito la S. Sede mi compensa le passate amarezze. Fu di mestieri far de' pronti lavori, cosicchè mi vidi costretto di aver ricorso all'opera di due amici, perchè volessono alleviarmi la fatica dello scrivere. Il P. Maestro Pisani Carmelitano da Malta, e l'Ab. Vincenzo Conti Beneficiato di S. Maria Maggiore furono i due scelti a tal'uopo, e di amendue la diligenza, e assiduità ho ammirato per due anni, e più. Furono sul momento disposte sedici casse in cui erano gli arredi sacri della Cappella Pontificia, la Mitra che la pia Regina d'Etruria, in passando il Pontefice per Firenze, aveagli offerto con sommo affetto di devozione, il prezioso Triregno che Buonaparte avea donato a Sua Santità il giorno che a lui furon cinte le tempia d'imperiale diadema, e altri ricchissimi oggetti ricuperati dal Prelato De Gregorio dal Tesoro pubblico: M. Beugnot spedille a Roma a spese del governo francese, e in que' momenti il Commissario era tanto proclive a rendersi benemerito della S. Sede, cosicchè promise il trasporto intero degli Archivii Romani: ma la partenza di M. De Gregorio, e il cambiamento del Ministero lasciarono infruttuose le tante premure del nostro instancabile Prelato, e senza alcun buon successo le replicate promesse del Commissario. Avrebbe certamente M. De Gregorio, unito all'istanza pel ricuperamento degli Archivii, il reclamo delle cose rapite a Roma col violento Trattato di Tolentino; ma dall'un canto riflettendo che a cotal trattativa non era egli stato autorizzato da Roma, dall'altro

[1] Vedi pag. CCL, num. 3.

temendo una facile ripulsa alle sue inchieste coll'addursi forse dagli Alleati il preteso consenso di Pio VI. alla pace di Tolentino già più volte sia in Parigi, sia in Vienna affacciato, stimò di non trattar questo affare, di cui sarebbesi in circostanze più favorevoli potuto sperare un più favorevole successo. Per la qual cosa lasciò che altri mietesse allori in quel campo che parea offrirne molti e gloriosi, ma che poi furono raccoli in Vienna.

§ XIII. — *Ringraziamento fatto a S. M. Cristianissima per la restituzione degli Archivii — Andata dell' Eᵐᵒ Consalvi in Londra e sua partenza per Vienna — Si cerca che il trasporto degli Archivii sia a spese del Governo francese.*

Mons. Annibale della Genga, uomo di sommo merito, e che in più Nunziature avea dato chiaro riprove del suo zelo, e valore col rendere importanti servigii alla S. Sede, giunse in quel momento a Parigi come Nunzio straordinario a complimentare il Cristianissimo a nome di Sua Santità: era egli stato incombenzato della reclamazione degli Archivii, ma vedendo già prevenuti i desiderii del Santo Padre, molto se ne rallegrò, e soltanto rese grazie al Re della seguita restituzione. Non fu egli in grado d'impiegare l'opera sua per l'affare del trasporto degli Archivii, perchè, appena presentatosi a S. M., prese congedo. Essendo arrivato l'Eᵐᵒ Sig. Card. Ercole Consalvi Segretario di Stato di N. S., mi presentai a quel Porporato subito che lo intesi in Parigi, ma gli affari gravi, e molti che l'occupavano, e l'improvisa andata sua a Londra non gli permisero di disbrigare quello degli Archivii. Mentre egli trattava a Londra i grandi affari della S. Sede, in quella Città, ove la Romana Porpora da Reginaldo Polo ai nostri dì, non avea fatta comparsa, io mi occupava in Parigi di quello degli Archivii, e mi riuscì col sovente insistere presso l'Ab. di Montesquieu Ministro dell'Interno, determinarlo a nostro vantaggio, cosicchè scrisse all'Archivista M. Daunou, che la lusinga in cui io era, che S. M. Cristianissima avesse aggiunto alla grazia della restituzione, la generosità del trasporto, lo induceva a chiedergli nota delle spese occorrenti a ciò. Tale determinazione del Ministro mi ricolmò di piacere, e perchè facea travedere un buono e sollecito fine al nostro affare, e perchè parea che io vi avessi colla mia insistenza contribuito. Ma io presumeva alquanto, e a tale determinazione non la mia importunità potea indurlo, ma la pietà sola, e la devozione innata de' successori di Ludovico IX verso la S. Sede. Checchè ne fosse, io fui chiamato dal Ministro che volea parlar meco intorno agli Archivii [1]. Nel presentarmigli, mi disse non poter contribuire alla spesa del trasporto.

« Quante speranze se ne porta il vento! »

Mi parlava con molta affabilità propria di quella nazione, e del rispetto suo per la S. Sede, e dello stato di Prete, che non avea egli mai abbandonato, più cose mi disse. Cotali gentilezze rianimavano la mia speranza, e persuadevanmi che non avrebbe in quel momento data ripulsa alle mie inchieste. Gli feci travedere il dispiacere mio esser grande, di non poter ricondurre in trionfo a Roma gli Archivii Pontificj: e veramente nol potrò io, gli dissi, comecchè l'Erario della Camera Apostolica sia così esaurito che nulla più. Lo zelo che anima l'Ecc. V. a devozion somma verso la Santa Sede, deh! sia quello che stamane vincer mi faccia la causa che io peroro. Sorridendo mi rispose se la spesa non fosse grande io volentieri seconderei i vostri desiderj; ripres'io, per le cose più importanti, e delle quali Roma non può a lungo essere priva, non è sì grande, a cui non possa accudire questo Governo. Me ne chiese nota, la quale ascendeva a due cento mila franchi, compreso l'intero trasporto; egli però non volea darne più di sessanta mila, il che io riferii all'Eᵐᵒ Consalvi, che di ritorno da Londra continuava a starsene in Parigi, e veggendo che la somma accordata non era sufficiente pel trasporto, fu di parere scrivere al Principe di Talleyrand onde ottenerla maggiore: mi lesse una memoria intorno a ciò, e comandommi, in partendo per Vienna, di trattare io stesso quest'affare. Passati alquanti giorni, manifestai a quel Ministro la mia commissione, giacchè parea non si desse egli per inteso dell'istanza del Cardinale, e gli dissi che confidando io che l'Altezza Sua avesse ogni

---

[1] Vedi pag. CCLI, num. 4.

riguardo per la Santa Sede, lo pregava volermi far sapere l'esito della memoria. Mi rispose che aveane scritto al Ministro dell'Interno, e mi avrebbe poi reso consapevole della risoluzione da lui presa, quando glie l'avesse fatta nota [1]. Il Sig. di Talleyrand partì per Vienna e l'affare restò sospeso.

§ XIV. — *Ordine di S. M. intorno a ciò.*

Ai 13 di settembre scrissi al Direttor generale della Segreteria del Ministero dell'Interno, il Consiglier di Stato M.r Benoit, perchè mi venisse fatto di ridurre a buon termine un' affare che tutto gravitava su le mie spalle: gli parlava con molta energia [2]. Egli non mi dette risposta, cosicchè gli feci nuove, e maggiori premure, e domandai udienza al Ministro dell'Interno, che mi fu in quel momento negata: frattanto l'Eimo Consalvi chiesemi da Vienna sollecita informazione del risultato della memoria che egli avea data a Talleyrand, e dissemi che a Vienna ad esso lui avrebbe rinnovate le istanze, se la prima in Parigi non avea prodotto l'effetto desiderato [3]. Gli scrissi ai 21 di settembre lo resi consapevole della lettera di Talleyrand, e supplicavalo a non permettere che gli Archivii restassero più lungo tempo in Francia, giacchè l'umidità del luogo dovea loro essere dannosa, e danno grandissimo all'integrità delle carte potea arrecare l'accesso libero ad ognuno in esse. Nel primo di ottobre scrissi nuovamente a Sua Eimza, ed egli in data del 26 dello stesso mese mi rispose, che se le ulteriori sue premure in Vienna col Sig. di Talleyrand non gli aveano fatta concepire alcuna speranza che il Governo di Francia pensasse alla spesa del trasporto, lo aveano bensì reso certo, che sarebbe stato restituito tutto, e di questa sicurezza mi valessi io in scritto e in voce, perchè gli Archivj mi fossero interamente renduti [4]. Finalmente dopo di avere insistito più, e più volte presso il Ministro dell'Interno, e scritto a M. Benoit, e al Cav. Labiche, fui assicurato in voce dallo stesso Benoit, che senza meno i sessanta mila franchi sarebbonsi dati pel nostro trasporto, di che avvertii subito l'Eimza Sua, ed alla mia lettera rispose ai 30 novembre, che la volontà in cui era il Ministro di dare i detti sessanta mila franchi non credevala egli prodotta dalle premure fatte da Sua Santità come io gli diceva, giacchè la sicurezza datamene dal Sig. Benoit, era anteriore alla memoria che l'Eimo Pacca avea trasmessa all'Ambasciator di Francia a tale oggetto [5]. Alquanti giorni scorsi dopo tale promessa, che Benoit stesso con lettera mi avvisò del Decreto di Sua Maestà, e della maniera con cui doveansi effettuare i pagamenti di sessanta mila franchi [6]; ed a questa lettera io risposi con biglietto di ringraziamento al Ministro dell'Interno [7]. Informai poscia l'Eimo Consalvi dell'ottenuta somma, ed egli mi onorò di suo dispaccio li 27 dec. 1815 [8].

§ XV. — *Processo di Galileo.*

Il riacquisto del Processo di Galileo fu una delle mie principali occupazioni, come si può rilevare dal carteggio in fine trascrivo, col Ministro dell'Interno con quello della Casa del Re, Conte di Blacas, e col Conte di Pradel [9]. E per verità molto mi adoprai per riavere questo documento, giacchè smentisce le falsità sparse da alcuni contro l'Inquisizione; si volea stampare, e Carlo Denina, di cui celebre han renduto il nome le rivoluzioni d'Italia, fu uno di quelli, a cui Napoleone ne avea affidata l'incumbenza. Ma veggendo che produrlo, il fine non conseguiuva dato esporre alle beffe dei moderni sapienti la pretesa ignoranza e i creduti pregiudizi di Roma, si abbandonò sì grande impresa, perchè al dir di coloro, non poteansi in lingua Franzese tradurre le rozze, e strane maniere di scrivere della Inquisizione Romana. Apparisce chiaramente che Galileo non fu mai rinchiuso in carcere, durante il suo processo, che anzi restavasi egli alla Villa Medici, e che solo

---

[1] Vedi pag. CCLI, num. 5.
[2] Ivi, pag. CCLI, num. 6.
[3] Ivi, pag. CCLII, num. 7.
[4] Ivi, pag. CCLII, num. 8.
[5] Ivi, pag. CCLIII, num. 9.
[6] Ivi, pag. CCLIII, num. 10.
[7] Ivi, pag. CCLIV, num. 11.
[8] Ivi, pag. CCLIV, num. 12.
[9] Ivi, pag. CCLIV, num. 13. Ora è nell'*Arch. Vat.*, restituito da Re Luigi Filippo nel 1847, per mezzo del famoso Pellegrino Rossi; nell'ultimo decennio pubblicato a più riprese dall'ÉPINOIS, dal BERTI ed altri.

gli si proibì di sostener come tesi, un'opinione che allora non avea prove sì chiare, che le dessero maggior peso, e credito di quello ad un'ipotesi suol darsi. Egli prometteva di non altrimenti dettare questo sistema, ma al suo ritorno in Toscana, dimentico della promessa, il sosteneva come tesi, e all'Inquisitore medesimo rispose più volte, percosso il pavimento co'piedi, ch'egli si accorgeva con evidenza del moto della terra, e perciò non poter insegnar altra cosa; la qual risposta quasi a scherno delle reiterate promesse mal soffrendo l'Inquisitore, il condannò non perchè eretico egli credesse quello che l'Astronomo insegnava, ma perchè niuna fede manteneva alle dette promesse. Il sistema di Copernico non fu mai condannato. e neppur quello di Galileo dovea esserlo; si condannò adunque non la dottrina, ma la maniera d'insegnarla.

§ XVI. — *Registri della Legazione del Cardinal Caprara.*

Non pretermisi i registri della Legazione del Card. Caprara; domandai di esaminarli, e non osai subito reclamarli, giacchè mi era noto che voleansi ritenere in Parigi, per antiche pretensioni di quella Corte. Il Consigliere Benoit mi rispose, che tali Carte doveano essere al Ministero degli affari esteri [1]. L'Eṁo Consalvi mi facea premure perchè gli mandassi un'indicazione delle materie principali di esse. Fui costretto di rimettere a tempo più opportuno l'esame di dette carte, e a stagione meno fredda, giacchè molto io mi risentiva della rigidità di quell'aria. Manifestai al Cardinale questa involontaria dilazione, ma finalmente nel Febbraio del medesimo anno feci istanza al Conte di Jaucourt, allora Ministro degli Affari esteri in vece di Talleyrand, non solo chiedendogli di esaminare cotesti registri, ma reclamandoli come appartenenti alla S. Sede, i quali doveansi a me consegnare, a cui tutte le carte spettavano come incumbenzato da Sua Santità del reclamo di tutte. Egli non mi rispose. Alcune carte però del Card. Caprara, delle quali il Ministro de'Culti erasi messo in possesso alla morte di quel Porporato, furono da me spedite a Roma colle prime sedici casse. Che esse fossero importantissime il dimostra la gelosia somma colla quale l'Archivista le conservava. Erano unite in un mazzo, da cui solo ritrassi l'appellazione al futuro Concilio contro la Bolla *Vnigenitus* di quattro Vescovi, di Mirepoix, di Senez, di Montpellier, e di Boulogne, il quale atto e per essere originale, e per contenere la sola appellazione che fu fatta dai Vescovi di Francia contro la detta Bolla, giudicai doversi rinchiudere nelle Cassette dell'Archivio di Castello, ove ora esiste.

§ XVII. — *Si vogliono ricuperare i Codici del Trattato di Tolentino.*

Sempre sollecito e desideroso dei vantaggi della Santa Sede, mi posi in pensiero di tentare il ricuperamento de'Codici trasportati in Parigi sino dalla prima invasione de' Francesi in Italia; mi animai vie più in questa determinazione nel vedere che anche ai Tedeschi e Prussiani restituivansi i Codici tolti a Vienna e a Berlino. Ne scrissi all'Eṁo Consalvi, il quale in risposta mi disse che questo affare essendo indipendente dal ricordato Decreto di restituzione, dovea essere separatamente trattato, e perciò io sospendessi i reclami de'Codici suddetti [2].

§ XVIII. — *Ritorno di Napoleone in Parigi; il trasporto degli Archivii è sospeso — L'Archivista pontificio è obbligato allontanarsi da essi — L'Eṁo Pacca gli ordina di lasciar Parigi — Gaetano Marini sorpreso da malattia ne muore.*

Le speranze di ricondurre a Roma gli Archivi furono sul momento recise: l'agitazione e le angustie mi assalirono nel medesimo istante che intesi lo sbarco di Napoleone. Il contratto del trasporto, di cui io era orgoglioso per la mediocrità del prezzo e dell'imballaggio, rimasero sospesi aspettando circostanze migliori. Arrivato Bonaparte a Parigi io fui discacciato dagli Archivi. L'Archivista nel comunicarmi la lettera del Duca di Bassano che lo incaricava di ciò, parea volesse non impe-

---

[1] Vedi pag. CCLVII, num. 14.
[2] Ivi, pag. CCLVII, num. 15.

dirmi di continuare andar in essi; io però gli dissi che non solo mi allontanava dagli Archivi, ma che partiva ancora da Parigi come aveano fatto gli altri Commissari delle Potenze estere, e scrissi agli Eṁi Pacca e Consalvi, perchè permettessero a mio zio e a me di ritornare in Italia. Da Vienna ricevei risposta alquanto ritardata; dal sig. Cardinal Pacca la ricevei da Genova il 26 Aprile 1815; in cui mi ordinava di lasciar la Francia, e mi parlava del motivo che avea obbligato il Santo Padre a partirsi da Roma [1]. Il mio povero zio fu sorpreso da nuova gravissima malattia, che lo condusse al termine de'suoi giorni, e questa fu per me una di quelle molte afflizioni che trapassando l'animo mio, di tanto dolore mi ricolmò, che tutta io sentii l'amarezza di cui è capace il mio cuore. Morì ai 17 di Maggio. Bagnai quelle fredde salme di calde lagrime; tale tributo doveasi all'amore di un così tenero zio, i consigli di cui aveano sempre diretto i miei passi in ciò che io facea per la Santa Sede. Detti nuova della morte accaduta all'Eṁo Pacca, da cui ricevei un'obbligante risposta, e nuovo ordine di partire [2]. Dato quindi sesto a'miei privati affari mi determinai alla partenza, dal che fare mi ritraeva il Prelato Isoard, che tutto animato pel bene di Roma, gli rincresceva, che le nostre carte restassero affidate non alla mia, ma alla cura altrui, e molto si adoprò perchè dal Governo si restituissero alla Santa Sede, come appare da suo biglietto [3]. Lasciai Parigi, e all'Italia mi diressi per la parte di Provenza. Giunsi a Marsiglia li 23 Giugno, nel momento in cui scoppiò la terribile sollevazione in favore del buon partito. Temetti rimaner vittima del furor popolare che ad eccessi portavasi. Finalmente m'imbarcai il giorno del glorioso Apostolo S. Pietro, e il 30 insorta una terribile burrasca, fui sul punto d'essere sommerso dai flutti; ma il Signore mi sottrasse per sua divina bontà da quel pericolo, e salvo arrivai a Genova, di dove mi portai in S. Arcangelo per ivi aspettare gli ordini dell'Eṁo Consalvi sul mio destino.

§ XIX. — *Gli Alleati rientrano in Parigi — Sua Santità spedisce l'Archivista Segreto in quella Capitale.*

Quel Dio che veglia con ammirabile provvidenza su la sorte degli uomini dileguò il folto nembo che minacciava involgere nuovamente l'Europa intera nel vortice della confusione. Pio VII sempre mai vigilante al governo della Chiesa, non meno che al bene dei sudditi, i suoi primi pensieri rivolse al riacquisto di que'monumenti, che la gloria sono, e i vindici de'diritti della Sede Romana; laonde spedì me a tale effetto in quella Capitale, come i potentati di Europa erano come in un centro uniti per ridarle quella pace, che i passati tumulti aveano sconvolta. La lettera, e la nota che in fine presento sieno testimonianza della mia missione [4]. Fui incumbenzato di ricuperare gli Archivi e i Codici ceduti nel Trattato di Tolentino, le Medaglie, i Cammei, e le stampe, cose tutte appartenenti alla Biblioteca Vaticana [5]. La lettera mi fu scritta a S. Arcangelo di dove era partito, e giunto a Roma mi fu data dalla Segreteria di Stato la Nota, giacchè la lettera, che mi portava Canova a S. Arcangelo non l'avea ricevuta, essend'io partito di colà prima ch'egli arrivasse.

§ XX. — *Sue Credenziali per il Principe di Talleyrand.*

Arrivai in Parigi il 3 di settembre, e il 4 scrissi al Sig. Principe di Talleyrand, manifestandogli la mia commissione di riassumere l'affare degli Archivi, e di reclamare altre cose, al quale oggetto gli chiesi Udienza [6]. Egli rispose ai 7 di Settembre nel giorno stesso, che io gli avea nuovamente scritto mandandogli le mie credenziali [7]. La lettera del Sig. Talleyrand non mi pervenne che ai 10 e mi parlava in essa degli Archivi, ma di darmi un'udienza nulla mi disse [8]. Del ritardo di questa

[1] Vedi pag. CCLVII, num. 16.
[2] Ivi, pag. CCLVIII, num. 17.
[3] Ivi, pag. CCLVIII, num. 18.
[4] Ivi, pag. CCLVIII, num. 19.
[5] Ivi, pag. CCLVIII, num. 20.
[6] Ivi, pag. CCLIX, num. 21.
[7] Ivi, pag. CCLIX, num. 22 e 23.
[8] Ivi, pag. CCLX, num. 24.

risposta avea renduto consapevole l'Eṁo Consalvi, che con sua lettera de' 30 Settembre mi disse che rare udienze avrei avute dal sig. Talleyrand, e più altre cose mi scrisse per ben condurre l'affare [1].

§ XXI. — *Quartier militare negli Archivii.*

Agli 11 settembre ricordai al Ministro dell'Interno, M. Pasquier, l'ordine di Sua Maestà, d'impiegarsi a favor del trasporto degli Archivi Romani la somma di sessanta mila franchi [2]; mi rispose gentilmente, manifestandomi le sue premure, e gli ordini dati per l'esecuzione di questo pagamento [3]. Pregai il Cavalier Rosman perché m'indicasse il modo, onde tal somma mi fosse rimessa da M.r le Roux, e n'ebbi risposta ai 18 Novembre [4].

§ XXII. — *Visita del Marini agli Archivii ridotti a quartier militare.*

Andai agli Archivi li 14 Settembre, ed afflitto in vederli ridutti a quartier militare feci delle energiche rappresentanze al sig. Pasquier [5]: le mie premure, e i miei vivi desiderii di allontanare da que' documenti qualunque sinistro accidente, furono secondati [6].

§ XXIII. — *Contratto per la spedizione degli Archivii.*

Quando io credeva poter effettuare il trasporto degli Archivi Segreti si presentò un nuovo ostacolo, che se la destrezza del Giurisconsulto Lasagni, a cui io ebbi ricorso, non fosse stata sì grande qual fu, e il mio coraggio non mi avesse assistito, avrei dovuto ritardare ancor di vantaggio l'invio delle nostre carte. Il fallimento dello spedizioniere che era incumbenzato da me di farlo eseguire, l'ostinazione e l'avidità de' suoi creditori scompigliarono talmente l'affare, che mi trovai quasi sul procinto, per l'afflizione, di soccombere a grave malattia, in veggendo che a Roma si voleano gli Archivi, che le circostanze tumultuanti di Parigi mi eccitavano a ritrarneli senza indugio, e che io non poteva in alcun modo inoltrarli colà. Mi dispiacea ancora aver fatto travedere al Card. Consalvi, quasi imminente l'invio di essi, e di averlo indutto a scrivere alle diverse Corti d'Italia, onde libero ne fosse conceduto il passo per quegli stati. Mi rispose ai 14 Ottobre, e delle premure fatte colle dette Corti mi avvertì [7]. La Dio mercé, conclusi un secondo contratto con altro Spedizioniere, dopo che giudizialmente fu abolito il primo, del cui prezzo però non fui così contento come lo era stato di quello d'innanzi, ma le circostanze diverse, e le condizioni molto più vantaggiose mi costrinsero ad accettarlo. Di ciò resi inteso l'Eṁo Consalvi, che mi rispose le seguenti parole: « Non dubito « ch'Ella avrà fatto le possibili diligenze per minorare le spese dei trasporti, e conosco ancor'io, « che la circostanza lo ha obbligato a non essere tanto rigoroso nei prezzi, giacché la stagione « avanzata poteva farle ragionevolmente temere, che il trasporto non potesse effettuarsi, se non dopo « l'inverno. » Espongo questo nuovo contratto, e le condizioni offertemi, affinché se la critica di alcuno non si astiene dal censurarlo, abbia riguardo almeno alle circostanze in cui mi trovai, quando tutti si affrettavano di ricondurre ai propri stati quegli oggetti, che un'ingiusta conquista avea ragunati in Parigi [8].

§ XXIV. — *È ritardata la spedizione di essi.*

Già più di quattrocento casse erano sui carri, e per rimuovere qualunque ostacolo, che alla spedizione di esse si potea presentare, mi feci sborsare dal Banchiere Busoni la somma di dodici mila

---

[1] Vedi pag. CCLX, num. 25.
[2] Ivi, pag. CCLX, num. 26.
[3] Ivi, pag. CCLX, num. 27.
[4] Ivi, pag. CCLXI, num. 28.
[5] Ivi, pag. CCLXI, num. 29.
[6] Ivi, pag. CCLXI, num. 30.
[7] Ivi, pag. CCLXII, num. 31.
[8] Ivi, pag. CCLXII, num. 32.

franchi: i passaporti di Francia ritardarono il loro invio. Scrissi tuttociò al Card. Consalvi, che mi rispose ai 30 ottobre, approvando ciò che io avea fatto [1]. Io credea che i soli passaporti del Sig. Principe di Metternich, e del Ministro di Sardegna, ai quali avea scritto [2]. fossero bastanti per liberamente passare le frontiere del Regno. Pregai questi due Ministri, che volessero favorire il nostro trasporto, e a quel di Sardegna scrissi, che inducesse il suo Governo a dare un luogo in cui si potessero deporre gli Archivii con tutta sicurezza nell'arrivar che avrebber fatto a Torino [3]. L'affare de'passaporti era finito, ma un nuovo ostacolo all'invio delle nostre carte minacciavasi dalla Dogana, la quale volle esigere certi diritti, niun riguardo avendo che questa prima spedizione si facesse quasi a nome del Re, somministrandone egli i mezzi. Avea io già scritto al Sig. Duca di Richelieu li 27 settembre [4], ed egli non mi dette risposta che agli 11 di ottobre [5], e volli piuttosto sottomettermi alle spese di Dogana, anziché fossero visitate le carte, benché ciò si fosse eseguito col massimo riguardo. Il Sig. Duca di Richelieu potea veramente indurre il Ministro delle Finanze, Sig. Corvetto, a non chiedere il rimborso della spesa de'piombi, che si mettevano alle casse, giacché mi convenia farla coi sessanta mila franchi dati dal Re. Di Richelieu tuttavia io mi loderò sempre delle premure che in altra circostanza dimostrò per la Santa Sede.

§ XXV. — *Si eseguisce finalmente la spedizione degli Archivii.*

Finalmente i nostri Archivii lasciano Parigi afflitto di non più possederli, e me dispiacente di non poterli seguire, stante le grandi occupazioni dei reclami de' monumenti appartenenti alle scienze, di cui la Santità Sua mi avea con speciale bontà incumbenzato. Sottomisi al Ministro dell'Interno, il Sig. di Vaublanc, l'importo di questa prima spedizione, e tirai sul tesoro del di lui Ministero varie Cambiali a diverse scadenze, le quali furono accettate, e di cui io mi servii come di denaro contante. Ne scrissi al Sig. Cardinal Consalvi, che in risposta mi disse essere piaciuto a Nostro Signore tale operato, come risulta dalle parole seguenti « Ho ricevuto la lettera di V. S. in data del 31 ottobre « coi stati annessi della spedizione degli Archivii già presentati a Sua Eccellenza il Sig. Ministro « dell'Interno, e da lui accettati per soddisfare i pagamenti come infatti Ella mi accenna che ha già « cominciato a soddisfare. Ne ho passato la notizia a Nostro Signore, il quale l'ha ricevuta con molto « gradimento. Nella sua lettera ho trovato annessi li così detti fogli di Vettura, che potranno giovarci « all'arrivo dei Trasporti per riconoscere se sono in regola, e se il tutto corrisponde agl'impegni « stipolati ».

§ XXVI. — *Reclami delle cose spettanti a Roma.*

Eccomi immerso in un nuovo pelago d'inquietudini: gli Affari della Santa Sede mi stavano a cuore, lo zelo, e la moderazione con cui convenia trattarli, mi faceano temere che l'opera mia non sarebbe stata di gran vantaggio a Roma, e sebbene mi paresse di essere da zelo animato, tuttavia i pericoli ai quali era esposto mi scoraggiavano, e principalmente nel non vedermi di un carattere così moderato e dolce che mi rendesse quasi insensibile ai rifiuti che io era per ricevere in reclamare ciò che per ogni giustizia apparteneva a questa nostra Città. Mi presentai alla Biblioteca Reale per chiedere i Codici trasportati in Francia per l'ingiusto trattato di Tolentino, che mi furono negati, adducendosi per motivo di tal rifiuto l'ordine supremo di non cederli che alla forza: i Conservatori però della suddetta Biblioteca mi accolsero con gentilezza, ed io mi partii senza aver voluto ricorrere alla Forza alleata, che a tutti i Commissarii si offria per metterli in possesso delle cose spettanti ai rispettivi loro Sovrani. Mi persuasi, conoscendo da quai sentimenti era mosso l'animo di Sua Santità, che non le avrei fatto cosa discara, se non mi fossi innoltrato a passi che potessero anche apparen-

---

[1] Vedi pag. CCLXIII, num. 33.
[2] Ivi, pag. CCLXIII, num. 34.
[3] Ivi, pag. CCLXIII, num. 35.
[4] Ivi, pag. CCLXIV, num. 36.
[5] Ivi, pag. CCLXIV, num. 37.

temente offendere Sua Maestà Cristianissima: e veramente non m'ingannai, giacché il Sig. Cardinal Consalvi mi rispose, che io avea fatto benissimo di non ricorrere alla forza pel ricuperamento delle cose nostre, mentre la Santità Sua non avea mai avuta intenzione di obbligar con violenza il Governo di Francia alla restituzione di esse, ma che le avea chieste amichevolmente, ed alle Potenze alleate ricorso come ad intercessori presso il Re[1]. Il motivo per cui il Papa non poteva omettere tali reclami è chiaramente espresso in questa lèttera, la quale rimarrà perpetua e sincera testimonianza de'sentimenti di conciliazione e di pace che animarono il Santo Padre in quella occasione.

§ XXVII. — *Sono renduti i Manoscritti Vaticani.*

Mentre io stava perplesso su ciò che doveasi fare per ricuperare codesti Codici, alla restituzione de' quali il Sig. Principe di Talleyrand non sarebbesi mai prestato, siccome quegli, che non volle accettare l'amichevole accordo offertogli da Canova, nè a me volle accordare udienza allorchè ai 4 di settembre glie la chiesi per parlargli di molte altre cose oltre l'affare degli Archivii, il Sig. Barone di Ottenfels Commissario Austriaco reclamò per ordine di Sua Maestà l'Imperatore Francesco I i Codici e le Medaglie Vaticane, e disse di volerle rendere a Canova, e a me quando ci fossimo presentati alla Biblioteca. Io però ne prevenni il Ministro dell'Interno, perchè si piegasse a renderci amichevolmente tali cose, e non apparisse mai che il Commissario pontificio avesse invocata la Forza alleata, anzichè chiederle ai Ministri di Francia[2]. Il malcontento de' Parigini, che vomitavano villanie, ingiurie, imprecazioni contro gli Alleati, mi rendea circospetto a non esporre il Capo della Chiesa ad essere il bersaglio di quelle lingue: la Politica Romana non è estranea alle massime del Vangelo, come a torto credeva in que'momenti un Ministro di una grande Nazione, e sa temperare il vigore colla dolcezza, anzi il più delle volte della sola dolcezza si gloria; tali cose calcavano i Commissarii pontifici nell'eseguire le loro incumbenze. La lettera al Ministro dell'Interno fu ai 5 di ottobre alla quale egli fece rispondere dal Segretario Generale M.r Le Barante ai 10 dello stesso mese, e m'invitava ad aprire una trattativa su quest'affare col Duca di Richelieu Ministro degli affari esteri, come si rileva da queste parole « Vous pouvez Monsieur, ouvrir une negotiation avec Mon- « sieur le Duc de Richelieu, sur l'objet de votre demande ». La tardanza del Ministro dell'Interno, M.r de Vaublanc, in avermi risposto mi fece temere, che la negoziazione col Duca di Richelieu non avrebbe avuto alcun buon successo, laonde allo stesso Duca di Richelieu scrissi, premessa la narrativa del mio operato sino a quel momento, che altra negoziazione io non richiedea che l'esecuzione de'suoi ordini, relativamente al reintegro di quanto si dovea alla Santa Sede[3]. Aspettai qualche giorno risposta, e non la veggendo fui astretto di accettare dal Commissario Austriaco i Codici, e le Medaglie Vaticane, giacchè se io non dovea compromettere il mio Governo colla Corte di Francia, non potea però rinunziare ai diritti della Santa Sede rivendicati dagli Alleati, anzi della mediazione loro io dovea valermi, secondo gli ordini dell'Emo Consalvi, e principalmente a Lord Wellington io dovea ricorrere, come al Ministro di quella Nazione la cui protezione mi era espressamente inculcato d'invocare[4]. Prima di rendermi alla Biblioteca Reale, ne andai da Canova, e dopo di essermi trattenuto a lungo seco lui su la maniera di ricuperare gli oggetti di scienza, io fui di sentimento di far precedere all'accettazione della forza offerta dall'Austria e dalle altre Potenze, una protesta dalla quale apparisse che non si era richiesta da Noi, ma che offertaci, si era accettata, e che gli oggetti suddetti eransi ricevuti come dalle mani degli Alleati[5]. Tale protesta fu scritta da Luigi Angeloni, uomo assai caro alla Repubblica letteraria, ed autore della memoria che Canova presentò agli Alleati per reclamare gli oggetti di Belle Arti; ma Canova fu di Avviso che prima di eseguirla il l'esecuzione di essa venisse sottoporre al sentimento del Ministro d'Inghilterra, e siccome Hamilton Segretario generale di quella Legazione la credè soverchia, così neppure di essa fu fatto cenno ai Ministri Inglesi Wellington, e Castelreagh. I Conservatori della Biblioteca Reale mi rendettero finalmente in virtù della forza del

---

[1] Vedi pag. CCLXIV, num. 38.
[2] Ivi, pag. CCLXV, num. 39.
[3] Ivi, pag. CCLXV, num. 40.
[4] Ivi, pag. CCLXVI, num. 41.
[5] Ivi, pag. CCLXVI, num. 42.

Commissario Austriaco i Manoscritti già ricordati, i quali riscontrati da me coll'opera del Conte Giulio Ginnasi. Patrizio Imolese uomo di probità e assai colto nella storia naturale, e del ricordato Luigi Angeloni, trovai che niuno *de'* principali mancava; e ciò apparisce evidentemente dalle ricevute fattemi. dai Custodi della Vaticana, Monsignor Baldi e Canonico Battaglini.

§ XXVIII. — *Si desiderano due di essi per la Biblioteca Reale.*

Fui richiesto di far dono alla Biblioteca Reale de'due famosi Codici Virgilio, e Terenzio; siccome io non era autorizzato di cederne alcuno, vi lasciai il Virgilio in deposito, e il Terenzio il portai meco sino a che mi fosse manifesta la volontà del Santo Padre sulla domanda che a nome della Real Biblioteca io era per fargli. Scrissi dunque all'Eṁo Consalvi; e lo pregava in alcun modo il Terenzio, codice rarissimo per le miniature [1], ma non così gli parlai del Virgilio, di cui la cessione non pareami dovesse ritornare a grave svantaggio della Biblioteca Vaticana, essendo che altro Virgilio, che il precede forse di tre secoli, esista in essa, e che fu risparmiato dall'avidità repubblicana per mero sbaglio, e non per volontà di far cosa grata a Roma: egli mi rispose ai 6 novembre, che il Santo Padre acconsentiva di cedere il Virgilio, che il Terenzio però non potea lasciarlo senza incontrare il disgusto di tutti i letterati di Roma, ai quali la cessione non solo di questo Codice ma del Virgiliano medesimo rincrescea all'estremo [2]. Rilevando da questa lettera che la perdita di questi due Manoscritti dispiacea a Sua Santità non meno, che a tutti quelli i quali sanno pregiare cotali preziosi avanzi del tempo, ripresi il Virgilio dalla Real Biblioteca con tale pretesto che non compromisi alcuno, e il riportai a Roma. Non feci mai sapere ai Signori Dasier, e Langlais Conservatori dei Manoscritti Regi, che io fossi autorizzato far loro cessione del Virgilio, il quale Codice essi molto desideravano, e perché alcun manoscritto di Virgilio non vi è in Francia, che ascenda al sesto, o settimo secolo come il nostro, e perché pretendeano che anticamente appartenesse all'Abazia di San Dionigi. Il Terenzio era già stato sino dai 12 di ottobre mandato da me a Roma, per la qual cosa arrivò troppo tardi la seconda lettera del Sig. Cardinal Consalvi in data de' 6 novembre, dalla quale poteasi rilevare che forse Sua Santità sarebbe condiscesa anche alla cessione di questo Codice, se il non farla avesse da noi alienato gli animi de' Ministri francesi [3].

§ XXIX. — *M.r Wilxen chiede per Heidelberga i Codici Palatini — Nostro Signore ne fa dono a quella Università.*

Il Professore Consigliere Wilxen chiese trentanove Codici della Biblioteca Palatina come appartenenti all'Università di Heidelberga, i quali formavano parte de'cinquecento ceduti da Pio VI di f. r. pel Trattato di Tolentino. Canova fu di sentimento, che dovessono depositarsi appo la Legazione inglese sino a che l'oracolo di Nostro Signore avesse deciso ciò che se ne dovea fare. Non piacque al detto Consigliere tal determinazione, e fece istanza che fossero piuttosto consegnati al General Prussiano Mufflingh Comandante di Parigi. Non starò ad esaminare se le ragioni del reclamo di tali Codici sieno giuste, solo mi contento di averne parlato, e di far conoscere la somma generosità del Santo Padre, che ordinommi per mezzo dell'Eṁo Consalvi di farne in suo nome un dono a Heidelberga, come dal seguente paragrafo di una lettera de' 30 ottobre « Per ciò che riguarda li trentanove Codici reclamati « dall'Università di Heidelberga, sebbene fossero stati questi donati nell'anno 1623 da Massimiliano « Duca di Baviera, quindi Elettor Palatino, al Sommo Pontefice Gregorio XV e sieno perciò divenuti

---

[1] Il medesimo abbaglio presero i Commissarii francesi nel chiedere il Terenzio in cui erano già incorsi nell'usurparsi il Virgilio. I due mss. di Terenzio ch'esistono nella Biblioteca Vaticana, l'uno d'essi fu sempre riputato da mio zio il più antico Codice ch'egli avesse veduto, e non esitava a farlo ascendere al quarto secolo: il secondo poi, e fu quello che i Commissarii portarono . in Francia, è posteriore di cinque secoli. Quando la truppa del Re di Napoli occupò la Libreria Vaticana, fuvvi un soldato della di essa che aperto l'armadio ove l'antico Terenzio si conserva, il prese, addescato da alcun ornamento di metallo dorato a cui era raccomandato, e uscito dalla libreria scarpì il metallo, e gittò il Codice per istrada, il quale rinvenuto da persona che potè conoscerne il pregio, il portò a mio zio, sorpreso di tale acquisto, il collocò nuovamente nel suo armario.

[2] Vedi pag. CCLXVI, num. 43.
[3] Ivi, pag. CCLXVII, num. 44.

« una proprietà della Santa Sede, ciò non ostante il Santo Padre al sentire che i detti trentanove « Codici sono desiderati da S. M. Prussiana che ha tanto favorito la Santa Sede per la ricupera delle « sue Provincie, ed altri oggetti, « mi ha commesso di ordinare a V. S. di farne in suo nome un dono « alla detta Università di Heidelberga. » Partecipai dunque l'intenzione del Santo Padre al Sig. Baron di Mufflingh [1], e alla mia lettera egli non rispose, perchè forse Sua Santità non avea interamente condisceso alla richiesta del Ministro Prussiano, che tutta la Biblioteca Palatina volea fosse trasportata a Heidelberga.

§ XXX. — *Restituzione dei Libri stampati del Secolo XV.*

I famosi Manoscritti Vaticani erano già in mie mani: io mi vedea finalmente possessore della Bibbia Sistina del secolo V, e del Pentateuco Samaritano e del Persiano, de' Fragmenti di Dione Cassio, de' Virgilii, e di altri molti che i Signori Monger, Barthélemy, Moitte, Finet e Wicard Commissarii della Repubblica Francese trasportarono in Parigi. Dovrò sempre lodarmi del Sig. Cav. Dacier, che questa restituzione fecemi con modi assai cortesi. I libri stampati del quattro cento, che M. Wicard tolse alla Vaticana per ordine del suo Governo mi furono restituiti dal Sig. Vanpraet, custode di essi, di cui se dovrò ricordare i tratti gentili nel rendermeli, non posso però conservare grata ricordanza della eseguita restituzione.

§ XXXI. — *Museo Numismatico Vaticano.*

Era io stato incumbenzato da Nostro Signore di reclamare il Museo numismatico Vaticano; tale incumbenza fu data anche a Canova, come egli mi assicurò, per la qual cosa il ricuperamento delle Medaglie debbesi all'opera sua; egli per atto di gentilezza, siccome amendue eravamo Commissari pontifici, volle che io approvassi il Trattato da lui conchiuso; lo sottoscrissi e in virtù del Decreto degli Alleati e della Nostra Convenzione, la Vaticana nuovamente possede le sue Medaglie, all'eccezione di cinque cento Medaglioni di bronzo, pe' quali si ottennero de' compensi.

§ XXXII. — *Prudenza e generosità del Governo Pontificio nel richiedere ciò che gli spettava.*

Quando a Roma pervenne la notizia che vi erano speranze di ricuperare i monumenti di scienze e d'arti, l'Eṁo Consalvi in tutte le sue lettere non fece trasparire che sentimenti di moderazione, e desiderii di fare amichevoli convenzioni per quelle cose che il violento Trattato di Tolentino avea rapite a Roma: in una mi scrisse: « Se per la restituzione de' Codici, e degli altri oggetti volesse farsi « una qualche Convenzione, come si suppone che possa essersi fatta per i monumenti di Arte, igno- « randolo io positivamente fino a tutt'oggi, Ella è autorizzata a prestarvisi... Quel che è certo si è che « non può cadere il minimo dubbio sulla restituzione di quegli oggetti, che l'arbitrio, e la forza asportò « dalla Biblioteca e dai Musei quando si pretendesse, che debba aver vigore il distrutto Trat- « tato di Tolentino. Della invalidità, o distruzione di questo Trattato si è detto tanto finora che non « può dirsi di più, e se non si valutano le ragioni che lo rendono nullo in origine, o almeno di niun « valore dopo essere stato rotto da quello stesso Governo che lo avea fatto, bisognerà rinunziare a « tutti i principii. Io confido nella di lei attività, e vigilanza pel conseguimento di ciò che Roma avea « tanto indebitamente perduto. » In altra de' 9 Dicembre approva egli, che il Cav. Canova abbia avuto dei riguardi alla Francia, e siasi effettuato il ricuperamento degli oggetti di Belle Arti d'accordo con quel Governo [2]. Dice poi a me nella medesima lettera: « Lo stesso dico per i concerti presi da Lei « nella ricupera delle cose appartenenti alle Scienze, approvando Nostro Signore ch'Ella siasi diretta « a chi ne avea la custodia come incaricato da codesto Governo, e facendo tutto con un zelo tem- « perato dai dovuti riguardi, e scevro affatto da qualunque dose censurabile d'indiscretezza ».

[1] Vedi pag. CCLXVII, num. 45.
[2] Ivi, pag. CCLXVII, num. 46.

§ XXXIII. — *Reclamo de' Cammei Vaticani.*

.Conviene che io parli ora del reclamo de' Cammei, de' quali erano custodi i signori Cav. Millin, e Gosselin. Accolsero essi le mie richieste con somma urbanità, e ne diedonmi subito alcuni, come caparra di quelli che avrebbonmi poi renduti. Nel giorno stabilito per la totale restituzione di essi non trovai l'animo loro così disposto come per lo innanzi, e dissero che i principali cammei erano in Russia, che nel Museo loro pochi e di poco prezzo ne restavano ancora, e che di essi era stato fatto dono al Gabinetto numismatico dal Generale Alessandro Berthier, perciò non credeansi tenuti renderli al Commissario di Sua Santità. Un parlare così ingiusto, e scortese, e una mancanza così manifesta alla parola data mi provocò a tale sdegno, che io feci una protesta colla quale distrussi l'accordo stabilito per la restituzione delle Medaglie [1], e con parole aspre, che il dispregio, e mala fede di quelli rintuzzavano, dissi, che il rispetto solo per S. M. Cristianissima mi ritenea dal non mettere a soqquadro colla forza Prussiana quel Gabinetto. Il Ministro dell'Interno col quale mi dolsi di tal procedere, ordinò al Cav. Dacier di far sì, che tutto finisse all'amichevole; Luigi Angeloni, che meco si trovava nel Museo Numismatico fu ricoperto di villanie da M. Millin, siccome quegli che le ragioni della Santa Sede sostenea con incredibile zelo. Ventisei Cammei furono restituiti, fra quali un Augusto solo, illustrato dal Bonaroti è pregevole. Questi due Conservatori dissero che altri Cammei del Vaticano non aveano fra le loro serie, il che io volli credere, e risparmiare qualunque violenza, per non abbandonare que'sentimenti di moderazione, che io volli sin da principio addottare.

§ XXXIV. — *Ricuperamento di alcuni manoscritti, e stampati del 400 spettanti a Bologna e a Loreto.*

Non solo Roma era stata alcun tempo dolente per la perdita delle tante e preziose cose che possedeva, ma altre molte Città d'Italia aveano sofferto con isdegno lo spogliamento di ciò, che l'amore alle Scienze, e alle Belle Arti avea riunito entro le mura loro. Bologna, come quella che fra le altre distinguesi qual Città sapientissima, alzò la sua voce, perchè fossero a lei restituiti que'monumenti che la rendettero sempre mai gloriosa, e celebre in tutta l'Europa: l'Emo Consalvi con dispaccio de' 23 Settembre [2] affidommi il reclamo degli oggetti, che erano state altre volte l'ornamento delle Biblioteche della sua Università, e de' suoi Chiostri: l'Esdra, l'Ester, il Lattanzio, e gli altri manoscritti di gran pregio, e i libri stampati del quattrocento mi furono restituiti dai Custodi della Real Biblioteca. I due Papiri, che i signori Professori Ranzani e Mezzofante chiedeano con grande istanza, ricercai io in tutte le Biblioteche pubbliche di Parigi, e li domandai perfino al sig. Denon Custode del Museo di Belle Arti: le mie premure rimasero infruttuose: nè fui alquanto dispiacente comecchè non solo cercassi di adempiere con esattezza gli ordini che mi avea dati l'Emo Consalvi, ma anche desiderava rendermi benemerito di quella Città, a cui mio zio dovea parte della sua erudizione. Alcuni vasi etruschi, e due avanzi di antiche statue furono riportati a Bologna da Canova.

§ XXXV. — *Ricupera del Museo di Storia Naturale di Bologna.*

Quella Città ricca non solo di Manoscritti ma di oggetti appartenenti alla Storia naturale, avea veduto di essi impoverire il suo Museo per ornare il ricchissimo Gabinetto parigino. Chiesi ai Custodi di esso, i Professori del Giardino botanico, la restituzione delle principali cose di Bologna, e siccome, nè eglino alla mia richiesta vollero prestarsi di buon grado, nè il Sig. Duca di Richelieu, a cui mi era rivolto dettemi alcuna risposta, così io fui costretto di ricorrere al Signor Baron di Muffling, e pregarlo che voless'egli interporsi come mediatore per il ricuperamento delle suddette cose. Lo fece con somma cortesia, e prontezza, e dettemi un suo Ajutante di Campo, affinchè rinnovasse i miei reclami. Al Professore, che ha la custodia del Gabinetto mineralogico, Enrico Haüit, uomo di grande

---

[1] Vedi pag. CCLXVIII, num. 47.
[2] Ivi, pag. CCLXVIII, num. 48.

pietà, e dottrina furono da quell' Uffiziale rinnovate le mie istanze. Egli le accolse con buona grazia, e pregò che alquanti giorni gli fossono dati, onde con licenza del Ministro dell'Interno fare la restituzione desiderata. Gli risposi che non era io per violentarlo, sebbene accompagnato da Uffiziale, essendo grande il rispetto mio per Sua Maestà, e grande la stima per tanti celebri Professori di quel Museo, ma che solo avea fatto io domandare le cose di Bologna dalla gente di S. M. Prussiana, affinchè non incorresse egli la disgrazia del suo Re, se le mi avesse rendute altramente. Gli scrissi la stessa mattina una lettera, la quale dovesse un giorno giustificare il mio modo di procedere, cosicché non si potesse attribuire a capriccioso desiderio di violenza, e a risentimento contro uno di que' Professori, l'immortal Cuvier, che di pessima grazia mi avea accolto, ed erasi meco espresso duramente contro il Professore Ranzani di Bologna, che avea date le note· dei reclami per quella Città [1] Piacque al Sig. Card. Consalvi che io avessi scritta cotal lettera, e le maniere cortesi, ed obbliganti che io mi misi nell'eseguire questa incumbenza: così egli mi disse in un suo dispaccio del 23 Novembre. « Trovo prudente la lettera da lei scritta al Conservatore del Gabinetto di Storia na-« turale; Sua Santità vuole, che tutto si faccia colla maggior buona grazia, e civiltà, premendogli « di non dare alcun dispiacere a codesto Governo. »

§ XXXVI. — *Trattative coi Commissarii francesi per la ricupera dei suddetti oggetti.*

Feci una Convenzione per il ricuperamento di questi oggetti, nella quale si dicea espressamente ch'era stata fatta coll'intelligenza del Ministro dell'Interno; tale espressione, e altre che a bella posta vi s'inserivano, lessi io di buon grado, giacchè in que' momenti le ragioni non voleansi mai disgiunte dalla spada, senza riflettere che la Francia era qual lione febbricitante, che, ricuperate che abbia le forze, non si scorda dell'esser suo. Sua Santità fu contenta di questa maniera mia di agire, come mi scrisse il sig. Card. Consalvi. « Il Santo Padre ha veduto con compiacenza l'accomodamento « fatto cogli Amministratori del Museo di Storia naturale, ed i termini, coi quali è concepito l'ac-« comodo. Dalla nota trasmessa ha rilevato quali sono gli oggetti, che compongono la collezione che « si restituisce. Avrebbe egualmente desiderato la nota degli oggetti, che si sono rilasciati, ed Ella « si darà il pensiero di trasmettermela ». Fu renduto l'Erbario, e le miniature di storia naturale del celebre Ulisse Aldrovandi, la tavola del Grai elastico, la restituzione di cui molto spiacque a que' Professori, giacchè quella che essi possedono è inferiore di molto a questa, un besoar legato· in oro, molte pietre preziose, alcuni vasi di diaspro, e di tutto ciò che mancava furono dati compensi. Un pezzo di miniera d'oro, pesante cinque libre, asserirono essi, non essere mai stato fra le loro collezioni mineralogiche, e ciò si può credere senza esitanza, poichè il genio repubblicano era più proclive a convertire cotal metallo in moneta anzichè lasciarlo ornamento di un Museo. La Convenzione fu sottoscritta da quattro di que' Professori, e da me, e la mandai originale all'Em̃o. Segretario· di Stato, e informai poscia Mons. Giustiniani Delegato di Bologna di ciò che io avea· spedito, ed era per inviare colà, e nella lettera rilevai le premure fattemi dal Sig. Cardinal Consalvi, e il bene che ne derivava a Bologna nell'essere di ñuovo soggetta alla Santa Sede [2]. Il sig. Ab. Haüit mi rendè un aspersorio col secchietto, due ampolline col loro piatto, cose di cristal di monte lavorate con molta maestria, e semplicità, e ornate d'oro: due bellissime tazze mi diede egli, una di agata, l'altra di diaspro legate in oro, e questi oggetti portai a Loreto, siccome a quel Santuario appartenenti.

§ XXXVII. — *Restituzione de' Caratteri della Propaganda.*

Feci ricerca per ordine del Sig. Card. Consalvi [3] de' Caratteri della Progaganda trasportati a Parigi nel 1799 e di quelli nell'ultima invasione delle Truppe Francesi in Roma. A Monsieur Anissom Direttore della Real Stamperia, ove cotali Caratteri si conservavano, ne feci richiesta per iscritto [4]

---

[1] Vedi pag. CCLXVIII, num. 79.
[2] Ivi, pag. CCLXIX, num. 50.
[3] Ivi, pag. CCLXIX, num. 51.
[4] Ivi, pag. CCLXIX, num. 52.

ed egli ottenuto ch'ebbe il permesso dal Ministro da cui dipendea, me li rendè [1]. Napoleone portò seco in Egitto vari di questi Caratteri, e perciò la restituzione di essi non potè essere completa.

§ XXXVIII. — *Reclamo non eseguito de' Libri della Casanatense e de' Quadri di Pesaro.*

Ritardata giunse a Parigi la lettera dell'Emo Consalvi, che mi ordinava di occuparmi del reclamo de'Libri della Casanatense, e de'Quadri tolti alle Chiese de'Domenicani di Pesaro, nella domanda de'quali dovea io andar di concerto con Canova [2]: niuno de'due Commissari della Santa Sede era più in Francia.

§ XXXIX. — *Elogio di Canova.*

Canova fu chiamato a Londra. Se Roma fra i suoi monumenti rivede quelli, che per contemplarli alle sponde della Senna accorsero i Brittanni, lo deve al valor sommo di quest'uomo. L'Imperadore Austriaco, quando in Parigi con distinzione lo accolse, per vie più onorarlo, gli disse; a voi imputar debbesi, o Canova, il grido insorto per la restituzione de'monumenti. Cotal parlare ad onor si rivolge del nostro Scultore, poichè sembra che tutti i Sovrani di Europa al voler di lui condiscendessero. E per verità se i Prussiani, e gli Olandesi aveano rivendicate le cose loro, lo fecero essi per diritto di conquista, e di giustizia, nè a tale atto da Decreto di tutte le Potenze alleate erano stati sin da quel momento autorizzati. Fu dunque Canova, o piuttosto la celebrità del suo nome, e le sue dolci maniere, che fecero una forte violenza sull'animo di Lord Castelreagh, e Wellington, e del Ministro Prussiano Humboldt, e li decisero a favore della restituzione de'monumenti: di essa era stato egli lusingato più volte, e non poche fiate di ogni speranza privato. Mi rallegrai seco lui un giorno di questa restituzione, la quale falsamente asserivasi per Parigi; egli mi ringraziò delle mie espressioni, e mi accorsi che dalla sua lettera non traspariva, che incertezza e timore [3]. Finalmente con man vittoriosa trass'egli dall'Oeuvre l'Apollo, e de'suoi emuli, e di due grandi Potenze trionfò più colla modestia, che coll'ottenuta vittoria. Il Tevere, la Melpomene, e alcun altro pezzo di Scultura lasciò nel Museo parigino: ne fu ringraziato da S. M. Cristianissima con lettera del Conte di Pradet. Alcuni han voluto censurare questo dono, ma fu approvato da Sua Santità, e i Commissari Lombardi lasciarono la Cena di Paolo Veronese, e altri quadri di sommo pregio: così fecero gli Austriaci, così i Toscani: Canova poteva egli fare altrimenti?

§ XL. — *Motivi che inducono Marini a lasciar Parigi — Suo arrivo a Roma — Ricompense dategli da Sua Santità.*

Le lettere che mi erano scritte dai luoghi ove passavano i carri che trasportavano gli Archivi, e le Statue, mi teneano in qualche sollecitudine. La truppa che li scortava (trattata forse con qualche asprezza dai Francesi) avea più volte eccitato degli allarmi, i quali quando pervennero a notizia di Sua Santità ne fu molto rattristata, come si rileva dal paragrafo di una lettera dell'Emo Consalvi « È dispiaciuto assai a Sua Santità che la truppa, la quale ha scortato il convoglio delle statue abbia « cagionato dell'allarme, e del malcontento ne' luoghi pe' quali è passata. Il desiderio di Nostro Signore « è che tutto proceda con tranquillità e buon accordo ». Da Chambery fui avvisato, che si erano voluti nuovamente esigere i diritti della Dogana dagli Uffiziali di S. M. Cristianissima, e fu uopo ricorrere al Comandante austriaco per poter liberamente passar le frontiere. Mi lamentai di ciò col Sig. Duca di Richelieu; dalla risposta di lui, che ricevei a Roma, rilevai le premure sue, e lo zelo di cui è animato per la S. Sede. I maggiori disturbi furono in Piemonte, e tali che mi determinarono lasciar Parigi, e volar al soccorso delle nostre carte. Ad onta dei freddi, e delle nevi non oltrepassai

---

[1] Vedi pag. CCLXIX, num. 53.
[2] Ivi, pag. CCLXIX, num. 54.
[3] Ivi, pag. CCLXX, num. 55.

sei giorni e mezzo di viaggio sino al Taro, e giunto colà *salvai* (siami permesso usare tale espressione) salvai gli Archivi segreti, ch'erano sul procinto di essere tutti sommersi nell'acqua: le casse su quel carro che avea varcato il fiume, furono così mal concie, che le carte rinchiuse in esse non sono che un lagrimevole avanzo di quel giorno: le altre ed erano più di settecento, feci io deporre dai carri, e tragittare alla sponda opposta su di una barca, e così le sottrassi da sicura perdita. Qual dolce ricompensa agli strapazzi di un viaggio rapido e disastroso e in stagione tanto inclemente? A Torino avea presentato una memoria al Sig. Conte di Vallesa Segretario di Stato, querelandomi e dell'eccessivo rigore di quelle Dogane, e delle villanie usate a chi presedeva al Convoglio, già lasciato in abbandono dalla truppa: mi rispose la lettera che in fine trascrivo, la quale difende la condotta di quel Governo, e del rispetto, e divozion somma di S. M. Sarda verso la Santa Sede è testimonianza onorevole [1]. A Bologna restituii io stesso i pregevoli suoi manoscritti che furono ricevuti con estrema soddisfazione di quei Professori. Arrivai a Roma il 23 decembre, e se vi giunsi vivo, il debbo a miracolo piuttosto, anzi che no, poichè il giorno antecedente per tre volte avea lottato colla morte, e non sempre con sicura speranza di trionfarne: ahimè! ove trovai io scampo? nella bontà di quel Dio che mi avea già sostenuto contro l'impeto de'flutti minacciosi. Sua Santità mi accolse con somma clemenza, ma al Sig. Consalvi dispiacque il mio arrivo, poichè era di sentimento che io mi rimanessi in Francia sino a che tutte le Carte appartenenti a Roma fossero qui mandate, e volea egli incumbenzarmi ancora di qualche altro affare della Santa Sede, essendo stato contento del mio operato: con lettera de' 6 ottobre 1815 mi scrisse le seguenti parole « Sua Santità è stata molto soddisfatta della sua condotta. Io desidero di trovare il modo di esserle utile ». Il Santo Padre per atto di clemenza ebbe de'nuovi riguardi ai passati meriti di mio zio, e alle meschine fatiche mie in servigio della Santa Sede, e mi annoverò fra i suoi Camerieri Segreti, e hammi ancor conceduta un'annua pensione di cento venti scudi: le espressioni de'due biglietti co'quali mi si fanno sapere queste grazie sovrane non poteano non lusingar di vantaggio il mio amor proprio [2]. Grande sarà sempre la mia riconoscenza verso Sua Santità; è somma bontà l'aver degnato riguardare con parzialità il poco che ho fatto per il ricuperamento degli Archivi Romani. Sarò sempre grato a Mg.r de Gregorio ora Cardinale amplissimo di Santa Chiesa, per la confidenza ch'ebbe in me nel farmi dal Governo francese affidare tutti gli Archivi di Roma, e le cose preziose della Cappella Pontificia: trascrivo due sue lettere, le quali conserverò gelosamente fra le mie carte come attestato dell'estrema bontà sua verso di me [3].

§ XLI. — *Quali cose degli Archivi Segreti siano ora in Roma, e quali altre Carte e Codici interessanti vi sieno stati riportati.*

Farommi ora a parlare delle principali cose ritornate a Roma appartenenti agli Archivi Segreti. I Registri delle Lettere Apostoliche, le quali hanno sempre formata la parte principale, e la più interessante dello Scrinio della S. Sede; erano altre volte 2118 volumi: ora ve ne ha alcuno di meno. I libri di Quindenni, Decime, e Censi: i tomi contenenti gli Istrumenti camerali, le Investiture, i Vicariati e Donazioni fatte alla Chiesa Romana. I tre tomi intitolati *Privilegiorum* ne' quali raccolse Mons. Fieschi tuttociò che vi è di più glorioso, e di più importante per la Chiesa Romana: il Platina riordinò, ed autenticò queste memorie delle quali ne fu fatta una terza copia, e nelle tre collezioni vi ha sempre alcuna cosa non commune a tutte: fu questo il motivo che non mi fece secondare le richieste dell'Archivista Daunou, che desiderava rimanesse una di esse negli Archivii Reali. Il Muratori stampò il loro indice. I Brevi ai Principi. Le carte riguardanti lo Scisma a tempo di Urbano VI. I volumi intitolati *Rationes Camerae*, e quelli detti *Solutionum et Obligationum* molto utili per la Storia ecclesiastica, ed interessante oltremodo per la serie de' Vescovi. A questi volumi ebbi io ricorso per supplire le mancanze che s'incontrano in quelle de'Vescovi di Francia, e veggendo come essi aveano pagato alla Camera Apostolica le solite tasse, fu provato ad evidenza che dalla Santa Sede aveano pur anche ricevuta l'istituzione, e così il Ministro de'Culti si tacque, e nel Conciliabolo non si procedè ad alcuna innovazione, come ho gia detto al par. VI.

[1] Vedi pag. CCLXX, num. 56.
[2] Ivi, pag. CCLNX-LXXI, num. 57 e 58.
[3] Ivi, pag. CCLXXI, num. 59 e 60.

Le moltissime pergamene racchiuse in quasi 300 capsule. Il Diploma originale di Ottone I Imperadore; monumento glorioso per la Santa Sede, siccome la più antica donazione in esso ci rimane ancora, e conferma dello Stato della Chiesa Romana. Quello di S. Arrigo I, i molti che furono portati da Innocenzo IV al Concilio di Lione, e verificati da'que Vescovi che con quaranta sigilli ne autenticarono le Copie che colà ne furon fatte. Il celebre *Liber diurnus Romanorum Pontificum* del sesto, o settimo secolo. La Bolla originale del Concilio di Firenze sotto Eugenio IV per la riunione della Chiesa Greca alla Latina. Il Concilio originale Romano sotto Benedetto XIII, in cui la Costituzione *Vnigenitus* è dichiarata Regola di Fede. I molti volumi originali del Concilio di Trento, e della Congregazione *de Auxiliis*. Vari scritti originali del Bellarmino, e una lettera originale di Maria Regina di Scozia scritta a Sisto V poche ore prima di essere decapitata. I Concordati, le Investiture del Regno delle due Sicilie, il Trattato di Pisa contro cui protestò segretamente Alessandro VII, l'abdicazione del Regno fatta da Cristina di Svezia, e il Processo di Enrico IV colle sue lettere originali. I molti sigilli d'oro, e d'argento di cui sono muniti i detti Concordati, ed Investiture.

Le Nunziature, e le Carte concernenti le Legazioni di Romagna, Bologna, Ferrara e Avignone. La raccolta de' Bandi, le Biblioteche Pio e Carpegna. Molte Carte contenenti affari Cinesi, e molte risguardanti le Chiese di Roma.

Le serie delle lettere originali de' Sovrani, Cardinali, Vescovi, Prelati e Particolari. I Volumi intitolati *Politicorum*. I molti indici, e quello con cui doveasi formare la grand'opera dell'immortale Garampi, il suo *Orbis Christianus*. Ho dato un' idea delle cose più interessanti esistenti ora negli Archivi Secreti, perchè si sappia almeno ciò che ho ricuperato.

La Propaganda ha riacquistato il suo Archivio; è ritornato ancora quello de' Brevi, e di amendue fu fatto in Francia un Inventario stampato, di cui mi son'io servito nell'incassarne i volumi. Le materie spettanti al S. Offizio secondo l'indicazione che fu mandatami da Roma. Vari volumi della Congregazione del Concilio, e l'Archivio Concistoriale.

Le pergamene di vari Ordini Regolari.

I 343 preziosissimi manoscritti tolti alla Vaticana nell'ultima invasione dei Francesi a Roma, tra' quali vi ha una copia del Concilio Niceno, in cui alcuni articoli che non si leggono negli atti stampati. Il Concilio di Costanza. Una copia autentica del Concilio di Basilea. Un' antichissima Collezione di Canoni. Lettere originali del Cardinal Sirleto, di Catterina de' Medici e di Enrico III. Lettere inedite del Card. Bentivoglio.

Altri certamente potea servir meglio di me la Santa Sede, ed io avrei voluto fare più di quello che feci, ma nell'eseguire le incumbenze datemi, ripetei sovente a me stesso le parole di Terenzio:

......: .. quoniam non potest id fieri quod vis,
velis id quod possit.

COPIE DE' DOCUMENTI

I.

Le Général Radet. Inspecteur général, a Mons. le Prélat Altieri Archiviste.

Rome, le 23 février 1810.

J'ai l'honneur de vous prévenir, Monsieur, qu'en conséquence désordres de S. Ex. le Gouverneur général des États Romains, vous devez vous rendre à Paris avec Mons. Marino Marini votre collaborateur pour le placement, et classement des Archives secretes conduites de Rome à Paris.

Il vous sera fourni une voiture avec la quelle vous rejoindrez le Convoi parti hier.

J'ai l'honneur de vous saluer

Le Général Baron de l'Empire
RADET.

2.

Le Général Radet Inspecteur général à Mons. Gaetano Marini,
Préfet de la Bibliothéque, et des Archives secretes du Vatican.

Rome, le 23 février 1810.

Je vous préviens, Monsieur, que les ordres de S. Ex. le Gouverneur général, en consequence de ceux du Gouvernement français, sont que vous vous rendiez à Paris dans le plus court délai possible, par devant S. Ex. le Ministre des Cultes, dont vous aurez à recevoir les ordres et les instructions sur l'objet de votre mission, qui doit d'autant plus vous paraître agréable, que vos talens sont connus, et que S. M. l'Empereur et Roi veut les utiliser pour le bien public et en particulier pour celui de l'Eglise Catholique,

Que les dépenses du voyage ne soyent ni un obstacle, ni un empêchement qui redardent votre départ, soyez persuadé, Monsieur, que S. Ex. le Ministre des Cultes vous en fera rembourser dès votre arrivée à Paris.

Agréez mes salutations les plus distinguées.

Le Général Baron de l'Empire
RADET.

3.

Le Commissaire provisoire au Département de l'Intérieur, Comte Beugnot,
à Monsieur Daunou Archiviste du Royaume.

Paris, le 27 avril 1814.

Monsieur, j'ai l'honneur de vous transmettre une expédition en forme de l'Arrêté du 19 de ce mois, par le quel S. A. R. Monsieur, Lieutenant Général du Royaume ordonne la restitution au Pape des Archives, et objets à l'usage de Sa Sainteté pour l'exercice du Souverain Pontificat.

De l'agrément de son Altesse, j'ai désigné M. de Gregcrio Prélat Romain, Secrétaire de la Congrégation du Concile pour être à Paris l'Agent au nom du Pape dans l'éxécution de cet Arrêté.

M. de Gregorio m'a indiqué pour y concourir MM. Marini oncle, et neveu.

Veuillez en conséquence, Monsieur, leur faire la remise de toutes les Archives venues de Rome, ou des États Romains avec leur Catalogues, et tables des objets en dépendants, tels que les parchemins scellés ou non, les ornemens de la Chapelle Pontificale, les Mitres, la Chaise du Souverain Pontife dit *Gestatoria,* les Sceaux des Congrégations Romaines, etc, etc.

Les clefs leur en seront confiées, afin qu'ils se trouvent ainsi vraiment dépositaires. S'il le requient, vous ferez procéder à un État, des lieux et ils apposeront de concert avec vous leur cachet.

Les extraits et tout travail qui auraient été faits sur ces Archives soit à la Division Italienne, soit dans vos autres bureaux doivent leur être communiqués et mis à leur dispositions, afin qu'ils soient à portée de faire toutes les vérifications et recherches qu'ils désireront.

Je vous prie, Monsieur, de vouloir bien en outre concourir à l'exécution la plus fidelle de l'Arrêté de Monsieur, en vous prêtant à toutes les autres mesures de sûreté et d'exactitude que MM. de Gregorio et Marini reclameraient, et en mettant à leur dispositions ceux de vos employés qu'ils désigneraient pour les aider à remplir leur mission.

Je vous serai obligé de me faire connaître les résultats.

D'après les États fournis, le nombre des Caisses parvenues de Rome aux Archives, a été très-considerable. Veuillez m'en donner l'effectif actuel.

Agreéz etc.   Le Commissaire provisoire signé
                                                        BEUGNOT.

4.

Le Conseiller d'État, Directeur de Correspondence Benoit, à Monsieur Marino Marini, chargé des Archives pontificales.

Paris, le 5 aôut 1814.

Le Ministre désire, Monsieur, avoir un entretien avec vous relativament auz Archives pontificales. Son Ex. me charge en conséquence de vous inviter à vous rendre auprès d'Elle le six de ce mois à onze heures.

J'ai l'honneur d'être, Monsieur, avec une considération très-distinguée.

                                            Votre très-humble Serviteur
                                                        BENOIT.

5.

A Monsieur Marino Marini, Garde des Archives pontificales.

Paris, le 9 septembre 1814.

Monsieur, j'ai reçu la lettre que vous m'avez fait l'honneur de m'écrire pour m'annoncer que Son Éminence M. le Card. Consalvi a confié à vos soins les réclamations du S. Siége relatives aux Archives Romaines deposées à Paris.

J'ai déjà écrit à ce sujet au Ministre de l'Intérieur qui a ces Archives à sa disposition; dès qu'ils m'aura fait part des mesures qu'il aura arrêtees, je m'empresserai de vous en informer.

Recevez, Monsieur les assurance de ma parfaite considération.

                                                Le Prince de BÉNÉVENT.

6.

À Monsieur Benoit Conseiller d'État, et Directeur de Correspondance du Ministre de l'Interieur.

Monsieur,   Paris, le 13 septembre 1814.

Mg. le Prince de Talleyrand a eu la complaisance de répondre à la lettre que je lui avais écrite relativement aux Archives du S. Siége. Il me dit d'avoir déjà écrit à ce sujet à Son Ex. le Ministre de l'Intérieur, et dès qu'il lui aura fait part des mesures qu'il aura arrêtées, qu'il s'empressera de m'en informer.

L'issue de notre affaire, ne dépend donc à présent que du Ministre de l'Intérieur; je vous prie ainsi, Monsieur, de me permettre de vous observer, que la mauvaise saison avance et le transport des Archives se rendrait par conséquent très-difficile, et presque impossible, si on devait l'éxécuter après le mois d'Octobre. D'ailleurs des affaires importantes, ne me permettraient en nulle manière de passer l'hiver à Paris; cependant je ne pourrais pas partir d'ici sans que le dit transport soit fait, et parfait.

Tout ce que j'ai l'honneur de vous écrire vous engagera, je l'espère, à solliciter auprès de Son Excellence une prompte conclusion de notre affaire.

Votre très-humble, et très-obéissant Serviteur
M. Marini.

7.

Illustrissimo Signore,

Interessandomi di sapere quale sia stato costà il risultato dei passi fatti per la ricupera, e trasporto di tutti gli Archivii di pertinenza della S. Sede, dirigo la presente a V. S. acciò in risposta voglia sollecitamente informarmene. Io voglio sperare che abbiano essi prodotto il buon effetto che se ne attendeva. Ma, semmai ciò non si fosse realizzato, Ella non lascerà d'insistere continuamente come voglio credere non avrà omesso di fare dopo la mia partenza da Parigi, per ottenere lo sfogo alle note da me date sul proposito tanto al Signor di Talleyrand, quanto al Sig. Ab. di Montesquieu. In ultimo, se i passi che avrà Ella dato non produrranno quel sollecito effetto, che si rende necesrario per prevenire la stagione contraria al trasporto in Roma dei diversi Archivii, me ne dia subito conto, acciò nella dimora che farà qui il Sig. di Talleyrand, possa direttamente rinnovarne al medesimo le mie premure. In attenzione di suo riscontro, e salutando Mons. suo zio con sincera stima resto.

Di V. S.
Servitore di cuore
E. Card. Consalvi.

8.

Illustrissimo Signore,   Vienna, 10 settembre 1814.

Le molte mie occupazioni mi hanno fatto ritardare la risposta alla sua del primo Ottobre nella quale V. S. mi dà conto dei passi ulteriori fatti costà in ordine agli Archivi, e della poca o niuna speranza, che ha potuto Ella concepire di ottenere che ne venga ordinato il trasporto in Roma a spese di codesta Corte, malgrado l'espressa promessa fattane, e le assicurazioni ripetutamente date.

Io ho rinnovato le più vive premure con questo signor Principe De Talleyrand ma quanto ho potuto assicurarmi, che tutto ciò che appartiene agli Archivi della S. Sede, sarà esattamente consegnato, *niuna cosa eccettuata*, poiché il Decreto stesso di restituzione non ne eccettua alcuna, se di questo stesso argomento deve Ella valersi con fermezza in voce, ed in iscritto presso il signor Ministro, non che della di lui stessa assicurazione a me datane, altrettanto per quello, che concerne il trasporto a spese del Governo, non ne ho rilevato cosa alcuna soddisfacente. Ho scritto pertanto da molti giorni a Roma, rappresentando quant'era necessario in proposito, acciò il S. Padre, dopo fatto un efficace ulterior tentativo con quell'Ambasciatore, prenda una qualche definitiva risoluzione sugli Archivi medesimi. Si rende quindi necessario, ch'Ella pazienti ancora un poco, e continui a prestare la diligente di Lei assistenza alle Carte fino alla decisione dell'affare. Scrissi egualmente, perché venga provveduto al di loro mantenimento in Parigi, e ne attendo il riscontro, che sarà dato direttamente a loro. Facendo i miei saluti al suo degno zio, resto con sentimenti di sincera stima

Di V. S.
Servitore di cuore
E. Card. Consalvi.

9.

Illustrissimo Signore,

Rilevo dalla sua del 15 novembre, che in seguito delle ulteriori istanze fatte da V. S. a codesto signor Ministro dell'Interno, per ottenere che da codesta Real Corte venga supplito alle spese occorrenti per il trasporto da Parigi a Roma degli Archivi della S. Sede, è stata Ella assicurata a voce dal signor Consigliere di Stato, e Capo del Bureau del Ministero dell'Interno, che 60 mila franchi saranno impiegati dal Governo nel trasporto degli Archivi medesimi, e ch'Ella opina, che una tale disposizione possa essere stata prodotta dalle premure direttamente fatte per l'oggetto da Sua Santità. Qualunque sia la sicurezza, colla quale possa contarsi sulla sopradetta assicurazione verbalmente data da un subalterno, io non credo certamente che possa essere stata effetto delle rappresentanze dirette del S. Padre, poiché all'epoca nella quale venne a Lei data l'assicurazione medesima, anteriore almeno alla data del 15 del cadente, in cui mi scrive, appena era stata trasmessa dall'Eminentissimo Pacca al signor Ambasciator di Francia a Parigi la Nota che contiene le premure del S. Padre, non che giunta alla cognizione di codesta Corte.

Mi nasce quindi una qualche lusinga, che, se prima anche di riceversi in Parigi le rappresentanze immediate del S. Padre, si era veramente entrati nella disposizione a Lei annunciata d'impiegare nel trasporto degli Archivi la somma di 60 mila franchi, ricevute poi quelle, possa forse condiscendersi ad eseguire il totale della spesa. Rimane quindi a vedersi quale sarà il risultato di tali rappresentanze. Io ho dato intanto conto al S. Padre, secondo i di Lei desideri, di quanto Ella mi scrive, e dall'Emo signor Card. Pacca riceverà a suo tempo gli ordini convenienti sul come dovrà regolarsi. Quanto alla ricupera dei diversi oggetti mancanti, il signor De Talleyrand mi ha qui assicurato nella maniera la più formale, che per quanto egli non può esserci utile sul punto *della spesa*, non essendo il suo Ministero un Ministero *spendente*, per servirmi della di lui frase, altrettanto poteva assicurarmi che la restituzione *di tutto ciò*, che spetta agli Archivi sarebbe stata immancabilmente eseguita a forma del Decreto esistente in nostro favore. Se mai quindi le premure che va Ella facendo in proposito non avessero avuto il loro pieno effetto allorquando il signor De Talleyrand si restituirà a Parigi, potrà Ella indirizzarsi al medesimo nella sicurezza di ottenere tutto ciò che non le fosse ancora stato restituito.

10.

A Monsieur Marino Marino, Chargé de la Garde des Archives Pontificales.

Monsieur, une ordonnance de S. M. du 19 Novembre dernier porte, qu'une somme de soixante mille francs sera mise à la disposition du délégué de Sa Saintété, pour être employée aux frais du transport des Archives pontificales de Paris à Rome. Cette somme étant prise sur le fond du Ministère de l'Intérieur, le Ministre en a arrêté le mode de payement, par la décision du 19 de ce mois. Son Ex. m'a chargé de vous faire connaitre qu'un crédit de 60,000 francs, vous était en consequence ouvert; que sur ce crédit il vous sera compté, sur votre demande, une somme de 15,000 francs pour souvenir aux premières dépenses du transport des Archives pontificales dont vous êtes chargé.

Les payement des 45.000 francs restants vous sera fait successivement, et au fur et à mesure de l'enlevement et de l'expédition des Caisses. M. le Garde des Archives du Royaume a été chargé de tenir le Ministre au courant de cette situation par l'envoi d'Etats certifiés contenant le détail des Convois expediés pour Rome, et du nombre des Caisses dont ils sont composés.

J'ai l'honneur d'être avec la plus parfaite considération.

Le Conseiller d'Etat
BENOIT.

11.

Monseigneur,   27 décembre 1814.

C'est avec la plus grande reconnaissance que je me fais un honneur de remercier V. E des 60.000 francs qui ont été mis à ma disposition pour le transport à Rome des Archives pontificales, d'après les ordres suprêmes de S. M.

Je me suis déjà empressé d'en faire part à S. Ém. Monseig. le Card. Consalvi, qui certes tout de suite écrira cette agréable nouvelle au S. Père.

Et avec respect.   Votre très-humble, et très-obeissant Serviteur
                                                                    M. MARINI.

12.

Illustrissimo Signore,

Colla sua de'27 Decembre prossimo passato Ella mi rende inteso essersi realizzate quelle speranze, che colla sua antecedente de'15 Novembre mi annunciava averle dato il Sig. Consiglier di Stato Benoit, cioè che codesta Corte avrebbe destinata la somma di fr. 60,000 pel trasporto degli Archivii della S. Sede, essendone effettivamente emanato da Sua Maestà l'ordine sotto i 19 Novembre. Io parteciperò subito questa notizia all'Emo Pacca, com'Ella brama; sarebbe però stato opportuno, che, a scanso del ritardo che nasce dal più lungo giro, Ella medesima glie lo avesse partecipato contemporaneamente.....

Carteggio contenente il processo di Galileo.

13.

A Son Excellence Monsigneur le Ministre de l'Intérieur.

D'après l'arrêté de l'ancien Gouvernement français de transporter de Rome à Paris toutes les Archives, plusieurs monuments furent enlevés, et envoyés séparément au Ministre des Cultes M. le Comte Bigot de Préameneu.

Du nombre de ces objets se trouvaient les parchemins qui regardent les Templiers, la Bulle d'excomunication fulminée par Sa Sainteté contre Napoléon, le Diurnal Original des Pontifes Romains, l'impression du dit Diurnal faite par Olstenius; et le Procès de Galilée.

Ces objets ont été rendus au Garde des Archives pontificales à réserve du Procès, et de l'impression de l'Olsthein. C'est ainsi, Monseigneur, que je m'adresse à V. E., afin qu'Elle ait la complaisance de me faire remettre ces monuments, dont je ne pourrais jamais me dispenser de réclamer le recouvrement.

Et avec respect,   Votre très-humble, et très-obeissant Serviteur
                                                                    M. MARINI.

Le Conseiller d'Etat, Directeur de Correspondence Benoit,
a Monsieur Marino Marini Garde des Archives pontificales.

                                                        Paris, l'11 novembre 1814.

Le Ministre a reçu, Monsieur, la lettre que vous lui avez écrite pour lui demander de vous faire remettre le Procès de Galilée et le Diurnal des Pontifes Romains qui ont été détachés du reste des Archives pontificales et qui existent dans la Bibliothèque de Sa Majesté.

Son Ex. me charge de vous faire remarquer qu'Elle ne peut ordonner la remise de ces objets, puisque la Bibliothèque où ils sont déposés ne dépend point de son Ministère. Elle vous engage à adresser votre réclamation à M. le Ministre de la Maison du Roi.

J'ai l'honneur d'être, Monsieur, avec une considération distinguée.

Votre très-humble Serviteur
BENOIT.

A Son Excellence M. le Comte de Blacas, Ministre de la Maison du Roi.

Paris, le 20 novembre 1814.

Monseigneur; le Décret du 19 Avril 1814 rend au S. Siège ses Archives entièrement. Le Procès de Galilée et le Diurnal des Pontifes Romains imprimé par Olsthein appartiennent aux dites Archives, et retranchés d'elles, je ne sais pas par quel Ordre.

J'ai réclamé ces deux monuments de Son Ex. le Ministre de l'Intérieur: il m'a renvoyé a V. Ex. comme des monuments, existants dans la Bibliothèque de Sa Majesté.

Je la prie donc qu'en conséquence du dit Décret, Elle ait la bonté d'ordonner que les dits monuments me soient remis.

Je suis avec respect.

Votre très-humble et très-obéissant Serviteur
MARINO MARINI.

A Monsier Marino Marini, Garde de Archives pontificales.

Paris, le 2 décembre 1814.

J'ai reçu, Monsieur, la lettre que vous m'avez écrite pour réclamer le Procès de Galilée et le Diurnal des Pontifes Romains, comme faisant partie des Archives pontificales qui doivent être rendues au S. Siège en vertu de l'Arrête du 19 Avril dernier.

Vous m'annoncez que M. le Ministre de l'Intérieur auquel vous vous étiez d'abord adressé, vous a répondu que ces pièces se trouvaient dans la Bibliothèque de Sa Majesté.

Je donne des ordres pour en faire faire la recherche, et je m'empresserai de vous en faire connaître le résultat.

Je suis très-parfaitement.

Votre très-humble Serviteur
BLACAS.

A Monsieur Marino Marini, Garde des Archives pontificales.

Paris, le 14 décembre 1814.

D'après les reinsegnemens que j'ai fait prendre, Monsieur, il n'existe dans les Bibliothèque particulières du Roi qu'un seul des deux ouvrages que vous réclamez comme faisant partie des Archives pontificales: c'est le *Proces de Galilée.*

Je donne des ordres pour que cet Ouvrage soit déposée en mon hôtel, et je me ferai un plaisir de le remettre moi-même entre vos mains.

Quant au Diurnal des *Pontifes Romains* cet ouvrage n'existe dans aucune des Bibliothèques Royales, ou dans les Archives de l'État; et dans ce cas, je ne puis que vous inviter à adresser votre demande à M. le Ministre de l'Intérieur.

Je suis avec une considération très-distinguée.

Votre très-humble Serviteur
BLACAS.

A Son Excellence M. le Comte de Blacas, Ministre de la Maison du Roi.

Paris, le 16 décembre 1814.

Je fais mille remerciments a V. Ex. des soins, qu'Elle a bien voulu se donner pour le recouvrement du Procès de Galilée que j'avais réclamé.

Puisque Elle-même veut avoir la bonté de me le remettre, j'attends le jour qu'il plaira à V. Ex. de me fixer, ou je puisse avoir l'honneur de me rendre aupres d'Elle.

Et avec respect, Votre très-humble, et très-obéissant Serviteur
M. MARINI.

A Son Excellence M. le Comte de Blacas, Ministre de la Maison du Roi.

Monseigneur, Paris, le 28 janvier 1815.

En conséquence de la lettre de V. Ex. du 15 Decembre dernier, je me suis rendu a son hôtel plusieurs fois à l'heure qu' Elle m'avait indiquée, pour avoir l'honneur de me lui présenter.

L'objet de l'audience dont V. Ex. me voulait honorer était la remise du Procès de Galilée qu'Elle voulait avoir la complaisance de me faire de ses propres mains, c'est ainsi que je ne dois pas lui paraître importun si je la supplie de nouveau de me fixer le jour de la dite audience.

Je suis très-respectueusement, Votre très-humble, et très-obéissant Serviteur
M. MARINI.

A Monsieur Marino Marini, Garde des Archives pontificales.

Paris, le 2 février 1815.

Je suis fâché, Monsieur, que vous ayez pris la peine de passer plusieurs fois à mon hôtel, sans que j'aie pu vous recevoir.

Le Roi a désiré parcourir le *Procès de Galilée*. Il est dans le Cabinet de sa Majesté; et je regrette de ne pouvoir vous le rendre sur le champ; mais aussitôt qu'Elle me l'aura rendu, je m'empresserai de vous le faire savoir.

Je suis avec une parfaite considération. Votre très-humble serviteur
BLACAS.

A Son Excellence M. le Comte de Pradel Ministre par interim de la Maison du Roi,

Paris, le 22 octobre 1815.

Ayant été chargé par Sa Sainteté de réclamer le Procès de Galilée comme objet appartenant aux Archives pontificales, j'adressais mes réclamations a M. le Comte de Blacas, et il eut la complaisance de me répondre le 15 décembre dernier, qu'il donnait des ordres pour que cet ouvrage fût déposé à son hôtel, et qu'il voulait avoir le plaisir de me le remettre lui même dans mes mains; il m'engagea ensuite le 26 du même mois de me rendre chez lui, mais toutes mes démarches furent sans effet, puisque je n'eus pas même l'honneur de lui être présenté. Le 2 février il m'écrivit que Sa Majesté désirait parcourir le Procès en question, et qu'il s'empresserait de me le rendre lorsqu'Elle le lui aurait remis.

Je suis chargé de nouveau par Sa Saintete de le réclamer avec empressement; c'est ainsi que je m'adresse à vous, M. le Comte, afin que vous ayez la complaisance d'accueillir mes réclamations, si toute fois Sa Majesté ne s'occupait plus de la lecture de ce Procès, et qu'il lui fût agréable de le renvoyer a Sa Sainteté.

Agréez les sentiments de la plus respectueuse considération.

Votre très-humble, et très-obéissant Serviteur
M. MARINI.

A Monsieur Marino Marini, Garde des Archives pontificales.

Paris, le 6 novembre 1815.

J'ai reçu, Monsieur, la lettre que vous m'avez fait l'honneur de m'écrire pour réclamer le Procès de Galilée, comme objet appartenant aux Archives pontificales; j'ai fait rechercher cet ouvrage avec le plus grand soin et toutes les recherches ont été inutiles; mais comme M. le Comte de Blacas en a eu connoissance, il serait possible qu'il pût donner les indications nécessaires pour le retrouver; je viens de lui écrire en conséquence.

Agréez, Monsieur, les assurances de ma parfaite considération.

Votre très-humble Serviteur
C. DE PRADEL.

À Monsieur Marino Marini, Chargé de la gard des Archives pontificales.

Paris, le 31 octobre 1814.

Le Ministre a reçu, Monsieur, la lettre que vous lui avez écrite le 30 septembre dernier, et dans laquelle vouz demandez la permission d'examiner les papiers et régistres qui composaient les Archives de la Légation Pontificale au temps du Card. Caprara.

Ces papiers ne sont point déposés aux Archives du Royaume; ils semblent par leur nature devoir se trouver aux Archives des affaires étrangères, et Son Excellence ne peut que vous inviter à vous adresser directement pour cet objet, au Ministre de ce Département auquel Elle à écrit pour l'en prévenir.

J'ai l'honneur d'être avec une parfaite considération,

Votre très-humble Serviteur
BENOIT.

14.

.:..... Quanto alle Carte della Legazione del Card. Caprara giacchè Ella con lettera del Ministro dell'Interno è stata autorizzata a presentarsi al Ministro delle relazioni estere per avere il permesso di visitarle, sarà contenta di trasmettermi il più sollecitamente che può uno stato succinto, ossia indicazione di ciò che racchiudono le diverse posizioni, che formano l'Archivio della Legazione suddetta, dopo di che io le dirò, se dovranno queste trasportarsi in Roma, o lasciarsi in Parigi per servizio dell'Apostolica Nunziatura, come Ella significa esserle stato detto. In qualunque de' due casi però, credo, ch'Ella debba reclamarle, poichè, anche nel caso, che debbano restare in Parigi per comodo della Nunziatura, sempre è necessario, che le ne venga fatta la consegna per unirle intanto alle altre Carte di pertinenza della S. Sede, che trovansi in Parigi, e consegnarvi poi a suo tempo (quelle cioè della Legazione) al Nunzio Pontificio.......

15.

.... Quanto ai Codici della Vaticana, dei quali Ella mi parla, essendo questo affare separato, e non dipendente dall'enunciato Decreto, non può non essere l'oggetto di separata indagine, e quindi non accade ch'Ella ne assuma alcun impegno presentemente......

16.

Illustrissimo Signore,   Genova, 26 aprile 1815.

Ho ricevuto la lettera di V. S. Illustrissima del 28 Marzo ritardata, stante il viaggio, che ha dovuto fare Sua Santità da Roma in Genova per non trovarsi all'ingresso negato, ed eseguito dalle Truppe Napoletane. Subito che è stata a lei tolta la Custodia degli Archivi, e restituita all'Archivista Imperiale, Ella non ha sicuramente più un oggetto che debba trattenerla costà. Parta pur dunque con quella sollecitudine, che può, essendo terminata la di Lei commissione, e chiamandola d'altronde la salute del di lei zio a ritornare in Italia.

Tanto, ecc.   Affmo per servirla
B. Card. PACCA.

Regestum Clementis Papae V.

17.

Illustrissimo Signore,

Ho inteso col massimo rincrescimento dalla lettera di V. S. l'afflizione, in cui Ella trovasi per la perdita dell'ottimo suo zio. Questa però viene rinfrancata dalla fiducia di essere egli passato agli eterni riposi, e perciò bisogna rassegnarsi ai voleri della divina Provvidenza.

Non avendo Ella motivi, che la trattengano costà, potrà pur venir in Roma.

B. Card. PACCA.

18.

5 giugno 1815.

Mi rincresce assai di non essermi trovato in casa l'altro giorno quando Ella è venuta, e jeri di non esser stato prevenuto che quando era già uscita. Non approvo che parta tanto presto lasciando gli affari in quello stato; ne ho parlato con gran premura, e credo con fondamento, che si faranno de' passi; ma chi risponderà? chi ne prenderà cura se Lei parte? Vorrei ben rivederla, e mi rincresce molto di non averla trovata.

Intanto le auguro buon viaggio.   ISOARD.

19.

Roma, 12 agosto 1815.

Illustrissimo Signore,

Volendo la Santità di Nostro Signore accelerare il ritorno degli Archivi tanto necessario ai Dicasteri di Roma per la direzione degli affari Ecclesiastici, mi ha ordinato di commettere a V. S. Illma, che parta immediatamente per Parigi, onde assicurare questo importante oggetto. Si dà la fortunata occasione, che il Sig. Cav. Canova si reca in Londra per suoi affari, passando per Parigi: può Ella unirsi al medesimo, e fare in buona compagnia, e senza alcuna spesa, il viaggio fino a quella Capitale. Il detto Signor Cavaliere partirà questa notte istessa da Roma, ed io le prevengo con la presente, affinchè si allestisca *all'istante,* e si faccia trovare preparata al di lui arrivo in codesta sua patria, onde non ritardare il di lui viaggio. Egli le darà un posto nel legno, che fa precedere col suo Corriere, ed Ella dovrà partire senza ritardo, lasciando qualunque affare per prestarsi a questo, secondo la sovrana intenzione di Nostro Signore. Giunto in Parigi rinnoverà le istanze per la consegna degli Archivii, e dimanderà ancora la restituzione dei Codici della Biblioteca Vaticana. Non dubito che il Governo Francese realizzerà adesso quelle stesse disposizioni che avea mostrate per fórnire tutto il denaro occorrente alla spesa dell'imballaggio, e trasporti. Io le invio una lettera per il Sig. Principe di Talleyrand, la quale sarà come una Credenziale, che legittimi l'incarico affidato alla di lei persona. Confido nel conosciuto di lei zelo, ed attività, e mi tengo sicuro di sentir quanto prima il risultato delle di lei sollecitudini. Sopra tutto è indispensabile, ch'Ella non ritardi un momento a partire, giacchè qualunque indugio è pericoloso, e nocivo. Di tanto la prevengo, affinchè si tenga pronta all'arrivo del Sig. Cavaliere, che non sarà preceduto, che di poche ore dal suo Corriere, che le reca questa mia, e con sincera stima mi confermo.

Di V. S. Illma   E. Card. CONSALVI.

20.

17 agosto 1815.

Volendo la Santità di Nostro Signore accelerare il ritorno degli Archivi tanto necessario ai Dicasteri di Roma per la direzione degli Affari Ecclesiastici, ha risoluto che il Sig. Ab. Marino Marini parta immediatamente per Parigi, onde assicurare questo importante oggetto. Egli rinnoverà al Governo Francese le istanze per la consegna sollecita dei detti Archivi, e procurerà ancora di ottenere la consegna dei Codici della Vaticana trasportati in Francia fino dalla prima invasione delle Armate repubblicane, delle Medaglie, de Cammei, e Stampe di pertinenza della S. Sede. Sua Santità non dubita, che il Governo Francese sarà nelle stesse disposizioni che avea mostrate per fornire il denaro occorrente alla spesa del trasporto.

Si acclude una lettera per il Signor Principe di Talleyrand la quale sarà come una credenziale, che legittimi l'incarico affidato alla Persona del detto Sig. Ab. Marini.

Per il suo mantenimento in Parigi gli assegna scudi settanta mensili, per la somministrazione dei quali egli si rivolgerà al Banchiere Goupy Busoni, che se ne rivalerà, col trarre sopra il negoziante Sig. Pietro Paolo Paperi in Roma. La stessa cosa avrà luogo per le spese del viaggio, che il nominato Sig. Ab. Marini farà per il suo accesso a Parigi, al quale effetto gli si acclude anche una lettera per il divisato Banchiere Sig. Goupy Busoni.

Tanto si partecipa al predetto Sig. Ab. Marino Marini per sua intelligenza e regola.

E. Card. CONSALVI.

21.

Altezza, 4 settembre 1815.

L'Emo Sig. Card. Consalvi per ordine espresso di Sua Santità mi ha spedito in questa Capitale. I motivi della mia missione sono il riassumere l'interrotto affare degli Archivi pontifici, ed il reclamo di altre cose, come avrò l'onore di esporre a V. A. nell'atto di rimetterle la lettera Credenziale che la detta mia missione autorizza. La prego pertanto ch'Ella si degni concedermi un'udienza, affinché io possa adempiere la mia commissione, e far quindi conoscere a Sua Santità il buon successo ottenutone, che dalle disposizioni di V. A. di favorire la S. Sede io mi riprometto. E con profondo ossequio mi rassegno.

Di V. A. Umo, ed Obbmo Servitore
M. MARINI.

22.

Monseigneur, Paris, le 7 septembre 1815.

Le affaires dont V. A. est accablée ne Lui ont permis jusqu'à présent de s'occuper de la lettre que j'ai eu l'honneur de Lui écrire dernièrement; c'est ainsi, qu'Elle voudra bien me permettre de la Lui rappeler, puisqu' il s'agit des Archives pontificales, affaire qu'intéressant beaucoup le S. Siège exige tout mon empressement.

J'envoye à V. A. la Lettre de créance que j'avais reçu ordre de Mons. le Card. Consalvi de Lui remettre de mes propres mains, et je la prie d'avoir la complaisance de me faire reconnaître auprès de S. Ex. le Ministre de l'Intérieur pour la personne qui est chargée de Sa Sainteté de faire exécuter le transport des Archives en question.

Je suis avec respect Votre très-humble, et très-obeissant Serviteur
M. MARINI.

23.

Altezza, Roma, 12 agosto 1815.

Avendo la Provvidenza Divina ricondotto mirabilmente sul Trono di Francia il Sovrano legittimo, Sua Santità fa ritornare a Parigi il Sig. Abate Marini, uno degli Archivisti Pontifici, per occuparsi del trasporto a Roma di tutti i manoscritti appartenenti agli Archivi, a tenore del Decreto di Sua Altezza Reale già Luogotenente del Regno. Il detto Marini presenterà a Vostra Altezza questa mia lettera, la quale servirà per legittimare la di lui Persona destinata a tale incarico, e per pregarla nel tempo stesso di voler facilitare al medesimo l'adempimento sollecito della di lui missione, facendo passare gli ordini al Ministero dell'Interno, perché glie ne faccia sollecitamente la consegna, e perché voglia fornirgli i mezzi per il trasporto, secondo la graziosa assicurazione datagliene altra volta.

Pieno di fiducia nella benevola cooperazione di Vostra Altezza, ho l'onore di ripeterle i sensi della mia considerazione con cui mi pregio di essere,

Di Vostra Altezza E. Card. CONSALVI.

24.

À Monsieur Marino Marini Charge des Archives pontificales.

Paris, le 7 septembre 1815.

J'ai reçu, Monsieur, la lettre que vous m'avez fait l'honneur de m'écrire le 4 de ce mois pour m'annoncer votre retour à Paris, et l'ordre que vous avez reçu de Sa Sainteté d'expédier à Rome la partie des Archives pontificales dont les circonstances vous forcèrent à suspendre l'envoi au mois de Mars dernier. .

Le Ministre de l'Intérieur m'a prévenu, Monsieur, que pendant votre absence les Caisses que vous aviez laissées avaient été de nouveau confiées a M. le Garde des Archives du Royaume: il a donné ses soins à la conservation de ce dépôt qui est demeuré intact et qu'il va s'empresser de le remettre à votre disposition aussitôt que vous vous présenterez pour le recevoir.

Recevez, Monsieur, les assurances de ma parfaite considération.

Le Prince DE TALLEYRAND.

25.

Illustrissimo Signore,   Roma, 30 settembre 1815.

Per bene indirizzare l'affare del quale V. S. è incaricata, e ritrarre il maggior vantaggio possibile dalle rare udienze, ch'Ella potrà avere dal sig. Principe di Talleyrand (seppure le avrà), è necessario, che io la prevenga, che il lodato Sig. Ministro alle mie domande fattegli in Vienna perchè dasse i suoi ordini per il denaro del trasporto degli Archivii a tenore delle assicurazioni che se n'erano date dalla Regia Corte, egli rispose espressamente, che per questo verso egli non poteva far nulla non essendo (sono le sue parole) una Autorità *pagante;* ma che per la restituzione di tutto, niuna cosa eccettuata (Ella sa che dall'Archivista Regio si volevano eccettuare alcune cose), egli farebbe restituir *tutto* niuna cosa eccettuata, giacchè niente si era eccettuato nel Decreto di restituzione.

Tanto posso significarle in riscontro ai fogli di V. S. dei 9 Settembre, mentre con sincera stima mi confermo,

Di V. S. Illma.   E. Card. CONSALVI.

26.

À Son Excellence Monseigneur le Ministre de l'Intérieur.

Monseigneur,   Paris, 11 septembre 1815. ·

Par ordonnance de Sa Majesté du 19 Novembre dernier, il a été mis à ma disposition la somme de soixante mille francs pour être employée au transport des Archives pontificales. Le transport, que les circonstances avaient suspendu va être continué. Je prie V. Ex. de donner ses ordres, afin que je n'éprouve aucune difficulté dans les payements auxquels aura lieu le transport en question.

Je suis avec respect,   Votre très-humble, et très-obéissant Serviteur
M. MARINI.

27.

*Le Garde des Sceaux Ministre de la Justice Chargé par interim du Porte-feuille de l'Interieur,
à Mons. Marino Marini Garde des Archives pontificales.*

Paris, le 22 septembre 1815.

Monsieur, par votre lettre du 11 de ce mois, vous m'annoncez que le tansport des Archives pontificales qui avaiet été suspendu par les circonstances, va être continué, et qu'il y a lieu de faire les dispositions convenables pour que les payements auxquels devra donner lieu ce transport, n'éprouvent point de difficulté.

Je m'empresse, Monsieur, en réponse à cette lettre, de vous annoncer que M.ʳ le Roux Caissier du Ministère tient à votre disposition une somme de 13,000. fr. restants sur les 15,000 fr. déjà ordonnancés et qu'il sera incessamment expediée une nouvelle ordonnance de 15,000 fr. crédités pour ce transport par l'ordonnance Royale du 19 Novembre 1814.

J'ai l'honneur d'être très parfaitement, Monsieur. Votre très-humble Serviteur
PASQUIER.

28.

Le Chef de la cinquième division du Ministère de l'Interieur, à Monsieur Marino Marini.

Paris, le 18 novembre 1815.

Monsieur, je m'empresse de répondre à la lettre par laquelle vous me demandez quelle marche vous devez suivre pour obtenir de M.ʳ le Roux les fonds qu'il tient à votre disposition pour le transport des Archives pontificales.

Cette marche consiste, Monsieur, à adresser au Ministre des propositions d'acompte visées de vous en faveur des Entrepreneurs des transports; avec le marchés, mémoires, ou autres pièces à l'appui, et M.ʳ le Roux les acquittera successivement jusqu'à concurrence des credits ouverts.

J'ai l'honneur d'être, Monsieur, avec une consideration la plus distinguée.
Votre très-humble Serviteur
ROSMAN.

29.

Eccellenza, Parigi, li 13 settembre 1815.

Se le premure che il Sig. Principe di Talleyrand mi scrive essersi date l'Ec. V. per la conservazione degli Archivii pontifici nel tempo della mia assenza da questa Capitale hanno eccitato in me i sentimenti della più viva riconoscenza, per cui le ne rendo quelle maggiori grazie che io posso, non ha però meno destato in me una viva inquietudine il vedere, nel presentarmi che ho fatto agli Archivi, quel locale essere destinato in parte ad alloggiare le Truppe alleate. Se la mia agitazione sia giusta, lascio considerarlo a V. E. che ben comprende a quai funesti accidenti sieno esposti que'preziosi monumenti, che sin ora per la Dio grazia nel comune naufragio erano rimasti illesi, benché rimossi dall' antica lor Sede, e preservati quasi per miracolo da quegli avvenimenti, che a sottrarneli molte volte non vale ogni diligenza umana. Tradirei il mio dovere, e soffocherei piuttosto, anziché calmare i miei interni rimorsi, se per un vano rispetto desistessi di umiliare dall' Ec. V. le mie premurosissime istanze, onde col favore di lei si possa allontanare dagli Archivii il pericolo di un incendio che li minaccia, e metterli anche a riparo delle ingiurie dell'umidità del luogo, che per non potersi a que'monumenti dar l'aria necessaria, sino a che la Truppa sia colà acquartierata, debbe oltremodo danneggiarli.

Le passate premure dell' Ec. V. per gli Archivj mi danno una dolce, e sicura lusinga che queste mie istanze saranno da lei accolte con quello zelo, che la importanza dell'affare si merita, laonde già parmi di aver provveduto alla sicurezza loro col solo essermi a lei rivolto. E per fine con umile ossequio mi rassegno.

Di V. Ec. Um̃o ed Obbm̃o Servitore
M. MARINI.

30.

Le Ministre Secretaire d'État au département de la Justice, Garde des Sceaux,
Charge par interim du porte-fuille de l'Intérieur.

A Monsieur Marino Marini, Garde des Archives pontificales.

Paris, le 24 septembre 1815.

Monsieur j'ai reçu la lettre que vous m'avez fait l'honneur de m'écrire le 13 de ce mois pour m'informer que les Archives pontificales, aujourd'hui déposées dans le même local que les Archives du

Royaume, sont exposées à l'humidité, et au danger d'être incendiées, à raison du voisinage d'un grand nombre de militaires étrangers.

J'avais déjà invité M. Daunou dans la lettre que j'eus occasion de lui écrire le 7 de ce mois, à tenir ces Archives à votre disposition; je viens de renouveller à M. Daunou cette invitation par une lettre de ce jour, et j'ai lieu de penser que des précautions sont prises actuellement pour que les Archives dont il s'agit, soient à l'abri de toute espèce d'accidents.

Je vous engage, Monsieur, à vous concerter avec M. Daunou au sujet de la remise de ces papiers pour lesquels je lui ai donné des instructions.

J'ai l'honneur d'être très-parfaitement, Monsieur   Votre très-humble Serviteur

                                                 PASQUIER.

31.

Illustrissimo Signore,   14 ottobre 1815.

Rilevando dalla lettera di V. S. la spedizione degli Archivii segreti, che a quest'ora avrà già fatta, ho passato col Corriere di questa sera i miei ufficii ai Ministri delle Corti di Sardegna, Modena, e Toscana, acciò non vengano assoggettati alla visita delle dogane. Ciò le sia di regola, e con la solita stima mi confermo.

Di V. S.   Affmo per servirla

                                          E. Card. CONSALVI.

32.

Soumisson des transports des Archives pontificales de Paris à Rome.

Paris, le 14 octobre 1815.

Le soussigné Jean Baptiste Larcher, Entrepreneur de Roulage demeurant à Paris, Rue S. Denis, au grand Cerf. a fait entre les mains de Monsieur Marini, Garde des Archives de Sa Sainteté la soumission suivante.

Art. 1. Il s'engage à faire transporter en route directe, dans le délai, de cinquante cinq à soixante jours, à compter de la remise de chaque Convoi, toutes les Archives pontificales qui doivent être envoyés par terre de Paris à Rome.

Art. 2. Le prix est fixé à quarante cinq francs par cinquante Kilogrammes. Quatorze mille franc seront payés à Paris au moment du premier départ, et le surplus successivement à chaque envoi, et du moyen des fonds qui seront remis par son Excellence le Ministre de l'Intérieur.

En conséquence, Monsieur le Garde des dites Archives donnera le pouvoir nécessaire pour toucher directement de qu'il appartiendra le montant de chaque Envoi, de manière qu'à défaut de payement à Paris, le prix de chaque voiture soit payé à Rome dans trois à quatre jours de l'arrivée.

Art. 3. Les retards qui surviendraient à la remise des fonds, par Son Ex. le Ministre de l'Intérieur, n'empêcheront pas l'exécution de la présente Soumission pourvu qu'à Rome chaque transport soit payé dans le délai de l'Article précédent.

Art. 4. Les Caisses seront numerotées, marquées, pesées et cordelées en présence du soussigné ou de quelq'un pour lui; il en sera dressé un État triple, tous certifiés par Monsieur le Garde des Archives, aux bas de l'un desquels sera mis le pouvoir de toucher soit à Paris, soit à Rome, comme il est aux Articles précédents.

Art. 5. La présente Soumission acceptée, sera soumise au Code de commerce maintenant en usage en France, en conséquence il y aura perte du tiers de Voiture en cas de retard, ou d'inexéution des conditions sans causes légitimes.

Art. 6. En considération de cette première convention, les transports des autres Archives à faire partie par terre, partie par eaux sera également assuré au soussigné sauf à s'entendre ultérieurement sur le prix.

Art. 7. Soit que les payments soient faits à Paris, ou à Rome, ils ne pourront avoir lieu qu'en espèces, les envois se feront dans les deux jours de la réquisition de Monsieur le Garde des Archives.

Art. 8. S'il était nécessaire de faire quelques réparations aux Caisses, elles seront à la charge de l'Entrepreneur.

Art. 9. Sur les fonds qui seront remis par Son Ex. le Ministre de l'Intérieur, Monsieur le Garde des Archives prélevera les frais de l'emballage et autres accessoires.

Art. 10. Larcher s'engage en outre à faire partir dix voitures de Paris à Rome sans décharger.

Fait triple à Paris, le 2 octobre 1815
Approuve l'Ecriture, et toutes les conditions
LARCHER.

Nous Garde des Archives de Sa Sainteté approuvons la Soumission qui précède, et l'acceptons dans tout son contenu; en conséquence, et en vertu des pouvoirs qui nous sont confiés, le transport des Archives Pontificales est accordé au dit Sieur Larcher aux conditions par lui établies, qui seront exactement remplies par le S. Siège   M. MARINI.

33.

Parigi, 1 ottobre 1815.

Ho ricevuto la sua lettera degli 8, dalla quale rilevo con piacere che parte degli Archivi Segreti era già sopra i Carri, e che sarebbe partita nella stessa mattina, se i Passaporti e la Dogana non avessero ritardata la loro partenza. Non dubito che sia già questa seguita, e che il ritardo sarà stato momentaneo. Ha fatto intanto benissimo di prendere una somma dal Banchiere Busoni, onde far partire gli Archivii, che sono tanto necessarii, e che importeranno una spesa molto vistosa per il loro trasporto. . . . .

34.

À S. A. le Prince de Metternich.

Monseigneur,

Les Archives du S. Siège sont renvoyées a Rome. Elles doivent passer les Etats de S. M. I. et R. l'Empereur d'Autriche, et par les États de Parme, et Plaisance. Je supplie Votre Altesse d'avoir la bonté de prévenir le Gouvernement de Milan, et de Parme à fin que les dites Archives soient exemptées de la visite des Douanes, et qu'il soit même prêté aide necessaire, et protection à fin qu'il n'en soit en aucune manière retardé leur arrivée à Rome.

Je suis avec respect   Votre très-humble, et très-obéissant Serviteur
Le Garde des Archives Pontificales
M. MARINI.

35.

Al Sig. C. di Revel Ministro di S. M. il Re di Sardegna.

Eccellenza,   Parigi, 9 ottobre 1815.

Si presenterà a V. E. Gian-Battista Roche di Pinarolo dimorante in Parigi, per ottenere la sottoscrizione di Lei al Passaporto di cui è munito da S. A. il Sig. Principe di Metternich per potere liberamente passare per la Francia, e l'Italia cogli Archivii pontifici, al trasporto de' quali egli presiede come Capo de' Vetturali. Ella pertanto farà cosa gratissima a Sua Santità se la sottoscrizione che da V. S. si desidera sia così sollecita, come l'urgenza dell'affare esige.

·Ho già avuto l'onore di rappresentarle quale inconveniente sarebbe se i detti Archivii passando per gli Stati di S. M. Sarda, quelle Dogane non volessono rinunziare al diritto di visitarli. Ella gentilmente accolse la mia istanza, ebbe la compiacenza ancora di lusingarmi di un buon successo, nonostante sebbene dagli officii di S. E. io mel riprometta così favorevole ch'io lo desidero, pure, giacchè l'occasione mi si presenta di rassegnarle ancora per lettere la mia servitù non credo soverchio di rinnovarle le mie premure a tale oggetto; e pregarla medesimamente che arrivati che sieno in Torino i detti Archivii, quel Governò deputi qualcuno che invigili, che il locale, ove per alcuni giorni si rimaranno non sia umido, o mal sicuro, cosicchè que'preziosi monumenti non debbano risentirne danno.

E per fine con tutto l'ossequio mi rassegno,

Di V. E.   Uño, et Obbño Servitore
                                                      M. Marini.

36.

À Monseigneur le Duc de Richelieu, le Garde des Archives Pontificales.

Monseigneur,   Paris, 27 septembre 1815.

Les Archives Pontificales devant retourner à Rome, je prie V. Ex. d'avoir la complaisance de les exempter de la Visite de la Douane, puisque S. Ex. M. l'Abbé de Montesquieu, remplissant alors les fonctions de Ministre de l'Intérieur, avait écrit dans le mois de Mars à S. Ex. le Ministre des finances l'engager à accorder l'exemption des droits de Douane. La dépense qui resulterait de l'apposition des plombs serait exorbitante, et d'ailleurs les Archives des autres Puissances étrangères sont à l'abri de cette formalité.

La générosité de S. M. le Roi à l'égard du transport des Archives du S. Siège me fait espérer d'obtenir la grace, que je sollicite auprès d'Elle.

Je suis avec respect   Votre très-humble, et très-obeissant Serviteur
    Monseigneur   M. Marini.

37.

À Monsieur Marino Marini, Garde des Archives pontificales,

                                       Paris, l'11 octobre 1815.

Monsieur, je me suis empressé dc transmettre au Ministre des finances les observations que vous m'avez fait l'honneur de m'adresser sur la dépense qu'occasionnerait le plombage des Caisses dans les quelles les Archives pontificales doivent être transportées à Rome.

Ce Ministre me mande que le plombage n'a lieu à Paris pour les objets expediés en Pays etranger qu'à fin de les affranchir de la vérification d'usage aux frontières du Royaume. La somme que le Bureau d'expedition réclame en pareil cas n'est pas un droit, mais seulement le remboursement de la valeur du plomb, et du cordaise.

Cette explication vous mettra, Monsieur, à portée de juger que les frais du plombage ne sont pas aussi considérables que vous l'aviez d'abord présumé, et qu'il est de regle que la visite ait lieu à défaut du plombage. Si vous préferéz qu'aucune des Caisses ne soit plombée, le Ministre des finances vous invite à en prévenir l'administration des Douanes, en lui indiquant par quel point de la frontiere, l'exportation doit s'effectuer; l'Administration expédiera immédiatement aux préposés du Bureau de sortie, l'ordre de procéder à la visite des Caisses avec le plus grand ménagement.

Agréez, Monsieur, les assurances de ma parfaite considération.   Richelieu.

38.

Illustrissimo Signore,   Parigi, 5 ottobre 1815.

Sento la gentile accoglienza fattale dai Conservatori della Biblioteca Reale, e al tempo stesso la risposta datale di non poterle consegnare amichevolmente i Codici, ma di cedere alla sola forza. Ha fatto Ella benissimo di non ricorrere a questo partito, giacchè Sua Santità nell'inviare costà il sig. Cav. Canova, e nel dare a lei l'incombenza di ricuperare i Codici è stata ben lontana da qualunque idea di voler forzare la mano a codesto Governo per la restituzione de'monumenti antichi, de'Codici e di altri oggetti preziosi, ma si è con fiducia rivolta direttamente a Sua Maestà, chiedendo dalla sua generosità, e giustizia ciò che era stato asportato da Roma, e scrivendo ad altre Potenze lo ha fatto come ad intercessori presso la stessa Maestà Sua. Alla ricupera di tali oggetti oltre l'interesse, che vi metteva il Santo Padre per il suo genio particolare alle Belle Arti, grandissimo ve lo metteva il Popolo Romano, il quale alzava un grido solo, mentre sentiva che tutti dimandavano ed ottenevano i loro oggetti. Non poteva perciò il Santo Padre dispensarsi, quando anche lo avesse voluto, dal fare le sue istanze per la ricupera degli oggetti, di cui era stata Roma spogliata. Il Cav. Canova si era offerto a venire ad un accomodo, al quale si è ricusato codesto Governo, forse perchè Sua Maestà Cristianissima avrà creduto di non far vedere al suo Popolo, che transiggeva su gli oggetti, che abbellivano codesto Museo. Comunque sia, basta a Sua Santità di non aver mancato ad alcun riguardo nel chiederli, essendosi rivolta alla stessa Maestà Sua....

39.

À Son Excellence M. le Ministre de l'Intérieur.

Monseigneur,

J'ai l'honneur de prévenir V. Ex. que M. le Commissaire de S. M. l'Empereur d'Autriche s'est porté aujourd'hui à la Bibliothèque Royale accompagné d'un détachement des Troupes Alliées; il a réclamé les Manuscrits, et autres objets appartenants à sa Cour, en même tems il a fait de son plein gré d'après l'autorisation de S. M. l'Empereur une semblable réclamation pour les Manuscrits, Médailles, et Camés appartenants à la Cour de Rome, que les Commissaires de Sa Sainteté pourrait se présenter de ce moment pour retirer les objets en question. Je me fais un devoir de notifier a V. E. qu'en vertu de la Commission que j'ai reçu de mon Gouvernement mon intention est en effet de me porter à la Bibliothèque Royale pour recouvrer ce qui appartient au St. Siège, mais sans entendre employer aucune voie coërcitive, ce qui serait tout-à-fait opposé à l'esprit de conciliation et de paix qui anime toujours Sa Sainteté. Je ne doute donc nullement que MM. les Conservateurs de la Bibliothèque autorisés par V. E. me les délivreront sur le récipissé que je leur en ferai.

Je suis avec respect,   M. MARINI.

40.

Al Signor Duca di Richelieu Ministro degli affari esteri.

Parigi, li 16 Ottobre 1815.

Nel mio arrivo a Parigi scrissi al sig. Principe di Talleyrand come io era stato destinato da Sua Santità per riassumere l'affare degli Archivii Pontifici, e di reclamare altre cose, delle quali io mi era prefisso di fargliene richiesta in un' Udienza se egli avea la bontà di accordarmela. Mi rispose gentilmente intorno a ciò che concerneva gli Archivii, ma dell' Udienza egli non fece parola. Mi fu dunque interdetto di adempiere la mia incumbenza. Il Cav. Canova Commissario anch'egli di Sua Santità, fece dopo di me reclami al detto Sig. Principe per questi medesimi oggetti; ci fu ricusato ciò che noi avevamo chiesto.

Ai 4 di Ottobre S. M. l'Imperatore d'Austria fece sapere ai Commissarii della S. Sede, che volea far render loro i Manoscritti del Vaticano, le Medaglie, i Cammei, le Stampe etc. Abbiam creduto di accettare così generosa, e così onorevole mediazione, perilchè ci portammo ne'differenti stabilimenti, ove tali cose erano deposte, e le quali erano state il soggetto de'nostri reclami. Tuttavia prima di mettermene in possesso scrissi a S. Ecc. il Ministro dell'Interno prevenendolo, e pregandolo di dare i suoi ordini affinchè tutto mi fosse restituito all'amichevole, non volendo in alcun modo prevalermi de'mezzi violenti, che il Commissario Austriaco Sig. Baron di Ottenfels, mi offriva, i quali se fossero stati subito da me accettati, avrebbero forse potuto far dubitare del mio profondo rispetto per S. M. il Re.

Il Ministro dell'Interno mi fece rispondere cinque giorni appresso dal Segretario generale Sig. le Barante, invitandomi ad aprire una negoziazione con V. E. su l'oggetto della mia domanda: la negoziazione sono gli ordini, che V. Ec. darà, affinchè le cose appartenenti a Roma, e a Bologna mi sieno rendute,

Mi lusingo ch'Ella darà tali ordini, cosicché Sua Santità otterrà ancora dalla generosità del Re ciò che le altre Potenze gli offrono con mezzi affatto opposti allo spirito di conciliazione, e di pace che l'hanno sempre animata.

E per fine mi rassegno con profondo rispetto,

Di V. Ecc.   Uṁo, ed Obbṁo Servitore
                                                                      M. MARINI.

41.

Le trasmetto una Nota in un tomo in foglio legato, dei cinque cento Codici manoscritti che nel 1797 furono asportati dalla Biblioteca Vaticana per consegna fattane in vista del forzoso Trattato di Tolentino ai Sig. Monge e Barthélemy Commissarii dell'in allora Repubblica Francese, e due altre note, una di libri, e di altre materie antiquarie, ed un'altra di Medaglie, e Cammei, di cui furono spogliati i Musei sacro, e profano da alcuni ufficiali dello stato maggiore dell'esercito francese nella seconda invasione. Ella osserverà dalle note, e meglio ancora da un foglio del Sig. Caǹco Battaglini quello che fu consegnato cedendo alla forza di un Trattato violento, e quello che fu asportato arbitrariamente, e farà l'istanza per la restituzione di tutti gli anzidetti oggetti. Se trovasse delle difficoltà per la consegna de medesimi nel Governo Francese, locchè vorrei lusingarmi che non avesse a succedere, in questo solo caso, Ella potrà implorare l'assistenza, e la protezione dei Ministri delle Potenze, che sono costà, e segnatamente di Lord Wellington, a cui potrà presentarsi in nome mio, e invocare particolarmente la protezione dell'Inghilterra, alla quale segnatamente Roma è debitrice della restituzione dei monumenti che si ha la consolante notizia che nella maggiore e miglior parte devono essere stati a quest'ora restituiti. . . . .

42.
Protestation.

Paris, le 6 octobre 1815.

Le Gouvernement Romain pressé vivement par tous les habitants de la Ville de Rome, ainsi que par ceux des Provinces Romaines, à revendiquer tous les objets d'Arts enlevés par les Français à l'État Romain, s'est adressé à Leurs Majestés Imperiales et Royales les Souverains Alliés, et à S. M. très-Chrétienne Elle même, pour obtenir amicalement l'accomplissement de cet objet, qui est du plus grand intérêt au pays pour le quel on le réclame. Mais comme le Gouvernement s'est absolument réfusé à entendre aucune proposition à cet égard, les soussignés se sont vûs forcés à recevoir tous les objets en question de la main, pour ainsi dire, des Souverains Alliés, qui pour accomplir un acte de justice, ont bien voulu les prendre des endroits, où ils etaient déposés, pour qu'ils fussent renvoyés à Rome.

Nous protestons donc solennellement que tout acte de violence qui est employé pour exécuter cette mésure, d'ailleurs très-juste dans son essence, est tout-a-fait étrangère à l'esprit de paix, et de conciliation, qui anime Sa Sainteté; mais nous convenons en même tems, que le Souverain Pontife, pour le bonheur de son Peuple, ne peut se réfuser en aucune manière d'accepter ce que la justice des hautes Puissances Alliés a bien voulu lui faire rendre.

43.

Illustrissimo Signore,   Roma, 6 novembre 1815.

Ho fatto presente a Sua Santità la domanda di cotesto Sig. Amministratore della Biblioteca Reale di ritenere per la medesima i due preziosi Codici di Virgilio e di Terenzio.

Avrebbe voluto il S. Padre secondare pienamente il desiderio del lodato Sig. Amministratore della Biblioteca del Re, e lasciare in codesto utilissimo stabilimento col dono del nominati dei Manoscritti una memoria del suo affetto verso il medesimo; ma è stato spaventato dalle rimostranze di tutti i nostri Letterati, i quali animati in favore della Biblioteca Vaticana del medesimo zelo, che muove il Sig. Dacier in favore della Biblioteca di Sua Maestà Cristianissima gli hanno rappresentato, che alienando questi due Codici verrebbero a privare Roma di due de'monumenti più preziosi, e che i suoi sudditi vedrebbero con infinito rammarico questa perdita irreparabile. In questo disgustoso bivio, fra la necessità di dover dare luogo alle doglianze di Roma, ed il secondare quei sentimenti di affetto dai quali Sua Santità è animato verso la Francia ha risoluto Nostro Signore di condiscendere almeno in parte ai desiderii del sopradetto Sig. Amministratore, senza ricusarsi totalmente alle istanze dei nostri Letterati, prendendone l'opportunità dall'avere Ella già lasciato nella Real Biblioteca come in luogo di deposito, il prezioso Codice di Virgilio.

Vuole quindi Sua Santità, ch'Ella lasciando il nominato Virgilio nella Reale Biblioteca, partecipi al Sig. Dacier Amministratore della medesima, che Nostro Signore ne fa un dono a codesto Reale stabilimento, assicurandolo del dispiacere che prova nel non potergli concedere anche l'altro Codice di Terenzio per gli esposti motivi. E rinnovandole i sentimenti della sincera mia stima mi confermo.

    Di V. S. Illma   Affmo per servirla
                                                  E. Card. Consalvi.

44.

Illustrissimo Signore,   Roma, 6 novembre 1815.

Com'Ella avrà rilevato dalla contemporanea lettera di Officio, il S. Padre si vede nella necessità di non condiscendere pienamente alla domande del Sig. Dacier senza incontrare il disgusto di tutti i nostri Letterati. E necessario che V. S. faccia ben rilevare il pregio del dono che Nostro Signore fa alla Reale Biblioteca, e della ragionevolezza nel ricusarsi a concederle anche il Terenzio. Se però questa negativa producesse gravissimo disgusto nella Corte, ed alienasse troppo da noi l'animo di cotesti Ministri, Ella me lo faccia conoscere, onde io possa riferirlo a Sua Santità per le disposizioni che crederà di prendere. Procuri però V. S. in ogni miglior modo di risparmiare al S. Padre, ed ai suoi Concittadini questa amarezza.

Tanto mi occorre dirle per sua piena istruzione, ed intanto con sentimenti di sincera stima mi confermo,

    Di V. S. Illma   Affmo per servirla
                                                  E. Card. Consalvi.

45.

A Son Excellence Mons. le General Mufflingh.

Excellence,   Paris, le 17 novembre 1815.

M. Wilxen Prorecteur de l'Université de Heidelberg reclama trent-neuf Manuscrits de la Bibliothèque du Vatican qui furent transportés à Paris dès la première invasion des troupes Françaises en Italie, et qui faisaient partie de ceux que le Duc Maximilien Electeur Palatin donna a Grégoire XV en 1623. Mons. Canova, et moi deposâmes près de V. E. les Mss. en question jusqu'à ce que Sa Sainteté en voulût faire la cession dont Elle était suppliée.

J'ai reçu ordre de Son Ém. Mg. le Cardinal Secretaire d'État d'en faire présent à la dite Université, puisque Sa Sainteté est très-flattée d'être agréable à un Établissement aussi célèbre, et pouvoir même en quelque sorte témoigner à S. M. le Roi de Prusse sa reconnaissance pour tout l'interêt qu'il a bien voulu prendre au Congrès pour le S. Siège.

J'espère que V. Ex. voudra bien en agréer l'offre au nom de sa Sainteté, et je pourrai me féliciter de m'être acquitté d'une commission aussi flatteuse pour moi qu'agréable.

    Je suis avec respect,   Votre très-humble, et très-obéissant Serviteur
                                                  M. Marini.

46.

Illustrissimo Signore,

Non era certamente da dubitarsi che la Santità di N. S. approvasse l'accomodamento fatto con codesto Governo sul proposito degli oggetti d'arte, essendo stata precisa volontà del S. Padre fin dal primo momento, che si degnò di spedire il Cav. Canova che la ricupera degli antichi monumenti seguisse col buon piacere di codesto Governo. Sua Santità, che senza una taccia disonorante non avrebbe potuto chiuder l'orecchio ai reclami del Popolo Romano, e sopprimere il naturale suo genio per le Belle Arti, quanto desiderava che là restituzione seguisse, altrettanto bramava, che accadesse col consentimento di S. M., e del suo Governo che non voleva, che restasse interamente spogliato di tutto ciò, che non la sua volontà, ma l'effetto della forza avea radunato in Parigi. Si compiace il S. Padre che il Cav. Canova abbia secondato i conosciuti sentimenti della sua moderazione, e de'suoi riguardi verso codesta Real Corte, e si compiace eziandio, che, se per un momento contro la sua espettazione non si sono avute delle giuste idee sul suo modo di pensare, il fatto le abbia rettificate ricuperando la Santità Sua con doppio piacere ciò che ricupera, subito che tutto siegue di buon accordo con S. M. Cristianissima . . .

47.

Protestation.

Moi soussigné je déclare que je ne puis plus regarder comme obligatoire la convention faite avec MM. les Conservateurs du Cabinet des Antiques par rapport à l'arrangement consenti par moi sur les Médailles qu'on devait rendre à Sa Sainteté, arrangement qui a été on ne peut pas plus au désavantage des intérêts du S. Pere, si on ne remet tous les Camés et autres propriétés du Gouvernement Romain qui se trouvent dans le dit Cabinet des Antiques, et dont on m'avait remis une partie pour gage de la remise du reste.

Faite à Paris, avec le consentement de M. le Baron d'Ottenfels Commissaire Autrichien, et acceptée par le Chev. Dacier Administrateur de la Bibliothèque Royale, le 28 Octobre 1815.

M. MARINI.

48.

Illustrissimo Signore,   Roma, 23 settembre 1815.

Con dispaccio di Monsig. Delegato di Bologna mi pervengono i reclami di quella illustre Città per rivendicare i preziosi oggetti, dei quali le accludo diversi Elenchi. Resta pertanto Ella incaricata di procurare la ricupera de'suddetti; nè voglio dubitare, che vorrà mettere a profitto il di Lei zelo, ed efficacia, onde sieno soddisfatti i voti della Città suddetta.

Colgo questa favorevole occasione per attestarle i sentimenti della mia distinta stima.

Di V. S. Illma,   Servitore di cuore
E. Card. CONSALVI.

49.

À Monsieur Häuit Directeur du Cabinet de Minéralogie.

Monsieur,   Paris, le 25 octobre 1815.

Ayant été chargé par Sa Sainteté de la réclamation des objets d'Histoire naturelle qui appartenaient à la Ville de Bologne, je me suis présenté ce matin au Cabinet du Jardin des Plantes à ce sujet; j'étais accompagné par un Aide-de-Camp de Son Ex. M. le Baron de Muffling, afin que lui même vous fît la réclamation des dits objets, et vous fussiez ainsi à l'abri de toute contravention aux ordres de votre Gouvernement.

Je n'ai jamais voulu en me présentant de la sorte, vous faire aucune violence, puisque les sentiments qui m'animent, et les instructions que j'ai de ma Cour sont tout-a-fait opposée a cette manière d'agir.

La complaisance que vous avez mise dans l'accueil dont vous m'avez honoré ce matin me fait espérer que vous en aurez autant Lundi prochain, lorsque je me rendrai tout seul, pour recevoir les objets en question, dont, si par hasard, une partie avait été dispersée, la Ville de Bologne s'en croira dedommagée par les séries d'objets que vous lui avez envoyés, et par des arrangements qu'on pourra faire à l'amiable. Elle sera en même-tems très-flattée d'entretenir une correspondance scientifique avec les Professeurs de votre établissement.

Je vous prie, Monsieur, de donner connoissance de cette lettre à vos Collègues afin qu'ils sachent la bonne harmonie, qui passe entre le S. Siège, et la Cour de France, et mon estime pour vous autres.

Agréez les sentiments de ma considération très distinguée.

Votre très-humble Serviteur
M. MARINI.

A Sua Eccellenza Monsig. Giustiniani Delegato di Bologna.

Eccellenza,   Parigi, 7 novembre 1815.

Avendomi l'Eṁo Sig. Card. Consalvi dato ordini pressanti per reclamare i Manoscriti, Libri stampati, e oggetti di Storia naturale appartenenti a cotésta illustre Città, ho creduto di non risparmiare studio, e diligenza onde corrispondere esattamente ai desiderj e premure di quel Porporato. Per la qual cosa sono già stati da me chiesti, e ricuperati i monumenti che altre volte formarono il pregio di coteste Librerie, ed Istituto, e ne ho già di essi spedita parte costà; questa che ancor qui rimane gli oggetti di storia naturale, e due Codici ebraici, una Bibbia e un Avicenna di elegantissime miniature adorno, la manderò fra poco. Codesta città nel riavere tante preziose cose che la violenza straniera le avea rapite, conoscerà a quanto suo onore, e vantaggio ridondi l'essere di nuovo sotto la dipendenza della S. Sede. E per fine con tutto l'ossequio mi rassegno.

Di V. Ec.   M. MARINI.

51.

Illustrissimo Signore,

Le accludo una nota trasmessami dall'Eṁo Prefetto di Propaganda affinché potendo, si prenda la cura della ricupera degli oggetti indicati nella medesima. E colla solita sincera stima mi rassegno.

Di V. S. Illḿa   Affḿo per servirla
                                                     E. Card. CONSALVI.

52.

À Monsieur Anisson.

                                                     Paris, le 6 novembre 1815

Moi soussigné, Commissaire de S. S. Pie VII pour réclamer différents objets qui lui appartiennent, j'ai l'honneur de m'adresser à M. le Directeur de l'Imprimerie de S. M. Louis XVIII, pour qu'il veuille bien me remettre les Caractères qu'on a enlevés à la Propagande, et aux autres établissements publiques de Rome, ainsi que les matrices etc. etc.

La remise de ces objets est très-essentielle pour le Saint Pere, attendu que ces Caractères Matrices etc. etc. sont très nécessaires pour les Missions Catholiques et autres affaires de la Religion; Je ne doute donc aucunement que le Gouvernement de Sa Majesté très-Chrétienne ne fasse aucune difficulté à me le faire remettre.   M. MARINI.

53.

À Monsieur Marino Marini Commissaire de S. S. Pie VII.

Monsieur,   Paris, le 18 novembre 1815.

J'ai reçu de S. Ex. Mgr. le Garde des Sceaux l'autorisation de satisfaire à la demande que vous m'aviez chargé de lui présenter: en conséquence je vous ferai la remise des poinçons et matrices réclamés par Sa Sainteté, le jour où il vous conviendra de vous présenter à l'Imprimerie Royale pour les recevoir. Vous m'y trouverez tous les jours vers deux heures après midi, surtout si vous avez la bonté de m'en prévenir la veille.

J'ai l'honneur d'être avec ma haute considération Monsieur.

                          Votre très-humble et très-obéissant Serviteur
                                                     ANISSON.

54.

Illustrissimo Signore,

Dai Padri Domenicani mi è stata recata la nota, che le accludo, contenente vari libri tolti alla Biblioteca Casanatense dai Francesi, ed alcuni Quadri portati via dai medesimi da diverse Chiese di

Pesaro del loro Ordine. Ella di concerto col Sig. Canova faccia quello, che giudicherà più opportuno sull'oggetto dei medesimi. Intanto con sincera stima mi confermo.

Di V. S. Illma   Affmo per serviria
                                                          E. Card. CONSALVI.

55.

Gentilissimo Signore Ab.· Marini,   Parigi, 19 settembre 1815.

Li suoi rallegramenti mi sono carissimi, perchè vengono da un animo sincero, e benigno: vorrei meritare in ·qualche parte almeno l'Elogio ch'Ella me ne .vuol fare; ma la troppa sua parzialità a mio favore la illude. Vero è che vi sono delle ottime disposizioni, che mi hanno domandata la nota di tutto (nota, che io non ho per anche, e aspetto) che ne fu tolto, e che io ho .cercato di stendere come ho potuto meglio, a riserva delle statue che sono segnate con esattezza positiva. Gli Olandesi prendono tutto; speriamo bene. Al momento di essere sicuro, l'avviserò. Intanto sono col più vivo rispetto
                                                          Suo affmo serv. ed amico
                                                          A. CANOVA.

56.

Illmo e Revmo Sig. Prone Colmo,   Torino, il 5 decembre 1815.

Rescrivendo al compitissimo foglio di V. S. Illma e Rma dei 3· del corrente ho l'onore di significarle che già da molto tempo io diedi gli oidini, acciò gli Archivi pontifici che si trasportano da Parigi a Roma, siano· nel loro passaggio per questi Regii Dominii non solo immuni dalle visite, e dai diritti di Dogana, ma trovino ancora quelle assistenze che possono facilitarne il transito.

A ciò io mi determinai volentieri, sì tosto mi pervenne da Parigi la notizia che tali oggetti erano da colà partiti, e perciò anche prima che me ne facesse l'inchiesta l'Emo Signor ·Card. Consalvi Segretario di Stato di S. Santità, per dare in tal guisa sempre più chiare riprove dell'impegno con cui questo Regio Governo si pregia secondare le premure di quello della S. Sede.

Io aveva però fin'allora scritto a Parigi a S. E. il Sig. Conte di Revel Inviato straordinario e Ministro Plenipotenziario presso le Alte Potenze Alleate, come pure al prelodato Sig. Emo Cardinale, che restava necessario una ben circonstanziata designazione della quantità, e natura delle Casse, conoscere le marche distintive dei Colli, il numero e nome dei Conducenti, l'itinerario, ed altri simili lumi per verificare appunto col minor svantaggio, e danno possibile l'identità delle spedizioni, per evitare gli equivoci, non direi le frodi che si potrebbero di leggieri commettere in tali occorrenze con discapito delle Regie Finanze.

Io m'immagino perciò che la S. V. Illma e Rma procurerà tutti quegli indizi ·che crederà più opportuni allo scanso d'inconvenienti, ed io scriverò nuovamente al Generale delle Regie Finanze, acciò si concilino il più possibile le buone intenzioni di questo Regio Governo coll'osservanza, per parte de' Conducenti, delle leggi su la Dogana.

Nel porgere a V. S. Illma e Rma questo riscontro, godo dell'occasione per offrirle gli attestati del sincero ossequio, con cui ho l'onore di dichiararmi,

Di V. S. Illma e Rma   Devmo Oblmo Servitore
                                                  Il Conte di VALLESA.

57.

Dalla Segreteria di Stato   28 Gennaro 1816.·

Avendo il Signor Abate Marino Marini impiegato tanto zelo, e tanta attività pel ritorno degli Archivi, e per la ricupera dei Codici manoscritti, e Medaglie, de' quali erano state private la Biblioteca ed il Gabinetto numismatico Vaticano, la Santità di N. S. volendo dare al medesimo una pubblica testimonianza della Sua Sovrana soddisfazione per li lodevoli, ed utili servigi da Lui prestati, si è determinata annoverarlo fra i suoi Camerieri Segreti d'onore, al quale oggetto si sono dati li ordini a Monsignor Maggiordomo de'Sagri Palazzi Apostolici per la spedizione del consueto Biglietto.

Si porge pertanto al medesimo il riscontro di questa graziosa Sovrana considerazione.
                                                  · E. Card.: CONSALVI.

58.

Dalla Segretaria di Stato,   23 Febraio 1816.

La Santità di Nostro Signore per sempre più dimostrare a Monsignor Marino Marini la sua Sovrana soddisfazione per i servigi prestati nella ricupera degli Archivi, de'Codici, e delle Medaglie appartenenti al Gabinetto numismatico del Museo Vaticano, si è degnata assegnargli una pensione annuale di Scudi Cento venti da pagarglisi dalla Cassa de'Sagri Palazzi Apostolici, sua vita naturale durante.
Si porge pertanto al detto Monsig. Marini il riscontro di questa graziosa pontificia gratificazione.
                                                      E. Card. CONSALVI.

59.

Stimatissimo Padrone ed Amico,   Roma, 7 decembre 1815.

Io mi congratulo di cuore con Lei, che sia così ben riuscita ad incamminare così presto ciò che forma il grande oggetto importantissimo, ciò che costituisce *Scrinia Sanctae Sedis.* Ha fatto da suo pari a fare un partito tanto megliore di quello che proponeva il Cadet, ed a destinare il Padre Pisani ad accompagnare il prezioso Convoglio, il che darà occasione ad avere riguardo a tutto il servigio che ha prestato sin'ora senza il minimo emolumento. Io la ringrazio che in questa prima mandata abbia incluso qualche cosa degli Archivi del Concilio, secondo parmi di rilevare, ma se pur non vengono ora, mi stimo ben felice di averli a Lei affidati, nè possono le altre Congregazioni desiderare persona più capace, attenta e prattica di Lei per l'imballaggio e spedizione dei loro Archivi. Qualunque cosa manchi non potrà mai a Lei attribuirsi, il quale raccoglierà certamente quello che potrà rinvenire appartenente a Roma, e divverrà dalle diverse classificazioni fatte arbitrariamente dai Francesi, che si possono essere inframmischiate le Carte di un Tribunale con quelle di un altro. Bisognerà ben ringraziare Dio di quello che si ricupera, e molto si dovrà al di Lei zelo, alle sue pene, alle sue fatiche. Io non cesserò mai di render giustizia al merito che si è fatto in questa occasione, e goderò di poterle comprovare coi fatti la somma stima, con la quale mi confermo suo
                                   Dmo, ed Obmo Servitore ed Amico
                                   EMANUELE DE GREGORIO.

60.

Stimatissimo Amico e Padrone,

Mi ha recata una vera consolazione la sua pregma del 7 Nov., cui col ritardo invo lontario di una settimana rispondo in angustia di tempo. Già camminavano verso noi più di ottocento casse contenenti i tesori più preziozi della Santa fede, già è ben avanzato il lavoro che a Lei costa tante pene, tante angustie, tante fatiche, ed una si lunga rilegazione, e già in conseguenza si avvicina il desiderato momento, che la vedremo tra noi, e che Lei si troverà in pace nel suo decoroso impiego, e con quelle rimunerazioni, che di stretta giustizia le competono....

Appendice alle precedenti Memorie scritte dallo stesso Marino Marini.

Non audent inter publica monumenta venire.

Alla posterità tramando queste Memorie, appendice delle compilate nel 1816, sull'occupazione e restituzione degli Archivi della Santa Sede, giacchè le circostanze col torre il potere liberamente rendere pubblici alcuni avvenimenti, impediscono che alla generazione presente se ne diriga la narrazione. Niuna buona fede sullo eseguire i voleri di un Re, che erano richiesti dal diritto; indebite sottrazioni di documenti; incoerenze, ed animosità nel Ministero; ingratitudini nel Sacerdozio; vendite riprovevoli; false dottrine protette; queste sono cose che non possono preterirsi nel racconto, che imprendo di quello che fu operato a Parigi nel 1817 nello adempiere io gli ordini di Pio VII di S. M., e le quali siccome la prudenza vorrebbe coprire quasi con impenetrabile velo, così giustificano la riserva dello scrittore in conservarne alla sola posterità la notizia.

Il trasporto degli Archivii non era stato interamente eseguito nel 1815, poichè la stagione inver-
nale, e la necessità che io ebbi di ritornare a Roma, mi avean fatto soprassedere ad ulteriori invii di
carte. Il Conte Giulio Ginnasi, che ne fu nella mia assenza incombenzato, ne protrasse cotanto l'esecuzione, che Pio VII temendo non avesse mai a condurre a fine cotale azienda, nuovamente destinò
me suo Commissario in Parigi, onde levar di mezzo ogni indugio che al ritorno sollecito del residuo
degli Archivi si frapponea. Il Cardinale Consalvi diemmi lettera credenziale, che mi autorizzasse presso
il Duca di Richeliu, allora Ministro degli affari esteri di Luigi XVIII, e così scrivea:

Eccellenza,   Roma, 18 Maggio 1817.

Si reca a Parigi monsignor Marino Marini incaricato da Sua Santità di attendere alla trasmissione degli Archivii Pontifici, che rimangono ancora a trasportarsi, e per la ricupera di alcuni oggetti,
che fanno parte de' medesimi. Egli sgraverà il signor Conte Ginnasi di questa cura, trovandosi il
medesimo istallato nella carica di giudice nel Tribunale di arbitraggio. Io credo opportuno di dover
accompagnare il nominato monsignor Marini con questa lettera per V. E., onde pregarla di volerlo
onorare della valida di Lei protezione ed assistenza nelle opportunità, che gli si possono dare di
dover ricorrere alla medesima, nella sicurezza di obbligarmi, e di attendersi da me una perfetta reci-
procanza in tutto ciò che potesse interessare le premure di V. E. Gradisca le conferme di quella
distintissima considerazione con cui ho l'onore di essere   Servitore

E. Card. CONSALVI.

Appena giunto in quella dominante mi posi ad esaminare attentamente il contratto, in vigore di
cui era stato divoluto a Verità di Bologna e compagni rappresentati da Girolamo Fontanelli il nuovo
trasporto degli Archivi, e veduto che potea migliorarsi mercè di alcune circostanze, le quali non
poteano esser note in Roma a monsignor Tesoriere, al primo contratto sostituii un secondo, che avvan-
taggiò la Camera Apostolica di franchi 28,240. Amendue i contratti, e il documento da cui risulta
l'utile ritratto in fine ne' loro originali (A. B. C.) A questi miei primi pensieri successero le cure di
ricuperare i Regesti delle bolle dell'Archivio della Dataria, che il Conte Ginnasi avea distratti, non
riputandoli di quella grande importanza di cui sono. Mi venne fatto rivendicarne dalle botteghe dei
pizzicagnoli e salumai più di settecento volumi.

L'annullato contratto, la ricupera dei Regesti, e le non lievi sollecitudini di affrettare il trasporto
degli Archivi mi avevano immerso in molta tristezza, poichè per effettuare ciò che il dovere esigea,
erami convenuto vincere ciò che, senza molti miei conati, le stesse mie sollecitudini avrebbe renduto
vano; dalla quale tristezza mi ritrasse la lettera del Card. Consalvi, che siamo per leggere, in cui
approva il mio operato relativamente al trasporto degli Archivi, alla ricupera de' Regesti, e alla vendita dei processi del S. Officio. Gran noia, e quasi molestia mi arrecava Girolamo Fontanelli, il quale
a pari condizioni avea ricusato di accettare il nuovo contratto del trasporto degli Archivi. Il Ginnasi
molto mi affliggea, siccome quegli che non volea che io rendessi nota a Roma l'alienazione dei Regesti; condiscendo, purchè egli ripari l'errore. Ma se a lui non manca buona volontà, mancano i mezzi
onde ripararlo. E non avea egli facilmente a sperare nelle consuete fraterne largizioni, poichè a un
debito, che quasi eccedeva cinquanta mila franchi, non si sarebbe potuto far fronte dai fratelli con
quella correntezza, che le circostanze richiedevano. Non posso celare a Consalvi il debito contratto
dal Ginnasi, durante la sua commissione. Non però accuso Ginnasi di malizia, ma di soverchia bontà,
o piuttosto debolezza, che dell'altrui avidità lo fece preda. Indennizzò poscia l'erario pontificio di
quanto gli dovea, e credo col rilasciare a suo favore parte del mensile suo onorario. Eccoci all'enunciata lettera di Consalvi che mi scrisse ai 24 Luglio.

Ho ricevuto la lettera di V. S. in data dei 3 del corrente, e sento la sua tristezza per timore che
non sia approvato ciò ch'Ella ha fatto costà. I miei dispacci lungi dal disapprovare le sollecitudini che
Ella si è date per affrettare la spedizione degli Archivi, e per ricuperare di concerto col signor Conte
Ginnasi ciò ch'egli inavvedutamente avea distratto, hanno anzi commendato il di Lei zelo. Non veggo
dunque la ragione per cui Ella debba vivere cotanto agitata. Procuri di attendere con esattezza, e
con zelo all'invio degli Archivi, onde giungano con sicurezza e risparmio il più presto che sia possibile,
tornando a raccomandarle di nuovo di usare ogni diligenza per rinvenire il resto delle bolle legate in verde,

della Dataria, che si reclamano dall'Eminentissimo Pro-Datario. Compatisco il signor Conte Ginnasi per la grave afflizione, in cui Ella mi accenna che si trova, ma, quanto è certo che si sarebbe desiderato che le dette bolle, le quali formavano la parte più pregevole dell'Archivio della Dataria non fossero state vendute, altrettanto è certo che non si dubita della di lui buona volontà, e di un non colposo errore d'intelletto..... Sento la vendita fatta dei rimanenti processi del S. Officio, che erano inutili a ritornarsi, ed ha fatto benissimo di lacerarli prima in minutissimi pezzi. Tanto debbo significarle in risposta, e colla solita sincera stima mi confermo,   Affmo per servirla,
                                       E. C. CONSALVI.

     Nel rimettere ai 17 di Luglio la lettera credenziale al Duca di Richelieu, gli chiesi udienza per trattare con esso lui de'reclami che avea ordine di fargli. Era soverchio presentargliela al mio arrivo in Parigi, poiché essendo il residuo degli Archivi romani in potere del Commissario pontificio, il Conte Ginnasi, potei occuparmi della loro spedizione senza prevenirne il Duca di Richelieu. Mi accordò egli udienza nel giorno 19, mi accolse con quella urbanità, che caratterizza l'educazione francese, e parlommi sempre in italiano. Implorai la sua assistenza, che mi promise. Individuandogli poi i diversi reclami per cui Sua Santità mi avea nuovamente spedito a Parigi, gli feci conoscere ch'erano diretti a rivendicare gli atti della Legazione sostenuta a Parigi dal Card. Caprara, alcuni volumi di bolle, principalmente di Giulio II, tre altri di lettere di Bossuet, e di que'Vescovi, che intervennero all'Assemblea del 1682, il processo del Galilei, e quello de'Templari. Questi non furono nuovi reclami, perchè già avanzati nel 1814, e 1815, ma nuovamente fatti. Ma come era grande interesse della Francia il conservare gli atti della Legazione, e lo spegnere, se possibil fosse, la memoria delle bolle giulie piene di anatemi contro chi la reggeva in quell'epoca; e di abolire le autografe lettere di que'Vescovi che al Papa scriveano, come ho detto nelle MEMORIE ben'altramente di quello che le pubblicate per opera dei nemici dell'autorità pontificia contengono; così non dee sorprendere la costanza de'regi Ministri di eluder sempre i reclami della Corte pontificia. Del documento però, il quale non segna certamente un'epoca gloriosa nel regno di Filippo il bello, parlo del processo de' Templari, che innocenti o colpevoli *nec affirmare, nec refellere in animo est*, certamente immeritevoli del totale loro esterminio, non furono que'Ministri premurosi di sottrarlo, e lo reclamai per equivoco, giacchè me lo aveano renduto nel 1815. Tanti sono i processi sparsi per tutta Europa contro que'Cavalieri che il conservare ne'parigini reali Archivi quello che abbiamo al Vaticano non ridondava a molta gloria e vantaggio di quegli Archivi, e così sollecita ne fu la restituzione. Il Re Luigi XVIII avea dato ordine per mezzo del suo Luogotenente Conte d'Artois, ora asceso sul Trono col nome di Carlo X, che tutte fossero rendute le carte appartenenti alla Santa Sede, fra le quali quelle principalmente aveano luogo, che furono trasportate a Parigi nell'ultima invasione francese degli Stati romani. Dunque qual buona fede nel non adempiere esattamente i voleri di quel sapientissimo e giustissimo Re, espressi nel decreto emanato li 6 di Aprile 1814! Le lettere di Bossuet e degli altri Vescovi furono sottratte con intelligenza del regio Archivista, Monsieur Daunou, ove però egli stesso non le abbia rapite. Nè vo certamente errato in questo mio pensamento, poichè l'ex-Oratoriano Daunou, sotto la cui buona fede fu permesso a Mgr. de Gregorio, ora Cardinale di S. Chiesa, e da me a persone cognite, notissime a lui, la collazione di tali lettere, mai volle i nomi loro indicare. Quale ripugnanza di svelare gli autori di tanta indegnità, s'egli stesso non vi avesse cooperato? E il Ministero perchè nol costrinse a denunziarle? Questa lunga digressione sembra averci fatti dimentichi del nostro Duca, a cui ora facciamo ritorno.

     Richelieu, che gli uffici dello Imperadore Alessandro aveano fatto ascendere al Ministero, lasciava incerti sul formare giudizio di lui. La servile sommissione sua al Conte di Cazes, allora Ministro di Polizia, e il non avere spiegato que'talenti, che lo resero celebre sull'Odessa, faceano dubitare non piuttosto all'illustre suo cognome, e all'amorevolezza altrui, anziché al proprio merito dovess'egli il suo innalzamento. Le gentili sue maniere erano paralizzate da un'iracondia facile, e non poche fiate soverchiamente intemperante. Nel parlargli delle lettere di Bossuet proruppe in così smodati elogi di quel Vescovo, e delle libertà gallicane, che diè chiaramente a conoscere prevalere in lui la passione, anziché lo zelo della religione cattolica di cui Bossuet ha ben meritato. Che io dovessi desistere dal reclamare e quelle lettere e gli altri documenti, insisteva, col pretesto che di essi sarebbesi trattato col futuro Nunzio. Ripugnai di non eseguire io stesso gli ordini di Sua Santità, e perchè di tali documenti avea altre volte, come già dissi, fatto premurosissime istanze, e perchè il Nunzio non potea essere a giorno di quelle particolari circostanze conducenti al buon esito de'reclami, le quali erano ben note a me. Rimase egli persuaso, e dopo avermi inculcato di avanzare in iscritto le miè inchieste, mi congedò. Tale fu l'intrattenimento della prima udienza, che, dovendo io dare luogo alla verità, non dovea altramente descriverlo.

Lo stesso giorno 19 di luglio fu da me destinato a dare cominciamento al carteggio, che mi vedea obbligato tenere col Ministero. Scrissi subito al Duca di Richelieu una nota relativa alle carte della Legazione Caprara. Dopo di avergli manifestati i reclami, che per ricuperarle avea io fatti fino dal settembre del 1814, ai Ministri dell'Interno e degli Affari esteri, prego lui di farne eseguire la restituzione. Così scrissi:

À S. E. Mgr. le Duc de Richelieu, Ministre des affaires étrangères.

Monseigneur, Paris, le 19 juillet 1817.

Le soussigné Garde des Archives Pontificales, et Camérier secret de Sa Sainteté, a l'honneur d'exposer à V. E. que les Régistres, et autres papiers de la Légation du défunt Card. Caprara n'ayant pas été rendus au S. Siége, il les réclama dans le mois de Septembre 1814, de M.ʳ l'Abbé de Montesquieu, alors Ministre de l'Intérieur, qui lui répondit, que ces Régistres devant être par leur nature déposés aux Archives des affaires étrangères, il l'engageait à s'adresser au Ministre de ce département. Le soussigné écrivit en conséquence à M.ʳ le Comte de Saucourt ayant le porte-feuille de ce Ministère par interim; mais les circonstances rendirent sans effet ses démarches, et les bonnes dispositions de ce Ministre. Maintenant Sa Sainteté, désirant recouvrer ces papiers, ordonne au soussigné d'en faire de nouveau la réclamation. Il s'adresse en conséquence a V. E. qui connaissant bien la justice de sa demande, donnera sans doute des ordres pour que tous ces papiers lui soient remis. Le soussigné a l'honneur d'assurer V. E. de sa haute et respectueuse considération, MARINO MARINI.

Rispose, che il di lui predecessore, si era, mercè le debite indagini, assicurato nel 1814, che in quel Ministero non esistevano nè Registri, nè altre carte che fossero appartenute al Card. Caprara, e che nemmeno traccia alcuna. rimanea che indicasse l'autorità in vigore di cui tali carte si fossero potute adunare in esso. La mia persuasione però non derivava da supposizione, ma dall'assertiva del Ministro dell'Interno, come ho esposto nella nota. Dunque o l'Abbate di Montesquieu mentì coll'asserirlo, o mentisce il Duca di Richelieu col negarlo. Finalmente, dopo di avermi detto, che lo stesso suo prede-cessore avea invitato il Ministro dell'Interno a far verificare, se dette carte fossero state trasportate al Ministero de'Culti, scrive ch'egli stesso avrebbe provocata l'attenzione del Ministro dell'Interno su questa mia domanda. Ma in quante contradizioni si volgevano que'Ministri, effetto della cattiva loro volontà di consegnar quelle carte, le quali esistevano ne' loro Ministeri, a fronte delle lor negative! Leggiamo la lettera stessa di Richelieu, nella quale non mancano menzogne, poichè il Conte di Jaucourt predecessore di lui nel Ministero degli affari esteri, non solo si occupò delle accennate verificazioni presso il Ministro dell'Interno, ma neppure ebbe tempo di farlo, sopraggiunti i funesti avvenimenti dell'arrivo in Parigi di colui ch'era stato relegato nell'Isola dell'Elba. E difatti il suddetto Sig. di Jau-court non rispose mai alla mia lettera contenente i reclami di quelle carte.

À Mr. Marini Commissaire de Sa Sainteté à Paris.

Monsieur, Paris, 21 juillet 1817.

J'ai reçu la lettre que vous m'avez fait l'honneur de m'écrire le 19 de ce mois relativement aux Archives de la dernière Légation du St. Siége en France. Vous pensez qu'à la mort de M.ʳ le Cardinal Caprara, ces Archives ont été deposées au département des affaires étrangères, et vous m'in-vitez à les remettre à votre disposition. Mon prédécesseur s'assura en 1814, à votre premier voyage à Paris, qu'il n'existait dans ce département ni régistres, ni papiers qui eussent appartenu à la Légation romaine: rien ne peut même lui indiquer par quelle autorité les papiers de M.ʳ le Cardinal Caprara pouvaient avoir été recueillis. Le Ministre de l'Intérieur, à qui vous vous étiez d'abord adressé, Monsieur, fut informé, dans le tems, de l'inutilité de ces recherches, et mon prédécesseur l'invita à faire vérifier si les Archives de la Légation du Saint Siège, n'auraient pas été transportées au Ministère des Cultes, ou enfin si les actes de la succession de Monsieur le Cardinal Caprara ne donnaient aucun indice sur le lieu où elles pouvaient avoir été mises en dépôt. Je viens, Monsieur, d'écrire au Ministre actuel de ce département pour rappeller l'objet de votre demande à son attention spéciale. Agréez, Monsieur, les assurances de ma considération distinguée.   RICHELIEU.

La spedizione degli Archivi era imminente, laonde chiesi al Ministro di Sardegna, e all'Incaricato di Parma residenti in Parigi il libero transito per gli Stati de' loro Sovrani; corrisposero eglino a seconda della mia istanza, e gli Archivii furono immuni dalla visita delle Dogane.

Il Cardinale Consalvi approva nuovamente con suo dispaccio de' 19 Luglio la sollecita spedizione degli Archivii poichè, egli dice, ove non si eseguisca nella estate, si corre gran rischio di far giugnere malconcia quella parte di essi, che dovea essere trasportata per acqua. Vuole che nell'invio delle carte mi attenga alla nota che avrebbe dovuto servir di norma al Conte Ginnasi e della quale però non sembra facess'egli conto nello scegliere quei documenti che meditava di mandare a Roma. Nel manifestare a Consalvi l'alienazione de' Registri m'investii del molto dolore che ne risentiva Ginnasi, laonde ponendo in non cale i miei privati risentimenti per le amarezze arrecatemi da lui, procurai di attribuirla a mero innocente equivoco, che tale veramente si fu. Al Cardinale però non quadrava gran fatto questa giustificazione, come apparisce dal dispaccio, e sebbene egli non ascriva a malizia l'eseguita alienazione, di molta negligenza tuttavia addita colpevole Ginnasi, siccome quegli che niuna attenzione avea posta alle istruzioni trasmessegli, in cui fra le carte importanti a conservarsi erano principalmente le bolle di Dataria indicate. Quel Porporato era dispiacente oltre modo dell'accaduto inconveniente, e che con esso si fosse dato grave motivo alla Dataria di giusta querela. Lo stesso dispaccio, ed eccessiva dimostra l'amarezza del Card. Datario che tali bolle riguardava come matrice, che di frequente occorre alla Dataria di consultare, e grande il timore di Consalvi, che le sorte di quelle bolle fosse comune ad altri documenti, che forse alcun altro ne fu alienato con uguale inavvertenza. Ma Consalvi, a cui da molti anni era ben noto Ginnasi, come potè destinarlo a così geloso incarico? Quando poi mi fu sostituito, e che dovè anche comparire in iscena come Giudice del così detto Tribunale di arbitraggio, spaziava la sua mente per le vaste regioni di America col chimerico progetto di stabilirvi una italica colonia; come dunque, e con qual buon successo potea egli circoscrivere i quasi illimitati suoi pensieri al limitatissimo oggetto della scelta e del trasporto di cartacei monumenti? Segue il dispaccio sulla missione fatta di un Commesso, che l'apologia recasse a Sua Santità della condotta tenuta dal Ginnasi. E siccome Ginnasi era persuaso, come lo è anche presentemente, che io lo avessi aggravato, presso Consalvi; così quella inopportuna missione non lasciava di mettermi di mal umore. L'apologia dovea essere umiliata al Papa da Mgr. Domenico Ginnasi, ed essendo i Principi al pari di ogni altro soggetti a sorprese, e le prime impressioni, specialmente se da persone sieno eccitate ch'essi abbiano in istima, od amino, hanno grande possanza sul loro spirito; laonde la mia tranquillità fu cimentata sino all'arrivo di questo dispaccio, che finalmente trascrivo dopo averne fatto l'analisi:

Illustrissimo Signore,   Roma, 19 luglio 1817.

Rispondo in questo corso di posta a due lettere di V. S. Illma: una è in data dei 25 Giugno, l'altra dei 2 corrente. Colla prima mi partecipa che a scanso di nuovo ritardo nella spedizione degli Archivii avea risoluto di ordinare le casse e di sollecitarne l'invio. Non posso che approvare una tale risoluzione. Se il trasporto per acqua non segue in tempo di estate, si corre pericolo di far giungere in Roma infradiciate le carte se vi cade la pioggia. Io mi lusingo ch'Ella abbia ricevuto la mia dei.... (*sic*) e che si regolerà a tenore della medesima nell'imballaggio delle carte, tralasciando e distruggendo quelle che dalle istruzioni trasmesse al Signor Conte Ginnasi appariscono inutili, e quei processi de' quali Le ho parlato nella passata mia lettera. Ella si sforza di giustificare il Sig. Conte Ginnasi per lo sbaglio fatto di alienare e distruggere varie cose che meritavano di ritornarsi, assicurandomi ch' egli lo ha fatto innocentemente, e senza malizia. Io sono il primo a credere che l'errore non sia malizioso, ma niuno potrà negare ch'egli non abbia posto attenzione alle istruzioni, che aveva

ricevute. A buon conto i Regesti delle bolle apostoliche della Dataria sono stati dal Sig. Conte alie-
nati come inutili, quando nelle istruzioni del Sig. Abate Sala sono indicati per necessarii. Difatti ricevo
un biglietto dell'Eṁo Datario, il quale mi dimostra la maggiore amarezza per l'alienazione seguita
di tali Regesti contenenti bolle di molti secoli, e che sono come matrici, ed esemplari che bene spesso
occorre di riscontrare. Io veggo che non mi era ingannato nel crederli necessarii, arguendolo dalla
sola circostanza della legatura in cui si tenevano custoditi. Il Porporato nel querelarsi che sono state
trasmesse le cose inutili, e che mancano ancora le necessarie, e nell'esternarmi il suo dolore per la
seguita alienazione degli anzidetti Regesti, si raccomanda vivamente, che come è riuscito di rinve-
nirne una porzione presso di un pizzicagnolo, si faccia ogni diligenza per rinvenire quelli che mancano. Io non posso abbastanza raccomandarle questo affare, dolendomi all'estremo che siasi dato
motivo specialmente alla Dataria di sì ragionevole malcontento. Colla seconda lettera Ella mi accenna
ciò che io già sapeva, la spedizione cioè fatta dal Sig. Conte Ginnasi di un suo Commesso per giustificare la sua condotta nella spedizione degli Archivii. Per verità è tanto inutile questo passo,
quanto è vero che i fatti sono più parlanti delle parole. Il Dio voglia che quello che è accaduto
nei Regesti della Dataria non sia accaduto nelle carte degli altri Dicasteri. Io posso dirle soltanto
a sua tranquillità, ch'Ella niente ha da temere per la venuta di questo Commesso, giacchè, se vi
fosse rimprovero a farle, sarebbe quello di essersi impegnata a giustificare uno sbaglio così grossolano
benchè innocente. Nostro Signore è ristabilito dalla sofferta malattia, e dai principii di questo mese
esce come il solito a fare le sue trottate. Tanto Le debbo in risposta all'enunciate due lettere, e colla
solita vera stima mi confermo   Servitore
                                                              E. Card. CONSALVI.

   In vigore di un decreto emanato dal Governo Francese ai 18 Germile, anno decimo della Repubblica, i Regesti, e le altre carte ed i sigilli della Legazione del Card. Caprara, cessata la Legazione,
doveano essere consegnati al Governo suddetto. Laonde quando Pio VII spogliò quel Cardinale di
tutte le facoltà che gli erano necessarie dall'esercizio della Legazione, e lo richiamò a Roma, il Conte Bigot
di Préameneau allora Ministro de'Culti, diede commissione a uno de'primi impiegati del suo Dicastero,
Sig. Maurizio Giry che degli atti e sigilli dell'Apostolica Legazione prendesse possesso a nome del
Governo francese; quell'ottimo impiegato eseguì la commissione in modo molto favorevole alla S. Sede,
ai 2 di Luglio 1808, e le carte della Legazione furono dichiarate di proprietà di quel Governo. Se veramente esistea quel decreto, e se Roma acconsentì che a tale condizione fosse permesso al Legato l'esercizio
delle sue facoltà, non so se a buon diritto si potessero ripetere da noi gli atti della Legazione.
   Scritte la presenti Memorie, mi venne alla mano l'Allocuzione di Pio VII. *habita in Concistorio secreto et litterae Apostolicae, tam sub plumbo, quam in forma Brevis super praesentibus Galliarum negotiis ecclesiasticis: — Vindobonae ex officina de Kurtzber 1802*; alla pagina 80 di questo libretto è riportata
la promessa, detta volgarmente il giuramento, fatta dal Card. Caprara al primo Console nell'atto di dare
esercizio alla sua Legazione, nella qual promessa si leggono le parole seguenti « simulque omnium, quae
« a me gerantur, legatione finita, Codicillos relicturum in manibus eius quem voluerit primus Consul. »
   Ma forse i patti violati dirimevano le antecedenti concessioni. E per verità la violazione del Concordato non meritava si stesse alle condizioni convenute. Che poi non esistesse quel decreto, o esistendo
non dovesse riguardarsi che come un atto violento, non meno delle leggi organiche formate per distruggere il bene del Concordato, e perciò non desse alcun diritto al Governo Francese d'impossessarsi di
quelle carte, tre circostanze me lo provano. Quando Pio VII esautorò il Card. Caprara, diede ordine
che tutte fossero spedite a Roma le carte della Legazione; il qual ordine, che inferociva vie più
l'autore di tanti mali che affliggeano la Chiesa di Dio, non lo avrebbe egli facilmente dato, se per patto
espresso si fosse convenuto che le carte della Legazione si rimanessero in Francia. Il Card. Consalvi
non tenne mai conto di quel decreto, nè il Ministero di Luigi XVIII l'obiettò mai ai miei reclami.
Finalmente la strana concessione che si annunzia in esso fatta allo stesso Governo, dei sigilli che aveano
servito ad autenticare gli atti emessi dalla Legazione, mi fa rivocare in dubbio e anzi assolutamente
negarne l'esistenza, o che fosse precedente all'esercizio della Legazione. Io non omisi sino dal 1814
premurosissime istanze a tutto il Ministero di Francia, che avessi conosciuto poter avere qualche rapporto o diretto, o indiretto con quelle carte; e siccome sin dal cominciamento de'miei reclami conobbi

l'insuperabile resistenza che avrebbemi fatta quel Governo per non renderle, così chiesi innanzi tratto di esaminarle, affinchè il Governo non si allarmasse che io ne lo volessi privare, e per conseguente mi negasse, siccome poi sempre fece, che esistessero. Ne reclamai il reintegro per la Santa Sede; ma nè questo, nè l'esaminarle, nè il prenderne l'indicazione delle materie principali mi fui mai permesso. Il Duca di Richelieu mi asserì, che anche il Ministro dell'Interno ne ignorava l'esistenza. Ma quel Ministro, che dopo l'estinzione del Governo Imperiale, avea riunito in se tutte le attribuzioni del Ministro de'Culti, non potea ignorare che tali carte furono tolte alla Legazione nel 1808, come risulta dal processo verbale, e descrizione pel contenuto in ciascun volume, che originale rinvenni fra le carte rivendicate dall'Abbate Ducci, e che colloco infine alla Lettera (D.). Il qual processo, fatto allorquando il Sig. Giry prese possesso [di quelle carte, non fu a mia notizia se non quando ricuperai dagli eredi dell'Abbate Ducci quelle carte della Legazione ch'egli avea sottratte, che formano sette grossi mazzi, o volumi, contenenti Regesti e documenti originali. L'abbate Ducci adunque sottrasse dal Ministero così detto de'Culti le carte della Legazione che si conservano negli Archivii segreti Vaticani, nei quali anche un mazzo n'esiste, che io ne ebbi dall'Archivista Francese nel 1814. Questa sottrazione, a cui non puossi negare il titolo di buon servigio renduto alla Santa Sede, occorse quando a Ducci, e a Fiordiponti, altro impiegato della Legazione, fu dato ordine dal Ministro de'Culti di far ricerca fra esse carte di varie lettere di Pio VII che grandemente desiderava Buonaparte di avere presenti. Le lettere furono rinvenute, e consegnate alle fiamme con molte altre carte della Legazione, che Ducci non volle abbandonare al Governo Francese. Il Sig. Giry secondò a tutta sua possa le premure del Ducci come fece in seguito coll'Emo di Gregorio, e con me quando rivendicammo gli Archivii romani. Perchè Buonaparte volea presso di se quelle lettere? per opporle, come apologia del suo operato, siccome le circostanze aveano indotto l'ottimo Pio VII a dargli in esse alcune lodi, ad un libro pubblicato in Sicilia, contenente tutto ciò che di biasimevole poteasi dire del Buonaparte; il qual libro fu da lui tenuto per produzione del Clero Romano. L'Abbate Vadorini, altro impiegato della Legazione, portò seco in Toscana gran quantità di quelle carte, come avea fatto il Ducci, che le portò in Roma. Ma gli eredi del Vadorini non si dierono pensiere di renderle alla S. Sede. Della qual cosa resi consapevole il Card. Consalvi, e quale determinazione egli prendesse, a me non è noto. Le carte della Legazione erano moltissime, non ostante le sottrazioni fattene dal Ducci, e dal Vadorini; e come esse formarono l'oggetto principale dei miei reclami, così furono il soggetto delle continue negative del Ministero Francese. Ma forse, se quel Ministero, anzichè negare la loro esistenza, avesse chiesto che fossero rimaste in Francia in servigio della Nunziatura, gli sarebbe stato negato? Nol credo certamente; e sino dai primi momenti che ne fu fatto reclamo, il Cardinale Consalvi non era alieno di lasciarle per comodo della Nunziatura, ma volea prima mi fossero consegnate, onde esaminate che le avessi, potessi trasmettergli un'indicazione del loro contenuto.

Divisai di separare i reclami delle carte della Legazione da quelle degli altri documenti; laonde avendo gli uni agli altri fatto precedere, nella nota seguente, dopo di avere mentovato il decreto della restituzione degli Archivi, e dato le debite lodi alla religione e giustizia del Conte d'Artois, che tal decreto emanò a nome del Re, e del Re stesso la liberalità esaltata, che fece dono al Papa di sessantamila franchi da erogarsi nel trasporto de' suddetti Archivi, reclamo la restituzione delle lettere di Bossuet, delle bolle di Giulio II e del processo del Galilei. Indico al Duca di Richelieu le persone su cui il sospetto cader potea della sottrazione di questi documenti. Il Card. Consalvi ricusava l'offerta de' sessantamila franchi. Egli diceva, che a carico intero della Francia dovea essere il trasporto da Parigi a Roma de' Pontificii Archivi, poichè la Francia gli avea rimossi dall'antica lor sede, e malmenati e distratti contro ogni diritto. Il ragionamento di Consalvi era giusto, al quale però opponea il Ministero, che la Corte di Francia, che volea a prò della Sede Apostolica esercitare un atto di generosità, non avea mai dato ordine che fossero trasportati in Francia i monumenti scientifici di Roma, che anzi riguardava quel trasporto ingiusto e violento, per la qual cosa non essere debitrice di rimandarli a Roma, ma solo di lasciare alla disposizione della Santa Sede la loro ricupera. Si protrasse tant'oltre la differenza, che fummo per essa in procinto di non riavere più gli Archivi, se l'anno 1815 non si fosse reso celebre colla totale ruina del Buonaparte. Certo Sig. Valéry, di gigantesca statura, ora Cavaliere, e Bibliotecario privato di Carlo X, si occupò a preferenza degli altri, de' documenti degli Archivi, fra' quali avea formato oggetto delle assidue sue occupazioni quelli che concernono la Nunziatura di Francia, dall'epoca della famosa giornata di S. Bartolomeo fino al decorso di un secolo. Esecrava la memoria di Caterina de' Medici, e ne ha forse ragione, non però la stessa opinione deve avere di Gregorio XIII, il quale non influì certamente in quella spaventevole giornata, che costò la vita a più di sei mila persone, vittime dell'altrui ambizione e privati rancori; e molto meno Sisto V fomentava la discordia e la guerra civile in quel Regno; poichè sonosi rinvenute negli Archivii lettere di quel Papa, in cui si disapprova la condotta del Duca di Guisa principale causa delle turbolenze e dissensioni della Francia. Il Sig. Delespine non fece che studiare e trascrivere bolle; e il Sig. Raynouard produsse in su le scene il tragico avvenimento de' Templari: ma il processo de' Templari era già stato reso, siccome ho detto. Queste sono le persone che poterono a primo aspetto essere l'oggetto delle mie suspicioni. Per verità credo che all'Archivista Daunou, e al pseudo-Vescovo Grégoire imputar si debba in parte o in tutto, la sottrazione di que' documenti; coadjuvati in così indegnissima operazione da un italiano, e di loro pure intrattenni Richelieu. La Nota, che presento, fu trasmessa al Duca con lettera in data de' 23 Luglio, alla quale, perchè, se non italianamente, nell'idioma italiano scritta, non diè risposta, e così dovetti rinnovare l'istanza in francese.

A S. E. il Sig. Duca di Richelieu Ministro degli affari esteri.

Eccellenza,

In seguito del decreto de' 19 di Aprile 1814, emanato da S. A. R. Monsieur, a nome di S. M. furono resi alla Santa Sede i suoi Archivii. Il Commissario dell'Interno Sig. Beugnot, ordinò che di essi fosse fatta consegna al Prelato di Gregorio, e ai due Marini zio e nipote, i quali subito i loro pensieri dirizzero a ricondurli al Vaticano. Se la giustizia, e la religiosa pietà aveano indotto S. A. R. alla pronta restituzione di que' documenti, non minor devozione verso la Chiesa Romana mosse il Re ad alleviarne le considerevoli spese del trasporto. Gareggiando quei due Principi in religione e in generosità, animarono i Commissarii Pontifici a fare pompa di quella buona fede che sempre li distinse. Per la qual cosa riputarono soverchio di suggellare gli Archivi, quando riebbero la consegna, persuasi che ciò che non era accaduto nel precedente Governo, non sarebbe avvenuto allorchè la Provvidenza avea ripristinato sul Trono di Francia la religione e la giustizia. Ma ben altramente successe, non con annuenza del Monarca. Varii abusando della buona fede de' Commissarii Pontifici, sottrassero con mano sacrilega molti preziosi documenti. Sono da annoverare fra i più importanti alcuni volumi di bolle de' Papi, principalmente di Giulio II; il processo de' Templari, e le lettere originali di Bossuet e dei molti Vescovi che intervennero ai Comizi del 1682 soggiacquero allo stesso infortunio. I nemici della religione, sempre mai nemici della dottrina romana, sotto pretesto di collazionare su di esse lettere quelle, che per opera del Giansenismo furono malamente stampate in Francia, le sottrassero tutte artificiosamente. I Commissarii Pontifici di cui la buona fede non lasciava dubitare in altri di frode, permisero tal collazione, particolarmente veggendo che l'Archivista Daunou approvava e anzi pregò che quelle lettere lor fossero comunicate. Ma arrivati che furono gli Archivii in Roma, fu scoperto l'inganno, e la Chiesa Romana si vide spogliata di que' monumenti che erano una delle molte apologie della sua dottrina. Non posso precisare a quali persone possano essere imputate tali sottrazioni. Certo Sig. Valéry, e i Signori Delespine e Raynouard si occuparono frequentemente dei documenti degli Archivii Pontifici, ne'quali non poche volte intervenne il pseudo-Vescovo Grégoire da cui, credo, fossero mandati coloro che collazionarono le suddette lettere. Il processo di Galilei, per quante inchieste io ne abbia fatte al Sig. Conte di Blacas, e per quante promesse mi abbia da lui ricevute, non l'ho peranche potuto ottenere. Io accerto tuttavia l'E. V. che Sua Santità non ha minor sollecitudine della ricupera di questo documento, che degli altri soprammentovati. Io non posso dubitare in alcuna maniera che la religiosa propensione ch'ebbe non meno S. M. Cristianissima, che il piissimo Conte d'Artois a voler reintegrare la Santa Sede di questi documenti, che sono importantissimi, non sia per eccitare in V. E. un religioso zelo a far sì che tutti mi sieno resi, e perchè indebitamente sottratti, e perchè compresi nel suddetto decreto di restituzione. E a quale altro Ministro potrei rivolgermi con maggiore fiducia, che a V. E. la quale fra i suoi antenati si pregia di avere un celeberrimo Cardinale di Santa Chiesa? E con ossequiosa stima mi rassegno.

MARINO MARINI.

Il Cardinale Consalvi è lieto che finalmente a Ginnasi incresca l'invio a Roma del suo Commesso, ed accerta che l'involontario errore di avere alienato i Regesti, non potea far dubitare della sua buona volontà nel servire la Santa Sede; laonde se per esso non meritava approvazione, non potea però demeritare la considerazione del Governo Pontificio, e desidera che il dispaccio che dirige a lui stesso, gli renda la perduta tranquillità. In così scrivendo avea il Cardinale secondato le moltissime mie premure per Ginnasi, come dalla stessa lettera sua si raccoglie. L'eseguito imbarco degli Archivi era piaciuto a Consalvi, di una parte cioè di essi, chè tutte quelle carte avventurar non volli alla discrezione dell'acqua, che importantissime essendovene, importante si rendea la loro conservazione. Approva la distruzione de' processi del S. Offizio, che lacerati in minutissimi pezzi e portati ad una fabbrica di cartoni, furono, me presente, immersi nell'acqua, destinata alla loro macerazione; che se in seguito dell'ordine suo fossero stati abbruciati non se ne sarebbero ritratti 4,300 franchi come accadde. Finalmente ei tiene ragionamento de' Cardinali francesi, la di cui promozione doveasi pubblicare nel prossimo futuro Concistoro; che uno di essi era a tale dignità nominato dal Re, gli altri due dal Papa; che così praticossi in occasione del Concordato tra Leone X e Francesco I. Credea Pio VII fare cosa grata alla Francia coll'accordarle due altri Cardinali; e per verità chi può dubitare non dovesse essere così la cosa? Tuttavia non mancarono le querele del Duca di Richelieu, a cui l'assegnamento di due nuovi Cardinali sembrava aggravare di troppo l'erario regio. Ma chi suggerì al Papa que' due soggetti a tale dignità destinati, se non che il Ministro di Francia? Chi fece anche premure che a loro e non ad altri fosse la sagra porpora conferita? Le querele adunque del Richelieu erano indiscrete ed incoerenti non meno di quelle ch'egli fece per l'invio a Parigi de' Pontifici Ablegati, come vedremo in appresso. Dalla seguente lettera di Consalvi ho ritratto il contenuto del presente paragrafo.

Illustrissimo Signore, Roma, 25 luglio 1817.

A Monsieur Plée, che ritorna costà, ho consegnato questa mia lettera nella persuasione che la ritrovi ancora in Parigi. Mi ha fatto piacere d'intendere dal suo foglio degli 8, che il signor Conte Ginnasi è pentito della spedizione fatta in Roma per giustificare la sua condotta. Egli non aveva bisogno di questa giustificazione. Niuno, come Le ho già scritto, potea dubitare della buona di lui volontà e dello zelo che ha messo nel servire la S. Sede, e per l'involontario errore commesso di alienare qualche posizione interessante degli Archivi Pontifici, se non meritava certamente meritare un'approvazione, non poteva neppure perdere la considerazione del Governo. Questi sentimenti li esprimo direttamente in una lettera al signor Conte Ginnasi, e intendo così di rendere al medesimo la tranquillità che ha perduta, e di secondare il desiderio di V. S. Illma che tanto interesse dimostra nel detto signor Conte Ginnasi. Mi compiaccio in sentire che tutti gli Archivi sieno stati imbarcati. Ha fatto benissimo di ridurre in minuti pezzi i Processi del S. Offizio, vendendoli con altre cartacce, ed è tutto guadagnato quello che mi accenna di averne ritratto. Lunedì prossimo la Santità di N. S. terrà Concistoro nel quale pubblicherà con una sua allocuzione il Concordato fra la S. Sede e la Francia, e proclamerà Cardinali francesi, uno per nomina di Sua Maestà Cristianissima, la quale non nominò nella promozione delle Corone, e gli altri due saranno nominati da Sua Santità, come si è fatto in occasione del Concordato con Francesco I. Due altri Cardinali romani, già creati, e riservati in petto saranno proclamati nello stesso Concistoro, cioè il Decano della Sagra Rota, e l'altro del Tribunale della Camera. Mi fa piacere d'intendere si tenga in pregio costà il Motu-proprio di N. S., e grato a queste notizie colla solita vera stima mi confermo Servitor vero

E. Card. Consalvi.

Il processo di Galileo fu reclamato da me sino dai 6 di Novembre 1814. Ho riportato nel primo tomo delle Memorie il carteggio tenuto intorno ad esso col Ministero. Ne diressi la prima istanza al Ministro dell'Interno, che mi fece rispondere agli 11 dello stesso mese dal Consigliere di Stato, signor Benoit, dovere chiedere al Conte di Blacas, Ministro della Casa del Re, giacchè a lui, e non ad altro Ministro era soggetta la biblioteca, che possedeva tal documento. L'esito dei miei reclami non fu più felice nel 1817, di quello lo sia stato nel 1814 e 1815. Sebbene nella nota diretta al Duca di Richelieu, abbia anche del processo di Galilei fatto soggetto di reclamo, tuttavia credei doverne nuovamente trattare anche col Conte di Pradel, come quegli, che per essere stato sostituito provvisoriamente al Conte di Blacas nel Ministero della Casa del Re, dovea evaderne i reclami, poiché egli mi avea sino dai 6 Novembre ciò promesso di fare, nel mio ritorno a Parigi dell'anno 1815. Il Conte di Blacas deluse i miei reclami coll'affermare consumato dalle fiamme questo processo. Vera o falsa la cosa nol posso io dimostrare in evidenza. Tuttavia i principali tratti ne comparvero al pubblico nel 1821 stampati in Modena dal Cavalier Venturi a cui li avea trasmessi da Parigi il Cavaliere de Lambre. Che essi fossero ricavati dall'originale processo lo afferma Venturi, senza la cui affermazione sarebbesi potuto credere, volendo tener vera l'assertiva di Blacas, che fossero stati estratti dalla copia, che fece trarre l'Assessore del S. Offizio Mgr. Malvasia, morto Cardinale e di cui egli fece dono al signor Alquier Incaricato d'affari del Governo francese in Roma. Non solo di questo processo fui sollecito richieditore, ma delle carte eziandio della Legazione, delle quali il signor Pradel, credendo che l'Archivio del Louvre dipendesse dal Ministro della Casa del Re. Ma le esattissime indagini praticate da lui, siccome egli mi scrisse, resero certi niuno dei documenti reclamati rinvenirsi nel Ministero della Casa del Re; che se esistevano al Louvre, doversene dirigere l'istanza al Ministro della Giustizia Guardasigilli. La mia lettera, e la sua risposta trascrivo. Credo che in essa il signor Pradel parli ingenuamente, poiché sebbene l'estensione de'suoi talenti non sia molta, tuttavia è uomo buono, e forse non atto a mentire.

À. S. E. Monsieur le Comte de Pradel Ministre par interim de la Maison du Roi.

Excellence! Paris, le 2 août 1817.

« Sa Sainteté m'a envoyé à Paris pur réclamer, entre autres choses, les papiers du défunt Card. « Caprara, dont une partie, savoir les Régistres sont maintenant déposés aux Archives du Louvre. Je « m'adresse à V. E. pourqu'elle veuille bien me les faire remettre. Ces papiers doivent faire partie « des Archives du Vatican, et Sa Sainteté tient beaucoup à ce qu'ils lui soient rendus. À cette occa-« sion j'ai l'honneur de rappeller à V. E. l'affaire du procès de Galilée; Elle ne doit, peut être, pas « avoir oublié que dès le 6 Novembre 1815, Elle eut la complaisance de m'apprendre qu'Elle venait « d'écrire a M. le Comte de Blacas pour en avoir les indications nécessaires. Je ne doute nullement « qu'Elle ait été mise à même de retrouver ce procès, que M. le Comte de Blacas dans sa lettre du 15 « décembre 1814, me dit être dans la bibliothèque particulière du Roi, et qu'il voulait le remettre « dans mes mains. Je prie V. E. de me le faire remettre aussi, parce que S. S. ne tient pas moins « à recouvrer ce monument, que tous les autres qui lui appartiennent. Si toutefois il plaisait à S. M. « de garder ce manuscrit parmi les autres de ses bibliothèques, Elle pourait Elle-même en faire la demande « a S. S. et regretté de n'avoir pas encore le manuscrit en question dans mes mains. Je suis avec « haute considération.   Très-humble, et très-obéissant
                                                             Serviteur
                                                        MARINO MARINI.

À M. Marini Commissaire extraordinaire de S. S. à Paris.

Paris, le 11 août 1817.

« J'ai reçu, Monsieur, la lettre que vous m'avez fait l'honneur de m'écrire sous la date du 2 « de ce mois. Il m'eût été fort agréable de satisfaire à la demande qu'elle a pour objet; mais, « d'après les recherches les plus exactes, on a reconnu qu'il n'existait au Ministère de la Maison du « Roi aucune des pièces, que vous réclamez. Il serait possible qu'elles fussent aux Archives du « Louvre, et comme cet établissement vient d'être placé dans les attributions de M. le Garde des « sceaux, je ne puis que vous inviter de vous adresser à M. le Baron Pasquier, pour l'exécution des ordres « dont S. S. vous a chargé. Je regrette de ne pouvoir contribuer à vous être directement « utile dans cette circonstance, et vous prie de recevoir l'assurance de ma considération très-distinguée. »
                                         Le Directeur général du Ministère ayant le porte-feuille
                                                        C. DE PRADEL.

Pio VII zelante che puri si mantenessero i dogmi di quella religione, di cui era egli il principal difensore, mostrossi da giusto sdegno provocato contro coloro che volendo maliziosamente rendere interpreti della Sagra Bibbia anche gl'idioti, ne aveano nel nativo idioma renduta comunissima la lettura.

Mi fece Egli commettere dal Card. Consalvi di rappresentare al Ministro dell'Interno l'inconvenienza della ristampa fattane in Parigi per opera della così detta Società biblica. Anche il Clero Parigino, ed il suo Arcivescovo aveano alzato la voce contro questa libertà, ma il governo francese evase sempre col silenzio le loro rimostranze. E se il Ministro dell'Interno riconobbe equivoci ed erronei alcuni passi di quell'edizione, fu certamente quando meco se ne intrattenne, la prima volta che officialmente se ne intrattenesse.

Riporto il dispaccio di Consalvi, a cui avrei unito l'intera posizione, se non avessi stabilito di seguire il più che per me si possa l'ordine del tempo. Scriveami egli.

Illustrissimo Signore,   7 agosto, 1817.

« È giunto a notizia di Sua Santità che si progetta di ristampare costà la S. Bibbia per metterla
« in mano dei giovani, e dei laici, e che grave sarà il danno che ne risentirà la Religione, poiché il
« Testo sarà adulterato dagli errori di Giansenio. Questa notizia ha trafitto il cuore di Sua Santità,
« il quale non avendo ancora costà un Nunzio che possa fare le sue rappresentanze, incarica V. S.
« di farne parola col Sig. Ministro dell'Interno, facendogli conoscere quanto dolga alla Santità Sua
« che sotto un Re così pio sí faccia la ristampa di un'opera, che può riuscire tanto dannosa alla Re-
« ligione, non dubitando che questo reclamo sia favorevolmente accolto ed abbia quell'effetto che si
« desidera. Attendo da V. S. qualche rincontro su quest'oggetto per poterlo rassegnare alla S. S. ed
« intanto mi dichiaro ecc.   « Card. CONSALVI. »

Ai 13 di Agosto chiesi udienza al Conte di Cazes Ministro di Polizia, che mi accordò ai 18. Gli parlai delle Bolle e del processo di Galileo. Recherà maraviglia come io mi sia rivolto a lui. Tre furono i motivi, che mi v'indussero; il volere or'io de'miei reclami fare oggetto comune a tutti quei Ministri, che poteano cooperare al loro buon risultato; il potersi sospettare, che dette Bolle anziché sottratte per ordine del Governo, fossero state involate; e niun'altro meglio di lui potea venire in cognizione della verità del fatto; e l'essere egli nemico del Conte di Blacas, presso cui doveva esistere il processo suddetto, o almeno ove esistesse a di lui notizia esistesse dovea. Mi lusingava che Cazes non avrebbe esitato di far comparire Blacas detentore di un documento, che avrebbe dovuto rendere in virtù del reale decreto, e la di cui ritenzione come non facea onore ad un Ministro difensore di quei principii di giustizia di cui fa vanto, così avrebbe dovuto impegnare il di lui emolo, tale appunto era Cazes, e farne eseguire la restituzione. Ma l'ambizione, l'utile e l'opinione possono dividere i sentimenti de' Francesi, che l'onore, e l'interesse nazionale riuniscono in un solo. Fui graziosamente accolto da questo Ministro, che promise secondare le mie istanze. Cadde il ragionamento sui reclami già eseguiti delle opere di scultura e de' manoscritti e museo numismatico della Biblioteca Vaticana, e de' manoscritti di quella dell'Istituto di Bologna. Egli disapprovò altamente, che Canova ed io maggior copia di monumenti non avessimo lasciata nella regia biblioteca e nel museo, di quella che fu lasciata. Che i Commissarii degli Alleati assai più generosi erano stati di noi; or'io mostrerò tutte cose contrarie, poiché la romana generosità si segnalò sopr'ogni altra. I Toscani lasciarono alcune lor dipinture della toscana maniera, e il famoso quadro detto la *Madonna della seggiola*. I Commissari Austriaci le due sole tavole, l'una del Tiziano, rappresentante la *Coronazione di spine;* l'altra di Paolo Veronese, le *Nozze di Cana*. Ma la parigina Pinacoteca è debitrice a Canova, e grata gli dovrà essere sempre, de' cinquanta preziosi quadri, di cui le fe' dono, tra quali da *quattordici del Perugino, otto del Guercino, altri di Guido, dell'Albani, del Barocci del Tiarini, di Paolo Veronese, del Pinturicchio, del Sassoferrato, di Gerardo delle notti, e di Annibale Caracci, quel suo bellissimo capolavoro rappresentante Cristo nel Sepolcro sostenuto dalla Vergine, il quale era in Roma nella Chiesa di San Francesco à Ripa* (Ital. uscente il sett. del 1818. pag. 349. tom. 2.) Il Museo parigino fu arricchito dallo stesso Canova di ventidue pezzi di scultura, che se non risentono il pregio dell'Apollo, del Laocoonte, delle Muse, sono però di mano così maestra, che meritano di essere riguardati come capolavori. *Tra le ventidue marmoree cose da lui non ritolte, si annovera la bellissima colossale statua del Tevere, ch'era rispondente a quella del Nilo, e l'altra similmente colossale della Melpomene; e un busto rarissimo di Omero; e le statue sedenti di Traiano e di Demostene, e ritte e in toga quelle di Augusto e di Tiberio; ed il trono nomato di Bacco e quello di Cerere; e un gran candelabro, ed il sarcofago delle Nereidi; e l'altro delle Muse, detto di Campidoglio. (Italia usc. il selt. del 1818.* tom. 2. pag. 249.) La reale biblioteca ebbesi in dono due soli codici di poesie provenzali, pregevolissimi manoscritti, ove non- si vogliano mettere a confronto col Terenzio, col Virgilio, coi frammenti di Dione Cassio, colla Sistina, e colle altre centinaia di manoscritti, di cui non potea restarsi priva la Vaticana Biblioteca. Dunque il Sig. di Cazes avea torto di querelarsi della poca, al dir suo, generosità de' romani Commissarii. Questo Ministro ha molto talento, e grande prontezza nel ragionare. Era molto amato da Luigi XVIII, presso cui aveano prevalso gli uffici del Duca di Richelieu per innalzarlo al Ministero.

Quando furono rivendicati i Codici Vaticani, il Cav. Dacier Direttore della reale biblioteca parigina, fecemi istanza, che i Sig.ri Peyrard e Raynouard continuassero gl'impresi lavori sopra alcuni dei detti Codici. Annuii all'inchiesta del Sig. Dacier, che col rendermi in seguito que' Codici diè a conoscere quella buona fede, a cui avea apertamente mancato il regio Archivista Sig. Daunou. Il Sig. Hase custode de' manoscritti orientali nella reale biblioteca, desiderò che di vantaggio fossegli lasciato un manoscritto; secondai il suo desiderio, ed avendoglielo poi richiesto ai 15 di Agosto 1817, lo restitui. E sì grande fu la sua riconoscenza, poiché questo manoscritto coadiuvò a condurre a termine la sua opera della Storia Bizantina, che in iscrivendomi a Roma nel 1818 per raccomandarmi un di lui parente, volle esternarmene di nuovo i sentimenti di cui era penetrato. Trascrivo la sua lettera, a me oltre modo cara perché di un uomo di merito esimio.

À M. Marini Garde des Archives du Vatican.

« *Monsieur,*   Paris, le 14 Aout 1818.

« Je ne me pardonnerais pas à moi-même d'avoir été si long-tems sans vous écrire, si je n'avois
« pas toujours espéré que le volume de la Bizantine, auquel je travaille, pût accompagner ma lettre.
« Vous savez combien m'a été utile le manuscrit de Jules-Pollux, que grace à votre intercession
« Sa Sainteté nous avait permis de garder encore quelque tems à Paris; vous savez aussi que dans
« ma préface j'ai fait mention de vos bontés. Je me réservais donc l'honneur de vous écrire pour
« le moment ou je pourrais joindre à ma lettre l'expression publique de ma gratitude. Mais nos impri-
« meurs sont si lents, que bien que l'on compose maintenant la table de Léon. le diacre, je n'ose
« plus fixer l'époque de sa publication: *citius elephanti* (sic) *pariunt.* Permettez donc que sans préjudice
« d'une seconde lettre je vous adresse celle-ci, et que je jouisse deux fois de l'avantage de me rappeler
« à votre souvenir. Je profitte de cette occasion pour réclamer vos bontés pour un de mes parens,
« M. Hase, qui vient de passer une année près de mois à Paris. Il s'occupe d'une édition de la
« politique d'Aristotèle. Vous serez vous-même bientôt à portée de juger de son savoir, et de ses
« excellentes qualités; mais uniquement à cette obligeante bonté, dont vous, Monsieur, m'avez donné
« tant de preuves. Facilitez-lui les recherches qu'il serait dans le cas de faire dans les riches dépôts,
« dont vous êtes le digne chef. Vous m'aviez dans le tems, parlé de la possibilité de venir vous
« joindre à Rome; le sort ne veut pas que j'aie ce bonheur-là; mais la personne que je vous adresse
« mérite, je vous le jure, autant et plus que moi votre sollicitude. M. Hase se trouvera heureux, si
« vous daignez diriger ses travaux par vos conseils, et je vous aurai la plus vive reconnaissance de
« tout ce que vous pourrez faire pour lui. Je ne renonce pourtant pas tout-à-fait à l'espoir de saluer
« moi-même, plus tard, cette *aurea Roma,* et de passer, ne fût-ce que quelques jours, au milieu des
« trésors qui sont sous votre garde. Vous possédez en antiquités, et en monuments paléographiques
« plus à vous seul, que toute notre Europe barbare au Nord, et à l'Ouest des Alpes. Mais *non cuivis*
« *contigit adire Corinthum.* En attendant, ne m'oubliez pas entièrement, et agréez les hommages de
« la reconnaissance, et du respect avec lesquels j'ai l'honneur d'être

            « Votre très-humble, et très-obéissant serviteur C. B. Hase,
          « Professeur à l'école speciale des langues Orientales vivantes,
               « attaché à la Bibliothèque du Roi. »

Or, giacché de'Codici Vaticani ho dovuto intrattenermi, non incresca, che a mia difesa, o piuttosto della verità, parli contro il ch. Luigi Angeloni, che nell'opera sua *dell'Italia uscente il settembre del 1818,* più cose sul ricuperamento di essi scrisse, che scrivere non dovea. Ma a scrivere così non fu indotto da malevolenza, ma da soverchio timore, siccome egli è grande amatore dell'italica gloria, che le nostre Biblioteche, e i nostri Musei si rimanessero spogliati de'loro preziosi monumenti. Anche il ch. Mons. Angelo Mai della restituzione de'Codici Vaticani parlò sempre in modo non grato a chi di rivendicarli fu intento. E che la cosa sia ben altra di quella ch'eglino la volean far credere, mi faccio a dimostrarlo sino all'evidenza. La Biblioteca Vaticana, che in seguito del violento trattato di Tolentino, e delle due invasioni francesi, erasi veduta spogliata di ottocento quaranta sette manoscritti, che seb-. bene non tutti pregevolissimi, pure nella maggior parte preziosissimi ed unici, fu di tanta perdita ristorata in virtù del decreto delle Potenze Alleate di rendere tutto a tutti, colla ricupera di ottocento quaranta cinque; e de'due mancanti, che sono piuttosto frammenti, e non molto pregevoli, l' un de'quali ha per titolo *Via regia ad Ludov. Imperatorem,* del secolo undecimo e di sole pagine ottanta; l'altro *De dissidiis filiorum Ludovici Pii,* parimente del secolo undecimo, e di minori pagine del primo, fu essa abbondevolmente ristorata col rarissimo codice greco del secolo decimo, scritto sù pergamena in gran foglio, contenente le opere di Platone. Il qual codice, che accresce splendore alla splendidissima Pontificia Biblioteca, a cui in niun modo, o tenuissimamente cospiravano i due suddetti frammenti, è sovente consultato dai dotti, che ne sanno il vero pregio conoscere. Che può adunque volersi la Vaticana Biblioteca, o piuttosto perché non deve rallegrarsi di avere emerso gloriosamente dal naufragio, che ad altre Biblioteche costò perdite irreparabili? Che se le furono renduti, manchi, o di edizioni meno rare, alcuni libri stampati, non sono queste benché gravi, perdite irreparabili, come se di uno de'rarissimi suoi codici fosse rimasa priva. Certamente ho creduto ben meritare di essa col restituirle tante dovizie letterarie, che anche in minor copia renderebbon celebre qualunque biblioteca. E che tutti siensi ricuperati i suoi codici, non è mestieri altra prova arrecarne che le ricevute, le quali indubitata fede ne fanno, rilasciatemi dai Custodi Mg. Baldi, Canonico Battaglini, e Canonico Giuseppe Baldi, che scritte sull'elenco de'Codici renduti si leggono ed il quale è alla lettera (E.) come adunque Angeloni si avvisò di dire, che solo in gran parte i Vaticani Codici furono renduti, e dubitar perfino se dei non renduti il pregio a quello de'renduti sia superiore? Così scrive (*Italia usc.* tom. 2. pag. 255) « Fu eziandio lo stesso Mg. Marino Marini, col sussidio però di, altri suoi compatriotti
« (io stesso pregai Angeloni, e il Conte Ginnasi dell'opera loro mi fosser cortesi nellò riscontrare
« i rivendicati codici) sollecitator diligente della restituzione de'Codici Vaticani e de'libri di antichis-
« sime e rarissime edizioni, e della medaglie, e di altro. Le quali cose tutte essendo in gran parte,
« servate nella doviziosissima principal libreria parigina, furono dai Conservatori di quella anche in
« gran parte rendute. Ma quantunque fosse certissimamente assai più grande il numero delle rendute,
« che delle non rendute cose, io per me non saprei dire se così stia veramente l'opera quanto al pregio
« delle une a rispetto delle altre. E nel vero, senza parlare di alcun Codice o libro, o altra cosa rara
« gentilmente ceduta; io per mostrar che forse non del tutto alieno dal vero è il dubbio mio, toccar
« voglio di solo un capo sopra tutto questo. » Si fa poi egli a parlare delle medaglie. Ma se i Codici Vaticani, o altra cosa rara, si rimasero in gran parte nella real biblioteca, perché egli, siccome fece delle statue, dei quadri, e delle medaglie, quali si fossero e non ricuperati, o i « gentilmente ceduti » non accennò? Che se di due Codici di poeti provenzali, scritti nel decimo quarto, e decimo quinto secolo, fu fatto dono per ordine di Pio VII, alla parigina real biblioteca, la perdita loro non è di così grave detrimento all'Apostolica Libreria, che meriti di essere rammemorata con tanto cordoglio, come se due de'rarissimi Codici del quinto, sesto, o settimo secolo, o alcun'altro che le opere de'Santi Padri, o la Bibbia contenga, fossero stati ceduti, come io era autorizzato di fare. Anche Mons. Mai nel deplorare la perdita di molte cose, sembra aver avuto nell'animo di mentovarci un giorno quella pure de'Codici, e delle stampe. Scrive (*Vicendev. uffici,* pag. VI.) « E già tornando sul « proposito delle cose perdute (senza ora far menzione de'codici, nè di stampe... ») Potrebbe egli certamente pubblicare un'elenco de'Codici Vaticani, che non fece ritorno all'antica lor sede, che buon grado gliene saprebbe il Pontificio Governo, perché non avendoli fatto cedere alla Francia, ogni buon diritto avrebbe di reclamarne il ricuperamento. Che se poi egli allude alla perdita de'Codici palatini, dirò, che come Pio VII pressato dalle vive istanze della Prussia, dovè cedere all'Università di

Heidelberga trenta nove di essi, che erano in Parigi fra i ceduti col Trattato di Tolentino, così dovè soffrire che di tutti gli altri Codici della palatina fosse spogliata la Vaticana dal professore Wilxen, che ad Heidelberga li recò. Non erano però i Codici palatini di così impareggiabile rarità, che, messi al confronto de'Vaticani, non facessero conoscere non essere stata per essi di documenti preziosissimi ed unici spogliata l'Apostolica Libreria.

Ma tali perdite ascrivere non debbonsi a colpa del Pontificio Commissario. Io piuttosto de' Codici ricuperati, che doveano per cessione fattane da Pio VII restarsi in Parigi, e di quelli avuti oltre il numero che ne perveniva, tessere posso un veritiero elenco. Dico adunque, che il Virgilio Vaticano era stato ceduto, (Memorie par. XXVIII), e che non meno il Terenzio delle rarissime miniature dovea io lasciare in Parigi. Che il Virgilio palatino era uno de'trenta nove codici ceduti ad Heidelberga. E con quale industria fossero conservati alla Vaticana questi tre celeberrimi manoscritti non è mestieri il dirlo. L'Università di Bologna si ebbe ventiquattro Codici oltre il completo numero de' rarissimi della sua Università, come attesta il professor Venturoli. Erano quattro cento undici i codici appartenenti a Bologna, e giunti costà si trovò nelle casse il loro numero di quattro cento trenta cinque, oltre i libri stampati. Trascrivo la ricevuta che me ne fece il sig. Venturoli.

« Bologna, questo dì 9 dic. 1815.

« Dal Sig. Ab. Marino Marini Prefetto degli Archivii di Sua Santità ho ricevuto i libri, e mano-
« scritti contenuti nelle casse indicate nel precedente foglio. Fatto il riscontro del numero de'mss:
« se ne sono trovati n. 24 di più di quelli indicati nel sudetto foglio. Questi libri, e manoscritti
« ricevo a comodo di questa Pontificia Università di Bologna. »

« GIUSEPPE VENTUROLI ff. di Reggente della
« pubblica Università di Bologna. »

Monsignor Mai volendo essere imparziale, dovrà, nell'indicare la perdita de'Codici Vaticani distinguere i ceduti dai non ricuperati.

Ora espedito ciò che io dir dovea per rintuzzare le querele del Signor di Cazes rapporto alle statue, e ai quadri, de' quali tanta copia si lasciò alla Francia; e per dimostrare quanto ingiuste si fosser quelle de' chiarissimi Mai ed Angeloni rapporto ai Codici, alcun'altra cosa mi resta a dire della cessione delle medaglie, e dello spoglio del Museo profano e del sagro, che conservavansi nella Biblioteca Vaticana. Dico innanzi tratto, che Angeloni, per dar testimonio come io dovetti acconsentire alla cessione de' cinquecento medaglioni di Carpegna, dovea esporre la cosa con più verità, e non far credere, che da me dipendea il cederli, o il conservarli. Riporto le stesse sue parole tratte dalla pag. 257 dell' indicata sua opera dell' *Italia*, tom. 2. « Tra le più pregiate cose tolte da' Francesi al
« museo Vaticano, era una serie pregiatissima di cinquecento medaglioni antichi, raccolti quivi con
« grande spesa ed indagine e diligenza nello spazio di centinaia d'anni. Or per questo stavano
« veramente in gran pensiero que'conservatori, e temevan forte non si volesse ad ogni patto ritorli;
« il che grandissimo detrimento, e sconcio sarebbe stato alla copiosa, e ben ordinata serie delle me-
« daglie loro. Ed andavano essi perciò ravvolgendosi in cento guise, e menando le cose per la lunga;
« acciocchè si potesse veder modo come schifar questa restituzione. Ma, alla perfine, stringendoli le
« istanze che loro eran fatte, furon costretti ad accontarsi per questo con Monsignor Marini, e col
« Sig. Abate, fratello del signor Canova (dalla volontà de'quali là cession dipendea); e cominciatisi
« dal lor mille querimonie e sollecitazioni, e prieghi intorno a ciò, essi ne vennero a questa conclusione:
« che cosa molto discara sarebbe stata al Re di Francia che gli fosse guasta la preziosa serie delle
« sue medaglie. Or quantunque fosse grandissimo il desiderio di que'due commissarii romani di addur
« di nuovo alla loro bella patria quelle sue insigni cose; non pertanto, come ebber eglino udito prof-
« ferire il nome del Re, non bisognò più avanti. Ristrettisi nelle spalle, e non facendo più cuor duro
« per questa restituzione, non una terza parte, non una metà, ma interi interi essi cederono i cinque-
« cento rarissimi Medaglioni. E certissimamente fu questa, niuno il mi potrà negare, una italica
« generosità da dovere esser sempre rammemorata. Egli è vero che si vollero lor dare, per mostrar loro
« gratitudine di tanto dono, alcune medaglie ch'eran di soperchio alla numerosa serie di quelle di
« Parigi; ma i medaglisti romani, razzolatele poscia diligentemente, conobber di leggieri, quelle essere

« proprio una beffe a rispetto della preziosità, e del valore de' vetusti medaglioni del Vaticano, stati
« tutti generosamente ceduti. Alla qual cessione eseguire (ogni ragione vuole ch'io anche il dica) molto
« valsero verso i romani commessarii i cortesi modi e gentili di alcuni di que' conservatori, ed altri
« ufficiali della parigina libreria, e massime de' gentilissimi ed onestissimi Sigg. Van-praet, Chezy, e
« Hase; il primo de' quali è uno de' più periti conoscitori di pregiati libri, che mai furono, e gli
« altri due son di lingue orientali dottissimi professori. » Abbiamo dallo stesso Angeloni udito la storia
della cessione de' cinquecento medaglioni; ma che la cosa non istia per mia parte, siccome egli la
descrive, mi faccio a dimostrarlo. Primieramente dico, ch' io, non conoscitore certamente di numismatica, mi ritrassi dal mandare ad effetto la commissione di richiedere le medaglie, e proposi ad Antonio
Canova, che avea per coadjutore nello eseguire i reclami suo fratello Abate, ora Vescovo, di far venire
a bella posta di Roma un qualche perito in questa scienza, e indicai il ch. Filippo Visconti, dubitando
io forte non dovessimo essere per la mia imperizia della doviziosissima e celebre suppellettile del
Vaticano medagliere defraudati. Ristrettosi Canova nelle spalle, lasciò al fratel suo, che intelligente
in numismatica si dicea, che su ciò m'accontasse, il quale al far venire alcuno da Roma, mostrossi contrario, e che egli avrebbe la commissione da se adempiuta, giacché anche Antonio Canova
era a tali reclami autorizzato, come egli disse. Ed avendo poi egli accomodata la faccenda alla meglio
che per lui far si seppe, e conchiusione accordo coi Conservatori del Gabinetto numismatico, essi,
ch' erano ben contenti di quanto avea operato il Sig. Ab. Canova, furono solleciti che la stipolata
convenzione fosse della mia approvazione corroborata. E venutisi nella camera della libreria, in cui
Angeloni ed io riscontravamo i Codici, presentaronmi lo stabilito accordo, e instantemente richiesermi
della mia sottoscrizione. Ma eglino tanto fecero, tanto insistettero, tanto si adoperarono unitamente
col Sig. Barone di Ottenfels, il quale, per aver voluto io evitare nel ricuperamento degli oggetti
reclamati, ogni atto di violenza, avevamo chiesto a mediatore per quelli che erano nella reale biblioteca, che finalmente dopo di aver sentito io, non « che cosa molto discara sarebbe stata al Re di
Francia, che gli fosse guasta la preziosa serie delle sue medaglie » ma che al ricuperamento degli
oggetti reclamati era stato dalle Potenze Alleate fissato il termine perentorio, a cui non mancavano
che pochissimi giorni, spirati i quali, ogni diritto perdevamo a nuovi reclami, dopo di aver inteso
dal Sig. Ab. Canova, che i compensi dati per la cessione de' cinquecento medaglioni di Carpegna, e
di altre medaglie, ristoravano bastantemente il medagliere Vaticano; e dopo di avere riguardato Angeloni, che fino a quel punto fissi avea tenuti gli occhi sopra di me, e caldo di amor patrio mi avea
con energiche parole tenuto fermo a non firmare quell'accordo, e vedutolo ristringersi nelle spalle,
non proferir più parola, e altrove aver rivolto lo sguardo, mi arresi, e feci la chiesta sottoscrizione.
Or, Messer Angeloni, non veniste voi ad approvare col vostro silenzio la mia adesione a quell'accordo, a cui fui astretto per ricuperare in parte il medagliere Vaticano, che di perdere interamente
eravamo minacciati, come voi stesso ne foste testimonio? E perché poi mi trattaste così male nella
vostra *Italia?* Grato vi sono degli elogi che mi prodigaste in essa, di *ottimo*, di *diligente*, di *onestissimo*,
ma più grato vi sarei stato se più veritiero nella esposizione del fatto vi foste dimostrata. A dir vero
più curo il mio onore, che i vostri elogi, coi quali vi credeste, Messer mio, di più facilmente deni-
grarlo. Ma voi non chiamaste onestissimo il Sig. Van-Praet, uomo, che nella restituzione de' libri stampati
nel quattrocento, si diè a conoscere per così di poca buona fede, anzi per così grande ingannatore
quanto altri mai possa esistere? Dunque, Messere, riprendetevi quegli elogi che mi faceste, coi quali
mi uguagliaste ad un tal' uomo. Io pregio quelle lodi, che mi sono comuni cogli uomini probi, e
leali. E se io mi abbia nel racconto della cessione delle medaglie di un sol apice alterata la verità,
voi che vivete sotto un cielo libero, liberamente potete farlo conoscere. Arguitemi di menzogna se vi
pare l'animo. Il Conte Giulio Ginnasi che, come ho detto, era presente, venutosi a Roma, mi lasciò
un attestato da cui apparisce la verità, se mai qualche indiscreto ne dubitasse, di quanto ho
asserito. Voi foste zelantissimo nel prestarmi l'utilissima opera vostra, la cui mercè potei ricuperare
tanti Codici che forse sarebbero alle mie indagini sfuggiti; e di ciò vi fu grato il Pontificio Governo
non meno che dello avere scritto la memoria, che Canova presentò a Castlereagh.
  Ora, Monsignor Canova, a voi mi rivolgo, non domandandovi ragione di quell'accordo, che pur
troppo potrei dolermi che m'induceste a sanzionarlo, ma eccitandovi a difendere il vostro onore dalle
accuse dell'Angeloni, dalle quali, poiché a me pure le volle render comuni, mi discolpai come meglio da

me il far si potea. Voi risponderete senza meno, che essendo debitrice Roma al fratel vostro defunto dello averle riabellito il suo Vaticano Museo de'capolavori di statuaria e pittura, il volere ora riprender voi della cessione delle medaglie, cosicché ne doveste venire alla difesa, sarebbe alla memoria dell'immortale Canova mostrarsi ingrato, poiché il solo simulacro di Apollo compensa ad esuberanza la perdita delle medaglie. Egli è verissimo, che la Romana Corte grata esser debbe agli uffici di Antonio Canova del ricuperamento delle statue e de' quadri; ma tenutissima non meno debb' esserne al valente medico Bozzi Granville, che moltissimo a prò di lei sollecitò il Sig. Hamilton, e agli artisti stranieri che erano in Roma, in capo de' quali fu il Danese Cavalier Thorwaldsen, che ai Sovrani collegati ne fecero reclamo per la comune patria delle belle arti. Tuttavia onorevole ed onestissima sarebbe quell'apologia, la quale e voi, e il fratel vostro da tante cessioni fatte giustificasse non solo appo la Pontificia Corte, la quale la gratitudine sola rattenne di non citarvi a renderne conto, ma presso le nazioni tutte civilizzate che di esse vi faranno continui rimproveri. Nè potrete certamente addurre a vostra difesa il tacito consenso de'collegati Principi,. che molti degli oggetti romani rimanessero in Parigi, poiché in seguito de'reclami fatti agli 11 di Settembre del 1815 dal Sig. Castlereagh, ai 23 dello stesso mese dal Duca di Wellington e dall'impareggiabile Sig. Guglielmo Hamilton, tanto tenero dell'italica gloria essendo stata finalmente di comune accordo acconsentita la restituzione delle cose, di cui la Francia avea i legittimi lor possessori spogliati, furono gli stessi collegati Principi, massime il Re Prussiano, con parentevole sollecitudine intenti, che tutte fossero le ricuperate cose alla pristina loro patria ricondutte. Ed a mandare ad effetto la determinazione de'Collegati, non paravasi innanzi alcun' ostacolo dalla Russia, la quale solamente pregava che i capolavori romani di belle arti continuassero lor Sede in Parigi. E dal pregare cessò .poi essa che finalmente col tenere valida la decisione del Congresso, venne medesimamente ad approvare, che il Museo parigino, di tanti oggetti, di cui con patente ingiustizia era stato adorno, fosse privo. Ma facendo punto sul ricordare cose, che meno increscevoli da minore generosità poteansi rendere, passiamo dello spoglio a ragionare de'Musei sagro e profano, che Mgr. Mai a ragione compassiona, e che avrebbe voluto, quando delle altre cose romane fu fatto reclamo, fosse stato ristorato.

Questo illustre Prelato scrive nel suo ragionamento sui *Vicendevoli uffici della religione e delle arti,* « rivolgeremo piuttosto a compassionare (con più ragione che non ha il nostro Aristarco) la per-« dita incalcolabile, che nello spoglio francese ha sofferto questo Museo: danno che per terribile fata-« lità non fu ristorato, quando si ricuperarono gli altri oggetti romani » Ma questa *terribile fatalità* la ripete fors'egli dall'incuria del Commissario Pontificio, che tali oggetti dovesse reclamare, e non li reclamasse, o dalle circostanze che ogni reclamo ne rendeano soverchio e forse inopportuno? E siccome fra gli oggetti, di cui deplora la perdita, annovera i medaglioni in bronzo di Carpegna, che è patente ad ognuno doversi imputare al volere di chi li ridomandò, così onestissima cosa sembra, onde di maggior colpa non aggravare colui, che con tanto sconcio del romano medagliere mandò ad effetto il suo reclamo, non lasciare incerto il lettore se un medesimo giudizio si avess' egli a pronunziare sulla perdita degli oggetti del Museo sagro e del profano. Così del pari onestissimo sarebbe stato nel mentovare la perdita de'Codici Vaticani, ricordare i compensi ottenuti, che a soperchio, tenuissima essendo quella, vedemmo, ne rinfrancano la Pontificia Biblioteca. Ma certamente il dotto Mgr. Mai, uomo religiosissimo, non ha creduto colla espressione *terribile fatalità* offendere il Pontificio Commissario. E valga il vero, come mai poteansi ricuperare quegli oggetti, quando le altre cose romane furono reclamate, se essi non furono ceduti con alcun Trattato, ma servirono di esca all' avara cupidigia degli Uffiziali dell' esercito francese che invase Roma? Laonde la perdita di quegli oggetti cagionata da depredazione, che il diritto di conquista, sebbene ingiusta, sembrava autorizzare, in qual modo poteasi ristorare? Nè si credea che i Conservatori del Gabinetto numismatico, che tanto restii eransi mostrati a rendere gli oggetti ceduti con un Trattato, che di comune consenso delle Potenze Europee veniva infranto, pieghevoli sarebbero stati, mercé il ritornare o quietanza q piuttosto sentenza morale *res clamat ad dominum,* si acquistarono, o ch'ebbero in dono, come alcun suppone, ed io lo indicai nelle Memorie, che fra essi annoverar si dovessero i camei ed altro de'quali l'elenco riporto in fine [1]. Ma senza pregiudizio di vantaggio in questa discussione se doveansi sì o nò reclamare quegli oggetti, dico

---

[1] Questo elenco si tralascia come non attinente al nostro scopo.

essere incontrastabile che le cose ingiustamente rapite si possono giustamente ridomandare; ma che la restituzione de'camei sagri e profani non potè corrispondere al reclamo, che, a fronte de'motivi accennati, i quali esponevanci a ricusa, pur se ne volle da noi fare, poichè la minor parte di essi, e non de'più pregevoli, era in Parigi, altri, e certamente i più rari furono portati in Russia, siccome dicemmo; ed altri donati a private persone in Parigi, che da quelle offerti a Pio VII non volle accettare. Tuttavia ne ricuperammo ventisei.

Ma eccoci di nuovo alle prese coll'Angeloni, per lo scambio de' vasi etruschi. Dopo di aver egli detto, che il ch. Sig. Abate Haüy Conservatore del parigino Gabinetto mineralogico, rendette le cose spettanti al Santuario di Loreto, le quali tutte furono interamente rendute, e quelle appartenenti alla collezione di storia naturale dell'Istituto di Bologna, la mancanza di alcune delle quali quel lealissimo e cortesissimo uomo abbondevolmente con liberale sollecitudine compensò, soggiunge alla pag. 262 l. c. tom. 2. « Del resto tanto furono conoscenti i romani commissarii (io fui quegli che reclamai i suddetti oggetti, e solo, accompagnato però dall'Angeloni) « de' leali e cortesi modi del Signor « Ab. Haüy, che in altre cose furon anche essi, più che compiacenti. Siane questa un'altra prova. « Erano stati eziandio tolti al Vaticano alcuni di que' vasi, e de' più pregiati che mai si rinvennero, « i quali impropriamente nomansi etruschi; e in luogo di quelli (per artificio d'un nostro stesso italiano, « il quale poi ne menava vanto) ne furono dati altri, che a pezza non valevano i nostri. Si venne « appresso in conoscimento dell'opera disleale, ma tuttavia i romani commissari, per usata loro gene « rosità, non ne dieder segno in alcuna maniera. » Ma quale menzogna più potente di questo racconto! De' celebratissimi vasi etruschi romani aveano i Francesi adorno il Museo parigino di pittura e di scultura, e a chiederli si presentò Antonio Canova. E siccome nel diametro, e nell'altezza quelli che gli furon dati ai richiesti corrispondevano, così fu facil cosa al nostro statuario, che non conosceva i vasi etruschi di Roma, di essere ingannato, e ad Ennio Quirino Visconti, uomo rinomatissimo, d'ingannarlo, e questi dello inganno fatto menò vanto, e quegli tacersene, arrossendo forse che un romano lo avesse deluso. Perchè dunque Angeloni trasporta i vasi etruschi al Museo di storia naturale, se ne richieditore, che due essendo allora in Parigi i Commissarii Pontifici, io fui il solo, che me ne andai al Museo di storia naturale a reclamare ogni altra cosa fuori di que' vasi, che non vi stettero mai? Nè lo avere io de' miei reclami fatto testimone questo valoroso letterato uomo onestissimo, ma infelice e capriccioso ordinatore di governi, e fervido, ma incauto, banditore d'italica indipendenza, e confederazione, bastò a mettermi a riparo dalla non solo intemperante, ma ingiusta sua censura, contro la quale però lo stesso mio operato mi è di schermo. Ma, lasciato finalmente il domicilio delle Muse, ritorniamo ai gabinetti ministeriali, e de' reclami del 1817 l'interrotto racconto riprendiamo.

Scrivo al Duca di Richelieu di rispondere definitivamente sulla restituzione delle carte del Cardinale Caprara, la quale risposta mi riprometteva io in seguito del suo Dispaccio de' 21 di Luglio, da cui si può rilevare, ch'egli avea scritto al Ministro dell'Interno, che specialissima ricerca facess'egli fare nel suo Ministero, onde venire bene in chiaro se mai vi fossero le suddette carte state collocate. Ma siccome il conte di Pradel, che opinava potersi piuttosto rinvenire al Louvre, anzichè altrove, mi aveva eccitato a farne richiesta al Ministro Guardasigilli, da cui la custodia di quello dipendeva, così pregò il Duca d'impegnare quel Ministro a trattar meco relativamente a questa restituzione. Nè sorprenda che avanti di essere state rendute io parli *di accomodamento* circa la loro restituzione; perchè non essendosi voluto confessare dai Ministri l'esistenza di esse, allorchè temevano di perderle, credei, che, deposto questo timore, non avrebbon essi perseverato a negarla. Ma eglino a negarla perseverarono, e le pertinaci loro negative ed evasive risposte servirono alle perseveranti mie inchieste. Ricevuta che io ebbi risposta dal Duca di Richelieu, di aver egli manifestato al Guardasigilli come io affermassi essere state quelle carte depositate all'Archivio del Louvre, che di esse con quel Ministro cominciai a trattare. Leggiamo intanto la mia lettera al Duca, e quella di lui a me.

À S. E. Mgr. le Duc de Richelieu.

Monseigneur,   Paris, le 15 Aout 1817.

« Je me flattais, d'après la réponse, dont V. E. voulut bien m'honorer le 21 juillet dernier, « qu'Elle aurait même la complaisance de m'apprendre la décision sur la restitution des papiers du « Card. Légat. Son Éminence le Card. Consalvi m'a adressé à V. E. Elle-même est dans le cas de juger

« qu'il me doit tarder beaucoup de faire connaître à Sa Sainteté l'issue de cette commission. C'est
« ainsi que je prie V. E. vouloir m'en donner une réponse définitive. Les papiers en question sont
« déposés aux Archives du Louvre: je propose tel arrangement qui puisse convenir aux deux Gouver-
« nements; l'esprit de conciliation n'est pas étranger à ma façon de penser. Cependant toute démarche
« serait inutile, si V. E. n'engageait M.ʳ le Garde des sceaux à traiter avec moi, comme celui, qui
« est particulièrement chargé par le Gouvernement Romain de la réclamation des susdits papiers. Je
« suis etc. »

A M. Marini Commissaire de S. S.

Paris, le 19 août 1817.

« Monsieur, vous m'avez fait l'honneur de m'écrire que les papiers de la dernière Légation du
« Saint Siège en France étaient déposés aux Archives du Louvre, et vous avez désiré pouvoir vous
« concerter avec M.ʳ le Garde des sceaux pour qu'ils fussent remis le plus promptement possible à
« la disposition de votre Gouvernement. Je me suis empressé, Monsieur, de prévenir ce Ministre de
« l'objet de votre demande, et des renseignemens que vous me donnez sur le lieu du dépôt. Agréez,
« Monsieur, les assurances de ma considération distinguée.   « RICHELIEU. »

Quando io partii questa terza volta per Parigi, l'Eṁo Cardinale Emmanuele de Gregorio com-
piacquesi darmi una lettera, mercè la quale aperto mi fosse l'adito al grande elemosiniere del Regno,
l'Arcivescovo di Parigi, Mgr. Alessandro Talleyrand di Périgord, già Vescovo di Amiens. Le virtù,
che a tutta la Francia rispettabil rendeano, non meno che a chiunque la sorte si avesse di conoscere
questo illustre Prelato, gli meritarono la sagra porpora, di cui, allorchè me gli presentai, non era
per anche stato decorato. Di molte cortesie mi fu liberale, e volle che più volte fossi suo commen-
sale; laonde mi fu facile di fare conoscenza di alcuni personaggi della Corte, dai quali udii farsi
onorevole e frequente menzione del suddetto Card. de Gregorio, di cui principalmente, fra le altre
virtù che l'adornano, la costanza nello avere tanto sofferto per la buona causa non cessavano essi di
esaltare, encomiandola degna de' primitivi tempi cristiani, e di starsi seduta sulla Cattedra Vaticana.
Col Card. di Périgord entrai in ragionamento sui diversi reclami avanzati da me ai Ministri. Egli era
oltre modo propenso che tutti fossero renduti gli oggetti reclamati. E valga il vero, quali plausibili
ragioni poteano tener fermo il Card. di Bausset nel sentimento, che restituiti non fossero gli atti della
Legazione? E siccome la di lui autorità era di molto peso appo il Ministero, così anch'essa forse con-
tribuì ad impedirne la restituzione. Il Card. di Périgord offrimmi la sua mediazione presso il Ministero medesimo, la quale a niun vantaggio ridondò delle mie istanze. Laonde veggendo egli che le
ripulse del Ministero non avrebbero avuto termine, mi consigliò di presentare al Re stesso le mie
istanze. Ed avendo poi io informato il Cardinal Consalvi del niun buon risultato de' miei reclami, i
quali eludevansi dal Ministro ne' modi i più ingiusti sino a considerare quegli atti, di cui per altro
negarono sempre l'esistenza, quale privata proprietà del Cardinal Caprara, rispose ribattendo le indebite supposizioni dei Ministri, che confidava dover'eglino metter termine a tante tergiversazioni. Non
trova egli spregevole il consiglio di sottomettere al Re stesso i miei reclami, ove io però non reputi
più utile il valermi della mediazione del Cardinale di Périgord, quale è appunto il soggetto a cui vuole
egli attendere nella sua lettera. Riflettendo io però, che poco, o niun utile sarebbe derivato all'esito
de' miei reclami, se gli avessi presentati al Re, il quale non si sarebbe astenuto di sentirne il parere
de' Ministri, i quali non avrebbono certamente voluto essere in contradizione con se stessi, così pre-
ferii di continuare a trattar con essi. Nella stessa lettera m'intrattiene Consalvi della edizione della
Bibbia, ch'egli supponea starsi allor facendo, la quale già era comparsa alla pubblica luce, e di cui i
Ministri, con scandalo de' buoni, teneano pubblicamente presso loro un'esemplare. Finalmente sulla
non eseguita restituzione del processo di Galileo, e sulla eseguita spedizione degli Archivi mi scrive;
leggiamo la sua lettera:

Illustrissimo Signore,   Roma, 20 Agosto 1817.

« Due lettere di V. S. Illustrissima mi sono pervenute in questi giorni, quasi ad un tempo;
« l'una in data dei 29 Luglio, l'altra del 5 corrente. La prima è diretta a far conoscere che la risposta

« data da S. E. il signor Duca di Richelieu intorno alle carte della Legazione Caprara non è così
« soddisfacente come si attendeva, avendo rimesso l'affare al Ministro dell'Interno. Sarà pertanto di
« Lei cura di rendermi - inteso del risultato della risposta che dal medesimo sarà data. Non posso
« indurmi a credere che, per non effettuare la restituzione di dette carte, si voglia affacciare il pretesto
« che il Governo Pontificio non sia in diritto di reclamarle, perchè si credono appartenenti agli eredi
« Caprara. Il Governo Pontificio non reclama carte risguardanti gli affari privati del defunto Cardinal
« Caprara, ma quelle della sua missione pubblica, sulle quali non gli eredi, ma la Santa Sede ha un
« vero, reale e positivo diritto. Se si fissasse il principio che le carte di una legazione sia politica,
« sia mista, appartengono agli eredi, i Governi sarebbero esposti alla privazione e deperimento di
« quegli atti, e di quelle corrispondenze, la conservazione delle quali è tanto interessante per i Governi
« medesimi, ognuno dei quali conserva gelosamente la serie delle relazioni sieno ecclesiastiche, sieno
« politiche, sieno commerciali. Voglio dunque lusingarmi, che la rettitudine del Governo di S. M. Cri-
« stianissima metterà un termine alle perplessità sul reclamo da Lei avanzato, ed il consiglio datole
« di andare direttamente da Sua Maestà non è spregevole, quando Ella non creda più utile la media-
« zione efficace del personaggio che mi divisa. Quanto all'edizione della Bibbia, che si sta ora facendo,
« Le ho già manifestate le istruzioni di Sua Santità, che a quest'ora avrà ricevute. Sulla restituzione
« del processo di Galileo non mi dice V. S. Illma per questo neppure un'apparente ragionevole motivo che possa ritardarla. Coll'altra del 5 ac-
« cennandomi di aver ricevuto la mia del 19 Giugno, mi dà parte della partenza degli Archivi. Da
« Evangelisti mi sono state passate le carte, di cui mi fa menzione nella sua lettera, ed ho rilevato
« da esse lo stato delle spedizioni fatte, le spese, le ricevute dello Spedizioniere e del Falegname,
« e le prevenzioni fatte ai rispettivi Ministri per il libero transito degli Archivi. Tutto prova la dili-
« genza ch'Ella mette perchè il trasporto non incontri ostacoli, e non ho che a lodarla. Con senti-
« menti intanto di distinta stima mi confermo »   Servitor vero
                                                           E. Card. CONSALVI. »

Nella memoria italiana che trasmisi al Duca di Richeliu il 23 di Luglio, tutti erano compresi
i diversi documenti, che io dovea reclamare. Ma riflettendo poi che troppo fastidiosa cosa era per
lui l'occuparsi della ricerca di quelli pure che erano stati sottratti da private persone, mi ristetti
per allora ad estendere le mie inchieste e alle sole carte della Legazione le limitai, facendo
delle altre motivo di reclamo al Ministro di Polizia. Ma poi e delle une e delle altre rinnovai in seguito
le mie rimostranze al Richelieu, il quale ai 24 di Agosto mi aveva dato udienza, di cui ora parleremo.
Essa ebbe per iscopo di ascoltarmi sulle reclamazioni, ma egli più volte intrattenermi sulle cose che
son per narrare, anzichè udirmi sulle cose che era per chiedergli.
   Verso dunque l'udienza sul Concordato del 28 di Luglio 1817, copia stampata del quale a lui presentai, e agli altri Ministri per ordine del Cardinal Consalvi, sul ripristinamento dei Vescovati soppressi in Francia con Bolla Pontificia del 29 Novembre 1801; sugli Allegati mandati allora a Parigi;
sulla edizione della Bibbia; e finalmente sui documenti reclamati. Sul Concordato disse egli, che
opinava nullo doversi tenere, giacchè a suo giudizio, plausibili ragioni non esistevano da derogarsi al
Concordato 1801. Così opinavano gli altri Ministri, e fu veramente un trionfo per Monsignor di
Pressigny, che il nuovo Concordato si rimanesse senza effetto. E parve allora che con più prudenza
si fosse condotto il Pressigny col non venire mai a termine del Concordato, anzichè il Conte di Blacas,
coll'accelerarne la conchiusione. Erano momenti terribili, nei quali l'avverso partito stavasi sopito a
guisa di fuoco sotto la cenere sempre pronto a scoppiare. Il Ministero, in cui le impressioni napoleo-
niche non solo non erano estinte, ma nemmeno infievolite, non potea essere partigiano di Roma.
   Richelieu non era stato ligio, come gli altri Ministri, di Napoleone, ma forse nel Nord non avea
attinto sentimenti così favorevoli alla Santa Sede, quali ad un Ministro di un Re Cristianissimo con-
venivano. Laonde la prudenza, e non un soverchio zelo, dovea presedere al maneggio degli affari
politici ed ecclesiastici. Tuttavia Richelieu ebbe torto di mostrarsi contrario al nuovo Concordato,
poichè egli non potea ignorare che Pio VII vi fu indotto dal Duca di Blacas, che instantemente ne
lo pregò a nome di Luigi XVIII. Dunque le querimonie di lui doveansi tacciare d'indiscretezza e
d'incoerenza. Al ripristinamento poi dei soppressi Vescovati si opponea, comecchè niun bene, anzi ag-

gravio fosse per derivarne allo Stato, che egli dicea non potere di convenevoli rendite provvedere le ripristinate sedi: Disapprovò la spedizione di tre Ablegati, e disse che tre berrette cardinalizie non erano così pesanti che a recarle in Francia la forza di un solo Ablegato non bastasse. Il motivo che indusse il Cardinale Consalvi a mandare tre Ablegati fu che mentre avea egli destinato Monsig. Costantino Patrizi a tale onorevole incarico, sopraggiunsero lettere di Monsignor di Périgord che chiedea per suo Ablegato Monsignor Augusto Brancadoro da Fermo. Per la qual cosa Consalvi, che sostener volle la scelta fatta da lui, spedì un'Ablegato a ciascuno dei nuovi Cardinali. Ma finalmente di che avea a dolersi Richelieu? Eglino non furono così lautamente convitati e splendidamente donati, che l'erario pubblico ne potesse risentir aggravio. Sulla edizione della Bibbia, e sulla restituzione dei reclamati documenti ripetè le consuete evasive risposte.

Ai nuovi Cardinali era stata imposta sul capo dal Re la Berretta Cardinalizia. Il Cardinale di Périgord nel presentarsi quella stessa mattina a ringraziare S. M. che ricevè i nuovi Cardinali alle Tuileries, pronunziò un breve discorso, ma degno di un tanto Re, e di lui stesso. Non meno dignitoso fu quello del Cardinale de la Luzerne, a cui il Re graziosamente rivolto disse, che rammentava sempre con piacere gl'insegnamenti, che sino dalla sua prima giovinezza avea da lui ricevuti. Al Cardinale di Bausset fu data la Berretta nella Cappella privata del Re; era quel porporato da malattia podagrosa ritenuto di camminare liberamente, cosicchè gli era mestieri l'uso delle stampelle. Passammo quindi, (io pure corteggiava i due nuovi Cardinali,) a far riverenza ai Principi Reali, che corrisposer loro con modi cortesissimi e con affettuose congratulazioni. Il fratello del Re, ora egli pure Re col nome di Carlo X, diresse loro un'allocuzione, che tutti in se racchiudea i sentimenti della più religiosa pietà. La bontà del cuore, e la prudenza con che tempera i rigori della giustizia, la modestia che conserva nell'auge della gloria, la religione e la giustizia che trionfano sostengono il suo Trono, e le quali chiama a consiglio nelle reali sue determinazioni, lo rendono il modello dei regnanti, degno primogenito della Chiesa. I Troni occupati da tali Principi non sono vacanti, come suppone il liberale, ove i loro sentimenti non sieno traditi dal Ministero, che la Dio mercè, quello di Carlo X coopera ad eternare la gloria del suo Re.

La Duchessa d'Angoulême, ora Delfina, Maria Teresa, sino col suo esterno conciliava venerazione, e sì grande il religioso contegno con cui ricevè i Cardinali, che facea apparire i sentimenti di devozione da quali era compresa. Nel vederla mi si offrì al più vivo dell'immaginazione la catastrofe dolorosa dei suoi genitori, Luigi XVI e Maria Antonietta. La complimentai come Commissario straordinario della Santa Sede, che tale appunto mi volle riconoscere il Ministero di Francia, e le conservo grata memoria della somma bontà con cui mi accolse.

Il Cardinale de la Luzerne parve avesse scelto espressamente quel giorno, giorno per lui di epoca gloriosa, onde vieppiù assicurare il Clero gallicano, poichè egli forse temea che quel Clero dubitasse che la gratitudine che prevale nei cuori benfatti, avesse potuto influire a pro della Chiesa Romana sul cuore di un Vescovo, a cui venivano impartiti i maggiori onori di cui essa è arbitra, per assicurare, dissi, il Clero gallicano della continuazione di quei sentimenti, che già sulle libertà gallicane avea tanto esaltati nelle sue opere. I modi improprii, con che alla mensa riandò ai quattro articoli sostenuti a nostro grave detrimento da quel Clero, non solo servirono di pegno alla Chiesa di Francia della perenne sua adesione ad essi, ma quali forieri annunciarono quel molto, (poco curandosi egli del giuramento prestato al Papa nello assumere le Cardinalizie insegne,) che a lor difesa ne scrisse in seguito. Se fosse ingratitudine per parte di quel Cardinale il mostrarsi così avverso alla dottrina romana, ognuno lo può facilmente riconoscere. Anche le opere del Cardinale di Bausset non annoverano il loro autore fra i nostri partigiani; tuttavia il gallicanismo non vi trionfa con impudenza. Veramente il Cardinale di Périgord accresceva lustro alla Romana Porpora collo splendore de'suoi natali, colla santità della vita, e colla costante devozione alla Santa Sede, sebbene di tal devozione abbia alcuno con indiscretezza dubitato. Contro la quale indiscreta dubitazione egli stesso si difenda, allegando il Breve di Pio VII che da Roma ai 2 di Agosto 1800 scrisse a lui, e ad altri quattordici Vescovi di Francia, che rende preclarissima testimonianza al loro zelo ed obbedienza alla Santa Sede, e fa conoscere, che la renuenza ch'essi ebbero in appresso di dimettere i loro Vescovati, non si dovea imputare a insubordinazione, ma a zelo, che loro facea temere, che a Lupo piuttosto, anzichè a Pastore potesse essere affidato il loro gregge: al quale zelo però si dee preferire l'umile sottomissione al volere del Supremo Gerarca. Ma come poter dubitare della devozione del virtuosissimo Périgord, se prova non equivoca ne dava a Pio VII, col mantenere nella sua obbedienza alcuni, ma non secondo la scienza, zelanti Ecclesiastici. Di quegli Ecclesiastici parlo, che avrebbono renuito, se l'autorità del Périgord non avesse sulla privata loro opinione prevalso, di sottomettersi al nuovo Concordato, sul timore che col distruggersi il Concordato del 1801, si venissero a confermare i vaneggiamenti dell'occulta Chiesa di Francia, appellata *la petite église* i quali non avendolo mai tenuto per valido, lo riguardarono sempre come un' abuso di autorità Pontificia, che scismatico avesse renduto quel Regno; il quale giudizio però non si potea da coloro formare senza grave ingiuria del Romano Pontefice, e quasi dell'intero Clero di Francia. Della dissensione del Clero sul nuovo Concordato, e dello zelo del Périgord in sedarla scrissi al Cardinal Consalvi, che rispose « . . . fa elogio al carattere del Signor Cardinale di Périgord, ed alla dignità, di « cui è rivestito, l'impegno che mette nel conciliare gli animi dissenzienti, e voglio sperare che egli sia « per riuscirvi colla sua virtuosa influenza » Finalmente la stima in che lo tenne il Cardinale de Gregorio, che nell' ossequio verso la Santa Sede si è oltre ogni credere segnalato, serve di gloriosa apologia alla condotta del Périgord. Ma pace sia a lui, e ai mentovati due altri Cardinali francesi, che lasciarono questa terra, e de' nostri reclami nuovamente intratteniamoci.

Mi diressi al Conte di Cazes, dopo di averne prevenuto il Duca di Richelieu, e con nota degli oggetti sottratti lo impegnava, siccome avea fatto in voce a prestarsi al loro ricuperamento. Ma egli limitò le sue premure a solamente darsi carico di trasmettere quella nota al Ministro dell' Interno. Dubito se maggiori ingiustizie si usassero mai ad altro Governo, quante al Pontificio usò la Francia, nel negare la restituzione di que' documenti. E la mia costanza nel reclamarli, e la mia pertinacia nel convincere di aperta menzogna coloro che ne negavano l'esistenza, non bastarono a vincere la fermezza del Ministero nel ricusarli. Eccoci alla risposta del celebre Cazes, che sul teatro politico recitò da liberale, e da realista, mascherando sempre con mentite sembianze il napoleonismo, che covava nel cuore.

À M. Marini Commissaire extraordinaire du S. Siége.

Paris, 4 septembre 1817.

« Monsieur le Commissaire, j'ai reçu avec la lettre que vous m'avez fait l'honneur de m'adresser « le premier de ce mois, la note indicative des papiers appartenants aux Archives Pontificales, qui « avaient été retenus à Paris. Les établissements où ces papiers peuvent avoir été déposés se trouvent « sous la direction spéciale du Ministre de l'Intérieur, je n'ai pu que lui transmettre votre demande, ainsi « que la note, qui l'accompagnait. C'est à ce département que doivent être adressés les demandes ulté- « rieures que vous auriez à faire pour cet objet. Je regrette infiniment de ne pouvoir les remplir d'une « manière plus directe. Agréez, Monsieur le Commissaire, les assurances de ma haute considération.

« Le Ministre Secretaire d'État
« au département de la Police générale
« le Comte DE CAZES. »

Delle carte della Legazione feci finalmente reclamo al Barone Pasquier Ministro della giustizia Guardasigilli, che della istanza che io era per fargli, era stato prevenuto dal Duca di Richelieu.

Rispose che ignorava esistessero negli Archivii del Louvre, carte appartenenti al Cardinal Caprara. Che se in seguito delle ricerche che vi si sarebbono fatte, se ne fossero rinvenute di proprietà di quel Cardinale, egli me le avrebbe date. Riporto la proposta, e risposta.

À S. E. le Baron Pasquier Garde des Sceaux Ministre de la Justice.

Monseigneur, Paris, le 1 septembre 1817.

« Sa Sainteté m'ayant envoyé en France pour réclamer les papiers qui avaient appartenus à « la Légation du feu Cardinal Caprara, je me suis adressé a S. E. Monsieur le Duc de Richelieu « pour lequel j'avais des lettres de créance. Son Excellence en a ordonné les recherches nécessaires, « et par sa lettre du 21 juillet, Elle me mande que rien de ces papiers ne s'est trouvé dans les Archi- « ves des affaires étrangères, comme l'avait pensé, il y a plus d'un an, M. le Ministre de l'Intérieur.

« Le Duc de Richelieu m'a encore répondu depuis, qu'il vous donnait officiellement connaissance de
« la croyance dans laquelle j'étais que ces papiers se trouvaient dans les Archives du Louvre. M.
« le Comte de Pradel, à qui j'ai aussi écrit pour les réclamer, est du même avis, et il me le dit par
« sa lettre du 11 Août. Je viens aujourd'hui, Monseigneur, en conséquence de ces nouveaux renseignements,
« La prier de vouloir accueillir la demande, que je lui fais de ces papiers de la part de Sa Sainteté.
« Je suis avec haute et respectueuse considération

« Très-humble, et très-obéissant serviteur

« MARINO MARINI. »

À M. Marini Commissaire extraordinaire du S. Siége.

Paris, le 4 septembre 1817.

« Monsieur, j'ai reçu la lettre que vous m'avez fait l'honneur de m'écrire au sujet des papiers
« appartenants à la Légation de M. le Card. Caprara en France, que vous êtes chargé de réclamer
« de la part du S. Siège, et que vous croyez exister dans les Archives de l'ancienne Secrétairerie
« d'État au Louvre. Jusqu'à ce moment je n'ai point connaissance de papiers déposés dans ces Archives,
« et appartenants à M. le Card. Caprara. Beaucoup de cartons, il est vrai, n'y sont pas classés, et on
« n'a pas encore eu le tems de se livrer au travail considérable qu'exigera l'examen des pièces, qu'ils
« contiennent. S'il s'en trouve par la suite qui soient en effet la propriété de M. le Card. Caprara,
« je me ferai un plaisir d'en ordonner la restitution. Recevez, Monsieur, l'assurance de ma haute
« considération.

« Le Garde des Sceaux

« Ministre Secretaire d'État de la Justice.

« PASQUIER. »

Il Cardinale Consalvi mi affrettava di dare compimento alla mia missione, siccome era per recarsi
a Parigi Monsignor Zen destinato Nunzio in Francia, laonde mi vidi nella necessità di replicare nel
medesimo giorno una seconda lettera al Guardasigilli, pregandolo della maggior sollecitudine in far
eseguire nel suo Ministero le opportune indagini degli oggetti reclamati, fra i quali compresi anche
il processo di Galileo. Rispose che le indagini fatte erano state infruttuose, e che le carte che doveansi classificare negli Archivii del Louvre non davano speranza di miglior risultato, poichè erano
esse relative ad atti originali emanati dal Governo francese, durante la Segreteria di Stato. Che il
processo di Galileo non potea rinvenirsi in quegli Archivii, ove non erano state giammai depositate
carte provenienti da Roma: che dovea piuttosto essere stato collocato negli Archivii generali del Regno,
ove furono allogati gli Archivii di Roma, de' quali dovea far parte questo processo. Spirato il Governo napoleonico, il titolo di Segretario di Stato, non fu più il distintivo di un sol Ministro, ma a
tutti i Ministri fu renduto comune; laonde s'intenderà perchè il Guardasigilli dica nel suo dispaccio
« pendant tout le tems qu'a duré la Secrétairerie d'État ». Mentisce poi nel dire che al Louvre non
furono mai portate carte venute di Roma, chè veramente quelle della Legazione vi furono, almeno in
parte, collocate. Leggiamo la sua lettera.

À M. Marini Commissaire extraordinaire du S. Siége.

Paris, le 9 septembre 1817.

« Monsieur, je reçois la nouvelle lettre, que vous m'avez fait l'honneur de m'écrire le 4 de ce
« mois, concernant les papiers de la Légation de M. le Card. Caprara. Des ordres ont été donnés
« depuis long tems de faire des recherches sur ces papiers, mais elles ont été infructueuses, et la
« nature du dépôt des Archives du Louvre, laisse peu d'espoir de les trouver dans les cartons, qui
« restent encore à classer, puisque ils ne contiennent absolument que des originaux de pièces émanées
« du Gouvernement Français pendant tout le tems qu'a duré la Secrétairerie d'État. Quant au procès
« de Galilée, il est incontestable qu'il ne peut pas se trouver dans ces Archives, où n'ont jamais été
« placés aucuns papiers venant de Rome. Ce procès a du faire partie des Archives pontificales, qui

« transportées en France après l'occupation de Rome, n'ont pu être déposées qu'aux Archives générales
« du Royaume, mais qui au surplus, ont été remises dès 1814, à la disposition du S. Siège. Recevez,
« Monsieur, l'assurance de ma haute considération   « Le Garde des Sceaux
                  « Ministre Secrétaire d'État de la Justice
                         « PASQUIER. »

Con altra lettera degli 11 di Settembre diretta allo stesso Guardasigilli, mi dolsi del risultato
delle indagini fatte negli Archivii del Louvre, attribuendolo alla trascuraggine di colui che n' era
stato incombenzato. Sull' assertiva del Conte di Pradel sostenni che le carte della legazione, che erano
l' oggetto di quelle indagini, furono indubitabilmente portate agli Archivii del Louvre, ove anche il
processo di Galileo doveva trovarsi, giacchè più non era nel gabinetto del Re, in cui, essere prima
stato collocato, avea asserito il Duca di Blacas. Che poi le dette carte fossero state sottratte dall' Archivio della Legazione dallo stesso Governo francese, lo dimostro colla testimonianza di Benedetto
Fiordiponti, già onestissimo impiegato nella stessa Legazione, la quale testimonianza opposi anche alle
negative del Duca di Richelieu, come vedremo in appresso. Ma quale risposta diè il Guardasigilli
a questa mia lettera? quella che si potea attendere da un Ministro e da un Ministero che avea adottato
la massima non doversi effettuare la restituzione di quelle carte. L' infelice risultato delle praticate
indagini egli attribuisce al deperimento a cui soggiacquero tante carte in due diverse epoche, ai 30 di
Marzo 1814, e 20 Marzo 1815, cioè quando entrarono gli Alleati a Parigi, e quando fu obbligato
sortirne il Re, fra le quali le carte della Legazione sembra voler comprendere. Essere poi priva di
fondamento la conseguenza che io deduceva dalla supposizione del Conte di Pradel, che il processo
di Galileo dovesse esistere nell' Archivio del Louvre, in cui mai furono trasmesse carte dal gabinetto
del Re. Che la causa però di più non trovarsi quelle carte, poteva attribuirsi alla vendita eseguita
da un' agente della Santa Sede di molti documenti di Archivii fra i quali esse forse furono comprese.
Al preteso deperimento nelle indicate due epoche contrapposi l' indifferenza delle carte reclamate, che
non compromettevano nè l' estinto, nè il ripristinato Governo Francese. E col dimostrare evidente la
loro esistenza convinsi d' insussistenza, se non vogliamo dire di falsità, l' assertiva dell' indicato deperimento. Che nell' alienazione di carte fatta dall' agente pontificio quelle non aveano potuto aver luogo,
siccome non erano mai state messe alla disposizione di lui. Fu veramente fatale l' alienazione delle
carte fatta dal Conte Ginnasi, non solo per averci privato di molti volumi di Bolle, ma anche perchè
servì di pretesto al Governo francese, per dare un' apparenza di verità al deperimento delle carte,
ch' esso affacciava, e con che si schermiva dai reclami che glie n' erano fatti. A proposito del qual
deperimento, non increscа che una breve digressione interrompa il ragionamento delle carte della Legazione, affinchè si conoscano i documenti che poteansi, senza danno de' Romani Archivii distruggere
in Francia. Si legga la lettera scrittami dal sig. Abbate Domenico Sala, (H) in cui quali si fossero i
superflui a ritornarsi in Roma, trasportati in Francia a solo oggetto di accrescere il numero delle casse,
in cui furono collocati nel viaggio, e quali i necessarii ad esservi riportati sono esattamente indicati.
I Francesi poi dicevano deperiti tutti quei documenti, che non vollero rendere, fra quali annoveravano
primieramente le carte della Legazione; ed i Romani annunziavano usurpati dai Francesi, e non rivendicati poscia, e renderono prima che in Francia fossero trasmessi. Il numero delle casse fu di 3239,
e prese equivoco il sig. Abbate Sala nel supporlo di solo 2700 pel trasporto delle quali da Torino
a Parigi, furono spesi dal Governo Francese 179,320 franchi. Nella suddetta lettera di Sala non si
accenna l'Archivio dell'Inquisizione, che per essere de' più interessanti di quanti ne abbiano le Ecclesiastiche Congregazioni, il dimostra l'esattissima e copiosissima nota che il defunto Commissario Padre Angelo Merenda fece farne dal suo primo compagno, l'odierno Commissario Padre Maurizio Olivieri,
uomo in ogni genere di letteratura sapientissimo (J). Mi seppe sempre buon grado quel defunto Commissario di avere rivendicato all'Inquisizione tanti importantissimi monumenti che niuno manca di
quanti furono giudicati importantissimi, e necessarii a ritornarsi ai loro antichi Archivii.

Fosse pur vero che il Ginnasi avesse eseguita la scelta delle carte a tenore della nota trasmes-
sagli da Consalvi, che una cosa stessa ell'era della più volte rammentata lettera di Sala; che la
vendita forse non ce ne avrebbe opposta il Barone di Pasquier, ed un altro Ministro. Ma finalmente
facendo ritorno all'interrotto ragionamento de' documenti reclamati anche presso il detto Pasquier,
leggiamo la sua propria lettera.

À M. Marini Commissaire extraordinaire du St. Siége.

Paris, le 12 septembre 1817.

« Je reçois, Monsieur, la lettre, que vous m'avez fait l'honneur de m'écrire le 11 de ce mois.
« Je ne puis qu'y faire la même réponse que celle que j'ai faite à la précédente. Des recherches ont
« été faites, et ordonnées, et n'ont jusqu'à présent produit la découverte d'aucune pièce appartenant à
« S. S., ce qui n'est pas étonnant, attendu la quantité de papiers, qui ont été détruits aux époques
« du 30 Mars 1814, et du 20 Mars 1815. Quant au procès de Galilée, la conséquence que vous
« croyez devoir tirer de ce que vous a mandé M. de Pradel, est tout à fait sans fondement, les papiers
« du Cabinet du Roi n'ayant point été déposés aux Archives du Louvre, qui ne contiennent, que
« ceux de l'ancienne Secrétairerie d'État. En outre, j'ai eu depuis peu connaissance que beaucoup de
« pièces ont été vendues par les Archives générales à un agent de S. S. et il paraîtrait que cet agent
« en aurait fait un usage peu convenable en en vendant une grande partie aux Marchands de vieux
« papiers dans Paris; cela explique très-suffisamment comment les pièces les plus précieuses ne se
« retrouvent pas. Recevez, Monsieur, l'assurance de ma haute considération.

« Le Garde des Sceaux
« Ministre Secrétaire d'État de la Justice
« Pasquier. »

Non volendo però io rinunziar col silenzio, che potea sembrare impostomi da convincenti ragioni,
che a sostegno delle continue negative sue mi avesse addotte il Guardasigilli, non volendo, dissi,
rinunziare a quei diritti, che ha la Santa Sede su gli oggetti reclamati, proposi un' accomodamento,
persuaso che più util fosse al Governo Pontificio conservare i suoi diritti, anziché e perder quelli, e
gli oggetti reclamati:
Due soli articoli formarono l'accomodamento, cioè che il Governo Francese darebbe copia delle
carte della Legazione alla persona, che sarebbe stata incaricata dalla Santa Sede di riceverle, e che
queste copie sarebbero collazionate sugli originali, la quale collazione eseguita dall'Agente Pontificio,
sarebbero renduti al Governo Francese gli originali. Affinché poi il Sig. Pasquier accudisse a questa
convenzione, suscitai dubbio sull'autenticità degli atti della Legazione; e diceva, che potendosi sospettare che il Cardinale Caprara avesse per sorpresa ecceduto i poteri compartitigli dal Papa, era
necessario il conoscere sino a quai termini gli avess'egli estesi; che se gli avesse ecceduti, era mestieri
che Sua Santità convalidasse ciò che di convalidazione fosse stato riconosciuto bisognevole. Dell'operato di Caprara durante la sua Parigina Legazione m'intrattenne a lungo Pio VII nell'ultimo mio
ritorno da Parigi; egli lo riprovava in parte, e parte alla malvagità delle circostanze l'ascrivea.
Ma lasciando sulla rettitudine dell'operato di quel Cardinale il discutere, leggiamo piuttosto la
proposta convenzione, e l'analoga risposta di Pasquier, il quale non ammette, come mai ammessa non
aveva, l'esistenza di quelle carte. Dice, che se le ulteriori indagini che si sarebbero fatte, avesserne
indicata l'esistenza, egli sarebbesi assai volentieri prestato, che ne fosser fatte copie, che sarebbero
poi state collazionate sugli originali. La sua lettera però non fa travedere la tanto necessaria buona
fede, poiché avend'io proposto che la collazione fosse eseguita dall'Agente Pontificio, egli non spiega
da qual persona si dovesse fare.

À S. E. M. le Baron Pasquier Garde des Sceaux.

Monseigneur. Paris, le 22 septembre 1817.

« D'après l'entrevue, dont V. E. m'a voulu bien honorer tantôt, je me fais un devoir de Lui sou-
« mettre un moyen d'arrangement qui seul peut convenir aux deux Gouvernements, lorsque absolument
« on est dans la disposition de garder à Paris les originaux des papiers de la Légation en France
« du Card. Caprara. Il parait que V. E. ne se refuse en aucune manière de concourir à satisfaire les
« désirs du St. Père, qui met la plus grande importance au recouvrement de ces papiers. V. E. a
« toujours témoigné dans ses lettres bien de respect au St. Siège, pour que je sois dans la persuasion
« qu'Elle mettra tout l'empressement possible à obliger Sa Sainteté, qui certainement ne manquerait
« de Lui en témoigner toute sa satisfaction.

« 1.º On est convenu, que le Gouvernement Français livrera des copies des papiers appartenants
« à la dernière Légation en France du S. Siège, à celui qui serait chargé par S. S. de les recevoir.
      « 2.º Que l'Agent du S. Siège devra collationer ces copies sur les originaux mêmes, qui ensuite
« seraient rendus, collation faite, à la personne du Gouvernement Français, qui aura les pouvoirs de
« les recouvrer.
      « Dans cette occasion j'ai l'honneur d'observer à V. E. que c'est dans le plus grand intérêt du
« Gouvernement Français de livrer copie de tous ces papiers pour en assurer leur authenticité, qui dé-
« pend intièrement de la connaissance que le S. Père en aura, car on ignore à Rome, si le feu
« Card. Caprara par quelque surprise, n'ait pu outrepasser les pouvoirs qu'on lui avait confiés; je suis
« avec haute et respectueuse considération.   « M. MARINI. »

                    À M. Marini Commissaire extraordinaire da S. Siège.

                                                        Paris, le 22 septembre 1817.
      « Je reçois, Monsieur, la lettre que vous m'avez fait l'honneur de m'ecrire en date d'aujour-
« d'hui; je ne puis vous répéter que ce que j'ai été plusieurs fois dans le cas de vous exprimer au
« sujet des papiers de la Légation du Card. Caprara. Je n'ai absolument aucune donnée sur leur exi-
« stence, et les recherches, qui ont été faites jusqu'ici dans les Archives qui dépendent de mon Mi-
« nistère ne m'ont donné sur cet objet aucun renseignement. Si celles qui seront faites ultérieurement,
« annonceront quelque découverte a cet égard, je me prêterais fort volentiers à ce qui seraient colla-
« tionés sur les originaux mêmes, et remis à la personne chargée par la Cour de Rome de les
« recevoir. Croyez, Monsieur, qu'en cette occasion, comme en toute autre, je serai fort heureux, lorsqu'il
« dépendra de moi, de contribuer à ce qui pourrà être agréable à Sa Sainteté. Recevez, Monsieur, l'assu-
« rance de haute considération.   « Le Garde des Sceaux Ministre
                                                  « Secrétaire d'État de la Justice
                                                        « PASQUIER. »

                                   •   Paris, le 8. septembre 1817.
      Il Duca di Richelieu con inespugnabile ostinazione avea sempre sostenuto che le carte della Le-
gazione non esisteano in alcun Archivio di qualsiasi Dicastero di Parigi; ed io col seguente attestato di
Fiordiponti, provai che le carte erano prima state collocate nel Ministero de' Culti, laonde dover esistere.
      « Je soussigné Benoît Fiordiponti ci-devant employé à la Légation Romaine, Secrétaire de la Com-
« mission générale de liquidation des Commissaires étrangers, certifie que tous les papiers appartenants
« à la Légation du feu M.ʳ le Card. Caprara furent remis par ordre de l'Ex-Empereur à M.ʳ le Comte
« Bigot Préameneau alors Ministre des Cultes, et furent reçus pour le Ministre par M.ʳ Maurice de
« Giry chef du personel du Ministère des cultes: je certifie aussi, que comme attaché à la susdite
« Légation je fus chargé par M.ʳ de Giry, et M.ʳ l'Abbé Ducci de faire des recherches parmi les dits
« papiers pour voir si on y trouverait des lettres écrites par Sa Sainteté au Card. Caprara, que le
« Gouvernement Français paraissait réclamer avec empressement, et lesquelles ne furent point trouvées,
« après l'examen, et les recherches de plusieurs jours. Les papiers en question étaient renfermés en diffé-
« rentes liasses, depuis l'année 1801, jusqu'au mois d'Avril 1809, époque de la cessation des fonctions
« du Cardinal, comme Légat. Je suis à même de soutenir avec serment, si besoin l'exige, l'exposé
« dans le présent papier, dont le contenu m'est assez connu, puisque j'ai travaillé à la Légation du
« susdit Card. Caprara, dans le Cabinet des affaires politiques, pendant l'espace de huit ans, et je
« connais même le but que le Gouvernement Français s'était proposé, qui était tout-à-fait étranger
« à vouloir garder à Paris la correspondance de la Légation. Les papiers en question furent enlevés
« après la mort du Cardinal en 1810, lesquels devoient être remis à Rome suivant les ordres de Sa
« Sainteté, ce qui prouve que le Gouvernement Français n'a aucun droit sur ces papiers. »
                                                  BENOÎT FIORDIPONTI.

      Si crede forse, che questo attestato facesse desistere Richelieu dal negare la restituzione di quelle
carte? Rispose, che avealo trasmesso al Ministro dell'Interno, per far eseguire nel suo Ministero le

ricerche analoghe. Tuttavia non omisi di reclamarle sino agli ultimi momenti della mia dimora in Parigi volendo che vi rimanesse una testimonianza dell'ingiustizia che il Ministero facea alla Santa Sede. Leggiamo adunque la lettera di Richelieu.

À Mgr. Marini Comm. du S. Siége.

Paris, le 12 septembre 1817.

« Monsieur, j'ai reçu avec la lettre que vous m'avez fait l'honneur de m'écrire le 9 de ce mois, l'at-
« testation de M. Fiordiponti relative aux Archives de la Légation Romaine de M. le Card. Caprara.
« Je me suis empressé d'adresser cette pièce au Ministre de l'Intérieur, et je l'ai prié de faire
« faire des recherches auxquelles elle peut donner lieu. Agréez, Monsieur. les nouvelles assurances de
« ma considération distinguée.　　　　　　　　　　　　　　　　　　« RICHELIEU. »

Agli ordini del Cardinale Consalvi di fare a nome di Sua Santità delle rimostranze al Governo Francese, contro l'edizione del nuovo Testamento tradotto da Sacy, di cui la Società biblica servivasi per spargere impunemente i suoi errori, diede esecuzione nel modo che appare dalle stesse lettere. Qual vantaggio si ritrasse dai miei reclami? Che il Governo Francese, che in silenzio si era rimaso alle replicate rimostranze del Clero Parigino, pronunziasse i suoi sentimenti intorno a quella versione, di cui riconobbe vari passi erronei ed equivoci, non accordasse più protezione a Federico Leo, uno dei corifei di quella riprovevole Società e per conseguente non autorizzasse l'errore e nol facesse proporre a pubblica istruzione nella Storia Sagra, alla gioventù. Tutti gli errori in fede hanno grandemente nociuto alla Religione; ma la interpretazione della Scrittura secondo il senso privato di ciascuno si rivolge a massimo detrimento della stessa Religione, e della Morale. Che mai non vorrà attribuire al sagro testo quel senso, che è più confacente alle proprie passioni? Prima di fare alcuna rimostranza contro quella Società, volli conoscere quali si fossero i sentimenti del Clero Parigino intorno ad essa, che esserle uniformemente contrarii rilevai dal Cardinale di Périgord, cosicchè ogni Ministro di Dio piangea, fra il vestibolo e l'altare, la ruina che soprastava nelle anime, se dal Governo non vi si fosse messo riparo. Io aveva totalmente disgiunto i reclami contro quella Società, da quella de' documenti tante volte inutilmente richiesti. Ma il Ministro dell'Interno avendo indistintamente agli uni e agli altri dato evasione, così unii li presento al lettore.

Il Conte di Cazes, e il Duca di Richelieu col rimettere le mie istanze al Ministro dell'Interno, mi aprirono adito a trattare seco lui. Ma con qual'uomo abbiamo ora a fare? Con un'Avvocato di Bordeaux, uom di talenti non comuni, e che il primo alzò la voce contro il Tiranno, a cui nei giorni delle sue glorie avea con mano servile prodigato l'incenso d'indegna adulazione. Molti erano i Francesi, che « callidissime inserviebant temporibus » e che adottavano un partito, non convinti della rettitudine sua che obbligava a seguirlo, ma dalla maggiore onorevolezza e guadagno adescati, che poteano ritrarne. Con Lainé ora trattiamo. Più lettere gli scrissi, nella prima delle quali espongo il grave cordoglio, che cagionava a Sua Santità l'edizione del nuovo Testamento fatta in Parigi per opera del Ministro Protestante Federico Leo coi torchi della reale stamperia di Firmino Didot. Che non avendo Sua Santità Nunzio in Parigi, che rappresentasse a Sua Maestà questo inconveniente, avea incaricato me di quest'ufficio; aggiunsi che io sperava dalla religiosa pietà del Re opportuni ripari a questo inconveniente, a eludere i quali non doveasi addurre la libertà della stampa, come se all'ombra di essa lecito si rendesse lo spargere errori di fede. Nella seconda lo intrattengo degli oggetti sottratti, cioè alcuni volumi di bolle, le lettere di Bossuet, e di altri Vescovi, che intervennero ai Comizi del 1682. Rispose primieramente, che sull'edizione del nuovo Testamento non potea che rinnovarmi la risposta datami dal Duca di Richelieu. Che poi i documenti da me reclamati non esistevano negli Archivi del suo Ministero; e che voless'egli imputarne la perdita all'alienazione di molti documenti eseguita, come dicemmo, dal Conte Giulio Ginnasi, osservava che immensa quantità di carte sottratta dagli Archivi, ove stavano gli oggetti reclamati, era stata venduta dal Commissario Pontificio, che mi aveva preceduto ai Droghieri di Parigi. Finalmente che il Regio Archivio era munito di ricevuta delle rendute carte degli Archivi Romani. Le quali evasioni furono da me rintuzzate con lettera del 10 di Settembre. Laonde smentii innanzi tratto la falsa supposizione, che il Duca di Richelieu nel suo ultimo intrattenimento avesse risposto a rimostranze sulla edizione della Bibbia, le quali, avendo avuto ordine da Sua Santità, di avanzarle a lui stesso io .aveva solamente chiesto al duca di ˌRichelieu di essere riconosciuto ed accreditato presso il Ministero dell'Interno come Commissario Pontificio, che con esso dovea disimpegnare ad un'incombenza avuta dal mio Sovrano. Che avendo avuto ordine da Sua Santità di presentare a lui, e non a Richelieu, i reclami contro la nuova edizíone della Bibbia, era mio dovere farle conoscere l'adempimento dei suoi ordini, il quale non poteva più evidentemente costare che da una sua risposta, della quale lo pregava onorarmi con sollecitudine. Che io aveva indicato l'ex-Archivista Daunou, e non l'attuale Regio Archivista, come quegli che poteva manifestare gli autori della indebita sottrazione dei reclamati documenti, giacchè a di lui istanza fu permessa dai Commissari Pontifici la collazione delle lettere di Bossuet a persone, che gli erano assai note; falso essere poi che l'Archivista Regio, o Daunou fossero garantiti da una ricevuta della restituzione delle carte appartenenti agli Archivi Romani, dei quali non avendo il Daunou avuta consegna,non chiese ricevuta della restituzione. Finalmente l'allegare la vendita dei documenti effettuati dal Commissario Pontificio non era evadere in maniera soddisfacente gli avanzati reclami, poichè fra essi i richiesti non poteano essere compresi, perchè sottratti due anni prima della eseguita alienazione. Il Ministro rispose con lettera del 13 di Settembre, che le leggi della Francia non permettevano di opporsi alla ristampa del nuovo Testamento più volte stampatovi, antecedentemente alla libertà della stampa. Che supponendo ancora, che il Re avesse potere di farsene rendere conto dá coloro che lo avevano stampato o fatto ristampare, la prudenza consiglierebbe il silenzio, per evitare una pubblicità, la quale con molto pericolo ecciterebbe l'attenzione altrui sui passi equivoci, o erronei che possono rinvenirsi nella traduzione di questo nuovo Testamento. Le ricerche poi degli oggetti sottratti dagli Archivi Romani erano state infruttuose, ma ch'egli le farebbe ˌcontinuare legalmente, ove costasse essere stati i reclamati oggetti sottratti dagli Archivi Romani avanti la loro restituzione. Alla quale lettera· replicai, che sebbene ·il silenzio sia più utile in certi casi agl'interessi della Religione cattolica, in quegli Stati in cui non è dominante, ciò però non può aver luogo in quelli in cui è dominante, ed è Religione dello Stato, per non comparirvi piuttosto tollerata, anzichè rispettata; ove si voglia ch'ella sia la sussidiaria potente del Governo per mantenere la pace, la tranquillità e l'umile sommessione. Che poi al Nunzio apparterrebbe entrare in una più profonda discussione su questo argomento, limitandomi -io ora a supplicare Sua Eccellenza di non permettere che questa traduzione del nuovo Testamento fosse introdotta nei Licei, nè più si accordasse protezioné al mentovato Federico Leo. Che relativamente alle carte sottratte dagli Archivi, io nón poteva che dolermi in segreto, che non avesse voluto il Governo Francese, coll'eseguirne la restituzione, soddisfare ai vivi desideri di Sua Santità di ricuperarle. Anche un'udienza aveva io avuta da questo Ministro, nella quale si parlò, ma inutilmente, della restituzione del processo di Galileo. Facciamoci ora a leggere, ove piaccia sapere i termini precisi in cui furono scritte, le lettere che ebbero luogo fra il Ministro dell'Interno, e me. Tuttavia bastando l'analisi che abbiamo fatta di quelle del 5, e del 10 di Settembre dirette al Ministro, ci restringiamo a trascrivere la prima e l'ultima in data del 1, e del 14 di settembre colle analoghe risposte del Ministro. Riportiamo anche quella del 10.

À S. E. le Ministre de l'Intérieur.

Paris, 1 septembre 1817.

« Sa Sainteté a vu avec beaucoup de regret qu'il soit sorti, en 1816, d'une imprimerie royale,
« celle de Firmin Didot une nouvelle édition de la traduction du *Nouveau Testament de le Maistre de*
« *Sacy*, publiée par les soins d'un Ministre Protestant, Frédéric Léo. Sa Sainteté est d'autant plus
« affligée, que cette Bible renferme différentes erreurs, qui ont été déjà condamnées par l'Église Catho-
« lique. Sa Sainteté n'ayant point à présent auprès de la Cour de France de Nonce, qui puisse faire
« .connaître à S. M. le Roi la grande affliction qu'Elle éprouve, Elle m'a chargé comme son Com-
« missaire à Paris, de l'exprimer à V. E. Je ne doute point, Monseigneur, que la bonne harmonie,
« qui règne entre nos deux Cours, que la religion bien connue de S. M., que le zèle que vous mettez
« à le bien servir, ne fournissent bientôt au St. Père l'occasion d'avoir à exprimer la satisfaction,
« et d'avoir à dire à S. M. le Roi que tous les maux presque inévitables, que cette édition aurait

« pu causer, ont été prévenus, arrêtés par lui: je laisse à V. E. à penser s'il n'y aurait pas quelqu'In-
« convénient à dire, et à croire que la liberté de la presse donne le droit de répandre des erreurs
« sur notre Sainte Religion. On pourrait dire avec plus de raison que la parole de Dieu, que les livres
« qui l'expriment, doivent être demandés à ses Ministres. M. le Duc de Richelieu aura fait connaître
« à V. E. le caractère dont je suis particulièrement revêtu à Paris, et c'est dans cette assurance que
« je remplis aujourd'hui une partie de ma commission en Vous addressant cette lettre. Je suis avec
« haute et respectueuse considération.

« Très-humble, et très-obéissant serviteur
« MARINO MARINI. »

À Monsieur Marini Commissaire extraordinaire du S. Siége à Paris.

Paris, le 8 septembre 1817.

« Monsieur le Commissaire extraordinaire. J'ai reçu les deux lettres que vous m'avez fait l'honneur
« de m'écrire le 1 et le 5 du courant. Par la première vous vous plaignez de la réimpression d'un
« nouveau Testament en langue française. Monsieur le Duc de Richelieu en me parlant de votre récla-
« mation, m'a fait part de la réponse qu'il a eu l'honneur de vous faire. Je ne pourrais que la réitérer,
« et je crois que lorsque vous la ferez connaître à Rome, Sa Sainteté en appréciera le mérite. Pour
« répondre à votre seconde lettre, Monsieur le Commissaire extraordinaire, j'ai appelé M.r le Garde
« des Archives qui dépendent de mon Ministère. En m'assurant qu'aucune des pièces mentionnées
« dans cette lettre n'est dans ce dépôt, il m'a appris que les Commissaires de la Cour de Rome, qui
« vous ont précédé, ont fait emporter d'immenses quantités de papiers qu'ils ont vendu à des Épiciers
« de Paris. À l'invitation que je lui ai renouvellée de faire toutes les recherches possibles, il m'a
« répondu, que déjà sur votre propre demande, il s'était donné beaucoup de soins, et ainsi qu'il a eu
« l'honneur de vous en assurer, il n'espère pas découvrir où peuvent être les objets que vous désirez
« recouvrer. M.r l'Archiviste est d'ailleurs muni de récipissés fort en règle, qui constatent que tous les
« papiers venus des Archives de Rome à Paris ont été remis à M.rs les Commissaires de Sa Sainteté.
« J'ai l'honneur, Monsieur le Commissaire extraordinaire, d'être avec une haute considération.

« Votre très-humble, et très-obéissant Serviteur
« Le Ministre Secrétaire d' État de l' Intérieur
« LAINÉ. »

À S. E. le Ministre de l'Intérieur.

Monseigneur, Paris, le 10 septembre 1817.

« Lorsque j'ai eu l'honneur d'écrire à V. E. au sujet de la réimpression de Bibles fautives,
« c'était en vertu d'une commission expresse de Sa Sainteté. Mon devoir est de prouver au S. Père
« que j'ai rempli cette commission, pour cela je dois mettre sous ses yeux la réponse de V. E., car c'est
« à V. E. même que j'ai eu ordre de m'adresser. Je la prie donc de vouloir bien me faire cette réponse;
« ce qui s'est passé entre M.r le Duc de Richelieu et moi, n'était relatif qu'au désir, que j'ai témoigné
« à ce Ministre, d'être accrédité auprès de V. E. comme Commissaire du S. Siége, et particulièrement
« pour la commission dont je viens de parler. Quant à la plainte que j'ai portée à V. E. au sujet de
« la soustraction des Bulles, et des lettres de Bossuet, je la prie d'observer que je Lui ai désigné
« M.r Daunou, ci-devant Garde des Archives de France, comme pouvant seul indiquer la trace de
« ces papiers. C'était effectivement M.r Daunou, qui était alors Garde des Archives du Royaume; il était
« présent avec M.r de Giry lorsque Mg.r de Gregorio, et moi, nous donnâmes, sur la demande de
« M.r Daunou même, l'autorisation de faire toutes les recherches que l'on pouvait désirer dans les volu-
« mes que je réclame. M.r Daunou connaissait parfaitement les auteurs des recherches; c'était par sa
« permission qu'ils se trouvaient dans les Archives lorsqu'il demanda pour eux l'autorisation, que nous
« accordâmes. V. E. jugera par cette exposé, que l'actuel Garde des Archives, dont Elle me parle
« dans sa lettre du 8 courant, ne peut pas répondre d'une manière satisfaisante à ma réclamation,
« et bien moins encore alléguer la vente à des Épiciers au sujet d'une soustraction, pour justifier

« une soustraction qui a eu lieu en 1814, c'est à dire plus de deux ans avant l'aliénation, ou vente.
« Je pourrais ajouter, que cette vente ne s'est point faite sans discernement. Agréez, Monseigneur, l'assu-
« rance de ma haute considération ».

À M. Marini Commissaire extraordinaire du S. Siége.

Monsieur le Commissaire Extraordinaire,   Paris, le 13 septembre 1817.

« Puisque vous en exprimez le désir par votre lettre du 10 Sept., je vais vous rappeler officiellement
« la réponse de M.ᵣ le Duc de Richelieu. Les lois de France n'ont pas permis, et ne permettent pas
« de s'opposer à la réimpression du nouveau Testament. Ce livre a été imprimé plusieurs fois en
« France avant les nouvelles lois sur la liberté de la presse, et quand bien même le Gouvernement
« du Roi aurait le pouvoir de faire poursuivre ceux qui l'ont imprimé, ou fait réimprimer, la sagesse
« conseillerait le silence:l'éclat d'une telle affaire appellerait l'attention pubblique avec plus de danger,
« sur les passages équivoques, ou erronés, que peut contenir la traduction du nouveau Testament.
« Quant aux papiers de Rome, qui étaient aux Archives, et sur lesquels vous insistez, Monsieur le Com-
« missaire extraordinaire, j'ai le regret de vous écrire que mes recherches ne m'ont encore rien fait
« découvrir. S'ils ont été enlevés avant la remise des Archives de Rome, je ne manquerai pas de pro-
« voquer des poursuites légales, dès que vous m'aurez fait connaître les personnes qu'on aurait de
« justes raisons de croire en être détenteurs. Si ces papiers ont été soustraits depuis la remise des
« Archives Romaines, le Ministère public n'hésitera pas sur votre plainte, à diriger des poursuites contre
« eux que Vous signaleriez convenablement pour avoir commis une soustraction aussi coupable. J'ai
« l'honneur, Monsieur, de Vous saluer avec une haute considération.

         « Le Ministre Secrétaire d'État
         « au département de l'Intérieur
         « LAINÉ. »

À S. E. le Ministre de l'Intérieur.

Monsieur.   Paris, 14 septembre 1817

« Dans les pays où la Religion Catholique n'est pas dominante, je conviens avec V. E. que dans
« certains cas le silence est peut-être plus convenable, qu'autre chose, aux intérêts de la Religion
« elle-même. Mais dans les États dans lesquelles elle est dominante, qu'elle est la Religion de l'État,
« si on veut qu'elles soit ce qu'elle doit être, et si l'on veut aussi qu'elle devienne vraiment la subsi-
« diaire très-puissante du Gouvernement pour entretenir la paix et la tranquillité, je crois, Monsei-
« gneur, qu'elle ne doit, ni ne peut être tout-a-fait silencieuse, et avoir l'air d'être plutôt tolérée,
« que respectée; *Clama ne cesses...* Voilà ce que les Ministres du Sanctuaire doivent presque toujours
« avoir en vue, à fin que la Religion se maintienne pure et telle qu'elle a été de tout tems dans les États
« des Rois de France. Au reste ce sera le Nonce de Sa Sainteté à qui appartiendra d'entrer dans une
« discussion plus approfondie, et plus ample sur cet objet, qui est de la plus grande importance. Je
« me bornerai à prier V. E. de ne pas permettre que les exemplaires de ces Bibles fautives qu'elle-même
« regarde comme équivoques, et erronées, soient introduites dans les Licées Catholiques: je l'exige de sa
« Religion; cela étant du ressort de V. E. je ne doute nullement qu'Elle veuille faire tout son possible
« pour que la chose ait son entier effect. Moins Elle accordera de protection à Frédéric Léo, plus Elle
« ménagera notre Sainte Religion. Quant aux papiers, et aux manuscrits, que S. S. réclame avec une
« si grande raison, j'en ai assez. Toutes les raisons, que j'ai alléguées pour les recouvrer, ayant été
« repoussées, quoique très-évidentes, je suis maintenant réduit à me plaindre en secret de ce qu'on n'a
« pas voulu satisfaire les désirs du S. Père. Pour ce qui est des noms des personnes, qui peuvent
« être supçonnées de la soustraction des papiers, j'en ai déjà écrit à M.ᵣ le Duc de Richelieu, qui pourrait
« vous communiquer ma lettre du 23 Juillet dernier. M.ᵣ Daunou pourra vous indiquer les personnes,
« qui collationèrent les lettres de Bossuet le jour-même que nous prîmes possession de Archives Pon-
« tificales. J'ai l'honneur d'être avec haute considération.

         « Vre très-humble, et très-obéissant seerviteur
         « MARINO MARINI. »

Appena ricevuta la lettera del Cardinal Consalvi dei 13 di settembre, il quale avendo conosciuto l'inutilità di ulteriori reclami, mi dice di ritornare in Roma, scrissi al Duca di Richelieu un'assai lunga lettera, riepilogandogli tutti i reclami avanzati tanto a lui, che agli altri Ministri, e colla quale do termine alla presente Appendice scritta ad insinuazione del vigilantissimo primo Ministro di Sua Santità il Signor Cardinale Giulio Maria della Somaglia, Decano del Sacro Collegio, e Segretario di Stato, il quale si compiacque ancora di farmi osservare per mezzo dell'erudito, e urbanissimo Signor Abbate Luigi Armellini Minutante nella stessa Segreteria di Stato, che essendo state le Memorie dedicate a Pio VII di s. m., era convenevole che l'Appendice fosse al successore di Lui dedicata. Le ragioni addotte nella presente lettera sono vittoriose.

À S. E. M. le Duc de Richelieu Ministre Secrétaire d'État au département des affaires étrangères.

Monseigneur.   Paris, 13 Septembre 1817.

« Je viens d'apprendre que les papiers des Archives Pontificales, que j'ai envoyés dernièrement
« à Rome arriviendront (sic) bientôt dans cette Capitale. En ma qualité de Préfet des Archives du
« Vatican je suis obligé de me mettre en route dans les premiers jours de la semaine prochaine, pour
« que je puisse me trouver à mon poste lorsqu'ils seront arrivés, et mettre tout-de-suite bon ordre
« aux débris de nos anciennes richesses, et de nos propriétés les plus sacrées. Mais avant de partir,
« mon devoir m'oblige d'écrire a V. E. et de lui faire un résumé de tout ce que j'ai du exposer à
« Leurs Excellences les Ministres du Roi, avec lesquels j'ai eu l'honneur de correspondre au sujet de
« mes réclamations et qui ont témoigné de l'attachement, et du respect pour le S. Siège, en s'em-
« pressant de me donner des promptes réponses, et avec beaucoup d'honnêteté, et de bienveillance.
« Cette lettre pourra servir pour un commencement d'une nouvelle négociation que le Nonce Pontifical,
« lorsqu'il viendra à Paris, devra sans doute entamer sur l'objet en question, qui est de la plus grande
« importance pour le S. Siège.

« Par suite de ce que je viens de dire, et avant d'entrer dans le détail des différentes réclama-
« tions, il m'est indispensable de faire une observation. C'est qu'on s'est attaché à me faire présenter
« que les papiers qu'on réclame aient pu être détruits, soit à l'époque du 30 mars 1814, ou du
« 20 mars 1815, soit par une vente effectuée à Paris par un Agent du S. Siège. Mais les faits que je
« vais exposer et qui sont incontestables, prouveront, je l'espère, qu'aucun des motifs objectés ne peut
« comprouver la destruction de ces papiers aux époques indiquées.

« Et d'abord je dois dire que le manuscrit de Galilée a été réclamé par moi-même auprès de
« M. le Comte de Blacas, non seulement dans l'année 1814, mais dans l'année 1815. M. de Blacas
« m'écrivait le 2 février 1815 « Le Roi a désiré parcourir le Procès de Galilée. Il est dans le
« Cabinet de Sa Majesté, et je regrette de ne pouvoir Vous le rendre sur le champ; mais aussitôt
« qu'elle me l'aura rendu je m'empresserai de Vous le faire savoir » Ensuite M. le Comte de Pradel
« m'écrivit le 6 novembre 1815, qu'on n'avait pas pu le retrouver, mais qu'il allait écrire à M. de Blacas
« pour avoir *les indications nécessaires* sur cette demande. M. de Pradel ne m'a parlé en aucune manière
« ni en 1815, ni dans sa dernière lettre du 11 du mois passé, que ce procès ait été détruit le
« 20 mars. D'ailleurs, le procès de Galilée n'était pas une pièce qu'on dût détruire en France à aucune
« époque quelconque. S'il était permis de faire une conjecture à cet égard-là, on pourrait même croire
« que M. de Blacas ait eue la précaution de conserver un monument aussi curieux, et aussi im-
« portant, et sans doute pour la remettre dans les propres mains à Sa Sainteté.

» Je viens maintenant aux papiers de la Légation Caprara. Je les ai réclamés en 1814, en 1815,
« et cette année-ci. On m'a toujours donné des réponses générales. J'ai cependant de bonnes raisons
« pour pouvoir assurer qu'une partie de ces papiers se trouve maintenant dans les Archives du Louvre,
« et moi-même de mes propres yeux j'en ai vue dernièrement une autre partie dans le Ministère de
« l'Intérieur; c'était des lettres (en chiffres et autrement) du Card. Consalvi au Card. Caprara, concernant
« les affaires de la Légation. Ainsi on ne peut pas raisonablement supposer la destruction de ces
« papiers aux époques indiquées. Je dois même ajouter, pour justifier l'Agent du S. Siège, que les
« papiers en question (selon la lettre que le Ministre de l'Intérieur m'écrivit le 31 Octobre 1814)
« *n'etaient point déposés aux Archives du Royaume;* en conséquence ne pouvaient pas être compris
« dans la vente des papiers qu'il a effectuée.

« Finalement je viens à la soustraction des papiers des Archives Secrètes du Vatican, c'est à
« dire 1.º de quelque Régistre de bulles, et particulièrement de Jules II; 2.º des lettres originales de
« Bossuet, et d'autres Évêques de France, concernant les questions agitées dans l'Assemblée du Clergé
« en 1682. Quant aux bulles, je dois dire d'abord, que lorsqu'on me remit premièrement les Archives
« Pontificales en 1814, je m'apperçus qu'on y avait fait des soustractions importantes. Je m'en plaignis
« à M.ʳ Daunou, qui me dit, qu'il ne pouvait, ni ne devait répondre de rien, à cet-égard-là, puisque
« n'ayant reçu aucune consigne des Archives Romaines, il n'était responsable de rien. C'est sans doute
« en conséquence de cette supposition qu'il mettait à la disposition de plusieurs personnes (qui pour
« le dire en passant ne sont pas d'une fois très-orthodoxe) les choses les plus essentielles des affaires
« du S. Siége.

« Voilà, Monseigneur, ce que j'ai l'honneur de vous dire pour la dernière fois sur un objet, dont
« j'ai été particulièrement chargé par S. S. elle même. Ce qui me fait beaucoup de peine c'est, qu'en
« me présentant à S. S. je ne pourrai lui donner autre réponse plus agréable, que V. E. est dans le
« meilleures dispositions pour satisfaire, autant qu'Elle le pourra, à ses désirs. Quant à moi je profite
« de cette occasion pour la remercier très-sincèrement de toutes les bontés qu'Elle a bien voulu avoir à
« mon égard dans les rapports que j'ai eu l'honneur d'avoir avec Elle. Je suis avec haute considération.

« Très-humble, et très-obéissant serviteur
« MARINO MARINI. »

Illustrissimo Signore,   Roma, 14 luglio 1814.
Ho ricevuto la lettera di V. S. Illᵐᵃ in data del 20, coll'annessa per la Santità di Nostro Signore,
cui mi sono fatto un dovere di presentarla. Nel passare a V. S. Illᵐᵃ questo riscontro, ho anche
il piacere di accertarla che dal canto mio non lascierò di contribuire al sollecito ritorno degli Archivi,
ed intanto colli sentimenti della più sincera stima godo di rinnovarmi,
Di V. S. Illᵐᵃ
Monsignor Gaetano Marini   Servitore
« Parigi. »   B. Card. PACCA.

Illustrissimo Signore,   Vienna, 10 settembre 1814.
Interessandomi di sapere quale sia stato costà il risultato ccc., come al num. 7 dell'Appendice.

Monsignore amatissimo,   Vienna, 8 ottobre 1814.
Appena ricevuta la sua lettera del 20 Settembre ho scritto al signor Card. Pacca facendogli conoscere l'assoluta necessità di provveder subito alla di Lei sussistenza in Parigi, come a quella di suo
nipote, finché vi dimorino, essendo rimasti privi del sussidio che ricevevano. Farò qui al signor Principe
di Talleyrand nuove premure per il disbrigo delle necessarie providenze al trasporto degli Archivi in
Roma e ne darò conto al suo nipote, subito che potrò farlo. Se occorrerà, ne scriverò anche al signor
Ministro dell'Interno. Io non so cosa fare di più. Avevo già scritto a Roma, acciò il S. P. ne parlasse,
o facesse parlare efficacemente all'Amb. di Francia. Eccola informata di tutto. Quanto alle cose gentili
ch'Ella mi dice sul mio ritorno a Roma, oltre il non meritarle, non le nasconderò che nella impos-
sibilità, risultante dal concorso di molte cose, di corrispondere alla espettazione, questa cosa mi dà un
grandissimo pensiero. Senza estendermi a dir altro su di ciò, nell'assicurarla di tutto il mio
interesse per una persona del suo merito, e della parte che prendo a ciò che le accade, con un vivo
desiderio di esserle utile, mi confermo intanto con vera stima
Suo Servitore vero di cuore
C. Card. CONSALVI.

Illustrissimo Signore,   Vienna, 20 ottobre 1814.
Le molte mie occupazioni mi hanno fatto ritardare la risposta alla sua del primo Ottobre nella
quale V. S. mi dà conto dei passi ulteriori fatti costà in ordine agli Archivii, e della poca, o niuna
speranza, che ha potuto Ella concepire di ottenere, che ne venga ordinato il trasporto in Roma a
spese di codesta Corte, malgrado l'espressa promessa fattane, e le assicurazioni ripetutamente date.

Io ho rinnovato le più vive premure con questo signor Principe di Talleyrand; ma quanto ho potuto assicurarmi, che tutto ciò che appartiene agli Archivi della S. Sede, sarà esattamente conse-gnato, *niuna cosa eccettuata*, poiché il Decreto stesso di restituzione non ne eccettua alcuna, se di questo stesso argomento deve Ella valersi con fermezza in voce, ed in iscritto presso il signor Mini-stro, non che della di lui stessa assicurazione a me datane altrettanto per quello, che concerne il trasporto a spese del Governo, non ne ho rilevato cosa alcuna soddisfacente. Ho scritto pertanto da molti giorni a Roma, rappresentando quant'era necessario in proposito, acciò il S. Padre, dopo fatto un efficace ulterior tentativo con quell'Ambasciatore, prenda una qualche definitiva risoluzione sugli Archivii medesimi. Si rende quindi necessario, ch'Ella pazienti ancora un poco, e continui a prestare la diligente di Lei assistenza all'affare. Scrissi egualmente, perchè venga provveduto al di loro mantenimento in Parigi, e ne attendo il riscontro, che sarà dato direttamente a loro. E· facendo i miei saluti al suo degno zio, resto con sentimenti di sincera stima,
          Di V. S.
          Sig: Ab. Marino Marini   Servitore di cuore,
                « Parigi »   E. Card. CONSALVI.

                                                       Vienna, 30 novembre 1814.
     Quanto ai Codici della Vaticana, dei quali Ella parla, essendo questo un'affare separato, e non dipendente dall'enunciato Decreto, non può non essere l'oggetto di separata indagine; e quindi non accade ch'Ella ne assuma alcun impegno presentemente.
     Rapporto ai di Lei appuntamenti a quest'ora avrà ricevuto l'avviso dall'Emo Pacca della somma che il S. Padre Le ha destinata.
     Con perfetta considerazione mi confermo
          Di V. S.
          Sig: Ab. Mariano Marini   Servitore di cuore
                « Parlgi »   C. Card. CONSALVI.

     Illustrissimo Signore,   Roma, 17 novembre 1814.
     Avendo io fatte in seguito delle lettere del Sig. Cardinal Consalvi le maggiori insistenze presso Monsignor Maggiordomo per ottenere la soddisfazione de' suoi appuntamenti, egli rilasciato due ordini uno per l'onorario dovutole come Custode giubilato della Biblioteca Vaticana, l'altro, per l'ono-rario come Custode dell'Archivio segreto in tutto nella somma di scudi cinquecento dieci. Mi sono dato il pensiero di passare tali ordini a questo Sig: Duca Torlonia, onde aver dal medesimo una cambiale a vista potersi inviare a V. S. Illma costà. Mi do il piacere di accluderla nel presente mio foglio, e colgo questa occasione per raccomandarle d'insistere pel trasporto degli Archivi, avendo io data una nota a questo Sig. Ambasciatore, onde interporlo presso codesta Real Corte, acciò si solleciti la trasmissione dei detti Archivi a spese di codesto Governo come l'equità, e· la giustizia richieggono. Intanto Le rinnovo i sensi della sincera stima, con cui mi dichiaro
          Di V. S.
          Monsig. Marini
                « Parigi » (con Cambiale).   B. Card. PACCA.

     Illustrissimo Signore,   Vienna, 31 dicembre 1814.
     Allorché Ella coll'ultima sua mi avvertì della assicurazione datale dal Sig. Consig. di Stato Bénoit, che codesta Corte avrebbe impiegata la somma di fr. 60 mila, per l'oggetto del trasporto delli Archivii, io ne diedi conto al Sig. Card. Pacca. il quale in risposta mi dice, che, sebbene spera che tanto la Nota inviata al Sig. Ambasciatore, quanto le premure con cui questi promise di accompa-gnarla possano produrre l'effetto d'indurre il·Governo a supplire al totale della spesa, tuttavia aggiunge che se esso Governo intanto, fino all'ammontare dei fr. 60 mila, facesse, eseguire il trasporto parziale delle carte più necessarie sotto la direzione di Monsig. di Lei zio, sarebbe sempre un vantaggio. Non indicandomi l'Emo Pacca se abbia scritto altrettanto a V. S. non tardo ad istruirnela io, ond'Ella possa regolarsi, ed agire in conseguenza. Il bisogno delle carte in Roma è sommo, ma non so se

la stagione permetterebbe di effettuar subito il trasporto. Potrebbe almeno intanto prepararsi tutto, onde, al primo momento opportuno, poterlo eseguire quanto alla porzione indicata di Carte, e per il rimanente si vedrà poi ciò che convenga, dopoché si sarà avuta la risposta alla sopradetta Nota presentata all'ambasciatore. E senza più con sincera considerazione sono,

Di V. S.
Sig. Ab. Marino Marini
« Parigi »
I miei saluti a Monsig. suo zio

Servitore di cuore
C. Card. CONSALVI.

Illustrissimo Signore,   Vienna, 11 gennaio 1815.

Con la sua dei 27 Dicembre prossimo passato Ella mi rende inteso essersi realizzate quelle speranze, che colla sua antecedente dei 15 Novembre mi annunciava averle dato il Sig. Consig. di Stato Bènoit, cioè che codesta Corte avrebbe destinata la somma di fr. 60 mila pel trasporto degli Archivii della S. Sede, essendone effettivamente emanato da Sua Maestà l'ordine sotto i 19 nov. Io parteciperò subito questa notizia all'Emo Pacca, com'Ella brama; sarebbe però stato opportuno, che a scanso del ritardo, che nasce dal più lungo giro, Ella medesima glielo avesse partecipato contemporaneamente.

Quanto all'esecuzione del trasporto delle Carte, a quest'ora Ella avrà ricevuta la mia dei 31 dic. in cui Le dicevo che il Sig. Card. Pacca non incontrava difficoltà che intanto codesto Governo facesse eseguire sotto la direzione di Monsig. di Lei zio o sua, il trasporto parziale delle Carte più necessarie, fino all'ammontare dei fr. 60 mila, onde non ho che riportarmi a questo articolo della mia.

Convengo, che per *Carte più necessarie* debbono riguardarsi quelle delli Archivii segreti, e della Propaganda. Quanto però alle Carte della Congregazione del Concilio, delle quali Ella mi parla, mi sembra che, a preferenza di queste, siano più necessarie le minute esistenti nei Protocolli legati delle due Segreterie, cioè tanto dei *Brevi* comuni, quanto dei *Brevi ad Principes,* onde queste piuttosto che quelle del Concilio (quando anche queste secondo non vi entrino) crederei, che dovessero unirsi agli Archivii segreti e di Propaganda, nella prima spedizione ch'Ella conta di fare alla metà di Febbraro.

Mi dice poi, ch'Ella non si occuperà di reclamare da codesto Governo le ulteriori somme, che restano ancora a sperarsi (non essendo escluse, com'Ella dice, nell'ordine sopradetto di Sua Maestà relativo al pagamento dei fr. 60 mila) ma che lascierà ciò *a chi le succederà* in Parigi nell'aver cura delle carte, che resteranno. Io ignoro, se da Roma sia stato destinato qualcuno a succedere costà a Monsig. di Lei zio, ed a Lei in tale cura, come la di Lei espressione mi fa supporre: ma semmai niuno fosse stato effettivamente destinato, ed essendo di troppa necessità, che qualcuno autorizzato per parte della S. Sede presieda tanto alla custodia delle carte residuali, quanto all'imballaggio e trasporto di esse, allorché dovrà seguire, non posso dispensarmi dal significare, che, restando in libertà Monsig. di Lei zio di partire per Roma all'epoca indicatami è necessario, ch'Ella rimanga in Parigi per attendere ai due oggetti suddetti, e se Monsig., nell'attuale suo stato non può fare il viaggio senza la di Lei assistenza, può rimanere ancor'egli in Parigi fino all'ultimazione del totale trasporto, facendo il viaggio nel mese di maggio e di giugno, a stagione assicurata, e con maggior vantaggio della salute. Sarà mia cura in Roma che non manchi nè a lui, nè a Lei il denaro occorrente.

La loro dimora in Parigi, o almeno la sua, è necessaria ancora per un'altro oggetto quello cioè d'insistere dopo convenuti i 60 mila, per ottenere quelle ulteriori somme che l'ordine di Sua Maestà non preclude la strada a sperare.

Sono ben contento, che siale riuscito ottenere la ricupera del Processo di Galileo, ch'Ella mi scrive, Le sarebbe stato consegnato dal Ministro della Casa del Re nell'indimani. Sulla restituzione di tutte le carte, niuna eccettuata, Ella abbia in mente ciò che io le scrissi essermi stato detto dal Sig. di Talleyrand, cioè che tutto deve essere restituito, così portando il Decreto di restituzione, ond'Ella dimandi il tutto, e se fosse ricusata qualche cosa, si dirigga allo stesso Sig. Principe di Talleyrand al suo ritorno, rammentandogli ciò, che ha qui detto a me, e Le sarà fatta ragione sicuramente.

Quanto alle carte della Legazione del Card. Caprara, giacchè Ella con lettera del Ministro dell'Interno è stata autorizzata a presentarsi al Ministro delle relazioni estere per avere il permesso di visitarle, sarà contenta di trasmettermi il più sollecitamente che può uno Stato succinto, ossia indicazione di ciò che racchiudono le diverse Posizioni, che formano l'Archivio della Legazione suddetta, dopo di che io le dirò, se dovranno queste trasportarsi a Roma, o lasciarsi in Parigi per servizio dell'Apost. Nunziatura, come Ella significa esserle stato detto. In qualunque dei due casi però credo ch'Ella debba reclamarle poichè, anche nel caso che debbano restare in Parigi per commodo della Nunziatura, sempre è necessario, che Le ne venga fatta la consegna per unirle intanto alle altre carte di pertinenza della S. Sede che trovansi in Parigi, e consegnarsi poi a suo tempo (quelle cioè della Legazione) al Nunzio Pontificio.

Quanto a ciò che Le scrissi nella mia dei 30 Nov. in ordine ai di Lei appuntamenti, io intesi parlare della somma che l'Emo Pacca mi scrisse di averle trasmessa, e ch'Ella mi dice di avere ricevuta per appuntamenti del di Lei zio. Dissi *ai di Lei appuntamenti*, perchè scrivendomi sempre Ella invece del di Lei zio suddetto, credetti di non fare distinzione tra Lei ed esso nel risponderle. Ben comprendo che le spese del mantenimento in Parigi non saranno piccole, ma sono sicuro, che le saranno somministrate da Roma i necessari sussidi, ed io non lascio di raccomandare anche questo oggetto all'Emo Pacca, come ho accennato di sopra.

Quanto alla dimissione da Lei presentata al detto Emo a nome del di Lei zio per l'impiego della Vaticana, non saprei che aggiungere a cosa fatta, e senza più con sincera stima mi confermo,
Io abbraccio affettuosamente il suo degno zio.

Di V. S.
Sig. Ab. Marini « Parigi. »

Servitore di cuore
E. Card. CONSALVI.

Illustrissimo Signore,   Roma, 28 gennaro 1815.

Ricevo il pregiato foglio di V. S. Illma, dal quale intendo con piacere, che Le sia pervenuta la mia lettera colla Cambiale di scudi cinquecento dieci. Dopo le lunghe ed utili fatiche da Lei fatte per la Biblioteca, in vista degl'incomodi, che soffre nella salute, la Santità di Nostro Signore si è degnata accordarle il riposo con una Giubilazione colla pienezza de'suoi appuntamenti, conferendo la carica di custode della Biblioteca medesima a Monsig. Don Francesco Baldi già Minutante in questa Segreteria di Stato. Nel passarle questa notizia ho il piacere di prevenirla, che d'ora innanzi saranno i di Lei appuntamenti pagati al di Lei Esattore, il quale, o con Procura, o con di Lei lettera potrà ritirare gli Ordini mensuali da Monsig. Maggiordomo. Quanto poi all'aumento ch'Ella desidera, e allo stipendio da darsi al di Lei Nipote per il tempo che si tratterrà in Parigi per l'oggetto degli Archivii, mi riservo di parlarne a Nostro Signore e di darlene in seguito pronto ragguaglio. So che l'Emo Consalvi ha scritto al di Lei Nipote in data degli 11 del corrente, ed io non posso, che approvar pienamente quanto il Porporato Le ha scritto così circa le carte che interessano una più sollecita trasmissione, come intorno alla necessità, che il ridetto di Lei nipote sì trattenga in Parigi fino a tanto che sia compìto il trasporto dei detti Archivii, come su tutto il restante suggeritogli da S. E; e quando Ella creda di non poter fare il viaggio senza la compagnia del nipote, sarà bene che prosiegua anche Lei a trattenersi costà. Mi compiaccio intanto di sentire, che codesta Real Corte abbia intanto fatto rilasciar l'ordine per franchi 60,000, coi quali potrà intanto farsi imballare, e trasportare il più necessario, come ha divisato il detto Sig. Cardinal Consalvi al di Lei nipote, al quale rispondo quest'oggi ancor'io. Spera Sua Santità, che non essendo il Decreto esclusivo di altre somme da darsi in appresso, si faranno di mano in mano pagare fino al compimento del trasporto, su di che converrà andare facendo delle insistenze. L'affare degli Archivii è uno dei più interessanti, com'Ella intende, per Roma. Non conviene dunque abbandonarsi, nè saprebbe Nostro Signore affidarne ad alcun altro la custodia, perchè niuno potrebbe occuparsi di quest'oggetto con tanta perizia ed utilità, con quanta può occuparsene Lei, e suo nipote. Egli mi scrive che sarebbe contento se Sua Santità disponesse della di Lei coadjutoria agli Archivii. Il S. Padre non vuole disporne, e vuole al contrario ch'egli si trattenga costà e che terminato l'invio delle carte, ritorni in Roma al suo posto.

Tanto mi occorre significarle in riscontro alla sua, e col desiderio di sentire migliori notizie di sua salute, pieno di stima mi confermo,

Di V. S. Illma,
Mons. Gaetano Marini
(Hôtel d'Hambourg) « Parigi. »

Affmo per servirla,
B. Card. PACCA.

Illustrissimo Signore,   Roma, 29 Gennaro 1815.

Ho ricevuto la di Lei lettera in data dei 2 decembre scorso, colla quale mi partecipa la compiacenza di Monsig. suo zio riguardo alla destinazione di Mgr. Baldi. Io rispondo al medesimo suo zio, e lo assicuro dell'intera fruizione de' suoi appuntamenti, li quali parlerò a Nostro Signore, perchè gli siano accresciuti durante il soggiorno di Parigi, come parlerò anche per Lei, affinchè non Le manchi il modo di sussistere, e non sia a carico del medesimo. Quanto poi al desiderio da Lei palesato di essere in libertà risguardo al posto ch'Ella aveva qui, Sua Santità non intende disporne, volendo ch'Ella, dopo ultimato l'invio degli Archivii, torni in Roma ad occuparlo. Quest'invio però esigge la di Lei presenza costà, ed è mente espressa di Nostro Signore, che Ella adempia in tutto e per tutto, quanto Le ha scritto l'Emo Consalvi, come pure accenno a Mons. suo zio; e poichè da codesta real Corte si è rilasciato l'ordine per sessanta mila franchi, non esclusivo di altre somme in appresso, sarà della di Lei attività d'insistere dopo che si sarà consumata la somma ora decretata per averne delle altre onde compiere il trasporto. Io non ho lasciato di far nuovi uffici a questo sig. Ambasciatore per impegnarlo a contribuire al compimento delle somme necessarie, mentre l'ho ringraziato dei buoni offici già fatti, e che hanno prodotto un effetto favorevole, ma parziale. Questo è quanto mi occorre significarle in risposta, e con vera stima mi dichiaro,

Di V. S.   Affmo per servirla

                                                 B. Card. PACCA.

P. S. — Si prega sollecitare al più presto possibile la trasmissione delle rimanenti Carte della Segreteria di Stato.

Sig. Abb. Marino Marini
« Parigi » (Hôtel d'Hambourg).

Illustrissimo Signore,   Vienna, 11 febbraio 1815.

In replica alla sua dei 24 genn. per non ritardare di troppo il trasporto delle Carte più necessarie dei nostri Archivi, come accadrebbe se ne scrivessi di nuovo a Roma, sono a manifestarle i miei sentimenti su quello che convenga fare.

Posto che il Governo non vuole in modo alcuno caricarsi del trasporto, e non prendendosi qualcuno questa cura per parte della S. Sede, resterebbero gli Archivii più lungamente in Parigi, Ella potrà pur caricarsene. E giacchè si è depositata la somma di fr. 60,000 nel Tesoro del Ministero dell'Interno sta bene che con ordini da Lei sottoscritti, Ella ne paghi le spese. Trovo altresì prudente ch'ella prima di approvare i diversi Conti di esse spese, vi senta (seppure vorrà prestarvisi) il Ministro dell'Interno, non già per la ragione ch'Ella enuncia di allontanare qualunque sospetto, che si può eccitare nel maneggiare danari, ma per avere un'appoggio autorevole, per fare star qua a dovere tutte quelle persone che dovranno travagliare al trasporto e suoi preparativi. Quanto alla spesa delle Casse di cui Ella parla, penso che non occorra farle tutte di nuovo, giacchè sembrami ch'Ella mi dicesse, che se ne trovava esistente un certo numero.

Quanto all'ottenere ulteriori somme da codesto Governo, quantunque Ella dice che non sono a sperarsi, tuttavia, non costandomi fin qui che sia stata ancor data risposta alla Nota passata dal Sig. Card. Pacca al Sig. Ambasciator di Francia in Roma, io debbo necessariamente sospendere ogni giudizio sull'evento, fino a che non ne sappia il risultato, e però Ella sarà contenta di non perdere di vista un tale affare, e continuare ad insistere nelle occasioni. Non è però assolutamente opportuno che Ella interponga all'oggetto la Persona che mi accenna. Ciò che deve fare, si è di subito avvisare al Sig. Card. Pro-Segretario di Stato, che i 60,000 fr. sono consumati, e che non vi è come fare il resto della spesa, perch'Egli possa allora nuovamente insistere presso l'Ambasciatore in Roma.

Giacchè i Brevi comuni, formando, com'Ella dice, tutt'insieme un grandissimo Archivio, non possono unirsi a questa prima spedizione, come io avrei desiderato, vi vorrà pur pazienza.

Bramo intanto ch'Ella, compito che avrà l'imballaggio, mi trasmetta nota che indichi quali sono gli Archivii che partiranno, ed il numero delle Casse che li compongono, ed altresì altra nota di tutti quelli che resteranno ancora in Parigi.

Quanto poi all'Archivio della Legazione del Card. Caprara, se Ella, attese le attuali occupazioni per gli Archivii segreti, non può farmene la descrizione, la farà subito compite le attuali operazioni, non

Regestum Clementis Papae V.   *p*

lasciando però di reclamarlo fin d'adesso, ad oggetto di unirlo poi all'altra parte delli Archivii che resteranno in Parigi, per fare in appresso un separato trasporto di quella porzione di esso che si deciderà di ritirare in Roma, e fare alla persona che verrà poi indicata, la consegna di quell'altra porzione che si potesse stabilire di lasciare in Parigi ad uso della Nunziatura.

Quanto alle cose preziose dell'Archivio, se sono in una quantità di comportare un Carro, potrebbe far partire questo Carro di conserva colla di Lei Vettura, quando Ella partirà per Roma, prendendo, ove crederà bene, le scorte per garantirlo da qualunque sinistro, e provvedersi di un'autorizzazione dei respettivi Governi, per i Stati dei quali dovrà passare, per essere sicuro di ottenerle.

Io dirigo queste Istruzioni a Lei come le ho dirette in addietro, come a nipote di Monsig. Marini, nella persuasione ch'Ella in una di queste due qualità agisce, ed agisca in ajuto ed invece del di Lei zio, persuasione fondata anche sul non riceversi dal medesimo di Lei zio alcuna lettera. Questo, come vedo, è stato fin qui soddisfatto dei di lui appuntamenti. Non potendo egli prestare personalmente i suoi servigi, bisognava bene, che la S. Sede corrispondesse con qualcuno per dare le istruzioni, e gli ordini opportuni in ordine agli Archivii. Ella mi dice, che non ha veste nuziale per agire, e mi parla della dimissione da Lei data della Coadjutoria degli Archivii temendo, com'Ella aggiunge, che la di Lei persona non potesse essere molto grata. Nulla sapendo io da Roma di questo affare, e trovando nelle di Lei espressioni della oscurità, ed anche un malcontento, di cui non so vederne il fondamento, non so comprendere quale sia il giusto stato delle cose. Altro quindi non posso dire se non che la S. Sede ha bisogno di chi presti la sua assistenza all'imballaggio e spedizione della prima mandata di essi Archivii, ricuperi quelli della Legazione Caprara da codesto Governo, custodisca il rimanente degli Archivii Romani fino a che se ne potrà fare un ulteriore trasporto, e che allora si carichi egualmente dell'imballaggio e della spedizione, e finalmente conduca seco nel viaggio, come ho detto di sopra, le cose preziose degli Archivii medesimi. A tutte queste cose o può prestarsi Mons. di Lei zio, cui ciò spetta in ragione dell'Ufficio, dal quale non so che si sia dimesso, come da quello della Vaticana, godendone, com'Ella dice, gli onorarii, o se Egli non lo può, o non lo vuole, bisogna bene, che faccia supplire le sue veci da altra persona, della quale possa rispondere. Sotto questo rapporto, niuno più adattato di Lei può Egli avere, nè so comprendere come, e per qual ragione potesse Ella, come mi dice nella sua, *rappresentarlo in Roma* e non possa rappresentarlo in Parigi.

Io non lascio di dar conto di quanto Ella mi scrive, e di quanto io Le rispondo, al Sig. Cardinale Pacca. Intanto sino ad ulteriore avviso, o dal medesimo o mio, si rende indispensabile che tutti gli oggetti indicati nell'antecedente paragrafo vengano riempiti, ed in conseguenza, quello di loro due che debba prestarvisi, non parta di costà. Se da Roma avrò dei schiarimenti sul suo mistero, che fin qui non intendo, o delle istruzioni diverse, non mancherò di farglele note. Ella intanto non lasci di dar conto delle operazioni che costà si faranno direttamente al Sig. Card. Pro-Segretario di Stato, dal quale potrà avere più presto gli ordini opportuni, e con sincera stima mi confermo,

Di V. S.

Sig. Abbate Marino Marini   Servitore di cuore
       « Parigi. »   E. Card. CONSALVI.

Illustrissimo Signore,   Vienna, 8 marzo 1815.

Non faccio che frettolosamente accusare per di lei quiete la sua del 23 febbraio. Godo che Le sia giunta l'ultima mia, e che Ella in conseguenza si sia tranquillizzata, e si occupi in ultimare l'affare della spedizione delle Casse di concerto ed in esecuzione, com'Ella dice, di ciò che Mgr. di Lei zio crede doversi fare.

L'Emo Sig. Card. Pacca mi ha di già avvertito di quanto le ha scritto colla lettera ch'Ella mi enuncia.

Attenderò la lettera ch'Ella mi avverte sarà per iscrivermi fra poco, e senza più con sincera considerazione sono,

Di V. S.

     Sig Abbate Marini   Servitore di cuore
         « Parigi. »   C. Card. CONSALVI.

I miei saluti al suo degnissimo zio.

Illustrissimo Signore, Roma, 16 marzo 1815.

Essendosi esatti gli ordini degli Assegnamenti arretrati di Monsignore suo zio, nella somma di scudi trecento quaranta, si è passato il danaro a questo signor Duca Torlonia per aver da lui la cambiale. In questa occasione la Santità sua, volendo in qualche modo provvedere al di Lei sostentamento durante il soggiorno in Parigi per l'oggetto degli Archivii, ha creduto di fare aggiungere alla enunciata somma altri scudi sessanta per V. S; e così la Cambiale che Le accludo, sarà per scudi quattrocento. Si è inoltre commesso al detto Sig. Duca Torlonia di far pagare a Lei scudi trenta mensuali cominciando dal mese di aprile, giacchè per i due mesi di febbraro e marzo, Le si pagano coi detti scudi sessanta, compresi nella Cambiale anzidetta. Mi lusingo che una tal somma possa essere sufficiente al di Lei mantenimento, tanto più, che facendo vita commune con Mgr. suo zio, questo aumento può provvedere decentemente ai di Lei bisogni. Tanto mi occorre parteciparle per sua intelligenza e quiete.

In quanto poi agli Archivii, mi riporto interamente a quanto Le ho scritto nell'ultima mia, e a tutto il di più che Le ha scritto da Vienna l'Emo Consalvi, confidando nella di Lei attività ed insistenza, tanto pel sollecito trasporto delle Carte, quanto per ottenere i fondi ulteriori onde compiere l'invio delle medesime, e con sentimenti di sincera stima mi confermo,

Di V. S.

Sig. Abbate Marino Marini   Affmo per servirla
(con cambiale) « Parigi » (Hôtel d'Hambourg.)   B. Card. PACCA.

Sig. Abb. Marini amatissimo, Vienna, 12 aprile 1815.

Alla sua lettera dei 27 Marzo, in cui mi domanda di poter tornare a Roma, atteso il possesso nuovamente preso dal Governo delli Archivii Romani, e il divieto di accostarvicisi, rispondo brevissimamente, che dicendomi da Lei di avere scritto anche all'Emo Pacca, io non credo di doverle suggerire di fare una cosa piuttosto che l'altra, nel pericolo che da lui gli si possa rispondere diversamente che da me. Ella non tema che la di lui risposta non le giunga, perchè la di Lei lettera siasi forse smarrita, giacchè io ho avuto il modo di fargli già avere la copia, per occasione, di quella da Lei scritta a me, e gli ho detto di scriverle subito, se già non le ha scritto. Ella dunque avrà prestissimo la risposta da lui con gli ordini del S. P., al di cui fianco egli si trova in Genova. Ricevei arretrata la lettera di Monsig. suo zio a cui intendo che sia comune questa mia risposta a Lei, per non moltiplicare le lettere. Io l'abbraccio con tutto il cuore. E rinnovando anche a Lei la mia sincera stima e attaccamento, resto sempre,

Suo Servitore di cuore
E. Card. CONSALVI.

Illustrissimo Signore, Genova, 26 aprile 1815.

Ho ricevuto ritardata la lettera di V. S. Illma dei 28 Marzo, ecc. (come al num. 16, p. CCLVII(.
È stato ben disgraziato il ritardo dell'invio delle Casse già preparate. Convien però rassegnarsi, e tacere. (In fine del medesimo numero.)

Illustrissimo Signore, Roma, 24 giugno 1815.

Ho inteso col massimo rincrescimento dalla lettera di V. S. l'afflizione ecc. (come al num. 17 della p. CCLVIII.)
Tanto posso replicare alla citata sua, mentre con sincera stima mi confermo,

Di V. S. Illma,

Sig. Marino Marini   Affmo per servirla
« Parigi »   B. Card. PACCA

Altezza, Roma, 12 agosto 1815.

Avendo la Provvidenza Divina ricondotto mirabilmente sul Trono di Francia il Sovrano legittimo, ecc. (come al num. 23).

Illustrissimo Signore,   Roma, 12 agosto 1815.

Volendo la Santità di Nostro Signore accelerare il ritorno degli Archivi ecc. (come al num. 19.) Ad ogni pessimo casó, procurerà almeno, che le sia fornita quella somma, per cui dal Ministero dell'Interno era stato già dato l'ordine. Quando anche però non le si dasse nulla, in tal caso dopo esauriti gli offici, e perdute le speranze, potrà Ella profittare della buona stagione per l'invio dei detti Archivii, e perciò senza ch'Ella ne dica nulla costà, lo stesso Sig. Cav. Canova le farà somministrare il danaro necessario. Io le invio una lettera per il Sig. Principe Talleyrand, ecc. (come in fine del num. 19).

P. S. — Il Sig. Cav. Canova differendo a domattina la sua partenza, io le invio questo Dispaccio con la Posta di questa sera, perchè così Ella potrà avere più tempo a prepararsi, mentre il Sig. Cavaliere non viaggiando la notte, arriverà a S. Arcangelo qualche momento o giornata dopo l'arrivo della Posta. Quanto allo scrivere da Parigi delle cose di qualche importanza, darà le sue lettere ad uno di quelli Banchieri, e le accluda a un altro Banchiere in Roma.

Di V. S. Illma,

Sig. Abbate Marino Marini   Affmo per servirla
« S. Arcangelo »   C. Card. CONSALVI.

Illustrissimo Signore,   Roma, 16 settembre 1815.

Mi lusingo che dopo il trattenimento sofferto nel passaggio delle Montagne della Toscana, come mi dice nel foglio dei 27 Agosto scrittomi da Torino, sarà Ella giunta felicemente a Parigi, ove spero che sia già inoltrato nel disbrigo della sua commissione.

Attenderò che mi ragguagli di quanto anderà accadendo, e con sincera stima mi confermo

Di V. S.

Sig. Marino Marini   Affmo per servirla
« Parigi. »   E. Card. CONSALVI.

Illustrissimo Signore,   Roma, 23 settembre 1815.

Per risoluzione presa dagli Emi Colleghi, mi è stato trasmesso l'annesso Pro-Memoria affinchè lo inoltrassi a V. S.

Ella nel far incassare e trasportare in Roma gli Archivi spettanti alla S. Sede, potrà aver in vista quanto nel medesimo foglio si fa osservare relativamente alle Carte del S. Offizio.

Essendo queste necessarie pel disbrigo e direzione degli affari Ecclesiastici che continuamente sopravvengono da tutto l'Orbe Cattolico, sono persuaso ch'Ella userà la possibile diligenza per poterle sollecitamente inviare, senza pregiudizio però della preferenza dell'invio di quelle altre Carte, che sono di maggiore urgenza.

Tanto mi occorre significarle, e con sincera stima mi confermo,

Di V. S.

Sig. Abbate Marino Marini   Affmo per servirla
(con fogli) « Parigi. »   E. Card. CONSALVI.

Illustrissimo Signore,   Roma, 23 settembre 1815.

Con dispaccio di Monsig. Delegato di Bologna mi pervengono i reclami di quella illustre città per rivendicare i preziosi oggetti, dei quali le accludo diversi Elenchi. Resta pertanto Ella incaricata di procurare la ricupera dei suddetti, nè voglio dubitare, che vorrà mettere a profitto il di Lei zelo ed efficacia, onde sieno soddisfatti i voti della Città suddetta.

Colgo questa favorevole occasione per attestarle i sentimenti della mia distinta stima.

Di V. S. Illma,

Sig. Abb. Marino Marini   Servitore di cuore
(con fogli) « Parigi. »   E. Card. CONSALVI.

Illustrissimo Signore, Roma, 30 settembre 1815.

Per bene indirizzare l'affare del quale V. S. è incaricata, ecc. (come al num. 25.)

In conseguenza di ciò conviene, che Ella preventivamente si assicuri, se nelle Casse lasciate dalla fe: me: di Monsig. Marini, per le quali il Sig. Principe di Talleyrand ha già dato l'ordine che si consegnino, vi siano quelli oggetti, che non si volevano restituire. Se vi sono, non occorrerà su di ciò fare alcuno passo, ma nel caso contrario, conviene che Ella reclami allo stesso Sig. Principe di Talleyrand per la piena restituzione, rammentandogli questa stessa sua promessa.

Tanto posso significarle in riscontro ai fogli di V. S. dei 9 settembre, mentre con sincera stima mi confermo,

Di V. S. Illma,

Sig. Abbate Marini Affmo per servirla

« Parigi » (Hôtel d'Hambourg, rue Jacob N. 18). E. Card. CONSALVI.

Illustrissimo Signore, Roma, 2 ottobre 1815.

Non sapendo io in qual quartiere, ed in quale strada di codesta città sia alloggiato Mgr. Arc. di Zaragoza per fargli recapitare con sicurezza l'acchiusa che gli scrive il S. Padre, mi dirigo a V. S. commettendole di prenderne esatta notizia, e, venutone in cognizione, di recarsi personalmente presso di Lui e di presentargli la stessa lettera, dando poi conto di avergliela effettivamente consegnata, mentre con sincera stima mi confermo,

Di V. S.

Sig. Ab. Marino Marini Affmo per servirla

(con lettera) « Parigi. » E. Card. CONSALVI.

Sig. Abbate Marini gentilissimo, Roma, 6 ottobre 1815.

Due righe di volo per solamente accusare le sue dei 12 e dei 16.

Dopo l'esito felice della restituita consegna delli Archivii, Dio volesse che potessero presto escire fuori delle Alpi, e giungessero in Italia. Certo, più presto sono in Italia, meglio così. S. S. è stata molto soddisfatta della sua condotta. Io desidero di trovare il modo di esserle utile. Intanto resto sinceramente, Suo Servitore di cuore

E. Card. CONSALVI.

Illustrissimo Signore, Roma, 18 ottobre 1815.

Resto prevenuto di quanto Ella mi significa col suo foglio del 26 settembre decorso.

Riguardo agli Archivii, resta Ella incaricata di fare la separazione di quelle carte che giudicherà meno importanti, e penserà a spedirle per la via di mare, poco azzardandosi se, in le inutili, venisse a comprendersene qualcuna d'una certa importanza. Così ancora colla spesa che si richiederebbe per inviare costì altro soggetto, lo che Sua Santità non intende di fare, potrà supplirsi al trasporto marittimo delle carte indicate.

Tanto in breve riscontro del precitato suo foglio, e colla solita sincera stima mi confermo,

Di V. S. Illma,

Sig. Abbate Marino Marini. Affmo per servirla

« Parigi. » E. Card. CONSALVI.

Illustrissimo Signore, Roma, 14 ottobre 1815.

Rilevando dalla lettera di V. S. de' 16 settembre, ecc. (come al num. 31.)

Illustrissimo Signore, Roma, 19 ottobre 1815.

In occasione che si reca costà il Sig. Marchese Massimiliano Massimi, Le trasmetto una Nota ecc. (come al num. 41.)

Se per la restituzione dei Codici, e degli altri oggetti volesse farsi una qualche Convenzione, come si suppone che possa essersi fatta per i Monumenti d'Arte, ignorandolo io positivamente fino a tutt'oggi, Ella è autorizzata a prestarvisi (ma Ella intende da se medesima, che deve tener questo per ultima risorsa, interessando di ricevere il tutto, se è possibile). Quel che è certo, si è che non può cadere il minimo dubbio sulla restituzione di quegli oggetti, che l'arbitrio e la forza asportò dalla Biblioteca e dai Musei, anche quando si pretendesse che debba aver vigore il distrutto Trattato di Tolentino. Della invalidità, o distruzione di questo Trattato si è tanto detto finora, che non può dirsi di più; e se non si valutano le ragioni che lo rendono nullo in origine, o almeno di niun valore dopo essere stato rotto da quello stesso Governo che lo aveva fatto, bisognerà rinunziare a tutti i principii. Io confido nella di Lei attività e vigilanza pel conseguimento di ciò che Roma avea tanto indebitamente perduto.

E in attenzione di suo riscontro, colla solita sincera stima mi dichiaro,

Di V. S.

Sig. Abbate Marino Marini   Affmo per servirla
(con fogli). « Parigi. »   E. Card. CONSALVI.

Illustrissimo Signore,   Roma, 30 ottobre 1815.

Ho ricevuto la sua lettera dei 7, dalla quale rilevo con piacere che parte degli Archivii Segreti era già sopra i Carri, e che sarebbe partita nella stessa mattina, se i Passaporti e la Dogana non avessero ritardata la loro partenza. Non dubito che sia già questa seguita, e che il ritardo sarà stato momentaneo.

Ella mi significa ancora che il Ministro dell'Interno non effettua il pagamento dei 26,000 franchi, e che ne ignora il motivo. Io non so attribuirlo che a qualche naturale incidente, non potendo credere che il Governo avendo messo a di Lei disposizione una tal somma, non voglia poi farne realizzare il pagamento.

Ha fatto intanto benissimo di prendere una somma dal Banchiere Busoni, onde far partire gli Archivii, che sono tanto necessarii, e che importeranno una spesa molto vistosa per il loro trasporto.

Quanto ai Codici sento la gentile accoglienza fattale dalli Conservatori ecc. (come al num. 38.)

Quanto ai Codici, alle Medaglie e Camei non dubita il Santo Padre ch'Ella userà tutte le diligenze perché non vi sia dispersione, e perché ne siegua con sicurezza l'invio.

Perciò che riguarda li trentanove Codici reclamati dalla Università di Heidelberga, sebbene fossero stati questi donati nell'anno 1623 da Massimiliano Duca di Baviera quindi Elettor Palatino al Sommo Pontefice Gregorio XV, e siano perciò divenuti una proprietà della Santa Sede, ciò non ostante, il S. Padre al sentire che i detti 39 Codici sono desiderati da Sua Maestà Prussiana che ha tanto favorito la Santa Sede per la ricupera delle sue Provincie ed altri oggetti, mi ha commesso di ordinare a V. S. di farne in suo nome un dono alla detta Università di Heidelberga. Tanto mi occorre significarle in risposta, e colla solita sincera stima mi confermo,

Di V. S.

Sig. Abbate Marino Marini   Affezionatissimo per servirla
« Parigi. »   E. Card. CONSALVI.

Illustrissimo Sig. Padrone Colendissimo,   Roma, 2 novembre 1815.

Essendo d'intelligenza con la Segreteria di Stato di farle avere un mensuale appuntamento di scudi 70 ho creduto opportuno di compiegarle una cambiale, firma Brancadori, tratta sopra codesti signori Delessert e Comp. di fr. 1086, 70, valuta di scudi 210 Romani, importo di tre mensualità.

La prego, subito che questa Le verrà estinta, di rendermene inteso per mio governo, ed intanto con distinta stima passo a rassegnarmi,

Di V. S. Illma,

« Parigi » (con Cambiale da girarsi.)   Devmo, Obblmo Servo
                   G. ERCOLANI, Tesoriere Generale

Illustrissimo Signore,

Ho fatto presente a Sua Santità la domanda di cotesto Sig. Amministratore della Biblioteca Reale, di ritenere per la medesima i due preziosi Codici di Virgilio e di Terenzio.

Avrebbe ecc. (come al num. 43.)

Illustrissimo Signore,   (riservata)
Com' Ella avrà rilevato dalla contemporanea lettera di Officio, ecc. (come al num. 44).

Illustrissimo Signore,
Dai Padri Domenicani ecc. (come al num. 54).

Illustrissimo Signore,   Roma, 23 novembre 1815.
Ho ricevuto la lettera di V. S. in data dei 31 ottobre coi Stati annessi della spedizione degli Archivii già presentati a Sua Eccellenza il signor Ministro dell'Interno, e da lui accettati per sodisfarne i pagamenti, come infatti Ella mi accenna, che ha gia cominciato a sodisfare. Ne ho passata la notizia a Nostro Signore, il quale l'ha ricevuta con molto gradimento. Nella sua lettera ho trovato annessi li così detti fogli di vettura, che potranno giovarci all'arrivo dei trasporti per riconoscere se sono in regola, e se il tutto corrisponde agl'impegni stipolati.

Li primi Carri, mi scrive l'abbate Valente da Torino, che sono giunti colà, e che nella notte li vide abbandonati affatto in mezzo alla strada (fortunatamente era quella, dove era situata la di Lui abitazione) senza che vi fosse alcuno che se ne dasse un pensiero. Egli stimò bene di destinar due Persone che li guardassero tutta la notte. Gli ho risposto, che faccia altrettanto di tutti gli altri, che giungeranno, non essendo bene che siano abbandonati all'arbitrio del Popolo, ed esposti al pericolo di qualche incendio. Ella avrebbe dovuto scrivere a qualcuno in Torino incaricandolo di prenderne una cura.

Non dubito che Ella avrà fatto le possibili diligenze per minorare le spese dei trasporti, e conosco ancor io' che la circostanza lo ha obbligato a non essere tanto rigoroso nei prezzi, giacché la stagione avanzata poteva farle ragionevolmente temere, che il trasporto non potesse effettuarsi se non dopo l'inverno. Poteva però ben unire le spese fatte pel trasporto dei Codici, Medaglie ecc. alle altre fatte per gli Archivii senza tenerne un conto a parte.

Quanto alle mesate, che doveva farle pagare costà il signor Duca Torlonia, secondo gli ordini dell'Emo Pacca, e che non Le sono state pagate, non v'ha dubbio ch'ella debba esserne soddisfatta. Le scrissi qualche ordinario fa, che se ne fosse pure rivalsa sopra il denaro esistente in sue mani, e se non lo ha fatto non si dia alcuna pena, giacché ne otterrà il pagamento. Avanzandole denaro, credo che sia prudente di portar seco quanto occorre per il viaggio, ed il resto rimetterlo per via di Banco.

Quanto alla di Lei partenza da Parigi, mi riporto alla lettera scrittale nel passato ordinario, consigliando tutti i motivi a farla rimanere costà fino al compimento di tutte le cose.

Trovai prudente la lettera da Lei scritta al Conservatore del Gabinetto di Storia Naturale. Sua Santità vuole, che tutto si faccia colla maggior buona grazia e civiltà, premendogli di non dare alcun dispiacere a codesto Governo.

Non so comprendere a che si attribuisca quello zelo indiscreto di cui Ella mi parla nella sua lettera, e mi dispiacerebbe che fosse usato da chiunque agisce per la S. Sede, niente avendo più raccomandato Sua Santità, che di fare il possibile per incontrare in questa circostanza il buon piacere di codesta Real Corte.

Sento la partenza seguita per Londra del Cav. Canova, e sento gl'imbarazzi nei quali si trova il giovane D'Este. Voglio lusingarmi, ch'Egli adempirà felicemente la sua commissione. Tanto le debbo in risposta, e colla solita sincera stima mi confermo,

Di V. S.   Affezionatissimo per servirla
Sig. Abbate Marini « Parigi. »   E. Card. CONSALVI.

Illustrissimo Signore,   Roma, 25 novembre 1815.
Le accludo una nota trasmessami dall'Emo Prefetto di Propaganda, affinché, potendo, si prenda la cura della ricupera degli oggetti indicati nella medesima. E colla solita sincera stima mi confermo,
Di V. S.
Sig. Abbate Marino Marini   Affmo per servirla
(con Nota) « Parigi. »   E. Card. CONSALVI.

Illm̄o e Rm̄o Monsignore,   Bologna 29 novembre 1815.

Nel foglio di V. S. Illm̄a e Revm̄a del 7 andante, ho letto con piacere l'annuncio, ch'Ella si compiace recarmi sulla recupera de' preziosi Monumenti di ragione di questa Città, e del prossimo arrivo di una parte dei medesimi.

Il Padre Pisani non si è peranche veduto: ed allorché egli, od il capo vetturale Roche giungerà qui, mi farò rimettere le note casse, ed a questo Eminentissimo Sig. Cardinale Arcivescovo verrà consegnata la sua.

Nel renderle pertanto le dovute grazie dell'attenzione usatami nel darmi tale grata partecipazione, ho il vantaggio insieme di confermarmi con perfettissima osservanza,

Di V. S. Illm̄a e Revm̄a

Mons. M. Marini   Devm̄o Servo
Hôtel d'Hambourg, Rue Iacob   GIACOMO GIVSTINIANI
« Parigi. »   Delegato Apostolico.

Illustrissimo Signore,   Roma, 9 decembre 1815.

Non era certamente da dubitarsi, che la Santità di Nostro Signore approvasse l'accommodamento fatto con codesto Governo sul proposito degli oggetti d'Arte, essendo stata precisa volontà del S. Padre fin dal primo momento che si degnò di spedire il Cav. Canova, che la ricupera degli antichi monumenti seguisse col buon piacere di codesto Governo. Sua Santità, che, senza una taccia disonorante, non avrebbe potuto chiuder l'orecchio ai reclami del Popolo Romano, e sopprimere il naturale suo genio per le belle Arti, quanto desiderava che la restituzione seguisse, altrettanto bramava che accadesse col consentimento di S. M., ed il suo Governo che non voleva che restasse interamente spogliato di tutto ciò, che non la sua volontà, ma l'effetto della forza aveva radunato in Parigi. Si compiace il S. Padre, che il Cav. Canova abbia secondato i conosciuti sentimenti della sua moderazione e de' suoi riguardi verso codesta Real Corte, e și compiace eziandio che, se per un momento contro la sua aspettazione non și sono avute delle giuste idee şul suo modo di pensare, il fatto le abbia rettificate, ricuperando la Santità Sua con doppio piacere ciò che ricupera, subito che tutto siegue di buon accordo con S. M. Cristianissima.

Lo stesso dico per i concerti presi da Lei nella ricupera delle cose appartenenti alla scienza, approvando Nostro Signore che Ella siasi diretta a chi ne aveva la custodia come Incaricato da codesto Governo, e facendo tutto con uno zelo temperato dai dovuti riguardi, e scevro affatto da qualunque dose censurabile d'indiscretezza.

Le notizie che col passato ordinario sono giunte da Torino, annunziano arrivati colà 14 carri colle statue, oltre vari altri con le carte degli Archivi; ma si è avuta la dispiacente notizia, che il carro in cui era il Laocoonte si è rovesciato nel difficile passaggio del Montcenis, e che la statua abbia alquanto sofferto. Chi scrive da Torino attribuisce questa disgrazia alla cattiva costruzione del carro troppo alto, e non equilibrato. Si è in pena, finché il convoglio non giunga in Roma per vedere la natura del danno.

Sento la ricupera combinata all'amichevole dei caratteri di Propaganda e delle Matrici, e sento al tempo stesso la ricupera dei pochi Camei che non han pregio, e la sorte dei più pregevoli, su di che vi vuol pazienza. Quanto al Virgilio continui pure a lasciarlo in deposito.

Bramerei sapere se il Sig. Barone de Mufflingh Le ha dato alcuna risposta risguardo ai 39 manoscritti, che per disposizione di Sua Santità Le ho partecipato come ceduti in dono alla Università di Heidelberga.

Sento la dimanda fattale dal Sig. Abbate Sala per sapere la spesa che importa il ritorno degli Archivii della Dataria. Ella deve rispondergli, che questo conto separato non è possibile a farsi, essendosi stabilita la spesa in complesso e nel totale, e non per parti. Bisogna ritener per massima di non soddisfar mai l'altrui curiosità, essendo il solo Governo quello che deve saper tutto, e non alcun altro particolare.

Ringraziandola delle notizie che mi da nel suo foglio dei 21 novembre, colla solita stima mi confermo,

Di V. S.

Sig. Abb. Marini   Affm̄o per servirla
« Parigi. »   E Card. CONSALVI.

Illustrissimo Signore,   Roma, 12 decembre 1815.

Accluse nel foglio di V. S. dei 14 novembre, ho trovato una parte delle ricevute, ch'Ella mi avea indicate nella sua precedente, le quali mi fanno conoscere l'impiego della somma ricevuta costì. Ho osservato ch'Ella si è valsuta dei Boni pagabili sulla Cassa del Ministero dell'Interno non avendo pronto il danaro, e si è regolata benissimo, essendosi così risparmiata la pena di esiggere per pagare.

È dispiaciuto assai a Sua Santità, che la Truppa, la quale ha scortato il convoglio delle statue abbia cagionato dell'allarme e del malcontento, nei luoghi pei quali è passata. Il desiderio di Nostro Signore è, che tutto proceda con tranquillità e buon accordo.

Il S. Padre ha veduto con compiacenza l'accomodamento fatto cogli Amministratori del Museo d'Istoria Naturale, ed i termini, coi quali è compito l'accomodo. Dalla nota trasmessa ho rilevato quali sono gli oggetti che compongono la collezione che si restituisce. Avrebbe egualmente desiderato la nota degli oggetti che si son rilasciati, ed Ella si darà il pensiere di trasmettermela.

Farò conoscere alla città di Bologna ciò che ricupera, e scriverò a Mgr. Delegato, che ritenga gli oggetti spettanti a Loreto per poi farne la separazione.

Non ho trovato nella sua lettera la *Brochure,* e la difesa, di cui mi parla e che pure avrei molto desiderato di aver sott'occhi. Ella si dia il pensiere di trasmettermela.

Sento quali siano le materie imballate, e il quantitativo delle casse che potranno spedirsi nella corrente stagione.

Soddisfatto della di Lei attività e diligenza, Le ripeto i sentimenti di sincera stima, coi quali sono, Di V. S.

　Sig. Abbate Marino Marini　　　　　　　　　Aff͞mo per servirla
　　　　« Parigi. »　　　　　　　　　　　　　E. Card. CONSALVI.

Illustrissimo Signore,   Roma, 18 giugno 1815.

È qui giunto il residuo dei convogli degli Archivi spettanti al contratto coi Suchat. Fatto il confronto delle casse colle polize di carico se n'è trovato mancante una delle marcate colla lettera B. N. 253, nella poliza in data dei 20 marzo; per la quale mancanza si è ricusato di rilasciare la solita ricevuta a questo Sig. Albertazzi, finchè non ne dia il necessario sfogo. Egli però asserisce di aver ricevuto lettera dal suo corrispondente in Bologna, nella quale opina che la cassa di cui si fa ricerca, sia stata compresa nell'antecedente convoglio che ne portò una di più delle indicate in quel carico. Si è risposto al Sig. Albertazzi, che mostri la quietanza generale fatta da V. S. per rilevare se nel citato antecedente convoglio fosse realmente la cassa mancante nell'ultimo. Dopo questa verificazione si farà la ricevuta al Sig. Albertazzi.

Questi ha inoltre esibito due note di spese che accludo originalmente, perchè Ella le osservi, e mi dia i suoi riscontri, sembrandomi, che, secondo l'articolo 6.º del contratto non siano da bonificarsi se non che quelle puramente di *pedaggi, e transiti di Dogana sulla presentazione delle quietanze veridiche da verificarsi.*

Avrà Ella a quest'ora avuto piena notizia di quanto è passato costà fra il Sig. Conte Ginnasi, il Sig. Rosati, Panvini, ed i Suchat; ed avrà altresì rilevato dai miei dispacci rispettivamente a loro diretti, che io ho terminato l'affare, committendo sotto il dì 31 Maggio scaduto, al Signor Rosati di riassumere col Sig. Conte Ginnasi il conteggio di tutte le somme ricevute dal Suchat, di quelle che questi rimanevano ad avere e di saldarle. Sarà dunque tutto finito presentemente e non vi sarà più luogo a profittare della offerta fatta dai Suchat di attendere il rimanente del loro credito dopo l'esame de'conti spediti dal Sig. Conte Ginnasi, siccome si erano espressi col Sig. Rosati Panvini. Tutta volta il governo ha gradito la correntezza e le facilitazioni usate dai Suchat, ed in questo stesso ordinario se ne mostra loro la soddisfazione. Appoggiati essi alla moderata condotta tenuta in questo affare verso il Governo Pontificio, hanno fatto istanza per essere considerati nell'ultimo trasporto che resta a farsi. Rispondo ai medesimi che troppo tardi hanno manifestato queste intenzioni, essendo gia stato stipulato nuovo contratto coi Sig. Verità e Compagni di Bologna; che per altro se esibissero a Lei un partito più vantaggioso potrebbe farsi avere effetto in loro favore al patto apposto in detto contratto, di preferire cioè un migliore oblatore.

Regestum Clementis Papae V.

Avendo rilevato da una delle lettere del Conte Ginnasi, che egli era in qualche pensiero per la questione del pagamento del Larcher, temendo che potesse negare l'invio fatto per mare delle 164 casse di Archivii, ed ignorando se V. S. Illᵐᵃ già partito per costà avesse usato la cautela di esprimere nella ricevuta, che le dette casse erano giunte per mare, io presi il partito di procurare una deposizione dal Commerciante Francese, cui furono spedite da Marsiglia le stesse casse, e l'acchiusi al Conte Ginnasi col certificato del carattere fatto da Mgr. Delegato di Civitavecchia, affinchè potesse valersene nel caso che il Larcher giungesse a negare, che l'enunciate 164 casse furono spedite da Lui, per farlo stare a dovere, e per privarlo ancora di qualunque pagamento, se osasse di rendersi negativo. Il Sig. Conte Ginnasi però ha assicurato il Sig. Rosati, che ogni questione è sopita col Larcher. Se la cosa è così, tanto meglio. In caso contrario, qualora Ella avesse bisogno di assistenza per atti legali onde farlo stare a ragione, incarico il Sig. Rosati di presentargliela ad ogni occorrenza. Intanto le rinnovo i sentimenti della mia vera stima con cui mi confermo,

Di V. S.

Monsig. Marini	Servitore
Prefetto degli Archivi di S. S.	E. Card. CONSALVI.
« Parigi. »	

Illustrissimo Signore,

Rispondo in questo corso di posta a due lettere di V. S. Illᵐᵃ ecc. (come alla pag. CCLXXV.)

Monsignor. mio carissimo, Roma, 19 luglio 1817.

Non mi fu possibile di rispondere alla pregiatissima sua nell'ordinario in cui dettai la risposta per Sua Emza, perchè mi trovavo enormemente affollato. Ella però avrà veduto dal tenore del dispaccio di Segreteria di Stato che io mi ero investito di quanto Ella mi aveva scritto confidenzialmente sulla dilapidazione di una parte degli Archivi e mi lusingo che sarà stata contenta del senso, e del tono di fiducia con cui quel dispaccio fu concepito. Oggi le rispondo, e mi ha fatto rabbia che Ella siasi messa in pena per la spedizione fatta dal Conte Ginnasi del suo Commesso. Lei ha scritto forse con troppa moderazione, e non se le può per questo fare alcun debito. Sia pure tranquillo sulla mia parola. Mi conservi la sua amicizia, mi saluti il buon Rosati, e mi creda pieno di attaccamento e di stima.

P. S. — Sarebbe opportuno che Ella portasse alla sua venuta una trentina di fogli di bella e nitida cartapecora da servire per le ratifiche, come usano le Corti, comprandola a conto del Governo, giacchè in Roma non si trova buona.

| Mgr. Marini | Affᵐᵒ Amico, Serv. Obblᵐᵒ |
| « Parigi » | C. MARINI. |

Illustrissimo Signore, Roma, 24 luglio 1817.

Ho ricevuto il foglio di V. S. in data dei 3 corrente, ecc. (come a pag. CCLXXII.)

Non so a qual fine debba io scrivere al medesimo ultroneamente la lettera che'Ella istantemente mi prega di scrivergli per assicurarlo, che continuerà nell'officio di Giudice arbitro: Sua Santità non ha neppur pensato a sostituirgli altro soggetto, sicchè sembrami ch'egli possa essere per questa parte quietissimo.

Ricevo le carte relative al Sig. Albertazzi e alla cassa mancante che mi compiaccio sentire essere rimasta costà.

Sento la vendita fatta dei rimanenti Processi del S. Officio, che erano inutili a ritornarsi, ed ha fatto benissimo di lacerarli prima in minutissimi pezzi.

Tanto debbo significarle in risposta, e colla solita sincera stima mi confermo,

Di V. S.

| Monsignor Marini | Affᵐᵒ per servirla |
| « Parigi » | E. Card. CONSALVI. |

Illustrissimo Signore,

A Monsieur Pleé che ritorna costà ecc. (come alla pag. CCLXXIX.)

Illustrissimo Signore, Roma, 7 agosto 1817.

Non so come costà si prosiegua ancora a parlare della deteriorata salute di Nostro Signore. Egli è, la Dio mercè, ristabilito dai passati suoi incomodi, e non risente che il peso dell'età, il quale è naturalmente grave per tutti.

Sento la partenza di cinquecento casse di Archivii imbarcati sulla Senna per Havre, e sento la partenza pure di un'altra porzione per terra, e il rimanente della spedizione per acqua. Ella avrà avuto sicuramente una ragione per spedire un convoglio per terra, benchè a me pare che a risparmio di spesa tutto potesse inviarsi per acqua, come si era detto.

Intendo dal suo foglio la somma passata al Sig. Rosati ritratto delle carte inutili, e non dubito che il tutto meriterà approvazione.

Ho trovato in regola la copia dell'offizio acclusami, e che Ella si proponga di dare a S. E. il signor Conte di Richelieu. Voglio lusingarmi che avrà quel risultato che presagisce la giustizia della cosa.

E giunto a notizia di Sua Santità, ecc. (come alla lettera del 7 ag. a pag. CCLXXXI.)

Illustrissimo Signore, Roma, 16 agosto 1817.

Due lettere di V. S. Illma sonosi da me ricevute in questi giorni una in data dei 23, l'altra dei 29 luglio decorso. Colla prima mi ha Ella trasmesso copia della Memoria che avrebbe presentata nell'indimani al Sig. Duca di Richelieu, e non ho niente a ridire sulla estensione della medesima.

Mi compiaccio di rilevare che Ella è rimasta assai soddisfatta della udienza accordatale dal signor Duca, e non dubito che conseguirà il buon effetto la Memoria che doveva presentare al medesimo, attesa la ragionevolezza dei sentimenti da quali il medesimo è animato; su di che sto attendendo i di Lei ulteriori riscontri.

Colla seconda mi ha trasmesso nove documenti diretti a giustificare colla maggiore esattezza, la condotta da Lei tenuta, tanto nell'annullamento del contratto Fontanelli, quanto nella vendita delle carte inutili, come pure sull'impiego del ritratto da tale vendita, e non posso non lodarmi della di Lei diligenza.

Si staranno attendendo le 990 casse da Lei trasmesse.

Quanto al di Lei ritorno, potrà eseguirlo subito che avrà terminato l'invio di tutte le carte spettanti agli Archivii, e che avrà avuta una decisiva risposta da S. E. il Sig. Duca di Richelieu sugli oggetti della memoria presentatagli.

Intanto con sentimenti di vera stima mi confermo,
Di V. S. Illma,

Mgr. Marino Marini Servitore
« Parigi » E. Card. CONSALVI.

Illustrissimo Signore,

Due lettere di V. S. Illma mi sono pervenute in questi giorni, ecc. (come alla pag. CCLXXXVIII.)

Illustrissimo Signore, Roma, 6 settembre 1817.

Due lettere di V. S. Illma mi sono pervenute, una in data dei 19 l'altra dei 20 agosto. La prima mi accenna alcune dispute che insorgeranno nel Clero sopra i tre articoli del Concordato.

Non avendomi Ella indicato quali sono codesti articoli, nulla posso dire intorno ai medesimi. Fa elogio al carattere del Sig. Cardinal Périgord ed alla dignità di cui è rivestito, l'impegno che mette nel conciliare gli animi dissenzienti, e voglio sperare ch'egli sia per riuscirvi colla sua virtuosa influenza.

Sento quanto mi dice intorno alla restituzione delle carte della Legazione. Se Ella, malgrado i suoi sforzi e la sua vigilante insistenza, non potrà riuscirvi, non sarà sicuramente attribuito a sua colpa.

Colla seconda mi parla della spedizione fatta per terra di alcune casse di Archivii. Io ignorava che appartenessero queste al compimento del contratto Suchat. In verità sebbene fosse questo un residuo del contratto stipulato col Conte Ginnasi, avendo il Suchat ottenuto la preferenza nel Contratto per acqua, avrebbe potuto amalgamare questo residuo al contratto posteriore per acqua. Dico tuttociò non per lagnarmi che una porzione di casse sia venuta per terra, approvando anzi che Ella vi abbia conglomerato i Registri delle Bolle ricuperate, nella vista di una maggior sicurezza, ma le dico soltanto per una animadversione che è nella natura della cosa.

Sento l'arrivo dei tre Ablegati, e la generosa distinzione usata loro da S. M. Cristianissima.

Ella fa benissimo di suggerire unitamente col Sig. Rosati agl'inviati Pontifici ciò che credono utile al decoro dei medesimi.

Quanto alle somme che potessero abbisognare per compire il pagamento degli Archivii che rimanevano ad inviarsi, non è certamente bene che accada a Lei, ciò che è accaduto al Conte Ginnasi. Se la cassa della liquidazione sarà mancante di fondi di sopravanzo, il Sig. Rosati potrà pagare, e trarre sopra la Tesoreria Generale per soddisfare gl'impegni della sua liquidazione.

Ricevo copia del foglio da Lei scritto a S. E. il Sig. Duca di Richelieu, sulla restituzione delle carte, nè questo oggetto deve procrastinare la di Lei dimora in Parigi.

E colla solita vera stima sono,

Di V. S. Illͫa,

Mgr. Marino Marini   Affͫo per servirla

« Parigi »   E. Card. CONSALVI.

Illustrissimo Signore,   Roma, 13 settembre 1817.

Ricevo due lettere di V. S. Illͫa, una in data dei 26, e l'altra dei 28 del passato. La seconda distrugge le speranze, che Ella da colla prima intorno alla restituzione delle carte della Legazione e del Processo di Galileo. Bisognerà pertanto, che io prenda la via di dimandare officialmente la restituzione delle une, e dell'altro. E dunque inutile che Ella più lungamente si trattenga costà, e come le ho già scritto altra volta può ritornarsene in Roma per dove o sarà partita al giungere della presente, o sarà al momento di partire, cosicché mi dispenso di rispondere ad altre sue lettere se mi giungono, nel dubbio che le mie risposte non la trovino più in Parigi, e colla solita vera stima mi confermo,

Di V. S. Illͫa,

Mgr. Marino Marini   Servitore

« Parigi »   E. Card. CONSALVI.

(Hôtel d'Hambourg, Rue Iacob. n. 18.)

Ministère de l'Intérieur,   Paris, le 9 août 1814.

Le Ministre désire, Monsieur, avoir un entretien avec vous ecc. (come al num. 4.)

                                         Paris, le 9 septembre 1814.

Monsieur, j'ai reçu la lettre que vous m'avez fait l'honneur de m'écrire ecc. (come al num. 5.)

Ministère de l'Intérieur,   Paris, le 31 octobre 1814.

Le Ministre a reçu, Monsieur, la lettre que vous lui avez écrite, ecc. (come sotto il num. 13.)

Ministère de l'Intérieur,   Paris, le 11 novembre 1814.

Le Ministre a reçu, Monsieur, la lettre que vous lui avez écrite ecc. (come sotto il num. 13.)

Ministère de l'Intérieur,   Paris, le 21 novembre 1814.

Le Ministre a reçu, Monsieur, la lettre que vous lui avez écrite le 17 de ce mois, pour demander la remise des extraits qui ont été faits aux archives du Royaume sur les papiers venus de Rome, et qui ont depuis été rendus à S. S.

Son Excellence me charge de vous informer qu'elle vient d'écrire a M. Daunou Garde des Archives pour l'autoriser à vous remettre les extraits dont il s'agit.

J'ai l'honneur d'être, M., avec une considération distinguée,

M. Marini Garde des Arch. Pontificales.   Votre très-humble serviteur

(Rue Jacob 18, Hôtel d'Hambourg.)   Le Conseiller d'État Direct. de Correspondance,

                                                 BENOIT.

Ministère de l'Intérieur,   Paris, 7 décembre 1814.

J'ai reçu, Monsieur, la lettre, que vous m'avez fait l'honneur de m'écrire le 21 novembre dernier, pour m'annoncer, que vous avez rendu à M. le Garde des Archives du Royaume les extraits qui ont été faits des divers papiers provenants des Archives Pontificales.

J'ai donné connaissance de votre détermination au Ministre de l'Intérieur, et S. E. me charge de vous en adresser ses remerciements.

Recevez M. l'assurance de ma considération distinguée,

M. Marini Garde des Archives Pontificales.

(Rue Jacob, 18. Hôtel d'Hambourg.).

Le Conseiller d'État, Directeur de Correspondance,
BENOIT.

Paris, le 15 décembre 1814.

D'après les renseignements ecc. (come al num. 13.)

Ministère de l'Intérieur,   Paris, le 27 décembre 1814.

Monsieur, une Ordonnance de S. M. du 19 novembre ecc. (come al num. 10.)

Ministère de l'Intérieur,   Paris, le 31 janvier 1815.

Pour lui donner des explications relativement à l'État que M. Daunou a été chargé de fournir de la situation du transport des Archives Pontificales.

Le Ministre a reçu, Monsieur, la lettre que vous lui avez écrite le 20 de ce mois, et dans laquelle vous demandez que M. Daunou soit chargé de la direction de l'encaissement et de l'expédition des Archives Pontificales.

Il paraît, Monsieur, que vous croyez que Son Excellence a donné à M. le Garde des Archives la surveillance de l'emploi de la somme de 60,000 fr. accordée par le Roi pour les frais de transport des Archives Pontificales. Si M. Daunou a agi en conséquence de cette idée, ce ne peut être que par une fausse interprétation de la lettre qui lui a été écrite le 27 décembre dernier au sujet du transport des dites Archives. L'intention du Ministre a toujours été, que vous fussiez seul chargé, Monsieur, de tout ce qui a rapport à cette opération; il a voulu seulement que les payements qui vous seroient faits, eussent lieu successivement au fur et à mesure du degré d'avancement des transports. Les papiers des Archives étant encore au Dépôt général des Archives du Royaume, ce renseignement était facile à se procurer. Le Ministre a en conséquence chargé M. Daunou de lui adresser des États certifiés des Convois qui auront été expédiés pour Rome, et du nombre des Caisses dont ils seront composés.

D'après cette explication que je donne également à M. le Garde des Archives du Royaume, vous ne douterez pas, Monsieur, que les opérations relatives au transport des Archives Pontificales ne soient intièrement sous la surveillance et sous la direction des Agents de Sa Sainteté.

Recevez, Monsieur, les assurances de ma parfaite considération.

Le Directeur de Correspondance,
DE LESCARIN.

M. Marini Chargé de la Garde des Archives Pontificales.

Ministère de l'Intérieur,   Paris, le 8 fevrier 1815.

On l'informe que la somme de 60,000 fr. destinée au transport des Archives Pontificales, sera déposée à la caisse du Ministère et délivrée sur des mandats.

J'ai l'honneur de vous informer, Monsieur, que par sa décision du 31 janvier dernier, le Ministre a approuvé la proposition qui lui a été soumise de faire déposer dans la caisse du Ministère la somme de 60,000 fr. destinée aux frais de transport des Archives Pontificales.

Cette somme sera payée par le Caissier du Ministère sur les États que vous certifierez.

Lorsque l'emploi de 60,000 fr. sera fait, les États que vous aurez certifiés devront être échangés contre une quittance unique de la somme de 60,000 fr. qui sera délivrée par vous, ou par toute autre personne autorisée par le S. Siège, pour être fournie au Trésor à l'appui de l'Ordonnance du Ministre.

J'ai l'honneur d'être, Monsieur, avec une parfaite considération.

Votre très-humble serviteur

M. Marini Garde des Archives Pontificales.   Le Directeur de Correspondance,
DE LESCARIN.

Ministère de l'Intérieur,   Paris, le 5 fevrier 1815.

On lui donne avis d'une décision du Ministre, qui lui accorde une indennité de 1200 francs.

Monsieur, je m'empresse de vous prévenir que le Ministre sur mon rapport a bien voulu accueillir la demande que ·vous lui avez faite d'une Indennité pour les dépenses que la prolongation de votre séjour à Paris a pu vous occasionner. Elle vous a accordé en conséquence une somme de douze cent. fr. qui sera acquittée sur un État de payement dressé par M. le Garde des Archives du Royaume, et quittancé par vous.

J'ai l'honneur d'être, Monsieur, avec une parfaite considération.

Votre très-humble serviteur

    Le Directeur de Correspondance,
DE LESCARIN.

M. Marino Marini Garde des Archives Pontificales.

     Rue Jacob 18.

Paris, 7 septembre 1815.

J'ai reçu, Monsieur la lettre que vous m'avez fait l'honneur de m'écrire le 4 de ce mois ecc. (come al num. 24.)

Paris, le 9 septembre 1815.

Monsieur, Je reçois la nouvelle lettre que vous m'avez fait l'honneur de m'écrire le 4 de ce moi, concernant les papiers de la légation de M. le Cardinal Caprara, ecc. (come alla lett. del 9 sett. 1817, a pag. CCXCII.)

Copie de la lettre adressée par M. le Commissaire provisoire au département de l'Intérieur, Comte Beugnot, le 27 avril 1814 à Monsieur Daunou Archiviste du Royaume.

Ministère des Cultes, Division du personnel, Bureau Enreg. N. 333. Exécution de l'Arrêté du 19 avril pour la restitution des Archives et objets pontificaux.

Monsieur, j'ai l'honneur de vous transmettre ecc. (come al num. 3.)

Paris, le 22 septembre 1815.

Ministère de l'Intérieur, 5.e Division, 1.er Bureau de la Comptabilité générale. Enregistrement à l'arrivée N. 5243 — N. 693.

Le Garde des Sceaux Ministre de la Justice, chargé par interim du Portefeuille de l'Intérieur. À Monsieur Marini, Rue Iacob, hôtel d'Hambourg N. 18.

Monsieur. Par votre lettre du 11 de ce mois ecc. (come al num. 27.)

Ministère de l'Intérieur, 1.ère Division, 2.e Bureau d'Admin. générale. Avis des moyens pris pour garantir les Archives Pontificales.

Monsieur, j'ai reçu la lettre que vous m'avez fait l'honneur de m'écrire le 13 de ce mois ecc. (come al num. 30.)

Paris, le 10 octobre 1815.

Ministère de l'Intérieur, Secrétairerie Générale, 3.me Bureau.

Monsieur, par votre lettre du 6 octobre courant, vous réclamez les manuscrits, médailles, et camées déposées à la Bibliothèque du Roi, et que vous dites appartenir à la Cour de Rome, en vous appuyant sur la remise qui a été faite de semblables objets à M. le Commissaire du grand Duc de Toscane.

Il n'existe aucun Traité ni convention, qui autorise l'enlèvement d'aucun objet dépose à la Biblio-thèque du Roi. Les Conservateurs n'ont pu être déterminés à en faire la remise, que par l'appareil de la force, et par la violence.

Vous pouvez, Monsieur, ouvrir une négotiation avec Monsieur le Duc de Richelieu, sur l'objet de votre demande.

J'ai l'honneur, Monsieur, de vous offrir l'assurance de ma considération.

    M. M. Marini Garde des Archives Pontificales,   BARANTHE.

                          Paris, le 13 octobre 1815.

Le Duc de Richelieu aura l'honneur de recevoir Monsieur Marini s'il veut se donner la peine de passer au Ministère des affaires étrangères demain samedi 14 octobre, à 10 heures du matin.

    Le Chef de la 5. Division du Ministère de l'Intérieur,

                          Paris, le 18 octobre 1815.

À Monsieur Marini, rue Iacob, faubourg S. Germain.

Monsieur, je m'empresse de répondre à la lettre par la quelle Vous me demandez quelle marche Vous devez faire pour obtenir de M. Le Roux les fonds qu'il tient à votre disposition pour le transport des Archives Pontificales.

Cette marche consiste, Monsieur, à adresser au Ministre des propositions d'acompte visées de Vous en faveur des entrepreneurs des transports, avec les marchés, mémoires, ou autres pièces à l'appui, et M. Le Roux les acquittera successivement jusqu'à concurrence des crédits ouverts.

    J'ai l'honneur d'etre, Monsieur   Votre très-humble serviteur

                                      ROSSMAN.

    Ministère de l'Intérieur,

    5. Division, Comptabilité générale 1. Bureau n. 908.

                        Paris, le 17 novembre 1815.

Monsieur, J'ai reçu la lettre que vous m'avez fait l'honneur de m'écrire le 31 octobre dernier, par la quelle vous demandez à toucher à la Caisse de mon Ministère les 60,000 fr. destinés par l'ordon-nance du Roi du 19 novembre dernier au transport des Archives Pontificales, sans être assujetti à la production d'aucune pièce justificative de cette dépense.

La Caissier de mon Ministère, Monsieur, acquittera les mandats que vous tirerez sur lui jusqu'à concurrence des 60,000 fr. dont vous êtez crédité pour ce transport. Mais cette formalité est indispen-sable pour la responsabilité du Caissier.

Je désire aussi, quand l'opération sera terminée, que vous me fassiez connaître par un Compte sommaire l'emploi des sommes que vous aurez touchées.

J'ai l'honneur, Monsieur, de vous offrir l'assurance de ma considération.

               Le Ministre secrétaire d'État de l'Intérieur

                          VAUBLANC.

    Illͫͦ e Rͫͦ Sig. Padrone Colͫͦ.   Parigi, 21 settembre 1817.

Rescrivendo al compitissimo foglio di V. S. Illͫͣ e Rͫͣ dei 3 del corrente, ecc. (come al num. 56.)

Il Marchese Alfieri di Sostegno ha l'onore d'augurare felice viaggio a Monsignor Marini e di mandarle il passaporto vidimato con una specie di lascia passare pelle Dogane Sarde quale può spedirlo, sperando però che vi si avrà il debito risguardo.

Prega Monsignore di rammemorarlo all'abbate Cancellieri, spiacendo di non avere avute migliori occasioni onde contestarle li sentimenti di stima che le professa.

                    Parigi li 21 settembre 1817.

La presente potrà servire all'ornatissimo Mons. Marini, Cameriere segreto e Incaricato Straor-dinario di Sua Santità per testimoniare a chiunque leggerà, che il sottoscritto si è fatto un vero piacere di far conoscere all'Illḿo Sig. Presidente di Finanza degli Stati di Sua Maestà l'Arciduchessa, Duchessa di Parma, la domanda che fa Monsignore di poter transitare liberamente per detti Stati, senza che gli oggetti di suo proprio uso che porta seco, sieno soggetti a visita di dogana.

· L'Incaricato d'Affari
della Corte di Parma

Loc. Sig.   Poggi.

Paris, le 22 septembre 1817.

Je reçois, Monsieur, la lettre, ecc. (come alla relativa lettera; a pag. ccxcv.)

Paris, le 27 aout.

Le Ministre de la Police partant pour la Campagne, a l'honneur de prévenir Monsieur Marini que si c'est pour l'entretenir de l'objet dont il lui a déjà parlé, il aura le regret de ne pouvoir le recevoir, cet objet n'étant pas dans ses attributions. Dans tous les cas il le prie de vouloir bien lui faire connaître le motif de sa demande et sera charmé de pouvoir répondre à ses désirs.

Le Ministre prie Monsieur Marini d'agréer l'expression de sa haute considération.

A. — Dovendosi, trasportare in Roma gli Archivi Pontifici che rimangono tuttora in Parigi, ed essendosi offerti i Signori G. Verità e Compagni di Bologna Negozianti e Commissionari in prima classe di fare il sudetto trasporto, Sua Eccellenza Rḿa Monsig. Cesare Guerrieri Tesoriere Generale di N. S. da una parte, ed i Signori Giuseppe Verità dall'altra, colla presente privata scrittura fatta innanzi agli infrascritti testimoni da valere bensì quanto publico, e solenne Istromento, hanno stabilito e convenuto i seguenti patti, capitoli e condizioni, colle quali dovrà effettuarsi il suddivisato trasporto.

1.° Si obligano li Signori Giuseppe Verità e Compagni di trasportare da Parigi in Roma, a tutto loro carico e spesa, quella quantità di casse contenenti Archivi Pontificii, che verranno loro consegnate in Parigi da Mgr. Marini Commissionato di Sua Santità, e queste farle partire per acqua, tre giorni dopo e non più tardi, che ne verrà loro effettuata la consegna per farle giungere in Marsiglia entro il lasso di venti giorni circa, ove giunte si obligano di rimbarcarle al più presto possibile per farle giungere a Roma alla Dogana di Ripa Grande nel termine di sessanta giorni da computarsi da quello in cui partono da Parigi, per consegnarle alla persona che il Governo Pontificio incaricherà a riceverle. E siccome il passaggio del Ponte di Santo Spirito in Linguadoca potrebbe trovarsi pericoloso a transitarsi colle mercanzie, atteso l'ingrossamento delle acque, così in questo caso espressamente si conviene, che debba il sopracarico delle barche discaricare dalle medesime a tutto suo conto, e previo un certificato di quell'Autorità locale, le casse, facendole tragittare per il ponte, lasciando passare le sole Barche vuote.

2.° In correspettività di questo trasporto si obliga Monsignor Tesoriere Generale di far pagare ai Signori Verità e Compagni il prezzo di Franchi Tredici in moneta sonante per ogni cinquanta kilogrammi di peso. Questo prezzo dovrà pagarsi in tre rate eguali, cioè, la prima in Parigi nell'atto della consegna delle casse, che verrà fatta dal lodato Monsignor Marini, la seconda parimenti in Parigi un mese dopo la partenza del convoglio; e la terza, cioè l'ultima da Monsignor Tesoriere in Roma quattro giorni dopo l'arrivo delle casse in Ripa Grande.

3.° I Signori Verità e Compagni promettono e si obligano all'emenda di tutti i danni e ritardi, che potessero avvenire per loro negligenza, o per difetto di cautela, salvi però li soli casi fortuiti, ed altri incidenti imprevidibili non derivanti da loro colpa, ai quali non intendono essere tenuti in verun modo; ne' quali casi saranno i Signori Verità e Compagni obligati di provarli con processi Verbali delle Autorità locali, ovvero con casi simili accaduti con altri autentici Documenti.

4.° Le casse dovranno consegnarsi numerate, mercate, pesate e bene ammagliate ai detti Signori Giuseppe Verità e compagni, o a chi per essi. Delle polize di ciascun carico dovranno farsene tre copie conformi, sottoscritte dal lodato Monsignor Marini, e dai Signori Giuseppe Verità e Compagni o da chi per essi; una dovrà restare presso il prelodato Monsignor Marini, l'altra presso i Signori Verità e Compagni, e la terza dovrà spedirsi in Roma unitamente al carico.

5.° Le casse dovranno consegnarsi tutte in buono stato, e così dovranno essere consegnate dai Signori Verità e Compagni, e nel caso vi fosse bisogno di qualche restauro durante il viaggio, si obligano i Signori Verità e Compagni di farlo a tutto loro carico e spese.

6.° In garanzia del sudetto contratto i Signori Verità e Compagni si obligano di fare accedere entro il lasso di giorni venti a contare dalla presente sottoscrizione il Signor Angelo Brambilla del quondam Carlo Giuseppe di Milano per sicurtà solidale.

7.° Si conviene per patto espresso, che il presente contratto non debba aver luogo in due ipotesi; la prima nel caso che Monsignor Marini ricevesse in Parigi da case conosciute in Commercio, e senza alcuna eccezione entro il termine di giorni otto, offerte più vantaggiose per il Governo Pontificio. In questo caso li Signori Verità e Compagni non potranno avere altro diritto che di essere preferiti a pari condizioni ed offerte, e, spirato un tal termine, il presente contratto avrà il suo valore; la seconda nel caso che il Signor Conte Ginnasi altro Incaricato del Governo Pontificio avesse stipolato in questo frattempo altro contratto oltre quello delle sei cento casse o coi Signori Suchat e Compagni, o altri, ed in questo secondo caso quando non riesca a Monsignor Marini di poter annullare tal nuovo contratto, che, senza intesa del Governo, avesse stipolato il Signor Conte Ginnasi, non potendo avere effetto il presente, sarà solamente tenuto il Governo Pontificio di indennizzare ai Signori Giuseppe Verità e Compagni tutte le spese di viaggio da Roma a Parigi, e da Parigi a Roma per causa e titolo di detto contratto, e queste spese dovranno liquidarsi da detto Monsignor Marini.

8.° Nascendo qualche disputa sull'esecuzione del presente contratto, i Signori Verità e Compagni si obligano di stare alle Leggi Commerciali di Roma, e al giudicato de'suoi Tribunali.

E per osservanza delle cose sopra espresse e convenute, S. E. Monsignor Tesoriere obliga i beni, ragioni, azioni della Reverenda Camera Apostolica, ed i Sigg. Giuseppe Verità e Compagni unitamente al Sig. Brambilla sicurtà solidale obligano se stessi, beni ed eredi e ragioni presenti e future nella più amplia forma della Rev. C. Apostolica dichiarando che ciascuno dei contribuenti, nei nomi come sopra, ha ricevuto un'esemplare della presente apoca.

In fede ecc. — Roma 15 maggio 1817.

Cesare Guerrieri Tesoriere Generale della R. C. mi obligo in nome della R. C. come sopra.

Giuseppe Verità e Compagni ci obblighiamo a quanto sopra.

Felice Aluffi fui presente testimonio a quanto sopra.

Giovanni Battista Zampi fui presente testimonio a quanto sopra.

Loc. sig.

Resta di comune accordo rescisso il sopra espresso contratto previa l'indennità da Monsignore Illmo e Revdmo Marino Marini accordata, e dai Sigg. Verità e Compagni e per essi dal loro Socio Signor Girolamo Fontanelli, che si obliga anche *de rato* colle clausole *ita quod*, ricevuta di Franchi seimila novecento ottantasette per le spese del ritorno in Roma di esso Sig. Fontanelli, e suo seguito a norma di quanto era stato convenuto, per il caso che il lodato contratto non avesse effetto, nell'articolo settimo del sudetto contratto. Rinunziamo per conseguenza reciprocamente ad ogni e qualunque altro diritto, azione e ragione che in qualsivoglia modo potesse derivare dal Contratto medesimo, non solo in questo ma in ogni altro miglior modo ecc. ecc.

Parigi, 10 giugno 1817.

Per la santa Sede, Marino Marini.

Girolamo Fontanelli, tanto in nome della Ditta Verità e Compagni di Bologna, Socio nel detto Contratto, quanto a nome mio proprio coll'obbligo *de rato*, come sopra.

A. Bruner Testimonio.

Giov. Fiorani Testimonio.

B. — Nous soussignés Suchat et C.ie Commissionaires de Roulage demeurant à Paris, rue de l'Échiquier n. 28, présentons à Monseigneur Marino Marini chargé par la Cour de Rome de faire exécuter les transports des Archives Pontificales, la soumission suivante.

Art. 1.er — Nous nous engageons à effectuer successivement le transport des caisses contenantes les Archives Pontificales par terre et par eau, suivant qu'il plaira à Monseigneur Marini de nous la prescrire. Savoir:

Regestum Clementis Papae V.

de Paris à Rome par terre dans le délai de soixante quinze jour de route, à dater du départ de chaque convoy et ce au prix de trente neuf francs par cinquante kilogrammes.

de Paris à Civita Vecchia par eau au prix de onze francs cinquante centimes par cinquante kilogrammes.

à chaque départ nous fournirons les duplicats des lettres de voitures, nous obligeant à en remplir le contenu.

Art. 2.me — Le départ des caisses à expédier par terre devra avoir lieu dans les dix jours après la remise qui en aura été faite.

Quant à celles par eau, le départ de Paris pour le Havre s'effectuera trois jours après la remise.

Art. 3.me — La présente soumission sera obligatoire pour la totalité des Archives, qui nous est garantie par Monseigneur Marini, cette totalité consistant en tous les papiers qui seront renvoyés à Rome.

Art. 4.me — Le montant du prix de chaque convoi sera acquitté à Paris par Monseigneur Marini ou toute autre personne déléguée par lui ou désignée par la Cour de Rome, sur les reçus constatant que les caisses sont arrivées à leur destination. Cependant Monseigneur Marini sera invité à nous remettre telle avance qu'il jugera à propos, sur le montant du prix de chaque transport à fin de nous le faciliter, mais dans aucun cas, il ne pourra y être contraint.

Art. 5.me — Si les convois étaient arrêtés en route par force majeure, nous serions tenus de faire constater la perte des cours par des certificats légaux.

Art. 6.me — Sans préjudice des sommes que nous avons à recevoir et dans le cas seulement ou la présente soummission sera acceptée, nous renonçons à toute espèce de dommages, frais, intérêts et dépenses pour les retards de payement, que nous avons éprouvés dans la précédente expédition d'une partie des six cents caisses de notre premier Contrat, que nous nous obligeons de nouveau à exécuter jusqu'au solde, aux prix et conditions y énoncées.

Art. 7.me — Il est bien entendu que les frais de péage, transit et douanne, s'il y en avait tant par terre que par eau, seraient à la charge des caisses, et remboursés à Rome ou à Paris sur la présentation des quittances dûement certifiées véritables par nous soussignés et tous les frais autres que ceux énoncés dans cet article de Paris à Civita Vecchia par eau, et de Paris à Rome par terre, seront à notre charge.

Art. 8.me — Le présent engagement sera soumis au Code de Commerce maintenant en vigueur en France, pour tout ce qui n'est point prévu par les articles cy-dessus.

Fait triple entre nous à Paris. SUCHAT et Cie

Approuve l'écriture, et les conditions ci-dessus exprimées. — Paris le 15 juin 1817.

MARINI.

C. — Les Sieurs Suchat et Cie sur la demande qui leur en a été faite par Mons. Marini, ont examiné les avantages qu'il y a eu pour le Saint Siège d'annuller moyennant une indemnité, le marché de Mr Fontanelli assurant en toute conscience avoir reconnu l'existence de ceux dont suit le détail.

1.° Les Sieurs Suchat et Cie comme il est bien prouvé, ont renoncé à une indemnité de cinq à six mille fr., dont la réclamation a été regardée juste par M. Rosati, (ainsi qu'il l'exprime par sa lettre à Monseig. Marini) indemnité dont ils eussent poursuivi de tous droits la demande, s'ils n'eussent obtenu la préférence que Monseig. Marini a bien voulu leur accorder par égard à la renonciation cy-dessus énoncée . . . . Fr. 5,000. —

2.° La diminution du prix de transport sur 710 caisses pesant environ 110, 760 k. à 3 fr. par °/₀ k.^{os} (notre soumission étant à 23 fr. ou °/₀ k. et celle de M. Fontanelli à 26) forme la somme de . . . . » 3,322. 80

3.° Si Monseig. Marini eût laissé subsister le marché de M. Fontanelli, il n'aurait pu soustraire des Archives à transporter aucuns papiers même inutiles au Saint Siège, puisque M. Fontanelli réclamait au moins 1000 à 1100 caisses, quantité qu'on lui avait

Da riportarsi Fr. 8,322. 80

Riporto Fr. 8,322. 80

fait espérer à Rome et qui eût été réalisée ici, et même au delà, si les papiers vendus eussent été conservé par Monseigneur Marini.

Cette vente a rapporté la somme de. . . . . » 4,300. —

4.° La différence du nombre des caisses que devait transporter M. Fontanelli d'avec celui remis aux Sieurs Suchat et C.ie produit environ 300 caisses, dont le transport calculé à 26 fr. ou °/₀ k.os sur le poid approximatif de 46,800 k., présente une somme de fr. 12,168; à laquelle il faudrait ajouter pour frais de Douanne, et plombs sur 300 caisses à 1,50 l'une, fr. 450, c'est donc ensemble. . . . . » 12,618. —

5.° Mons. Marini a affranchi la Cour de Rome de ses frais de voyage jusqu'à Paris, montant à environ. fr. 1500. —

plus de l'achat d'une voiture qui reste à la disposition du S. Siège. . » 1500. — » 3,000. —

Ainsi le résultat du premier avantage est de . . . . » 5,000. —

Celui du 2.me . . . . » 3,322. 80

Celui du 3.me . . . . » 4,300. —

Celui du 4.me . . . . » 12,618. —

Celui du 5.me . . . . » 3,000. —

Ensemble Fr. 28,240. 80

De la quelle somme déduisant l'indennité accordée à M. Fontanelli, s'élevant à » 6,960. —

Il reste donc un avantage réel pour la Cour de Rome de . . . . Fr. 21,280. 80

Nous soussignés donnons cet apperçu;

D'une part, Monseigneur Marini pour prouver qu'il n'a agi dans cette affaire qu'après avoir mûrement pesé les interêts de la Cour de Rome;

De l'autre les Sieurs Suchat et C.ie pour offrir au S. Siège un nouveau témoignage de leur constante disposition à lui être agréables et dévoués.

SUCHAT et C.ie (Loc. sig.)

D. — Aujourd'hui deux Juillet Mil huit cent huit le Sieur Maurice Giry s'est transporté à l'Hôtel de Biron, résidence de Son Éminence le Cardinal Caprara, d'abord Archevêque, Évêque d'Jési, et actuellement Archevêque de Milan, et lui a représenté la Commission qui lui a été donnée par le Ministre des Cultes conçue en ces termes.

« Le Ministre des Cultes donne Commission à M. Maurice Giry Chef du Bureau du personnel, « de se rendre chez M. le Cardinal Caprara, hôtel de Biron, pour y dresser conjointement avec la « personne qni sera par Lui désignée, procès Verbal de la remise qui doit être faite de tous les papiers « originaux, des doubles Régistres des actes, et de la Correspondance, aussi que des Sceaux de la « Légation, aux termes de l'arrêté du 18 Germinal an 10, concernant les pouvoirs de Son Éminence « comme Légat a latere de Sa Sainteté, et d'en donner Récépissé. »

Son Éminence a, de sa part, nommé le Sr. Vincent Ducci ex-Secrétaire des affaires Ecclésiastiques de la Légation, pour la dite remise, et à fin de l'opérer, il a été procédé à la vérification du Sceau, des régistres de la Légation et pièces y jointes, ainsi qu'il suit.

Deux Sceaux; un grand, en fer, et l'autre moyen, en cuivre, qui ont servi durant la Légation.

Le premier volume.

Ayant pour titre Concordat et recueil des Bulles et Brefs de Notre S. Père le Pape Pie VII, sur les affaires actuelles de l'Église de France, qui renferme:

1. La Convention ou Concordat.
2. La Bulle de ratification de la Convention ou Concordat,

3. Décret et Bulle pour la nouvelle circonscription des Diocèses.
4. Lettres Apostoliques portant nomination du Cardinal Caprara, en qualité de Légat *a Latere*.
5. Lettres de Créances du même.
6. Bref qui donne au susdit Cardinal Légat le pouvoir d'instituer les nouveaux Évêques.
7. Publication d'indulgence plénière en forme de Jubilé.

Le second volume

Qui renferme plusieurs objets importants, savoir;
La Bulle portant suppression des anciens sièges Archiépiscopaux et Épiscopaux, érection des nouveaux, et leur circonscription.
Le Décret de publication de cette Bulle; lesquelles pièces se trouvent imprimées à la fin du Volume.
Le Catalogue des nouveaux Archevêques et des Évêques suffragans, qui, après la nouvelle circonscription des Diocèses, ont été institués par le Cardinal Légat.
Les Décrets de circonscription et d'érection de chaque Diocèse, sont tous rassemblés dans le troisième Volume en forme authentique. — Les formules d'institution des nouveaux Archevêques. — d'institution des nouveaux Évêques. — de l'indult pour remplir les fonctions Archiépiscopales avant la réception du Pallium. — du Certificat de la consécration des Prélats faite par le Cardinal Légat. — de la Commission Apostolique pour la consécration des autres. — de dispense sur le défaut du grade de Docteur. — les Prélats qui ont été consacrés par le Cardinal Légat. — l'acte qui dégage le R. D. Michel de Pidoll du lieu qui l'attachait à l'Église de Dioclétianopolis.
Sur les dettes acquittées au moyen du papier monnoyé vulgairement appellé *assignatures*.
(Qui segue l'elenco di altre facoltà che, per brevità, si tralasciano).

Le troisième volume qui contient

1. Les Décrets de nouvelle érection et de circonscription de chaque Archevêché et Évêché du Territoire de la République française en forme authentique.
2. Et celui de la nouvelle circonscription des Diocèses du Piémont.

Le quatrième volume qui contient

1. Les réponses données aux Divorcés.
2. Les réponses données aux Religieux et prêtres qui ont sollicité dispense pour être rendus à la vie séculière, ecc.
3. Réponses et Rescripts donnés sur différentes pétitions de divers genres.

Le cinquième volume qui renferme

1. Les différentes facultés accordées a MM. les Archevêques, Évêques, administrateurs des Diocèses, et Curés.
2. Les facultés et formules des Commissions pour faire des informations sur les nullités prétendues de mariage, ecc.
3. Les Commissions particulières données aux Ordinaires, avec pouvoir de porter jugement, ou de déclarer les nullités respectives, ou de pourvoir d'une autre manière.
4. Les Commissions particulières données aux mêmes Ordinaires, pour faire seulement des informations.
5. Les décisions des causes de ce genre ou déclarations émanées du Cardinal Légat lui-même.

Le sixième volume

Qui forme le Régistre d'Indulgences et d'autres grâces spirituelles, que le Cardinal Légat a accordées pendant tous le tems de la Légation.

Le septième volume qui contient

1. Les formules des Décrets et Indults, et les Indults particuliers accordés aux réguliers et autres.

2. Les formules des décrets d'absolution et de dispense sur irrégularités, ou de réhabilitation dans le S. Ministère, et le sommaire des expéditions faites en faveur des Ecclésiastiques tant Séculiers que Réguliers, ecc.

3. Les différents Indults et permissions accordées aux Ordinaires, aux Ecclésiastiques, aux Réguliers et aux Laïcs.

Tralasciamo di pubblicare per ora la continuazione di questo catalogo, insieme a quello dei quadri, camei, e manoscritti restituiti alla Biblioteca Vaticana, come di cose non attenenti alle antiche scritture dell'Archivio Vaticano, quantunque facciano parte delle Memorie del MARINI; *per lo stesso motivo, omettiamo alcuni documenti ai quali allude lo stesso* MARINI *in questa Appendice.*

REGESTVM

CLEMENTIS PAPAE V

ANNVS PRIMVS

(Regestorum Vol. LII)

Incipit Registrum domini Clementis pp. V.

I

II

3.

Registrum dñi Clementis pp. v. incipit anno primo.

[C]

...fit. fit. nobr. vir Gerardo de filio dñi et Stephano de obedientia servanda. Socio.

Gratanter accepimus qd vos tanq filios benedictionis et gre. uros uic cor nrm uenim et de una michi nobis gram eordis a debemo uro fraudam no sumus cu siano hr laudis ure preconin in eccllis.

[B]   Anna.

Registrum litteraz cuiuf dam octaui domini Clementis pape secundi ferius seruoz &c.

Venerabili fri.. epo Celanuzi tbep

...cur exptre bia uiu accepimus Bernardum de Altana et Guillelmi suo socii qui quasdam falsas litras pur cu exteriore illae q ipa Aleyo acel fiione sib uro figillo includ'is nobris trasmisnlis coprimus sub noie uro p lumpsono dampna fabricauerut capt fuerit et aureo mapar eorg abhuc deniem suo eordem caveas murrapa fabricauerut capt fuerit et aureo mapar eorg coclz ahuc deniem suo eordem caveas murrapa confilendes quid fie aces sate falsatez faciendum. Nos narrg in punctie eulogii convenimus ac nolumus g falsonez tamicare remanere impunita. fi. x. g ap. f. ix. qd cofce fil.

REGESTVM

CLEMENTIS PAPAE V

ANNVS PRIMVS

(Regestorum Vol. LII)

1. — Apud Nemausim, 21 oct. 1305.

Cùm Raymundo, filio infrascripti, et Braida, nata Beraldi [1] del God, dispensatur super impedimento aetatis. (f. 1 *a*).

Dilecto filio Guillelmo vicecomiti Brunequelli. Etsi coniunctio copule coniugalis inter illos, quorum uterque vel alter ad aetatem legibus vel canonibus diffinitam non pervenerit, sit a canonibus interdicta, tamen apostolice · sedis benignitas nonnunquam rigorem mansuetudine temperans, super hiis provide dispensat interdum, et quod negat iuris severitas, de gratia pietatis indulget. Sane petitio ex parte tua nobis exhibita continebat, quod cum inter Raymundum filium tuum et Braidam natam nobilis viri Beraldi del God ·defuncti desideret matrimonium contrahi, et ipsi ambo sint infra nubiles annos, ultra tamen

decennii tempora constituti, et sic nequeant, iure prohibente, citra⁻ dispensationis gratiam matrimonialiter copulari, supplicàsti ut providere super hoc de benignitate sedis apostolice dignaremur. Nos itaque tuis supplicationibus inclinati, ut, impedimento huiusmodi non obstante, dictus natus tuus cum prefata prenominati Beraldi filia possit contrahere matrimonium perpetuo valiturum, non obstante.... dispensamus.... Nulli ergo.... Dat. apud Nemausim, XII kal. novembris, pontificatus nostri anno primo.

2. — Vilareti, 13 oct. 1305.

Contendentibus Petro de Sabaudia [1] decano ecclesiae Salesberien. et Simone episcopo Salesberien. de iure visitationis, correctionis et reformationis

---

[1] Alias Bertrandus, primogenitus Arnaldi Garsiae, fratris Clementis V, qui Beatricem natam Bertrandi vice-·comitis Lautricensis vinculo coniugali sibi sociavit, ex eaque genuit Reginam et Braidam, uxorem Raymundi, alias Raynaudi. BALVZIVS, *Vitae Paparum Avenionen.*, Parisiis 1693, I. p. 618.

[1] Petrus de Sabaudia, Thoma Pedemontii principe ex Guieta Burgunda matre natus, Philippi Pedemontii, Achaiae et Moreae principis frater. Fuit primum Saresbiriensis in Anglia decanus, postea canonicus ac còmes Lugdunensis, dehinc eiusdem ecclesiae decanus ac tandem Lugdunensis antistes creatus anno 1308. De quo vide *Gallia christiana*, IV. p. 161.

personarum et locorum ecclesiasticorum in dicto decanatu consistentium, et Petro conquerente, se compelli ab episcopo ad residendum contra indultum sedis apostolicae, Papa litem hanc dirimendam sibi reservat, mandatque citent episcopum ante suum tribunal. (f. 1 *a*).

Dilectis filiis de Bremundesio Winthonien. et de Wanlok Herforden. diocesium prioribus ac magistro Guidoni de Montaneo canonico Sedunen. Significavit nobis dilectus filius.... Dat. Vilareti, III idus octobris.

3. — Bellaeperticae, 19 sept. 1305.
Neapoleoni[1] cardinali commendatur hospitale sancti Spiritus in Saxia de Vrbe. (f. 1 *a*).

Dil. filio Neapoleoni sancti Adriani diacono cardinali. Ex superne providentia magestatis.... Et si de statu ecclesiarum et hospitalium omnium, super quibus prelationis officium, domino disponente, suscepimus, sedulo cogitemus, circa statum tamen hospitalis sancti Spiritus in Saxia de Vrbe, in quo continuis sine interpolatione temporibus multa fervet caritas multaque heleemosinarum habundantia erogatur, ferventibus studiis angimur et sedulis vigiliis excitamur. Cupientes igitur, ut hospitale ipsum a quibuslibet iniuriis et pressuris preservetur, salubriter et provide dirigatur, de circumspectione tua plenam in Domino fiduciam obtinentes, hospitale predictum cum omnibus membris, capellis et locis sibi subiectis tibi tueque providentie quoad vixeris, auctoritate apostolica commendamus, curam et regimen nec non correctionem et reformationem, institutionem et destitutionem tam in capite quam in membris predictorum hospitalis, membrorum, capellarum et locorum ipsorum tibi in spiritualibus et temporalibus committentes. Contradicto-

res.... Ceterum quia nonnulli, qui nomen Domini recipere in vacuum non formidant, hospitale, membra et loca predicta super bonis suis offendere ac multiplicibus perturbare molestiis non verentur, contra quos tanto magis nos convenit remedium apostolice provisionis apponere, quanto magis huiusmodi molestie et offense in ecclesiastice libertatis noscuntur dispendium redundare, sinceritati tue, auctoritate predicta, committimus, quatinus hospitali predicto presidio opportuni favoris assistens, ipsum, membra et loca predicta super predictis bonis eorumque iuribus, redditibus et proventibus ac rebus aliis ab aliquibus clericis vel laicis molestari aliquatenus non permittas. Molestatores huiusmodi cuiuscunque conditionis, dignitatis, ordinis vel status existant, etiam si episcopali prefulgeant dignitate, censura simili compescendo. Non obstante.... Dat. in monasterio Bellepertice, XIII kal. octobris.

4. — Bellaeperticae, 19 sept. 1305.
Eidem confert archipresbyteratum basilicae Principis apostolorum de Vrbe, dispensatque cum eo, ut retinere valeat s. Hadriani et s. Apollinaris de Vrbe ecclesias, praeposituram de Oeto in ecclesia s. Martini Turonen. nec non canonicatus et praebendas Rothomagen., Parisien., Cameracen., Eboracen., Lincolnien., s. Audomari Morinen. ecclesiarum. (f. 1 *b*).

Dil. filio Neapoleoni sancti Adriani diacono cardinali. Que ad tui status decorem.... Dat. in monasterio Bellepertice, XIII kal. oct.

5. — Pruliani, 2 oct. 1305.
Othoe confert archidiaconatum de Eginart in eccl. Pampilonen. per obitum Michaelis Lupi vacantem. (f. 1 *b*).

Dilectis filiis.. abbati monasterii de Yranzu Pampilonen. diocesis ac magistro Symoni de Marvilla thesaurario Meten. capellano nostro et decano Tutelanen. Tirasonen. dioc. ecclesiarum.

---

[1] Neapoleo Vrsinus, nobilis Romanus, ex canonico Parisiensi ac pontificii sacelli sacerdote a Nicolao IV anno 1288 renuntiatus diaconus cardinalis s. Hadriani. Obiit Avenione anno 1347. CIACONIVS, *Vitae et res gestae pontificum romanorum et cardinalium*, Romae 1677, II. p. 268.

Dil. filio Othoe Martini canonico ecclesie Pampilonen. et archidiacono de Eginart in eadem ecclesia. Litterarum scientia, nobilitas generis.... Dàt. apud monasterium monialium de Pruliano, VI non. octobris.

6.

Confert beneficium in maiori ecclesia vel civitate aut dioecesi Tudertin. vacans vel vacaturum, dispensatque, ut beneficium istud cum archidiaconatu Valentinen. in eccl. Cameracen. ac in eadem et in s. Michaelis ecclesiis canonicatus et praebendas retinere valeat. (f. 2a).

Venerabili fratri episcopo Asisinarum et dil. filiis priori mon. s. Nicolai Tudertini et Paulo de Comite canonico Carnoten. Dil. filio Paulo Egidii de Tuderto canonico Cameracen. Litterarum scientia, morum honestas.... (sine data)[1].

7. — Baignolis, 23 oct.. 1305.

Intuitu Neapoleonis s. Hadriani diac. card. confert eius capellano beneficium in dioec. Florentin. vacans vel vacaturum. (f. 2a).

Ven. fratri episcopo Perusinen. et dil. filiis abbati mon. s. Michaelis dicti de s. Donato Senen. et Thome Picalectis archidiacono Atrebaten. Dil. filio Iacobo nato dil. filii nobilis viri Nicholai de Bonseignoribus de Senis canonico Cameracen., capellano nostro. Litterarum scientia.:.. Dat. Baignolis, X kal. nov.

8. — Burdegalis, 6 aug. 1305.

Confertur canonicatus eccl. Lemovicen., reservanturque ei ibidem praebenda et personatus, non obstante quod obtineat ecclesiam de Lezignaco Durandi Lemovicen. et capellam de Oisset Santon. dioec. (f. 2b).

Dil. filiis priori ordinis fratrum Predicatorum Lemovicen. et cantori eccl. Burdegalen. ac decano eccl. b. Marie de Rupefulcaud Engolismen. dioc.

[1] Ms. *Non erat ibi data.*

Dil. filio magistro P(etro) de Mansaco presbytero canonico Lemovicen. Inducunt nos.... Dat. Burdegalis, VIII idus aug.

9. — Pruliani, 2 oct. 1305.

Confert archidiaconatum, canonicatum, praebendam, officium, quod mensata seu pensio vulgariter nuncupatur, in Maioricen. eccl. nec non capellanias seu praestimonia de Incha s. Margaritae, s. Iohannis de Muro et de Monacher, quae quondam Berengarius de Curillis obtinebat. (f. 3a).

Dil. filio magistro Bernardo Raymundi doctori decretorum archidiacono et canonico eccl. Maioricen. Dil. filiis abbati mon. s. Guillelmi et priori de Castris Magalonen. dioc. ac archidiacono de Muroveteri in eccl. Valentina. Ad illorum provisionem.... Dat. Prulani, VI non. oct.

10. — Apud Montem Pesulanum.

Confert familiari suo domum de Rimbes ad ordinem dictum *de Spata*[1] pertinentem. (f. 3a).

Dil. filiis magistro Vgoni Geraldi Lemovicen. et Gastoni de Borbotano Lectoren. ac Grimaldo de Altis Vineis Agennen. canonicis ecclesiarum. Dil. filio Othoni de Castellione domicello et familiari nostro, preceptori domus de Rimbes Auxitan. diocesis. Tue probitatis merita..... Dat. apud Montem Pesulanum (sine data).

11. — Burdegalis, 13 aug. 1305.

Confert Gaufrido canonicatum eccl. Gerunden. reservatque ei ibidem praebendam. (f. 3a).

Dil. filio Gaufrido nato quondam nobilis viri Gaufridi vice (comitis de Rupebertino) canonico Gerunden. Ven. fratri episcopo Gerunden. et dil. filiis Iohanni Burgundi Maioricen. ecclesie

[1] Ordo hic s. Iacobi *de Compostella* vel *de Spada* a Petro Fernandez de Fuenta Encelada ad tuendos peregrinos, qui Compostellam perrexerint, constitutus, ab Alexandro III anno 1175 fuit confirmatus. Dr. I. B. WEISS, Lehrbuch der Weltgeschichte. Wien 1879., III. p. 305.

sacriste, ac Raymundo de Podolio canonico Barchinonen. Sedis apostolice.... Dat. Burdegalis, idus augusti.

12. — Burdegalis, 13 aug. 1305.
Reservat infrascripto personatum vel dignitatem in eccl. Gerunden. dispensatque cum eo, ut in eadem et s. Felicis Gerunden. ecclesiis canonicatus et praebendas, et in s. Felicis sacristiam, in s. Iuliani de Virginibus et s. Christophori de Fovoleriis Gerunden. ecclesiis quasdam perpetuas capellanias possit retinere. (f. 3 b).
... *Guilaberto de Crudeliis canonico Gerunden.*
Dil. filiis Pontio de Aquilenido priori Reten. Ilerden. dioc., Guillelmo de Vallesenisio Oscen. et Iohanni Burgundi Maioricen. ecclesiarum sacristis. Commendanda tue merita probitatis.... Dat. Burdegalis, idus augusti.

13. — Burdegalis, 13 aug. 1305.
Eidem confertur canonicatus Ilerden. (f. 3 b).
Dil. filio Guilaberto de Crudeliis canonico Ilerden.
Dil. filiis Guillelmo de Vallesenisio Oscen. et Iohanni Burgundi Maioricen. ecclesiarum sacristis ac Raymundo de Podolio canonico Barchinonen. Dat. ut supra.

14. — Burdegalis, 13 aug. 1305.
Mandat, ut Gaufridum de Crudeliis faciant recipi in canonicum in eccl. Tarraconen. ord. s. Aug. (f. 3 b).
Ven. fratri archiepiscopo Tarraconen. et dil. filiis Bernardo de Goello archidiacono de Sylva in eccl. Gerunden. ac Raymundo de Podiolo canonico Barchinonen. Laudabile propositum.... Dat. Burdegalis, idus augusti.

15. — Burdegalis, 13 aug. 1305.
Confertur praepositura de Castellione in eccl. Gerunden. non obstante defectu ordinum et aetatis. (f. 3 b).
Dil. filio Gaufrido de Rupebertino preposito de Castellione in eccl. Gerunden.

Dil. filiis Guillelmo de Vallesenisio Oscen. et Iohanni Burgundi Maioricen. ecclesiarum sacristis et Raymundo de Podolio canonico Barchinonen. Nobilitas generis.... Dat. Burdegalis, idus augusti.

16. — Burdegalis, 6 aug. 1305.
Confert canonicatum eccl. Turonen. (f. 4 a).
Dil. filio Iohanni Tophanelli capellano nostro canonico Turonen.
Dil. filiis cantori Agennen. succentori s. Radegundis et magistro Aymerico Guiscardi cantori maioris Pictaven. ecclesiarum. Tue probitatis merita.... Dat. Burdegalis, VIII idus augusti.

17. — Burdegalis, 6 aug. 1305.
Providetur de canonicatu Convenarum et personatu vel dignitate ibi vacantibus vel vacaturis, non obstante, quod sacristiam in eccl. s. Gaudentii Convenarum dioec. obtineat. (f. 4 a).
Dil. filio Gualhardo de Benqua canonico Convenarum.
Dil. filiis priori de s. Beato Convenarum dioc. et magistro Guillelmo Rufati capellano nostro can. Lugdunen. ac Arnaldo Raymundi de castro Bayaco Tarbien. ecclesiarum canonicis. Sedis apostolice providentia.... Dat. Burdegalis, VIII idus augusti.

18. — Lugduni, 19 nov. 1305.
Dispensatur super defectu natalium. (f. 4 a).
Dil. filio Radulfo de Fucigniaco clerico Gebennen. Illegitime genitos.... Dat. Lugduni, XIII kal. decembris.

19. — Lugduni, 25 nov. 1305.
Dispensatio super defectu natalium. (f. 4 b).
Dil. filio Raymundo Bertrandi de Mota [1] clerico Vasaten. Digne illos prerogativa fa-

[1] Filius fuit Amanevi de Mota, qui uxorem duxit Aelipdem, natam Arnaldi Garsiae, fratris Clementis pp. V. Apud BALVZIVM, I. p. 621 perperam dicitur natus Amanevi ex uxore Aelipde. Postea electus antistes Vasatensis. *Gallia chr.*, I. p. 1204.

voris et gratie specialis prosequimur, quibus nobilitas generis, litterarum scientia et alia virtutum merita suffragantur. Cum itaque sepius geniture macula probitatis meritis redimatur, tibi cum quo, sicut asseris, super defectu natalium, quem pateris de ligato genitus et soluta, quod, huiusmodi non obstante defectu, ad omnes ordines promoveri et ecclesiasticum beneficium etiam si curam animarum habeat recipere valeas, est auctoritate apostolica dispensatum, volentes ob tua tuorumque progenitorum merita facere gratiam ampliorem, tecum quod, huiusmodi non obstante defectu, ad omnia ecclesiastica beneficia, etiam si personatus vel dignitates existant et curam habeant animarum, promoveri eosque licite recipere ac tenere valeas, dummodo tibi alias canonice conferantur, episcopali et ea superioribus dumtaxat exceptis, auct. apost. confirmamus. Dat. Lugd., VII kal. dec.

20.

Eodem modo pro *Bertrando de Mota* [1] *clerico Vasaten.* (f. 4 b).

21. — Apud Roquammauram, 27 octobris 1305.

Obtentu Gastonis [2] comitis Fuxensis confert infrascripto canonicatum Apamiarum ord. s. Aug. reservatque ei ibidem personatum. (f. 4 b).

Dil. filio Arnaldo de Barbasano canonico Apamiarum ordinis s. Augustini.

Dil. filiis abbati mon. Fuxen. et priori de Vallibus Apamiarum dioc. ac archidiacono de Levitania in eccl. Tarvien. Adiuti meritis.... Dat. apud Roquammauram, VI kal. nov.

22. — Lunelli, 19 oct. 1305.

Annuens supplicationibus Othonis de Grandisono dispensat cum nepote eius super residentia. (f. 4 b).

1 Frater Raymundi Bertrandi. BALVZIVS, I. p. 621.
2 Gasto I. comes Fuxensis ab anno 1302-1315. De quo vide *L'Art de vérifier les dates*. A Paris 1818, II. p. 441.

Dil. filio Petro de Orons thesaurario eccl. Lausanen.

Dil. filiis Lacus in Rempsis et Altecriste Lausanen. dioc. monasteriorum abbatibus et Guillelmo de Faxino canonico Gebennen. Personam tuam.... Dat. Lunelli, XIIII kal. novembris.

23. — Burdegalis, 27 iul. 1305.

Bertrando confertur canonicatus eccl. Lectoren., reservantur ei ibidem praebenda ac personatus seu dignitas ac officium, dispensaturque cum eo, ut retinere valeat canonicatum et praebendam in eccl. s. Hilarii Pictavien., ecclesiam de Daubesia de s. Pardulpho, s. Petri de le Causade, b. Mariae de le Planha et Montis Gaudii ab ecclesia de Daubesia dependentis, nec non s. Martini de Payssanis ac b. Mariae de Petra Lata ecclesias eidem eccl. de Daubesia unitas Agennen. dioec. (f. 5 a).

Dil. filio Bertrando de Bordis [1] *canonico Lectoren.*

Dil. filiis cantori eccl. Burdegalen, et archidiacono de Cairano in eccl. de Manso Agennen. dioc. et magistro Guillelmo Rufati de Cassaneto canonico Lugdunen. Tue probitatis merita.... Dat. Burdegalis, VI kal. augusti.

24. — Burdegalis, 28 iul. 1305.

Infrascripto confertur canonicatus eccl. Santonen., non obstante quod obtineat in eccl. Engolismen. et b. Radegundis Pictavien. canonicatus et praebendas atque ecclesiam de Champnerio Engolismen. dioec. (f. 5 a).

Dil. filio Guillelmo de Blavia canonico Xantonen.

Dil. filiis Burdegalen. et Engolismen. cantoribus et scolastico eiusdem Engolismen. ecclesiarum. Apostolice sedis benignitas.... Dat. Burdegalis, V kal. augusti.

1 Postea creatus Papae camerarius, anno deinde 1308 electus in episcopum Albiensem, a Clemente V cardinalium senatui anno 1310 adscriptus fuit titulo ss. Iohannis et Pauli. Extremum diem clausit Avenione die 12 septembris anni 1311. *Gallia christ.*, I. 23. CIACONIVS, II. p. 381. BALVZIVS, I. p. 659.

25. — Burdegalis, 17 aug. 1305.
Annuens precibus Roberti [1], ducis Burgundiae, mandat archidiacono Flanigmaten., ut tribus personis quas ipse dux nominaverit, provideat de canonicatu et praebenda, uni videlicet in eccl. Eduen., alteri in Belnen., tertiae in Montis Regalis Eduen. dioec. (f. 5 *a*).
Dil. filio archidiacono Flanigmaten. in eccl. Eduen. Tanta est dilecti filii.... Dat. Burdegalis, XVI kal. septembris.

26. — Burdegalis, 17 aug. 1305.
Obtentu Roberti ducis Burgundiae, dispensat cum Iohanne super residentia. (f. 5 *b*).
Dil. filio Iohanni Sinemuro archidiacono Flanigmaten. in eccl. Eduen. Personam tuam.... Dat. ut supra.

27. — Burdegalis, 17 aug. 1305.
Eidem duci indulget, ut sex clerici, quamdiu ipsius obsequiis institerint, possint fructus beneficiorum suorum percipere personaliter non residendo, nec ad residendum in ecclesiis, ubi beneficiati existant, a quoquam valeant inviti coarctari. (f. 5 *b*).
Dil. filio nobili viro duci Burgundie. Sincere devotionis affectus.... Dat. ut supra.

28. — Burdegalis, 17 aug. 1305.
Concedit ad quinquennium facultatem eligendi sibi confessarium, qui eos poterit absolvere etiam a reservatis sedi apostolicae. (f. 5 *b*).
Dil. filio nobili viro Roberto duci Burgundie et dilecte in Christo filie Agneti [2] eius uxori. Vestre devotionis integritas.... Dat. ut supra.

29. — Burdegalis, 17 aug. 1305.
Eidem conceditur, ut ab omnibus clericis ditionis suae possit recipere pro liberatione Terrae sanctae et pro universali utilitate ducatus sui subsidium voluntarie oblatum. (f. 6 *a*).
Eidem. Supplicavit humiliter nobis tua devotio nobis grata ut, cum in primo ultra-

marino passagio pro subsidio terre sancte per sedem apostolicam ordinando, annuente Domino, transfretare proponas, nec ad id iuxta statum tuum tibi proprie suppetant facultates, quod clerici terrarum tuarum ad hoc et ad alias imminentes tibi quandoque necessitates [1] spontaneum seu voluntarium tibi subsidium licite dare possint, devotioni tue concedere dignaremur. Nos.... tuis precibus inclinati presentium tibi auctoritate concedimus, ut omnes clerici terre tue cuiuscunque status, ordinis vel conditionis existant, qui ad dictum passagium faciendum et pro defensione ac universali ducatus tui utilitate spontanee, nulla fraude interveniente, subsidium tibi qualecumque voluerint, dare possint. Constitutione felicis recordationis Bonifacii pape VIII predecessoris nostri.... et qualibet alia contraria non obstante. Dat. Burdegalis, ut supra.

30. — Burdegalis, 17 aug. 1305.
(Bartholomaeo) episcopo Eduensi notum facit se licentiam dedisse Roberto, duci Burgundiae, construendi hospitale cum oratorio et coemeterio in dioecesi Eduensi. (f. 6 *a*).
Venerabili fratri nostro episcopo Eduen. Illa que dilectus.... Dat. ut supra.

31. — Burdegalis, 17 aug. 1305.
Audita querela Roberti, ducis Burgundiae, quod clerici coniugati, licet nec tonsuram deferant nec vestes clericales, pro commissis tamen excessibus vel delictis noluerint coram secularibus iudicibus ne in civilibus quidem respondere, iniungit infrascripto, ut instituat inquisitionem huius causae. (f. 6 *a*).
Dil. filio decano Belnensi Eduen. diocesis. Querelam dilecti filii.... Dat. ut supra.

32. — Pessaci, 2 sept. 1305.
Confertur canonicatus eccl. Engolismen., praebenda ibidem reservatur, dispensaturque, ut cano-

---

[1] Robertus II. dux Burgundiae ab anno 1272-1305. *L'Art de vérifier* etc. II. 11. p. 57.
[2] Agnes filia s. Ludovici, Franciae regis. *Ibidem.*

[1] Ms. *alios.... necessitatem.*

nicatum in eccl. b. Mariae Rupisfulcaudi et praebendam et ecclesiam s. Amantii de Bono Idore Engolismen. dioec. retinere valeat. (f. 6*a*).

Dil. filiis mon. sancti Romani de Blavia et secularis ecclesie de Vlandiaco Burdegalen. et Engolismen. dioc. abbatibus ac magistro Bertrando de Bordis canonico Lectoren.

Dil. filio Petro Legerii de castro Blavie canonico Engolismen. Adiutus virtute.... Dat. Pessaci, IV non. septembris.

33. — Lugduni, 15 dec. 1305.
Dispensatio super defectu natalium. (f. 6*b*).

Dil. filio Geraldo de Podio clerico Aquen. diocesis. Illegitime genitos.... Dat. Lugduni, XVIII kal. ianuarii.

34. — Lugduni, 15 dec. 1305.
Dispensatur super defectu natalium. (f. 6*b*).

Dil. filio Geraldo de Vico clerico Aquen. dioc. Dat. ut supra.

35. — Lugduni, 3 dec. 1305.
Obtentu bonae memoriae Matthaei[1] Portuen. et s. Rufinae episcopi dispensatur cum eius capellano, qui obtinens iam per dispensationem sedis apostolicae ecclesias de Ripton Wardeboys, nec de Stokesle nec non praebendam de Bekinghan in Suewellen et Portomein in Birtonen. ecclesiis Eboracen. et Lincolnien. dioec., adeptus est in Londonien. et Vellen. ecclesiis canonicatus et praebendas, nec non capellam s. Iuliani et custodiam hospitalis eiusdem iuxta s. Albanum Lincolnien. dioec., ut, dimisso uno vel duobus beneficiis, possit unicum aliud beneficium recipere. (f. 6*b*).

Dil. filio magistro Ragnialdo de s. Albano canonico Londonien. Quanto maiorum meritorum claritate.... Dat. Lugduni, III non. dec.

36. — Lugduni, 1 dec. 1305.
Thomas ecclesiam de Merston eaque dimissa de Noeste ac dimissis ambabus de Chelmerforde

---

[1] Ms. *Mathee.* Matthaeus de Aquasparta, qui decessit anno 1302. Cf. *Italia sacra*, auctore FERDINANDO VGHELLO. Venetiis 1717, I. p. 139.

---

ecclesias parochiales Roffen. et Londonien. dioec. assecutus, non fecit se infra annum ad sacerdotium promoveri. Dispensatur cum illo, quod possit eccl. de Chelmerforde retinere, donanturque ei fructus adhuc percepti (f. 6*b*).

Dil. filio Thome de Broncille rectori ecclesie de Chelmerforde Londonien. diocesis. Sedis apostolice multa benignitas.... Dat. Lugduni, kal. decembris.

37. — Lugduni, 1 dec. 1305.
Dispensatur, ut retinere valeat archidiaconatum Notinghanne, canonicatum et praebendam in eccl. Eboracen. et parochialem eccl. de Semere nec non certam portionem decimarum et proventuum in eccl. de Thropenn Eboracen. et Carnonen (sic) dioec. simulque illi fructus ex dictis beneficiis illicite percepti condonantur. (f. 6*b*).

Dil. filio Willelmo de Pelxerinis doctori decretorum archidiacono Notinghanne in ecclesia Eboracen. Tue magnitudinem scientie.... Dat. Lugduni, kal. decembris.

38. — Lugduni, 1 dec. 1305.
Iohannes, quocum dispensatum fuit super defectu natalium, obtinuit de Smeredenne et, ea dimissa, de Boeste ecclesias parochiales ac demum canonicatum et praebendam in eccl. de Wengeham Cantuarien. et Cicestren. dioec., super quo Nicolaus pp. IV cum illo dispensavit. Deinde percepit canonicatum et praebendam in eccl. de Boseheam Cicestren. dioec., omnia vero ante editam constitutionem Bonifacii pp. VIII contra illegitime natos. Tunc autem defectum suum reticens praebendas dictas retinuit fructusque ex eis percepit. Clemens pp. V super hoc cum Iohanne dispensat. (f. 7*a*).

Dil. filio Iohanni de Lewes presbytero, rectori ecclesie de Boestede Cicestren. diocesis. Sedes apostolica pia mater.... Dat. Lugduni, kal. decembris.

39. — Lugduni, 1 dec. 1305.
Valeat alterum adhuc beneficium recipere, cum illud quod obtinet, ad condignam sustentationem non suppetat. (f. 7*a*).

Dil. filio Waltero de Chilton rectori pro quarta parte parochialis ecclesie de Dickilburg Norvicen. dioc. Apostolice sedis benignitas.... Dat. Lugduni, kal. decembris.

40. — Lugduni, 17 dec. 1305.

Dispensatio super quarto consanguinitatis gradu. (f. 7 *b*).

Dil. filio Roberto de Vcetia nato dilecti filii nobilis viri Bermundi Vcetie et Armasanicarum domini et dilecte in Christo filie Dulcelme nate dilecti filii nobilis viri Elisarii de Sabrana domini castri Ansorsii Aquensis diocesis. Romani pontificis precellens auctoritas.... Dat. Lugduni, XVI kal. ianuarii.

41. — Burdegalis, 27 iul. 1305.

Bernardum providet de canonicatu eccl. Engolismen. et praebenda ibi vacante vel vacatura, non obstante, quod prioratus de Lugon, de Podio Ysardi et de Boyes ac de Bosco Benedicti Burdegalen. dioec., nec non rectoriam ecclesiae de Pinibus ac canonicatum et praebendam eccl. b. Mariae de Rupefulcaud Engolismen. dioec. obtineat. (f. 7 *b*).

Dil. filio Bernardo Aymerici de Frontiaco canonico Engolismen.

Dil. filiis abbati monasterii s. Mariae de Aquistris Burdegalen. diocesis et cantori Burdegalen. ac Symoni de Arciaco canonico Xantonen. ecclesiarum. Probitatis tue merita.... Dat. Burdegalis, VI kal. augusti.

42. — Apud Bainhols, 22 sept. 1305.

Cum Arnaldo dispensatur super defectu natalium et conferuntur illi canonicatus eccl. Burgen., praebenda, dignitas et praestimonia ibi vacantes vel vacaturae. (f. 7 *b*).

Dil. filio Arnaldo de Tartasio nato quondam nobilis viri Petri de Aquis vicecomitis Tartasien. canonico Burgen.

Dil. filiis Garsie Arnaldi electo Aquen. et priori de Capite Pontis Aquensis ac priori beate Marie de Mimisuno. Quos morum decorat honestas.... Dat. apud Bainhols, X kal. octobris.

43. — Burdegalis, 27 iul. 1305.

Iohannem de Grato monachum mon. Bonaeaquae eccl. Cist. Lemovicen. dioec. post factam professionem de ordine egressum, nunc vero poenitentem absolvit a vinculo excommunicationis, commendatque eum strenue infrascriptis. (f. 8 *a*).

Dil. filiis priori et conventui monasterii Rucellen. per priorem eodem monasterio vacante... soliti gubernari ordinis sancti Benedicti Lemovicen. dioc. Dudum instigante.... Dat. Burdegalis, VI kal. augusti.

44. — Nemausi, 21 oct. 1305.

Obtentu Othonis de Grandisono confertur eius consanguineo prioratus de Lareyo [1] monasterio s. Benigni Divionensi ord. s. Ben. Lingonen. dioec. subiectus et ad praesens per obitum Philippi vacans. (f. 8 *a*).

Dil. filio Othoni de Nigre priori prioratus de Lareio ordinis sancti Benedicti Lingonen. dioc. Religionis honestas.... Dat. Nemausi, XII kal. novembris.

45. — Burdegalis, 8 aug. 1305.

Iohanni confert canonicatum eccl. Saresberien. et praebendam ibi vacantem vel vacaturam condonatque fructus illicite perceptos ex parochiali eccl. de Wermingham Coventren. et Lichefelden. dioec. (f. 8 *b*).

Ven. fratribus Dunelmen. et Vinthonien. episcopis ac dil. filio abbati mon. s. Crucis Burdegalis sancte romane ecclesie vicecancellario.

Dil. filio magistro Iohanni de Haueringes canonico Saresbirien. capellano nostro. Sedis apostolice.... Dat. Burdegalis, VI idus aug.

46. — Burdegalis, 8 aug. 1305.

Richardo confertur canonicatus eccl. Lincolnien. et praebenda ibidem vacans vel vacatura, condonanturque ei fructus percepti ex parochiali eccl. de

---

[1] Prioratus de Loriaco ad muros urbis Divionis iuris erat s. Benigni ex dono Guntchramni, regis Elariaci (sec. VI). Processu temporis traditus fuit sanctimonialibus, quae istic degebant pontificatu Gregorii VII, quem postea monachi incoluere. *Gallia christ.*, IV. p. 669.

Bothel Candidae Casae dioec., quam sine dispensatione retinuit, obtinens iam praecentoriam eccl. Dublinen. ac de Werne et Clera parochiales ecclesias Coventren. et Lichefelden. et Wintonien. dioec. (f. 9a).

Ven. fratribus Dunelmien. et Vintonien. episcopis ac dil. filio Petro abbati monasterii s. Crucis Burdegalis sancte romane ecclesie vicecancellario.

Dil. filio magistro Ricardo de Haueringe canonico Lincolnien. capellano nostro. Tue merita probitatis.... Dat. Burdegalis, VI idus augusti.

47. — Grueriae, 20 sept. 1305.

Bernardo confertur castellania castri Orthiae Viterbien. dioec. (f. 9a).

Dil. filio Bernardo nato Nicolai de Viterbio castellano castri Orthie Viterbien. dioc. domicello nostro. De fide ac circumspectione tua plenam in Domino fiduciam (habentes) tibique volentes facere gratiam specialem, castellaniam castri Orthie Viterbiensis diocesis, cuius redditus et proventus ultra centum florenos auri asseris non valere, dummodo sic se veritas habeat, cum omnibus iuribus et pertinentiis suis, apostolica tibi auctoritate, committimus gerendam et exercendam a te vel ab ydoneo vicario tuo in tui absentia usque ad apostolice sedis beneplacitum voluntatis, disponendi, ordinandi, statuendi, percipiendi, corigendi, puniendi, diffiniendi, exequendi et faciendi in castro et pertinentiis suis omnibus, quicquid ad honorem dicte sedis ac statum prosperum hominum castri predicti noveris optinere; contradictores vero quoslibet et rebelles, quociens expedierit, temporali discretione, apellatione postposita, compescendi tibi potestatem concedentes. Sic ergo castellaniam predictam gerere studeas solicite, fideliter et prudenter, quod exinde merito commendari valeas et nostram ac eiusdem sedis gratiam uberius promereri. Dat. apud Grueriam, XII kal. oct.

Regestum Clementis Papae V.

48. — Lugduni, 18 dec. 1305.

Provideant de beneficio Guillelmum Calveti de Chalesio canonicum eccl. s. Salvatoris de Alba Terra Petragoricen. dioec. (f. 9a).

Dil. filiis abbati secularis ecclesie s. Arthemii de Blanziaco Engolismen. dioc. et... ac Petro Legerii canonicis Engolismen. Cum dilectum filium.... Dat. Lugduni, XV kal. ianuarii.

49. — Burdegalis, 30 aug. 1305.

Infrascriptum admittit, examine peracto, ad tabellionatus officium. (f. 9b).

Dil. filio Mainardo Borrelli clerico Xantonen. diocesis in minoribus ordinibus constituto. Ne contractuum memoria.... Dat. Burdegalis, III kal. septembris.

50. — Burdegalis, 21 aug. 1305.

Dispensatio super defectu natalium. (f. 9b).

Dil. filio Bernardo de... canonico ecclesie Lascuren. ordinis s. Augustini. Illegitime genitos.... Dat. Burdegalis, XII kal. septembris.

51. — Lugduni, 11 nov. 1305.

Procuret duabus personis idoneis beneficia in ecclesia s. Aphrodisii Biterren. (f. 9b).

Ven. fratri episcopo Biterren. Tue merita sinceritatis.... Dat. Lugduni, III idus novembris.

52. — Burdegalis, 25 aug. 1305.

Vnam personam faciat promoveri ad canonicatum in sua ecclesia ipsique praebendam ibidem reservet. (f. 9b).

Ven. fratri episcopo Biterren. Tue merita sinceritatis.... Dat. Burdegalis, VIII kal. septembris.

53. — Lugduni, 23 dec. 1305.

Dispensatio super defectu natalium. (f. 10a).

Dil. filio Petro Amaurici clerico Maclovien. diocesis. Illegitime genitos.... Dat. Lugduni, X kal. ianuarii.

54. — Lugduni, 24 nov. 1305.

Cum Bernardo [1] et Margarita, qui matrimonium iam contraxerant, dispensatur super impedimento consanguinitatis in quarto gradu, ut in matrimonio contracto remanere valeant. (f. 10*a*).

Dil. filio nobili viro Bernardo nato dil. filii nobilis viri Bernardi comitis Convenarum et dilecte in Christo filie nobili mulieri Margarete vicecomitisse Turenne eius uxori. Sedis apostolice.... Dat. Lugduni, VIII kal. decembris.

55. — Lugduni, 22 nov. 1305.

Guillelmo [2] indulget, ut fructus beneficii in eccl. Beluatren. possit percipere integre, quotidianis dumtaxat distributionibus exceptis, ac si personaliter resideret. (f. 10*a*).

Dil. filio Guillelmo de Tria archidiacono Vulgasini [3] Normannie in ecclesia Rothomagen.

Dil. filiis magistro Iacobo de Normanniis archidiacono Narbonensi notario nostro et s. Luciani et s. Quintini Beluacen. monasteriorum abbatibus. Personam tuam.... Dat. Lugduni, X kal. decembris.

56. — Lugduni, 21 dec. 1305.

Dispensatur cum capellano Neapoleonis s. Hadriani et Landulphi s. Angeli diaconorum card. illegitime nato, quod valeat assumi ad omnes administrationes et praelaturas, abbatiam videlicet vel quamcunque aliam praebendam dumtaxat ordinis. (f. 10*a*).

Dil. filio Adnulfo nato quondam Landulphi Balsoni militis monacho monasterii Cassinensis ordinis s. Benedicti. Testimo-

nium tibi laudabile.... Dat. Lugduni, XII kal. ianuarii.

57. — Lugduni, 17 aug. 1305.

Thomae confertur canonicatus eccl. Cameracen. ibidemque reservatur praebenda et dispensatur cum eo, ut retinere valeat in s. Hilarii Pictavien. thesaurariam et in Parisien., Ambianen., Leodien. et Reponen. ecclesiis canonicatus et praebendas. (f. 10*a*).

Dil. filio Thome de Sabaudia canonico Cameracen. Sedis apostolice providentia.... Dat. Lugduni, XVI kalendas septembris.

De eodem.

Dil. filiis decano Parisien. et preposito Valentin. ac magistro Guillelmo de Bingiaco canonico Trecen. ecclesiarum.

58. — Lugduni, 23 nov. 1305.

Ad supplicationem Ademarii de s. Pastore reservatur infrascripto beneficium ecclesiasticum in dioec. Convenarum. (f. 10*b*).

Dil. filio Vitali de Bidosa clerico Convenarum dyocesis. Probitatis tue.... Dat. Lugduni, IX kal. decembris.

59. — Lugduni, 29 nov. 1305.

Ad quinquennium conceditur Guidoni [1], cui reservatus est personatus eccl. Claromonten, ut possit incumbere studiis iuris civilis. (f. 10*b*).

Dil. filio Guidoni de Monteforti nato dil. filii nobilis viri Bernardi comitis Convenarum canonico Claromonten. Dum generis et morum.... Dat. Lugduni, III kal. decembris.

60. — Lugduni, 2 dec. 1305.

Assignent Iohanni de Rupe, rectori s. eccl. Mariae de Septem fontibus, aliud beneficium in dioec. Ruthenen, quo obtento, dictam rectoriam omnino dimittat. (f. 11*a*).

---

[1] Bernardus VII comes Convenarum 1295-1335 alteram uxorem duxit Margaritam, filiam et heredem Raymundi VII vicecomitis Turenne. *L'Art de vérifier les dates*, II. 9. p. 281.

[2] Filius fuit Renaldi de Tria domini de *Vaumain* et Iohannae de *Hodenc*, germanusque Matthaei, Franciae marescalli, et Philippi Valesii praeceptor. Baiocensis electus dicitur anno 1312, unde ad archiepiscopatum Remensem translatus est anno 1324. Obiit 26 octobris 1334. *Gallia chr.*, XI. p. 572, IX. p. 123.

[3] Ms. *Vulpasini*.

---

[1] Guido de Monteforti, filius Bernardi VI comitis Convenarum et Laurae, natae Philippi de Monteforti. *L'Art de vérifier les dates*, II. 9. p. 281.

Dil. filiis archidiacono et cantori ac Geraldo de Monte Alto canonico ecclesie Ruthenen. Favoris uberis.... Dat. Lugduni, IV non. decembris.

61. — Lugduni, 16 nov. 1305.

Thomae confert cànonicatum eccl. Remen. et praebendam ibi vacantem vel vacaturam, non obstante defectu aetatis aut quod canonicatum et praebendam eccl. Lugdunen. obtineat. (f. 11 a).

Dil. filiis abbati monasterii Insule Barbare Lugdunen. diocesis et decano Matisconen. [1] *ac canonico de Belloioco Matisconen.* [2] *diocesis ecclesiarum.*

Dil. filio Thome de Belloioco canonico Remen. Sedis apostolice providentia.... Dat. Lugduni, XVI kal. decembris.

62.

Nepoti episcopi Ostien. reservat beneficium in civitate vel dioecesi Florentina, non obstante defectu ordinum et aetatis aut quod obtineat canonicatum eccl. Pisanae et in dioec. Spoletana quaedam beneficia. (f. 11 a).

Ven. fratri episcopo Aretin. et dil. filiis s. Salvi Florentin. et s. Michaelis de Podio s. Donati Senen. monasteriorum abbatibus.

Dil. filio Lapo Albertini de Prato canonico Pisano. Probitatis tue.... (sine data).

63. — Lugduni, 12 nov. 1305.

Nicolao [3] datur facultas de bonis ecclesiasticis mobilibus dispositioni eius commissis, quae non

[1] Ms. *Masticonen.*
[2] Item.
[3] Nicolaus de Albertis seu Albertinis ex comitibus de Prato, Meinardi et Bartholomaeae Martini filius, a teneris annis sese divino famulatui in Praedicatorum ordine devovit. Philosophiae ac theologiae studiis operam dedit Parisiis, quibus perfectis, sacras litteras Romae in coenobio s. Mariae supra Minervam interpretatus est. Cum autem doctrinae, qua claruit, miram rerum experientiam, prudentiam maximam, morum integritatem atque humilitatem adiunxisset, provinciae romanae cura illi primo commissa est, mox totius ordinis procurator generalis, tandem a Bonifacio VIII electus est anno 1299 Spoletanus episcopus ac Vrbis vicarius. Benedictus XI illum anno 1303 cardinalem et episcopum Ostiensem renunciavit. E vita excessit Avenione anno 1321. CIACONIVS, II. p. 348.

fuerint altaris nec ordinis Praedicatorum, pro decentibus et honestis expensis sui funeris et pro remunerationibus illorum, qui ipsi viventi servierint, disponendi et erogandi atque in pios usus convertendi. (f. 11 b).

Ven. fratri N(icolao) episcopo Ostien. Quia presentis vite conditio.... Dat. Lugduni, II idus novembris.

64. — Apud Condriacum, 3 novembris 1305.

Commissio curae et administrationis ecclesiae s. Praxedis de Vrbe cum omnibus iuribus et pertinentiis. (f. 11 b).

Dil. filio fratri Gentili [1] *tituli s. Martini in Montibus presbytero cardinali.* Quanto romanam ecclesiam.... Dat. apud Condriacum, III non. novembris.

65. — Lugduni, 16 nov. 1305.

Guillelmum [2] providet de canonicatu eccl. Belluacen. et praebenda ac dignitate, personatu seu officio ibi vacantibus vel vacaturis, dispensatque cum eo, ut, non obstante defectu aetatis, praedicta obtinere et cum canonicatibus et praebendis in Lugdunen. et Ambianen. ecclesiis retinere valeat. (f. 11 b).

Dil. filiis abbati monasterii de Insula Barbara Lugdunen. diocesis et Matisconen. ac Belliioci (Matisconen.) diocesis decanis.

Dil. filio Guillelmo de Belloioco canonico Belluacen. Sedis apostolice providentia.... Dat. Lugduni, XVI kal. decembris.

66. — Lugduni, 4 dec. 1305.

Annuens precibus Heliae Talayrandi, comitis Petragoricen., confert Amalumo prioratum de Lencich et eccl. de Degamhaco sine cura, quae prioratui

[1] Gentilis de Montefloris, Italus, Picenus, ordinis fratrum Minorum theologus. Inter presbyteros cardinales a Bonifacio VIII die 2 martii anni 1300 fuit cooptatus. BALVZIVS I. p. 580. CIACONIVS, II. p. 329.
[2] Ludovici toparchae Belliioci et Dumbarum ac Leonorae Sabaudae filius, avunculus autem Henrici de Villars, archiepiscopi Lugdunensis (1301-1308). A Iohanne XXII creatus est an. 1331 episcopus Baiocensis. *Gallia chr.*, XI. p. 373. *L'Art de vérifier les dates*, II. 10. p. 513.

canonice est adnexa, Caturcen. dioec., ad mon. de Catusio ord. s. Ben. dictae dioec. pertinentes. (f. 12 a).

Dil. filiis abbati secularis ecclesie s. Asterii Petragoricen. diocesis et cantori Amalumi de Sunis prioris de Lencich Caturcen. diocesis.

Dil. filio Amalumo de Sunis priori de Lencich Caturcen. diocesis. Tue probitatis merita.... Dat. Lugduni, II non. decembris.

67.

Archambaldus [1], licet censuris adstrictus, obtinuit in seculari s. Asterii Petragoricen. dioec. abbatiam ac in maiori et s. Frontonis Petragoricen. ecclesiis canonicatus et praebendas, prioratum s. Stephani de Licia per capitulum s. Martialis Lemovicen., decimas quasdam in Lectoren. et Petragoricen. dioecesibus nec non reditus quosdam per capitula maioris, s. Frontonis ac s. Augustini ecclesiarum concessos sub annuo censu. Clemens V eum a censuris contractis absolvit et, fructibus adhuc illicite perceptis ei condonatis, concedit, ut praedicta beneficia retinere valeat. (f. 12 a).

Dil. filio Archambaldo filio quondam comitis Petragoricen. capellano nostro abbati seculari ecclesie s. Asterii Petragoricen. diocesis. Sacrosancta romana ecclesia.... (sine data).

68. — Lugduni, 30 nov. 1305.

Annuens supplicationibus Gastonis de Gontaldo confert filio eius canonicatum eccl. Caturcen. ac ibidem reservat praebendam et dignitatem. (f. 12 a).

Dil. filiis abbati monasterii Sarlaten. et decano de Figiaco ac preposito de Teniolacu(?)... Nobilitas generis.... Dat. Lugduni, II kal. decembris.

69. — Lugduni, 29 nov. 1305.

Dispensatur cum Guidone, ut adhuc duo beneficia recipere valeat et retinere cum canonicatibus Cosaraten. eccl. et de Soth Auxitanae dioec. et

in eccl. Claromonten. nec non cum praebenda et personatu in Claromonten. eccl. reservatis. (f. 12 b).

Dil. filio Guidoni de Monteforti nato dil. filii nobilis viri B(ernardi) comitis Convenarum canonico Claromonten. Personam tuam.... Dat. Lugduni, III kal. decembris.

70. — Apud Reg. Villam, 31 oct. 1305.

Datur facultas faciendi recipi in canonicos singulas personas in mon. Stirpensi Lemovicen. ·dioec. et de Cella Frayta [1] Engolismen. dioec. ord. s. Augustini atque in mon. s. Amantii de Buxa eiusdem Engolismen. dioec. ord. s. Ben. unam personam in monachum. (f. 12 b).

Dil. filio Hugoni abbati monasterii de Nantolio ordinis s. Benedicti Pictaven. diocesis. Personam tuam.... Dat. apud Regnam Villam, II kal. novembris.

·71. — Burdegalis, 21 aug. 1305.

Mandat tueantur ab omni iniuria Constantiam [2] vicecomitissam Marciani. (f. 12 b).

Ven. fratribus Tholosan. et Agennen. ac Vasaten. episcopis. Personam dilecte.... Dat. Burdegalis, XII kal. septembris.

72. — Burdegalis, 31 iul. 1305.

Infrascripto confertur canonicatus eccl. Lichefelden. et praebenda ibi reservatur, non obstante defectu aetatis et ordinum aut quod canonicatum et praebendam Beluacen. eccl. obtineat. (f. 12 b).

Dil. filio Thidoni de Varesio [3] canonico Lichefelden. Dum conditiones.... Dat. Burdegalis, II kal. augusti.

---

[1] Filius fuit Archambaldi III comitis Petragoricensis. *L'Art de vérifier les dates*, II. 10. p. 209.

[1] Altera vice legitur Froyra. Vult intelligi Cella-Fruini (Celle Frouin). *Gallia chr.*, II. p. 1047.

[2] Constantia, vicecomitissa Marciani, primogenita fuit Gastonis VII. comitis Bearnij. Nupsit primo Alfonso, filio Iacobi I. regis Aragonum; coniugem alterum habuit Henricum, filium Richardi de Anglia, regis Romanorum. *L'Art de vérifier les dates*, II. 9. p. 263.

[3] Familia *de Varesio* videtur Clementi V fuisse genere proxima. Nam ex testamento ab ipso condito in prioratu de Gransello prope Malaussenam Vasionensis dioecesis tertio kalendas iulii pontificatus eius anno septimo (*Archivum Avenionense* n. 467 p. 57), patet, Amalvinum de Baresio maritum fuisse Indiae, neptis Clementis V ex fratre Arnaldo Garsiae.

73.
Cuidam confertur archidiaconatus de Beluacino in eccl. Beluacen. nec non canonicatus et praebendae, quas quondam magister B. obtinebat, dispensaturque cum illo, ut retinere valeat in Aurelianen. eccl. canonicatum et praebendam ac de Campo-longo et de s. Quintino, quae invicem canonice sunt unitae, eccl. Agennen. dioec. (f. 12*b*).
Eo libentius ad personam tuam.... Dat. (sine data).

74. — Dat. Burdegalis, 31 iulii 1305.
Thomae providetur de canonicatu in eccl. Lichefelden. et praebenda vacante vel vacatura, non obstante defectu ordinum et aetatis aut quod in eccl. Constantien. canonicatum, praebendam et dignitatem obtineat. (f. 13*b*).
Dil. filio Thome de Varesio.
Dil. filiis cantori Pictaven. et Iohanni de Sentolio Carnoten. ac Iohanni de Ferreria Aurelianen. ecclesiarum canonicis. Dum conditiones.... Data eadem.

75. — Apud Villandradum, 8 septembris 1305.
Inducant priorem hospitalis de Barbo Burdegalen. dioec. in corporalem possessionem prioratus de Geleto Burdegalen. dioec. monasterio de Borneto ordinis s. Ben. Engolismen. dioec. subiecti. (f. 13*b*).
Dil. filio cantori et magistro Raymundo de Podio ac Petro de Casalibus canonicis ecclesie Burdegalen. Pietatis opera.... Dat. apud Vinhandralt, VI idus septembris.

76. — Burdegalis, 21 aug. 1305.
Faciant recipi in Oloren. eccl. unam personam, quam Constantia vicecomitissa Marciani nominaverit, in canonicum et fratrem ac provideri ei de praebenda. (f. 13*b*).
Ven. fratri episcopo Lascuren. et dil. filiis Silvestrensi in Lascuren. ac Montis Anerii in Tarbien. ecclesiis archidiaconis. Personam dilecte.... Dat. Burdegalis, XII kal. septembris.

77.
Mandat, ut Bertrando de Teus clerico Auxitan. commendato sibi ab Othone de Casanova milite conferant ecclesiam s. Felicis de Malveriis Narbonnen. dioec., non obstante, quod idem Bertrandus s. Petri de Caumort, s. Martini de Marceu et s. Petri de Legmont ecclesias Auxitan. dioec. obtineat. (f. 13*b*).
Dil. filiis abbati monasterii Laraten. Appamiarum et priori de Manso Agennen. ac archidiacono Fenolheti in ecclesia Narbonensi. Ad illorum provisionem.... Dat. (sine data).

78. — Agenni, 18 sept. 1305.
Confert Guillelmo archidiaconatum Gamagensem in eccl. Vasaten. post obitum Oliveri vacantem dispensatque cum illo, ut canonicatum et praebendam in ecclesia Vasaten. et ecclesiam de Salternis Burdegalen. dioec. retinere valeat. (f. 14*a*).
Dil. filio Guillelmo de Molendino archidiacono Gamacensi in ecclesia Vasaten.
Dil. filiis abbati s. Crucis Burdegalis et de Cayrano ac de Devesalano in ecclesia de Manso Agennen diocesis archidiaconis. Illos apostolica sedes.... Dat. apud Agennum, XIV kal. octobris.

79. — Lugduni, 16 nov. 1305.
Infrascripto reservantur personatus vel dignitas aut officium in eccl. Baiocen. non obstante, quod in eadem eccl. et in Lugdunen. canonicatus et praebendas ac administrationem temporalium prioratus de Novavilla Lugdunen. dioec. obtineat. (f. 14*a*).
Dil. filio Guillelmo de Belliioco canonico Baiocen.
Dil. filiis abbati monasterii Insule Barbare prope Lugdunum et Matisconen.[1] *ac de Belliioco Matisconen. diocesis ecclesiarum decanis.* Generis et morum nobilitas.... Dat. XVI kal. decembris.

[1] Ms. *Masticonen.*

80. — Lugduni, 30 nov. 1305.

Reservat infrascripto beneficium in civitate aut dioecesi Magalonen. et dispensat cum illo super defectu ordinum et aetatis. (f. 14 *a*).

Dil. filiis de Castro novo· et de Monte Herbosano prioribus Agathen. e⟨.⟩ Magalonen. diocesium et cantori ecclesie Agennen.
Dil. filio Petro Bernardi clerico Magalonen. diocesis. Probitatis meritis.... Dat. Lugduni, II kal. decembris.

81. — Vivariae, 26 oct. 1305.

Obtentu N(icolai) episcopi Ostien. reservatur capellano eius beneficium in civitate vel dioecesi Perusinen. non obstante, quod prioratum secularis eccl. s. Angeli de Prefolio Spoletanae dioec. et quaedam modica beneficia in quibusdam ecclesiis civitatis et dioecesis Spoletanae obtineat nec non in eccl. Aretin. sub expectatione praebendae in canonicum sit receptus ipsique de plebanatu plebis de Sarciano sit provisum. (f. 14 *a*).

Ven. fratri episcopo Arentin. et dil. filiis s. Salvi Florentin. ac Bovaria Spoletan. dioc. monasteriorum abbatibus.
Dil. filio Alauno Pauli de Perusia plebano plebis de Sarciano Clausinen. diocesis. Litterarum scientia.... Dat. Vivarie, VII. kal. novembris.

82. — Lugduni, 16 nov. 1305.

Ut insistat disciplinis scolasticis, indulgetur Hugoni, quod, personaliter non residens, possit percipere fructus suorum beneficiorum. (f. 14 *b*).

Dil. filio Hugoni de Castellione decano ecclesie Laudunen. Tuorum exigentia meritorum.... Dat. Lugduni, XVI kal. decembris.

83. — Lugduni, 19 nov. 1305.

Prioratus b. Mariae de Tenpnihaco et de Calviaco ord. s. Ben. Petragoricen. et Caturcen. dioec. ad monasterium Sarlaten. immediate spectantes conceduntur perpetuo et uniuntur mensae abbatiali Sarlaten. (f. 14 *b*).

Dil. filio Bernardo abbati monasterii Sarlaten. ordinis s. Benedicti Petragoricen.

diocesis capellano nostro. Ex tue devotionis.... Dat. Lugduni, XIII kalend. decembris [1].

84. — Lugduni, 27 nov. 1305.

Obtentu Arnaldi Burdegalen. electi, camerarii sui, mandat, ut Raymundum de Labaste presbyterum provideant de parochiali eccl. de Polvinihaco Claromonten. dioec., non obstante quod capellaniam perpetuam in eccl. Agennen. obtineat. (f. 14 *b*).

Dil. filiis archidiacono Lugdunen. et cantori ecclesie Agennen. ac Odoni de Serumaco canonico Xanctonen. Cum sicut accepimus.... Dat. Lugduni, V kal. decembris anno primo.

85. — Lugduni, 29 nov. 1305.

Indulgetur ad quinquennium, ut iuris civilis studio incumbat, non obstante, quod illi in Melden. eccl. sit reservatus personatus vel dignitas. (f. 15 *a*).

Dil. filio Simoni de Monteforti canonico Melden. Dum generis et morum.... Dat. Lugduni, III kal. decembris.

86. — Lugduni, 23 nov. 1305.

Moneant episcopum Convenarum, ut Vitali de la Cassainhe presbytero Tolosan. dioec., qui « nobis olim, dum ecclesie Convenarum regimini preeramus pro ipsius ecclesie negociis centum libras bonorum Turonensium parvorum liberaliter mutuaverit fueritque huiusmodi pecunia conversa in utilitate ecclesie supradicte » de dicta pecunia satisfaciat. (f. 15 *a*).

Dil. filiis abbati monasterii Soricinen. ordinis s. Benedicti Tholosan. diocesis et Petro de Spavone priori de Genciaco in ecclesia Tholosan. ac Ademaro de · s. Pastore canonico Convenarum. Dum dilectus filius.... Dat. Lugduni, IX kalend. decembris.

---

1 Ms. *septembris*, quo mense papa residebat Burdegalis. Cf. *Gallia christ.* II. 1511 E, ubi legitur data XIII. kal. decembris.

87. — Burdegalis, 21 aug. 1305.

Facultas eligendi confessarium, qui etiam a reservatis absolvere valeat. (f. 15 a).

Dilecte in Christo filie nobili mulieri Constancie vicecomitisse Marciani. Ut per confessionis lavacrum.... Dat. Burdegalis, XII kal. septembris.

88. — Burdegalis, 21 aug. 1305.

Confirmat compositionem factam inter Constantiam vicecomitissam Marciani ex una et Bernardum comitem, matrem eius Matham comitissam Armaniaci et Margaritam comitissam Fuxen. et Guillelmam de Monte Cathano sorores dictae vicecomitissae ex altera parte super iure in vicecomitatum Marciani ratione successionis maternae [1]. (f. 15 a).

Eidem. Tue devotionis sinceritas promeretur, ut nos petitionibus tuis favorabiliter annuamus. Ex parte siquidem tua fuit expositum coram nobis, quod dudum dilectus filius nobilis vir Bernardus comes ac dilecta in Christo filia Matha comitissa Armaniaci mater ipsius, Margarita comitissa Fuxensis ac Guillelma de Monte Cathano sorores tue omne ius, quod eis vel eorum alicui competebat vel competere posset in vicecomitatu tuo Marciani ratione successionis materne vel alio quocumque modo, tibi remiserunt et totaliter donaverunt, promittentes tibi corporaliter ab eisdem super hoc prestitis iuramentis nihil ulterius in eo petere vel sibi quomodolibet vendicare et contra huiusmodi donationem aliquatenus non venire, prout in instrumentis publicis inde confectis dicuntur hec

[1] Matha, uxor Gastonis VII vicecomitis Bearnii (1229-1290), a matre Petronilla, comitissa Bigerrorum, dotem accepit vicecomitatum Marciani. Ex quo matrimonio prodierunt: Constantia, vicecomitissa Marciani; Matha, quae an. 1260 vinculo coniugali copulata fuit Geraldo V comiti Armaniaci (1285), cui Bernardus V in regimine successit; uxor Rogerii Bernardi III comitis Fuxensis, Margarita, cui vi testamenti patris eius obvenit vicecomitatus Bearnii; Guillelma, quae nupsit Sancio IV regi Castiliae et Legionis. *L'Art de vérifier les dates,* II. 9. p. 263.

omnia plenius contineri. Nos itaque tuis supplicationibus inclinati, remissiones, donationes et promissiones huiusmodi ratas et gratas habentes, eas, auctoritate apostolica, ex certa scientia confirmamus, et presentis scripti patrocinio communimus. Nulli ergo etc. Dat. Burdegalis, XII kal. septembris.

89. — Burdegalis, 21 aug. 1305.

Ne permittant supradictam vicecomitissam, contra instrumentoruur praedictorum tenorem, ab aliquibus indebite molestari. (f. 15 a).

Ven. fratribus Tholosan. et Agennen. ac Vasaten. episcopis. Ex parte.... Dat. ut supra.

90. — Apud Montem Guiscardum, 29 sept. 1305.

Quibusdam mandat faciant conferri Vitali de Magno Monte ecclesiam de Gordonio Caturcen. dioec. per mortem Bernardi vacantem. (f. 15 a).

Ad illorum provisionem.... Dat. apud Montem Guiscardum, III kal. octobris.

91. — Burdegalis, 31 iul. 1305.

Infrascripto confert canonicatum eccl. Sarisbirien., reservat ibidem praebendam et personatum dispensatque cum eo super defectu aetatis et ordinum. (f. 15 b).

Dil. filiis archidiacono de Auran. Convenarum et cantori s. Ylarii Pictaven. ac Iohanni de Ferraria canonico Aurelianen. ecclesiarum.

Dilecto filio Ponceto de Varesio canonico Saresbirien. Dum conditiones.... Dat. Burdegalis, II kal. augusti.

92. — Lugduni, 26 nov. 1305.

Intuitu Iohannis [1] comitis Drocen. dispensat cum Guillelmo ut, non obstante defectu aetatis, cum in vicesimo sexto suae aetatis sit anno, ad

[1] Yolandis, filia Iohan. II comitis Drocensis 1282-1309, nupsit Iohanni I de Tria, comiti Domini Martini. *L'Art de vérifier les dates,* II. 11. p. 441.

quamlibet eccl. dignitatem etiam episcopalem vel archiepiscopalem valeat assumi. (f. 15 b).

Dil. filio Guillelmo de Tria archidiacono Wlgasini Normanie in ecclesia Rothomagen. Dum vite.... Dat. Lugduni, VI kal. decembris.

93. — Burdegalis, 27 iul. 1305.
Inducant magistrum Ayqualinum Guillelmi de Molomussone in possessionem archipresbyteratus eccl. de Blavia Burdegalen. dioec. et ecclesiae de Marsilhaco praedicto archipresbyteratui nunc unitae. (f. 16 a).

Dil. filiis s. Romani et s. Salvatoris de Blavia monasteriorum abbatibus Burdegalen. dioc. ac scolastico ecclesie Engolismen. Probitatis merita.... Dat. Burdegalis, VI kal. aug.

94. — Lugduni, 8 dec. 1305.
Dispensat cum infrascripto, ut, non obstante defectu natalium, adhuc aliud beneficium necnon personatum et quamlibet aliam ecclesiasticam dignitatem recipere valeat. (f. 16 a).

Dil. filio Michaeli de Estona rectori parochialis eccl. de Ercheffonte Saresbirien. diocesis. Testimonio.... Dat. Lugduni, VI idus decembris.

95. — Lugduni, 1 dec. 1305.
Dispensat cum Iohanne, ut eccl. de Fulham una cum canonicatu et praebenda in eccl. Londonien. retinere valeat. (f. 16 a).

Dil. filio magistro Iohanni de s. Claro presb. rectori ecclesie de Fulham Londonien. dioc. Sedes apostolica.... Dat. Lugduni, kal. decembris.

96. — Lugduni, 28 nov. 1305.
Robertus retinens ecclesias de Mucheliners et de Arbebieri Wintonien. et Lincolnien. dioec. recepit absque dispensatione domum s. Crucis prope Winton ac canonicatum et praebendam eccl. Cicestren. Dispensatur cum illo, ut dicta beneficia retinere valeat et fructus percepti ei condonantur. (f. 16 b).

Dil. filio Roberto de Maydenestane rectori de Mucheliners et de Abberburi ecclesiarum. Tua tibi.... Dat. Lugduni, IIII kal. decembris.

97. — Lugduni, 9 dec. 1305.
Reginaldo condonantur fructus eccl. de Anne percepti, quamvis residentiam non observaverit, dispensaturque cum illo, ut, ecclesia dicta dimissa, aliud unicum beneficium recipere possit. (f. 16 b).

Dil. filio Reginaldo de s. Austolo presbytero Exonien. diocesis. Consuevit apostolice sedis.... Dat. Lugduni, V idus decembris.

98. — Lugduni, 9 dec. 1305.
Condonantur infrascripto fructus eccl. de Ercheffonte, quos percepit, residentia non observata, dispensaturque cum illo, ut, non obstante defectu natalium, aliud adhuc beneficium recipere valeat. (f. 16 b).

Dil. filio Michaeli de Estona rectori parochialis ecclesie de Ercheffonte Sarisbirien. Tue bonitatis.... Dat. Lugduni, V idus decembris.

99. — Vivariae, 26 oct. 1305.
Petente episcopo Ostien., reservat infrascripto beneficium in civitate vel dioec. Aretina, dispensatque cum eo, ut illud, non obstante defectu aetatis et ordinum, percipere et una cum canonicatu et praebenda sub expectatione Bononiae, nec non quibusdam beneficiis in dioec. Spoletan. retinere possit. (f. 17 a).

Dil. filiis s. Salvini (sic) *Florentin. et s. Michaelis de Podio Donati ac s. Laurentii Cultus-boni Senen. monasteriorum abbatibus.*

Dil. filio Rainerio Iacobi de Prato canonico Bononien. Probitatis tue.... Dat. Vivarie, VII kal. novembris.

100. Lugduni, 1 dec. 1305.
Dispensat cum infrascriptis super impedimento consanguinitatis in quarto gradu, ut, eo non obstante, in contracto matrimonio remanere possint. (f. 17 a).

Dil. filio nobili viro Hugoni de Cussebo et dil. in Christo filie nobili mulieri. Beatrici uxori eius. Apostolice sedis.... Dat. Lugduni, kal. decembris.

101. — Lugduni, 17 nov. 1305.
Infrascripto confert canonicatum s. Martini Turonensis, reservat ibidem praebendam, dispensatque cum illo, ut retinere valeat archipresbyteratum de Chalomonte de Vfol ac s. Leodegarii de Guisaco et de s. Pardulpho ecclesias insimul unitas Lugdunen. et Agennen. dioec. (f. 17 *b*).
Dil. filiis abbati mon. s. Iuliani Turonen. et archidiacono Xantonen. ac magistro Simoni Suanis cantori Agennen. diocesium.
Dil. filio Viviano de Pandesaco canonico ecclesie s. Martini Turonen. Apostolice sedis.... Dat. Lugduni, XV kal. decembris.

102. — Lugduni, 16 nov. 1305.
Infrascripto reservat personatum aut -officium in eccl. Catalaunen., dispensat cum illo super defectu aetatis et concedit, ut canonicatum et praebendam Catalaunen. et in temporalibus administrationem prioratus de Noyosco Lugdunen. dioec. retinere valeat. (f. 17 *b*).
Dil. filiis abbati monasterii de Insula Barbara Lugdunen. et decano Matisconen. ac cantori de Belloioco Matisconen. diocesis ecclesiarum.
Dil. filio de Belloioco can. Cathalaunen. Dum ad personam.... Dat. Lugduni, XVI kal. decembris.

103. — Apud Remolinum, 22 octobris 1305.
Obtentu B(ernardi) Nemausen. [1] episcopi, reservat eius nepoti in eccl. Narbonnen. personatum vel dignitatem dispensatque cum illo, ut in eccl. Narbonnen. et Ambianen. canonicatus et praebendas ac parochiales eccl. s. Martini de Monte Desiderio et s. Thomae de Colosis ac s. Dionysii de Venranicis Nemausen. dioec. retinere valeat.(f. 18 *a*).

[1] Ms. *Neumasen.*

Regestum Clementis Papae V.

Dil. filiis preposito Marsilien. et sacriste Avinionen. ac Berengario de Guinolono canonico Nemausen. ecclesiarum.
Dil. filio Geraldo de Lagustello canonico Narbonen. Nobilitas generis.... Dat. apud Remolinum, XI kal. novembris.

104. — Lugduni, 29 nov. 1305.
Bernardum providet de canonicatu et de praebenda vacante vel vacatura in eccl. Nivernen. dispensatque cum illo, ut archipresbyteratus Regii et Borni una cum eccl. parochiali de Parencies ac eccl. sine cura s. Martini de Aureliano cum medietate decimae de cerario retinere valeat. (f. 18 *a*).
Dil. filiis Arnaldo electo Burdegalen. camerario nostro ac Guillelmo Rufati Lugdunen. ac Petro de Lacu Burdegalen. diocesium.
Dil. filio Bernardo de Cucuiaca canonico Nivernen. Laudabilia tue merita.... Dat. Lugduni, III kal. decembris.

105. — Lugduni, 21 nov. 1305.
« Licet nos ante susceptum a nobis apostolatus officium, dum ecclesie Convenarum regimini preeramus [1], ecclesiam s. Aventini de Larbusto Convenarum diocesis archidiaconatui tuo duximus annectendam », nihilominus episcopus Convenarum tunc temporis existens [2] illam dividens alii contulit. Quam collationem papa cassat et adnexionem a se factam ratam declarat. (f. 18 *a*).
Dil. filiis preposito Marsilien. et archidiacono s. Gaudentii Convenarum et cantori Caturcen. ecclesiarum.
Dil. filio Gausberto de Bosco archidiacono Fronten. in ecclesia Convenarum. Officii nostri debitum.... Dat. Lugduni, XI kal. decembris.

106. — Vivariae, 26 oct. 1305.
Infrascriptum providet de canonicatu ecclesie s. Martini Turonen. et praebenda ibidem vacante

[1] Bertrandus de God fuit episcopus Convenarum ab an. 1295-1299. *Gallia chr.*, I. p. 1100.
[2] Boso de Salignac 1300-1315. *Ibid.*

vel vacatura, dispensatque cum illo, ut non obstante defectu ordinum et aetatis, ipsam valeat
percipere et retinere canonicatum et praebendam
in Carnoten., canonicatum et praebendam sub
expectatione in Paduan. ecclesiis. (f. 18 *b*).

*Dil. filio Nicolao Albertini de Prato
canonico ecclesie s. Martini Turonen.* Probitatis tue.... Dat. Vivarie, VII kal. novembris.

107. — Burdegalis, 21 aug. 1305.

Indulget, ut insistens obsequiis Constantiae vicecomitissae Marciani reditus ecclesiarum, quarum
rector existit, possit percipere, ac si personaliter
resideret. (f. 18 *b*).

*Dil. filiis Montis Anerii in Tarvien. et
Silxestetti in Lascuren. archidiaconis ecclesiis ac Iohanni de Bearnio canonico Oloren.
Dil. filio Guillelmo de Beeste rectori
b. Marie et b. Iohannis de Instanto parochialium ecclesiarum ac b. Georgii de Saltu
Lascuren. diocesis.* Sincere devotionis affectus.... Dat. Burdegalis, XII kal. sept.

108. — Burdegalis, 21 aug. 1305.

Executioni mandent testamentum quondam Gastonis vicecomitis Bearnii, patris Constantiae de
Bearnio, vicecomitissae Marciani. (f. 18 *b*).

*Ven. fratribus Tholosan. et Agennen. et
Vasaten. diocesium.* Ex parte in Christo
dilecte filie, nobilis mulieris Constantie de
Bearnio, vicecomitisse Marciani, fuit expositum coram nobis, quod quondam Gasto
vicecomes Bearnii, pater ipsius, condens in
sua voluntate ultima testamentum, multa
de bonis suis tam pro satisfactione eorum,
in quibus nonnullis tenebatur personis,
quam alias in pios usus per eundem nobilem et alios, quos executores huiusmodi
constituit testamenti, erogari mandavit.
Cum autem predicta per eandem nobilem
et executores eius tum propter potentiam
heredum dicti testatoris, tum propter nec-
ligentiam executorum ipsius commode nequeant adimpleri, nos nolentes, quod huius-

modi dicti testatoris pia intentio defrau-
detur, fraternitati vestre, de qua fiduciam
gerimus in Domino specialem, per apostolica scripta mandamus, quatinus vos vel
duo aut unus vestrum per vos vel alium
seu alios predicta iuxta dispositionem dicti
testatoris executioni demandari curetis. Nos
enim vobis faciendi omnia, que circa predicta videritis expedire, necnon contradictores per censuram ecclesiasticam apellatione postposita compescendi plenam concedimus, tenore presentium, facultatem. Dat.
Burdegalis, XII kal. septembris.

109. — Lugduni, 28 nov. 1305.

Confert Petro canonicatum eccl. Valentinen,
reservat ibidem praebendam ac personatum et
dignitatem ac unam de duodecim praeposituris,
quae mensatae vulgariter nuncupantur, dispensatque cum illo, ut retinere valeat beneficia, quae
iam obtinet. (f. 19 *a*).

*Venerabilibus fratribus Biterren. et Iler-
den. episcopis ac dil. filio archidiacono Vr-
gelleti et Vallis Andane in eccl. Vrgellen.
Dil. filio Petro de Capraria canonico
Valentinen.* Personas illas.... Dat. Lugduni, IV kal. decembris.

110. — Lugduni, 7 nov. 1305.

Infrascripto confert canonicatum eccl. s. Caeciliae
in Transtiberim de Vrbe post obitum Petri de
Folseraco vacantem, dispensatque cum illo, ut
retinere valeat locum et beneficium perpetuum in
eccl. s. Nicolai de Guartino Alatrin. dioec. (f. 19 *a*).

*Dil. filiis primicerio ecclesie Gayetan.
de Galingis ac Alberto basilice principis
apostolorum canonicis* (sic).
*Dil. filio Ieronimo David de Guarten
canonico ecclesie s. Cecilie in Transtiberim
de Vrbe.* Probitatis tue.... Dat. Lugduni, VII
idus novembris.

III. — Burdegalis, 22 aug. 1305.

Concedit facultatem redimendi et in pignus recipiendi decimas de manibus laicorum usque ad

summmam valoris annui centum marcarum argenti in subsidia monasterii de s. Simeone ord. Cisterc. Aquensis dioec., quod de prioratu in monasterium erigi procuravit, aliorumque locorum religiosorum, dummodo dioecesanorum locorum et rectorum ecclesiarum, in quorum parochiis decimae praedictae consistunt, consensus accedat. (f. 19 *b*).

Dil. in Christo filie nobili mulieri Margarite comitisse Fuxi ac vicecomitisse Bearnii. Ad opera pietatis.... Dat. Burdegalis, XI kal. septembris.

112. — Burdegalis, 22 aug. 1305.

Eidem concedit ad quinquennium facultatem eligendi sibi confessarium. (f. 19 *b*).

Personam tuam.... Dat. Burdegalis, XI kal. septembris.

113. — Burdegalis, 31 aug. 1305.

Infrascripto confertur eccl. de Polviniaco Claromonten. dioec. (f. 19 *b*).

Dil. filiis P. dicto Pignacello archidiacono Corpien. ac Philippo dicto Broncario Neapolitan. et Ricardo dicto Serofono Surrentin. canonicis ecclesiarum.

Dil. filio magistro Guillelmo de Bosset rectori eccl. de Polviniaco Claromonten dioc. Tue probitatis merita.... Dat. Burdegalis, II kal. septembris.

114. — Burdegalis, 22 aug. 1305.

Cum Raymundo dispensat, ut, non obstante defectu natalium, praeter prioratum de s. Genesio Apamiarum dioec. possit percipere alia adhuc beneficia. (f. 19 *b*).

Dil. filio Raymundo de Bearnio canonico Appamiarum ordinis s. Augustini. Illegitime genitos.... Dat. Burdegalis, XI kal. sept.

115. — Burdegalis, 22 aug. 1305.

Infrascriptum transfert de monasterio Fuxen. ord. s. Aug. ad ecclesiam Apamiarum eiusdem ordinis. (f. 19 *b*).

Dil. filiis s. Saturnini Tholosan et Lumberien Tholosan. diocesis monasteriorum ab- *batibus ac priori de Savarduno Appamiarum diocesis.*

Dil. filio Raymundo de Bearnio canonico Appamiarum ordinis s. Augustini. Religionis honestas.... Dat. Burdegalis, XI kal. septembris.

116. — Lugduni, 21 nov. 1305.

Guillelmo confertur cameraria eccl. s. Pauli Lugdunen. (f. 20 *a*).

Dil. filio Guillelmo de Vasalliaco camerario ecclesie s. Pauli Lugdunen. Cum tibi laudabile.... Dat. Lugduni, XI kal. decembris.

117. — Lugduni, 16 nov. 1305.

Infrascripto providetur de canonicatu eccl. Saresbirien. et de praebenda ibidem vacante vel vacatura, dispensaturque cum illo,.ut, non obstante defectu ordinum et aetatis, dictam praebendam percipere et in eccl. Carnoten. cameraria mac in ea et Eboracen. et Baiocen. et s. Iusti Lugdunen. canonicatus et praebendas retinere valeat. (f. 20 *a*).

Dil. filiis Othoni electo Tullen. et preposito eccl. Valentinen. ac Hugoni de Bisverton canonico Parisien.

Dil. filio Petro de Sabaudia canonico Saresbirien. Digne illos.... Dat. Lugduni, XVI kal. decembris.

118. — Lugduni, 19 nov. 1305.

Infrascripto conferuntur reditus prioratus de Salvitate Calvi Montis Agennen. dioec. ad expensas mensae abbatialis sustentandas. (f. 20 *b*).

Dil. filio Bernardo abbati monasterii Sarlaten. ordinis s. Benedicti Petragoricen. diocesis capellano nostro. Ex tue devotionis meritis.... Dat. Lugduni, XIII kal. decembris.

119. — Lugduni, 16 nov. 1305.

Humberto in minoribus ordinibus constituto indulgetur, quod non teneatur usque ad quinquennium ad susceptionem alicuius s. ordinis praetextu beneficiorum obtentorum vel obtinendorum. (f. 20 *b*).

Dil. filio Humberto de Belliioco canonico Ludun (sic). Devotionis tue.....Dat. Lugduni, XVI kal. deçembris.

120. — Lugduni, 12 dec. 1305.
Cum Gaufrido dispensat super defectu natalium, annuens precibus patris ipsius Guillelmi de Haricurra. (f. 20 b).
Dil. filio Gaufrido dicto Le Boute scolari Ebroicen. diocesis. Illegitime.... Lugduni, II idus decembris.

121. — Apud Regnam Villam, 30 sept. 1305.
Concedit quasdam indulgentias omnibus vere poenitentibus et confessis, qui devotionis causa ad eccl. mon. de Nantolio ord. s. Ben. Pictavien. dioec. die dominica post festum Resurrectionis Domini accesserint. (f. 20 b).
Vniversis Christi fidelibus has litteras inspecturis. Licet hiis.... Dat. apud Regnam Villam, II kal. octobris.

122. — Lugduni, 12 dec. 1305.
Cum infrascripto dispensatur super defectu natalium. (f. 20 b).
Dilecto filio Guillelmo dicto Maric scolari Ebroicen. dioc. Illegitime.... Dat. ut supra.

123. — Lugduni, 22 nov. 1305.
Confirmatur amicabilis compositio inita inter quondam Rogerium Bernardi comitem Fuxen. ex una et episcopum[1] ac capitulum Apamiarum ex altera parte super civitate et iurisdictione temporali Apamiarum. (f. 20 b).
Dil. filio nobili viro Gastoni comiti Fuxen. Appamiarum diocesis. Cum a nobis petitur, quod iustum est et honestum, tam vigor equitatis quam ordo exigit rationis, ut id per solicitudinem[2] officii nostri ad debitum perducatur effectum.

---

[1] Bernardus Saxeti; conventio haec facta an. 1297. *Gallia chr.*, XIII. p. 158.
[2] Ms. *solitudinem.*

Exibita siquidem nobis tua petitio continebat, quod dudum inter quondam Roggerium Bernardi comitem Fuxensem, patrem tuum, ex parte una et venerabilem fratrem nostrum episcopum ac dilectos filios capitulum Appamiarum ex altera supra civitate Appamiarum ac iurisdictione temporali civitatis eiusdem eiusque pertinentiis, in quibus utraque pars de iure habere dicebat ac quibusdam aliis articulis orta materia questionis, tandem super hiis inter partes amicabilis compositio intervenit, prout instrumentis publicis inde confectis plenius dicitur contineri, quam quidem compositionem apostolico petiistis munimine roborari. Nos itaque tuis supplicationibus inclinati compositionem huiusmodi, sicut rite ac provide facta est et ab utraque parte sponte recepta, ratam et gratam habentes, eam auctoritate apostolica confirmamus, et presentis scripti patrocinio communimus. Nulli ergo etc. Dat. Lugduni, X kalend. decembris.

124. — Lugduni, 24 nov. 1305.
Assumit infrascriptum ad officium tabellionatus post examinationem factam per Guillelmum Rufati capellanum et referendarium suum. (f. 20 b).
Dil. filio Alberto Medici clerico Burdegalen. in minoribus ordinibus constituto. Ne contractuum memoria.... Dat. Lugduni, VIII kal. decembris.

125. — Lugduni, 8 nov. 1305.
Bernardo sub certo censu committitur domus eccl. Insulanae dicta de s. Martino infra civitatem Neapolitanam sita, ad dies vitae retinenda. (f. 21 a).
Dil. filiis Petro dicto Pignacello archidiacono Corphien. ac Philippo dicto Brancatio Neapolitan. ac Ricardo dicto Sacrofono Surrentin. canonicis ecclesiarum.
Dil. filio Bernardo Sirsari canonico Neapolitano. Cum sicut accepimus.... Dat. Lugduni, VI. idus novembris.

126. — Lugduni, 17 nov. 1305.
Landulpho [1] commendatur ecclesia s. Mariae in Transtiberim de Vrbe. (f. 21 *a*).

Dil. filio Landulfo s. Angeli cardinali diacono. Tue circumspectionis industria.... Dat. Lugduni, XV kal. decembris.

127. — Lugduni, 7 nov. 1305.
Leonardo [2] commendat curam et administrationem s. Stephani in Celio Monte de Vrbe. (f. 21 *a*).

Ven. fratri.... L. episcopo Albanen. Quanto romanam ecclesiam.... Dat. Lugduni, VII idus novembris..

128. — Lugduni, 8 nov. 1305.
Confert canonicatum et praebendam eccl. Medoetin. Mediolanen. dioec. (f. 21 *a*).

Dil. filiis abbati monasterii s. Ambrosii Mediolanen. ac preposito ecclesie de castro Seprio Mediolanen. diocesis et Bernardo Sirsari canonico Neapolitan.

Dil. filio Francono quondam Matthei de Pellicariis clerico et familiari dil. filii. L. s. Angeli diaconi cardinalis. Lecta coram nobis.... Lugduni, VI idus novembris.

129. — Burdegalis, 20 aug. 1305.
Quendam providet de canonicatu eccl. Agathen. et praebenda ibi vacante vel vacatura, dispensatque cum illo, ut retinere valeat eccl. s. Iohannis de Sumard Albigen. dioec. (f. 21 *b*).

Dil. filiis archidiacono de Lunello et Bernardo de Gualaranicis... Chatalaunen. canonicis ecclesiarum thesaurario nostro.

... Pesullano canonico eccl. Agathensis Laudabile testimonium.... Dat. Burdegalis, XIII kal. septembris.

130. — Lugduni, 4 ian. 1306.
Quidam assumitur in notarium sedis apostolicae. (f. 21 *b*).

Clara tue probitatis merita, quibus Dominus, prout ex relatione fidedigna de laudabilibus tuis actibus nobis facta percipimus, multipliciter decoravit, non indigne apud nos efficaciter promerentur, ut personam tuam digno efferamus honore et insigni titulo decoremus. Decet enim apostolice sedis providentiam viros virtutum claritate conspicuos promte munificentia liberalitatis attollere, ut per eos exaltationis suscipere valeat incrementa. Horum igitur consideratione volentes personam tuam speciali prerogativa gratie honorare, te nobis et fratribus nostris romane ecclesie cardinalibus gratum plurimum et acceptum ac apostolice sedis devotum, in ipsorum fratrum presentia, in nostrum et eiusdem sedis notarium auctoritate apostolica duximus assumendum ac dilectum filium nostrum Richardum sancti Eustachii diaconum cardinalem de eiusdem notariatus officio, tuo nomine per nostrum anulum presentialiter investimus. Has tibi litteras in testimonium assumptionis huiusmodi concedentes. Dat. Lugduni, II non. ianuarii.

131. — Lugduni, 22 nov. 1305.
Indulgetur ad triennium, ut, in itinere constituta vel infirmitate gravata, valeat facere celebrari missarum solemnia in camera sua. (f. 21 *b*).

Dil. in Christo filie nobili mulieri Helionore [1] de Monteforti comitisse Vindocinen. [2] Sincera tue devotionis.... Dat. Lugduni, X kal. decembris.

132. — Burdegalis, 31 iul. 1305.
Amanevo [3] providetur de canonicatu eccl. Remen. et praebenda ibi vacante vel vacatura, dispensaturque cum illo, ut, non obstante defectu ordinum et aetatis, dictam praebendam percipere

---

[1] Landulphus Brancatius, Neapolitanus, Carolo II regi Siciliae pergratus, a Coelestino V diaconus cardinalis s. Angeli renunciatus est. CIACONIVS, II. p. 291.
[2] Leonardus Patrassus de Guerrino, alias de Guercino, dioecesis Alatrinae, a Bonif. VIII avunculo suo anno 1295 electus est episc. Albanensis. CIAC., II. p. 333.

[1] Eleonora, nata Philippi de Monteforti, nupsit Iohanni V comiti Vindocinen. *L'Art de vérifier les dates* II. 12. p. 499.
[2] Ms. *pone eandem salutationem in littera superiori.*
[3] Amanevus de Fargis nepos Clementis V ex sorore, factus est episcopus Agennensis 1313-1348. *Gallia chr.*, II. p. 924.

et canonicatus et praebendas in eccl. Vasaten. ac
s. Hilarii Pictavien. nec non quasdam decimas
in dioec. Convenarum retinere valeat. (f. 21 *b*).

*Dil. filiis Arnaldo electo Burdegalen. et
archidiacono de Riparia in eccl. Convenarum ac magistro Guillelmo Rufati canonico
Lugdunen.*

*Dil. filio Amanevo de Fargiis canonico
Remensi.* Personam tuam.... Dat. Burdegalis, II kal. aug.

133. — Villandradi, 8 sept. 1305.
Prioratus de Geleto Burdegalen. dioec. monasterio de Borneto ord. s. Ben. Engolismen. dioec.
subiectus deputatur in usus infrascriptorum. (f. 22 *a*).

*Dil. filiis priori et fratribus hospitalis
de Barbo Burdegalen. diocesis.* Pietatis opera.... Dat. apud Vinhiadraut, VI (idus) [1] septembris.

134. — Burdegalis, 31 iul. 1305.
Providetur de canonicatu et praebenda vacante
vel vacatura in eccl. Santonen. (f. 22 *a*)

*Dil. filiis priori de Claraco et archidia-
cono in eccl. etc. ut in sequenti littera* omnia
usque ad salutem.

*Dil. filio Amonevo de Ispania canonico
Xantonen.* Dum conditiones.... Dat. Burdegalis, II kal. augusti.

135. — Burdegalis, 31 iul. 1305.
Confertur canonicatus eccl. Caturcen. et praebenda ibi reservatur non obstante defectu ordinum et aetatis. (f. 22 *a*).

*Dil. filiis priori de Clarraco et archi-
diacono de Cairano in eccl... Casterar canonico Agennen.*

Dil. filio Petro de castro... Dum conditiones.... Dat. Burdegalis, II kal. augusti.

136. — Burdegalis, 16 aug. 1305.
Infrascriptum providet de canonicatu eccl.
Constantien. et praebenda quotidianas distributio-

[1] Cf. n. 75.

nes habente et dignitate ibidem vacantibus vel
vacaturis, non obstante defectu ordinum et aetatis. (f. 22 *b*).

*Dil. filiis archidiacono de Ripparia Con-
venarum et canonico s. Ylarii Pictaven. et
Iohanni de Sentholio canonico Carnoten. ecclesiarum.*

*Dil. filio Thome de Varesio nato quon-
dam Poncii de Varesio canonico Constantien.*
Tui nobilitas generis.... Dat. Burdegalis, XVII kal. septembris.

137. — Burdegalis, 6 aug. 1305.
Hugoni [1] providetur de canonicatu eccl. Petragoricen. et de praebenda ac personatu vel dignitate seu officio vacantibus vel vacaturis, dispensaturque cum illo, ut retinere valeat in Lemovicen.
et de s. Asterio Petragoricen. dioec. ecclesiis canonicatus et praebendas nec non parochialem eccl.
de Novo Vico. (f. 23 *a*).

*Dil. filiis decano Burdegalen. et Helye
la Prunha Lemovicen. et Petro de Lacu
Claromonten. canonicis ecclesiarum.*

*Dil. filio Hugoni Geraldi canonico Pe-
tragoricen. capellano nostro.* Dum litterarum
scientiam.... Dat. Burdegalis, VIII idus augusti.

138. — Apud Regnam Villam, 7
sept. 1305.
Iordano, promoto ad ordines et in rectorem
eccl. de Aiotis instituto a Gualtero [2] Pictavien.
episcopo, eo tempore quo dictus episcopus maioris excommunicationis vinculo innodatus erat,
confert de novo ecclesiam praedictam, fructus perceptos condonat et dispensat cum illo, ut, prae-

[1] Vir hic apud Clementem V praecipua gratia flo-
ruit ita, ut referendarius eius extiterit, imo anno 1312
praesul Caturcensis nominatus fuerit. *Gallia chr.*, I. p.
138. BALVZIVS, I. p. 737.
[2] Gualterus ortus Brugis in Flandria ex fratrum Minorum ministro provinciali Turonensi promotus ad sedem
Pictaviensem an. 1278 a Nicolao III. Gravia exarserunt
odia inter ipsum et Bertrandum de God, archiepiscopum
Burdegalensem. Bertrandus ad apicem summi pontificatus evectus Gualterum episcopali dignitate privavit, et
ad claustrum suum remisit. *Gallia chr.*, II. p. 1186.

missis non obstantibus, possit in susceptis ordinibus ministrare. (f. 23 a).

Dil. filiis abbati mon. de Nantolio Pictaven. ac de Bossiaco eiusdem Pictaven. et de Culturis Engolismen. dioc. prioratuum prioribus.

Dil. filio Iordano Bardonis presbytero rectori eccl. de Aiotis Pictaven. dioc. Provenit.... Dat. apud Regnam Villam, II kalendas octobris, pontificatus nostri anno primo.

139. — Burdegalis, 22 aug. 1305.
Conceditur facultas habendi altare portatile et faciendi super illo missarum solemnia celebrari. (f. 23 b).

Dil. in Christo filie nobili mulieri Margarite comitisse Fuxen. et vicecomitisse Bearnii. Personam tuam.... Dat. Burdegalis, XI kal. septembris.

140. — Burdegalis, 21 aug. 1305.
Bernardo reservat personatum vel dignitatem in ecclesia Lascuren. dispensatque cum illo, ut valeat ibidem retinere canonicatum et quoddam perpetuum beneficium in dioec. Auxitan. (f. 23 b).

Dil. filiis abbati monasterii Luccen. Oloren. diocesis et Iohanni de Bearnio ac Petro de Sala canonicis Oloren.

Dil. filio Bernardo de Miromonte canonico Lascuren. ordinis s. Augustini. Religionis honestas.... Dat. Burdegalis, XII kal. septembris.

141. — Lugduni, 23 nov. 1305.
Faciant recipi Raymundum de Gaus in monachum monasterii Clusini ord. s. Ben. et inducant in possessionem prioratus de Mortorio Convenarum dioec. (f. 23 b).

Dil. filiis de s. Beato et de Berduno prioribus Convenarum et Tholosan. diocesium ac Bertrando de Bordis canonico Lectoren. Merita dilecti filii.... Dat. Lugduni, IX kal. decembris.

142. — Lugduni, 3 dec. 1305.
Dispensatur super defectu natalium. (f. 23 b).

Dil. filio Andree Tactono de Setia clerico Terracinen. dioc. Ex parte.... Dat. Lugduni, III non. decembris.

143. — Burdegalis, 31 iul. 1305.
Raymundo [1] providetur de canonicatu eccl. Andegaven. et praebenda, personatu vel dignitate ibidem vacantibus vel vacaturis, dispensaturque cum illo, ut, non obstante defectu ordinum et aetatis, praedicta recipere et prioratum de la Faia Petragoricen. dioec. et in eccl. Petragoricen. canonicatum et praebendam et in Caturcen. canonicatum et praebendam sub expect. retinere valeat. (f. 24 a).

Dil. filiis archidiacono Medulcen. et magistris Raymundo de Podio Burdegalen. ac Gerardo de Buchet Agennen. ecclesiarum canonicis.

Dil. filio Raymundo Bernardi de Duroforti canonico Andegaven. Dum conditiones et merita.... Dat. Burdegalis, II kal. augusti.

144. — Lugduni, 27 dec. 1305.
Confertur canonicatus eccl. Petragoricen. et dispensatur cum eo, ut valeat retinere canonicatum et praebendam in eccl. s. Frontonis Petragoricen. (f. 24 a).

Dil. filiis decano Draconien. et preposito s. Theodori de Rupe Bonisanti Petragoricen. diocesis ac Mainardo de Monte Causto canonico Engolismen. ecclesiarum.

Dil. filio Guillelmo de Podio Rudelli canonico Petragoricen. [2]. Apostolice sedis.... Dat. Lugduni, VI kal. ian.

145. — Lugduni, 27 dec. 1305.
Eidem confertur archidiaconatus in eccl. Petragoricen. post obitum Iaumani de Chambarlhat vacans. (f. 24 a).

---

[1] Filius Alpasiae de Vngaco, uxoris Gualhardi de God († 1305), qui fuit frater Clementis V. *Histoire généalogique et chronologique de la maison royale de France* etc. par le P. ANSELME AVGVSTIN Déchaussé; continué par M. du Fourny. Troisième édit. A Paris 1736. V. p. 725.
[2] Ms. *Pone eandem salutationem in sequenti littera.*

Executores ut supra. Apostolice sedis....
Dat. Lugduni, VI kal. ianuarii.

146. — Lugduni, 1 dec. 1305.
Indulgetur ad triennium, ut ad ecclesias et
coemeteria reconcilianda delegare possit aliquem
presbyterum. (f. 24 b).
Ven. fratri nostro episcopo Gabilonen. [1]
Grandis devotionis.... Dat. Lugduni, kal. dec.

147. — Lugduni, 16 nov. 1305.
Eidem, quia et ipse et eccl. Gabilonen. gravibus subiacent debitorum oneribus, indulgetur, ut
possit ecclesias, monasteria, et alia loca ecclesiastica
usque ad triennium visitare et procurationes, ratione visitationis debitas, ab illis exigere. (f. 24 b).
Ex tue devotionis.... Dat. Lugduni, XVI
kal. decembris.

148. — Burdegalis, 31 iul. 1305.
Gualhardo [2] confertur canonicatus eccl. Eboracen., praebenda, personatus vel dignitas ibidem
reservantur, dispensaturque cum eo, ut retinere
valeat in Pictavien., Turonen. et Convenarum ecclesiis canonicatus et praebendas, prioratum secularis eccl. s. Caprasii Agennen. et parochialem
eccl. de Artigiis Agennen. dioec. (f. 24 b).
Venerabilibus fratribus Agennen. et Xan-
tonen. episcopis ac dil. filio sacriste eccl.
Burdegalen.
Dil. filio Galhardo de Preissaco cano-
nico Eboracen. Dum conditiones et merita....
Dat. Burdegalis, II kal. augusti.

---

[1] Robertus a Desizia, episcopus Gabilonen. 1302-1315.
Gallia christ., VI. p. 915.
[2] Gualhardus de Preyssaco iuxta BALVZIVM, I. p. 621.
nepos fuit Clementis V ex sorore, cuius nomen tamen
ignorat. Illam fuisse vocatam *Gualhardam* patet ex littera registrata in tomo LIX Regestorum seu in Regesto
anni septimi domini Clementis pp. V p. 15, qua datur
licentia construendi capellam *dilecto filio nobili viro Ar-*
naldo Bernardi de Preyssaco dicto Soldano et dilecte in
Christo filie nobili mulieri Galharde de Preyssaco matri
eius. In testamento suo (Arch. Aven. n. 467 p. 58 b) legat
Clemens V: *Item Gualharde sorori sue et duabus filia-*
bus eiusdem domine Gualharde cuilibet ducentos florenos.
— Gualhardus hic ab avunculo suo nominatus est episcopus Tolosanus anno 1305. *Gallia christ.*, XIII, p. 36.

149. — Burdegalis, 15 aug. 1305.
Infrascripto providetur de canonicatu eccl. Cameracen. et praebenda ac dignitate ibi vacantibus
vel vacaturis et dispensatur cum eo super defectu
ordinum et aetatis. (f. 25 a).
Dil. filiis archidiacono de Ripparia Con-
venarum et cantori s. Ylarii Pictaven. ac
Iohanni de Sentolio canonico Tornacen.
Dil. filio Pontio de Varesio Cameracen.
Gratum de laudabilibus.... Dat. Burdegalis, XVIII kal. septembris.

150. — Burdegalis, 20 aug. 1305.
Infrascripto confertur canonicatus eccl. Beluacen., reservantur ei ibidem praebenda habens quotidianas distributiones ac dignitas, dispensaturque
cum illo super defectu ordinum et aetatis.
Dilectis filiis archidiacono de Ripparia
Convenarum et cantori s. Ylarii Pictaven.
etc. ut supra in littera precedenti.
Dilecto filio Tizoni (?) ... Tui nobilitas
generis.... Dat. Burdegalis. XIII kal. septembris.

151. — Lugduni, 18 dec. 1305.
Omnibus vere poenitentibus et confessis, qui
certis diebus capellam aedificatam a Nicolao Angeli de Vico Alatrin. dioec. visitaverint aut gentibus in hospitali pia porrexerint subsidia caritatis, conceduntur quaedam indulgentiae. (f. 25 b).
Omnibus Christi fidelibus presentes litte-
ras inspecturis. Ante tronum.... Dat. Lugduni, XV kal. ianuarii.

152. — Lugduni, 9 dec. 1305.
Conceditur Margaritae [1], ut capellanus eius
oblationes ab ipsa vel ab aliis in eius praesentia
factas possit recipere et retinere. (f. 25 b).
Carissime in Christo filie Margarite re-
licte clare memorie. C. regis Cicilie vidue.
Provenit.... Dat. Lugduni, V idus dec.

---

[1] Margarita, comitissa Tornodorensis, filia Odeti ducis
Burgundiae, nupsit Carolo I regi Siciliae. E vita secessit
anno 1308 Tornodori in hospitali a se fundato. *L'Art*
de vérifier les dates., II. 18. p. 247.

153. — Lugduni, (sine data).

Indulget, ut, cum fuerit generale terrae interdictum, liceat eis in capellis hospitalis divina celebrare. (f. 25 *b*).

Dil. filiis magistro et fratribus hospitalis s. Marie de Fontanellis Tornodoren. Lingonen. diocesis ad romanam ecclesiam nullo medio pertinentis. Devotionis vestre.... Dat. Lugduni, (sine data).

154. — Lugduni, 9 dec. 1305.

Margarite indulget, ut valeat cum sex matronis honestis monasteria monialium ingredi, dummodo ibi neque edant neque pernoctent. (f. 25 *b*).

Tue devotionis.... Dat. Lugduni, V idus decembris.

155. — Lugduni, 9 dec. 1305.

Eidem indulget, ut in locis interdicto suppositis possit sibi facere divina officia celebrari. (f. 25 *b*).

Desideriis tuis.... Dat. Lugduni, V idus decembris.

156. — Lugduni, 9 dec. 1305.

Infrascriptis indulget, ut presbyter, cui id committerent, possit eos, sorores et familiares eorum, audita confessione, absolvere. (f. 25 *b*).

Dil. filiis magistro et fratribus hospitalis s. Marie de Fontanellis Tornodoren. Lingonen. dioc. ad romanam eccl. nullo medio pertinentis. Cum ad vos et hospitale vestrum.... Dat. Lugduni, V idus dec.

157. — Lugduni, 29 nov. 1305.

Concedit facultatem eligendi sibi confessarium. (f. 25 *b*).

Dil. filio nobili viro Amalrico vicecomiti et domino Narbonen. Pia desideria.... Dat. Lugduni, III kal. decembris.

158. — Burdegalis, 31 iul. 1305.

Infrascripto providetur de canonicatu eccl. Cameracen. et praebenda, personatu vel dignitate ibi vacantibus vel vacaturis, non obstante de

fectu ordinum et aetatis, et dispensat cum illo, ut retinere valeat in Baiocen. et Vasaten. ecclesiis canonicatus et praebendas sub expectatione. (f. 26 *a*).

Venerabilibus fratribus Agennen. et Xantonen. episcopis ac dil. filio sacriste eccl. Burdegalen.

Dil. filio Bertrando de Pessaco canonico Cameracen. Dum conditiones.... Dat. Burdegalis, II kal. augusti.

159. — Burdegalis, 21 aug. 1305.

Indulget, ut, cum generale fuerit terrae interdictum, liceat eis in festivitate b. Clarae divina officia facere celebrari, et omnibus, qui hac die eccl. eandem visitaverint, elargitur centum dierum indulgentias. (f. 26 *a*).

Dil. in Christo filiabus abbatisse et conventui mon. Montis Marciani ordinis s. Clare Aduren. diocesis. Vestre merita religionis.... Dat. Burdegalis, XII kal. septembris.

160. — Burdegalis, 21 aug. 1305.

Dispensatur, obtentu Constantiae vicecomitissae Marciani, ut, non obstante defectu natalium, possit adhuc beneficia ecclesiastica recipere et cum canonicatu Oloren. retinere. (f. 26 *a*).

Dil. filio Iohanni de Bearnio canonico Oloren. Illegitime genitos.... Dat. Burdegalis, XII kal. septembris.

161. — Lugduni, 17 dec. 1305.

Bernardo confertur canonicatus eccl. Ilerden., praebenda vero integra, non sacerdotalis et praepositura, quae mensata vulgariter dicitur, ei reservantur, dispensaturque cum illo, ut retinere valeat quandam praestimonialem portionem in eccl. de Alfarba Tirasonen. dioec. (f. 26 *b*).

Ven. fratri archiepiscopo et dil. filiis decano Terraconen. ac Bettino archidiacono Neugradien. in ecclesia Stragonien. capellano nostro.

Dil. filio Bernardo de Plicamanibus canonico Ilerden. Laudabilia tua merita.... Dat. Lugduni, XVI kal. ianuarii.

162. — (Burdegalis), 30 aug. 1305.

Iohanni [1] confert canonicatum eccl. Albien., reservat praebendam, dignitatem seu personatum, dispensatque cum eo, ut, non obstante defectu aetatis et ordinum, praedicta recipere et in eccl. Convenarum canonicatum et praebendam, decimas vini insulae Vtonis Convenarum dioec., nec non in eccl. Narbonnen. canonicatum et dignitatem sub expectatione retinere valeat. (f. 26 *b*).

Dil. filiis abbati monasterii de Lesato et priori de Artigato Appamiarum dioc. ac archidiacono de Ripperia in ecclesia Convenarum.

Dil. filio Iohanni de Monteforti nato dil. filii nobilis viri. B. comitis Convenarum canonico Albien. capellano nostro. Dum tui nobilitatem.... Dat. Lugduni, (sic) III kal. septembris.

163. — Lugduni, 19 dec. 1305.

Providet de canonicatu eccl. s. Iusti Lugdunen. post obitum Iohannis Camarlens vacante, non obstante quod obtineat parochialem eccl. de s. Valdemaro, dispensatque cum illo super residentia. (f. 27 *a*).

Ven. fratri episcopo Anicien. et dil. filiis abbati mon. de Savigniaco Lugdunen. diocesis ac cantori ecclesie Pictaven.

Dil. filio Hugoni °*Plutanerii canonico eccl. s. Iusti Lugdunen. diocesis.* Laudabile testimonium.... Dat. Lugduni, XIV kal. ianuarii.

164. — Lisignani, 10 oct. 1305.

Canonicatum eccl. s. Iusti Lugdunen. post obitum Iohannis Camarlens vacantem donationi sedis apostolicae specialiter reservat. (f. 27 *a*).

Ad perpetuam rei memoriam. Cum in ecclesia.... Dat. Lisignani, VI idus octobris.

---

[1] Iohannes Raymundus, Bernardo VI Convenarum comite et Laura de Monteforti parentibus ortus, creatur episcopus Magalonensis anno 1309 et primus archiepiscopus Tolosanus instituitur an. 1317 a Iohanne XXII; idem pontifex cardinalium coetui eum adscripsit anno 1327. *L'Art de vérifier les dates*, II. 9. p. 281. *Gallia chr.* VI. p. 779, XIII. p. 38.

165. — Lugduni, 10 dec. 1305.

Dispensat super defectu natalium, ut possit ad omnes ordines promoveri et beneficium percipere. (f. 27 *a*).

Dil. filio Petro dicto de Muribello clerico Lemovicen. dioc. Illegitime genitos.... Dat. Lugduni, IV idus decembris.

166. — Lugduni, 29 oct. 1305.

Confert plebanatum plebis de Patina post mortem Guidonis de Parrano vacantem, dispensatque cum illo, ut retinere valeat in eccl. Aretina archidiaconatum, canonicatum et praebendam sub expectatione. (f. 27 *a*).

Ven. fratri episcopo Perusinen. et dil. filiis abbati mon. de Rota Aretin. dioc. ac magistro Andree de Eugubio canonico Cathalaunen. thesaurario nostro.

Dil. filio Oddoni Cionoli de Monte Vbiano plebano plebis s. Marie de Patina Aretin. dioc. Probitatis tue.... Dat. Lugduni, IV kal. novembris.

167. — Lugduni, 12 nov. 1305.

Indulget, ut clerici eius familiares, domestici et continui commensales, quamdiu obsequiis ipsius institerint, fructus beneficiorum suorum integre, quotidianis exceptis distributionibus, percipiant, ac si personaliter residerent. (f. 27 *b*).

Ven. fratri Nicolao Ostiensi et Velletrensi episcopo. Digne agere credimus.... Dat. Lugduni, II idus novembris.

168. — Lugduni, 12 nov. 1305.

Eidem datur potestas faciendi ministrari eisdem clericis praedictos fructus. (f. 27 *b*).

Nuper tibi.... Dat. ut supra, pontificatus nostri anno primo.

169. — Burdegalis, 31 iul. 1305.

Infrascripto confert canonicatum eccl. Albien., praebendam, dignitatem vel personatum ibidem reservat, dispensatque cum eo, ut retinere valeat s. Albini et s. Pardulphi parochiales eccl., quarum una dependet ab altera, Agennen. dioec. (f. 27 *b*).

Dil. filiis sacriste et R(aymundo) de Podio ac B(ernardo) de Monte Larino canonicis eccl. Burdegalen.
Dil. filio Gualhardo de Faugeriis canonico Albien. Dum conditiones.... Dat. Burdegalis, II kal. augusti.

170. — Burdegalis, 21 aug. 1305.
Datur E(gidio) facultas conferendi cantoriam, canonicatum et praebendam eccl. Claromonten. uni vel pluribus personis, easdem in corporalem possessionem inducendi, et si beneficiatae existant, cum eis dispensandi, ut beneficia sua, retinere valeant. (f. 28 *a*).
Ven. fratri E. archiepiscopo Narbonnen. Tue merita fraternitatis.... Dat. Burdegalis, XII kal. septembris.

171. — Lugduni, 29 dec. 1305.
Cum infrascriptis quarto consanguinitatis gradu coniunctis dispensat, ut in matrimonio contracto remanere valeant. (f. 28 *a*).
Dil. filio nobili viro Amicto domino de Abbaus et dil. in Christo filie nobili mulieri Agneti de Valle Granosa eius uxori Bisuntin. diocesis. Sedis apostolice.... Dat. Lugduni, IV kal. ianuarii.

172. — (Burdegalis), 31 aug. 1305.
Confert archipresbyteratum de Saviniaco et de Gensaco per resignationem Stephani Charoli vacantem, dispensatque cum eo, ut retinere valeat canonicatum et praebendam in eccl. s. Hilarii Pictavien. (f. 28 *b*).
Dil. filiis abbati mon. Nobiliacen. Pictaven. diocesis et subdecano s. Ylarii ac magistro Stephano Rabusse canonico Pictaven. ecclesiarum.
Dil. filio Guidoni Pauce archipresbytero de Saviniaco et de Gensaco Pictaven. dioc. Petitio tua.... Dat. Lugduni, (sic) II kal. sept.

173. — Lugduni, 5 ian. 1306.
Conquerente Francisco, nato Petri Gaytani comitis Cosertanen., canonico Eboracen. de iniuriis

et damnis sibi irrogatis a Iohanne dicto Busche, notario clerico Londonien, mandatur citent Iohannem ante tribunal pontificis. (f. 28 *b*).
Dil. filiis abbati mon. b. Marie et decano ac cancellario Eboracen. Significavit nobis.... Dat. Lugduni, nonas ianuarii.

174. — Lugduni, 15 dec. 1305.
Infrascripto providetur de canonicatu Anagnin., praebenda seu beneficio canonicale ibidem reservantur, dispensaturque cum illo, ut retinere valeat in maiori et s. Crucis Cameracen. eccl. canonicatus et praebendas, sub expectatione vero personatum vel dignitatem, omnino dimisso in eccles. Anagnin. beneficio, stipendiaria nuncupato. (f. 28 *b*).
Dil. filiis priori s. Andree et archipresbytero s. Marie de Sublaco Tiburtin. diocesis ac Odoni de Sermineto canonico Xantonen.
Dil. filio Bonohomini de Sublaco canonico Anagnin. Probitatis tue.... Dat. Lugduni, XVIII kal. ianuarii.

175. — Burdegalis, 10 sept. 1305.
Obtentu Bernardi de Molendino familiaris sui dispensat cum Petro super defectu natalium. (f. 29 *a*).
Dil. filio Petro de Molendino clerico Burdegalen. Illegitime genitos.... Dat. Lugduni, (sic) IV idus septembris.

176.
Item dispensatur cum *Iohanne de Loyssatz* clerico Burdegalen. dioec. (f. 29 *a*).
Dat. ut supra.

177. — Lugduni, 9 dec. 1305.
Annuens precibus Margaritae, Caroli regis Siciliae viduae, reservat eius clerico personatum vel dignitatem in eccl. Senonen., dispensatque cum illo, ut retinere valeat praepositruram s. Stephani Trecen. et in Senonen. ac s. Petri de Curia Cenomanen. ecclesiis canonicatus et praebendas et rectoriam hospitalis s. Mariae de Fontanellis Tornodoren. Lingonen. dioec. (f. 29 *a*).

Dil. filio magistro Roberto de Lusarchiis canonico Senonen. Litterarum scientia.... Dat. Lugduni, V idus decembris.

178. — Lugduni, 8 ian. 1306.

Cum infrascriptis dispensat super quarto affinitatis gradu. (f. 29 a).

Dil. filio nobili viro Manfredo de Vico prefecto Vrbis et dil. in Christo filie nobili mulieri Theodore filie quondam Petri de Comite de Vrbe. Licet matrimonii.... Dat. Lugduni, VI idus ianuarii.

179. — Lugduni, 10 nov. 1305.

Philippo reservat beneficia in Terraconen. et Narbonnen. civitatibus et dioecesibus ac provinciis, dummodo proventus ipsorum in Terraconen. trecentarum, in Narbonnen. vero dioec. ducentarum marcarum argenti secundum taxationem decimae de ipsis proventibus hactenus persolutae, valorem annuum non excedant; non obstante defectu ordinum et aetatis, cum in decimo septimo aetatis suae anno existat et tonsuram tantum habeat clericalem, aut quod thesaurariam in s. Martini Turonen. et custodiam in s. Quintini Noviomen. dioec. ac in eisdem et Parisien., Carnoten., Beluacen., Tornacen. et Barchinonen. ecclesiis canonicatus et praebendas absque dispensatione sedis apostolicae retinuerit, fructus ex eisdem percipiendo. (f. 29 a).

Dil. filio Philippo nato karissimi in Christo filii Iacobi regis Maioricarum illustris, thesaurario s. Martini Turonen.

Dil. filiis abbati de Arulis et priori s. Marie de Aspirano per priorem soliti gubernari mon. Elnen. dioc. ac sacriste... Digne agere credimus.... Dat. Lugduni, IV idus nov.

180. — Burdegalis, 30 aug. 1305.

Obtentu Caroli comitis Andegavensis reservat capellano et cancellario eius in Carnoten. eccl. personatum seu dignitatem ac officium, dispensatque cum illo, ut retinere valeat in Parisien., Carnoten., Turonen., Aurelianen. et Omnium Sanctorum de Mauritania Sagien. dioec. ecclesiis canonicatus et praebendas. (f. 29 b).

Dil. filiis Bernardo Ricardi Xantonen. ac.. Blesie Aurelianen. archidiaconis ac Simoni de Marvilla thesaurario Meten. ecclesiarum.

Dil. filio magistro Guillelmo de Compellis in Portico legum professori canonico Carnoten. Litterarum scientia.... Dat. Burdegalis, III kal. septembris.

181. — Lugduni, 4 ian. 1306.

Cum infrascriptis dispensat super impedimento consanguinitatis in quarto gradu. (f. 29 b).

Dil. filio nobili viro Raynaldo vicecomiti Ambianen. et dil. in Christo filie nobili mulieri Iohanne comitisse de Gignes. Ex parte vestra.... Dat. Lugduni, II non. ianuarii.

182. — Lugduni, 13 ian. 1306.

Dispensatur cum *Simone de Insula* scolari Santonen. dioec. super defectu natalium. (f. 29 b).

Dat. Lugduni, idus ianuarii.

183. — Lugduni, 10 dec. 1305.

Obtentu abbatis mon. Claraevallis Cistercien. ord. Lingonen. dioec. providet infrascriptum de canonicatu eccl. s. Petri Trecen. et praebenda ibidem vacante vel vacatura dispensatque cum illo, ut retinere valeat in eccl. Beluen. canonicatum et praebendam, parochiali eccl. de Murivilla omnino dimissa. (f. 29 b).

Dil. filio Iohanni de Mundevilla canonico ecclesie s. Petri Trecen. Apostolice sedis benignitas.... Dat. Lugduni, IV idus decembris.

184. — Lugduni, (sine data).

Defuncto O(rlando), praeficit in episcopum ecclesiae Narnien. Petrum [1], professum ord. Eremitarum s. Augustini, cui de illa ecclesia iam provisum fuit a Benedicto XI, quamvis litterae super hac provisione non emanaverint. (f. 30 a).

[1] Perperam asseritur apud Vghellum *Italia s.*, I. p. 1018 post obitum Orlandi administratorem generalem ecclesiae Narniensis designatum fuisse a Clemente V quendam Albertum canonicum s. Petri de Spoleto.

Ven. fratri Petro episc. Narnien. Officii nostri debitum.... Dat. Lugduni, (sine data).
Eodem modo capitulo eccl. Narnien.
E. m. clero civitatis et dioecesis Narnien.
E. m. populo civitatis et dioecesis Narnien.

185. — Lugduni, 5 ianuarii 1306.
Infrascriptus assumitur ad tabellionatus officium. (f. 30 a).
Dil. filio Iohanni Iocellini de Rupefulcaudi clerico Engolismen. dioc. Ne contractuum memoria.... Dat. Lugduni, non. ianuarii.

186.
Providet de canonicatu eccl. Aurelianen., praebenda et dignitate ibidem vacantibus vel vacaturis, non obstante defectu ordinum et aetatis. (f. 30 a).
Dil. filiis priori de Neronis Villa Senonen. et archidiacono de Riparia Convenarum ac decano s. Aniani Aurelianen. dioc: ecclesiarum.
Dil. filio Arnaldo de Malo Pigemo Aurelianen. Vt tua et tuorum.... Dat. (sine data), pontificatus nostri anno primo.

187. — Lugduni, 1 dec. 1305.
Confert prioratum de Ardu ord. s. Bened. Caturcensis dioec. spectantem ad monasterium de Aureilhaco dicti ordinis Claromonten. dioec. (f. 30 b).
Dil. filiis Raymundo Iohannis archidiacono et Guillelmo Raymundi de Marmande Caturcen. et Guillelmo Mesercini Novonien. canonicis ecclesiarum.
Dil. filio Raymundo de Podio Celsi priori de Ardu Caturcen. diocesis. Tue et tuorum.... Dat. Lugduni, kal. decembris.

188. — Lugduni, 28 dec. 1305.
Guidone de Sarcellis canonico Melden. et Guillelmo perpetuo capellano capellaniae b. Iohannis in eccl. s. Genovefae de Vassonia Laudunen. dioec. petentibus, ut concedatur permutatio beneficiorum

ad invicem, iniungitur Stephano [1], ut permutationem executioni mandet. (f. 30 b).
Dil. filio Stephano tituli s. Ciriaci in Termis [2] diacono (sic) *cardinali.* Significarunt nobis.... Dat. Lugduni, V kal. ianuarii.

189. — (Lugduni), 19 dec. 1305.
Obtentu Odonis de Grandisono confert Philippo plebanatum plebis s. Petri de Mercato vacantem post obitum Francisci Berti, dispensatque cum eo super defectu ordinum, scientiae et aetatis. (f. 31 a).
Ven. fratri episcopo Fesulano et dil. filiis archidiacono Annisien. in eccl. Xantonen. ac plebano plebis de castro Florentinen.
Dil. filio Philippo nato Berti de Friscavallis militis Florentinen. plebano plebis s. Petri in Mercato Florentinen. dioc. Vt tua et tuorum.... (sine loco) XIIII kal. ian.

190. — Lugduni, 7 dec. 1305.
Petentibus Stephano Martini de Exio et s. Aniani et s. Mariae de Villa Nova et de Faielo, ac Matthaeo de Alto Villari s. Petri de Moturico et s. Vincentii de Podio Lomas [3] ecclesiarum rectoribus, ut permittatur permutatio beneficiorum, iniungit ut permutationem hanc executioni mandent. (f. 31 a).
Dil. filiis archidiacono de Tarrano in eccl. s. Vincentii de Manso et archipresbytero de Opere Agennen. dioc. ac Raymundo de Sennihaco canonico Agennen. Cum dilecti filii.... Dat. Lugduni, VII idus decembris.

191. — Lugduni, 29 nov. 1305.
Providetur de canonicatu eccl. Melden. et de praebenda ac dignitate seu personatu ibidem vacantibus vel vacaturis, non obstante defectu ordinum et aetatis. (f. 31 b).

---

[1] Stephanus de Lusiaco seu de Luisaco fuit primum archidiaconus Burgensis in ecclesia Tornacensi, propterea dictus etiam archidiaconus Flandriae. Hic ex Franciae vicecancellario seu sigillifero a Clemente V creatus est presbyter cardinalis s. Ciriaci in Thermis anno 1305. CIACONIVS, II. p. 376. BALVZIVS, I. p. 638.
[2] Ms. *Terminis.*
[3] Altera vice: *Lomant.*

Dil. filiis abbati mon. de Lesato et priori de Artigato Appamiarum diocesis ac archidiacono de Riparia in ecclesia Convenarum. Dil. filio Simoni de Monteforti nato dil. filii nobilis viri comitis Convenarum canonico Melden. Dum tui generis.... Dat Lugduni, III kal. decembris.

192. — Lugduni, 29 nov. 1305.

Dispensatur, ut praeter praebendam, dignitatem seu personatum sub expectatione in eccl. Melden. adhuc duo beneficia recipere et retinere valeat, non obstante defectu ordinum et aetatis. (f. 32 a).

Dil. filio Simoni de Monteforti canonico Melden. Personam tuam.... Dat. Lugduni, III kal. decembris.

193. — Lugduni, 2 ian. 1306.

Consideratione Guillelmi de Rupeforti confert eius filio canonicatum eccl. s. Antonii ord. s. Aug., reservatque personatum vel dignitatem aut officium, non obstante defectu aetatis et ordinum. (f. 32 a).

Dil. filiis Bernardo de Causaco Ruthenen. et Berengario Alamanni Albien. ac Ricardo Froterii Tholosan. canonicis ecclesiarum.

Dil. filio Guiscardo de Rupeforti canonico eccl. de s. Antonio ordinis s. Augustini Ruthenen. dioc. Sedes apostolica.... Dat. Lugduni, IV non. ianuarii.

194. — Lugduni, 10 dec. 1305.

Ut, non obstante defectu natalium, ad omnes administrationes et dignitates dumtaxat ordinis assumi valeat. (f. 32 b).

Dil. filio Iohanni de... Testimonium tibi.... Dat. Lugduni, IV idus decembris.

195. — Lugduni, 16 nov. 1305.

Mandat, ut Raymundo de Mercinio clerico Caturcen. dioec. in civitate aut dioec. Caturcen. de beneficio cum cura provideant, cuius proventus centum librarum Turonensium parvorum summam vel circa, singulis annis non excedant. (f. 32 b).

Volentes personam.... Dat. Lugduni, XVI kal. dec., pontificatus nostri anno primo.

196. — Burdegalis, 25 maii 1306.

(Guidone) episcopo Traiectensi legitime impedito, concedit cuidam facultatem reconciliandi ecclesiam b. Nicolai in Bierluliet Traiecten. dioec. una cum coemeterio. (f. 32 b).

Cum sicut.... Dat. Burdegalis, VIII kal. iunii.

197. — Lugduni, 15 ian. 1306.

Intuitu E(duardi) regis Angliae et Henrici comitis Lincolnien. donat clerico regis et familiari comitis fructus illicite perceptos ex ecclesiis de Staindrope, de Sehic Lingdon. et de Laxfeilde [1], de Hendon et de Cristelton, de Aka, de Swichelind de Carleton et de Lasyl Lincolnien., Dunelmen., Norwicen., Londonien., Coventren. et Lichefelden. et Herforden. dioec., dispensatque eum eo, ut, ceteris dimissis, retinere valeat ecclesias de Staindrope, de Sehic Lingdonen. et de Heinden ac canonicatum et praebendam in eccl. de Aukaland Dunelmen. dioec. (f. 32 b).

Dil. filio Gilberto de Bourbury presbytero canonico eccl. de Albalande Dublinen (sic) *diocesis.* Licet propter ambitiones.... Dat. Lugduni, XVIII kal. februarii.

198. — Lugduni, 3 ian. 1306.

Ut possit facere celebrari missam ante auroram. (f. 33 a).

Dil. in Christo filie nobili mulieri Margarite [2] *comitisse Ebroycen.* Devotionis tue precibus.... Dat. Lugduni, III nonas ianuarii.

199. Burdegalis, 16 aug. 1305.

Conceditur eidem, ut possit uti altari portatili. (f. 33 a).

Dat. Burdegalis, XVII kal. septembris.

---

[1] Altera vice *Laxfels.*
[2] Margarita, nata Philippi Atrebatensis, uxor Ludovici comitis Ebroicensis. *L'Art de vérifier les dates.,* II. 12. p. 474.

200. — Burdegalis, 16 aug. 1305.

Ad supplicationem eiusdem comitissae conceditur ad quinquennium sex clericis eius, ut possint fructus beneficiorum suorum percipere integre, quotidianis exceptis distributionibus, quin ad residendum teneantur. (f. 33*a*).

Eidem. Vt dilectionis affectum.... Dat. Burdegalis, XVII kal. septembris.

201. — Lugduni, 3 ian. 1306.

Ludovico [1] et heredibus eius reservatur ius praesentandi rectores ad capellas ab ipso fundandas in honorem b. Mariae Virginis ac aliorum sanctorum pro suae et parentum suorum animarum remedio. (f. 33*b*).

Dil. filio nobili viro Lodovico nato clare memorie Philippi regis Francorum comiti Ebroicen. Devotorum vota.... Dat. Lugduni, III non. ianuarii.

202. — Lugduni, 5 ian. 1306.

Obtentu Iacobi Cephaluden. episcopi confert eius nepoti canonicatum et praebendam sub expectatione in eccl. Narnien. (f. 33*b*).

Dil. fil. Simoni nato Matthei magistri Iohannis Cardarelli canonico Narnien. Meritis tue devotionis.... Dat. Lugd. nonas ian.

203.

Cum Iohanne, qui consilium dedit, ut quidam malefactor ultimo supplicio condemnaretur, dispensatur, quod ad minores ordines promoveri et simplex beneficium obtinere possit. (f. 33*b*).

Dil. filio Iohanni dicto de Clerc clerico Cameracen. dioc. Porrecta siquidem.... Dat. (sine data).

204. — Lugduni, 3 ian. 1306.

Facultas eligendi sibi confessarium. (f. 33*b*).

Dil. in Christo filie Margarite nobili mulieri comitisse Ebroicen. Provenit.... Dat. Lugduni, (sine data).

205. — Lugduni, 3 ian. 1306.

Ut possit, devotionis causa, intrare quaedam monasteria ord. s. Clarae et Iacobitarum. (f. 34*a*).

Eidem. Personam tuam.... Dat. Lugduni, III non ianuarii.

206. — (Lugduni), 3 ian. 1306.

Indulget, « ut apud plura loca vel ecclesias.... tibi possis eligere sepulturam, ita quod corpus tuum, postquam debitum nature persolveris, dividi valeat et apud quodlibet dictarum ecclesiarum vel locorum... certa pars eiusdem corporis tumulari... » (f. 34*a*).

Eidem comitisse. Habet in nobis.... Dat. (sine loco), III non. ianuarii.

207. — Lugduni, 3 ian. 1306.

Eodem modo scribitur *Mariae* [1] reginae Francorum (f. 34*a*).

Data est eadem.

208. — Lugduni, 3 ian. 1306.

Eidem reginae ut possit intrare monasterium de Loco Campo ord. s. Clarae Parisien. dioec. (f. 34*a*).

Dat. ut supra.

209. — Lugduni, 17 febr. 1306.

Hugoni collatus est decanatus de Thoarcio et eccl. de Mornis eidem decanatui adnexa a decano et capitulo Pictavien., quia Gualterus episcopus Pictavien. tunc excommunicationis sententia innodatus fuit. Clemens V, existens adhuc archiepiscopus Burdegalen. ex potestate metropolitana collationem illam confirmavit, et nunc denuo confirmat. (f. 34*a*).

Dil. filio magistro Hugoni Guarde decano Thoarcii Pictaven. diocesis. Cum a nobis petitur.... Dat. Lugd., XIII kal. martii.

210. — Lugduni, 15 ian. 1306.

Obtentu L(andulphi) s. Angeli diaconi cardinalis dispensat cum eius capellano, ut, non obstante

---

[1] Ludovicus, natus Philippi III dicti *Le Hardi*, regis Franciae, ex Maria de Brabantia, comes Ebroicen. *L'Art de vérifier les dates*, II. 12. p. 474.

[1] Mariam, filiam Henrici III ducis Brabantiae, duxit in secundis nuptiis Philippus III rex Franciae anno 1274. *L'Art de vérifier les dates*, II. 6. p. 15.

defectu natalium, canonicatum et praebendam in Oscen. eccl. retinere et adhuc alia beneficia recipere valeat. (f. 34 b).

Dil. filio Raymundo Guillelmi canonico. Oscen.

Venerabili fratri episcopo Agaten. et dil. filiis Vasalmen. in Vasaten. et Marciani in Aduren. ecclesiis archidiaconis. Apostolice sedis.... Dat. Lugduni, XVIII kal. februarii.

211. — Burdegalis, 31 iul. 1305.

Gualhardum [1] providet de canonicatu in eccl. Narbonnen. et de praebenda ac personatu vel dignitate ibi vacantibus, non obstante defectu aetatis et ordinum. (f. 34 b).

Dil. filio Gualhardo nato nobilis viri Amanevi de Mota militis, canonico Narbonen. Tui nobilitas generis.... Dat. Burdegalis, II kal. augusti.

212. — Lugduni, 27 ian. 1306.

Consideratione Hugonis Ledespenser familiaris Eduardi regis Angliae dispensatur cum Guillelmo, quod praeter ecclesiam de Westracen unicum aliud beneficium recipere possit. (f. 35 a).

Dil. filio Willelmo de Rasen rectori parochialis ecclesie de Westracen. Lincolnien. diocesis. Exigentibus tue probitatis meritis.... Dat. Lugduni, VI kalendas februarii.

213. — Lugduni, 13 nov. 1305.

Indulgetur Petro ordinem fratrum Minorum in provincia Aragoniae professo, ut se libere transferre valeat ad s. Augustini templariorum hospitaliorum ordinem in civitate Barchinonen. (f. 35 a).

Dil. filio Petro Empurdani Barchinonen. diocesis. Benigno tibi sunt illa concedenda.... Dat. Lugduni, idus novembris.

214. — Lugduni, (sine data).

Indulgentia, ut confessarius suus possit audire confessiones servitorum et familiarium eius et ecclesiastica sacramenta ministrare. (f. 35 a).

Dil. in Christo filie nobili mulieri Marie [1] comitisse Iuliacen. Cum ad te.... Dat. Lugduni, (sine data).

215. — Lugduni, 3 febr. 1306.

Dispenset cum Iohanne de Plesseyo maiore de Emente, quod, non obstante defectu natalium, ad omnes ord. citra presbyter. possit promoveri. (f. 35 b).

Ven. fratri in Christo episcopo Parisien. Accedens ad presentiam.... Dat. Lugduni, III non. februarii.

216. — Lugduni, 6 febr. 1306.

Transmittitur Thomae pallium per Neapoleonem s. Hadriani, Landulphum s. Angeli et Iacobum s. Georgii ad Velum aureum diaconos cardinales et fidelitatis iuramentum ab illo exigitur. (f. 35 b).

Ven. fratri Thome archiepiscopo Strigonien. Cum te Strigonien. ecclesie.... Dat. Lugduni, VIII idus februarii.

217. — Lugduni, 22 ian. 1306.

Indulgetur, ut duodecim clerici, quos elegerit, obsequiis eius insistentes, reditus beneficiorum suorum percipiant integre et ad personalem residentiam in ecclesiis, ubi beneficiati existunt, minime teneantur. (f. 35 b).

Venerabili fratri B(ertrando) [2] episcopo Lingonen. Tue fraternitatis devotio.... Dat. Lugduni, XI kal. februarii.

218. — Lugduni, 17 ian. 1306.

Gilbertus, quocum a Nicolao IV· dispensatum fuit, ut praeter rectoriam ecclesiae de Herlanston

---

[1] Gualhardus de Mota, nepos Clementis V; natus enim fuit Amanevi ex Aelipde, filia Arnaldi Garsiae de God fratris papae. A Iohanne XXII anno 1316 inter cardinales diaconos s. Luciae in Silice adscribitur. BALVZIVS, I. p. 621, 733.

[1] Maria, nata Guidonis comitis Flandriae, vidua Guillelmi in proelio an. 1278 occisi, primogeniti Guillelmi IV comitis Iuliacensis. *L'Art de vérifier les dates*, II. 14, p. 316.

[2] Bertrandus de God patruus Clementis V, episcopus Agennensis 1290-1306, quo anno translatus est a nepote suo ad ecclesiam Lingonensem, sed eodem anno ad priorem sponsam rediit. *Gallia chr.*, II. p. 921. BALVZIVS, I. p. 616.

Lincolnien. dioec. unicum aliud beneficium recipere posset, obtinuit canonicatum et praebendam de Milton in eccl. Lincolnien., capellam s. Mariae et ss. Angelorum Eboracen., eaque dimissa, archidiaconatum Exonen. in eccl. Lincolnien. Dispensatur cum eo, quod dicta beneficia retinere valeat et ad residentiam in eccl. Lincolnien. minime teneatur. (f. 35 b).

Dil. filio Gilberto de Segraue archidiacono Oxinen. (sic) *in ecclesia Lincolnien.* Litterarum scientia, morum gravitas.... Dat. Lugduni, XVI kal. februarii.

219. — Lugduni, 23 ian. 1306.

Dispensatur cum infrascriptis, qui iuncti sunt quarto consanguinitatis gradu, ut in matrimonio contracto remanere valeant, prolesque suscepta legitimatur. (f. 36 a).

Dil. filio nobili viro Guichardeto nato dilecti filii nobilis viri Guichardi domini de Ancone et dil. in Christo filie nobili mulieri Margarite filie quondam Guillelmi de Sancta Cruce uxori eius Lugdunen. dioc. Sedis apostolice.... Dat. Lugduni, X kal. februarii.

220. — Apud s. Ciricum (sine data).

Raynaldus, qui F(riderico) regi Trinacriae et Siculis adhaeserat, dum olim in rebellione contra s. romanam ecclesiam persistebant, ab excommunicatione et aliis sententiis hac occasione contractis ad cautelam denuo absolvitur. (f. 36 b).

Dil. filio Raynaldo de Raxaio clerico... Quieti et saluti filiorum providere.... Dat. apud sanctum Ciricum in Monte aureo prope Lugdunum, (sine data).

221. — Apud s. Ciricum, 19 febr. 1306.

Ildebrandino conferuntur et reservantur in civitate, dioecesi ac provincia Beneventana beneficia quotcunque fuerint, dummodo ipsorum proventus quadraginta unciarum auri valorem annuum secundum consuetudinem regni Siciliae non excedant; dispensaturque cum illo, ut in Senonen. et s. Audomari Morinen. dioc. canonicatus et praebendas,

Regestum Clementis Papae V.

et locum dumtaxat in s. Mariae de Vallemontonis Signin. dioec. ecclesiis nec non ecclesiam s. Mariae de Iuliano Velletren. dioec. retinere valeat. (f. 36 b).

Dil. filio Ildebrandino de Comite canonico Senonen.

Dil. filiis abbati monasterii s. Saturnini Neapolit. et archipresbytero s. Marie de Vallemontonis Signin. dioc. ac Matth. Filimarini canonico Capuan. ecclesiarum. Dum nobilitatem generis.... Dat. apud s. Cirieum, XI kal. martii.

222. — Lugduni, 31 ian. 1306.

Defuncto Michaele Thomam, virum providum ac discretum, litterarum scientia, honestate vitae et moribus commendatum, ex praeposito seculari eccl. de Alba Regali et Strigonien. eccl. canonico in archiepiscopum Strigonien. unanimiter electum confirmat post examinationem electionis factam per Nicolaum Ostien. et Velletren. episcopum, Iohannem ss. Marcellini et Petri presbyterum et I(ohannem) s. Georgii ad Velum aureum diac. cardinales; munus consecrationis ei impendi fecit per Petrum Sabinen. episcopum. (f. 36 b):

Dil. filio Thome electo Strigonien. Onerosa pastoralis officii.... Dat. Lugduni, II kal. februarii.

Eodem modo populo civitatis et dioecesis Strigonien.

E. m. universis suffraganeis eccles. Strigonien.

E. m. universis vasallis dictae ecclesiae.

E. m. Carolo regi Vngariae.

223. — Apud Montem Pesulanum, 17 oct. 1305.

Facultas absolvendi a sententiis excommunicationis eos, qui illicitum habuerunt commercium cum Saracenis, dummodo mares eorum quartam et feminae quintam partem lucri solvant Iacobo [1], Aragonum regi, exhibendas. (f. 37 a).

[1] Iacobus II., Aragonum rex, qui regnum Sardiniae et Corsicae a Bonifacio VIII anno 1297 in feudum acceperat, Montem Pesulanum perrexit, Clementi V clientem Sardiniae et Corsicae nomine praesens se professurus. Ad expensas itineris sublevandas et ad Sardiniae et Corsicae regna armis comparanda, papa regi opem explicuit.

Dil. filiis s. Cucufatis de Vallesio et de Sanctis Crucibus monasteriorum abbatibus Barchinonen. et Terraconen. diocesium.

Devotionis sinceritas, quam karissimus in Christo filius noster Iacobus Aragonie, Sardinie et Corsice rex illustris ad nos et sedem apostolicam exhibet, promeretur, ut nos ipsum tamquam benedictionis filium paterne dilectionis brachiis amplectentes, ad ea, que sui status respiciant incrementum, sollicitis studiis intendamus. Ut igitur dicto regi gratiam, ex qua sibi subventio ad incumbentia sibi expensarum onera et aliis animarum salus provenire valeat, faciamus, dicti regis supplicationibus inclinati, absolvendi illos, qui contra inhibitionem sedis eiusdem iverunt cum mercimoniis et rebus prohibitis suis vel alienis ad Sarracenos Alexandrie et aliarum partium Egipti, vel illa illuc forsitan transmiserunt et habuerunt commercium cum eisdem, sive mares fuerint sive femine, ab excommunicationum sententiis et omnibus penis, quas occasione huiusmodi incurrerunt, dummodo mares eorum quartam et femine quintam partem de lucro, quod quesiverunt ex tam dampnato commercio, vobis solvant, per vos postmodum totaliter dicto regi exhibendas, plenam et liberam vobis et cuilibet vestrum concedimus tenore presentium facultatem. Dat. apud Montempessullanum, XVI kal. novembris.

224. — Apud Montem Pesulanum, 17 oct. 1305.

Annihilatur contractus, quo Iacobus rex Aragonum vendidit magistro generali hospitalis s. Iohannis Ierosolimitan. merum et mixtum imperium et quamlibet iurisdictionem in locis de Onda, de Gallur et de Avinione. (f. 37a).

Carissimo in Christo filio Iacobo Aragonie Sardinie et Corsice regi illustri.

Celsitudinis tue merita comendanda nos instanter sollicitant, ut in hiis, que tibi sint placita, nos tibi repperias favorabiliter gratiosos. Oblata siquidem nobis tua petitio continebat, quod cum tu olim ad arripiendum iter eundi ad partes Italie pro quibusdam romane ecclesie obsequiis circa negotium regni Sicilie prosequendis te parares, teque propter hoc magna ratione expensarum huiusmodi accessus tui necessitas cohartaret, tu ad necessitatem huiusmodi sublevandam vendidisti imperpetuum quondam fratri R. de Ripellis ordinis hospitalis sancti Iohannis Ierosolimitani, castellano Emposte, tenenti in Yspania locum magistri generalis hospitalis eiusdem, ac ementi et recipienti nomine suo et magistri hospitalis et ordinis predictorum, merum et mistum imperium ac iurisdictionem quamlibet in civilibus et criminalibus, que habebas vel ad te spectabant in castris, villis seu locis de Onda et de Gallur et de Avinione ac pertinentiis eorundem pro precio septingentarum quinquaginta librarum Barchinonensium, prout in instrumento publico inde confecto plenius dicitur contineri. Quare nobis ex parte tu(a) fuit humiliter supplicatum, ut cum in venditione huiusmodi longe ultra dimidiam partem iusti precii deceptus extiteris, providere super hoc indempnitati tue de benignitate apostolica dignaremur. Nos igitur attendentes necessitatem, que te ad faciendam huiusmodi venditionem induxit, et lesionem quam propterea incuristi, ac propterea dignum reputantes et congruum, ut tu, qui propter ecclesiam matrem tuam te huiusmodi onere pregravasti, per eam ab illo provide releveris, tuis supplicationibus inclinati venditionem et alienationem huiusmodi et eius contractum, obligationem, penas et conditiones in ipso adiectas ac instrumentum predictum et omnem eius effectum, dummodo premissa veritate nitantur tuque prefato magistro seu dicto castellano locum eiusdem magistri tenenti aut alii subrogato loco ipsius precium integraliter restituas antedictum, cassamus, irritamus et omnino iuribus vacuamus teque a iuramento, si quod in eodem contractu de non veniendo contra ipsum per te vel alium prestitisti, necnon heredes et successores tuos et omnes, qui pro te in eodem contractu se quomodolibet obligassent, ab omnibus promissionibus et obligationibus propter hoc factis prorsus absolvimus et penitus liberamus. Ita quod nihil contra te vel ipsos pretextu transgressionis iuramenti vel contractus ipsorum possit infamie vel detractionis impingi, nullamque dicti magister, castellanus et fratres hospitalis eiusdem aut successores eorum occasione premissorum contra te vel heredes et successores predictos vel aliquos, qui pro te super hoc fuerint obligati, habeant actionem. Nulli ergo etc. Dat. apud Montempessullanum, XVI kal. novembris.

225. — Apud Montem Pesulanum, 17 oct. 1305.
Infrascriptos deputat collectores decimae ad quadriennium Iacobo, Aragonum regi, concessae. (p. 37 *b*).

Venerabili fratri episcopo Valentin. ac dil. filio archidiacono Tarraconen. collectoribus decime in regno Aragonie et Valencie, comitatu Barchinonen. omnibusque terris carissimi in Christo filii nostri Iacobi Aragonie Sardinie et Corsice regis illustris, regno Sardinie et Corsice eiusque terris dumtaxat exceptis, ex causis insertis inferius deputate. Romane matris ecclesie multa benignitas proprium dirigens ad filios devotionis intuitum, in illis nec mirum precipue delectatur, qui potentie magnitudine prediti et humilitatis devote gratia fecundati, Deo et apostolice sedi filialem reverentiam exhibent, existentes honoris et exaltationis ipsius ecclesie promotores. Hii sunt, quos brachium divine maiestatis amplectitur, quos alti fama nominis apud omnes extollit et titulis decorat insignibus, quosque predicta sedes favo-

ribus confovet, honoribus prevenit et amplis prosequitur exhibitionibus gratiarum. Sane inter ceteros reges et principes, qui ad Deum et sedem predictam promptitudinem exhibent reverentie filialis, carissimus in Christo filius noster Iacobus Aragonie, Sardinie et Corsice rex illustris honoris eiusdem sedis zelator principalis existit, cuius fidei puritatem et devotionis affectum dudum felicis recordationis Bonifacius VIII papa predecessor noster debita meditatione considerans et attendens, quod idem rex tamquam devotionis filius se dicte sedis et predecessoris eiusdem reverenter beneplacitis coaptabat, volensque ipsum dicte sedis munificentia honorare, regnum Sardine (sic) et Corsice, quod ipsius ecclesie iuris et proprietatis existit, ei [1] cum omnibus iuribus, et pertinentiis suis in feudum per suas sub certa forma duxit litteras concedendum. Cum autem idem rex, qui nuper ob sincere devotionis affectum, quem tamquam benedictionis filius ad nos specialiter exhibet, presentiam nostram non sine magnis laboribus et oneribus expensarum adivit, ad ipsius honorem potenti manu et eiusdem Sardine et Corsice possessionem, quam nondum adeptus extitit, procedere obtinendam intendat, nos dignum reputamus et congruum, ut eundem regem ad huiusmodi negocium, quod ad promotionem honoris et exaltationis ecclesie prelibate ac recuperationem Terre sancte, ad quam ferventibus desideriis aspiramus, multipliciter pertinet, gratiosis favoribus foveamus et de oportunis subsidiis de iam dicte ecclesie munificentia prosequamur, decimam omnium ecclesiasticorum reddituum et proventuum regnorum Aragonie et Valencie, comitatus Barchinonensis omniumque terrarum regis ipsius, personis et locis sancti Iohannis Ierosolimitan. milicie templi de Calatrava et sancti Iacobi ordinum nec

[1] Ms. *si.*

non Sardine et Corsice regno predicto eiusque terris dumtaxat exceptis, usque ad quatuor annos pro negocio et expensis predictis, quas idem rex ad nos veniendo subivit, ipsi regi duximus concedendam, ita videlicet, quod due partes eiusdem decime in adipiscenda huiusmodi possessione dicti regni Sardine et Corsice vel in prosecutione alterius negocii, si quod idem rex contra infideles de mandato dicte sedis assumeret, per eundem regem totaliter expendantur, et residuam partem tertiam idem rex pro expensis habeat supradictis. Ideoque venerabiles fratres nostros archiepiscopos, episcopos et dilectos filios electos, abbates, priores, decanos, archidiaconos, prepositos, archipresbyteros et alios ecclesiarum regularium et secularium prelatos, eorumque capitula, collegia et conventus quorumcunque ordinum, ceterasque personas ecclesiasticas, regulares et seculares, exemptas et non exemptas, per regna Aragonie et Valentie, comitatum Barchinonensem, omnesque terras dicti regis constitutas, personis et locis sancti Iohannis Ierosolimitan. milicie templi de Calatrava et sancti Iacobi ordinum, ac Sardine et Corsice regno eiusque terris dumtaxat exceptis, per alias nostras litteras monendos duximus et hortandos, in remissionem ipsis peccaminum iniungentes, quod ipsi magnam et instantem necessitatem dicti regis in premissis benignius attendentes et per humilis devotionis officium vota sua in hac parte pro eiusdem honoris ecclesie et exaltationis augmento nostris desideriis conformantes, ob divinam dicte sedis et nostram reverentiam omnium ecclesiasticorum suorum redditum, proventuum et obventionum decimam per dictum quadriennium vobis, quos ad huiusmodi colligendam decimam tenore presentium deputamus, aut illi vel illis, quem vel quos vos deputare curaveritis ad huiusmodi collectionis ministerium exsequendum, in preficiendis eis

ad hoc terminis, sublata qualibet difficultate, persolvant. Quocirca discretioni vestre, de qua fiduciam gerimus in Domino specialem, per apostolica scripta mandamus, quatinus in predictis Aragonie et Valentie regnis et Barchinonie comitatu, omnibusque terris regis predicti, regno Sardinie et Corsice eiusque terris predictis dumtaxat exceptis, eiusdem decime colligende suprascripto modo curam sollicitam habeatis, ut videlicet in singulis civitatibus et diocesibus eorundem regnorum et comitatus et terrarum, in quibus estis ut premittitur deputati, de consilio ordinarii locorum aut eius vices gerentis, si ordinarius ipse absens fuerit, et duorum fidedignorum de ecclesia cathedrali constitutorum in dignitatibus seu aliorum, deputetis unam vel duas, prout expedire videbitis, personas fide, facultatibus, si tales inveniantur comode, et alias ydoneas ad collectionis huiusmodi misterium exsequendum. Collectores aut quos ut premittitur deputaveritis, facietis infrascripta forma iurare et vos nichilominus partes easdem circumeatis diligentius scrutaturi, qualiter in comisso sibi dicte collectionis officio prefati se habeant collectores, et qualiter ipsis de dicta decima satisfiat, ac de collecta per vos et eosdem collectores ex decima ipsa pecunie tertiam partem ipsi regi pro huiusmodi expensis ab eo ut premittitur factis tradentes, residuas duas partes reservetis tradendas regi predicto pro prosecutione dicti negocii regni Sardinie et Corsice vel alterius negocii, quod ipse de mandato dicte sedis contra infideles duxerit assumendum. Vobis quoque cum consilio predictorum ordinarii et aliorum mutandi collectores ipsos, quotiens videritis expedire et [1] eos compellendi ad reddendum coram eisdem ordinariis et aliis vobis computum de collectis, et contradictores quoslibet et etiam illos omnes, qui

---

[1] Ms. *ut.*

proventuum suorum ecclesiasticorum in predictis partibus consistentium decimam in terminis sibi prefixis solvere non curarint, auctoritate apostolica per censuram ecclesiasticam compescendi plenam auctoritate predicta concedimus potestatem. Terminos vero ad huiusmodi decimam persolvendam per vos sic volumus assignari, videlicet ut predictorum quatuor annorum quolibet infra festum Nativitatis Dominice medietas, et deinde infra festum Nativitatis beati Iohannis Baptiste alia medietas ipsius decime persolvatur. Et ut tam vos quam dicti collectores fructum de vestris laboribus reportetis, premissa vobis et eis in remissionem iniungimus peccatorum. Non obstantibus, si aliquibus ab eadem sit sede indultum, quod excommunicari, suspendi vel interdici non possint per litteras apostolicas, que de indulto huiusmodi et toto eius tenore de verbo ad, verbum ac de propriis locorum, ordinum et personarum suorum nominibus plenam et expressam non fecerint mentionem, seu quibuslibet privilegiis, indulgentiis vel litteris, quibuscumque dignitatibus, ordinibus, locis vel personis generaliter vel specialiter sub quorumcumque forma vel conceptione verborum a sede memorata concessis, de quibus quarumque totis tenoribus de verbo ad verbum in nostris litteris specialis, plena et expressa mentio sit habenda. Et insuper de premissis diligenter, fideliter et sollicite prosequendis prestetis corporaliter iuramentum, considerantes quoque, quod in premissis negocium Dei prosequimini et in conspectu agitis eius, qui cuncta discernit, sibique necnon et nobis, qui circa hoc omnem diligentiam adhibere intendimus, tenebimini reddere rationem, ab utroque pro meritis recepturi. Sic prudenter in illis vos studeatis agere, sic consulte, quod in utriusque iudicio non solum vitetis pene confusionisque discrimina, set et laudis titulos et gratiam, ac retributionis premium consequi

valeatis. Intendimus autem, quod vos simul huiusmodi collectionis ministerium si comode poteritis, prosequamini. Si autem vestrum aliquem subtrahi ab eiusdem executione ministerii obitu vel alio impedimento seu etiam propria voluntate contigerit, alter vestrum predictum collectionis officium exsequatur.

Forma autem iuramenti, quod prestare volumus collectores eosdem, hec est: Iuro ego.. deputatus collector ad exigendum, colligendum et recipiendum decimam omnium reddituum, proventuum et obventionum ecclesiasticorum a personis ecclesiasticis exemptis et non exemptis in regnis Aragonie et Valentie ac comitatu Barchinonie omnibusque terris regis Aragonum constitutis, ex causis que in litteris apostolicis continentur, ab apostolica sede concessam, quod fideliter colligam, exigam, recipiam atque custodiam ipsam decimam, non deferendo in hiis persone alicui cuiuscunque ordinis, status aut conditionis vel dignitatis existat, prece, timore, gratia vel favore seu quacunque de causa, et eam integre assignabo et restituam, prout a vobis recepero [1] in mandatis, et super premissis omnibus ac singulis plenam et fidelem rationem reddam vobis. Et si contingat [2] vos officium, quod in premissis geritis, dimittere, hec omnia faciam iuxta mandatum illius vel illorum, qui substituentur in eodem officio. Sic Deus me adiuvet et hec sancta Dei evangelia.... Dat. apud Montempessullanum, XVI kal. novembris.

226. — Lugduni, 13 mart. 1306.

Guillelmo ad sacerdotium non promoto et residentiam non observanti reditus ex beneficiis illicite perceptos condonat, dispensatque cum eo, ut retinere valeat ecclesias de Warbliton, de Lok [3] et de Caures ac canonicatus et praebendas

---

[1] Ms. *recipero*.
[2] Ms. *contigat*.
[3] Ms. altera vice: *de Lele*.

in Wellen., Lichefeldensi, s. Martini Magni Londoniensis de Lande Abreui et de Aukalande ecclesiis Mentuensis [1] et Dunelmensis dioecesium. (f. 38 *b*).

Dil. filio Guillelmo de Bliburgo rectori parochialis ecclesie de Walbliton. Vintonien. diocesis. Apostolice sedis.... Dat. Lugduni, III idus martii.

227. — Apud s. Ciricum, 19 februarii 1306.

Infrascriptum providet de canonicatu et praebenda in eccl. Paduan., dispensatque cum eo, ut in Drocen. et Beluacen. ecclesiis canonicatus et praebendas retinere valeat. (f. 38 *b*).

Dil. filiis abbati monasterii s. Stephani et preposito s. Marie Magdalene ac magistro Iohanni Rodlandi canonico Ianuen. ecclesiarum.

Dil. filio Coradino nato dil. filii nobilis viri Eddoardi Spinulle de Luculo canonico Paduan. Nobilitas generis, maturitas morum.... Dat. apud s. Ciricum in Monte aureo prope Lugdunum, XI kal. martii.

228. — Lugduni, 3 ian. 1306.

Consideratione Ludovici, nati clarae memoriae Philippi, regis Francorum, confert clerico et familiari eius canonicatum eccl. de s. Audomaro Morinen. dioec. et praebendam non sacerdotalem ei reservat. (f. 39 *a*).

Dil. filiis decano et cantori Parisien. ac archidiacono Xanctonen. ecclesiarum.

Dil. filio Iohanni Dionisii canonico ecclesie de s. Audomaro Merunden. (sic) *diocesis.* Laudabilia tue..... Dat. Lugduni, III non. ianuarii.

229. — Apud s. Ciricum, 20 februarii 1306.

Vt possit facere celebrari missam, antequam dies illucescat. (f. 39 *a*).

[1] I. e. *Meneven.*

Dil. in Christo filie nobili mulieri Iolandi [1] ducisse Britannie. Personam tuam.... Dat. apud s. Ciricum prope Lugdunum, X kal. martii.

230. — Apud s. Ciricum, 20 februarii 1306.

Vt in locis generali suppositis interdicto possit facere celebrari missam (f. 39 *a*).

Dil. filio nobili viro Arturo [2] duci Britanie. Personam tuam.... Dat ut supra.

231. — Lugduni, 12 ian. 1306.

Dispensatio super defectu natalium, ut possit ad omnes ordines promoveri et beneficium obtinere. (f. 39 *a*).

Dil. filio Philippo dicto... audevo iurisperito clerico Lexovien... Illegitime genitos.... Dat. Lugduni, II idus ianuarii.

232. — Lugduni, 10 febr. 1306.

Concedit, ut de bonis mobilibus ecclesiasticis eius dispositioni commissis, quae non fuerint altaris etc. usui deputata, pro decentibus et honestis expensis sui funeris etc. moderate disponere possit. (f. 39 *b*).

Dil. filio Stephano tituli s. Ciriaci cardinali presbytero. Quoniam humane fragilitatis.... Dat. Lugduni, IV idus februarii.

233. — Lugduni, 23 ian. 1306.

B(artholomaeo) concedit facultatem faciendi in maiori et singulis aliis ecclesiis secularibus collegiatis Eduen. civitatis et dioec. singulas personas idoneas in canonicos recipi et providendi singulis earum de singulis praebendis. (f. 39 *b*).

Venerabili fratri .B. episcopo Eduen. Volentes personam.... Dat. Lugduni, X kal. februarii.

[1] Yolandis, filia Roberti IV comitis Drocensis et Beatricis de Monteforti, altera uxor Arturi II ducis Britanniae. *L' Art de vérifier les dates,* II. 13. p. 17.
[2] Arthurus II dux Britanniae (1305-1312), filius Iohannis II, qui cum Lugduni adesset solemnitati coronationis Clementis V, ruina muri obrutus occubuit. *Ibidem.*

234. — Lugduni, 23 ian. 1306.

Eidem dat facultatem recipiendi renuntiationem beneficiorum a sex personis ecclesiasticis suae vel alterius dioecesis, ipsaque beneficia personis idoneis, etiam si beneficiatae existant, conferendi. (f. 39 *b*).

Pro eodem episcopo. Inducit nos magna providentie.... Dat. ut supra.

235. — Apud s. Genesium, 8 februarii 1306.

Berengario ¹ conceditur facultas indulgendi duobus vel tribus clericis ipsius obsequiis insistentibus, quod ratione beneficiorum suorum ecclesiasticorum diaconatus vel sacerdotii ordinem usque ad quinquennium recipere minime teneantur. (f. 40 *a*).

Dil. filio Berengario tituli ss. Nerei et Achillei presbytero cardinali. Personam tuam.... Dat. apud s. Genesium, VI idus februarii.

236. — Lugduni, 2 febr. 1306.

Bernardo confert archidiaconatum Redden. et canonicatum cum praebenda in eccl. Narbonnen. per resignationem Iacobi Gaucelini vacantes dispensatque cum illo, ut retinere valeat ecclesiam de Podio Viridi cum ecclesiis s. Andreae de Vilisforti et s. Iohannis de Forvellis ab ea dependentibus, et quosdam reditus, quos episcopus Apamiarum in praedictis ecclesiis percipere consueverat, et illos, quos abbas mon. Electen. ord. s. Ben. in s. Caeciliae de Rivello et s. Genesii prope Electum ecclesiis nec non abbas mon. Fuxen. ord. s. Aug. in loco de Articio Apamiarum ad mensam eorum spectantes ei contulerunt. (f. 40 *a*).

Dil. filiis abbati monasterii de Cannis et archidiacono minori in ecclesia Carcassonen.

---

¹ Berengarius Fredoli ortus ex castro de Veruna haud procul Montepesulano, mox varias dignitates est adeptus. Fuit vicarius Coelestini V, huius obsequiis immorans, a consiliis eius et vestibus, unus ex sex clericis papae. Anno denique 1298 evasit episcopus Biterrensis. Doctorem iuris canonici clarissimum illum fuisse, patet ex auxilio, quod praestitit Bonifacio VIII in condendo libro Sexto Decretalium. Clemens V eum creavit presbyterum cardinalem tituli ss. Nerei et Achillei anno 1305. Ciaconivs, II. p. 373. Balvz. I. p. 631. *Gallia chr.*, VI. p. 341.

ac Iohanni de Ferreria canonico Aurelianensi.

Dil. filio Bernardo Tarvini archidiacono Redden. et canonico Narbonen. Viros scientia preditos.... Dat. Lugduni, IIII non. februarii.

237. — Lugduni, 15 febr. 1306.

Dispensat, ut, non obstante defectu natalium, possit assumi ad regimen mon. Campen. Colonien. dioec. (f. 40 *b*).

Dil. filio Raynerio de Heymsberg presbytero monacho monasterii Campen. ordinis Cistercien. Colonien. diocesis. Testimonium tibi.... Dat. Lugduni, XV kal. martii.

238. — Lugduni, 24 decembris 1305.

Obtentu Beatricis vicecomitissae Lautricen. neptis suae providet eius consanguineum de dignitate seu personatu in eccl. Ruthenen. vacantibus vel vacaturis, non obstante defectu aetatis et ordinum aut quod in eadem eccl. canonicatum et praebendam sub expectatione obtineat. (f. 40 *b*).

Ven. fratri episcopo Magalonen. et dil. filiis abbati monasterii Castren. Albien. diocesis, ac Petro Helie canonico Lodoven.

Dil. filio Guillelmo de Lautrico canonico Ruthenen. Vite ac morum honestas... Dat. Lugduni, IX kal. ianuarii.

239. — Apud s. Genesium, 14 februarii 1306.

L(eonardo) indulget ad triennium, ut ecclesiis, monasteriis, personis et locis suae civitatis et dioec. per vicarios idoneos possit visitationis munus impendere et procurationes recipere. (f. 41 *a*).

Venerabili fratri .L. episcopo Anagnin. Fraternitatis tue.... Dat. apud s. Genesium, XVI kal. martii.

240. — Lugduni, 23 ian. 1306.

Dispensat, ut, non obstante defectu natalium, ad quaecumque officia, dignitates et administrationes dumtaxat ordinis valeat assumi. (f. 41 *a*).

Dil. filio fratri Rembotoni presbytero monacho monasterii s. Iohannis in Stams ordinis Cistercien. Brixinen. diocesis. Testimonio tibi.... Dat. Lugduni, X kal. febr.

241. — Lugduni, 12 ian. 1306.
Supplicante Hugone dicto Ledespenser, familiari E(duardi) regis Angliae, condonat Willelmo reditus ex quibusdam beneficiis illicite perceptos, dispensatque cum illo, ut praeter ecclesias de Wecton et de Hasselee unum vel plura beneficia, quorum proventus usque ad valorem ducentarum librarum sterlingorum singulis annis ascendant, etiam si beneficia dicta curam habeant animarum et unum ex eis dignitas vel personatus existat, recipere valeat. (f. 41a).
Dil. filio Willelmo de Haudlo rectori parochialis ecclesie de Wecton Saresbirien. diocesis. Apostolice sedis.... Dat. Lugduni, II idus ianuarii.

242. — Lugduni, 21 ian. 1306.
Indulgetur, ut insistens scolasticis disciplinis reditus praepositurae eccl. de Wingeham et parochialium eccl. de Wecton et Hasselee Cantuarien., Saresbirien. et Lincolnien. dioec. percipere valeat. (f. 41b).
Eodem modo scribitur eidem Willelmo praeposito ecclesie de Wingeham Cantuarien. dioc. Devotionis tue.... Dat. Lugduni, XII kal. februarii.

243. — Lugduni, 14 ianuarii 1306.
Infrascripto mandat, ut legata, redemptiones votorum omnesque obventiones praeter decimas Terrae sanctae subsidio deputatas, a personis in regno Franciae constitutis diligenter colligat, Carolo comiti Andegavensi ad expugnandum imperium Constantinopolitanum [1] convertenda. (f. 41b).

[1] Philippus de Courtenayo, filius Balduini II, qui, imperio Constantinopolitano spoliatus a Michaele Palaeologo, confugerat in Siciliam, duxit an. 1273 in uxorem Beatricem, natam ex Carolo I rege Siciliae. Ex quo matrimonio prodiit Catharina, quae defuncto patre imperium avi sui sibi vindicabat. Cum Andronicus Palaeologus frustra petiisset, ut nuptui traderetur Michaeli filio suo, Catharina in Galliam emigravit et anno 1301 nupsit Carolo comiti Andegavensi, fratri Philippi IV regis Francorum. BALVZIVS, I. p. 588, 604.

Ven. fratri episcopo Silvanecten. In superne preeminentia dignitatis disponente Domino constituti, ad universas orbis provincias, quas professio christiane religionis includit, apostolice diffundimus considerationis intuitum pro eorum statu salubriter dirigendo. Set cum imperium inclitum Constantinopolitanum a cultu religionis predicte, qui vigere solebat in eodem, separatum attendimus, illudque ab olim per quondam Michaelem Paleologum, dum vixit, et post eius obitum per Andronicum eiusque filium eorumque complices et fautores scismaticos et ab unitate christiane fidei deviantes dampnabiliter occupatum, multo nimirum merore replemur et ad subveniendum ei de illo remedio, per quod ad fidem reduci valeat orthodoxam, vias et modos libenter exquirimus, opemque ac operam promptis studiis exhibemus. Quorum namque possunt christianorum animi non turbari, dum in gravem superni patris offensam, apostolice sedis iniuriam et iniuriosa dispendia pravum genus scismatice [1] gentis cornua elevasse conspiciunt ac tam nobile imperiale solium occupasse. Pro certo ad ipsum imperium de filiorum alienorum manibus liberandum ipse fidei zelus debet corda fidelium inflammare. Nam si, quod absit, idem imperium ad Turcos (sic) aliosque Sarracenos et infideles, a quibus dictus Andronicus iugiter impugnatur, devenire continget, non posset faciliter erui de manibus eorundem. O quam grave discrimen et ingentem confusionem reciperet, si quod Deus avertat, talis casus emergeret, romana mater ecclesia totaque religio christiana. Cum itaque dilectus filius nobilis vir Carolus comes Andegavensis, cuius interest ratione uxoris sue carissime videlicet in Christo filie Catherine, imperatricis [2] Constantinopolitane illustris, ad eiusdem recu-

[1] Ms. *scismate.*
[2] Ms. *in imperatricis.*

perationem imperii offerat se potenter velle intendere et ad id suas vires exponere, multique barones nobiles et potentes, zelo devotionis accensi, pro ipsius imperii recuperatione. ac reductione ad fidem catholicam cum eodem comite, sicut idem comes afirmat, sint proficisci parati, nos qui ad tam felicem, necessariam et salubrem, Deo favente, expeditionem christianos principes deberemus querere, invitare, quesitos et invitatos modis quibus possimus ad hoc inducere, premiis subsidiis et auxiliis provocare, cupientes ut huiusmodi negocium, quod non modicum apostolicam sedem omnesque Christi fideles ratione fidei prelibate contingit, sorciatur effectum salubrem, et attendentes, quod ex eiusdem felici consummatione negocii Terre sancte subsidium, quod ex causis diversis tamdiu fuit hactenus prepeditum, divina favente clementia poterit provenire, inherendo vestigiis felicis recordationis Benedicti pape XI. predecessoris nostri, qui super hoc tibi in forma simili suas litteras destinavit, quamvis ipso morte prevento processum non fuerit per easdem, fraternitati tue per apostolica scripta mandamus, quatenus legata, redemptiones votorum, omnesque obventiones preter decimas dicte Terre sancte subsidio deputata vel etiam deputanda, huiusmodi negocii durante prosecutione, a personis consistentibus in regno Francie, a quibus illa debentur, nomine nostro et romane ecclesie per te ac per subcollectores, quos ad hoc duxeris deputandos, studeas diligenter colligere et exigere eidem comiti, si nobis et eidem videbitur et generale passagium antea non fuerit assignatum, cum proficiscetur ad prosequendum negocium supradictum et in negocii prefati[1] subsidium convertenda. Nos enim super hoc necnon faciendi tibi predicta legata, redemptiones et obventiones per quoscunque, a quibus

[1] Ms. *prefatati.*

ea debentur, integraliter exhiberi, inquirendi etiam super hiis generaliter vel specialiter, prout ex officio videris expedire, contradictores insuper, quicunque et cuiuscunque conditionis aut status seu preeminentie fuerint, etiam si pontificali aut alia quavis dignitate (prefulgeant), auctoritate nostra, appellatione postposita, compescendi, faciendi preterea de hiis, que taliter receperis, hiis, a quibus ea recipies, dicto nomine finem, quietationem, absolutionem, et quecunque circa predicta fuerint oportuna, et invocandi ad hoc, si opus fuerit, auxilium brachii secularis, plenam tibi concedimus tenore presentium facultatem. Non obstantibus, si aliquibus a predicta sit sede indultum, quod excommunicari, suspendi vel interdici non possint per litteras apostolicas, non facientes plenam et expressam de indulto huiusmodi mentionem, et quibuslibet privilegiis, litteris et indulgentiis apostolicis, per que potestatis tibi super hiis tradite executio possit quomodolibet impediri et de quibus oporteat in nostris litteris specialem fieri mentionem.... Dat. Lugduni, XVIIII kal. februarii.

244. — Lugduni, 14 ian. 1306.

Infrascripto significat, se decimam omnium proventuum ecclesiasticorum ad templarios vel hospitalarios nequaquam spectantium in tota insula Siciliae per triennium imposuisse pro subventione Carolo comiti Andegavensi facienda, ipsamque decimam se velle colligi, exigi ac conservari, Frederico Trinacriae regi, si cum dicto comite ad recuperandum imperium Constantinopolitanum proficisci voluerit, alioquin eidem comiti pro expensarum subsidio assignandam. (f. 42 *a*).

Venerabili fratri episcopo Cephaluden. collectori decime per nos nuperrime pro recuperatione imperii Constantinopolitani in insula Cicilia deputato. In superne preeminentia etc. ut supra in precedenti littera usque. Considerantes insuper, quod dictus

6

comes ad tanti consummationem negocii absque sedis et fidelium predictorum auxilio, sub quorum fiducia ipse illud proponit assumere, non sufficit per seipsum, et aliis huiusmodi et aliis pluribus ad id nos inducentibus considerationibus ducti, quamvis ecclesiis et personis ecclesiasticis compatiamur ab intimis in eorum oneribus et pressuris, eisque super illis subventionibus remedia libentius prebeamus, pro huiusmodi tamen negocio sic salubri, nostrisque presertim ob fidei christiane favorem precordiis insidenti, decimam omnium proventuum ecclesiasticorum, ad templarios vel hospitalarios nequaquam spectantium, in tota insula Cicilie pro subventione dicto comiti facienda ad expensarum honera [1], que ipsum subire propterea oportebit, per biennium de fratrum nostrorum consilio duximus imponendam, ipsamque per te, quem ipsius decime collectorem per has nostras litteras deputamus, vel subcollectores tuos, quos ad hoc duxeris deputandos, colligi et exigi ac conservari fideliter nostro et ecclesie romane nomine volumus, carissimo in Christo filio nostro Frederico, Trinacrie regi illustri, si cum dicto comite ad huiusmodi negocium prosequendum cum decenti bellatorum comitiva, prout excellentiam decet regalem, voluerit proficisci, postquam prosequi negocium ipsum inceperit, alioquin eidem comiti pro dictarum expensarum subsidio assignandam. Ideoque venerabiles fratres nostros archiepiscopos, episcopos et dilectos filios electos, abbates, priores, prepositos, decanos, archidiaconos, archipresbyteros et alios ecclesiarum prelatos, nec non capitula, collegia et conventus, Cistercien., Cluniacen., Premonstraten., sancti Benedicti, sancti Augustini, Grandimonten. et aliorum ordinum, ceterasque personas ecclesiasticas, regulares et seculares, exemptas et non exemptas, hospitalis sancti

Iohannis et Milicie Templi ordinibus dumtaxat exceptis, per eamdem insulam constitutos per alias nostras litteras rogandos duximus et hortandos per apostolica scripta mandantes, ac in remissionem eis iniunximus peccatorum, quod ipsi ad huiusmodi auxilium dicto comiti in hoc articulo exhibendum promptis studiis exurgentes ac onus huiusmodi propter hoc ipsis impositum patientie virtute portantes dictam decimam per idem biennium terminis statuendis sic liberaliter solvere, omni difficultate cessante, procurent, quod de obedientia et devotione possint merito comendari. Non obstantibus quibuslibet privilegiis, litteris et indulgentiis, ipsis aut ipsorum aliquibus aut dignitatibus vel ordinibus seu locis generaliter et specialiter sub quacunque forma vel conceptione verborum ab eadem sede concessis, per que nostris litteris non expressa vel tota littera non inserta effectus impositionis et solutionis dicte decime impediri valeat et de quibus quorumque totis tenoribus de verbo ad verbum ac propriis personarum, locorum et ordinum eorundem nominibus in eisdem nostris litteris plena et expressa ac specialis mentio sit habenda. Porro quia nonnulli de dictis fratribus nostris romane ecclesie in eadem Sicilia proventus ecclesiasticos obtinent, nostre intentionis nequaquam existit, quod de predictis eorum proventibus predicta vel quevis alia decima quomodolibet persolvatur, vel quod huiusmodi aut similis impositio decime ad eosdem proventus alicuius eorundem cardinalium aliquatenus se extendat. Predictam insuper decimam per nos ut premittitur impositam exigi volumus de proventibus supradictis iuxta taxationem antiquam, nisi a tempore ipsius taxationis antique predicti proventus ecclesiastici sint ideo notabiliter diminuti, quod de dicta antiqua taxatione evidenter apareat defalcandum. Quod si de taxatione antiqua tibi non constaret, ad predicte decime collectio-

---

[1] Ms. *hominum*.

nem per te vel subcollectores a te deputandos procedas, prout eorundem proventus valore debita declaratione pensato, id secundum Deum tibi videbitur faciendum, super quo tuam intendimus conscientiam onerare. Quocirca fraternitati tue, de cuius circumspectione fiduciam gerimus in Domino specialem, per apostolica scripta mandamus, quatinus predicte decime colligende in eadem insula subscripto modo sollicite curam geras et singulis civitatibus et diocesibus dicte insule de consilio locorum ordinariorum aut eorum vices gerentium, si diocesani ipsi absentes fuerint, et duorum fidedignorum de ecclesia cathedrali, constitutorum in dignitatibus seu aliorum, tam quoad non exemptos, quam quoad exemptos deputes unam vel duas personas, prout videris expedire, fide, facultatibus, si tales inveniantur commode, ac alias ydoneas ad collectionis huiusmodi ministerium exequendum. Collectores autem, quos ut premittitur deputabis, in forma iurare facias infrascripta, et tu nichilominus partes easdem circumeas diligentius scrutaturus, qualiter in commisso sibi dicte collectionis officio prefati se habeant collectores et qualiter ipsis de decima satisfiat. Tibi quoque cum consilio predictorum ordinariorum et aliorum mutandi collectores ipsos, quotiens videris expedire, ac faciendi tibi per eos et qui eis fuerint taliter substituti coram ipsis ordinariis reddi computum de collectis, ipsamque decimam in dicta insula eodem durante biennio plene solvi, contradictores insuper per te vel alium seu alios per censuram ecclesiasticam, appellatione postposita, compescendi et invocandi ad hoc, si opus fuerit, auxilium brachii secularis, non obstantibus omnibus supradictis, seu si aliquibus ab eadem sit sede indultum etc. usque mentionem, plenam committimus, tenore presentium, facultatem. Terminos autem ad huiusmodi decimam persolvendam per te sic volumus assignari, videlicet quod in predictorum duorum an-

norum quolibet infra festum Nativitatis beati Iohannis Baptiste et deinde infra Nativitatis dominice alia medietas dicte decime persolvatur. Et ut tam tu, quam dicti collectores fructum de vestris laboribus reportetis, premissa tibi et eis in remissionem iniungimus peccatorum. Volumus denique, ut frequenter nobis, quid actum fuerit in dicta insula, tam circa collectores, quam circa collectionem, quantitatem, collectam et solutionem ipsius scribere nullatenus omittatis. Considerans igitur, quod in premissis negocium Dei prosequeris et in conspectu agis eius, qui cuncta discernit, sibique necnon et nobis, qui circa hoc omnem diligentiam adhibere intendimus, teneberis reddere rationem, ab utroque pro meritis recepturus, sic prudenter in illis te habere studeas, sic consulte, quod in utriusque iudicio non solum (vites) pene confusionisque discrimina, sed laudis et gratiam ac retributionis premium assequaris.... Forma. autem iuramenti etc. ut supra capitulo DC . XLIIII. Dat. Lugduni, XVIIII kal. februarii.

245. — Lugduni, 14 ian. 1306.

Notum facit, se decimam omnium proventuum ad templarios vel hospitalarios nequaquam spectantium in regno Franciae per biennium imposuisse pro subventione praedicto comiti facienda, eosque hortatur, ut decimam liberaliter solvant. (f. 42 b).

Ven. fratribus archiepiscopis, episcopis et dilectis filiis electis abbatibus prioribus decanis archidiaconis archipresbyteris et aliis ecclesiarum prelatis nec non capitulis collegiis et conventibus Cistercien. Cluniacen. Premonstraten. sancti Benedicti, sancti Augustini, Cartusien. Grandimonten. et aliorum ordinum ceterisque personis ecclesiasticis regularibus secularibus exemptis et non exemptis, hospital. s. Iohannis Ierosolimitani et militio templi dumtaxat exceptis, per regnum Francie constitutis [1]. In

---

[1] Ms. *Hec rubrica debet fieri in hiis duabus litteris.*

superne etc. ut supra usque *nequaquam
spectantium*, in toto regno Francie pro
subventione dicto comiti facienda ad expensarum onera, que ipsum propterea subire
oportebit, per biennium de fratrum nostrorum consilio duximus imponendam, ipsamque per venerabiles fratres nostros Parisiensem, Silvanectensem episcopos, quos
ipsius decime collectores per alias nostras
litteras deputamus, vel subcollectores eorum etc. usque ibi prefato comiti, postquam
prosequi negocium inceperit antedictum,
pro subventione huiusmodi expensarum.
Verum quia carissimo in Christo filio nostro Philippo, regi Francorum illustri decima est per certum tempus in eodem regno certis ex causis ab apostolica sede
concessa, nos ne eodem tempore solutiones huiusmodi decimarum concurrant, ut
exinde ecclesie et persone predicte nimium
non graventur, statuimus, quod si dictus
rex exactionem dicte decime sibi concesse
voluerit prorogare, quousque dicta decima
concessa ut premittitur eidem comiti exi-
gatur, biennium exactionis huiusmodi decime dicti comitis incipiat in festo Nativitatis beati Iohannis Baptiste proximo nunc
venturo [1], alioquin inchoabitur idem biennium statim post futurum tempus solutionis
eiusdem decime dicti regis. Rogamus itaque
Vniversitatem vestram et hortamur in Domino, per apostolica scripta mandamus ac
in remissionem vobis iniungimus peccatorum, ut dictam decimam per idem biennium in terminis statuendis sic liberaliter,
omni difficultate cessante, solvere procuretis, quod de obedientia et devotione possitis
merito comendari. Non obstantibus etc.
usque specialis mentio sit habenda. Porro
quia nonnulli etc. *ut supra usque* aliquatenus se extendat. Predictam insuper
decimam etc. ut supra usque appareat
defalcandum. Ceterum illos clericos ad pre-

[1] Ms. *ventura*.

stationem ipsius decime teneri nolumus [1],
quorum ecclesiastici redditus et proventus
summam decem librarum Turonensium parvorum ad valorem antiquum, annis singulis,
non excedant. Dat. ut supra.

246. — Lugduni, 14 ian. 1306.
Notum facit, se decimam omnium proventuum
ecclesiasticorum ad templarios vel hospitalarios
nequaquam spectantium in toto regno Siciliae per
biennium imposuisse ex causa eadem ut supra,
collectorem decimae Bartholomaeum electum Brundusin. deputasse, ipsamque decimam se velle colligi, exigi atque conservari Philippo [2] principi
Tarentin., si ad recuperandum imperium Constantinopolitanum proficisci voluerit, alioquin Carolo
comiti Andegaven. assignandam. (f. 42*b*).

In superne.... Dat. ut supra.
Eodem modo praelatis in insula Siciliae constitutis.
E. m. Parisien. et Silvanecten. episcopis collectoribus decimae in toto regno Franciae.

247.
Eodem modo nobili viro Carolo comiti Andegavensi. (f. 43*a*).

In superne etc. ut supra usque. Cum
itaque cuius est ratione uxoris tue carissime videlicet in Christo filie Catarine etc.
ut supra usque dicti. Tibi et omnibus, qui
pro dicte Terre sancte subsidio signum crucis nullatenus receperunt, proficiscentibus
tecum in expeditionem huiusmodi negocii
dicti imperii, et eis etiam, qui propriis expensis illuc iuxta eorum facultatem miserint
ydoneos bellatores, vel qui, licet in aliis

[1] Ms. *volumus.*
[2] Philippus, princeps Tarentinus, filius Caroli II regis
Siciliae, anno 1294 a patre suo donatus est nomine principis Achaiae et Moreae. Biennio ante uxorem duxit filiam Nicephori Angeli ducae Comneni despotae Epiri
Veteris seu Romaniae, Ithmaram, quacum dotem accepit
plurimas regionis illius provincias. — Anno 1313 Catha-
rinam, filiam Caroli Andegavensis ex coniuge Catharina,
heredem imperii Constantinopolitani sibi desponsavit.
BALVZIVS I. p. 604,580. *L'Art de vérifier les dates*, II.
18. p. 319.

expensis, cum non possint suis, in personis tamen propriis, tecum curaverint proficisci, illam concedimus _tui et ipsorum veniam peccatorum, quam haberetis, si transfretaretis in Terre sancte subsidium prelibate. Cruce signatis autem pro eiusdem Terre sancte succurso prestando, qui tecum ad recuperandum predictum imperium in propriis personis accedant vel in expensis eorum illuc iuxta eorum facultates bellatores ydoneos destinaverint, similem suorum concedimus veniam peccatorum. Ipsos, si forsan in huiusmodi negocii dicti imperii prosecutione decesserint, ab executione voti per eos emissi de transfetando in dicte Terre sancte subsidium, eadem auctoritate absolvimus, votum eorum predictum totaliter commutando: quod si forsan in prosecutione huiusmodi negocii dicti imperii non decesserint, ad executionem voti eorum, quod pro eiusdem Terre sancte emiserint, nihilominus teneantur. Negocium itaque prelibatum virtute tue magnanimitatis assume, et assumptum tamquam vir strenuus viriliter prosequaris, nam in hiis et aliis, ubi expedierit, apostolicus non deerit tibi favor.... Dat. ut supra.

Eodem modo Bartholomaeo, electo Brundusinensis, collectori decimae in regno Siciliae citra. Farum.

248. — Lugduni, 14 ian. 1306.

Infrascriptos monet, ut Carolo, comiti Andegavensi, in recuperatione imperii Constantinopolitani promptum auxilium praestent. (f. 43 a).

Dilectis filiis duci et communi Venetiarum. Gravibus exasperata conviciis, dolorosis aflicta puncturis romana ecclesia pia mater fidelium, unica sponsa Christi, de execrabili scismatis inveterati dispendio, per quod diabolice fraudis dampnosa nequitia et perfidia scelerata ab ipsa, que caput est catholicorum omnium et magistra, super universas orbis ecclesias obtinens principatum, Greco-

rum [1] ecclesiam segregavit, invigilare compellitur, ut fidelium imploret auxilium et pulset et excitet corda fidelium et cunctorum, quos fidei zelus et fervor catholice religionis accendit, querat presidia, conflet vires procuretque succursum, ut eandem ecclesiam Grecorum a petra Christo succisam, in errorum et scissure devio proh dolor constitutam, ad vere fidei disciplinam summa diligentia, provida et discreta alti consilii maturitate reducat, discernens in re prudenter conditiones temporis et varias qualitates ipsius, ut, cum divina provisio acceptabile prebet ipsum et ministrat etiam dies salutis, ad aggrediendum opus tam pium et inceptum feliciter prosequendum sic consurgat viriliter virtuosis operibus et virtutibus operosis, quod dextera Domini misericordiam operante cum ipsa et dirigente salubriter actus eius in illo sic virtuose proficiat, sic consulte agenda disponat, quod, que annorum nequiverint longa retroacta curricula, brevis temporis desuper patrata comoditas et oblata ab auctore gratiarum abilitas subministret. Cunctis enim per orbem terrarum venit in publicum, quod longe iam dudum orientalis ecclesia dampnabili deceptione seducta a Petri ovili et ecclesie catholice unione se reddidit per iacturam execrabilis scissionis extraneam, pluribus circumspecta errorum involucris pluribusque pravitatis scismatice falsis docmatibus involuta, propter que felicis recordationis Martinus pp. IIII predecessor noster, videns ex hoc vile quasi provenire dispendium et ex tanto scismate religioni fidei orthodoxe plurimum derogari, quondam Michaelem Paleologum scismatis predicti fautorem, eiusque complices, utpote ab unitate eiusdem fidei deviantes, pronunciavit excommunicationis vinculo innodatos pluribusque per eundem predecessorem quesitis remediis, ut impe-

[1] Ms. *Gregorum.*

rium Constantinopolitanum de predictorum scismaticorum manibus liberatum ad ovile Christi vicarii et unionem catholicam revocaret. Cum autem regis eterni provisio tantum negocium utinam per nos humilem servum eius feliciter consumendum usque ad hec tempora prorrogarit, et ad presens, sicut firmiter speramus et credimus, tempus venit, Domino miserante, provisum, ut in eisdem ecclesiis, quas primitus unio fidei in Christi caritate coniunxit, per ipsum sanioris consilii precisis veteris scissure radicibus unionis federa reformentur. Cum dilectus filius magnificus vir Carulus, clare memorie Philippi regis Francorum genitus, comes Andegavensis, ad quem, ratione carissime in Christo filie imperatricis Constantinopolitane illustris coniugis sue, dictum imperium noscitur pertinere, ad recuperationem ipsius se afferat velle ferventer et potenter intendere et ad id exponere vires suas multorum stipatus comitum, baronum, potentum et aliorum nobilium comitiva, ac per hoc perpetremus in eo, qui in occursum implorantium nomen eius clementer exurgit, quod predicti imperii recuperatio diutius expectata prestabitur ac per recuperationem ipsius Terre sancte negocium, quod non sine lacrimarum profluvio ad memoriam revocamus, facilius ymo felicius peragetur, per id etiam precidentur hereses, scismata evellentur, gloria ipsius fidei orthodoxe tanto potentiori virtute vallabitur, quanto ad laudem divini nominis tanti imperii provincias plurimas complectentis et regna, feliciori decorabitur unione, frangentur ex hoc Parthorum seu Turcorum animi eidem imperio vicinorum, tremebunt Arabes et a christianorum facie Christi fugient inimici et alia innumerabilia bona ex hiis fidelibus eventis evenient et plurima obtata succedent, considerantes quoque, quod dictus comes ad sic ardui expeditionem negocii absque sedis apostolice et fidelium predictorum auxilio non sufficit per seipsum,

quodque utpote eiusdem ecclesie matris vestre dilecti filii, quos nulla preterivit vel mutavit adversitas erga eam, in sic agendorum negociorum arduorum constituetis. vos atletas Dei et fortissimos bellatores, universitatem vestram rogamus, monemus et hortamur attente obsecrantes per Dominum Iesum Christum, quatinus ob reverentiam eiusdem sedis et nostram, magnanimitate solita, in promptum auxilium eiusdem comitis sub velamento divine dextere consurgentes sic eidem potenter et viriliter assistatis, quod dictus comes vestra et aliorum fidelium fultus potentia, felicem tanti operis exitum, annuente Domino, consequatur, vosque tanti boni effecti participes, preter humane laudis preconium, divinam et apostolice sedis gratiam propterea mereamini consequi pleniorem. Nos enim de omnipotentis Dei misericordia et beatorum Petri et Pauli apostolorum eius auctoritate confisi omnibus civibus vestris, qui cum eodem comite in propriis personis et expensis ac eis qui in personis suis dumtaxat, sed expensis alienis contra scismaticos processerint, illis quoque, qui in expensis propriis illuc miserint bellatores, eis etiam qui aliqua de bonis suis erogaverint pro bellatoribus conducendis, iuxta quantitatem subsidii et devotionis affectum illam peccatorum suorum, de quibus veraciter corde contriti et ore confessi fuerint, veniam indulgemus, que conceditur transfretantibus in subsidium Terre sancte.... Dat. ut supra.

Eodem modo scribitur potestati, abbati, consilio et comuni Ianuensi.... Dat. est eadem.

249. — Lugduni, 19 febr. 1306.

Intuitu Neapoleonis s. Hadriani diaconi card. confert infrascripto pro dimidia integram prebendam vacantem vel vacaturam in eccl. Beluacen., dispensatque cum illo, ut canonicatum eccl. Beluacen., in Trecen. canonicatum et prebendam ac in Paduan. ecclesiis canonicatum sub expectatione praebendae retinere valeat. (f. 43 *b*).

Dil. filio Corrandino nato dilecti filii nobilis viri Eddoardi Spinulle de Luculo canonico Beluacen.

Dil. filiis preposito Massilien. et archidiacono Ianuen. ac magistro Guidoni de castro Aquarto canonico s. Nicolai Beluacen. ecclesiarum. Probitatis et devotionis merita.... Dat. apud s. Ciricum in Monte Aureo prope Lugdunum, XI kal. martii.

250. — Lugduni, 12 ian. 1306.
Indulget Petro ad quinquennium, ut insistens scolasticis disciplinis reditus praebendarum, quas in Narbonnen. et Carnoten. eccl. obtinet, et capellae de vicecomitali palatio Narbonnen. et aliarum praebendarum et dignitatum integre, quotidianis exceptis distributionibus, percipere possit, ac si personaliter resideret. (f. 43 b).

Dil. filio Petro de Narbona canonico Narbonen., capellano Narbonen. Generis et morum.... Dat. Lugduni, II idus ianuarii.

251. — Lugduni 23 febr. 1306.
Consideratione Bertrandi domini de Mercurio, conestabili Campaniae, indulget ad quinquennium eius consanguineo, ut insistens disciplinis scolasticis vel residens in aliqua ecclesiarum, in quibus beneficia obtinet, sive in romana curia moram trahens fructus beneficiorum suorum percipere possit. (f. 44 a).

Dil. filiis Case Dei et Piperancen. monasteriorum abbatibus ac priori de Baiserassa Claromonten. dioc.

Dil. filio Pontio de Podompniaco decano ecclesie Brivacen. Claromonten. dioc. Tue probitatis merita.... Dat. apud s. Ciricum prope Lugdunum, VII kal. martii.

252. — Lugduni 22 ian. 1306.
Assumpto Berengario ad dignitatem cardinalitiam tituli ss. Nerei et Achillei, praeficit vacanti ecclesiae Biterren. Richardum [1], quem, ut familiari experientia didicit, commendat scientia litterarum

et laudabilis vitae praeconia in placibilitate conversationis extollunt ac morum maturitas mira honestate decorat, in episcopum et pastorem. (f. 44 a).

Dil. filio Richardo electo Biterren. Quam sit onusta.... Dat. Lugduni, XI kal. febr.
Eodem modo capitulo Biterren. ecclesiae.
E. m. universis vasallis.
E. m. clero civitatis et dioecesis.
E. m. populo et universitati Biterren.

253. — Scaimae, 5 oct. 1305.
Vacante monasterio Tutellen. [1] duabus electionibus in discordia celebratis, una de fr. Arnaldo s. Asterii [2], camerario dicti monasterii et alia de fr. Helia de Tutela preposito de Navis, quia sex vicarii a conventu deputati bona monasterii dissipant, pontifex eos removet et instituit Raymundum de Favols, priorem de Curte, vicarium dicti monasterii, quousque provisum fuerit de abbate. Insuper ad recipiendos reditus et proventus prioratus de Rupe Amatoris pertinentis ad mon. Tutellen. magistrum Heliam de Bosco clericum suum ei adiungit. (f. 44 b).

Dil. filio Raymundo de Favols priori de Curte Agennen. diocesis. Ex parte fratrum.... Dat. Scaime, III non. octobris.

254. — Lugduni, 22 ian. 1306.
Mortuo Berardo, Iacobum [3] ex canonico per viam compromissi electum in episcopum Fanen. confirmat post examinationem electionis factam per Petrum episcopum Sabinen. et Iohannem ss. Marcellini et Petri presbyterum ac Richardum s. Eustachii diac. cardinales. (f. 44 b).

Dil. filio Iacobo electo Fannen. Militanti ecclesie.... Dat. Lugduni, XI kal. februarii.
Eodem modo capitulo eiusdem eccl.
E. m. populo civitatis et dioec.
E. m. clero civitatis et dioec.

---

[1] Richardus Nepotis, episcopus Biterrensis 1305-1309. *Gallia chr.*, VI. p. 345.

[1] Monasterium Tutelense, conditum sec. VII, in sedem episcopalem, detractum ex Lemovicensi, erexit Iohannes XXII anno 1318. *Gallia chr.*, II. p. 662.
[2] Hic evasit anno 1308 abbas, deinde decennio post primus episcopus Tutelen. Obiit an. 1333. *Gall. chr.*, II. p. 667.
[3] VGHELLI, *Italia sacra*, I. p. 666. ubi perperam dicitur confirmatus anno 1305.

255. — Lugduni, 22 ian. 1306.
Testificatur Iacobum ab episcopo Sabinen. fuisse consecratum in episcopum (f. 45 a).

Venerabili fratri .I. episcopo Fannen. Nuper electionem.... Dat. ut supra.

256. — Apud s. Ciricum, 19 febr. 1306.
Relaxet excommunicationis sententiam in Nicolaum Ceynes canonicum et Yolandem abbatissam secularis eccl. Nivellen. Leodien. dioec. sequacesque eorum prolatam, occasione litis exortae inter dictum Nicolaum et Hugonem de Lugduno presbyterum super praepositura eccl. Nivellen. [1], quam uterque sibi vindicabat. (f. 45 a).

Ven. fratri Nicolao Ostien. et Velletren. episcopo. Ex parte.... Dat. apud s. Ciricum prope Lugdunum, XI kal. martii.

257. — Lugduni, (sine data).
Dispensatio super observatione ieiuniorum. (f. 45 b).

Dil. filio nobili viro Raynaldo [2] comiti Gelren. Merita tue devotionis exposcunt.... Dat. Lugduni, (sine data).

258.
Obtentu Raynaldi comitis Gelren. dispensat cum eius fratre, ut, non obstante defectu natalium, praeter canonicatum et praebendam in eccl. s. Mariae Traiecten. inferioris alia duo vel plura beneficia, etiam si dignitates vel personatus existant, recipere valeat. (f. 45 b).

Dil. filio Henrico Gelre canonico ecclesie s. Marie Traiecten. inferioris. Consuevit.... Dat. (sine data).

259. — Apud s. Ciricum, 21 febr. 1306.
Annuens supplicationi Leonardi episcopi Albanen. providet eius capellano de canonicatu eccl. Nolan. et beneficiis, quorum proventus duodecim unciarum auri valorem annuum non excedat, vacantibus vel vacaturis in civitate vel dioec. Nolan., non

---

[1] V. *Gallia chr.*, VI. p. 574.
[2] Raynaldus I. comes Gelrensis 1271-1326. *L'Art de vérifier les dates*, II. 14. p. 285.

obstante quod in Aversan. eccl. canonicatum et beneficium et Buralae ecclesiam s. Mariae Magdalenae de Pedemontis Sypontin. dioec. obtineat. (f. 46 a).

Dil. filio Corrado de Auximo canonico Nolan. Tue merita.... Dat. apud s. Cyricum, IX kal. martii.

260. — Lugduni, 28 ianuarii 1306.
Obtentu Guicii de Ciris de Florentia domicelli et familiaris nobilis viri Iohannis de Distingh providet eius fratrem de canonicatu eccl. Florentin. ac praebenda et personatu seu dignitate ibidem vacantibus vel vacaturis, non obstante quod in eccl. Cicestrensis canonicatum et praebend. obtineat. (f. 46 a).

Dil. filiis priori s. Laurentii Florentin. et plebano s. Mariae in Planctu Florentin. diocesis ac Fernando Volasde canonico Salamantin. eccl.

Dil. filio Iohanni de Ciriis de Florentia canonico Florentin. Tue probitatis.... Dat. Lugduni, V kal. februarii.

261. — Lugduni 19 febr. 1306.
Concedit tabellionatus officium (f. 46 a).

Dil. filio Helie Bricci notario clerico Petragoricen. Ne contractuum.... Dat. Lugduni, XI kal. martii.

262. — Lugduni, 19 febr. 1306.
Eodem modo scribitur pro *Bernardo de Rivo* clerico Corisopiten. dioc. et est dat. eadem. (f. 46 b).

263. — Apud s. Ciricum, 26 febr. 1306.
Committit curam et administrationem eccl. Arboren [1]. (f. 46 b).

Venerabili fratri Hugoni episcopo Biblinen [2]. Dudum ad universas.... Dat. apud s. Ciricum, IIII kal. martii.

---

[1] Arborea in insula Sardinia, cuius sedes circa annum 1070 translata est ad Torres (Oristanum). GAMS p. 838, ubi Hugonis nostri nulla fit mentio.
[2] Bibliensis ecclesia patriarchatui Antiocheno subiecta, cuius civitas Biblium hodie Gibelet dicitur. WEIDENBACH, *Calendarium historico-christianum medii et novi aevi.* Regensburg 1855. p. 273.

264. — Apud s. Ciricum, 26 februarii 1306.

Infrascriptum hortatur, ut praefatum episcopum recipiat tamquam legitimum administratorem eccl. Arboren. ipsique semet exhibeat benevolum et in cunctis opportunitatibus gratiosum. (f. 46 *b*).

Dil. filio nobili viro iudici Arboren. Ad ea, per que.... Dat. ut supra.

Eodem modo scribitur capitulo eccl. atque clero civitatis et dioec. Arboren.

E. m. universis vasallis eccl. Arboren.

265. — Apud s. Ciricum, 20 februarii 1306.

Petente Eduardo, rege Angliae, condonat eius cancellario reditus ex pluribus beneficiis eccl. illicite perceptos et indulget illi, ut valeat retinere ecclesias de Spofforde, de Worrefelde, de Moneketon et de Codinthon una cum canonicatibus et praebendis in Saresbirien. et Lichefelden. et de Ripon, de Derlinton et de Auclande ecclesiis (f. 46 *b*).

Dil. filio Iohanni de Boestade canonico Saresburen. Tue devotionis.... Dat. apud s. Ciricum, X kal. martii.

266. — Lugduni, 16 febr. 1306.

Ludovicum providet de canonicatu eccl. Leodien. et de praebenda, personatu seu dignitate ibidem vacantibus vel vacaturis, dispensat cum eo, ut retinere valeat in maiori et s. Pauli Lugdunen. eccl. canonicatus et portiones et in eadem maiori eccl. cantoriam, indulgetque quod residens in una, non teneatur personalem facere residentiam in aliis ecclesiis. (f. 47 *a*).

Dil. filiis de Savigniaco et de Insula Barbara mon. abbatibus Lugdunen. dioc. et priori b. Marie de Platerio Lugdunen.

Dil. filio Lodovico de Vasalliaco canonico Leodien. Apostolice sedis.... Dat. Lugduni, XIIII kal. martii.

267. — Lugduni, 10 ian. 1306.

Concedit, ut possit praeter decanatum Aurelianensis eccl. unam parochialem eccl. recipere. (f. 47 *a*).

Regestum Clementis Papae V.

Dil. filio magistro Radulfo [1] Grospermi decano ecclesie Aurelianen. Attributa tibi.... Dat. Lugduni, IIII idus ianuarii.

268. — Lugduni, 13 febr. 1306.

Intuitu E(duardi) regis Angliae confert eius clerico et familiari canonicatum et praebendam Londonien. dioec., quos Guillelmus [2] archiep. Eboracen., olim canon. Londonien., obtinebat, non obstante, quod in eccl. Cicestren. canonicatum et praebendam et eccl. de Steyngreve et medietatem ecclesiae de Wastwallon Eboracen. et Norwicen. dioec. obtineat. (f. 47 *b*).

Venerabili fratri episcopo Coventren. et dil. filiis magistris Guillelmo de Brixia Lincolnien. ac Gaffrido de Blaston. Lichefelden. eccl. canonicis.

Dil. filio magistro Thome de Suerchia clerico et familiari carissimi in Christo filii nostri E. regis Anglie illustris can. Londonien. Clara merita.... Dat. Lugduni, idus febr.

269. — Lugduni, 12 ian. 1306.

Canonicatus et praebendas, quos Philippus [3] de Mauringniaco, electus Cameracen., in Cameracen., Melden. et s. Petri Duacen. ac Exoldunen. Atrebaten. et Bituricen. dioec. ecclesiis obtinet, post munus consecrationis ab eo suscipiendum brevi vacaturos reservat. (f. 47 *b*).

Cum canonicatus.... Dat. Lugduni, II idus ianuarii.

270. — Lugduni, 7 ian. 1306.

Cuidam indulget, ut quotiescunque per aliquem sacerdotem in eius praesentia proponi contigerit solemniter verbum Dei, liceat eidem sacerdoti vi-

[1] Radulphus, clericus regis et in iure multum versatus, ex decano Aurelianensi ad infulas promotus est an. 1307. *Gallia chr.*, VIII. pp. 1471, 1507.

[2] Guillelmus Greenfield archiepiscopus Eboracensis 1306-1315. *Series episcoporum ecclesiae catholicae.* Edidit Pivs Gams. Ratisbonae 1873, p. 201.

[3] Philippus de Marigniaco primum Philippo IV regi Franciae ab epistolis et intimis consiliis fuit; verum a civilibus aulicisque curis ad ecclesiastica se contulit studia, factus canonicus, deinde episcopus Cameracensis. Ad Senonensem metropolim traducitur anno circiter 1309. *Gallia chr.*, II, p. 41, XII, p. 71.

ginti dies omnibus vere poenitent. et confessis ibidem praesentibus de iniunctis sibi poenitentiis relaxare. (f. 48 a).

Consuevit interdum.... Dat. Lugduni, VII idus ian.

271. — Apud s. Ciricum, 19 febr. 1306.
Cuidam reservat beneficia in civitate, dioec. ac provincia Salernitan., quorum proventus quadraginta unciarum auri valorem annuum non excedant, non obstante quod in eccl. Brugen. Tornacen. dioec. de canonicatu et praebenda sub expectatione ei sit provisum. (f. 48 a).

Sincera devotio.... Dat. apud s. Ciricum prope Lugdunum, XI kal. martii.

272. — Lugduni, 5 ian. 1306.
Cuidam indulget, ut monasteria monialium cum octo matronis honestis ingredi valeat. (f. 48 a).

Tue devotionis.... Dat. Lugduni, non. ian.

273. — Apud s. Ciricum, 19 febr. 1306.
Cuidam indulget, ut monasterium s. Catharinae ord. s. Clarae Ianuen. ter in anno cum unica honesta matrona devotionis causa intrare valeat. (f. 48 a).

Pium arbitramur.... Dat. apud s. Ciricum in Monte aureo prope Lugdunum, XI kal. martii.

274. — Apud s. Ciricum, 19 febr. 1306.
Consideratione Neapoleonis s. Hadriani diac. card. providet quendam de canonicatu eccl. s. Mariae de Castello Ianuen. et de praebenda ibidem vacante vel vacatura, non obstante quod obtineat canonicatum et praebendam eccl. Senonen. (f. 48 a).

Probitatis merita.... Dat apud s. Ciricum prope Lugdunum, XI kal. martii.

275. — Lugduni, (sine data).
Confirmat solutionem quingentarum librarum Viennen. factam per Andrevetum, executorem testamenti quondam Michaelis de Clayreto civis Lugdunen., qui summam hanc reliquit pauperibus de Lugduno. (f. 48 b).

Meretur vestre religionis.... Dat. Lugduni, (sine data).

276. — Apud s. Ciricum, 19 februarii 1306.
Supplicante Neapoleone s. Hadriani diac. card. providet quendam capellanum ipsius de canonicatu et praebenda vacante vel vacatura in eccl. Bononien. (f. 48 b).

Probitatis merita.... Dat. apud s. Ciricum in Monte aureo prope Lugdunum, XI kal. martii.

277. — Lugduni, 18 febr. 1306.
Indulgentiae omnibus fidelibus, qui certis diebus visitaverint ecclesiam, quam prior et fratres b. M. de Monte Carmelo Lugduni construere intendunt. (f. 48 b).

Licet is.... Dat. Lugduni, XII kalend. martii.

278. — Burdegalis, 15 aug. 1305.
Margaritae comitissae Ebroicen. indulget, ut clerici ipsius obsequiis insistentes, usque ad quinquennium possint percipere fructus suorum beneficiorum, quotidianis exceptis distributionibus, ac si personaliter residerent. (f. 49 a).

Vt dilectionis affectum....: Dat. Burdegalis, XVIII septembris.

279. — Lugduni, 28 dec. 1305.
Obtentu (Constantiae)[1] reginae Castellae reservat cuidam beneficium in civitate vel dioec. Cesaraugustan., non obstante quod archidiaconatum de Comiliana in eccl. Egitan. ac in ea canonicatum et praebendam et grangiam eccl. b. Mariae de Orta Segiontin. dioec. et ab Oscen. et Ilerden. episcopis quasdam pensiones obtineat seu quod illi sit in eccl. Vlixbonen. provisum de canonicatu et praebenda sub expectatione. (f. 49 a).

Personam tuam.... Dat. Lugduni, V kal. ianuarii.

---

[1] Constantia, nata Dionysii, regis Portugaliae, nupsit an. 1303 Ferdinando IV regi Castellae et Legionis (1295-1312). *L'Art.etc.*, II. 6. p. 567.

280. — Lugduni, 22 ian. 1306.

Defuncto Petro quondam episcopo Sistericen., canonici eccl. Sistericen. et Folqualquerien. procedentes per viam scrutinii, elegerunt quendam [1] ex archidiacono Redensi in eccl. Narbonnen. in episcopum Sistericen., uno canonico, videlicet Iacobo Raymundi praeposito Sistericen. eccl. Franciscum, monachum et sacristam monasterii Massilien. eligente, altero scilicet Guillelmo Porcheti neminem nominante. Cum vero, electione per appellationem ad sedem apostolicam devoluta, Franciscus electionem de se factam prosequi non curaret, et Iacobus quoque in appellatione non processisset, confirmatur electio supradicta, post examinationem de persona electi factam per Petrum Sabinen. et Stephanum s. Ciriaci presbyterum ac Guillelmum s. Nicolai in carcere Tullian. diac. cardinales. (f. 49 a).

Et si iuxta pastoralis.... Dat. Lugduni, XI kal. februarii.

Eodem modo praepositis et capitulis Sistericen. et Folqualquerien. scribit monetque, ut eidem electo plene et humiliter intendant.

E. m. clero civitatis et dioec. Sistericen.

E. m. universis vasallis.

E. m. populo civitatis et dioec.

281. — Lugduni, 22 febr. 1306.

Cum quodam dispensat super defectu natalium, ut possit ad omnes ordines promoveri et beneficium obtinere. (f. 49 b).

Illegitime genitos.... Dat. Lugduni, VIII kal. martii.

282. — Lugduni, 1 febr. 1306.

Eodem modo *Iohanni de Tholeya* clerico Treviren. dioec. (f. 50 a).

Dat. Lugduni, kal. februarii.

283. — Lugduni, 24 ian. 1306.

Eodem modo pro *Bernardo de Galhardia* Convenarum dioec. (f. 50 a).

Dat. Lugduni, IX kal. februarii.

[1] Iacobus Gantelmus. *Gallia chr.*, I. p. 493.

284.

Cuidam ad triennium indulget, ut in capellis suis, quae quacunque, praeter apostol., auctoritate ecclesiastico fuerint suppositae interdicto, possit sibi suisque familiaribus facere divina celebrari. (f. 50 a).

Personam tuam.... Dat. (sine data).

285.

Petente Guillelmo de Grandisono milite dispensat cum eius filio, ut non obstante quod nuper quaedam beneficia eccl. obtinuerit, possit adhuc unum vel plura alia, quorum proventus trecentorum marcarum sterlingorum valorem annuum non excedant, recipere. (f. 50 a).

Sedis apostolice.... Dat. (sine data).

286.

Cum quodam alio filio supradicti Guillelmi dispensatur eodem modo, mutatis mutandis. (f. 50 a).

287.

Vxori Guillelmi de Grandisono ad quinquennium indulgetur, ut possit ter in anno ingredi mon. de Dora et de Flayleye Cistercien. ord. Heresforden. dioec., quae per eius genitores fundata fuisse noscuntur. (f. 50 a).

Personam tuam.... Dat. (sine data).

288.

Consideratione Guillelmi de Grandisono dispensat cum doctore in iure civili Iohannis et Thomae, filiorum dicti Guillelmi, ut possit praeter eccl. Middelton curam habentem Elien. dioec., cuius proventus sedecim librarum sterlingorum quantitatem non excedunt, unicum aliud beneficium recipere. (f. 50 a).

Licet propter ambitiones. Dat. (sine data).

289. — Lugduni, 9 febr. 1306.

Filium Fortibrachii de Pistorio, militis et familiaris sui, providet de beneficio vacante vel vacaturo in civitate vel dioec. Florentin., non obstante defectu aetatis et ordinum aut quod in eccl. Pistorien. sub expectatione praebendae in canonicum sit receptus. (f. 50 b).

Laudabilia tue.... Dat. Lugduni, V idus februarii.

290. — Apud s. Ciricum, 21 febr. 1306.

Praelato cuiusdam monasterii et successoribus eius conceditur ultra usum annuli et baculi pastoralis facultas utendi mitra alba vel alia imaginibus contexta et lapidibus pretiosis ornata ac pontificalibus, largiendi benedictionem more pontificum episcopis non praesentibus, benedicendi ac consecrandi calices et altaria, pallas et alia ornamenta ecclesiastica ad sui monasterii usum, nec non reconciliandi coemeteria ipsius monasterii, et deferendi ac habendi altare portatile. (f. 50 b).

Gerentes erga personam.... Dat. apud s. Ciricum, IX kal. martii.

291.

Cuidam ad triennium concedit facultatem habendi altare portatile, super quo sibi et familiaribus suis possit in locis, etiam ecclesiastico suppositis interdicto, divina facere celebrari. (f 50 b).

Personam tuam.... Dat. (sine data).

292.

Providet quendam de canonicatu et de praebenda et personatu seu dignitate in ecclesia Leodien.. vacantibus vel vacaturis, dispensatque cum eo, ut retinere valeat de Bellovidere et de Castronovo Agennen. dioec. parochiales ecclesias. (f. 51 a).

Sincera devotio.... Dat. (sine data).

293. — Apud s. Ciricum, 17 febr. 1306.

Cum episcopo [1] Leodien., quocum dispensatum fuit super suspensione, quam incurrerat transgrediens constitutionem Gregorii X in Lugdunen. concilio contra usurarios editam, nec solvens quandam pecuniae summam ad cameram romanae ecclesiae, dispensat super irregularitate contracta pro eo, quod se immiscuit divinis officiis tempore suae suspensionis. (f. 51 a).

---

[1] Theobaldus de Barro, episcopus Leodiensis 1303-1312. *Gallia chr.*, III. p. 893.

Fraternitatis tue.... Dat. apud s. Syricum prope Lugdunum, XIII kalendas martii.

294.

Cuidam, cui usus mitrae et annuli est concessus, indulget, ut possit uti sandalibus et chirothecis, tunicella atque dalmatica et dare benedictionem more episcoporum. (f. 51 a).

Meritis tue religionis.... Dat. (sine data).

295. — Apud s. Ciricum, 17 febr. 1306.

Cum Leonardus episcopus Chironen. nuper apud sedem apostolicam diem clausisset extremum, transfertur quidam [1], adhuc episcopus Sagonen., ad ecclesiam vacantem. (f. 51 a).

Romani pontificis.... Dat. apud s. Ciricum prope Lugdunum, XIII kal. martii.

Eodem modo capitulo eccl. Chironen.

E. m. universis vasallis eiusdem eccl.

E. m. clero civitatis et dioec. Chironen.

E. m. populo civitatis et dioec. Chironen.

296. — Ap. s. Ciricum, 17 febr. 1306.

(Cretensi) episcopo mandat, ut praedictum episcopum Chironen. tamquam suae ecclesiae suffraganeum in visceribus charitatis suscipiat eidemque assistat in his, quae ad ipsius ecclesiae Chironen. profectum pertinent. (f. 51 b).

Ad cumulum tue.... Dat. ut supra.

297. — Lugduni, 5 febr. 1306.

Archidiacono de Northampton in eccl. Lincolnien. concedit, ut valeat officium visitationis per alias personas exercere et procurationes moderatas recipere. (f. 51 b).

Habet in nobis.... Dat. Lugduni, non. februarii.

298. — Lugduni, 27 febr. 1306.

Cantoriae eccl. Santonen. incorporat parochialem ecclesiam de Fossigniaco eiusdem dioec., non

---

[1] Bonifacius Donoraticus ord. s. Dominici episcopus Sagonensis 1298-1306, quo anno translatus est ad ecclesiam Chironensem 1306-1311. GAMS, l. c. p. 767.

obstante quod dictae cantoriae iam sit adnexa parochialis eccl. s. Sigismundi de Primordio. (f. 51 *b*).
Grata tue devotionis.... Dat. Lugduni, III kal. martii.

299. — Burdegalis, 6 aug. 1305·
Cuidam confert canonicatum eccl. Bituricen. et providet de personatu vel dignitate ibidem vacantibus vel vacaturis, dispensatque cum illo, ut retinere valeat in Atonen. decanatum et Santonen. cantoriam ac in eisdem et de Blonziaco ac de Subisia Engolismen. et Santon. dioec. ecclesiis canonicatus et praebendas. (f. 51 *b*).
Dum ad personam.... Dat. Burdegalis, VIII idus augusti.

300. — Apud s. Ciricum, 16 febr. 1306.
Annuens precibus Beatricis, relictae Francisci de Rupetula viduae, concedit facultatem impendendi absolutionis beneficium eis, qui in coemeterio capellae b. Mariae de Rocchetta Gratianopolitan. dioec. sunt tumulati et, licet decesserint excommunicatione innodati, ante obitum ediderunt signa poenitentiae, dummodo heres ipsorum vel alii pro' eis super his, pro quibus excommunicati fuerunt, illis quorum intererit satisfaciant. (f. 52 *a*).
Dum sicut accepimus.... Dat. apud s. Syricum, XIIII kal. martii.

301. — Apud s. Ciricum, 21 febr. 1306.
Consideratione L(eonardi) Albanen. episcopi providet capellanum eius de canonicatu cum integra portione statim percipienda et de beneficiis in eccl. vel civitate Capriana vacantibus vel vacaturis, quorum proventus quindecim unciarum auri secundum taxationem decimae annuum valorem attingant. (f. 52 *a*).
Dil. filiis archipresbytero ecclesie s. Nicolai de Guoreven. Abitun. (sic) *dioc. et Ligorio Iohannis Suosii Aversan. ac Nicolao Rocacerta Verulan. canonicis.*
Dil. filio magistro Nicolao de Gairino canonico Capriano, scriptori nostro. Cum itaque sicut.... Dat. apud s. Ciricum prope Lugdunum, VIIII kal. martii.

302. — Apud s. Ciricum, 21 febr. 1306.
Francisco [1] concedit facultatem conferendi archipresbyteratum eccl. Tertentian. Tudertin. dioec. alicui personae idoneae, cum post obitum Nicolai de Nive vacet, et archipresbyterum intrusum Andream Radulphi olim de Iovio depellendi et compellendi ad restitutionem redituum illicite perceptorum. (f. 52 *b*).
Dil. filio Francisco s. Marie in Cosmedin diacono cardinali. Insinuante te nobis.... Dat. apud s. Ciricum, VIIII kalendas martii.

303. — Lugduni, 14 febr. 1306.
Consideratione Guillelmi s. Nicolai in carcere Tulliano diaconi card. dispensat cum infrascripto, cui contulerat canonicatum et praebendam sub expectatione in eccl. Bononien. non faciendo mentionem de defectu natalium, ut hoc defectu non obstante canonicatum et praebendam possit recipere et adhuc alia beneficia, si alias rite ei offerantur. (f. 52 *b*).
Dil. filio magistro Iohanni de Anchona canonico Harlebaten. Tornacen. diocesis. Suffragantia tibi.... Dat. Lugduni, XVI kal. martii.

304. — Lugduni, 16 ian. 1306.
Conceditur Rogerio [2] de Armaniaco, archidiacono eccl. Agennen., quod possit in iure civili per quinquennium studere, fructus beneficiorum suorum percipiendo. (f. 53 *a*).
Dat. Lugduni, XVII kal. februarii.

305. — Lugduni, 26 febr. 1306.
Post obitum Radulphi praeficit ecclesiae Ierosolimitanae in patriarcham et pastorem Anto-

---

[1] Franciscus Gaetanus Anagninus, Bonifacii VIII fratris Goffredi filius, ex canonico Portuensi renunciatus est anno 1295 ab avunculo suo diaconus cardinalis s. Mariae in Cosmedin. CIACONIVS, II. p. 326.
[2] Rogerius de Armaniaco, Geraldi V Armaniacensis et Fidentiacensis comitis et Marthae Bearnensis filius, ex archidiacono Agennensi nominatur a Iohanne XXII primus Vauri episcopus 1317-1338, quo tempore transfertur ad ecclesiam Laudunensem. *L'Art etc.* II. 9. p. 308. *Gallia chr.*, XIII. p. 332. IX. p. 547·

nium [1] episcopum Dunelmen., dispensat cum illo, ut patriarchatum et suum episcopatum simul retinere valeat, palliumque ipsi per Neapoleonem s. Hadriani, Landulphum s. Angeli, Iacobum s. Georgii ad Velum aureum, Richardum s. Eustachii et Lucam s. Mariae in Via lata diac. card. transmittit. (f. 53 *a*).

Venerabili fratri Antonio patriarche Ierosolimitan. et episcopo Dunelmen. Summi providentia principis.... Dat. Lugduni, IIII kal. martii.

Eodem modo priori et capitulo dominici sepulchri Ierosolimitan.

E. m. clero et populo civitatis et provinciae.

E. m. vasallis eccl. Ierosolimitan. ubilibet constitutis.

306. — Ludguni, 26 febr. 1306.

De eodem (f. 53 *b*).

Carissimo in Christo filio E. regi Anglie illustri. Monet nostri pectoris.... Dat. ut supra.

Eodem modo carissimo in Christo filio Philippo regi Francorum illustri.

E. m. C. regi Siciliae illustri.

E. m. cariss. in Chr. fil. regi Castellae Legionis ill.

E. m. regi Cypri illustri.

E. m. regi Aragoniae illustri.

E. m. regi Armeniae illustri.

E. m. regi Romanorum illustri.

E. m. C. regi Vngariae illustri.

307. — Lugduni, 24 ian. 1306.

Petrum, monachum mon. s. Leonis Botontin. ord. s. Ben.,praeficit in abbatem monasterio s. Lupi Beneventan. (f. 53 *b*).

Dil. filio Petro abbati mon. s. Lupi Beneventan. ad romanam ecclesiam nullo medio pertinentis ordinis s. Benedicti. Dum attente.... Dat. Lugduni, VIIII kal. februarii.

Eodem modo conventui mon. s. Lupi.

[1] Antonius de Beck, regis secretarius, electus in praesulem Dunelmensem an. 1283, obiit anno 1311. « Erat autem Antonius magnanimis, post regem nulli in regno in apparatu, gestu et potentia militari secundus; magis circa negotia regni, quam circa episcopalia occupatus. In guerra regi potenter assistens, et in consiliis providus. » *Anglia sacra*, Londini 1601, I. pag. 746.

308. — Matiscone 8 martii 1306.

Infrascripto committit rectoriam Beneventan. civitatis usque ad apostolicae sedis beneplacitum exercendam. (f. 54 *a*).

Dil. filio nobili viro Raymundo Guillelmi de Busos [1] nepoti nostro rectori civitatis Beneventan. Ad statum civitatis Beneventane pacificum, prosperum et tranquillum, que nostrum et romane ecclesie speciale mandatum domanium fore dinoscitur, cure propensioris studio intendentes, opem et operam vigilanter impendimus et apostolici favoris suffragium efficaciter adhibemus, ut civitas eadem felicibus semper, auctore Domino, gratuletur eventibus et votivis successibus foveatur ac eiusdem ecclesie dicteque civitatis iura quelibet, subductis obstaculis, integre conserventur. Cupientes itaque, ut predicta civitas, quam sinceris affectibus prosequentes, circa statum illius aciem frequentis considerationis extendimus, laudabili salubrique regimine gubernetur ac iura eius et ecclesie supradicte per nostre providentie studium a dispendiis preservetur, gerentes quoque de tue probate circumspectionis industria fiduciam in Domino specialem et sperantes, quod ad quietem et bonum statum civitatis eiusdem diligenter intendas, tibi rectoriam predicte civitatis nec non et territorii, districtuum, confinium et pertinentiarum suarum usque ad apostolice sedis beneplacitum presentium auctoritate committimus exercendam, precipiendi, ordinandi, statuendi, cognoscendi de causis et litibus etiam criminalibus, que ad merum imperium pertinere noscuntur, componendi quoque et transigendi super penis et multis ac excessibus quibuslibet pro tempore preterito comissis, impositis non solutis, et definiendi sententias executionum, mandandi, petendi, exigendi ac recuperandi eadem iura, fructus, proventus et pensiones molendinorum, domorum, nemorum, bonorum, rerum, possessio-

[1] Nepos ex sorore. BALVZIVS, I. p. 620.

num et iurium ad nos et romanam ecclesiam spectantium, perceptorum et percipien-
dorum, et recuperandi eadem iura pro nobis
et ecclesia romana supradicta, imponendi
etiam et exigendi penas et faciendi omnia,
que ad statum prosperum civitatis, territorii, pertinentiarum, districtuum et confinium, ac conservationi iurium eorundem et
romane ecclesie videris expedire et ad
ipsius rectorie spectant officium in civitate,
territorio et locis aliis supradictis. Non obstantibus quibuscunque donationibus, concessionibus et privilegiis, quibuslibet personis per nos aut predecessores nostros
factis, que penitus revocamus. Contradictores quoque et rebelles pena seu districtione,
qua convenit, facultate tibi tradita compescendi concedentes tibi plenariam potestatem tibique per apostolica scripta mandantes, quatinus rectoriam ipsam prudenter,
sincere et solerter exercens, sic illam per
te vel per alium seu alios gerere studeas
ac iura eadem conservare ac recuperare
procures, quod nostram et apostolice sedis
gratiam exinde merito valeas promereri
tibique proinde laudis cumulus non immerito augeatur. Nos sententias sive penas,
quas per te vel per alium seu alios tuleris et statueris in rebelles, ratas habebimus et faciemus, auctore Domino, usque
ad satisfactionem condignam inviolabiliter observari. Dat. Matiscone VIII idus
martii.

Eodem modo populo Beneventanae civitatis
fidelibus nostris.

309. — Matiscone, 8 martii 1306.

Raymundo de Monte Boerii canonico s. Rufinae conceditur rectoria civitatis Beneventanae in
spiritualibus ¹ (f. 54a).

Dat. ut supra.

¹ Ms. « Item eodem modo conceditur Raymundo de
Monte Boerii canonico sancte Rufine rectoria civitatis Beneventan. in spiritualibus, sicut in litteris domini Bertrandi del God conceditur Vitali Brost clerico Burdega-

310. — Matiscone, 8 martii 1306.

Eidem Raymundo Guillelmi concedit potestatem componendi et transigendi super poenis et
mulctis ac excessibus quibuslibet, pro praeterito tempore commissis, impositis non solutis.
(f. 54a).

*E. m. scribitur eidem Raymundo Guil-
lelmi.* Sinceritas fidei, devotionis constantia,
circumspectionis industria et alia munera
gratiarum, que in te vigere sentimus, spem
nobis ineffabilem repromittunt ut, que tibi
committuntur a nobis, prosequaris fideliter
et prudenter. Cum itaque tibi regimen territorii ¹ et districtus Beneventani usque ad
apostolice sedis beneplacitum voluntatis
commiserimus per alias nostras certi tenoris litteras exercendum, tibi quoque componendi et transigendi super penis et multis
ac excessibus quibuslibet pro preterito tempore commissis, impositis non solutis, plenam concedimus auctoritate presentium potestatem. Dat. ut supra.

311. — Apud s. Ciricum 27 februarii 1306.

Marco archiepiscopo Surrentin. defuncto, canonici Surrentini per viam scrutinii incedentes, maior
eorum pars in Franciscum canonicum Surrentinum
consenserunt, reliquis eligentibus Matthaeum de
s. Cruce presbyterum et Petrum Marciani suum
concanonicum. Accessis illis ad sedem apostolicam,
Benedictus XI Iohannem episcopum Portuen. huius
electionis auditorem deputavit. Cum interim Petrus
mortuus esset et Matthaeus omni iure sponte ces-
sisset, Franciscus ² post examinationem electionis per eundem episcopum Portuen. et Iohannem
ss. Marcellini et Petri presbyterum et Landulphum
s. Angeli diaconum cardinales factam confirmatur,
palliumque illi per N(eapoleonem) s. Hadriani diac.
card. transmittitur. (f. 54a).

len. rectoria marchie Anconitane, cuius tenor et narratio
hec est: Cum nos pridem dilecto filio nobili viro Raymundo
Guillelmi de Busos nepoti nostro etc. Dat ut supra. »

¹ Ms. *territorie.*
² VGHELLI, *Italia sacra*, VI. p. 612.

Venerabili fratri Francisco archiepiscopo Surentin. Inter sollicitudines alias.... Dat. apud s. Ciricum prope Lugdunum, III kal. martii.

Eodem modo archidiacono et capitulo eccl. Surentin.

     E. m. populo civitatis.

     E. m. vasallis.

     E. m. suffraganeis.

     E. m. clero civitatis et dioecesis.

     Item regi Siciliae in forma solita.

312. — Matiscone, 8 martii 1306.

Infrascripto significat, se omnes indulgentias et litteras apostolicas, suas et praedecessorum suorum quibuscunque datas et concessas, per quas prosecutio rectoriae in civitate Beneventan. differri vel impediri posset, revocare, cassare et irritare. (f. 54 b).

Dil. filio nobili viro Raymundo Guillelmi de Budos (sic) *nepoti, rectori civitatis Beneventan.* Ad statum civitatis.... Data est eadem.

313. — Matiscone, 8 martii 1306.

Eidem omnes fructus praesentes atque futuros Beneventan. civitatis, territorii et districtus concedit, exigendi quoque ac libere percipiendi omnes fructus praeteriti temporis non solutos, ac poenas et mulctas de quibuslibet excessibus pro praeterito tempore commissis, impositas nec solutas, ac super ipsis libere componendi ac transigendi et spirituales poenas ac temporales pro praedictis vel aliquo praedictorum incursas seu impositas remittendi et relaxandi, plenam concedit facultatem. (f. 54 b).

Dat. ut supra.

314. — Lugduni, 30 ian. 1306.

Praeposituram, archidiaconatum et canonicatum ecclesiae Colonien., per resignationem Henrici electi Colonien. vacantes, confert consideratione Richardi, s. Eustachii diaconi cardinalis, eius consobrino dispensatque cum illo, ut simul plebanatum plebis de Pava Aretin. dioec. et parochialem ecclesiam s. Petri de Castroveteri Senen. et in

Senen. ac Laudunen. ecclesiis canonicatus et praebendas retinere valeat. (f. 54 b).

Ven. fratri episcopo Leodien. et dil. filiis decano Treveren. et archidiacono Senen. ecclesiarum.

Dil. filio magistro Raymundo preposito et canonico ecclesie Colonien. notario nostro. Digne agere credimus.... Dat. Lugduni, III kal. februarii.

315. — Lugduni, 7 febr. 1306.

Ad petitionem Eduardi principis Wallen., filii E(duardi) regis Angliae, remittit eius thesaurario, quod per aliqua tempora fructus beneficiorum cum cura de Horsmundene Roffen. dioec. et de Angreham Dunelmen. dioec. perceperit, quin se fecerit ad ordines promoveri, conceditque illi, ut cum ecclesia de Wymbeldon. Wintonien. dioec. canonicatum et praebendam sine cura in ecclesia s. Pauli Londonien. alia beneficia unum vel plura usque ad quadringentarum marcarum argenti valorem recipere et retinere valeat. (f. 55 a).

Dil. filio Waltero Reginaldi, rectori ecclesie de Wymbeldon. Wynthonen. dioc. Eximie devotionis sinceritas.... Dat. Lugduni, VII idus februarii.

316. — Apud s. Ciricum, 17 febr. 1306.

Confirmat infrascriptis venditionem primi loci, ubi molestabantur, et translationem ad alium cum assensu archiepiscopi Lugdunen. [1] legitime acquisitum, absolvitque eos a solutione census, quem ab illis requirebant abbas mon. Insulae Barbarae Lugdunen. dioec., abbatissa s. Petri monialium Lugdun. mon., praeceptor et fratres hospitalis s. Catharinae Lugdun., ac promittit se praefato hospitali in recompensationem census quadraginta libras Turonen. nigrorum exhibiturum. (f. 55 a).

Dil. filiis priori et fratribus ord. b. Marie de Monte Carmelo Lugdunen. Quanto laudabilius.... Dat. apud s. Ciricum prope Lugdunum, XIII kal. martii.

---

[1] Ludovicus de Villars archiepiscopus Lugdunen. carmelitis aedes sibi in civitate construendi facultatem concedit an. 1303. *Gallia chr.*, IV. p. 159.

317. — Lugduni, 1 febr. 1306.

Donat conceditque Guerro Bonacursi, ut illi a thesaurario ex proventibus - comitatus Veynesin. ad romanam ecclesiam spectantibus quadringenti floreni aurei singulis annis in festo Resurrectionis Domini solvantur. (f. 55 *b*).

Dil. filio Guerro Bonacursi domicello et familiari nostro. Dum tue devotionis.... Dat. Lugduni, kal. februarii.

318. — Lugduni, 1 febr. 1306.

Thesaurario in comitatu Veynesin. mandat, ut eidem Guerro ex reditibus comitatus quadringentos florenos singulis annis in festo Resurrectionis Domini solvat. (f. 55 *b*).

Thesaurario in comitatu Veynesin. ut supra mutat. mutand.... Dat. ut supra.

319. — Lugduni, 23 ian. 1306.

Dispensat cum Iohanne, ut non obstante defectu natalium ad quaecumque officia, dignitates et administrationes sui ordinis assumi valeat. (f. 55 *b*).

Dil. filio Iohanni presbytero monacho monasterii s. Iohannis in Stams ordinis Cysterciensis Bryxinensis diocesis. Testimonio tibi laudabili.... Dat. Lugduni, X kal. februarii.

320. — Apud s. Ciricum, 17 febr. 1306.

Theobaldo episcopo Leodien. concedit facultatem conferendi tabellionatus officium duabus personis idoneis, recepto ab eis fidelitatis iuramento. (f. 55 *b*).

Ven. fratri Theobaldo episcopo Leodien. Ne contractuum memoria:.... Dat. apud s. Ciricum prope Lugdunum , XIII kal. martii.

321. — Lugduni, 23 ian. 1306.

Curam et administrationem monasterii de Capellis prope Neapolim ord. s. Ben., quod per translationem Marini abbatis eiusdem mon. ad monasterium Casinense vacabat, committit Landulpho. (f. 56 *a*).

Regestum Clementis Papae V.

Dil. filio Landulfo s. Angeli diacono cardinali. Romana ecclesia circa ecclesias.... Dat. Lugduni, X kal. februarii.

Eodem modo conventui mon. de Capellis prope Neapolim ord. s. Ben.

322. — Apud s. Ciricum, 20 febr. 1306.

Conceditur *Arthuro duci Britanniae*, ut possit in itinere vel alio necessitatis tempore facere celebrari missam ante auroram. (f. 56 *a*).

Dat. apud s. Ciricum prope Lugdunum, X kal. martii.

323. — Apud s. Ciricum, 20 febr. 1306.

Indulget infrascriptis, ut sibi possit uterque eligere aliquem discretum presbyterum in confessarium, qui eos absolvere valeat etiam a casibus reservatis. (f. 56 *a*).

Dil. filio nobili viro Arturo duci Britanie et dil. in Christo filie Iolandi uxori sue. Cum personas vestras.... Dat. ut supra.

324. — Lugduni, 27 ian. 1306.

Dispensat cum *Guillelmo de Bas,* clerico Tarraconen. dioec., super defectu natalium, ut possit ad omnes ordines promoveri et beneficium obtinere. (f. 56 *a*).

Dat. Lugduni, VI kal. februarii.

325. — Lugduni, 13 febr. 1306.

Eodem modo dispensatur cum *Iohanne, nato Menaldi de Canier,* Aquen. dioec. (f. 56 *a*).

Dat. Lugduni, idus februarii.

326. — Lugduni, 22 ian. 1306.

Post obitum Philippi, abbatis mon. s. Petri de Monte ord. s. Aug. Meten. dioec., in eligendo novo abbate partibus exortis et re ad sedem apostolicam delata ac per Petrum episcopum Sabinen. et Iohannem tit. ss. Marcellini et Petri presb. ac Guillelmum s. Nicolai in carcere Tullian. diac. card. examinata, Clemens V electionem Remigii [1] confirmat illumque in abbatem praeficit. (f. 56 *a*).

[1] Remigius decessit circa an. 1333. *Gall. chr.,* XIII. p. 940.

Dil. filio Remigio abbati mon. s. Petri de Monte ad romanam ecclesiam nullo medio pertinentis ord. s. Aug. Meten. dioc. Suscepti cura regiminis.... Dat. Lugduni, XI kal. februarii.

Eodem modo conventui eiusdem monasterii.

327. — Lugduni, 22 ian. 1306.

Defuncto Basilio, archiepiscopo Armenorum Ierosolimitanorum, cui administratio monasterii s. Salvatoris prope Telesiam fuerat commissa, per compromissum eligitur in abbatem Benedictus, tunc abbas monasterii s. Lupi Beneventan.; electio a P(etro) episcopo Sabinen., Gentili tituli s. Martini in Montibus presbytero et Landulpho s. Angeli diac. cardinalibus examinata confirmatur, Benedictus a regimine monasterii s. Lupi absolvitur et in abbatem mon. s. Salvatoris praeficitur. (f. 56 b).

Dilecto filio Benedicto abbati monasterii s. Salvatoris prope Thelesiam ad romanam ecclesiam nullo medio pertinentis ordinis sancti Benedicti. Et si iuxta debitum....· Dat. Lugduni, XI˙ kalendas februarii.

Eodem modo priori et conventui eiusdem monasterii.

E. m. universis vasallis eiusdem monasterii.

E. m. Carolo regi Siciliae illustri.

328. — Lugduni, 15 ian. 1306.

Obtentu Iohannis quondam ducis Britanniae dispensat cum Petro, ut praeter canonicatum et praebendam in ecclesia s. Dionysii Leodien. et parochialem ecclesiam de Raudis Lincolnien. dioc. unum vel plura beneficia infra regnum Angliae, quorum annui reditus usque ad summam centum marcarum sterlingorum ascendant, si vero illi videbitur expedire, uno ex ipsis vel omnibus dimissis, alia beneficia assequi ac retinere valeat. (f. 57 a).

Dil. filio Petro Guerrico rectori parochialis ecclesie de Raudis Lincolnien. dioc. Merita tue probitatis.... Dat. Lugduni, XVIII kal. februarii.

329. — Lugduni, 14 ian. 1306.

Conceditur Iohanni [1] nato quondam.. ducis Britanniae, ut possit ad triennium sibi eligere confessarium. (f. 57 a).

Dat. Lugduni, XIX kal. februarii.

330. — Apud s. Ciricum, 18 februarii 1306.

Translato Iohanne [2] ad ecclesiam Argentinen., vacanti ecclesiae Eistetensis Philippum, tunc abbatem monasterii de Paris Cisterciensis ordinis Basiliensis dioecesis, praeficit in episcopum, cui munus consecrationis per N(icolaum) Ostiensem et Velletrensem episcopum impenditur. (f. 57 a).

Ven. fratri Philippo [3] episcopo Eystetensi. Romani Pontificis qui.... Dat. apud s. Ciricum prope Lugdunum, XII kalendas martii.

Eodem modo clero civitatis et dioec. Eistetensis.

E. m. capitulo eiusdem ecclesiae ut clero de verbo ad verbum.

E. m. universis vasallis Eisteten. ecclesiae.

E. m. populo civitatis et dioecesis Eystetensis.

E. m. carissimo in Christo filio regi Romanorum illustri.

331. — Lugduni, 25 dec. 1305.

Obtentu Raymundi de Castronovo confert eius filio canonicatum ecclesiae Tolosan. ord. s. Aug. reservatque conferendum personatum vel dignitatem seu officium in civitate vel dioecesi Tolosan. vacans vel vacaturum, maiori ecclesia excepta, ac dispensat cum illo super defectu ordinum et aetatis, dummodo curae animarum per vicarium pro-

[1] Iohannes, filius Iohannis II ducis Britanniae et Beatricis, filiae Henrici III regis Angliae, natus 1266, decessit 1334 incarceratus in Scotia. *L'Art de vérifier* etc., II. 13. p. 217.

[2] Iohannes de Dirpheim prius cancellarius Alberti, regis Romanorum, † 6 nov. 1328. *Gallia chr.*, V. p. 806. GAMS, l. c. p. 315.

[3] Philippus de Rathsamshausen † 25 feb. 1322. GAMS, l. c. p. 274.

videat, legitimam aetatem assecutus se faciat
ad ordines promoveri et personaliter resideat.
(f. 57 *b*).

*Ven. fratri.. episcopo Magalonen. et
dil. filiis.. abbati mon. de Cuneis ac.. priori
de Montelanderio Appamiarum et Tolosan.
diocesium.*

*Dil. filio Pontio nato dil. filii nobilis viri
Raymundi de Castronovo canonico ecclesie
Tholosan.* Volentes personam tuam.... Dat.
Lugduni, VIII kal. ianuarii.

332. — Lugduni, 27 ian. 1306.

Aurelianen. studium in utroque iure infrascriptis commendat, statuit, ut episcopus Aurelianen.
et unus ex doctoribus bona doctorum et scolarium
defunctorum in tuto loco deponant, diem obitus
nunciantes illis, quorum interfuerit, nullo compa-
rente illa bona erogent; si contra quemquam
scolarium suspicio fuerit exorta cuiusdam delicti,
non castigetur, sed dimittatur; quod si crimen tale
fuerit, ut incarcerari sit opus, culpabilem episcopus
teneat in carcere; scolastici proprium non habeant
carcerem; nullus quoque scolaris pro contracto debito capiatur; neque episcopus neque scolasticus
a doctore vel scolari poenam pecuniariam pro
emenda censura requirat. (f. 58 *a*).

*Ven. fratribus.. archiepiscopo Bituricen.
et episcopo Antisiodoren. ac dil. filio abbati
mon. s. Ben. Floriacen. Aurelianen. dioc.*
Ad perpetuam rei memoriam. Dum perspicaciter oculos in circuitu levamus et gratiarum Dei circa humane nature compagi-
nem distributionis inspicimus diligenter,
scientiarum fontes corpora et animas uti-
liorum reffectionum poculo saciantes ceteris
vidimus dotibus preferendos. Inmensa enim
benignitas conditoris omnium rudem hominem, quem post perceptionem mortiferi
gustus ad perfectionem [1] discretionis vix
efferre naturalis ratio poterat, scientiarum
artiumque decrevit docmatibus erudiri, per
quas dono dato divinitus viri efficiuntur

. industres, litterarum decore, scientiis et virtutibus presigniti, que singula sic ipsorum
consiliis providis et consulta providentia diriguntur, quod orthodoxorum terrenorum
incole sub rectitudinis observantiam gloriosi
unire (*sic*) et regnant et quietis beatitudine
gratulentur. Tales siquidem viros infusa eis
celitus gratia litterale studium efficit, par-
vulos suavitatis lactans dulcedine, cibans
adultos uberius et provectos uberioris uber-
tatis delectatione fecundans, dum circa ipsum
studiosa sedulitate versatur. Cum igitur in
Aurelianensi civitate litterarum studium in
utroque iure ac presertim in iure civili laudabiliter viguerit ab antiquo et ad presens
Domino faciente refloreat, nos ipsum Aurelianense studium, quod nos olim essentiam minoris status habentes legendi et
docendi in legibus scientia decoravit et ad
quod ex hiis et aliis condignis considerationibus prerogativa quadam intuitus nostre affectionis adducitur, volentes oportunis
maioribus presidiis communire, ut quanto
utilioribus fuerit directionibus stabilitum,
tanto comodius laudabilius [1] et uberius docentes studentes ibidem edificare valeant
ad profectum [2], auctoritate apostolica statuimus, ut de bonis doctorum et scolarium
predictorum, qui decesserint intestati vel
rerum suarum ordinationem alii non commiserint, taliter disponatur, non obstante
contraria consuetudine vel abusu, videlicet
quod episcopus Aurelianensis qui pro tempore fuerit et unus de doctoribus, quem
ad hoc universitas doctorum et scolarium
ordinaverit, recipientes omnia bona defuncti
et ea in tuto loco ydoneo [3] deponentes sta-
tuant certum diem, quo illius obitus in
patria sua valeat nunciari et illi, ad quos
bonorum suorum erit successio devoluta,
possint ad civitatem accedere prelibatam
vel ydoneum nuncium destinare, et si ve-

---

[1] Ms. *prefectionem.*

[1] Ms. *laudabilibus.*
[2] Ms. *prefectum.*
[3] Ms. *ydoneos.*

nerint vel miserint, restituantur eis bona . huiusmodi cum cautela, que fuerit adhibenda. Si vero non comparuerint aliqui, ex tunc episcopus et doctor bona ipsa pro defuncti anima, prout expedire viderint, erogabunt, nisi forsan ex aliqua iusta causa venire vel mittere nequiverint successores et tunc in tempus congruum erogatio differatur. Ceterum ut prefatum studium in maiori quiete refulgeat, cum ubi regnat quies, ibi salus existat, Aurelianensis episcopus sic delinquentium castiget excessus, quod scolarium servetur honestas et maleficia non maneant impunita, innocentes autem occasione delinquentium nullatenus capiantur nec bona detineantur eorum. Sed si contra quemquam suspitio fuerit exorta probabilis, is honeste decentius prestita cautione ydonea cessantibus carcerum exactionibus dimittatur. Quod si forte tale crimen commiserit, quod incarcerari sit opus, episcopus culpabilem tenebit in carcere, scolasticis Aurelianensibus proprium habere carcerem penitus interdicto. Nullus quoque scolaris pro contracto debito capiatur, cum hoc sit canonicis et legitimis sanctionibus interdictum. Sed neque episcopus aut officialis eius scolasticus a doctore vel a scolari penam pecuniariam pro excommunicationis emenda vel alia qualibet censura requirat. Per hoc autem iurisdictioni regie non intendimus derogare, sed ea in quantum ab ipso dependent, sue approbationis et voluntatis arbitrio reservamus. Nulli ergo etc. Dat. Lugduni, VI kal. februarii.

333. — Lugduni, 27 ian. 1306.

Statuit, ut scolasticus Aurelianen. ad regimen decretorum et legum licentiam largiatur nonnisi dignis, examinatis et approbatis, pro licentia concedenda nihil recipiens. (f. 58 a).

Ven. fratribus.. etc. ut in precedenti continetur. Ad perpetuam rei memoriam etc. ut supra usque : auctoritate apostolica statuimus, ut scolasticus quibuslibet Aurelianensibus coram episcopo Aurelianensi vel de ipsius mandato in capitulo Aurelianensi vocatis ad hoc et presentibus pro universitate scolarium duobus solis doctoribus in sua teneatur institutione iurare, quod ad regimen decretorum et legum bona fide loco et tempore secundum statum prefate civitatis et honorem ac honestatem facultatum [1] ipsarum nonnisi dignis licentiam largiatur nec admittat indignos personarum et nationum acceptatione subtracta. Ante vero quam quemquam licentiet, infra tres menses a tempore licentie petite tam ab omnibus doctoribus utriusque iuris in civitate presentibus, quam aliis dominis honestis et litteratis, per quos veritas sciri possit, de vita, scientia nec non proposito et spe proficiendi ac aliis, que in talibus sunt requirenda, diligenter inquirat et inquisitione sic facta, quid deceat, quid expediat, det vel neget bona fide petenti licentiam postulatam. Doctores autem decretorum et legum, quando incipient legem, prestabunt publice iuramentum, quod super premissis fideliter testimonium perhibebunt. Scolasticus etiam iurabit, quod consilia doctorum seu depositiones eorundem in malum ipsorum nullatenus revelabit neque pro licentiandis bacallaris iuramentum vel obedientiam seu aliquam exigat [2] cautionem neque aliquod emolimentum seu promissionem recipiat pro licentia concedenda iuramento superius nominato contentus. Ceterum illi, qui in civitate predicta fuerint ac examinati et approbati fuerint ac docendi licentiam obtinuerint, ut est dictum, ex tunc absque examinatione vel approbatione alia regendi et docendi ubique in facultate illa in qua fuerint approbati plenam et liberam habeant facultatem (nec) a quoquam valeant prohiberi. Nulli ergo etc. Dat. ut supra.

[1] Ms. *facultatem.*
[2] Ms. *exigeat.*

334. — Lugduni, (sine data).

Post obitum Guillelmi [1] abbatis mon. Floriacen. ord. s. Ben. Aurelianen. dioec. in eligendo novo abbate partibus exortis, pars maior et sanior infrascriptum tunc priorem prioratus de Regula, minor Adamum de Chiliaco priorem de Sienio veteri eligit et alii alios nominarunt. Adamo ceterisque renunciantibus infrascriptus concorditer eligitur in abbatem, cuius electio, facta per N(icolaum) Ostien. episcopum et Iohannem tit. ss. Marcellini et Petri presb. ac Richardum s. Eustachii diac. cardinales examinatione, a Clemente V. confirmatur munusque benedictionis a P(etro) episcopo Sabinen. ei impenditur. (f. 58 b).

Dil. filio Petro [2] abbati mon. s. Benedicti Floriacen. ad romanam ecclesiam nullo medio pertinentis ord. eiusd. s. Aurelianen. dioc. Inter curas multiplices.... Dat. Lugduni, (sine data).

Eodem modo priori et conventui mon. supradicti.

E. m. universis vasallis mon. supradicti.

E. m. carissimo in Christo filio Philippo regi Francorum illustri.

335. — Lugduni, 16 ian. 1306.

Dispensat cum Iohanne de Aniana, ut archidiaconatum de Faverneyo in ecclesia Bisuntin. una cum abbatia secularis ecclesiae s. Mariae Namurcen. in dioecesi Leodien. ac parochiali ecclesia de Wimbeldone Wintonien. dioec. nec non canonicatibus et praebendis in Leodien. et Bisuntin. ecclesiis retinere valeat. (f. 59 a).

Dil. filio mag. Iohanni de Aniana archid. de Faverneyo in ecclesia Bisuntin. Virtutum merita.... Dat. Lugduni, XVII kal. februarii.

336. — Lugduni, 25 ian. 1306.

Indulget Iohanni, ut fructus praebendarum in Cathalaunen., Remen. et archidiaconatus in Cathalaunen. ecclesiis residendo in altera dictarum ecclesiarum vel archidiaconatum visitando usque ad triennium percipere valeat, quotidianis distributionibus exceptis. (f. 59 a).

Dil. filiis.. abbati mon. s. Petri ad Montes Cathalaunen. et priori s. Dionisii Remen. ac scolastico ecclesie Andegaven. Dil. filio Iohanni archidiacono ecclesie Cathalaunen. Meritis tue devotionis.... Dat. Lugduni, VIII kal. februarii.

337. — Lugduni, (sine data).

Defuncto Wicboldo [1] archiepiscopo Colonien. capitulum in discordia elegit Henricum [2] tunc praepositum ecclesiae Colonien. et Bernardum [3] praepositum ecclesiae Bonnen. [4], quorum electionem, cum Bonifacius Pp. VIII provisionem ecclesiae Colonien. sedi apostolicae reservasset, Benedictus Pp. XI cassavit, atque in consistorio privato eidem eccl. de Henrico providit eumque in archiepiscopum praefecit, quod Clemens Pp. V hisce confirmat. (f. 59 a).

Dil. filio Henrico electo Colonien. Militanti ecclesie.... Dat. Lugduni, (sine data).

Eodem modo decano et capitulo eccl. Colonien.

E. m. universis nobilibus et vasallis ecclesiae Colonien.

E. m. universis nobilibus, populo civitatis et dioec. eiusd. ecclesiae.

E. m. prioribus et clero civitatis et dioec. eiusd. ecclesiae.

E. m. ven. fratribus universis suffraganeis ecclesiae Colonien.

E. m. cariss. in Christo filio regi Romanorum illustri.

338.

Mandat infrascripto, ut recepto per P(etrum) episcopum Sabinen. consecrationis munere, ad suam ecclesiam accedat. (f. 59 b).

---

[1] Guillelmus II de Artenay. *Gallia chr.*, VIII. p. 1563.
[2] Petrus II de Giri. *Ibidem.*

[1] Wicboldus de Holte 1298- † 3 april. 1304. *Gall. chr.*, III. p. 695. GAMS, l. c. p. 270 dicit eum electum maio 1297, † 26. martii 1304.
[2] Henricus de Virneburg † 1331 aut 1333. *Gall. chr.*, III. p. 697. GAMS, l. c. p. 270 defunctum recenset 5. ian. 1332.
[3] Bernardus, qui et Rainaldus seu Meynardus Westerburgius. *Gall. chr.*, III. p. 696.
[4] Ms. *Runmen.*

Ven. fratri archiepiscopo Colonien. Vacante dudum.... Dat. ut supra.

339. — Lugduni, 13 ian. 1306.
Dispensat cum Philippo super defectu natalium, ut possit ad omnes ordines promoveri ac beneficium etiam cum cura obtinere. (f. 59*b*).

Dil. filio Philippo Monifici de s. Audemaro clerico iurisperito Lexovien. dioc. Illegitime genitos.... Dat. Lugduni, id. ianuarii.

340. — Apud s. Ciricum, 18 febr. 1306.
Defuncto Friderico [1] episcopo Argentinen. quatuor ibidem contigit in discordia celebrari electiones, unam in Iohanne praeposito, qui interim mortuus est, aliam de Iohanne de Eremberg archidiacono, tertiam de Hermanno de Tierstein camerario et quartam de Iohanne de Ohsestein scolastico eiusdem ecclesiae. Iohanne archidiacono recedente atque Hermanno et magistro de Crasto praeposito Haslaten. Argentinen. dioec., procuratore praefati scolastici, resignantibus in manibus Petri de Columma s. romane eccles. cardinalis, Iohannes tunc Eisteten. episcopus ad ecclesiam Argentinen. transfertur et in episcopum praeficitur. (f. 59*b*).

Ven. fratri Iohanni episcopo Argentin. Celestis dispositione consilii.... Dat. apud s. Siricum prope Lugdunum, XII kalend. martii.

Eodem modo capitulo ecclesiae Argentinen.

E. m. clero civit. et dioec. Arg. sicut capitulo.

E. m. populo civit. et dioec. Arg. sicut cap. et clero.

E. m. nobilibus viris baronibus aliisque vasallis ecclesiae Argentin.

E. m. carissimo in Christo filio.. regi Romanorum illustri.

Archiepiscopo Maguntino scribitur super hoc ut in forma.

341. — Lugduni, 7 febr. 1306.
Eduardo principi Walliae petenti indulget, ut sex clerici obsequiis eius insistentes fructus suo-

rum beneficiorum, quotidianis distributionibus exceptis, usque ad quinquennium, quin personaliter residere teneantur, percipere valeant. (f. 60*a*).

Ven. fratri episcopo Londonien. et dil. filiis... mon. abbatibus Lincolnien. et Londonien. dioc.

Dil. filio nobili viro Eduardo primogenito carissimi in Christo filii nostri E(duardi) regis Anglie illustris principi Wallie. Personam tuam devotione... .Dat. Lugduni, VII idus februarii.

342. — Apud s. Ciricum, 14 febr. 1306.
Petro de Sora contulit Bonifacius VIII canonicatum ecclesiae Ambianen. et praebendam ibi vacaturam, abbate mon. s. Martini ad Gemellas Ambianen., decano Pictavien. et thesaurario Cathalaunen. ecclesiarum illi ad hoc executoribus deputatis. Vacantem per obitum magistri Firmini quandam praebendam in ecclesia Ambianen. dictus abbas contulit Petro, qui illam magistro Gregorio de Genesano, cui debebatur, cessit. Aliam per obitum magistri Ewiardi de Noyentello vacantem Iohannes de Varen, cui decanus Pictavien. suas commisit vices, eidem contulit Petro, quam vero Eustachius de Longo occupabat. Eustachio cedere nolente, Clemens V volens Petro de Sora capellano suo providere mandat infrascriptis, ut decanum et capitulum Ambianen. et dictum Eustachium citare curent, quatenus infra duorum mensium spatium coram sede apostolica compareant. (f. 60*b*).

Dil. filiis.. decano et archidiacono Antwerpien. et magistro Stephano de Watellis canonico ecclesie Cameracen. Significavit nobis.... Dat. apud s. Siricum, XVI kal. martii.

343. — Lugduni, 10 febr. 1306.
Concedit, ut Iohannes de Ponte, perpetuus matricularius in ecclesia s. Aniani Aurelianen. [1], et Guido de Gomsemvilla, rector parochialis ecclesiae s. Mariae de Guybreyo Sagien. dioc., possint sua beneficia invicem permutare, mandatque executoribus, ut Iohanni illam ecclesiam s. Mariae,

---

[1] Fridericus de Liechtenberg electus 13 sept. 1299, † 20. dec. 1306. *Gall. chr.*, V. p. 805. Gams, l. c. p. 315.

1 Ms. *Aurebanen.*

Guidoni vero matriculariam conferant eosque in possessionem inducant. (f. 60 *b*).

Dil. filiis... Significaverunt nobis.... Dat. Lugduni, IIII id. februarii.

344. — Lugduni, 8 febr. 1306.

Mandat infrascriptis, ut Raynerium canonicum monasterii s. Mariae Blesen. ord. s. Aug. Carnoten. dioec., qui supplicabat, ut ad arctiorem religionem transire valeret, in monasterio de s. Michaele ord. s. Ben. Virdunen. dioec. recipi faciant. (f. 61 *a*).

Dil. filiis decano b. Marie Magdalene et cancellario ac scolastico Virdunen. ecclesiarum. Ex parte dilecti filii.... Dat. Lugduni, VI id. februarii.

345. — Apud s. Ciricum, 20 febr. 1306.

Arthuro petenti indulget, ut sex clerici eius obsequiis insistentes fructus suorum beneficiorum, quotidianis distributionibus exceptis, ad quinquennium percipere valeant, quin residere teneantur. (f. 61 *a*).

Dil. filio nobili viro Arturo duci Britanie. Ut devotionis affectum.... Dat. apud s. Siricum, X kal. martii.

346. — Apud s. Ciricum, 20 februarii 1306.

Ad petitionem Arthuri ducis Britanniae dispensat cum infrascripto, ut cum decanatu et canonicatu in ecclesia Andegaven. nec non canonicatibus et praebendis in Nanneten. et Briocen. ecclesiis unum aliud beneficium recipere ac retinere valeat. (f. 61 *a*).

· *Dil. filio... de Anaito decano ecclesie Andegaven.* Laudabilia tue merita probitatis.... Dat. apud s. Siricum prope Lugdunum, X kal. martii.

347. — Lugduni, 16 nov. 1305.

· Guillelmo [1] de Favoliis confert canonicatum ecclesiae Anicien. nec non praebendam vel digni-

[1] Idem recensetur ad annum 1330 ceu abbas secularis s. Evodii Anicien. *Gall. chr.*, II. p. 759.

tatem seu personatum ibi vacantes vel vacaturos, non obstante quod prioratum de Curte et parochiales ecclesias de Bovisvilla et de s. Amantio Agennen. dioec. obtineat. (f. 61 *b*).

Dil. filio Guillelmo de Favoliis canonico Anicien. Probitatis tue merita.... Dat. Lugduni, XVI kal. decembris.

348. — Lugduni, 16 ian. 1306.

Rogerio confert canonicatum ecclesiae Andegaven. providetque de praebenda et dignitate ibi vacantibus vel vacaturis, ac dispensat cum illo super defectu aetatis et ut archidiaconatum Agennen. et in ea ac Parisien., Vasaten. et Aduren. ecclesiis canonicatus et praebendas et Pontisurticae et de Felhac et de Calmhac hospitalia ac grangiam de Blazert et decimas quasdam et pensionem quinquaginta librarum Burdegalen. a capitulo s. Petri in Montibus, Agennen., Auxitan., Lectoren. et Vasaten. dioec. retinere valeat. (f. 61 *b*).

Executoribus magistro Bernardo Royardi Xanctonen. et.. de Pardillian. ac.. Socien. Auxitan. archidiaconis ecclesiarum.

Dil. filio Rogerio de Montibus Silicibus canonico Andegaven. Digne agere credimus.... Dat. Lugduni, XVII kalendas februarii.

349.

Raynaldi, qui in Terrae sanctae subsidium proficisci proposuit, uxorem, filios, vasallos omniaque bona sub protectione b. Petri et sedis apostolicae suscipit. (f. 61 *b*).

Dil. filio nobili viro Raynaldo comiti Gelren. crucesignato. Sacrosancta romana ecclesia.... Dat. (sine data).

350. — Apud s. Ciricum, 16 febr. 1306.

Fidelibus, qui in Nativitatis et Ascensionis Domini, Pentecostes et singulis b. Marie V. et s. Michaelis ac s. Iohannis Evang. festivitatibus vere poenitentes et confessi visitaverint capellam b. Mariae de Rocheta Gratianopolitan. dioec. constructam a Beatrice, vidua Francisci de Rupetula, indulgentiam concedit centum dierum, qui per octo dies. festivitates ipsas sequentes illam visitaverint, quadraginta dierum. (f. 62 *a*).

Vniversis Christi fidelibus presentes litteras inspecturis. Vite perennis gloria.... Dat. apud s. Siricum, XIIII. kal. martii.

351.— Apud s. Ciricum, 16 febr. 1306.
Fidelibus, qui vere poenitentes et confessi eleemosynam praestiterint hospitali s. Mariae de Rocheta Gratianopolitan. dioec. a Francisco de Rupetula eiusque vidua Beatrice constructo, indulgentiam concedit viginti dierum. (f. 62 *a*).

Vniversis Christi fidelibus presentes litteras inspecturis. Quoniam ut ait apostolus.... Dat. ut supra.

352. — Lugduni, (sine data).
Raynaldi, qui crucis signaculum assumpsit cum proposito transfretandi in Terram sanctam, concedit, ut possit tria hospitalia construere et in eis ad illorum regimen et ipse et heredes eius personas regulares vel seculares instituere. (f. 62 *a*).

Dil. filio nobili viro Raynaldo comiti Gelren. Sincere devotionis affectus.... Dat. Lugduni. (sine data).

353. —
Eidem comiti concedit, ut duas vel tres domos cum oratoriis ad opus fratrum ordinum aliquorum mendicantium construere possit, et ut fratres isti, quos ad eum declinare contigerit, in domo eius carnibus vesci valeant. (f. 62 *a*).

354.— Apud s. Ciricum, 18 febr. 1306.
Leucium [1], episcopum Botontin. (Bituntin.), qui ob discordiam cum nonnullis canonicis suae ecclesiae a Bonifacio VIII suspensus fuit, ab hac suspensione relaxat eique concedit facultatem fructus episcopatus, qui durante suspensione obvenerunt, exigendi ac recipiendi, ad ecclesiam redeundi et in ea exercendi officium et. administrationem. (f. 62 *a*).

[1] Leucius Corasius 1283-1317. VGHELLI, *Italia s.,* VII. p. 687 . GAMS, l. c. p. 859.

Ven. fratri Leucio episcopo Botontin. Summi apostolatus officium.... Dat. apud s. Siricum prope Lugdunum, XII kalendas martii.

Eodem modo capitulo ecclesiae Bituntin.

E. m. populo civitatis et dioec. Bituntin. sicut et capitulo.

E. m. carissimo in Christo filio Carolo Ierosolim. et Siciliae regi illustri.

355.— Apud s. Ciricum, 1 mart. 1306.
Dispensat cum Richardo, capellano Guillelmi tit. s. Pudentianae presbyteri cardinalis, ut parochiales ecclesias de Milxelham et de Binteworth Wintonien. dioec. retinere vel, illis dimissis, alia duo beneficia curam animarum habentia assequi, et praeterea unicum aliud beneficium, etiamsi dignitas vel personatus existat, recipere ac retinere valeat. (f. 62 *b*).

Dil. filio Richardo Wodeloly rectori parochialis ecclesie de Milxelham Wintonien. dioc. Exigentibus tue laudabilibus meritis probitatis.... Dat. apud s. Siricum prope Lugdunum, kal. martii.

356. — Lugduni, 13 febr. 1306.
Waltero confert canonicatum ecclesiae Eborac. et praebendam ibi vacantem vel vacaturam, conceditque, ut simul canonicatum et praebendam in ecclesia Socien. Auxitan. dioec. et manerium de Calamiach et de Reaubekandale Eboracen. dioec. retinere ac vacaturum beneficium ad collationem archiep. Cantuarien. spectans assequi valeat. (f. 62 *b*).

Dil. filiis.. de s. Eadmundo Norwicen. et.. de Waltham Londonien. mon. abbatibus ac priori de Munissano Burdegalen. dioc.

Dil. filio magistro Waltero de Maydenestan canonico Eboracen. Dum conditiones et merita.... Dat. Lugduni, idus febr.

357. — Apud Montem Pesulanum, 17 oct. 1305.
Mandat infrascriptis, ut decimas pro Iacobo rege Aragoniae colligendas, collectoribus episcopo Valentin. et archidiacono Tarraconen. vel illis,

quos ipsi ad colligendam decimam deputaverint,
per quatuor annos persolvant. A praestatione decimae eximuntur clerici, quorum annui reditus
summam septem librarum Turonen. parvorum non
excedunt. (f. 63 *a*).

Ven. fratribus.. archiepiscopis et episcopis
et dilectis filiis electis, abbatibus, prioribus
decanis etc. *per regna Aragonie, Valentie,*
comitatum Barchinonen. omnesque terras ca-
rissimi in Christo filii nostri Iacobi, Ara-
gonie Sardinie et Corsice regis illustris
constitutis personis et locis s. Iohannis Ie-
rosolim. militie templi ac de Calatrava s. Ia-
cobi ordinum ac Sardinie et Corsice re-
gno eiusque terris dumtaxat exceptis. Romane matris ecclesie multa benignitas....
Dat. apud Montempessulanum, XVI kal.
novembris.

358. — Lugduni, 24 dec. 1305.

Consideratione suae neptis Beatricis, vicecomitissae Lautricen., confert Piliforti consanguineo
canonicatum ecclesiae Tolosan. ord. s. Aug. et
praebendam ac personatum vel officium ibi vacans vel vacaturum; decernit, ut regularem exhibeat habitum, dispensatque cum illo super defectu
ordinum et aetatis. (f. 63 *b*).

Ven. fratri episcopo Magalonen. et dil.
filiis Petro Elie ac Iohanni Vascon. cano-
nicis Londonien.

Dil. filio Piliforti de Lautrico canonico
ecclesie Tholosan. ord. s. Aug. Laudabilia
tue iuventutis indicia.... Dat. Lugduni, VIIII
kal. ian.

359. — Lugduni, 27 ian. 1306.

Magister Iohannes de Vnistinga utriusque iuris, Michael Mancondit et Stephanus de Morneio,
Meten., Rothomagen. ac Bituricen. dioec. legum
professores, advenerant nonnulla privilegia pro
universis doctoribus et scolaribus Aureliani immorantibus et immoraturis studio petituri; quibus
concessis, mandatur infrascriptis, ut illis tribus professoribus faciant a baccalariis et scolaribus ibidem
immorantibus expensas itineris exhiberi. (f. 63 *b*).

Dil. filiis.. priori s. Laurentii et.. decano
ac Guillelmo de Belliaco canonico ecclesie
Aurelianen. Fide puri, devotione sinceri,
sollicitudine fervidi et diligentia circumspec-
ti dilecti filii Iohannes Vnistinga utriusque
iuris, Michael Mancondit et Stephanus de
Morneio legum professores Metensis, Rothomagensis et Bituricensis diocesium ad
extollendum honoribus, muniendum favoribus, et ampliandum gratiis Aurilianense
studium, ubi legendi et docendi in legibus
exercent laudabiliter magistratum, nuper ad
nostram audientiam accedentes pro universis doctoribus et scolaribus predicto immorantibus vel immoraturis studio nonnulla
privilegia, libertates, immunitates et gratias
a nobis cum instantia suppliciter petierunt.
Nosque studium ipsum ex certis et dignis
considerationibus, prerogativa favoris et gratie confoventes, eorumque supplicationibus
inclinati, petitum gratiose concessimus et
concessa sub nostris bullatis litteris duximus redigenda, ut fons scientiarum irriguus,
de cuius plenitudine hauriant universi ad
illum de diversis mundi partibus concuren-
tes, in Aurelianensi civitate concrescat ad
laudem divini nominis et universalem profectum pariter et honorem. Cumque predicti
magistri Iohannes, Michael et Stephanus
pro universali comodo laborantes huiusmodi
non sine personarum suarum laboribus et
incomodis prosequendo negocia pertulerunt
et subierunt gravia onera expensarum, prout
conditio temporis et ipsorum negociorum
exegit qualitas, non solum propriam prop_
terea expendendo pecuniam, verum etiam
se certis creditoribus in certis pecuniarum
quantitatibus obligando, nobis humiliter
supplicarunt, ut providere indempnitati eorum super hoc de benignitate apostolica
curaremus. Cum igitur indignum existat,
quod prefati magistri Iohannes, Michael et
Stephanus, unde premium meruerunt inde
dispendium patiantur, discretioni vestre
mandamus, quatinus vos vel duo aut unus

o

vestrum per vos vel alium seu alios eisdem magistris Iohanni, Michaeli et Stephano vel eorum procuratori seu procuratoribus de iustis et moderatis expensis tam factis videlicet quam etiam faciendis per eos in veniendo, morando et redeundo et predicta consequendo et promovendo negocia, de quibus ipsorum Iohannis, Michaelis et Stephani stari volumus iuramento, a baquallariis et scolaribus predicto immorantibus studio faciatis infra competentem terminum a nobis statuendum eisdem satisfactionem congruam exhiberi. Contradictores etc. Non obstante si aliquibus fuerit ab eadem sede concessum, quod interdici vel excommunicari nequeant aut suspendi etc. Dat. Lugduni, VI kal. febr.

360. — Lugduni, 27 ian. 1306.

Concedit, ut doctores et scolares in Aurelianensi studio immorantes et immoraturi habeant universitatem et collegium regendum et gubernandum ad modum universitatis et collegii generalis studii Tolosani, omnibusque privilegiis concessis doctoribus et scolaribus in Tolosano studio commorantibus gaudeant et utantur. (f. 63b).

Ad perpetuam rei memoriam. Dum perspicaciter oculos in circuitu levamus — de his profecto non indigne accipitur, quod refulsit sol in clipeos aureos, quia sunt iusticie deffensores, facta causarum ambigua dirimentes, qui sue defensionis iuribus in rebus publicis ac privatis lapsa erigunt, fatigata reparant nec minus humano generi per scientiarum cooperationem provident, quam si preliis atque vulneribus patriam parentesque salvarent, ac Iustiniana sanctio non solum illos imperio militare decrevit, qui gladiis, clipeis et thoracibus muniuntur, sed alios, qui presidio muniminis gloriosi laborantium spem, vitam posterasque defendunt, ne potentiorum manus validior afficiat humiliores iniuriis prematque iacturis clipeo iusticie non adiutos. Nos itaque profectibus publicis ex debito pastoralis officii, cui dante

Domino presidemus, eficacibus studiis intendentes, ingenti utique desiderio ducimur et cura propensioris sollicitudinis excitamur [1], ut studia litterarum, per que scientiarum thesaurus acquiritur et ad spiritualis et temporalis gaudii gloriam pervenitur, laudibus incrementis utilibus ac propensius convalescant et in illis potissime locis et partibus, que ydonea et accomoda ex presertim ex solito fore noscuntur, ad multiplicanda doctrine semina et germina salutaria producenda. Cum igitur in Aurelianen. civitate litterarum studium in utrolibet iure ac presertim in iure civili laudabiliter viguerit ab antiquo, et ad presens, Domino faciente, refloreat, nos ipsum Aurelianense studium, quod nos olim essentiam minoris status habentes legendi et docendi in legibus scientia decoravit, et ad quod ex hiis et aliis condignis considerationibus prerogativa quadam intuitus nostre affectionis adducitur, volentes oportunis confovere favoribus et presidiis communire, ut quanto utilioribus fuerit directionibus stabilitum, tanto comodius, laudabilius, et uberius docentes studentes ibidem edificare valeant ad profectum, presentium auctoritate concedimus, ut doctores et scolares in dicto Aurelianen. studio nunc et in posterum immorantes habeant universitatem et collegium regendum et gubernandum ad modum universitatis et collegii generalis studii Tholosani, dictique doctores condendi seu faciendi constitutiones, ordinationes et statuta provida et rationi consona, super modo eligendi rectorem qui predictum collegium et universitatem regat ac super modo et hora legendi, repetendi et disputandi, et super ipsorum doctorum in actu regendi habitu diffiniendo, et qualiter doctores et scolares in exequiis defunctorum debeant se habere, nec non de baquallariis, qui silicet (scilicet) et qua hora, ubi et quid baquallarii sint

---

[1] Ms. *exitamur.*

lecturi, et de illis etiam ex eisdem doctoribus et scolaribus, qui constitutionibus, statutis et ordinationibus ipsis rebelles extiterint,
per societatis substractionem congrue ca-
stigandis liberam habeant facultatem. Et si
doctoribus et scolaribus ipsis, quod absit,
vel alicui eorum inferatur iniuria utpote
mortis aut membri mutiliationis, nisi congrua monitione premissa infra quindenam
super hoc fuerit congrue satisfactum, liceat
doctoribus usque ad satisfactionem condignam eorum suspendere lectiones. Ne autem predictum studium, quod de bono in
melius semper dirigi cupimus, stulticie vel
vagationis occasione perturbari contingat,
auctoritate apostolica statuimus, ut nulli
scolares vel eorum familie incedant per civitatem Aurelianen. armati, ad quod servandum penis congruentibus coartentur, quodque universitas prelibata turbatores (_sic_) et
studii non defendat, hii vero qui simulave-
rint se scolares nec tamen scolas duxerint
frequentandas, neque doctorem aliquem
profitebuntur, nequaquam scolarium gaudeant libertate. Ceterum ut doctores et
scolares predicti eo liberius valeant intendere studio et proficere in eodem, quo
magis se munitos agnoverint gratia et
favore, auctoritate predicta indulgemus
eisdem, ut dum huiusmodi studio docendo
vel audiendo duxerint insistendum, omnibus
privilegiis, libertatibus et immunitatibus concessis doctoribus et scolaribus in Tholosano
studio commorantibus gaudeant et utantur.
Nulli ergo etc. Dat. Lugduni, VI kal. februarii.

361. Lugduni, 27 ian. 1306.
Mandat infrascriptis, ut concessionem illam et
statutum faciant, ad requisitionem universitatis
Aurelianen., observari: (f. 64a).
_Ven. fratri. archiepiscopo Bituricen. et
episcopo Antisiodoren. ac dil. filio abbati mon.
s. Benedicti Floriacen. Aurelianen. dioc._ Dum
perspiciter.... Dat. ut supra.

362. — Lugduni, 27 ian. 1306.
Statuit, ut domus ad inhabitandum in Aurelianensi civitate vacantes, sub competentibus pensio-
nibus a quatuor taxatoribus statuendis, doctoribus
et scolaribus locentur, victualiaque etiam tempore
caristiae moderatis pretiis vendantur, ac ne doctores scolaresque delinquentes per secularem curiam
iudicentur. (f. 64a).
Ad perpetuam rei memoriam. Dum perspiciter. auctoritate apostolica statuimus,
ut domus ad inhabitandum in Aurelianen.
civitate vacantes sub competentibus pensio-
nibus doctoribus et scolaribus immorantibus in studio Aurelianen. locentur, quodque
pensiones ipse taxari debeant per quatuor
taxatores, quorum duo per doctores ipsos
et scolares et alii duo pro parte universitatis hominum ceterorum Aurelianen. eligantur, et si hii quatuor nequiverint concordare, stetur taxationi quinti taxatoris ab
eisdem civibus de predictis doctoribus eligendi, ac ultra taxationes huiusmodi nihil
ab eis possit exigi pretextu vel nomine pen-
sionis pro domibus antedictis, quorum taxa-
torum quilibet prestare teneatur corporaliter
iuramentum de taxationis officio fideliter
exercendo. Si vero huiusmodi taxatio domorum eisdem doctoribus et scolaribus ab
Aurelianen. hominibus subtrahatur, liceat
ipsis doctoribus usque ad emendationem
condignam eorum suspendere lectiones.
Cum autem contigerit aliquem ex ipsis
doctoribus et scolaribus vel eorum servitoribus in aliquo maleficio deprehendi, nullatenus per secularem curiam iudicetur vel
puniatur, nisi forsan ecclesiastico iudicio
condempnatus seculari curie relinquatur.
Layci quoque doctoribus et scolaribus ipsis
et eorum servitoribus teneantur in causa
qualibet in civitate prefata coram ecclesiastico iudice respondere. Victualia insuper
in civitate Aurelian. tempore caristie nulla-
nus (sic), ne, quod absit, ob defectum victualium prefatum studium dissolvi contingat,
per quod ipsius civitatis status, honor et

comodum noscitur multipliciter augmentari. Per hoc autem iurisdictioni regie non intendimus derògare, sed ea, in quantum ab eo dependent, sue approbationis et voluntatis arbitrio reservamus. Nulli ergo etc. Dat. ut supra.

363. — Lugduni, 27 ian. 1306.
Mandat infrascriptis, ut istam concessionem et statutum ad requisitionem universitatis faciant observari. (f. 64 *a*).

Ven. fratri.. archiepiscopo Bituricen. et episcopo Antisiodoren. ac dil. filio abbati mon. s. Benedicti Floriacen. Aurelianen. dioc. Dum perspicaciter.... Dat. ut supra.

364. — Apud s. Ciricum, 2 mart. 1306.
Amanevo [1] de Lebreto, consanguineo suo, committit rectoriam in temporalibus patrimonii beati Petri in Tuscia. (f. 64 *b*).

Dil. filio nobili viro Amanevo de Lebreto rectori patrimonii beati Petri in Tuscia. Licet de singulis orbis provinciis, presertim ad ecclesiam romanam spectantibus, pro earum statu salubriter dirigendo, quantum nobis ex alto permittitur, curam vigilem habeamus, tamen ad patrimonium beati Petri in Tuscia eo attentioris dirigimus considerationis intuitu, quo ipsum potiori zelamur affectu velut infra brachia sedis apostolice constitutum, et quia cordi gerimus considerationis intuitum, quod in eo patrimonio cultus servetur iusticie, sinceritas fidei et constantia devotionis accrescant, eiusque incole prosperis letentur successibus, votivis fulciantur eventibus et stabilis pacis gaudeant ubertate, discentionum quarumlibet [2] nubilo profugato, personam ad horum promotionem utilem, per cuius circumspectionem providam et providentiam circumspectam dicti patrimonii status feliciter dirigatur, illuc providimus destinandam.

[1] Amanevus VII dominus de Lebreto 1298-1324. *L'Art de vérifier* etc., II. 9. p. 267.
[2] Ms. *quorumlibet*.

Ad te igitur, cuius meritum et virtutes sunt nobis per familiarem experientiam non ignota, mentis oculum dirigentes, rectoriam dicti patrimonii in temporalibus apostolica tibi auctoritate committimus per te vel alium seu alios usque ad apostolice sedis beneplacitum exercendam, ac disponendi interim de castellaniis et rectoriis castrorum Perite, Marce, Centumcellarum, et Radicofini, Insularum, Bituntin. et Martan., Abbatie ad pontem, vel ubicunque alibi in dicto patrimonio consistentibus, concedendi preterea ac committendi potestarias et rectorias illarum tantum terrarum, in quibus de personis ab aliis electis dictus romanus pontifex unam quam vult acceptat, videlicet in Bulseno et aliis castris et terris Vallis lacus, que de patrimonio predicto existit, personam huiusmodi, prout ad nos pertinet acceptandi ac ordinandi, statuendi, percipiendi, corrigendi, puniendi, exequendi et faciendi in eodem patrimonio, quecunque ad huius rectorie officium pertinent et que honori et comodo dicte ecclesie ac utilitati et statui prospero incolarum eiusdem patrimonii noveris expedire. Contradictores insuper et rebelles per temporales penas prout oportuerit compescendi. Non obstantibus quibuslibet concessionibus factis quibuscunque personis per nos vel predecessores nostros romanos pontifices de quibuscunque castellaniis, castris, terris, possessionibus, iuribus, iurisdictionibus et aliis bonis ad dictam ecclesiam pertinentibus sitis in eodem patrimonio, quas ex nunc penitus revocamus, et quibuslibet privilegiis, litteris et indulgentiis, per que tue iurisdictionis explicatio in hac parte possit quomodolibet impediri et de quibus quorumque totis tenoribus de verbo ad verbum debeat in nostris litteris fieri mentio specialis, liberam tibi et plenam concedimus tenore presentium facultatem sperantes firmiter, quod cum sis vir generis nobilitate preclarus, strenuitate preditus multaque circumspectione munitus, fide constans et devotione sincerus, in eodem patrimonio, sub tui felicis regiminis tempore, vigebit habundantia pacis et reddetur iusticia, universis repressis, ut convenit, ausibus malignorum. Predictam itaque rectoriam et alia, que ut premittitur tibi committimus, sic exercere studeas in eodem patrimonio sollicite, fideliter et prudenter, quod exinde predicte ecclesie honor consurgat et comodum et felicem progressum accipiat exaltatio subditorum tuique fama nominis de bono semper in melius altius extollatur divinamque propterea et eiusdem sedis gratiam uberius consequaris. Dat. apud s. Siricum prope Lugdunum, VI non. martii.

365. — Apud s. Ciricum, 2 mart. 1306.
Mandat infrascriptis, ut eidem Amanevo tanquam patrimonii rectori eiusque vicariis humiliter intendant ac de proventibus et iuribus respondere curent. (f. 64 *b*).

Dil. filiis nobilibus viris comitibus, baronibus, potestatibus, capitaneis, rectoribus, castellanis, consiliis, communibus, seu universitatibus singulisque personis civitatum, castrorum omniumque terrarum per patrim. b. Petri in Tuscia constitutis eccl. romane fidelibus. Licet de singulis.... Dat. ut supra.

366. — Matiscone, 9 martii. 1306.
Hortatur infrascriptos, ut eidem Amanevo eiusque vicariis et familiaribus per illarum terras transeuntibus de securo conductu providere curent. (f. 64 *b*).

Universis presentes litteras inspecturis. Cum nos dilecto filio.... Dat. Matiscone, VII idus martii.

367.
(Iohanni [1]) episcopo Reatino mandat, ut rectoriam castri Mirandae cum campo Rustico

---

[1] Iohannes Mutus de Papazuris 1302 — resignavit 1326, † Romae 1336. VGHELLI, *Italia sacra*, I. p. 1207. .

Amanevo de Lebreto eiusque vicariis assignare curet. (f. 64 *b*).

Ven. fratri.. episcopo Reatin. rectori comitatus Sabinen. Cum nos rectoriam castri Mirande cum campo Rustico ceterisque iuribus et pertinentiis suis dil. filio nobili viro Amanevo de Lebreto nuper commisimus exercendam per eum vel eius vicarios unum vel plures, quos ipse ad hoc duxerit deputandos usque ad apostolice sedis beneplacitum voluntatis, prout in aliis nostris litteris super hoc confectis plenius continetur, fraternitati tue per apostolica scripta mandamus, quatinus castrum ipsum cum campo, iuribus et pertinentiis antedictis prefato Amanevo vel eius vicariis uni vel pluribus, qui super hoc ab ipso fuerint deputati, ad requisitionem ipsorum, nostro et ecclesie romane nomine assignare procures. Dat. ut supra.

368.
Committit Amanevo rectoriam castri Mirandae cum campo Rustico. (f. 64 *b*).

Dil. filio nobili viro Amanevo de Lebreto rectori castri Mirande in Corannen. (sic) *dioc.* Cupientes quod castrum Mirande, quod est romane ecclesie speciale, rectoris utilis presidio fulciatur, cuius industria et virtute dirigatur salubriter status eius, ac gerentes de circumspectionis meritis, que in te vigere cognoscimus, fiduciam in Domino specialem, rectoriam castri predicti cum campo Rustico ceterisque iuribus et pertinentiis suis apostolica tibi auctoritate committimus gerendam et exercendam per te vel alium seu alios usque ad apostolice sedis beneplacitum voluntatis; precipiendi interim ac ordinandi, statuendi, puniendi, corrigendi et omnia faciendi, que ad huius rectorie spectant officium, per temporales penas prout iustum fuerit compescendi liberam et plenam tibi tenore presentium concedimus potestatem. Tu itaque rectoriam predictam sic fideliter et utiliter prosequaris, quod exinde fama tui nominis de bono semper in melius extollatur nostramque benedictionem et gratiam uberius consequi merearis. Dat. ut supra.

369.

Eidem Amanevo committit regimen civitatis et dioecesis Reatin. in temporalibus. (f. 65a).

Eidem Amanevo. Cupientes ut civitas Reatin. et eius dioc. in statu prospero conserventur et salubriter auctore Domino dirigantur, easdem civitatem et diocesin specialiter tuo regimini duximus in temporalibus comittendas. Ideoque nobilitati tue per apostolica scripta mandamus, quatinus civitatem et diocesin supradictas sic in hiis servatis eisdem antiquis libertatibus, immunitatibus, consuetudinibus et privilegiis regere ac laudabiliter gubernare procures, quod exinde tue sollicitudinis studium commendare merito valeamus. Nos enim sententias sive penas, quas rite etc. usque observari. Non obstantibus aliquibus indulgentiis vel privilegiis apostolicis cuiuscumque tenoris existant, per que tue iurisdictionis executio posset quomodolibet impediri et de quibus plenam et expressam seu de verbo ad verbum fieri oporteat in nostris litteris mentionem. Dat. ut supra.

370.

Eidem Amanevo committit regimen civitatis Narnien. in temporalibus. (f. 65a).

Cupientes ut civ. Narnien.... Dat. ut supra.

371.

Eodem modo scribitur eidem pro civitate et dioec. Tudertin. (f. 65a).

Dat. est eadem.

372.

Hortatur infrascriptos, ut eidem Amanevo tanquam rectori eiusque vicariis obediant. (f. 65a).

Dilectis filiis communi castri Mirande ceterisque personis in eodem castro et cam-

po Rustico ceterisque provinciis ipsius castri habitantibus ecclesie romane fidelibus. Cupientes.... Dat. ut supra.

373. — Apud s. Ciricum, 3 mart. 1306.

Petro Marsilii committit rectoriam patrimonii b. Petri in spiritualibus. (f. 65a).

Dil. filio Petro Marsilii canonico ecclesie s. Florentini de Anbazio Turonen. dioc. rectori in spiritualibus patrimonii b. Petri in Tuscia. Cum nos pridem dil. filio nobili viro Amanevo de Lebreto rectori patrimonii b. Petri in Tuscia rectoriam eiusdem patrimonii in temporalibus committendam duxerimus usque ad apostolice sedis beneplacitum exercendam, volentes eidem patrimonio de rectore etiam in spiritualibus tantummodo quoad[1] fulcimentum temporalis iurisdictionis eidem rectori commisse providere, ut status eius utriusque rectoris presidio communitus prospere, dante Domino, dirigatur, post deliberationem quam ad ponendam ibi personam ydoneam, per cuius industriam et virtutem regimen possit in eodem patrimonio salubriter exerceri, habuimus diligentem, ad personam tuam, quam litterarum scientia preditam, sincera devotione preclaram, providentia et circumspectione munitam agnoscimus, direximus oculos nostre mentis, tibique propter hoc, hiis debita meditatione pensatis, rectoriam dicti patrimonii in spiritualibus tantummodo in fulcimentum iurisdictionis temporalis eidem ut predicitur rectori commisse, apostolica tibi auctoritate, committimus usque ad apostolice sedis beneplacitum voluntatis. Contradictores etc. Non obstantibus si aliquibus ab eadem sit sede indultum, quod excommunicari, suspendi vel interdici non possint per litteras apostolicas etc. usque mentionem et quibuslibet litteris, privilegiis et indulgentiis dicte sedis quibuscumque personis, locis et ordinibus in quacunque for-

[1] Ms. *quo.*

ma verborum concessis, per que tue iurisdictionis limitate superius explicatio possit
quomodolibet impediri, et de quibus quorumque totis tenoribus debeat in nostris
litteris fieri mentio specialis, liberam et
plenam concedimus tenore presentium facultatem, omni iurisdictione quoad quevis
alia, quam quoad fulcimentum temporalis
iurisdictionis huiusmodi tibi tenore presentium penitus interdicta. Quocirca discretioni
tue per apostolica scripta mandamus, quatinus huiusmodi regimen devote recipiens
illud ad laudem Dei et ipsius honorem ecclesie sic prosequi studeas fideliter et prudenter, quod exinde possis merito commendari, nostramque propter hoc benedictionem
et gratiam uberius promereri. Dat. apud
s. Siricum prope Lugdunum, V non. mart.

374. — Apud Desesiam, 18 mart. 1306.
Cum Arnaldus Garsiae, vicecomes Leomaniae,
suus germanus, cui rectoriam ducatus vallis Spoletan. commiserat, in remotis agat nec vicarium
mittere valeat, constituit Clemens V Augerium vicarium ipsius Arnaldi in praefato ducatu. (f. 65 a).

*Dil. filio nobili viro Augerio de Baslada
militi vicario dilecti filii nobilis viri Arnaldi Garsie vicecomitis Leomanie carissimi germani nostri rectoris ducatus vallis
Spoletan.* Cupientes ut in ducatu vallis Spoletan., ad statum cuius prospere dirigendum
paternis studiis anelamus, opulentia pacis
exuberet et cultus iusticie preservetur, ac
de dilecto filio nobili viro Arnaldo Garsie
vicecomite Leomanie, carissimo germano
nostro, ducatus prefati rectore, cuius prudentiam notam habemus, plenam in Domino
fiduciam obtinentes, sibi rectoriam et regimen dicti ducatus per se vel per alium
seu alios usque ad apostolice sedis beneplacitum voluntatis exercenda per nostras
certi tenoris litteras duximus committenda.
Cum itaque idem Arnaldus circa nostra
occupatus negotia in remotis agat ad presens, per quod personaliter accedere vel

vicarium mittere ad eundem ducatum non
valet ad presens, nos dubitantes, ne propter
suam vel dicti vicarii longam absentiam
dicto ducatui preiudicium generetur, et volentes super hoc paterna sollicitudine providere ac de tua circumspectionis industria
gerentes fiduciam pleniorem, te in ducatu
prefato vicarium predicti Arnaldi presentium auctoritate constituimus et etiam ordinamus, ita quod vice et nomine eius rectoriam et regimen prefata usque ad ipsius
Arnaldi beneplacitum exerceas et libere exequaris, tibique, quamdiu ibi sic vicarius fueris,
omni iurisdictione, quam eidem Arnaldo pro
huius rectorie et regiminis executione per
easdem concessimus litteras, plenarie in
omnibus ac singulis attributa. Dat. apud
Desesiam, XV kal. aprilis.

375.
Arnaldo Garsiae committit rectoriam ducatus
Spoletani. (f. 65 a).

Dil. filio nobili viro Arnaldo Garsie [1]
*vicecomiti Leomanie germano nostro ducatus
Spoletan. rectori.* Dum incumbentia nobis
onera, quibus assidue premimur, intenta consideratione pensamus intendentes, quod nequimus exhibere circa singula per nos ipsos
debitum apostolice servitutis, nonnunquam
aliquos ad agenda nostra et ecclesie romane servitia iuxta qualitatem agendorum
assumimus, quorum laudabilia merita per
operum evidentiam in conspectu sedis apostolice sub publica notitia presentantur et
quorum sollerti ministerio sperati fructus
de commissis [2] sibi laboribus valeant provenire. Sane licet de singulis provinciis
specialiter nobis et eidem sedi subiectis,
quantum nobis ex alto permittitur, curam
vigilem habeamus, circa tamen ducatus
Spoletan. statum eo maiori reddimur attentione solliciti, quo ipsum potiori zelamus

[1] Arnaldus Garsiae, vicecomes Leomaniae, germanus
Clementis Pp. V. BALVZIVS, I. p. 616.
[2] Ms. *comitatis*.

affectu velut ad eandem sedem pleno iure specialiter pertinentem et infra sedis eiusdem brachia constitutum et quia cordi gerimus, ut in eisdem partibus servetur cultus iusticie etc. (sine data).

Eodem modo scribitur universis nobilibus, capitaneis, potestatibus seu rectoribus, comunitatibus et universitatibus ceterisque personis secularibus civitatum et castrorum ac villarum per ducatum Spoletan. constitutis nostris et ecclesie romane fidelibus.

376. Lugduni, 18 ian. 1306.

Mandat infrascriptis, ut fideiiussores Iohannis [1], ducis Lotharingiae, Brabantiae et Limburgiae, per excommunicationem cogant ad solvendam pecuniam, quam idem dux mutuaverat a Ghetto Honesti et Ghettutio, filio quondam Dini, filii dicti Ghetti, civium Lucan. crucesignatorum, ne voti eorum executio impediatur. (f. 65 b).

Ven. fratribus.. archiepiscopo Remen. et episcopo Cathalaunen. ac dil. filio Raynerio Iohannis canonico Trecen. Sua nobis dilecti filii.... Dat. Lugduni, XV kal. februarii.

377.

Guillelmo [2], episcopo Traiecten., qui cum licentia sedis apostolice ab Octaviano Callibuctonis, cive et mercatore romano, mille quingentos florenos aureos mutuaverat, defuncto, Guido [3] eius successor a Bonifacio VIII ac Benedicto XI monitus, excommunicatione et interdicto neglectis, solvere non curavit. Mandatur itaque infrascriptis, ut illum mercatori satisfacere procurent, alias excommunicatum et suspensum eiusque ecclesiam interdictam nuncient atque eundem Guidonem citare curent, quatenus coram summo pontifice compareat. (f. 65 b).

Ven. fratri.. episcopo Atrebaten. et dil. filiis electo Colonien. et Iacobo de Sabello

[1] Iohannes II, dictus Pacificus 1294-1312. *L'Art de vérifier* etc., II. 14. p. 99. ·
[2] Guillelmus de Mechlinia 1296-† in pugna 4 iul. 1301. GAMS, l. c. p. 255.
[3] Guido de Hannonia 1301-† 29 maii 1317. *Ibidem.*

archidiacono Bruxellen. in ecclesia Cameracen. notario nostro. Significavit nobis.... Dat. ut supra.

378.—Apud s. Ciricum, 20 febr. 1306.

Defuncto Adolpho [1], episcopo Leodien., qui ab Octaviano Callibuctonis cive et mercatore romano mutuatam pecuniam universitati et hominibus villae de Oio Leodien. dioec. solvere mandavit, cum vero nec successor Theobaldus nec capitulum nec universitas solvere curarent, mandatur infrascriptis, ut eosdem citare curent, quatenus coram sede apostolica compareant mercatori satisfacturi. (f. 66 a).

Ven. fratri.. episcopo Atrebaten. et dil. filiis.. Cameracen. ac.. Spoletan. electis. Exhibita nobis.... Dat. apud s. Siricum, prope Lugdunum, X kal. martii.

379.—Apud s. Ciricum, 20 febr. 1306.

Mandat infrascriptis, ut archiepiscopos, episcopos, abbates, comites ceterosque, qui ab Octaviano Callibuctonis eiusque filio Gilecto, civibus et mercatoribus romanis, pecunias mutuarunt, solvere compellant. (f. 66 a).

Ven. fratri.. episcopo Atrebaten. et dil. filiis.. electo ac Iacobo de Buccamariis archidiacono Bruxellen. in ecclesia Cameracen. Querelam dilectorum.... Dat. apud. s. Siricum prope Lugdunum, X kal. martii.

380. — Matiscone, 8 mart. 1306.

Concedit Bertrando potestatem exigendi praeteritos et percipiendi praesentes ac futuros fructus marchiae Anconitan., cuius regimen illi commissum fuit. (f. 66 a).

Dil. filio nobili viro Bertrando del God nepoti nostro marchie Anconitan... Sinceritas fidei, devotionis integritas, circumspectionis industria et alia munera gratiarum, que in te vigere sentimus, spem nobis ineffabilem repromittunt, ut que tibi commit-

[1] Adolphus de Valdeck 1301-1302. *Gallia chr.*, III. p. 893.

tuntur a nobis prosequaris fideliter et prudenter. Cum itaque tibi regimen marchie Anchonitan., civitatum, comitatuum et districtuum ipsorum usque ad apostolice sedis beneplacitum voluntatis commisimus per alias nostras certi tenoris litteras exercendum, tibi omnes fructus presentes atque futuros marchie Anchonitan., civitatum, comitatuum et districtuum predictorum de speciali gratia duximus concedendos, exigendi quoque ac libere percipiendi omnes fructus preteriti temporis non solutos ac penas et multas[1] de quibuslibet excessibus[2] pro preterito tempore commissis, impositis nec solutis, aut super ipsis libere prout volueris et expedire videris componendi ac transigendi et temporales penas pro predictis vel aliquo predictorum incursas seu impositas retinendi et relaxandi plenam et liberam auctoritate presentium concedimus potestatem. Dat. Matiscone, VIII idus martii.

381. — Niverni, 23 mart. 1306.

Roberto committit rectoriam in spiritualibus ducatus Spoletan., (f. 66 *b*).

Dil. filio Roberto de Rionio legum doctori clerico in spiritualibus ducatus Spoletan. rectori. Cum nuper dilecto filio nobili viro Arnaldo Garsie vicecomiti Leomanie et Altivillaris rectori ducatus Spoletan. rectoriam eiusdem ducatus in temporalibus committendam duximus, per se vel per alium usque ad beneplacitum sedis apostolice exercendam, nos volentes etiam eidem ducatui de rectore in spiritualibus quo ad fulcimentum iurisdictionis temporalis etiam providere, ut status eius utriusque rectoris presidio munitus dante Domino dirigatur, post deliberationem quam ad ponendam ibidem personam ydoneam, per cuius industriam et circumspectionem regimen possit in eodem ducatu salubriter in fulcimentum huius-

modi exerceri, habuimus diligentem, ad personam tuam, quam litterarum scientia preditam, sincera devotione preclaram et circumspectione providam agnoscimus, direximus oculos nostre mentis et tandem hiis debita meditatione pensatis rectoriam dicti ducatus in spiritualibus in fulcimentum dumtaxat temporalis iurisdictionis et non alias, apostolica tibi auctoritate committimus, ut usque ad dicte sedis beneplacitum fideliter et laudabiliter exequaris. Nos enim processus et sententias sive penas, quas in huiusmodi fulcimentum temporalis iurisdictionis et non alias rite feceris, tuleris vel inflexeris in rebelles, ratas habebimus et faciemus, auctore Domino, usque ad satisfactionem condignam, appellatione remota, inviolabiliter observari. Non obstantibus si aliquibus ab eadem sit sede indultum, quod excommunicari, suspendi vel interdici non possint per litteras etc. usque mentionem et quibuslibet privilegiis et indulgentiis dicte sedis quibuscunque personis, locis et ordinibus in quacunque forma et conceptione verborum concessis, per que tue iurisdictionis huiusmodi executio possit quomodolibet impediri et de quibus quorumque totis tenoribus debeat in nostris litteris fieri mentio specialis, omni tamen iurisdictione quo ad quevis alia praeter quam quo ad fulcimentum temporalis iurisdictionis huiusmodi tibi tenore presentium penitus interdicta. Quocirca discretioni tue per apostolica scripta mandamus, quatinus huiusmodi regimen devote recipiens illud ad laudem Dei et ipsius honorem ecclesie sic prosequi studeas fideliter et prudenter, quod inde possis merito commendari nostramque propter hoc benedictionem et gratiam uberius promereri. Dat. Niverni, X kal. aprilis.

382. — Apud s. Ciricum, 5 mart. 1306.

Robinam, filiam Roberti de Boctemont, recipi faciant in monacham monasterii s. Trinitatis de Cadomo ord. s. Ben. Baiocen. dioec. (f. 66 *b*).

---

[1] Ms. *multos*.
[2] Ms. *accessibus*.

Dil. *filiis.. decano et.. capicorio ac magistro Iohanni de Fago canonico ecclesie Lexovien.* Cum dilecta.... Dat. apud s. Siricum prope Lugdunum, III nonas mart.

383. — Apud s. Ciricum, 5 mart. 1306.
Eodem modo pro *Iuliana,* eiusdem Roberti filia, ut recipiatur in monacham monasterii s. Salvatoris ord. s. Ben. Ebroicen. (f. 66 *b*).
Dat. est eadem.

384. — Nivernis, 25 mart. 1306.
Concedit Arnaldo [1], cui rectoriam massae Trabariae et Civitatis Castelli commisit, facultatem componendi, transigendi, paciscendi, puniendi et fructus percipiendi quoscumque pro praeterito tempore. (f. 66 *b*).
Dil. *filio nobili viro Arnaldo Bernardi de Preysaco dicto Soldano nepoti nostro rectori masse Trabarie et Civitatis Castelli.* Cum tibi nuper regimen et rectoriam masse Trabarie et Civitatis Castelli cum locis et pertinentiis consuetis usque ad apostolice sedis beneplacitum per se vel per alium seu alios exercendam commisimus, nos volentes ut eo uberius ea exequi valeas, quo ampliori fueris auctoritate munitus, tibi componendi, transigendi, pasiscendi, puniendi pro penis, excessibus et multis impositis non solutis et fructus percipiendi quoscumque pro preterito tempore plenam tibi concedimus auctoritate presentium facultatem. Dat. Nivernis, VIII kal. aprilis.

385. — Matiscone, 8 mart. 1306.
Hugoni committit rectoriam in spiritualibus massae Trabariae et Civitatis Castelli. (f. 66 *b*).
Dil. *filio Hugoni de Fontanilhas capellano ecclesie de Dunis Agennen. dioc. rectori masse Trabarie et Civitatis Castelli districtuum et pertinentiarum ipsarum in spiritua-*

libus. Cum nos pridem dilecto filio nobili viro Arnaldo Bernardi de Preyssaco dicto Soldano, nepoti nostro, rectori masse Trabarie et Civitatis Castelli cum locis et pertinentiis consuetis regimen et rectoriam in temporalibus committendam duxerimus usque ad apostolice sedis beneplacitum per se vel per alium seu alios exercendam, nos volentes masse, civitati, districtibus et pertinentiis supradictis de rectore etiam in spiritualibus in fulcimentum iurisdictionis temporalis dumtaxat providere, ut status eius utriusque rectoris presidio communitus prospere, dante Domino, dirigatur, post deliberationem quam ad ponendam ibidem personam ydoneam, per cuius industriam et virtutem regimen possit in eisdem locis, territorio et districtu salubriter exerceri, habuimus diligentem, ad personam tuam quam litterarum scientia preditam, nobis de multiplicis probitatis meritis commendatam, direximus oculos nostre mentis, tibique propter hoc hiis debita meditatione pensatis rectoriam et regimen masse, civitatis, districtuum, locorum et pertinentiarum in spiritualibus in fulcimentum dumtaxat iurisdictionis temporalis et non alias apostolica tibi auctoritate committimus usque ad apostolice sedis beneplacitum exercenda, contradictores quoque per censuram ecclesiasticam, appellatione postposita, compescendi. Non obstante si aliquibus ab eadem sit sede indultum, quod excommunicari, suspendi vel interdici non possint, per litteras apostolicas etc. usque huiusmodi mentionem et quibuslibet litteris, privilegiis et indulgentiis dicte sedis quibuscunque personis, locis et ordinibus, in quacumque forma et conceptione verborum concessis, per que huiusmodi tua iurisdictio possit quomodolibet impediri et de quibus quorumque totis tenoribus de verbo ad verbum debeat in nostris litteris fieri mentio specialis, liberam et plenam concedimus tenore presentium facultatem, omni iurisdic-

---

[1] Arnaldus Bernardi de Preyssacó dictus Soldanus, filius Gualhardi de Preyssaco et Gualhardae, sororis Clementis V. Reg. t. 59. fol. 15 a. et *Hist. généal. et chron.* par le P. ANSELME AVGVSTIN Déchausé, II. p. 171.

tione quo ad quevis alia preterquam in fulcimentum temporalis iurisdictionis huiusmodi penitus interdicta. Quocirca discretioni tue per apostolica scripta mandamus, quatinus regimen et rectoriam huiusmodi devote suscipiens illa ad laudem Dei et ipsius honorem ecclesie sic prosequi studeas fideliter et prudenter, quod exinde possis merito comendari, nostramque propter hoc benedictionem et gratiam uberius promereri. Matiscone, VIII idus martii.

386. — Matiscone, 8 mart. 1306.

Arnaldo committit regimen et rectoriam in temporalibus massae Trabariae et civitatis Castelli. (f. 67 a).

Dil. filio nobili viro Arnaldo Bernardi de Preysaco dicto Soldano rectori masse Trabarie et Civitatis Castelli. Sincere devotionis affectus, quam ad nos et romanam geris ecclesiam, tueque merita probitatis digne nos excitant [1] et inducunt, ut tibi, de quo plene confidimus, que cure nostre imminent, fiducialiter committamus. Circa statum itaque masse Trabarie et Civitatis Castelli cum locis et pertinentiis consuetis ad romanam ecclesiam pleno iure spectantium sollicite cogitantes ac cupientes, quod in eis pacis tranquillitas et cultus iusticie preservetur, regimen ac rectoriam masse et civitatis predictarum ac districtuum, locorum et pertinentiarum ipsarum tibi, de cuius probitate confidimus, in temporalibus apostolica auctoritate committimus per te vel alium seu alios usque ad apostolice sedis beneplacitum exercenda, disponendi quoque, ordinandi, statuendi, precipiendi et cognoscendi de causis et litibus civilibus et criminalibus et diffiniendi sententias excomunicationi(s), mandandi, petendi, exigendi, ac recuperandi iura ipsarum pro nobis et ecclesia supradicta, imponendi etiam ac exigendi penas et faciendi omnia,

[1] Ms. *exitant.*

que ad statum prosperum masse et civitatis, iurium, locorum et pertinentiarum ipsarum et que ad regiminis et rectorie huiusmodi spectant officium. Contradictores etiam et rebelles quoslibet temporali districtione qua convenit, appellatione postposita, compescendi tibi concedentes auctoritate presentium plenam et liberam potestatem. Quocirca discretioni tue per apostolica scripta mandamus, quatinus regimen et rectoriam ipsam devote suscipiens illam iuxta datam tibi a Deo prudentiam sollicite diligentie studio prosequaris, ita quod possis exinde merito commendari. Nos enim sententias sive penas, quas temporaliter rite tuleris vel statueris in rebelles etc. usque observari. Non obstante quibuscunque donationibus, concessibus, unionibus, privilegiis vel indulgentiis apostolicis quibuscumque personis et comunitatibus, universitatibus et locis sub quacumque forma et conceptione verborum ab eadem sede concessis, per que in hac parte tue iurisdictionis executio possit quomodolibet impediri et de quibus quorumque totis tenoribus de verbo ad verbum fieri debeat in presentibus mentio specialis. Dat. ut supra.

Eodem modo scribitur dilectis filiis universitatibus castrorum, villarum, comitatuum et aliorum locorum per massam Trabariam nec non populo Civitatis Castelli et per districtus et pertinentias ipsorum ubilibet constitutis nostre et ecclesie romane fidelibus.

387. — Nivernis, 23 mart. 1306.

Mandat infrascriptis, ut Guillelmum [1], episcopum Vasaten., qui abbati et conventui mon. s. Benedicti Floriacen. Aurelianen. dioec., conventui prioratus de Regula Vasaten. dioec., ad illud monasterium pertinentis, ac Iohanni de Haveringes, senescallo Vasconiae, iniurias irrogabat, ad sedem apostolicam citare curent. (f. 67 a).

[1] Guillelmus de Mota 1302-1313 translatus ad ecclesiam Santonen., 1316 ad priorem sponsam redire iussus † 1318. *Gallia chr.*, I. p. 1201. GAMS, l. c. 510 et 624.

Dil. filiis de Duracio et de Brageriaco ac de Marmanda prioribus Petragoricen. et Agennen.-dioc. Querelam dilectorum... Dat. Nivernis, X kal. aprilis.

388. — Burdegalis, 27 aug. 1306.
Oudardo [1] indulget, ut fructus sui decanatus ac praebendarum in Remen., Laudunen., s. Martini de Leriaco Turonen. dioec. et perpetui beneficii in monasterio s. Trinitatis de Cadomo Baiocen. dioec., in dictarum ecclesiarum aliqua residendo, usque ad quinquennium percipere possit. (f. 67 *a*).
Dil. filiis abbati mon. s. Dionisii in Francia Parisien. dioc. et decano ac archidiacono ecclesie Parisien.
Dil. filio Oudardo decano ecclesie s. Aniani Aurelianen. Vt tua et tuorum devotio.... Dat. Burdegalis, VI kal. septembris.

389. — Marsiliis, 21 mart. 1306.
Benedictus XI contulit Iohanni Pauli canonicatum et vacans vel vacaturum beneficium ecclesie s. Erasmi Verulan. Abbas eiusdem ecclesie secularis et Petrus Iacobi illum receperunt in canonicum, ceteri vero canonici Iohannes Petri, Nicolaus Bonihominis, Petrus de Verso, Mathias magistri Amati, Iulianus de Trebis, Iacobus Egidii et alii eum recusarunt. Intuitu Gottfridi, litterarum apostolicarum bullatoris, pro eodem Iohanne Pauli suo nepote supplicantis, mandat Clemens V infrascriptis, moneant istos canonicos, quatenus eundem Iohannem recipiant in canonicum, quod si noluerint, citent eos ad sedem apostolicam. (f. 67 *b*).
Dil. filiis Francisco Amoris Alatrin. [2] *et Galtero Rogerii Verulan. ac Petro Blasii Marsican.* [3] *canonicis ecclesiarum.* Significavit nobis.... Dat. Marsiliis, XII kal. aprilis.

390. — Apud Insignum, 10 oct. 1305.
Per obitum Gerardi de Lorgo et Bernardi de Rionio ecclesiae s. Iusti Lugdunen. canonicorum vacantes fructus et reditus, qui dona et paia vul-

gariter nuncupantur, reservat donationi sedis apostolicae. (f. 67 *b*).
Ad perpetuam rey memoriam. Intendentes de fructibus.... 'Dat. apud Insignum, VI idus octobris.

391. — Nivernis, 22 mart. 1306.
Petro [1] de Columna mandatur, ut Rovihano de Valduinis de Bononia, domicello et familiari Bertrandi del God, potestariam et regimen castri seu villae de Medicina ac terrae, quae dicitur Donicata posita in territorio dicti castri Bononien. dioec., committat. (f. 68 *a*)
Dil. filio Petro de Colompna s. romane ecclesie diacono cardinali rectori Romaniole. Dévotionis et fidei puritatem, quam dil. filius Rovihanus de Balduinis de Bononia, domicellus et familiaris dil. filii nobilis viri Bertrandi del God militis nepotis nostri, erga nos et romanam gerit ecclesiam, benigna consideratione pensantes ac attendentes, quod castrum seu villa de Medicina ac terra, que dicitur Donicata posita in territorio dicti castri seu ville Bononien. dioc. sub rectoria tua Romaniolle consistentia, que ad nos et romanam curiam spectare noscuntur, per sue circumspectionis industriam poterunt prospere dirigi et salubriter gubernari, discretioni tue presentium tenore committimus et mandamus, quatinus potestariam et regimen dicti castri seu ville ac terram eandem et ea que ad ipsam pertinent, eidem Rovinhano usque ad beneplacitum sedis apostolice autoritate nostra committas, per se vel per alium seu alios dirigenda et etiam gubernanda, mandans universitati ac hominibus dicti castri seu ville per tuas litteras, quod eidem Rovinhano vel eius vicario in hiis, que ad suum spectant officium, devote intendere ac effi-

---

[1] Odoardus de Chambly. *Gallia chr.*, VIII. p. 1523.
[2] Ms. *Alatin*.
[3] Ms. *Marsian*.

[1] Petrus de Columna a Nicolao IV 1288 diaconus cardinalis s. Eustachii renunciatus; a Bonifacio VIII. cardinalitia dignitate omnibusque sacerdotiis una cum Iacobo patruo suo spoliatus, a Benedicto XI sacrorum usui et sacerd., a Clemente V cardinalatui restitutus Aven. decessit an. 1326. BALVZIVS, I. p. 653. CIACONIVS, II. p. 268.

caciter hobedire procurent. Dat. Nivernis, XI kal. aprilis.

392. — Apud s. Ciricum, 18 febr. 1306.
Defuncto Landulpho, abbate mon. de Nonantula ord. s. Ben. Mutinen. dioec., Guido, sacrista eiusdem mon. in abbatem eligitur; qua vero electione non confirmata, administratio monasterii ab Honorio IV eidem Guidoni committitur. Clemens V autem illum ab administratione amovet, eamque infrascripto commendat. (f. 68 a).
Ven. fratri Nicolao episc. Ostien. Licet ex debito.... Dat. apud s. Siricum, XII kal. mart.

393. — Lugduni, 18 ian. 1306.
Defuncto Ludovico, archiepiscopo Corinthien., occasione electionis factae per quosdam canonicos eiusdem ecclesiae de Iacobo de Castellione, vicario patriarchae Constantinopolitan., ad archiepiscopatum, appellatum fuit ad sedem apostolicam; appellatione vero postposita et administratione eidem Iacobo interdicta, commendatur cura et administratio Iohanni [1] per ipsum vel per alium exercenda. (f. 68 a).
Dil. filio Iohanni.. electo Spoletan. Inter sollicitudines alias.... Dat. Lugduni, XV kal. februarii.
Eodem modo universis vasallis eccl. Corinthien.
E. m. populo civitatis et dioec. Corinthien.
E. m. universis suffraganeis eccl. Corinthien.
E. m. dil. filiis capitulo eccl. Corinthien.
E. m. clero civitatis et dioec. Corinthien.

394. — Apud s. Ciricum, 5 mart. 1306.
Richardo, priore prioratus mon. Dunelmen. ob dilapidationem bonorum eiusd. mon. ab administratione suspenso, administratio et cura in spiritualibus et temporalibus infrascripto committitur. (f. 68 b).
Ven. fratri Antonio patriarche Ierosolimitan. Dunelmen. episcopo. Ad audientiam

---

[1] Iohannes ex archidiacono Andegaven. et camerario S. R. E. electus episcopus Spoletan. 23 dec. 1303, obiit antequam munus consecrationis acceperit. VGHELLI, l. c. i. p. 1265. GAMS eum recenset defunctum post 12 aug. 1308. l. c. p. 728.

nostram..... Dat. apud s. Siricum prope Lugdunum, III nonas mart.

395. — Apud s. Ciricum, 6 mart. 1306.
Mandat infrascriptis, ut eidem patriarchae episcopo eiusque vicario ac conventui mon. Dunelmen. intendi sibique de ipsius prioratus fructibus responderi faciant, invocato ad hoc, si opus fuerit, auxilio brachii secularis. (f. 68 b).
Ven. fratri.. episcopo Londonien. et dil. filiis abbati mon. Lesaten. Appamiarum dioc. ac archidiacono Clivolande in ecclesiis Enboris. Ad audientiam nostram.... Dat. apud s. Siricum prope Lugdunum, II nonas martii.

396. — Apud s. Ciricum, 27 febr. 1306.
Defuncto Arnulpho abbate mon. b. Mariae de Humbleriis (Humolariae) ord. s. Ben. Noviomen. dioec., in discordia eliguntur infrascriptus et Iacobus de Villariis, quibus ad sedem apostolicam appellantibus ac in manibus Raymundi s. Mariae Novae diaconi cardinalis renunciantibus, Clemens V infrascriptum in abbatem praefecit eique munus benedictionis per Nicolaum Ostien. et Velletren. episcopum fecit impendi. (f. 69 a).
Dil. filio Iohanni abbati mon. b. Marie de Humbleriis ord. s. Ben. Noviomen. dioc. Romani pontificis quem.... Dat. apud s. Siricum, III kal. mart.
Eodem modo priori claustrali et conventui mon. b. Marie de Humbleriis.
E. m. universis vasallis mon. memorati.
Item episcopo Noviomen. in forma solita.
Eodem modo regi Franciae ut in forma.

397. — Lugduni, 22 febr. 1306.
Consideratione Amedei, comitis Sabaudiae, dispensat cum Bonifacio super defectu ordinum et aetatis atque ut parochialem ecclesiam s. Mariae de Dongalvanh Lismoren. dioec. una cum canonicatu et praebenda in ecclesia Augusten. retinere valeat. (f. 69 a).
Dil. filio Bonifacio nato dil. filii nobilis viri Iacobi de Quarto canonico Augusten.

subdiacono. Exhibita nobis tua petitio.... Dat. Lugduni, VIII kal. martii.

398. — Apud s. Ciricum, 15 febr. 1306.

Obtentu Guichardi [1], domini Belliioci, dispensat cum Petro, eius clerico et familiari, ut parochialem ecclesiam de Tremares Matisconen. dioec. retinere valeat, nec teneatur usque ad biennium in presbyterum se facere promoveri. (f. 69a).

Dil. filio magistro Petro de Sareccigniaco rectori parochialis ecclesie de Tremares Matiscon. dioc. diacono. Apostolice sedis consueta benignitas.... Dat. apud s. Siricum, XV kal. martii.

399. — Apud s. Ciricum, 15 febr. 1306.

Cum exponente Gumchardo (sic), domino de Belloioco, Petrus de Salernay, rector parochialis ecclesiae s. Mauritii de Montekerusi Engolismen. dioec. intendat resignare, conceditur infrascripto facultas, resignationem hanc recipiendi ipsamque ecclesiam personae idoneae conferendi. (f. 69b).

Dil. filio priori s. Petri Matisconen. Cum sicut ex parte.... Dat. ut in precedenti littera.

400. — Apud s. Ciricum, 15 febr. 1306.

Petente Guichardo, domino Belliioci, mandat infrascripto, ut unam personam, etiamsi beneficium obtineat, quam ei idem nobilis duxerit nominandam, in ecclesia s. Iusti Lugdun. faciat recipi in canonicum. (f. 69b).

Dil. filio abbati [2] de Insula Barbara Lugdunen. dioc. Gerentes ad dilectum filium.... Dat. ut in aliis duabus precedentibus.

401. — Apud s. Ciricum, 19 febr. 1306.

Consideratione Amedei, comitis Sabaudiae, confert eius nepoti canonicatum in ecclesia Lugdunen. conceditque, ut possit insimul in Eboracen., Baiocen. et Carnoten. canonicatus et praebendas ac in eadem Carnoten. ecclesiis camerariam retinere nec non

[1] Guichardus VI cognomento Magnus 1290-1331. *L'Art de vérifier* etc., II. 10. p. 513.
[2] Andreas de Marzé 1296-1329. *Gallia chr.*, IV. p. 229.

canonicatum et praebendam ac dignitatem in ecclesia Saresbirien. acceptare. (f. 69b).

Ven. fratri.. episcopo Maurianen. et dil. filiis.. abbati mon. de Savigniaco et priori s. Simphoriani de Auzone Lugdunen. dioc. Nobilitas generis aliaque.... Dat. apud s. Siricum prope Lugdunum, XI kal. martii.

402. — Apud s. Siricum, 28 febr. 1306.

Obtentu Humberti, dalphini Viennen., confert Guidoni eius clerico canonicatum ecclesiae Ebredunen. et praebendam non sacerdotalem ibi vacantem vel vacaturam, non obstante quod rectoriam domus Maledone de Vorapion Gratianopolitan. dioec. obtineat. (f. 70a).

Venerab. fratri.. episcopo et dil. filiis Gratianopolitan. et Melden. ecclesiarum decanis.

Dil. filio Guidoni Guido can. Ebredunen. Dum non solum probitatis meritis.... Dat. apud s. Siricum prope Lugdunum, II kal. martii.

403. — Lugduni, 24 ian. 1306.

Obtentu Landulphi, s. Angeli diaconi cardinalis, confert Iohanni vacantes per obitum Petri de Ponte canonicatum et praebendam in ecclesia Forqualquerien. Sistericen. dioec. (f. 70a).

Dil. filiis.. Xanctonen. et.. Baraiarriaci Petragoricen. archidiaconis ac.. preposito Aquen. ecclesiarum.

Dil. filio Iohanni Vannatii de Bargiaco canonico ecclesie Forcalquérien. Sistericen. dioc. Digne agere credimus.... Dat. Lugduni, VIIII kal. februarii.

404. — Apud s. Ciricum, 4 mart. 1306.

Consideratione Roberti, ducis Calabriae, primogeniti Caroli, Siciliae règis, confert Guillelmo de Bancho, eius clerico et familiari, monacho mon. Rivipollen. ord. s. Ben. Vicenen. dioec., praeposituram Alocen., alias dictam de Pinea, spectantem ad collationem abbatis et conventus eiusdem monasterii dispensatque cum illo, ut illam recipere ac retinere valeat. (f. 70a).

Dil. filiis abbati mon. s. Petri de Rodis et de Monteseriaco ac s. Marie de Bisuduno prioribus Gerunden. et Vicenen. dioc.

Dil. filio Guillelmo de Bancho preposito Alocen. alias dicto de Pinea Vicen. dioc. Apostolice provisionis dexteram.... Dat. apud s. Siricum prope Lugdunum, IIII nonas martii.

405. — Apud s. Ciricum, 28 febr. 1306.
Fulconi Diderii, qui in ecclesia Lugdunen. militiam, quae in ipsa officium existit, et parochialem ecclesiam de Ripagerii Lugdunen. dioec. obtinet, confert canonicatum ecclesiae Lugdunen. (f. 70 b).

Dil. filiis.. priori de s. Hyreneo et.. cantori ac Raymundo de Pineto canonico ecclesie Lugdunen.

Dil. filio Fulconi Diderii canonico ecclesie s. Pauli Lugdunen. Laudabilia tue merita probitatis.... Dat. apud s. Siricum, II kal. martii.

406. — Apud Ansam, 6 mart. 1306.
Petro de Ansa confert vacans vel vacaturum in civitate vel dioecesi Ruthenen. ad cuiuscunque collationem spectans beneficium cum cura, cuius reditus centum quinquaginta librarum Turonen. parvorum valorem annuum non excedant, dispensatque cum illo, ut in maiori Aduren. et in s. Gerontii Aduren. dioec. ecclesiis canonicatus et praebendas ac parochialem ecclesiam s. Quiteriae de Manso Aduren. dioec. retinere valeat et in Aduren. ecclesia residens ad residendum in aliis minime teneatur. (f. 70 b).

Dil. filiis Ruthenen. et Marciani ac Siloscen. Aduren. ecclesiarum archidiaconis.

Dil. filio Petro de Ansa canonico Aduren. Laudabile testimonium.... Dat. apud Ansam, II nonas martii.

407. — Apud mon. Grandimontense, 16 apr. 1306.
Mandat infrascriptis, ut Guillelmum Vitalis, qui iam professus timore perterritus ordinem fratrum Minorum dereliquit et propter hoc excommunica-

tionem incurrit, ab eadem absolvant et ad eius petitionem in monasterio s. Michaelis in Eremo [1] ord. s. Ben. Pictavien. dioec. recipi faciant in monachum. (f. 70 b.)

Dil. filiis.. abbati mon. b. Marie de Lucionio [2] et priori Domus Dei ac archipresbytero de Perviniaco Pictaven. dioc. Petitio Guillelmi.... Dat. apud mon. Grandimonten., XVI kal. maii.

408. — Apud s. Ciricum, 19 febr. 1306.
Paulo de Comite, canonico Carnoten., capellano suo, reservat conferenda in civitate, dioecesi ac provincia Capuana vacantia vel vacatura ad cuiuscunque collationem spectantia beneficia, quorum omnium proventus sexaginta unciarum auri valorem annuum non excedant, mandatque infrascriptis, ut eidem huiusmodi beneficia assignare curent, non obstante quod in Senonen., Carnoten., Baiocen., Ambianen., Beluacen. canonicatus et praebendas et locum in s. Mariae de Vallemontonis Signin. dioec. ecclesiis et ruralem ecclesiam s. Zeotici eiusd. dioec. obtineat. (f. 71 a.)

Dil. filiis.. archipresbytero s. Marie de Vallemonton. Signin. dioc. ac Guillelmo de Tocco Neapolitan. ac Guidoni de Velletro Beluacen. ecclesiarum canonicis. Dum nobilitatem generis.... Dat. apud s. Siricum, XI kal. martii.

409. — Apud s. Ciricum, 19 febr. 1306.
Eodem modo eisdem executoribus mandat, ut Ildebrandino de Comite, canonico Senonen., in civitate et dioecesi Capuan. vacantia beneficia assignare curent, non obstante quod in Senonen. et s. Audomari Morinen. dioec. canonicatus et praebendas et locum in ecclesia s. Mariae de Vallemontonis Signin. dioec. et ecclesiam s. Mariae de Iuliano Vallentren. (sic) dioec. obtineat. (f. 71 a).

Dat. ut supra.

[1] Abbatia s. Michaelis in Eremo ordinis s. Benedicti in civitate Lucionio an. 1317 per Iohannem XXII in sedem cathedralem evecta. *Gallia christiana*, II. p. 1404.

[2] Ms. *de Lusonio*.

410. — Petragoris, 28 apr. 1306.
Capitulum ecclesiae Pictavien. vacantem parochialem ecclesiam s. Mauritii de Bruxeria Pictavina Pictavien. dioec. spectantem ad collationem G(ualteri) episcopi Pictavien., tunc diversis excommunicationum sententiis innodati, absque potestate contulit Audeberto, ad cuius supplicationem Clemens Pp. V collationem hanc confirmat. (f. 71 a).

Dil. filiis.. decano Bituricen. et cantori Dauracen. ac Iohanni de Placentia canonico Pictaven. ecclesiarum.
Dil. filio Audeberto de s. Laurentio rectori parochialis ecclesie s. Mauritii de Bruxeria Pictavina Pictaven. dioc. Apostolice sedis benignitas.... Dat. Petragoris, IIII kalendas maii.

411. — Apud s. Ciricum, 28 febr. 1306.
Obtentu sacristae ecclesiae Lugdunen. confert Hugoni eius consanguineo canonicatum ecclesiae Lugdunen. mandans ei, ut se faciat in subdiaconum statutis temporibus promoveri. (f. 71 b).

Dil. filiis abbati mon. Savigniacensis Lugdunen. dioc. ac decano Viennen. et sacriste s. Pauli Lugdun. ecclesiarum.
Dil. filio Hugoni nato dil. filii nobilis viri Stephani de Reuoys canonico Lugdunen. Tui nobilitas generis.... Dat. apud s. Siricum prope Lugdunum, II kal. martii.

412. — Bagnoli, 23 oct. 1305.
Nicolao, episcopo Ostien., commendat committitque in spiritualibus et temporalibus ecclesiam s. Praxedis de Vrbe ord. Vallisumbrosae, carentem ad praesens proprio cardinali, cum omnibus membris, ecclesiis, castris, nemoribus, silvis et locis ceterisque iuribus ac pertinentiis. (f. 71 b).

Ven. fratri Nicolao episcopo Ostien. Quanto romanam ecclesiam.... Dat. Bagnoli, X kal. novembris.

413. — Apud s. Ciricum, 28 febr. 1306.
Indulget Andreae, ut residendo in aliqua ecclesiarum, in quibus beneficiatus existit, fructus praebendarum et beneficiorum suorum omnium, quae obtinet vel eum obtinere contigerit, usque ad quinquennium percipere valeat. (f. 71 b).

Dil. filiis.. archidiacono et precentori Lugdunen. ac Francisco de Balam canonico Viennen. ecclesiarum.
Dil. filio Andree Bauduyni canonico Dien. Meritis tue devotionis.... Dat. apud s. Siricum prope Lugdunum, II kal. martii.

414. — Apud Bolbum, 16 mart. 1306.
Mandat infrascriptis, ut Berardo, nato magistri Petri Salomonis de Lindia, clerico Petragoricen. dioec., de aliquo beneficio in Petragoricen. dioec. vacante vel vacaturo, ad cuiuscumque collationem spectante, cuius reditus centum librarum Turonen. parvorum valorem annuum non excedat, providere curent, et si beneficium istud in ecclesia collegiata exstiterit, eum simul in canonic. recipi faciant. (f. 71 b).

Dil. filiis priori prioratus s. Aviti senioris Petragoricen. dioc. ac cantori s. Frontonis et Galhardo de s. Asterio canonico Petragoricen. ecclesiarum. Cum dilectus filius.... Dat. apud Bolbum, XVIII (sic) kal. aprilis.

415. — Apud s. Ciricum, 22 febr. 1306.
Mandat infrascriptis, ut Bertholdum de filiis Vrsi, cantorem ecclesiae Baiocen., eius capellanum, illiusque procuratores in eius beneficiis contra molestatores et iniuriatores defendant. (f. 72 a).

Dil. filiis.. abbati mon. s. Genovefe Parisien. et basilice principis apostolorum de Vrbe ac Interamnen. prioribus. Quanto personam.... Dat. apud s. Siricum prope Lugdunum, VIII kal. martii.

416. — Nivernis, 25 mart. 1306.
Fidelibus vere poenitentibus et confessis, qui ad reaedificandam ecclesiam monasterii fratrum Praedicatorum Nivernen. eleemosynam praestiterint, concedit ad decennium indulgentiam centum viginti dierum. (f. 72 a).

Vniversis presentes litteras inspecturis. Quum ut ait apostolus.... Dat. Nivernis, VIII kal. aprilis.

417. — Apud s. Ciricum, 27 febr. 1306.
Nicolaó s. Eusebii presb. card. confert curam
et administrationem in spiritualibus et temporalibus prioratus secularis ecclesiae de Vernosulis
Tolosan. dioec., vacantis per consecrationem Richardi episcopi Biterren., olim prioris eiusdem
prioratus. (f. 72*a*).

*Dil. filio fratri Nicolao tit. s. Eusebii
presbytero cardinali.* Dum tuorum excellentiam meritorum.... Dat. apud s. Siricum,
III kal. martii.

418. — Apud s. Ciricum, 28 febr. 1306.
Iocerando confert canonicatum ecclesiae s. Iusti
Lugdunen., non obstante quod parochialis ecclesiae de Albigniaco Lugdunen. dioec. rector existat.
(f. 72*a*).

*Dil. filio Iocerando nato quondam Guillelmi Don Says militis canonico eccl. s. Iusti
Lugdun.* Tui nobilitas generis.... Dat. apud
s. Siricum prope Lugdunum, II kalendas
martii.

419. — Apud s. Ciricum, 26 febr. 1306.
Consideratione magistri Andreae de Eugubio,
capellani et thesaurarii sui, confert Guidoni Bonaguidae canonicatum ecclesiae Senen. et praebendam
ibi vacantem vel vacaturam, non obstante quod
in s. Mariae de Pugna et s. Mariae de Pathina
ecclesiis Grossetan. et Aretin. dioec. canonicatus
obtineat. (f. 72*b*).

*Dil. filiis.. priori s. Christophori Senen. et..
archidiac. Pissiacen. in eccl. Carnoten. ac plebano plebis s. Marie de Pugna Grossetan. dioc.
Dil. filio Guidoni Bonaguide canonico
Senen.* Tue probitatis laudabilia merita....
Dat. apud s. Siricum prope Lugdunum,
IIII kal. martii.

420. — Apud s. Ciricum, 26 febr. 1306.
Thomaso Petri de Casallata, qui super ecclesia
s. Mariae de Valle Tudertin. dioec. apud sedem
apostolicam litigat, confert canonicatum ecclesiae
Tudertin. et praebendam ibi vacantem vel vacaturam. (f. 72*b*).

*Dil. filiis de Puzali et de s. Petronilla prioribus Perusin. et Tudertin. diocesum ac archidiacono Pissiacen. in ecclesia
Carnoten.
Dil. filio Thomaso Petri de Casallata
canonico Tudertin.* Laudabilia tue probitatis merita.... Dat. apud s. Siricum prope
Lugdunum, IIII kal. martii.

421. — Burdegalis, 11 maii 1306.
Archiepiscopo Eboracen. mandat, ut Robertum [1] episcopum Glascuen. [2] ob actus nefarios
et praesumptuosos excessus a spiritualium et temporalium administratione suspensum citare procuret, quatenus infra mensem iter arripiens coram
summo pontifice compareat. (f. 72*b*).

Ven fratri.. archiepiscopo Eboracen. Cotidiana instantia sollicitudo.... Dat. Burdegalis, V idus maii.

Eodem modo. A. patriarchae Ierosolimitan.
Dunelmen. episcopo.

422. — Burdegalis, 13 maii 1306.
Eidem archiepisc. Eboracen. mandat, ut eundem Robertum ubicunque eum contigerit reperiri, capi faciat et sub fida custodia detinere
procuret, ac si idem securum conductum petierit, talem ab E(duardo) rege Angliae requirat.
(f. 73*a*).

Archiepiscopo Eboracen. Cotidiana instantia sollicitudo.... Dat. Burdegalis, III
idus maii.

Eodem modo mandatur hoc idem. A. patriarchae Ierosolimitan. Dunelmen [3].

423. — Apud mon. Grandimontis
21 apr. 1306.
Consideratione Petri tit. s. Priscae presbyteri
cardinalis, romanae ecclesiae vicecancellarii, confert
eius capellano et familiari Tenctori, scriptori suo,
per obitum Petri de Genezano vacantem archidia-

---

[1] Robertus Wiseheart 1272, † nov. 1316. GAMS,
l. c. p. 240.
[2] Ms. *Galsguen.*
[3] Ms. *Dublinen.*

conatum, canonicatum et praebendam ecclesiae Tiburtinae cum omnibus ecclesiis, beneficiis ac iuribus, non obstante quod in s. Caeciliae Reatin. canonicatum et praebendam et in s. Mariae de Colle Sabinen. dioec. ecclesiis quandam perpetuam portionem obtineat atque in basilica principis apostolorum de Vrbe beneficiatus existat, providetque illi de canonicatu et praebenda ecclesiae Reatin. vacantibus vel vacaturis. (t. 73 a).

Dil. filiis.. abbati mon. s. Marie de Monte et archipresbytero ecclesie de Flaiano Reatin. et Nepesin. dioc. ac magistro Nicolao de Fractis canonico Patracen. litterarum nostrarum correctori.

Dil. filio magistro Tenctori [1] de Reata archidiacono et canonico Tiburtin. scriptori nostro. Apostolice sedis circumspecta benignitas.... Dat. apud mon. Grandimontis, XI kal. maii.

424. — Petragoris, 30 apr. 1306.
Dispensat cum infrascripto Petri tit. s. Priscae presb. card. romanae ecclesiae vicecancellarii capellano et familiari, ut, licet in minoribus tantum sit constitutus ordinibus, archidiaconatum et canonicatum ecclesiae Tiburtin. retinere valeat nec teneatur ad suscipiendum aliquem sacrum ordinem. (f. 73 b).

Dil. filio magistro Tenctori de Reate archidiacono Tiburtin. scriptori nostro. Obsequiorum gratitudo.... Dat. Petragoris, II kal. maii.

425. — Apud s. Ciricum, 28 febr. 1306.
Nicolao [2] s. Eusebii presb. card. committit curam et administrationem prioratus de Vernonis Tolosan. dioec. cum suis iuribus et pertinentiis, vacantis per promotionem et consecrationem Richardi, episcopi Biterren. (f. 73 b).

[1] Ms. *Tenori.*
[2] Nicolaus de Freauvilla, ord. Praedicatorum, confessor Philippi IV regis Franciae, cuius partibus semper adhaesit, 15 dec. 1305 factus presbyter cardinalis tit. s. Eusebii, obiit Lugduni 14 febr. 1323. BALVZIVS, I. p. 636. CIACONIVS, II. p. 375.

Dil. filio Nicolao tit. s. Eusebii presbytero cardinali. Dum tue circumspectionis industriam.... Dat. apud s. Siricum prope Lugdunum, II kal. martii.

426. — Lugduni, 30 ian. 1306.
Philippus [1], archiepiscopus Salernitan. mutuum certae summae contraxit, partem tantum ante obitum solvens. Petente Cursio Foren. cive et mercatore Florentin. de societate quondam Lambertucii de Frescobaldis de Florentia, mandatur infrascriptis, ut reditus et proventus ecclesiae Salernitan. colligi faciant et reservata de ipsis tertia portione Guidoni [2] electo Salernitan., duas partes in solutionem convertant, donec fuerit mercatoribus satisfactum (f. 74 a.)

Dil. filiis Landulfo s. Angeli et Arnaldo [3] s. Marie in Porticu diaconis cardinalibus. Sua nobis dilectus filius.... Dat. Lugduni, III kal. februarii.

427. — Lugduni, 30 ian. 1306.
Exponente Cursio Foren. cive et mercatore Florentin. de societate quondam Lambertucii de Frescobaldis de Florentia, quod olim socii eiusdem societatis, mercatores camerae Nicolai Pp. IV Roderico [4], archiepiscopo Compostellan., certam summam mutuarint, certis et loco et termino persolvendam, cum vero idem archiepiscopus admonitus a Bonifacio Pp. VIII per G(erardum) episcopum Sabinen., cui negotium fuerat commissum, ut quatuor milia et quingentas libras bonorum Turon. daret, solvere non curaret, mandat itaque Clemens Pp. V infrascriptis, ut ecclesia Compostellan. interdicto subiacente atque archiepiscopo [5] interdicti et ex-

[1] Philippus, cuius loco GAMS, l. c. p. 919 recenset Martinum, 1281-1297, cui successit Guillelmus de Godonio 1297-1306. VGHELLI, l. c. VII. p. 424-428.
[2] Guido de Collemedio ex Cameracensi episcopo translatus ad sedem Salernitanam 1306, eodem anno Avenione defunctus. VGHELLI, l. c. VII. p. 428.
[3] Arnaldus de Pelagrua, Clementi V affinis, factus diaconus cardinalis s. Mariae in Porticu 15 dec. 1305, obiit 1331, al. 1335. BALVZ., I. p. 642. CIACON., II. p.377.
[4] Rodericus Gonzales de Leon † 1304. GAMS, l. c. p. 26.
[5] Rodericus del Padron † 1316. *Ibidem.*

communicationis sententiis innodato, universos reditus eiusdem ecclesiae colligi faciant et, reservata tertia portione pro ipsius ecclesiae expensis, duas partes in solutionem convertant, donec fuerit mercatoribus satisfactum. (f. 74 *b*.)

Dil. filiis Landulfo s. Angeli et Arnaldo s. Marie in Porticu diaconis cardinalibus. Exposuit nobis dil. filius.... Dat. Lugduni, III kal. februarii.

428. — Apud Grandisilvam, 19 septembris 1305.

Vacanti per obitum Bernardi abbatis monasterio de Payriniaco ord. Cisterciensis Agennen. dioec. praeficit in abbatem Aymericum, eiusdem monasterii monachum professum in diaconatus ordine constitutum (f. 74 *b*).

Dil. filio Aymerico de Rounigiano abbati mon. de Parinhaco ord. Cistercien. Agennen. dioc. Inter sollicitudines alias.... Dat. apud Grandisilvam, XIII kal. octobris.

Eodem modo conventui eiusdem mon. de Parinhaco.

E. m. universis vasallis eiusd. mon.

429. — Matiscone, 7 mart. 1306.

Defuncto abbate Arnaldo [1] eligit sibi conventus monasterii s. Petri de Condomio ord. s. Ben. Agennen. dioec. Raymundum [2] ipsius monasterii monachum in diaconatus ordine constitutum, tunc apud sedem apostolicam commorantem, quam electionem ad petitionem electi Clemens V confirmat, faciens eum ad sacerdotii ordinem per episcopum Lingonen. promoveri et concedens, ut munus benedictionis a quocumque archiepiscopo vel episcopo recipere valeat (f. 75 *a*).

Dil. filio Raymundo electo mon. s. Petri de Condomio ordinis s. Benedicti Agennen. dioc. Dudum mon.... Dat. Matiscone, non. martii.

---

[1] Arnaldus Odo de Leomania abbas 1285-1305. *Gallia chr.*, II. p. 961.
[2] Raymundus de Goalard ab an. 1305, abbatia Condomiensi an. 1317 a Iohanne XXII in sedem episcopalem erecta primus effectus episcopus, † 1340. *Gallia chr.*, II. p. 961.

430. — Matiscone, 8 martii 1306.

Bertrandus civitates Pensaurien., Fanen. et Senogalien. ac districtus ipsarum in statu pacifico et quieto studeat conservare. (f. 75 *a*).

Dil. filio Bertrando del God nepoti nostro marchie Anconitane rectori. Cum civitates Pensaurien. [1], Fanen. et Senogalien. semper ab eo tempore, cuius memoria non existit, peculiares et devote romane ecclesie fuerint et inter ceteras fideles ipsius speciali fidelitate dotate, a tempore turbinum et adversitatum ecclesie multa pertulerint dura et aspera pro fidelitate ipsius, non immerito movemur penitus et turbamur, cum audimus statum ipsarum per quosvis [2] detentores et usurpatores ipsarum miserabiliter conquassari. Ea propter nobilitati tue per apostolica scripta mandamus, quatinus sublato cuiuslibet more dispendio civitates [3] ipsas et districtus ipsarum ad manus tuas per te vel alium seu alios recipiens ipsas in statu pacifico et quieto ad mandatum nostrum et ecclesie studeas conservare, omnibus detentoribus et perturbatoribus ipsarum omnimode procul pulsis. Sic igitur te sollicite et fideliter habeas in executione predicti negocii, quod merito cordi gerimus, quod nostre benivolentie gratiam exinde merito merearis. Dat. Matiscone, VIII idus martii.

431. — Apud Pradum Moniale, 15 mart. 1306.

Guillelmo del Besset contulit canonicatum ecclesiae Claromonten. et praebendam ibi vacantem vel vacaturam, abbate mon. de Cantoenno [4] prope Claromontem et de Arthona [5] Claromonten. dioec. ac s. Hilarii Pictavien. ecclesiarum cantoribus super hoc executoribus deputatis. Vacantem vero postmodum in eadem ecclesia per obitum Guil-

---

[1] Ms. *Pensaunen*.
[2] Ms. *quovis*.
[3] Ms. *civites*.
[4] Ms. *Cantluent*.
[5] Ms. *Antona*.

lelmi Textoris, canonici dictae ecclesiae, praebendam sacerdotalem capitulum contulit Guillelmo
Vedrini, presbytero clerico chori eiusdem ecclesiae
asserens, infrascriptum ex dispensatione obtinere
archidiaconatum Billionii in ecclesia Claromonten.
et ecclesiam de Plominiaco cum cura dictae dioec.
ac supplicans, ut eidem de alia praebenda providere
dignetur; Clemens Pp. V vero collationem Guillelmo Vedrini factam irritam declarat, et praebendam infrascripto confert. (f. 75 a).

*Dil. filio magistro Guillelmo del Besset
canonico Clarmonten.* Tue devotionis exigentibus meritis.... Dat. apud Pradum Moniale, id. martii.

432. — Lugduni, 5 nov. 1305.

Petrus de Chambliaco in honorem b. Ludovici
confessoris capellam in loco, qui Quaterniares
nuncupatur, infra parochiam ecclesiae s. Hilarii
dicti loci Ebroicen. dioec. fundare curavit et dotare. Fidelibus itaque vere poenitentibus et confessis visitantibus ecclesiam vel capellam easdem
in festo eiusdem sancti conceduntur indulgentiae
unius anni et quadraginta dierum; qui eas per
octavam visitaverint, centum dierum. (f. 75 b).

*Universis Christi fidelibus presentes lit-
teras inspecturis.* Sanctorum honoranda
sunt.... Dat. Lugduni, non. novembris.

433. — Lugduni, 5 nov. 1305.

Eaedem indulgentiae conceduntur ecclesiae s. Pe-
tri et capellae ab eodem Petro fundatae in loco, qui
Nealpha nuncupatur, Rothomagen. dioec. (f. 75 b).
Dat. ut supra.

434. — Lugduni, 5 nov. 1305.

Eaedem indulgentiae conceduntur ecclesiae parochiali et capellae ab eodem Petro fundatae in
loco, qui Parcentum nuncupatur, Beluacen. dioec.
(f. 75 b).
Dat. ut supra.

435. — Lugduni, 5 febr. 1306.

Indulget Isabellae, ut monasteria et loca fratrum et sororum ordinum Praedicatorum et Ci-

sterciensium quinque honestis associata matronis,
quoties voluerit, devotionis causa, intrare possit
cum assensu abbatum seu priorum, abbatissarum
seu priorissarum, dummodo ibidem non pernoctetur. (f. 75 b).

*Dil. in Christo filie nobili mulieri Isa-
belle uxori dil. filii nobilis viri Petri domini
de Chambliaco Rothomagen. dioc.* Cum tu
ad Cistercien.... Dat. Lugduni, non. februarii.

436. — Lugduni, 5 febr. 1306.

Petro de Chambliaco concedit facultatem habendi altare portatile. (f. 75 b).

*Dil. filio Petro de Chambliaco carissimi
in Christo filii nostri Phylippi regis Francorum illustris cambellario, militi Rothomagen.*
Personam tuam.... Dat. Lugduni, non. februarii.

437. — Lugduni, 5 febr. 1306.

Indulget Petro eiusque uxori, ut sibi eligere
possint confessarium, qui illos absolvat, exceptis
casibus reservatis. (f. 76 a).

*Eidem Petro de Chambliaco et Ysabelle
eius uxori Rothomagen. dioc.* Personas vestras.... Dat. ut supra.

438. — Lugduni 5 febr. 1306.

Petrus, qui in locis Nealpha, Quaterniares et
Parcentum Rothomagen., Beluacen. et Ebroicen.
dioec. capellas in honorem s. Ludovici construxit,
eleemosynam ducentarum et decem librarum
Turonen. de bonis suis converti mandavit singulis
annis in vestes et calceamenta pauperum de
Chambliaco et locorum praedictorum, quod Clemens Pp. V confirmat. (f. 76 a).

Eidem Petro. Tue devotionis sinceritas....
Dat. ut supra.

439. — Burdegalis, 6 aug. 1305.

Confert Gualhardo canonicatum ecclesiae s. Martini Turonen., personatum vero vel dignitatem seu
officium ac praebendam vacantia vel vacatura
reservat illi conferenda, dispensatque cum illo,

ut, postquam illa fuerit assecutus, eadem una cum canonicatu ecclesiae s. Caprasii Agennen. et praebenda et de Quaysehaco et de Polhaco parochialibus ecclesiis canonice unitis Agennen. dioec. retinere valeat (f. 76*a*).

Dil. filiis G(aillardo) Tholosan. et magistro Petro Dayo Turonen. ac Petro de Rupe Pictaven. canonicis ecclesiarum.

Dil. filio Gualhardo de Favoliis canonico ecclesie s. Martini Turonen. Exigunt tue merita probitatis.... Dat. Burdegalis, VIII idus augusti.

440. — Apud s. Ciricum, 4 mart. 1306.
Consideratione Peronini de Varey confert fratri eius vacantem vel vacaturum prioratum vel officium spectans ad collationem abbatis et conventus monasterii Savigniacen. ord. s. Ben. Lugdunen. dioec. consuetum monachis ipsius monasterii assignari. (f. 76*b*).

Dil. filiis... nen. dioc. et Raymundo Lyacardi Lugdun... Agennen. ecclesiarum canonicis.

Dil. filio... de Barey monacho monast. Savigniacen. ordinis s. Benedicti Lugdun. dioc. Tue probitatis meritis.... Dat. apud s. Siricum prope Lugdunum, IIII non. martii.

441. — Bituris, 5 apr. 1306.
Concedit Antonio facultatem dispensandi cum quatuor clericis eius nepotibus vel consanguineis, ut eorum quilibet, si plura beneficia curam animarum habentia, etiamsi unum dignitas vel personatus existat, valoris annui trecentarum librarum sterlingorum obtineat, illa cum fructibus inde perceptis retinere; si beneficia minoris valoris obtineat, praeter ea alia similia, quae una cum obtentis usque ad dictam summam ascendant, si vero nullum ex huiusmodi beneficiis habeat, plura talia, quorum reditus usque ad eandem quantitatem ascendant, recipere valeat. (f. 76*b*).

Ven. fratri Antonio patriarche Ierosolimitan. et episcopo Dunelmen. Fraternitatis tue devotio.... Dat. Bituris, non. aprilis.

442. — Bituris, 5 apr. 1306.
Eidem patriarchae facultatem concedit dispensandi cum quatuor clericis plura beneficia curam animarum habentia absque dispensatione obtinentibus, et qui iuxta tenorem constitutionis Lugdun. concilii se infra annum non fecerint ad sacerdotium promoveri, ut illa beneficia cum fructibus inde perceptis retinere valeant. (f. 76*b*).

Dat. ut supra.

443. — Bituris, 5 apr. 1306.
Eidem patriarchae facultatem concedit dispensandi cum duobus clericis, ut eorum quilibet, si plura beneficia curam animarum habentia, etiamsi unum eorum dignitas vel personatus existat, valoris annui ducentarum marcarum sterlingorum obtineat, illa retinere valeat. (f. 76*b*).

Dat. ut supra.

444. — Lugduni, 2 ian. 1306.
Iohanni, comiti Drocen., indulget, ut cum honesta comitiva virorum monasteria et domos monialium aliarumque religiosarum mulierum Cistercien. et quorumcunque aliorum ordinum cum abbatissarum assensu ingredi valeat, dummodo ibi non edatur nec pernoctetur. (f. 77*a*).

Dilecto filio nobili viro Iohanni comiti Drocen. Devotionis tue sinceritas.... Dat. Lugduni, IIII nonas ianuarii.

445. — Lugduni, 2 ian. 1306.
Iohannae, comitissae Drocen., indulget, ut cum honesta comitiva mulierum, quae vicenarium numerum non excedant, ingredi valeat monasteria, dummodo ibi nec edatur nec pernoctetur. (f. 77*a*).

Dil. in Christo filie nobili mulieri Iohanne comitisse Drocen. Devotionis tue sinceritas.... Dat. ut supra.

446. — Lugduni, 2 ian. 1306.
Iohanni indulget, ut ordinare valeat, quatenus, quando morietur, corpus eius in duas dividatur partes ad duo loca deferendas tumulandasque. (f. 77*a*).

Dilecto filio nobili viro Iohanni comiti Drocen. Devotionis tue meretur affectus.... Dat. ut supra.

447. — Lugduni, 2 ian. 1306.

Beatrici [1], comitissae Drocen., indulget, ut quoties aliquem praelatum vel alium regularem seu secularem presbyterum habentem auctoritatem praedicandi, illa praesente, proponere contigerit populo verbum Dei, ille praedicator ei aliisque fidelibus vere poenitentibus et confessis ibidem praesentibus centum dierum indulgentiam valeat elargiri. (f. 77 a).

Dil. in Christo filie nobili mulieri Beatrici Drocen. et Montisfortis comitisse. Devotionis tue precibus.... Dat. ut supra.

448. — Lugduni, 2 ian. 1306.

Iohanni, comiti Drocen., indulget, ut nullus ordinarius in eius personam excommunicationis vel terras ipsius interdicti sententias promulgare valeat absque sedis apostolicae mandato faciente expressam de hac indulgentia mentionem. (f. 77 a).

Dilecto filio nobili viro Iohanni comiti Drocen. Personam tuam.... Dat. ut supra.

449. — Lugduni, 17 ian. 1306.

Annuens precibus Ludovici [2], primogeniti Roberti comitis Flandriae, comitis Nivernensis et Registensis, mandat infrascriptis, ut sex clericis obsequiis eiusdem comitis insistentibus, per quinquennium fructus beneficiorum, exceptis quotidianis distributionibus, ministrari faciant, quin residere teneantur. (f. 77 a).

Dil. filiis priori Delepau Antisiodoren. dioc. et archidiacono Nivernen. ac Michaeli dicto Ascloactes canonico Cameracen. capellano nostro. Personam dilecti filii.... Dat. Lugduni, XVI kal. februarii.

<hr>

[1] Beatrix, filia Iohannis comitis Montisfortis, vidua Roberti IV comitis Drocen. *L'Art de vérifier* etc., II. 11. p. 467.

[2] Ludovicus, filius Roberti III et Yolandae de Burgundia comitissae Nivernensis, † Parisiis 22 iul. 1322. *L'Art de vérifier* etc., II. 13. p. 331.

450. — Lugduni, 17 ian. 1306.

Roberto [1] ad quinquennium indulget, ut sibi per capellanum proprium vel alium presb. valeat missam facere celebrari ante auroram. (f. 77 b).

Dil. filio Roberto comiti Flandrie. Desideriis tuis.... Dat. Lugduni, XVI kal. februarii.

451. — Lugduni, 17 ian. 1306.

Roberto, comiti Flandriae, indulget ad quinquennium ut, quoties ad loca interdicto supposita venerit, possit sibi et se comitantibus in altari suo portatili vel in suis aut aliorum oratoriis seu capellis alta voce, ianuis clausis, interdictis et excommunicatis exclusis, non pulsatis campanis divina officia facere celebrari, dummodo ipsi causam non dederint interdicto. (f. 77 b).

Dil. filio nobili viro Roberto comiti Flandrie. Pium arbitramur [2].... Dat. ut supra.

452. — Lugduni, 17 ian. 1306.

Ludovico indulget ad quinquennium, ut, quoties ad loca interdicto supposita venerit, possit sibi et se comitantibus in altari suo portatili vel in suis aut aliorum oratoriis seu capellis alta voce, ianuis clausis, interdictis et excommunicatis exclusis, non pulsatis campanis divina officia facere celebrari, dummodo ipsi causam non dederint interdicto. (f. 77 b).

Dil. filio nobili viro Ludovico primogenito dil. filii comitis Flandren. comiti Nivernen. et Registen. Pium arbitramur [3].... Dat. ut supra.

453. — Lugduni, 17 ian. 1306.

Ludovico, comiti Nivernen. indulget ad quinquennium, ut sibi per capellanum proprium vel alium sacerdotem valeat missam facere celebrari ante auroram. (f. 77 b).

Dil. filio nobili viro Ludovico primogenito dil. filii comitis Flandrie comiti Nivernen.

<hr>

[1] Robertus III dictus de Bethunia comes Flandriae 1305-1322. *L'Art de vérifier* etc., II. 13. p. 330.
[2] Ms. *arbitrium*.
[3] Ms. *arbitrium*.

et Registensis. Desideriis tuis.... Dat. ut supra.

454. — Lugduni, 20 ian. 1306.

Iohanni, nato Berti de Frescobaldis[1] de Florentia militis, canonico Saresbirien., providit Clemens Pp. V de praebenda de Hautevorth, quam Guillelmus de Sabaudia, tunc canonicus Saresbirien., obtinebat, quo ordinem Minorum ingresso, S(imon) episcopus Saresbirien. vacantem praebendam Richardo de Bello, canonico Saresbirien., contulit, qui etiam praebendam in dicta ecclesia obtinebat. Obtentu Othonis de Grandisono militis et ad petitionem praefati Iohannis mandat infrascriptis, quatenus episcopum et Richardum monere ac efficaciter inducere procurent, ut infra quindecim dies praebendam ipsam Iohanni restituant eique de damnis et expensis satisfaciant; quod si parere noluerint, illos citare curent, ut coram sede apostolica compareant. (f. 78 a).

Dil. filiis.. Exonen. et Alvisien. Sanxonen. archidiaconis ac mag. Bartholomeo de Florentia canonico Londonien. eccl. Ad ausus malignantium.... Dat. Lugd., XIII kal. febr.

455. — Lugduni, 8 ian. 1306.

Catharinae imperatrici Constantinopolitanae indulget, ut ipsa eiusque utriusque sexus liberi quadragesimali et cuiuslibet ieiunii tempore vesci possint carnibus. (f. 78 a).

Carissime in Christo filie Katerine imperatrici Constantinopolitane. Ut erga sedem apostolicam.... Dat. Lugduni, VI idus ian.

456. — Lugduni, 7 ian. 1306.

Annuens precibus Catharinae, imperatricis Constantinopolitanae, indulget, ut octo clerici eius obsequiis insistentes fructus suorum beneficiorum, quotidianis distributionibus exceptis, in absentia percipere valeant. (f. 78 a).

Ven. fratri episcopo Parisien. et dil. filiis s. Dionisii et s. Mauri de Fossatis prope Parisius monasteriorum abbatibus.

[1] Ms. *Festocaldis.*

Carissime in Christo filie Katerine imperatrici Constantinopolitane. Clare tue devotionis merita.... Dat. Lugduni, VII idus ian.

457. — Lugduni, 20 ian. 1306.

Obtentu Othonis de Grandisono militis et ad preces Berti de Frescobaldis de Florentia militis, cuius filius Bonacursus infra quartumdecimum aetatis suae annum ordinem Eremitarum s. Aug. patre invito ingressus est, mandatur infrascriptis, ut eundem Bonacursum ad seculum et ad patrem remeare faciant, inhibeturque, ne renuens remeare professionem aliquam post cuiusvis temporis lapsum facere valeat. (f. 78 b).

Dil. filiis tesaurario ecclesie ac priori Predicatorum et guardiano Minorum fratrum ordinum. Ex parte dilecti filii.... Dat. Lugduni, XIII kal. februarii.

458. — Lugduni, 15 ian. 1306.

Petente Henrico, comite Lincolnien., iniungitur infrascriptis, qui prius in loco Stanlewe morabantur, persistant in loco de Waleye, quem illis idem Henricus in proprios usus concessit, alioquin praefata ecclesia de Waleye ad praesentationem dicti comitis revertatur. (f. 78 b).

Dil. filiis abbati et conventui mon. de Waleye Cistercien. ord. Coventren. et Lichefelden. diocesis. Exposuit nobis.... Dat. Lugduni, XVIII kal. februarii.

459. — Lugduni, 15 ian. 1307.

Henrico, comiti Lincolnien., indulget, ut Michael de Mercona, presbyter ord. Minorum, confessor suus, possit confessiones familiarium suorum eum in transitibus per diversas provincias sequentium audire eosque absolvere, exceptis casibus reservatis. (f. 78. b).

Dil. filio nobili viro Henrico comiti Lincoln. Sincere devotionis affectus.... Dat. Lugduni, XVIII kal. februarii.

460. — Lugduni, 15 ian. 1306.

Indulget Henrico, comiti Lincolnien., ut sex eius clerici, quos ad hoc duxerit eligendos, singuli, qui beneficiati non fuerint, duo, alii singuli, qui beneficiati extiterint, singula beneficia recipere ac retinere valeant, ipsique eius insistentes obsequiis ad residentiam personalem per quinquennium minime teneantur; quod si quis ex eis ab obsequiis recedere vel decedere contigerit, ipse, loco eorum, alios semel et pluries, qui similem gratiam obtineant, subrogare possit, si qui vero ex taliter subrogatis ab obsequiis recesserint, quibuscumque beneficiis sint eo ipso privati. (f. 79 *a*).

Dil. filio Henrico comiti Lincolnien. Personam tuam nobis.... Dat. Lugduni, XVIII kal. februarii.

461. — Lugduni, 18 ian. 1306.
Obtentu N(icolai) tit. s. Eusebii presbyteri cardinalis eius nepoti ad septennium indulget, ut insistens scolasticis disciplinis, ubi studium vigeat generale, in parochiali sua ecclesia personaliter residere vel illius praetextu ordinem sacrum recipere interim nullatenus teneatur. (f. 79 *a*).

Dil. filiis decano Aurelianen. et scolastico Abrincen. ac magistro Roberto de Ticunilla canonico Rothomagen. ecclesiarum.

Dil. filio Iohanni[1] dicto Preposito rectori parochialis ecclesie b. Marie de Fourmetot Rothomagen. dioc. Tue probitatis meritis..... Dat. Lugduni, XV kal. februarii.

462. — Lugduni, 12 ian. 1306.
Vacans per resignationem Iohannis dicti Basse alteragium de Ostade Cameracen. dioec. confert obtentu I(ohannis), tit. ss. Marcellini et Petri presbyteri cardinalis, Matthaeo de Rogi. (f. 79 *a*).

Dil. filiis decano maioris et Iohanni de Comitisvilla s. Gaugerici Cameracen. ac Thome de Gaissart Noviomen. canonicis ecclesiarum.

Dil. filio magistro Matheo de Rogi clerico. Honestas morum.... Dat. Lugduni, II idus ianuarii.

---

463. — Lugduni, 13 ian. 1306.
Cum infrascripto ex alia concessione liceat habere altare portatile, indulgetur ei, ut possit aliquando ante auroram missam facere celebrari sibi et familiaribus. (f. 79 *b*).

Dil. filio nobili viro Amanevo domino de Labreto. Personam tuam paterna.... Dat. Lugduni, idus ianuarii.

464. — Lugduni, 13 ian. 1306.
Eidem conceditur facultas habendi altare portatile ac faciendi super eo divina officia celebrari etiam in locis interdicto subiectis, dummodo ipse interdicto causam non dederit nec sit excommunicatione ligatus. (f. 79 *b*).

Pro eodem Amanevo. Devotionis tue precibus.... Dat. ut in alia.

465. — Lugduni, 13 ian. 1306.
Eidem indulgetur, ut sibi possit eligere confessarium, qui eum eiusque familiares absolvere valeat etiam a casibus reservatis. (f. 79 *b*).

Pro eodem Amanevo. Ut per confessionis lavacrum.... Dat ut supra.

466. — Lugduni, 22 ian. 1306.
Defuncto Reinaldo[1] in abbatem monasterii s. Dionysii eligitur Egidius[2], cuius electionem, facta per Iohannem Portuen. et s. Rufinae episcopum et Iohannem tit. ss. Marcellini et Petri presbyterum ac Iacobum s. Georgii ad Velum aureum diaconum cardinales examinatione, confirmat Clemens Pp. V illique per Petrum episcopum Sabinen. munus benedictionis facit impendi. (f. 79 *b*).

Dil. filio Egidio abbati mon. s. Dionysii in Francia ad romanam ecclesiam nullo medio pertinentis ord. s. Ben. Parisien. dioc. Romani Pontificis qui.... Dat. Lugduni, XI kal. februarii.

Eodem modo conventui eiusdem monasterii.

E. m. vasallis eiusdem monasterii.

---

[1] Iohannes Praepositus, nepos Nicolai de Freauvilla. BALVZIVS, I. p. 637.

[1] Reinaldus seu Reginaldus Giffard 1286-1304. *Gall. chr.*, VII. p. 396.
[2] Egidius de Pontoise 1305-1325. *Gall. chr.*, VII. p. 397.

467. — Lugduni, 3 febr. 1306.

Consideratione Beatricis, natae quōndam Petri, comitis Sabaudiae, dalphinae Viennen. ac dominae Fuciniaci, confert eius clerico et familiari canonicatum ecclesiae Ebredunen. ac praebendam non sacerdotalem et personatum seu dignitatem ibidem vacantes vel vacaturos, dispensatque cum illo, ut una cum eisdem in Gebennen. et s. Andreae Gratianopolitan. ecclesiis canonicatus et praebendas ac parochialem ecclesiam de Mura Gebennen. dioec. retinere valeat. (f. 80 *a*).

Ven. fratri episcopo Gebennen. et dilectis filiis priori de Rometa Vapincen. dioc. ac preposito ecclesie s. Andree Gratianopolitan.

Dil. filio Henrico de Avalone canonico Ebredunen. Aducimur tam tue probitatis meritis.... Dat. Lugduni, III non. febr.

468. — Lugduni, 21 dec. 1305.

Landulpho, s. Angeli diacono cardinali, facultatem concedit conferendi ecclesias s. Iohannis de Angre, s. Mariae de Pinta, s. Apazurae et s. Iohannis Accarifi de s. Severino Salernitan. dioec. vacantes per obitum Berardi de Singardo, ad collationem archiepiscopi Salernitan. tunc vacantis spectantes, personae vel personis idoneis, etiamsi unum aut plura obtineant beneficia. (f. 80 *b*).

Dil. filio Landulfo s. Angeli diacono cardinali. Personam tuam precipua.... Dat. Lugduni, XII kal. ian.

469. — Lugduni, 21 dec. 1305.

Eidem concedit facultatem conferendi personae idoneae ecclesiam s. Mariae Maioris de Nuceria Salernitan. dioec. (f. 80 *b*).

Eidem cardinali. Ut eo gratiosior.... Dat. ut in alia.

470. — Lugduni, (sine data).

Magistro Himberto[1] de Monte aureo, canonico ecclesiae Eduen., canonicatum et praeben-

dam, ac Fulcerio de Monte aureo, canonico Neapolitan., quasdam possessiones et decimas sibi in beneficium assignatas Neapolitan. dioec. volentibus invicem permutare, mandatur Landulpho, ut, resignatione eorum recepta, Fulcerio canonicatum et praebendam, et magistro Himberto praefata beneficia conferat et assignet. (f. 80 *b*).

Eidem cardinali. Cum dilecti filii.... Dat. Lugduni, (sine data).

471. — Lugduni, 13 ian. 1306.

Episcopo[1] Gebennen. concedit, ut propter guerrarum discrimina dioecesim suam usque ad triennium per alium visitare procurationesque moderatas recipere valeat. (f. 81 *a*).

Dil. filiis priori s. Iohannis et cantori Gebennen. ac preposito Montistonis Eduen. dioc. ecclesiarum.

Ven. fratri episcopo Gebennen. Ex tue devotionis provenit meritis.... Dat. Lugduni, idus ianuarii.

472. — Lugduni, 13 ian. 1306.

Annuens precibus abbatis mon. Rivipollen. unit mensae abbatiali eiusdem monasterii cum annuis reditibus centum florenorum auri praeposituram de Oloto Gerunden. dioec., quam abbates per centum annos elapsos possidebant (f. 81 *a*).

Dil. filio abbati mon. Rivipollen. ad romanam ecclesiam nullo medio pertinentis ord. s. Ben. Vicenen. dioc. Habet in nobis tua sincera.... Dat. Lugduni, idus ianuarii.

473. — Lugduni, 18 dec. 1305.

Iohanni de Gedele, qui ecclesiam de Bolylonde Bathonien.[2] et Wellen. dioec. obtinens, de Hereforde, de Foxhirde, de Lavapitte, de Horfinton., de Scokes et Holdesworchi[3] ecclesias Londonien., Exonien., Norwicen. et Lincolnien. dioec. recepit, eisque dimissis, retenta dumtaxat ecclesia de Holdesworchi, archidiaconatum Lewen. in ecclesia Cicestren. assecutus, illoque resignato, parochia-

---

[1] Himbertus vel Humbertus de Monte aureo, postea archiepiscopus Neapolitan. 1308-1320. VGHELLI, *Italia s.* VI. p. 120.

[1] Aimo III du Quart 1304-1311. GAMS, l. c. p. 277.
[2] Ms. *Barthonien.*
[3] Ms. *Holdeswarchi.*

Regestum Clementis Papae V. 12

lem ecclesiam de Ailington Lincolnien. dioec. ac
decanatum ecclesiae Wellen., ecclesia de Holdesworchi dimissa, adeptus, ipsos decanatum et ecclesiam de Ailington retinuit et retinet fructus percipiens absque dispensatione apostolica, nec se fecit
infra tempus a iure statutum ad ordines promoveri, fructus percepti condonantur dispensaturque
cum illo, ut decanatum et ecclesiam de Ailington
una cum canonicatibus et praebendis in Exonien.
et Cicestren. eccl. et libera capellania de castro
Astringiae Cicestren. dioec. licite valeat retinere.
(f. 81 a). .

Dil. filio Iohanni de Gedele thesaura-
rio carissime in Christo filie Ro... Anglie
illustris decano ecclesie Wellen. Illis apostolica sedes.... Dat. Lugduni, XV kal. ian.

474. — Lugduni, 5 ian. 1306.

Fidelibus, qui vere poenitentes et confessi ad
aedificandam ecclesiam fratrum ordinis Praedicatorum Blesen. Carnoten. dioec. subsidia erogaverint, ad quinquennium conceduntur indulgentiae
centum dierum, quas per quaestuarios mitti districtius inhibetur (f. 81 b).

Vniversis Christi fidelibus presentes lit-
teras inspecturis. Dignum et conveniens....
Dat. Lugduni, nonas ianuarii.

475. — Lugduni, 8 febr. 1306.

Defuncto Thoma [1], archiepiscopo Eboracen., in
archiepiscopum eligitur Guillelmus, eiusdem ecclesiae canonicus, cuius electio, facta per Iohannem,
Portuen. et s. Rufinae episcopum, et Gentilem,
tit. s. Martini in Montibus presbyterum, et Franciscum, s. Mariae in Cosmedin diaconum cardinales examinatione, confirmatur; per Petrum, episcopum Sabinen. munus consecrationis ei impenditur, palliumque per Neapoleonem, s. Hadriani,
Landulphum s. Angeli et Iacobum s. Georgii ad
Velum aureum diaconos card. exhibetur. (f. 81 b).

Ven. fratri Guillelmo archiepiscopo Ebo-
racen. Romani pontificis quem.... Dat. Lugduni, VI idus februarii.

[1] Thomas de Corbrigde 1300-1304. GAMS, l. cit.
p. 201.

Eodem modo capitulo Eboracen. ecclesiae ut in
lit. princ.

E. m. universis suffraganeis ecclesiae Eboracen.
ut in lit. princ.

E. m. scribitur regi Angliae in forma consueta.

476. — Lugduni, 8 febr. 1306.

Eidem archiepiscopo scribitur, ut pallio per
cardinales ei assignato, diebus in ecclesiae privilegiis expressis uti possit. (f. 82 a).

Cum palleum plenitudinem.... Dat. ut
supra.

477. — Lugduni, 1 febr. 1306.

Post obitum Richardi [1], episcopi Londonien.,
in episcopum eligitur Radulphus [2], tunc eiusdem
ecclesiae decanus, et ab archiepiscopo Cantuarien.
loci metropolitano confirmatur. Appellante vero
Petro de Dene contra hanc electionem ad sedem
apostolicam, et examinatione per Landulphum
s. Angeli diac. cardinalem facta, electio ratificatur
atque electo munus consecrationis per P(etrum)
Sabinen. episcopum impenditur. (f. 82 a).

Ven. fratri Radulpho episcopo Londo-
nien. Ad universalis ecclesie regimen....
Dat. Lugduni, kal. februarii.

Eodem modo capitulo Londonien.

E. m. carissimo in Christo filio. E. regi Angliae illustri..

E. m. ven. fratri archiepiscopo Cantuarien.

478. — Lugduni, 22 ian. 1306.

Defuncto Burchardo [3], in archiepiscopum Magdeburgen. eligitur Henricus [4], eiusdem ecclesiae canonicus, cuius electio, facta per P(etrum) Sabinen.
episcopum et Iohannem tit. ss. Marcellini et Petri
presbyterum ac Guillelmum s. Nicolai in carcere
Tullian. diaconum cardinales examinatione, confirmatur munusque consecrationis ei per eun-

[1] Richardus de Gravesend 1280-1303. GAMS, l. c.
p. 194.
[2] Radulphus de Baldock 1306 1313. *Ibidem.*
[3] Burchardus de Blankenburg 1296-1305. *L'Art de vé-*
rifier etc., II. p. 453. GAMS, l. c. p. 288.
[4] Henricus de Anhalt-Aschersleben 1305-1307. *L'Art*
etc., II. 16. p. 454. GAMS, l. c. p. 288.

dem ·P(etrum) Sabinensis episcopum impenditur. (f. 83 a).

Dil. filio Henrico electo Magdeburgen. Onerosa pastoralis officii.... Dat. Lugduni, XI kal. februarii.

Eodem modo populo civitatis et dioec. Magdeburgen.

Item praeposito et capitulo.

Item clero civitatis et dioec. sicut in illa, quae scribitur praeposito et capitulo praedictae ecclesiae.

Item scribitur universis suffraganeis in forma consueta.

Item universis vasallis in forma consueta.

Item regi Romanorum illust. in forma consueta.

479. — Lugduni, 3 ian. 1306.
Mariae concedit, ut possit excommunicatis participare, quin excommunicationem incurrat.(f. 83 a).

Carissime in Christo filie Marie regine Francorum illustri. Meritis tue devotionis.... Dat. Lugduni, III non. ianuarii.

480. — Lugduni, 3 ian. 1306.
Eidem concedit, ut hiemali tempore, matutinis et aliis nocturnis horis canonicis recitatis, possit ante auroram missam facere celebrari. (f. 83 b).

Eidem regine. Celsitudinis tue devotio.... Dat. ut supra.

481. — Lugduni, 3 ian. 1306.
Eidem concedit, ut religiosi quorumcunque ordinum, quos ad eius domum contigerit declinare, carnibus vesci possint, non obstantibus quibuscunque ordinum constitutionibus. (f. 83 b).

Eidem regine. Serenitatis tue precibus.... Dat. ut supra.

482. — Lugduni, 3 ian. 1306.
Eidem concedit, ut in ecclesiis et capellis locorum, in quibus moram trahere eam contingit, pro usu infirmorum et aliis casibus reservetur eucharistiae sacramentum (f. 83 b).

Eidem regine. Celsitudinis tue.... Dat. ut supra.

483. — Lugduni, 3 ian. 1306.
Eidem indulget, ut eius confessarius etiam familiarium et servientium confessiones audire eosque absolvere valeat, exceptis casibus reservatis.(f. 83 b).

Eidem regine. Cum ad· te geramus.... (sine data).

484. — Lugduni, 1 ian. 1306.
Indulget Mariae, ut monasterium monialium de Longocampo iuxta s. Clodoaldum ord. s. Clarae Parisien. dioec., in quo duas sorores germanas habet professas, ac etiam mon. fratrum Minorum cum decenti comitiva honestarum matronarum ingredi et ibidem coenare et etiam pernoctare valeat. (f. 83 b).

Dil. in Christo filie nobili mulieri Marie comitisse Iuliacen. Cum ad monasterium.... Dat. Lugduni, kal. ianuarii.

485. — Lugduni, 3 ian. 1306.
Eidem indulget habendi altare portatile ac faciendi super illo missarum sollemnia celebrari. (f. 83 b).

Eidem comitisse. Personam tuam sincera.... Dat. Lugduni, III non. ianuarii.

486. — Lugduni, 3 ian. 1306.
Indulget Mariae ut, si quandoque ad loca interdicto supposita eam devenire contingat, possit super altari portatili, ianuis clausis, excommunicatis exclusis, non pulsatis campanis et voce submissa divina officia facere celebrari, dummodo ipsa vel eius familiares causam non dederint interdicto. (f. 83 b).

Dil. in Christo filie nobili mulieri Marie comitisse Iuliacen. et nepoti carissime in Christo filie nostre Marie regine Francorum illustri. Personam tuam tuis.... Dat. Lugduni, III non. ian.

487. — Lugduni, 3 ian. 1306.
Eidem indulget, ut sibi eligere possit confessarium. (f. 83 b).

Eidem comitisse Iuliacen. Cum per confessionis lavacrum.... Dat. Lugduni, III non. ianuarii.

488. — Lugduni, 1 ian. 1306.

Eidem indulget, ut monasteria religiosarum inclusarum, Praedicatorum et Minorum et monialium Cistercien. et aliorum ordinum cum decenti comitiva ingredi et ibidem comedere ac etiam pernoctare valeat. (f. 84 a).

Eidem comitisse. Tue devotionis sinceritas.... Dat. Lugduni, kal. ian.

489. — Lugduni, 3 ian. 1306.

Mariae, indulget ut monasterium monialium de Longocampo iuxta s. Clodoaldum ord. s. Clarae Parisien. dioec. cum decenti mulierum comitiva ingredi, ibique comedere ac pernoctare valeat. (f. 84 a).

Carissime in Christo filie Marie regine Francorum illustri. Tue devotionis sinceritas.... Dat. Lugduni, III non. ianuarii.

490. — Lugduni, 13 ian. 1306.

(Guidoni) episcopo Traiecten. committitur, ut cum Richardo Gerici, fratre hospitalis b. Mariae Teutonicorum in Nesse suae dioec. super defectu natalium dispenset, quatenus in susceptis ministrare ordinibus et ad regulares administrationes assumi valeat. (f. 84 a).

Ven. fratri episcopo Traiecten. Regularis ordinis professoribus.... Dat. Lugduni, id. ianuarii.

491. — Lugduni, 3 ian. 1306.

Mariae remittit, ut pecunias a nonnullis Iudaeis exactas convertat in subsidium Terrae sanctae. (f. 84 a).

Carissime in Christo filie Marie regine Francorum illustri. Devotionis tue prometretur affectus.... Dat. Lugduni, III non. ianuarii.

492. — Lugduni, 3 ian. 1306.

Indulget Ludovico [1], ut, quoties in sua praesentia proponi faciet verbum Dei, liceat proponenti

[1] Ludovicus X cognomento Hutinus, primogenitus Philippi IV et Iohannae, reginae Navarrae; successit suo patri 1314-1316. *L'Art de vérifier* etc., II. 6, p 24.

centum dies omnibus vere poenitentibus et confessis, qui eidem praedicationi intersunt, de iniunctis poenitentiis relaxare. (f. 84 a).

Dil. filio nobili viro Lodovico, nato clare memorie Philippi regis Francorum. Consuevit interdum apostolica sedes.... Dat. Lugduni III non. iauuarii.

493. — Apud s. Ciricum, 19 febr. 1306.

Annuens precibus Fredoli, praepositi Massilien., capellani sui, confert eius consanguineo canonicatum ecclesiae Massilien. reservatque ei conferendam praebendam ibi vacantem vel vacaturam. (f. 84 a).

Dil. filiis abbati mon. s. Victoris Massilien. et Neapoleoni de Romangia archidiacono minoris ac magistro Nicholao de Neapoli canonico ecclesie Remen.

Dil. filio Petro Capellarii can. Massilien. Probitatis tue merita.... Dat. apud s. Ciricum prope Lugdunum, XI kal. martii.

494. — Lugduni, 1 febr. 1306.

Abbati monasterii Carrofen. concedit facultatem faciendi recipi in sex monachorum monasteriis, quae in Pictavien. et Lemovicen. civitatibus et dioec. elegerit, sex personas idoneas in monachos, et in aliis sex monialium monasteriis sex alias personas idoneas in monachas. (f. 84 b).

Dil. filio Raymundo [1] abbati mon. Carofen. [2] ord. s. Ben. Pictaven. dioc. Personam tuam de cuius.... Dat. Lugduni, kal. februarii.

495. — Lugduni, 1 febr. 1306.

Eidem indulget, ut unum ex prioratibus sui monasterii, quem voluerit, mensae abbatiali unire possit. (f. 84 b).

Eidem abbati. Devotionis tue sinceritas.... Dat. ut supra.

496. — Lugduni, 1 febr. 1306.

Eidem concedit facultatem dispensandi cum monachis aliisque subditis suis super irregularitate

[1] Raymundus de Chateauneuf 1295-1308. *Gall. chr.*, II. p. 1282.
[2] Ms. *Carassen.*

contracta, quod minorum excommunicationum ligati sententiis divina officia celebrarunt vel immiscuerunt se illis. (f. 84 *b*)....

Eidem abbati. Devotionem tuam.... Dat. ut supra.

497. — Lugduni, 1 febr. 1306.
Eidem indulget, ut cum consensu episcopi Pictavien., aqua per eum benedicta ecclesiam sui monasterii reconciliare valeat. (f. 84 *b*).

Eidem abbati. Ex devotionis tue meritis.... Dat. ut supra.

498. — Lugduni, 3 ian. 1306.
Per obitum Rodlandi vacantem archipresbyteratum ruralem de Montebrisone [1] Lugdunen. dioec. confert Aimoni, non obstante quod parochialem ecclesiam de Chabeone et quandam perpetuam capellaniam in ecclesia Lugdunen. obtineat, indulgetque, ut residendo in praefata ecclesia Lugdunen., in ceteris facere personalem residentiam minime teneatur. (f. 85 *a*).

Dil. filiis archidiacono et sacriste Lugdunen. ac Iohanni de Villariis canonico Viennen. ecclesiarum.

Dil. filio Aymoni de Bayrio archipresbytero de Montebrusone Lugdunen. dioc. Laudabilia tue merita probitatis.... Dat. Lugduni, III non. ianuarii.

499. — Apud s. Ciricum, 17 febr. 1306.
Vacanti per obitum Rogerii [2] archiepiscopi ecclesiae Montis Regalis a Benedicto Pp. XI dispositioni sedis apostolicae reservatae in archiepiscopum praeficitur Arnaldus [3], olim archidiaconus Xanctivae in ecclesia Valentin. (f. 85 *a*).

Dil. filio Arnaldo de Rayaco electo Montisregalis. Summi providentia principis.... Dat. apud s. Ciricum prope Lugdunum, XIII kal. martii.
Item scribitur capitulo eiusdem ecclesiae in forma consueta.

1 Ms. *de Montebrusolo.*
2 Rogerius Donmusco † 1304. GAMS, l. c. p. 951.
3 Arnaldus de Rassaco 1306-1324. *Ibidem.*

·· Item scribitur universis suffraganeis ecclesiae praedictae in forma consueta.

500. — Apud s. Ciricum, 19 febr. 1306.
Petro de Comite reservat conferenda beneficia in civitate, dioec. ac provincia Neapolitana vacantia vel vacatura, etiam in Neapolitana vel quavis eiusdem provinciae ecclesia cathedrali, dummodo ipsorum proventus centum unciarum auri valorem annuum non excedant, non obstante, quod in Remen. et Lichefelden. canonicatus et praebendas ac in s. Mariae de Vallemontonis Signin. dioec. locum dumtaxat et in Carnoten. ecclesiis canonicatum sub expectatione praebendae et dignitatis obtineat. (f. 85 *b*).

Ven. fratri episcopo Suessan. et dil. filiis priori s. Ioh. de Vallemontone Signin. dioc. ac Guidoni de Velletro canonico Beluacen.

Dil. filio Petro de Comite canonico Remen. Dum nobilitatem generis.... Dat. apud s. Ciricum prope Lugdunum, XI kal. martii.

501. — Lugduni, 5 ian. 1306.
Fidelibus vere poenitentibus et confessis capellam castri de Lucen. Atrebaten. dioec. in festis b. Mariae visitantibus concedit annuatim unius anni, qui per octo dies festa sequentes ad eam accesserint, centum dierum indulgentiam. (f. 85 *b*).

Vniversis Christi fidelibus presentes litteras inspecturis. Vite perempnis gloria.... Dat. Lugduni, non. ianuarii.

502. — Lugduni, 5 dec. 1305.
Moneat Albertum [1] regem, ut reginae Romanorum Elisabeth [2] castra, terras et possessiones, ex quibus reditus duorum milium marcarum argenti singulis annis vitae suae valeat percipere, assignet, ita ut adimpleat donationem patris sui Rudolphi regis Romanorum dicte regine tunc consorti suae ex consensu principum factam. (f. 86 *a*).

1 Albertus I., 1298-1308, filius Rudolphi imperatoris et Annae de Hohenberg. *L'Art de vérifier* etc., II. 7, p. 355.
2 Elisabeth, filia Hugonis IV, ducis Burgundiae, quam sibi Rudolphus imperator in secundis nuptiis sociavit uxorem. *L'Art de vérifier* etc., II. 7. p. 353.

Ven. fratri archiepiscopo Colonien. Fraternitatem tuam, quam sincera caritate prosequimur, ad ea libenter inducimus, que salutis augmentum tibi pariant et honoris. Pervenit siquidem ad audientiam nostram, quod clare memorie. Rudolfus, rex Romanorum, carissime in Christo filie nostre Helisabet, regine Romanorum illustri, tunc consorti sue, ratione donationis propter nupcias viginti milia marchas argenti promisit liberaliter se daturum et eadem in castris, terris, possessionibus et aliis bonis ipsi regine oportunioribus et ubi expedientius et utilius videretur, cum consensu suorum principum, quem super hoc obtineret, per eandem reginam tenendis toto tempore vite sue, si ex ipso rege non haberet heredes, deputaret eidem, ac postmodum hiis assensus archiepiscopi Colo niensis qui tunc erat et aliorum principum predictorum eo modo accessit, quod idem rex prefate regine terras, castra, possessiones usque ad annuos redditus duorum milium marcharum argenti possit nomine donationis huiusmodi assignare, per eandem reginam sine calumpnia qualibet, quiete et pacifice ut promittitur possidenda, prout in patentibus litteris inde confectis regis et principum predictorum sigillis munitis plenius dicitur contineri. Verum quia clare memorie Adolfus, rex Romanorum, dicti Rudolfi successor, ratam non habens donationem et promissionem huiusmodi eam nullatenus adimplevit, felicis recordationis Bonifacius Papa VIII predecessor noster dicto Adolpho exhortationes et preces super hoc per suas certi tenoris litteras destinavit. Eadem autem regina nullum ex eisdem litteris predecessoris ipsius aut donatione et promissione predictis adhuc comodum reportavit, cum nec idem Adolfus preces et exortationes easdem effectui mancipavit, nec carissimus in Christo filius noster Albertus [1],

[1] Ms. *Adolphus.*

rex Romanorum illustris, adhuc ipsi regine, que ex dicto Rudolpho non suscepit heredem, huiusmodi terras, ex quibus dictam quantitatem duorum milium marcharum argenti in redditibus annuis iuxta huiusmodi consensum et litteras principum eorundem percipere possit, quoad viveret, duxerit assignandas. Unde nos eundem Albertum regem per alias nostras rogamus litteras et hortamur, ut ipse pie ac benigne considerans, quod a huiusmodi turbatione, quam ipsi regine dicitur irrogare, laudi sue detrahitur et honori, reginam eandem pro nostra et apostolice sedis reverentia suique honoris augmento benigno favore confoveat et favorabiliter in omnibus procequatur, terras, castra, possessiones et bona, ex quibus dictam quantitatem duorum milium marcharum argenti in redditibus annuis libere, donec diem claudat extremum, percipere valeat assignando. Quocirca fraternitatem tuam rogamus et hortamur attente, quatinus eundem regem Albertum ex parte nostra moneas et inducas, ut ipse huiusmodi donationem et promissionem dicti sui patris adimpleat aut iuxta assensum principum ut premittitur subsecutum dicte regine castra, terras et possessiones, ex quibus huiusmodi reddituum (*sic*) duorum milium marcharum argenti per(cipere) singulis annis valeat, liberaliter assignare procuret, ipsamque reginam, prout decet celsitudinis regalis honorem, tractare studeat humiliter et benigne. Dat. Lugd., nonas dec.

Item archiepiscopo Maguntin. ut supra.

Item archiepiscopo Treviren. similiter ut supra.

Item dil. filio nob. viro marchioni Brandeburgen.

Item duci Sassoniae, Angariae, Vestafaliae et burgravio in Madeborg.

Similiter duci Bavariae comiti palatino Reni.

Item marchioni Moraviae.

503. — Lugduni, 5 dec. 1305.

Rogat et hortatur Albertum, ut assignet Elisabethae uxori quondam Rudolphi, patris sui, castra, terras et possessiones, ex quibus tria milia marcarum argenti singulis annis percipere valeat, quae illi idem Rudolphus ratione doni matutini concessit. (f. 86*a*).

Cariss. in Christo filio Alberto regi Roman. illustri. Eam gerimus de magnificentia regali fiduciam, quod exhortationes paternas, que presertim laudis eius preconium et salutis respiciant incrementum, aure benigna suscipiat et promptis operibus prosequatur. Pervenit siquidem ad audientiam nostram, quod licet clare memorie Rudolphus (rex) Romanorum, pater tuus, carissime in Christo filie nostre Elisabeth, regine Romanorum illustri, tunc consorti sue ratione doni matutini, quod quantecumque quantitatis secundum usum Alemanie prout asseritur validum est et vulgariter vocatur Morgengabel (sic), donaverit et concesserit tria milia marcharum argenti sue suorumque heredum voluntatis arbitrio disponenda ac donationem huiusmodi promiserit effectui mancipare et cum principum suorum consensu, valorem quantitatis huiusmodi in possessionibus assignare eidem, prout in patentibus litteris predicti patris tui sigillo munitis plenius dicitur contineri, semper in eadem donatione etiam permanserit, tu tamen tanti non habens donationem et promissionem huiusmodi, possessiones predictas adhuc ei nullatenus assignasti nec alias est eidem regine de dono huiusmodi satisfactum. Cum autem non deceat celsitudinem tuam, quod tu, qui heres dicti tui patris existis et in regno successor, huiusmodi donationem dicti patris factam percipere dicte regine noverce tue, quam potius honorare sibique in suis opportunitatibus subvenire deberes, infringas, magnificentiam tuam rogamus et hortamur attente, quatinus pie ac benigne considerans, quod ex huiusmodi turbatione, quam ipsi regine que vidua est disceris (sic) irrogare, laudi tue detrahitur et honori, reginam eandem pro nostra et apostolice sedis reveren-

tia tuique honoris augmento benigno favore confoveas et favorabiliter in omnibus prosequaris, tria milia marcharum prefata aut de consensu tuorum principum possessiones predictas huiusmodi valoris iuxta donationem eandem sibi liberaliter assignando te in hac parte taliter habiturus, quod apostolica monita, que tibi fiducialiter dirigantur, effectum penes te, quem confidimus, consequantur, tibique salutis et laudis proveniat incrementum. Dat. ut supra.

504. — Lugduni, 5 dec. 1305.
Scribit Alberto de eodem, ut supra archiepiscopo Coloniensi. (f. 86*b*).

Item eidem regi. Gerentes ad excellentiam tuam.... Dat. est eadem.

505. — Apud s. Ciricum, 19 febr. 1306.
Consideratione Neapoleonis, s. Hadriani diaconi cardinalis et obtentu Iohannis Rodlandi, canonici Ianuen., confert eius nepoti canonicatum ecclesiae Savonen. providetque de praebenda ibi vacante vel vacatura, non obstante, quod canonicatum et praebendam ecclesiae de Diano Albiganen. dioec. obtineat. (f. 86*b*).

Dil. filio priori s. Iusti et archidiacono Ianuen. et Manuello Raynaldi Scamille canonico Beluacen. ecclesiarum.

Dil. filio Iohanni Guillelmi de Regali canonico Saonen. Probitatis merita.... Dat. apud s. Ciricum in Monte aureo prope Lugdunum, XI kal. martii.

506. — Lugduni, 18 ian. 1306.
Concedit infrascriptis facultatem recipiendi oratorium cum ambitu et officinis ab Hugone dicto de Fabris, cive Senen., cuius filius Iohannes professus extitit ord. s. Aug., constructum in fundo proprio prope civitatem Senen. in loco, qui Monticlem vulgariter nuncupatur.

Dil. filiis priori et fratribus Heremitarum ord. s. Aug. Senen. Merita vestre religionis.... Dat. Lugduni, XV kalend. februarii.

507. — Lugduni, 17 ian. 1306.

Vacantem per obitum Guidonis de Porpia prioratum de Lasonna ord. s. Ben. Viennen. dioec., spectantem ad abbatem mon. Montismaioris eiusd. ord. Arelaten. dioec., confert infrascripto providetque de illo. (f. 87 a).

Dil. filiis Hugoni de Castro novo et Himberto de Paladiu Viennen ac Guillelmo de Seraval Lugdun. canonicis.

Dil. filio Soffredo Guersi de Fabricis monacho mon. Atthenacen. Lugdunen. ac priori prioratus dicti de Lasonna ordinis s. Ben. Viennen. dioc. Laudabilis tue conversationis honestas.... Dat. Lugduni, XVI kal. febr.

508. — Burdegalis, 31 iul. 1305.

Petro confert canonicatum ecclesiae Gebennen. et praebendam apud sedem apostolicam vel in ecclesia ipsa vacantem vel vacaturam, personatum vero seu dignitatem apud praefatam sedem aut in ecclesia ipsa vacantem vel vacaturum reservat ei conferendum. (f. 87 a).

Dil. filiis priori Romanii mon. Lausanen. dioc. et thesaurario Lausanen. ac Petro de Dumo canonico Lugdunen. ecclesiarum.

Dil. filio Petro Mustial de Fussigniaco canonico Gebennen. Probitatis tue meritis.... Dat. Burdegalis, II kal. augusti.

509. — Lugduni, 22 nov. 1305.

Radulpho de Fucigniaco confert canonicatum ecclesiae Agennen. et praebendam apud sedem apostolicam vel in ecclesia ipsa vacantem vel proximo vacaturum; personatum vero vel dignitatem apud praefatam sedem vel in ipsa ecclesia vacantem vel vacaturum reservat ei conferendum. (f. 87 a).

Dil. filiis s. Maurini et Cayriaci Agennen. dioc. abbatibus mon... ecclesie Vasaten.

Dil. filio Radulpho de Fusigniaco canonico Agennen. Libenter ad illos.... Dat. Lugduni, X kal. decembris.

510. — Lugduni, 15 ian. 1306.

Concedit infrascriptis facultatem construendi in fundo proprio propriis de bonis capellam ad honorem b. Mariae Virg. nec non eisdem eorumque heredibus ius praesentandi rectorem ad eandem capellam. (f. 87 b).

Dil. filio Stephano de Venuse militi et dil. in Christo filie Adeline eius uxori. Devotorum vota.... Dat. Lugduni, XVIII kal. februarii.

511. — Lugduni, 7 ian. 1306.

Indulget Mathildi [1], ut monasteria ord. Cistercien., ad quae eam contigerit declinare, cum duodecim honestis mulieribus ingredi valeat, dummodo ibi non comedant nec pernoctent. (f. 87 b).

Dil. in Christo filie nobili mulieri Mathildi comitisse Atrebaten. relicte quondam O(ttonis) comitis Burgundie vidue. Ex tue devotionis meritis.... Dat. Lugduni, VII idus ianuarii.

512. — Lugduni, 10 ian. 1306.

Dispensat super defectu natalium, ut possit ad omnes ordines promoveri et beneficium obtinere. (f. 87 b).

Dil. filio Voluto de Valhiesten clerico Basilen. ecclesie. Illegitime genitos.... Dat. Lugduni, IIII idus ianuarii.

513. — Lugduni, 22 ian. 1306.

Concedit Mariae [2] potestatem construendi et dotandi monasterium cum ecclesia seu capella in honorem alicuius sancti vel sanctae ac ponendi in eo moniales ord. s. Aug. sub cura et regimine magistri et provincialis Hispaniae ord. Praedicatorum. (f. 88 a).

Carissime in Christo filie Marie regine Castelle et Legionis illustri vidue relicte clare memorie Sancii regis Castelle et Legionis. Propter magne devotionis affectum.... Dat. Lugduni, XI kal. februarii.

---

[1] Mathildis, filia Roberti II, comitis Atrebaten., cui in regimine successit, quam Otto IV seu V comes Burgundiae 1279-2303 in securidis nuptiis sibi sociavit. *L'Art de vérifier* etc., II. 11. p. 117. et 12. p. 372.

[2] Maria de Molina, secunda uxor Sancii IV Magni, regis Castellae et Legionis 1284-1295. *L'Art de vérifier* etc., II. 6. p. 565.

514. — Lugduni, 22 ian. 1306.

Indulget eidem reginae habendi ac deferendi secum altare portatile et faciendi super illo etiam in locis interdicto suppositis sibi et suis domesticis per capellanum suum missarum sollemnia celebrari, excommunicatis et interdictis exclusis, dummodo ipsa vel familiares eius causam non dederint interdicto. (f. 88 a).

Eidem regine. Ingens et cincera devotio.... Dat. ut supra.

515. — Lugduni, 18 dec. 1305.

Constantiae, reginae Castellae, indulget, ut, cum ad loca interdicto supposita pervenerit, in illis, clausis ianuis et interdictis exclusis, non pulsatis campanis, submissa voce per unum de capellanis suis vel quemcumque religiosum presbyterum divina sibi et familiaribus possit facere officia celebrari, dummodo ipsa et familiares causam non dederint interdicto. (f. 88 a).

Carissime in Christo filie Constancie regine Castelle illustri. Pium arbitramur et congruum.... Dat. Lugduni, XV kalendas ianuarii.

516. — Lugduni, 22 ian. 1306.

Mariae indulget, ut sibi, quotiescunque maluerit, eligere valeat confessarium. (f. 88 a).

Eidem Marie regine Castelle. Desideriis tuis in hiis.... Dat. Lugduni, XI kal. februarii.

517. — Lugduni, 7 ian. 1306.

Indulget Mathildi, ut cum ad loca interdicto supposita eam devenire contigerit, ibidem per capellanum suum sibi suisque domesticis possit divina facere celebrari, clausis ianuis, non pulsatis campanis, submissa voce, excommunicatis et interdictis exclusis, dummodo ipsa et familiares causam non dederint interdicto. (f. 88 b).

Dil. in Christo filie nobili mulieri Mathildi comitisse Atrebaten. relicte quondam O. comitis Burgundie vidue. Desideriis tuis libenter.... Dat. Lugduni, VII idus ianuarii.

518. — Lugduni, 7 ian. 1306.

Catharinae indulget, ut eius familiares possint sibi presbyterum religiosum seu secularem eligere in confessarium, qui eos absolvere valeat, exceptis casibus reservatis. (f. 88 b).

Carissime in Christo filie Katarine imperatrici Constantinopolitan. Magne devotionis affectus.... Dat. Lugduni, VII idus ianuarii.

519. — Lugduni, 15 ian. 1306.

Indulget habendi altare portatile ac faciendi super illo divina celebrari. (f. 88 b).

Dil. filio Matheo de Monte Martini militi et dil. in Christo filie Matildi eius uxori. Vestre devotionis exigentibus meritis.... Dat. Lugduni, XVIII kal. februarii.

520. — Lugduni, 10 ian. 1306.

Consideratione I(ohannis) episcopi Anicien. concedit Matthaeo licentiam ab ordine fratrum Minorum transeundi ad ordinem s. Benedicti. (f. 88 b).

Dil. filio fratri Matheo de Monteberon. ord. fratrum Minorum. Devotionis tue laudibus.... Dat. Lugduni, IIII idus ianuarii.

521. — Lugduni, 18 ian. 1306.

Obtentu Nicolai, tit. s. Eustachii presbyteri cardinalis, indulgetur eius nepoti, ut scolasticis disciplinis insistens in loco, ubi studium vigeat generale, fructus ecclesiae suae parochialis de Mesvillo Erardi Abrincen. dioec. in absentia ad septennium percipere valeat, nec aliquem ordinem sacrum recipere interim teneatur. (f. 88 b).

Dil. filiis decano Aurelianen. et scolastico Abrincen. ac magistro Roberto de Cianulla canonico Rothomagen. ecclesiarum.

Dil. filio Nicholao de Freavilla rectori ecclesie parochialis de Mesvillo Erardi Abrincen. dioc. Tue probitatis meritis.... Dat. Lugduni, XV kal. februarii.

522. — Lugduni, 29 nov. 1305.

Cuidam providet de canonicatu et praebenda integra vacante vel vacatura in eccl. Tornacen.

non obstante, quod eccl. in Viconovo Agennen. dioec. cum duabus capellis obtineat, quodque ab abbate mon. Moisiaci ord. s. Ben. Caturcen. dioec. pensionem triginta librarum Turonen. percipiat annuatim. (f. 89 *a*).

Dil. filiis abbati monasterii Latigmaten. ac priori de Manso Parisien. et Agenen. dioc. et magistro Guillelmo Lombardi de Narbona canonico Silvatonen. Litterarum scientia.... Dat. Lugduni, III kal. decembris.

523. — Lugduni, 15 ian. 1306.

Infrascriptum, cui providit in eccl. Lemovicen. de canonicatu et praebenda ac personatu seu dignitate vacantibus vel vacaturis, vult anteferri in assecutione dictorum canonicatus etc. omnibus aliis. (f. 89 *a*).

Dil. filio magistro Petro de Manzaco canonico Lemovicen. Dudum intendentes.... Dat. Lugduni, XVIII kal. februarii.

524. — Apud Vallem viridem, 20 octobris 1305.

Fortio [1] confert eccl. s. Martini de Sussaranicis Magalonen. dioec., quae per obitum quondam Laurentii de Flisco dicitur vacare; si vero alii de iure debeatur, providet eundem de beneficio cum cura in Magalonen. dioec. proxime vacaturo, non obstante defectu ordinum et aetatis. (f. 89 *a*).

Dil. filiis abbati mon. Condomien. Agennen. diocesis et Petro de Lacu...

Dil. filio Fortio de Auxilio clerico. Quia laudabile.... Dat. apud Vallem viridem, XIII kal. novembris.

525. — Biterris, 10 oct. 1305.

Arnaldo [2] confert prioratum de Paulhaco Caturcen. dioec. consuetum clericis secularibus assig-

nari, post obitum Neples Malafayda vacantem, non obstante, quod in eccl. Convenarum canonicatum et praebendam et paroch. eccl. de Montebruno ac decimam s. Martini de Casorino Tolosan. et Agennen. dioec. obtineat, ipsique provisum sit de canonicatu Constantien. eccl. et praebenda cum dignitate ibidem vacaturis. (f. 89 *b*).

Dil. filiis abbati mon. Condomien. Agennen. dioc. et cantori Burdegalen. ac Guillelmo Geraldi de Sora canonico Rothomagen. ecclesiarum.

Dil. filio magistro Arnaldo de Auxio priori de Paulhaco Caturcen. diocesis. Sedis apostolice.... Dat. Biterris, VI idus octobris.

526. — Lugduni, 9 ian. 1306.

Iordano indulget ad triennium, ut residens in altera suarum ecclesiarum vel insistens scolasticis disciplinis, integre possit percipere proventus archidiaconatus in Baiocen., secularis abbatiae Deauracensis in Lemovicen. et praebendae in s. Hilarii Pictavien. eccl., quotidianis distributionibus exceptis. (f. 90 *a*).

Dil. filiis abbati monasterii Nobiliacen. Pictaven. et subdecano ecclesie beati Ylarii Pictaven. ac magistro Petro Roberti dicto de Rupe canonico Engolismen.

Iordano Merlhe archidiacono Baiocen. Volentes tibi.... Dat. Lugduni, V idus ianuarii.

527. — Lugduni, 16 nov. 1305.

Notum facit, se indulsisse ad triennium episcopo Gabilonen., ut percipere valeat procurationes moderatas ratione visitationis debitas, mandatque faciant procurationes dictas episcopo integre ministrari. (f. 90 *a*).

Dil. filiis s. Marcelli prope Gabilonem et s. Petri Gabilonen. prioribus ac Petro de Vergesone canonico Matisconen. Ex venerabilis fratris.... Dat. Lugduni, XVI kal. dec.

---

[1] Fortius de Auxilio seu Auxio, Arnaldi de Auxio, cardinalis (1312) nepos ex fratre Guillelmo milite, episcopus factus est Pictaviensis 1320-1357. *Gall. chr.*, II. p. 1191.

[2] Arnaldus de Auxio, Vasco ex pago Condomiensi, admissus est in familiam Bertrandi de God, tunc archiepiscopi Burdegalensis, cui fuit a secretis et commentariis. Anno 1306 ad sedem Pictaviensem evectus est, et, defuncto Bertrando de Bordis, Clemens V camerarium suum instituit hunc Arnaldum. Deinde anno 1312 lega-

tionis munere fungens in Anglia absens a curia romana factus est episcopus Albanensis. Obiit Avenione an. 1320. BALVZIVS, I. p. 669. *Gallia chr.*, II. p. 1188. CIACONIVS, II. p. 382.

528. — Lugduni, 29 nov. 1305.

Simoni indulget, ut non residens personaliter possit percipere reditus suorum beneficiorum integre, distributionibus quotidianis exceptis. (f. 90 a).

Dil. filiis abbati de Lesatho et priori de Artigato Appa... ac archidiacono de Riparia in eccl. Convenarum.

Dil. filio Symoni de Monteforti nato dilecti... Convenarum canonico Melden. Personam tuam.... Dat. Lugduni, III kal. dec.

529. — Lugduni, 20 dec. 1305.

Cum infrascripto dispensat super defectu natalium, ut possit ad omnes ordines promoveri et beneficium obtinere. (f. 90 b).

Dil. filio Guyllelmo Malabayhe de Crucello clerico Lugdunen. Illegitime.... Dat. Lugduni, XIII kal. ianuarii.

530. — Lugduni, 10 nov. 1305.

Notum facit se decimam omnium proventuum ecclesiasticorum in regno Maioricarum imposuisse Iacobo [1], regi Maioricarum, tradendam ad Saracenos et Piratas depellendos, monetque ut collectoribus decimae liberaliter et prompte solvant. (f. 90 b).

Venerabilibus fratribus archiepiscopis et episcopis ac dilectis filiis electis, abbatibus, prioribus, decanis, archidiaconis, prepositis, archipresbyteris et aliis ecclesiarum regularium prelatis earumque capitulis, collegiis et conventibus quorumcunque ordinum ceterisque personis ecclesiasticis regularibus et secularibus. Sedes apostolica pia mater ad filios dirigens sue considerationis intuitum in illis precipue delectatur, qui sibi devote filialem reverentiam exhibent, existentes honoris et exaltationis ipsius precipui promotores ac defensores fidei orthodoxe. Hii sunt, quos brachium divine maiestatis amplectitur, quos alti fama nominis apud omnes extollit et titulis decorat insignibus,

[1] Iacobus, minor natu filius Iacobi I regis Aragoniae et Yolandis, a patre suo accepit regnum Maioricarum anno 1263. *L'Art* etc., II. 6. p. 555.

quosque predicta sedes favoribus confovet, honoribus promovet ac prosequitur exhibitionibus gratiarum. Sane inter alios reges et principes nobis et eidem sedi devotos carissimus in Christo filius noster Iacobus, rex Maioricarum illustris, ad Deum et sedem predictam promptitudinem exhibet reverentie filialis, prout ipsius opera Deo placita nobisque grata non modicum insinuant manifeste. Ipse namque dudum temporibus retroactis pro sancta romana ecclesia multa dampna, sumptus immensos, labores plurimos et pericula gravia sustulit, magnasque nunc in mari facit expensas et ad maiores se preparat subeundas propter vicinitatem Sarracenorum et Pirratarum, qui in illis partibus invalescunt. Ideoque dignum reputamus et congruum, ut sedes eadem dicto regi, cuius facultates ad predicta non suppetunt, de proventione provideat, per quam possit eadem onera facilius tolerare, ne propter expensarum defectum, eodem rege huiusmodi negocium prosequi nequeunte, furor, quod absit, infidelium invalescat. Premissis igitur consideratione paterna pensatis, decimam omnium ecclesiasticorum proventuum regni Maioricarum omniumque terrarum regis ipsius exhibendam dicto regi pro subsidio huiusmodi expensarum usque ad quinquennium duximus imponendam. Quocirca universitatem vestram rogamus, monemus et hortamur attente, in remissionem vobis peccaminum iniungentes, quatinus necessitatem dicti regis benignius attendentes et per humilis devotionis affectum vota vestra in hac parte nostris desideriis conformantes ob divinam et dicte sedis et nostram reverentiam omnium vestrorum ecclesiasticorum reddituum, proventuum et obventionum decimam per huiusmodi quinquennium dilectis filiis abbati de Arulis ordinis sancti Benedicti et priori sancte Marie de Aspirano per priorem soliti gubernari ordinis sancti Augustini monasteriorum Elnensis diocesis ac Guillelmo Davini canonico Valentino, quos ad huiusmodi colligendam decimam per alias nostras litteras deputamus, aut illi vel illis, quem vel quos ipsi deputare curaverint ad huiusmodi collectionis ministerium exsequendum, in prefigendis terminis sublato difficultatis obstaculo persolvatis, alioquin eisdem abbati, priori et canonico cogendi vos ad id et contradictores quoslibet et rebelles per censuram ecclesiasticam appellatione postposita compescendi plenam et liberam per ipsas alias nostras litteras concedimus facultatem. Nos enim processus et sententias sive penas spirituales, quas ipsi vel eorum alter per se vel per alium seu alios propter hoc rite fecerint, tulerint vel statuerint in rebelles, ratas habebimus et faciemus, auctore Domino, usque ad satisfactionem condignam inviolabiliter observari. Non obstantibus, si vobis vel vestrum aliquibus ab eadem sit sede indultum, quod excommunicari, suspendi vel interdici non possitis per litteras apostolicas, que (de) indulto huiusmodi et toto eius tenore de verbo ad verbum ac de propriis ordinum, locorum et personarum vestrarum nominibus plenam et expressam non fecerint mentionem, seu quibuslibet privilegiis, indulgentiis vel litteris, quibuscunque dignitatibus, ordinibus, locis vel personis generaliter vel specialiter sub quorumcunque forma vel conceptione verborum a sede memorata concessa, de quibus quorumque totis tenoribus de verbo ad verbum in nostris litteris specialis, plena et expressa sit mentio habenda. Ceterum a prestatione ipsius decime clericos illos eximi volumus, quorum ecclesiastici redditus et proventus summam VII librarum Turonensium parvorum annis singulis non excedunt. Intendimus autem, quod predicti abbas, prior et canonicus simul, si comode poterint, huiusmodi collectionis ministerium prosequantur; si vero aliquem ipsorum subtrahi ab eiusdem executione ministerii, obitu vel alio impedimento seu

etiam propria voluntate contigerit, reliqui seu reliquus predictum collectionis officium exsequantur. Dat. Lugduni, IIII idus novembris.

531. — Lugduni, 10 nov. 1305.
Infrascriptos instituit collectores decimae ad quinquennium impositae in regno Maioricarum. (f. 91a).

Dil. filiis abbati de Arulis et priori s. Marie de Aspirano per priorem soliti gubernari monasteriorum Elnen. diocesis ac Guillelmo de Avini canonico Valentin. collectoribus decime in regno Maioricarum omnibusque terris carissimi in Christo filii nostri Iacobi Maioricarum regis illustris pro subventione dicti regis ad expensas per eum factas et faciendas pro servitio rom. ecclesie deputatis. Sedes apostolica.... Dat. Lugduni, IIII idus nov.

532. — Lugduni, 22 ian. 1306.
Post assumptionem Petri [1], quondam Tolosani episcopi, in cardinalem rom. eccl. praeficit infrascriptum, priorem secularis eccl. s. Caprasii de Agennio, capellanum suum, ecclesiae Tolosan. in episcopum et pastorem. (f. 91 b).

Dil. filio Gaylhardo de Preyssaco electo Tholosano. Militanti ecclesie.... Dat. Lugduni, XI kal. febr.

Eodem modo populo civitatis Tolosanae.

E. m. clero civitatis et dioecesis Tolosan.

E. m. universis vasallis ecclesiae Tolosanae.

533. — Lugduni, 20 ian. 1306.
Cum Vitali dispensatur super defectu natalium, ut ad omnes ordines possit promoveri et beneficium obtinere. (f. 91 b).

[1] Petrus oriundus e vico Capellae de Taillefer Lemovicensis dioecesis, filius Stephani domini Capellae, anno 1292 factus est episcopus Carcassonensis, qua ex sede transiit ad cathedram Tolosanam anno 1298. In prima cardinalium creatione eum Clemens V inter presbyteros cardinales adscripsit, anno vero 1306 illum extulit ad episcopum Praenestinum. Vita decessit anno 1312. BALVZIVS, I. p. 626. CIACONIVS, II. p. 372. *Gallia christiana, XIII.* p. 35.

Dil. filio Vitali de Bignolis clerico Lascuren. dioc. Illegitime genitos.... Dat. Lugduni, XIII kal. februarii.

534. — Lugduni, 21 ian. 1306.
Concedit facultatem dispensandi cum clerico de Ailmondestre super defectu natalium, si tali gratia dignus inveniatur. (f. 91 *b*).

Venerabili fratri episcopo Vigorien [1]. Accedens ad presentiam.... Dat. Lugduni, XII kal. februarii.

535. — Lugduni, 18 ian. 1306.
Notum facit se abbati monasterii s. Antonii ad rom. eccl. nullo medio pertinentis ord. s. Aug. Viennen. dioec. concessisse, ut mutuum contraheret usque ad summam trium milium septingentorum florenorum auri, mandatoque eis, ut ritae solutioni, statuto tempore, invigilent. (f. 92 *a*).

Ven. fratri archiepiscopo Ebredunen. ac dil. filiis priori s. Laurentii de Arboribus Avinionen. diocesis et primicerio ecclesie Gaietan. Exponente pridem.... Dat. Lugduni, XV kal. februarii.

536. — Burdegalis, 31 iul. 1305.
Bernardum providet de canonicatu, praebenda, personatu vel dignitate in eccl. Claromonten. vacantibus vel vacaturis, non obstante defectu ordinum et aetatis. (f. 92 *b*).

Ven. fratri episcopo Agennen. et dil. filiis s. Illidii [2] *Claromonten. ac de Riolo Claromonten. diocesis monasteriorum abbatibus.*

Dil. filio Bernardo nato dilecti filii nobilis viri Hugonis de Ruperforti canonico Claromonten. Dum conditiones.... Dat. Burdegalis, II kal. augusti.

537. — Lugduni, 28 nov. 1305.
Engelbertum, electum in praepositum eccl. s. Salvatoris Traiecten. confirmat dispensatque cum illo,

ut scolastria in eadem eccl. dimissa, retinere valeat praeposituram in maiori eccl. Traiecten. et in Leodien. ac s. Petri Traiecten. canonicatus et praebendas. (f. 93 *a*).

Dil. filio Enghelberto de Hornerio preposito sive archidiacono eccl. s. Salvatoris Traiecten. Tue devotionis.... Dat. Lugduni, IIII kal. decembris.

538. — Lugduni, 18 ian. 1306.
Ratas declarat litteras, quibus canonicatus et praebenda s. Iohannis de Medoetia Mediolanen. dioec. Petro de Prinis collata fuerunt a Benedicto XI de dato Perusii VIII kal. iulii, quamvis propter obitum eiusdem papae bullatae non fuerint. (f. 93 *b*).

Dil. filiis archidiacono maiori et preposito s. Tecle ac Catellolo de Medicis canonico Mediolanen. ecclesiarum. Dilectus filius noster.... Dat. Lugduni, XV kal. februarii.

539. — Burdegalis, 31 aug. 1305.
Nemus quoddam, a priore et fratribus hospitalis s. Iacobi Burdegalen. per violentiam occupatum, ad ius et proprietatem hospitalis de Bardenacho Burdegalen. dioec. revocat. (f. 94 *a*).

Dil. filiis archidiacono de Sarnesio et cantori ac thesaurario ecclesie Burdegalen.

Dil. filiis priori et fratribus hospitalis de Bardenacho Burdegalen. diocesis. Officii nostri.... Dat. Burdegalis, II kal. septembris.

540. — Lugduni, 16 nov. 1305.
Archambaldo confert canonicat. eccl. Carnoten., reservat ibidem praebendam et dignitatem vel personatum seu officium, dispensatque cum illo, ut retinere valeat in maiori et s. Frontonis Petragoricen. eccl. canonicatus et praebendas et in ecclesia seculari s. Asterii Petragoricen. dioec. canonicatum et abbatiam ac prioratum de Lissia nec non s. Petri de Capella, s. Hilarii et s. Iohannis de Petracava et pro medietate ss. Cyrici et Iulitae eccl. Burdegalen. et Lectoren. dioec. decimas. (f. 94 *a*).

Dil. filiis archidiacono Xantonen. et magistris Hugoni Geraldi Lemovicen. ac Guillelmo de Chenao Parisien. eccl. canonicis.

---

[1] Vigorien. i. e. Bigorien. seu Tarbiensis episcopatus in Vasconia situs. WEIDENBACH : Calendarium historico-christianum medii et novi aevi. Regensburg 1855. p. 270.
[2] Ms. *Issidii.*

Dil. filio Archambaldo nato quondam comitis Petragoricen. capellano nostro canonico ecclesie Carnoten. Inducunt nos.... Dat. Lugduni, XVI kal. decembris.

541. — Biterris, 9 oct. 1305.

Arnaldum providet de canonicatu eccl. Constantien. et de praebenda ac personatu seu dignitate aut officio ibidem vacantibus vel vacaturis dispensatque cum eo, ut in eccl. Convenarum canonicatum et praebendam et ecclesiam de Montebruno ac decimam s. Martini de Cazornio Tolosan. et Agennen. dioc. simul retinere valeat. (f. 94 b).

Dil. filiis abbati mon. Condomien. Agennen. dioc. et cantori Burdegalen. ac Guillelmo Geraldi de Sera canonico Rothomagen. eccl.

Dil. filio Arnoldo de Auxio canonico Constantien. capellano nostro. Illos recte rationis examine.... Dat. Biterris, VII idus oct.

542. — Lugduni, 10 dec. 1305.

Intuitu Iohannis, episcopi Portuen., providet clerico eius et familiari de canonicatu eccl. Ravennaten. et de praebenda post consecrationem Altegradi, electi Vicentin., notarii sui, ibidem proxime vacatura. (f. 95 a).

Dil. filiis preposito Faventino et archidiacono Bononien. ac Thomasio de Muro canonico Melden. ecclesiarum.

Dil. filio Symoni Alamanni de Bononia canonico Ravennaten. Ascriptis milicie clericali.... Dat. Lugduni, IIII idus decembris.

543. — Lugduni, 22 dec. 1305.

Petro confert canonicatum eccl. Burgen. et reservat ibidem praebendam ac personatum, dignitatem aut officium et praestimonia proxime vacatura, non obstante, quod ei nuper provisum sit de canonicatu et praebenda eccl. Baionen. (f. 95 a).

Dil. filiis abbati mon. de Cardenhe Burgen. dioc. et priori s. Spiritus de Capite Pontis Aquen. ac archidiacono Aduren.

Dil. filio magistro Petro de Garda phisico canonico Burgen. Tue probitatis merita.... Dat. Lugduni, XI kal. ianuarii.

544. — Apud Vallem viridem, 20 octobris 1305.

Infrascripto confert eccl. s. Hilarii de Senceranicis Magalonen. dioec., quae post obitum Henrici de Cabriaco vacare dicitur; secus eundem providet de aliquo beneficio in civitate vel dioec. Magalonen. proxime vacaturo, dispensatque cum eo super defectu ordinum et aetatis. (f. 95 b).

Dil. filiis abbati mon. Condomien. Agennen. dioc. et cantori Burdegalen. ac Guillelmo Geraldi de Sorte (sic) canonico Rothomagen. ecclesiarum.

Dil. filio Guillelmo de Auxio clerico Agennen. dioc. Quia laudabile.... Dat. apud Vallemviridem, XIII kal. novembris.

545. — Lugduni, 13 ian. 1306.

Mandat, ut Heliae Gotherii, rectori parochialis eccl. de Montinhaco Burdegalen. dioec. procurent in civitate vel dioc. Vasaten. beneficium, cuius reditus summam sexaginta librarum Turonen. parvorum non excedant. (f. 95 b).

Dil. filiis abbati mon. s. Fremerii Vasaten. diocesis et archidiacono Cerven. in eccl. Burdegalensi et sacriste eccl. Vasatensis. Meritis dilecti.... Dat. Lugduni, idus ianuarii.

546. — Lugduni, 10 dec. 1305.

Dispenset cum Arnaldo de Castellione et Miramunda uxore eius super impedimento affinitatis in quarto gradu. (f. 96 a).

Venerabili fratri episcopo Lascuren. Petitio dilecti.... Dat. Lugduni, IIII idus decembris.

547. Lugduni, 10 nov. 1305.

Concedit omnibus vere poenitentibus et confessis, qui certis diebus capellam a Iacobo rege Maioricarum in honorem b. Annae in civitate Maioricen. constructam visitaverint, quasdam indulgentias. (f. 96 a).

Vniversis presentes litteras inspecturis. Vite perennis.... Dat. Lugduni, IIII idus novembris.

548. — Lugduni, 10 nov. 1305.

Esclarmunde [1] petente, concedit sex eius clericis, ut possint usque ad quinquennium fructus suorum beneficiorum percipere personaliter non residendo. (f. 96 *a*).

Dil. filiis abbati mon. de Arulis et priori de Aspirano Elnen. dioc. ac sacriste eccl. Maioricen.

Carissime in Christo filie Selarmunde regine Maioricarum illustri. Vt dilectionis affectum.... Dat. Lugduni, IIII idus nov.

549. — Lugduni, 18 dec. 1305.

Petente Ferrando Infante nato I(acobi) regis Maioricarum, providet infrascriptum de canonicatu et de praebenda ac dignitate in eccl. Elnen. vacantibus vel vacaturis, non obstante quod in eccl. Gerunden. canonicatum et praebendam ac in s. Petri Piscat. et de Colonico eccl. Gerunden. dioc. quasdam perpetuas capellanias obtineat. (f. 96 *b*).

Dil. filiis abbati mon. Fuxen. Apamiarum dioc... decano Barchinonen. et Bernardo de Godello arc... ecclesiarum.

Dil. filio Petro de Recabertino ca... Personam tuam.... Dat. Lugduni, XV kal. ian.

550. — Lugduni, 2 ian. 1306.

Provideant Aymerico de la Sarra, monacho mon. Figiacen. Cluniacen. ord. Caturcen. dioc. de beneficio, consueto monachis ipsius monasterii assignari, cuius reditus centum librarum Turonen. parvorum summam non excedant. (f. 96 *b*).

Dil. filiis decano eccl. Lugdunen. et de Montepesato ac de Figiaco in eccl. Caturcen. Religionis honestas.... Dat. Lugduni, IIII non. ianuarii.

551. — Biterris, 16 oct. 1305.

Provideant Guillelmum de Testa [1] de beneficio in dioc. Apamiarum vacante vel vacaturo, non

obstante, quod in eccl. Convenarum canonicatum, praebendam et archidiaconatum Aranen. ac quasdam decimas in eccl. de Gonessaco praedictae dioec. obtineat. (f. 97 *a*).

Dil. filiis abbati de Condomio Agennen. dioc. et Gaylardo de Benga ac Adamario de s. Pastore canonicis Convenarum. Apostolice sedis.... Dat. Biterris, XVII kal. novembris.

552. — Lugduni, 18 dec. 1305.

Petro confert prioratum de s. Cruce ord. s. Ben. Caturcen. dioec. (f. 97 *a*).

Dil. filiis Bertrando de Duroforti et Guillelmo Raymundi de Marmanda ac Adamaro Roberti canonicis Caturcen.

Dil. filio Petro Guidoni de Popia priori de s. Cruce Caturcen. dioc. Tue et tuorum.... Dat. Lugduni, XV kal. ian.

553. — (Lugduni), 18 dec. 1305.

(Hugoni) concedit, ut possit usque ad quadriennium percipere moderatas procurationes ratione visitationis. (f. 97 *a*).

Dil. filiis s. Pauli Bisuntini ord. s. Aug. et de Balerna ac Montis s. Marie monasteriorum abbatibus Cistercien. ord. Bisuntin. diocesis.

Ven. fratri archiepiscopo Bisuntino. Personam tuam.... Sine loco, XV kal. ianuarii.

554. — Biterris, 9 oct. 1305.

Arnaldo confert praeposituram de Chiausaco ord. s. Ben. Lemovicen. dioec. monasterio Vsercen. dictorum ord. et dioec. subiectam, post mortem quondam Geraldi Malafrayda vacantem, non obstante quod iam plura beneficia obtineat. (f. 97 *b*).

Dil. filiis abbati mon. Condomien. Agennen. dioc. et magistro... Geraldi de Sora Rothomagen. ecclesiarum canonicis.

Dil. filio Arnaldo de Auxio... Providentia sedis.... Dat. Biterris, VII idus octobris.

---

[1] Esclarmundis, filia Rogerii IV comitis Fuxensis, nupsit an. 1275 Iacobo regi Maioricarum. *L'Art* etc., II. 6. p. 557, 9. p. 439.

[1] Guillelmus de Testa, capellanus papae, nuntii apostolici munere functus est in Anglia, et adhuc absens a

curia romana creatus est cardinalis anno 1312. Obiit Avenione anno 1326. CIACONIVS, II. p. 387. BALVZIVS, I. p. 680.

555. — Lugduni, 24 nov. 1305.

Infrascriptum providet de canonicatu et praebenda vacante vel vacatura in eccl. Engolismen.
non obstante, quod in eccl. s. Arthemii de Blanziaco et in eccl. b. Mariae Rupisfulcaudi canonicatus et praebendas et eccl. de Corgiaco obtineat. (f. 97 *b*).

*Dil. filiis abbati seculari s. Arthemii
de Blanziaco Engolismen. dioc. et cantori
Xanctonen. ac Symoni de Archiaco canonico
Xanctonen. ecclesiarum.*

*Dil. filio Seguino Andree de Blanziaco
canonico Engolismensi.* Adiutus virtute....
Dat. Lugduni, VIII kal. decembris.

556. — Lugduni, 23 ian. 1306.

Infrascriptis indulget, ut in illis parochiis, in
quibus veteres decimas iuste percipiunt, pro ea
parte, pro qua veteres eos contingunt, novalium
decimas libere recipere et retinere in futurum valeant. (f. 97 *b*).

*Dil. filiis abbati et conventui mon. Sar-
laten. Petragoricen. diocesis.* Volentes vestre.... Dat. Lugduni, X kal. februarii.

557. — Burdegalis, 20 aug. 1305.

Infrascripto confert canonicatum eccl. Cathalaunen., reservat ibidem praebendam ac dignitatem
seu personatum et dispensat cum illo, ut retinere
valeat in Parisien., Suessionen. et Tornacen. eccl.
canonicatus et praebendas ac quaedam beneficia,
quae fructus s. Michaelis de Caguran Apamiarum
dioec. vulgariter nominantur. (f. 98 *a*).

*Dil. filiis Arnaldo electo Burdegalen.
et priori mon. s. Medardi Suessionen. ord.
s. Benedicti ac Nicholao de Margivalle canonico Suessionen.*

*Dil. filio Petro de Latilhaco canonico
Cathalaunen.* Apostolice sedis benignitas....
Dat. Burdegalis, XIII kal. septembris.

558. — Lugduni, 27 dec. 1305.

Talayrandum providet de canonicatu ac praebenda, dignitate seu personatu in eccl. Melden.
vacantibus vel vacaturis dispensatque cum eo, ut

archipresbyteratum et ecclesiam de Vaterimorolio
eidem archipresbyteratui adnexam Petragoricen.
dioec. et in s. Frontonis Petragoricen. et s. Asterii
eiusdem dioec. ecclesiis canonicatus et praebendas
retinere valeat. (f. 98 *a*).

*Dil. filiis archidiacono Xanctonen. et
cantori Petragoricen. ecclesiarum ac Guillelmo de Chanaco canonico Parisien.*

*Dil. filio Talayrando de s. Asterio ca-
nonico Melden.* Personam tuam.... Dat. Lugduni, VI kal. ianuarii.

559. — Lugduni, 2 ian. 1306.

Ratam declarat collationem canonicatus et praebendae factam Martino de Credario Bergamen. a
Benedicto XI, quamvis litterae super hoc editae
ob mortem papae bullatae non fuerint. (f. 98 *b*).

*Dil. filiis abbati mon. s. Habundi prope
Cumas et archidiacono Pergamen. ac Francisco de Medicis canonico Mediolanen.* Dilectus filius..., Dat. Lugduni, IIII non. ianuarii.

560. — Lugduni, 27 dec. 1305.

Concessio castellaniae castri Marthe prope lacum Bulsone ad romanam eccl. pertinentis Viterbien. dioec. (f. 98 *b*).

*Dil. filio Gero Bonacursi civi Piston.
domicello nostro.* Tue fidelitatis devota sinceritas promeretur, ut personam tuam favore apostolico prosequentes illa tibi gratiosa benivolentia concedamus, ex quibus
tibi honoris et comodi fructus valeant
provenire. De tua igitur circumspectionis
industria plenam fiduciam obtinentes, fidelitati tue castellaniam et dominium castri
Marthe prope lacum Vulsone ad romanam
ecclesiam pertinentis Viterbiensis diocesis
cum omnibus iuribus et pertinentiis suis,
ad castellaniam et dominium eadem spectantibus, libere a te gerenda in temporalibus, quoad duxeris, auctoritate presentium
duximus concedenda. Volumus tamen, quod
camere nostre duos florenos auri traditurus
de redditibus eiusdem castellanie census no-

mine singulis annis in festo Omnnium Sanctorum solvere tenearis. Dat. Lugduni, VI kal. ianuariii.

561. — Lugduni, 7 ian. 1306.
Brunissendi [1] ad quinquennium concedit facultatem habendi altare portatile et faciendi super eo sibi suisque familiaribus divina celebrari. (f. 99 *a*).
Dil. in Christo filie nobili mulieri Brunesendi comitisse Petragoricen. Personam tuam.... Dat. Lugduni, VII idus ianuarii.

562. — Lugduni, 7 ian. 1306.
Conceditur eadem facultas. (f. 99 *a*).
Dil. filio nobili viro Helie Talayrandi [2] comiti Petragoricen.... Dat. ut supra.

563. — Lugduni, 7 ian. 1306.
Conceditur facultas eligendi sibi confessarium, qui possit eam absolvere etiam a reservatis sedi apostolicae. (f. 99 *a*).
Dil. in Christo filie nobili mulieri Brunesendi comitisse Petragoricen. Vt per confessionis.... Dat. Lugduni, VII idus ianuarii.

564.
Eodem modo *Heliae Talayrandi*, comiti Petragoricen., super eligendo sibi confessario. (f. 99 *a*).

565. — Lugduni, 7 ian. 1306.
Obtentu Heliae Talayrandi, comitis Petragoricen., dispensat cum infrascriptis super quarto consanguinitatis gradu, ut eo non obstante matrimonialiter copulari valeant. (f. 99 *a*).
Dil. filio Vgoni de Valle et dilecte in Christo filie Bertrande nate dilecti filii Petri de Petragoris. Sedis apostolice.... Dat. Lugduni, VII idus ianuarii.

[1] Brunissendis, filia Rogerii Bernardi comitis Fuxensis et Margaritae vicecomitissae Bearnii, altera uxor Heliae VII comitis Petragoricensis. *L'Art.* etc., II. 10. p. 210.
[2] Hélias VII patri suo Archambaldo in regimine comitatus Petragoricensis successit 1295-1311. *Ibidem.*

566. — Lugduni, 6 nov. 1305.
Nepoti G(uillelmi) s. Nicolai in carcere Tulliano diaconi card. confert in eccl. s. Nazarii Mediolanen. praeposituram, canonicatum et praebendam, quos quondam Ongabene de Zardinis obtinebat, dispensatque cum illo, ut in Carnoten. archidiaconatum Drocensem ac in eadem et in Bergamen. et s. Martini Turonen. ecclesiis canonicatus et praebendas retinere valeat. (f 99 *a*).
Dil. filiis archidiacono et Francisco de Catallolo de Medicis canonicis (sic) *eccl. Mediolanen.*
Dil. filio Guillelmo de Longis de Pergamo preposito et canonico ecclesie s. Nazarii Mediolanen. Tue probitatis.... Dat. Lugduni, VIII idus novembris.

567. — Apud Regnam Villam, 30 septembris 1305.
Monasterium de Nantolio, « quod inter cetera monasteria amoris privilegio complectimur, » suscipit sub b. Petri et sua protectione, eximit illud ac personas degentes in ipso cum omnibus membris suis ab omni iurisdictione et dioecesana lege, potestate ac dominio tam episcopi Pictavien. quam cuiuslibet alterius ordinarii totaliter et perpetuo, subiicit archiepiscopo Burdegalen. et confirmat omnes libertates, immunitates et exemptiones dicto monasterio concessas [1]. (f. 99 *b*).
Dil. filiis abbati et conventui monasterii de Nantolio ordinis s. Benedicti. Debite providentie oculo.... Dat. apud Regnam Villam, II kal. octobris.

568. — Lugduni, 29 nov. 1305.
Iohanni confert canonicatum eccl. Narbonnen. et reservat ibidem praebendam ac dignitatem seu personatum, non obstante defectu ordinum et aetatis, aut quod obtineat decimas vini insulae Dozonis Convenarum dioec. (f. 99 *b*).
Dil. filiis abbati mon. de Lesato et priori de Artigato Appamiarum diocesis ac archidiacono de Riparia in eccl. Convenarum.

[1] Vide *Galliam chr.*, II. p. 1292, ubi exemptio a Clemente II facta fuisse coniicitur.

Dil. filio magistro Iohanni de Monteforti nato dilecti filii nobilis viri Bernardi comitis Convenarum canonico Narbonen. capellano nostro. Dum tui nobilitatem generis.... Dat. Lugduni, III kal. decembris.

569. — Lugduni, 30 nov. 1305.

(Bartholomaeo) datur facultas conferendi personis idoneis beneficia, quae quondam Iohannes Rostangni, rector eccl. de Viruonia Pictavien dioec., capellanus suus, obtinebat. (f. 100a).

Venerabili fratri nostro. B. episcopo Eduen. Merita tue.... Dat. Lugduni, II kal. decembris.

570. — Lugduni, 10 nov. 1305.

Petente Maria [1] indulget eius clericis, ut ad quinquennium reditus suorum beneficiorum possint percipere, quotidianis distributionibus exceptis, ac si personaliter residerent. (f. 100a).

Dil. filiis abbati mon. de Arulis et priori de Aspiran Elnen. dioc. ac sacriste eccl. Maioricarum.

Dil. filie nobili mulieri Marie uxori dil. filii nobilis viri Sancii nati carissimi in Christo filii nostri Iacobi regis Maioricarum illustris. Vt dilectionis affectum.... Dat. Lugduni, IIII idus novembris.

571. — Lugduni, 2 ian. 1306.

Mandat, ut Geraldo de Lassera monacho mon. Conchen. [2] ord. s. Ben. Ruthenen. dioec. provideant de beneficio consueto monachis ipsius mon. assignari, cuius proventus centum librarum Turonensium parvorum valorem annuum excedant. (f. 100a).

Dilectis filiis de Borneto et de la Cassaynhola Ruthenen. et Caturcen. dioc. prioribus ac decano ecclesie Lugdunen. Religionis honestas.... Dat. Lugduni, IIII non. ianuarii.

---

[1] Maria nata ex Carolo II, rege Siciliae, nupsit anno 1304 Sancio, qui in patris locum regno successit 1311-1324. *L'Art* etc., II. 10. p. 17, 6. p. 558.

[2] Ms. *Congen.*

572. — Lugduni, 18 dec. 1305.

Infrascripto indulget, ut personas eccl., in quibus officium visitationis habet, valeat per alium visitare, et provisiones percipere, quamdiu obsequiis episcopi Agennen. institerit. (f. 100b).

Dil. filiis archidiacono Medulcen. et precentori Lectoren. ecclesiarum ac Raymundo de Sennihaco canonico Agennen.

Dil. filio Bertrando archidiacono de Cayrano in eccl. s. Vincentii de Manso Agennen. dioc. Habet in nobis.... Dat. Lugduni, XV kal. ianuarii.

573. — Lugduni, 18 dec. 1305.

Indulget, ut quamdiu institerit obsequiis episcopi Agennen., possit fructus beneficiorum suorum, exceptis quotidianis distributionibus, integre percipere non secus, ac si personaliter resideret. (f. 100b).

Dil. filio Bertrando archidiacono in eccl. de Cayrano s. Vincentii de Manso Agennen. dioc. Meritis tue.... Dat. Lugduni, XV kal. ianuarii.

574. — Lugduni, 18 dec. 1305.

Guillelmo confert prioratum de Cardelhaco ordinis s. Bened. Caturcen. dioec. ad monasterium Figiacen. ord. et dioec. praedictorum spectantem, post mortem Guillelmi de Precolata vacantem. (f. 100b).

Dil. filiis Bertrando de Duroforti et Guillelmo Raymundi de Marmanda ac Adamaro Roberti canonicis Caturcen.

Dil. filio Guillelmo de Popia priori de Cardelhaco Caturcen. dioc. Tue merita.... Dat. Lugduni, XV kal. ianuarii.

575. — Lugduni, 24 dec. 1305.

Cum Guillelmo dispensatur, quod possit ecclesiam de Stove retinere, si infra annum ad sacerdotium se faciet promoveri. (f. 101a).

Dil. filio magistro Guillelmo Viventis diaconi rectori ecclesie de Stove in Exeve Cantuarien. dioc. Petitio tua.... Dat. Lugduni, IX kal. ianuarii.

576. — Lugduni, 25 ian. 1306.
Indulgetur, ut duo beneficia recipere et una cum praebenda, quam in eccl. Lichefelden. expectat, retinere valeat defectu ordinum et aetatis non obstante: (f. 101a).

Dil. filio Iohanni nato quondam Riccardi comitis de Caundello canonico Lichefelden. Ut tua.... Dat. Lugduni, VIII kal. februarii.

577. — Lugduni, 16 ian. 1306.
Obtentu Landulphi s. Angeli diac. card. confert infrascripto primiceriatum Vrbis per obitum quondam Petri Fulcerati vacantem dispensatque cum eo, ut dimissis canonicatu et praebenda in ecclesia s. Bonifacii Viçentin. dioec. retinere valeat in Cephaluden. archidiaconatum et in ea ac Riponen. et Belnen. eccl. Eboracen. et Eduen. dioec. canonicatus et praebendas. (f. 101a).

Dil. filiis archidiacono Melsanen. et s. Celsi ac s. Katerine de Vrbē archipresbyteris ecclesiarum.

Dil. filio Iohanni nato dilecti filii nobilis viri Brace de Saracenis primicerio Vrbis. Tui nobilitas.... Dat. Lugduni, XVII kal. februarii.

578. — Lugduni, 27 nov. 1305.
Cum infrascriptis, qui scientes de impedimento matrimonium de facto contraxerunt, dispensat super quinto consanguinitatis gradu, ut in eodem matrimonio possint remanere. (f. 101b).

Dil. filio nobili viro Iohanni de Riparia et dilecte in Christo filie nobili mulieri Isabelle de Cossam Antisiodoren. dioc. Romani pontificis.... Dat. Lugduni, V kal. decembris.

579. — Lugduni, 18 dec. 1305.
Gunterio reservat personatum seu dignitatem in Toletan. eccl. dispensatque cum eo, ut ibidem canonicatum et praebendam cum praestimoniis et in Segobien. ecclesia dimidiam ac in dioecesi Conchen. praestimoniales portiones retinere valeat. (f. 101b).

Dil. filiis thesaurario Bracaren. et archipresbytero ac Petro Cordii canonico Secobien. eccl.
Dil. filio Gunterio Gomerii canonico Toletan. Volentes personam..., Dat. Lugduni, XV kal. ianuarii.

580. — Lugduni, 26 nov. 1305.
Iohanni confert canonicatum eccl. Bituricen. praebendam, personatum seu dignitatem ibi vacantes vel vacaturos, non obstante quod archidiaconatum Combraliae in eccl. Lemovicen. et capellam de Alesme Lemovicen. dioec. obtineat.(f. 101b).

Dil. filiis abbati mon. de Maiduno et priori de Benonio Bituricen. dioc. ac archidiacono de Maymaco in eccl. Lemovicen.
Dil. filio magistro Iohanni de Gensanis canonico Bituricen. Apostolice munificentie dexteram.... Dat. Lugduni, VI kal. dec.

581. — Lugduni, 3 ian. 1306.
Dispensatio super defectu natalium, ut possit ad omnes ordines promoveri et beneficium obtinere. (f. 102a).

Dil. filio Iohanni dicto Boskes clerico Leodien. Illegitime.... Dat. Lugduni, III non. ianuarii.

582. — Lugduni, 14 dec. 1305.
Cum Arnaldo, qui non habita dispensatione super defectu natalium retinuit canonicatum et praebendam in Coseranen. et quoddam perpetuum beneficium, quod scolania vulgo nuncupatur, in s. Mariae de Palatio et aliis ab ea dependentibus ecclesiis Coseranen. dioec., dispensat, ut illo defectu non obstante possit ad omnes ordines promoveri, dicta beneficia retinere et alia adhuc percipere. (f. 102a).

Dil. filio Arnaldo de Auxio canonico Coseranen. Porrecta nobis.... Dat. Lugduni, XIX kal. ianuarii.

583. — Lugduni, 22 ian. 1306.
Petro reservat dignitatem vel personatum in eccl. Eduen. dispensatque cum eo, ut retinere va-

leat in Eduen. et de Muxeyo eccl. canonicatus et praebendas ac parochialem eccl. de Antexofrauco Lingonen. dioec. (f. 102 *a*).

Dil. filiis abbati mon. s. Martini et priori s. Simphoriani Eduen. ac archidiacono Xanienen.

Dil. filio Petro magistro de Sinheyo dicto de Sinemuro canonico Eduen. Comendanda tue.... Dat. Lugduni, XI kal. februarii.

584. — Lugduni, 27 ian. 1306.
Dispenset super defectu natalium cum Henrico de Wiselle, ut possit in diaconum promoveri et beneficium obtinere; iniuncta ei tamen poenitentia pro eo, quod subdiaconatum receperit, illoque ab ordinum executione ad tempus suspenso. (f. 102 *b*).

Dil. filio decano ecclesie Maguntine. Accedens.... Dat. Lugduni VI februarii..

585. — Lugduni, 22 ian. 1306.
Defuncto Petro Marinum electum voce unanimi ex abbate mon. s. Mariae de Capellis prope Neapolim in abbatem monasterii Casinen. confirmat. (f. 102 *b*).

Dil. filio Marino [1] *abbati mon. Casinen. ad romanam ecclesiam nullo medio pertinentis ordinis s. Benedicti.* Generosa pastoralis officii.... Dat. Lugduni, XI kal. febr.
Eodem modo vasallis eiusdem monasterii.
E. m. decano et conventui monasterii supradicti.
E. m. carissimo in Christo filio Carolo regi Siciliae illustri.

586. — Lugduni, 30 dec. 1305.
Clerico et familiari Ludovici nati Philippi, regis Francorum,. comitis Ebroicen., providet de canonicatu eccl. Noviomen. et praebenda ibi vacante vel vacatura, non obstante, quod beneficium quoddam, custodiam vulgariter appellatum, in eccl. Ruen. Ambianen. dioec. obtineat. (f. 103 *a*).

Dil. filiis archidiacono Xanctonen. et decano ac cantori Parisien. ecclesiarum.

Dil. filio Petro de Carbolia can. Noviomen. Tue merita.... Dat. Lugduni, III kal. ianuarii.

587. — Lugduni, 21 nov. 1305.
Aymerico reservat in civitate vel dioec. Petragoricen. beneficium, etiam si archipresbyteratus existat, dispensatque cum eo, ut retinere valeat cantoriam, canonicatum et praebendam ecclesiae s. Frontonis Petragoricen. et canonicatum eccl. Petragoricen. (f. 103 *a*).

Dil. filiis priori secularis s. Aviti Senioris Petragoricen. dioc. et archidiacono ac Roberto canonico Petragoricen.

Dil. filio Aymerico Girberti cantori eccl. s. Frontonis Petragoricen. capellano nostro. Sedis apostolice.... Dat. Lugduni, XI kal. decembris.

588. — Lugduni, 3 dec. 1305.
Adae, clerico domestico et familiari E(duardi), regis Anglorum, qui obtinens quaedam beneficia non fecit se infra annum ad sacerdotium promoveri, condonat fructus illicite perceptos, dispensatque cum eo, ut retinere valeat parochiales eccl. de Hercullis et de Stheperton [1], canonicatum et praebendam in capella s. Mariae Hastinges et adhuc aliud beneficium, si ei canonice offeratur. (f. 103 *b*).

Dil. filio Ade de Blida (?) presbytero rectori eccl. de Hercullis Eboracen. dioc. Sedis apostolice.... Dat. Lugduni, III non. decembris.

589. — Lugduni, 22 ian. 1306.
Mortuo Andrea infrascriptum ex decano in episcopum Catanen. [2] per viam compromissi electum confirmat et post examinationem electionis per I(ohannem) episcopum Portuen., I(ohannem) ss. Marcellini et Petri presbyterum et Lucam s. Mariae in Via lata diaconum cardinales insti-

tutam ei munus consecrationis impendi facit a
P(etro) episcopo Sabinen. (f. 103 *b*).

. *Ven. fratri Forcardo episcopo Catanen.*
Debitum officii.... Dat. Lugduni, XI kal. febr.
Item populo civitatis et dioec. Catanen.
Eodem modo decano et capitulo eiusdem eccl.
Item universis vasallis eccl. supradictae.
Eodem modo clero civitatis et dioec.
Item carissimo in Christo filio. E. regi Angliae
illustri.

590.

Vt possit intrare omnia monasteria et loca religiosorum quorumcunque ordinum per regnum
Franciae constituta, Cistercien. cum quatuor principibus ei immediate subiectis nec non Elumen.
Premostaten. (sic) et de Caritate monasteriis dumtaxat exceptis. (f. 104 *a*).

*Dilecte in Christo filie Margarite comi-
tisse Ebroicen.* Personam tuam.... (Dat. sine
loco et d.).

591. — Lugduni, 1 dec. 1305.

Reservat beneficium in civitate vel dioec. Caturcen. consuetum clericis secularibus assignari,
spectans ad collationem abbatis mon. Figiaci ord.
s. Ben. Caturcen. dioec., cuius proventus sexaginta
librarum Turonen. parvorum summam annuatim
non excedant. (f. 104 *a*).

*Dil. filio Arnaldo Pascalis de Curte cle-
rico Agennen. dioc.* Laudabile testimonium....
Dat. Lugduni, kal. decembris.

592. — Lugduni, 15 ian. 1306.

Obtentu Henrici, comitis Lincolnien., mandat
ut Edmundum Iohannis de Acon, scolarem Londonien., postquam fuerit clericali charactere insignitus, faciant recipi in eccl. Suchemallyng Cicestren.
dioec. in canonicum eumque de praebenda ibidem
vacante vel vacatura provideant. (f. 104 *b*).

*Dil. filiis Bonifacio de Salutiis archi-
diacono Bochymghime et magistro Bartholomeo de Feremino ac Henrico de Saracenis canonicis ecclesie Londonien.* Probitatis
studia.... Dat. Lugduni, XVIII kal. februarii.

593. — Lugduni, 16 ian. 1306.

Concedit licentiam aedificandi capellaniam seu
capellanias, reservat ius praesentandi capellanum
seu capellanos et vult, ut dioecesanus loci capellanum praesentatum infra quatuor mensium spatium a die praesentationis in eisdem instituere
teneatur. (f. 104 *b*).

*Dil. filio nobili viro Octoni de Casanova
Agennen. dioc.* Devotorum studia.... Dat.
Lugduni, XVII kal. februarii.

594. — Lugduni, 7 ian. 1306.

Mathildi indulget, ut quoties in eius praesentia divina contigerit celebrari oblationesque infil-
tari, ad manus celebrantis valeant pervenire, dummodo rector parochialis eccl. consenserit. (f. 104 *b*.)

*Dil. in Christo filie nobili mulieri Ma-
thildi comitisse Atrebaten. relicte quondam
O. comitis Burgundie vidue.* Ex tue devotionis meritis.... Dat. Lugduni, VII idus
ianuarii.

595. — Lugduni, 3 ian. 1306.

Obtentu Gualteri de Castellione comitis Portuen.
mandat, ut Hugonem, natum nobilis viri Gualteri
de Scotis, in s. Iohannis in burgo Laudunen., Rogerium quondam Hugonis de Bascifiaco in s. Mariae
de Vallibus, Bartholomaeum, natum Matheiti de
Vezelicia, in s. Trinitatis Cathalaunen. et Gualterum
dictum de Novien, clericos Suessionen., Tullen. et
Laudunen. dioec. in s. Crucis Cameracen. ecclesiis faciant in canonicos recipi et singulis eorum
in singulis eisdem ecclesiis de praebendis vacantibus vel vacaturis provideant. (f. 105 *a*).

*Dil. filiis abbati mon. s. Faronis Mel-
den. et priori de Esclavillari Ambianen.
dioc. ac decano eccl. Tracen.* Personam dilecti filii.... Dat. Lugduni, III non. ianuarii.

596. — Lugduni, 3 ian. 1306.

Obtentu eiusdem comitis mandat, ut filias quondam Petri de Tranniatho Beatricem in Iotren [1]. et
Agnetem in Peracliten. monasteriis ord. s. Ben.

[1] Ms. *Iatren.*

Melden. et Trecen. dioec. faciant recipi in sorores
et monachas. (f. 105*a*).

*Dil. filiis abbati mon. s. Faronis Melden.
et Trecen. ac b. Marie in Valle Pruvinen.
Senonen. dioc. ecclesiarum decanis.* Personam dilecti.... Dat. Lugduni, III non. ianuarii.

597. — Lugduni, 5 ian. 1306.

Ad petitionem Guidonis [1] conceditur ad quinquennium quatuor eius clericis, ut proventus beneficiorum suorum possint integre percipere, ac si
personaliter residerent. (f. 105*a*).

*Dil. filio nobili viro Guidoni comiti de
S. Paulo.* Clara tue.... Dat. Lugduni, non.
ianuarii.

598. — Lugduni, 5 ian. 1306.

Mariae [2] concedit facultatem eligendi sibi confessarium. (f. 105*b*).

*Dil. in Christo filie nobili mulieri. M.
comitisse de S. Paulo.* Cum per confessionis.... Dat. Lugduni, nonas ianuarii.

599. — Lugduni, 5 ian. 1306.

Facultas faciendi celebrari missam in omni loco
congruo et honesto, etiam antequam illucescat dies.
(f. 105*b*).

*Dil. filio nobili viro Guidoni comiti de
S. Paulo.* Devotionis tue.... Dat. Lugduni,
non. ianuarii.

600. — Lugduni, 5 ian. 1306.

Concedit ad quinquennium tribus clericis, obsequiis infrascriptae comitissae insistentibus, ut possint fructus suorum beneficiorum percipere, ac si
personaliter residerent. (f. 105*b*).

*Ven. fratri episcopo Atrebaten. et dil.
filiis maioris monasterii Turonen. ac de
Caricampo Ambianen. dioc. monasteriorum
abbatibus.*

[1] Guido comes de Sancto Paulo 1292-1317. *L'Art* etc.,
II. 12. p. 393.
[2] Maria nata ex Iohanne II, duce Britanniae, nupsit
anno 1293 Guidoni, comiti de Sancto Paulo. *Ibidem.*

*Dil. in Christo filie nobili mulieri. M.
comitisse de S. Paulo.* Clara tue devotionis....
Data est eadem.

601. — Lugduni, 5 ian. 1306.

Faciant tribus praedictis clericis fructus beneficiorum integre ministrari. (f. 105*b*).

*Ven. fratri episcopo Atrebaten. et dil.
filiis de maioris* (sic) *monasterio Turonen.
ac de Caricampo Ambianen. dioc. monasteriorum abbatibus.* Clara devotionis.... Dat.
Lugduni, non. ianuarii.

602. — Lugduni, 5 ian. 1306.

Facultas faciendi celebrari missam ante auroram. (f. 105*b*).

*Dil. in Christo filie nobili mulieri. M.
comitisse de S. Paulo.* Devotionis tue.... Dat.
Lugduni, non. februarii (sic).

603. — Lugduni, 11 ian. 1306.

Collationem archipresbyteratus post mortem
Gaufridi vacantis factam infrascripto a capitulo
eccl. Pictavien., cum episcopus Pictavien. excommunicationis sententia innodatus esset, confirmat et
ratam habet. (f. 105*b*).

Dil. filio Ayraudo de Prissayo archipresbytero eccl. de s. Maxentio Pictaven. dioc.
Dum a nobis.... Dat. Lugduni, III idus ian.

604. — Lugduni, 5 ian. 1306.

Facultas eligendi sibi confessarium. (f. 106*a*).

*Dil. filio nobili viro Guidoni comiti de
S. Paulo.* Benigno tibi.... Dat. Lugduni,
non. ianuarii.

605. — Lugduni, 3 ian. 1306.

Concedit, ut possit aliquem idoneum et discretum presbyterum infrascripti ordinis in suum eligere confessarium. (f. 106*a*).

*Dil. in Christo filie Marie [1] nate dil. filii
nobilis viri Roberti comitis Claromonten. mo-*

[1] Maria, filia Roberti, comitis Claromontensis, monialis obiit in monasterio Poissiaci anno 1372. *L'Art* etc.,
II. 12. p. 175.

niali sub cura ordinis fratrum Predicatorum viventi. Illa sunt.... Dat. Lugd., III non. ian.

606. — Lugduni, 3 ian. 1306.
Facultas faciendi celebrari missam ante auroram. (f. 106*a*).
Dil. filio nobili viro Ludovico[1] primogenito dil. filii nobilis viri Roberti comitis Claromonten. Devotionis tue.... Dat. Lugduni, III nonas ianuarii.

607. — Lugduni, 12 ian. 1306.
Cum infrascripto dispensat super defectu natalium, ut possit ad omnes ordines promoveri et beneficium obtinere. (f. 106*a*).
Dil. filio Bartholomeo de s. Regneberto clerico Lugdunen. dioc. Illegitime genitos.... Dat. Lugduni, II idus ianuarii.

608. — Lugduni, 3 ian. 1306.
Licentia construendi unam vel duas ecclesias, ubi eis reservat ius praesentationis. (f. 106*a*).
Dil. filiis nobilibus viris Roberto comiti Claromonten. et Ludovico eius primogenito. Devotorum vota.... Dat. Lugd., III non. ian.

609. — Lugduni, 5 ian. 1306.
Concedit, ut, quoties moniales mon. de Poysiaco sub cura fratrum ord. Praedicatorum viventes Carnoten. dioec. cum ipsa in mensa ad comestionem interesse contigerit, cibis eis alias prohibitis vesci et loqui possint. (f. 106*a*).
Dil. in Christo filie nobili mulieri Margarite[2] nate dil. filii nobilis viri Roberti comitis Claromonten. domicelle. Devotionis tue.... Dat. Lugduni, non. ianuarii.

610. — Lugduni, 28 ian. 1306.
Infrascriptum a voto transfretandi in subsidium Terrae sanctae absolvit, ita tamen, ut teneatur trans-

[1] Ludovicus, filius Roberti ex Beatrice ducissa Burbonensi, anno 1310 evasit dux Burbonensis, anno vero 1318 comes Claromontensis. *L'Art* etc., II. 10. p. 332, 12. p. 175.
[2] Margarita uxor Iohannis I comitis Namurcensis. *L'Art* etc., II. 12. p. 176, 14. p. 127

fretantibus decem milia librarum bonae monetae solvere. (f. 106*a*).
Dil. filio nobili viro Roberto comiti Claromonten. Devotionis tue.... Dat Lugduni, V kal. februarii.

611. — Lugduni, 12 ian. 1306.
Reservat in eccl. Leodien. personatum seu dignitatem vel officium, non obstante quod in Meten. thesaurariam et in ipsa et in Leodien. eccl. canonicatus et praebendas obtineat. (f. 106*b*).
Dil. filiis decano s. Dionisii Leodien. ac arch... Xanctonen. ac thesaurario Tullen. ecclesiarum.
Dil. filio magistro Symoni de Marvilla canonico Leodien. capellano nostro. Bonis virtutum.... Dat. Lugduni, II idus ianuarii.

612. — Lugduni, 15 ian. 1306.
Fructus ex quibusdam beneficiis minus iuste perceptos condonat, dispensatque cum eo, ut retinere valeat cancellariam eccl. s. Patritii Dublinen. nec non de Lokinton, de Aston et de Scoke ecclesias cum nonnullis capellis eidem adnexis, et concedit, ut insistens obsequiis E(duardi) regis Angliae ad residendum in eis et usque ad septennium ad recipiendos superiores ordines minime teneatur. (f. 106*b*).
Dil. filio Iohanni de Sandale subdiacono cancellario eccl. s. Patritii Dublinen. Sedis apostolice.... Dat. Lugduni, XVIII kal. februarii.

613. — Lugduni, 13 ian. 1306.
Cum Vlrico dispensat, ut praeter parochialem eccl. in Malin Pragen. dioec. unam dignitatem vel unum personatum recipere et una cum eadem eccl. nec non canonicatibus et praebendis, quos in Pragen. et Olomucen. eccl. obtinet, ac canonicatum et praebendam in eccl. Wissegraden. prope Pragam retinere valeat et ad sacerdotium usque ad quinquennium se facere promoveri minime teneatur (f. 107*a*).
Dil. filio magistro Vlrico de Palenicz doctori decretorum rectori parochial. eccl.

in Malin Pragen. dioc. Quanto maiori....
Dat. Lugduni, idus ianuarii.

614. — Lugduni, 13 ian. 1306.
Intuitu W(enceslai), regis Bohemiae, confert notario eius praeposituram eccl. Wissegraden. prope Pragam, cuius fructus Petro [1] episcopo Basilien., olim Wissegraden. eccl. praeposito, in exonerationem debitorum, quibus Basilien. eccl. onerata esse dicitur, ad certum tempus concessi sunt, dispensatque cum illo, ut retinere valeat praeposituram eccl. Pragen. et canonicatus et praebendas in Pragen., Olomucen., Wratislavien. et Satcen. eccl. Dimittendi tamen sunt canonicatus et praebendae in Cracovien., Wissegraden., Bolezlavien., Luthomiricen. eccl., postquam praeposituram dictam plene fuerit assecptus et fructus perceperit. (f. 107 a).
Dil. filio magistro Petro preposito eccl. Wissegraden. prope Pragam. Dum conditiones.... Dat. Lugduni, idus ianuarii.

615. — Lugduni, 13 ian. 1306.
Inducant Petrum in corporalem possessionem praepositurae Wissegraden. eccl. (f. 107 b).
Dil. filiis Brewnovien. et Luthomislen. monast. abbat. Pragen. dioc. ac decano eccl. Cracovien. Dum conditiones.... Dat. ut supra.

616. — Lugduni, 19 ian. 1306.
Dispensatio super quarto consanguinitatis gradu, ut possint in matrimonio contracto permanere. (f. 107 b).
Dil. filio nobili viro Arnaldo de Podenas et dil. in Christo filie nobili mulieri Amalvine de Berduzano uxori eius Auxitan. dioc. Intenta salutis.... Dat. Lugduni, XIIII kal. febr.

617. — Apud s. Ciricum, 21 febr. 1306.
Consideratione L(eonardi) episcopi Albanen. providet capellanum et familiarem eius de cano-

nicatu et praebenda vacantibus vel vacaturis in eccl. Bonnen. Colonien. dioec., non obstante quod de canonicatu et praebenda eccl. Nivellen. Leodien. dioec. ei nuper sit provisum. (f. 107 b).
Ven. fratri archiepiscopo Colonien. et Honesto cantori eccl. Colonien. ac primicerio Gaytano.
Dil. filio magistro Iohanni de Dunandi dicto Balkard canonico ecclesie Bonnen. Colonien. diocesis. Dum conditiones.... Dat. apud s. Ciricum, IX kal. martii.

618. — Lugduni, 8 ian. 1306.
Iohanni [1] committit administrationem eccl. Patracen. [2] usque ad apostolicae sedis beneplacitum, non obstante quod Franciscus in episcopum Patracen. electus administrationem exerceat, cui sic nunc et cuilibet alii administratio interdicitur. (f. 108 a).
Dil. filio Iohanni de Columpna nepoti dil. filii nostri Iacobi s. rom. eccl. cardinalis. Ex debito tenemur officii.... Dat. Lugduni, VI idus ianuarii.
Item capitulo Patracen. ac clero civitatis et dioec.
Eodem modo populo civitatis Patracen.
E. m. universis fidelibus vasallis et colonis Patracen. eccl.
Item nobili viro Philippo principi Achaiae.

619. — Lugduni, 1 febr. 1306.
Infrascripto monasterio parochialem eccl. de Achelingflet Eboracen. dioec. tam pro necessaria reparatione facienda, quam pro divini cultu nominis augmentando etc. in usus proprios perpetuo deputat. (f. 108 a).

---

[1] Petrus Aichspalter (de Achtzpalt), celeberrimus ille medicus, primum episcopus Basiliensis (1297-1306), dein a Clemente V, quem gravi morbo decumbentem ad sanitatem perduxit, translatus est ad metropolim Maguntinam. *Gallia chr.*, V. p. 492. *L'Art de vérifier les dates*, II. 15. p. 116.

[1] Iohannes dictus de s. Vito, filius fuit Iohannis de Columna, fratris Iacobi cardinalis, germanus vero Petri, diaconi cardinalis s. rom. ecclesiae. A Bonifacio VIII anathemate perculsus Roma aufugit et peragrabat multas regiones Orientis. Denique a Clemente V pristinis restitutus honoribus pervenit Avenionem, ubi illum cognovit Petrarca, quocum fuit ei intima amicitiae consuetudo, prout probant nonnullae huius poetae litterae ad Iohannem directae. POMPEO LITTA: *Famiglie celebri italiane*. Orsini in Roma tavola III. GIROLAMO TIRABOSCHI, *Storia della letteratura italiana*. Roma 1785. V. p. 110, 337.
[2] Ecclesia Patracensis (Patrae veteres) sub metropoli Corinthiaca. GAMS, l. c. p. 430.

Ven. fratribus Coventren. et Lichefel-
den. episcopis et dil. filio Guillelmo archidia-
cono Nottingahamie in. eccl. Eboracen.
Dil. filiis abbati et conventui mon. s. Ger-
mani de Selehy ord. s. Ben. Eboracen. dioc.
Sacre religionis.... Dat. Lugduni, kal. febr.

620. — Lugduni, 15. ian. 1306.
Facultas eligendi sibi confessarium. (f. 108 b).
Carissime in Christo filie Margarete [1]
regine Anglie illustri. Benigno tibi sunt....
Dat. Lugduni, XVIII kal. februarii.

621. — Lugduni, 15 ian. 1306.
Eidem indulget, ut quoties in praesentia eius
prosequi contigerit verbum Dei, liceat proponenti
verbum ipsum omnibus vere poenitentibus et confessis indulg. quadraginta dierum impertire. (f.108 b).
Consuevit interdum.... Dat. ut supra.

622. — Lugduni, 15 ian. 1306.
Eidem indulget, ut possit facere celebrari mis-
sam in locis eccl. suppositis interdicto. (f. 108 b).
Eximie devotionis.... Dat. ut supra.

623. — Lugduni, 15 ian. 1306.
Eidem indulget, ut ad quaecunque loca cuiuscunque civitatis, dioec. vel provinciae venerit,
possit ibidem per capellanum proprium sibi et
familiae suae secundum usum et consuetudinem
eccl. Parisien. facere divina celebrari. (f. 108 b).
Personam tuam.... Dat ut supra.

624. — Lugduni, 15 ian. 1306.
Eidem concedit facultat. habendi altare portatile.
(f. 108 b).
Personam tuam.... Dat. Lugduni, XVIII
kal. februarii.

625. — Lugduni, 23 ian. 1306.
Dispensatio super defectu natalium. (f. 108 b).
Dil. filio Godofrido de Bueta cler. Trever.
dioc. Illegitime.... Dat. Lugd., X kal. febr.

[1] Margarita, filia Philippi III, regis Franciae, altera
uxor Eduardi I. *L'Art de vérifier les dates,* II. 6. p. 15.
Regestum Clementis Papae V.

626. — Lugduni, 19 ian. 1306.
Dispensatio super defectu natalium. (f. 108 b).
Dil. filio Petro Mun clerico Legionen.
dioc. Illegitime.... Dat. Lugduni, XIIII kal.
februarii.

627. — Burdegalis, 30 aug. 1305.
Obtentu Caroli, comitis Andegaven., reservat
Radulpho personatum seu dignitatem in ecclesia
Parisien., non obstante quod in Constantien. archidiaconatum de Constantino et in Baiocen. custodiam ac in eisdem et Rothomagen., Parisien.,
Remen., Ebroicen., Lexovien. et Carnoten. eccl.
canonicatus et praebendas obtineat. (f. 108 b).
Dil. filiis magistro Bernardo Roiardi
archidiacono Xanctonen. capellano nostro et
decano Aurelianen. ac thesaurario Ebroycen.
ecclesiarum.
Dil. filio Radulpho de Haricuria cano-
nico Parisien. Nobilitas generis.... Dat. Burdegalis, III kal. septembris.

628. — Lugduni, 24 ian. 1306.
Petente Guidone, episcopo Tornacen., providet
Iohannem de canonicatu et praebenda non sacer-
dotali in eccl. Tornacen. vacante vel vacatura.
(f. 109 a).
Dil. filiis abbati mon. s. Martini Tor-
nacen. et Hugoni Odardi Remen. ac Petro
de Lacu Claromonten. canonicis.
Dil. filio. Iohanni de Molis canonico
Tornacen. Circa personas.... Dat. Lugduni,
IX kal. februarii.

629. — Lugduni, 19 ian. 1306.
Consideratione Bosonis de Petragoris reservatur clerico et familiari eius beneficium spectans
ad collationem abbatis et capituli secularis ecclesiae s. Salvatoris Albaterren. Petragoricen. dioec.,
non obstante quod ei in eadem eccl. de canonicatu et praebenda sit provisum. (f. 109 a).
Dil. filiis archidiacono Xanctonen. et
cantori ecclesie s. Frontonis Petragoricen.
ac Maynardo de Monte Causio canonico
Engolismen.

15

Dil. filio Guillelmo Amblardi canonico eccl. s. Salvatoris Albaterren. (Petragoricen.) diocesis. Laudabilia tue.... Dat. Lugduni, XIIII kal. februarii.

630. — Lugduni, 19 ian. 1306.
Eidem providet de canonicatu et praebenda in eccl. s. Salvatoris Albaterren. Petragoricen. dioec. (f. 109*b*).

Dilectis filiis archidiacono Xanctonen. et cantori ac Guillelmo de Podio Rudelli canonico s. Frontonis Petragoricensis ecclesiarum.

Dil. filio Guillelmo Amblardi canonico eccl. s. Salvatoris Albaterren. Petragoricen. dioc. Apostolice sedis.... Dat. Lugduni, XIIII kal. februarii.

631. — Lugduni, 29 nov. 1305.
Indulget, ut possit percipere reditus personatus vel dignitatis ac praebendae in eccl. Claromonten., ac si personaliter resideret, et habeat vocem in capitulo, quamvis sit in duodecimo aetatis anno et tonsuram tantum habeat clericalem. (f. 109*b*).

Dil. filiis abbati monasterii de Lesato et priori de Artigato Appamiarum dioc. ac archidiacono de Riparia in ecclesia Convenarum.

Dil. filio Guidoni de Monteforti nato dil. filii nobilis viri. B. comitis Convenarum canonico Claromonten. Personam tuam.... Dat. Lugduni, III kal. decembris.

632. — Lugduni, 8 ian. 1306.
Thomae committit curam et administrationem eccl. Nicosien. usque ad apostolicae sedis beneplacitum, non obstante quod eiusdem ecclesiae administratio a Bonifacio VIII fuerit commissa P. episcopo et Henrico de Biblio archidiacono Nicosien. (f. 109*b*).

Dil. filio Thome de Muro canonico Melden. germano venerabilis fratris nostri I. episcopi Portuen. Ex debito tenemur.... Dat. Lugduni, VI idus ianuarii.

Eodem modo capitulo eccl. Nicosien. ac clero civitatis et dioecesis.

E. m. populo civitatis Nicosien.

E. m. universis vasallis et colonis Nicosien. ecclesiae.

Item scribitur carissimo in Christo filio Henrico regi Cypri illustri.

Scribitur in eadem materia nobili viro Tiri conestabulo regni Ierosolimitani [1].

633. — Lugduni, 12 ian. 1306.
Concedit facultatem providendi hac vice personis idoneis de canonicatibus et praebendis, quos Philippus de Marigniaco, electus Cameracensis, in Melden., s. Petri Duacen. ac Exolduen. Atrebaten. et Bituricen. dioec. ecclesiis obtinet, post consecrationem suscipiendam vacaturis. (f. 110*a*).

Dil. filio Stephano tituli s. Ciriaci in Termis [2] presbytero cardinali. Personam tuam.... Dat. Lugduni, II idus ianuarii.

634. — Lugduni, 22 ian. 1306.
Reservat dignitatem vel personatum in eccl. Suessionen., non obstante quod in praedicta et Laudunen., Noviomen. et in s. Mariae de Monte Regali Eduen. dioec. ecclesiis canonicatus et praebendas obtineat. (f. 110*b*).

Dil. filiis abbati mon. s. Medardi Suessionen. et decano ac archidiacono Xanctonen.

Dil. filio magistro Drotoni de Caritate canonico Suessionen. Probitatis tue.... Dat. Lugduni, XI kal. februarii.

635. — Lugduni, 23 ian. 1306.
Dispensatio super defectu natalium, ut possit ad omnes excepto presbyteratu ordines promoveri et ecclesiastica beneficia sine cura obtinere. (f. 110*b*).

Dil. filio magistro Iohanni Cameli dicto de Siclinio clerico Tornacen. dioc. Illegitime genitos.... Dat. Lugduni, X kal. februarii.

[1] Deinceps legitur in Ms. « Similis commissio fiat Iohanni de Columpna nepoti dilecti filii nostri Iacobi sancte romane ecclesie cardinalis de ecclesia Patracensi ut supra. » Cf. n. 618.

[2] Ms. *Terminis.*

636. — Lugduni, 7 februarii 1306.
Reservat beneficium in civitate vel dioec. Eboracen., cuius proventus summam centum librarum sterlingorum singulis annis non excedant, non obstante defectu natalium aut quod obtineat eccl. parochialem de Fulham et canonicatum eccl. Londonien. et praebendam sub expectatione. (f. 110*b*).

Venerabili fratri archiepiscopo Eboracen. et dil. filiis abbati monasterii de Westmonasterio Londonien. dioc. ac magistro Alano Venatoris scolastico eccl. Andegaven. capellano nostro.

Dil. filio Iohanni de Sancto Claro canonico Londonïen. Dum tua laudabilia.... Dat. Lugduni, VII idus februarii.

637. — Lugduni 10 dec. 1305.
Consideratione abbatis mon. Clarae-Vallis Cisterc. ord. Lingonen. dioec. providet Iohannem de canonicatu eccl. Cathalaunen. et praebenda ibi vacante vel vacatura. (f. 111*a*).

Dil. filiis abbati mon. de Tribus-Fontibus Cathalaunen. dioc. et archidiacono Antisiodoren. ac Guillelmo de Gilleyo canonico Eduen. ecclesiarum.

Dil. filio Iohanni nato Symonis de Longocampo canonico Cathalaunen. Digne agere credimus.... Dat. Lugduni, IIII idus decembris.

638. — Lugduni, 31 ian. 1306.
Post obitum Licii [1] infrascriptum unanimiter electum in archiepiscopum Panormitanum confirmat examinatione electionis facta per L(eonardum) episcopum Albanen. et Gentilem s. Martini in Montibus presb. ac Landulphum s. Angeli diac. cardinales, munusque consecrationis ei impendi facit per Petrum episcopum Sabinen. (f. 111*a*).

· Dil. filio Bartholomeo electo Panormitan.
/ Cor nostrum iocunditate.... Dat. Lugduni, II kal. februarii.

Eodem modo universis vasallis eccl. Panormitan.
E. m. populo civitatis et dioec. Panormitan.

[1] Ms. *Ticius.* V. Gams, l. c. p. 952.

Eodem modo universis suffraganeis eccl. Panormitan.

Item archidiacono et capitulo eccl. Panormitan.
Item clero civitatis et dioecesis.
Item carissimo in Christo filio Friderico regi Trinacriae illustri.

639. — Lugduni, 5 ian. 1306.
Obtentu Guidonis, comitis de S. Paulo, mandat, ut Guidoni de Chavigni in Turonen. et Ingeranio de Prauro in s. Nicolai Ambianen., Iohanni dicto Parao clerico s. German. Antisiodoren. in Parisien., Simoni de s. Eusebia in s. Reguli Silbanocten. et in Nigellen. Noviomen. dioec. ecclesiis Iohanni de May de canonicatibus et praebendis provideant et quemlibet in earum singulis recipi faciant in canonicum. (f. 111*b*).

Ven. fratri episcopo · Atrebaten. et dil. filiis abbati maioris monasterii Turonen. ac decano eccl. Blesen. Carnoten. dioc. Gerentes ad dilectum.... Dat. Lugduni, non. ianuarii.

640. — Lugduni, 5 ian. 1306.
Obtentu Mariae, comitissae de S. Paulo, mandat iisdem, ut provideant magistro Bernardo dicto Closario in Aurelianen., Guillelmo de Scutavilla in s. Gaugerici Cameracen. et in s. Pauli Morinen. dioec. ecclesiis magistro Guidoni de Rua de canonicatibus et praebendis et quemlibet in earum singulis recipi faciant in canonicum. (f. 111*b*).

Gerentes ad dilectam.... Dat. ut supra.

641. — Lugduni, 22 ian. 1306.
Andrea ad sedem Capuanam translato, Benedictus XI vacantem ecclesiam Brundusinam bonae memoriae Radulpho patriarchae Ierosolimitano commendavit; quo defuncto, cum Landulphus abbas mon. s. Benedicti de Salerno ord. s. Ben. et frater Garnius, qui a capitulo postulabantur, sponte renunciassent, Clemens V Bartholomaeum, capellanum suum, antea decanum Capuanum, ecclesiae Brundusinae praeficit in archiepiscopum. (f. 112*a*).

Dil. filio Bartholomeo electo Brundusin. Dum ad universas.... Dat. Lugduni, XI kal. februarii.

Eodem modo universis vasallis ecclesiae Brundusin.

Item universis suffraganeis Brundusin. eccl.

Item populo civitatis et dioec. Brundusin.

Item clero civitatis et dioec.

Item archidiacono et capitulo eiusdem ecclesiae.

Item carissimo in Christo filio Carolo Ierosolimitan. et Siciliae regi illustri. [1]

642. — Lugduni, 28 dec. 1305.

Clerico et familiari Constantiae, reginae Castellae, providet de canonicatu et praebenda cum praestimoniis cedentis vel decedentis canonici, vacantibus vel vacaturis in ecclesia Vlixbonensi, non obstante quod ipse plura beneficia obtineat. (f. 112 b).

Dil. filiis decano Colimbrien. et sacriste Oscen. ecclesiarum ac Martino Petri canonico Vlisbonen.

Dil. filio Raymundo de Monte Bosso canonico Vlixbonen. Tue probitatis.... Dat. Lugduni, V kal. ianuarii.

643. — Lugduni, 28 dec. 1305.

Vt possit ingredi monasteria monialium ord. s. Clarae. (f 112 b).

Dil. in Christo filie Isabelle Portugalie regine illustri. Tue devotionis.... Dat. Lugduni, V kal. ianuarii.

644. — Lugduni, 28 dec. 1305.

Item scribitur in consimili forma dilectae in Christo filiae *Constantiae*, Castellae reginae illustri. (f 112 b).

Dat. est eadem.

645. — Lugduni, 28 dec. 1305.

Indulgetur, ut possit in locis ecclesiastico suppositis interdicto facere celebrari divina. (f. 112 b).

Dil. in Christo filie Isabelle Portugalie regine illustri. Desideriis tuis.... Dat. ut supra.

[1] Sequuntur litterae, quas attulimus ad num. 612., ad verbum altera vice descriptae.

646. — Lugduni, 28 dec. 1305.

Scribitur in consimili forma dilectae in Christo filiae *Constantiae,* Castellae reginae illustri. (f. 112 b).

Dat. est eadem.

647. — Lugduni, 13 ian. 1306.

Confirmat et ratam declarat sententiam, quam ex mandato Bonifacii VIII Rodericus, archiepiscopus Terraconensis, Ilerdae idibus novembris anno MCCCIII tulit, absolvendo prioratum de Monteserrato ord. s. Ben. Vicenen. dioec., quod non teneatur victualia ministrare quibusdam donatis, qui vitam ducebant penitus dissolutam, ita tamen ut prioratus ille restituat iisdem donatis pretium et quidquid ab eis recepit, statuendo quoque, ut in dicto prioratu vitam degant duodecim monachi atque institutio et destitutio prioris ad abbatem monasterii Rivipollensis pertineat, sicut adhuc pertinebat. (f. 112 b).

Dil. filio abbati monasterii Rivipollen. ad romanam ecclesiam nullo medio pertinentis ordinis s. Benedicti Vicenen. dioc. Ea que iudicio.... Dat. Lugduni, idus ianuarii.

648. — Lugduni, 7 ian. 1306.

Omnibus, qui pro infrascripta et animabus patris ipsius Roberti, Atrebaten. comitis, et mariti eius O(ttonis), quondam Burgundiae comitis, preces devotas fuderint, concedit indulgentias decem dierum. (f. 114 a).

Dil. in Christo filie nobili mulieri Matildi comitisse Atrebaten. relicte quondam O. comitis Burgundie vidue. Consuevit interdum.... Dat. Lugduni, VII idus ianuarii.

649. — Lugduni, 3 ian. 1306.

Concedit facultatem eligendi sibi confessarium. (f. 114 b).

Dil. in Christo filie nobili mulieri Margar(ite)... nate dil. filii nobilis viri comitis Clar... Illa sunt.... Dat. Lugduni, III non. ian.

650. — Lugduni, 3 ian. 1306.

Indulget, ut moniales mon. de Poisiaco sub cura fratrum ord. Praedicatorum viventes Carnoten.

dioec. cum infrascripta ad eius requisitionem singulariter loqui possint. (f. 114 *b*).

Rubrica ut in alia. – Devotionis tue....
Dat. ut supra in alia.

651. — Lugduni, 3 ian. 1306.
Eidem conceditur, ut possit ingredi monasteria monialium cuiuscunque ordinis. (f. 114 *b*).
Tue devotionis.... Dat. ut supra.

652. — Lugduni, 3 ian. 1306.
Eidem concedit facultatem habendi altare portatile et faciendi in eo celebrari divina. (f. 114 *b*).
Desideriis tuis.... Dat. ut supra.

653. — Lugduni, 3 ian. 1306.
Facultas habendi altare portatile et faciendi in eo celebrari divina. (f. 114 *b*).
Dil. filio nobili viro Ludovico primogenito dil. filii nobilis viri Roberti comitis Claromonten. Personam tuam.... Dat. Lugduni, III non. ianuarii.

654. — Lugduni, 3 ian. 1306.
Eidem concedit facultatem eligendi sibi confessarium. (f. 114 *b*).
Benigno tibi.... Dat. Lugd., III non. ian.

655. — Lugduni, 21 ian. 1306.
Dispensatio, ut possit adhuc alium prioratum vel ecclesiam percipere et retinere. (f. 114 *b*).
Dil. filio Nicholao Aurioli monacho mon. s. Victoris Massilien. dioc. ordinis s. Benedicti priori prioratus de s. Columba eiusdem ordinis Appamiarum diocesis capellano nostro. Adiutis virtute.... Dat. Lugduni, XII kal. februarii, pontificatus nostri anno primo.

656. — Lugduni, 16 ian. 1306.
Concedit licentiam capellam seu capellas construendi reservatque ei ius praesentandi rectores ad easdem. (f. 115 *a*).
Dil. filio nobili viro Guillelmo de Gensaco Vasaten. dioc. Devotorum studia....
Dat. Lugduni, XVII kal. februarii.

657. — Lugduni, 7 ian. 1306.
Quia in litteris, quibus treugae initae inter infrascriptum et Audemarum de Pictavia a Clemente Pp. V prorogantur, Audemarus dicitur comes Valentinensis, annuitur episcopo petenti, quod ex illa denominatione sibi, successoribus et ecclesiis suis nullum generetur praeiudicium. (f. 115 *a*).
Ven. fratri episcopo Valentin. et Dien.
Pridem ad audientiam.... Dat. Lugduni, VII idus ianuarii.

658. — Lugduni, 3 febr. 1306.
Confert obtentu Guillelmi, s. Nicolai in carcere Tullian. diac. card., capellano eius archidiaconatum, canonicatum et praebendam in eccl. Vercellen. post obitum Thomae de Cano vacantes, non obstante quod in eccl. Regina canonicatum et praebendam obtineat. (f. 115 *a*).
Ven. fratri episcopo Novarien. et dil. filiis Guillelmo archidiacono Drocen. in eccl. Carnoten. ac Francisco de Medicis canonico Mediolanen.
Dil. filio magistro Martino de Pergamo archidiacono et canonico Versellen. Litterarum scientia.... Dat. Lugduui, III non. febr.

659. — Burdegalis, 27 iun. 1306.
Concedit tabellionatus officium infrascripto, qui ad illud examinatione facta per Petrum tituli s. Priscae presb. card. idoneus fuit repertus. (f. 115 *b*).
Dil. filio Petro de Vria clerico Aquen. in minoribus ordinibus constituto. Ne contractuum.... Dat. Burdegalis, V kal. iulii.

660. — Lugduni, 22 ian. 1306.
Petro defuncto, Bartholomaeum [1], ex priore prioratus de Payrano et monacho Electen. a compromissariis in abbatem concorditer electum, confirmat post electionis examinationem peractam a Leonardo episcopo Albanen., Gentili s. Martini in Montibus presbytero et Landulpho s. Angeli diacono cardinalibus. (f. 115 *b*).

---

[1] Sub Bartholomaei regimine abbatia Electensis a Iohanne XXII in eccl. cathedralem erecta est anno 1318. *Gallia chr.*, VI. p. 273.

Dil. filio Bartholomeo abbati monasterii Electen. ad romanam ecclesiam nullo medio pertinentis ordinis s. Benedicti Narbonen. dioc. Sedula nos cura.... Dat. Lugduni, XI kal. februarii.

Item universis vasallis eiusdem monasterii.

Eodem modo dilectis filiis priori et conventui eiusdem monasterii.

E. m. universis personis ecclesiasticis.

661. — Lugduni, 22 ian. 1306.

Radulpho olim defuncto, fratres per viam compromissi incedentes in abbatem elegerunt Petrum [1] sui monasterii monachum, quem pontifex post examinationem electionis factam per I(ohannem) Portuen. et s. Rufinae episcopum, Gentilem s. Martini in Montibus presbyterum ac Lucam s. Mariae in Via lata diaconum cardinales confirmat; munus benedictionis ei per P(etrum) Sabinen. episcopum impendi facit. (f. 116a).

Dil. filio Petro abbati monasterii s. Vedasti Atrebaten. ad romanam ecclesiam nullo medio pertinentis ordinis s. Benedicti. Licet ex suscepti.... Dat. Lugduni, XI kal. februarii.

Eodem modo priori et conventui dicti monasterii.

Item e. m. vasallis ipsius monasterii.

662. — Lugduni, 5 ian. 1306.

Consideratione Ludovici primogeniti Philippi, regis Francorum, providet Simonem de canonicatu eccl. Senonen. ac de praebenda integra, libera non sacerdotali et dignitate vel personatu seu officio ibi vacantibus vel vacaturis, non obstante quod plura beneficia obtineat. (f. 116b).

Dil. filiis decano Aurelianen. et archidiacono Goelie Briocen. ecclesiarum ac magistro Radulpho de Insula canonico Parisien.

Dil. filio magistro Symoni Festuce canonico Senonen. Apostolice sedis.... Dat Lugduni, non. ianuarii.

[1] Petrus de Port. *Gallia chr.*, III. p. 387.

663. — Lugduni, 5 ian. 1306.

Provideat alicui personae idoneae, quam Ludovicus primogenitus Philippi, regis Francorum, duxerit nominandam, de canonicatu eccl. Parisien. et de praebenda integra, libera ibidem vacante vel vacatura. (f. 117a).

Venerabili fratri episcopo Melden. Gerentes ad personam.... Dat. Lugduni, non. ianuarii.

664. — Lugduni, 17 dec. 1305.

Philippum providet de canonicatu eccl. Bituricen. et de praebenda ibi vacante vel vacatura, non obstante quod in eccl. Pictavien. canonicatum, praebendam, praeposituram ac hebdomadariam obtineat. (f. 117a).

Dil. filiis magistris Iohanni Cafenelli archidiacono Thoarcen. et Stephano Robuffe canonico Pictaven. ac Iohanni Baraton cantori s. Vrsini Bituricen. ecclesiarum.

Dil. filio Philippo de Voet canonico Bituricen. Dum conditiones.... Dat. Lugduni, XVI kal. ianuarii.

665. — Lugduni, 1 febr. 1306.

Concedit in feudum terras, domos et vineas, quas quondam Pax de Senis aurifex in castro Montis Flasconis Balneoregen. dioec. et eius territorio obtinebat, sub censu quadraginta solidorum usualis monetae annuatim persolvendo infra quindenam Nativitatis Dominicae. (f. 117b).

Dilecto filio Bergamino Lanfranci de Pergamo marescallo layco familiari nostro. Obsequiorum gratitudo, que nobis familiariter impendere nosceris, promeretur ut in hiis, que comodum respiciant, nos tibi reperias liberales. Hinc est, quod nos volentes personam tuam prosequi favore gratie specialis terras, domos, vineas et possessiones, quas quondam Pax de Senis aurifex, dum viveret, in castro Montisflasconis Balneoregen. diocesis et eius territorio seu districtu sub annuo censu quadraginta solidorum usualis monete tenebat, in feudum auctoritate apostolica tibi tuisque heredibus sub eodem censu annuatim nostre camere persolvendo usque ad apostolice sedis beneplacitum de gratia concedimus speciali et, ut de predictis et proprietate et possessione ipsius romane ecclesie in futurum memoria certior habeatur, volumus quod annis singulis infra quindenam Nativitatis Dominice predictum censum cum presentium ostensione persolvas camere memorate. Quod si facere forte contempseris, omne ius, quod tibi ex huiusmodi nostra concessione debetur, ex tunc ad predictam ecclesiam devolvatur. Nulli ergo etc. Dat. Lugduni, kal. februarii.

666. — Lugduni, 20 ian. 1306.

Facultas habendi altare portatile et faciendi in eo celebrari divina officia. (f. 117*b*).

Dil. filio Hugoni dicto Ledespenser militi. Personam tuam.... Dat. Lugduni, XIII kal. februarii.

667. — Lugduni, 12 ian. 1306.

Petrum providet de canonicatu eccl. Constantien. et de praebenda integra, non sacerdotali ac dignitate vel personatu seu officio ibi vacantibus vel vacaturis, non obstante quod plura beneficia obtineat. (f. 117*b*).

Dil. filiis magistro Pandulpho de Sabello preposito Chabletarum s. Martini Turonen. notario nostro et Carcassonen. ac Sigalonie Aurelianen. archidiaconatus (sic) *ecclesiarum.*

Dilecto filio Petro de Narbona capellano nostro canonico Constantien. Personas generis nobilitate.... Dat. Lugduni, II idus ianuarii.

668. — Lugduni, 18 dec. 1305.

Certiorem facit de licentia construendi in civitate Parisien. duas capellas data Stephano dicto Haudri et Legitimae mandatque, ut primarium lapidem benedicat. (f. 118*a*).

Venerabili fratri episcopo Parisien. Ex parte.... Dat. Lugduni, XV kal. ianuarii.

669. — Lugduni, 18 dec. 1305.

Scribit de eodem et iniungit, ut episcopum ad mandatum adimplendum compellant, si illud exequi neglexerit. (f. 118*a*).

Dilectis filiis abbati mon. s. Dionisii et priori s. Martini de Campis iuxta Parisius ac decano eccl. s. Aniani Aurelianen. Ex parte.... Dat. ut supra.

670. — Lugduni, 5 ian. 1306.

Concedit, ut quatuor clerici obsequiis infrascripti insistentes valeant divina officia celebrare iuxta morem et usum Parisien. ecclesiae, non obstante, si in quacunque alia civitate vel dioec. beneficia ecclesiastica obtineant. (f. 118*a*).

Dil. filio nobili viro Philippo[1] secundogenito carissimi in Christo filii nostri Philippi regis Francorum illustris. Clare tue devotionis.... Dat. Lugduni, non. ian.

671. — Lugduni, 5 ian. 1306.

Eodem modo dil. filio nobili viro Ludovico primogenito carissimi in Christo filii nostri Philippi regis Francorum illustris. (f. 118*a*).

Dat. ut supra.

672. — Lugduni, 5 ian. 1306.

Conceditur idem. (f. 118*a*).

Dil. in Christo filie nobili mulieri Margarete[2] nate nobilis viri. R. ducis Burgundie. Personam tuam.... Dat. ut supra.

673. — Lugduni, 5 ian. 1306.

Concedit, ut quatuor clerici obsequiis infrascripti insistentes reditus beneficiorum suorum, quotidianis distributionibus exceptis, integre valeant percipere, ac si personaliter residerent. (f. 118*a*).

Dil. filio nobili viro Philippo secundogenito carissimi in Christo filii nostri Phi-

---

[1] Philippus dictus Longus, qui demortua stirpe fratris Ludovici, regnum Franciae iniit 1316-1322. *L'Art* etc., II. 6. p. 16.

[2] Margarita nata ex Roberto II duce Burgundiae, uxor Ludovici primogeniti Philippi, regis Franciae. *L'Art de vérifier les dates*, II. 6. p. 24.

lippi regis Francorum illustris. Clara tue devotionis.... Dat. ut supra.

674. — Lugduni, 5 ian. 1306.
Indulget ad quinquennium infrascripto, ut confessarius suus et fratrum suorum carnalium valeat cum ipsis dispensare, ieiunia ecclesiastica in alia pietatis opera permutando. (f. 118 *b*).
Dil. filio nobili viro Ludovico primogenito carissimi in Christo filii nostri Philippi regis Francorum illustris. Desideriis tuis.... Dat. Lugduni, non. ianuarii.

675. — Lugduni, 5 ian. 1306.
Indulget, ut confessarius suus religiosus, cum contigerit eum cum aliis religiosis sui ordinis in mensa comedere, religiosis ipsis loquendi in eadem mensa licentiam valeat elargiri. (f. 118 *b*).
Dil. filio nobili viro Philippo secundogenito carissimi in Christo filii nostri Philippi regis Francorum illustris. Desideriis tuis.... Dat. ut supra.

676. — Lugduni, 5 ian. 1306.
Conceditur idem. (f. 118 *b*).
Rubrica Ludovici primogeniti ut supra in alia littera. Desideriis tuis....; Dat. ut supra.

677. — Lugduni, 5 ian. 1306.
Concedit facultatem habendi altare portatile et faciendi in eo celebrari divina officia. (f. 118 *b*).
Dil. in Christo filie nobili mulieri Margarete nate dil. filii nobilis viri. R. ducis Burgundie. Personam tuam.... Dat. ut supra.

678. — Lugduni, 5 ian. 1306.
Eodem modo *Philippo* secundogenito. (f. 118 *b*).
Personam tuam.... Dat. ut supra.

679. — Lugduni, 5 ian. 1306.
Item in consimili forma scribitur *Ludovico* primogenito. (f. 118 *b*).
Personam tuam.... Dat. ut supra.

680. — Lugduni, 5 ian. 1306.
Concedit indulgentias decem dierum omnibus vere poenitentibus et confessis, qui pro infrascripta oraverint. (f. 118 *b*).
Rubrica Margarete nate. Consuevit interdum.... Dat. ut supra.

681. — Lugduni, 5 ian. 1306.
Concedit indulgentias viginti dierum, qui pro infrascripto oraverint. (f. 118 *b*).
Philippo secundogenito.... Dat. ut supra.

682. — Lugduni, 5 ian. 1306.
Indulget, ut monasteria monialium cuiuscunque ordinis ingredi valeat. (f. 118 *b*).
Rubrica Ludovici primogeniti. Ex tue devotionis.... Dat. ut supra.

683. — Lugduni, 5 ian. 1306.
Eodem modo scribitur *Philippo* secundogenito. (f. 118 *b*).
Dat. ut supra.

684. — Lugduni, 5 ian. 1306.
Indulget, ut monasteria monialium seu loca quarumcunque mulierum inclusarum, cuiuscunque ordinis fuerint, ingredi valeat. (f. 118 *b*).
Rubrica Margarete nate. R. Burgundie. Ex tue devotionis.... Dat. ut supra.

685. — Lugduni, 5 ian. 1306.
Indulget ad quinquennium, ut confessarius suus et fratrum suorum valeat cum ipsis dispensare, ieiunia `eccl. in alia pietatis opera permutando. (f. 118 *b*).
Rubrica Philippi secundogeniti carissimi etc. ut supra. Desideriis tuis.... Dat. ut supra.

686.
Licentia construendi duas capellas cum iure praesentandi rectores ad easdem. (f. 118 *b*).
Dil. filio Odoni de Vausemiam et dilecte in Christo filie Marie de Chau eius matri. Devotorum vota.... Dat. ut supra.

687. — Lugduni, 5 ian. 1306.
Indulget, «ut nullus prelatus iurisdictionem habens, in personam tuam excommunicationis vel interdicti sententiam valeat promulgare sine speciali apostolice sedis licentia vel mandato.» (f. 118*b*).
Rubrica ut supra Margarete nate. R. Apostolice sedis.... Dat. ut supra.

688. — Lugduni, 5 ian. 1306.
Concedit, ut familiaribus et servitoribus ipsius confessarius suus poenitentiam iniungere et cetera sacramenta ministrare valeat. (f. 119*a*).
Rubrica Philippi secundogeniti ut supra. Cum ad personam tuam.... Dat. ut supra.

689. — Lugduni, 5 ian. 1306.
Indulget, ut, quoties eum praedicationi verbi Dei interesse contigerit, liceat proponenti ipsum verbum omnibus praesentibus indulgentias centum dierum elargiri. (f. 119*a*).
Rubrica eiusdem · Philippi secundogeniti. Consuevit interdum.... Dat. ut supra.

690. — Lugduni, 5 ian. 1306.
De eodem, excepto quod concedit sexaginta dierum indulgentias (f. 119*a*).
Rubrica Margarete etc. nate R. ducis. Dat. ut supra.

691. — Lugduni, 5 ian. 1306.
Concedit facultatem eligendi sibi confessarium. (f. 119*a*).
Rubrica Philippi secundogeniti. Benigno tibi sunt.... Dat. ut supra.

692. — Lugduni, 5 ian. 1306.
Eodem modo scribitur *Margaritae* nate R. ducis Burgundiae. (f. 119*a*).
Dat. ut supra.

693. — Lugduni, 5 ian. 1306.
Concedit facultatem faciendi celebrari missam ante auroram. (f. 119*a*).
Philippo secundogenito. Devotionis tue.... Dat. ut supra.

Regestum Clementis Papae V.

694. — Lugduni, 5 ian. 1306.
Similiter scribitur *Ludovico* primogen. (f. 119*a*).
Dat. ut supra.

695. — Lugduni, 5 ian. 1306.
Indulget, ut possit facere celebrari divina etiam in locis ecclesiastico suppositis interdicto. (f. 119*a*).
Rubrica Margarite nate R. ducis. Eximie devotionis affectus.... Dat. ut supra.

696. — Lugduni, 5 ian. 1306.
Idem indulgetur *Philippo* secundogen. (f. 119*a*).

697. — Lugduni, 5 ian. 1306.
Item scribitur *Ludovico* primogenito. (f. 119*a*).
Dat. ut supra.

698. — Lugduni, 5 ian. 1306.
Faciant quatuor clericis Ludovici, primogeniti Philippi regis, fructus beneficiorum integre ministrari, ac si personaliter residerent. (f. 119*a*).
Venerabilibus fratribus archiepiscopo Remen. ac episcopo Siluacten. (sic) *et dil. filio abbati mon. s. Dionisii in Francia Parisien. dioc.* Clara devotionis merita.... Dat. Lugduni, non. ianuarii.

699. — Lugduni, 5 ian. 1306.
Iisdem executoribus mandat idem de clericis Philippi, secundogeniti Philippi, regis Francorum. (f. 119*b*).
Clara dilecti filii.... Dat. est eadem.

700. — Lugduni, 5 ian. 1306.
Iisdem executoribus mandat idem de clericis Margaritae natae R. ducis Burgundiae. (f. 119*b*).
Personam dilecte.... Dat. ut supra.

701. — Lugduni, 31 ian. 1306.
Dispenset cum Iohanne Marcharandi de Ponte Belvutini, clerico suae dioec., super defectu natalium. (f. 119*b*).
Venerabili fratri episcopo Bellicren. (sic) Accedens ad presentiam.... Dat. Lugduni, II kal. februarii.

16

702. — Lugduni, 31 ian. 1306.
Dispenset cum Aymone de Moliari, clerico Viennen. dioec., super defectu natalium. (f. 119 b).
Dilecto filio decano eccl. Viennen. Dat. Lugduni, II kal. februarii.

703. — Lugduni, 31 ian. 1306.
Simili modo dispensatur cum Hugone, clerico Viennen. dioec. (f. 119 b).
Dat. ut supra et scribitur eidem decano.

704. — Lugduni, 6 dec. 1305.
Condonantur fructus beneficiorum minus iuste percepti dispensaturque, ut retinere possit eccl. parochiales de Westleton, de Wridlington et de Bathanes Norwicen. ac s. Andreae dioec. una cum canonicatu et praebenda de Veteri Rokeburgh in eccl. Glascuen. (f. 119 b).
Dil. filio Petro de Doncvico canonico eccl. Glasgoven. et prebendario prebende de Veteri Rokeburg in eadem. Sedis apostolice.... Dat. Lugduni, VIII idus decembris.

705. — Lugduni, 1 ian. 1306.
Remittit fructus beneficiorum illicite perceptos. (f. 120 a).
Dil. filio Nicolao de Ayllesburi rectori parochialis eccl. s. Cedde Paterigam Coventren. et Lichefelden. dioc. Illis apostolica sedes.... Dat. Lugduni, kal. ianuarii.

706. — Lugduni, 12 ian. 1306.
Intuitu nobilis viri Hugonis dicti Ledespenser condonat Roberto reditus minus iuste perceptos, dispensatque cum eo, ut retinere valeat ecclesias de Thindone et de Dinton ac hospitale Domus Dei de Portesmuthe et adhuc unicum aliud beneficium recipere. (f. 120 a).
Dil. filio Roberto de Hartwedone rectori paroch. eccles. de Thindone Lincolnien. dioc. Apostol. sedis.... Dat. Lugduni, II idus ian.

707. — Lugduni, 28 nov. 1305.
Iacobo condonat fructus beneficiorum illicite perceptos, dispensatque cum eo, ut archidiacona-

tum eccl. Wintonien. et praebendalem portionem parochialis eccl. s. Laurentii de Romeseia Wintonien. dioec. cum capellis et pertinentiis suis retinere et unum vel plura beneficia, quorum reditus usque ad summam centum marcarum sterlingorum secundum aestimationem veteris valoris singulis annis ascendant, percipere valeat. (f. 120 a).
Dil. filio Iacobo Simbaldi archidiacono eccl. Wintonien. Exigentibus tue probitatis.... Dat. Lugduni, IIII kal. decembris.

708. — Lugduni, 1 febr. 1306.
Remittit fructus minus iuste perceptos, dispensatque cum eo, ut decanatum eccl. Dulchelden. retinere et unicum aliud beneficium recipere valeat. (f. 120 b).
Dil. filio Matheo decano eccl. Dulchelden. Exigentibus tue probitatis.... Dat. Lugduni, kal. februarii.

709. — Lugduni, 28 ian. 1306.
Dispensat, ut praeter eccl. de Ercheffonte et aliud beneficium eccl., adhuc unum beneficium, etiam si dignitas existat, recipere valeat. (f. 120 b).
Dil. filio Michaeli de Estona rectori parochialis ecclesie de Ercheffonte Saresbirien. dioc. Testimonio de te laudabili.... Dat. Lugduni, V kal. februarii.

710. — Lugduni, (sine data).
Mandat, ut duas personas, quas Maria, regina Francorum, duxerit nominandas, unam in Melden. et alteram in Aurelianen. ecclesiis faciant recipi in canonicos et cuilibet de praebenda ibidem provideant. (f. 120 b).
Venerabili fratri episcopo Antisiodoren. et dil. filio abbati mon. Fossaten. [1] *Parisien. dioc.* Personam carissime.... Dat. Lugduni, (sine data).

711.
Vt supra, praeterquam recipi faciant in s. Germani Antisiodoren. et s. Aniani Aurelianen. ac

---

[1] Ms. *Fassaten.*

s. Martini de Campellis [1] et s. Lauriani de Vastino
Parisien. et Bituricen. dioec. ecclesiis. (f. 121 a).
Executores sicut in precedenti littera....
Dat. ut supra.

712.

Mandat, ut duas personas idoneas, quas Margarita, comitissa Ebroicen., duxerit nominandas, recipi faciant in canonicos, unam in s. Mederici [2]
Parisien. et alteram in s. Clodoveldi Parisien. dioec.
ecclesiis et eorum cuilibet de praebenda ibidem
provideant. (f. 121 a).
*Venerabilibus fratribus Carnoten. et Ebo-
racen. episcopis.* Personam dilecte.... Dat.
ut supra..

713.

Mandat, ut in loco, quem quondam Guillelmus
de Randon ordini fratrum Praedicatorum dona-
verat, sito in dioec. Vticen., coemeterium bene-
dicant. (f. 121 a).
*Ven. fratribus Nemausen. [3] et Anicien.
episcopis.* Porrecta nobis.... Dat. Lugduni,
(sine data).

714. — Lugduni, 15 ian. 1306.

Cassat decretum Alexandri Pp. IV, quo pro-
hibitum fuit, ne collegium infrascriptum sexaginta monialium numerum excederet, et concedit, ut
possint adhuc viginti in eodem monasterio recipi.
(f. 121 a).
*Dil. in Christo filiabus priorisse et con-
ventui mon. s. Sixti de Vrbe per priorissam
soliti gubernari ordinis s. Augustini sub
cura et secundum instituta ordinis fratrum
Predicatorum viventibus.* Religionis vestre....
Dat. Lugduni, XVIII kal. februarii.

715. — Lugduni, (sine data).

Confirmat donationem parochialis eccl. s. Mariae, dictae de Templo, cum omnibus iuribus et
pertinentiis, quam fecit Iacobus de Fontanas ordinis

[1] Ms. *Capellis.*
[2] Ms. *Maderici.*
[3] Ms. *Neumasen.*

militiae templi Ierosolimit., praeceptor domus de
Carobiolo in provincia Lombardiae, ordini infra-
scripto. (f. 121 a).
*Dil. filiis priori et conventui ordinis Pre-
dicatorum Placentin.* Quanto studiosius....
Dat. Lugduni, (sine data).

716. — Lugduni, 3 ian. 1306.

Concessionem Bonifacii VIII, quod possint ad
ecclesias de Vicein, de Visco Ducis, de Ekerne
et de Vatermala Leodien. et Cameracen. dioec.
clericos sui ordinis praesentare, de novo confirmat. (f. 121 b).
*Dil. in Christo filiabus priorisse et con-
ventui monasterii de Valle Ducisse per priorissam soliti gubernari secundum instituta
et sub cura ordinis fratrum Predicatorum
viventibus Cameracen. dioc.* Oblata nobis....
Dat. Lugduni, III non. ianuarii.

717. — Lugduni, 3 ian. 1306.

Reservat ius praesentandi rectorem ad capellam
Natollieti Melden. dioec. construendam. (f. 121 b).
Dil. filio Reginaldo de Natoilleto militi.
Devotorum vota.... Dat. Lugduni, III non.
ianuarii.

718. — Lugduni, 22 ian. 1306.

Prorogat solutionem census nonaginta trium
milium unciarum trecentarum et quadraginta usque
ad festum b. Petri, quod erit anno millesimo trecentesimo sexto. (f. 121 b).
*Carissimo in Christo filio Karolo regi
Cicilie illustri.* Per tuos nobis nuncios inti-
masti, ut cum nonaginta tria milia unciarum trecentas et quadraginta uncias auri
ad generale pondus regni Cecilie pro te
nobis et ecclesie romane debita de censu
eiusdem regni pro toto preterito tempore
usque per totum festum beati Petri, quod
fuit in anno Domini MCCC secundo solvere in festo beati Petri, quod fuit in anno
Domini MCCC quarto nequiveris usque-
quo de ipsis nonaginta tribus milibus unciarum trecentis et quadraginta unciis per

felicis recordationis Bonifacium Pp. VIII predecessorem nostrum tibi dilatio data fuit ad tuam supplicationem instantem. Per collegium cardinalium sancte romane ecclesie sede vacante per mortem pie memorie Benedicti Pp. XI predecessoris nostri post elapsum terminum per predictum Bonifacium predecessorem tibi ad solutionem [1] huiusmodi assignatum usque ad festum beati Petri proximo preteritum, quod fuit in presenti anno Domini MCCC quinto dilatio solutionis census huiusmodi fuit tibi de gratia prorogata, nisi infra predictam dilationem tibi concessam futurus pontifex aliter ordinaret et nichilominus ab excomunicationis sententiis, quas ex defectu solutionis predicte incurreras, fuit tibi per idem collegium ac de ipsius voluntate unanimi et concensu beneficium absolutionis impensum, transgressionibus temporalibus et spiritualibus penis propter hoc contractis omnimode relaxatis, hoc adiecto, quod infra certum tempus, quod iam elapsum asseris, per te, procuratorem aut nuncios tuos debes coram tunc futuro summo pontifice comparere, ipsius super hiis beneplacitis periturus (sic). Nobis autem licet immeritis infra terminum solutionis predicte tibi auctoritate collegii, ut premittitur, prorogatum ad apicem summi apostolatus assumptis, in prefixo tibi per prefatum collegium termino propter loci distantiam per procuratorem vel nuncios tuos nostro nequivisti conspectui presentare. Quare per prefatos tuos nuncios nobis devotius supplicasti, ut cum in predicto festo beati Petri proxime preterito solvere predicta nonaginta tria milia unciarum trecentas et quadraginta nequiveris nec solvere te posse confidas propter longos guerarum fremitus, quibus dictum regnum Cicilie fuit annis pluribus laceratum, ex quorum reliquiis multis et diversis adhuc es honeribus impeditus, dilationem solutio-

nis omnium predictorum nonaginta trium milium unciarum trecentarum et quadraginta usque ad aliud festum beati Petri proximo venturum, quod erit anno Domini milesimo CCC sexto benigne tibi concedere et penas spirituales et temporales, si quas ex defectu satisfactionis huiusmodi forsitan incuristi, remittere teque ab eis absolvere dignaremur. Nos itaque huiusmodi tuorum impedimentorum conscii et onerum non ignari, super illis tibi paterno compatientes affectu, tuis supplicationibus inclinati dilationem solutionis eorundem nonaginta trium milium unciarum trecentarum et quadraginta debitorum nobis et eidem ecclesie ratione census eiusdem de toto preterito tempore per totum predictum festum beati Petri, quod fuit anno Domini MCCC secundo usque ad memoratum festum beati Petri proximo venturum, quod erit anno Domini MCCC sexto tibi gratiose concedimus et penas spirituales et temporales, si quas ex defectu satisfactionis se representationis incurrisse dinosceris, tibi clementer remittimus de fratrum nostrorum consilio et assensu. Volentes autem quod, si prefatas supplicationem tuam, dilationem et remissionem nostras per nos tibi concessas ratas habueris, super hoc precentes litteras tuas harum seriem continentes aurea bulla munitas nobis ad ipsius ecclesie romane cautelam infra quadrimestre spacium a die date presentium computandum exhibere procures, alioquin huiusmodi nos tibi concessa dilatio nullius sit penitus roboris vel momenti. Declaramus preterea tenore presentium, quod octo milia unciarum pro censu anni millesimi trecentesimi primi in summa eorundem nonaginta trium milium unciarum trecentarum et quadraginta minime includantur. Dat. Lugduni, XI kal. februarii.

719. — Lugduni, (sine data).

Indulgetur, ut possit eligere sibi confesarium, qui eam absolvere valeat etiam a quibuscunque

---

[1] Ms. *salutationem.*

sententiis, sacramenta ei ministrare et dispensare super observantia ieiuniorum. (f. 122*a*).

Carissime in Christo filie Marie regine Francorum illustri. Provenit ex laudabilibus.... Dat. Lugduni, (sine data).

720. — Apud s. Ciricum, 28 febr. 1306. Confert prioratum secularis eccl. s. Caprasii Agennen. per resignationem Gualhardi electi Tolosani vacantem, non obstante quod obtineat prioratus de Rivocavo et Delhausu ac Dilhineyrchas Agennen. dioec. et maiorum Agennen., Petragoricen. ac s. Frontonis Petragoricen. ecclesiarum canonicatus et praebendas ac de Crueycha et de Profundo Rivo parochiales eccl. Petragoricen. dioec. (f. 122*a*).

Dil. filiis priori s. Avitti Petragoricen. dioc. et cantori eccl. s. Frontonis ac Helie Roberti canonico Petragoricen.

Dil. filio Bernardo de Bovisvilla priori secularis eccl. s. Caprasii Agennen. Laudabile testimonium.... Dat. apud s. Ciricum prope Lugdunum, II kal. martii.

721. — Nivernis, 26 mart. 1306. Facultas utendi pallio non solum in patriarchatu Ierosolimitano, sed etiam in Dunelmen. et aliis ecclesiis cathedralibus et collegiatis, tam secularibus, quam regularibus et aliis quibuscunque, ad quas eum pro tempore declinare contigerit. (f. 122*a*).

Ven. fratri Antonio patriarche Ierosolimitano et Dunelmen. episcopo. Non solum tue devotionis.... Dat. Nivernis, VII kal. aprilis.

722. — Nivernis, 26 mart. 1306. Antonium, qui in Terrae sancte subsidium proficisci proposuit, cum familiaribus et domesticis commensalibus et servitoribus atque illius et horum bonis omnibus sub b. Petri et sua protectione suscipit. (f. 122*b*).

Ven. fratri Antonio patriarche Ierosolimitano episcopo Dunelmen. crucesignato. Gerentes erga personam tuam.... Dat ut supra.

723. — Apud Bellamvillam, 20 martii 1306. Infrascripto reservat dignitatem vel personatum in eccl. Lugdunen., non obstante quod obtineat canonicatum et praebendam ibidem et in eccl. Turonen. canonicatum et praebendam sub expectatione seu quod a priore prioratus s. Romani de Mirebello Lugdunen. dioec. quandam pensionem percipiat annuatim. (f. 122*b*).

Dil. filiis abbati mon. Insule Barbare Lugdunen. dioc. et priori s. Yrenei ac sacriste secularis eccl. s. Pauli Lugdunen.

Dil. filio Girardo Chamartini canonico Lugdunen. Digne credimus.... Dat. apud Bellam Villam Lugdunen. diocesis, XIII kal. aprilis.

724. — Apud s. Ciricum, 23 febr. 1306. Consideratione Raymundi s. Mariae Novae card. diac. providet camerario eius de canonicatu eccl. s. Martini Turonen. et de praebenda, dignitate vel personatu seu praepositura vel officio ibidem vacantibus vel vacaturis, non obstante quod in Suwellen. canonicatum et praebendam ac in de Ysans et de Mois et de s. Romano ecclesiis Convenarum dioec. quasdam portiones, quae vulgo scolastiae dicuntur, et canonicatum eccl. Aurelianen. et praebendam sub expectatione obtineat. (f. 122*b*).

Dil. filiis abbati monast. de Lesato[1] et priori s. Aviti Appamiarum et Petragoricen. dioc. ac Vitali de Maynhauto canonico Lectoren. capellano nostro.

Dil. filio Iohanni de Ferraria iuris civilis professori canonico eccl. s. Martini Turonen. Sedes apostolica.... Dat. apud s. Ciricum, VII kal. martii.

725. — Lugduni, 1 ian. 1306. Mandat, ut in singulis tam cathedralibus quam collegiatis, secularibus vel regularibus ecclesiis regni Franciae et in maiori et singulis collegiatis eccl. Cameracen. civitatis singulis personis, quas Philippus, rex Francorum, duxerit nominandas, de

[1] Ms.: *Lerato.*

canonicatibus ecclesiarum ipsarum et praebendis integris, liberis et non sacerdotalibus vacantibus vel vacaturis provideant. (f. 123*a*).

Venerabilibus fratribus Suesssionen. Silvanecten. [1] *et Melden. episcopis.* Dum fidei probitas, devotionis integritas et reverentie plenitudo, quibus carissimus in Christo filius noster Philippus, rex Francorum illustris, erga Deum et romanam ecclesiam matrem suam, progenitorum suorum laudandá vestigia prosequendo, pollere dinoscitur, se nostris considerationibus representant, dignum reputamus et congruum, ut ipsum specialis prerogativa favoris et honoris precipui plenitudine prosequentes, in hiis que digne postulat, sibi reddamus ad gratiam liberales. Volentes itaque ipsius regis honorare personam et per honorem sibi exhibitum aliis provideri, eius devotis precibus annuentes [2], fraternitati vestre per apostolica scripta committimus et mandamus, quatinus vos vel duo aut unus vestrum in singulis tam cathedralibus quam collegiatis, secularibus vel regularibus ecclesiis regni sui ac etiam in maiori et singulis collegiatis ecclesiis Cameracensis civitatis singulis personis ydoneis, quas rex ipse vobis duxerit nominandas, de canonicatibus ecclesiarum ipsarum et prebendis integris liberis et non sacerdotalibus, aliis de iure non debitis, si in ecclesiis ipsis, in hiis videlicet, in quibus certus canonicorum numerus et distinctio prebendarum habentur, vacant ad presens vel quam primum ad id obtulerit se facultas, inducentes personas ipsas vel procuratores earum pro ipsis per vos vel per alium seu alios in corporalem vel quasi possessionem beneficiorum ipsorum et defendentes inductos ac facientes eas vel procuratores suos pro eis ex nunc in predictis ecclesiis in canonicos recipi et in fratres, stallo sibi in choro et loco in capitulo assignatis, ac aliis, quibus in ecclesiis indeterminatum numerum et distinctionem non habentibus prebendarum per vos ut premittitur provisum extiterit, de communibus ecclesiarum ipsarum proventibus sicut aliis ecclesiarum earundem canonicis provideri. Non obstantibus quibuslibet consuetudinibus ecclesiarum ipsarum contrariis vel statutis iuramento, confirmatione apostolica vel alia quavis firmitate vallatis aut si aliqui super provisionibus sibi faciendis de canonicatibus et prebendis in prefatis ecclesiis specialiter vel de beneficiis ecclesiasticis in illis partibus generaliter apostolice sedis vel legatorum eius litteras impetrarunt, etiam si per eas ad inhibitionem, reservationem et decreti interpositionem vel alias quomodolibet sit processum, seu si aliqui apostolica vel quavis auctoritate in eisdem ecclesiis in canonicos sint recepti vel ut recipiantur insistant, quibus omnibus, illis qui in predictis ecclesiis ex nostre gratia provisionis expectant dumtaxat exceptis, personas predictas volumus anteferri, sed nullum per hoc eis quoad alios canonicatus et prebendas preiudicium generari, seu si prelatis vel personis aliquibus cuiuscunque dignitatis, ordinis, status vel conditionis existant a prefata sit sede indultum, quod ad receptionem vel provisionem alicuius minime teneantur, quodque ad id compelli non possint, seu quod de canonicatibus et prebendis vel beneficiis ecclesiasticis ad eorum collationem, electionem vel aliam quamcumque dispositionem spectantibus nulli valeat provideri per litteras dicte sedis, que de indulto huiusmodi plenam et expressam non fecerint mentionem et qualibet alia prefate sedis indulgentia generali etc. usque habenda sit mentio specialis, seu si persone predicte, quibus in secularibus ecclesiis ut predicitur providetur contigerit (sic) alia quecunque beneficia cum cura vel sine cura, etiam si personatus vel dignitates existant, obtinet, seu si presens

---

[1] Ms. *Silvaten.*
[2] Ms. *admonentes.*

non fuerit etc. usque illud prestet. Contradictores etc. usque compescendo. Non obstantibus omnibus supradictis seu si aliquibus a prefata sit sede concessum, quod
interdici, suspendi vel excommunicari non
possint per litteras apostolicas etc. usque
mentionem. Volumus autem, quod persone,
quibus in illis de prefatis ecclesiis, in quibus
est inequalitas prebendarum, provideri contigerit, prebendas usque ad C. libras monete in illis partibus usualis valorem annuum iuxta taxationem decime estimandam
valeant acceptare et tam ipsis quam aliis
prebende sacerdotales vel dimidie, si eas
acceptare voluerint, licet de integris et non
sacerdotalibus superius caveatur, nichilominus assignentur constitutione qualibet in
contrarium edita non obstante. Dat. Lugd,
kal. ianuarii.

726. — Apud s. Ciricum, 18 febr. 1306.
Ecclesia Gaietana post obitum Matthaei vacante, capitulum eiusdem ecclesiae, quod sine licentia
sedis apostolicae ad electionem procedere nequit,
a coetu cardinalium, qui tunc in palatio civitatis
Perusinae sub clausura manebant, cum sedes ipsa
per mortem Benedicti XI vacaret, licentiam illam
petere non potuit. Clemens V vero, cum licentia
ab eo non quaereretur, praeficit in pastorem eccl.
Gaietanae Franciscum [1], ord. Minorum professum,
confessarium Roberti, ducis Calabriae. (f. 123 b).

Dil. filio Francisco electo Gaietan. Summi
providentia principis.... Dat. apud s. Ciricum prope Lugdunum, XII kal. martii.

Eodem modo dil. filiis capitulo eccl. Gaietan.
E. m. clero civitatis et dioec. Gaietan.
E. m. populo civitatis et dioec. Gaietan.
E. m. Carolo regi Siciliae.

727. — Apud s. Ciricum, 25 febr. 1306.
Consideratione Petri Sabinen. episcopi confert
infrascripto archidiaconatum de Neudis in eccl.
Compostellan., post mortem Guterii Gundisalvi

[1] VGHELLI, *Italia sacra*, I. p. 541.

vacantem, non obstante quod obtineat in Compostellan. et Aurien. canonicatus et praebendas cum
uno praestimonio et in s. Mariae de Saavedra,
s. Petri de Tanoy et s. Martini de Lamis ecclesiis
Mindonien. dioec. quaedam simplicia beneficia.
(f. 124 a).

Ven. fratri episcopo Cartaginen. et dil.
filiis decano Lucen. ac magistro scolarum
Aurien. ecclesiarum.

Dil. filio Ferrando Roderici de Saave-
dra archidiacono de Neudis in eccl. Com-
postellana. Probitatis tue.... Dat. apud s. Ciricum prope Lugdunum, V kal. martii.

728. — Apud s. Ciricum, 25 febr. 1306.
Obtentu Petri Sabinen. episcopi confert Gundisalvo canonicatum et praebendam cum praestimoniis in eccl. Compostellana vacantes post mortem Guterii Gundisalvi, non obstante, quod archidiaconatum de Castella in Aurianen. eccl. et in
ipsa canonicatum et praebendam obtineat. (f. 124 a).

Scribitur eisdem executoribus et per eun-
dem modum.

Dilecto filio Gundisalvo Munoris cano-
nico Compostellano. Probitatis tue.... Dat.
ut supra.

729. — Nivernis, 22 mart. 1306.
Reservat dignitatem vel personatum in eccl.
Burdegalen. (f. 124 a).

Dil. filiis de Carona et de Bertulio ac
de Insula Engolismen. et Burdegalen. dioc.
monasteriorum abbatibus.

Dil. filio Amanevo de Ramafort canonico
Burdegalen. Vt tua et tuorum.... Dat. Nivernis, XI kal. aprilis.

730. — Apud s. Ciricum, 22 febr. 1306.
Consideratione Amedei, comitis Sabaudiae, indulget clerico et familiari eius, ut non obstante
defectu ordinum et aetatis possit recipere beneficium. (f. 124 a).

Dil. filio Aymoni nato nobilis viri Petri
de Tinre domini Castellionis in Vallesio
clerico. Sedes apostolica pia mater.... Dat.

apud s. Ciricum prope Lugdunum, VIII kal. martii.

731. — Apud s. Ciricum, 28 febr. 1306.
Confert canonicat. eccl. Lugdunen., vult autem, ut faciat se ad subdiacon. ord. promoveri. (f. 124 *b*).
Dilectis filiis abbati mon. Savinhiacen. Lugdunen. dioc. et Thome de Polliaco Matisconen. ac Iohanni Ducis Nivernen. ecclesiarum canonicis.
Dil. filio Iohanni nato dilecti filii Guichardi de Marziaco canonico Lugdunen. Tui nobilitas generis.... Dat. apud s. Ciricum prope Lugdunum, II kal. martii.

732. — Apud s. Ciricum, 28 febr. 1306.
Obtentu Himberti de Belliioco, canonici Lugdunen., confert infrascripto canonicatum eccl. Lugdunen., non obstante quod in s. Iusti Lugdunen. et in eccl. de Belliioco Matisconen. dioec. canonicatus et portiones obtineat; vult tamen, ut faciat se ad subdiaconatus ordinem promoveri. (f. 124 *b*).
Dil. filiis Savigniacen. et de Insula Barbara ac de Iugo Dei monasteriorum abbatibus Lugdunen. diocesis.
Dil. filio Guioneto nato quondam Guioneti de Fratichelens canonico Lugdunen. Tui nobilitas generis.... Dat. apud s. Ciricum prope Lugdunum, II kal. martii.

733. — Apud s. Ciricum, 28 febr. 1306.
Consideratione Guillelmi de Saravalle, canonici Lugdunen., confert nepoti eius canonicatum eccl. Lugdunen. Vult autem, ut faciat se ad subdiaconatus ordinem promoveri. (f. 124 *b*).
Dil. filiis Savinhiacen. et de Insula Barbara Lugdunen. dioc. monasteriorum abbatibus ac decano eccl. Bellicen.
Dil. filio Aymoni nato dil. filii nobilis viri Petri de Saravalle canonico Lugdunen. Inducunt nos.... Dat. ut supra in aliis litteris.

734. — Baignolis, 2 iun. 1306.
Reservat Petro parochialem ecclesiam per unum tantum consuetam gubernari rectorem in Caesarau-

gustana vel Dertusen. dioec., non obstante quod archidiaconatum de Ripacurcia ac canonicatum et praebendam in eccl. Ilerden. obtineat. (f. 125 *a*).
Dil. filiis decano Ilerden. et archidiacono Vrgellen. ac cantori s. Ylarii Pictaven. ecclesiarum.
Dil. filio Petro Molinerii archidiac. de Ripacurcia in eccl. Ilerden. Vite et morum honestas.... Dat. Burdegalis, IIII non. iunii.

735. — Lugduni, 15 ian. 1306.
Indulget, ut dum obsequiis Gualhardi, electi Tolosani, vel Bertrandi del God, vicecomitis Lautricen., nepotis papae, institerit, et per triennium, postquam ab obsequiis recesserit eorundem, possit fructus beneficiorum suorum integre, quotidianis exceptis distributionibus, percipere et ad residendum minime teneatur. (f. 125 *a*).
Dil. filiis abbati mon. s. Sepulcri Cameracen. et Bernardo Ioiardi archidiacono Xanctonen. ac Nicolao Panacerii canonico Novonien.
Dil. filio Guillelmo Mesquini canonico Novonien. Devotionis tue sinceritas.... Dat. Lugduni, XVIII kal. februarii.

736. — Burdegalis, 16 iun. 1306.
Obtentu E(duardi), regis Angliae, dispensat cum nuncio eius, ut praeter ecclesias de Holingebourie, de Boxle, de Hakeneie et de Rochefeldet Canturien., Londonien. et Cicestren. dioec., nec non canonicatus et praebendas in Londonien., Hereforden. et Wellen. eccl. possit recipere unicum aliud beneficium. (f. 125 *a*).
Dil. filio Thome nato quondam Iohannis de Chobeham militis rectori ecclesiarum de Holingebourie, de Boxle, de Ha(keneie)... Londonien. et Cicestren. dioc. doctori decretorum. Matris ecclesie.... Dat. Burdegalis, XVI kal. iulii.

737. — Burdegalis, 18 maii 1306.
Moneant et inducant debitores societatis Amannatorum de Pistorio in regno Portugaliae constitutos, ut creditoribus suis satisfaciant. (f. 125 *b*).

. *Venerabili fratri archiepiscopo et dil. filio decano eccl. Bracharen.* Cum dilecti filii Lance Agolantis et eius socii de societate Amannatorum de Pistorio ad reformationem dicte societatis, ex cuius lapsu gravia dampna et incomoditates pluribus incumbebant, diligenter intendant, nos volentes, ut eadem reformatio debitum sortiatur effectum, iidemque mercatores creditoribus suis eo comodius satisfacere valeant, quo ipsis liberius ab eorum creditoribus fuerit satisfactum, discretioni vestre per apostolica scripta mandamus, quatinus vos vel alter vestrum per vos vel alium seu alios ipsorum debitores in regno Portugalie constitutos, quicunque et cuiuscunque conditionis fuerint aut status, etiam si pontificali vel alia quavis preemineant dignitate, monere ac inducere procuretis, ut prefatis mercatoribus de pecuniarum summis, in quibus tenentur eisdem, ac de dampnis, expensis et interesse, que propterea incurrerunt, infra terminum competentem a vobis prefigendum eisdem satisfaciant, ut tenentur. Alioquin ipsis mercatoribus faciatis super premissis sine strepitu et figura iudicii exhibere iustitie complementum, debitores predictos ad satisfaciendum mercatoribus antedictis de huiusmodi debitis, dampnis, expensis et interesse, usuris omnino cessantibus, per censuram ecclesiasticam appellatione postposita compescendo. Non obstantibus, si forsitan eorum aliquibus a sede apostolica foret indultum, quod non teneantur ad solutionem aliquorum debitorum aliquatenus vel usque ad certum tempus aliquibus faciendum, aut quibuscunque processibus habitis et sententiis promulgatis contra mercatores eosdem per felicis·recordationis Bonifacium Papam VIII predecessorem nostrum, et constitutionibus tam de duabus dietis in concilio generali, quam ab eodem predecessore de aliquo extra suam diocesim, nisi in certis casibus ibidem expressis per litteras, non trahendo,

Regestum Clementis Papae V.

quam etiam de una dieta et quibuscunque aliis constitutionibus in contrarium· editis. Volumus autem, quod quicquid ab eisdem debitoribus exigetur, assignari faciatis dilectis filiis Maineto de Scala et Lapho Ghini aut eorum sociis de societate Scalarum, et Mazeto Bachardi et Nerio Guidonis aut eorum sociis de societate Peruziorum de Florentia vel eorum alicui seu ipsorum procuratori, ut exinde satisfieri possit creditoribus predictorum mercatorum de societate Amannatorum, prout duximus ordinandum. Dat. Burdegalis, XV kal. iunii.

Eodem modo dil. filiis Wintonien. et. Arenen. in eccl. Convenarum archidiaconis ac magistro Ioh. de Florentia canonico Cicestren. ratione debitorum in Anglia constitutorum.

E. m. venerabili fratri episcopo Massilien. ac dil. filiis archidiacono et praeposito eccl. Arelaten. quoad debitores in comitatibus Provinciae et Forqualquerii constitutos.

E. m. dil. filiis Iacobo de Normannis praeposito et Emeto de Spahem ac Bertholdo de Henemberth canonicis eccl. Maguntinae quoad debitores in regno Alemanniae constitutos.

E. m. venerabili fratri archiepiscopo et dil. filio decano Toletan. quoad debitores in regno Castellae constitutos.

E. m. dil. filiis Guillelmo Gubardi et Petro de Videllano canonicis ac officiali Nemausen. quoad debitores in regno Franciae constitutos.

E. m. dil. filiis decano s. Severini Burdegalen. et Iohanni de Placentia Pictavien. ac magistro Arnaldo de Auxio Convenarum eccl. canonicis quoad debitores in provincia Vasconiae constitutos.

Dil. filio officiali Campentoracen. quoad debitores in comitatu Venesinen. constitutos.

738. — Burdegalis, 2 iun. 1306.
Instituat permutationem beneficiorum ita, ut Bernardus de Curiaco, clericus Burdegalen., recipiat canonicatum et praebendam in eccl. s. Severini Burdegalen., Theodoricus de Hirinconhe decimam in parochia s. Saturnini de Seyrassio Londonien. dioec. (f 125b).

Dil. filio Guillelmo [1] *s. Potentiane presbytero cardinali.* Significarunt nobis.... Dat. Burdegalis, IIII non. iunii.

739. — Burdegalis, 7 iul. 1306.
Concedit facultatem cum Ludovico et Henrico, filiis quondam Maynardi [2], ducis Carinthiae et comitis Tirolen., qui omnes propter multiplices occupationes et usurpationes bonorum et iurium episcopatus et eccl. Tridentin. excommunicationis sententia sunt innodati, concordandi et componendi super fructibus et obventionibus quibuscunque illicite perceptis, ac ipsos absolvendi, dummodo de damnis et iniuriis illatis satisfaciant competenter. (f. 126a).

Venerabili fratri Bartholomeo episcopo Tridentino. Et si ecclesiarum et personarum ecclesiasticarum oppressiones, gravamina et iniurie nos perturbent et libenter ad eas relevandas a talibus intendamus, contumelie tamen, molestie ac dampna tua et ecclesie Tridentine tanto fortius nos perturbant tantoque libentius oportuna tibi et ei super hiis remedia ministramus, quanto durius et longioris temporis spatio te et ipsam ecclesiam talia novimus pertulisse. Dudum siquidem propter multiplices occupationes et usurpationes bonorum et iurium episcopatus (et) ecclesie Tridentine per quondam Maynardum, ducem [3] Karinthie et comitem Tirolensem, dum viveret primo et postmodum per quondam Othonem tunc viventem et Lodovicum et Henricum fratres, dicti Maynardi filios, patris imitantes vestigia, contra Deum et iustitiam perpetrata

---

[1] Guillelmus Ruffati seu Arrufati de Castaneto, Clementi V affinitate coniunctus, ex canonico eccl. Lugdunensis anno 1305 renunciatus est diaconus cardinalis ss. Cosmae et Damiani et mox presbyter tituli s. Pudentianae. Fuit etiam referendarius papae. Decessit Avenione anno 1311. CIACONIVS, II. p. 377. BALVZIVS, I. p. 640.

[2] Mainardus, comes Tirolensis 1258-1295 et dux Carinthiae 1282-1296 reliquit tres filios: Othonem, Ludovicum et Henricum, qui communiter patri successerunt. *L'Art de vérifier les dates,* II. 17. p. 72.

[3] Ms. duce.

in eisdem et iuribus diversis per eos et eorum complices, spoliationibus et enormibus excessibus cum grandi predecessorum tuorum et tuo ac eiusdem ecclesie gravamine subsecutis, excommunicationum, privationum feudorum et advocatiarum, honorum et iurium contra eos et liberos ac posteros eorundem necnon et participes excessuum predictorum ac interdicti in civitatem Tridentinensem seu in ipsius Maynardi et filiorum terras, quas tenebant, vel que in hiis adherebant eisdem, tam per sedem apostolicam, quam delegatos ipsius tam subdelegatos eorum aut ipsorum aliquem fuerunt exigente iustitia processus habiti et sententie promulgate. Verum quia, sicut nuper nobis extitit intimatum, carissimo in Christo filio nostro. A. Romanorum rege illustri pro apostolice sedis et nostra reverentia interponente super hoc sollicite partes suas, creditur et speratur, quod cum dictis Ludovico et Henrico ad gratam et utilem pro statu tuo et dicte ecclesie posses devenire concordiam, si concordandi et componendi cum eis ac excommunicationum et interdicti-sententias relaxandi, processusque revocandi eosdem tibi fuerit a prefata sede concessa facultas, nos qui libenter ad salutem intendimus singulorum, ac tuum et ecclesie prefate statum quietum et prosperum affectamus, volentes super hoc salubriter providere fraternitati tue, cum predictis. L. et H. et eorum complicibus, dummodo ipsi de dampnis et iniuriis huiusmodi per eos tibi et ecclesie predicte illatis satisfaciant competenter ac bona et iura huiusmodi et iurisdictiones, que per eos occupata et detenta esse noscuntur, tibi et eidem ecclesie integre restituant, concordandi et componendi super fructibus et obventionibus quibuscunque per eosdem M. filios et alios perceptis de bonis seu ratione iurisdictionum et quorumcunque iurium ipsius ecclesie, prout utilitati, honori ac salubri statui dicte ecclesie comodius expedire noveris, ac ipsos a predictis excommunicationum sententiis absolvendi iuxta formam ecclesie consuetam, interdictum quoque relaxandi, sententias et processus revocandi prefatos, necnon et circa hoc faciendi, que secundum Deum ad profectum et statum dicte ecclesie pertinere videris, plenam et liberam auctoritate presentium concedimus potestatem, alienatione bonorum immobilium, iurium, iurisdictionum et honorum episcopatus et ecclesie predictorum tibi penitus interdicta. Volumus autem et presentium tenore decernimus, quod si Lodovicus et Henricus prefati ac alii post absolutionem, relaxationem et revocationem predictas in eosdem quod absit relabantur excessus aut quod super concordia et compositione predictis promiserint, non servabunt, in similes excommunicationum, privationum et processuum, ac civitas et terre predicte interdicti sententias, quas ex nunc in eum casum contra eos et in dictam civitatem ferimus, reincidant ipso facto. Dat. Burdegalis, nonas iulii.

740. — Burdegalis, 18 maii 1306.
Moneant et inducant archiepisc. Lugdunen. et Bambergen. ac Cameracen. episc., capitulum eccl. Cameracen., abbates mon. Massilien. et Aquitacen. eorumque conventus, Radulphum de Haricuria, canonicum Parisien., et omnes debitores in Italia, ut societati Amannatorum de Pistorio satisfaciant de summis pecuniae, quibus tenentur. (f. 126a).
Dil. filiis Ricardo s. Eustachii diacono cardinali et Galeasso Guillelmi Cameracen. ac Iohanni de Placentia Pictaven. ecclesiarum canonicis. Cum dilecti filii.... Dat. Burdegalis, XV kal. iunii.

741. — Burdegalis, 18 maii 1306.
Inducant XX de debitoribus, quos ipsi creditores duxerint nominandos, in regno Angliae constitutos, ut solvant pecuniam mutuatam. (f. 126b).
Dil. filiis Richardo tituli s. Eustachii diacono cardinali et Galeasso Guillelmi Ca-

meracen. et Iohanni de Placentia Pictaven. ecclesiarum canonicis.* Dat. ut supra.

742. — Burdegalis, 18 maii 1306.
Mandat, ut omnia instrumenta, litteras, iura et munimenta, quae mercatores societatis Amannatorum contra debitores suos habent; ac omnia, quae eisdem debitis exigi vel persolvi contingent, recipiant et conservent, satisfacturi de his, quae receperint, creditoribus praedictae societatis. (f. 126b).
Dil. filiis Maineto de Scala et Lapho Ghini de Scalarum et Mazeto Bacharelli et Nerio Guidonis de Perusiorum societatibus et eorum sociis de dictis societatibus mercatoribus Florentinen. Dum dilecti filii.... Dat. Burdegalis, XV kal. iunii, pontificatus nostri anno primo.

743. — Burdegalis, 18 maii 1306.
Cogant episcopum Cenomanen. ad satisfaciendum de pecunia mutuata ac de damnis, expensis et interesse mercatoribus de societate Amannatorum de Pistorio. (f. 126b).
Dil. filiis Richardo tituli s. Eustachii diacono cardinali et Galeasso Guillelmi Cameracen. et Iohanni de Placentia Pictaven. can. Significarunt nobis.... Dat. ut supra.

744. — Burdegalis, 18 maii 1306.
Mandat, ut detentoribus bonorum et debitoribus quondam Percivalli de Lavonia et quondam Branchaleonis de Flisco, notarii sedis apostolicae; coram se vocatis, eos inducant ad satisfaciendum mercatoribus de societate Amannatorum de pecunia mutuata a Percivaldo et Branchaleone. (f. 126b).
Dil. filiis Richardo tituli s. Eustachii diacono cardinali et Galeasso Guillelmi Cameracen. et Iohanni de Placentia Pictaven. canonicis. Significarunt nobis.... Dat. Burdegalis, XV kal. iunii, pontificatus nostri anno primo.

745. — Burdegalis, 18 maii 1306.
Mandat, ut liberationes, absolutiones, quitationes, promissiones, obligationes et contractus, quos

nonnulli socii de societate Amannatorum de Pistorio in praelatorum et nobilium potestate detenti iustoque metu coacti inierunt, carere roboris firmitate promulgent. (f. 127 a).

Dilectis filiis Ricardo tituli s. Eustachii diacono cardin. et Galeasso Guillelmi Cameracensis ac Iohanni de Placentia Pictavensis dioc. Significarunt nobis.... Dat. ut supra.

746. — Lugduni, 17 nov. 1305.

Raynaldum constituit in suum et ecclesiae romanae oeconomum, procuratorem seu actorem in omnibus causis motis et movendis. (f. 127 a).

Dil. filio magistro Raynaldo dicto Mazono de Setia canonico Aquen. De fidelitate ac industria tua plenam in Domino fiduciam obtinentes, te nostrum et ecclesie romane yconomum, procuratorem seu actorem constituimus in omnibus causis tam civilibus quam criminalibus, motis et movendis contra nos, dictam ecclesiam seu rectores aut officiales terrarum ipsius ecclesie, necnon et processus eorum et pro nobis et ecclesia, rectoribus et officialibus supradictis . contra quoscunque motis et movendis coram quibuscunque iudicibus seu auditoribus a nobis super hiis specialiter vel generaliter deputatis vel in posterum deputandis, in premissis agendi, defendendi, excipiendi, replicandi, litem contestandi, . ponendi, respondendi, beneficium restitutionis in integrum petendi ac faciendi cetera, que verus et legitimus procurator et yconomus sive actor facere debet et potest, ac substituendi alium vel alios procuratores ad omnia et singula supradicta, qui consimilem in hiis potestatem habeant, revocandi quoque eosdem ac loco ipsorum alium vel alios subrogandi, quotiens oportunum fuerit seu videris expedire, plenam tibi concedimus auctoritate presentium facultatem, ratum habituri et gratum, · quicquid circa predicta et quelibet predictorum per te vel substitutum seu substitutos a te

factum extiterit vel etiam procuratum. Dat. Lugduni, XV kal. decembris.

747. — Burdegalis, 30 iun. 1306.

Dispensat, ut non obstante impedimento quarti gradus consanguinitatum contractum matrimonium consummare ac in eo remanere valeant. (f. 127 a).

Dil. filio nobili viro Petro Raymundi domicello nato dil. filii nobilis viri Bernardi comitis Convenarum et dil. in Christo filie Constancie nate dil. filii nobilis viri Bernardi comitis Astariacen. uxori eius. Dum summus pontifex.... Dat. Burdegalis, II kal. iulii.

748. — Burdegalis, 2 iul. 1306.

Cum Armenis periclitantibus condolet eosque ad spem erigit. (f. 127 a).

Ven. fratri Gregorio patriarche et carissimo in Christo filio Leoni [1] *regi Armenorum illustri* (nobilibus viris fratri Iohanni ordinis) [2] *Minorum gubernatori terre Armenorum dictorum, Vxino et Almacho patruis regis eiusdem.* Sicut primo per venerabilem fratrem nostrum Constantinum, archiepiscopum Mamistan. et deinde per dilectos filios magistrum Iohannem Antiochen, [3] et Calozanum et Egidium milites nuncios vestros accepimus, te karissime fili rex regnumque tuum graviter inimici crucis infestant, illudque hostilibus aggrediuntur incursibus et, quod absit, moliuntur sue ditioni subicere, funestis fedare ritibus inhiant, infanda secta inficere satagunt et turpibus suis legibus prohanare nituntur. Laboribus vestris compatimur, in vestris vobiscum adversitatibus condolemus, in horum auditu terribili tinniunt aures, tremunt viscera et animus noster horret, turbamur in turbationibus vestris, in filiorum nostro-

---

[1] Leo III rex Armenorum. Vide *L'Art* etc., II. 5. p. 110.

[2] Verba haec a librorum compactore sunt subsecata. Vide *Annales ecclesiasticos auctore* ODORICO RAYNALDO, tom. XV ad annum 1306.

[3] Ms. *Anchioten.*

rum timemus pavoribus et in exultationibus hostium contristamur. Contra hec per generale passagium providere cupimus, intentio nostra versatur, idque futurum Domino favente speramus. Sed quia hoc dilationem ex aliqua causa posset forsan recipere, ad presens de aliquo, in vere autem proximo de alio convenienti et particulari subsidio vobis et regno predicto Deo auctore putavimus succurrendum. Vos igitur confortamini ac estote robusti, in bello fortes existite cum antiquo serpente viriliter pugnaturi. Dat. Burdegalis, VI non. iulii.

749. — Burdegalis, 2 iul. 1306.
De quibusdam rescribit. (f. 127b).

Venerabili fratri episcopo Ianuensi et dil. filiis magistro Gregorio de Placenzia archipresbytero Montis Silicis Paduan. dioc. capellano nostro ac fratri Philippino de Saona ordinis Minorum. Recepimus litteras vestras et intelleximus, que continebantur in eis. Quibus breviter respondentes volumus, quod auxilium trecentorum equitum et quingentorum peditum si fieri potest in continenti mittatur. Super preponendis vero receptioni pecunie de suspicionibus Ianuen. eis rescribimus per litteras nostras, quarum instructionem vestram volumus vos copiam retinere. Quod si contingat, fili Gregori, te pro expeditione huiusmodi remanere, volumus, quod usque ad kalendas octobris proxime venturas litterarum terminus, qui finitur in kalendis augusti, pro tuis contrahendis stipendiis prorogetur et exigendi potestas etiam extendatur. Dat. Burdegalis, VI non. iulii.

750. — Burdegalis, 2 iul. 1306.
Exhortatur Arthurum, ut quam citius Armenis subveniat. (f. 127b).

Dil. filio nobili viro Arturo duci Britannie. Gaudemus fili et exultamus in Domino, quod tam per litteras tuas quam ex relatione dilecti filii Hugonis de Mas-

noneto, canonici sancti Ylarii Pictaven., quem ad te pro Armenorum, ymmo nostro et ecclesie negocio misimus, vere comperimus, qua affectione ferveas ad Terre sancte subsidium, ad id tui patris animosus ymagine, et qua ad nos et apostolicam sedem devotione coruscas. Sed quia tuum ad nos per easdem litteras denunciabas adventum et timemus, ne tuis negociis arduis occupatus, antequam ad nos possis accedere, succurrendi tempus necessitatibus Armenorum inutiliter elabatur, nobilitatem tuam iterato monemus, rogamus et hortamur attente, quatinus considerans, sicut alias tibi scripsimus, quod hoc a dicti patris tui votis non discrepat et quod dubium non est, quod sic expenditur, in prefate Terre liberationem converti, et attendens, quod nos tantum de camera nostra ponimus, quod addita per te summa pecunie in testamento tui patris predicti in dictum relicta subsidium, poterit de convenienti auxilio equitum sepedictorum Armenorum laboribus provideri. Sic si dictum adventum tuum ad nos, quam sullum comode posses facere affectaremus pro citiori expeditione negocii, legitimo impedimento detentus non facies, age sic apud eos, quorum interest, insta et da operam efficacem, quod predicta summa in huiusmodi subsidium expendatur in spe et fiducia indulgentie nostris comprehense litteris tibi nuper per dictum nostrum nuncium, quem ad te pro premissis iterato transmittimus, presentatis. Ita siquidem faciens celerius, quod desiderare debes, anime patris tui subvenies, servies Deo et promereberis dicte sedis gratiam ampliorem, nec dubites fili, quod de nostra licentia pretactum relictum in hoc opus salubriter potes et Deo faciente feliciter erogare ex repetitione nostrarum precum et ex eo, quod ut premittitur ad erarium nostrum, in quantum sufficit, manus extendimus in hoc mentis nostre desiderium coniecturans. Dat. Burdegalis, VI non. iulii.

751. — Burdegalis, 2 iul. 1306.

Monet Ianuenses, ne per eos inanibus suspicionibus detentos auxilium Armenis impendendum retardetur. (f. 127 *b*).

Dil. filiis potestati, capitaneis, abbati, antianis et comunitati Ianue. Inter curas, quibus nos premit sollicitudo pastoralis officii, illa multum nos angit, quod Terra sancta de impiorum manibus liberetur. Ad id specialiter intentio nostra dirigitur, in id nostros expendimus cogitatus, propterea apud vos nostros habemus nuncios et in subsidium Minoris Armenie per eos a vobis auxilium postulamus. Sed vellemus perdilecti filii, quod dictum subsidium celerius perveniret, quia ibi hostis instat nec dormit, hic vero modicum festinatur. Unde timendum ne, dum per vos, ut audivimus, nimia cautela requiritur et inanes suspiciones subeunt corda vestra, navigationis tempus pretereat et sic auxilio postulato fraudemur. Abicite ergo suspiciones inanes in negocio Crucifixi, timorem deponite et cautelas superfluas reprobate. Ideo non octo, qui possent convenire difficile, sed duo aut tres ydonei ad recipiendam, quae offertur, pecuniam proponantur. Suspicionem, que in veritate non subest, si non potestis deponere, navigio et aliis proficiantur tales, quod vobis non possit suspicio remanere. Sic igitur in hiis agite, quod nos in vobis devotos filios et Armenia petitum auxilium invenisse letemur, scientes, quod nos de camera in quantum possumus in Armenorum subsidium, ut negocium auctore Domino per nos bonum sumat initium et petita auxilia impendantur, liberius erogamus. Dat. Burdegalis, VI non. iulii.

752. — Burdegalis, 28 iun. 1306.

Ineant treugam cum (Henrico) [1] rege Cypri quatuor annos duraturam. (f. 127 *b*).

[1]. Henricus rex Cypri 1285-1324. *L'Art.* etc., II. 5. p. 128.

Dilectis filiis potestati, capitaneis, abbati antianis, concilio et comunitati Ianue. Quantas non longis retro temporibus orthodoxe fidei, populis orientalium partium multorum pro dolor, qui in vanum christianorum sumpserunt nomen, dampnosa cupiditas ac emula pacis et inimica quietis, discordia ruinas attulerit, quantos dederit casus adversos, Tripolitana clades miserabiliter edocet et civitatis Aconensis excidium lamentabiliter manifestat, tantóque hec melius nosce vos credimus, quanto illis viciniores vos fuisse putamus. Nunc autem iacturam gravem eedem cause minantur, nunc irreparabile quod Deus avertat malum verisimiliter propterea formidatur, quia dum inter carissimum filium nostrum. H. Cipri regem illustrem et vos, ut habet relatio fide digna, bellum inducitur, oritur periculosa dissentio et in alterutrum arma parantur, timor ne quod fidelium nomine tenetur moriente depereat nos angit assiduis (sic) impedimentum grande provenit generali passagio, christicolis materia luctus ingeritur et crucis hostibus abominanda letitia generatur. Numquid id poterimus sub dissimulatione transire, qui ex debito pastoralis cure compellimur ad viam reducere veritatis errantes, numquid silebimus, quando nobis clamare precipitur aut patiemur committi crimina, cum dare operam, ne committantur, ut subditorum sanguis de nostris non requiratur manibus, ex iniuncto apostolice servitutis officio urgeamur. Hoc filioli prorsus absit a nobis, sit hoc a pietate paterna penitus alienum, presertim quia, si dicte dissensionis causam, quam vestro parcentes in hac parte pudori tacemus ad presens, inspicimus, magis illam ponderamus quam factum et astringimur fortius, ut animabus vestris de salubri remedio celeriter consulamus. Quapropter universitatem vestram monemus et hortamur in Domino vobis nichilominus mandantes, quatinus contra eosdem regem et regnum ac eius incolas sub gravibus infligendis penis, si non parueritis, ab omni interim noxia et indebita novitate cessantes, infra sex menses post receptionem presentium numerandos treugam super hiis duraturam ad minus per quatuor annos a tempore inite treuge computandos cum predicto rege ad id voluntario, ita tamen quod extra treugam sint eisque offendatur impune, qui contra processus et sententiam predecessorum nostrorum romanorum pontificum et canonicas sanxiónes, quas etiam vos per aliqua vestra statuta sicut filii benedictionis sequimini, in Alexandriam, Egiptum et terras Babilonie Soldano subiectas transeunt et transferunt prohibita ae illicita, iniatis initamque servetis, vos in premissis taliter habituri, quod in hoc obsequium Deo, Terre sancte subsidium, reverentiam patri et mandatori obedientiam vos prestare letemur. Alioquin nos, qui dissidentes sive clericos sive laicos etiam ad pacem cogere possumus et providere debemus, ut grex nobis ex alto commissus nullam seditionem faciat, sed in pace quiescat et fratrem, qui peccat in fratrem, non audientem ecclesiam tanquam eunuchum et publicanum habere tenemur, pro vobis filiis nostris utile capientes concilium, prefatam treugam indicemus vel faciemus indici vosque auctore ad eius observantiam exigente iustitia merito compellemus. Dat. Burdegalis, IIII kal. iulii.

753. — Burdegalis, 28 iun. 1306.
Infrascriptis mandat, iniungant Ianuensibus et regi Cypri, ut treugam ineant. (f. 128*a*).

Ven. fratri archiep. Ianuen. ac dil. filiis mag. Gregorio de Plazentia archipresbytero plebis de Monte Silicis Paduan. dioc. capellano nostro et fratri Philippino de Saona ord. Minorum. Quantas in longis.... Dat. ut supra.

754. — Lugduni, 4 mart. 1306.
Dat potestatem recipiendi a magistro Bertholino de Cornazano archidiacono de Villa Muro in

eccl. Tolosana ord. s. Augustini et a Venturino Martini de Longis de Bergamo canonico Morinen. resignationes archidiaconatus, canonicatus et praebendae ipsorum nec non conferendi eos aliis personis idoneis. (f. 128*a*).

Dil. filio Guillelmo [1] *tituli s. Nicolai in carcere Tulliano diacono cardinali.* De tue circumspectionis industria.... Dat. Lugduni, IIII non. martii.

755. — Burdegalis, 13 iun. 1306.
Concedit facultatem recipiendi resignationem canonicatus et praebendae a Raynaldo dicto Surdo de Plazentia canonico Foroiulien. et conferendi aliae personae idoneae. (f. 128*b*).

Dil. filio Guillelmo s. Nicolai in carcere Tullian. diacono cardinali. Volentes tibi gratiam.... Dat. Burdegalis, idus iunii.

756. — Burdegalis, 4 iul. 1306.
Ut valeat omnes minores et sacros ordines et consecrationis munus a quocunque maluerit antistite recipere. (f. 128*b*).

Dil. filio Bernardo [2] *electo Salernitano.* Dum nuper.... Dat. Burdegalis, IIII non. iul.

757. — Burdegalis, 15 iun. 1306.
Condonat fructus illicite perceptos, dispensatque cum eo, ut retinere valeat canonicatus et praebendas in Vlixbonen. et Bracharen. ecclesiis, parochialem ecclesiam de Cales et quaedam praestimonia in Bracharen. et Tuden. dioc. (f. 128*b*).

Dil. filio Petro medico canonico Vlisbonen. Consuevit apostolice sedis.... Dat. Burdegalis, XVII kal. iulii.

758. — Burdegalis, 17 iun. 1306.
Inducant Radulphum dictum Aliget, clericum Constantien. dioec., qui Richardum de Goleto, le-

---

[1] Guillelmus de Longis, Bergamensis, cancellarius fuit Caroli II regis Siciliae, quo rogante Coelestinus V illum diaconis cardinalibus titulo s. Nicolai in carcere Tulliano adscripsit anno 1294. Obiit Avenione anno 1319. CIACONIVS, II. p. 293.
[2] Bernardus episc. Salernitanus 1306-1309. UGHELLI *Italia s.*, VII. p. 428.

gitimum rectorem eccl. s. Martini de Goudeto supra Nigram Aquam Baiocen. dioec., possessione dictae rectoriae altera iam vice spoliaverat, ut ecclesiam magistro Richardo infra XV dierum spatium dimittat et de fructibus perceptis, de damnis et expensis satisfaciat; alias eum‘ peremtorie citent. (f. 128 b).

Ven. fratri episcopo Constantien. et dilectis filiis archidiacono de Gazeyo et Roberto de Pratis canonico ecclesie Lexovien. [1] Petitio dilecti filii.... Dat. Burdegalis, XV kal. iulii.

759. — Burdegalis, 25 iun. 1306.
Berengario reservavit ecclesias, prioratus et loca ecclesiastica, secularia et regularia, militaribus dumtaxat ordinibus exceptis, in civitate et dioec. Biterren., ita videlicet, ut postquam sibi taliter concessa fuissent, posset quae illorum vellet dimittere et pro dimissis alia recipere, dummodo proventum omnium mille librarum parvorum Turonensium bonae monetae antiquae, quae communiter expendebatur tempore Ludovici regis Franciae, secundum taxationem decimae annuum valorem non excedant; non obstante quod ei concessa sit pensio mille librarum parvorum Turonensium de reditibus ecclesiae Biterren. singulis annis percipienda. Verum quia gratia illa non videtur sufficere, adiungit civitates et dioeceses Caturcen. et Ruthenen. sub eisdem conditionibus. (f. 129 a).

Dil. filio Berengario tituli ss. Nerei et Achillei presbytero cardinali. Dum ad personam tuam.... Dat. Burdegalis, VII kalendas iulii.

760. — Burdegalis, 25 iun. 1306.
De eodem scribit executoribus. (f. 129 b).

Ven. fratribus Guillelmo Mimaten. et Deodato Loteven. [2] *episcopis ac dilecto‘ filio abbati monasterii de s. Tiberio Agatensis diocesis.*
Dat. ut supra.

[1] Ms. *Lexomien.*
[2] Ms. *Lodaven.* (Lodève).

761. — Burdegalis, 8 iun. 1306.
Ecclesiam Agennen. per translationem Bernardi [1], electi Rothomagen., pastore carentem commendat [2] infrascriptis. (f. 129 b).

Dil. filiis Bertrando de Garda archidiacono Cairanen. in eccl. de Manso Agennen. diocesis et magistro Iohanni Barravi canonico Aquen. administratoribus et procuratoribus eccl. Agennen. Apostolice sollicitudinis studium.... Dat. Burdegalis, VI idus iunii.
Item dil. filiis populo civitatis et dioec. Agennen.
Dat. Burdegalis, V idus iunii.
Item. dil. filiis capitulo ecclesiae.
Dat. ut supra.
Item dil. filiis clero-civitatis et dioec. Agennen.
Dat. ut supra.

762. — Bituris, 31 mart. 1306.
Concedit facultatem eligendi sibi confessarium, qui possit etiam vota eius praesertim Ierosolimitanum commutare. (f. 130 a).

Dil. in Christo filie nobili mulieri Margarite de Clara comitisse Cornubie. Pium arbitramur.... Dat. Bituris, II kal. aprilis.

763. — Burdegalis, 22 iun. 1306.
Mandat citent Bernardum de Rupe, presbyterum Lemovicen. dioec., qui Brunetum de Iudico archipresbyterum de Crucilla Tolosan. dioec. in possessione archipresbyteratus perturbat, ut infra XV dierum spatium compareat coram se. (f. 130 a).

Dil. filiis abbati mon. s. Saturnini et archidiacono Veteris Moresii Tholosan. ac Guillelmo Mesercini canonico Novonien ecclesiarum. Exposuit nobis.... Dat. Burdegalis, X kal. iulii.

[1] Bernardus de Fargis, nepos Clementis V ex sorore, primum Belvacensis archidiaconus, factus est anno 1306 ab avunculo suo episcopus Agennensis, eodemque anno translatus ad ecclesiam Rothomagensem et demum anno 1311 archiepiscopatui Narbonnensi praeficitur. *Gallia chr.*, II. p. 923. XI. p. 75. VI. p. 87.
[2] Administrationis huius mentio non fit in *Gallia christiana.* II. p. 923.

764. — Burgegalis, (sine data).

Committit officium scriptoriae litterarum poenitentiariae apostolicae cum suis licitis obventionibus. (f. 130*a*).

Dil. filio Guillelmo Legerii de s. Saumo clerico Burdegalen. dioc. litter. penitent. nostre scriptori. Tue probitatis et devotionis.... Dat. Burdegalis, (sine data) anno primo.

765. — Burdegalis, 25 iun. 1306.

Provideat de abbate monasterium s. Augustini [1] Lemovicen. ord. s. Ben., per obitum Bernardi vacans. (f. 130*a*).

Ven. fratri nostro Raynaldo [2] episcopo Lemovicen. Ex incumbenti nobis.... Dat. Burdegalis, VII kal. iulii.

766. — Burdegalis, 7 iul. 1306.

Citet Arnaldum de la Busceya, clericum Caturcen. dioc., qui se intrusit in ecclesiam de Vico Monte et de Engarrato Agennen. dioc., ut compareat eoram se infra X dierum spatium post citationem. (f. 130*b*).

Dil. filio officiali Agennen. Exposuit nobis.... Dat. Burdegalis, nonas iulii.

767. — Burdegalis, (?)

Indulget, ut possit ad quinquenninm per aliam personam visitationis officium impendere et procurationes debitas recipere. (f. 130*b*).

Dil. filiis s. Frontonis Petragoricen. et de s. Asterio ac de Rupe Boviscurci Petragoricen. ecclesiarum cantoribus.

Dil. filio Guillelmo de Turre archidiacono Petragoricen. Illis apostolice sedis.... Dat. Burdegalis, VI iunii.

768. — Burdegalis, 24 iun. 1306.

Ad reaedificandam ecclesiam Morinen. incendio concrematam conceditur, ut in Morinen. et

Atrebaten. civitatibus et dioecesibus usque ad summam trium milium marcarum argenti valeant percipere de usuris, rapinis et aliis male acquisitis, si illi, quibus horum restitutio debeat, sciri et inveniri non possint. (f. 130*b*).

Dil. filiis decano et capitulo Morinen. Ecclesiam vestram.... Dat. Burdegalis, VIII kal. iulii.

769. — Lugduni, 7 ian. 1306.

Defuncto Petro electus est Pontius in abbatem mon. s. Petri de Bisuldino ad romanam eccl. nullo medio pertinentis ord. s. Ben. Gerunden. dioec. Quo duobus elapsis mensibus mortuo, per viam compromissi elegerunt Dalmatium adhuc abbatem s. Mariae de Rosis eiusdem ordinis et dioec.; qui cum ob expensarum insufficientiam ad sedem apostolicam se transferre non posset, mandatur infrascriptis, ut examinatione peracta ipsum in abbatem confirment. (f. 130*b*).

Ven. fratribus.. Elnen. et.. Valentin. episc. Debitum officii.... Dat. Lugduni, VII idus ian.

770. — Burdegalis, 2 iun. 1306.

Condonat fructus illicite perceptos dispensatque cum eo, ut retinere valeat de Northymnes, Wigeton et de Godelhulle ecclesias cum suis capellis ac canonicatum et praebendam in eccl. s. Ceddae Salophie Lichefelden. dioec. (f. 131*a*).

Dil. filio Iohanni de Kirkebi canonico eccl. s. Cedde Salopie Lichefelden dioc. Quanto maiori meritorum.... Dat. Burdegalis, IIII non. iunii.

771. — Burdegalis, 2 iun. 1306.

Cum infrascripto, qui ante vicesimum quartum suae aetatis annum se fecit in presbyterum promoveri, dispensat super irregularitate, fructus illicite perceptos ei condonat et indulget, ut retinere valeat ecclesias de Wesbiri, de Dorlingue et de Fichelarke Wintonien. et Eboracen. dioec. atque canonicatum et praebendam in eccl. Eboracen. (f. 131*a*).

Dil. filio magistro Iohanni nato quondam Iohannis comitis de Varenna presbytero

---

[1] *Gallia chr.*, II. p. 575.

[2] Raynaldus la Porta, episc. Lemovic. 1294-1316, quo anno translatus Bituricum, 1320 renunciatus card. tit. ss. Nerei et Achillei et 1321 episc. Ostien. Obiit Avenione 1325 aut 1326. *Gallia chr.*, II. p. 531. BALVZ., I. p. 742. CIACONIVS, II. p. 415.

Hereforden. dioc. Consuevit apostolice sedis.... Dat. Burdegalis, IIII non. iunii.

772. — Burdegalis, 4 iul. 1306.

Condonat fructus, quos Gilbertus ex parochiali eccl. de Fenstantona Lincolnien. dioec. et praecentoria eccl. Londonien. perceperat, dispensatque cum illo, ut retinere valeat ecclesiam et praecentoriam praedictas cum canonicatibus et praebendis, quos in Londonien., Hereforden. et Lincolnien. eccl. obtinet. (f. 131*a*).

Dil. filio Guilheberto de Segrave precentori eccl. Londonien. Apostolice sedis.... Dat. Burdegalis, IIII non. iulii.

773. — Burdegalis, 2 iun. 1306.

Cum infrascripto, qui ante vicesimum annum fecit se in presbyterum promoveri, dispensat super irregularitate, condonat ei fructus illicite perceptos et concedit, ut praeter ecclesias de Heycfeld et Norcherpples Norwicen. et Eboracen. dioec. unicum aliud beneficium recipere valeat. (f. 131*b*).

· *Dil. filio Willelmo nato quondam Iohannis comitis de Varenna presbytero Hereforden.* Merita tue probitatis.... Dat. Burdegalis, IIII non. iunii.

774. — Lugduni, 20 ian. 1306.

Consideratione Arnaldi de Landore reservat fratri eius in civitate aut dioec. Ruthenen. beneficium usque ad valorem centum librarum Turonen. parvorum secundum antiquam decimae taxationem, non obstante quod canonicat. et praebendam cum dignitate vel personatu sub expectatione et capellam s. Martini Ruthenen. dioec. obtineat. (f. 131*b*).

Dil. filiis archidiacono s. Antonini Ademarii (sic) *ac Aymerico de Calamonte canonicis Ruthenen. ecclesiarum.*

Dil. filio Amalumo de Landore canonico Ruthenen. Laudabilia tue probitatis.... Dat. Lugduni, XIII kal. februarii.

775. — Burdegalis, 2 iun. 1306.

Nepoti Eleonorae, quondam reginae Angliae, remittit fructus ex beneficiis plurimis tam dimis-

sis quam retentis illicite perceptos, decorat eum legitimitatis titulo, ut ad omnes actus legitimos admitti et quaelibet beneficia eccl. ac pontificalem et quascunque alias dignitates recipere ac retinere valeat, dispensatque cum eo, ut non obstante defectu ordinum et natalium ecclesias de Roubury et Ringwode Dunelmen. et Wintonien. dioec., decanatum liberae capellae castri de Ponte Fracto Eboracen. dioec. ac canonicatus et praebendas in Londonien., Dublinen., Lichefelden., Saresbirien., Lincolnien., Vellen. et Cestrie Dublinen. dioec. ecclesiis retinere valeat. (f. 131*b*).

Dil. filio Iacobo de Yspania canonico Londonien. Quanto sublimiori generis nobilitate.... Dat. Burdegalis, IIII non. iunii.

776. — Burdegalis, 27 aug. 1306.

Gaucelmo confert prioratum de Castellione ord. s. Ben. Burdegalen. dioec. ad monasterium de s. Florentio Andegaven. dioec. pertinentem, post obitum Bernardi de Carpeto vacantem, non obstante quod in eccl. Burdegalen. canonicatum et praebendam obtineat. (f. 132*b*).

Dil. filiis Medullen. et Cerven.[1] in eccl. Burdegalen. archidiaconis ac magistro Bertrando de Bordis canonico Lectoren.

Dil. filio Gaucellmo Odonis priori prioratus s. Florentii de Castellione supra Dordoniam ordinis s. Benedicti Burdegalen. dioc. Apostolice sedis.... Dat. Burdegalis, VI kal. septembris.

777. — Burdegalis, 6 iul. 1306.

Defuncto Guillelmo Briandum[2], sacristam eccl. Lugdunen., praeficit eccl. Viennen. in archiepiscopum et pastorem. (f. 132*b*).

Dil. filio Briando electo Viennen. Militanti ecclesie.... Dat. Burdegalis, II non. iul.

Eodem modo universis vasallis eccl. Viennen.

E. m. populo civitatis et dioec. Viennen.

E. m. dilectis filiis clero civitatis et dioecesis Viennen.

---

[1] Ms. *Medulcen. et Sarven.*
[2] Briandus de Lagnieu 1306-1317. Apud Gams p. 655 perperam dicitur factus archiepiscopus Viennen. an. 1307.

E. m. dil. filiis universis suffraganeis eccl. Viennen.

E. m. dil. filiis capitulo eccl. Viennen.

778. — Apud Pessacum, 25 iul. 1306.
Dat licentiam contrahendi mutuum usque ad summam quinquaginta duorum milium florenorum auri. (f. 133a).

Ven. fratri Gualhardo episcopo Tholosano. Cum sicut in nostra.... Dat. apud Pesacum prope Burdegalas, VIII kal. aug.

779. — Lugduni, 11 ian. 1306.
Confert iura, patronatum et decimas eccl. de Rodenna Lugdunen. dioec. ad mensam archiepiscopi Lugdunen. spectantia, quae vacant post obitum Rolandi de Gonz; non obstante quod in eccl. s. Iusti Lugdunen. canonicatum et portionem integram obtineat. (f. 133a).

Ven. fratri episcopo Avinionen. et dil. filiis decano ac Iohanni de Villaris canonico eccl. Viennen.

Dil. filio Henrico dicto Dartz legum professori canonico eccl. s. Iusti Lugdunen. Litterarum scientia.... Dat. Lugduni, III idus ianuarii.

780. — Burdegalis, 6 iul. 1306.
Consideratione Berengarii, ss. Nerei et Achillei presbyteri card., reservat Guillelmo in civitate vel dioec. Nemausen. beneficium sine cura, cuius reditus quinquaginta librarum Turonen. parvorum valorem annuum non excedant, non obstante quod parochialem eccl. s. Mariae de Domasano Vticen. dioec. obtineat. (f. 133b).

Dil. filiis archidiacono et precentori eccl. Vticen. ac ros... iulien.

Dil. filio Guillelmo de Monte Rotundo rectori eccl. s. Marie de Damasano Vticen. dioc. Comendanda tue merita.... Dat. Burdegalis, II non. iulii.

781. — Burdegalis, 31 iul. 1306.
Bertrandum providet de canonicatu eccl. Eboracen. et praebenda, personatu vel dignitate ibidem

vacantibus vel vacaturis, non obstante defectu ordinum et aetatis. (f. 133b).

Ven. fratribus Agennen. et Xantonen. episcopis ac dil. filio sacriste eccl. Burdegalen.
Dil. filio Bertrando de Fargis canonico Eboracen. Dum conditiones.... Dat. Burdegalis, II kal. augusti.

782. — Burdegalis, 11 iul. 1306.
Dat licentiam contrahendi mutuum usque ad summam octo milium florenorum auri. (f. 133b).

Dil. filio Bartholomeo [1] electo monasterii Montis Olivi ord. s. Benedicti Carcassonen. dioc. Ex parte tua.... Dat. Burdegalis, V idus iulii.

783. — Burdegalis, 26 iul. 1306.
De eodem scribit executoribus, mandatque eis, ut solutioni pecuniae mutuatae invigilent. (f. 134a).

Dil. filiis abbati mon. s. Salvi prope Florentiam et preposito Cableyarum s. Martini Turonnen. ac archidiacono Alinxien. Xanctonen. ecclesiarum. Exponente nobis.... Dat. Burdegalis, VII kal. augusti.

784. — Subterraneae, 15 apr. 1306.
Indulgetur, ut possit per alium visitationis officium peragere et debitas procurationes recipere. (f. 134b).

Ven. fratri Gualhardo episc. Tholosano. Grate devotionis studia.... Dat. Subterranee, decimo septimo kal. maii.

785. — Subterraneae, 15 apr. 1306.
De eodem scribit executoribus (f. 134b).

Dil. filiis Sevenen. Auxitan. et Vzalmenen. Vasaten. archidiaconis ac cantori Burdegalen. Grate devotionis studia.... Dat. ut supra.

786. — Bituris, 31 martii 1306.
Indulgetur, ut apud sedem apostolicam moram trahens vel eiusdem immorans obsequiis aut insi-

[1] Bartholomaeus de Barre. *Gallia chr.*, VI. p. 989.

stens scolasticis disciplinis vel residens in aliqua ecclesiarum vel ubicunque eum morari contigerit, possit fructûs beneficiorum suorum integre, quotidianis distributionibus exceptis, percipere, ac si personaliter resideret. (f. 134*b*).

· *Ven. fratri archiepiscopo Burdegalen. et Dunelmen. ac Agennen. episcopis.*

Dil. filio Bertrando de Preissaco canonico Cameracen. Vt tua et tuorum.... Dat. Bituris, II kal. aprilis.

787. — Apud mon. Grandimonten., 22 apr. 1306.

Dispensatur, ut non obstante defectu ordinum et aetatis beneficium, etiam si dignitas vel personatus existat, recipere valeat. (f. 134*b*).

Dil. filio Machinardo nato quondam Bertini de Vbertinis de Gaville clerico Aretine dioc. Vt tua et tuorum.... Dat. apud monasterium Grandimontense, X kalendas maii.

788. — Apud mon. Grandimonten., 22 apr. 1306. .

Eodem modo dilecto filio *Alexandro*, nato dil. filii nobilis viri Aghinulphi, comitis de Romena, clerico Aretinae dioec. (f. 135*a*).

Dat. ut supra.

789. — Petragoris, 30 apr. 1306.

Declarat, quod litterae, quibus nepoti episcopi Ostien. contulerat canonicatum et reservavit praebendam, personatum seu dignitatem in eccl. s. Martini Turonen., extendantur etiam ad quaecunque officia seu administrationes dictae eccl. (f. 135*a*).

Dil. filio Nicolao Albertini de Prato canonico eccl. s. Martini Turonen. Devotionis tue meritis.... Dat. Petragoris, II kalendas maii.

790. — Petragoris, 30 apr. 1306.

Ecclesia s. Praxedis de Vrbe ordinis Vallis Vmbrosae primum Nicolao episcopo Ostien. commissa et deinde per oblivionem prioris commissionis Gentili s. Martini in Montibus presbytero card. com-

mendata, ratam declarat primam commissionem. (f. 135*a*).

Ven. fratri N. episcopo Ostien. Dudum tibi ecclesiam.... Dat. Petragoris, II kal. maii.

791. — Apud mon. Grandimonten., , 22 apr. 1306.

(Ildebrandino)[1] indulgetur ad quadriennium, ut per vicarios idoneos possit visitationis officium per-agere et procurationes debitas ratione visitationis recipere. (f. 135*a*).

Ven. fratribus Senen. et Perusin. episcopis ac dil. filio abbati monasterii s. Salvi prope Florentinam. (sic).

Ven. fratri .I. episcopo Aretin.[2] Habet in nobis.... Dat. apud mon. Grandimon-tense, X kal. maii.

792. — Apud mon. Grandimonten., 22 apr. 1306. ·

Vt valeat supportare onera, quae propter guer-rarum discrimina in partibus istis ingruentia tam circa custodiam castrorum suae ecclesiae quam alia gravia eum subire oportet, conceditur eidem, ut fructus, reditus et proventus primi anni omnium beneficiorum, etiam si dignitates vel personatus existant, quae in civitate et dioecesi Aretin. usque ad triennium vacare contigerit, percipere valeat. (f. 135*a*).

Fraternitatis tue devotio promeretur.... Apud monasterium Grandimontense, X kal. maii.

793. — Apud s. Ciricum, 12 febr. 1306.

Consideratione Nicolai, Ostiensis episcopi, pro-videt clerico et capellano eius de canonicatu eccl. Pistorien. et de praebenda ibi vacante vel vaca-tura. (f. 135*b*).

Dil. filiis abbati mon. s. Salvi et preposito maioris ecclesie Florentine ac priori s. Marie in castello de Prato Pistorien. diocesis.

---

[1] VGHELLI, *Italia s.*, I. p. 423.
[2] Ms. *istam pone in istis litteris duabus contiguis.*

Dil. filio magistro Bereceunto Boncompagni canonico Pistorien. Apostolice sedis.... Dat. apud s. Circum (sic) prope Lugdunum, II idus februarii.

794. — Burdegalis, 19 iun. 1306.

. Ne prioratus de Grassia et de Albiaco Agennen. dioec., quem infrascripti Guillelmo Cassani laico eiusque heredibus usque ad octo annos a festo Pentecostes proxime praeterito computandos sub certo annuo censu Guidoni de s. Iuliano, priori dicti prioratus, persolvendo concesserunt, ultra determinatum tempus detineatur, mandat, ut definito tempore prioratus ad monasterium suum revertatur. (f. 135 *b*).

Dil. filiis abbati et conventui monasterii de Burgidolen. [1] *ordinis s. Benedicti Bituricen. dioc.* Petitio vestra.... Dat. Burdegalis, XIII kal. iulii.

795. — Apud mon. Grandimonten., 17 apr. 1306.

Ne permittant Raymundum [2], s. Mariae Novae diac. cardinalem, super beneficiis et bonis eius in regno Angliae constitutis aut illorum fructibus, reditibus, proventibus seu iuribus a quocunque indebite molestari. (f. 135 *b*).

Ven. fratribus archiepiscopo Eboracen. et Dunelmen. ac Coventren. et Lichefelden. episcopis. Ad regendum universalis ecclesie firmamentum.... Dat. apud monasterium Grandimontis, XV kal. maii.

796. — Apud s. Ciricum, 3 mart. 1306.

Indulget ad triennium, ut insistens scolasticis disciplinis possit fructus suorum beneficiorum integre, quotidianis distributionibus exceptis, percipere, ac si personaliter resideret. (f. 136 *a*).

Dil. filio Willelmo nato quondam Godefridi Ebaly de Calaudo militis canonico

Cedunen. Meritis tue devotionis.... Dat. apud s. Ciricum prope Lugdunum, quinto nonas martii.

797. — Apud s. Genesium, 11 februarii 1306.

(Petro) [1] archiepiscopo Arelaten. ad quadriennium indulget, ut possit visitationis officium per alios peragere et procurationes moderatas percipere ita tamen, ut ecclesias, monasteria et alia loca ecclesiastica sollemnia ipse visitet. (f. 136 *a*).

Ven. fratribus archiepiscopo Aquen. ac Foroiulien. et Sistaricen. episcopis.

Ven. fratri P. episcopo (sic) *Arelaten.* Meritis tue fraternitatis.... Dat. apud s. Genesium prope Lugdunum, III idus februarii.

798. — Apud s. Genesium, 11 februarii 1306.

Concedant, si utilem inveniant, permutationem piscariarum Stagni Martici ad mensam archiepiscopatus Arelaten. pertinentium et quorundam castrorum sive redituum C(aroli) regis Siciliae. (f. 136 *a*).

Ven. fratribus Sistaricen. et Foroiulien. episcopis. Dum ex parte.... Dat. apud s. Genesium prope Lugdunum, III idus februarii.

799. — Apud s. Genesium, 11 februarii 1306.

Concedit facultatem conferendi beneficia ecclesiastica quinque clericorum suorum domesticorum et commensalium cedentium vel decedentium singula singulis personis idoneis. (f. 136 *a*).

Ven. fratri P. archiepiscopo Arelaten. Fraternitatis tue devotio.... Dat. ut supra.

800. — Bituris, 31 mart. 1306.

Consideratione Margaritae de Clara, comitissae Cornubiae, donat eius nepoti fructus illicite per-

---

[1] Ms. *Birgodolen.*

[2] Raymundus de God, Arnaldi Garsiae, germani Clementis V ex Miramonda de Maloleone filius, a patruo suo an. 1305 renunciatus est diaconus cardinalis s. Mariae Novae. Obiit anno 1310. BALVZIVS, I. p. 648. CIACONIVS, II. p. 378.

[1] Petrus de Ferrariis fuit primo decanus Aniciensis et Auxiensis, dein Noviomensis episcopus atque cancellarius Caroli II, Siculorum regis, demum electus est unanimi canonicorum consensu archiepiscopus Arelatensis 1304-1308. *Gallia chr.*, I. p. 573.

ceptos ex ecclesiis de Bonreth, de Yothel, de Malteby Laonen., Cloenen. et Eboracen. dioec., dictas ecclesias ei de novo confert, concedit, ut adhuc alia beneficia, dummodo ipsorum reditus ducentarum librarum sterlingorum annuum valorem non excedant, possit percipere, dispensatque cum illo, quod usque ad septennium ad ulteriores ordines se facere promoveri minime teneatur. (f. 136 a).

Dil. filio Ricardo nato quondam nobilis viri Thome de Clara filii comitis Glaucestre rectori ecclesie de Bonreth Laonen. dioc. Exhibita nobis.... Dat. Bituris, II kal. aprilis.

801. — Burdegalis, 20 iun. 1306.

Citent Guiraudum Ybernen. presbyterum Claromonten. dioec., cui fr. Guillelmus [1] episcopus Pictavien. de facto contulit ecclesiam de Messemeyo Pictavien. dioec., debitam de iure Petro Alexandri presbytero dictae dioec. (f. 136 b).

Dil. filiis cantori et succentori b. Ylarii Pictaven. ac archipresbytero de Ludimo Pictaven. dioc. ecclesiarum. Significavit nobis.... Dat. Burdegalis, XII kal. iulii.

802. — Lugduni, 17 febr. 1306.

Deficientibus personis, quae contractus legitimos in publica redigerent documenta, concedit facultatem assumendi unam personam idoneam ad tabellionatus officium. (f. 136 b).

Ven. fratri Guidoni Famagustan.[2] et Anteraden.[3] episcopo. Personam tuam.... Dat. Lugduni, tertiodecimo kal. martii.

803. — Lugduni, 17 febr. 1306.

Concedit eidem facultatem, ut de bonis mobilibus ecclesiasticis eius dispositioni commissis, quae non fuerint altaris usui vel ecclesiarum ministerio, divino cultui etc. deputata, pro decentibus expensis sui funeris etc. disponere valeat. (f. 136 b).

Quia presentis vite.... Dat. ut supra.

[1] Mendum librarii pro Gualterus. *Gallia chr.*, II. p. 1186.
[2] Famagusta seu Arsinoe in insula Cypri. GAMS, l. c. p. 439.
[3] Antaradus seu Aradus in Phoenicia prima, ubi Tyrus est metropolis. *Ibid*. p. 434.

804.

Eidem concedit facultatem conferendi tria beneficia vacantia in eccl. Famagustan., quae asisiae iuxta morem patriae vulgariter nuncupantur et quorum singula viginti quinque florenorum auri valorem annuum non excedunt. (f. 136 b).

Personam tuam [1].

805. — Apud s. Ciricum, 26 febr. 1306.

Obtentu Bertrandi de Duroforti domicelli reservatur eius nepoti Raymundo de Crosis, clerico Caturcen. dioec., beneficium vacans vel vacaturum in dioecesi Claromonten. cum annuis reditibus octoginta librarum Turonen. parvorum, mandaturque executoribus, ut eidem de tali beneficio provideant, et si ecclesia collegiata fuerit, eum in canonicum recipi faciant. (f. 137 a).

Dilectis filiis abbati mon... de Duroforti Caturcen. ac Iohanni... canonicis ecclesiarum. Cum dilectus filius Raymundus.... Dat. apud s. Ciricum prope Lugdunum, IIII kal. martii.

806. — Apud s. Ciricum, 26 febr. 1306.

Similiter provideant de beneficio Aymerico de s. Petrovallium, clerico Caturcen. dioec. (f. 137 a).

Eidem abbati Moysiacen. et aliis executoribus. Cum dilectus filius Aymericus.... Dat. ut supra.

807. — Apud s. Ciricum, 26 febr. 1306.

Similiter provideant de huiusmodi beneficio Stephano Garini, clerico Caturcen. dioec. (f. 137 a).

Eidem abbati et aliis executoribus. Cum dilectus filius Stephanus.... Dat. ut supra.

808. — Apud s. Ciricum, 26 febr. 1306.

Similiter provideant Bertrando de Narsesio, clerico Caturcen. dioec., de huiusmodi beneficio. (f. 137 a).

Eidem abbati et aliis executoribus. Cum dilectus filius Bertrandus.... Dat. ut supra.

[1] Extremum regesti desideratur. Dein sequitur quaternio novus.

809. — Apud s. Ciricum, 28 febr. 1306.
Consideratione Beatricis, dalphinae Viennen., confert eius clerico et familiari canonicatum ecclesiae Foroiulien. et praebendam ibi vacantem vel vacaturam, licet in Bredunen., Vapincen., Apton. et s. Andreae Gratianopolitan. ecclesiis obtineat canonicatus et praebendas. (f. 137a).

Ven. fratri episcopo et dil. filiis decano Gratianopolitan. ac priori s. Roberti subtus Curvilionem Gratianopolitan. dioc.
Dil. filio magistro Guidoni de Meolan canonico Foroiulien. Litterarum scientia.... Dat. apud s. Ciricum prope Lugdunum, II kal. martii.

810. — Nivernis, 23 martii 1306.
(Bartholomaeo)[1] episcopo Eduen. concedit, ut, cum tempus concessionis per Benedictum Pp. XI Philippo, regi Franciae, super percipiendis fructibus primi anni beneficiorum in regno suo vacantium factae lapsum fuerit, fructus primi anni beneficiorum, etiam si dignitates vel personatus existant, abbatiis et prioratibus regularibus exceptis, in sua civitate ac dioc. vacantium in fabricam suae ecclesiae usque ad triennium percipere valeat.(f. 137a).

Dil. filiis abbati mon. s. Martini et priori s. Symphoriani ac decano Beluen. Eduen. civitatis et dioc.
Ven. fratri episcopo Eduen. Cum sicut ex parte tua.... Dat. Nivernis, X kal. apr.

811. — Apud s. Ciricum, 28 febr. 1306.
Indulget Himberto, ut sibi eligere possit confessarium. (f. 137b).

Dil. filio nobili viro Himberto dalphino Viennen. Devotionis tue precibus.... Dat. apud s. Ciricum prope Lugdunum, II kal. martii.

812. — Borbon., 17 martii 1306.
Annuens precibus Benvenuti, quondam Iohannis de Perusio in romana curia advocati, confert filio eius Iohanni beneficium, etsi dignitas vel perso-

[1] Bartholomaeus ep. Eduen. 1298 — † circa 1308. *Gallia chr.*, IV. p. 408.

natus existat, vacans vel vacaturum in civitate et dioec. Perusin., non obstante quod in Panormitan. et Aretin. ecclesiis canonicatus et praebendas obtineat, dispensatque cum illo super defectu ordinum et aetatis. (f. 137b).

Dil. filiis magistro Symoni de Marville tesaurario Meten. capellano nostro et priori s. Florentii ac Francisco Nercoli canonico Perusin. ecclesiarum.
Dil. filio Iohanni nato dil. filii Benvenuti quondam Iohannis de Perusio in romana curia advocati canonico Panormitan. Vt tua et tuorum sincera devotio.... Dat. Borbon., XVI kal. aprilis.

813. — Apud s. Ciricum, 19 febr. 1306.
Obtentu Petri, electi Magalonen., confert Ioh. Beloti canonicatum ecclesiae Remen. et praebendam ibi vacantem vel vacaturam, non obstante quod in ecclesia s. Iohannis in Burgo Laudunen. canonicatum obtineat et praebendam. (f. 137b).

Dil. filiis decano s. Iohannis in Burgo et magistro Iohanni dicto Perior Laudunen. ac Hugoni de Romengoso Convenarum canonicis ecclesiarum.
Dil. filio Iohanni Beloti de Curvavilla canonico Remen. Digne agere credimus.... Dat. apud s. Ciricum, XI kal. martii.

814. — Apud s. Ciricum, 28 febr. 1306.
Consideratione Iohannis[1], dalphini Viennen., confert filio eius Himberto[2] canonicatum ecclesiae Ebredunen. et praebendam integram non sacerdotalem ibi vacantem vel vacaturam. (f. 137b).

Ven. fratri episcopo et dil. filiis decano Gratianopolitan. ac priori s. Roberti subtus Carviolionem (sic) Gratianopolitan. dioc.
Dil. filio Himberto Clareti dè Corvilione canonico Ebredunen. Merita tue probitatis.... Dat. apud s. Ciricum, II kal. martii.

[1] Iohannes, comes Vapincen., filius Humberti de Turre et Annae dalphinae Viennen., dalphinus Viennen. 1307-1319. *L'Art de vérifier* etc., II. 10. p. 457.
[2] Himbertus, postea dominicanus, fundavit monast. Cistercien. s. Iusti 1349, ubi moritur 1354. *L'Art* etc., II. 10. p. 458.

815. — Matiscone, 8 mart. 1306.

Indulget Aimoni [1] ad quinquennium, ut fructus praebendarum, dignitatum, personatuum et aliorum beneficiorum, quae obtinet et eum obtinere contigerit, residens in aliqua suarum ecclesiarum percipere valeat, quotidianis distributionibus exceptis. (f. 138 a).

Ven. fratri episcopo Maurianen. et dil. filiis preposito Valentin. ac cantori Melden. ecclesiarum.

Dil. filio Aymoni nato dil. filii nobilis viri Amedey comitis Sabaudie canonico Parisien. Tua (et) tuorum sincera devotio.... Dat. Matiscone, VIII idus martii.

816. — Matiscone, 8 mart. 1306.

Eidem Aimoni reservatur conferenda vacans vel vacatura una e domibus pertinentibus ad claustrum eccl. Parisien., cuius est canonicus. (f. 138 a).

Dil. filiis priori s. Simphoriani de Auzone Lugdunen. dioc. et preposito Valentin. ac cantori Melden. ecclesiarum.

Dil. filio Aymoni nato supradicto canonico Parisien. Tui nobilitas generis.... Dat. Matiscone, VIII idus martii.

817. — Matiscone, 8 mart. 1306.

Eidem Aimoni indulget ad septennium, ut insistens scolasticis disciplinis in loco, ubi studium vigeat generale, fructus suorum beneficiorum, etsi personatus vel dignitates existant, percipere valeat, quotidianis distributionibus exceptis. (f. 138 a).

Ven. fratri episcopo Maurianen. et aliis executoribus ut supra.

Eidem Aymoni nato ut supra. Generis et morum nobilitas.... Dat. Matisconi, VIII idus martii.

818. — Matiscone, 9 mart. 1306.

Consideratione Amedei, comitis Sabaudiae, dispensat cum eius filio Aimone super defectu

---

[1] Aimon, filius secundus Amedei Magni, comitis Sabaudiae (1285-1323) et Sibyllae de Bangé. Defuncto fratri Eduardo successit 1329-1343. *L'Art de vérifier* etc., II. 17. p. 174-175.

ordinum et aetatis, ut praeter archidiaconatum ecclesiae Eboracen. alia beneficia in regno Angliae cum annuis reditibus quingentarum marcarum argenti recipere et cum eodem archidiaconatu et canonicatibus et praebendis in preadicta ac Parisiensi, canonicatum et portionem in Lugdunensi residendo ibidem nec non canonicatum et praebendam in Remen. ecclesiis assequi et retinere valeat. (f. 138 b).

Dil. filio Aymoni nato dil. filii nobilis viri Amedei comitis Sabaudie canonico Parisien. Sedis apostolice circumspecta benignitas.... Dat. Matisconi, VII idus martii.

819. — Matiscone, 8 martii 1306.

Annuens precibus Amedei, comitis Sabaudiae, reservat eius filio conferendum vacantem vel vacaturum personatum seu dignitatem in ecclesia Lugdunen., non obstante quod in Eboracen. archidiaconatum et in ea ac Parisien. canonicatus et praebendas et in Lugdunen., in qua residendo portionem percipit, ac Remen. canonicatus obtineat et quod defectum patiatur in ordinibus et aetate. (f. 138 b).

Ven. fratri episcopo Maurianen. et dilectis filiis abbati monasterii Savigniacensis Lugdun. dioc. ac preposito ecclesie Valentin.

Dil. filio Aymoni nato etc. ut supra canonico Lugdun. Dum conditiones et merita.... Dat. Matisconi, VIII idus martii.

820. — Apud s. Ciricum, 22 febr. 1306.

Consideratione Raymundi, s. Mariae Novae diaconi cardinalis, confert infrascripto canonicatum ecclesiae Carpentoraten. ac providet de praebenda ibi vacante vel vacatura, non obstante quod in ecclesia Foroiulien. canonicatum et praebendam obtineat. (f. 139 a).

Ven. fratribus Avinionen. et Cavalicen. episcopis ac dilecto filio sacriste ecclesie Ebredunen.

Dil. filio Rostagno Malisa(n)guinis canonico Carpentoraten. Digne agere credimus.... Dat. apud s. Ciricum, VIII kal. martii.

821. — Nivernis, 26 mart. 1306.

Antonium, patriarchám Ierosolimitan., qui assumpto crucis signaculo transfretare cupit in subsidium Terrae sanctae, absolvit a praestatione decimae suorum proventuum, decernitque, ut propter hoc nequeat suspendi, interdici et excommunicari. (f. 139 *a*).

Ven. fratri Antonio patriarche Ierosolimitano Dunelmen. episcopo. Cum persone ecclesiastice.... Dat. Nivernis, VII kal. apr.

822. — Nivernis, 26 martii 1306.

Eundem Antonium, patriarcham Ierosolimitan., ratione propositi proficiscendi in Terrae sanctae subsidium a iurisdictione archiepiscopi Eboracen. metropolitae eximit, ita ut immediate sedi apostolicae subiaceat. (f. 139 *a*).

Ven. fratri Antonio patriarche Ierosolimitano Dunelmen. episcopo. Inter cunctas sollicitudines, quibus assidue premimur et ex apostolatus officio vacare tenemur, illa potissime insidet cordi nostro, pungit mentem durius et viscera nostra perurit, ut ad eripiendum Terram sanctam de manibus impiorum, qui eam cruciatibus lacerant et contaminant in obprobrium fidelium populi christiani, vigilemus instantius et aliis quibuscunque curis sepositis, virtuosis divina favente clementia conatibus intendamus ad tam salubre recuperationis negocium, vires difundendo utiliter, et viros perspicuos orthodoxe fidei zelatores hoc viribus hanelantes privilegiis et exemptionibus sedis apostolice muniendo. Cum itaque tu, cuius prudentia ut strenui pugilis et examinate virtutis non ad sedem eandem sed ad remotiora pervenit, licet alias tibi ex tua patriarchali ecclesia id incumbat, caritatis igne succensus et compatiens ab intimis Terre prefate ignominiis et pressuris, signaculo vivifice crucis assumpto, proposueris in ipsius Terre subsidium proficisci, nos volentes, ut tu, quem ea intentione Ierosolimitan. ecclesie in patriarcham preficimus, id tanto ferventius prosequi valeas, quanto amplioribus fueris

Regestum Clementis Papae V.

libertatis et exemptionis privilegiis communitus, sine quibus tuum tam pium propositum posset forsitan retardari, ac ut paterne dilectionis affectum, quem ad te huiusmodi laudandis tuis votis et claris exigentibus meritis gerimus, per effectum operis ostendamus, te ac personam tuam, qui ratione patriarchatus tui Ierosolimitan. ab omni iurisdictione cuiuslibet iudicis ordinarii in illo exemptus esse dinosceris et immediate sedi apostolice subiacere nosque, qui te sic subiectum et exemptum decrevimus ac etiam declaramus a iurisdictione et subiectione, quibus venerabili fratri nostro archiepiscopo et ecclesie Eboracen., quorum ratione tue Dunelmen. ecclesie suffraganeus esse dinosceris, et ob predictam ecclesiam in te iurisdictionem noscuntur habere, auctoritate apostolica de speciali gratia quantum ad personam tuam eximimus, absolvimus ac etiam liberamus, teque et personam tuam ab ipsius archiepiscopi et successorum suorum, qui pro tempore fuerint, ac capituli Eboracen. ecclesie supradicte, ac etiam cuiusvis alterius iurisdictionem quamlibet ordinariam sede Eboracen. vacante in Eboracen. provincia de iure vel consuetudine exercentis, quamdiu vixeris, prorsus exemptum etiam nunciamus et eripimus de apostolice plenitudine potestatis, ita quod prefatus archiepiscopus nec iure metropolitico nec capitulum Eboracen. predicti vel quivis alius iurisdictionem similem in eadem provincia tempore vacationis ecclesie Eboracen. exercentes iure ordinario in personam tuam, utpote per nos presentium auctoritate liberam et exemptam, possit nullatenus sive ex causa visitationis vel apellationis cuiuslibet aut inhibitionis faciende pretextu tuitionis, quam prefati archiepiscopus et capitulum in provincia supradicta exercere dicuntur, iurisdictionem, potestatem et dominium aliqua exercere sine mandato sedis apostolice speciali, compositione et pacto seu ordinatione super hiis in contrarium initis vel secutis, etiam iuramento vel pena vallatis nequaquam obstantibus, quas auctoritate presentium, quantum ad presentem exemptionem, iuribus vacamus et quod inter Eboracen. et Dunelmen. ecclesias et prelatos earum fuerit hactenus in romana curia super exercicio iurisdictionis cuiuslibet aut alibi litigatum quibuscunque privilegiis, litteris apostolicis et excommunicationis, suspensionis et interdicti sententiis hinc inde prolatis, a quibus te ad cautelam auctoritate predicta absolvimus, ita quod tua persona infra tempus huiusmodi omnimode, immediate, precise et absolute soli dumtaxat romano pontifici et sedi apostolice subiaceat memorate, decernentes ex nunc irritum et inane, si secus super hiis a quoquam contigerit attemptari. Volumus autem, quod tu per officialem seu officiales aut vicarios tuos, quos te in ipsa Dunelmen. ecclesia pro tempore contigerit ordinare, que per te eisdem archiepiscopo, capitulo et ecclesie Eboracen. ratione tue Dunelmen. ecclesie debentur de consuetudine vel de iure, integraliter facias exhiberi, nec per hoc eis in successores tuos Dunelmen. episcopos preiudicium aliquod generetur, quodque hec nostra absolutio, exemptio, liberatio, vacuatio, et decretum incipiant a data presentium litterarum. Nulli etc. Dat. Nivernis, VII kal. aprilis.

823. — Lugduni, 1 febr. 1306.

Waltero de Maydenestan, qui de Newecherche et de Nayleston, de Launcinge, de Bikele ac de Killaban ecclesias et medietatem ecclesie de Kirkebi in Kendale et custodiam hospitalis novi operis de Maydenestan ac canonicatum et praebendam ecclesie Socien. Cantuarien., Lincolnien., Cicestren., Exonien., Licherien. (sic) et Auxitan. dioc. recipiens ac fructus percipiens se non fecit ad ordines promoveri, dispensatione super hoc non obtenta, fructus percepti remittuntur, dispensaturque cum illo, ut medietatem et custodiam

ecclesiarum praedictarum retinens ad omnes dignitates ecclesiasticas assumi valeat. (f. 139 b).

Dil. filio magistro Waltero de Maydenestan canonico ecclesie Socien. Auxitan. dioc. Exigentibus tue probitatis meritis.... Dat. Lugduni, kal. februarii.

824. — Lugduni, 2 ian. 1306.

(Guillelmo), episcopo Eboracen., concedit facultatem, faciendi in Cameracen., Carnoten., Ambianen. et Baiocen. ecclesiis earum videlicet singulis singulas personas, quas illi Iohannes, comes Drocen., nominaverit, in canonicos recipi ac providendi singulis de singulis praebendis ibi vacantibus vel vacaturis, etiamsi dictae personae unum, duo vel plura beneficia obtineant. (f. 139 b).

Ven. fratri episcopo Eboracen. Personam dilecti filii.... Dat. Lugduni, IIII non. ianuarii.

825. — Paredi, 15 mart. 1306.

Monasterio Trenorchien. ord. s. Ben. Cabilonen. dioec. per resignationem Iohannis [1] abbatis, a Guillelmo Dabnacii canonico mon. s. Petri Matiscon. ord. s. Aug. ex eius mandato factam, vacanti praeficit priorem prioratus s. Porciani ord. s. Ben. Claromonten. dioec. in abbatem. (f. 140 a).

Dil. filio Henrico [2] electo mon. Trenorchien. ad romanam ecclesiam nullo medio pertinentis ordinis s. Benedicti Cabilonen. dioc. Sedula nos cura.... Dat. Paredi, idus martii.

Eodem modo scribitur dilectis filiis conventui mon. Trenorchien. secundum stilum curiae.

Similiter scribitur universis vasalis eiusdem mon. sub forma consueta.

826. — Paredi, 15 mart. 1306.

Item scribitur et conceditur eidem abbati Trenorchien., quod possit recipere munus benedictionis a quocumque archiepiscopo vel episcopo maluerit. (f. 140 a).

Dat. istarum litterarum ut supra.

---

[1] Ioh. II de Lugny, abbas Trenorchien. 1285-1306. *Gallia chr.*, IV. p. 972.

[2] Henricus de Seneceyo 1306-1311. *Ibidem*.

827. — Apud s. Ciricum, 27 febr. 1306.

Consideratione Iohannis dalphini, comitis Vapincen., confert eius fratri canonicatum ecclesiae Rothomagen., praebendam vero, personatum et dignitatem vacantes vel vacaturos reservat ei conferendos, dispensatque cum illo, ut simul in maiori et s. Iusti Lugdun., Viennen., Claromonten. et Romanen. Viennen. dioec. ecclesiis canonicatus et praebendas retinere valeat. (f. 140 a).

Dil. filiis priori s. Laurentii et preposito s. Andree Gratianopolitan. ac Aynardo de Clavasione canonico Viennen. ecclesiarum.

Dil. filio Henrico [1] *dalphini nato dil. filii nobilis viri Himberti dalphini Viennen. canonico Rothomagen.* Dum conditiones et merita.... Dat. apud s. Ciricum prope Lugdunum, III kal. martii.

828. — Apud s. Ciricum, 28 febr. 1306.

Eidem Henrico confert canonicatum ecclesiae Cameracen. providetque de praebenda, personatu vel dignitate. (f. 140 b).

Executores sunt sicut in prima littera dalphini.

Dil. filio Henrico dalphini nato dil. filii nobilis viri Himberti dalphini Viennen. canonico Cameracen. Dum conditiones et merita.... Dat. apud s. Ciricum prope Lugdunum, II kal. martii.

829. — Apud s. Ciricum, 28 febr. 1306.

Obtentu Iohannis, comitis Vapincen., confert fratri eius prioratum vacantem vel vacaturum, ad collationem abbatis et conventus mon. s. Rufi Valentin. ord. s. Aug. pertinentem, non obstante quod in maiori et s. Iusti Lugdun., Viennen., Claromonten. et Romanen. ecclesiis Viennen. dioec. canonicatus obtineat et praebendas et illi in Cameracen. et Rothomagen. ecclesiis de canonicatibus cum reservatione personatuum, dignitatum et prae-

bendarum fuerit provisum ; prioratus vero praedictus illo cedente vel decedente ad monasterium revertatur. (f. 140 b).

Executores ut supra.

Eidem Henrico canonico Lugdunen. ut supra. Dum conditiones et merita.... Dat. apud s. Ciricum prope Lugdunum, II kal. martii.

830. — In Campis prope Bellamvillam, 6 mart. 1306.

Iohanni de Lorgo confert canonicatum eccl. Lugdunen. (f. 141 a).

Dil. filio Iohanni de Lorgo canonico Lugdunen.

Dil. filiis abbati mon. de Iugo Dei et decano ac cantori ecclesie Belliioci Lugdunen. et Matisconen. dioc. Tui nobilitas generis.... Dat. in Campis prope Bellamvillam, II non. martii.

831. — Apud s. Ciricum, 28 febr. 1306.

Lanceloto de Marchant indulget, ut in aliqua ecclesiarum, in qua canonicus vel rector existit, residendo, vel insistens scolasticis disciplinis in loco, ubi vigeat studium generale, fructus suorum beneficiorum usque ad quinquennium percipere valeat, quotidianis distributionibus exceptis. (f. 141 a).

Dil. filiis Savigniacen. et Insule Barbare mon. abbatibus Lugdunen. dioc. ac decano ecclesie Lugdunen.

Dil. filio Lanceloto de Marchant alias dicto de Porpernis canonico Anicien. Personam tuam grata.... Dat. apud s. Cyricum prope Lugdunum, II kal. martii.

832.

Dispensat super defectu natalium. (f. 141 a).

Dil. filio Petro de Solerio clerico Burdegalen. dioc. Illegitime genitos.... (sine data).

833. — Apud s. Ciricum, 4 mart. 1306.

Consideratione Roberti, ducis Calabriae, filii Caroli, Siciliae regis, confert eius clerico et familiari canonicatum ecclesie Foroiulien. ac praeben-

---

[1] Henricus, filius Humberti de Turre et Annae, dalphinae Viennen., postea 1318 episcopus Meten., adeptus a Papa licentiam ab ordinibus sacris suscipiendis abstinendi. An. 1324 abdicavit, ut in dalphinatu pro nepote suo pupillo Guigone VIII liberius regnaret. *L'Art de vérifier* etc., II. 10. p. 456-459. *Gallia chr.*, XIII. p. 770.

dam et personatum vel dignitatem ibi vacantes vel vacaturos, non obstante quod in ecclesia Regen. archidiaconatum, canonicatum et praebendam ac ecclesiam b. Mariae de Seleses Regen. dioec. obtineat. (f. 141 *a*).

Ven. fratri episcopo Apten. et dil. filiis preposito ecclesie Sistericen. ac Vitali de Maynhauto canonico Lectoren.

... [1] Morum honestas.... Dat. apud s. Cyricum prope Lugdunum, IIII non. martii.

834. — Apud s. Ciricum, 26 febr. 1306.

Obtentu Arnaldi, s. Mariae in Porticu diaconi cardinalis, indulget eius capellano et commensali, ut archidiaconatum suum Brageriaci possit ipse vel per alium seu alios visitare procurationesque exigere ac recipere. (f. 141 *b*).

Dil. filio Bernardo de Cornu archidiacono Brageriaci in ecclesia Petragoricen. Grandia tue merita probitatis.... Dat. apud s. Cyricum, IIII kal. martii.

835. — Apud s. Ciricum, 26 febr. 1306.

Consideratione Arnaldi, s. Mariae in Porticu diaconi cardinalis, dispensat cum eius capellano et commensali, ut obtinens archidiaconatum Brageriaci aliud beneficium, etsi personatus vel dignitas existat, recipere et una cum canonicatibus et praebendis in maiori et in s. Frontonis Petragoricen. ac s. Stephani Trecen. ecclesiis valeat retinere. (f. 141 *b*).

Dil. filiis archidiacono Marciani in ecclesia Aduren. ac cantori s. Frontonis Petragoricen. et magistro Petro Chavinellis.

Dil. filio Bernardo de Cornu archidiacono Brageriaci in ecclesia Petragoricen. Illos libenter prerogativa.... Dat. loco et die quo supra.

836. — Cluniaci, 11 mart. 1306.

Obtentu Amedei, comitis Sabaudiae, confert Iohanni canonicatum ecclesiae Lugdunen. cum omnibus pertinentiis, licet in s. Iusti Lugdun. cano-

nicatum et portionem proventuum et in Deusflens Tarantasien. dioec. ecclesiis pensionem annuam quatuor librarum Viennen. obtineat. (f. 141 *b*).

Dil. filiis Savigniacen. et Ambroniacen. mon. abbatibus Lugdunen. dioc. ac decano ecclesie Saresbirien.

Dil. filio Iohanni de Castellario canonico Lugdunen. Grandis devotionis affectus .... Dat. Cluniaci, V idus martii.

837. — Matiscone, 8 mart. 1306.

Obtentu eiusdem Amedei confert Petro [1] canonicatum ecclesiae Lugdunen., non obstante quod illi canonicatum Augusten. ac praebendam ibi vacantem vel vacaturam contulerit. (f. 142 *a*).

Ven. fratri.. episcopo Maurianen. et dil. filiis.. s. Simphoriani de Auzone ac.. de Costa Lugdunen. et Viennen. diocesium prioribus.

Dil. filio Petro nato nobilis viri Ebali de Agusta canonico Lugdunen. Grandis devotionis.... Dat. Matiscone, VIII idus mart.

838. — Cluniaci, 9 mart. 1306.

Obtentu eiusdem Amedei confert Humberto de Rochesello canonicatum eccl. Lugdunen. (f. 142 *a*).

Dil. filiis s. Simphoriani de Auzone et de Costa Lugdun. et Viennen. dioc. prioribus ac decano ecclesie Viennen.

Dil. filio Humberto de Rochesello filio quondam Humberti de Rochesello canonico Lugdunen. Grandis devotionis.... Dat. Cluniaci, VII idus martii.

839. — Cluniaci, 9 mart. 1306.

Obtentu eiusdem Amedei confert infrascripto canonicatum ecclesiae Lugdunen. (f. 142 *a*).

Dil. filiis Ambroniacen. et priori s. Simphoriani de Auzone Lugdun. et Hugoni de Sachinis canonico Matisconen.

---

[1] Desideratur, ad quem litterae sint directae.

[1] Petrus de Chalant, Ebali vicecomitis Augustae filius, postea Augustanae ecclesiae praepositus, qui resignatione Petri de Sabaudia, archiepiscopi Lugdunen., accepta Lugdunum se contulit, verum nondum accepto provisionis diplomate subitanea morte extinctus est 1321. *Gallia chr.*, IV. p. 163.

Dil. filio Hugoni, nato dil. filii nobilis viri Ghuychardi de Corgieron can. Lugdunen. .Grandis devotionis.... Dat. Cluniaci, VII idus martii.

840. — Cluniaci, 9 mart. 1306.

Obtentu eiusdem Amedei, confert Pontio dicto · Avio canonicatum ecclesiae Valentin., et quando in canonicum fuerit receptus et portionem proventuum percipere inceperit, vult eum carere coraria eiusdem ecclesiae. (f. 142 *a*).

Dil. filiis abbati mon. s. Ruffi Valentini et priori s. Simphoriani de Auzone Lugdun. dioc. ac precentori ecclesie Valentin.

Dil. filio Pontio dicto Avio canonico Valentino. Grandis devotionis.... Dat. Cluniaci, VII idus martii.

841. — Cluniaci, 9 mart. 1306.

Obtentu eiusdem Amedei confert Petro de Billens canonicatum ecclesiae s. Iusti Lugdunen. cum omnibus iuribus et pertinentiis, non obstante quod in ecclesia de Contofrino Lausanen. dioec. quoddam perpetuum beneficium obtineat. (f. 142 *a*).

Dil. filiis s. Symphoriani Lugdun. dioc. et.. sacriste ac Guillelmo de Serravalle canonico ecclesie Lugdun.

Dil. filio Petro de Billens iurisperito canonico ecclesie s. Iusti Lugdun. Grandis devotionis.... Dat. Cluniaci, VII idus màrt.

842. — Cluniaci, 9 mart. 1306.

Obtentu eiusdem Amedei confert Thomae Balli, eius physico, canonicatum ecclesiae Gebennen. providetque de praebenda ibi vacante vel vacatura, non obstante quod in ecclesia s. Wudonis Spiren. canonicatum obtineat et praebendam. (f. 142 *a*).

Dil. filiis.. s. Ioh. et.. s. Vict. Gebennen. ac s. Simphoriani de Auzone Lugdun. dioc. priorib.

Dil. filio magistro Thome Balli can. Gebennen. Grandis devotionis.... Dat. ut supra.

843. — Cluniaci, 10 mart. 1306.

Obtentu Amedei, comitis Sabaudiae, confert infrascripto canonicatum ecclesiae Sedunen. pro-

videtque de praebenda ibi vacante vel vacatura. (f. 142 *a*).

Dil. filiis.. s. Iohannis et.. s. Victoris Gebennen. ac s. Simphoriani de Auzone Lugdun. dioc. prioribus.

Dil. filio Francisco nato Michaelis Benedicti de Gebennis canonico Sedunen. Ad illorum provisionem.... Dat. Cluniaci, VI idus martii.

844. — Matiscone, 8 mart. 1306.

Obtentu Amedei, comitis Sabaudiae, reservat eius filio, canonico Lugdunen., conferenda castra, possessiones aliaque bona eiusdem eccl. Lugdun. vacantia per cessionem vel decessionem canonicorum, non obstante quod in Eboracen. archidiaconatum et in ea ac Parisien. canonicatum et praebendas et in Lugdunen. ecclesiis canonicatum et portionem canonicalem obtineat, et quod illi canonicatum ecclesiae Remen. contulerit ac praebendam, nec non in Remen. et Lugdunen. ecclesiis dignitates seu personatus vacantes et vacaturos reservaverit conferendos. (f. 142 *b*).

Ven. fratri.. episcopo Maurianen. et dil. filiis.. abbati mon. Savigniacen. Lugdunen. dioc. ac.. preposito ecclesie· Valentin.

Dilecto filio Aymoni nato dilecti filii nobilis viri Amedei comitis Sabaudie canonico Lugdunensi. Dum generis et morum nobilitas.... Dat. Matiscone, VIII idus martii.

845. — Cluniaci, 11 mart. 1306.

Consideratione Amedei, comitis Sabaudiae, confert infrascripto canonicatum ecclesiae Lugdunen. cum omnibus iuribus et pertinentiis providetque de illo. (f. 142 *b*).

Dilectis filiis s. Andree de. Costa et.. s. Symphoriani de Auzone Viennen. et Lugdunen. dioc. prioratuum prioribus et Guillelmo Renoyri canonico ecclesie Viennen.

Dil. filio Bartholomeo Ricardi de s. Symphoriano de Auzone canonico Lugdunen. Inducunt nos laudabilia.... Dat. Cluniaci, V idus martii.

846. — Apud s. Ciricum, 28 febr. 1306.
Electio Ludovici de Vassalliaco in cantorem ecclesiae Lugdunen. ratificatur, cum Iohannes de Varennis praecentoriam acceptaverit. (f. 142 *b*).

Dil. filio Ludovico de Vassalliaco cantori eccl. Lugdun. Cum a nobis.... Dat. apud s. Cyricum prope Lugdunum, II kal. martii.

847. — Apud s. Ciricum, 28 febr. 1306.
Henrico confert canonicat. eccl. Lugdunen. providetque de illo, volens tamen, ut se faciat ad minores ordines et subdiaconat. promoveri. (f. 143 *a*).

Dil. filio Henrico nato dil. filii nobilis viri Petri de Rupeforti canonico Lugdunen. Apostolice sedis benignitas.... Dat. apud s. Cyricum prope Lugdunum, II kal. mart.

848. — Apud s. Ciricum, 28 febr. 1306.
Consideratione Guillelmi de Rupeforti, decani ecclesiae Lugdun., confert infrascripto canonicatum ecclesiae Lugdunen., non obstante quod parochialem ecclesiam s. Petri de Montebrisone Lugdun. dioec. obtineat, vult tamen, ut se faciat ad sacerdotium promoveri. (f. 143 *a*).

Dil. filiis.. Savigniacen. et.. de Insula Barbara Lugdunen. dioc. mon. abbatibus ac Thome de Poliaco canonico Matisconen.

Dil. filio Petro nato nobilis viri Petri marescalli canonico Lugdunen. Attendentes tui nobilitatem · generis.... Dat. apud. s. Cyricum prope Lugdunum, II die kal. martii.

849. — Lugduni, 18 ian. 1306.
Iohanni, oriundo e genere Rogerii, comitis Norfolchiae et regni Angliae marescalli, remittuntur fructus e pluribus beneficiis curam animarum habentibus percepti dispensatione non obtenta, dispensaturque cum illo, ut ecclesiis de Teberton et de Eyke ac de Ersham dimissis ecclesias de Cothinghan et de Setheringthon et de Framelingham et de Akele Eboracen. ac Norwicen. dioec. retinere valeat nec teneatur se ad sacerdotium facere promoveri. (f. 143 *a*).

Dil. filio Iohanni dicto Lebygod subdiacono rectori ecclesie de Cotingham Ebora-

cen. dioc. Licet propter ambitiones.... Dat. Lugduni, XV kal. februarii.

850. — Apud s. Ciricum, 22 febr. 1306.
Consideratione Iacobi, s. Georgii ad Velum aureum diaconi cardinalis, indulget eius consobrino ad quinquennium, ut fructus cantoriae in Baiocen. ac praepositurae in Montisfabonis Remen. dioec. nec non praebendarum in eisdem et Ambianen. ecclesiis, apud apostolicam sedem seu in aliqua earundem ecclesiarum vel in studio, ubi illud generale vigeat, vicissim per sex mensium spatium residendo, percipere possit, quotidianis distributionibus exceptis. (f. 143 *a*).

Dil. filiis.. abbati mon. s. Genovefe Parisien. et basilice principis apostolorum de Vrbe ac.. Interampnen. prioribus.

Dil. filio Bertuldo de filiis Vrsi cantori ecclesie Baiocen. Tue et tuorum sincera devotio.... Dat. apud s. Cyricum prope Lugdunum, VIII kal. martii.

851. — Tolosae, 28 sept. 1305.
Consideratione Caroli, Siciliae regis, confert eius clerico et familiari canonicatum eccl. Aquen. ac praebendam et personatum seu dignitatem ibi vacantes vel vacaturos, non obstante quod in Ruthenen. sacristiam et in Albien. succentoriam ac in eisdem canonicatus et praebendas et in s. Martini de Doysina et de Buzeto Caturcen. et Tolosan. dioec. ecclesiis quasdam decimas et pensiones obtineat. (f. 143 *b*).

Ven. fratribus archiepiscopo Arelaten. et episcopo Foroiulien. et dil. filio magistro Iacobo de Gargiaco sacriste eccl. Ebredunen.

Dil. filio magistro Guillelmo Ebraldi legum doctori clerico et familiari carissimi in Christo filii nostri Caroli Sicilie regis illustris canonico Aquen. Clara merita.... Dat. Tholose, IIII kal. octobris.

852. — In Campis prope Bellamvillam, 6 mart. 1306.
Philippo de Laya confert canonicatum ecclesiae Lugdunen. cum iuribus et pertinentiis providetque

de illis, non obstante quod in ecclesia de Belloioco canonicatum et perceptionem similes obtineat.
(f. 143*b*).

*Dil. filiis de Bellavilla et de Iugo Dei
mon. abbatibus ac priori de Sal Lugdunen. dioc.*

*Dil. filio Philippo de Laya canonico Lug-
dunen.* Tui nobilitatem generis.... Dat. in
Campis prope Bellamvillam, II non. martii.

853.— Apud s. Ciricum, 17 febr. 1306.

Guidoni de Geresio confert canonicatum ecclesiae Viennen. cum omnibus iuribus et pertinentiis
providetque de illis. (f. 143*b*).

*Dil. filiis abbati mon. Savigniacen. Lug-
dunen. dioc. et preposito ecclesie Valentin.
ac Guillelmo Helie canonico Rothomagen.*

*Dil. filio Guydoni de Geresio canonico
Viennen.* Honestatis debito suadente.... Dat.
apud s. Cyricum prope Lugdunum, XIII kal.
martii.

854. — In Campis prope Bellam-
villam, 6 martii 1306.

Iohanni de Salagguhe confert canonicatum ecclesiae Matisconen. providetque de illo, non obstante quod de Belliioco similem ac de Duriziaco
in' Prato Antisiodoren. dioc. ecclesiis canonicatus
et praebendam obtineat. (f. 144*a*).

*Dil. filiis abbati mon. Belleville Lug-
dun. dioc. et precentori ac Thome de Belliioco canonico ecclesie Lugdunen.*

*Dil. filio Iohanni de Salagguhe canonico
Matisconen.* Tui nobilitas generis.... Dat.
inCampis prope Bellamvillam, II non. martii.

855. — Lugduni, 14 ian: 1306.

Concedit ad quinquennium, ut sibi eligere possint confessarium, qui eos etiam a casibus reservatis absolvere valeat. (f 144*a*).

*Dil. filio nobili viro Gaufrido de Mau-
ritannia vicecomiti de Annayo et dil. in
Christo filie nobili mulieri Helienordi uxori
sue.* Benigno vobis sunt.... Dat. Lugduni,
XIX kal. februarii.

856. — Apud Villandradum, 8 se-
ptembris 1305.

Consideratione Arnaldi Garsiae de God militis, confert eius clerico canonicatum ecclesiae Vastinen., praebendam vero vacantem vel vacaturam
reservat ei conferendam, non obstante quod parochialem obtineat ecclesiam s. Martini de Balisaco
Burdegalen. dioc. (f. 144*a*).

*Dil. filiis magistris Bernardo de Monte
Larino succentori et Arnaldo de Falgeriis
Burdegalen. ac Guillelmo Helie Xanctonen.
canonicis ecclesiarum.*

*Dil. filio magistro Iohanni de Lutofri-
gido canonico ecclesie Vastinen. Bituricen.
dioc.* Tue probitatis merita.... Dat. apud
Vinhandalt. (sic), VI idus septembris.

857. — Nivernis, 24 martii 1306.

(Petro) [1] episcopo Magalonen. concedit facultatem contrahendi mutuum usque ad summam
octo milium florenorum auri pro ecclesiae Magalonen. negotiis, quam summam vero statuto loco
et termino ipse vel eius successores creditoribus
persolvant. (f. 144*a*).

Ven. fratri.. episcopo Magalonen. Ex
parte tua fuit nobis.... Dat. Nivernis, IX
kal. aprilis.

858. — Lugduni, 25 dec. 1305.

Thomae Visaciae, capellano suo, confert canonicatum ecclesiae Carnoten., praebendam vero ac
dignitatem seu personatum vel officium ad cuiuscunque collationem spectantia, vacantia ibi vel
vacatura reservat ei conferenda, non obstante quod
in ecclesia Tripolitan. archidiaconatum, canonicatum et praebendam et s. Mariae de Berthamstu-
damnort et s. Andreae Montisguischardi ecclesias
curam animarum habentes Lincolnien. et Tolosan.
dioc. ex dispensatione apostolica obtineat, decer-

---

[1] Petrus de Levis et Mirapicio seu Mirapisce, filius
Guidonis, qui se marescallum Mirapiscensem vocabat,
et Isabellae de Marliano e clarissimo sanguine Monmo-
ranciaco exortae, ex capellano Clementis V et canonico
Parisien. factus episcopus Magalonen. 1306, 1309 Cameracen. et 1324 Baiocen. † 1330. BALVZ., I.p. 694. *Gallia
chr.*, VI. p. 778, III. p. 42, XI. p. 372.

nitque, ut assecutus praebendam etc. in ecclesia Carnoten. archidiaconatum, canonicatum et praebendam ecclesiae Tripolitan. dimittat. (f. 144 b).

Dil. filiis Neapoleoni archidiacono de Maiorica in ecclesia Legionen. notario nostro et.. abbati mon. s. Martini Carnoten. ac Grimerio de Vicecomitibus thesaurario ecclesie Baiocen.

Dil. filio Thome Visacie canonico Carnoten. capellano nostro. Dum vite ac morum honestatem.... Dat. Lugduni, VIII kal. ianuarii.

859. — In Grandimonte, 22 apr. 1306.

Mandat infrascriptis, ut Raymundo Pugoli, presbytero Elnen. dioec., de aliquo beneficio curam animarum habente, spectante ad collationem abbatis et conventus mon. s. Mariae de Arulis eiusdem dioec., vacante vel vacaturo in civitate vel dioec. Elnen., cum annuis reditibus quadraginta librarum Turonen. parvorum providere curent eumque in eius possessionem inducant. (f. 145 a).

Ven. fratri.. episcopo Elnen. et dil. filiis archidiacono s. Marie in ecclesia Elnen. ac Berengario de Cadaleto can. Elnen. Cum dilectus filius.... Dat. in Grandimonte, X kal. maii.

860. — Lugduni, 14 ian. 1306.

Egidio de Remino confert canonicatum ecclesiae Cameracen. et praebendam integram ibi vacantem vel vacaturam, non obstante quod in Noviomen., Suessionen. et Convenarum ecclesiis canonicatus et praebendas obtineat, conceditque, ut sacerdotalem praebendam, si eam in ecclesia Cameracen. vacare contigerit, acceptare valeat, dummodo se ad ordinem ipsum proximis statutis temporibus faciat promoveri. (f. 145 a).

Dil. filiis.. abbati mon. s. Eligii Noviomen. et cancellario Turonen. ac magistro Landulfo de Fossatis canonico Ambianen. ecclesiarum.

Dil. filio magistro Egidio de Remino canonico Cameracen. Morum honestas.... Dat. Lugduni, XIX kal. februarii.

861. — Apud s. Ciricum, 17 febr. 1306.

Defuncto Iohanne[1], episcopo Grossetano, per viam scrutinii in episcopum eligitur Restaurus[2], ordinem fratrum Minorum professus, tunc guardianus Massae, quae electio, facta per Nicolaum, episcopum Ostien. et Stephanum, tit. s. Ciriaci in Thermis presbyterum, ac Neapoleonem, s. Hadriani diac. card. examinatione, confirmatur. (f. 145 a).

Dil. filio fratri Reustauro electo Grossetan. Militanti ecclesie.... Dat. apud s. Cyricum prope Lugdunum, XIII kal. martii.

Eodem modo scribitur universis vasallis ecclesiae Grossetan.

Item e. m. populo civitatis et dioec. Grossetan.

Item modo consimili scribitur T. praeposito et capitulo ecclesiae Grossetan.

862. — Lugduni, 7 febr. 1306.

Mandat infrascriptis, ut Waltero de Maydenestan, canonico Socien. Auxitan. dioec., de aliquo beneficio ad collationem archiepiscopi Cantuarien. pertinente, in civitate vel dioec. aut provincia Cantuarien. vacante vel vacaturo, cum annuis reditibus centum librarum sterlingorum providere curent, non obstante quod canonicatum et praebendam in ecclesia Socien. et manerium in de Calamiach et decimas de Reaube Burdegalen., Auxitan. et Agennen. dioec. obtineat aut quod ei de ecclesia de Kyrkebi in Kendale Eboracen. dioec. et canonicatu ecclesiae Eboracen. ac praebenda ibi vacante vel vacatura fuerit provisum. (f. 145 b).

Dil. filiis de s. Eadmundo Norwicen. et de Waltham Londonien. mon. abbatibus ac priori de Munisano Burdegalen. dioc. Exigunt merita bonitatis.... Dat. Lugduni, VII idus februarii.

863. — Ap. castrum s. Cirici in Monte aureo, 21 febr. 1306.

Indulget canonicis basilicae b. Petri apostolorum principis in Vrbe, ut singuli et omnes sin-

---

[1] Iohannes ep. Grossetan. 1295-1305. VGHELLI, _Italia s._, III. p. 664.
[2] Restaurus ep. Grossetan. 1306-1328. VGHELLI, _Italia s._, p. 664, qui eum dicit confirmatum XIV kal. maii.

gulis annis per duorum mensium spatium petita a capitulo licentia absque defalcatione seu diminutione aliqua solutionis sex librarum provenientium senatus pro singulis eiusdem basilicae canonicis faciendae quorundam proventuum, qui vocantur excepta, extra Vrbem pro corporum infirmitate vitanda et sanitate recuperanda se possint absentare. (f. 146*a*).

Dil. filiis priori et capitulo basilice principis apostolorum de Vrbe. Licet ecclesiarum omnium cura.... Dat. apud castrum s. Cirici in Monte aureo prope Lugdunum, IX kal. martii.

864. — Apud s. Ciricum, 17 februarii 1306.

Theobaldo, episcopo Leodien., concedit ad quinquennium facultatem percipiendi fructus primi anni beneficiorum, etiamsi dignitates vel personatus aut officia existant, quae in civitate et dioecesi vacare contigerit, pro solvendis debitis. (f. 146*a*).

Ven. fratribus archiepiscopo Remen. et episcopo Virdunen. ac dil. filio abbati mon. s. Michaelis Virdunen dioc.

Ven. fratri Theobaldo episcopo Leodien. Circa curam animarum.... Dat. apud s. Cyricum prope Lugdunum, XIII kal. martii.

865. — Cluniaci, 11 mart. 1306.

(Henrico), archiepiscopo Colonien., concedit facultatem contrahendi mutuum usque ad summam sex milium florenornm auri pro negotiis ipsius ecclesiae promovendis et expediendis. (f. 146*a*).

Ven. fratri.. archiepiscopo Colonien. Nuper in nostra constitutus presentia.... Dat. Cluniaci Matisconen. dyoc., V idus martii.

866. — Nivernis, 21 mart. 1306.

Infrascripti moneant archiepiscopum Colonien., ut summam sex milium florenorum auri, quam a Guillelmo Stromenati et Paulino Rufini ac Iohanne dicto Tristano de Troia, civibus et mercatoribus Asten., aliisque sociis de societate illorum de Troia, statuto termino solvat, secus interdicti et excommunicationis sententias in eum ferant illum-

que ad sedem apostolicam personaliter venire cogant; simili modo contra successorem et administratores procedant. (f. 146*b*).

Dil. filiis archidiacono Bononien. et Iohanni de Primeriaco Senonen. ac Hugoni de Bello Trecen. ecclesiarum canonicis. Exponente pridem.... Dat. Nivernis, XII kalend. aprilis.

867. — Lugduni, 25 dec. 1305.

Obtentu Raymundi de Castro novo reservat eius filio conferendum beneficium ad cuiuscunque collationem pertinens in Carcassonen. dioec. vacans vel vacaturum cum annuis reditibus quadraginta librarum Turonen. parvorum, dispensatque cum illo super defectu ordinum et aetatis. (f. 147*a*).

Ven. fratri episcopo Magalonen. et dil. filiis.. abbati mon. de Elnis ac priori de Montelaudino Tholosan. ac Appamiarum diocesium.

Dil. filio Raymundo nato dil. filii nobilis viri Raymundi de Castro novo militis clerico Tholosan. dioc. Vt tua et tuorum sincera devotio.... Dat. Lugduni, VIII kal. ianuarii.

868. — Lugduni, 27 dec. 1305.

Guillelmo de Lautrico reservat conferendum beneficium pertinens ad collationem abbatis et conventus mon. s. Pontii ord. s. Ben. Narbonnen. dioec., etiamsi per aliquem ex monachis consueverit retineri, vacans vel vacaturum, non obstante quod ei canonicatum ecclesiae Ruthenen. et praebendam ac dignitatem vel personatum vacantes vel vacaturos ibidem reservaverit conferendos. (f. 147*b*).

Ven. fratri.. episcopo et dil. filiis archidiacono s. Antonii Ruthenen. ac Petro de Mirapisce can. Antisiodoren. ecclesiarum.

Dil. filio Guillelmo de Lautrico canonico Ruthenen. Laudabile testimonium.... Dat. Lugduni, VI kal. ianuarii.

869. — Apud s. Ciricum, 2 mart. 1306.

Rectoria comitatus Sabinae Othoni de Casanova in temporalibus commissa, monentur infrascripti, ut eundem rectorem devote suscipiant, honeste tractent eique de proventibus faciant responderi. (f. 147 *b*).

Dil. filiis universis hominibus comitatus Sabine nostris et ecclesie romane fidelibus. Tradite dil. filio nobili viro Otthoni de Casanova militi, rectori comitatus Sabine, virtutes a Domino, ex quibus laudabilium fructus operum producuntur, nobis prebent fiduciam, ut que sue sollicitudini committuntur, discrete tractentur, agantur utiliter et laudabiliter prosperentur. Circa statum itaque comitatus Sabine, qui est sedis apostolice specialis, sollicite cogitantes ac cupientes, quod eadem provincia tranquillitatis ubertate fecundet et prospere gubernetur, rectoriam eiusdem comitatus in temporalibus eidem Otthoni, de cuius probitate confidimus plenarie, auctoritate apostolica duximus committendam, disponendi, ordinandi, statuendi et precipiendi ac alia, que ad rectorie spectant officium, per se vel alium seu alios inibi exercendi, contradictores quoque et rebelles districtione, qua convenit, apellatione postposita compescendi concedentes ei auctoritate litterarum nostrarum plenam et liberam potestatem. Quocirca universitatem vestram monemus et ortamur attente per apostolica vobis scripta mandantes, quatinus eundem rectorem devote suscipientes et honeste tractantes ei tanquam rectori vestro in omnibus, que ad rectorie spectant officium, humiliter et efficaciter intendatis, et de proventibus et aliis ecclesie romane iuribus, prout responderi aliis rectoribus eiusdem comitatus Sabine consuevit hactenus, nostro et ecclesie predicte nomine integraliter responderi (curetis), ita quod devotionis affectus, quem ad eandem ecclesiam habere tenemini, pateat per effectum, nosque reddatis exinde vobis favorabiles et benignos. Alioquin sententias sive penas, quas idem rector temporaliter rite tulerit vel statuerit in rebelles, ratas habebimus et faciemus auctore Domino

usque ad satisfactionem condignam apellatione remota inviolabiliter observari. Dat. apud s. Ciricum prope Lugdunum, VI nonas martii.

870. — Apud s. Ciricum, 2 mart. 1306.
Othoni de Casanova committit rectoriam comitatus Sabinae in temporalibus. (f. 148 *a*).

Dil. filio nobili viro Othoni de Casanova militi rectori comitatus Sabine. Tradite tibi virtutes a Domino, ex quibus laudabilium etc. usque Quocirca nobilitati tue per apostolica scripta mandamus, quatinus rectoriam ipsam devote suscipiens illam iuxta datam tibi a Domino prudentiam sollicite diligentie studio prosequaris, ita quod possis exinde merito commendari. Nos enim sententias sive penas, quas temporaliter rite tuleris vel statueris in rebelles, ratas habebimus et faciemus auctore Domino usque ad satisfactionem condignam apellatione remota inviolabiliter observari. Non obstantibus aliquibus privilegiis vel indulgentiis aut litteris apostolicis quibuscunque personis, communitatibus, universitatibus et locis secularibus ab eadem sede concessis, per que in hac parte tue iurisdictionis executio posset quomodolibet impediri et de quibus fieri debeat mentio specialis. Dat. ut supra.

871. — Apud s. Ciricum, 2 mart. 1306.
Othoni de Casanova committit regimen civitatis et dioec. Interamnen. in temporalibus. (f. 148 *a*).

Dil. filio Othoni de Casanova militi rectori comitatus Sabine. Cupientes, ut Interampnen. et eius dyocesis in statu prospero conservetur et salubriter auctore Domino dirigatur, eandem civitatem eiusque dyocesim specialiter tuo regimini duximus auctoritate presentium in temporalibus committendam. Ideoque nobilitati tue per apostolica scripta mandamus, quatinus huiusmodi regimen sic prudenter et sollicite exercere studeas, quod exinde tue sollicitudinis studium comendare merito valeamus. Nos enim sententias sive penas, quas temporaliter rite tuleris vel statueris in rebelles, ratas habebimus etc. ut supra in tercia usque hic, cuiuscunque tenoris existant, per que tue iurisdictionis executio possit quomodolibet impediri et de quibus plenam et expressam seu de verbo ad verbum fieri oporteat in nostris litteris mentionem. Dat. ut supra.

872. — Apud s. Ciricum, 2 mart. 1306.
Mandat infrascriptis, ut Othoni de Casanova rectori intendere et obedire curent. (f. 148*a*).

Dil. filiis universis hominibus Strunconis et Vtruculi castrorum Narnien. dioc. ac Roccemirande nostris et ecclesie romane fidelibus. Cupientes, ut Stunconis (sic) et Vtruculi (sic) castra Narniensis dyocesis, que sunt apostolice sedis specialia, in statu prospero conserventur et salubriter auctore Domino dirigantur, eadem castra specialiter dil. filii nobilis viri Othonis de Casanova militis, rectoris comitatus Sabine, regimini duximus auctoritate litterarum nostrarum in temporalibus committenda. Quocirca universitati vestre per apostolica scripta mandamus, quatinus eidem rectori in hiis, que ad dictum regimen pertinent, plene intendere et hobedire curetis. Alioquin sententias sive penas etc. ut supra in precedenti immediate. Dat. ut supra.

873. — Apud s. Ciricum, 2 mart. 1306.
Commissis Othoni de Casanova, rectori comitatus Sabinae, castellania Roccae de Cesis et castri Perocli nec non regimine terrae Arnulforum mandatur infrascripto, ut eidem Othoni Roccam et terras praefatas assignet. (f. 148*a*).

Dil. filio castellano Rocce de Cesis et castri Perocli. Cum dilecto filio nobili viro Othoni de Casanova militi rectori comitatus Sabine, castellaniam Rocce de Cesis et castri Perocli nec non et regimen terre Arnulforum cum vasallis, iuribus et pertinentiis eorundem confidentes de fidelitate ipsius usque ad apostolice sedis be-

neplacitum quoad temporalia duxerimus committenda, discretioni tue per apostolica scripta mandamus, quatinus Roccam et terras prefatas cum omnibus armis, garnimentis et utensilibus suis eidem nobili vel eius certo nuncio presentes litteras defferenti, visis hiis litteris absque qualibet difficultate assignes, faciens de assignatione huiusmodi confici tria publica instrumenta, quorum unum penes te retineas et aliud apud prefatum nobilem remaneat et tertium apud nos defferas in camera sedis apostolice conservandum. Dat. apud s. Cyricum prope Lugdunum, ut supra.

874. — Apud s. Ciricum, 2 mart. 1306.
Mandat infrascriptis, ut Othoni de Casanova, cui castellaniam Roccae de Cesis et castri Perocli nec non terrae Arnulforum commisit, intendant obediantque. (f. 148*a*).

Dil. filiis hominibus Rocce de Cesis castri Perocli et terre Arnulforum ecclesie romane fidelibus. Inter cetera castra, que romana ecclesia facit suo nomine custodiri, de Rocca de Cesis et castro Perocli, que sunt ipsius ecclesie specialia, tanto sollicitius cogitamus, quanto eius tuta custodia et regimen utile pro statu pacis in ipsis partibus conservando feliciora prosperitatis auspicia verisimiliter pollicentur. Cum igitur illam habeamus de dilecti filii nobilis viri Otthonis de Casanova militis, rectoris comitatus Sabine, discretione fiduciam, ut que sue sollicitudini a sede apostolica committuntur, ad honorem nostrum et ipsius ecclesie romane exaltationem sapienter dirigat et fideliter prosequatur, castellaniam et custodiam Rocce et castri predictorum nec non et terre Arnulforum cum vassallis, iuribus et pertinentiis earundem quo ad temporalia fidelitati sue usque ad apostolice sedis beneplacitum litterarum nostrarum auctoritate duximus committenda. Quocirca universitati vestre per apostolica scripta mandamus, quatinus eidem rectori in

hiis, que ad custodiam et regimen supradicta pertinent, plene intendere et obedire
curetis. Alioquin etc. ut supra usque in
finem. Dat. etc.

875. — Apud s. Ciricum, 2 mart. 1306.

Mandat infrascriptis, ut Othoni de Casanova,
cui regimen civitatis et dioec. Interamnen. commisit, intendant et obediant. (f. 148*a*).

*Dil. filiis potestati et populo civitatis et
dioc. Interampnen. ac hominibus districtus.*
Cupientes ut civitas vestra eiusque dyoc.
in statu prospero conservetur et salubriter
auctore Domino dirigatur, eandem civitatem
specialiter regimini dil. filii nobilis Othonis de Casanova militis, rectoris comitatus
Sabine, duximus auctoritate litterarum nostrarum in temporalibus committendam.
Quocirca universitati vestre per apostolica scripta mandamus, quatinus eidem rectori in hiis, que ad dictum regimen pertinent, plene intendere ac obedire curetis,
alioquin sententias etc. ut supra. Dat. ut
supra.

876. — Apud s. Ciricum, 2 mart. 1306.

Mandat Othoni de Casanova, ut regimen Roccae
de Cesis, castri Perocli et terrae Arnulforum prudenter exerceat nec ulli sine speciali mandato tradat
vel assignet. (f. 148*a*).

*Dil. filio nobili viro Othoni de Casanova
militi rectori comitatus Sabine.* Inter cetera
castra etc., ut supra usque Cum igitur eam
habeamus de tua discretione fiduciam, ut
que tue sollicitudini a sede apostolica committuntur etc. usque apostolice sedis beneplacitum presentium auctoritate committimus per apostolica tibi scripta mandantes,
quatinus Roccam, castrum et terram predictam nullo unquam tempore alicui sine speciali mandato nostro et apostolice sedis
facto tibi super hoc per litteras speciales
tradere vel assignare presumens huiusmodi
castellaniam et regimen sic prudenter exerceas et oportuna vigilantia prosequaris,

quod devotionem tuam possimus exinde
merito commendare. Dat. ut supra.

877. — Apud s. Ciricum, 2 mart. 1306.

Hortatur infrascriptos, ut Amanevo de Lebreto
rectori eiusque vicario seu vicariis intendant.
(f. 148*a*).

*Dil. filiis nobilibus viris rectoribus mar-
chie Anconitan. Vallis Spoletan. Campanie
Maritime omniumque terrarum in illis partibus ad romanam ecclesiam pertinentium
provincia Romaniole prorsus excepta necnon
comitibus baronibus potestatibus capitaneis
rectoribus consiliis comunitatibus seu universitatibus ceterisque personis civitatum et castrorum et aliorum locorum per easdem terras constitutis.* Sinceritas fidei, devotionis
constantia, circumspectionis industria et alia
munera gratiarum, que in dil. filio nobili
viro Amanevo de Lebreto rectore patrimonii b. Petri in Tuscia usque ad apostolice sedis beneplacitum voluntatis commisimus exercendum (sic), attendentes quod
ex suo ministerio fructuoso non solum ipsi
patrimonio sed et aliis illarum partium ad
ecclesiam romanam spectantibus honor et
comodum poterunt dante Domino provenire,
apostolica eidem rectori auctoritate commisimus, ut non solum dicti patrimonii sed
et marchie Anconitane, Vallis Spoletane,
Campanie, Maritime, omniumque terrarum
in illis partibus ad ecclesiam predictam spectantium, provincia Romaniole excepta, sollicitam curam gerat, ita videlicet quod ab
earum rectoribus et officialibus ac singulis
earundem per eos, quos gravari contigerit,
in temporalibus ad ipsum rectorem eiusque
curam possit libere apellari. Quocirca universitatem vestram rogamus et ortamur attente, per apostolica vobis scripta mandantes, quatinus in premissis eidem rectori
eiusque vicario seu vicariis et officialibus
efficaciter intendatis. Alioquin processus,
sententias sive penas, quas ipse per se seu
vicarios et officiales predictos rite fecerit,

tulerit vel statuerit in rebelles ratas etc. ut supra. Dat. ut supra.

878. — Apud s. Ciricum, 2 mart. 1306.
Commisso Othoni de Casanova regimine comitatus Sabinae, civitatis et dioec. Interamnen. Roccae de Cesis, castrorum Vtriculi et Strunconis ac terrae Arnulforum concedit eidem potestatem componendi et transigendi super mulctis ac excessibus quibuslibet pro praeterito tempore commissis, impositis non solutis. (f. 148 *b*).

Dil. filio nobili viro Othoni de Casanova militi rectori comitatus Sabine. Sinceritas fidei, devotionis constantia, circumspectionis industria et alia munera gratiarum, que in te vigere sentimus, spem nobis infallibilem repromittunt, ut que tibi committuntur a nobis, prosequaris fideliter et prudenter. Cum itaque tibi regimen comitatus Sabine, civitatis et dyoc. Interamnen., Rocce de Cesis, castrorum Vtriculi et Strunconis et terre Arnulforum usque ad apostolice sedis beneplacitum voluntatis commisimus per alias nostras certi tenoris litteras exercendum, tibi quoque componendi et transigendi super (penis) et multis ac excessibus quibuslibet pro preterito tempore commissis impositis non solutis plenam concedimus auctoritate presentium potestatem. Dat. apud s. Ciricum prope Lugdunum, VI non. martii.

879. — Apud s. Ciricum, 2 mart. 1306.
Othoni de Casanova committit regimen Vtriculi et Strunconis in temporalibus. (f. 148 *b*).

Dil. filio nobili viro Othoni de Casanova rectori comitatus Sabine. Cupientes Vtriculi et Strunconis etc. usque specialiter tuo regimini duximus auctoritate presentium in temporalibus committendam. Ideoque nobilitati tue per apostolica scripta mandamus, quatinus huiusmodi regimen sic prudenter et sollicite exercere studeas, quod exinde tue sollicitudinis studium commendare merito valeamus. Nos enim sententias sive penas, quas temporaliter rite tuleris

vel statueris in rebelles, ratas etc. ut supra, usque non obstantibus privilegiis etc. ut supra usque in finem. Dat. ut supra.

880. — Apud s. Ciricum, 2 mart. 1306.
Amanevo de Lebreto committit, ut non solum patrimonii b. Petri in Tuscia, sed et marchiae Anconitanae, ducatus Vallis Spoletanae, Campaniae, Maritimae omniumque terrarum in illis partibus ad ecclesiam romanam spectantium, provincia Romaniolae excepta, curam gerat, ita ut ab earum rectoribus et officialibus ad eum eiusque curiam possit libere appellari. (f. 148 *b*).

Dil. filio nobili viro Amanevo de Lebreto rectori patrimonii b. Petri in Tuscia. Sinceritas fidei etc. ut supra usque Cum itaque tibi regimen patrimonii b. Petri in Tuscia usque ad apostolice sedis beneplacitum voluntatis commisimus exercendum, attendentes quod ex tuo ministerio. fructuoso non solum ipsi patrimonio, sed et aliis provinciis illarum partium ad ecclesiam romanam spectantibus honor et comodum poterunt dante Domino provenire, apostolica tibi auctoritate committimus, ut non solum dicti patrimonii, set et marchie Anconitan., ducatus Vallis Spoletan., Çampanie, Maritime, omniumque terrarum in illis partibus ad ecclesiam predictam spectantium, provincia Romaniole excepta, sollicitam curam geras, ita videlicet quod ab earum rectoribus et officialibus ac singulis earundem per eos, quos gravari contigerit, in temporalibus ad te tuamque curiam possit libere apellari, et omni iurisdictione in premissis provinciis, terris et partibus preterquam in eodem patrimonio quoad illa tibi penitus interdicta. Dat. ut supra.

881. — Apud s. Ciricum, 2 mart. 1306.
Eidem Amanevo concedit potestatem componendi et transigendi super mulctis et excessibus quibuslibet pro praeterito tempore commissis, impositis non solutis. (f. 148 *b*).

Dat. ut supra.

882. — Lugduni, 1 febr. 1306.

Cum Guillelmo Arnaldi dispensatur super defectu natalium, ut possit ad omnes ordines promoveri, beneficium obtinere et ad omnes personatus et dignitates ordinis assumi. (f. 148 *b*).

Dil. filio Guillelmo Arnaldi de s. Martino ord. Roscide Vallis Pampilonen. dioc. Laudabile tibi testimonium.... Dat. Lugd., kal. febr.

883. — Apud Matiscon., 8 mart. 1306.

Bertrando del God mandat, ut regimen marchiae Anconitanae prudenter gerere studeat, ratasque declarat sententias sive poenas, quas ipse temporaliter tulerit. (f. 148 *b*).

Dil. filio nobili viro Bertrando del God domino de Duracio nepoti nostro marchie Anconitan. rectori. Dum incumbentia nobis onera, quibus assidue premimur, intenta consideratione pensamus, videntes quod nequimus exsolvere circa singula per nos ipsos debitum apostolice servitutis, nonnunquam aliquos ad agenda nostra et ecclesie romane servitia iuxta qualitatem agendorum assumimus, quorum laudabilia merita per operum evidentiam in conspectu sedis apostolice sub publica notitia presentantur et quorum solicito[1] ministerio sperati fructus de comunicatis sibi laboribus valeant provenire. Sane licet de singulis provinciis specialiter nobis et eidem sedi subiectis, quantum nobis ex alto permittitur, curam vigilem habeamus, tamen circa Anconitan. partes eo maiori reddimur attentione solliciti, quo ipsas priori zelari tenemur affectu velut ad eandem sedem pleno iure specialiter pertinentes et infra eiusdem sedis brachia constitutas et quia cordi gerimus, ut in eisdem partibus servetur cultus iustitie, fidei puritas et opulentia pacis, personam ad horum promotionem utilem inibi decrevimus deputandam, per cuius industriam status earundem partium conservetur prospere et a dispen-

diis dante Domino preservetur. Cum autem circa hoc intendere nequeamus numerabilium dicte sedis negotiorum varietate distracti, ad te circumspectionis sollicitudine preditum, nobis et eidem sedi devotum convertimus nostre mentis intuitum, de cuius fidelitate plenam in Domino fiduciam obtinentes rectoriam predicte marchie Anconitane cum omnibus redditibus, proventibus, censibus et obventionibus nobis et eidem debitis auctoritate apostolica tibi usque ad apostolice sedis beneplacitum duximus committendam, disponendi, ordinandi, statuendi, precipiendi, puniendi et faciendi in eisdem partibus per te vel per alium, quicquid honori et comodo ecclesie romane ac prospero statui fidelium partium earundem cognoveris[1] expedire necnon et contradictores et rebelles districtione qua convenit apellatione postposita compescendi concedentes tibi plenariam potestatem. Ideoque nobilitati tue per apostolica scripta mandamus, quatinus onus regiminis dictarum partium devote suscipiens illud prudenter gerere studeas et ea, que ad ipsum regimen pertinent, laudabiliter prosequaris, ita quod exinde nostram et sedis prefate gratiam possis plenius promereri. Nos enim sententias sive penas, quas temporaliter rite tuleris in rebelles, ratas etc. usque inviolabiliter observari. Non obstantibus aliquibus privilegiis vel indulgentiis aut litteris apostolicis quibuscunque personis, communitatibus, universitatibus et locis secularibus ab eadem sede concessis, per que tue in hac parte iurisdictionis executio posset quomodolibet impediri et de quibus fieri debeat in nostris litteris de verbo ad verbum mentio specialis. Dat. apud Matiscon.; VIII idus mart.

884. — Apud Matiscon., 8 mart. 1306.

Mandat infrascriptis, ut eidem Bertrando, rectori marchiae Anconitan., intendant. (f. 149 *a*).

---

[1] Ms. *soliciti*.

[1] Ms. *cognoveritis*.

Dil. filiis universis nobilibus capitaneis potestatibus seu rectoribus comunitatibus et universitatibus ceterisque personis secularibus civitatum et castrorum ac villarum per Anconitan. marchiam constitutis nostris et ecclesie romane fidelibus. Dum incumbentia nobis onera etc. usque plenariam potestatem. Itaque universitati vestre per apostolica scripta mandamus, quatinus eundem nobilem ymo potius nos in ipso benigne recipientes et honorifice pertractantes ei tanquam marchie Anconitane rectori plene in omnibus intendere ac obedire curetis, ita quod exinde commendari merito valeatis. Alioquin sententias sive penas, quas ipse temporaliter rite tulerit vel statuerit etc. Dat. ut supra.

885. — Cluniaci, 10 mart. 1306.

Vitali de Brost committit rectoriam marchiae Anconitan. in spiritualibus. (f. 149 a).

Dil. filio Vitali de Brost clerico Burdegalen. dyoc. rectori in spiritualibus marchie Anconitan. Cum nos pridem dilecto filio nobili viro Bertrando del God militi domino de Duracio nepoti nostro rectori marchie Anconitan rectoriam marchie eiusdem in temporalibus committendam duxerimus usque ad apostolice sedis beneplacitum exercendam, volentes eidem marchie etiam de rectore in spiritualibus tantummodo quoad fulcimentum iurisdictionis temporalis eidem rectori commisse providere, ut status utriusque rectoris presidio communitus prospere dante Domino dirigatur, post deliberationem, quam ad ponendam ibi personam ydoneam, per cuius industriam et virtutem regimen possit in eadem marchia salubriter exerceri, habuimus diligenter, ad personam tuam, quam litterarum scientia preditam, sincera devotione preclaram, providentia et circumspectione munitam agnoscimus, direximus oculos nostre mentis, tibique propter hoc hiis debita meditatione pensatis rectoriam dicte marchie

in spiritualibus tantummodo in fulcimentum iurisdictionis temporalis eidem ut predicitur rectori commisse apostolica tibi auctoritate committimus usque ad apostolice sedis beneplacitum voluntatis, contradictores etc. usque compescendo. Non obstantibus, si aliquibus ab eadem sit sede indultum, quod excommunicari, suspendi vel interdici non possint per litteras apostolicas etc. usque mentionem et quibuslibet litteris, privilegiis et indulgentiis dicte sedis quibuscunque personis, locis et ordinibus in quacunque forma verborum concessis, per que tue iurisdictionis (executio) limite superius explicato possit quomodolibet impediri, et de quibus quorunque totis tenoribus debeat in nostris litteris fieri mentio specialis, liberam et plenam concedimus tenore presentium facultatem, omni iurisdictione quo ad quevis alia quam quo ad fulcimentum temporalis iurisdictionis huiusmodi tibi tenore presentium penitus interdicta. Quocirca discretioni tue per apostolica scripta mandamus, quatinus huiusmodi regimen devote recipiens illud ad laudem Domini et ipsius honorem ecclesie sic prosequi studeas fideliter et prudenter, quod exinde possis merito comendari nostramque propter hoc benedictionem et gratiam uberius promereri [1]. Dat. Cluniaci, VI idus martii.

886. — Matiscone, 8 mart. 1306.

Bertrando del God, rectori marchiae Anconitan., concedit potestatem componendi et transigendi super poenis, mulctis ac excessibus quibuslibet pro praeterito tempore commissis, impositis non solutis. (f. 149 a).

Dil. filio nobili viro Bertrando del God domino de Duracio nepoti nostro marchie Anconitan. rectori. Sinceritas fidei, devotionis constantia, circumspectionis industria et alia munera gratiarum, que in te vigere sentimus, spem nobis infallibilem repromit-

---

[1] Ms. *promoveri*.

tunt, ut que tibi committuntur a nobis, prosequaris fideliter et prudenter. Cum itaque tibi regimen marchie Anconitane usque
ad apostolice sedis beneplacitum voluntatis
commisimus per alias nostras certi tenoris
litteras exercendum, tibi quoque componendi et transigendi super penis et multis
ac excessibus quibuslibet pro preterito tempore commissis, impositis non solutis plenam concedimus auctoritate presentium potestatem. Dat ut supra.

887. — Matiscone, 8 mart. 1306.
Bertrando del God mandat, quatenus a Cante
et Bimis de Gabrielis de Eugubio eorumque nepotibus Forosinfronii et s. Angeli papalis, alias
dictae callis civitates earumque forcellitias sive
roccas recipiat easque custodiat et custodiri faciat. (f. 149 *a*).
*Dil.∶ filio nobili viro Bertrando del God
marchie Anconitan. rectori nepoti nostro.*
Cum dilecti filii nobiles viri Canti et Bimis
de Gabrielis de Eugubio ac nepotes eorum
Foronsinfronii et s. Angeli papalis, alias dicte
callis civitates et ipsarum civitatum forcellitias sive roccas sub speciali custodia te-
nuerint et teneant de apostolice sedis mandato usque ad beneplacitum sedis eiusdem.
nobilitati tue per apostolica scripta mandamus, quatinus receptis per te vel alium
seu alios ad manus tuas nostro et ecclesie romane nomine ab eisdem nobilibus,
quibus super hoc scribimus, predictis civitatibus, forcellitiis sive roccis, ipsas per te
vel alium seu alios custodiri facias diligenter, quousque per nos provisum fuerit aliter
de eisdem. Dat. Matiscone, VIII idus mart.

888. — Matiscone, 8 mart. 1306.
Mandat infrascriptis, ut Bertrando del God
Forosinfronii et s. Angeli papalis, alias dictae callis
civitates earumque forcellitias sive roccas sub excommunicationis ac decem milium marcarum argenti poena infra octo dierum spatium, postquam
ab eo fuerint requisiti, assignent. (f. 149 *a*).

*Dil. filiis nobilibus viris Canti et Bino
de Eugubio ac nepotibus eorum.* Cum dil.
filio nobili viro Bertrando del God nepoti
nostro, marchie Anconitane rectori, per nostras demus litteras in mandatis, ut receptis
a vobis per se vel alium seu alios ad manus suas nostro et ecclesie romane nomine
Forosinfronii et s. Angeli papalis alias dicte
callis civitatibus ipsarumque civitatum forcellitiis sive roccis, quarum custodia usque
ad apostolice sedis beneplacitum vobis noscitur fuisse commissa, dictas civitates et
forcellitias sive roccas nostro et eiusdem
ecclesie nomine per se vel alium custodiat
seu custodiri faciat diligenter, vobis et
cuilibet vestrum per apostolica scripta sub
excommunicationis ac decem milium marcharum argenti pena, quam vos et vestrum
quemlibet ipso facto incurrere volumus, si
mandati nostri in hac parte fueritis contemptores, districte precipiendo mandavimus, quatinus infra octo dierum spatium,
postquam ab eodem rectore super hoc
fueritis requisiti, civitates, forcellitias et
roccas predictas, sibi aut alii pro eodem
libere et sine mora sive alicuius contradictionis obstaculo assignetis, vos in premissis taliter habituri, quod obedientiam
vestram exinde comendare possimus. Dat.
Matiscone, VIII idus martii.

889. — Apud s. Ciricum, 1 mart. 1306.
Hugoni reservat conferendum beneficium, etiamsi
dignitas vel personatus existat, in civitate vel
dioecesi Vticen. vacans vel vacaturum dispensatque cum illo super defectu ordinum et aetatis.
(f. 149 *b*).
· *Dil. filiis priori de Sumena Nemausen.
dioc. et archidiacono de Muroveteri in ecclesia Valentin. et Petro Helie can. Lodoven.*
*Dil. filio Hugoni nato dil. filii Ray-
mundi de Ronchis de Montepessulano clerico Magalonen. dioc.* Probitatis studia....
Dat. apud s. Cyricum prope Lugdunum,
kal. martii.

890. — Lugduni, 10 ian. 1306.

Consideratione Petri, s. romanae ecclesiae diaconi cardinalis, confert Francisco de Tumba canonicatum ecclesiae Vrbinatis ac praebendam ibi vacantem vel vacaturam, nec non beneficium, etiamsi dignitas vel personatus existat, in civitate vel dioecesi Vrbinaten. vacans vel vacaturum, non obstante quod ruralem ecclesiam s. Liberii Faven. dioec. obtineat, dispensatque cum illo super defectu ordinum et aetatis. (f. 149 *b*).

Dil. filiis priori et Guidoni Andree canonico Callen. ac Homini de Peretulo canonico Faven. ecclesiarum.

Dil. filio Francisco nato dil. filii nobilis viri Alberti de Tumba canonico Vrbinat. Illas personas libenter.... Dat. Lugduni, IIII idus ianuarii.

891. — Matiscone, 10 mart. 1306.

Prioratum Dayras ord. s. Ben. Nemausen. dioec., spectantem ad collationem abbatis mon. s. Victoris Massilien. eiusdem ordinis, vacantem per obitum Petri de Canilhaco confert obtentu Gaylhardi de Bossenx, familiaris sui, eius fratri, dispensatque cum illo, ut simul monachatum monasterii Moisiacen. retinere valeat. (f. 150 *a*).

Ven. fratri.. episcopo Nemausen. et dil. filiis abbati mon. de Lesato Appamiarum dioc. ac Bertrando de Duroforti canonico Caturcen.

Dil. filio fratri Armando de Bossenx monacho mon. Moysiacen. ordiuis s. Benedicti Caturcen. dioc. priori prioratus Dayras eiusdem ordinis Nemausen. dioc. Probitatis tue merita.... Dat. Matiscone, VI idus martii.

892. — Lugduni, 9 dec. 1305.

Obtenta pridem dispensatione super defectu natalium, ut posset ad omnes promoveri ordines et beneficium accipere, dispensatur obtentu. M., reginae Anglorum, cum eius clerico et familiari, ut ecclesiam de Magnacoches et illam de Galtron Lincolnien. dioec. retinere valeat, remittunturque ei fructus percepti. (f. 150 *a*).

Regestum Clementis Papae V.

Dil. filio magistro Hugoni de Walmesford presbytero rectori ecclesie de Magnacoches Lincolnien. dioc. Apostolice sedis immensa benignitas.... Dat. Lugduni, V idus decembris.

893. — Burdegalis, 25 maii 1306.

Infrascripti Raymundum de Gauderiis, civitatis Tolosanae clericum secularem, qui prioratum de Sarrancolin Convenarum dioec. spectantem ad mon. de Simorra [1] ord. s. Ben. Auxitan. dioec., temere occupavit et detinet, abbatem ad visitationem admittere recusavit et monachos de prioratu eiicere attentavit, infra quindecim dies ad sedem apostolicam citare curent. (f. 150 *a*).

Dil. filiis priori de Gensaco Tholosan. dioc. et cancellario ecclesie Tholosan. Significavit nobis.... Dat. Burdegalis, VIII kal. iunii.

894. — Apud s. Ciricum, 3 mart. 1306.

Philippo [2], episcopo Syracusano, concedit facultatem dispensandi cum viginti clericis secularibus suae civitatis et dioec. et etiam aliunde super defectu natalium, ut ad omnes ordines ascendere ac beneficium valeant obtinere. (f. 150 *b*).

Ven. fratri Philippo episcopo Syracusano. Sincere devotionis affectus.... Dat. apud s. Cyricum prope Lugdunum, V non. martii.

895. — Burdegalis, 21 maii 1306.

(Guillelmo) [3] episcopo Andegaven. mandat, ut Iohannem et Iacobum de Collemedio fratres, canonicos Cameracen., de morte quondam Hominis Dei de Andegaven. provincia suspectos et in custodia detentos, ad sedem apostolicam mittat examen subituros. (f. 150 *b*).

Ven. fratri.. episcopo Andegaven. Dilectos filios.... Dat. Burdegalis, XII kal. iunii.

---

[1] Ms. *Cinnorra*.

[2] Philippus Sanchez de Cisur, episcopus Syracusanus 1305-1312. GAMS, l. c. p. 954.

[3] Guillelmus le Maire episc. Andegaven. 1291-1314. GAMS, l. c. p. 489.

896. — Apud s. Ciricum, 3 mart. 1306.

Fidelibus vere poenitentibus et confessis, in singulis b. Mariae et s. Luciae Virginum et s. Marciani festivitatibus et per octo dies festivitates ipsas sequentes ecclesiam Syracusanam visitantibus concedit centum dierum indulgentiam. (f. 150 b).

Vniversis Christi fidelibus presentes litteras inspecturis. Loca sanctorum omnium.... Dat. apud s. Cyricum prope Lugdunum, V non. martii.

897. — Apud s. Ciricum, 3 mart. 1306.

Consideratione F(riderici), regis Trinacriae, confert Andreae Boterii canonicatum ecclesiae Magalonen. ord. s. Aug., personatum vero seu dignitatem, etiamsi prioratus fuerit, ad collationem episcopi et praepositi ac capituli Magalonen. pertinentes, in dicta ecclesia vel alibi vacantes vel vacaturos reservat conferendos, dispensatque cum illo, ut simul abbatiam mon. Ageren. dicti ordinis Vrgellen. dioec. retinere et in una alterave residere valeat. (f. 150 b).

Dil. filio Andree Boterii canonico Magalonen. Nobilitas scientie.... Dat. apud s. Cyricum prope Lugdunum, V non. martii.

898. — Lugduni, 18 ian. 1306.

Consideratione Petri de Columna, s. romanae ecclesiae diaconi cardinalis, confert eius capellano vacantem per obitum Candidepolae plebanatum plebis de Glemona Aquileien. dioec., non obstante quod in Callen., Aquinat. et s. Fabiani Callen. dioec. ecclesiis canonicatus et praebendas et ecclesiam s. Petri de Prata Callen. dioec. obtineat et de canonicatu ecclesiae Faven. ac praebenda ibi vacante vel vacatura ei fuerit provisum. Assecutus vero praefatum plebanatum tenetur ecclesiam s. Petri et canonicatum ac praebendam ipsius ecclesiae dimittere. (f. 151 a).

Dil. filiis Vgolino de Marsciano Alinxien. Xanctonen. et Ranuccino de Muro Vervecen. Burgen. archidiaconis capellanis nostris ac primiserio s. Marchi de Venetiis ecclesiarum.

Dil. filio Guidoni Andree de Callio plebano plebis de Glemona Aquilegen. dioc. Se-

dis apostolice consueta benignitas.... Dat. Lugduni, XV kal. februarii..

899. — Lugduni, 10 febr. 1306.

Ad querelam Niohasii claustralis mon. Laubien. vel Lobien. [1] ord. s. Ben. Cameracen. dioec. et Egidii de Passiaco, prioratus de s. Grinino prioris ac Iohannis de Chauchin, praepositi praepositurae in Hannonia eiusdem ordinis praedictae et Laudunen. dioec., quod R(obertus) archiepiscopus Remen. Walterum abbatia ipsius mon. Lobien. fecerat spoliari, administratione privari, et praefatum Egidium capi et carcerali custodiae mancipari, alias quoque eidem et monachis iniurias irrogando, re per Theodericum, episcopum Civitatis papalis, examinata, mandatur infrascriptis, quatenus archiepiscopo et officialibus Remen. ac Iacobo de Binchio, qui se pro abbate ipsius monasterii gerebat, inhibeant, ne quid contra Nichasium, Egidium et Iohannem illisque adhaerentes facere praesumant, Iacobum vero ad sedem apostolicam citare curent. (f. 151 a).

Dil. filiis priori Vallis scolarium et decano s. Iuliani ac Iohanni de Festiolis canonico Laudunen. ecclesiarum. Significarunt nobis.... Dat. Lugduni, IIII idus februarii.

900. — Lugduni, 29 ian. 1306.

Raymundo, notario suo, remittit fructus absque dispensatione perceptos dispensatque cum illo, ut parochialem ecclesiam s. Petri de Castro veteri Senen. una cum plebanatu plebis de Pan Aretin. dioec. nec non canonicatibus et praebendis in Senen. et Laudunen. ecclesiis retinere valeat. (f. 151 b).

Dil. filio magistro Raymundo rectori ecclesie s. Petri de Castro veteri Senen. notario nostro. Dignum reputamus.... Dat. Lugduni, IIII kal. februarii.

901. — Apud s. Ciricum, 25 febr. 1306.

Translato Bertrando, episcopo Agennen., ad ecclesiam Lingonen. vacanti ecclesiae Agennen.

---

[1] Ms.: *Lebien.* et *Lovien.*

praeficit Bernardum, archidiaconum Beluacen., in episcopum et pastorem. (f. 151*b*).

Dil. filio Bernardo electo-Agennen. Superne dispositionis arbitrio.... Dat. apud s. Cyricum prope Lugdunum, V kal. martii.
Eodem modo populo civitatis ac dioecesis Agennen.
E. m. capitulo ecclesiae Agennen.
E. m. clero civitatis et dioec. Agennen.

902. — Lugduni, 15 ian. 1306.

(Bulgaro) [1] episcopo Perusino indulget annuens precibus Petri de Columna, s. romanae ecclesiae diaconi cardinalis, ut tres ecclesias, etiamsi personatus vel dignitas existant, in Perusina civitate et dioecesi seu districtu vacantes vel vacaturas, ad suam collationem spectantes, mensae suae episcopali applicare valeat. (f. 152*a*).

Ven. fratri episcopo Perusino. Devotionis tue merita.... Dat. Lugduni, XVIII kal. februarii.

903. — Apud s. Ciricum, 28 febr. 1306.

Ad componendas dissensiones atque exortas guerras inter comitem Sabaudiae et dalphinum Viennen. treugae usque ad festum Resurrectionis Dominicae indictae confirmantur et prorogantur ac de novo indicuntur usque ad festum s. Michaelis Archangeli et ab inde usque ad annum unum continuum et completum; constituuntur quatuor milites ballivi, qui faciant limitationes et divisiones locorum, de quibus litigatur; infrascripti vero ordinationem istam publicari faciant et omnes ac singulos ad observationem treugarum per poenas excommunicationis et interdicti compellant. (f. 152*a*).

Dil. filiis Cistercien. [2] *et Cluniacen.* [3] *abbatibus.* In specularis preeminentia pastoralis, divina providente clementia constituti, etsi multis et arduis, que in amplum romane curie alveum undique confluunt quasi tor-

rens, pregravemur negociis, curis excitemur innumeris et cogitationibus plurimis distrahamur, ad ea tamen ferventius intendimus, vacamus instantius ac operose sollicitudinis studium diligentius impertimur, ex quibus periculosa oriri scandala, promptiora provenire dispendia et maiora sequi pericula verisimiliter formidamus. Sane quam fuerit animabus periculosa, corporibus dispendiosa et rebus incomoda plurimarum guerrarum commotio, que inter dilectos fiios nobiles viros, Sabaudie comitem et dalfinum Viennen. ac eorum parentes, consanguineos et affines ipsorumque valitores homines et vassallos longis temporibus faciente humani generis inimico miserabiliter perduravit, et nos novimus et fide palpavimus occulata, ipsa rerum experientia manifestat, et fere omnium cismarinarum partium nationes agnoscunt. Quapropter nos, qui licet immeriti regis pacifici vices gerimus et tenemus in terris, ad mala omnia supradicta vitanda et quoniam guerra huiusmodi, si duraret, passagio ultramarino, ad quod summo studio anelamus, periculum, dispendium atque dampnum esset non modicum allatura, reformationi pacis inter nobiles predictos diligentis sollicitudinis studium tam per nos quam per alios curavimus adhibere. Sicque factum est illo procurante, qui pacem nunciavit pastoribus in ingressu, predicavit gentibus in progressu et reliquit discipulis in egressu, quod comes et dalphinus predicti et dilecti filii Iohannes et Guido filii supradicti dalphini, Amedeus comes Gebennen. ac Berardus dominus de Mercorio tam per se quam per alios pro se ipsis ac eorum heredibus et successoribus, valitoribus, feudatariis hominibus et vassallis de omnibus questionibus, dissensionibus, litibus, discordiis atque guerris, que inter dictos nobiles scilicet Amedeum comitem Sabaudie pro parte una et dalphinum et eius liberos aliosque predictos pro altera, vertebantur seu verti sperabantur vel esse poterant usque in

[1] Bulgarus Montemellinius 1290-1312. VGHELLI *Italia s.*, I. p. 1162.
[2] Henricus, abbas 1304-1315. *Gallia chr.*, IV. p. 999.
[3] Bertrandus de Colombiers, abbas 1295-1308. *Gallia chr.*, IV. p. 1150.

presentem diem quacunque ratione vel causa in nos de alto et basso compromittere curaverunt. Et quoniam nos arduis negociis ac inevitabilibus occupati ad presens, dictarum questionum examinationi et decisioni ac confirmationi pacis intendere nequibamus, fecimus quod potuimus in presenti statui partium ac patrie providentes. Treugas igitur a nobis vel auctoritate nostra usque ad instans festum Resurrectionis Dominice partibus supradictis indictas auctoritate apostolica confirmamus et eas etiam prorogamus et de novo indicimus partibus supradictis et earum valitoribus hominibus et vassallis de partium earundem assensu usque ad proximum festum b. Michaelis arcangeli et abinde usque ad annum unum continuum et completum. Et ut treuge ipse firmiter, fideliter et inviolabiliter observentur, partibus antedictis, scilicet comiti Sabaudie ac dalphino et aliis superius nominatis, qui compromiserunt in nos, ut quorum est ·nomine compromissum, sub penis in dicto compromisso contentis et aliis inferius annotatis ipsas treugas indicimus inviolabiliter observandas. Sed ne facilitas pene incentivum tribuat delinquendi, dictas treugas et earum observationem aliis etiam penis et remediis corroborare, firmare curavimus et vallare. Prefatos enim comitem Sabaudie ac dalphinum ac alios omnes superius et inferius nominatos et ceteros dictorum comitis et dalphini valitores, vassallos, feudatarios homines et complices, ad quorum notitiam dictarum treugarum indictio deveniet seu devenit, qui treugas ipsas infringere, violare, rumpereve presumpserint, nisi ad requisitionem illorum, in quorum preiudicium treuga ipsa fuerit violata, vel ad monitionem vestram seu alterius vestrum vel quorumcunque aliorum seu alterius, quem vel quos coniunctim vel diversim ad hoc deputandos duxeritis vel etiam deputandum, ab ipsius treuge violatione cessaverint, ablata restituerint et de treuge violatio-

ne satisfactionem impenderint competentem, infra octo dies a tempore requisitionis seu monitionis computandos predicte, sententiam excommunicationis incurrere volumus ipso facto, et nichilominus si per alios octo dies in sua duritia perdurantes satisfactionem impendere neglexerint supradictam, terras ipsorum violatorum necnon loca, in quibus ipsi violatores fuerint, quamdiu morabuntur ibidem, etiam si eorum non fuerint dicta loca, et loca etiam, in quibus res depredate seu ablate vel homines capti repositi fuerint seu detenti, quamdiu ibidem detinebuntur et etiam erunt, interdicto ecclesiastico volumus subiacere, quas excommunicationis et interdicti sententias preterquam in mortis articulo a quoquam nisi a nobis seu alio vel aliis de mandato nostro volumus relaxari; sed eos, qui dictam excommunicationem incurrerint, per omnes ecclesias illius diocesis, in qua dicta treuga fuerit violata, excommunicatos singulis diebus dominicis et festivis, pulsatis campanis et candelis extinctis volumus publice nunciari, et ut predicta treuga firmius servaretur, et nullatenus frangeretur, volumus et ordinamus, quod durantibus dictis treugis neutra partium predictarum aut homines seu valitores ipsius rem aliquam, de qua pars altera seu homines aut valitores eiusdem sint in possessione vel quam treugarum tempore occupent, nec consentiant occupari, nec ab alio captam vel occupatam etiam retinere presumant. Ordinamus quoque, quod dictarum partium subditi treugarum tempore predictarum in mercaturis et aliis tute et libere communicent sibi ipsis et alia omnia in terris predictorum secure liberreque procedant, serventur et fiant, sicut tempore pacis est fieri consuetum. Volumus quoque atque statuimus, quod si forte per alteram dictarum partium vel eius valitores seu homines dictas treugas contingeret violari, quod absit, non propter hoc alia pars ad vindictam seu treugarum fractionem procedat, sed ad infrascriptos quatuor milites deputatos a nobis et deinde ad vos vel alterum vestrum recursum pro emendatione aut satisfactione habebit, et quoniam comunio et vicinitas quorundam castrorum sive locorum, quorum aliqui sunt comitis Sabaudie et aliqui sunt dalphini vel vassallorum, hominumve suorum, causam prestare consueverunt predictis dissensionibus atque guerris, nos volentes morbi materiam succindere a radice, Iacobum de Bocesello et Iohannem de Revello milites baiulos dictorum comitis et dalphini fecimus in presentia nostra prestare corporaliter iuramentum, quod ipsi ad dicta loca contentiosa accedant et pro utraque parte inquisita diligenter et fideliter veritate dictorum locorum limitationes et divisiones facient, prout videbitur eis iustum et equum; quod si dicti duo baylivi concordare non possent vel nollent, adiungimus eis Ademarium de Bellovidere et Guydonem Alamanni milites in predictis limitationibus seu divisionibus faciendis, qui simile iuramentum fecerunt ut baylivi predicti. Porro ut multiplicatus firmitatis treugarum funiculus non rumpatur, ad maiorem predictorum omnium firmitatem prefatos comitem Sabaudie, Iohannem et Guydonem dalphini, qui presentes erant, iurare fecimus tam pro se ipsis quam pro suis omnibus valitoribus hominibus et vassallis, quod ipsi predictas treugas et omnia et singula supradicta integraliter et fideliter observabunt et in nullo contravenient per se vel per alium seu alios quoquomodo et si contingeret, quod aliquis de subditis partium predictarum contra predicta delinqueret vel aliquid predictorum, quelibet pars et bailivi et castellani eiusdem suos subditos delinquentes circa hoc ad emendam compellet et taliter puniet, quod metu pene illorum ceteri a similibus arcebuntur. Volumus etiam et ordinamus, quod ballivi et castellani dictorum comitis et dalphini necnon et decem

barones pro qualibet partium predictarum prestent corporaliter iuramentum, quod et ipsi dictas treugas servabunt, et pro posse suo facient et curabunt, quod ab aliis supradictis serventur, quodque dictis comiti et dalphino seu aliis facientibus seu volentibus facere contra predicta non parebunt in hoc nec dabunt eis ad hoc opem, consilium, auxilium vel favorem, nos enim quantum ad ista vassallos et homines ab omagio et fidelitatis sacramento absolvimus dominorum suorum de plenitudine potestatis, et in continenti iuramentum huiusmodi prestiterunt pro parte comitis Sabaudie ven. frater noster.. episcopus Maurianen., Guychardus dominus Belliioci et Ludovicus de Sabaudia,. dominus Naudi dictus Ademarius, Ebalus de Thalan, Ymbertus de Bocesello, Amedeus de Miribello, Hugo de Chandaiaco milites, et magister Petrus physicus; pro parte vero dalphini abbas s. Antonii, Guydo de s. Triverio, Guydo Alamanni, Alamannus de Podio, Iohannes de Revello, Iacelinus de Grolea. Verum si treugas ipsas ab aliquo de predictis contingeret violari, quod absit, vel ratione alicuius pignorationis facte seu alia de causa de violatione treugarum dubietas oriretur, volumus in hiis casibus et consimilibus recursum haberi ad nobiles viros Guydonem Alamanni, Alamannum de Podio, Ademarium de Bellovidere et Hugonem de Canduaco milites ad hoc comuniter a partibus supradictis electos, qui predicta declarabunt et facient, ut iustum fuerit, emendari. Predicti vero quatuor milites in continenti in nostra presentia iuraverunt, quod ipsi bene ac fideliter pro utraque parte facient supradicta; quod si prefati quatuor milites infra XV dies, postquam super hoc fuerint requisiti, non fecerint vel fieri procuraverint declarationem seu emendationem predictas, ad vos vel vestrum alterum [recursus habebitur pro predictis, qui ea per vos vel per alium seu alios sine more dispendio facietis. Ne autem pretextu ignorantie aliqui a predictis se valeant excusare, predictarum treugarum indictionem, penarum et iuramentorum interpositionem et alia supradicta per ecclesias terrarum, in quibus dicte guerre ac dissensiones fuerunt et esse consueverunt et locorum vicinorum volumus publicari, ut cunctis valeant esse nota. Sane quoniam parum esset predicta omnia ordinasse, nisi essent qui ea executioni debite demandarent, nos de vestre circumspectionis industria et fidelitate probata plenam fiduciam obtinentes, vobis et vestrum cuilibet tenore presentium committimus et mandamus, quatinus predictam ordinationem nostram et alia supradicta per loca predicta publicari per vos vel per alium seu alios faciatis, dictas quoque partes et omnes et singulos superius nominatos ad observationem dictarum treugarum per penas annotatas superius compellatis, eos insuper, qui in dictas excommunicationis vel interdicti sententias inciderint, faciatis sollempni publicari et omnia et singula supradicta, cum sint de communi voluntate dictarum partium ordinata et facta, executioni debite demandetis et faciatis firmiter auctoritate nostra apellatione postposita observari, taliter super hiis vos habentes, quod a Deo premium, ab hominibus laudis preconium promereamini et nobis, qui negocium istud valde cordi habemus, debeat esse gratum. Datum apud s. Cyricum prope Lugdunum, II kal. martii.

904. — Cluniaci, 11 mart. 1306.
Reservat sedi apost. provisionem mon. s. Salvat. maior. Reatin. ad rom. eccl. nullo medio pertinentis ord. s. Ben. per obitum Cambii vacantis. (f. 153 a).

Ad perpetuam rei memoriam. Vacante nuper.... Dat. Cluniaci, V idus martii.

905. — Lugduni, 1 febr. 1306.
Restringit constitutionem Bonifacii Pp. VIII de modo citandi. (f. 153 a).

Ad perpetuam rei memoriam. Recolende memorie Bonifacius Papa VIII predecessor noster dudum constituit, ut citatione auctoritate apostolica de personis quibuscunque ac etiam undecunque ad instar edictorum in alvo pretoris propositorum etiam extra dies sollempnes, in quibus romani pontifices processus consueverunt facere generales, ipso [1] papa specialiter et ex certa scientia id mandante facte in apostolicarum audientia publica litterarum vel in papali palatio publicate, postmodum maiori ecclesie loci, in quo romanus pontifex cum sua curia residebit, ianuis affigende, sic valeant atque arceant citatos post lapsum termini, quem distantia considerata locorum citationibus ipsis apponi consuevit competentem, ac si ad eos personaliter devenissent. Quia vero statutum ipsum rationabiliter editum propter malitiam temporis tunc instantis nonnullis nimis rigorosum videtur, nos rigorem ipsum mansuetudine temperantes constitutionem eandem et prefatum citandi modum restringimus ad illos tantum et in illis locum volumus vendicare, qui faciunt, impediunt vel procurant per se vel per alios quoquo modo, ne ad eos possit citatio pervenire vel quorum domicilia sive loca non possunt tute liberve adiri. Porro ei, quod circa citationes absentium tam diebus sollempnibus supradictis, quam aliis ecclesia romana diversis ex causis facere consuevit, per presentem constitutionem seu moderationem in nullo volumus derogari. Nulli ergo etc. Dat. Lugduni, kal. febr.

906. — Lugduni, 1 febr. 1306.
Revocat constitutionem Bonifacii Pp. VIII, quae incipit: *Clericis laicos.* (f. 153 a).

Ad perpetuam rei memoriam. Pastoralis cura sollicitudinis nobis divinitus super cunctas christiani populi nationes iniuncta nos invigilare remediis subiectorum, eorun-

[1] Ms. *ipse.*

dem periculis obviare ac scandala removere compellit. Sane quoniam ex constitutione felicis recordationis Bonifacii Pape VIII predecessoris nostri, que incipit: Clericis laycos, et ex declaratione seu declarationibus ex illa postmodum subsecutis, nonnulla scandala, magna pericula et incomoda gravia sunt secuta et ampliora sequi, nisi celeri remedio succurratur, presumitur verisimiliter in futurum, nos de consilio fratrum nostrorum constitutionem et declarationem seu declarationes predictas et quicquid ex eis secutum est, vel ob eas, penitus revocamus et eas haberi volumus pro infectis, volentes et firmiter statuentes illud contra quoscunque laycos exigentes seu extorquentes ab ecclesiis ecclesiasticisque personis tallias seu collectas aut exactiones quascunque, et contra dantes ad id faciendum consilium, auxilium et favorem, nec non et circa prestandas subventiones laycis ab ecclesiarum prelatis et aliis viris ecclesiasticis inviolabiliter observari, quod super hiis a predecessoribus nostris in Lateranensi et generali conciliis, que nos sub obtestatione [1] divini iudicii precipimus observari districte, salubriter est provisum. Nulli ergo etc. Dat. Lugduni, kal. februarii.

907. — Bituris, 31 mart. 1306.
Reservat cuidam canonico unam ex domibus infra claustrum eccl. Parisien. consistentibus, quae non sunt eiusdem ecclesiae praebendis adnexae, sed per capitulum praedictae ecclesiae canonicis ad dies vitae conceduntur. (f. 153 *b*).

· *Dil. filiis priori s. Eligii et decano s. Germani Antisiodoren. Parisien. ac cantori Milliacen. Senonen. diocesium.* Tua et tuorum sincera devotio.... Dat. Bituris, II kal. apr.

908. — Nivernis, 23 mart. 1306.
Petro de Chambliaco, militi et cambellano Philippi, regis Franciae, licentiam largiatur construendi

capellam, iure parochialis ecclesiae et praesentandi capellanum ad capellam eandem observato. (f. 153 *b*).

Ven. fratri nostro episcopo Beluacen. Cum dilectus filius.... Dat. Nivernis, X kal. aprilis.

909. — Lugduni, 28 ian. 1306.
Cuidam concedit, ut possit recipere unum beneficium praeter obtentam ecclesiam de s. Iuliano Visen. [1] dioec. et canonicatum cum praebenda in Visen. eccl. (f. 153 *b*).

Sedis apostolice providentia.... Dat. Lugduni, V kal. februarii.

910. — Bituris, 4 april. 1306.
Omnibus poenitentibus et confessis, qui ad reparationem pontis super fluvium Ligeris iuxta Nivernum aliquid contulerint, elargitur indulgentias centum dierum. (f. 153 *b*).

Vniversis Christi fidelibus presentes litteras inspecturis. Particeps mercedis efficitur.... Dat. Bituris, II non. aprilis.

911. — Bituris, 4 april. 1306.
Permittat, ut committatur cura et administratio basilicae s. Mariae Maioris de Vrbe Iacobo [2] de Columna card. diacono de ipsa basilica bene promerito. (f. 153 *b*).

Dil. filio Francisco [3] s. Lucie in Silice diac. cardinali. Tanta est nobis de tua sinceritate fiducia, quod de omnibus ad te quocunque titulo vel modo spectantibus secura mente disponere, ordinare et detrahere ac

---

[1] Viseu in Hispania.
[2] Iacobus Columna, Oddonis filius, ex archidiacono Pisanae ecclesiae a Nicolao III renunciatus est anno 1278 diaconus cardinalis s. Mariae in Via Lata et archipresbyter s. Mariae Maioris de Vrbe. Bonifacius VIII eum cardinalatu et omnibus dignitatibus privavit atque anathemate notavit, quo eum Benedictus XI solvit et demum Clemens V Lugduni anno 1305 pristinis honoribus reddidit. Obiit Avenione anno 1318. CIACONIVS, II. p. 229. BALVZIVS, I. p. 652.
[3] Franciscus Neapoleonis Vrsinus, a Bonifacio VIII anno 1292 creatus est diaconus cardinalis s. Luciae in Silice et archipresbyter basilicae s. Mariae Maioris de Vrbe. CIACONIVS, II. p. 323.

· [1] Ms. *obstestatione.*

supplere sine turbatione tui pro voto nostri beneplaciti valeamus, nec sit quicquam
tam grande vel arduum, quod, si de voluntate nostra procedere senseris, te per-
turbet. Sane ad basilicam sancte Marie
Maioris de Vrbe specialis habentes devotionis affectum et quantas dilectus filius
noster Iacobus Columpna, sancte romane
ecclesie dyaconus cardinalis, pro ipsius basilice ornamento structure pecuniarum summas effuderit, quantis qualibusque possessionibus illius redditus ampliarit, quan-
taque bona fecerit et laudabiles obser-
vantias statuerit ac ordinaverit in eadem
attendentes, credentes etiam premissorum
consideratione pensata, quod si cardinalem
ipsum, qui ad exaltationem ipsius basilice
totis sicut novimus flagrat affectibus, quique tanti est tibi sanguinis unitate coniunctus, honoremus in illa, grave non per-
feras aut molestum, libenter sibi, si tuus
ad hoc assensus accederet, basilicam co-
mendaremus eandem, et ideo sinceritatem
tuam attente rogamus, quatinus, premissis
attenta meditatione discussis, nostris in hac
parte desideriis te conformes, assentiendo
benigne, ut dictus cardinalis curam et administrationem ipsius basilice auctoritate
nostra gerat et suscipiat sicut prius, pro
certo sciturus, quod, si te in hoc confor-
mare studueris votis nostris, ad votorum
tuorum prosecutionem nos invenies artius
obligatos. Dat. Bituris, II non. aprilis.

912. — Bituris, 4 april. 1306.

Inducat in corporalem possessionem archipresbyteratus dictae basilicae Iacobum Columna, si ad
illud Francisci s. Luciae in Silice diaconi cardinalis
accedat assensus. (f 154 *a*).

Ven. fratri nostro episcopo Tusculano [1].
Tanta est nobis... Dat. ut supra.

[1] Iohannes Buccamatius, Honorii IV affinis, anno 1278
a Nicolao III archiepiscopus Montis Regalis in Sicilia,
demum anno 1285 ab Honorio IV episcopus cardinalis
Tusculanus renunciatus est. Decessit s. collegii decanus
Avenione anno 1309. CIACONIVS, II. p. 253.

913. — Bituris, 4 apr. 1306.

Hortatur, ne desistat operam impendere ad
sedandam omnem materiam dissensionis ortae inter
Poncellum de filiis Vrsi nepotem suum et P(etrum)
de Columna diaconum cardinalem ratione civitatis
Nepesinae. (f. 154 *a*).

Dil. filio nobili viro Luce de Sabello [1]
civi romano. Nuper ad aures nostras grata
relatione pervenit, quod tu, qui ex dono
dato tibi divinitus cunctorum pacem appetis,
quietem exquiris, multis instas et institisti
vigiliis, ut dilectus filius nobilis vir Poncellus de filiis Vrsi, nepos tuus, civitatem
Nepesinam, que sibi per recolende memorie Bonifacium Papam VIII predecessorem
nostrum dicitur concessa fuisse, dilecto filio
nostro. P. de Columpna sancte romane
ecclesie dyaconi cardinali, qui civitatem predictam iusto emptionis titulo iamdudum
notorie noscitur acquisisse, ad sedandam
omnem dissensionis materiam et vitanda
corporum et animarum pericula, que forsitan occasione detentionis civitatis eiusdem
secuta sunt hactenus, et dubitantur inpo-
sterum verisimiliter secutura, necnon ad
reducendum utriusque domos, prout fuerunt hactenus, ad antique benivolentie uni-
tatem, liberaliter restituere procuraret. Sed
licet huiusmodi vigiliarum tuarum nondum
effectus debitus subsecutus existat, nichilominus nobilitatem tuam dignis in Domino
laudibus commendantes, ipsam exortamur
attente per apostolica tibi scripta mandantes, quatinus sub reverentiam apostolice
sedis et nostram adhuc vigilem curam
gerere et indefessam et attentam sollicitudinem non desistas, opem et efficacem
operam impendendo, ut idem Poncellus

[1] Lucas de Sabello, oriundus e nobili familia romana,
filius Iohannis, nepos vero Honorii Pp. IV. A Carolo I
rege Siciliae, cui acceptissimus fuit, nominatus est custos
sacri collegii, quae dignitas in familia Sabellorum deinde
hereditaria evasit. Anno 1305 functus est munere custodis in conclavi, ubi electus est Clemens V. POMPEO
LITTA. *Famiglie celebri italiane.* Savelli in Roma, tavola II.

civitatem ipsam eidem cardinali seu alii vel aliis pro eodem, sine cuiusquam contradictionis et dilationis obstaculo, non expectato alio fiende circa hoc remedio provisionis, assignet aperte, predicentes eidem, quod si laborum tuorum in hiis votivus non sequatur effectus, cum simus omnibus in iustitia debitores nec debeamus deferre hominibus plus quam Deo, faciemus circa hoc, prout iustitia suadebit ac paci et quieti Vrbis et circumposite regionis viderimus expedire. Dat. ut supra.

914. — Bituris, 4 apr. 1306.

Assignent Raymundo de Agrimonte, rectori patrimonii b. Petri in Tuscia, civitatem Nepesinam, quam praetextu concessionis factae sibi a Bonifacio Pp. VIII retinent. (f. 154 *a*).

Dil. filiis Bertuldo canonico basilice principis apostolorum de Vrbe ac nobilibus viris Poncello [1] *de filiis Vrsi eiusque filiis civibus romanis.* Cum ex iniuncto nobis pastoralis officii debito singulorum pacem querere ac iurgiorum amputare materiam teneamur, libenter vias adhibemus et modos, per quos ubilibet, set precipue in Vrbe Romana pax vigeat, concordia crescat et quibuslibet dissensionum materiis, ex quibus animarum et corporum pericula subeunt, eminus profugatis, romanus populus tranquillitatis et pacis dulcedine fecundetur. Sane considerantes attentius, quod ex detentione civitatis Nepesine pretextu concessionis quondam patri vestro aut vobis seu alteri vestrum ut dicitur per recolende memorie Bonifacium Papam VIII predecessorem nostrum concesse, multe turbationes et scandala, guerrarumque discrimina ac animarum et corporum pericula sunt secuta et si desit provisionis remedium dubitentur in poste-

rum secutura, nos intendentes, ut huiusmodi negotio, quod cordi gerimus, finis debitus apponatur, firma ducti fiducia, quod vos tamquam obedientie filii annuetis in hiis et aliis sine difficultatis obstantia votis nostris, sinceritatem vestram rogamus, monemus et ortamur attente vobis per apostolica scripta mandantes, quatinus vestram in hac parte nobis benivolentiam vendicantes, civitatem ipsam dilecto filio nobili viro Raymundo de Agrimonte, rectori patrimonii beati Petri in Tuscia, cui super hoc scribimus, nostro et ecclesie romane nomine de plano, non expectato alio fiende per nos provisionis remedio, liberaliter assignare curetis, ita quod ex obedientia vestra, quam promptam invenire speramus, gratiam nostram, quam ad vestros vestreque domus honores benignam habebitis, consequi merito valeatis. Nos enim aperte vobis et vestrum cuilibet denunciamus atque predicimus, quod nisi dicta civitas in prefati rectoris manibus infra dies octo post requisitionem suam reverenter et humiliter fuerit assignata, tenenda nostro et romane ecclesie nomine, quousque de ea quod iustum fuerit decernatur, tante quod absit inobedientie et transgressionis maculam tantumque romane ecclesie ac nostrum ex eius inobedientia quod absit resultans dedecus et contemptum nequaquam preterire possemus, quin contra vos et vestrum quemlibet super predictis inobedientes ad duriora et graviora procederemus, prout facti qualitas vestraque protervia et contumacia exigerent et iustitia suaderet. Dat, ut supra.

915. — Bituris, 4 apr. 1306.

De eadem materia. (f. 154 *a*).

Dil. filio nobili viro Raymundo domino de Agrimonte rectori patrimonii beati Petri in Tuscia. Cum dilectis filiis Bertuldo, canonico basilice principis apostolorum de Vrbe ac nobilibus viris Poncello de filiis

---

[1] Poncellus, filius Vrsi, cui Bonifacius VIII anno 1299 concessit sub annuo censu civitatem Nepesinam, fratrem habuit Bertholdum, filios vero Matthaeum et Bertrandum. POMPEO LITTA, *Famiglie celebri italiane.* Orsini in Roma, tavola XIII.

Vrsi eiusque filiis, civibus romanis, per nostras demus litteras in mandatis, ut sibi civitatem Nepesinam nostro et ecclesie romane nomine sine obstantia dilationis assignent, prout in nostris litteris, quas mittimus ipsis tibique ad informationem tuam transmitti mandamus per[1] te dictis canonico et nobilibus seu per alterum, (si) forsitan personaliter hoc facere impeditus fueris, assignandas, plenius continetur, volumus et per apostolica tibi scripta mandamus, quatinus personaliter accedens ad nobiles supradictos vel eorum aliquos civitatem ipsam nomine nostro et eiusdem ecclesie infra terminum in eisdem contentum litteris per eosdem et eorum quemlibet tibi postules assignari, de petitione huiusmodi faciens fieri duo publica instrumenta, quorum unum penes te retineas et aliud nobis mittas, ac civitate predicta tibi ut premittitur assignata, cunctis dicte civitatis negociis ordinatis in pace, civitatem ipsam nostro et eiusdem ecclesie nomine, quousque de ipsa per nos· aliter ordinatum extiterit, diligenter facias custodiri. Quidquid autem factum fuerit in premissis, nobis per litteras tuas seriosius significare procures. Dat. ut supra.

916. — Lugduni, 2 ian. 1306.

Commendat monasterium s. Petri Perusin. ord. s. Ben. ad romanam eccl. nullo medio pertinens. (f. 154 *b*).

Dil. filio Iacobo de Columpna sancte romane ecclesie diacono cardinali. Considerantes attentius, quod tu nobis ex superna providentia in apostolice sollicitudinis partem assumptus vigilias et labores assiduos, qui in romane ecclesie alveum undique confluunt quasi torrens, operosa nobiscum sedulitate partiris, quique propter grandia virtutum tuarum preconia et excellentias grandes, quibus te Dominus insignivit, ad regendum universalis corpus ecclesie indesi-

nenter studia et labores impendis, dignum censemus et congruum, ut apostolica sedes se tibi promptam exhibeat et in tuis oportunitatibus liberalem. Inter ceteros siquidem fratres nostros et filios sancte romane ecclesie cardinales, quos divina clementia orbis et ecclesie precipuas statuit esse columnas, tu per nos reassumptus ad cardinalatus statum, honorem et gradum exigentibus virtutum tuarum insignibus, tanto per apostolice sedis providentiam mereris plenius honorari, quanto ex tui altitudine consilii et exquisita tue circumspectionis industria maiora ecclesie Dei comoda provenire sperantur. Licet enim cardinalatus dignitate prefulgeas, tamen quia propter retroacti temporis qualitatem ad portandum iminentium expensarum onera, que iugiter oportet te de necessitate subire, decenti non afluis habundantia facultatum, decrevimus tuam honorando personam tibi de oportune subventionis remedio providere. De circumspectione itaque tua plenam in Domino fiduciam obtinentes, tibi monasterium sancti Petri Perusin ad romanam ecclesiam nullo medio pertinentis ordinis sancti Benedicti, apostolica auctoritate committimus. Exercendi per te vel per alium seu alios administrationem ipsius plenam et liberam in spiritualibus et temporalibus, tam in capite quam in membris, ea ex nunc alteri cuilibet de apostolice potestatis plenitudine penitus interdicta, ac percipiendi plene et libere fructus, redditus et proventus eiusdem monasterii, et in usus proprios convertendi ac disponendi de illis, prout volueris et expedire cognoveris, et libere instituendi et destituendi, visitandi et corrigendi personas ecclesiasticas eiusdem monasterii et subiectas eidem, precipiendi quoque, statuendi et ordinandi, que ad salubrem statum ipsius monasterii pertinere cognoveris, investituras etiam feudorum et aliarum rerum, de quibus consueverunt sic faciendi, necnon beneficia ecclesiastica et prebendas,

[1] Ms. *pro.*

etiam si curam habeant animarum et dignitates vel personatus existant, ad abbatis, qui pro tempore fuerit, et conventus eiusdem monasterii collationem, electionem seu presentationem communiter vel divisim spectantia temporibus retroactis, conferendi et eligendi, instituendi et presentandi necnon contradictores per censuram ecclesiasticam apellatione postposita compescendi, plenam et liberam tibi concedimus auctoritate presentium facultatem, interdicentes conventibus dictorum monasterii et membrorum electiones, postulationes et provisiones quascunque abbatum, priorum et ceterorum prelatorum ac ministrorum seu officialium eorundem quocunque nomine censeantur, et decernentes irritum et inane, si quid contra premissa vel aliqua premissorum a quoquam contigerit attemptari. Non obstantibus quod in dicto monasterio due dicuntur electiones, una videlicet de fratre Hugolino, abbate monasterii sancti Donati Eugubine dyocesis, et altera de fratre Petro Henrrici, priore sancti Montani Perusine dyocesis, in discordia celebrate, seu si aliquibus a sede predicta sit indultum, quod interdici, suspendi vel excommunicari non possint per litteras apostolicas non facientes plenam et expressam ac de verbo ad verbum de indulto huiusmodi mentionem, et quibuslibet litteris, privilegiis et indulgentiis dicte sedis, de quibus quorumque totis tenoribus debeat in nostris fieri litteris mentio specialis. Vt autem huiusmodi nostra gratia tibi fructuosa reddatur, volumus et presentium tibi auctoritate mandamus, quatinus de fructibus et proventibus supradictis personis inibi Domino servientibus, novas enim ibidem per alium quam per te vel cui id commitendum duxeris institui seu poni quomodolibet prohibemus, pro vite necessariis, ut divinus cultus in illo nullatenus minuatur, sed augeatur potius, portione congrua reservata, de reliquo, quod superfuerit ac superhabundaverit, pro iminentium

expensarum tuarum oneribus ac necessitatibus comodius supportandis de nostra et apostolice sedis providentia disponas libere, prout videris expedire. Dat. Lugduni, IIII nonas ianuarii.

Eodem modo priori et conventui monasterii s. Petri Perusin.

Similiter et eodem modo universis vasallis atque colonis dicti monasterii.

917. — Cluniaci, 11 martii 1306.

Ecclesiam Eugubin. post obitum Francisci vacantem donationi sedis apostol. reservat. (f. 154 b).

Ad perpetuam rei memoriam. Vacante nuper.... Dat. Cluniaci, V idus martii.

918. — Bituris, 5 april. 1306.

Citent Iohannem de Tresis, qui armata manu invaserat ecclesias de Cambarata et de Tranays Caturcen. dioec., de quibus provisum est Arnaldo Barravi. (f. 155 a).

Ven. fratri episcopo et dil. filiis.. archidiacono maiori et officiali Caturcen. Petitio dilecti filii.... Dat. Bituris, nonas aprilis.

919. — Bituris, 5 april. 1306.

Guillelmo Audeberti olim praeceptore domus de Septemfontibus Petragoricen. dioec. ad monasterium s. Laurentii de Artigia ord. s. Augustini Lemovicen. dioec. spectantis ab officio suo amoto, mandatur, ut praeceptoria conferatur alteri. (f. 155 a).

... per priorem soliti gubernari ordinis s. Augustini Lemovicen. dioc. Cum Guillelmum.... Dat. Bituris, nonas aprilis.

920. — Nivernis, 26 martii 1306.

De novo confert prioratum Domus Dei de Pertiniaco ord. s. Augustini Pictavien. dioec., quo eum antea certis ex causis privavit omnemque infamiam, suspensionem, privationem et inhabilitatem abolet. (f. 155 a).

... ord. s. Augustini Pictaven. dioc. Sedes apostolica pia mater.... Dat. Nivernis, VII kal. aprilis.

921. — Ap. s. Ciricum, 25 febr. 1306.

Obtentu Petri de Sabaudia, decani eccl. Saresbirien., providet eius clerico et familiari de canonicatu et praebenda in eccl. Lugdunen., non obstante quod in eccl. ss. Petri et Pauli de Estredeberi Saresbirien. dioec. canonicatum et praebendam obtineat. (f. 155 *a*).

Dil. filiis priori s. Petri et Iocerando de Karo Loco Matisconen. ac magistro Guillelmo Helie Rothomagen. ecclesiarum canonicis. Personas generis nobilitate fulgentes.... Dat. apud s. Ciricum, V kal. martii.

922. — Apud Fontem Moriniacum, 28 martii 1306.

Providet de canonicatu in eccl. Constantien. et praebenda ibi vacante vel vacatura, non obstante quod obtineat in eccl. s. Severini Burdegalen. canonicatum et praebendam et ecclesiam s. Albini in Ialesio Burdegalen. dioec. (f. 155 *b*).

Dil filio Gaylhardo de la Casa canonico Constantien. Illis apostolice 'sedis.... Dat. apud abbaciam Fontis Morinche, V kal. apr.

923. — Ap. s. Ciricum, 6 mart. 1306.

Consideratione Guychardi, domini Belliioci, confert infrascripto canonicatum et praebendam in eccl. Lugdunen. (f. 155 *b*).

... de Plateria Lugdunen.

Dil. filio Bartholomeo de Popia canonico Lugdunen. Apostolice sedis benignitas.... Dat. apud s. Cyricum prope Lugdunum, II nonas martii.

924. — Ap. s. Ciricum, 6 mart. 1306.

Consideratione Amedei, comitis Sabaudiae, reservat eius clerico et familiari beneficium in civitate vel dioec. Lugdunen. (f. 155 *b*).

... de Savigniaco Lugdunen. dioc. monasteriorum abbatibus ac Iohanni de Vilariis canonico Viennen.

Dil. filio Syboudo de Claromonte clerico Viennen. dioc. Inducimur tam tue probitatis meritis.... Dat. apud s. Cyricum prope Lugdunum, II nonas martii.

925. — Nivernis, 27 martii 1306.

Ne permittant Antonium, patriarcham Ierosolimitanum, episcopum Dunelmen., in Terrae sanctae subsidium proficiscentem super bonis suis molestari. (f. 155 *b*).

... abbati mon. Lesaten. Appamiarum dioc. Gerentes erga personam.... Dat. Nivernis, VI kal. aprilis.

926. — Nivernis, 27 mart. 1306.

Ne permittant patriarcham Ierosolimitanum, episcopum Dunelmen., exemptum a iurisdictione archiepiscopi et capituli Eboracen. contra exemptionis tenorem a quocunque molestari. (f. 156 *a*).

Ven. fratribus.. Lincolnien. et Ambianen. episcopis ac dil. filio abbati mon. Lesaten. Appamiarum dioc. Inter cunctas sollicitudines.... Dat. ut supra.

927. — Nivernis, 27 mart. 1306.

Faciant eundem in ecclesiis, in quibus ei pallio uti permittitur, libere recipi et admitti. (f. 156 *b*).

Ven. fratribus Lincolnien. et Ambianen. episcopis ac dil. filio abbati mon. Lesaten. Appamiarum dioc. Non solum venerabilis fratris nostri.... Dat. Nivernis, VI kal. apr.

928. — Nivernis, 27 mart. 1306.

Ne permittant eundem patriarcham et episcopum contra indulti apostolici tenorem super praestatione decimae, exactionis, collectae etc. a quocunque molestari. (f. 156 *b*).

Item eisdem executoribus ut in precedenti littera. Cum persone ecclesiastice.... Dat. Nivernis, VI kal. aprilis.

929. — Apud s. Ciricum, 6 mart. 1306.

Obtentu Amedei, comitis Sabaudiae, indulget ad quinquennium, ut residens in eccl. Viennen. possit percipere fructus praebendae in eccl. Meten. (f. 156 *b*).

Dil. filiis de Insula Barbara et de Savigniaco monasteriorum abbatibus Lugdunen. dioc. et Iohanni de Vilariis canonico eccl. Viennen.

Dil. filio Guillelmo de Claromonte canonico Meten. Tue devotionis et probitatis merita.... Dat. apud·s. Ciricum prope Lugdunum, II nonas martii.

930. — Lugduni, 14 ian. 1306.
Licentia habendi altare portatile et faciendi super illo celebrari divina. (f. 157 a).
Dil. filio nobili viro Gaufrido de Mauretangnia vicecomiti de Amayo. Ex tue devotionis.... Dat. Lugduni, XIX kal. febr.

931. — Apud s. Ciricum, 28 febr. 1306.
Providet de canonicatu et praebenda in eccl. s. Pauli Leodien. vacante vel vacatura. (f. 157 a).
Dil. filiis magistro Onufrio de Trebis capellano nostro Melden. et s. Petri in Castro ac s. Albini Namurcen. Leodien. dioc. ecclesiarum decanis.
Dil. filio Gerardo de Vergnies presbytero canonico eccl. s. Pauli Leodien. Laudabile tibi testimonium.... Dat. apud s. Ciricum prope Lugdunum, II kal. martii.

932. — Paredi, 15 mart. 1306.
Obtentu Philippi, regis Francorum, confert eius clerico archidiaconatum Algiae in eccl. Lexovien. post promotionem Richardi episcopi Biterren. vacantem, non obstante quod in eadem eccl. Lexovien. canonicatum et praebendam obtineat. (f. 157 a).
Dil. filiis archidiacono de Vulpassino [1] Francie ac magistris Guillelmo Helie et Symoni de Boscogaven canonicis eccl. Rothomagen.
Dil. filio Guillelmo de Gisorcio archidiacono Algie in eccl. Lexovien. Apostolice sedis consueta benignitas.... Dat. Paredi Eduen. dyoc., idus martii.

933. — Matiscone, 8 mart. 1306.
Confert canonicatum ecclesiae Lugdunensis. (f. 157 a).

1 Ms. *Vulcassino.*

Dil. filiis abbati mon. Savigniaci Lugdunen. et.. decano ac.. sacriste eccl. s. Marie de Belliioco Matisconen. dioc.
Dil. filio Iohanni nato dil. filii nobilis viri Petri de Marziaco militis canonico Lugdunen. Laudabile testimonium.... Dat. Matiscone, VIII idus martii.

934. — Lugduni, 27 dec. 1305.
Confirmat collationem canonicatus et praebendae in Abrincen. eccl. factam ex indulto sedis apostolicae a R(aymundo) s. Mariae Novae diacono cardinale. (f. 157 b).
Dil. filio Theobaldo de Archia canonico Abrincen. Exhibita nobis.... Dat. Lugduni, VI kal. ianuarii.

935.
Obtentu Friderici, regis Trinacriae, mandat infrascriptis, ut partem proventuum ecclesiae s. Mariae de Plano Terraconen. dioec. usibus sacristiae eccl. Terraconen. unitam revocare curent ad usus rectoris dictae ecclesiae, Monserrati Aymerici. (f. 157 b).
Ven. fratri episcopo Valentino et dil. filiis.. de Muroveteri et de Algizira in ecclesia Valentin. archidiaconis. Cum dudum sicut accepimus.... (sine data).

936. — Ap. Gelosium, 12 sept. 1305.
Obtentu bonae memoriae Beraldi [1] episcopi Albanen. providet eius quondam capellano de canonicatu eccl. Baionen. et de praebenda ac personatu vel dignitate seu officio ibidem vacantibus vel vacaturis, non obstante quod ecclesiam de Schapwyle Saresbirien. dioec. obtineat. (f. 157 b).
Dil. filio Petro de Vallibus de Avona canonico Baionen.
Ven. fratri episcopo Aquen. et dil. filiis Arnaldo Lupi de Tilio archidiacono de Me-

1 Beraldus, germanus Clementis V, ex archidiacono Agennensi ab Honorio IV anno 1289 nominatus archiepiscopus Lugdunensis, a Coelestino V in collegium cardinalium cooptatus et episcopatu Albano cohonestatus est anno 1294. Obiisse dicitur anno 1297. BALVZIVS, I. p. 575. *Gallia chr.,* IV. p. 154.

dina in eccl. Salamantin. ac Riccardo de Haueringe canonico Eboracen. Dum conditiones.... Dat. apud castrum Gelosium, II idus septembris.

937. — Apud s. Ciricum, 28 febr. 1306.
Reservantur dignitas vel personatus seu officium in eccl. Anicien., non obstante quod in Anicien. et de Belloioco ecclesiis canonicatus et praebendas ac parochialem eccl. de Cabanili obtineat et ab abbate mon. Lesaten. pensionem XX librarum Turonensium parvorum percipiat annuatim. (f. 158a).

Dil. filiis Savigniacen. et de Insula Barbara Lugdunen. dioc. monasteriorum abbatibus ac Matheo Rometayn canonico Viennensi.

Dil. filio Lanceloto de Marchant canonico Anicien. [1] Honestas morum.... Dat. apud s. Cyricum prope Lugdunum, II kal. martii.

938. — Nivernis, 22 mart. 1306.
Confert canonicatum eccl. s. Saturnini Tolosan. ord. s. Augustini, in qua certus canonicorum numerus et praebendarum distinctio non habentur. (f. 158a).

Dil. filiis priori Deaurata Tholosan. dioc. ac Bertrando de Duroforti et Arnaldo de Vilaribus canonicis Caturcen.

Dil. filio Guillelmo Saquerti de la Botuca canonico ecclesie s. Saturnini Tholosan. ordinis s. Augustini. Dum conditiones.... Dat. Nivernis, XI kal. aprilis.

939. — Lugduni, 20 febr. 1306.
Confert canonicatum et praebendam ac sacristiam in eccl. s. Severini Burdegalen. per resignationem Guillelmi de Monte Mauri vacantes. (f. 158a).

Dil. filiis abbati monasterii Moysiacen. Caturcen. dioc. et Guillelmo Helie Xanctonen. ac Petro de Granleto Tholosan. canonicis ecclesiarum.

[1] Ms. Anrien.

Dil. filio Petro de Solario canonico et sacriste ecclesie s. Severini Burdegalen. Laudabilia tue merita.... Dat. Lugduni, X kal. martii.

940. — Lugduni, 1 nov. 1305.
Provideant Raymundo Dyssac, clerico Burdegalen. dioec., in civitate vel dioec. Lemovicen. de unico beneficio, cuius reditus summam sexaginta librarum Turonen. parvorum singulis annis non excedant. (f. 158b).

Dil. filiis decano et Guidoni de Turribus Lemovicen. ac Oddoni de Senmireto Xanctonen. ecclesiarum canonicis. Merita probitatis.... Dat. Lugduni, kal. novembris.

941. — Ap. s. Ciricum, 28 febr. 1306.
Providet de canonicatu et praebenda in eccl. Lingonen. vacante vel vacatura, non obstante quod in Lugdunen. et Gebennen. ecclesiis canonicatus et praebendas obtineat. (f. 158b).

Dil. filio Amedeo nato dil. filii nobilis viri Amedei comitis Gebennen. canonico Lingonen. Dum tui nobilitatem generis.... Dat. apud s. Cyricum prope Lugdunum, II kal. martii.

942. — Apud s. Ciricum, 28 febr. 1306.
Licentia recipiendi duo beneficia, etiam si dignitates vel personatus existant, praeter obtenta. (f. 158b).

Dil. filio Amedeo nato dil. filii nobilis viri Amedei comitis Gebennen. canonico Lugdunen. Dum nobilitatem generis.... Dat. apud s. Cyricum prope Lugdunum, II kal. martii.

943. — Apud s. Ciricum, 28 febr. 1306.
Faciant recipi in Gebennen. et in Romanen. eccl. Viennen. dioec. duas personas, quas comes Gebennensis nominaverit, in canonicos et fratres. (f. 159a).

Dil. filiis... ac de Bellomonte prioribus Lausanen. Gebennen. et Valentinen. dioc. Grata devotionis obsequia.... Dat. apud

s. Cyricum prope Lugdunum, II kalendas martii.

944. — Apud mon. Grandimontense, 17 apr. 1306.
Licentia recipiendi praeter obtenta unicum beneficium non obstante defectu ordinum et aetatis. (f. 159 a).
Dil. filio Iohanni de Maregniaco canonico Rothomagen. Sedes apostolica.... Dat. apud mon. Grandimontense, XV kal. maii.

945.
Personam, quam nominaverit Philippus, rex Francorum, ad canonicatum et praebendam Parisien. eccl., vult omnibus aliis anteferri. (f. 159 a).
Ven. fratribus Suessionen. Silvanecten. et Melden. episcopis. Volentes carissimi.... Dat. ut supra in precedenti.

946. — Apud s. Ciricum, 28 febr. 1306.
Consideratione Humberti de Belliioco, canonici Lugdunen., providetur Petro de canonicatu et praebenda integra in eccl. Beluen. Eduen. dioec. vacante vel vacatura, non obstante quod in ecclesiis de Avalone et Asperxe canonicatus et praebendas ac parochialem eccl. de Tramoyes Eduen. et Matisconen. dioec. obtineat. (f. 159 a).
Dil. filiis decano... ac Thome de Belliioco canonico eccl. Lugdunen.
Dil. filio magistro Petro de Savigniaco canonico Beluen. Eduen. dioc. Tue laudabilia merita.... Dat. apud s. Cyricum prope Lugdunum, II kal. martii.

947. — Apud s. Ciricum, 28 febr. 1306.
Defuncto Basilio electionem in discordia celebratam de infrascripto, tunc canonico Rossanen. eccl. et Thoma, archimandrita mon. s. Hadriani ord. s. Basilii Rossanen. dioec. cassavit, praefecitque eccl. Rossanen. Rogerium [1] in archiepiscopum et pastorem; munus consecrationis per Nicolaum episcopum Ostien. ei impendi fecit, et pallium

[1] VGHELLI, *Italia s.*, IX. p. 301, ubi dicitur confirmatus an. 1307.

transmisit per Landulphum s. Angeli, Richardum s. Eustachii et Franciscum s. Mariae in Cosmedin diaconos cardinales. (f. 159 b).
Ven. fratri Rogerio archiepiscopo Rossanen. Debitum officii nostri.... Dat. apud s. Cyricum, II kal. martii.
Eodem modo capitulo eccl. Rossanen.
E. m. clero civitatis et dioec. Rossanen.
E. m. populo civitatis et dioec. Rossanen.
Item Carolo regi Siciliae scribitur in forma consueta.

948. — Apud s. Ciricum, 6 mart. 1306.
Obtentu Guychardi, domini Belliioci, indulget ad biennium, quod non teneatur ascendere ad ordines altiores ratione beneficii obtenti. (f. 159 b).
Dil. filio Iacobo Waygnardi rectori parochialis eccl. de Romilliaco Gebennen. dioc. Cupientes clericali milicie.... Dat. apud s. Cyricum prope Lugdunum, II nonas mart.

949. — Apud s. Ciricum, 26 febr. 1306.
Reservatio dignitatis vel personatus in ecclesia Convenarum, non obstante quod de canonicatibus Narbonnen. et Albien. ecclesiarum et praebendis ac dignitatibus ibi vacantibus vel vacaturis ei sit provisum et decimam de Insula Odzonis Convenarum dioec. obtineat. (f. 159 b).
Dil. filiis abbati mon. de Lesato et priori prioratus de Artigato Appamiarum dioc. ac Garssie Sabolea canonico Coseranen.
Dil. filio Iohanni nato dil. filii nobilis viri. B. comitis Convenarum canonico Convenarum. Tui nobilitas generis.... Dat. apud s. Cyricum prope Lugdunum, IIII kal. martii.

950. — Cluniaci, 10 mart. 1306.
Moneat Iohannem dalphini, ut exhibeat Guidonem Guidonis de s. Triverio et Guidonem natum Andreae de Grolea milites Lugdunen. et Bellicen. dioec., qui violentas iniecerunt manus in Aymericum Guerti domicellum et familiarem pontificis, quosque ille in domum suam recepit; secus excommunicationis sententiam in Ioh. proferat dictique milites sciant se fore excommunicationis sententiis

innodatos, a quibus absolvi non possint absque
licentia sedis apostolicae, nisi in mortis articulo.
(f. 160 a).

Ven. fratri.. episcopo Valentino. Licet
iniuria quibusvis illata.... Dat. Cluniaci, VI
idus martii.

Eodem modo dil. filio abbati mon. s. Antonii
Viennen. dioec.

951. — Cluniaci, 10 mart. 1306.

Audito, quod dicti milites recepti sint in terris
dalphini et nobilis mulieris dalphinae Viennen., comitis Gebennen. et Aymarii de Pictavia, Guidonis et
Hugonis, dicti dalphini filiorum, et Aymarii de Pictavia, dicti Aymarii filii, dominorum de Villariis, de
Rossillione, de Monte Rupelli et de Gresio, scribit
episc. Valentino eodem modo ut supra. (f. 160 b).

Licet iniuria quibusvis illata.... Dat. ut
supra.

Eodem modo episcopo Maurianen. I. videlicet
comiti Sabaudiae et terris suis.

E. m. episcopo Matisconen. videlicet dominis
de Belloioco et de Monte Reberio.

E. m. abbati mon. s. Antonii Viennen dioec.
videlicet in terris dalphini, dalphinae, comitis Gebennen. et Aymarii de Pictavia, Guidonis et Hugonis dicti dalphini filiorum, et Aymarii de Pictavia dicti Aymarii filii, dominorum de Villariis
et de Rossillione, de Monte Lupelli et de Geresio.

952. — Apud mon. Grandimontense,
18 april. 1306.

Obtentu Geraldi de Buxolio militis reservat
eius filio beneficium in civitate aut dioec. Pictavien., non obstante defectu ord. et aetatis. (f. 160 b).

Dil. filiis mon. Dalonii [1] *et secularis
s. Asterii abbatibus ac archidiacono de Bra-
tenaco ecclesiarum Lemovicen. et Petragoricen. dioc.*

*Dil. filio Petro nato dil. filii nobilis
viri Geraldi de Buxolio clerico Petragoricen. dioc.* Probitatis studiis.... Dat. apud
prioratum Grandimonten., XIIII kal. maii.

953. — Apud mon. Grandimontense,
18 april. 1306.

Consideratione Geraldi de Buxolio confert eius
filio ecclesiam s. Martini de Gardona Petragoricen.
dioec. per mortem quondam Arnaldi vacantem,
non obstante defectu ordinum et aetatis. (f. 160 b).

Dil. filiis mon. Dalonii [1] *etc. ut in alia
executoria.*

*Dil. filio Guidoni nato dil. filii nobilis
viri Geraldi de Buxolio militis rectori eccl.
s. Martini de Gardona Petragoricen. dioc.*
Sincere devotionis affectus.... Dat. ut in alia.

954. — Matiscone, 8 mart. 1306.

Prioratum Dayras ord. s. Ben. Nemausen. dioec.
spectantem ad collationem abbatis mon. s. Victoris Massilien., post mortem Petri de Canilhaco
vacantem, donationi sedis apostolicae reservat.
(f. 160 b).

Ad perpetuam rei memoriam. Cum sicut
ad nostrum.... Dat. Matiscone, VIII idus
martii.

955. — Apud s. Ciricum, 26 febr. 1306.

Consideratione Arnaldi, s. Mariae in Porticu
diac. cardinalis, providet de canonicatu et praebenda in ecclesia Mimatensi vacante vel vacatura. (f. 161 a).

*Dil. filio Gaylhardo de Barreyria cano-
nico Mimaten.* Dum conditiones.... Dat. ap.
s. Cyricum prope Lugdunum, IIII kal. mart.

956. — Apud s. Ciricum, 26 febr. 1306.

Supplicantibus episcopo et capitulo Ruthenen.
ac consideratione Arnaldi, s. Mariae in Porticu
diaconi. card., providet capellanum eius de canonicatu et praebenda in eccl. Ruthenen. vacante
vel vacatura, non obstante quod prioratum de
s. Cruce et parochialem eccl. de s. Ventiano Caturcen. et Ruthenen. dioec. obtineat. (f. 161 a).

*Dil. filiis de Bona Cumba et de Loco
Dei monasteriorum abbatibus ac decano de
Rivo Petroso Ruthenen. dioc.*

: *Dil. filio Arnaldo Galterii canonico Ruthenen.* Tue laudabilia merita.... Dat. apud s. Cyricum prope Lugdunum, IIII kal. mart.

957. — Bituris, 29 martii 1306.
Notum facit se cum magistro Iohanne de s. Claro dispensasse, ut cum ecclesia parochiali de Fuylhan Londonien. dioec. canonicatum ecclesiae Londoniensis retinere valeat, mandatque, faciant ei de fructibus dicti canonicatus integre responderi. (f. 161*a*).

. *Ven. fratri episcopo Londonien. et dil. filiis abbati mon. s. Augustini Cantuarien. dioc. ac Guillelmo Helie canonico Xanctonen.* Apostolice sedis.... Dat. Bituris, IIII kal. aprilis.

958. — Apud mon. Grandimontense, 18 april. 1306.
Providet de beneficio ecclesiastico cum cura, cuius proventus sexaginta librarum Gebennen. vel quinquaginta sine cura secundum taxationem decimae antiquam valorem annuum non excedant, spectante ad collationem episcopi Gebennen. (f. 161*b*).

Ven. fratri episcopo Bellicen. et dil. filiis priori de Clenieus Gratianopolitan. dioc. ac Guychardo de Ponte Vitreo can. Gebennen.

Dil. filio Gerardo de Francia clerico Gebennen. Probitatis tue merita.... Dat. apud monasterium Grandimontense, XIIII kal. maii.

959. — Lugduni, 13 ian. 1306.
Dispenset cum Petro Bonafos, clerico Albien. dioec., super defectu natalium, si dignus inveniatur. (f. 161*b*).

Dil. filio Bermundo de Calomonte archidiacono de Podio s. Georgii in eccl. Albien. Ex parte.... Dat. Lugduni, idus ianuarii.

960. — Burdegalis, 19 maii 1306.
Ne permittant Margaritam comitissam Fuxen. et vicecomitissam Bearnii, relictam quondam Rogerii Bernardi comitis Fuxen. ab aliquibus indebite molestari. (f. 161*b*).

Ven. fratribus archiepiscopo Burdegalen. et Aquen. ac Baionen. episcopis. Quanto devotiori studio.... Dat. Burdegalis, XIIII kal. iunii.

961. — Ap. s. Ciricum, 20 febr. 1306.
Consideratione Raymundi Fulconis, vicecomitis Cardonae, reservat infrascripto dignitatem vel personatum in eccl. Terraconen. ord. s. Augustini, dispensatque cum eo, ut possit canonicatum et praebend., praecentoria dimissa, retinere. (f. 161*b*).

Dil. filiis Rivipollen. Vicenen. et ss. Crucum Terraconen. dioc. monasteriorum abbatibus ac Geraldo de Requason canonico Ylerden.

Dil. filio Petro Boreti canonico et precentori eccl. Terraconen. ordinis s. Augustini. Laudabilia tue probitatis merita.... Dat. apud castrum sancti Cyrici, X kalendas martii.

962. — Nivernis, 25 mart. 1306.
Consideratione Theobaldi, archidiaconi Lugdunen., confert eius nepoti canonicatum eccl. Lugdunen., non obstante quod in eccl. s. Pauli Lugdunen. canonicatum obtineat. (f. 162*a*).

Dil. filiis de Savigniaco ac.. de Insula Barbara Lugdunen. dioc. monasteriorum abbatibus ac priori beate Marie de Plateria Lugdunen.

Dil. filio Bernardo de Sura canonico Lugdunen. Tue laudabilia merita.... Dat. Nivernis, VIII kal. aprilis [1].

963. — Nivernis 25 mart. 1306.
Confertur canonicatus eccl. Lugdunen., non obstante quod in eccl. s. Pauli Lugduni canonicatum et camerariam obtineat. (f. 162*a*).

Dil. filiis de Savigniaco etc. ut in precedenti executoria.

Dil. filio Guillelmo de Vassalliaco canonico Lugdunen. Laudabile testimonium.... Dat. sicut in alia.

[1] Ms. *martii,* quo tempore Papa commorabatur Lugd.

964. — Ap. s. Ciricum, 3 mart. 1306.
Consideratione Friderici, regis Trinacriae, providet infrascriptum de canonicatu eccl. Valentin. et praebenda ac praepositura, quae mensata vulgariter nuncupatur, ibidem vacantibus vel vacaturis, non obstante quod perpetuam vicariam in eccl. Castellionis Farfaniae Vrgellen. dioec. et quosdam reditus sibi ab abbate et conventu monasterii Ageren. ord. s. Augustini eiusdem dioec. in beneficium assignatos obtineat. (f. 162 a).

Ven. fratri episcopo Cartaginen. et dil. filiis priori Dertusen. ac preposito eccl. Terraconen.

Dil. filio Michaeli Boterii canonico Valentin. Personam tuam.... Dat. apud s. Cyricum prope Lugdunum, V nonas martii.

965. — Apud Sorzacum, 3 maii 1306.
Episcopatum Palentin. post obitum Alvari [4] vacantem ordinationi sedis apostolicae reservat. (f. 162 b).

Ad perpetuam rei memoriam. Licet de cunctis.... Dat. apud Sorzacum, V non. maii.

966. — Burdegalis, (sine data).
Litteras mandantes, ut in singulis ecclesiis cathedralibus et collegiatis regni Franciae singulas personas, quas Philippus rex Franciae nominaverit, recipi faciant in canonicos eisque de praebendis provideant, explanat, dubitantibus quibusdam, an possit rex aliam personam nominare, si nominata gratiam acceptare noluerit, hoc fieri posse. (f. 162 b).

Karissimo in Christo filio Philippo regi Francorum illustri. Volentes olim.... Dat. Burdegalis, (sine data).

967. — Burdegalis, 15 maii 1306.
Omnibus vere poenitentibus et confessis, qui ad aedificandam ecclesiam b. M. V. dicatam adiutrices porrexerint manus aut ecclesiam ipsam certis diebus visitaverint, elargitur quasdam indulgentias. (f. 162 b).

---

[1] Alvarus Carrillo, quem GAMS, p. 60 perperam scribit obiisse anno 1309.

Vniversis Christi fidelibus presentes litteras inspecturis. Ecclesiarum fabricis.... Dat. Burdegalis, idus maii.

968. — Lugduni, 24 nov. 1305.
Consideratione Raymundi de God, canonici Agennen., nepotis sui, confert eius servitori canonicatum eccl. s. Hilarii Pictavien., non obstante quod ecclesiam s. Mauritii Burdegalen. dioec. obtineat. (f. 162 b).

Dil. filiis cantori Xanctonen. et Arnaldo de Faugeriis ac Petro Amalvini canonicis Burdegalen.~ ecclesiarum.

Dil. filio Iohanni de Casalibus canonico ecclesie s. Ylarii Pictaven. dioc. Digne.agere credimus.... Dat. Lugduni, VIII kal. dec.

969. — Burdegalis, 28 iul. 1306.
Consideratione Amedei, comitis Sabaudiae, providet eius filio de canonicatu eccl. Remen. et de praebenda integra et personatu seu dignitate ibidem vacantibus vel proxime vacaturis, non obstante defectu ordinum et aetatis aut quod in Eboracen. archidiaconatum et in ea ac Parisien. canonicatus et praebendas et in Lugdunen. eccl. canonicatum et portionem obtineat. (f. 162 b).

Ven. fratri episcopo Pasilien. et dil. filiis abbati mon. s. Remigii Remen. ac Hugoni de Bisuntio canonico Parisien.

Dil. filio Aymoni nato dil. filii nobilis viri Amedei [1] comitis Sabaudie canonico Remen. Tua et tuorum sincera devotio.... Dat. Burdegalis, V kal. augusti.

970. — Matiscone, 8 mart. 1306.
Indulget ad quinquennium, ut duo clerici eius obsequiis insistentes fructus beneficiorum suorum percipere valeant integre, quotidianis distributionibus exceptis, ac si personaliter residerent. (f. 163 a).

Dil. filiis preposito Valentin. et.. cantori Melden. ac Hugoni de Bisuntio canonico Parisien. ecclesiarum.

---

[1] Ms. *Amedi.*

Dil. filio Aymoni nato nobilis viri. A. comitis Sabaudie canonico Parisien. Personam tuam.... Dat. Matiscone, VIII idus martii.

971. — Burdegalis, 4 iun. 1306.

Citent Iohannem de Diuno, Adamum de Sulli, Bartholomaeum de Sarcinis et Petrum Campionis clericos iurisperitos Bituris commorantes. (f. 163 *a*).

Dil. filiis priori fratrum Predicatorum et decano ecclesie Bituricen. Cum contra Iohannem.... Dat. Burdegalis, II nonas iunii.

972. — Burdegalis, (sine data).

Vt non obstante defectu ordinum et aetatis possit recipere quascunque dignitates episcopales vel archiepiscopales seu patriarchales. (f. 163 *a*).

Dil. filio Gaylhardo de Preyssaco canonico Turonen. Virum experte probitatis.... Dat. Burdegalis, (sine data).

973. — Apud s. Ciricum, 13 febr. 1306.

Vt clerici eius familiares domestici commensales, quamdiu ipsius obsequiis institerint, proventus beneficiorum suorum percipiant integre, quotidianis distributionibus exceptis, ac si personaliter residerent. (f. 163 *b*).

Dil. filio Berengario tituli ss. Nerei et Achillei presbytero cardinali. Digne agere credimus.... Dat. apud s. Cyricum prope Lugdunum, idus februarii.

974. — Apud s. Ciricum, 28 febr. 1306.

Quondam Pontius, episcopus Biterren., hospitale construxit, cui quaedam bona episcopalis mensae et quandam ecclesiam concessit; dein Berengarius ss. Nerei et Achillei presb. card., tunc episcopus Biterren., iuxta hospitale construxit monasterium s. Nazarii ord. s. Augustini, deputavitque in usus proprios pro sustentatione sororum ibi degentium quandam ecclesiam et quosdam alios reditus ac sororibus statuta honesta et salubria edidit, prout haec omnia continentur in instrumento publico de dato II idus octobris 1305, quod Papa confirmat et ratum habet. (f. 163 *b*).

Dil. in Christo filiabus abbatisse et conventui mon. s. Nazarii ad caput pontis fluminis (Orbi) Biterris ordinis s. Augustini. Hiis que pie aguntur.... Dat. apud s. Cyricum prope Lugdunum, II kal. martii.

975. — Lugduni, 13 nov. 1305.

Infrascripto, cui tanquam nepoti suo N(icolaus), episcopus Ostien., legati apostolici munere fungens olim providit de canonicatu et praebenda vacante vel vacatura in eccl. Pisan., Papa dictum canonicatum de novo confert et praebendam reservat, non obstante quod obtineat in eccl. s. Viti de Greian. et plebe s. Mariae de Cassia Spoletan. dioec. canonicatus et praebendas vel quod ei in civitate aut dioec. Florentin. de beneficio sit provisum. (f. 164 *a*).

Dil. filiis s. Salvi Florentini et s. Michaelis Scalceatorum Pisan. monasteriorum abbatibus ac preposito eccl. Florentin.

Dil. filio Lapo Albertini de Prato canonico Pisan. Suffragantia tibi merita.... Dat. Lugduni, idus novembris.

976. — Lugduni, 13 nov. 1305.

Consideratione N(icolai), episcopi Ostien., providet eius nepoti de canonicatu et praebenda in eccl. Bononien. vacante vel vacatura, non obstante quod in eccl. s. Mariae de Laurentio et s. Georgii de Vico canonicatus, praebendas seu loca et beneficia nec non s. Manni de Sterpeto, s. Valentini de Maltignano et s. Spiritus de Comugnio Spoletanae dioec. ecclesias obtineat. (f. 164 *b*).

Dil. filiis s. Salvi Florentini et s. Proculi Bononien. monasteriorum abbatibus ac preposito ecclesie Florentin.

Dil. filio Raynerio Iacobi cancellarii de Prato canonico Bononien. Suffragantia tibi merita.... Data est eadem.

977. — Ap. Montem Amberii, 18 martii 1306.

Providet de canonicatu eccl. Lincolnien. et de praebenda ac dignitate vel personatu ibidem vacantibus vel proxime vacaturis, non obstante de-

fectu ordinum et aetatis aut quod in eccl. s. Audomari Morinen. dioec. sub expectatione praebendae in canonicum sit receptus. (f. 164b).

*Dil. filiis abbati monasterii de Lesato et
priori de Norhamtone Appamiarum et Lincolnien. dioc. ac magistro Guillelmo Geraldi
canonico ecclesie s. Crebarii Agennen.*

*Dil. filio Guillelmo Amanevi nato dil.
filii Bertrandi de Mota domicelli et familiaris nostri canonico Lincolnien.* Sincere
devotionis affectus.... Dat. apud Montem
Amberii, XV kal. aprilis.

978. — Lugduni, 18 dec. 1305.

Committitur cura et administratio monasterii
s. Angeli in Formis prope Capuam, quod praepositura dicitur, ord. s. Ben. subiecti monasterio
Cassinen. eiusdem ordinis. (f. 164b).

*Dil. filio Guillelmo s. Nicholai in car-
cere Tulliano diacono cardinali.* Grata laudabilium tuorum.... Dat. Lugduni, XV kal.
ianuarii.

979. — Apud s. Ciricum, 28 febr. 1306.

Consideratione Guichardi de Fernay, canonici
Lugdunen., confert fratri eius canonicatum eccl.
Lugdunen., non obstante quod parochialis eccl.
de Nerveo Lugdunen. dioecesis rector existat.
(f. 165a).

*Dil. filiis Savigniacen. et.. de Insula Bar-
bara ac de Iugo Dei Lugdunen. dioc. monasteriorum abbatibus.*

*Dil. filio Hugoni de Fernay canonico
Lugdunen.* Inducunt nos.... Dat. apud s. Cyricum prope Lugdunum, II kal. martii.

980.

Dat potestatem conferendi s. Viti et s. Mariae
de la Lamanno in Turre de Octavo, s. Petri de
Vsidiis de Nuceria, s. Iohannis de Cicignano et
s. Angeli de Fato ecclesias sine cura et quoddam
beneficium, de Capraria vulgariter nuncupatum,
Neapolitan., Salernitan., Stabien., et Surrentin.
dioec. per promotionem Francisci, archiepiscopi
Surrentin., vacantia. (f. 165a).

*Dil. filio Landulfo s. Angeli diacono
cardinali.* Personam tuam.... (sine data) [1].

981. — Apud s. Ciricum, 28 febr. 1306.

Providet de canonicatu et portione integra in
eccl. s. Iusti Lugdunen., non obstante quod in
Diensi et s. Pauli Lugdunen. ac de Monte Bru-
sone Lugdunen. dioec. ecclesiis canonicatus et
praebendas obtineat et in Viennen. et Valentina
ecclesiis clericus chori existat. (f. 165a).

*Dil. filio Andree Baudunyni canonico
eccl. s. Iusti Lugduni.*

*Dil. filiis archidiacono et precentori Lug-
dunensis ac Francisco de Balma canonico
Viennen. ecclesiarum.* Litterarum scientia....
Dat. apud s. Ciricum prope Lugdunum,
II kal. martii.

982. — Apud s. Ciricum, 28 febr. 1306.

Providet de canonicatu eccl. Eduen. et de
praebenda ac dignitate seu personatu vel officio
ibi vacantibus vel vacaturis, non obstante quod
canonicatum, portionem et praecentoriam eccl.
Lugdunen. obtineat. (f. 165a).

*Dil. filiis magistro Andree Baudunini
Dien. et Matheo Rometayn Viennen. ac
Iohanni Ducis Nivernensis canonicis ec-
clesiarum.*

Dil. filio Iohanni canonico Eduen. Apostolice sedis benignitas.... Dat. ut supra.

983. — Apud s. Ciricum, 28 febr. 1306.

Indulgetur, ut residens in Lugdunen. vel in
Eduen. ecclesiis proventus beneficiorum suorum
possit percipere integre, quotidianis distributionibus exceptis. (f. 165b).

*Dil. filiis de Salvigniaco et de.. Bella-
villa Lugdunen. dioc. monasteriorum abbatibus ac Matheo Rometayn can. Viennen.*

*Dil. filio Iohanni de Varenis precentori
eccl. Lugdunen.* Meritis tue devotionis....
Dat. apud s. Ciricum prope Lugdunum,
II kal. martii.

[1] Littera manca.

984. — Apud s. Ciricum, 26 febr. 1306.
Obtentu Arnaldi, s. Mariae in Porticu diac.
card., providet eius capellano et commensali de
beneficio in civitate vel dioec. Ruthenen. vacante
vel vacaturo, cuius proventus octoginta librarum
Turonen. parvorum valorem annuum non excedant,
non obstante quod archidiaconatum Marciani in
Aduren. eccl. et in ea canonicatum et praebendam ac hospitale s. Antonii de Golannio Aduren.
dioec. obtineat. (f. 165 b).

Dil. filiis de Brageriaco in Petragoricen.
ac Siloscen. in Aduren. ecclesiis archidiaco-
nis et Bernardo de Monasterio can. Albien.
Dil. filio Bernardo de Vallibus archi-
diacono Marciani in eccl. Aduren. Attendentes conditiones et merita.... Dat. apud
s. Ciricum prope Lugdunum, IIII kal. mart.

985. — Apud mon. Grandimonten.,
17 apr. 1306.
Confirment electionem Stephani Iohannis in
priorem monasterii s. Crucis Columbrien. ad romanam eccl. nullo medio pertinentis ord. s. Augustini, si eam invenerint de persona idonea canonice celebratam. (f. 166 a).

Ven. fratribus Vlixbonen. et Portugallen.
episcopis. Et si locorum religiosorum.... Dat.
apud monasterium Grandimonten. Lemovicen. dyoc., XV kal. maii.

986. — Apud Bellamvillam, 6 martii 1306.
Providet de canonicatu eccl. Oscen. et praebenda ac dignitate vel personatu ibidem vacantibus vel vacaturis, non obstante quod archipresbyter Gardiae superioris Vallis Aureae existat et
de Estensano et de Stensaneto ecclesias obtineat.
(f. 166 a).

Dil. filiis Lesaten. et.. Boni Fontis mo-
nasteriorum abbatibus ac priori s. Petri de
Taberna Tholosan. Convenarum et Ylar-
den. dioc.
Dil. filio Aymerico de Villa canonico
Oscen. Tue devotionis affectum.... Dat. apud
Bellamvillam, II nonas martii.

987. — Nivernis, 26 mart. 1306.
Dispenset cum Garino de Castro novo Caturcen. dioec. et Barnina filia Manifredi super
quarto consanguinitatis gradu. (f. 166 a).

Ven. fratri episcopo Caturcen. Licet matrimonii copulam.... Dat. Nivernis, VII kal.
aprilis.

988. — Apud mon. Grandimonten.,
14 apr. 1306.
Confert canonicatum eccl. Virdunen. et praebendam ibi vacantem vel vacaturam, non obstante
quod praeposituram et praebendam s. Nicolai de
Monasterio et archipresbyteratum de Gozzia Meten. dioec. ecclesiarum obtineat. (f. 166 a).

Dil. filiis magistro Onufrio de Trebis
decano Melden. capellano nostro et Iohanni
de s. Paulo archidiacono de Vico et cantori
Meten. ecclesiarum.
Dil. filio Iohanni nato Hermanni de
Prigneyo canonico Virdunen. Dum condi-
tiones.... Dat. apud mon. Grandimontense,
XVIII kal. maii.

989. — Apud s. Ciricum, 21 febr. 1306.
Consideratione Iohannis, episcopi Portuen., providet eius capellano et auditori de canonicatu eccl.
Nicosien. et praebenda ac personatu vel dignitate
ibidem vacantibus vel proxime vacaturis. (f. 166 b).

Ven. fratri episcopo Nicosien. [1] *et dilectis*
filiis decano Melden. ac Munaldo de Tu-
derto canonico Vicentin. ecclesiarum.
Dil. filio Philippo Iohannis Gaytani de
Insula Romanesca Asisinat. dioc. canonico
Nicosien. Dum conditiones.... Dat. apud
s. Cyricum prope Lugdunum, IX kal. mart.

990.
Providet de canonicatu eccl. Laudunen. et praebenda ibidem vacante vel proxime vacatura.
(f. 166 b).

Dil. filiis thesaurario Meten. et Guil-
lelmo de Bellioco Aurelianen. ac magistro

---

[1] Ms. *Nimocien.*

Iohanni de Cropi Matisconen. canonicis ecclesiarum.

Dil. filio Stephano de Morneico professori legum canonico Laudunen. Dum conditiones* .... (sine data).

991. — Lugduni, 23 dec. 1305.

Ratam declarat nominationem Gualteri canonici et camerarii monasterii Omnium Sanctorum in Insula Cathalaunen., ord. s. Augustini in abbatem eiusdem, factam a praedecessore suo de dato Perusii XIII kal. iulii pontificatus eius anno primo. (f. 169 *a*).

Dat.[2] Lugduni, X kal. ianuarii.

Eodem modo universis vasallis mon. Omnium Sanctorum in Insula Cathalaunen.

E. m. Gualtero abbati monasterii eiusdem.

992. — Lugduni, 22 ian. 1306.

Per translationem Guidonis[3] ad ecclesiam Salernitan. vacanti ecclesiae Cameracen. praeficit in episcopum Philippum, eiusdem ecclesiae canonicum. (f. 169 *a*).

Dil. filio Philippo electo Cameracen. Ex suscepte servitutis officio.... Dat. Lugduni, XI kal. februarii.

Eodem modo clero civitatis et dioec. Cameracensis.

E. m. populo civitatis et dioec. Cameracen.

E. m. capitulo ecclesiae Cameracen.

E. m. archiepiscopo Remen.

E. m. universis vasallis ecclesiae Cameracensis.

993. — Lugduni, 22 ian. 1306.

Philippo, electo Cameracen., concedit facultatem recipiendi munus consecrationis a quocunque maluerit catholico episcopo, assistentibus sibi duobus vel tribus episcopis. (f. 169 *b*).

Dil. filio Philippo electo Cameracen. Cum nuper Cameracen.... Dat. ut supra.

994. — Lugduni, 23 ian. 1306.

Hortatur regem Romanorum, ut translato Guidone ad ecclesiam Salernitan. neoelecto Cameracen. se reddat in regio favore munificum et gratiosum. (f. 169 *b*).

Carissimo in Christo filio Rodulfo[1] regi Romanorum illustri. Ad fovendum in caritatis visceribus.... Dat. Lugduni, X kal. februarii.

995. — Lugduni, 21 nov. 1305.

Vacantem per obitum Guillelmi Boëti archipresbyteratum de Metulo Pictavien dioec. cum eleemosynaria de Parigniaco eidem adnexa confert Bertrando de Bordis, non obstante quod ecclesiam de Daubesia, de s. Pardulpho, s. Petri de la Caussada, b. Mariae de la Planha et Montisgaudii ab ipsa ecclesia dependentes necnon s. Martini de Paysanis ac b. Mariae de Petra lata ecclesias Agennen. dioec. et in b. Hilarii Pictavien. canonicatum et praebendam obtineat, et quod ei nuper canonicatum contulerit ecclesiae Lectoren. praebendamque, personatum vel dignitatem seu officium conferenda reservaverit. (f. 169 *b*).

Dil. filiis abbati mon. s. Crucis Burdegalen. et Guillelmo Ruffati de Cassaneto Lugdun. ac Petro de Rupe Engolismen. ecclesiarum canonicis.

Dil. filio magistro Bertrando de Bordis archipresbytero de Metulo Pictaven. dioc. Dum tua laudabilia merita.... Dat. Lugduni, XI kal. decembris.

996. — Lugduni, 18 dec. 1305.

Cum Petro de Podio dispensat super defectu natalium, ut possit ad omnes promoveri ordines ac beneficium obtinere. (f. 170 *a*).

Dil. filio Petro de Podio clerico Vasaten. dioc. Illegitime genitos.... Dat. Lugduni, XV kal. ianuarii.

---

[1] Scriptor hanc litteram ad finem non descripsit; dein sequuntur duo vacua folia (167-168). In pagina 169 *a* incipit littera, cuius initium desideratur.

[2] Initium regesti deest.

[3] Guido de Collemedio, episc. Cameracen. 1300-1306, translatus Salernum, † Avenione 1306. *Gallia chr.*, III. p. 40. VGHELLI *Italia s.*, VII. p. 428.

[1] Albertus Austriacus, filius Rudolphi, 1298-1308. *L'Art de vérifier* etc.; II. 7. p. 355.

997. — Lugduni, 2 ian. 1306.

Iohanni, comiti Drocen., indulget, ut sibi eligere possit confessarium, qui eum absolvere valeat etiam a casibus reservatis. (f. 170*a*).

Dilecto filio nobili viro Iohanni comiti Drocen. Vt per confessionis lavacrum.... Dat. Lugduni, IIII non. ianuarii.

998. — Lugduni, 2 ian. 1306.

Eodem modo *dil. in Christo filie nobili mulieri Iohanne comitisse Drocen.* (f. 170*a*). Dat. ut supra.

999. — Lugduni, 2 ian. 1306.

Eodem modo *dil. in Christo filie nobili mulieri Beatrici Drocen. et Montisfortis comitisse.* (f. 170*a*). Data eadem est.

1000. — Lugduni, 9 nov. 1305.

Obtentu Iohannis de Haueringes militis confert capellano eius vacantem per obitum Henrici ecclesiam de Botintona curam animarum habentem Lincolnien. dioec. (170*a*).

Dil. filiis de s. Albano et s. Crucis de Waltam mon. abbatibus Lincolnien. et Londonien. dioc. ac magistro Guillelmo Rufati capellano nostro canonico Lugdun.

Dil. filio Petro dicto Arthur rectori ecclesie de Botinton. curam animarum habentis Lincolnien. dioc. Dum conditiones et merita.... Dat. Lugduni, V idus novembris.

1001. — Lugduni, 13 ian. 1306.

Vniversitati civitatis Burdegalen. indulget, ut nullus iudex a sede apostolica delegatus executor aut conservator possit per litteras apostolicas aliquem civem Burdegalen. vel ipsius incolam civitatis extra civitatem et dioec. Burdegalen. trahere vel ad iudicium evocare. (f. 170*b*).

Ven. fratri episcopo Vasaten. et dil. filiis Silve maioris et s. Romani de Blavia Burdegalen. mon. abbatibus.

Dil. filiis universit. civitatis Burdegalen. Affectus benivolentie.... Dat. Lugd., idus ian.

1002. — Lugduni, 13 ian. 1306.

Indulget, ut, si forte aliqui cives Burdegalen. vel ipsius incolae civitatis excommunicatione ligati decesserint absolutione non obtenta et ecclesiastica propter hoc caruerint sepultura, officialis Burdegalen. teneatur post absolutionem impensam sepulturam restituere supradictam; heredes vero super his, pro quibus defuncti excommunicati fuerant, satisfaciant competenter. (f. 170*b*).

Ven. fratri.. episcopo Vasaten. et dil. filiis Silve malvire (sic) *et s. Romani de Blavia Burdegalen. dioc. mon. abbatibus.*

Dil. filiis universitati civitatis Burdegalen. Affectus benivolentie.... Dat. Lugduni, idus ianuarii.

1003. — (Lugduni), 17 ian. 1306.

Cum Robertus, comes Flandriae, Philippo, regi Franciae, ex tractatu et ordinatione pacis quasdam maximas pecuniarum summas certis exsolvere terminis vel certam terrae quantitatem extra Flandriae comitatum acquirere et assignare teneatur, et laicorum universitates comitatus absque cleri subventione insufficientes reddantur, conceditur, ut clerus regularis et secularis possit praestare comiti moderatum subsidium, ad quod infrascripti clerum moneant, contradictores vero per censuram compellant. (f. 170*b*).

Dil. filiis.. preposito s. Petri Duacen. et thesaurario Lucosen. Cameracen. et Attrebaten. dioc. ecclesiarum ac Michaeli dicto Asclokectes capellano nostro canonico Cameracen. Quia ubi communis versatur utilitas, ibi communibus est studiis et subsidiis providendum et participantes in comodis, digne communicant in oneribus, nos qui libram equitatis appendimus in agendis, petitiones, que nobis pro talibus compensationibus porriguntur, libenter ad gratiam exauditionis admittimus, presertim cum necessitas exigit et causa rationabilis id exposcit. Sane pro parte dilecti filii nobilis viri Roberti, comitis Flandrie, nuper est nobis cum instantia supplicatum, ut cum ex tractatu et ordinatione pacis inter carissimum in

Christo filium nostrum Philippum regem Francie illustrem ex parte una [1] et ipsum comitem ac suos ex altera dante Domino reformate idem comes et sui quasdam maximas pecuniarum summas certis exsolvere terminis vel certam terre quantitatem extra Flandrie comitatum acquirere et assignare regi teneantur eidem, que terre quantitas vix posset absque onere innumerabilis fere pecunie quantitatis acquiri, et ad solvendas pecuniarum huiusmodi quantitates laycorum universitates comitatus eiusdem insufficientes quasi et impotentes reddantur omnino, nisi eis ad id ipsius comitatus cleri subventio suffragetur, providere super hoc paterna diligentia dignaremur. Nos igitur predictis comiti et suis ac universitatibus prelibatis paterno super hiis compatientes affectu, et attendentes quod in premissis cleri eiusdem in parte interesse versatur, ut dum in predictorum comitis et suorum ac prefatarum universitatum communicant prosperis, humanitate grata participent in adversis, de circumspectione quoque vestra gerentes fiduciam in Domino pleniorem concedendi licentiam liberam eidem clero tam religiosorum quam secularium prelatis videlicet ac rectoribus universis ecclesiarum et monasteriorum aliorumque locorum ecclesiasticorum, exemptorum et non exemptorum et eorum conventibus et capitulis in prefato comitatu tam in ea parte videlicet, que est de regno Francie, quam in illa que est de imperio esse dinoscitur (sic), ecclesiastica bona tenentibus, ubicunque degere noscantur, quod possint dare et prestare prelibato comiti et suis urgente necessitate huiusmodi pecuniarum moderatum subsidium, de quo et prout secundum Deum ac personarum, locorum, facultatum et negocii qualitatem videritis expedire, dummodo nullus pro parte predictorum comitis

et suorum super hoc modus coactionis directe vel indirecte adhibeatur, interveniat vel intersit, et eisdem comiti et suis, quod subsidium ipsum per se vel alios [1] licite recipere valeant pro predictis, ac nichilominus si aliqui ex prefato clero a prestatione subsidii huiusmodi forte dissenserint, ipsos ad id et contradictores quoslibet per censuram etc. non obstantibus fe. re. Bonifacii Pp. VIII predecessoris nostri, qui huiusmodi subsidiorum prestationem inhibet, seu quavis alia constitutione contraria sive aliquibus communiter vel divisim a sede apostolica sit indultum, quod interdici vel excommunicari nequeant aut suspendi per litteras apostolicas non facientes plenam etc. usque mentionem, vobis et cuilibet vestrum in solidum plenam et liberam auctoritate presentium concedimus facultatem. Dat. (sine loco), XVI kal. februarii.

1004. — Lugduni, 17 ian. 1306.

Ad petitionem Roberti, comitis Flandriae, indulget, quod usque ad triennium aliquis de comitatu extra comitatum in causam trahi vel ad iudicium evocari non possit; infrascripti omnes causas et lites ad cognitionem ratione fori ecclesiastici pertinentes infra comitatum in locis tutis audire vel personis idoneis delegare curent. Vt concessionem hanc observari faciant, mandatur.. s. Pharahildis Ganden. et s. Iohannis Leodien. praepositis ac thesaurario Luthonen. Tornacen. et Cameracen. dioec. ecclesiarum. (f. 171 a).

Ven. fratribus.. Remen. et.. Colonien. archiepiscopis ac.. Cameracen... Tornacen... Attrebaten... Morinen. et.. Traiecten. episc. in comitatu Flandrie ordinariam iurisdictionem mediatam et immediatam habentibus. Supplicavit nobis.... Dat. Lugduni, XVI kal. febr.

1005. — Lugduni, 2 ian. 1306.

Beatrici, comitissae Drocen., indulget, ut magister seu rector vel administrator constructi ab

---

[1] Ms. *tua.*   [1] Ms. *alias.*

ea hospitalis cum capella seu oratorio in villa s. Leodegarii in Aquilina Carnoten. dioec. in honorem s. Fiacri conf. oblationes a fidelibus ibi erogandas in utilitatem hospitalis convertere, et ut ipsa eiusque successores ad eandem capellam capellanum praesentare valeant. (f. 171 a).

Dil. in Christo filie nobili mulieri Beatrici Drocen. et Montisfortis comitisse. In his que animarum salutem.... Dat. Lugduni, IIII non. ianuarii.

1006. — Lugduni, 2 ian. 1306.

Quotiescunque infrascripti in praesentia sua proponi fecerint verbum Dei, omnibus praesentibus vere poenitentibus et confessis conceditur centum dierum indulgentia. (f. 171 a).

Dil. filio nobili viro Iohanni comiti et dilecte in Christo filie nobili mulieri Beatrici Drocen. uxori eius. Consuevit interdum.... Dat. Lugduni, IIII non. ianuarii.

1007. — Lugduni, 2 ian. 1306.

Beatrici indulget, ut nullus ordinarius in capellam seu oratorium hospitalis s. Fiacri conf. de s. Leodegario in Aquilina Carnoten. dioec. seu alias capellas domorum et castrorum eius excommunicationis, suspensionis et interdicti sententias promulgare valeat absque speciali mandato sedis apostolicae, et ut ipsa eiusque successores omnes oblationes capellae praedicti hospitalis ad opus infirmorum et pauperum eiusdem hospitalis valeant convertere. (f. 171 a).

Dil. in Christo filie nobili mulieri Beatrici Drocen. et Montisfortis comitisse. Meritis tue devotionis.... Dat. Lugduni, ut supra.

1008. — Lugduni, 18 ian. 1306.

Ad facilius reaedificandum monasterium de Sempingham Lincolnien. dioec. deputantur eidem monasterio parochiales ecclesiae de Thurstanton et Northcondysuy dictae dioec. cum annuis proventibus quadraginta marcarum sterlingorum. (f. 171 a).

Dil. filiis de Valle Domini et de Swymesham (mon.) abbatibus ac magistro Iohanni de Hauering (archidiacono Dublinen. ecclesie capellano nostro).

Dil. filiis.. priori et conventui mon. (de Sempingham per priorem soliti guber)nari ad romanam ecclesiam nullo med(io pertinentis ord. s. Giliberti de) Sempingham Lincolnien. dioc. secundum re(gulam s. Augustini viventibus). Sacre religionis honestas.... Dat. Lugduni, XV kal. februarii.

1009. — Lugduni, 18 ian. 1306.

Thomas [1], episcopus Norwicen., monasterio de Sempingham ad supportanda onera expensarum occasione generalis concilii capituli ordinis in eodem mon. singulis annis soliti celebrari parochialem ecclesiam de Ferdeham Norwicen. dioec. concessit; Willelmus [2] vero, episcopus Norwicen., in praefata ecclesia quandam ordinavit perpetuam vicariam assignans ei de ipsius ecclesiae proventibus non modicam portionem. Clemens Pp. V eandem vicariam cum illa portione eidem monasterio perpetuo deputat. (f. 171 b).

Dil. filiis.. de s. Edmundo et.. de Derham Norwycen. dioc. mon. abbatibus ac magistro Iohanni de Hauering archidiacono Dublinen. ecclesie capellano nostro.

Dil. filiis.. priori et conventui mon. de Sempingham per priorem soliti gubernari ad romanam ecclesiam nullo medio pertinentis ord. s. Giliberti de Sempingham Lincolnien. dioc. secundum regulam s. Augustini viventibus. Sacre religionis honestas.... Dat. Lugduni, XV kal. februarii.

1010. — Lugduni, 2 ian. 1306.

Fidelibus vere poenitentibus et confessis capellam castri de Conayo Carnoten. dioec., a Iohanne comite Drocen. in honorem s. Eligii conf. erectam, in festo eiusdem sancti visitantibus concedit duorum annorum et duarum quadragenarum, per octavam illam capellam annuatim frequentantibus centum dierum indulgentiam. (f. 171 b).

[1] Thomas de Blunville 1226-1236. GAMS, l. c. p. 195.
[2] Guillelmus de Raleigh 1239-1242, translatus Vinton., † 1250. GAMS, l. c. p. 198.

Regestum Clementis Papae V.

24

Vniversis Christi fidelibus presentes litteras inspecturis. Sanctorum meritis.... Dat. Lugduni, IIII non. ianuarii.

1011. — Lugduni, 2 ian. 1306.
Annuens supplicationibus Iohannis dispensat cum eius filiis super impedimento consanguinitatis et affinitatis in quarto gradu, etiamsi inter eos compaternitas fuerit, ut matrimonium contrahere et in contracto valeant remanere. (f. 171 *b*).
Dil. filio nobili viro Iohanni comiti Drocen. Licet matrimonii contractum.... Dat. Lugduni, IIII non. ianuarii.

1012. — Lugduni, 2 ian. 1306.
Beatrici, comitissae Drocen., quae in sua villa s. Leodegarii in Aquilina Carnoten. dioec. in hon. s. Fiacri conf. hospitale cum capella erexit et dotavit, concedit, ut ipsa eiusque successores possint instituere et destituere magistrum seu rectorem vel administratorem; hospitale porro cum capella et personas ibi existentes ab omni onere synodali et exactione quacunque procurationis nomine, ordinario loci debitae, eximit. (f. 172 *a*).
Dil. in Christo filie nob. mulieri Beatrici Drocen. et Montisfortis comit. Devotionis tue meretur honestas.... Dat. Lugd., IIII non. ian.

1013. — Lugduni, 2 ian. 1306.
Precibus annuens Beatricis, Drocen. et Montisfortis comitissae, indulget eius clerico et familiari, ut commorando apud eam vel residens in ecclesia s. Martini Turonen., cuius est canonicus, fructus praebendae in ecclesia Eduen. percipere valeat, quotidianis distributionibus exceptis. (f. 172 *a*).
Dil. filiis s. Petri de Valleyo et.. s. Petri de Nealphaveteri Cameracen. dioc. mon. abbatibus et.. decano ecclesie s. Martini Turonen.
Dil. filio Guillelmo de Moteto canonico Eduen. Meritis tue devotionis.... Dat. Lugduni, IIII non. ianuarii.

1014. — Burdegalis, 31 iul. 1306.
Vacantes per obitum Bernardi de Norsezio confert archipresbyteratum ecclesiae de Salviaco Ca-

turcen. dioec. et canonicatum ac praebendam in ecclesia Caturcen., non obstante quod ei personatus vel dignitates in Remen. et Ambianen. et in eis et Vasaten. ecclesiis praebendas vacantes vel vacaturas contulerit, et quod in ecclesia s. Hilarii Pictavien. canonicatum et quasdam decimas in dioec. Convenarum obtineat dispensatque cum illo super defectu ordinum et aetatis. (f. 172 *a*).
Dil. filiis.. Burdegalen. et.. Agennen. ecclesiarum cantoribus ac Iohanni de Ferraria canonico Aurelianen.
Dil. filio Amanevo de Fargis archipresbytero ecclesie de Salviaco Caturcen. dioc. Vt tua et tuorum devotio.... Dat. Burdegalis, II kal. augusti.

1015. — Burdegalis, 31 iul. 1306.
Raymundo Guillelmi de Fargis confert canonicatum ecclesiae Suessionen. et praebendam ac personatum vel dignitatem ibi vacantes vel vacaturos, non obstante quod in ecclesia s. Severini Burdegalen. sub expectatione vacaturae praebendae in canonicum sit receptus, dispensatque cum illo super defectu ordinum et aetatis. (f. 172 *b*).
Dil. filiis.. Burdegalen. et.. Agennen. cantoribus ac Iohanni de Ferraria canonico Aurelianen. ecclesiarum.
Dil. filio Raymundo Guillelmi de Fargis canonico Suessionen. Personam tuam tuis.... Dat. Burdegalis, II kal. augusti.

1016. — Lugduni, 29 ian. 1306.
Iohannae [1], comitissae de Ronciaco, et omnibus fidelibus vere poenitentibus et confessis in eius praesentia verbum Dei praedicari audientibus conceditur quadraginta dierum indulgentia. (f. 173 *a*).
Dil. in Christo filie nobili mulieri Iohanne comitisse de Ronciaco Laudunen. dioc. Cum sicut ex parte tua.... Dat. Lugduni, IIII kal. februarii.

[1] Iohanna, filia Roberti IV, comitis Drocen., uxor Iohannis IV (1284-1304), comitis de Ronciaco. *L'Art de vérifier* etc., II. 12. p. 290.

1017. — Lugduni, 29 ian. 1306.

(Matthaeo)[1], episcopo Ebroicen., concedit facultatem faciendi recipi in Fontisebrardi, Cadomen., s. Taurini Ebroicen. ac s. Mariae Suessionen. monasteriis ordinis s. Benedicti singulis eorum singulas personas, quas ei Iohannes, comes Drocen., duxerit nominandas, in monachas et sorores. (f. 173 a).

Ven. fratri.. episcopo Ebroicen. Personam dilecti filii.... Dat. Lugduni, IIII kal. februarii.

1018. — Lugduni, 26 nov. 1305.

Indulget ad triennium, habendi altare portatile ac faciendi in eo missarum sollemnia celebrari. (f. 173 a).

Dilecte in Christo filie nobili mulieri Assalheyde vicecomitisse de Benauges et Castellione. Pium arbitramur et congruum.... Dat. Lugduni, VI kal. decembris.

1019. — Lugduni, 12 ian. 1306.

Filio Iohannis de Bauquelle confert canonicatum ecclesiae de Beverlaco Eboracen. dioecesis et praebendam ibi vacantem vel vacaturam. (f. 173 a).

Dil. filio Nicholao nato dil. filii nobilis viri Iohannis de Bauquelle militis et nuncii dilecti filii nobilis viri Eduardi principis Wallie canonico ecclesie de Beverlaco Eboracen. dyoc. Sincere devotionis affectus.... Dat. Lugduni, II idus ianuarii.

1020. — Lugduni, 12 ian. 1306.

Filio Iohannis de Bauquelle confert canonicatum ecclesiae Sutwellen. Eboracen. dioec. et praebendam ibi vacantem vel vacaturam. (f. 173 a).

Dil. filio Iohanni nato dil. filii nobilis viri Iohannis de Bauquelle militis et nuncii dil. filii nobilis viri Eduardi principis Wallie canonico ecclesie Sutwellen. Sincere devotionis affectus.... Dat. ut supra.

---

[1] Matthaeus de Essarts episcopus Ebroicen.. 1295-1310. _Gallia chr._, XI. p. 592.

1021. — Lugduni, 3 ian. 1306.

Obtentu Iohannis de Haueringe, senescalli Vasconiae, dispensat cum eius filio, ut praeter praecentoriam, quam in Dublinen. ac canonicatum et praebendam, quos in Eboracen. ecclesiis obtinet, et de Boteke Vemne et Alteraclara parochiales ecclesias ac decimas s. Martini Delesques Candidae Casae, Lichefelden. et Wintonien. ac Agennen. dioec., ac canonicatum ecclesiae Lincolnien. cum expectatione praebendae ibi vacaturae unum vel plura beneficia infra regnum Angliae cum annuis reditibus quadringentarum librarum sterlingorum recipere et retinere valeat. (f. 173 b).

Dil. filio magistro Ricardo de Haueringe capellano nostro canonico Eboracen. Quanto maiori meritorum.... Dat. Lugduni, III non. ianuarii.

1022. — Lugduni, 3 ian. 1306.

Obtentu Iohannis de Haueringe, senescalli Vasconiae, dispensat cum eius filio, ut praeter archidiaconatum in ecclesia Dublinen. et ecclesiam Wermengeham Lichefelden. dioec. ac canonicatum ecclesiae Saresbirien. cum expectatione praebendae ibidem vacaturae et pensionem centum solidorum sterlingorum, quam a priore hospitalis s. Iohannis Ierosolimitani in Anglia annuatim percipit, unum vel plura beneficia infra regnum Angliae recipere ac retinere valeat. (f. 173 b).

Dil. filio magistro Iohanni de Haueringe capellano nostro archidiacono ecclesie Dublinen. Apostolice sedis copiosa benignitas.... Dat. est eadem.

1023. — Lugduni, 12 ian. 1306.

Cum Iohanne dicto Caloche dispensatur super defectu natalium, ut possit ad omnes ordines promoveri ac beneficium obtinere. (f. 173 b).

Dil. filio Iohanni dicto Caloche clerico Virdunen. Illegitime genitos.... Dat. Lugduni, II idus ianuarii.

1024. — Lugduni, 15 ian. 1306.

Consideratione Landulphi, s. Angeli diaconi cardinalis, condonantur eius capellano fructus ecclesiarum de Caulebourne et de Fornesete Norwicen. et Wintonien. dioec. absque dispensatione percepti, dispensaturque cum illo, ut praeter dictas ecclesias unum aliud beneficium recipere ac retinere valeat. (f. 173 *b*).

Dil. filio Roberto nato nobilis viri Guidonis Betecorte de Caulebourne et de Fornesete ecclesiarum rectori Norvicen. et Vintonien. dyoc. Apostolice sedis benignitas.... Dat. Lugduni, XVIII kal. februarii.

1025. — Lugduni, 13 ian. 1306.

Cum Philippo Mannelli, decretorum doctore, quocum fuit dispensatum super defectu natalium, ut ad omnes ordines promoveri et beneficium posset obtinere, denuo dispensatur, ut ad praelaturas et quaslibet dignitates, personatus et beneficia etiam in ecclesia cathedrali assumi valeat, ita tamen, ut, si ad pontificalem se vocari contigerit dignitatem, illam non recipiat absque sedis apostolicae licentia speciali. (f. 174 *a*).

Dil. filio Philippo dicto Mannelli diacono Alboren. dioc. Illegitime genitos.... Dat. Lugduni, idus ianuarii.

1026. — Lugduni, 22 ian. 1306.

Defuncto Guillelmo [1], episcopo Magalonen., Berengarius, tit. ss. Nerei et Achillei presbyter cardinalis, tunc Biterren. episcopus, postulatur, quo non assentiente, Petrus de Levis, canonicus Parisien., capellanus sedis apostolicae, praeficitur in episcopum Magalonen. (f. 174 *a*).

Dil. filio Petro de Levis electo Magalonen.

Dil. filiis.. preposito et capitulo ecclesie Magalonen. Etsi iuxta pastoralis officii debitum.... Dat. Lugduni, XI kal. februarii.

Eodem modo clero civitatis et dioec. Magalonensis.

E. m. populo civitatis et dioec. Magalonen.

E. m. universis vasallis eccl. Magalonen.

Item in eadem materia Philippo regi Francorum illustri.

---

[1] Recte: Gaucelinus de la Garde 1296-1304. *Gallia chr.*, VI. p. 776. GAMS; l. c., p. 580.

1027. — Lugduni, 4 ian. 1306.

Annuens precibus Iacobi, regis Aragoniae et Corsicae, dispensat, ut duae de filiabus suis, quas ipse rex voluerit, cum his, qui ab eis vel a quibus ipsae tertio consanguinitatis vel affinitatis gradu distant, matrimonium contrahere valeant. (f. 174 *b*).

Carissimo in Christo filio Iacobo Aragonie et Corsice regi illustri. Mira regis eterni benignitas.... Dat. Lugduni, II non. ian.

1028. — Apud Montem Pessulanum, 17 oct. 1305.

Blancae [1], reginae Aragoniae, indulget, ut, cum generale fuerit interdictum, possit sibi suisque familiaribus clausis ianuis, submissa voce, non pulsatis campanis, excommunicatis et interdictis exclusis, divina officia facere celebrari, dummodo ipsa et familiares causam non dederint interdicto. (f. 174 *b*).

Carissime in Christo filie Blanche, regine Aragonie illustri. Devotionis tue sinceritas.... Dat. apud Montempessulanum, sextodecimo kal. novembris, pontificatus nostri anno primo.

1029. — Burdegalis, 4 iun. 1306.

Defuncto Alvaro, episcopo Palentin., Petrus, canonicus Carnoten. praeficitur in episcopum Palentin. et pastorem. (f. 175 *a*).

Dilecto filio Petro electo Palentin. Inter cetera sollicitudinum studia.... Dat. Burdegalis, II non. iunii.

Eodem modo Fernando regi Castellae et Legion.

E. m. archiepiscopo Toletano.

E. m. capitulo ecclesiae Palentinae.

E. m. clero civitatis et dioec. Palentin.

E. m. populo civitatis et dioec. Palentin.

E. m. universis vasallis ecclesiae Palentin.

1030. — Burdegalis, 4 iun. 1306.

Vacanti per obitum Guillelmi [2] ecclesiae Rothomagen. praeficit in archiepiscopum et pa-

---

[1] Blanca, filia Caroli II regis Siciliae, uxor Iacobi II regis Aragonum. *L'Art de vérifier* etc., II. 6. p. 530.

[2] Guillelmus de Flavacuria 1278-1306. *Gallia chr.*, XI. p. 72.

storem Bernardum, tunc episcopum Agennensem.
(f. 175 *b*).

Ven. fratri Bernardo electo Rothomagen.
Summi providentia principis.... Dat. Burdegalis, II non. iunii.

Eodem modo carissimo in Christo filio Philippo regi Francorum illustri.

E. m. universis suffraganeis eccl. Rothomagen.
E. m. decano et capitulo ecclesiae Rothomagen.
E. m. populo civitatis et dioec. Rothomagen.
E. m. universis vasallis ecclesiae Rothomagen.

1031. — Lugduni, 7 febr. 1306.

Petro de Columna confert archipresbyteratum
ecclesiae et basilicae s. Ioh. Lateranen. (f. 176 *a*).

*Dil. filio Petro de Columpna s. romane
ecclesie diacono cardinali.* Ex superne providentia maiestatis in apostolice sollicitudinis partem assumptus labores assiduos,
quos emergentium negociorum varietas
nostris inducit humeris perferendos, attenta
nobiscum sedulitate partiris, propter quod
ab apostolica sede tanto condignis honoribus amplisque foveri favoribus promereris,
quanto exquisita tue circumspectionis industria circa negocia eadem dirigenda salubriter utilis magisque necessaria reperitur.
Sane et si de statu ecclesiarum omnium,
super quibus prelationis officium Domino
disponente suscepimus, sedulo cogitemus,
circa statum tamen ecclesie s. Iohannis
Lateranen., que alias sub vocabulo Salvatoris noscitur fuisse constructa, tanto ferventius angimur et sedulis vigiliis excitamur,
quanto ecclesiam ipsam caput ecclesiarum
omnium celestis dispensatio statuit et amplioribus honoribus insignivit. Cupientes
igitur, ut eadem ecclesia et basilice eiusdem sub tuo regimine conservetur ac salubriter dirigatur, archipresbyteratum dicte
ecclesie et dispositionem basilice eiusdem
gratiose tibi conferimus et providemus de
illis, curam et regimen dictarum ecclesie
et basilice cum omnibus domibus, quas
quondam Gerardus, episcopus Sabinen., et

Matheus s. Marie in Porticu diaconus cardinalis inhabitaverunt, et capellis, domibus
ac membris sibi subiectis in spiritualibus
et temporalibus, collationem quoque beneficiorum et locorum earundem ecclesie et
basilice nec non correctionem et reformationem, institutionem et destitutionem tam
in capite quam in membris predictarum
ecclesie et basilice ac capellarum, membrorum et locorum ipsorum tibi de apostolice
potestatis plenitudine committentes. Non
obstante aliqua collatione seu provisione
dicti archipresbyteratus seu basilice aut commissione seu commenda quacunque dictarum
ecclesie et basilice, domorum, membrorum
seu capellarum per romanos pontifices predecessores nostros quibuscunque personis
factis cuiuscunque status, preeminentie vel
dignitatis existant, etiam si cardinalatus
dignitate prefulgeant, quas collationem,
provisionem, commissionem seu commen-
dam ex iustis et rationabilibus causis, que
ad id animum nostrum movent, ex certa
scientia revocamus, seu quibuslibet ipsarum
ecclesie et basilice contrariis consuetudinibus vel statutis, iuramento, confirmatione
apostolica vel alia quavis firmitate vallatis
et quibuslibet privilegiis et indulgentiis
dicte sedis, per que effectus presentium
impediri valeat quomodolibet vel differri,
et de quibus quorumque totis tenoribus
de verbo ad verbum in nostris litteris
specialem fieri oporteat mentionem. Nulli
ergo etc. Dat. Lugduni, VII idus februarii.

1032. — Burdegalis, 16 iun. 1306.

Ad querelam Hymberti Albi, praeceptoris domorum militiae templi in Alvernia, patroni eccl.
de Malbo Claromonten. dioec., quod Gerardus
de Cros, canonicus Claromonten., eandem eccl.
tunc vacantem violentia detineat occupatam, mandatur infrascriptis, ut eundem Geraldum ad sedem
apostolicam citare curent. (f. 176 *a*).

*Dil. filiis s. Illidii et s. Andree mon.
abbatibus ac preposito ecclesie Claromonten.*

Exposuit nobis.... Dat. Burdegalis, XVI kal. iulii.

1033. — Burdegalis, 6 iunii 1306.

Magistro hospitalis s. Iohannis Ierosolimitan. mandat, ut, quanto secretius poterit, pauco cum comitatu ad se veniat ad deliberandum et consulendum de recuperatione Terrae sanctae. (f. 176 a).

Dil. filio magistro hospitalis s. Iohannis Ierosolimitan. In specularis preeminentia pastoralis divina providente clementia presidentes, et si multis et arduis, que in amplum romane curie alveum undique confluunt quasi torrens, pregravemur negociis, curis excitemur innumeris et cogitationibus plurimis distrahamur, id tamen habetur inter cetera nostra desideria precipuum, ad hec ferventius intendimus, vacamus instantius et operose sollicitudinis studium diligentius impertimur, quod locus ille sanctissimus, ubi Virgo puerpera peperit celi regem, locus Redemptoris nostri sanguine pretioso perfusus et locus (ubi) poni meruit sepulcri Dominici firmamentum, quem resurgens Christus a mortuis resurrectionis gloria multipliciter illustravit et in quo Domini pedes steterunt et nunc coinquinatorum pedibus teritur et aliarum subvertitur imperio nationum, ad cultum christiane religionis exterminata paganorum perfidia dante Domino redigatur, redactus munimine oportuno valletur, vallatus cumpetentibus presidiis defensetur, et defensus debitis subsidiis gubernetur, ut ex futuris laboribus comoda sperata proveniant habitura stabilitatis perpetue firmitatem, cum olim peccatis exigentibus breviter exinanitum, ymo perditum fuerit, quod longo temporis spacio fuerat Christicolarum sudoribus et magna effusione sanguinis acquisitum. Nos vero monent non modicum ad predicta, quam citius comode poterimus, exequenda illustrissimi regum Armenie atque Cypri, quibus compatimur toto corde, presidia postulata, propter que considerare

compellimur aliquas certas vias ad ipsum negocium promovendum. Super quibus tecum et cum dilecto filio magistro domus milicie templi, de quorum circumspecta probitate, probata circumspectione ac vulgata fidelitate fiduciam obtinemus, deliberandum de fratrum nostrorum consilio decrevimus et tractandum, presertim quia tu et ipse de premissis viis, negociis atque factis et cunctis circumstantiis eorundem propter locorum vicinitatem, longam experientiam et meditationem diutinam melius quam ceteri consulere poteritis, quid agendum, et quia negocium ipsum principalius quam ceteros post nos (et) romanam ecclesiam vos [1] contingit. Tue igitur discretioni mandamus et in virtute obedientie iniungimus, quatinus ad veniendum ad presentiam nostram pro peculiaris Terre Redemptoris nostri redemptione, pro salutari super predictis deliberatione, ac pro tam pii negocii dante Domino expeditione felici sic caute, sic prudenter et sic celeriter te prepares, quod infra instans festum Omnium Sanctorum vel ad longius infra quindenam festivitatis eiusdem absque terre dispendio, in qua es, tuum nobis daturus salubre consilium in premissis, apostolico conspectui te personaliter representes. Sed ne, quod in dicte Terre sancte subsidium comode agimus et honorem, in eius, quod Deus avertat, contingat dedecus, iacturam et dispendium redundare, volumus et mandamus, quod ad veniendum te pares quanto secretius poteris bono modo et quod quanto pauciores poteris tecum adducas de his, qui ad pugnandum et ad resistendum inimicis terramque illam sunt habiles gubernandum, cum citra mare poteris tui ordinis socios invenire atque sic providos, sic probatos et probos pro te et terre defensione ac gubernatione vicarium militesque tui ordinis et alios utiles et necessarios pro te in terra

[1] Ms. *nos.*

illa dimittas, quod terre illi ex absentia tua, que non longa erit, Domino concedente, nullum possit periculum imminere. Aliquos tamen tecum adducas, qui experientia, discretione ac fidelitate pollentes tecum nos dirigere valeant in agendis. In premissis itaque fideliter ac utiliter exequendis sic te velis habere, quod a Christo, de cuius negocio est agendum, mercedem et a nobis eius vicario gratie premium et ab hominibus laudis preconium merearis. Dat. Burdegalis, VIII idus iunii.

1034. — Burdegalis, 13 iun. 1306.
Hortatur infrascriptos, ut Hymberto Blancho, ordinis militiae templi praeceptori in Alvernia, et Petro de Lengres, civi Massilien., in exequendo proposito recuperandae Terrae sanctae favoribus, auxiliis et consiliis assistant. (f. 176 b).

Carissimis in Christo filiis regibus ac ven. fratribus patriarchis archiepiscopis et episcopis ac dil. filiis nobilibus principibus viris marchionibus ducibus comitibus baronibus potestatibus capitaneis rectoribus singulisque personis ecclesiasticis et secularibus ad quas littere iste pervenerint. Terram sanctam, quam unigenitus Dei filius, Dominus Iesus Christus, patrimonium sibi et hereditatem elegit, conspicientes feritate infidelium immaniter lacerari et coinquinatorum pedibus conculcari, acerbas sentimus in corde puncturas quasi nostris visceribus lascessitis. Ideoque vias et modos sollerte exquirimus, quibus eidem terre nostro cohoperante ministerio possint oportuna subsidia, donec tempora feliciora successerint, provenire. Cum igitur sicut dilecti filii fr. Hymbertus Blancho, ordinis militie templi preceptor in Alvernia, et Petrus de Lengres, civis Massilien., in nostra proposuerint presentia constituti, ipsi zelo fidei christiane ac fervore devotionis accensi in eiusdem terre relevationis auxilium ad exterminium predictorum infidelium affectibus totis aspirent, nos qui predictos preceptó-

rem et civem secundum cor nostrum filios dilectionis invenimus, volentes ut ad huiusmodi eorum laudabile, pium comendabileque propositum exequendum eo animentur fortius et arma securius contra ipsius fidei hostes assumant, quo se maiori senserint apostolice sedis gratia confoveri, universitatem vestram rogamus et hortamur attente, ac in remissionem vobis iniungimus peccatorum, quatinus provida meditatione pensantes, quam sit grata divine maiestatis oculis, quam accepta negocii prosecutio prelibati, eisdem preceptori et civi, qui letanter illud personarum et rerum subeundo pericula pro Crucifixi reverentia assumpserint, sic favoribus, auxiliis et consiliis assistatis, quoties et quando fuerit opportunum, quod ab eo, cuius res agitur, retributionis eterne consequamini premium, nosque gaudere possimus in Domino et cum a spe, quam de vobis in hac parte presertim concepimus, fuerimus non fraudati. Dat. Burdegalis, idus iunii.

1035. — Burdegalis, 13 iun. 1306.
Infrascriptis concedit praeter plenam peccatorum, de quibus confessi fuerint, veniam, ut se ad quascunque infidelium partes conferre, ac tam infideles quam impios christianos invadere, capere eorumque bona in proprios usus valeant convertere. (f. 176 b).

Dil. filiis fratri Hymberto Blancho ordinis militie templi preceptori in Alvernia et Petro de Lengres civi Massilien. amiratis galearum deputatarum subsidio Terre sancte. Terram sanctam etc. ut supra in littera precedenti usque provenire. Cum igitur sicut in nostra proposuistis presentia constituti etc. ut supra usque aspiretis et in alia invenies aspirent. Nos qui vos secundum cor nostrum filios dilectionis invenimus, volentes ut ad huiusmodi vestrum laudabile, pium commendabileque propositum exequendum eo animemini fortius et arma securius contra ipsius hostes fidei assumatis, quo vos maiore senseritis apostolice sedis gratia confoveri, discretioni vestre preter plenam vestrorum, de quibus infra mensem a data presentium computandum ore confessi, corde contriti fueritis, veniam peccatorum apostolica auctoritate concedimus, ut absque spiritualibus et temporalibus penis in dicte sedis prohibitione contentis vos et illos, quos vobiscum in huiusmodi negocii subsidium assumetis, ad partes quascunque infidelium predictorum conferre, ac tam infideles eosdem quam etiam impios christianos, qui contra prohibitionem prefatam ad predictas partes ferrum, lignamina et alia vetita commercia defferunt et defferri faciunt, ibi et alibi ubicunque invadere, capere ac utrorumque ipsorum bona, que ad vos devenire contingent, que vobis ex nunc ex ipsius sedis elargimur plenitudine potestatis, in proprios vestros usus convertere atque (de) bonis ipsis pro vestre libito voluntatis disponere libere valeatis ac ad restitutionem ipsorum nullatenus teneamini nec ad satisfaciendum cuiquam pro eisdem. Sic ergo assumptum negocium, quod infra cordis viscera gerimus, viriliter (gerere) studeatis, et ut perennis beatitudinis gloriam nostramque benedictionem et gratiam exinde vestra devotio consequi mereatur. Dat. Burdegalis, (sine data).

1036. — Burdegalis, 13 iun. 1306.

Concedit infrascriptis, ut sibi possint eligere confessarium, qui, eos, quos habuerint in sua comitiva, quando excommunicationem incurrerint, requisitus ab eis absolvere valeat. (f. 176 b).

Dil. filio fratri Himberto Blancho ordinis militie templi preceptori in Alvernia et Petro de Lengres civi Massilien. ammiratis galearum deputatarum subsidio Terre sancte. Terram sanctam etc. ut supra usque gratia confoveri, vobis auctoritate apostolica concedimus, ut aliquem discretum presbyterum possitis vobis in confessorem eligere, qui auctoritate nostra eis, qui in vestra fuerint comitiva, plenam suorum, de quibus corde contriti et ore confessi veraciter fuerint peccatorum, veniam valeat indulgere, eidemque quoque presbytero absolvendi eos ex comitiva iam dicta, qui ad partes infidelium predictorum prohibitas (merces) detulerint, ab excommunicationum sententiis aliisque spiritualibus et temporalibus penis, quas propterea incurrerunt, auctoritate apostolica, cum super hiis ab eis fuerit humiliter requisitus, ad dispensandum cum eis, ut preter penas in prohibitione sedis apostolice comprehensas vobiscum ad partes ipsas accedere ac morari, prout expedire vobis videbitur, libere valeant, plenam et liberam concedimus auctoritate presentium facultatem. Dat. Burdegalis, (sine data).

1037. — Burdegalis, 13 iun. 1306.

Hugo de Perando, visitator militiae templi Ierosolimitani in Francia, deposuit duo milia marcarum argenti apud Thomam et Vannum de Motzis milites de societate Motzorum de Florentia, tunc in Francia commorantes, qui latenter aufugerunt. Cum vero eisdem militibus Aimo, abbas mon. de s. Antonio Viennen. dioec., eandem summam solvere teneretur, ac visitator ad Philippum, regem Franciae, recurreret, rex dedit in mandatis, ut abbas eidem visitatori ista duo milia marcarum argenti solveret. Visitatore dein ad Papam accedente, mandatur abbati, ut infra unius mensis spatium istam summam visitatori persolvat, ad quod illum executores per suspensionis et excommunication. sententias compellant. (f. 177 a).

Dil. filiis abbati mon. s. Petri foris portam Viennen. et decano ac scolastico ecclesie Viennen.

Dil. filio Aymoni abbati mon. de s. Anthonio Viennen. dioc. Oblata nobis.... Dat. Burdegalis, idus iunii.

1038. — Burdegalis, 4 iun. 1306.

Vacanti per obitum Guidonis ecclesiae Salernitanae praeficitur in archiepiscopum Berardus,

canonicus et diaconus Neapolitan., dispensaturque cum illo super defectu ordinum et aetatis.
(f. 177 *a*).

Dil. filio Berardo electo Salernitano.
Dum ad universas orbis ecclesias.... Dat.
Burdegalis, II non. iunii.
Eodem modo universis suffraganeis ecclesiae
Salernitan.

    E. m. capitulo ecclesiae Salernitan. ut in forma
consueta.

    E. m. clero civitatis et dioec. Salernitan.

    E. m. Carolo Siciliae regi.

    E. m. universis vasallis ecclesiae Salernitan.

    E. m. populo civitatis et dioec. Salernitan.

1039. — Apud s. Ciricum, 3 martii 1306.

Indulgetur, ut insistens scolasticis disciplinis
possit proventus beneficiorum suorum percipere,
quotidianis distributionibus exceptis. (f. 177 *b*).

Dil. filio Wylmeto nato quondam Go-
tefredi Ebali de Chalaudo militis canonico
Sedunen.
Ven. fratri episcopo Augusten. et dil.
filiis.. priori s. Simphoriani de Auzona
ac.. preposito ecclesie s. Egidii de Verretio
Augusten. et Lugdunen. dioc. Meritis tue
devotionis.... Dat. apud s. Ciricum prope
Lugdunum, V nonas martii.

1040. — Apud s. Ciricum, 3 martii 1306.

Gratam et ratam habet receptionem Wylmeti,
nati quondam Godefridi filii Ebali de Chalaudo
militis, in canonicum Vercellen. factam a capitulo
dictae eccl., mandatque, ut ei ibidem de praebenda vacante vel vacatura provideant, non obstante quod in Sedunen. et Augusten. eccl. canonicatus et praebendas obtineat. (f. 177 *b*).

Ven. fratri episcopo Augusten. et dil.
filiis.. priori s. Simphoriani de Auzona ac
preposito ecclesie s. Egidii de Verretio Lug-
dunen. et Augusten. dioc. Sua nobis.... Dat.
apud s. Ciricum prope Lugdunum, V nonas martii.

1041. — Apud s. Ciricum, 3 martii 1306.

Inquirant de exemptione monasterii Ageren.
ord. s. Augustini, quodsi privilegium exemptionis
idoneum et sufficiens reperiatur, ne permittant
monasterium a vicinis episcopis molestari, secus
idem mon. alicui episcopo subiiciant. Insuper mon.
dictum tam in spiritualibus quam in temporalibus
collapsum reforment. (f 177 *b*).

Ven. fratri.. episcopo Valentino et dil.
filiis priori s. Pauli Barchinonen. ac can-
tori eccl. Pampilonen. Ad statum monasterii.... Dat. apud s. Ciricum prope Lugdunum, V nonas martii.

1042. — Apud s. Ciricum, 3 martii 1306.

Conceditur Eleonorae [1] reginae Trinacriae et
suis et filiabus utriusque sexus, ut possint ingredi
monaster. Minorissarum de Messan. ord. s. Clarae,
dummodo ibi nec edant nec pernoctent. (f. 178 *a*).

Carissime in Christo filie Alyenore regine
Trinacrie illustri. Pium arbitramur.... Dat.
apud s. Ciricum prope Lugd., V nonas mart.

1043. — Apud s. Ciricum, 3 martii 1306.

Idem conceditur infrascripto. (f. 178 *a*).

Ven. fratri archiepiscopo Messanen. Pium
arbitramur.... Dat. ut supra.

1044. — Apud s. Ciricum, 3 martii 1306.

Eodem modo scribitur carissimo in Christo
filio *Friderico,* regi Trinacriae illustri. (f. 178 *a*).
Dat. ut supra.

1045. — Apud s. Ciricum, 3 martii 1306.

Guillelmus [2] abbas et conventus mon. Moisiacen. ord. s. Ben. Caturcen. dioec. sub certa

---

[1] Eleonora, filia Caroli II regis Siciliae, nupsit
anno 1302 Friderico, regi Trinacriae. *L'Art de vérifier*
les dates, II. 18. p. 256.

[1] Guillelmus de Duroforti ex nobili familia de Duras
Burdegalensi, abbas monasterii Moisiaci et capellanus

annua pensione donarunt Bertrando quoad vixerit et heredibus eius usque ad unam generationem proventus ex decimis de Tornaco et de s. Paulo ecclesiarum eiusdem dioec. in remunerationem gratorum et acceptorum servitiorum; quam donationem Clemens Pp. V nunc confirmat. (f. 178 a).

Dil. filio nobili viro Bertrando de Duroforti Caturcen. dioc. Cum a nobis petitur.... Dat. apud s. Ciricum prope Lugdunum, V nonas martii.

1046. *— Lugduni, 13 ian. 1306.

Vt non obstante defectu natalium ad omnia officia, administrationes, praelaturas et dignitates sui duntaxat ordinis assumi valeat. (f. 178 b).

Dil. filio Bernardo de Cauda Rasa monacho monasterii s. Savini ordinis s. Benedicti Tarvien. dioc. Illegitime genitos.... Dat. Lugduni, idus ianuarii.

1047. — Ap. mon. Grandimonten., 22 apr. 1306.

Consideratione Petri, s. Priscae presb. card. s. rom. eccl. vicecancellarii, providet capellano eius et familiari de canonicatu eccl. Baionen. et praebenda ibidem vacante vel vacatura, non obstante quod ecclesiam s. Severi Aduren. dioec. et portionem trium denariorum in Aquen. eccl. obtineat. (f. 179a).

Dil. filiis.. s. Nicolai Baionen et s. Spiritus de Capite Pontis Baionen. ac b. Marie de Mimisano prioribus Aquen. et Burdegalen. dioc.

Dil. filio magistro Iacobo de Cruce canonico Baionen. capellano nostro. Illorum votis.... Dat. apud mon. Grandimontense, X kal. maii.

1048. — Burdegalis, 16 iunii 1306.

Inquirant, quae et quot et quorum sanctorum reliquiae sint in abbatia de Scoue reconditae. (f. 179a).

papae, factus est episcopus Lingonensis 1306-1319, quo anno promotus est ad archiepiscopatum Rothomagensem 1319-1330. *Gallia chr.*, I. p. 109. IV. p. 617. XI. p. 76.

Ven. fratribus.. archiepiscopo Eboracen. et episcopo Elien. Dum in abbatia.... Dat. Burdegalis, XVI kal. iulii.

1049. — Burdegalis, 12 iun. 1306.

Confirmat collationem prioratus seu parochialis ecclesiae s. Petri de Spaniaco Mimaten. dioec. dispensatque, ut prioratum una cum dignitate cardinalitia nec non prioratibus s. Romani et Vivigharges Caturcen. dioec. et archidiaconatu Brugen. in Tornacen., canonicatibus et praebendis in Tornacen., Remen., Catalaunen., Cameracen., Parisien., Laudunen., s. Donatiani Brugen. Tornacen. dioec., s. Crucis Aurelianen. et s. Gaugerici Cameracen. dioec. ecclesiis retinere valeat. (f. 179a).

Dil. filio Stephano tituli s. Ciriaci in Termis presbytero cardinali priori seu rectori parochialis ecclesie s. Petri de Spaniaco Mimaten. dioc. Grandia merita.... Dat. Burdegalis, II idus iunii.

1050. — Burdegalis, 20 iul. 1306.

Citet Bernardum de Serveriis clericum Ruthenen. dioec., qui Bertrandum Garneri, rectorem eccl. de s. Cyrico iuxta Rafimam Ruthenen. dioec. armata manu possessione dictae eccl. spoliavit. (f. 179 b).

Dil. filio cantori eccl. Ruthenen. Significavit nobis.... Dat. Burdegalis, XIII kal. augusti.

1051. — Lugduni, 24 nov. 1305.

Reservat donationi sedis apostolicae canonicatus et praebendas Paduan., Vicentin. et Tarvisin. ecclesiarum post consecrationem Pandulphi, electi Tarvisini, proxime vacaturos. (f. 179 b).

Ad perpetuam rei memoriam. Cum canonicatus.... Dat. Lugduni, VIII kal. dec.

1052. — Burdegalis, 1 iul. 1306.

Guillelmum Arnaldi de Padeon, rectorem eccl. de Bellovico Agennen. dioec., qui propter abusum litterarum apostolicarum carceri mancipatus inde aufugit, privat omnibus beneficiis et ad carcerem revocat. (f. 179 b).

Ad perpetuam rei memoriam. Et si apostolica sedes merito provocetur ex quibuslibet pravis actibus et detestabilibus excessibus subditorum, in illis tamen turbatur amarius, provocatur vehementius et materiam potioris indignationis assumit, qui perpetrati a personis ecclesiasticis, a quibus esset precipua preceptorum observantia honoranda, ipsam maioris scrupulo deformitatis attingunt. Sane dudum ad audientiam nostram fama publica referente pervenit, quod dampnate iniquitatis filius Guillelmus Arnaldi de Padeon, rector ecclesie de Bellovico Agennensis dyocesis, ceca cupiditate seductus, non attendens, quam penam litterarum apostolicarum abusores merentur, quasdam litteras apostolicas, per quas iuxta morem romanorum pontificum nostre benedictionis sollempnia scribebamus, quasque cuidam ex nostra familia deferendas in retributionem servicii dederamus, ab illo pacto recipiens, licet certis personis huiusmodi littere mitterentur, illis tamen presumptione dampnabili abuti non metuens, non solum ad personas huiusmodi, sed ad alias quam plurime questuario modo se transferens, apostoliceque sedis per ostensionem litterarum ipsarum asserens se legatum ac per illas iurisdictionem habere, ab ecclesiis et monasteriis ac personis ecclesiasticis tum equos tum res alias tum etiam magnas extorsit pecunie quantitates. Nosque postmodum comperta super hiis contra eum plenius veritate ipsum suis huiusmodi demeritis et sceleribus exigentibus capi mandavimus et carceri mancipari. Tandem ipse corrigi refugiens et pre suorum multitudine scelerum ac de misericordia sedis apostolice desperans fracto carcere latenter aufugit. Cum itaque tanti excessus temeritas tantaque abhorrenda presumptio non sit mandanda neglectui, sed memorie cum ipsius debite castigationis stimulo commendanda, eundem Guillelmum rectoria prefate ecclesie nec non canonicatu,

prebenda et dignitate Leodien. ecclesie, de quibus sibi nuper providimus ac omnibus et singulis beneficiis ecclesiasticis, que in quibusvis ecclesiis obtinet, apostolica auctoritate privamus de apostolice plenitudine potestatis, ipsum reddentes inhabilem de cetero ad beneficium ecclesiasticum obtinendum eumque in maioris sue pene confusionem ad predictum carcerem revocamus, in illo, cum reperiri contigerit, moraturum usque ad apostolice sedis beneplacitum voluntatis. Nichilominus ecclesiam, canonicatum, prebendam et dignitatem predictos et alia beneficia ecclesiastica, que habebat, per huiusmodi privationem vacantia, collationi sedis apostolice reservamus decernentes ex nunc irritum et inane, si secus super hiis a quocunque scienter vel ignoranter contigerit attemptari. Nulli ergo etc. Dat. Burdegalis, kal. iulii.

1053. — Burdegalis, 20 maii 1306.
Concedit facultatem testandi et disponendi de bonis suis tam ecclesiasticis quam mundanis. (f. 180 a).

Dil. filio Arnaldo s. Marie in Porticu diacono cardinali. Cum nichil sit.... Dat. Burdegalis, XIII kal. iunii.

1054. — Lugduni, 8 ian. 1306.
Vt clerici eius familiares et domestici et continui commensales, quamdiu ipsius obsequiis institerint, ad residendum minime teneantur fructus beneficiorum suorum percipientes integre, quotidianis distributionibus exceptis. (f. 180 a).

Dil. filio Arnaldo s. Marie in Porticu diacono cardinali. Digne agere credimus.... Dat. Lugduni, VI idus ianuarii.

1055. — Lugduni, 8 ian. 1306.
Conceditur potestas faciendi ministrari praedictis clericis fructus beneficiorum. (f. 180 a).

Dil. filio Arnaldo s. Marie in Porticu diacono cardinali. Nuper tibi.... Dat. Lugduni, VI idus ianuarii.

Litterae sequentes ad regesti volumen LII procul dubio pertinentes extant in bibliotheca Vaticana sub sign. Ottobon. 2546.

1056. — Lugduni, 16 ian. 1306.

Raynaldo [1] episcopo Vicentin. ad ecclesiam Ravennaten. translato vacanti ecclesiae Vicentinae Benedictus Pp. XI archipresbyterum [2] Paduanum et notarium suum praefecit in episcopum et pastorem, cui Clemens Pp. V per Iohannem, episcopum Portuen. et s. Rufinae, munus consecrationis impendi fecit eique mandat, ut ad eandem Vicentinam ecclesiam accedens illam studeat salubriter gubernare. (f. 113 *a*).

Vacante dudum ecclesia.... Dat. Lugduni, XVII kal. februarii.

1057. — Lugduni, 6 dec. 1305.

Consideratione Bertrandi de Mota confert eius fratri canonicatum ecclesiae Trecen. et praebendam ac dignitatem ibi vacantes vel vacaturas providetque de illis. (f. 113 *a*).

Tui nobilitatem generis.... Dat. Lugduni, VIII idus decembris.

1058. — Lugduni, 9 dec. 1305.

Cum quodam, qui capellam de Listarchan Miden. dioec. et ecclesias de Staba et de Mandemple curam animarum habentes Armachan. dioec. recepit retinebatque, quin se fecerit ad sacerdotium promoveri, dispensat ac remittit ei fructus inde perceptos indulgetque, ut ecclesias ipsas retinere valeat. (f. 113 *a*).

Tue magnitudo scientie.... Dat. Lugduni, V idus decembris.

1059. — Lugduni, 21 dec. 1305.

Cuidam fructus remittit perceptos absque dispensatione ex pluribus beneficiis dispensatque cum illo, ut de Hugate et de Bretingham ecclesias ac

canonicatus et praebendas, quas in Eboracen. et de Beverlaco Eboracen. dioec. ecclesiis obtinet, insimul retinere et praeter ipsas ecclesias, canonicatus et praebendas unicum aliud beneficium cum cura, etiam si dignitas vel personatus existat, recipere et retinere valeat. (f. 113 *a*).

Personam tuam quam.... Dat. Lugduni, XII kal. ianuarii.

1060. — Lugduni, 3 ian. 1306.

Cum Adamo dispensat, ut ecclesias de Sthiplinge ac de Dysce et de Bernigham Norwicen. dioec. curam animarum habentes, cum se fecerit ad omnes ordines statutis temporibus promoveri, et capellam de Steringe sine cura animarum retinere valeat. (f. 113 *b*).

Dil. filio Ade rectori parochialis ecclesie de Sthyplige Norvicen. dioc. Exigentibus tue bonitatis meritis.... Dat. Lugduni, III non. ianuarii.

1061. — Lugduni, 2 ian. 1306.

Cuidam indulget, ut sibi eligere possit confessarium, qui eum a s. Iacobi et omnibus aliis votis, Terrae s. voto excepto, absolvere eaque in alia leviora, pecuniam vel charitatis opera commutare valeat. (f. 113 *b*).

Personam tuam nobis.... Dat. Lugduni, IIII non. ianuarii.

1062. — Lugduni, 2 ian. 1306.

Cuidam indulget, ut sibi eligere possit confessarium etc. (f. 113 *b*).

Personam tuam nobis.... Dat. ut supra.

1063. — Lugduni, 17 ian. 1306.

Obtentu Roberti Flandren. et Ludovici eius primogeniti Nivernen. et Regitesten. comitum confert clerico et familiari eorum canonicatum ecclesiae s. Petri Insulen. Tornacen. dioec. et praebendam integram, liberam, non sacerdotalem, ibi vacantem vel proximo vacaturam, non obstante

---

[1] Raynaldus Concoregius episc. Vicentin. 1296-1303, patrimonii s. Petri rector et vicarius generalis, 1303 Ravennas archiepiscopus evasit, decessit 1321 non sine sanctimoniae fama. Vghelli, *Italia s.*, V. p. 1057, II. p. 382.

[2] Altogradus Cataneus episcopus Vicentin. 1304-1314. Vghelli l. c. p. 1057.

quod in Cameracen. necnon Siclinen. et s. Petri Duacen. ac Furnen. et Senogien. Cameracen., Tornacen., Atrebaten. et Monen. dioec. ecclesiis canonicatus et praebendas obtineat; assecutus vero canonicatum et praebendam ecclesiae s. Petri Insulen. dimittat canonicatum et praebendam ecclesiae s. Petri Duacen. (f. 113 b).

Apostolice sedis benignitas.... Dat. Lugduni, XVI kal. februarii.

1064. — Burdegalis, 31 iul. 1306.
Cuidam confert canonicatum ecclesiae Ambianensis et praebendam ac personatum et dignitatem apud sedem apostolicam vel in ecclesia ipsa vacantes vel proximo vacaturos, non obstante quod illi personatum et dignitatem in Remen. et in ea ac Vasaten. ecclesiis praebendas duxerit reservandos, et quod in s. Hilarii Pictavien. canonicatum et praebendam et quasdam decimas in beneficium ei assignatas in dioec. Convenarum obtineat, dispensatque cum eo super defectu ordinum et aetatis. (f. 114 a).

Ad tui honoris augmentum.... Dat. Burdegalis, II kal. augusti.

1065. — Burdegalis, 31 iul. 1306.
Cuidam confert canonicatum eccl. Lincolnien. providetque de praebenda, personatu vel dignitate apud sedem apostol. vel in eccl. praedicta vacantibus vel proximo vacaturis, non obstante quod plures alios canonicatus et praebendas obtineat. (f. 114 a).

Personam tuam tuis.... Dat. Burdegalis, II kal. augusti.

1066. — Burdegalis, 31 iul. 1306.
Cuidam indulget, ut quoddam beneficium administrare ac personatum vel dignitatem cuiusdam ecclesiae in Narbonnen. dioec. assequi et retinere valeat. (f. 114 b).

... et morum.... Dat. Burdegalis, II kal. augusti.

1067. — Lugduni, 29 ian. 1306.
Consideratione Iohannis, comitis Drocensis, confert cuidam prioratum Vallis s. Petri, quin absque

rationabili causa valeat a superiore suo amoveri. (f. 114 b).

Devotionis tue sinceritas.... Dat. Lugduni, IIII kal. februarii.

1068. — Lugduni, 29 nov. 1305.
Cuidam indulget, ut fructus praebendarum, personatuum vel dignitatum, quos in Narbonnen. et Albien. ecclesiis, quarum canonicus existit, ei duxit reservandos, cum illos fuerit assecutus, possit in absentia percipere, quotidianis distributionibus exceptis, et residendo in aliqua praedictarum ecclesiarum statim, postquam receptus fuerit, vocem habens in capitulo ad omnes communes tractatus eiusdem ecclesiae admittatur. (f. 114 b).

Personam tuam paterna benivolentia.... Dat. Lugduni, III kal. decembris.

1069. — Burdegalis, 31 iul. 1306.
Cuidam confert canonicatum ecclesiae Kothomagen. providetque de praebenda ac personatu vel dignitate apud sedem apostolicam vel in praefata ecclesia vacantibus vel vacaturis, non obstante quod parochialem s. Petri de Casanolio et in s. Vincentii de Manso et s. Iusti de Vallecaprena et s. Lauriani de Vastino et in s. Martini Magni eccl. Agennen., Convenarum, Bituricen. et Londonien. dioec. canonicatus obtineat et praebendas. (f. 115 a).

Exigunt tue probitatis merita.... Dat. Burdegalis, II kal. augusti.

1070. — Burdegalis, 31 iul. 1306.
Cuidam confert canonicatum eccl. Beluacen. providetque de praebenda ac personatu vel dignitate apud sedem apostolicam vel in ecclesia ipsa vacantibus vel vacaturis, non obstante quod in eccl. s. Lauriani de Vastin. Bituricen. dioec. canonicatum ac praebendam et quasdam decimas in beneficium assignatas in dioec. Agennen. obtineat. (f. 115 a).

Personam tuam tuis.... Dat. Burdegalis, II kal. augusti.

1071. — Lugduni, 26 nov. 1305.
Cuidam episcopo ad quadriennium concedit, ut ecclesias, capellas et cemeteria violata per ali-

quem virum idoneum reconciliari facere valeat aqua per seipsum prius benedicta. (f. 115 *b*).

Meritis tue devotionis.... Dat. Lugduni, VI kal. decembris.

1072. — Lugduni, 1 febr. 1306.
Episcopo Famagustan. et Anteraden., qui diversis criminibus irretitus pluribus excommunicationum subiacebat sententiis et a Bonifacio Pp.VIII per episcopum Nicosien. ad sedem apostolicam citatus ibidem comparuit, Clemens Pp. V redeundi ad praefatas ecclesias liberam licentiam elargitur; dimisso tamen apud sedem praedictam procuratore idoneo. (f. 115 *b*).

Sollicitat mentem nostram.... Dat. Lugduni, kal. februarii.

1073. — Lugduni, 10 febr. 1306.
Quibusdam executoribus mandat, moneant Guillelmum, archiepiscopum Eboracen., cui ad negotia apud sedem apostolicam expedienda concessum fuit contrahendi mutuum usque ad summam sex milium marcarum sterlingorum, ut mercatoribus Simoni Gerardi et Guidoni Bertaldi, civibus Florentinis de societate Spinorum de Florentia ac Rodgerio et Spinae de Spinis, Cino Bosii, Simonj Guidonis, Hugoni Paganelli et Bonsegnori Iacobi et aliis sociis societatis eiusdem aut uni eorum vel ipsorum procuratori eorum nomine constitutis loco et tempore de praedicta quantitate pecuniae plenam impendat satisfactionem, alioquin interdicti et excommunicationis sententiis in eum procedant eumque citare curent, ut sedis apostolicae conspectui se praesentet; si vero archiepiscopum mori contigerit, antequam mercatoribus satisfiat, simili modo in administratores et successorem procedant; postquam vero fuerit mercatoribus satisfactum, ipsos omnes ab illis sententiis absolvant. (f. 115 *b*).

Exponente nobis pridem.... Dat. Lugduni, IIII idus februarii.

1074.
Cum quibusdam, qui licet in quarto gradu consanguinei matrimonium contraxerant, dispensatur super impedimento illo prolesque suscepta legitima declaratur. (f. 116 *b*).

Sedis apostolice circumspecta benignitas.... Dat. (sine data), pontificatus nostri anno primo.

1075. — Lugduni, 31 ian. 1306.
Cuidam concedit facultatem conferendi personae idoneae, etiamsi beneficiata existat, ecclesias s. Martini de Columbis et s. Andreae de Cucculo Magalonen. dioec. per resignationem Egidii de Tuderto vacantes. (f. 116 *b*).

Cum sicut accepimus.... Dat. Lugduni, II kal. februarii.

1076. — Lugduni, 5 ian. 1306.
Defuncta Sanctucia, abbatissa monasterii s. Mariae in Insula de Vrbe ord. s. Benedicti, conventus eiusdem monasterii et nonnullae abbatissae ac plures moniales aliorum monasteriorum servantium statuta regulae, quae regula Sanctuciarum dicitur, convenientes pro generali capitulo statuerunt, ut idem monasterium de cetero esset caput omnium aliorum monasteriorum regulae supradictae et abbatissa, quae foret pro tempore dicti monasterii s Mariae omnibus aliis monasteriis dictae regulae eorumque 'abbatissis et monialibus praesideret. Deinde voce unanimi Donatam eiusdem monasterii monialem in abbatissam elegerunt. Papa cuidam mandat, ut examinatione facta Donatam in abbatissam mon. s. Mariae specialiter et generaliter omnium monasteriorum praedictorum praeficiat, benedictionis munus impendi faciat et fidelitatis iuramentum ab illa recipiat. (f. 116 *b*).

Officii nostri debitum.... Dat. Lugduni, non. ianuarii.

1077. — Lugduni, 8 ian. 1306.
Executoribus mandat, ut ab Huguccione [1], qui litterarum sedis apostolicae contradictarum auditor a Benedicto Pp. XI in episcopum et pastorem ecclesiae Novarien. praefectus fuerat, fidelitatis debitae iuramentum recipiant formamque iuramenti

---

[1] Huguccio de Borromaeis episcopus Novarien. 1304-1329. VGHELLI, *Italia s.,* IV. p. 713.

praestiti per ipsius patentes litteras eius sigillo signatas ad sedem apost. destinare curent. (f. 117 a).
Dudum felicis recordationis.... Dat. Lugduni, VI idus ianuarii.

1078. — Lugduni, 11 ian. 1306.
Cuidam indulget, ut fructus praebendarum, quas in Parisien., Saresbirien., Melden., s. Martini Turonen. et s. Audomari Morinen. dioec. ac cantoriae, quam in eadem Melden. et praepositurae de Corzahio, quam in praedicta s. Martini ecclesiis obtinet, residendo in aliqua praedictarum ecclesiarum, ad quinquennium percipere valeat, quotidianis distributionibus exceptis, non obstante quod cantoria, praepositura et praebenda s. Audomari praedictae requirant continuam residentiam personalem. (f. 117 a).
Devotionis tue probata sinceritas.... Dat. Lugduni, III idus ianuarii.

1079. — Lugduni, 12 ian. 1306.
Cum capellano Lucae, s. Mariae in Via Lata diac. card., dispensatur, ut valeat assumi ad omnes dignitates, praelaturas seu officia regularia in monasteriis ord. s. Ben., non obstante defectu natalium aut quod ex licentia superiorum de ordine fratrum Minorum ad monasterium s. Stephani Ianuen. ord. s. Ben. transierit, et licet fratribus ordinis Minorum concessum fuerit a Nicolao Pp. IV, quod professi eorum ordinem nequeant in aliis ordinibus dignitates etc. obtinere. (f. 117 b)·
Suffragantia tibi merita gratiarum.... Dat. Lugduni, II idus ianuarii.

1080. — Lugduni, 12 ian. 1306.
Cum quodam dispensatur, ut non obstante defectu natalium valeat assumi ad quaecunque officia, dignitates et administrationes sui dumtaxat ordinis. (f. 117 b).
Testimonio tibi laudabili suffragante.... Dat. Lugduni, II idus ianuarii.

1081. — Lugduni, 11 ian. 1306.
Vacante decanatu rurali de Fontemaco Pictavien. dioec. per resignationem magistri Gileberti de Alvernia et episcopo Pictavien. excommunicationis sententia innodato, decanus et capitulum Pictavien. decanatum dictum cuidam contulerunt, quam collationem Clemens V adhuc archiep. Burdegalen. dioecesim Pictavien. personaliter visitans confirmavit et nunc denuo ad cautelam confert et confirmat. (f. 117 b).
Cum a nobis petitur quod iustum.... Dat. Lugduni, III idus ianuarii.

1082. — Lugduni, 20 ian. 1306.
Cum quodam dispensat, ut non obstante defectu natalium possit ad omnes ordines promoveri et beneficium obtinere, etiamsi curam habeat animarum. (f. 117 b).
Illegitime genitos.... Dat. Lugduni, XIII kal. februarii.

1083. — Lugduni, 13 ian. 1306.
Cuidam episcopo mandat, ut cum magistro Guillelmo de Coellen clerico suae dioecesis super defectu natalium dispenset, ut possit ad omnes citra presbyteratum ordines promoveri. (f. 117 b).
Accedens ad presentiam nostram.... Dat. Lugduni, idus ianuarii.

1084. — Lugduni, 25 ian. 1306.
Episcopus dispenset cum Martino Gonsalvi de Ventosa scolari suae dioec. super defectu natalium, ut possit ad omnes citra presbyteratum ordines promoveri. (f. 118 a).
Accedens ad presentiam nostram.... Dat. Lugduni, VIII kal. februarii.

1085. — Lugduni, 18 ian. 1306.
Episcopus dispenset cum Banone de Boxum clerico suae dioec. super defectu natalium, ita tamen, ut idem clericus, prout requiret onus beneficii, quod eum post dispensationem huiusmodi obtinere contigerit, ad ordines se faciat statutis temporibus promoveri et personaliter resideat in eodem. (f. 118 a).
Accedens ad presentiam nostram.... Dat. Lugduni, XV kal. februarii.

1086. — Lugduni, 20 ian. 1306.

Episcopus dispenset cum Simone de Dulciloco clerico suae dioec. super defectu natalium, ut possit ad ordines promoveri et beneficium obtinere. (f. 118*a*).

Accedens ad presentiam nostram.... Dat. Lugduni, XIII kal. februarii.

1087. — Lugduni, 12 ian. 1306.

Episcopus dispenset cum Aymerico de Maxiones clerico suae dioecesis super defectu natalium, ut possit ad omnes ordines promoveri. (f. 118*a*).

Ex parte dilecti filii.... Dat. Lugduni, II idus ianuarii.

1088. — Lugduni, 24 ian. 1306.

Episcopus dispenset cum Guillelmo Iohannis Lebralonzon clerico suae dioec. super defectu natalium, ut possit ad omnes ordines promoveri. (f. 118*a*).

Ex parte dilecti filii.... Dat. Lugduni, IX kal. februarii.

1089. — Lugduni, 24 ian. 1306.

Eodem modo scribitur pro *Adamo Matthaei Lebralonzon* et eidem episcopo Lincolnien. et sub eadem data.

1090. — Lugduni, 21 ian. 1306.

Item eodem modo scribitur episc. Ostenen. (sic) pro *Martino Petri de Aclet,* sed dat. Lugduni, XII kal. februarii.

1091. — Lugduni, (sine data).

Cum quodam dispensatur super defectu natalium, ut non obstante hoc defectu beneficia ecclesiastica cum vel sine cura, etiam si dignitates vel personatus existant, obtinere valeat, dummodo ei canonice offerantur, ita tamen quod si ad pontificalem eum vocari contigerit, illam nequaquam recipiat absque apostolicae sedis licentia speciali. (f. 118*a*).

Illegitime genitos.... Dat. Lugduni, (sine data).

1092. — Lugduni, 13 ian. 1306.

Episcopus dispenset cum Petro de Coellen scolari suae dioec. super defectu natalium, ut in aliis. (f. 118*a*).

Accedens etc.... Dat. Lugduni, idus ian.

1093. — Lugduni, 12 ian. 1306.

Cum quodam dispensatur super defectu natalium, ut beneficia ecclesiastica obtinere valeat. (f. 118*a*).

Illegitime genitos.... Dat. Lugduni, II idus ianuarii.

1094. — Lugduni, 9 ian. 1306.

Cum quodam dispensatur super defectu natalium, ut in aliis. (f. 118*a*).

Illegitime genitos.... Dat. Lugduni, V idus ianuarii.

1095. — Lugduni, 13 ian. 1306.

Cum quodam dispensatur super defectu natalium, ut in aliis. (f. 118*a*).

Illegitime genitos.... Dat. Lugduni, idus ianuarii.

1096. — Lugduni, 7 ian. 1306.

Cum quodam dispensatur super defectu natalium, ut in aliis. (f. 118*b*).

Illegitime natos.:... Dat. Lugduni, VII idus ianuarii.

1097. — Lugduni, 17 ian. 1306.

Cum Iohannes de Velliaco, canonicus Laudunen., canonicatum et praebendam, quos in eadem ecclesia obtinet, intendat resignare, episcopus quidam resignatione hac recepta, illos canonicatum et praebendam Iohanni Kolandi Hureti de Velliaco, clerico Suessionen. dioec., conferat et assignet illumque in possessionem inducat. (f. 118*b*).

Cum dilectus filius.... Dat. Lugduni, XVI kal. februarii.

1098. — Ludguni, 17 ian. 1306.

Iohanne de Velliaco canonico Beluacen. resignante episcopus quidam vacantes canonicatum et

praebendam Iohanni Kolandi Hureti de Velliaco
canonico Suessionen. dioec. conferat et assignet
illumque in possessionem inducat. (f. 118 *b*).
Cum dilectus filius.... Dat. est eadem.

1099. — Lugduni, 15 ian. 1306.
Obtentu Amedei, comitis Sabaudiae, dispensat
cum eius clerico, ut non obstante defectu natalium possit etc. ut in aliis. (f. 118 *b*).
Illegitime genitos.... Dat. Lugduni, XVIII
kal. februarii.

1100. — Lugduni, (sine data).
Cum quodam dispensat super defectu natalium
ut in aliis. (f. 118 *b*).
Illegit. genitos.... Dat. Lugd., (sine data).

1101. — Lugduni, 15 ian. 1306.
Cuidam concedit facultatem eligendi sibi con-
fessarium, qui eum eiusque familiares absolvere
valeat, exceptis casibus reservatis. (f. 118 *b*).
Desideriis tuis libenter annuimus.... Dat.
Lugduni, XVIII kal. februarii.

1102.
Petrus s. romanae ecclesiae cardinalis et vicecancellarius retulit, se a Papiniano [1] episcopo Parmen., qui eum in officio vicecancellariae immediate praecessit, quasdam litteras Benedicti Pp. XI,
quae ad bullam non pervenerant, sed penes eundem
episcopum servatae fuerant, recepisse directas ad
priorem et conventum monasterii Omnium Sanctorum in insula Cathalaunen. ord. s. Aug., incipientes: Debitum nostri requirit officii, et tractantes
de eligendo post obitum Henrici abbatis eiusdem
mon. novo abbate. In electione partes exortae
sunt inter Nicolaum rectorem ecclesiae de Songeyo
et Guidonem priorem de Viaxena Cathalaunen. et
Remen. dioec. dicti monasterii canonicos, qui ad
sedem apostolicam appellantes personaliter accesserunt. Clemens Pp. V negotium hoc commisit

[1] Papinianus e gente Roborea, episcopus Novarien.
1296-1300, translatus Parmham, a Bonifacio VIII vicecancellarius S. R. E. renunciatus id etiam muneris sub
Benedicto XI aliquamdiu exercuit. Fato functus est 1316.
VGHELLI, *Italia s.*, II. p. 180.

Regestum Clementis Papae V.

Iohanni tit. ss. Marcellini et Petri presbytero cardinali. [1] (f. 118 *b*).
Dilectus filius noster....

1103. — Burdegalis, 31 aug. 1306.
Cuidam hospitali ad sustentandos pauperes concedit, adnectit et unit prioratum de Brax situm prope
eccl. s. Michaelis de Rivofrigido in Sarvesio Burdegalen. dioec., pertinentem ad mon. de Vlmis Santonen. dioec., canonicos, si qui forent ibidem, ad
mon. revocando et hospit. indulgendo, ut per capellanos proprios ibi deserviri facere valeat. (f. 119 *a*).
Pietatis opera que..., Dat. Burdegalis,
II kal. septembris.

1104. — Lugduni, 1 dec. 1305.
Collato Othoni de Nigretz prioratu de Lareio
ord. s. Ben. Lingonen. dioec. vacantem prioratum
de Paluel ord. s. Ben. Cabilonen. dioec. monasterio
s. Benigni Divionen. dicti ordinis et Lingonen. dioec.
immediate subiectum, consuetum monachis ipsius
monasterii assignari, confert consideratione Othonis
de Grandisono eius consanguineo. (f. 119 *a*).
Tue merita religionis honestas.... Dat.
Lugduni, kal. decembris.

1105. — Lugduni, 22 ian. 1306.
Defuncto Iohanne episcopo Lingonen. notificat
capitulo translationem Bertrandi, tunc episc. Agen-
nen., ad ecclesiam Lingonen. (f. 119 *a*).
Inter cetera sollicitudinum studia.... Dat.
Lugduni, XI kal. februarii.
Eodem modo clero civitatis et dioec. Lingonen.
in forma consueta.
E. m. populo civitatis et dioec. Lingonen.
E. m. ven. fratri episcopo Bertrando Lingonen.
E. m. ven. fratri. archiepiscopo Lugdunen.
E. m. universis vasallis eccl. Lingonen.

1106. — Lugduni, 22 ian. 1306.
Rogat hortaturque regem, ut se Bertrando,
episcopo Lingonen., exhibeat favorabilem. (f. 119 *b*).
Divine gratia maiestatis.... Dat. ut supra.

[1] Litterae non sunt completae.

26

1107. — Lugduni, 10 nov. 1305.

Regem quemdam a quibuscunque excommunicationum sententiis prolatis ab homine vel a iure absolvit eumque ecclesiasticis restituit sacramentis. (f. 119 b).

Personam tuam claris.... Dat. Lugduni, IIII idus novembris.

1108.

Quibusdam concedit, ut possint ante auroram missae mysterium per capellanum proprium facere celebrari. (f. 119 b).

Devotionis vestre promeretur affectus.... (sine data) [1].

1109. — Lugduni, 10 nov. 1305.

Maioricarum regi et reginae ad quinquennium indulget, ut, cum generale terrae fuerit interdictum, liceat eis eorumque singulis in tribus capellis videlicet Maioricen., Perpiniani et Montispessulani Elnen. et Magalonen. dioec., quarum quaelibet est infra septa domus regiae constituta, per proprios capellanos quotidie in absentia regis clausis ianuis, non pulsatis campanis, excommunicatis et interdictis exclusis, voce submissa, in praesentia vero regis sollemniter alta voce divina officia facere celebrari, dummodo nullus eorum causam dederit interdicto. (f. 120 a).

Personas vestras paterna diligentes.... Dat. Lugduni, IIII idus novembris.

1110.

Eodem modo scribitur *Sancio*, Iacobi regis Maioricarum primogenito et Mariae eius uxori. (f. 120 a).

1111. — Lugduni, 10 nov. 1305.

Indulget regi et reginae ad quinquennium, ut nullus a sede apostolica delegatus, executor vel conservator possit in eos excommunicationis aut suspensionis vel in terram eorum interdicti pro-

[1] Dein sequitur in ms. « Item eisdem scribitur alia littera, cuius narratio est, vota vestra que de fervore devotionis etc. ut in capitulo CCC invenitur. Nulli ergo etc. Dat. ut supra. »

ferre sententias absque licentia sedis apostolicae. (f. 120 a).

Vestre devotionis sinceritas.... Dat. Lugduni, IIII idus novembris.

1112. — Burdegalis, 31 iul. 1306.

Cuidam confert canonicatum ecclesiae Aurelianen. et praebendam ac personatum vel dignitatem in ecclesia ipsa aut apud sedem apostolicam vacantes vel vacaturos providetque de illis, non obstante quod parochialem ecclesiam de Noaylhaco prope Paiolium Agennen. dioec. obtineat. (f. 120 a).

Apostolice sedis consueta benignitas.... Dat. Burdegalis, II kal. augusti.

1113. — Lugduni, 9 dec. 1305.

Cuidam confert canonicatum ecclesiae Carnoten. providetque de praebenda ac personatu vel dignitate seu officio ibidem vacantibus vel vacaturis, non obstante quod prioratum de Chaslucio Claromonten. dioec. et in Brivaten. decanatum et in ea ac Claromonten., Anicien. et Mimaten. ecclesiis canonicatus et praebendas obtineat. (f. 120 a).

Nobilitas generis et alia virtutum dona.... Dat. Lugduni, V idus decembris.

1114. — Lugduni, 1 dec. 1305.

Cuidam indulget ad quinquennium, ut, cum ad loca interdicto supposita pervenerit, in illis clausis ianuis, excommunicatis et interdictis exclusis, non pulsatis campanis, submissa voce possit sibi divina officia facere celebrari. (f. 120 b).

Desideriis tuis libenter annuimus.... Dat. Lugduni, kal. decembris.

1115. — Lugduni, 21 dec. 1305.

Archidiaconum de Noramptone, qui ecclesias sui archidiaconatus aliquando una die singulas visitando procurationes recepit et exegit et familiaribus suis, ne munera vel dona reciperent, inhibere neglexit, absolvit a quibuslibet sententiis et irregularitate, remittitque ei procurationes easdem et reditus perceptos ex praedicto archidiaconatu ac praebenda, quam obtinet in ecclesia Lincolnien., cuius est canonicus, et ex parochiali ecclesia de Valdegrave Lincolnien. dioec. (f. 120 *b*).

Tue probitatis merita.... Dat. Lugduni, XII kal. ianuarii.

1116. — Lugduni, 23 dec. 1305.

Confirmat abbatem monasterii Omnium Sanctorum in insula Cathalaunen. eique in diaconatus ordine constituto per L(eonardµm) episcopum Albanen. ordinem primo et demum benedictionis munus facit impendi. (f. 120 *b*).

Dudum felicis recordationis..... Dat. Lugduni, X kal. ianuarii.

1117. — Lugduni, 9 ian. 1306.

Consideratione G(uillelmi), tit. s. Pudentianae presbyteri cardinalis, confert cuidam parochialem ecclesiam de Sursarmiciis per obitum Laurentii eiusdem ecclesiae rectoris vacantem. (f. 121 *a*).

Illos apostolice sedis munificentia.... Dat. Lugduni, V idus ianuarii.

1118. — Lugduni, 10 nov. 1305.

Cuidam indulget, ut quatuor clerici eius familiares et domestici possint fructus beneficiorum suorum usque ad quinquennium, quotidianis distributionibus exceptis, percipere, quin in eisdem ecclesiis residere teneantur. (f. 121 *a*).

Vt dilectionis affectum.... Dat. Lugduni, IIII idus novembris.

1119. — Lugduni, 17 ian. 1306.

Cuidam indulget, ut sex clerici eius domestici et familiares praesentes et posteri, quos sibi elegerit, possint fructus beneficiorum suorum usque ad quinquennium, quotidianis distributionibus exceptis, percipere, quin in eisdem ecclesiis residere teneantur. (f. 121 *a*).

Personam tuam generositate conspicuam.... Dat. Lugduni, XVI kal. februarii.

1120. — Lugduni, 17 ian. 1306.

Cuidam indulget, ut nullus delegatus sedis apostolicae vel executor aut conservator in personam eius pro factis bayllivorum vel aliorum offi-

cialium eius excommunicationis sententiam valeat promulgare absque speciali mandato sedis apostolicae. (f. 121 *a*).

Apostolice sedis benignitas.... Dat. ut supra.

1121. — Lugduni, 18 ian. 1306.

Eodem modo scribitur *Roberto*, comiti Flandriae, sicut in praecedenti littera continetur. (f. 121 *a*).

Dat. Lugduni, XV kal. februarii.

1122. — Lugduni, 17 ian. 1306.

Roberto, comiti Flandren., indulget ad triennium, ut aliquis de comitatu eius infra comitatum degens sive in ea parte, quae est de regno Franciae, sive in illa, quae de imperio existit, extra comitatum ipsum in causam trahi vel ad iudicium evocari non possit invitus. (f. 121 *b*).

Dil. filio nobili viro Roberto comiti Flandrie. Supplicasti nobis ut.... Dat. Lugduni, XVI kal. februarii.

1123. — Lugduni, 10 nov. 1305.

Quibusdam concedit, ut possint ante auroram per capellanum proprium missae mysterium sibi facere celebrari. (f. 121 *b*).

Devotionis vestre promerentur affectus.... Dat. Lugduni, IIII idus novembris.

1124. — Lugduni, 10 nov. 1305.

Quibusdam ad quinquennium indulget, ut nullus delegatus executor vel conservator possit in eos excommunicationis aut suspensionis vel in terram eorum interdicti proferre sententias absque sedis apostolicae licentia. (f. 121 *b*).

Regalis devotionis sinceritas.... Dat. ut supra.

1125. — Lugduni, 13 ian. 1306.

Cuidam indulget, ut medietatem ecclesiae de Sadberge et de Merefeld Eboracen. dioec. ac canonicatum et praebendam ecclesiae Beberlacen. Eboracen. dioec. retinere valeat remittitque ei fructus inde perceptos, non obstante defectu natalium aut quod super eccl. de Petimigtan Eboracen. dioec. cum quodam suo adversario litiget. (f. 121 b).

Apostolice sedis benignitas.... Dat. Lug-. duni, idus ianuarii.

1126. — Lugduni, 17 ian. 1306.

Cuidam indulget, ut sex clerici eius domestici et familiares praesentes et posteri, quos sibi elegerit, fructus beneficiorum suorum, quotidianis distributionibus exceptis, usque ad quinquennium percipere valeant, quin in ipsis ecclesiis residere teneantur. (f. 122 a).

Personam tuam generositate conspicuam.... Dat. Lugduni, XVI kal. februarii.

1127. — Lugduni, 17 ian. 1306.

Obtentu Roberti, comitis Flandriae, indulget eius clerico et familiari, ut insistens scolasticis disciplinis, ubi studium vigeat generale, aut residens in altera ecclesiarum, in quibus beneficiatus existit, sive apud sedem apost. vel alibi in obsequiis dicti comitis moram trahens, usque ad quinquennium fructus beneficiorum suorum, quotidianis distributionibus exceptis, percipere valeat. (f. 122 a).

Clara merita.... Dat. ut supra.

1128. — Lugduni, 20 ian. 1306.

Executores moneant Remen. et Colonien. archiepiscopos, Cameracen., Turonen., Atrebaten., Morinen. ac Traiecten. episcopos in comitatu Flandren. iurisdictionem mediatam vel immediatam habentes, ut omnes causas et lites inter quoscunque vel cum quibuscunque de comitatu praedicto ortas vel oriundas ad eorum cognitionem ratione fori ecclesiastici pertinentes in locis tutis Flandren. delegare procurent, ipsique executores non permittant Flandrenses vel eorum aliquem a quoquam indebite molestari. (f. 122 b).

Supplicavit nobis.... Dat. Lugduni, XIII kal. februarii.

1129. — Lugduni, 17 ian. 1306.

Obtentu Roberti Flandren. et Ludovici eius primogeniti Nivernen. et Regitesten. comitum confert eorum clerico et familiari canonicatum ecclesiae Nivernen. Morinen. dioec., praebendam vero integram non sacerdotalem necnon dignitatem vel personatum vacantes ibi vel vacaturos reservat ei conferendos, non obstante quod in s. Petri Duacen. et s. Petri Arien. eccl. Atrebaten. et Morinen. dioec. canonicatus obtineat et praebendas. (f. 122 b).

Dum conditiones et merita.... Dat. Lugduni, XVI kal. februarii.

1130. — Lugduni, 2 ian. 1306.

Cuidam indulget, ut sex clerici eius obsequiis insistentes praesentes et posteri fructus suorum beneficiorum, quotidianis distributionibus exceptis, in absentia percipere valeant, recedentes vero ab eius obsequiis ad personalem residentiam in suis ecclesiis teneantur. (f. 122 b).

Personam tuam nobis.... Dat. Lugduni, IIII non. ianuarii.

1131. — Lugduni, 17 ian. 1306.

Consideratione Roberti Flandren. et Ludovici eius primogeniti Nivernen. et Regitesten. comitum confert clerico et familiari eorum canonicatum ecclesiae s. Donatiani Brugen. Tornacen. dioec. et praebendam integram non sacerdotalem ibi vacantem vel vacaturam, non obstante quod in s. Pauli Leodien. ac in s. Petri Insulen. et in Andeven. canonicatus et praebendas ac in s. Petri Duacen. praeposituram Tornacen., Leodien. et Atrebaten. dioec. ecclesiis obtineat. (f. 123 a).

Digne agere credimus.... Dat. Lugduni, XVI kal. februarii.

1132. — Lugduni, 2 ian. 1306.

Comiti Drocen. indulget, ut praesentatio personarum idonearum ad ecclesias, in castris vel domibus eius construendas, capellanias et beneficia facienda ad eum eiusque successores comites Drocen. in perpetuum pertineat. (f. 123 a).

Meretur tue sincere devotionis affectus.... Dat. Lugduni, IIII. non. ianuarii.

1133. — Lugduni, 2 ian. 1306.

Quibusdam indulget, ut quoad vixerint, capellae castrorum, domorum seu locorum ipsorum per dioecesanos episcopos vel eorum auctoritate supponi nequeant ecclesiastico interdicto. (f. 123 a).

Vestris desideriis.... Dat. Lugduni, IIII non. ianuarii.

1134. — Lugduni, 2 ian. 1306.
Iohanni comiti Drocen. indulget, ut missarum sollemnia etiam ante diem et extra ecclesias in locis ad hoc idoneis et, quando ad loca ecclesiastico interdicto supposita pervenerit, in hisce quoque locis, clausis ianuis, non pulsatis campanis, submissa voce, excommunicatis et interdictis exclusis, possit sibi facere celebrari. (f. 123 a).

Dil. filio nobili viro Iohanni comiti Drocen. Sincere devotionis affectus.... Dat. Lugduni, IIII non. ianuarii.

1135. — Lugduni, 2 ian. 1306.
Episcopo cuidam facultatem concedit faciendi in Cameracen., Carnoten., Ambianen. et Baiocen. ecclesiis earum videlicet singulis singulas personas, quas ei Iohannes, comes Drocen., duxerit nominandas, in canonicos recipi ac providendi earum singulis de singulis praebendis ibidem vacantibus vel vacaturis. (f. 123 b).

Personam dilecti filii.... Dat. Lugduni, IIII non. ianuarii.

1136. — Lugduni, 17. ian. 1306.
Cuidam concedit facultatem conferendi tabellionatus officium pro comitatu Flandriae duabus personis de eodem comitatu oriundis, quas ei Robertus, comes Flandriae, duxerit nominandas, examinatione peracta idoneis repertis, recepto prius ab eis iuramento. (f. 123 b).

Ne contractuum memoria.... Dat. Lugduni, XVI kal. februarii.

1137. — Lugduni, 17 ian. 1306.
Cuidam facultatem concedit conferendi tabellionatus officium duabus personis idoneis, quas ei Ludovicus, primogenitus Roberti comitis Flandriae, comes Nivernen. et Regitesten., duxerit nominandas. (f. 123 b)

Ne contractuum memoria.... Dat. ut supra.

1138. — Lugduni, 2 ian. 1306.
Fidelibus vere poenitentibus et confessis, qui in Annunciationis, Nativitatis, Assumptionis et Purificationis b. Mariae Virg. et s. Fiacri festivitatibus capellam seu oratorium hospitalis. s. Fiacri de s. Leodegario in Aquilina Carnoten. dioec. visitaverint, duorum annorum, illis vero, qui per octavam s. Fiacri praedictum oratorium visitaverint, centum dierum indulgentiam elargitur. (f. 123 b).

Loca sanctorum omnium.... Dat. Lugduni, IIII non. ianuarii.

1139. — Lugduni, 2 ian. 1306.
Cuidam indulget, ut si minus iuste a Iudaeis in terra sua commorantibus aliqua exegerit bona et pecuniae quantitates, ad restitutionem cuiquam faciendam nullatenus teneatur, dummodo bona eadem in usus eroget pauperum. (f. 124 a).

Grata devotionis obsequia.... Dat. Lugduni, IIII non. ianuarii.

1140. — Lugduni, 2 ian. 1306.
Iohanni comiti Drocen. indulget, ut participando praeterquam in crimine criminoso cum his, qui maiori fuerint excommunicatione ligati, maioris excommunicationis sententiam non incurrat. (f. 124 a).

Dil. filio nobili viro Iohanni comiti Drocen. Devotionis tue meretur affectus.... Dat. Lugduni, IIII non. ianuarii.

1141. — Lugduni, 2 ian. 1306.
Iohanni comiti Drocen. indulget, ut religiosi quorumvis ordinum ad eum pro tempore declinantes possint in eius praesentia carnibus vesci ac de mandato et voluntate eius loqui. (f. 124 a).

Dil. filio nobili viro Iohanni comiti Drocen. Devotionis tue precibus.... Dat. ut supra.

1142. — Lugduni, 2 ian. 1306.
Consideratione Beatricis, Drocen. et Montisfortis comitissae, confert physico eius canonicatum ec-

clesiae Carnoten. providetque de praebenda ibi vacante vel vacatura. (f. 124*a*).

Dignum est bene agentibus.... Dat. Lugduni, IIII non ianuarii.

1143. — Burdegalis, 31 iul. 1306.

Cuidam confert canonicatum ecclesiae Laudunen. providetque de praebenda ac personatu vel dignitate apud sedem apost. vel in praedicta eccl. vacantibus vel proximo vacaturis ac dispensat cum illo super defectu ordinum et aetatis. (f. 124*a*).

Personam tuam tuis.... Dat. Burdegalis, II kal. augusti.

1144. — Lugduni, 10 nov. 1305.

Quibusdam indulget, ut devenientes ad loca ecclesiastico interdicto supposita in eisdem locis per capellanum proprium possint sibi suaeque familiae ianuis clausis, excommunicatis et interdictis exclusis, non pulsatis campanis, submissa voce divina officia facere celebrari, dummodo nullus eorum causam dederit interdicto. (f. 124*b*).

Vota vestra que.... Dat. Lugduni, IIII idus novembris.

1145. — Lugduni, 10 nov. 1305.

Cuidam indulget, ut quatuor clerici eius familiares et domestici possint fructus suorum beneficiorum, quotidianis distributionibus exceptis, usque ad quinquennium percipere, quin in ipsis ecclesiis residere teneantur. (f. 124*b*).

Vt dilectionis affectum.... Dat. Lugduni, IIII idus novembris.

1146. — Lugduni, 10 nov. 1305.

Cuidam concedit facultatem providendi Berlengerio de Argileriis, clerico et familiari suo, de dignitate vel personatu in ecclesia Elnen. vacantibus vel vacaturis, non obstante quod idem in dicta ecclesia canonicatum et praebendam ac s. Laurentii de Monte et s. Columbae rurales ecclesias Elnen. dioec. obtineat. (f. 124*b*).

Tuam volentes honorare personam.... Dat. Lugduni, IIII idus novembris.

REGESTVM

CLEMENTIS PAPAE V

ANNVS PRIMVS

(Regestorum Vol. LIII)

REGESTRVM

DOMINI CLEMENTIS PAPAE V

LITTERARVM DE CVRIA

ANNI PRIMI

1147. — Burdegalis, 4 oct. 1306.
Gentilem [1] de filiis Vrsi et Stephanum [2] de Columna Vrbis senatores laudat, quod commissum sibi Vrbis regimen concorditer gerant, illudque eis ad ulteriores sex menses committit. (f. 1 *a*)

Dil. filiis nobil. viris Gentili de filiis Vrsi et Stephano de Columpna senatoribus Vrbis Letanter accepimus, quod vos tanquam filios benedictionis et gratie viros iuxta cor

---

[1] Gentilis, filius Bertholdi de Vrsis, fratris Matthaei cardinalis. Variis prius dignitatibus functus an. 1299 a Bonifacio Pp. VIII nominatus rector patrimonii s. Petri et capitaneus militiae contra rebelles. Anno iubilaei 1300 fuit senator Vrbis, idemque 1303, 1304, 1306. Henrico VII in Italia apparente Gentilis a Roberto rege Siciliae et senatu romano destinatus fuit, ut Romam defenderet. Obiit circa 1314. POMPEO LITTA. *Famiglie celebri italiane.* Orsini in Roma, tavola X.

[2] Stephanus, filius Iohannis de Columna, frater vero Petri s. rom. eccl. cardinalis. An. 1297 Bonifacio Pp. VIII familiam Columnensium proscribente in Franciam aufugit, ubi Philippo regi valde acceptus erat. An. 1305 in patriam reversus iteratis vicibus senatoris munere fungebatur. In proeliis cum Nicolao Rentio de Vrbe Roma notario et tribuno occubuit cum suo filio, tribus suis consobrinis aliisque quam plurimis suis sequacibus an. 1347. POMPEO LITTA. *Famiglie celebri italiane.* Colonna in Roma, tavola V. BALVZIVS, I. 309 et p. 883.

nostrum invenimus et de vestra multum nobis grata concordia a desiderio nostro fraudati non sumus, cum sicut habet laudis vestre preconium in commisso per nos vobis Vrbis regimine inter vos concordia viget et viguit, pax in Vrbe fulget et fulsit, idemque velle et nolle vobis semper pro execucione boni regiminis est et fuit. Ad statum itaque dicte Vrbis prosperum et tranquillum dudum habentes considerationis nostre respectum vobis usque ad sex menses, quorum iam finis instare dinoscitur, ipsius regimen duximus committendum. Verum quia vias et modos libenter exquirimus, ut imperpetuum auctore Domino ipsi Vrbi et in diebus nostris potissime pax resultet ac de experta vestra prudentia confidentes speramus, quod vestras continuando, quinimmo in melius augendo virtutes, ipsius Vrbis salubriter regatis habenas, nobilitatem vestram rogamus et hortamur attente nichilominus vobis per apostolica scripta mandantes, quatinus statuto seu prefixo per alias litteras nostras vestri regiminis termino

non obstante, ipsius Vrbis regimen laudabiliter et concorditer usque in finem incepti
anni vestri regiminis, nisi aliud de regimine
ipso ordinandum duxerimus, exercere curetis, ut obedientiam vestram, quam votis
nostris in hac parte conformem habere
speramus, exinde merito commendare possimus. Dat. Burdegalis, IIII nonas octobris,
anno primo.

In eundem modum dil. filiis populo Vrbis.

Letanter accepimus, quod dil. filios nobiles viros Gentilem de filiis Vrsi et Stephanum de Columpna senatores Vrbis
tanquam filios devotionis etc. usque ordinandum duxerimus exercere procurent.
Quocirca universitatem vestram rogamus
et hortamur attente per apostolica vobis
scripta mandantes, quatinus eisdem nobilibus tanquam senatoribus vestris, regimen
ipsum usque ad nostrum beneplacitum
exercentibus, in hiis que ad predictum regimen pertinent, devote et humiliter parere
ac obedire curetis, ita quod devotionem
vestram, quam promptam in hiis invenire
speramus, exinde merito commendare possimus. Dat. ut supra.

1148. — Burdegalis, 17 aug. 1306.

Carolo, Siciliae regi, prorogat ad eius supplicationem solutionem census nonaginta trium milium et trecentarum· quadraginta unciarum auri,
debiti ab anno 1302 usque ad festum beati Petri
anno 1307, eumque a poenis spiritualibus et temporalibus, si quas ex defectu satisfactionis et solutionis ·incurrerit, absolvit. (f. 1 *a*).

Carissimo in Christo filio. C. Sicilie regi
illustri. Per venerabilem fratrem nostrum
Bartholomeum episcopum Termulan. et dil.
filios Iacobum de Bargiaco, sacristam ecclesie Ebredunen. in romana curia procuratorem et Landulphum Ayossam de Neapoli
ac Franciscum Pandonum de Capua milites,
nunctios tuos, nobis devotius supplicasti, ut
cum nonaginta tria milia unciarum et trecentas quadraginta uncias auri ad generale

pondus regni Sicilie per te de censu eiusdem regni pro toto preterito tempore usque
per totum festum beati Petri, quod fuit in
anno Domini millesimo trecentesimo secundo nobis et ecclesie romane debita in
festo beati Petri proximo transacto, quod
fuit in presenti anno Domini MCCC sexto,
in quo per nos et predecessores nostros nonaginta trium milium et trecentarum quadraginta unciarum fuit tibi solutio prorogata,
non solveris propter longos guerrarum fremitus, quibus dictum regnum fuit annis pluribus laceratum, ex quarum reliquiis multis
et diversis es adhuc oneribus impeditus, dilationem omnium predictorum nonaginta
trium milium et trecentarum quadraginta
unciarum usque ad festum beati Petri proximo venturum, quod erit anno Domini MCCC
septimo, benigne tibi concedere, ac penas
spirituales et temporales, si quas ex defectu
satisfactionis huiusmodi incurristi, remittere
teque ab eis absolvere dignaremur. Nos
itaque huiusmodi tuorum impedimentorum
conscii et onerum non ignari, super illis tibi
paterno [1] compatientes affectu, tuis supplicationibus inclinati, dilationem solutionis eorundem nonaginta trium milium unciarum
et trecentarum quadraginta debitorum nobis et eidem ecclesie ratione census eiusdem
de toto preterito tempore usque per totum
predictum festum beati Petri, quod fuit
anno Domini MCCC secundo, usque ad
memoratum festum beati Petri proximo venturum, quod erit anno Domini MCCC sep- .
timo, tibi gratiose concedimus, et penas spirituales et temporales, si quas ex defectu
satisfactionis et solutionis in prorogato tibi
termino non facte incurrisse dinosceris, tibi
clementer remittimus et ab ipsis te absolvimus de fratrum nostrorum consilio et
assensu. Volumus autem, quod si prefatam supplicationem tuam, dilationem et remissiones nostras per nos tibi concessas

[1] Ms. *paterne.*

ratas habueris, super hoc patentes litteras tuas harum seriem continentes aurea bulla munitas ad ipsius ecclesie romane cautelam infra semestre tempus a data presentium computandum exhibere procures, alioquin huiusmodi per nos tibi concessa dilatio nullius sit penitus roboris vel momenti. Dat. Burdegalis, XVI kal. sept. anno primo.

1149. — Burdegalis, 17 aug. 1306.
Eidem regi confirmat solutionem octo milium unciarum auri anno 1301 pro censu eiusdem anni, quae summa illi fuit a Bonifacio Pp. VIII mutuata. (f. 1 *b*).

Eidem regi. Olim felicis recordationis Bonifacius Pp. VIII predecessor noster tibi dilationem concessit super debito census de nonaginta tribus milibus unciarum trecentis et quadraginta unciis auri ad generale pondus regni Sicilie per te ecclesie romane debitis pro censu regni eiusdem de preterito tempore, prout in registro eiusdem Bonifacii anni VIIII plenius continetur. Porro in littera super hoc confecta hec clausula continetur. Declaramus preterea tenore presentium, quod octo milia unciarum auri pro censu anni millesimi trecentesimi primi in summa eorundem nonaginta trium milium trecentarum quadraginta minime includuntur. Verum quia pluries ex parte tua fuit propositum, dictam clausulam posse secundum aliquem intellectum contra te referri, ne quod semel solvisti, alia vice solvere urgearis, habita super hoc deliberatione cum nostris fratribus diligenti recognoscimus et fatemur, quod dicta summa octo milium unciarum fuit soluta dicto anno millesimo CCC primo pro censu eiusdem anni et quod dicta summa a dicto predecessore nostro tibi fuit mutuata, que auxit debitum mutui per ipsum predecessorem tibi facti. Presentes litteras nostra bulla munitas tibi in dicte recognitionis testimonium concedentes. Dat. Burdegalis, XVI kal. septembris, anno primo.

1150.
Eidem regi confirmat et quietat solutionem octo milium unciarum auri pro censu regni Siciliae pro anno 1306 debitorum. (f. 1*b*).

Eidem regi. Cum pro censu regni Sicilie ac terre, que est citra Farum usque ad confinia terrarum romane ecclesie, octo milia unciarum auri ad generale pondus dicti regni in festo beati Petri eidem ecclesie annis singulis solvere tenearis, presenti scripto recognoscimus et fatemur de predictis octo milibus unciarum auri predicte romane ecclesie ut premittitur debitis per venerabilem fratrem nostrum Bartholomeum episcopum Termulan. et dil. filium Iacobum de Bargiaco, sacristam Ebredunen. in romana curia procuratorem et Landulfum Ayossam de Neapoli ac Franciscum Pandonum de Capua milites, nuntios tuos propter hoc ad nostram presentiam destinatos, pro anno Domini millesimo trecentesimo sexto, licet post terminum fore nobis et ipsi ecclesie satisfactum. Ideoque indempnitati tue paterna sollicitudine providentes, te et tuos in dicto regno heredes de predictis octo milibus unciarum auri pro anno Domini millesimo trecentesimo sexto ut predicitur persolutis, absolvimus et quietamus, penas spirituales et temporales, si quas ex defectu solutionis huiusmodi in prefato termino non facte incurristi, de gratia abolentes, ita quod tibi et tuis in dicto regno heredibus propter hoc imposterum nullatenus derogetur. Presentes litteras nostra bulla munitas tibi in predictorum omnium testimonium concedendo. (sine data).

1151. — Burdegalis, 25 oct. 1306.
Mercatores de societate Bardorum de Florentia, qui negotia pecuniarum camerae papalis iam a temporibus Bonifacii Pp. VIII procurabant, rationibus omnibus diligenter perspectis, de solutis summis quietantur et absolvuntur. (f. 1*b*).

Dil. filiis Gerardo Lanfredini et Andree Gualterocci sociis et mercatoribus de socie-

tate Bardorum de Florentia. Nuper de mandato nostro dilectus filius Arnaldus, tit. s. Marcelli presbyter cardinalis, camerarius noster, volens exquisite statum vestrum et vestre societatis cum curia nostra in manifestam deducere claritatem, adhibitis secum dilectis filiis Iohanne Spoletano electo, eius in camerariatus officio precessore, et magistris Oddone de Sermineto, Iohanne de Regio, Iohanne de Bononia ac Iohanne de Verulis, predicte camere nostre clericis, diligenter prout ipse nobis retulit, a vobis vice et nomine vestro et sociorum omnium de societate predicta de omnibus quantitatibus mutuatis per vos et societatem vestram de mandato summorum pontificum predecessorum nostrorum, ac etiam de omnibus receptis et expensis factis et habitis per vos et societatem ipsam a tempore, quo ad servitium predicte camere admissi et recepti fuistis, videlicet a vicesima quarta die mensis augusti anni Domini millesimi trecentesimi tertii usque ad kalendas septembris anni Domini millesimi trecentesimi sexti, quod tempus continet tres annos et novem dies, scilicet de tempore felicis recordationis Bonifacii Pp. VIII unum mensem et tres septimanas, de vacatione ipsius X dies, de tempore vero pie memorie Benedicti Pp. X (sic) predecessorum nostrorum octo menses et dimidium, ac de vacatione eiusdem X menses et XXVIII dies, necnon de tempore nostro unum annum, duos menses et XXV dies computum et rationem audivit. In qua quidem ratione compertum esse dinoscitur, quod vos et societas vestra predicta visis et plene discussis per partes omnibus ad huius negotii lucidationem facientibus de resta facta in camera supradicta vobiscum in plena concordia a dicto die XXIIII mensis augusti anni Domini millesimi trecentesimi tertii usque ad secundum diem mensis novembris anni Domini millesimi trecentesimi quinti tenebamini dare camere nostre prefate sex milia

quadringentos nonaginta octo florenos auri et de decima vobis olim per predictum Bonifacium predecessorem nostrum concessa in Italia pro duobus annis, vos et socii vestri recepistis ecclesie romane nomine octuaginta quinque milia centum sexaginta florenos auri et de eadem decima tertii anni pro vestra tertia parte per eundem predecessorem vobis concessa recepistis nomine romane ecclesie sexdecim milia quingentos septuaginta unum florenos auri et de quadam summa pecunie olim per dilectum filium magistrum Bonavitum de Casentino in Alamanie partibus collecta vos et predicti socii vestri recepistis pro vestra tertia parte ecclesie romane nomine quadringentos octuaginta tres florenos et tertium auri et de quodam deposito penes vos et societatem vestram et predictum Spoletanum electum de mandato predicti predecessoris nostri Benedicti facto dare tenebamini camere supradicte duo milia quingentos unum florenos auri et de tempore nostro, videlicet a dicta die secunda mensis novembris anni Domini millesimi trecentesimi quinti usque ad kalendas septembris anni trecentesimi sexti, in quibus finitus est computus inter vos et cameram supradictam, recepistis de fructibus et redditibus ecclesie romane mille sexaginta quatuor florenos auri, et sic manifeste apparebat, quod de omnibus predictis restis, decimis, depositis et receptis per vos et societatem vestram, ut supra per partes videtur, est summa universalis centum duodecim milia ducenti septuaginta septem floreni auri et tertia pars unius floreni. De qua quidem summa sic per vos recepta et habita vos ad mandatum predecessoris nostri Bonifacii septuaginta unum milia florenorum auri solvistis carissimo in Christo filio nostro. C. Sicilie regi illustri pro negotio regni Sicilie, prout apparet per litteras predecessoris eiusdem vera bulla bullatas, et solvistis dilecto filio nobili viro Carolo comiti Andegavensi, qui fuerat in prosecutione dicti negotii regni Sicilie evocatus, duodecim milia florenorum auri ad mandatum dicti predecessoris nostri Bonifacii, prout per litteras eiusdem predecessoris apparet. Preterea solvistis et expendistis in recolligendo dictas decimas duo milia ducentos octuaginta duos florenos auri, et pro quibusdam nuntiis missis de mandato prefati predecessoris nostri Bonifacii pro negotiis ecclesie romane per diversas mundi partes solvistis centum viginti novem florenos auri. Solvistis etiam ad mandatum supradicti predecessoris nostri Benedicti rectoribus provinciarum ecclesie romane duo milia octingentos septuaginta sex florenos auri. Insuper ad mandatum nostrum solvistis pro expensis nostris et familie nostre diversis locis et temporibus ac vicibus quindecim milia noningentos (sic) triginta octo florenos et sextum auri, de quibus per nostras litteras et scripturas nostre camere plene patet. Que quidem quantitates sic ad mandatum predecessorum nostrorum et nostrum per vos et societatem vestram solute in unam summam redacte sunt centum quatuor milia ducenti viginti quinque floreni et sextus auri. Quibus deductis de prefata summa recepta per vos et societatem vestram videlicet de centum duodecim milibus ducentis septuaginta septem florenis et tertio auri, clare patet, quod de omnibus supradictis computis camere nostre tenebamini vos et societas vestra restituere octo milia quinquaginta duos florenos et sextum auri, prout hec omnia in libris predicte nostre camere plenius continentur. Predictos vero octo milia quinquaginta duos florenos et sextum auri, quos pro resta et residuo predictorum computorum camere nostre persolvere debebatis, de mandato nostro predicto cardinali, camerario nostro, intimante et mandante vobis et sociis vestris, dilecto filio magistro Bertrando de Bordis, decano Aniciensi, interiori thesaurario nostro, pro nostris expensis et familie no-

stre vos vestro et sociorum ac societatis vestre nomine integre persolvistis. Nos igitur, qui iura protegimus singulorum et libenter servamus illesa, volentes vestris et sociorum vestrorum ac societatis predicte indempnitatibus precavere, predicta computa per dictum cardinalem et camerarium nostrum recepta, rata et grata habentes, ipsa prout superius particulariter sunt expressa tenore presentium approbamus, vos et socios et societatem vestram predictam de predictis solutis quitantes et etiam absolventes, et volumus, quod ad solutionem aliam faciendam de predictis nullatenus teneamini vel molestemini a quoquam quomodolibet de eisdem. Si quid tamen in dictis computis erroris fuisset, illud ad cautelam vestram et etiam camere nostre ut clarius possit videri et discuti reservamus. Nulli etc. approbationis, quitationis, absolutionis, voluntatis et reservationis etc. usque Dat. Burdegalis, VIII kal. novembris, anno primo.

1152. — Burdegalis, 25 oct. 1306.
Socios et mercatores de societate Spinorum de Florentia, qui negotia pecuniarum camerae papalis iam a temporibus Bonifacii Pp. VIII procurabant, diligenter visis et discussis omnibus computis, de solutis summis quietat et absolvit. (f. 2 a).

Dil. filiis Symoni Guidi et Iohanni Maffei ac Bonseniori Iacobi sociis et mercatoribus de societate Spinorum de Florentia. Nuper de mandato nostro dilectus filius Arnaldus, tit. s. Marcelli presbyter cardinalis, camerarius noster, volens exquisite statum vestrum et societatis vestre cum camera nostra in manifestam deducere claritatem, adhibitis secum dilectis filiis Iohanne Spoletano electo, eius in camerariatus officio precessore, et magistris Odone de Sermineto, Iohanne de Regio, Iohanne de Bononia et Iohanne de Verulis, predicte camere nostre clericis, diligenter prout ipse nobis retulit, a vobis vice et nomine vestro et sociorum omnium de societate predicta de omnibus pecuniarum quantitatibus mutuatis per vos et societatem vestram de mandato summorum pontificum predecessorum nostrorum ac etiam de omnibus receptis et expensis factis et habitis per vos et societatem ipsam in quibuscunque locis et partibus et quibuscunque temporibus a tempore, quo ad servitium predicte camere admissi et recepti fuistis tam communiter cum societate Moczorum, quamdiu societas vestra et predictorum Mozorum una fuit, quam etiam postquam ab ipsa societate Mozorum vestra societas extitit separata, usque ad kalendas septembris anni Domini millesimi trecentesimi VI computum et rationem audivit. In qua quidem ratione compertum esse dinoscitur, quod de computo olim facto per vos et predictum Spoletanum electum, tunc camerarium et ministros camere supradicte in plena concordia, videlicet anno Domini millesimo trecentesimo mensis maii die VI omnibus exacte visis et diligenter discussis tam pro societate vestra quam pro camera supradicta ac de omnibus receptis et restitutis per vos et societatem ipsam ecclesie romane nomine usque ad dictum diem VI mensis maii per rotulos communes inter vos et societatem Mozorum ac etiam per vestros rotulos speciales et per omnes scripturas, in quibus potuit veritas reperiri, predicta camera tenebatur vobis et societati vestre de Spinis restituere quinquaginta septem milia noningentos florenos auri. Item inventum est in ratione predicta, quod vos et socii vestri de Spinis solvistis de mandato felicis recordationis Bonifacii VIII predecessoris nostri, prout per ipsius litteras plene patet, dilecto filio nobili viro Carolo comiti Andegavensi, qui fuerat in prosecutione negotii regni Sicilie evocatus, octuaginta quatuor milia quadringentos florenos auri et quatuor Turonen. grossos de argento. Solvistis etiam ad mandatum dicti predecessoris pro expensis

nuntiorum, qui fuerunt missi per eum ad carissimum in Christo filium nostrum Fredericum regem Trinarie illustrem mille CCCCLXXIII florenos et medium auri. Item solvistis ecclesie romane nomine in prosecutione collectionis decime per prefatum predecessorem imposite et per dilectum filium.. archidiaconum Ganden. in ecclesia Tornacen. collecte in Leodien., Cameracen., Meten., Tullen. et Virdunen. civitatibus et diocesibus pro duobus annis mille trecentos florenos auri, et in prosecutione decime per venerabiles fratres nostros.. archiepiscopum Ebredunen. et.. episcopum Massilien. collecte de mandato eiusdem predecessoris pro duobus annis quadringentos florenos auri, et in prosecutione pecunie collecte per dilectum filium magistrum Bonavitum de Casentino in partibus Boemie pro duobus annis quadringentos florenos auri, et in prosecutione antique et nove decime in Irlandie partibus collecte solvistis predicte ecclesie romane nomine octingentos octuaginta septem florenos auri, de quibus vobis non fuerat hactenus satisfactum. Item solvistis ad mandatum predicti predecessoris in prosecutione subsidii a venerabili fratre nostro.. archiepiscopo Auxitan. et aliis de sua provincia per 'supradictum predecessorem petiti LIIII florenos auri. Preterea solvistis ecclesie romane nomine pro feno et paleis, que fuerunt perdita Laterani tempore turbationis predecessoris eiusdem centum triginta tres florenos et tertium auri, et pro quibusdam rebus thesauri redemptis soluistis septem florenos auri. Ceterum ad mandatum nostrum diversis locis et temporibus ac vicibus solvistis pro nostris et camere nostre necessariis novem milia centum quinquaginta quatuor florenos auri, prout per nostras litteras et scripta predicte camere evidenter apparet. Que quidem quantitates supradicte omnes sic per vos et societatem vestram de Spinis solute per partes et in quibus ut continetur superius, predicta vobis camera tenebatur usque ad kalendas septembris predictas in unam summam redacte sunt centum quinquaginta sex milia centum duodecim floreni auri et duo Turonen. grossi de argento. Inventum est etiam in eadem ratione per predictum cardinalem, camerarium nostrum, audita et recepta in plena concordia, quod vos et socii vestri de societate vestra de Spinis predicta recepistis et habuistis infra dicta tempora ecclesie romane nomine de introitibus marchie Anconitane et ducatus Spoletani viginti tria milia sexcentos triginta florenos auri. Item recepistis et habuistis de decima Polonie collecta olim per predictum magistrum Bonavitum de Casentino predicte ecclesie romane nomine septem milia trecentos XXVI florenos auri, quos receperatis vestro et societatis vestre ac dilecti filii Iacobi de Pisis militis eiusque societatis nomine. Item inventum est, quod vos et socii vestri de Spinis recepistis et habuistis de antiqua et nova decima Irlandie tam in sterlingis quam etiam polardis ecclesie romane nomine viginti milia septingentos septuaginta duos florenos auri. Item de decima olim collecta per venerabilem fratrem nostrum.. archiepiscopum Ebredunen. pro duobus annis recepistis nomine romane ecclesie viginti duo milia quingentos undecim florenos et medium auri. Insuper de decima collecta dudum per venerabilem fratrem nostrum.. episcopum Massilien. recepistis predicte ecclesie romane nomine pro duobus annis sexdecim milia viginti unum florenos auri. Recepistis etiam a quondam magistro Gaffrido de Veiano de quadam summa sterlingorum in Anglia pro vestra tertia parte ecclesie romane nomine mille octingentos viginti tres florenos auri, et de quadam summa parva Turonen. parvorum, de qua erat quoddam publicum instrumentum, recepistis pro ecclesia romana duodecim florenos auri. Constat etiam, quod vos recepistis et habuistis ecclesie romane nomine de decima olim

per prefatum predecessorem Bonifacium imposita in Cameracen., Leodien., Meten., Virdunen. et Tullen. civitatibus et diocesibus per supradictum archidiaconum Ganden. collecta pro duobus annis sexaginta milia sexcentos quadraginta unum florenos auri, et de decima collecta dudum per dilectum filium magistrum Gabrielem de Fabriano in partibus Alamanie recepistis et habuistis ecclesie romane nomine mille quingentos florenos auri, quos receperatis vestro et dicti Iacobi de Pisis nomine. Preterea de resta facta in predicta camera et in plena concordia per supradictum electum Spoletanum tunc camerarium et ministros camere, qui tunc erant ac socios vestre societatis de omnibus receptis et expensis per vos et societatem vestram ecclesie romane nomine a dicta die VI mensis maii anni Domini millesimi trecentesimi usque ad diem decimum mensis ianuarii anni Domini millesimi trecentesimi IIII, in quo vos et socii societatis vestre de mandato pie memorie Benedicti Pp. undecimi predecessoris nostri cessastis a servitio camere, computatis in eo omnibus per vos receptis tam de decimis in Italia et Provincia et Anglia preter supradictas quantitates, quam etiam de omnibus aliis obventionibus, que undecunque ipsius ecclesie romane nomine ad manus vestras pervenerunt, tenebamini predicte camere restituere octo milia undecim florenos et medium auri. Ceterum de tempore nostro, ex quo reassumpti fuistis per nos ad servitium camere usque ad dictas kalendas septembris anni Domini millesimi trecentesimi sexti recepistis de censibus, servitiis et aliis obventionibus ecclesie romane mille sexaginta quatuor florenos auri. Et sic manifeste apparebat, quod de omnibus predictis restis, decimis et receptis per vos et societatem vestram de Spinis, ut supra per partes exprimitur et in quibus tenebamini camere memorate, est summa universalis centum sexaginta milia trecenta duodecim florrenos auri, de quibus deducta summa, in qua vobis et sociis vestris et predicte societatis vestre de Spinis predicta camera tenebatur, videlicet centum quinqaginta sex milia centum et XII florenorum auri et II Turonen. de argento, apparet liquido, quod de omnibus supradictis computis facta diligenti compensatione de omnibus receptis et restitutis per vos et societatem vestram predicte camere tenebamini restituere VII milia ducentos florenos auri minus duobus grossis Turonen. de argento, prout hec omnia in libris prefate nostre camere distincte et particulariter plenius continentur. Predicta vero VII milia et CC florenos auri minus duobus Turonen. grossis de argento, quos pro resta et residuo predictorum computorum camere nostre persolvere debebatis, de mandato nostro predicto cardinali camerario nostro intimante et mandante vobis et sociis vestris dilecto filio magistro Bertrando de Bordis, decano Anicien., interiori thesaurario nostro, pro nostris expensis et familie nostre vos vestro et sociorum ac predicte societatis vestre de Spinis nomine persolvistis.' Nos igitur, qui iura protegimus singulorum et libenter servamus illesa, volentes vestris et sociorum vestrorum ac vestre societatis predicte indempnitatibus precavere, predicta computa per dictum cardinalem et camerarium nostrum recepta, rata et grata habentes, ipsa prout superius particulariter sunt expressa, tenore presentium approbamus, vos et socios ac societatem vestram de Spinis predictam de predictis omnibus et singulis receptis et solutis quitantes et etiam absolventes. Et volumus, quod ad solutionem aliam faciendam de predictis nullatenus teneamini vel molestemini a quoquam quomodolibet de eisdem. Si quid tamen in dictis computis erroris fuisset, illud ad cautelam vestram et etiam camere nostre ut clarius possit videri et discuti reserva-

mus. Nulli etc. approbationis, quitationis, absolutionis, voluntatis et reservationis etc. usque Dat. Burdegalis, VIII kal. novembris, anno primo.

1153.—Apud s. Ciricum, 2 mart. 1306.
Concedit facultatem testandi ac disponendi de bonis mobilibus, exceptis quae fuerint altaris ac proviso, quod de ornamentis capellae suae taliter disponere studeat, ut eadem ornamenta exponi venialia vel alias distrahi non contingat. (f. 3*a*).

Dil. filio Petro tit. s. Vitalis presbytero cardinali. Quoniam humane fragilitatis conditio nullius certitudinem status habet et quod esse videtur in ea, tendit potius ad non esse, idcirco tu, qui ad celestem patriam desideriis intentis aspiras, hoc salubri meditatione considerans, diem tue peregrinationis extremum dispositione testamentaria prevenire desideras. Nos tuis supplicationibus inclinati, ut de bonis mobilibus ecclesiasticis tue dispensationi seu administrationi commissis et que non fuerint altaris seu altarium, ecclesiarum tibi commissarum ministerio vel alicui speciali earundem ecclesiarum divino cultui vel usui deputata, nec non et quibuscunque bonis mobilibus a te per ecclesiam seu ecclesias licite acquisitis, pro decentibus et honestis expensis tui funeris, et pro remuneratione illorum, qui tibi viventi servierint, sive sint consanguinei sive alii iuxta servitii meritum, testari ac disponere et alias de ipsis in pios usus convertere valeas, tibi plenam et liberam auctoritate presentium concedimus facultatem. Proviso quod de ornamentis capelle tue taliter disponere studeas, quod eadem ornamenta exponi venialia vel alias distrahi non contingat, sed ecclesiis de quibus tibi videbitur relinquantur divini cultus usibus deputanda, prout anime tue saluti putaveris expedire. Dat. apud s. Ciricum prope Lugdunum, VI non. martii, anno primo.

REGESTRVM

DOMINI CLEMENTIS PAPAE V

LITTERARVM COMMVNIVM

ANNI PRIMI

1154. — Burdegalis, 27 aug. 1306.
Ecclesia Vivariensi per obitum Aldeberti [1] solatio destituta pastoris per compromissum postulatur Ludovicus, [2] qui diligenti per Nicolaum episcopum Ostien. et Berengarium tit. ss. Nerei et Achillei presbyterum ac Raymundum s. Mariae Novae diaconum cardinales examinatione peracta praeficitur ecclesiae Vivarien. in episcopum et pastorem. (capitulo 2, [3] f. 5 a).

Dil. filio Ludovico electo Vivarien. Quum quanta sit onusta.... Dat. Burdegalis, VI kal. septembris.

In eundem modum dil. filiis capit. eccl. Vivarien.

1155. — Burdegalis, 27 aug. 1306.
Post obitum Petri [4] dudum vacanti ecclesiae Baiocensi thesaurarius ecclesiae Andegaven. in episcopum praeficitur. (cap. 3, f. 5 b).

---

[1] Aldebertus de Peyre 1294-1306. GAMS, l. c. p. 656.
[2] Ludovicus a Pictavia 1306-1318, translatus Lingonas, dein Metas, rerum gerendarum pertaesus in terram suam Montis Ademari in delphinatu secessit, ubi 1327 vivendi finem fecit. *Gallia chr.*, IV. p. 618, XIII. p. 771.
[3] Litterae sub capitulo 1. eaedem sunt de verbo ad verbum ut n. 1147.
[4] Petrus de Beneis 1276-1306. *Gallia chr.*, XI. p. 370.

Dil. filio Guillelmo [1] *electo Baiocen.* Debitum officii nostri..... Dat. Burdegalis, VI kal. septembris.

In eundem modum dil. filiis capitulo ecclesiae Baiocen.

In e. m. dil. filiis clero civitatis et dioec. Baiocen.

In e. m. dil. filiis populo civitatis et dioec. Baiocen.

In e. m. dil. filiis universis vasallis ecclesiae Baiocen.

In e. m. carissimo in Christo filio Philippo regi Francorum illustri.

1156. — Burdegalis, 27 aug. 1306.
Defuncto Petro [2] ecclesiae Antisiodoren. decanus ecclesiae Parisien. praeficitur in episcopum. (cap. 4, f. 6 a).

Dil. filio Petro [3] *electo Antisiodoren.* Onerosa pastoralis officii.... Dat. Burdegalis, VI kal. septembris, anno primo.

---

[1] Guillelmus Bonneti 1306-1312. *Ibidem.*
[2] Petrus de Mornai, primo episcopus Aurelianen., dein 1296-1306 Antisiodoren. *Gallia chr.*, XII. p. 312.
[3] Petrus de Bellapertica 1306-1308. *Ibidem.*

In eundem modum dil. filiis capitulo Antisiodorensi.

In e. m. dil. filiis clero civitatis et dioec. Antisiodoren.

In e. m. dil. filiis populo civitatis et dioec. Antisiodoren.

In e. m. dil. filiis universis vasallis eccl. Antisiodorensis.

In e. m. carissimo in Christo filio Philippo regi Francorum illustri.

1157. — Burdegalis, 27 aug. 1306.
Ecclesiae Abrincensi per obitum Gaufridi [1] pastoris solatio destitutae in episcopum praeficitur praepositus de Auverso in eccl. Carnoten. (cap. 5, f. 6 *b*).

Dil. filio Nicolao [2] electo Abrincen. Ad universarum ecclesiarum regimen.... Dat. Burdegalis, VI kal. septembris.

In eundem modum dil. filiis decano et capitulo eccl. Abrincen.

In e. m. dilectis filiis clero civitatis et dioec. Abrincen.

In e. m. dil. filiis populo civitatis et dioec. Abrincen.

In e. m. dilectis filiis universis vasallis eccl. Abrincen.

In e. m. carissimo in Christo filio Philippo regi Francorum illustri.

1158. — Burgedalis, 4 iul. 1306.
Translato Petro [3] de Corpalayo ad abbatiam monasterii s. Germani de Pratis iuxta Parisios ord. s. Ben. vacanti monasterio s. Iohannis Laudunen. ord. s. Benedicti in abbatem praeficitur Petrus [4] eiusdem monasterii monachus. (cap. 6, f. 7 *a*).

Dil. filio Petro abbati mon. s. Iohannis Laudunen. ord. s. Ben. Circa statum monasteriorum.... Dat. Burdegalis, IIII nonas iulii.

[1] Gaufridus Boucher, dictus Lanius seu Carnifex, 1293-1306. *Gallia chr.*, XI. p. 487.
[2] Nicolaus de Lusarchiis 1306-1312. *Ibidem.*
[3] Petrus de Courpalay, doctor in decretis, † 1334. *Gallia chr.*, VII. p. 457.
[4] Petrus de Moy † 1324. *Gallia chr.*, IX. p. 597.

In eundem modum dil. filiis conventui mon. s. Iohannis Laudunen. ord. s. Ben.

In e. m. dilectis filiis universis vasallis mon. s. Iohannis Laudunen. ord. s. Ben.

In e. m. carissimo in Christo filio Philippo regi Franciae illustri.

1159. — Burdegalis, 5 iul. 1306.
Episcopo Laudunen. intimat institutionem Petri abbatis monasterii s. Iohannis Laudunen. mandatque ei, ut illi munus benedictionis impendat recipiatque ab eo fidelitatis iuramentum. (eodem capitulo, f. 7 *b*).

Ven. fratri.. episcopo Laudunen. Vacante nuper monasterio.... Dat. Burdegalis, III nonas iulii.

1160. — Burdegalis, 5 iul. 1306.
Post obitum Iohannis, abbatis monasterii s. Germani de Pratis iuxta Parisios ord. s. Ben. in eligendo novo abbate discordiae sunt exortae; duo electi, Robertus de Antoigniaco Parisien. et Petrus de Onante Senonen. dioec., primo ad sedem apostolicam appellarunt, dein omne ius in manibus Stephani, tit. s. Cyriaci in Thermis presbyteri cardinalis, deponentes sponte resignarunt, quo facto Clemens Pp. V Petrum, tunc abbatem monasterii s. Iohannis Laudunen., in abbatem monasterii s. Germani de Pratis praefecit. (cap. 7, f. 7 *b*).

Dil. filio Petro abbati mon. s. Germani de Pratis iuxta Parisius ad romanam ecclesiam nullo medio pertinentis ord. s. Ben. Onerosa pastoralis officii.... Dat. Burdegalis, III nonas iulii.

In eundem modum dil. filiis conventui mon. s. Germani de Pratis iuxta Parisius ad rom. eccl. nullo medio pertinentis ord. s. Ben.

In e. m. dil. filiis universis vasallis s. Germani de Pratis etc.

In e. m. carissimo in Christo filio Philippo regi Francorum illustri.

1161. — Burdegalis, 5 iul. 1306.
Mandat abbati monasterii s. Dionysii in Francia Parisien. dioec., ut a Petro, abbate mon.

s. Germani, fidelitatis iuramentum recipiat. (eodem, f. 8 a).

Dil. filio.. abbati mon. de s. Dyonisio in Francia Parisien. dioc. Cum nuper dilectum filium.... Dat. Burgegalis, III non. iulii.

1162. — Burdegalis, 9 iul. 1306.

Ecclesia Balneoregen. per obitum Stephani [1] vacante capitulum in eligendo novo episcopo in duas secessit partes, quarum maior et sanior Simonem [2], canonicum Florentinum, minor fr. Monaldum de Vrbeveteri ord. Minorum elegerunt. Re per L(eonardum) episcopum Albanen. et P(etrum) tit. s. Vitalis presbyterum ac Iacobum s. Georgii ad Velum aureum diaconum cardinales diligenter examinata Simon in episcopum praeficitur et pastorem. (cap. 8, f. 8 b).

Dil. filio Symoni electo Balneoregen. Militanti ecclesie.... Dat. Burdegalis, VII idus iulii.

In eundem modum dil. filiis capitulo eccl. Balneoregen.

In e. m. dil. filiis populo civitatis et dioec. Balneoregen.

1163. — Burdegalis, 19 aug. 1306.

Concedit, ut ad monasterii sui negotia apud s. sedem expedienda mutuum usque ad summam duorum milium florenorum auri contrahere valeat illumque hortatur, ut pecuniam statuto loco et termino solvat. (cap. 9, f. 9 a).

Dilecto filio .F. abbati monasterii de s. Theotfredo ord. s. Ben. Anicien. dioc. Ex parte tua.... Dat. Burdegalis, XIIII kal. septembris.

1164. — Burdegalis, 1 sept. 1306.

Intimat infrascriptis, Fulconem abbatem monasterii de s. Theofredo ord. s. Ben. concessionem obtinuisse contrahendi mutuum, mandatque illis, ut eundem abbatem eiusque successores ac monasterium adigant, quatenus creditoribus Advo-

[1] Stephanus cognomento Tasca, ord. Praedicatorum, 1295-1306. VGHELLI *Italia s.,* I. p. 515.
[2] Simon 1306-1328. *Ibidem.*

cato quondam Nerii Advocati civi et mercatori Florentino mutuanti pro se ipso, Bettino et Simone eius filiis, Raynuccio Hugonis et Francisco filio dicti Raynuccii sociis et concivibus suis nec non pro Schiatta Bindo et Gualterone quondam Tignosii de Macciis, Aldebrandino Spilliati, Tignoso Conradi concivibus suis de societate Macciorum de Florentia mutuatam pecuniam statuto loco et termino solvant, quodsi solvere noluerint, censuris ecclesiasticis in eos procedant. (eod., f. 9 a).

Dil. filiis.. abbati monasterii s. Valentini prope Florentiam et.. preposito Chableyarum in ecclesia s. Martini Turonen. ac.. archidiacono Pergamen. Exponente pridem.... Dat. Burdegalis, kal. septembris.

1165. — Burdegalis, 5 iul. 1306.

Monasterio de s. Theofredo ord. s. Ben. vacante Raymundus Eraclei, prior prioratus s. Vincentii de Barbairanicis Magalonen. dioc., in abbatem postulatus ab episcopo Anicien. benedictionem accepit. Papa vero, qui provisionem ipsius monasterii dispositioni suae duxit reservandam, Raymundo a regimine amoto Fulconem, tunc priorem prioratus s. Laurentii Gratianopolitani praedicto monasterio subiecti, praefecit in abbatem. (cap. 10, f. 10 a).

Dil. filio Fulconi abbati mon. de s. Theotfredo ord. s. Ben. Anicien. dioc. Inter sollicitudines alias.... Dat. Burdegalis, III non. iulii.

In eundem modum dil. filiis conventui mon. de s. Theofredo ordinis s. Benedicti Anicien. dioecesis.

In e. m. dil. filiis universis vasallis mon. de s. Theofredo ord. s. Ben. Anicien. dioec.

1166. — Burdegalis, 4 iul. 1306.

Concedit, ut pro negotiis sui monasterii apud sedem apostolicam expediendis mutuum usque ad summam duorum milium florenorum auri contrahere valeat. (cap. 11, f. 10 b).

Dil. filio Iohanni abbati mon. Iuncellen. ord. s. Ben. Biterren. dioc. Ex parte tua.... Dat. Burdegalis, IIII non. iulii.

1167. — Burdegalis, 10 oct. 1306.

Infrascriptis intimat, Iohannem, abbatem mon. Iuncellen. ord. s. Ben., obtinuisse concessionem contrahendi mutuum, mandatque illis, adigant eundem et successorem administratoresque ac monasterium, ut creditoribus Bernardo Giroldini de s. Baudilio, Raymundo Gausellini de Lunatio, Bernardo Escafredi de Monterolis, Roberto Sciani de Bosstasis et Escallardo de Siliis laicis Ruthenen. et Biterren. dioec. mutuatam summam statuto loco et termino solvant, quodsi solvere renuerint, censuris ecclesiasticis in eos procedant. (eod., f. 11 a).

Dil. filiis priori de s. Gervasio Albien. dioc. et Bertrando Cartonelli Biterren. ac Raymundo Matfredi Lodoven. canonicis ecclesiarum. Exponente nobis pridem.... Dat. Burdegalis, VI idus octobris.

1168. — Burdegalis, 9 iul. 1306.

Translato Guillelmo Fredoli ad abbatiam monasterii s. Tiberii ord. s. Ben. Agathen. dioec. vacanti monasterio Iuncellen. prior prioratus de Canalibus Ruthenen. dioec., quem totus conventus habere desiderabat, in abbatem praeficitur. (cap. 12, f. 11 b).

Dil. filio Iohanni Gumbaudi abbati mon. Iuncellen. ad romanam ecclesiam nullo medio pertinentis ord. s. Ben. Biterren. dioc. Pastoralis officii debitum.... Dat. Burdegalis, VII idus iulii.

In eundem modum dil. filiis conventui mon. Iuncellen.

1169. — Burdegalis, 9 iul. 1306.

Episcopo Loteven. intimat, se Iohannem in abbatem monasterii Iuncellen. praefecisse, mandatque illi, ut eidem abbati munus benedictionis impendat eiusque fidelitatis recipiat iuramentum. (eod., f. 12 a).

Ven. fratri.. episcopo Lodoven. Vacante nuper.... Dat. ut supra.

1170. — Burdegalis, 5 iul. 1306.

Ab archiepiscopo G(iselberto) Bremensi, episcopo A(rnoldo) Havelbergensi, a priore et conventu commendatum Theodoricum praeficit in abbatem mon. de Rosseveldhe. (cap. 13, f. 12 a).

Dil. filio Theodorico abbati mon. de Rosseveldhe ord. s. Ben. Bremen. dioc. Assumpti quamvis immeriti.... Dat. Burdegalis, III nonas iulii, anno primo.

In eundem modum dil. filiis.. priori et conventui mon. de Rosseveldhe ord. s. Ben. Bremen. dioec.

1171. — Lugduni, 27 febr. 1306.

Translato Bonifacio ad ecclesiam Chironen. vacanti ecclesiae Sagonen. Guarinus [1] ord. Praedicatorum professus in episcopum praeficitur, qui per N(icolaum) episcopum Ostien. munus consecrationis accipit. (cap. 14, f. 12 b).

Ven. fratri Garino episcopo Sagonen. Apostolatus officium.... Dat. Lugduni, III kal. martii, anno primo.

In eundem modum dil. filiis.. archipresbytero et capitulo eccl. Sagonen.

In e. m. dil. filiis populo civitatis et dioec. Sagonen.

In e. m. dil. filio nobili viro.. iudici de Sinarcha.

1172. — Burdegalis, 27 aug. 1306.

Armachana ecclesia per obitum Nicolai [2] vacante in archiepisc. postulatus Michael Maglachlyy ord. fratrum Minorum, cuius postulationem Benedictus Pp. XI non admisit, sed Dionysium eiusdem ecclesiae decanum in archiepiscopum praefecit, quo resignante in manibus Thomae tit. s. Sabinae presbyteri et Petri s. Viti in Macello diaconi cardinalium Clemens Pp. V Iohannem [3] praeficit in archiepiscopum. (cap. 15, f. 13 a).

Dil. filio Iohanni electo Armachano. Dum attente considerationis indagine.... Dat. Burdegalis, VI kal. septembris, anno primo.

In eundem modum dil. filiis.. decano et capitulo eccl. Armachanae.

---

[1] Guarinus 1306 — † Parisiis 1323. GAMS, l. c. p. 767.
[2] Nicolaus Mac-Maolissa 1272-1303. GAMS, l. c. p. 207.
[3] Iohannes Taaffe, ord. s. Francisci, 1306-†1306. *Ibidem.*

In e. m. dil. filiis clero civitatis et dioec. Armachanae.

In e. m. ven. fratribus suffraganeis eccl. Armachanae.

In e. m. carissimo in Christo filio Eduardo regi Angliae illustri.

1173. — Burdegalis, 17 sept. 1306.
Wicboldus, archiepiscopus Colonien., Theodericum abbatem mon. s. Viti in Gladbach ord. s. Ben. a regimine pro suae libitu voluntatis amovit ac praefecit Ottonem dictum de Maclar monachum mon. Verdinen. in abbatem. Theoderico defuncto conventus Willelmum sibi elegit in abbatem. Bonifacius Pp. VIII rem examinandam Iohanni episcopo Tusculano, Landulpho s. Angeli diac. et Roberto tit. s. Pudentianae presbytero cardinalibus commisit, qui Ottonem regimine privatum declararunt et ad iteratam eius appellationem silentium illi imposuerunt, Willelmus vero sponte resignavit. Bonifacio VIII interim defuncto Benedictus Pp. XI cupiens monasterio provideri, potestatem istis cardinalibus commisit, qui iterum Willelmum in abbatem praefecerunt, quod Clemens Pp. V confirmat. (cap. 16, f. 13b).
Dil. filio Willelmo abbati mon. s. Viti in Gladbach ord. s. Ben. Colonien. dioc. Licet ea que de mandato.... Dat. Burdegalis, XV kal. octobris, anno primo.
In eundem modum dil. filiis conventui mon. s. Viti in Gladbach ord. s. Benedicti Colonien. dioecesis.
In e. m. dil. filiis universis vasallis mon. s. Viti in Gladbach ord. s. Ben. Colonien. dioec.

1174. — Burdegalis, 5 iul. 1306.
(Burcardo)[1] mandat, ut requisitus Theoderico abbati mon. de Rossevelde ord. s. Ben. Bremen. dioec. munus benedictionis impendat eiusque fidelitatis recipiat iuramentum. (cap. 17, f. 15a).
Ven. fratri.. episcopo Lubicen. Cum nos nuper monasterio.... Dat. Burdegalis, III nonas iulii.

1175. — Burdegalis, 2 oct. 1306.
Nicolaum[1] hortatur, ut ad ecclesiam sponsam suam accedens illius regimen studiose exerceat. (cap. 18, f. 15a).
Ven. fratri Nicolao episcopo Bosan. Cum nos pridem.... Dat. Burdegalis, VI non. oct.

1176. — Paredi, 15 mart. 1306.
Rogat hortaturque regem, ut resignante Iohanne Henricum abbatem monasterii Trenorchien. ecclesiae romanae immediate subiecti ord. s. Ben. Cabilonen. dioec. commendatum habeat eique se exhibeat gratiosum. (cap. 19, f. 15a).
Carissimo in Christo filio P(hilippo) regi Francorum illustri. Apud eterni regis clementiam.... Dat. Paredi, idus martii, anno primo.

1177. — Burdegalis, 20 iun. 1306.
Monasterio de Lavendone ord. Praemonstratensium confert reditus ecclesiae de Lachebury Lincolnien. dioec., quo facilius pietatis operibus possit vacare. (cap. 20, f. 15b).
Dil. filiis.. abbati et conventui mon. de Lavendone ord. Premonstraten. Lincolnien. dioc. Caritatem in vobis.... Dat. Burdegalis, XII kal. iulii, anno primo.
In eundem modum dil. filiis.. de Woubyrne et.. de Sulby monasteriorum abbatibus et.. priori de Tikeforde Lincolnien. dioec.

1178. — Burdegalis, 3 iul. 1306.
Iohanni concedit, ut non obstante defectu natalium duo beneficia in civitate vel dioecesi Eboracen. vacantia vel vacatura, quorum annui proventus summam centum librarum sterlingorum iuxta taxationem decimae non excedant, assequi et retinere valeat una cum ecclesia parochiali et canonicatu ac praebenda in ecclesia Londonien. (cap. 21, f. 15b).
Dil. filio magistro Iohanni de s. Claro canonico Londonien. Dudum attendentes.... Dat. Burdegalis, V non. iulii, anno primo.

---

[1] Burcardus de Serken 1276-1317. GAMS, l. c. p. 287.

[1] GAMS, illum non recenset. l. c. p. 834.

. In eundem modum ven. fratri.. archiepiscopo et dil. filiis.. archidiacono Notinghamen. Eboracen. ac magistro Alano Venationis scolastico Andegaven. ecclesiarum.

1179. — Burdegalis, 19 aug. 1306.
Dispensat cum Willelmo, ut de Bedigton, de Chalk, de Creck et de Banham parochiales ecclesias Wintonien., Roffen. et Norwicen. dioec. una cum canonicatu et praebenda ecclesiae Wellen. retinere valeat condonatque ei fructus absque dispensatione inde perceptos, ut tanquam clericus Eduardi regis Angliae suo statui convenienter possit vivere, conceditque, ut una de praedictis ecclesiis vel ipsis canonicatu et praebenda dimissis aliud beneficium, etiamsi dignitas vel personatus existat, si ei alias canonice offeratur, recipere ac una cum residuis ecclesiis ac canonicatu et praebenda non dimissis retinere valeat. (cap. 22, f. 16 a).

Dil. filio Willelmo de Carletone canonico Wellen. Apostolice sedis benignitas.... Dat. Burdegalis, XIIII kal. sept., anno primo.

1180. — Burdegalis, 19 aug. 1306.
Cum Roberto dispensat, ut de Letcheworthe et de Werplesdone parochiales ecclesias Lincolnien. et Wintonien. dioec. assecutus, quin se fecerit ad sacerdotium promoveri, retinere valeat, condonat ei fructus inde perceptos conceditque, ut una alterave ecclesia dimissa aliud beneficium recipere et una cum non dimissa retinere queat. (cap. 23, f. 16 b).

Dil. filio Roberto de Donvebrugge rectori parochialis ecclesie de Werplesdone Wintonien. dioc. Exigentibus tue probitatis meritis.... Dat. Burdegalis, XIIII kal. septembris, anno primo.

1181. — Burdegalis, 19 aug. 1306.
Concedit, ut praeter suam parochialem ecclesiam unicum aliud beneficium assequi atque uno alterove dimisso aliud recipere ac cum non dimisso retinere valeat. (cap. 24, f. 16 b).

Dil. filio Willelmo Gastelin rectori parochialis ecclesie de Astoneclintone Lincol-

nien. dioc. Apostolice sedis benignitas.... Dat. ut supra proximum.

1182. — Burdegalis, 5 aug. 1306.
Indulget ad biennium, ut dioecesin per alium vel alios visitare procurationesque debitas exigere ac recipere valeat. (cap. 25, f. 16 b).

. *Dil. filio Briando electo Viennen.* Sincere devotionis affectus.... Dat. Burdegalis, nonas augusti, anno primo.

1183. — Burdegalis, 5 aug. 1306.
Eidem concedit, ut in singulis monasteriis suae dioecesis singulas personas idoneas utriusque sexus possit ponere monachos aut monachas. (cap. 26, f. 17 a).

Eidem electo. Clara merita.... Dat. ut supra.

1184. — Burdegalis, 4 nov. 1306.
Eidem concedit pallium, quod illi Anicien. et Gratianopolitan. episcopi assignent recipiantque fidelitatis eius iuramentum. (cap. 27, f. 17 a).

Eidem electo. Cum te nuper.... Dat. Burdegalis, II non. novembris, anno primo.

1185. — . Burdegalis, 4 nov. 1306.
Briando ,electo Viennen., pallium assignent recipiantque fidelitatis eius iuramentum (cap. 28, f. 17 a).

Ven. fratribus.. Anicien. et.. Gratianopolitan. episcopis. Cum nuper dilectum filium.... Dat. ut supra.

1186.—Apud s. Asterium, 2 maii 1306.
G(uidoni) [1] indulget ad quinquennium, ut dioecesim per vicarios unum vel plures visitare procurationesque exigere ac recipere valeat. (cap. 29, f. 17 a).

. *Ven. fratri .G. episcopo Xanctonen.* Personam tuam nobis.... Dat. apud s. Asterum, VI non. maii, anno primo.

---

[1] Guido de Novavilla episcopus Anicien. 1290-1298, translatus ad eccl. Santonen. 1298-1312. *Gallia chr.*, II. p. 720, II. p. 1076.

1187. — Apud s. Asterium, 2 maii 1306.
Eidem concedit facultatem petendi et exigendi decimas a laicis suae dioecesis, quarum unam tertiam ipse, alteram capitulum, reliquam rectores ecclesiarum parochialium recipiant. (cap. 30, f. 17 *b*).

Ven. fratri.. episcopo Xanctonen. Ex tue devotionis provenit meritis.... Dat. ut supra.
In eundem modum dil. filiis.. priori secularis de Subisia Santonen. dioec. et.. cantori ac Radulpho Labessa canonico Engolismen.

1188. — Apud s. Asterium, 2 maii 1306.
Eidem indulget ad quinquennium, ut quatuor clerici eius obsequiis insistentes fructus beneficiorum, quotidianis distributionibus exceptis, percipere valeant, quin residere teneantur. (cap. 31, f. 17 *b*).

Ven. fratri. G. episcopo Xanctonen. Habet in nobis tua sincera devotio.... Dat. ut supra.

1189. — Apud s. Asterium, 2 maii 1306.
Eidem concedit facultatem faciendi recipi in singulis monasteriis suae dioecesis singulas personas idoneas utriusque sexus in monachos aut monachas. (cap. 32, f. 17 *b*).

Eidem episcopo. Personam tuam paterna benivolentia.... Dat. ut supra.

1190. — Burdegalis, 19 aug. 1306.
Guillelmo [1] tunc monacho monasterii Crassen. ord. s. Ben. Carcassonen. dioec. confert prioratum s. Martini de Puteo conceditque, ut praeposituram quoque de Milhano retinere valeat. (cap. 33, f. 17 *a*).

Dil. filio Guillelmo de Alsona priori prioratus s. Martini de Puteo ord. s. Ben. Narbonen. dioc. Litterarum scientia, morum gravitas.... Dat. Burdegalis, XIIII kal. septembris, anno primo.

[1] Guillelmus de Alzona, postea abbas Crassen. 1309-1333, dein episcopus Electen. *Gallia chr.*, VI. p. 955, VI. p. 275.

1191. — Pessaci, 6 nov. 1306.
Fidelibus vere poenitentibus et confessis capellam, quam s. Ludovicus fundaverat, et ad quam Philippus, rex Franciae, caput eiusdem sancti transferri fecit, in festo vel die translationis eiusdem sancti visitantibus concedit indulgentiam duorum annorum, illis vero, qui per octo dies festivitatem et translationem sequentes accesserint, annuatim duas quadragenas (cap. 34, f. 18 *a*).

Vniversis Christi fidelibus presentes litteras inspecturis. Preclara gloriosi confessoris.... Dat. Pessaci prope Burdegalam, VIII idus novembris, anno primo.

1192. — Apud Montem Vespanum, 7 nov. 1306.
Concedit facultatem dispensandi cum clericis regni Franciae super defectu natalium, ut possint ad omnes praeterquam presbyteratus ordines promoveri et beneficium sine cura obtinere. (cap. 35, f. 18 *b*).

Dil. filio Stephano tit. s. Ciriaci in Termis presbytero cardinali. Cum te pro urgentibus negotiis.... Dat. apud Montem Vespanum Burdegalen. dioc., VII idus novembris, anno primo.

1193. — Burdegalis, 11 iul. 1306.
Post obitum Alberti in eligendo abbate monasterii b. Mariae de Fontegombaudi ord. s. Ben. discordiis exortis maior pars elegit Bertrandum, tunc priorem prioratus de Charpeignia eiusdem ordinis et dioecesis, minor Guillelmum, monachum monasterii s. Sulpicii Bituricen., cuius partes fovebat archiepiscopus. Re ad s. sedem delata et primo per Neapoleonem s. Hadriani diaconum, dein per Guillelmum s. Nicolai in carcere Tulliano diaconum cardinales examinata Guillelmi electio irrita declaratur ac Bertrandus in abbatem praeficitur, cui per Theodericum episc. Civitatis papalis munus benedictionis impenditur. (cap. 36, f. 18 *b*).

Dil. filio Bertrando abbati mon. b. Marie de Fontegombaudi ord. s. Ben. Bituricen. dioc. Attenta meditatione.... Dat. Burdegalis, V idus iulii, anno primo.

In eundem modum dil. filiis.. priori et conventui mon. b. Mariae de Fontegombaudi ord. s. Ben. Bituricen. dioec.

1194. — Apud Pessacum, 3 nov. 1306.
Defuncto Petro[1] in eligendo episcopo Salamantino partes sunt exortae. Electi fuerunt Didacus Fernandi, decanus ipsius ecclesiae, et Arnaldus de Tilio, archidiaconus de Metina in eadem ecclesia, quo defuncto Didacus in manibus P(etri) episcopi Sabinen. resignavit. Quo facto Clemens Pp. V Alphonsum[2] tunc episcopum Lamecen. ad ecclesiam Salamantinam transtulit. (cap. 37, f. 19 *b*).
Ven. fratri Alfonso episcopo Salamantino. Romani pontificis quem.... Dat. apud Pessacum prope Burdegalam, III non. novembris, anno primo,
In eundem modum dil. filiis.. capitulo eccl. Salamantin.
In e. m. dil. filiis clero civitatis et dioec. Salamantin.
In e. m. dil. filiis populo civitatis et dioec. Salamantin.
In[1] e. m. dil. filiis universis vasallis eccl. Salamantin.
In e. m. carissimo in Christo filio Fernando regi Castellae et Legionis illustri.

1195. — Apud mon. Grandimonten., 20 apr. 1306.
Indulget, ut excepto capitulo Eboracen. possit ecclesias, monasteria, loca et personas civitatis, dioec. et provinciae Eboracen. visitare per alium. (cap. 38, f. 20 *a*).
Ven. fratri.. archiepiscopo Eboracen. Personam tuam claris.... Dat. apud mon. Grandimonten., XII kal. maii, anno primo.

1196. — Apud mon. Grandimonten. 20 apr. 1306.
(Guillelmo) concedit facultatem providendi sex personis idoneis de sex beneficiis, videlicet sin-

gulis earum de singulis in dioecesi Eboracen. vacantibus vel vacaturis. (cap. 39, f. 20 *a*).
Ven. fratri .W. archiepiscopo Eboracen. Tuam volentes honorare.... Dat. ut supra.

1197. — Burdegalis, 8 iun. 1306.
Vere poenitentibus et confessis, qui ecclesiam s. Pauli Londonien. in festivitatibus eiusdem sancti visitaverint, concedit indulgentiam unius anni et quadraginta dierum, illis vero, qui per octo dies festivitates ipsas sequentes ad eam accesserint, centum dierum. (cap. 40, f. 20 *a*).
Ven. fratri.. episc. et dil. filiis.. decano et capitulo eccl. Londonien. Vite perempnis gloria.... Dat. Burdeg., VI idus iun., anno primo.

1198. — Apud mon. Grandimonten., 20 apr. 1306.
Consideratione G(uillelmi), archiepiscopi Eboracensis, confert Roberto praebendalem portionem consuetam clericis secularibus assignari, vacantem vel vacaturam in monasterio monialium de Wiltone ord. s. Ben. Saresbirien. dioec., non obstante quod parochialem ecclesiam de Nowentone supra Coteswolt Wigornien. dioec. cum annuis proventibus quindecim marcarum sterlingorum obtineat. (cap. 41, f. 20 *b*).
Dil. filio Roberto de Bluntesdone rectori parochialis ecclesie de Nowentone supra Coteswolt Wigornien. dioc. Illos recte rationis examine.... Dat. apud mon. Grandimontense, XII kal. maii, anno primo.

1199. — Apud mon. Grandimonten., 20 apr. 1306.
Concedit (Radulpho) facultatem faciendi recipi in ecclesia Londonien. duas personas idoneas in canonicos ac providendi cuilibet earum de praebenda ibi vacante vel vacatura. (cap. 42, f. 20 *b*).
Ven. fratri .R. episcopo Londonien. Tuam volentes honorare.... Dat. ut supra.

1200. — Burdegalis, 5 aug. 1306.
Intimat, se indulsisse Briando electo Viennen. ad bienniu:n, ut per alium vel alios dioecesim

---

[1] Petrus Fechor ord. Praedicatorum. GAMS, l. c. p. 67.
[2] Alphonsus das Asturias episcopus Salamantinus 1307-1309. *Ibidem.*

visitare ac procurationes recipere valeat, mandatque infrascriptis, ut deputatos ad visitandum admitti procurationesque electo exhiberi faciant. (cap. 43, f. 20*b*).

Dil. filiis.. abbati mon. Savigniacen. Lugdunen. dioc. et.. archidiacono Lugdunen. ac Guillelmo Helie canonico Xanctonen. Sincere devotionis affectus.... Dat. Burdegalis, nonas augusti, anno primo.

1201. — Burdegalis, 30 oct. 1306.

Nicolao indulget, ut munus consecrationis recipere possit a quocunque voluerit antistite, assistentibus sibi duobus vel tribus episcopis, quin per hoc metropolitae Rothomagen. praeiudicetur in posterum. (cap. 44, f. 21*a*).

Dil. filio Nicolao electo Abrincen. Cum nuper.... Dat. Burdegalis, III kal. novembris, anno primo.

1202. — Burdegalis, 30 oct. 1306.

Indulget Guillelmo, ut consecrationis munus recipere possit a quocunque voluerit antistite, assistentibus sibi in hoc duobus vel tribus episcopis, quin per hoc metropolitae Rothomagen. in posterum praeiudicium generetur. (cap. 45, f. 21*a*).

Dil. filio Guillelmo electo Baiocen. Nuper Baiocen. ecclesie.... Dat. Burdegalis, III kal. novembris, anno primo.

1203. — Burdegalis, 30 oct. 1306.

Petro indulget, ut munus consecrationis recipere possit a quocunque voluerit antistite, assistentibus sibi in hoc duobus vel tribus episcopis, quin per hoc metropolitae Senonen. in posterum praeiudicium generetur. (cap. 46, f. 21*a*).

Dil. filio Petro electo Antisiodoren. Nuper Antisiodoren. ecclesie.... Dat. Burdegalis, III kal. novembris, anno primo.

1204. — Burdegalis, 19 aug. 1306.

Bartholomaeo in abbatem mon. Montisolivi ord. s. Ben. Carcassonen. dioec. electo, intimat, se vacans camerariae officium in monasterio Crassen.

Regestum Clementis Papae V.

ord. s. Ben. contulisse Berengario, tunc priori mon. s. Martini de Puteo Narbonnen. dioec., mandatque infrascriptis, ut eundem in possessionem dicti officii inducant et defendant. (cap. 47, f. 21*a*).

Dil. filiis.. de Caunis et de Fontefrigido Narbonen. dioc. monasteriorum abbatibus ac.. archipresbytero ecclesie Carcassonen. In ecclesiis et locis ecclesiasticis.... Dat Burdegalis, XIIII kal. septembris, anno primo.

1205. — Burdegalis, 19 aug. 1306.

Berengario, quem a prioratu mon. s. Martini de Puteo Narbonnen. dioec. absolvit, confert camerariae officium in monasterio Crassen. ord. s. Ben. Carcassonen. dioec. (cap. 47, f. 21*b*).

Dil. filio Berengario camerario mon. Crassen. ord. s. Ben. Carcassonen. dioc. In ecclesiis.... Dat. Burdegalis, XIIII kal. septembris, anno primo.

1206.—Apud s. Asterium, 2 maii 1306.

G(uidoni) concedit facultatem faciendi recipi in Santonen. unam et in Anicien. alteram necnon et in singulis aliis Santonen. civitatis et dioecesis ecclesiis singulas personas in canonicos, illisque providendi de singulis praebendis, quibuscum unum vel plura beneficia retinere possunt. (cap. 48, f. 21*b*).

Ven. fratri. G. episcopo Xanctonen. Tuam volentes honorare personam.... Dat. apud s. Asterium, VI non. maii, anno primo.

1207.— Apud s. Asterium, 2 maii 1306.

Eidem concedit, ut sollemniter celebrans omnibus vere poenitentibus et confessis possit impertiri indulgentiam centum dierum. (cap. 49, f. 21*b*).

Eidem. Provenit ex benivolentie.... Dat. ut supra proximo.

1208.— Apud s. Asterium, 2 maii 1306.

Intimat, se concessisse episcopo Santonen. ad quinquennium, ut civitatem et dioec. per alium vel alios visitare valeat, mandatque infrascriptis, ut eidem procurationes debitas faciant ministrari. (cap. 50, f. 22*a*).

29

Dil. filiis.. priori secularis de Subisia Xanctonen. dioc. et.. cantori ac Radulpho Labessa canonico Engolismen. ecclesiarum. Personam venerabilis fratris.... Dat. ut supra proximo.

1209. — Burdegalis, 5 aug. 1306.
Briando concedit facultatem subrogandi in ecclesiis Lugdunen., Valentin. et Viennen., quarum canonicus fuerat, loco sui, postquam munus consecrationis receperit, unam vel plures personas ad istos canonicatus, etiamsi alias unum vel plura beneficia obtineant. (cap. 51, f. 22 *a*).

Dil. filio Briando electo Viennen. Habet in nobis tue devotionis sinceritas.... Dat. Burdegalis, nonas aug., anno primo.

1210. — Apud s. Asterium, 2 maii 1306.
Intimat, se indulsisse episcopo Santonen., ut quatuor ex eius clericis fructus suorum beneficiorum personaliter non residendo usque ad quinquennium percipere valeant, mandatque infrascriptis, ut eisdem fructus illos ministrari faciant. (cap. 52, f. 22 *a*).

Dil. filiis.. priori secularis de Subisia Xanctonen. dioc. et,. cantori ac Radulfo Labessa . canonico Engolismen. ecclesiarum. Habet in nobis.... Dat. apud s. Asterium, VI nonas maii, anno primo.

1211. — Burdegalis, 10 nov. 1306.
Archiepiscopali sede Maguntina per obitum Gerardi [1] vacante capitulum duos elegit, Emichonem scolasticum et Emichonem de Spanheim canonicum eiusdem ecclesiae, quorum electione irrita declarata (Petrus), episcopus Basilien., ad ecclesiam Maguntinam transfertur eique pallium per Landulphum s. Angeli diac. cardinalem assignatur. (cap. 53, f. 22 *b*).

Ven. fratri. P. archiepiscopo Maguntino. Romana ecclesia que.... Dat. Burdegalis, IIII idus novembris, anno primo.

[1] Gerardus de Epestein 1288-1305. *Gallia chr.*, V. p. 490.

In eundem modum dil. filiis decano et capitulo eccl. Maguntinae.

In e. m. dil. filiis clero civitatis et dioec. Maguntin.

In e. m. dil. filiis populo civitatis et dioec. Maguntin.

In e. m. dil. filiis universis vasallis ecclesiae Maguntin.

In e. m. dil. filiis universis suffraganeis eccl. Maguntin.

In e. m. carissimo in Christo filio Alberto regi Romanorum illustri.

1212. — Apud mon. Grandimonten., 20 apr. 1306.
(Radulpho) concedit facultatem providendi duabus personis idoneis utrique de uno beneficio in dioecesi Londonien. vacante vel vacato, cuius annui proventus summam centum marcarum sterlingorum non excedant, etiamsi alias beneficiate existant. (cap. 54, f. 23 *a*).

Ven. fratri. R. episcopo Londonien. Personam tuam tuis.... Dat. apud mon. Grandimonten., XII kal. maii, anno primo.

1213. — Burdegalis, 13 nov. 1306.
Per translationem O(thonis) [1] ad ecclesiam Basilien. vacanti ecclesiae Tullen. in episcopum praeficitur Guido [2], tunc abbas monasterii de Belloloco Cluniacen. ord. Virdunen. dioec., ac munus consecrationis per L(eonardum), episcopum Albanen., ei impenditur. (cap. 55, f. 23 *b*).

Ven. fratri Guidoni episcopo Tullen. Dum attente considerationis.... Dat. Burdegalis, idus novembris, anno primo.

In eundem modum dil. filiis capitulo eccl. Tullen.

In e. m. dil. filiis clero civitatis et dioec. Tullen.

In e. m. dil. filiis populo civitatis et dioec. Tullen.

In e. m. dil. filiis universis vasallis eccl. Tullen.

[1] Otho de Granson 1306 translatus Basileam. *Gallia chr.*, XIII. p. 1022.
[2] Guidonis huius nulla fit mentio in *Gallia chr., ibidem.*

In e. m. carissimo in Christo filio Alberto regi Romanorum illustri.

1214. — Burdegalis, 5 aug. 1306.
Obtentu Guillelmi, tit. s. Pudentianae presb. card., confert canonico in ecclesia s. Radegundis Pictavien. parochialem ecclesiam de Atsaco Narbonnen. dioec. dispensatque cum illo super defectu ordinum et aetatis. (cap. 56, f. 24a).

Dil. filio Helye Vigerii rectori parochialis ecclesie de Atsaco Narbonen. dioc. Illis libenter.... Dat. Burdegalis, nonas augusti, anno primo.

In eundem modum dil. filiis. abbati mon. Crassen. Carcassonen. dioec. et Guillelmo Heliae Santonen. ac Aychardo Barte Abrincen. ecclesiarum canonicis.

1215. — Burdegalis, 5 aug. 1306.
Briando concedit facultatem faciendi recipi unam personam in canonicum ecclesiae de Romanis suae dioecesis illique providendi de portione integra, etiamsi alias beneficiata existat. (cap. 57, f. 24b).

Dil. filio Briando electo Viennen. Personam tuam benigna.... Dat. Burdegalis, nonas augusti, anno primo.

1216. — Burdegalis, 5 aug. 1306.
Eidem concedit facultatem faciendi recipi in sua Viennen. ecclesia unam personam in canonicum illique providendi de portione integra, etiamsi alias beneficiata existat. (cap. 58, f. 24b).

Eidem. Personam tuam.... Dat. ut supra.

1217. — Burdegalis, 6 iun. 1306.
Mandat infrascriptis, ut Peregrinum de Fontena, clericum Ilerden. dioec., recipi faciant in canonicum in ecclesia Iacten. Oscen. dioec., assignatis ei de praebenda vacante vel vacatura annuis reditibus quadraginta librarum Turonen. parvorum, illumque inducant in possessionem; qui vero clericus, postquam dictam praebendam fuerit assecutus, perpetuam suam portionem in ecclesia s. Mariae de Montessono Ilerden. dioec. dimittat. (cap. 59, f. 24b).

Dilectis filiis.. camerario Terrachonen. et.. Oscen. ac.. s. Marie maioris Cesaraugustan. sacristis ecclesiarum. Digne illis apostolice.... Dat. Burdegalis, VIII idus iunii, anno primo.

1218. — Apud s. Ciricum, 20 febr. 1306.
Vacantem resignante Iohanne de Benstede parochialem eccl. de Stretham Elien. dioec. confert infrascripto, illique indulget, ut hanc ecclesiam una cum obtentis duobus beneficiis de Barnetone et de Iakelee Elien. et Lincolnien. dioec. retinere valeat. (cap. 60, f. 25a).

Dil. filio Thome de Cantebriggia rectori parochialis ecclesie de Stretham Elien. dioc. Inducunt nos tue probitatis merita.... Dat. apud s. Ciricum, X kal. mart., anno primo.

1219. — Apud Pessacum, 6 nov. 1306.
Simonem [1], canonicum Florentinum, praeficit in episcopum Balneoregen. eique adhuc diacono concedit ut, a quocunque voluerit episc. catholico se faciat in presbyterum promoveri, et ut quivis talis episcopus assistentibus sibi aliis duobus vel tribus illi munus consecrationis valeat impertiri, recepturus postea ab eo fidelitatis iuramentum. (cap. 61, f. 25b).

Dil. filio Symoni electo Balneoregen. Te pridem ad Balneoregen.... Dat. apud Pessacum Burdegalen. dioc., VIII idus novembris, anno primo.

1220. — Apud Pessacum, 11 nov. 1306.
Translato Bernardo, episcopo Agennen., ad archiepiscopatum Rothomagen. transfert et praeficit Bertrandum, episcopum Lingonen,. in episcopum ecclesiae Agennen. (cap. 62, f. 25b).

Ven. fratri Bernardo episcopo Agennen. Inter sollicitudines alias.... Dat. apud Pessacum prope Burdegalas, III idus novembris, anno primo.

In eundem modum dil. filiis.. capitulo eccl. Agennen.

[1] Simon episcopus Balneoregen. 1306-1328. VGHELLI, *Italia s.*, I. p. 515.

In e. m. dil. filiis clero civitat. et dioec. Agennen.
In e. m. dilectis filiis universis vasallis eccl. Agennen.

In e. m. dil. filio nobili viro .E. primogenito carissimi in Christo filii nostri .E. regis Angliae illustris duci Aquitaniae.

1221. — Burdegalis, 14 iul. 1306.
Confert infrascripto per obitum Petri vacantem ecclesiam s. Iusti, indulgens simul, ut ecclesiam de Lezignaco similem curam habentem et capellam de Oysset Lemovicen. et Santonen. dioec., canonicatum in ecclesia Lemovicen. ac de s. Iuniano Lemovicen. dioec. retinere valeat. (cap. 63., f. 26 a).

Dil. filio Petro de Mauritánia alias dicto de Mansaco rectori ecclesie s. Iusti in Marempnia Xanctonen. dioc. familiari nostro. Dum vite ac morum honestatem.... Dat. Burdegalis, II idus iulii, anno primo.
In eundem modum dil. filiis.. scolastico ac magistro Maynardo Ruffi et Iterio Magnani canonicis eccl. Santonen.

1222. — Apud Pessacum, 5 aug. 1306.
Egidio [1] indulget ad biennium, ut per alium vel alios possit civitatem ac dioecesim visitare procurationesque exigere ac recipere. (cap. 64, f. 26 b).

Ven. fratri Egidio archiepiscopo Bituricen. Habet in nobis tua sincera devotio.... Dat. apud Pessacum prope Burdegalas, nonas augusti, anno primo.
In eundem modum dilectis filiis.. abbati mon. b. Supplicii et.. decano b. Mariae medii monasterii Bituricen. ac.. priori secularis de s. Aniano Bituricen. dioec. ecclesiarum.

1223. — Burdegalis, 22 aug. 1306.
Indulget infrascriptis, ut in capella in manerio de Bevedorne Saresbirien. dioec., ad monasterium de Lakoc ord. s. Ben. pertinente, de bonis propriis

[1] Egidius Columna, cognomento de Roma, vir celeberrimus, unus ex praecipuis luminibus sodalitii eorum, qui se credi volunt Augustinianos, archiepiscopus Bituricen. 1294-1316. Defunctus Avenione. BALVZ., I. p. 742. *Gallia chr.,* II. p. 76.

constructa, cum consensu abbatissae ac rectoris ecclesiae de Lakoc possint habere capellanum, qui divina ibi celebret officia. (cap. 65, f. 26 b).

Dil. filio nobili viro Henrico comiti Lincolnien. et dil. in Christo filie nobili mulieri Margarite uxori eius. Devotionis vestre sinceritas.... Dat. Burdegalis, XI kal. septembris, anno primo.

1224. — Burdegalis, 16 iun. 1306.
Obtentu Iacobi de Normannis, notarii sui, confert eius nepoti canonicatum ecclesiae Cameracen. et praebendam vel dignitatem ibi vacantem vel vacaturam, non obstante defectu ordinum et aetatis et quod canonicatus ac praebendas in eccl. Antisiodoren. et Glascuen. obtineat. (cap. 66, f. 27 a).

Dil. filio Pandulfo de Normannis canonico Cameracen. Quum conditiones et merita.... Dat. Burdegalis, XVI kal. iulii, anno primo.
In eundem modum dilectis filiis.. abbati mon. s. Alexii de Vrbe ac.. archidiacono Senonen. et magistro Guillelmo Lombardi canonico Silvanecten. ecclesiarum.

1225. — Burdegalis, 16 iun. 1306.
Consideratione Iacobi de Normannis indulget Pandulpho eius nepoti ad quinquennium, ut apud sedem apostolicam commorans vel studiis insistens, ubi vigeat studium generale, fructus suae praebendae in ecclesia Antisiodoren. percipere valeat, personaliter non residendo. (cap. 67, f. 27 b).

Dil. filio Pandulfo de Normannis canonico Antisiodoren. Vt tua et tuorum sincera devotio.... Dat. Burdegalis, XVI kal. iulii, anno primo.
In eundem modum dil. filiis priori s. Genovefae Parisien. et archidiacono Senonen. et magistro Guillelmo Lombardi canonico Silvanecten.

1226. — Burdegalis, 16 iun. 1306.
Concedit Iacobo [1] de Normannis facultatem testandi ac disponendi de bonis mobilibus, excep-

[1] Iacobus de Normannis, maior archidiaconus eccl. Narbonnen., sedis apostolicae notarius ac nuncius, a

tis quae fuerint altaris, monens, ut erga ecclesias, a quibus ea percepit, se quoque exhibeat liberalem. (cap. 68, f. 28 a).

Dil. filio magistro Iacobo de Normannis notario nostro archidiacono Narbonen. Quia presentis vite conditio.... Dat. Burdegalis, XVI kal. iulii, anno primo.

1227. — Burdegalis, 23 aug. 1306.
Indulget ad triennium, ut in suo archidiaconatu per alium vel alios visitare ac procurationes exigere et recipere possit. (cap. 69, f. 28 a).

Dil. filio Michaeli de Appoigniaco archidiacono de Meleduno in ecclesia Senonen. capellano nostro. Habet in nobis tua sincera devotio.... Dat. Burdegalis, X kal. septembris, anno primo.

In eundem modum dil. filiis priori de Monasteriis Antisïodoren. dioec. et.. archidiacono ac.. thesaurario ecclesiae Senonen.

1228. — Burdegalis, 28 iul. 1306.
Dispensat, ut praeter archidiaconatum s. Antonini et reditus ecclesiae b. Mariae de Labela Magalonen. dioec., qui decem librarum Turonen. parvorum valorem annuum non excedunt, et praebendam in ecclesia Morinen. reservatam, unicum aliud beneficium assequi ac retinere valeat. (capitulo 70, f. 28 a).

Dil. filio Guillelmo de Roccafolio archidiacono s. Antonini in ecclesia Ruthenen. Tui nobilitas generis.... Dat. Burdegalis, V kal. augusti, anno primo.

1229. — Apud mon. Grandimonten., 20 apr. 1306.
(Radulpho) concedit facultatem conferendi singulis personis idoneis singula beneficia, quae tanto tempore vacaverunt, ut eorum collatio ad sedem apostolicam sit devoluta. (cap. 71, f. 28 a).

Venerabili fratri .R. episcopo Londonien. Vt eo gratior habearis.... Dat. apud mon.

sede apostolica collector deputatus pro colligendis in regno Franciae summis eidem sedi debitis. Obiit 1310. *Gallia chr.*, VI. p. 131.

Grandimonten., XII kalendas maii, anno primo.

1230. — Burdegalis, 14 aug. 1306.
Mandat infrascriptis, ut capellano suo Gregorio de Placentia, ne diu inane canonici nomen gerat, de praebenda vacante vel vacatura in ecclesia Paduana provideant, non obstante quod archipresbyteratum Montis Silicis ac canonicatum et praebendam in eccl. Civitaten., Paduan. et Aquileien. dioec. obtineat. (cap. 72, f. 28 b).

Dil. filiis.. priori s. Salvatoris de Venetis Castellan. dioc. et decano Aquilegen. ac.. archidiacono Bononien. ecclesiarum. Petitio dilecti filii.... Dat. Burdegalis, XVIIII kal. septembris, anno primo.

1231. — Burdegalis, 16 aug. 1306.
Radulpho de Haricuria indulget ad quinquennium, ut archidiaconatum suum per alium vel alios visitare procurationesque debitas exigere ac recipere valeat. (cap. 73, f. 28 b).

Dil. filio Radulfo de Haricuria archidiacono de Constantino in ecclesia Constantien. Habet in nobis tua sincera devotio.... Dat. Burdegalis, XVII kal. sept., anno primo.

In eundem modum dil. filiis.. thesaurario et magistro Vincentio Le Travallie canonico eccl. Ebroicen. ac.. officiali Lexovien.

1232. — Burdegalis, 7 iul. 1306.
Indulget ad quinquennium, ut fructus suae praebendae in ecclesia Cenomanen., quotidianis distributionibus exceptis, percipere possit, ac si personaliter resideret. (cap. 74, f. 29 a).

Dil. filio Raymundo Guillelmi de Lingonio can. Cenomanen. Tue devotionis et probitatis.... Dat. Burdegalis, non. iul., anno primo.

In eundem modum dil. filiis.. cantori et.. succentori ac magistro Raymundo de Podio canonico ecclesiae Burdegalen.

1233. — Burdegalis, 7 nov. 1306.
Infrascriptis exponentibus, quod eorum monasterium per inundationem corruerit, confirmat

acquisitionem novi loci infra suburbia civitatis Biterren. concedens omnia ut in loco ipso privilegia et indulgentias..(cap. 75, f. 29*a*).

Dil. filiis.. priori et conventui fratrum ord. b. Marie de Monte Carmeli Biterren. Merita vestri ordinis.... Dat. Burdegalis, VII idus novembris, anno primo.

1234. — Lugduni, 3 dec. 1305.

Henrico confert canonicatum ecclesiae Pisan. et praebendam ibi vacantem vel vacaturam dispensatque cum illo super defectu ordinum et aetatis mandans, ut legitimam aetatem assecutus se faciat ad ordines promoveri. (cap. 76, f. 29*a*).

Dil. filio Henrico nato dil. filii Fanucii Gaitani de Pisis familiaris nostri canonico Pisan. Probitatis tue laudabilia merita.... Dat. Lugduni, III nonas decembris, anno secundo [1].

1235. — Apud Pessacum, 19 iul. 1306.

Obtentu Petri, episcopi Sabinen., confert eius consanguineo archidiaconatum de Medina in ecclesia Salamantin. cum praestimoniis vacantibus per mortem Arnaldi Lupi archidiaconi, dispensatque cum illo, ut simul abbatiam Fusollen. in Palentin. et in ea ac Salamantin., Oveten. et Seguntin. canonicatus et praebendas et in Burgen. perpetuam dimidiam portionem cum praestimoniis ac in de Pondueles Oveten. dioec. ecclesiis quoddam beneficium sine cura obtinere valeat. (cap. 77, f. 29*b*).

Dil. filio Garsie Petri archidiacono de Medina in ecclesia Salamantin. Vite ac morum honestas.... Dat. apud Pessacum prope Burdegalas, XIIII kal. augusti, anno primo.

In eundem modum ven. fratribus.. Oveten. et Cartanen. (sic) episcopis ac dil. filio.. archidiacono de Benevento in ecclesia Oveten.

1236. — Burdegalis, 14 maii 1306.

Ad petitionem Archambaldi, canonici Petragoricen., capellani sui, confert Bosoni vacans vel

vacaturum beneficium spectans ad collationem abbatis et capituli secularis ecclesiae s. Frontonis Petragoricen. (cap. 78, f. 30*a*).

Dil. filio Bosoni Despers de Podio s. Frontonis Petragoricen. Nobilitas generis.... Dat. Burdegalis, II idus maii, anno primo.

In eundem modum dil. filiis.. cantori et Heliae Roberti ac Ademaro Gibrani canonicis ecclesiae Petragoricen.

1237. — Burdegalis, 2 iun. 1306.

Arnaldo, s. Mariae in Porticu diacono cardinali, confert prioratum s. Salvatoris Tolosan. dioec., concedit vero, ut post mortem eiusdem cardinalis prioratus ille ad monasterium Sarlaten. ord. s. Ben. in statum pristinum revertatur, et ut interim in signum iuris et proprietatis per aliquem e fratribus dicti mon. in divinis officiis ibidem serviatur. (cap. 79, f. 30*a*).

Dil. filiis.. abbati et conventui mon. Sarlaten. ord. s. Ben. Petragoricen. dioc. Apostolice sedis circumspecta provisio.... Dat. Burdegalis, IIII nonas iunii, anno primo.

1238. — Burdegalis, 2 iun. 1306.

Petro Servienti, de s. Riperio presbytero, confert prioratum s. Riperii ad mon. Sarlaten. pertinentem conceditque, ut post eius mortem prioratus ille ad monasterium revertatur et interim per aliquem e fratribus dicti mon. in divinis officiis ibidem serviatur. (cap. 80, f. 30*b*).

Eisdem abbati et conventui. Apostolice sedis circumspecta provisio.... Dat. Burdegalis, IIII nonas iunii, anno primo.

1239. — Apud mon. Grandimonten., 20 aprilis 1306.

Obtentu G(uillelmi), tit. s. Pudentianae presbyteri cardinalis, conferendum reservat eius capellano et familiari beneficium, cuius reditus sexaginta librarum Turonen. parvorum valorem annuum non excedant, vacans vel vacaturum in civitate vel dioec. Aquen., non obstante quod obtineat ecclesiam s. Petri de Cannono Aquen. dioec. et a priore

---

[1] Sic ms., ast perperam, cum Clemens Pp. V anno secundo Lugduni nunquam resideret.

s. Gervasii de Bellomonte annuam percipiat pensionem septem librarum coronatorum antiquorum. (cap. 81, f. 30*b*).

Dil. filio Bertrando Arnaudi rectori ecclesie de Cannono Aquen. dioc. Litterarum scientia.... Dat. apud mon. Grandimonten. Lemovicen. dioc., XII kal. maii, anno primo.

1240. — Burdegalis, 17 oct. 1306.
Gobaldus restituitur ad privilegium clericale, licet cum corrupta muliere contraxisset matrimonium, quod solvitur. (cap. 82, f. 30*b*).

Dilecto filio magistro Gobaldo de Fonte iurisperito clerico Burdegalen. dioc. Personam tuam propter litterarum scientiam.... Dat. Burdegalis, XVI kal. novembris, anno primo.

1241. — Apud s. Ciricum, 14 februarii 1306.
Ordini Praedicatorum Gratianopolitan. conceditur, ut ob inundationes possint mutare locum atque ecclesiam et monasterium construere in donato eis ab Humberto Salvino Viennen. horto infra muros civitatis, mandatque infrascriptis, ut capitulum ecclesiae Gratianopolitan. et abbatem mon. s. Antonii ord. s. Aug. Viennen. dioec. ad transferendum contiguas duas domus cum hortulis ad constructionem ecclesiae necessarias compellant. (cap. 83, f. 30*b*).

Dil. filiis.. de s. Michaele et.. de Domena et.. s. Roberti de Comilione prioribus Gratianopolitan. dioc. Ex parte dilectorum.... Dat. apud s. Ciricum, XVI kal. martii, anno primo.

1242. — Burdegalis, 24 aug. 1306.
Audoino [1] concedit facultatem faciendi recipi unam personam in sua maiori, alteram in s. Frontonis Petragoricen. dioec. in canonicos ac providendi eis de praebendis vacantibus vel vacaturis, non obstante quod unum vel duo aut plura beneficia obtineant. (cap. 84, f. 31*a*).

[1] Audoinus 1297-1311. *Gallia chr.*, II. p. 1476.

Ven. fratri Audoyno episcopo Petragoricen. Sincere devotionis affectus.... Dat. Burdegalis, VIIII kal. sept., anno primo.

1243. — Nivernis, 24 mart. 1306.
(Petro) episcopo Magalonen. dat facultatem concedendi duabus personis idoneis tabellionatus officium, recepto ab eis prius iuramento iuxta formam praescriptam. (cap. 85, f. 31*a*).

Ven. fratri.. episcopo Magalonen. Personam tuam grata benivolentia.... Dat. Nivernis, VIIII kal. aprilis, anno primo.

1244. — Apud mon. Grandimonten., 20 apr. 1306.
Arnaldus [1] obtinet facultatem concedendi tabellionatus officium uni personae diligenter examinatae, recepto ab ea prius iuramento. (cap. 86, f. 31*b*).

Dil. filio Arnaldo abbati mon. Fontisfrigidi Cistercien. ord. Narbonen. dioc. Ex parte tua fuit.... Dat. apud mon. Grandimonten., XII kal. maii, anno primo.

1245. — Apud Solemniacum, 24 aprilis 1306.
Henrico confertur facultas concedendi tabellionatus officium uni personae idoneae, recepto ab ea prius iuramento. (cap. 87, f. 31*b*).

Dil. filio Henrico abbati mon. Cistercien. ad romanam ecclesiam nullo medio pertinentis Cabilonen. dioc. Ex parte tua.... Dat. apud Sollempniacum, VIII kal. maii, anno primo.

1246. — Apud s. Ciricum, 4 martii 1306.
Obtentu G(uillelmi), episcopi Mimaten., confert eius nepoti canonicatum ecclesiae Mimaten. et praebendam nec non dignitatem vel persona-

[1] Arnaldus Novelli, abbas 1297-1306, a Clemente V S. R. E. vicecancellarii, tum cancellarii dignitate ornatus ac demum purpura cohonestatus sub titulo s. Priscae 1310. Defunctus Avenione 1317. *Gallia chr.*, VI. p. 209. BALVZIVS, I. p. 660. CIACONIVS, II. p. 381.

tum seu officium ibidem vacans vel vacaturum, dispensatque cum illo, ut praedictam dignitatem una cum parochiali ecclesia s. Hippolyti de Sclanedes Mimaten. dioec. recipere ac retinere valeat. (cap. 88, f. 31 b).

Dil. filio Guillelmo Duranti canonico Mimaten. Litterarum scientia..:. Dat. apud s. Ciricum prope Lugdunum, IIII non. martii, anno primo.

In eundem modum dil. filiis.. praeposito Mimaten. et magistro Bernardo Roiardi archidiacono Santonen. ac.. procuratori Narbonnen. ecclesiarum.

1247. — Burdegalis, 29 iul. 1306.

Concedit infrascriptis, ut absque licentia regis Cypri navigia sua armare valeant de alienigenis et aliis quibuscunque personis regi non subditis. (cap. 89, fol. 32 a).

Dil. filiis magistro et fratribus hospitalis s. Iohannis Ierosolimitani. Quanto maioris devotionis affectu et ferventiori promptitudine voluntatis redemptionis omnium vacatis obsequiis exponendo pro eis totaliter vos et vestra, tanto magis Deo gratum et rationi consonum arbitramur, ut vos et hospitale vestrum s. Iohannis Ierosolimitani plenis favoribus prosequentes, cuncta libenter a vobis amoveamus gravamina, que vobis et hospitali vestro aliqua producere dispendia dinoscuntur. Exposita siquidem nobis vestra petitio continebat, quod cum carissimus in Christo filius noster.. rex Cipri illustris, ut nullus galeam seu aliud quodcunque navigium infra regni sui terminos absque sui petita licentia et obtenta attemptet armare, in vestrum grave dispendium duxerit statuendum, vos ad resistendum contra insultus inimicorum fidei christiane vel impugnandum eosdem, cum expedit et necessitas iminet vel cum pro aliis causis vobis oportunum existit, huiusmodi impediente statuto armare vestra navigia non potestis. Quare pro parte vestra fuit nobis humiliter supplicatum, ut providere vobis super hoc paterna diligentia cura-

remus. Nos igitur vestris supplicationibus inclinati, presentium vobis auctoritate concedimus, ut eadem vestra navigia de alienigenis et aliis quibuscunque personis prefato regi non subditis armare libere valeatis, prefato statuto aliquatinus non obstante. Dat. Burdegalis, IIII kal. augusti, anno primo.

1248. — Burdegalis, 29 iul. 1306.

Rogat hortaturque regem, ut magistro fratribusque hospitalis s. Iohannis Ierosolimitani permittat navigia sua armare de alienigenis absque eius licentia. (eod., f. 32 a).

Carissimo in Christo filio.. regi Cipri. Ad magistrum et fratres hospitalis s. Iohannis Ierosolimitani habentes paterne dilectionis affectum eis tanto libentius in oportunitatibus eorum assistimus, quanto ipsi ferventiori promptitudine voluntatis exercere redemtoris obsequia dinoscuntur. Ex tenore siquidem petitionis eorum accepimus, quod tu, ut nullus galeam seu aliud quodcunque navigium infra regni tui terminos absque tui petita licentia et obtenta attemptet armare, in ipsorum grave dispendium statuisti, propter quod ipsi ad resistendum contra insultus inimicorum fidei christiane vel ad impugnandum eosdem, cum expedit et necessitas iminet vel cum pro aliis causis eis oportunum existit, sua navigia armare non possunt. Quare nobis humiliter supplicarunt, ut eis providere super hoc paterna diligentia curaremus. Nos igitur eorum supplicationibus inclinati auctoritate litterarum nostrarum eis duximus concedendum, ut eadem sua navigia de alienigenis et aliis quibuscunque tibi non subiectis hominibus armare libere valeant prefato statuto aliquatinus non obstante. Quare celsitudinem regiam rogamus et hortamur ac per apostolica scripta mandamus, quatinus concessionem huiusmodi pro nostra et apostolice sedis reverentia gratam habens ac vota tua tanquam benedictionis filius beneplacitis nostris in hac parte conformans, eosdem magistrum et fratres armare prefata navigia liberali promptitudine et prompta liberalitate permittas, ita quod dicti magister et fratres contra eosdem inimicos fidei cum expedit resistere valeant ipsosque impugnare viriliter et alias eorum negotia, prout temporum qualitas exegerit[1], promovere, tuque propter hoc retributionis eterne premium et laudis humane preconium consequaris, nosque celsitudinem regiam valeamus dignis in Domino laudibus commendare. Dat. ut supra, anno primo.

1249. — Burdegalis, 29 iul. 1306.

Collectores decimae in regno Maioricarum eiusque terris decimam a priore et fratribus hospitalis s. Iohannis Ierosolimitani ne exigant. (capitulo 90, f. 32 *b*).

Dil. filiis.. abbati de Artulis et.. priori s. Marie de Aspirano per priorem soliti gubernari monasteriorum Elnen. dioc. ac Guillelmo Davini canonico Valentin. collectoribus decime in regno Maioricarum omnibusque terris carissimi in Christo filii nostri Iacobi Maioricarum regis illustris pro subventione ipsius regis ad expensas partium factas et faciendas pro servitio romane ecclesie deputate et subcollectoribus eorundem. Pro parte dilectorum filiorum.. prioris et fratrum hospitalis s. Iohannis Ierosolimitani de regno Maioricarum et aliis terris, in quibus carissimo in Christo filio nostro Iacobo Maioricarum regi illustri decimam ecclesiasticorum reddituum et proventuum duximus concedendam, fuit expositum coram. nobis, quod licet ipsi ad prestationem dicte decime minime teneantur, vos tamen ad id indebite coartatis eosdem pro vestre libito voluntatis. Quare nobis humiliter supplicarunt, ut providere ipsis super hoc de benignitate apostolica dignaremur. Cum igitur nostre intentionis non fuerit nec exi-

stat, quod iidem prior et fratres in concessione predicta quovis modo reputentur inclusi, quinimmo intenderimus et voluerimus, quod a decima ipsa prorsus reddantur immunes nec etiam in litteris concessionis dicte decime inveniantur expressi, discretioni vestre per apostolica scripta mandamus, quatinus occasione dicte decime non exigatis aliquid ab ipsis vel aliquibus eorundem nec eos vel ipsorum aliquos occasione dicte decime quomodolibet molestetis. Nos enim quaslibet excommunicationis et interdicti sententias omnesque processus per vos vel vestrum aliquem contra eos vel aliquos eorundem seu quoscunque alios etiam occasione ipsorum prolatas et habitos vel proferendas imposterum vel habendos auctoritate apostolica nullius esse decernimus firmitatis[1]. Dat ut supra.

1250. — Burdegalis, 29 iul. 1306.

Rogat hortaturque regem, ut permittat victualia et equos transvehi ex Sicilia in Cyprum pro fratribus hospitalis s. Ioh. Ierosolimitani. (cap. 91, f. 32 *b*).

Carissimo in Christo filio C(arolo) regi Sicilie illustri. Habet in te fili carissime romana ecclesia, mater tua, velut in filio predilecto fiduciam, ut in hiis, que suis affectibus grata proveniunt, te liberalem exhibeas et suis beneplacitis te conformes. Ex tenore siquidem petitionis dilectorum filiorum magistri et fratrum hospitalis s. Iohannis Ierosolimitani nuper accepimus, quod cum insula Cipri in copia victualium non consueverit habundare, nec equorum abundantia oportuna habeatur ibidem, de partibus cismarinis victualia ad sustentationem eorum et necessarios equos pro fratribus hospitalis ipsius ad partes illas facere transvehi necessario compelluntur. Cum itaque dicti magister et fratres victualia et proventus de possessionibus

---

[1] Ms. *exegerint*.

Regestum Clementis Papae V.

[1] Ms. *firmitati*.

dicti hospitalis, que infra regni tui terminos consistere dinoscuntur obvenientia ac equos necessarios de regno ipso pro fratribus hospitalis eiusdem ad dictas partes transvehi cogente necessitate proponant, celsitudinem regiam rogamus et hortamur attente, quatinus pro nostra et apostolice sedis reverentia victualia et equos predicta transvehi libere obstaculo cuiuslibet impedimenti remoto permittas. Sic igitur preces apostolicas devote recipias et efficaciter ad effectum exauditionis admittas, quod dictis magistro et fratribus ex precibus ipsis, quas ad te fiducialiter impetrarunt, comodum sperati fructus adveniat, nosque proinde magnitudinem tuam valeamus dignis in Domino laudibus commendare. Dat. ut supra.

1251. — Petragoris, 30 apr. 1306.

Declarat, ad infrascriptum pertinere ius conferendi quatuor praebendas in ecclesia s. Mariae de Milliaco Senonen. dioec. a patre suo Hugone dotatas et ab eo dotandas. (cap. 92, f. 32 b).

Dil. filio nobili viro Iohanni de Bovilla domino de Milliaco cambellano carissimi in Christo filii nostri. P. regis Francorum illustris. Devotionis tue sinceritas.... Dat. Petragoris, II kal. maii, anno primo.

1252. — Petragoris, 30 apr. 1306.

Annuens supplicationibus Iohannis de Bovilla mandat infrascripto, ut ecclesiam s. Iacobi, in qua sunt quatuor vel quinque canonici, cum voluntate et consensu dictorum canonicorum uniat cum ecclesia s. Mariae de Milliaco Senonen. dioec., quo in ipsa ecclesia cultus s. Ludovici confessoris amplius augmentetur. (cap. 93, f. 32 b).

Dil. filio.. decano ecclesie s. Aniani Aurelianen. Oblata nobis ex parte.... Dat. ut supra.

1253. — Subterraneae, 14 apr. 1306.

Aymerico Giberti indulget ad quinquennium, ut residens in aliqua suarum ecclesiarum vel in curia romana fructus omnium beneficiorum, quae

obtinet, percipere possit, quotidianis distributionibus exceptis. (cap. 94, f. 33 a).

Dil. filio Aymerico Giberti cantori ecclesie s. Frontonis Petragoricen. Probitatis tue meritis.... Dat. Subterranee, XVIII kalend. maii, anno primo.

In eundem modum dil. filiis.. archidiacono et Heliae Roberti Petragoricen. ac magistro Petro Amalumi Burdegalen. ecclesiarum canonicis.

1254. — Lugduni, 22 nov. 1305.

Garsiae Arnaldi [1] indulgetur ad triennium, ut possit dioecesin visitare per alium vel alios procurationesque moderatas exigere ac recipere. (cap. 95, f. 33 a).

Dil. filio Garsie Arnaldi electo Aquen. [2] Personam tuam nobis.... Dat. Lugduni, X kal. decembris, anno primo.

In eundem modum dil. filiis.. abbati mon. Cainhocen. et priori s. Spiritus de Capite Pontis Baionen. Aquen. dioecesis et archidiacono Aquen.

1255. — Lugduni, 22 nov. 1305.

Concedit eidem eiusque successoribus, ut beneficia vacantia apprehendere et in usus mensae episcopalis convertere possint, proviso ut vicario in illis beneficiis servituro congrua portio reservetur. (cap. 96, f. 33 b).

Eidem electo. Ecclesiam tuam....´ Dat. ut supra.

1256. — Burdegalis, 30 iun. 1306.

Dispensatio super impedimento affinitatis quarti gradus et publicae honestatis ad contrahendum matrimonium. (cap. 97, f. 33 b).

Dil. filio nobili viro Benedicto Gaitan. comiti in Tuscia Palatin. et dil. in Christo filie nobili mulieri Iohanne nate nobilis viri Francisci quondam Mathei militis de filiis Vrsi de Vrbe. Romani pontificis precel-

---

[1] Garsias Arnaldi de Caupena 1305-1326. *Gallia chr.*, I. p. 1049. GAMS dicit eum sedisse 1311-1326, l. c. p. 543.

[2] Aquae Augustae, civitas Aquarum Tarbellicarum, Tarbella, Vibio, Dax vel d'Acqs. GAMS, *ibidem*.

lens.... Dat. Burdegalis, II kal. iulii, anno primo.

1257. — Burdegalis, 16 aug. 1306.
Consideratione P(etri), episcopi Sabinen., confert eius auditori et capellano canonicatum ecclesiae Virdunen. et praebendam ibi vacantem et providet de illis, personatum vero vel dignitatem seu officium simul cum praebenda vel separatim vacans vel vacaturum reservat conferendum, dispensatque cum illo, ut thesaurariam, canonicatus et prae-, bendas ecclesiae Meten. et Leodien. valeat retinere. (cap. 98, f. 33 *b*).

Dil. filio magistro Symoni de Marvilla canonico Virdunen. capellano nostro. Dum litterarum scientiam.... Dat. Burdegalis, XVII kal. septembris, anno primo.

In eundem modum dil. filiis.. archidiacono Santonen et.. decano s. Salvatoris Meten. ac thesaurario Tullen. ecclesiarum.

1258. — Lemovicis, 23 apr. 1306.
Iohanni concedit potestatem instituendi cum consensu capituli certum canonicorum numerum. (cap. 99, f. 34 *b*).

Dil. filio Iohanni Decimarii decano ecclesie s. Marie de Rupefulcaudi Engolismen. dioc. Dignum fore perpendimus.... Dat. Lemovicis, VIIII kalendas maii, anno primo.

1259. — Apud Pessacum, 12 octobris 1306.
Intuitu Iohannis de Haueringe confert eius nepoti archidiaconatum, canonicatum et praebendam ecclesiae Dublinen. dispensatque cum illo super defectu ordinum et aetatis. (cap. 100, f. 34 *b*).

Dil. filio Riccardo de s. Leodegario archidiacono et canonico Dublinen. Illos apostolice sedis.... Dat. apud Pessacum, IIII idus octobris.

In eundem modum ven. fratri.. episcopo Wintonien. et dil. filiis electo Armachan. ac magistro Hugoni Geraldi canonico Lemovicen. capellano nostro.

1260. — Burdegalis, 21 aug. 1306.
Consideratione Francisci, s. Luciae in Silice diaconi cardinalis, confert camerario eius et capellano canonicatum et praebendam, si qua vacat, ecclesiae Aretin., collationem vero personatus vel dignitatis vacaturae reservat, illique concedit, ut plebanatum de Bagnacavallo et in Faventin. et Fesulan. ecclesiis canonicatus et praebendas simul obtinere valeat. (cap. 101, f. 35 *a*).

Dil. filio Benedicto de Florentia canonico Aretin. Ad illorum provisionem.... Dat. Burdegalis, XII kal. septembris, anno primo.

In eundem modum dil. filiis.. priori s. Apollinaris Faventin. et.. archidiacono Senonen. ac.. Petro de Collacone canonico Faventin. ecclesiarum.

1261. — Apud Matisconem, 9 martii 1306.
Reservat Bartholomaeo conferendum beneficium cum dignitate vel personatu vacans vel vacaturum in civitate vel dioecesi Perusina dispensatque cum illo super defectu ordinum et aetatis. (cap. 102, f. 35 *b*).

Dilecto filio Bartholomeo nato Geraldi Peregrini de Perusio clerico. Devotionis et fidei puritatem.... Dat. apud Matisconem, VII idus martii, anno primo.

In eundem modum dil. filiis.. s. Mariae et.. de Valle Pontis Perusin. dioec. mon. abbatibus ac Berengario de Olargiis canonico Narbonnen. capellano nostro.

1262. — Burdegalis, 24 aug. 1306.
Audoino concedit, ut in sua dioecesi ecclesias et coemeteria violata reconciliare valeat per presbyteros in dignitate constitutos, aqua per illum prius sollemniter benedicta. (cap. 103, f. 36 *a*).

Ven. fratri Audoyno episcopo Petragoricen. Attendentes benignius.... Dat. Burdegalis, VIIII kal. septembris, anno primo.

1263. — Burdegalis, 22 aug. 1306.
Fidelibus, qui vere poenitentes et confessi ad consummationem monasterii sororum Minorissarum de Rupella s. Clarae Santonen. dioec. subsidia ero-

gaverint, centum dierum, his vero, qui monasterium ipsum singulis annis in festis s. Clarae et s. Francisci visitaverint, unius anni indulgentiae conceduntur. (cap. 104, f. 36 a).

Vniversis Christi fidelibus presentes litteras inspecturis. Quoniam ut ait apostolus.... Dat. Burdegalis, XI kal. septembris, anno primo.

1264. — Burdegalis, 22 aug. 1306.
Idem conceditur eisdem pro monasterio Petragoricen. (eod., f. 36 a).

Eisdem. Quoniam etc. per totum.

1265. — Burdegalis, 22 aug. 1306.
Indulget infrascriptis, ne ulli ex possessionibus ac bonis suis teneantur solvere decimam. (cap. 105, f. 36 a).

Dil. in Christo filiabus.. abbatisse et conventui mon. Minorissarum s. Clare Petragoricen. ord. eiusd. s. Pietatis opera.... Dat. ut supra.

1266. — Burdegalis, 22 aug. 1306.
Eadem concessio. (eod., f. 36 a).

Dilectis in Christo filiabus.. abbatisse et conventui mon. sororum Minorissarum de Rupella s. Clare Xanctonen. dioc. ut supra per totum.

1267. — Burdegalis, 22 aug. 1306.
Absolvit infrascriptas a iuramento praestito faciendi se sepeliri in coemeterio fratrum ordinis Minorum eisque indulget, ut in coemeterio sui monasterii possint sepeliri. (cap. 106, f. 36 a).

Dilectis in Christo filiabus Aremburgi [1] *abbatisse et Marchesie* [2] *ceterisque sorori-*

---

[1] Aremburgis, soror Heliae VII Talayrandi, comitis Petragoricen. BALVZIVS, I. p. 617. *L'Art de vérifier les dates*, II. 10. p. 209.
[2] Marchesia, filia Heliae VII Talayrandi, comitis Petragoricensis, et Philippae, vicecomitissae Leomaniae, arripiens institutum monialium ord. s. Clarae in conventu Petragoricen., quidquid iuris habebat seu habere poterat in vicecomitatu Leomanen. transtulit in Heliam patrem suum. *Ibidem.*

bus mon. Minorissarum s. Clare Petragoricen. ordinis eiusdem sancte. Petitio vestra.... Dat. Burdegalis, XI kal. septembris, anno primo.

1268. — Burdegalis, 22 aug. 1306.
Aremburgi indulget, ut cum consilio et assensu ministri provincialis fratrum ord. Minorum et, eo absente, custodis Petragoricen. eiusdem ord. possit dispensare cum sororibus sui monasterii. (cap. 107, f. 36 b).

Dil. in Christo filie Aremburgi abbatisse mon. s. Clare Petragoricen. ord. eiusdem sancte. Quanto studiosius.... Dat. ut supra.

1269. — Apud Pessacum, 1 oct. 1306.
Concedit Iacobo facultatem conferendi canonicatus et praebendas in Famagustan. et Conchen. ac archidiaconatum in eadem Famagustan. nec non praestimonia et portiones praestimoniales in ipsa Conchen. ecclesiis, per obitum magistri Iohannis de Asisio, eius medici, capellani, familiaris, domestici et commensalis vacantes, uni vel pluribus personis quamquam alias beneficiatis. (cap. 108, f. 36 b).

Dilecto filio Iacobo s. Georgii ad Vellum aureum diacono cardinali. Personam tuam sincera.... Dat. apud Pessacum Burdegalen. dioc., kal. octobris, anno primo.

1270. — Apud mon. Grandimonten., 20 apr. 1306.
Fidelibus vere poenitentibus et confessis eccl. Vicentinam in festis et per octavas b. Mariae visitantibus concedit centum dierum indulgentiam. (cap. 109, f. 37 a).

Vniversis Christi fidelibus presentes litteras inspecturis. Vite perempnis gloria.... Dat. apud. mon. Grandimonten., XII kal. maii, anno primo.

1271. — Burdegalis, 8 iun. 1306.
Confirmat infrascriptum, quem Guillemus de Mota, episcopus Vasaten., praeceptorem hospitalis de Baulaco instituit. (cap. 110, f. 37 a).

Dil. filio Bernardo de Porta preceptori hospitalis de Baulaco Vasaten. dioc. Petitio. tua nobis.... Dat Burdegalis; VI idus iunii, anno primo.

1272. — Apud Villandradum, 29 novembris 1306.

Annuens precibus B(ernardi), episcopi Agennen., confert eius clerico et familiari canonicatum ecclesiae Dolen. decernitque, ut in assecutione praebendae vacaturae Bertrando de Vitreio, clerico Redonen. dioec., debeat anteferri. (sine cap. ¹, f. 37 a).

Dil. filio Bernardo de Rivo canonico Dolen. Ex tenore tue petitionis.... Dat. apud Vignandraldum, III kal. decembris, (sine anno).

1273. — Burdegalis, 9 aug. 1306.

Confirmat et de novo confert infrascripto archidiaconatum de Serlades in ecclesia Petragoricen. ab episcopo Petragoricen. illi collatum eique concedit, ut simul prioratus de Lhausu ac de Linaerolas et de Rivocavo et ecclesias parochiales de Cruoycha et de Profundorivo necnon prioratum s. Caprasii Agennen. et canonicatus et praebendas in Agennen. et in maiori ac s. Frontonis Petragoricen. ecclesiis, baylias quoque Albutien. et de Astors ac de Mensimaco retinere valeat. (cap. 111, f. 37 b).

Dil. filio Bernardo de Bovisvilla priori secularis ecclesie s. Caprasii Agennen. Digne agere credimus.... Dat. Burdegalis, V idus augusti, anno primo.

1274. — Burdegalis, 9 aug. 1306.

Eidem concedit, ut fructus sui prioratus, quotidianis distributionibus exceptis, in absentia percipere valeat, indulgetque, ne usque ad decennium teneatur se ad sacerdotium facere promoveri. (cap. 112, f. 37 b).

Eidem. Vt sincera devotio.... Dat. Burdegalis, V idus augusti, anno primo.

¹ In manuscripto adnotatum : *vacat.*

1275. — Burdegalis, 9 aug. 1306.

Infrascripti eidem Bernardo fructus sui prioratus faciant ministrari. (eod., f. 37 b).

Dilectis filiis.. priori de s. Avito Seniori Petragoricen. dioc. Helie Roberti ac Guillelmo de Cambarlhac canonicis Petragoricen. Vt sincera devotio.... Dat. ut supra.

1276. — Burdegalis, 9 aug. 1306.

Indulget Bernardo de Bovisvilla ad decennium, ut fructus omnium et singulorum beneficiorum suorum, quotidianis distributionibus exceptis, percipere valeat in absentia. (cap. 113, f. 38 a).

Dil. filio Bernardo de Bovisvilla canonico Petragoricen. Vt sincere devotionis affectum.... Dat. ut supra.

1277. — Burdegalis, 9 aug. 1306.

Infrascripti faciant eidem Bernardo fructus beneficiorum per decennium ministrari. (eod., f. 38 a).

Dil. filiis.. abbati de s. Asterio et priori de s. Avito secularium Petragoricen. dioc. ac cantori s. Frontonis Petragoricen. ecclesiarum. Vt sincere.... Dat. ut supra.

1278. — Burdegalis, 12 iul. 1306.

Fidelibus vere poenitentibus et confessis erogantibus eleemosynas pro consummanda ecclesia in mon. s. Romani de Blavia ord. s. Aug. Burdegalen. dioec. conceduntur indulgentiae centum dierum, quas mitti per quaestuarios districtius inhibetur. (cap. 114, f. 38 a).

Vniuersis Christi fidelibus presentes litteras inspecturis. Ecclesiarum fabricis.... Dat. Burdegalis, IIII idus iulii, anno primo.

1279. — Burdegalis, 22 aug. 1306.

Confirmat infrascriptis donationem decimarum factam per Heliam, comitem Petragoricen. (cap. 115, f. 38 a).

Dilectis in Christo filiabus.. abbatisse et conventui mon. Minorissarum s. Clare Petragoricen. ord. eiusd. s. Sacri ordinis vestri religio.... Dat. Burdegalis, XI kal. septembris, anno primo.

1280. — Burdegalis, 9 aug. 1306.

Arnaldo de Bovisvilla confert canonicatum ecclesiae Petragoricen. cum voce et stallo, licet extra certum canonicorum numerum sit constitutus, appellatione contra eum facta non obstante. (cap. 116, f. 38 *b*).

Dil. filio Arnaldo de Bovisvilla canonico Petragoricen. Volentes tibi dudum gratiam.... Dat. Burdegalis, V idus aug., anno primo.

1281. — Nivernis, 24 mart. 1306.

Episcopo Magalonen. concedit facultatem compellendi capitulum et vicarios officiales, administratores bonorum tempore sedis vacantis, ad reddendam rationem. (cap. 117, f. 38 *b*).

Ven. fratri.. episcopo Magalonen. Ex conquestione tua.... Dat. Nivernis, VIIII kal. aprilis, anno primo.

1282. — Nivernis, 24 mart. 1306.

Concedit eidem, ut contra occultos detentores bonorum episcopalium duplici eius monitioni non obedientes proferre valeat generalem excommunicationem usque ad satisfactionem condignam valituram. (cap. 118, f. 38 *b*).

Eidem. Petitio tua nobis.... Dat. ut supra.

1283. — Apud Villandradum, 20 novembris 1306.

Concedit infrascriptis ad congruam sustentationem ecclesiam s. Mariae de Maseriis de Rupecissa Vasaten. dioec. cum consensu episcopi, proviso quod in dicta ecclesia faciant per vicarium in divinis officiis deserviri. (sine cap.,[1] f. 39 *a*).

Dil. in Christo filiabus priorisse et conventui mon. de Rama per priorissam soliti gubernari ord. Fontis Ebraudi Vasaten. dioc. Sacre religionis honestas.... Dat. apud Binhendraldum, XII kal. decembris, (s. a).

1284. — Matiscone, 8 mart. 1306.

Annuens supplicationibus Othonis de Grandissono concedit infrascriptis, ut ad ecclesias sui pa-

tronatus curam animarum habentes, quae hucusque clericis secularibus assignabantur, praesentare possint de monasterii sui canonicis, qui tamen sicut prius abbati obedire tenentur. (cap. 119, f. 39 *a*).

Dil. filiis.. abbati et conventui mon. Lascurren. Premonstraten. ord. Lausanen. dioc. Devotorum preces.... Dat. Matiscone, VIII idus martii, anno primo.

1285. — Matiscone, 8 mart. 1306.

Mandat infrascriptis, ut illam concessionem faciant observari. (eod., f. 39 *a*).

Ven. fratri.. episcopo Lausanen. et dil. filiis.. priori de Grandissone Lausanen. dioc. ac Sansoni de Calvomonte canonico Trecen. Devotorum.... Dat. ut supra.

1286. — Burdegalis, 8 aug. 1306.

Concedit facultatem recipiendi et faciendi recipi in suo monasterio sex personas in monachos. (cap. 120, f. 39 *a*).

Dil. filio Bartholomeo abbati mon. de Monteolivo ord. s. Ben. Carcassonen. dioc. Grate devotionis studia.... Dat. Burdegalis, VI idus augusti, anno primo.

1287. — Burdegalis, 6 augusti 1306.

Mandatur infrascriptis, ut varias res, quas Petrus Bernardi [1], olim abbas monasterii Montisolivi ord. s. Ben. Carcassonen. dioec. apud Raymundum, sacristam eccl. s. Pauli Narbonnen., et Bernardum Rosa ac Bernardum Benedicti de Montepesulano, nec non apud Bertrandum de Lenda mercatores, et apud Petrum Iohannis Aventurerii civem Carcassonen. ac Pontium de Castellione camerarium Carcassonen. ante suum obitum deposuerat, ab iisdem requirant requisitasque Bartholomaeo, abbati mon. Montisolivi, exhibere procurent. (eod., f. 39 *b*).

Ven. fratribus.. Magalonen. et Carcassonen. episcopis ac dil. filio.. abbati mon. s. Pontii de Thomeriis Narbonen. dioc. Per-

---

[1] V. n. 1272.

[1] Petrus Bernardi de Canesuspenso abbas 1295-1306, aut abdicavit aut amotus fuit. *Gallia christiana*, VI. p. 988.

lato dudum ad audientiam nostram... Dat. Burdegalis, VIII idus augusti, anno primo.

1288. — Burdegalis, 26 aug. 1306.

Mandat infrascriptis, ut Iohannem [1], episcopum Norwicensem, in percipiendis fructibus primi anni provenientibus ex beneficiis vacantibus suae dioec. etiam contra Robertum, [2] Cantuarien. archiepiscopum metropolitam, qui inquirebat de iure percipiendi istos fructus, tueantur. (cap. 121, f. 39 *b*).

Dil. filiis.. s. Augustini Cantuarien. et Vestimonasterii iuxta Londonias ac.. de Bardeneye Lincolnien. dioc. monasteriorum abbatibus. Regis pacifici.... Dat. Burdegalis, VII kal. septembris, anno primo.

1289. — Apud s. Ciricum, 1 mart. 1306.

Cuidam episcopo concedit facultatem recipiendi resignationem Guidonis, nati quondam Friderici comitis de Raggiolo, et vacantem sic canonicatum ac praebendam in ecclesia Atrebaten. conferendi personae idoneae, etiamsi alias beneficiata existat. (cap. 122, f. 40 *a*).

Venerabili fratri... Cum dilectus filius.... Dat. apud s. Syrum, kalendas martii, anno primo.

1290. — Apud mon. Grandimonten., 21 apr. 1306.

Confert canonicatum ecclesiae Virdunen. et praebendam non sacerdotalem ibi vacantem vel vacaturam. (cap. 123, f. 40 *b*).

Dil. filio Egidio nato quondam Iohannis dicti Malepart de Matignicuria iurisperito canonico Virdunen. Litterarum scientia.... Dat. apud mon. Grandimonten., XI kal. maii, anno primo.

1291. — Apud mon. Grandimonten., 21 apr. 1306.

Infrascripti eundem Egidium in canonicum eccl. Virdunen. recipi faciant eumque in praebendae possessionem inducant. (eod., 40 *b*).

---

[1] Iohannes Salmon 1299-1325. GAMS, l. c. p. 195.
[2] Robertus Winchelsey 1293-1313. GAMS, l. c. p. 183.

Dilectis filiis.. s. Pauli Virdunen. et.. de Tribus Fontibus Cathalaunen. dioc. monasteriorum abbatibus ac.. cantori ecclesie Bituricen. Litterarum scientia.... Dat. ut supra.

1292. — Apud Pessacum, 23 maii 1306.

Consideratione Ioh. de Marchia, relictae quondam Bernardi, domini de Lebreto, dispensat cum Roberto, ut praeter suam parochialem eccl. de Bretevilla unicum aliud beneficium cum cura recipere valeat, et licet sit tantum subdiac., ad suscipiendos ord. superiores non teneatur. (cap. 124, f. 40 *b*).

Dil. filio Roberto de Pratellis rectori parochialis ecclesie de Bretevilla Rothomagen. dioc. Laudabilia tue probitatis merita.... Dat. apud Pessacum prope Burdegalas, X kal. iunii, anno primo.

1293. — Apud Pessacum., 24 iul. 1306.

Facta intimatione Thomae de Balneoregio, ord. fratrum Minorum, visitatoris monialium s. Clarae in provincia romana, Thomasiam de Bassiano, abbatissam mon. ss. Cosmae et Damiani de Transtiberim de Vrbe, resignasse et in abbatissam electam fuisse Margaritam Cancellarii, mandatur infrascripto, ut inquisita super forma electionis veritate, si electam idoneam invenerit, confirmet, alias de alia aliunde provideat in abbatissam. (cap. 125, f. 41 *a*).

Dilecto filio Francisco s. Lucie in Silice diacono cardinali. Inter sollicitudines alias.... Dat. apud Pessacum Burdegalen. dioc., VIIII kal. augusti, anno primo.

1294. — Burdegalis, 26 aug. 1306.

Concedit Iohanni eiusque successoribus ad usus necessarios vacantem vel vacaturam ecclesiam de Thornham, assignata vicario ibidem perpetuo servituro congrua portione. (cap. 126, f. 41 *a*).

Venerabili fratri Iohanni electo Norwicen. Merita tue devotionis.... Dat. Burdegalis, VII kal. septembris, anno primo.

1295. — Burdegalis, 12 iul. 1306.

Concedit ad decennium omnibus vere poenitentibus et confessis, qui ad reaedificandam eccl.

monasterii Insulae Barbarae ord. s. Ben. Lugdunen.
dioecesis eleemosynas erogaverint, indulgentias
centum dierum, quas mitti per quaestuarios districtius inhibet. (cap. 127, f. 41 *a*).

*Vniversis Christi fidelibus presentes lit-
teras inspecturis.* Ecclesiarum fabricis....
Dat. Burdegalis, IIII idus iulii, anno primo.

1296. — Burdegalis, 25 iun. 1306.
Iohanni confert canonicatum et praebendam
ecclesiae Compostellanae reservatque illi conferendum vacantem vel vacaturum personatum seu dignitatem, ac dispensat cum illo super defectu ordinum et aetatis. (cap. 128, f. 41 *b*).

*Dilecto filio Iohanni nato dilecti filii no-
bilis viri Alfonsi quondam Fernandi primogeniti clare memorie Alfonsi regis Castelle
canonico Compostellan.* Nobilitas generis....
Dat. Burdegalis, VII kalendas iulii, anno
primo.

1297. — Burdegalis, 25 iun. 1305.
Mandat infrascriptis, ut eundem Iohannem in
canonicum ecclesiae Compostellanae recipi faciant,
in possessionem praebendae inducant ac defendant
illique vacaturum personatum seu dignitatem conferre et assignare curent. (eod., 42 *a*).

*Venerabili fratri.. episcopo Lucen. et di-
lectis filiis.. archidiacono de Cornaco in eccl.
Compostellan. ac Petro Lupi de Luna canonico Cesaraugustan.* Nobilitas generis....
Dat. ut supra.

1298. — Lugduni, 1 febr. 1306.
(Iacobo)[1] mandat, ut de religiosis catholicis vel
fidelibus et honestis clericis secularibus reformare
procuret monasteria de Gelia et de Lacrona ac
de s. Saba suae dioec., quae quidam Iorgianus
et Graeci schismatici tanquam abbates nequiter
occuparunt. (cap. 129, f. 42 *a*).

Ven. fratri.. episcopo Paphen. Quanto
maiori.... Dat. Lugduni, kal. februarii, anno
primo.

1299. — Burdegalis, 31 maii 1306.
Ad petitionem Roberti, ducis Calabriae, filii
Caroli regis Siciliae, mandat (Iacobo)[1], ut tabellionatus officium duabus personis, quas illi dux
ad hoc duxerit nominandas, facta diligenti examinatione, concedat, recepturus postea ab eis fidelitatis iuramentum. (cap. 130, 42 *a*).

*Venerabili fratri.. archiepiscopo Neapo-
litan.* Cum sicut ex parte.... Dat. Burdegalis, II kal. iunii, anno primo.

1300. — Burdegalis, 31 maii 1306.
Consideratione Roberti, ducis Calabriae, indulget infrascriptae, ut monasteria monialium et sororum quorumcunque ordinum cum octo honestis
mulieribus intrare valeat, ita tamen ut cum monialibus non comedat nec in monasterio pernoctet.
(cap. 131, f. 42 *b*).

*Dil. in Christo filie nobili mulieri Sancie
ducisse Calabrie.* Sincere tue dovotionis affectu.... Dat. ut supra.

1301. — Burdegalis, 31 maii 1306.
Eidem indulget, ut sibi eligere possit confessarium, qui eam absolvere valeat, exclusis casibus
reservatis. (cap. 132, f. 42 *b*).

Eidem. Sincera devotio.... Dat. ut supra.

1302. — Burdegalis, 14 maii 1306.
Annuens precibus Archambaldi, canonici Parisien., capellani sui, confert eius clerico et familiari beneficium in civitate vel dioec. Petragoricen.
vacans vel vacaturum, spectans ad collationem
episcopi Petragoricen. (cap. 133, f. 42 *b*).

*Dilecto filio Helie Pictavini de Sviraco
prope Ribariacum clerico Petragoricen. dioc.*
Nobilitas generis.... Dat. Burdegalis, II idus
maii, anno primo.

1303. — Burdegalis, 14 maii 1306.
Mandat infrascriptis, ut eidem Heliae beneficium illi reservatum conferre et assignare curent,

[1] Iacobus † circa 1322. GAMS, l. c. p. 438.

[1] Iacobus ord. Eremitarum s. Aug., speculativus doctor appellatus, 1302 archiepiscopus Beneventanus, eodem anno translatus Neapolim, decessit 1308. VGHELLI,
Italia s. VIII. p. 143 et VI. p. 119.

illumque in possessionem inducant et defendant. (eod., f. 42 *b*).

Dil. filiis.. priori de s. Avito Seniori Petragoricen. dioc. et cantori s. Frontonis et Yterio de Vallesecura canonico maioris Petragoricen. ecclesiarum. Nobilitas generis.... Dat. ut supra.

1304. — Burdegalis, 8 sept. 1306.
Obtentu Marchesiae, natae Heliae, comitis Petragoricen., monialis mon. s. Clarae Petragoris, infrascripto, iam eleemosynario Burgi, confert parochialem ecclesiam de Atreyo Santonen. dioec., spectantem ad praesentationem abbatis mon. Burgidolen. ord. s. Ben. Bituricen. dioec., qui duos ad ipsam ecclesiam praesentavit, qui vero etiam appellatione facta recusati fuerunt. (cap. 134, f. 43 *a*).

Dil. filio Geraldo Bassardi clerico Petragoricen. dioc. Laudabile testimonium.... Dat. Burdegalis, VI idus sept., anno primo.

1305. — Burdegalis, 9 aug. 1306.
Archambaldo indulget, ut duo eius clerici et familiares ad quinquennium fructus suorum beneficiorum, exceptis quotidianis distributionibus, personaliter non residendo percipere valeant. (cap. 135, f. 43 *a*).

Dil. filio Archambaldo nato quondam Archambaldi vicecomitis Petragoricen. clerico. Personam tuam devotione.... Dat. Burdegalis, V idus augusti, anno primo.

1306. — Burdegalis, 9 aug. 1306.
Mandat infrascriptis, ut illis duobus clericis fructus beneficiorum faciant per quinquennium ministrari. (eod., f. 43 *a*).

Dil. filiis.. archidiacono Xanctonen. et.. cantori Albaterren. Petragoricen. dioc. ac Talayrando de s. Asterio canonico Melden. ecclesiarum. Personam.... Dat ut supra.

1307. — Burdegalis, 13 aug. 1306.
Indulget ad quinquennium, ut fructus omnium beneficiorum suorum, exceptis quotidianis distri-

Regestum Clementis Papae V.

butionibus, personaliter non residendo percipere valeat. (cap. 136, f. 43 *b*).

Dil. filio Archambaldo abbati seculari ecclesie de s. Asterio Petragoricen. dioc. Tui nobilitas generis.... Dat. Burdegalis, idus augusti, anno primo.

1308. — Burdegalis, 13 aug. 1306.
Mandat infrascriptis, ut eidem Archambaldo fructus eius beneficiorum per quinquennium ministrari faciant. (eod., f. 43 *b*).

Dil. filiis.. archidiacono Xanctonen. et.. cantori de Albaterra Petragoricen. dioc. ac Talayrando de s. Asterio canonico Melden. ecclesiarum. Nobilitas generis.... Dat. ut supra.

1309. — Burdegalis, 10 iun. 1306.
Consideratione Petri, episcopi Sabinen., confert eius camerario canonicatum ecclesiae Abulen. reservatque illi conferendam vacantem vel vacaturam praebendam ac dignitatem seu personatum cum praestimoniis, non obstante quod in Salamantin. et Vallisoletan. Palentin. dioec. ecclesiis canonicatus et praebendas cum praestimoniis obtineat. (cap. 137, f. 43 *b*).

Dil. filio Fernando Velasci canonico Abulen. Tue probitatis merita.... Dat. Burdegalis, IIII idus iunii, anno primo.

1310. — Burdegalis, 18 iunii 1306.
Annuens precibus Arnaldi Garsiae, Leomaniae et Altivillaris vicecomitis, fratris sui, concedit infrascripto, ut beneficium etiam cum cura recipere valeat, dispensatque cum illo super defectu ordinum et aetatis. (cap. 138, f. 44 *a*).

Dil. filio Roberto de Mota clerico Agennen. dioc. Laudabilia tue iuventutis indicia.... Dat. Burdegalis, XIIII kal. iulii, anno primo.

1311. — Burdegalis, 16 iun. 1306.
Indulget ad quinquennium, ut morans apud sedem apostolicam fructus praepositurae Maguntinae, archidiaconatus Narbonnen. ac praebendarum,

31

quas obtinet in eis et basilica principis apostolorum de Vrbe, Lugdunen., Ambianen., Cameracen., Laudunen., Silvanecten. et Rosnacen. Cameracen. dioec. eccl., quarum existit canonicus percipere valeat, quotidianis distribut. exceptis. (cap. 139, f. 44 *a*).

Dil. filio magistro Iacobo de Normannis notario nostro archidiacono Narbonen. Dum ad tue probitatis.... Dat. Burdegalis, XVI kal. iulii, anno primo.

1312. — Burdegalis, 16 iun. 1306.
Mandat infrascriptis, ut eidem Iacobo fructus beneficiorum ministrari faciant. (eod., f. 44 *b*).

Dil. filiis.. s. Genovefe Parisien. et.. s. Alexii de Vrbe mon. abbatibus ac magistro Neapolioni de filiis Vrsi notario nostro archid. Stadien. Dum probitatis.... Dat. ut supra.

1313. — Burdegalis, 4 iul. 1306.
Mandat infrascriptis, ut Iacobo, regi Aragoniae, per quatuor annos duas partes decimarum omnium ecclesiasticorum redituum pro adipiscenda possessione regni Sardiniae et Corsicae, quod illi regi Bonifacius Papa VIII in feudum dederat, et pro prosecutione alterius negotii contra infideles, residuam vero partem tertiam pro ipsius regis expensis exhiberi faciant. (cap. 140, f. 44 *b*).

Ven. fratri.. episcopo Valentin. et dil. filio.. archidiacono Terrachonen. collectoribus decime in regno Aragonie et Valentie comitatu Barchinonen. omnibusque terris carissimi in Christo filii nostri Iacobi Aragonie Sardinie et Corsice regis illustris regno Sardinie et Corsice eiusque terris dumtaxat exceptis ex causis insertis inferius deputate. Devotionis et fidei prontitudo.... Dat. Burdegalis, IIII nonas iulii, anno primo.

1314. — Ysidulii, 27 apr. 1306.
Indulget infrascriptis, ne ullus eorum studiis insistens ex civitate Tolosana ad iudicium trahi possit. (cap. 141, f. 45 *a*).

Vniversis scolaribus Tholose litterarum studiis insistentibus. Desideria vestra.... Dat. Ysidulii, V kal. maii, anno primo.

1315. — Ysidulii, 27 apr. 1306.
Concedit eisdem et aliis, qui in ecclesia fratrum Praedicatorum Tolosae tempore Adventus et Quadragesimae missae celebratae in honorem beatae Mariae Virg. devote interfuerint, indulgentiam centum dierum. (cap. 142, f. 45 *a*).

Eisdem scolaribus. Desideriis vestris.... Dat. ut supra.

1316. — Burdegalis, 16 iul. 1306.
Consideratione Petri, tit. s. Vitalis presbyteri cardinalis, dispensat cum eius capellano, ut parochialem ecclesiam de Messac Lemovicen. dioec. retinere valeat. (cap. 143, f. 45 *a*).

Dil. filio Audoino Marches acolito canonico ecclesie Dravaten. Lemovicen. dioc. Laudabilia tue probitatis merita.... Dat. Burdegalis, XVII kal. augusti, anno primo.

1317. — Burdegalis, 6 nov. 1306.
Inter abbatem et conventum mon. s. Martialis Lemovicen. dioec. ord. s. Ben. atque Archimbaldum electum praepositum ac suppriorem et conventum mon. Cambonen. lite de instituendo praeposito in monasterio Cambonen. exorta nec coram Landulpho, s. Angeli diacono cardinali, composita, mandatur infrascripto, ut negotium summarie de plano sine forma iudicii terminare procuret. (cap. 144, f. 45 *a*).

Dil. filio magistro Iohanni [1] de Gensanis canonico Lemovicen. Dudum inter.... Dat. Burdegalis, VIII idus nov., anno primo.

1318. — Ysidulii, 27 apr. 1306.
(Gaillardo) mandat, ne permittat in civitate practicare medicinam, nisi qui in eadem arte licentiatus existat vel alias sit approbatus. (cap. 145, f. 45 *a*).

Venerabili fratri.. episcopo Tholosano. Habet quam plurium.... Dat. Ysidulii, V kal. maii, anno primo.

1319. — Burdegalis, 31 iul. 1306.
Obtentu Arnaldi, s. Mariae in Porticu diaconi cardinalis, dispensat cum Matthaeo, ut praeter prae-

---

[1] Iohannes de Gensanis postea archidiaconus de Combrallia in ecclesia Lemovicen. *Gallia chr.,* II. p. 638.

posituram in Satcen. et canonicatus ac praebendas in Pragen. et Boleslavien. ecclesiis adhuc unum
aliud beneficium etiam cum cura recipere ac retinere valeat. (cap. 146, f. 45 *b*).

. *Dil. filio Matheo preposito ecclesie Satcen.*
Pragen. dioc. Licet propter ambitiones....
Dat. Burdegalis, II kalendas aug., anno
primo.

1320. — Matiscone, 8 mart. 1306.

Ad petitionem Amedei, comitis Sabaudiae, indulget infrascriptis, ut quasdam decimas parochialibus ecclesiis Maurianen. dioec. debitas, quas nonnulli nobiles et alii laici iniuste diu detinuerunt,
petere, exigere, eripere ac recuperare valeant, exhibitis congruis portionibus ecclesiis, ad quas ipsae
decimae spectant. (cap. 147, f. 45 *b*).

Dil. filiis.. preposito et capitulo ecclesie
s. Catherine prope Aquambellam Mauria-
nen. dioc. Exposuit nobis.... Dat. Matiscone,
VIII idus martii, anno primo.

In eundem modum ven. fratri nostro.. episcopo
Maurianen.

1321. — Apud s. Genesium, 10 februarii 1306.

Intuitu Roberti, ducis Calabriae, confert Petro
canonicatum et praebendam ac praeposituram, quae
mensata vulgariter nuncupatur, vacantem vel vacaturam in ecclesia Ilerden., non obstante quod in
Valentin. praecentoriam et in ea ac Barchinonen.
canonicatus et praebendas et in eisdem Valentin.
et Barchinonen. praeposituras ac in ipsis ecclesiis
et dioc. Barchinonen. quasdam capellanias obtineat et quod ei beneficium ad cuiuscumque collationem spectans in civitate vel dioecesi Terraconen.
vacans vel vacaturum collatum fuerit. (cap. 148,
f. 45 *b*).

Dil. filio Petro de Scintillis canonico
Ilerden. Litterarum scientia.... Dat. apud
s. Genesium prope Lugdunum, IIII idus
februarii, anno primo.

In eundem modum dil. filiis.. s. Pauli et.. s. Eu-
laliae de Campis prioribus ac Guillelmo Egidii
canonico Barchinonen.

1322. — Burdegalis, 9 aug. 1306.

Mandat infrascriptis, ut Oliverio de Narbona
clerico de aliquo beneficio cum annuis reditibus
sexaginta librarum Turonen. parvorum vacante
vel vacaturo in civitate vel dioec. Petragoricen.
et spectante ad collationem capituli Petragoricen.
provideant, in canonicum eum recipi faciant et in
possessionem beneficii inducant. (cap. 149, f. 46 *a*).

Dil. filiis.. abbati de s. Asterio et.. priori
de s. Avito Seniori secularium Petragoricen.
dioc. ac.. cantori s. Frontonis Petragoricen.
ecclesiarum. Volentes dilecto filio.... Dat.
Burdegalis, V idus augusti, anno primo.

1323. — Apud Pessacum, 31 oct. 1306.

Bonifacio Pp. VIII adhuc vivente B(erenga-
rius) [1] episcopus Carpentoracten. a Raymundo
Duranti, clerico Carpentoracten., multorum crimi-
num accusatus fuit. Ad relationem R(aymundi),
s. Eustachii diaconi cardinalis, Benedictus Pp. XI
illum episcopum ad sedem apostolicam citavit.
Hisce nunc Clemens Pp. V infrascriptis mandat,
ut istum episcopum peremptorie citare curent,
quod infra duorum mensium spatium coram sede
apostolica compareat. (cap. 150, f. 46 *b*).

Venerabilibus fratribus.. Aurasicen. et..
Cavallicen. episcopis ac dilecto filio.. abbati
mon. s. Marie de Sanhatica Cavallicen.
dioc. Grave gerimus.... Dat. apud Pessacum Burdegalen. dioc., II kal. novembris,
anno primo.

1324. — Burdegalis, 9 aug. 1306.

Arnaldo de Bovisvilla confert canonicatum
ecclesiae Petragoricen., quem capitulum recipere
non vult, cum nullus desit de certo eorum numero. Mandat itaque infrascriptis, ut eundem
Arnaldum admitti faciant ad vocem ac stallum in
choro et locum in capitulo. (cap. 151, f. 46 *b*).

Dil. filiis.. abbati mon. s. Marie de
Cancellata et.. s. Aviti Senioris ac.. de s. Ci-
priano prioribus Petragoricen. dioc. Volen-

---

1 Berengarius de Mazano 1294-1316. Contra crimina
ei obiecta defenditur a fratribus Minoribus litteris datis
IV kal. maii 1307. *Gallia chr.*, I. p. 905.

tes dudum.... Dat. Burdegalis, V idus augusti, anno primo.

1325. — Burdegalis, 9 aug. 1306.
Remittit infrascripto onus persolutionis legatorum factorum a Raymundo, Bernardo et Bertrando fratribus et Arnaldo de Bovisvilla patruo, quorum heres existit. (cap. 152, f. 46 *b*).

Dil. filio Bernardo de Bovisvilla canonico Petragoricen. Laudabilis tue circumspectionis.... Dat. Burdegalis, V idus augusti, anno primo.

1326. — Burdegalis, 9 aug. 1306.
Collatum prius canonicatum ecclesiae s. Aviti Senioris Petragoricen. dioec. consideratione Bernardi de Bovisvilla canonici Petragoricen., hisce confirmat, etiamsi nullus desit de certo canonicorum numero. (cap. 153, f. 47 *a*).

Dil. filio Raymundo de Furno canonico s. Aviti Senioris Petragoricen. dioc. Volentes tibi.... Dat. Burdegalis, V idus augusti, anno primo.

1327. — Burdegalis, 11 aug. 1306.
Obtentu Berengarii, tit. ss. Nerei et Achillei presbyteri, et Lucae, s. Mariae in Via lata diaconi cardinalium, dispensat cum infrascripto, eiusdem Lucae consanguineo et capellano, ut praeter archidiaconatum in ecclesia Vapincen. plebanatum plebis de Lavania Ianuen. dioec., super quo litigabat, pluraque alia beneficia, canonicatus, praebendas et dignitates in eadem Vapincen. ac Narbonnen., Naulen., s. Mariae in Vineis Ianuen. ecclesiis nec non decimas in castris de Florenziaco, de Mesua et de Podiolauterii, ac proventus in Decondamnis de Sparono et de Remerio ecclesiis Agathen. et Vapincen. dioec. obtinere possit; tenetur vero, postquam istum plebanatum evicerit, canonicatum et praebendam, quos in eadem plebe obtinet, dimittere. (cap. 154, f. 47 *a*).

Dil. filio magistro Henrico de Lavania archidiacono Vapincen. Illis apostolica sedes.... Dat. Burdegalis, III idus augusti, anno primo.

1328. — Burdegalis, 11 maii 1306.
Consideratione Beatricis, Drocen. et Montisfortis comitissae, confert eius physico canonicatum ecclesiae Carnoten. et praebendam vacantem vel vacaturam conceditque, ut retinere valeat in s. Bartholomaei Beluacen., s. Mariae de Stampis ac s. Stephani Drocen. Senonen. et Carnoten. dioec. eccl. canonicatus et praebendas. (cap. 155, f. 47 *b*).

Dil. filio magistro Iohanni dicto Alaude alias connominato Apoteccario canonico Carnoten. Volentes tibi.... Dat. Burdegalis, V idus maii, anno primo.

1329. — Burdegalis, 7 iul. 1306.
In lite inter abbatem et conventum mon. de s. Crispina ord. s. Ben. Mediolanen. dioec. et potestatem, capitaneum, officiales, consilium et commune civitatis Papien. ob occupationem, spoliationem et detentionem iurium et iurisdictionum s. Crispinae Cugnoli, Casellarum et Costae Villarum dictae dioec. et aliorum locorum ad illud mon. spectantium, G(uillelmus), s. Nicolai in carcere Tullian. diaconus cardinalis, constituitur auditor; infrascriptis vero mandatur, ut potestatem, capitaneum, officiales, consilium et commune dictae civitatis citare curent, ut infra duorum mensium spatium apostolico conspectui se praesentent. (cap. 156, f. 47 *b*).

Dil. filiis.. abbati mon. s. Sepulcri et.. priori Predicatorum ac guardiano Minorum fratrum ordinum Placentin. In causa quam.... Dat. Burdegalis, nonas iulii, anno primo.

1330. — Lugduni, 18 ian. 1306.
Ad querelam magistri Antonii de Laveza, canonici Wellen., capellani Lucae, s. Mariae in Via lata diac. cardinalis, quod Franciscum eius fratrem et procuratorem ac magistrum Bartholomaeum, archidiaconum Exonien., subdelegatum executoris, quos ad obsidendum canonicatum et praebendam ecclesiae Wellen. destinavit, Thomas de Gorgos praecentor, Robertus de Haselscave tunc cancellarius, Thomas dicti Roberti frater, Hugo de Penitris, Richardus de Pistok, Guillelmus de Serletone, Thomas de Logor, canonici ecclesiae Wellen.,

Richardus dictus Parisius, rector ecclesiae de Tor-
ceworthe Wigornien. dioec., ac Thomas Spingose
clericus, nepos Gualteri, episcopi Bathonien. et
Wellen., de mandato et voluntate eiusdem episcopi,
qui provisionem illam aegre ferebat, in domum ir-
ruentes, in qua subdelegatus et procurator existe-
bant, illos percussissent, incarcerassent, vulneras-
sent, ita ut Benedictus, subdelegati nepos, expiraret,
constituit negotii auditorem magistrum Onuphrium
de Trebis, decanum Melden. capellanum suum,
mandatque infrascriptis, ut si episcopum et ceteros
invenerint diffamatos, illos necnon Richardum de
Hawindonia. clericum, qui praebendam istam ab
episcopo illi collatam in contemptum sedis apostolicae detinet, citare curent, quatenus infra duorum
mensium spatium compareant coram sede apostolica.
(cap. 157, f. 47*b*).

*Dil. filiis.. archidiacono Bothinghamie
Lincolnien. dioc. et.. cantori Saresbirien. ac
magistro Bartholomeo de Ferentino canonico Londonien. ecclesiarum.* Ad corrigen-
dos actus.... Dat. Lugduni, XV kal. februarii, anno primo.

1331. — Apud mon. Grandimonten., 20 apr. 1306.

Supplicante Iohanne Roselli milite pro nepote
suo Guillelmo de Bussi, clerico Lausanen. dioec.,
mandatur infrascriptis, ut eidem Guillelmo de aliquo
beneficio cum cura, spectante ad collationem episcopi Apamiarum, in civitate vel dioecesi vacante
vel vacaturo, dummodo de mensa episcopi non
existat, provideant, cuius annui reditus usque ad
summam centum librarum Turonen. parvorum
ascendant. (cap. 158, f. 48*a*).

*Dil. filiis.. cantori et Grimoando de Al-
tisvineis Agennen. ac Bertrando de Duroforti Caturcen. ecclesiarum canonicis.* Laudabile testimonium.... Dat. apud monast.
Grandimonten., XII kal. maii, anno primo.

1332. — Apud mon. Grandimonten., 20 apr. 1306.

Mandat eisdem, ut Geraldo de Bussi, canonico
Agennen., de aliquo beneficio cum cura, spectante

ad collationem episcopi Agennen. vel cuiuscunque, vacante vel vacaturo in civitate vel dioec.
Agennen., dummodo de mensa episcopi non existat,
provideant, non obstante quod canonicatum et praebendam in ecclesia Agennen. et parochialem eccl.
Montisregalis ac decimarum de Cator. et Fontisfrigidi medietates obtineat. (cap. 159, f. 48*a*).

Eisdem cantori et canonicis. Laudabilia
merita..:. Dat. apud mon. Grandimonten.,
XII kal. maii, anno primo.

1333. — Apud Solemniacum, 24 apri- lis 1306.

Concedit infrascriptis, ut pensiones cedant et
deficiant cum cedentibus vel decedentibus et ad
monasteria revertantur. (cap. 160, f. 48*b*).

*Dilectis filiis.. abbati Cistercien. Cabilo-
nen. dioc. eiusque coabbatibus monasteriorum
Cistercien. ord. et eorum conventibus.* Pietatis
opera.... Dat. apud Solemniacum, VIII kal.
maii, anno primo.

1334. — Apud mon. Grandimonten., 20 apr. 1306.

Concedit infrascripto ad dies vitae facultatem
promovendi monachos suos ad omnes minores ordines, pallas altaris, cruces et alia ornamenta ecclesiae sui monasterii et capellarum et aliorum
locorum monasterio subiectorum benedicendi nec
non reconciliandi coemeterium et oratoria ac alia
loca sacra, aqua prius per aliquem episcopum benedicta. (cap. 161, f. 48*b*).

*Dilecto filio Arnaldo abbati monasterii
Fontisfrigidi Cistercien. ord. Narbonen. dioc.*
Mater ecclesia.... Dat. apud mon. Grandi-
monten., XII kal. maii, anno primo.

1335. — Apud Solemniacum, 24 apri- lis 1306.

Ad querelam abbatis monasterii Cisterciensis
Cabilonen. dioec. mandat infrascriptis, ut abbates
Cistercien. ord. regni Angliae, asserentes eis fuisse
per E(duardum) regem Angliae inhibitum, compellant, quatenus ad capitulum generale in mon. Cisterciensi certis temporibus celebrandum accedant

et ipsius capituli statutis pareant. (cap. 162, f. 48 *b*).

Ven. fratribus.. archiepiscopo Eboracen. et Wintonien. ac Londonien. episcopis. Querelam dilecti filii.... Dat. apud Solempniacum, VIII kal. maii, anno primo.

1336. — Lemovicis, 20 apr. 1306.
(Reginaldo) concedit facultatem faciendi recipi decem singulas personas in decem singulis monasteriis seu ecclesiis regularibus in monachos seu canonicos, non obstante de certo monachorum seu canonicorum numero et quibuslibet statutis. (cap. 163, f. 48 *b*).

Venerabili fratri. R. episcopo Lemovicen. Personam tuam.... Dat. Lemovicis, XII kal. maii, anno primo.

1337. — Burdegalis, 24 aug. 1306.
(Audoino) indulget ad triennium, ut possit dioecesin visitare per alium vel alios procurationesque exigere ac recipere. (cap. 164, f. 49 *a*).

Venerabili fratri .A. episcopo Petragoricen. Grata devotionis studia.... Dat. Burdegalis, VIIII kalendas septembris, anno primo.

In eundem modum dil. filiis.. de s. Sereno Caturcen. et de Cambralia Lemovicen. archidiacono ac.. cantori Petragoricen. ecclesiarum.

1338. — Burdegalis, 25 iun. 1306.
Dispensat cum infrascripto super defectu natalium, ut possit ad omnes promoveri ordines et quoscunque personatus et dignitates cum vel sine cura recipere ac retinere. (cap. 165, f. 49 *a*).

Dil. filio Lodoico nato dilecti filii nobilis viri Alfonsi quondam Fernandi primogeniti clare memorie Alfonsi regis Castelle clerico. Consuevit apostolice sedis.... Dat. Burdegalis, VII kal. iulii, anno primo.

1339. — Burdegalis, 25 iun. 1306.
In eundem modum pro *Iohanne* nato dicti nobilis clerico ut supra in finem. (cap. 166, f. 49 *a*).

1340. — Burdegalis, 25 iun. 1306.
Item eodem modo pro *Alphonso* nato eiusdem nobilis clerico etc., ut supra usque in finem. (cap. 167,. f. 49 *a*).

1341. — Versilliaci, 13 apr. 1306.
Obtentu Bertrandi de God, sui nepotis, reservat infrascripto conferendum beneficium cum vel sine cura, consuetum monachis illius monasterii assignari, vacans vel vacaturum, cuius reditus trecentarum librarum Turonen. parvorum iuxta taxationem decimae valorem annuum non excedant. (cap. 168, f. 49 *a*).

Venerabili fratri Raterio de Latrico monacho monasterii s. Poncii de Gomeriis ord. s. Ben. Narbonen. dioc. Vt tua tuorumque sincera.... Dat. Versilliaci, idus aprilis, anno primo.

In eundem modum dilectis filiis.. priori de Nuerio Tolosan. et.. archidiac. Troian. ac Petro de Quimballis cancellario eiusdem Tolosan. ecclesiarum.

1342. — Apud mon. Grandimonten., 20 apr. 1306.
Concedit ad dies vitae facultatem absolvendi et dispensandi cum monachis et conversis sui monasterii, qui pro violenta iniectione manuum in clericos excommunicationis sententia innodantur. (cap. 169, f. 49 *b*).

Dilecto filio Arnaldo abbati mon. Fontisfrigidi Cistercien. ord. Narbonen. dioc. Exposuisti nobis.... Dat. apud mon. Grandimonten., XII kal. maii, anno primo.

1343. — Burdegalis, 12 iul. 1306.
Concedit fidelibus, qui in festis b. Mariae Virg. ad capellam beatae Mariae Insulae Barbarae Lugdunen. dioec. vere poenitentes et confessi accesserint, indulgentiam centum dierum, illis vero qui eam per octo dies festivitates immediate sequentes visitaverint, sexaginta dierum. (cap. 170, f. 49 *b*).

Vniversis Christi fidelibus presentes litteras inspecturis. Virga venustissima.... Dat. Burdegalis, IIII idus iulii, anno primo.

1344. — Apud mon. Grandimonten.,
20 aprilis 1306.

Confert facultatem faciendi recipi in canonicos
unam personam in Vicentin., alteram in de Leonico ecclesiis, non obstante de certo canonicorum
numero, illis providendi de praebendis vacantibus
vel vacaturis easque inducendi in possessionem,
etiamsi beneficiatae existant. (cap. 171, f. 49 *b*).

*Venerabili fratri Altegrado episcopo
Vicentin.* Personam tuam.... Dat. apud mon.
Grandimonten.; XII kal. maii, anno primo.

1345. — Burdegalis, 31 maii 1306.

Supplicationibus annuens Roberti, ducis Calabriae, mandat infrascriptis, ut clericos etiam pontificali praeditos dignitate, qui pro eodem duce
officia et administrationes in ducatu Calabriae exercent, cogant ad reddendam rationem et computum
eidem duci. (cap. 172, f. 50 *a*).

*Dil. filiis Francisco electo Gaietan. et..
archidiacono Mimaten.* Significavit nobis....
Dat. Burdegalis, II kal. iunii, anno primo.

1346. — Apud mon. Grandimonten.,
20 apr. 1306.

Obtentu G(uillelmi), tit. s. Pudentianae presb.
cardinalis, confert Andreae canonicatum ecclesiae
Nannecten., reservatque conferendam praebendam
ibidem vacantem vel vacaturam conceditque, ut
beneficium pertinens ad collationem abbatissae et
conventus mon. s. Mariae Andegaven. assequi valeat. (cap. 173, f. 50 *a*).

*Dil. filio Andree Baudovini de Vitreio
canonico Nannecten.* Nobilitas generis.... Dat.
apud mon. Grandimonten. Lemovicen. dioc.,
XII kal. maii, anno primo.

In eundem modum dilectis filiis.. archidiac.
Transmedianen. et scolastico Andegaven. ac magistro Guillelmo Heliae canonico Rothomagen. ecclesiarum.

1347. — Burdegalis, 19 aug. 1306.

Consideratione G(uillelmi), episcopi Mimaten.,
confert eius fratri vacantem vel vacaturam dignitatem vel personatum aut officium in monasterio

b. Mariae de Cassiano ordinis s. Augustini ac
dispensat cum illo super defectu ordinum et aetatis.
(cap. 174, f. 50 *b*).

*Dil. filio Guillelmo Duranti canonico mo-
nasterii beate Marie de Cassiano ord. s. Aug.
Biterren. dioc.* Dum conditiones et merita.... Dat. Burdegalis, XIIII kal. septembris, anno primo.

In eundem modum dil. filiis Bernardo Roiardi
archidiacono Santonen. capellano nostro et.. praeposito Mimaten. ac praecentori Narbonnen. ecclesiarum.

1348. — Bituris, 31 mart. 1306.

Indulget, ut apud sedem apostolicam commorans vel insistens scolasticis disciplinis, ubi studium vigeat generale, vel ubicunque eum morari
contigerit, possit usque ad quinquennium fructus
suorum beneficiorum, exceptis quotidianis distributionibus, percipere. (cap. 175, f. 50 *b*).

*Dil. filio Geraldo de s. Eulalia canonico
Rothomagen.* Vt tua et tuorum sincera devotio.... Dat. Bituris, II kal. aprilis, anno
primo.

Ven. fratribus.. archiepiscopo Burdegalen. et..
episcopo Londonien. ac dilecto filio.. archidiacono
Martiano in eccl. Aduren [1].

1349. — Bituris, 31 mart. 1306.

Indulget, ut apud sedem apostolicam commorans vel insistens scolasticis disciplinis, vel ubicunque eum morari contigerit, possit usque ad
quinquennium fructus suorum beneficiorum, exceptis quotidianis distributionibus, percipere. (cap. 176,
f. 51 *a*).

*Dil. filio Ra(y)mundo Ewilhelmi de s. Eu-
lalia canonico ecclesie Vastinen. Bituricen.
dioc.* Vt tua et tuorum etc. ut supra per
totum.... Dat. ut supra.

In eundem modum ven. fratribus archiepiscopo
Burdegalen. et episcopo Agennen. et archidiacono
de Martiano in eccl. Aduren.

---

[1] In manuscripto adnotatum : « Executorie inscripte
Geraldi et Raymundi de s. Eulalia sunt scripte hic in
margine quia sine gratiis venerunt post. »

1350. — Lugduni, 2 febr. 1306.

Cum Galhardus de Rupe, qui quasdam decimas prope Podium Maurinum in dioec. Convenarum sibi a Clemente Papa V, cum adhuc ecclesiae Convenarum praefuisset, in personale beneficium assignatas habebat, matrimonium contraxisset, episcopus Convenarum et abbas mon. de Simorra ord. s. Ben. Auxitan. dioec. decimas istas ad eorum collationem spectantes infrascripto contulerunt, quod Clemens Papa V confirmat, illique concedit, ut in Albien. thesaurariam et in Narbonnen archidiaconatum Corbarien. et in eadem Albien., Convenarum et Ruthenen. ecclesiis canonicatus et praebendas, nec non ecclesiam s. Petri de Gilio sine cura Albien. dioec. subiectam hospitali s. Iohannis Ierosolimitani nomine praestimonii obtinere valeat, ac ceu canonicus ecclesiae Narbonnen. praebendam ibi expectet. (cap. 177, f. 51 a).

Dil. filio magistro Siccardo de Vauro thesaurario ecclesie Albien. capellano nostro. Tue merita devotionis.... Dat. Lugduni, IIII non. februarii, anno primo.

1351. — Burdegalis, 17 aug. 1306.

Ad reaedificandam ecclesiam pauperumque sustentationem confert infrascriptis ecclesiam s. Petri de Magna Walsingham, in qua ius patronatus obtinent, cuiusque annui reditus summam decem librarum sterlingorum iuxta taxationem decimae non excedunt, conceditque ut cedente vel decedente rectore eandem ecclesiam in possessionem recipere ac retinere valeant, assensu dioecesani minime requisito, proviso tamen, ut eidem ecclesiae per aliquem de canonicis sui monasterii faciant perpetuo deserviri. (cap. 178, f. 51 a).

Dil. filiis.. priori et conventui monast. s. Marie de Valsingham per priorem soliti gubernari ord. s. Aug. Norwicen. dioc. Caritatis affluentia.... Dat. Burdegalis, XVI kal. septembris, anno primo.

1352. — Burdegalis, 17 aug. 1306.

Concedit eisdem, ut in ecclesia Omnium Sanctorum de Parva Walsingham Norwicen. dioec., in proprios usus illis applicata, possint per aliquem

de canonicis sui mon. facere deserviri, iure dioecesani in omnibus semper salvo. (cap. 179, f. 51 a).

Eisdem priori et conventui. Meritis vestre religionis.... Dat. Burdegalis, XVI kal. septembris, anno primo.

1353. — Burdegalis, 31 maii 1306.

Indulget infrascriptae, ut ei liceat habere altare portatile ac super eo etiam in locis suppositis interdicto, clausis ianuis, excommunicatis et interdictis exclusis, non pulsatis campanis infra mediam noctem et horam nonam facere celebrari et audire cum familiaribus missam. (cap. 180, f. 51 b).

Dil. in Christo filie nobili mulieri Sanctie ducisse Calabrie. Devotionis tue.... Dat. Burdegalis, II kal. iunii, anno primo.

1354. — Burdegalis, 25 oct. 1306.

Concedit infrascripto, ut expectantes super beneficiis cum litteris apostolicis citare, quatenus coram eo vel ab eo deputato compareant, illos vero qui infra unum mensem a tempore citationis comparere neglexerint, private valeat commodo istarum litterarum. (cap. 181, f. 51 b).

Ven. fratri Galhardo episcopo Tholosano. Petitionibus tuis.... Dat. Burdegalis, VIII kal. novembris, anno primo.

1355. — Burdegalis, 12 iul. 1306.

Ad petitionem infrascripti concedit, ut ad facilius exercendam hospitalitatem eccl. s. Andreae de Campania Santonen. dioec. cum omnibus iuribus monasterio adnectatur, et ut cedente vel decedente rectore dictae eccl. possessionem ipsius ingredi valeat, proviso quod capellano in ea perpetuo servituro congrua portio assignetur. (cap. 182, f. 51 b).

Dil. filio abbati mon. s. Romani de Blavia ord. s. Aug. Burdegalen. dioc. Habet in nobis tua.... Dat. Burdegalis, IIII idus iulii, anno primo.

1356. — Apud mon. Fontismorum, 28 mart. 1306.

Obtentu Philippi de Flandria, comitis Theatini et Laureti, indulget eius clerico et familiari, ut insistens scolasticis disciplinis, ubi studium vigeat generale, fructus decanatus sui omniumque aliorum beneficiorum, exceptis quotidianis distributionibus, ad triennium in absentia percipere valeat. (cap. 183, f. 51 b).

Dil. filio Iohanni dicto Hoste decano ecclesie Furnen. Morinen. dioc. Sincere devotionis affectus.... Dat. apud mon. Fontismorum, V kal. aprilis, anno primo.

1357. — Burdegalis, 8 iul. 1306.
Stephanus, tit. s. Ciriaci in Thermis presbyter cardinalis, Iohannis dicti de Barisilva, rectoris parochialis ecclesiae de Contigniaco Andegaven. dioec., et Roberti de Montethare, perpetui capellani capellae de Sellvilla Beluacen. dioec., resignatione dictarum ecclesiarum recepta, easdem illis permutet assignans Iohanni capellaniam, Roberto vero ecclesiam. (cap. 184, f. 52 a).

Dil. filio Stephano tit. s. Ciriaci in Termis presbytero cardinali. Cum sicut ex parte.... Dat. Burdegalis, VIII idus iulii, anno primo.

1358. — Burdegalis, 17 aug. 1306.
Ad petitionem Bernardi Caprarii, rectoris ecclesiae s. Romani de Bursanis Burdegalen. dioec., concedit ad decennium fidelibus vere poenitentibus et confessis, qui ad reparandam ecclesiam dicti sancti eleemosynas erogaverint eandemque ecclesiam in festo et per octavam eiusdem sancti visitaverint, annuatim centum dierum indulgentiam. (cap. 185, f. 52 a).

Vniversis Christi fidelibus presentes litteras inspecturis. Quoniam ut ait apostolus.... Dat. Burdegalis, XVI kal. septembris, anno primo.

1359. — Apud mon. Grandimontis, 20 apr. 1306.
Gualhardo, episcopo Tolosano, tunc canonico Turonen., reservatos conferendos personatum vel dignitatem vacantes vel vacaturos in ecclesia Turonen. transfert in Geraldum, non obstante quod in s. Martini maioris Londonien., s. Vincentii de

Manso, s. Iusti de Valle Capreria, s. Larociani de Vastino ecclesiis canonicatus et praebendas ac parochialem ecclesiam s. Petri de Cassenolio Agennen., Convenarum et Bituricen. dioec. obtineat et illi canonicatum et praebendam ipsius Turonen. ecclesiae contulerit nec non de canonicatibus et praebendis in Rothomagen. et Lectoren. ecclesiis ac in eadem Rothomagen. de dignitate vel personatu vacantibus vel vacaturis providerit. (f. 186, f. 52 a).

Dil filio Geraldo de s. Eulalia canonico Turonen. Personam tuam.... Dat. apud mon. Grandimontis, XII kal. maii, anno primo.

In eundem modum dil. filiis Arnaldo tit. s. Marcelli et Guillelmo tit. s. Pudentianae presbyteris cardinalibus et cantori ecclesiae Burdegalen.

1360. — Burdegalis, 25 iun. 1306.
Consideratione Alphonsi quondam Fernandi, primogeniti Alphonsi, regis Castellae, confert eius filio Alphonso canonicatum ecclesiae Ilerden. ac praebendam ibi vacantem vel vacaturam; personatum vero seu dignitatem reservat ei conferendos, dispensatque cum illo super defectu ordinum et aetatis. Infrascripti ergo eundem faciant in canonicum recipi, inducant in praebendae possessionem ac personatum seu dignitatem vacantes vel vacaturos ei conferant et assignent. (cap. 187, f. 53 a).

Dil. filiis.. decano Tutele Tirasonen. dioc. et Petro Lupi de Luna Cesaraugustan. ac magistro Petro Lupi de Luna Tirasonen. canonicis ecclesiarum. Nobilitas generis.... Dat. Burdegalis, VII kal. iul., anno primo.

1361. — Burdegalis, 9 aug. 1306.
Consideratione Heliae Talayrandi, comitis Petragoricen., confert Iterio de Vallesecura archidiaconatum de Dupla in ecclesia Petragoricen., non obstante quod archipresbyteratum de Villambraldi et in s. Asterii et s. Salvatoris de Albaterra Petragoricen. dioec. ac s. Frontonis Petragoricen. eccl. canonicatus obtineat et praebendas. (cap. 188, f. 53 b).

Dilecto filio Iterio de Vallesecura archidiacono de Dupla in ecclesia Petragoricen.

Tue probitatis merita.... Dat. Burdegalis, V idus augusti, anno primo.

1362. — Burdegalis, 9 aug. 1306.
Infrascripti eundem in possessionem archidiaconatus inducant. (eod., f. 53 *b*).
Dil. filiis.. de s. Asterio et.. de Albaterra cantoribus Petragoricen. dioc. ac Raymundo de Podio canonico Burdegalen. ecclesiarum. Merita probitatis.... Dat. ut supra.

1363. — Apud Villandradum, 13 novembris 1306.
Cum Herveo de Stantona dispensat super retentione beneficiorum de Sahyam Norwicen. dioec., de Thurstona eiusdem dioec., de Werbeto Lincolnien. dioecesis et de Esederham Norwicen. dioecesis dispensatione non obtenta, remittit ei fructus perceptos et concedit, ut ecclesias de Thurstona et Esederham retinere valeat. (cap. 189, f. 53 *b*).
Dil. filio Herveo de Stantona rectori ecclesie de Thurstona Norwicen. dioc. Sedis apostolice multa benignitas.... Dat. apud Binendraldum, idus novembris, anno primo.

1364. — Apud Subterraneam, 14 aprilis 1306.
Aymerico Girberti et Guillelmo Girberti collatis canonicatibus ecclesiae Petragoricen., in qua est certus canonicorum numerus, distinctio vero praebendarum non habetur, ob clausulam per imperitiam scriptoris contra intentionem summi pontificis et P(etri), tit. s. Priscae presbyteri cardinalis, s. romanae ecclesiae vicecancellarii, et contra stilum cancellariae factam declaratur, eisdem canonicis, donec infra numerum canonicorum fuerint, de ipsius ecclesiae proventibus nequaquam providendum. (cap. 190, f. 54 *a*).
Ven. fratri.. episcopo et dil. filiis capitulo Petragoricen. Dudum volentes.... Dat. apud Subterraneam, XVIII kal. maii, anno primo.

1365. — Apud Subterraneam, 14 aprilis 1306.
Arnaldo de Bovisvilla confert abbatiam secularis ecclesiae s. Salvatoris Albaterren. Petragoricen. dioec., non obstante quod illi nuper de canonicatu ecclesiae Petragoricen. providerit, et quod ecclesiam parochialem de Donzenac Lemovicen. dioec. obtineat. (cap. 191, f. 54 *a*).
Dil. filio Arnaldo de Bovisvilla abbati secularis ecclesie s. Salvatoris Albaterren. Petragoricen. dioc. Illos apostolice sedis benignitas.... Dat. apud Subterraneam, XVIII kal. maii, anno primo.

1366. — Burdegalis, 20 aug. 1306.
Resignante Guillelmo de Brocia ecclesiam de Montogio Berengarius, tit. ss. Nerei et Achillei presbyter cardinalis, resignatione recepta eandem ecclesiam auctoritate apostolica Rogerio de Lisdernas contulit dispensans cum eo super defectu ordinum et aetatis, et non obstante quod idem quasdam decimas in territorio de Podio Auderio Tolosan. dioec. obtineret, quae omnia confirmantur. (cap. 192, f. 54 *b*).
Dil. filio Rogerio de Lisdernas rectori parochialis ecclesie de Montogio Tholosan. dioc. Dudum exposito coram nobis.... Dat. Burdegalis, XIII kal. sept., anno primo.

1367. — Burdegalis, 20 aug. 1306.
Infrascripti eundem Rogerium in possessionem dictae ecclesiae inducant. (eod., f. 55 *a*).
Dil. filiis.. archidiacono Xanctonen. et archipresbyt. Carcassonen. ac Eveno Guilloti canonico Briocen. ecclesiarum. Dudum.:.. Dat. Burdegalis, XIII kal. sept., anno primo.

1368. — Burdegalis, 7 nov. 1306.
Helenam, reginam Serbiae, cum eius regno suscipit sub beati Petri et apostolica protectione. (cap. 193, f. 55 *a*).
Carissime in Christo filie Elene regine Servie illustri. Merita tue devotionis, quam ad nos et romanam geris ecclesiam, merito nos inducunt, ut votis tuis in hiis, que

digne postulas, favorabiliter annuamus. Hinc est, quod nos tuis supplicationibus inclinati personam tuam cum regno Servie ac civitatibus, castris, terris, villis et bonis aliis, que impresentiarum iuste ac rationabiliter possides, ad instar felicis recordationis Benedicti Pp. XI predecessoris nostri sub beati Petri et nostra protectione suscipimus et presentis scripti patrocinio comunimus statuentes, ut ea omnia integra permaneant et quieta, et districtius inhibentes, ne quisquam in hiis te perturbare presumat aut quomodolibet molestare. Nulli etc. nostre confirmationis, constitutionis et inhibitionis etc. Si quis etc. Dat. Burdegalis, VII idus novembris, anno primo.

1369. — Matiscone, 8 mart. 1306.
Indulget Mariae, ut monasteria monachorum et monialium ord. Cistercien. de assensu abbatum et abbatissarum intrare valeat, ibi vero nec comedat nec pernoctet. (cap. 194, f. 55*a*).
Dil. in Christo filie Marie comitisse Sabaudie. Sincere tue devotionis.... Dat. Matiscone, VIII idus martii, anno primo.

1370. — Matiscone, 8 mart. 1306.
Eidem indulget habendi altare portatile ac faciendi in eo per. capellanum suum officia divina celebrari. (cap. 195, f. 55*b*).
Eidem. Pium arbitramur.... Dat. ut supra.

1371. — Matiscone, 8 mart. 1306.
Eidem indulget, ut sibi et familiae suae possit eligere confessarium, qui eam absolvere valeat, exceptis casibus reservatis. (cap. 196, f. 55*b*).
Eidem. Desideriis tuis.... Dat. ut supra.

1372. — Matiscone, 8 mart. 1306.
Eidem indulget, ut tres clerici domestici et familiares eius fructus suorum beneficiorum, exceptis quotidianis distributionibus, ad quinquennium percipere valeant, quin ad residentiam personalem teneantur. (cap. 197, f. 55*b*).

Eidem. Apostolice sedis benignitas.... Dat. ut supra.

1373. — Matiscone, 8 mart. 1306.
Infrascripti faciant eisdem tribus clericis fructus beneficiorum per idem quinquennium integre ministrari. (eod., f. 55*b*).
Venerabili fratri.. episcopo Maurianen. et dil. filiis de Costa ac s. Simphoriani de Auzone prioribus Viennen. et Lugdunen. dioc. Apostolice sedis.... Dat. ut supra.

1374. — Cluniaci, 11 mart. 1306.
Petro de Sabaudia indulget ad triennium, ut fructus suorum beneficiorum, ubicunque eum morari contigerit, percipere possit, quotidianis distributionibus exceptis. (cap. 198, f. 55*b*).
Dil. filio Petro de Sabaudia decano Saresbirien. Nobilitas generis.... Dat. Cluniaci, V idus martii, anno primo.

1375. — Cluniaci, 11 mart. 1306.
Infrascripti eidem Petro fructus beneficiorum per idem triennium ministrari faciant. (eod., f. 55*a*).
Dil. filiis.. Savigniacen. et Insule Barbare mon. abbatibus ac priori de Belmondeste Lugdunen. et Wintonien. dioc. Nobilitas generis.... Dat. ut supra.

1376. — Cluniaci, 11 mart. 1306.
Petro de Sabaudia indulget, ut duo clerici domestici et familiares eius, praesentes et posteri, quos sibi elegerit, quamdiu obsequiis eius institerint, fructus suorum beneficiorum, quotidianis distributionibus exceptis, ad triennium percipere valeant, quin personaliter residere teneantur. (cap. 199, f. 56*a*).
Dil. filio Petro de Sabaudia decano eccl. Saresbirien. Personam tuam.... Dat. Cluniaci, V idus martii, anno primo.

1377. — Cluniaci, 11 mart. 1306.
Infrascripti eisdem duobus clericis fructus beneficiorum per idem triennium integre ministrari faciant. (eod., f. 56*b*).

Dil. filiis.. Savigniacen. et.. de Insula Barbara Lugdunen. dioc. mon. abbatibus ac.. priori s. Petri Matisconen. Personam.... Dat. ut supra.

1378. — Apud mon. Grandimontis, 20 apr. 1306.

Indulget infrascriptis, ut usque ad decennium de terris eorum cultis et incultis vel de novalibus nullus ab ipsis decimas seu primitias exigere praesumat. (cap. 200, f. 56 b).

Dil. filiis magistro et fratribus domus pauperum s. Iacobi de Savardino Appamiarum dioc. Digne agere credimus.... Dat. apud mon. Grandimontis, XII kal. maii, anno primo.

1379. — Apud mon. Grandimonten., 20 apr. 1306.

Eisdem indulget, ut usque ad decennium ad praestationem procurationum dioecesani vel quorumcunque aliorum aut decimarum vel exactionum seu collectarum aut subsidiorum quorumcunque minime teneantur. (cap. 201, f. 56 b).

Eisdem. Paupertati vestre.... Dat. apud mon. Grandimonten., XII kal. maii, anno primo.

1380. — Burdegalis, 13 iun. 1306.

Iacobo de Cruce committit tabellionatus officium facta per Petrum, s. Priscae presbyterum cardinalem, s. romanae ecclesiae vicecancellarium, eius examinatione receptoque per eundem eius fidelitatis iuramento. (cap. 202, f. 56 b).

Dilecto filio Iacobo de Cruce presbytero rectori ecclesie de s. Severo Aduren. dioc. scriptori nostro. Ne contractuum memoria.... Dat. Burdegalis, idus iunii, anno primo.

1381. — Burdegalis, 13 iun. 1306.

Petro de Quarteriis committit tabellionatus officium. (cap. 203, f. 56 b).

Dilecto filio magistro Petro de Quarteriis clerico in minoribus ordinibus constituto Aduren. dioc. scriptori nostro. Ne contractuum memoria etc. usque. in finem.

1382. — Burdegalis, 19 aug. 1306.

G(uillelmo) [1], episcopo Mimaten., concedit facultatem dispensandi cum tribus clericis, qui de sua cognatione vel sui familiares existunt, super defectu ordinum et aetatis, ut singuli eorum singula beneficia cum cura recipere ac retinere valeant. (cap. 204, f. 56 b).

Ven. fratri .G. episcopo Mimaten. Personam tuam.... Dat. Burdegalis, XIIII kal. septembris, anno primo.

1383. — Burdegalis, 19 aug. 1306.

Mensae episcopali Mimaten. quatuor ecclesias parochiales ad collationem episcopi spectantes, quas episcopus duxerit eligendas, in perpetuum adnectit et unit. (cap. 205, f. 57 a).

Eidem. Fraternitatis tue sincera devotio.... Dat. Burdegalis, XIIII kal. septembris, anno primo.

1384. — Burdegalis, 19 aug. 1306.

Episcopus Mimaten. cum Casae Dei et Piperacen. in Alvernia ac Sandracen. mon. abbatibus et priore prioratus de Ciriaco monasterio s. Victoris Massilien. subiecti ord. s. Ben. Nemausen. et Mimaten. dioc. quosdam prioratus et ecclesias permutavit, et quidem cum abbate Casae Dei quaedam iura litigiosa pro b. Mariae de Fornellis Sandracen., s. Privati de Vallelancia pro s. Martini de Lansocle et capellis s. Clementis et s. Guillelmi eiusdem loci de Lansoscle et cum abbate Piperacen. s. Petri de Gredona pro s. Iohannis extra muros Mimaten. prioratibus ac cum dicto priore de Ciriaco s. Petri de Altrenacio parochiales ecclesias pro quibusdam decimis in castro de Villori et locis aliis, quae omnia confirmantur. (cap. 206, f. 57 a).

Eidem. Tue fraternitatis merita.... Dat. ut supra.

1385. — Lemovicis, 23 apr. 1306.

Fidelibus vere poenitentibus et confessis, qui ecclesiam s. Mariae de Rupefulcaudi Engolismen.

----
[1] Guillelmus Duranti 1297-1328. *Gallia chr.,* I. p. 95.

dioec. in festis Nativitatis, Annuntiationis, Purificationis et Assumptionis b. Mariae V. unius anni, illis vero qui in octavis illorum festorum annis singulis eam visitaverint, centum dierum concedit indulgentiam. (cap. 207, f. 57 a).

Vniversis Christi fidelibus presentes litteras inspecturis. Gloriosus Deus in sanctis suis.... Dat. Lemovicis, VIIII kal. maii, anno primo.

1386. — Lemovicis, 23 apr. 1306.
Iohanni Decimarii, decano ecclesiae s. Mariae de Rupefulcaudi, eiusque successoribus indulget, ut ad suam sustentationem praeter decanatum unam ecclesiam cum cura, si ei et eis canonice conferatur, recipere et, etiamsi snccessores ante acceptationem decanatus aliquam ecclesiam obtineant, retinere valeant, dummodo annui proventus eiusdem decanatus ducentarum librarum Turonen. parvorum valorem non excedant. (cap. 208, f. 57 b).

Dil. filio Iohanni Decimarii decano eccl. s. Marie de Rupefulcaudi Engolismen. dioc. Exhibita nobis tua petitio.... Dat. Lemovicis, ut supra.

1387. — Apud Montem Vespanum, 7 nov. 1306.
Dispensatione super defectu natalium prius obtenta, ut ad omnes praeterquam presbyteratus ordines posset promoveri, nunc consideratione Amedei, comitis Sabaudiae, dispensatur cum eius clerico et familiari, ut etiam ad sacerdotium promoveri et beneficia, etiamsi eorum unum curam habeat animarum, valeat obtinere. (cap. 209, f. 57 b).

· *Dil. filio Iohanni Cameli canonico eccl. s. Wulfrandi in Abbatisvilla Ambianen. dioc.* Laudabile tibi testimonium.... Dat. apud Montemvespanum Burdegalen. dioc., VII idus novembris, anno primo.

1388. — Lemovicis, 20 apr. 1306.
Raynaldo, episcopo Lemovicen., concedit facultatem faciendi recipi sex personas in Lemovicen., Dauraten., Ahenten., Rausolien., de s. Iuniano, de s. Aredio ecclesiis Lemovicen. dioc. in singulis earum singulas personas in canonicos ac providendi eis de praebendis ibi vacantibus vel vacaturis, etiamsi alias beneficiatae existant. (cap. 210, f. 57 b).

Ven. fratri Raynaldo episcopo Lemovicen. Tuam volentes honorare personam.... Dat. Lemovicis, XII kal. maii, anno primo.

1389. — Lemovicis, 20 apr. 1306.
(Raynaldo) concedit, ut possit ecclesias et coemeteria per effusionem sanguinis vel seminis violata facere reconciliari per aliquem presbyterum, aqua prius per seipsum sollemniter benedicta. (capitulo 211, f. 57 b).

Ven. fratri .R. episcopo Lemovicen. Cum sicut ex parte tua.... Dat. ut supra.

1390. — Burdegalis, 12 iul. 1306.
Ad petitionem abbatis connectit et unit in perpetuum cum monasterio s. Vincentii de Burgo supra mare ord. s. Aug. Burdegalen. dioec. prioratum de Toyrac eiusdem ordinis et dioec. eidem monasterio immediate subiectum, ut de reditibus prioratus ipsius bladi et victualium valeant supplere defectum. (cap. 212, f. 57 b).

Dil. filio.. abbati mon. s. Vincentii de Burgo supra mare ord. s. Aug. Burdegalen. dioc. Meritis vestre religionis.... Dat. Burdegalis, IIII idus iulii, anno primo.

1391. — Burdegalis, 12 iul. 1306.
Infrascripti eundem abbatem et conventum in possessionem dicti prioratus inducant. (eodem, f. 58 a).

Dil. filiis.. s. Romani et s. Salvatoris de Blavia mon. abbatibus Burdegalen. dioc. et Aymerico de s. Cirico canonico Xanctonen. Meritis.... Dat. ut supra.

1392. — Burdegalis, 12 iul. 1306.
(Guillelmo)[1], archiepiscopo Ebredunen., mandat, ut abbati et conventui mon. Insulae Barbarae ord.

---

[1] Guillelmus de Mandagot, archiepiscopus Ebredunensis 1295-1311 translatus ad metropolim Aquen., 1312 ad cardinalatum assumptus factus episcopus Praenesti-

s. Ben. Lugdunen. dioec. super castro de Barrio pertinente ad prioratum de Abolena eiusdem ord. Tricastin. dioec. ad monasterium ipsum spectantis exhibeat iustitiam contra curiam comitis Venesini, qui eos castro praefato spoliavit. (cap. 213, f. 58*a*).

Ven. fratri.. archiepiscopo Ebredunen. Querelam dilectorum filiorum.... Dat. Burdegalis, IIII idus iulii, anno primo.

1393. — Burdegalis, 12 iul. 1306.
Infrascriptis mandat, quatenus abbatem et conventum mon. Insulae Barbarae ord. s. Ben. Lugdunen. dioec. contra molestatores super decimis defendant, eosque ab iniuriis et molestiis cessare compellant, praesentibus post quinquennium minime valituris. (cap. 214, f. 58*a*).

Ven. fratribus archiepiscopo Viennen. et.. episcopo Vivarien. Pium esse dinoscitur.... Dat. Burdegalis, ut supra.

1394. — Burdegalis, 19 iun. 1306.
Conferant et assignent magistro Hugoni de Scoralha consideratione· Arnaldi Garsiae del God, Leomaniae et Altivillaris vicecomitis, fratris Clementis Pp. V, reservatum ei beneficium cum annuis reditibus sexaginta librarum Turonen. parvorum, spectans ad collationem episcopi Ruthenen., vacans vel vacaturum in civitate vel dioec. Ruthenen., non obstante quod ecclesiam s. Mariae de Avinione Albien. dioec. et quasdam decimas prope locum de Brusca et in de Banhars viginti quinque et de Caprispinis prioratibus decem librarum Turonen. parvorum pensiones annuas et in domo templi de Spelieu Ruthenen. dioecesis et in prioratu s. Amantii de Ruthena victum obtineat. (cap. 215, f. 58*a*).

Dil. filiis.. archidiacono ac Iohanni de Bacalaria Ruthenen. et Sycardo Alamanni Albien. canonicis ecclesiarum. Dum conditiones et merita.... Dat. Burdegalis, XIII kal. iulii, anno primo.

nus. Obiit Avenione 1321. *Gallia chr.*, III. p. 1082. BALVZIVS, I. p. 666. CIACONIVS, II. p. 383.

1395. — Cluniaci, 12 mart. 1306.
Consideratione Ludovici de Sabaudia contulit Hugoni de s. Regneberto, clerico eius et familiari, canonicatum ecclesiae Sedunen. reservavitque praebendam ac beneficium canonia vulgariter nuncutum. Infrascriptis hisce mandat, ut eundem Hugonem in canonicum recipi faciant eique praebendam ibi vacantem vel vacaturam et canoniam seu beneficium assignent. (cap. 216, f. 58*b*).

Dil. filiis.. abbati mon. s. Regneberti et priori s. Symphoriani de Auzone Lugdunen. dioc. ac.. cantori ecclesie Gebennen. Merita probitatis.... Dat. Cluniaci, IIII idus martii, anno primo.

1396. — Burdegalis, 8 aug. 1306.
Bartholomaeo concedit facultatem in eos, qui a Petro, eius praedecessore, pecuniam et res alias subtrahentes eas occultare ac detinere praesumunt, ferendi excommunicationis sententiam, satisfacientes vero absolvendi. (cap. 217, fol. 59*a*).

Dil. filio Bartholomeo abbati mon. de Monteolivo ord. s. Ben. Carcassonen. dioc. Significasti nobis.... Dat. Burdegalis, VI idus augusti, anno primo.

1397. — Burdegalis, 8 aug. 1306.
Priori b. Mariae de Aspirano mandat, quatenus quidquid invenerit per Petrum Bernardi, olim abbatem mon. de Monteolivo ord. s. Ben., post eius cessionem et resignationem factum vel attentatum circa bona et iura ipsius monasterii, cassare et irritare ac bona et iura eadem ad ius et proprietatem praedicti monasterii revocare procuret. (eod., f. 59*a*).

Dil. filio.. priori b. Marie de Aspirano Elnen. dioc. Ad audientiam nostram pervenit.... Dat. ut supra.

1398. — Apud Flexum, 4 maii 1306.
Consideratione Hugonis, prioris prioratus de s. Cypriano Petragoricen. dioec., reservat eius clerico conferendum beneficium, ad collationem praepositi et conventus mon. de Pauriaco ord. s. Ben. eiusdem dioec. pertinens, vacans vel vacaturum,

cum annuis proventibus sexaginta librarum Turonen. parvorum. (cap. 218, f. 59*b*).

Dil. filio Bertrando de Birazello clerico Petragoricen. dioc. Generis et morum nobilitas.... Dat. apud Flexum dicte Petragoricen. dioc., IIII non. maii, anno primo.

1399. — Apud Flexum, 4 maii 1306.
Infrascripti eidem Bertrando huiusmodi beneficium conferant et assignent inducentes eum in eius possessionem. (eod., f. 59*b*).

Dil. filiis.. de s. Amando et.. de Sarlato mon. abbatibus Petragoricen. dioc. ac.. archidiacono Bragariaci in ecclesia Petragoricen. Generis.... Dat. ut supra.

1400. — Agenni, 17 sept. 1305.
Absolvit infrascriptos a sententiis contentis in constitutionibus ordinis, quas incurrerunt acquirentes possessiones disponentesque de ipsis in ultimis vitae pro animabus suis, ita tamen, ut eis ulterius non liceat de huiusmodi acquisitis disponere. (cap. 219, f. 60*a*).

Dil. filiis Hugoni priori et conventui mon. de s. Cipriano per priorem soliti gubernari ord. s. Aug. Petragoricen. dioc. Desideriis vestris.... Dat. Agenni, XV kal. octobris, anno primo.

1401. — Agenni, 17 sept. 1305.
Concedit Hugoni, priori mon. de s. Cypriano ord. s. Aug., ut de bonis mobilibus suae dispositioni et administrationi commissis, quae non fuerint altaris, pro honestis sui funeris expensis et remuneratione servorum seu consanguineorum disponere et erogare possit. (cap. 220, f. 60*a*).

Dil. filio Hugoni priori mon. de s. Cipriano per priorem soliti gubernari ord. s. Aug. Petragoricen. dioc. Quia presentis vite conditio.... Dat. ut supra.

1402. — Agenni, 17 sept. 1305.
Concedit eidem facultatem faciendi recipi in suo monasterio quinque personas in canonicos et fratres. (cap. 221, f. 60*a*).

Eidem. Affectum benivolentie.... Dat. ut supra.

1403. — Agenni, 17 sept. 1305.
Concedit eidem, ut possit sui monasterii canonicos et donatos absolvere a sententiis excommunicationum. (eod., f. 60*a*).

Eidem. Desideriis tuis.... Dat. ut supra.

1404. — Burdegalis, 12 aug. 1306.
Raymundo, s. Mariae Novae diacono cardinali, concedit facultatem recipiendi a Iohanne de Pomaroliis resignationem ecclesiae de Landinhaco Agennen. dioec. eandemque conferendi Anteyaco de Lustraco, clerico eiusdem dioec. (cap. 222, f. 60*a*).

Dil. filio Raymundo s. Marie Nove diacono cardinali. Cum dilectus filius..... Dat. Burdegalis, II idus augusti, anno primo.

1405. — Apud Pessacum, 4 nov. 1306.
Vacanti per liberam resignationem Gualteri ecclesiae Pictavien. praeficit Arnaldum, canonicum Convenarum, capellanum suum, in episcopum et pastorem. (cap. 223, f. 60*b*).

Dil. filio Arnaldo electo Pictaven. Pastoralis officii debitum.... Dat. apud Pessacum Burdegalen. dioc., II non. nov., anno primo.

1406. — Apud Villandradum, 19 ianuarii 1306.
Obtentu Raymundi de Ispania Agennen. dioec. relaxatur universitati hominum de castro Maroni veteri Agennen. dioec. interdictum dicti castri. (cap. 224, f. 60*b*).

Dil. filiis universitati hominum de castro Maroni veteri Agennen. dioc. Cum sicut dilectus filius.... Dat. apud Vignandraldum, XIIII kal. februarii [1], anno primo.

1407. — Apud Pessacum, 12 oct. 1306.
Per obitum Iohannis de Haueringe vacantem canonicatum ecclesiae Saresbirien. et praebendam

---

[1] Sic legitur in manuscripto. Adest mendum librarii in denominatione aut mensis aut loci, cum Clemens Pp. V mense ianuario Lugduni resideret.

eidem reservatam confert fratri eius Richardo de Haueringe, non obstante quod in Dublinen. praecentoriam et in Eboracen. ecclesiis canonicatum ac praebendam, nec non de Botel, de Wemine et de Almaclara parochiales ecclesias, ac decimas s. Martini de Lasques Candidae Casae, Lichefelden., Wintonien. et Agennen. dioec. obtineat et in Lincolnien. sub expectatione praebendae in canonicum sit receptus illique in Cicestren. ecclesiis canonicatum et praebendam apud sedem apostolicam vacantes duxerit conferendos. (cap. 225, f. 61 a).

Dil. filio magistro Riccardo de Haue-ringe canonico Saresbirien. capellano nostro. Nobilitas generis.... Dat. apud Pessacum, IIII idus octobris, anno primo.

In eundem modum ven. fratri.. episcopo Wintonien. et dil. filiis magistro Bertrando de Bordis decano eccl. Anicien. et Hugoni Geraldi canonico Lemovicen. capellanis nostris.

1408. — Burdegalis, 6 iun. 1306.

Consideratione Hugonis de Creste militis, generi Iohannis de Haueringe, senescalli Vasconiae, reservat nepoti eiusdem Hugonis conferendum beneficium spectans ad collationem prioris et conventus mon. s. Mariae Wigornien. ord. s. Ben., vacans vel vacaturum in civitate vel dioec. Wigornien. seu Hereforden. cum annuis reditibus sexaginta marcarum argenti, dispensatque cum illo super defectu ordinum et aetatis. (cap. 226, f. 61 b).

Dil. filio Iohanni dicto Boter clerico Hereforden. dioc. Vt tua et tuorum devotio.... Dat. Burdegalis, VIII idus iunii, anno primo.

In eundem modum abbati mon. de Wigemore et.. de Leoninistne ac de Wornelegh prioribus Hereforden. dioec.

1409. — Burdegalis, 1 iul. 1306.

Guillelmo de Requesen., canonico Terraconen., confert dignitatem vel personatum in eadem ecclesia vacantem vel vacaturum, non obstante quod in dicta Terraconen. ecclesia canonicatum et praebendam et quasdam decimas in castro Villefortuy Terraconen. dioec. obtineat, dispensatque cum illo super defectu ordinum et aetatis. (cap. 227, f. 61 b).

Dil. filio Guillelmo de Requesen canonico Terrachonen. Dum conditiones et merita.... Dat. Burdegalis, kalendas iulii, anno primo.

1410. — Lugduni, 22 nov. 1305.

Garsiae facultatem concedit conferendi per promotionem suam vacantes archidiaconatum ecclesiae Baionen. uni, Baionen. alteri, Aquen. vero canonicatus et praebendas tertiae personis, etsi alias beneficiatae existant. (cap. 228, f. 62 a).

Dil. filio Garsie electo Aquen. Habet in nobis tue devotionis.... Dat. Lugduni, X kal. decembris, anno primo.

1411. — Burdegalis, 8 iun. 1306.

Obtentu N(icolai), episcopi Ostien., confert capellano eius canonicatum et praebendam integram ibi vacantem vel vacaturam, non obstante quod in Cameracen. canonicatum et praebendam, et in Florentin. ecclesiis canonicatum obtineat sub expectatione praebendae, dispensatque cum illo, ut usque ad triennium ad susceptionem presbyteralis ordinis minime teneatur. (cap. 229, f. 62 a).

Dil. filio Galasso de Comitibus de Mangone canonico Paduan. Generis et morum nobilitas.... Dat. Burdegalis, VI idus iun., anno primo.

In eundem modum dil. filiis s. Salvi Florent. et.. s. Proculi Bononien. mon. abbatibus ac.. archipresbytero eccl. Bononien.

1412. — Pessaci, 1 oct. 1306.

Vacantem per obitum Geraldi de Requesen prioratum secularem ecclesiae s. Mariae de Darota Caesaraugustan. dioec. confert Iohanni Burgundi dispensatque cum illo, ut eundem prioratum una cum canonicatibus et praebendis in Maioricen. et Valentin. ac sacristia in eadem Maioricen., et praepositura in Valentin. ecclesia et capellania seu praestimonia de Porretiis Maioricen. dioec. retinere valeat. (cap. 230, f. 62 b).

Dil. filio Iohanni Burgundi priori secularis ecclesie s. Marie de Darota Cesarau-

gustan. dioc. Dum conditiones et merita....
Dat. Pessaci, kal. octobris, anno primo.

1413. — Apud Burgum Dolen., 8
aprilis 1306.

De possessionibus, quas fr. Martinus de s. Stephano, prior hospitalis s. Iohannis Ierosolimitan.
de Vrbe, cubicularius suus, emerat in loco, qui
castrum Macedii appellatur, Papien. dioec. concedit
nepoti eius annuos proventus quinquaginta florenorum auri. (cap. 231, f. 63*a*).

*Dil. filio Francischino nato Iacobi de
s. Stephano laico Albien. dioc.* Sedes apostolica devotorum merita.... Dat. apud Burgum Dolen., VI idus aprilis, anno primo.

In eundem modum ven. fratri.. episcopo Asten.
et dil. filiis Guidoni de Bailio Bononien. litterarum nostrarum contradictarum auditori ac.. Alben.
archidiaconis.

1414. — Matiscone, 8 mart. 1306.

Mariae [1], comitissae Sabaudiae, indulget ad
quinquennium, ut in locis interdictis possit cum
sua familia clausis ianuis, interdictis et excommunicatis exclusis, submissa voce in altari suo
portatili facere celebrari et audire divina, dummodo ipsa vel eius familiares causam non dederint interdicto. (cap. 232, f. 63*a*).

*Dil. in Christo filie Marie comitisse
Sabaudie.* Meritis tue sincere devotionis....
Dat. Matiscone, VIII idus martii, anno
primo.

1415. — Apud Pessacum, 3 nov. 1306.

Petro, episcopo Basilien., ad archiepiscopatum
Maguntin. promoto, transfert Othonem, tunc episcopum Tullen., ad vacantem ecclesiam Basilien.
(cap. 233, f. 63*b*).

Ven. fratri Othoni episcopo Basilien.
Angit nos cura propensior.... Dat. apud
Pessacum prope Burdegalas, III non. novembris, anno primo.

1 Maria, filia Iohannis I ducis Brabantiae, secunda
uxor Amedei Magni, comitis Sabaudiae (1285-1323). *L'Art
de vérifier les dates,* II. 17. p. 174.

In eundem modum dil. filiis.. capitulo ecclesiae
Basilien.

In e. m. dil. filiis clero civitatis et dioec. Basilien.

In e. m. dil. filiis populo civitatis et dioec.
Basilien.

In e. m. dil. filiis universis vasallis ecclesiae
Basilien.

In e. m. carissimo in Christo filio Alberto regi
Romanorum illustri.

1416. — Lemovicis, 23 apr. 1306.

Cum Iohanne Decimarii dispensat super retentione beneficiorum conceditque, ut decanatum
ecclesiae s. Mariae de Rupefulcaudi Engolismen.
dioec. una cum ecclesia de Oleraco dictae dioec.
sibi adnexa et ecclesia s. Petri de Rauconia eiusdem dioec. et prioratum de Arpis Santonen. dioec.
ac annua pensione viginti librarum Turonen. parvorum in dicta ecclesia s. Mariae retinere et adhuc
unam aliam ecclesiam recipere valeat. (cap 234,
f. 64*a*).

*Dil. filio Iohanni Decimarii decano ecclesie s. Marie de Rupefulcaudi Engolismen.
dioc.* Petitio tua.... Dat. Lemovicis, VIIII
kal. maii, anno primo.

1417. — Burdegalis, 4 iul. 1306.

Examinatione per Guillelmum, tit. s. Pudentianae presbyterum cardinalem, facta et iuramento
recepto conceditur Arnaldo de Rivali officium tabellionatus. (cap. 235, f. 64*a*).

Dil. filio Arnaldo de Rivali clerico Burdegalen. in minoribus ordinibus constituto.
Ne contractuum memoria.... Dat. Burdegalis, IIII non. iulii, anno primo.

1418. — Burdegalis, 29 oct. 1306.

Archidiacono Caturcen. mandat, ut Guillelmi
Iohannis de Valvezer et de Valricor et de Valmeriis, quarum duae dependent a prima, et Bernardi Constans de Barsac parochialium ecclesiarum
rectorum, resignatione recepta, eisdem dictas ecclesias permutare et assignare procuret. (cap. 236,
f. 64*a*).

Dil. filio.. archidiacono Caturcen. Cum dilecti filii.... Dat Burdegalis, IIII kal. novembris, anno primo.

1419. — Apud mon. Grandimonten., 20 apr. 1306.

Inhibetur universis, ne quis petat eleemosynas, vota vel legata pro monasterio s. Antonii ordinis s. Aug. Viennen. dioec. praeter fratres ipsius monasterii. (cap. 237, f. 64 _b_).

Dil. filiis abbati et conventui monasterii s. Antonii ad romanam ecclesiam nullo medio pertinentis ord. s. Aug. Viennen. dioc. Meritis vestre religionis.... Dat. apud mon. Grandimonten., XII kal. maii, anno primo.

1420. — Nemausi, 22 oct. 1305.

Cum Raymundo Arnaldi de Rama dispensat, ut praeter archidiaconatum, canonicatum et praebendam in ecclesia Vasaten. et parochialem ecclesiam b. Mariae de Mazeriis de Rupecissa ac quasdam decimas in ecclesia s. Petri de Tortredz Vasaten. et Agennen. dioec. necnon canonicatum et praebendam ecclesiae Swellen. Eboracen. dioec. alia beneficia cum annuis reditibus centum librarum sterlingorum recipere ac retinere valeat. (cap. 238, f. 64 _b_).

Dil. filio Raymundo Arnaldi de Rama archidiacono Vasaten. Meritis tue devotionis.... Dat. Nemausi, XI kal. novembris, anno primo.

1421. — Burdegalis, 9 aug. 1306.

Infrascriptis mandat, ut priori prioratus de Charasio ord. s. Aug. Vivarien. dioec. concedant prioratus de Bayna et de Lacuna Caturcen. dioec. propter loci distantiam permutare cum abbate mon. s. Martialis Lemovicen. seu cum alia persona ecclesiastica pro aliis prioratibus seu ecclesiis aut possessionibus vicinioribus. (cap. 239, f. 64 _b_).

Dil. filiis.. priori de Lairaco Agennen. dioc. et.. abbati s. Evodii in ecclesia Anicien. ac Pontio de Mirabello canonico Vivarien. Cum sicut ex parte.... Dat. Burdegalis, V idus augusti, anno primo.

1422. — Burdegalis, 12 iul. 1306.

Consideratione Pontii, domini de Castellione, confert eius clerico et familiari beneficium ad cuiuscunque collationem spectans cum annuis reditibus octoginta librarum Turonen. parvorum in civitate vel dioec. Pictavien. vacans vel vacaturum. (cap. 240, f. 65 _a_).

Dil. filio Guillelmo Albi de Marchia clerico Burdegalen. dioc. Probitatis tue merita.... Dat. Burdegalis, IIII idus iulii, anno primo.

1423. — Burdegalis, 12 iul. 1306.

Infrascripti eidem Guillelmo huiusmodi beneficium conferant et assignent inducantque in eius possessionem. (eod., f. 65 _a_).

Dil. filiis.. abbati mon. s. Iuniani de Nobiliaco Pictaven. dioc. ac.. Pictaven. et.. de Combralia in ecclesia Lemovicen. archidiaconis. Probitatis merita.... Dat. ut supra.

1424. — Petragoris, 1 maii 1306.

Fidelibus vere poenitentibus et confessis ecclesiam monasterii Delen. Bituricen. dioec. in festis Nativitatis, Annuntiationis, Purificationis et Assumptionis b. Mariae V. visitantibus centum dierum, illis vero, qui per octo dies festivitates ipsas sequentes singulis annis visitaverint, sexaginta dierum concedit indulgentiam. (cap. 241, f. 65 _a_).

Vniversis Christi fidelibus presentes litteras inspecturis. Gloriosus Deus.... Dat. Petragoris, kal. maii, anno primo.

1425. — Apud Subterraneam, 14 aprilis 1306.

Guillelmo Gilberti confert prioratum de Lamonzia ord. s. Ben. Petragoricen. dioec. spectantem ad monasterium b. Mariae Santonen. eiusdem ordinis, non obstante quod ei canonicatum Petragoricen. ecclesiae contulerit, et quod parochiales ecclesias s. Martialis de Orona ac de Ribeyriaco obtineat; eo vero cedente vel decedente prioratus ille ad pristinum statum revertatur. (cap. 242, f. 65 _b_).

Dil. filio Guillelmo Gilberti priori prioratus de Lamonzia ord. s. Ben. Petrago-

ricen. dioc. Dum conditiones et merita.... Dat. apud Subterraneam, XVIII kal. maii, anno primo.

1426. — Apud Subterraneam, 14 aprilis 1306.
Infrascripti eundem Guillelmum in dicti prioratus possessionem inducant. (eod., f. 65 *b*).
Dil. filiis.. abbati mon. s. Marie de Cancellata et.. priori secularis s. Aviti Senioris Petragoricen. dioc. ac Helie Roberti canonico Petragoricen. ecclesiarum. Dum conditiones.... Dat. ut. supra.

1427. — Burdegalis, 18 iun. 1306.
Consideratione consulum et universitatis civitatis Lectoren. confert Geraldo de Dulceto canonicatum ecclesiae Convenarum nec non dignitatem vel personatum seu officium ibi vacantes vel vacaturos, non obstante quod in ecclesia Lectoren. canonicatum, praebendam ac praecentoriam et s. Marcelli de Parelhaco, de Relhanis, de Nucesicca et de Petrosodot ecclesias Lectoren. dioec. obtineat. (cap. 243, f. 65 *b*).
Dil. filio Geraldo de Dulceto canonico Convenarum. Laudabile testimonium.... Dat. Burdegalis, XIIII kal. iulii, anno primo.

1428. — Burdegalis, 18 iunii 1306.
Infrascripti eundem Geraldum in canonicum recipi faciant eumque in dignitatis vel personatus aut officii possessionem inducant. (eod., f. 66 *a*).
Dil. filiis.. de Summo Podio ac.. de Pardelhano in ecclesia Auxitan. archidiaconis ac magistro Bertrando de Bordis canonico Lectoren. Laudabile testimonium.... Dat. ut supra.

1429. — Burdegalis, 16 iun. 1306.
Raymundo, [1] abbati mon. de Clariaco ord. s. Ben., concedit, ut unum prioratum monasterio subiectum, proximo vacaturum, retinere eiusque

[1] Raymundus de Monte acuto abbas Clariacen. anno 1317 translatus ad Mansum — Garnerii, obiit 1323. *Gallia chr.*, II. p. 942. XIII. p. 118.

proventus convertere possit ad solvenda debita. (cap. 244, f. 66 *b*).
Dil. filio Raymundo abbati mon. de Clariaco ord. s. Ben. Agennen. dioc. Quia debitorum onera.... Dat. Burdegalis, XVI kal. iulii, anno primo.

1430. — Burdegalis, 8 aug. 1306.
Vacante ecclesia Herbipolen. in discordia eliguntur in episcopos Boppo, eiusdem ecclesiae praepositus, et Bertholdus, quem Warnherus, [1] archiepiscopus Maguntin., confirmavit, in presbyterum promovit et in episcopum consecravit. Boppone defuncto et electione Bertholdi per Nicolaum Pp. III cassata, decanus eccl. Herbipolen. praeficitur in episc. Clemens Pp. V vero concedit Bertholdo, ut pontificale officium exercere, imo ad dignitatem archiepiscopalem vel episc. assumi valeat. (cap. 245, f. 66 *b*).
Ven. fratri Bertoldo episcopo quondam Herbipolen. Sedes apostolica pia mater.... Dat. Burdegalis, VI idus aug., anno primo.

1431. — Apud Pessacum, 26 iun. 1306.
Parochialem ecclesiam de Bellovidere, qua Guillelmum Arnaldi de Padeon certis ex causis privavit, confert Bello de Casanova dispensatque cum illo super defectu ord. et aetatis. (cap. 246, f. 66 *b*).
Dil. filio Bello de Casanova rectori ecclesie de Bellovidere Agennen. dioc. Dum conditiones et merita.... Dat. apud Pessacum, VI kal. iulii, anno primo.

1432. — Apud Pessacum, 26 iun. 1306.
Infrascripti eundem Bellum in ecclesiae possessionem inducant defendantque. (eod., f. 67 *a*).
Dil. filiis.. de Clariaco et.. de Marmanda prioribus Agennen. dioc. ac Grimoardo de Altisvineis canonico Agennen. Dum conditiones.... Dat. ut supra.

1433. — Burdegalis, 28 iul. 1306.
Infrascripti Guillelmum Raymundi, filium Sansanerii de Pinibus, postquam fuerit clericali ca-

[1] Warnherus de Eppenstein 1259-1284. *Gallia chr.*, V. p. 488.

ractere insignitus, in canonicum ecclesiae Agennen. recipi faciant provideantque illi de praebenda nec non personatu vel dignitate ibi vacantibus vel vacaturis ac dispensent cum eo super defectu ordinum et aetatis. (cap. 247, f. 67 a).

Ven. fratri.. episcopo Tholosan. et dil. filiis.. priori de Marmanda Agennen. dioc. ac Iohanni de Fresapa canonico Aquen. Apostolice sedis circumspecta benignitas.... Dat. Burdegalis, V kal. augusti, anno primo.

1434. — Burdegalis, 18 iul. 1306.

Priori et fratribus de Novo Castro ord. s. Mariae de Monte Carmelo, propter guerram in miserabili statu consistentibus, donat ad inhabitandum locum, qui fuit olim fratrum ordinis Saccitarum, in dicta villa de Novo Castro, ubi unicus fr. Gualterus remansit, cui conceditur, si voluerit, eorum ordinem recipere ac profiteri, alias ei provideant de vitae necessariis. (cap. 248, f. 67 b).

Dil. filiis.. priori et fratribus de Novo Castro super Tinam ord. s. Marie de Monte Carmelo Dunelmen. dioc. Quia multe sunt mansiones.... Dat. Burdegalis, XV kal. augusti, anno primo.

In eundem modum dil. filiis priori de Tinemoia Dunelmen. et.. decano b. Petri ac archidiacono de Notingham maioris Eboracensis ecclesiarum.

1435. — Burdegalis, 18 iun. 1306.

Consideratione Arnaldi Garsiae de God, vicecomitis Leomaniae et Altivillaris, fratris sui, confert Sentullo de Glantenx canonicatum ecclesiae Burgen. ac praebendam et personatum vel dignitatem seu officium ibi vacantes vel vacaturos, non obstante quod in ecclesia Lectoren. canonicatum obtineat et praebendam. (cap. 249, f. 68 a).

Dil. filio Sentullo de Glatenxs canonico Burgen. Tue merita probitatis.... Dat. Burdegalis, XIIII kal. iulii, anno primo.

In eundem modum ven. fratri.. episcopo Lectoren. et dilectis filiis.. abbati mon. Condomien. Agennen. dioec. ac Berengario Maynardi canonico Massilien.

1436. — Lugduni, 24 ian. 1306.

Scolastico ecclesiae Cenomanen. concedit facultatem faciendi recipi duas personas etsi iam beneficiatas in canonicos unam in Veneten. et in Corisopiten. alteram, quas Arthurus, dux Britanniae, duxerit nominandas, ac providendi earum singulis de singulis praebendis ibidem vacantibus vel vacaturis. (cap. 250, f. 68 a).

Dil. filio.. scolastico Cenomanen. Sincere devotionis affectus.... Dat. Lugduni, VIIII kal. februarii, anno primo.

1437. — Lugduni, 5 ian. 1306.

Fulcaudo de Rupe Cavardi confert canonicatum ecclesiae Caturcen., praebendam vero et personatum vel dignitatem ibi vacantes vel vacaturos reservat ei conferendos, non obstante quod in Bituricen. decanatum et in ea ac Lemovicen. et Santonen. ecclesiis canonicatus et praebendas et prioratum de Dovero Bituricen. dioec. obtineat. (cap. 251, f. 68 b).

Dil. filio Fulcaudo de Rupe Cavardi canonico Caturcen. Sedes apostolica personarum probitatem.... Dat. Lugduni, non. ianuarii, anno primo.

In eundem modum dil. filiis.. abbati mon. Nobiliacen. Pictavien. dioec. et.. cantori ac.. thesaurario ecclesiae Burdegalen.

1438. — Burdegalis, 12 iun. 1306.

Iacobo de Sabello, notario suo, indulget, ut fructus archidiaconatus sui de Bruxella in ecclesia Cameracen. et omnium suorum beneficiorum, quamdiu apud sedem apostolicam extiterit, si vero de licentia ipsius ab ea se absentaverit, in studio litterarum aut in aliqua suarum ecclesiarum sive in Vrbe morando, usque ad triennium percipere possit, quotidianis distributionibus exceptis. (cap. 252, f. 69 a).

Dil. filio Iacobo de Sabello archidiacono de Bruxella in ecclesia Cameracen. notario nostro. Digne agere credimus.... Dat. Burdegalis, II idus iunii, anno primo.

In eundem modum dil. filiis magistro Pandulpho de Sabello, praeposito Chableyarum in ecclesia

s. Martini Turonen. notario nostro et.. abbati mon. s. Sabae de Vrbe ac.. decano ecclesiae s. Mariae Magdalenae Virdunen. - ·

1439. — Burdegalis, 18 maii 1306. Henrico dat licentiam concedendi duabus personis idoneis tabellionatus officium, recepto prius ab eis iuramento. (cap. 253, f. 69*a*).

' *Dil. filio Henrico abb. mon. Trenorchien. ad roman. eccl. nullo medio pertinentis ord. s. Ben. Cabilonen. dioc.* Ex parte tua fuit nobis.... Dat. Burdeg., XV kal. iun., anno primo.

1440. — Burdegalis, 18 maii 1360. Eidem indulget ad decennium, ut sui monasterii monachi cum sua licentia omnes ordines, a quocunque maluerint episcopo, recipere valeant, dioecesani assensu non requisito. (cap. 254, f. 69*b*). *Eidem.* Eximie devotionis affectus.... Dat. ut supra.

1441. — Apud mon. Fontis Moriniaci, 28 mart. 1306. Contemplatione bonae memoriae Augerii, episc. Conseranen., reservat eius nepoti conferendum beneficium ad cuiuscunque collationem pertinens, in civitate vel dioec. Conseranen. vacans vel vacaturum, cum annuis proventibus centum librarum Turonen. parvorum, non obstante quod in s. Mariae de Palatio, s. Petri de Monte Esquivo, s. Iohannis de Olsieto et s. Stephani de Miromonte praedictae dioec. ecclesiis, quarum tres dependent a prima, quoddam beneficium, scolariam vulgariter nuncupatum, obtineat. (cap. 255, f. 69*b*). *Dil. filio Arnaldo de Auxio canonico Conseranen.* Inducimur tam tue probitatis.... Dat. apud mon. Fontis Morenchi, V kal. aprilis, anno primo. In eundem modum dil. filiis.. archidiacono Martiani in ecclesia Aduren. et mag. Petro de Berduno ac Galhardo de Lobersano canonicis Auxitan.

1442. — Petragoris, 4 maii 1306. Isarnus de Monte acuto obtenta dispensatione super defectu natalium timuit se ad ordines facere promoveri ac beneficium cum cura accipere, postmodum tamen in Conseranen. et in de Senthennio Conseranen. dioec. ecclesiis quaedam perpetua beneficia ac quasdam decimas in ecclesia de Adalone Apamiarum dioec. absque dispensatione recepit ac retinet, ad cuius petitionem condonantur ei fructus percepti et de novo cum ipso dispensatur, ut praeter beneficia praedicta etiam beneficium cum cura obtinere et ad dignitates citra pontificalem assumi valeat. (cap. 256, f. 69*b*). *Dil. filio Isarno de Monte acuto perpetuo beneficiato ecclesie Conseranen.* Sedis apostolice generosa benignitas.... Dat. Petragoris, IIII non. maii, anno primo.

1443. — Burdegalis, 18 maii 1306. Abbati monasterii Trenorchien. ord. s. Ben. Cabilonen. dioec., eiusque successoribus indulget, ut in clericos Villae Trenorchien. uxoratos et non clericaliter viventes iurisdictionem exercere valeant. (cap. 257, f. 70*a*). *Dil. filio.. abbati mon. Trenorchien. ad romanam ecclesiam nullo medio pertinentis ord. s. Ben. Cabilonen. dioc.* Petitio tua.... Dat. Burdegalis, XV kal. iunii, anno primo.

1444. — Burdegalis, 28 maii 1306. A Iacobo, rege Aragoniae, recipit ratione regni Sardiniae et Corsicae, quod eidem regi eiusque heredibus Bonifacius Pp. VIII in perpetuum feudum concesserat, vasallagium, ligium, homagium et fidelitatis iuramentum. (cap. 258, f. 70*a*). *Ad perpetuam rei memoriam.* Ne imposterum rei geste memoriam diuturnitas temporis forsan aboleat, presentium insinuatione testamur, quod accedentes olim ad presentiam pie memorie Benedicti Pape XI, predecessoris nostri, dilecti filii Vitalis de Villanova miles et Guillelmus de Lateria, civis Barchinonensis, procuratores, nuntii et ambasciatores carissimi in Christo filii nostri Iacobi, regis Sardinie et Corsice illustris, ac recognoscentes, quod idem rex ratione regni Sardinie et Corsice ad romanam ecclesiam pertinentis, quod felicis recordationis Bonifacius Papa VIII, predecessor noster, sibi et heredibus suis sub certis modis et conditionibus in perpetuum feudum concesserat, cui quidem Bonifacio predictus rex ipse personaliter pro eodem regno vasallagium, ligium et homagium fecerat et iuramentum fidelitatis prestiterat, tenebatur cuilibet romano pontifici infra - annum post creationem ipsius per procuratorem seu procuratores suos ad hoc legitime constitutos similiter pro eodem regno vasallagium, ligium et homagium facere et iuramentum fidelitatis prestare, ac exhibere infra mensem, postquam taliter huiusmodi vasallagium, ligium et homagium fecerit et iuramentum prestiterit, litteras suas eius aurea bulla bullatas, modos, conditiones et conventiones huiusmodi plenarie continentes, in quibus idem rex recognosceret, se dictum regnum sub eisdem modis, conditionibus et conventionibus in feudum a romana ecclesia predicta tenere, eaque se promitteret servaturum, procuratorio nomine dicti regis pro eodem regno in ipsius Benedicti predecessoris et fratrum suorum presentia constituti infra annum post creationem ipsius huiusmodi vasallagium, ligium et homagium fecerunt ac prestiterunt in ipsius regis animam huiusmodi iuramentum, sibique postmodum infra mensem presentaverunt et exhibuerunt ex parte regis eiusdem litteras ipsius, eius aurea bulla bullatas, in quibus non solum modi, conditiones et conventiones predicti, 'set et totus tenor litterarum dicti Bonifacii predecessoris super concessione huiusmodi confectarum inserebantur, recognoscendo et confitendo procuratorio nomine dicti regis, quod idem rex regnum predictum sub ipsis modis, conditionibus et conventionibus receperat, ipsosque modos, conditiones et conventiones dicto nomine observare per omnia - promiserunt, prout super hiis plenam ab eodem rege receperant potestatem, sicud de eadem potestate constabat per instrumentum publicum dicti

regis sigilli munimine roboratum. Que quidem littere et instrumentum presentata ut predicitur dicto predecessori Benedicto in archivo dicte romane ecclesie reservantur dictusque Benedictus predecessor huiusmodi vasallagium, ligium et homagium, recognitiones et promissiones facta et iuramenta prestita a dictis procuratoribus prefati regis nomine ut prefertur de predictorum fratrum consilio acceptavit, quamvis eodem B. predecessore morte prevento dicti procuratores et nuntii litteras eius super hoc habere nequiverint, prout hec omnia ex eorundem fratrum assertione nobis constat, quibus fidem plenariam adhibemus. Nunc autem dilecti filii Iohannes Burgundi, sacrista ecclesie Maioricensis, et Petrus Martini de Godor, miles Ilerdensis diocesis, procuratores, nuntii et ambasciatores regis predicti, ad nostram presentiam accedentes ac recognoscentes regem predictum ad omnia et singula obligatum, que superius sunt expressa, procuratorio nomine ipsius pro eodem regno in nostra et fratrum nostrorum presentia huiusmodi vasallagium, ligium et homagium infra annum, postquam ad apicem fuimus summi apostolatus assumpti, fecerunt ac prestiterunt in ipsius regis animam simile iuramentum, nobisque postmodum incontinenti presentaverunt et exhibuerunt ex parte regis eiusdem litteras dicti regis eius aurea bulla bullatas, in quibus non solum modi, conditiones et conventiones predicti, sed et totus tenor litterarum dicti Bonifacii predecessoris super concessione huiusmodi confectarum totaliter inseruntur, recognoscendo et confitendo procuratorio nomine dicti regis, quod idem rex regnum predictum sub ipsis modis, conditionibus et conventionibus in feudum receperat, ipsosque modos, conditiones et conventiones dicto nomine observare per omnia promiserunt, prout super hiis plenam ab eodem rege receperant potestatem, sicut de huiusmodi potestate constabat per instrumentum publicum dicti regis sigilli munimine roboratum. Nos itaque huiusmodi vasallagium, ligium et homagium, recognitiones et promissiones facta et iuramenta prestita a dictis sacrista et Petro milite procuratoribus dicti regis nomine ut prefertur de predictorum fratrum nostrorum consilio acceptamus. Tenores autem litterarum eiusdem regis et instrumenti predictorum exhibitorum nobis ex parte ipsius, ut superius continetur, presentibus inseri fecimus, qui tales sunt.

Sanctissimo ac reverendissimo in Christo patri ac domino, domino Clementi, divina providentia sacrosancte romane et universalis ecclesie summo pontifici Iacobus Dei gratia rex Aragonum et Valentie, Sardinie et Corsice, comesque Barchinone ac prescripte romane ecclesie vessilarius, ammiratus et capitaneus generalis, eius humilis filius et devotus, pedum suorum oscula beatorum. Sanctitati vestre tenore litterarum nostrarum presentium patefiat, quod viso ac plenarie intellecto papali rescripto super collatione, concessione et donatione confecto, quam felicis recordationis dominus Bonifacius Papa VIII, predecessor vester, nobis fecit nostrisque heredibus in perpetuum feudum de regno Sardinie et Corsice cum iuribus omnibus et pertinentiis suis sub certo servitio sub certisque conditionibus largius conscriptis in predicto rescripto continentie subsequentis.

Bonifacius episcopus servus servorum Dei. Carissimo in Christo filio Iacobo Sardinie et Corsice regi illustri. Ad perpetuam rei memoriam. Super reges et regna positi ex divine preeminentia potestatis de ipsis oportune disponimus, prout comodius ex alto prospicitur, actionum se qualitas ingerit et iudicium sanioris inspectionis inducit. Nonnunquam enim in ipsis evellimus de gente in gentem propter culpas et dolos solia transferendo regnantium, interdum plantamus et colimus caros filios et devo-

tos alme matris ecclesie ad nova regnorum preficiendo dominia, ut eradicatis vitiis et plantatis virtutibus laudetur virtus Altissimi in ecclesia sponsa sua, quam sic supra petram fidei soliditate fundavit ei tribuens in confessionis apostolice fortitudine fundamentum, ut ipsam fetu nove prolis amplificet et ei nec procella turbinis nec prevalere possit spiritus tempestatis. Sane ad genus tuum, ex quo prodierunt filii benedictionis et gratie, dirigentes intuitum considerationis interne, tibi de regione dissimilitudinis redeunti brachiis paterne affectionis accumbimus et te solide caritatis amplexu pressius osculamur, et quo plus tue ferventis devotionis affectum erga nos et ipsam ecclesiam, a cuius olim unitate recesseras, oculate et attente conspicimus, eo potius erga te ipsius benignitas excitatur ecclesie et nostre dilectionis sinceritas invalescit. Ad honorem igitur Dei omnipotentis, Patris et Filii et Spiritus sancti, et beate et gloriose semperque Virginis Marie, beatorum quoque apostolorum Petri et Pauli necnon et sancte romane ecclesie de fratrum nostrorum consilio et assensu regnum Sardinie et Corsice, quod ipsius ecclesie iuris et proprietatis existit, cum iuribus omnibus et pertinentiis suis tibi et tuis heredibus ex tuo et ipsorum corporibus legitime descendentibus utriusque sexus, natis iam et etiam nascituris, in perpetuum feudum gratiose conferimus et ex apostolice sedis liberalitate concedimus et donamus sub modo, forma, tenore et conditionibus et convenctionibus contentis presentibus a nobis nostrisque successoribus canonice intrantibus et dicta romana ecclesia tenendum in feudum et per cupam auream te de eodem presentialiter investimus, ita quod tam tu, quam quilibet tuorum heredum in dicto regno pro ipso regno Sardinie et Corsice nobis et ipsi romane ecclesie prestabitis et prestare tenebimini ligium, homagium, vasallagium plenum et fidelitatis iuramentum sub forma inferius annotata, et pro regno Sardinie et Corsice supradicto nobis et eidem ecclesie servire infra Italiam sitis astricti de centum equitibus decenter armatis cum uno equo ad arma et duabus equitaturis ad minus per quemlibet et quingentis peditibus, inter quos sint saltem centum balistarii de bonis balistis armati et muniti, et reliqui pedites suo modo sint convenienter armati, et tam equites quam pedites sint incole terre. vestre in Aragonie vel Cathalonie seu aliis partibus eisdem adiacentibus constitute, cum sumptibus, gagiis et expensis vestris per trimestris temporis spacium a die, quo ipsi equites et pedites intrabunt terram ecclesie computandum. Erit autem in potestate romani pontificis seu dicte ecclesie predictos equites et pedites ultra prefati trimestris temporis spatium ad similia sumptus, gagia et expensas ipsius ecclesie, si plus eos vel ipsorum aliquos voluerit, retinere. Et si romanus pontifex vel ecclesia ipsa maluerit dictum servitium equitum et peditum comutare totaliter cum stolio vel certo numero galearum seu vasorum marinorum armatorum infra maritimam Italie, possint hoc facere et tu et heredes ipsi comutationem eandem facere teneamini et sitis astricti dando infra ipsam maritimam quinque galeas bene guarnitas, munitas et armatas de bonis hominibus et aliis oportunis vestris expensis per tres menses computandos a die, quo ingresse fuerint maritimam Italie terris ecclesie supradicte vicinam, quas munitas taliter ultra dictos tres menses ad similia gagia et expensas suas, si romanus pontifex vel ecclesia ipsa voluerint, retinere poterunt. Prestabitis autem et prestare tenebimini supradicta servitia equitum, peditum et galearum, ut superius est expressum, semel in anno, quandocunque indigebit romanus pontifex seu romana ecclesia, de quo ipsius romani pontificis vel ipsius ecclesie simplici verbo credetur. Et insuper tam tu, quam quilibet tuorum he-

redum in dicto regno Sardinie et Corsice pro. ipso regno censum duorum milium marcharum argenti bonorum et legalium sterlingorum, ubicunque romanus pontifex fuerit, ipsis romano pontifici qui erit pro tempore et ecclesie, vel ipsi ecclesie, ubi ipsa fuerit sede vacante, recipienti pro futuro pontifice et pro portione collegium ipsius ecclesie cardinalium contingente, in festo beatorum apostolorum Petri et Pauli annis singulis integraliter pro dicto regno Sardinie et Corsice persolvetis, ad quem censum ut premittitur solvendum tam tu, quam quilibet heredum tuorum in dicto regno tenebimini et sitis astricti. Si vero tu vel quicunque heredum tuorum in ipso regno statuto termino non solveritis integre ut premittitur censum ipsum et expectati per quatuor menses terminum ipsum immediate sequentes de illo ad plenum non satisfeceritis, eo ipso eritis excommunicationis vinculo innodati; quod si in secundo termino infra subsequentes alios quatuor menses eundem censum sine diminutione qualibet non persolveritis, totum regnum Sardinie et Corsice erit ecclesiastico supposito interdicto; si vero nec in tertio termino nec infra alios quatuor menses proximos plenam satisfactionem eiusdem census tu et heredes tui vobis duxeritis consulendum, ita quod transactis eodem tertio termino et quatuor proximo sequentibus mensibus non sit de huiusmodi censu primi termini ipsi ecclesie integre satisfactum, ab eodem regno Sardinie et Corsice ipso iure cadatis ex toto et regnum ipsum ad romanam ecclesiam eiusque dispositionem integre ac libere revertatur, nichilominus pro singulis duobus milibus marcharum singulorum terminorum, si simili modo in eorum solutione cessaveritis vel illa non solveritis, tu et quivis tuorum heredum in dicto regno Sardinie et Corsice penas similes incurratis, salvis aliis penis, processibus et sententiis, que vel qui de iure inferri vel haberi seu proferri poterunt per romanum pontificem vel sedem apostolicam specialiter in hoc casu. Sed ad censum ipsum solvendum et ad ipsum servitium exhibendum dicte ecclesie tunc teneamini cum effectu, cum tu vel heredes tui in dicto regno Sardinie et Corsice ipsius regni vel maioris partis eius fueritis possessionem adepti. Ceterum quia in quibusdam articulis seu capitulis modi, forme, tenoris seu conditionum vel conventionum ipsorum presentibus contentorum expressius continentur, quod in certis casibus tu et tui in eodem regno heredes excommunicationis sententiam incurratis et dictum regnum sit ecclesiastico suppositum interdicto, quodque tam tu, quam heredes ipsi cadatis a regno seu sitis regno ipso privati, nos ex nunc huiusmodi sententias videlicet excommunicationis in te ac eosdem heredes, et interdicti in prefatum regnum Sardinie et Corsice et privationis regni eiusdem, si tua vel ipsorum culpa huiusmodi casus emerserit, de dictorum fratrum nostrorum consilio auctoritate apostolica promulgamus. In succedentibus vero tibi tuisque heredibus circa successionem tuam tuorumque heredum in dicto Sardinie et Corsice regno forma adicitur et servabitur infrascripta, videlicet quod ille vel illa dumtaxat, qui vel que tibi tuisque heredibus in Aragonie regno debebit succedere, in dicto Sardinie et Corsice regno succedat et non alius vel alia, ita quod unus et idem sit rex regni Aragonie et regni Sardinie et Corsice predictorum et in suis casibus, ubi ad successionem femina admitteretur, utriusque regni eadem sit regina, et si in tuo vel heredum tuorum obitu legitimos heredes prout sequitur te et ipsos quod absit habere non contingat de tuo vel ipsorum corporibus legitime procreatos, regnum ipsum Sardinie et Corsice ad romanam ecclesiam supradictam et eius dispositionem libere revertatur. Descendentes autem ex

te et tuis heredibus Sardinie et Corsice regibus ex tuo vel ipsorum corporibus de legitimo matrimonio nati mares et femine in eodem regno succedent, sic tamen, quod de liberis pluribus maribus in eodem gradu per eandem lineam concurrentibus primogenitus et de pluribus feminis similiter primogenita et de mare et femina in eodem gradu similiter concurrentibus masculus omnibus aliis preferatur, sed nec mares nec femine illegitime nate succedant. Quod autem de feminis recte linee dicitur, intelligendum est tam de nuptis, quam etiam de innuptis, dum tamen nupte sint fidelibus et ecclesie romane devotis, et sicut inter has personas gradus servari volumus, ut silicet prior gradu posteriori gradui preferatur, sic et in eodem gradu concurrentibus priorem natu posteriori et marem femine in huiusmodi successionibus volumus anteferri. Personarum autem huiusmodi nulla superstite, regnum ipsum Sardinie et Corsice ad romanam ecclesiam et eius dispositionem libere revertatur. Quod si forte deficientibus masculis contigerit feminam innuptam in regno ipso succedere, illa maritabitur persone, que ad ipsius regni regimen et defensionem existat ydonea, romani tamen pontificis prius super hoc consilio requisito, nec nubet nisi viro catholico et ecclesie romane devoto, et si contra hoc fieret, licebit eidem romano pontifici contra ipsam ad privationem regni Sardinie et Corsice de plano sine strepitu et figura iudicii et absque omni iuris sollempnitate, in quacunque etate filia ipsa consisteret, procedere, si hoc ei videbitur expedire. Verum tamen quandocunque te vivente vel quovis tuo herede in eodem regno Sardinie et Corsice vivente, tu vel quivis heredum tuorum in ipso regno volueritis cum consensu expresso summi pontificis et romane ecclesie de persona, que tibi vel ei successura sit in predicto regno Sardinie et Corsice aliter ordinare, illud de huius-

modi persona successura servabitur, quod
per te vel quemvis heredum tuorum in
ipso regno cum consensu expresso romani
pontificis et romane ecclesie fieri vel ordinari continget. Ad hec tam tu, quam tui
in regno ipso heredes regnum ipsum Sardinie et Corsice nullatenus dividatis, sed
semper illud unus tantum sub ipsis modo
et forma, tenore, conditionibus et conventionibus immediate ac in capite a nobis et
successoribus nostris· et ab ipsa romana
ecclesia tenebit. Forma vero iuramenti fidelitatis, vasallagii, ligii et homagii, que tu
in nostra presentia facies et prestabis pro
regno Sardinie et Corsice sepedicto et
quam prestari et fieri volumus ac servari
a tuis heredibus in eodem verbis competenter mutandis talis est: Ego Iacobus Dei
et apostolice sedis gratia rex Sardinie et
Corsice plenum vasallagium, fidelitatem et
ligium, homagium faciens et iuramentum
prestans pro dicto regno Sardinie et Corsice ab hac ora in antea fidelis et obediens
ero beato Petro, domino meo, domino Bonifacio divina providentia Pape VIII suisque
successoribus canonice intrantibus sancte-
que apostolice romane ecclesie, non ero in
consilio aut consensu vel facto, ut vitam
perdant aut membrum aut capiantur mala
captione ; consilium quod mihi credituri
sunt, per se aut per nuntios suos sive per
litteras, ad eorum dampnum me sciente nemini pandam, et si scivero fieri vel pro-
curari sive tractari aliquod, quod sit in
ipsorum dampnum, illud pro posse impe-
diam, et si impedire non possem, illud eis
significare curabo. Papatum romanum et
regalia s. Petri tam in regno predicto, quam
alibi existentia adiutor eis ero ad retinen-
dum et defendendum ac recuperandum et
recuperata manutenendum contra omnem
hominem; universas et singulas conditiones,
modos seu formas et tenores contentos in
litteris concessionis dicti regni Sardinie et
Corsice ac omnia et singula, que continen-

tur in eisdem litteris, plenarie adimplebo
et inviolabiliter observabo nec ullo unquam
tempore veniam contra illa. Sic me Deus
adiuvet et hec sancta Dei evangelia. Similia autem fidelitatem, vasallagium plenum
et homagium, ligium et iuramentum reno-
vabis, facies et prestabis unicuique romano
pontifici et dicte ecclesie infra annum a
die, quo in romanum pontificem electus
fuerit computandum, et similia prestabit et
faciet et similiter renovabit, et facere prestare et renovare tenebitur unusquisque
heredum tuorum in dicto regno unicuique
romano pontifici, qui erit pro tempore et
ipsi romane ecclesie secundum formam
prescriptam, nomen romani pontificis qui
tunc erit et suum proprium exprimendo.
Set postquam tu et heredes tui in regno
Sardinie et Corsice sepedicto prestiteritis
et feceritis personaliter iuramentum, fidelitatem, homagium seu vasallagium secundum predictam formam uni romano pontifici, per vos ipsos alii romano pontifici
non astringamini personaliter prestare et
facere, dummodo illa prestetis et ˙faciatis
infra annum per ydoneum vel ydoneos substitutos ad hoc plenum mandatum habentes. Et si plus placuerit romano pontifici
vel romane ecclesie, iuramentum, fidelitatem, vasallagium et homagium predicta
prestabitis et facietis tu et heredes tui
nomine summi pontificis et romane ecclesie
illi vel illis, quem vel quos ad hoc specialiter ipse romanus pontifex vel sedes eadem deputabit. Quandocunque vero tu vel
heredes tui in regno predicto predicta iuramentum, fidelitatem, vasallagium et homagium prestabitis et facietis per vos vel
per alium seu˙alios, ut superius continetur,
dabitis infra mensem post romano pontifici
et eidem ecclesie patentes litteras vestras
aurea bulla bullatas, predictos infrascriptos
modos, conventiones, conditiones, tenorem
et formam acceptantes expresse et formam
dictorum homagii et iuramenti, fidelitatis et

vasallagii similiter. et specialiter exprimentes. Sane omnibus ecclesiis tam cathedralibus quam aliis regularibus et secularibus nec non et omnibus prelatis et clericis ac universis personis ecclesiasticis, secularibus et religiosis et quibuslibet religiosis locis dicti regni Sardinie et Corsice libere dimittantur et conserventur integre omnia bona et iura eorum. Omnes insuper ecclesie tam cathedrales quam alie regulares, necnon et omnes prelati et clerici ac universe persone ecclesiastice, religiose et seculares ac quecunque religiosa loca cum omnibus bonis suis in electionibus, postulationibus, nominationibus, provisionibus et omnibus aliis plena libertate gaudebunt, nec ante electionem sive in electione vel post regius assensus vel consilium aliquatenus requiratur, quam utique libertatem tu et tui in eodem regno heredes semper manutenebitis et manuteneri et conservari facietis ab omnibus subditis vestris, dicteque ecclesie ac persone utentur libere omnibus bonis et iuribus suis, salvo tibi et tuis in regno ipso heredibus iure patronatus in ecclesiis in tantum, quantum in hac parte patronis ecclesiarum canonica instituta concedunt, in illis dumtaxat ecclesiis, in quibus tibi tuisque heredibus ius patronatus competere dinoscetur. Omnes etiam cause ad forum ecclesiasticum pertinentes libere et absque ullo impedimento agitabuntur, tractabuntur et ventilabuntur coram suis ordinariis et aliis ecclesiasticis iudicibus et terminabuntur per eos, et si ad sedem apostolicam super huiusmodi causis appellari contigerit, tam appellantes quam appellati ad eandem venire sedem pro appellationum prosecutionibus libere et absque inhibitione aliqua permittantur. Omnibus insuper capitulis, collegiis et conventibus et personis ecclesiasticis, religiosis et secularibus ac communitatibus vel universitatibus et personis secularibus quorumcunque locorum dicti regni, cuiuscunque conditionis et status

extiterint, quotiens per te vel aliquem heredum tuorum, tuos officiales vel ministros aut alicuius eorum senserint se gravatos, ad apostolicam sedem liberum super hoc liceat habere recursum, nec prestabitur eis obstaculum, quominus libere et securre recurrant. Sacramenta vero fidelitatis seu assecurationis prestabuntur secundum antiquam et rationabilem consuetudinem, prout canonica instituta permittunt, ab illis ecclesiarum prelatis, quorum predecessores illa antiquitus soliti sunt prestare. Ab illis autem prelatis et ecclesiis, qui temporalia bona tenent, si qui tamen sunt, qui huiusmodi bona teneant a domino dicti regni et aliis dominis temporalibus et qui ratione huiusmodi bonorum ab antiquo consueverunt regibus vel aliis dominis temporalibus in dicto regno Sardinie et Corsice constitutis servitia exhibere, huiusmodi honesta et antiqua servitia eis secundum rationabilem et antiquam consuetudinem et sicut instituta patiuntur canonica, impendantur, salva semper circa ecclesias cathedrales et alias regulares et seculares ac personas et loca ecclesiastica, tam in faciendis provisionibus et electionibus confirmandis quam in omnibus quibuscunque aliis romani pontificis et ecclesie romane iurisdictione ac auctoritate plenaria et libera potestate. Revocabis quoque omnes constitutiones seu leges vel statuta per reges seu principes seculares Sardinie et Corsice edita contra ecclesiasticam libertatem, nec statuta vel constitutiones aliquas tu vel aliquis heredum tuorum in dicto regno edetis aut promulgabitis, per que seu quas iuri et libertati ecclesiastice derogetur. Promittis etiam, quod tuo vel heredum tuorum tempore nullus clericus vel persona ecclesiastica eiusdem regni in civili vel criminali causa convenietur coram iudice seculari, nisi super feudis iudicio petitorio conveniatur civiliter, quatenus canonica iura permittant, sed omni-

bus ecclesiis et personis ecclesiasticis conservetur libertas, nisi sit de illis personis,
de quibus iura permittunt. Nullas insuper
tu aut quivis alius tuus in regno Sardinie
et Corsice heres tallias imponetis ecclesiis,
monasteriis, clericis et viris ecclesiasticis
vel rebus seu vassallis eorum et in ecclesiis vacantibus tu vel tui in predicto regno
heredes nulla habebitis regalia nullosque
fructus, redditus et proventus, nullas etiam
obventiones ac nulla prorsus alia percipietis
ex eis, nichilominus custodia earundem
ecclesiarum, iurium ac bonorum ipsarum
interim libera remanente penes personas
ecclesiasticas iuxta canonicas sanctiones,
salvis tibi dictisque heredibus tuis, que
tibi vel eis tamquam regi vel domino temporali competerent ex prescriptione legitima, consuetudine antiqua et rationabili, privilegiis legitimis aut alias de iure, quibus iura
divina vel canonica non obstant. Iudices vero, comites et barones, milites et persone
cetere seculares regni eiusdem tam magne
quam parve in suis bonis, iuribus rationabilibus et laudabilibus consuetudinibus ser-
vabuntur et tam tu quam tui in predicto
regno heredes per vos vel alium seu
alios exercebitis regimen dicti regni secundum iura civilia, quibus canonica instituta
non obviant et laudabiles consuetudines,
salvis regiminibus ecclesiasticarum vel secularium personarum competentibus eis de
approbata et laudabili consuetudine, privilegiis legitimis aut alias de iure. Omnes
captivos et obsides presertim romanos et
alios de terra ecclesie oriundos, si quos tu
vel tui in dicto regno heredes tempore,
quo acquiretis dictum regnum Sardinie et
Corsice, invenietis in eo, ad mandatum romani pontificis seu romane ecclesie restituetis pristine libertati vel de eis facietis,
quod dictus romanus pontifex vel romana
ecclesia ordinabunt. Nullam etiam confederationem seu pactionem vel societatem
cum aliquo imperatore vel rege seu prin-

cipe vel barone christiano vel greco aut
Sarraceno vel cum aliqua provincia seu civitate vel comunitate vel loco aliquo seu
personis scienter contra romanam ecclesiam
tu vel tui in eodem regno heredes in dampnum ecclesie facietis, et si etiam feceritis
ignoranter, teneamini ad mandatum romani
pontificis seu romane ecclesie revocare et
tam tu quam tui in eodem regno heredes
amicos et devotos ecclesie habebitis pro
amicis et devotis, et inimicos et indevotos
ecclesie pro indevotis habebitis nec emulis
seu inimicis ecclesie auxilium dabitis, consilium vel favorem. In Vrbe Vrbisque
districtu seu in circomposita regione aut
in provinciis, civitatibus, terris seu locis
ecclesie romane subiectis non recipietis vel
assumetis aut acquiretis dominium, regimen seu rectoris officium, quocunque nomine censeatur, nec de occupandis vel
recipiendis aut capiendis vel subiugandis
eisdem seu aliis bonis et iuribus eiusdem
ecclesie tu et quivis tuorum heredum in-
tromittetis vos publice vel occulte scienter,
quod si contra feceritis ignoranter et moniti ab ipsa ecclesia non destiteritis, cadetis
a iure dicti regni Sardinie et Corsice ipso
facto et eritis illo privati et regnum ipsum
ad romanam ecclesiam libere devolvatur.
Quod si forte contingeret te vel heredes
tuos in predicto regno Sardinie et Corsice successores in regem vel imperatorem
romanum seu regem Theotonie eligi vel
assumi, electus vel assumptus nullo modo
dictum regnum Sardinie et Corsice cum
dictis regimine et imperio valeas vel valeant retinere, et si moniti ab ipsa ecclesia dicta imperium et regna Romanorum
seu Theotonie non dimiseritis, a iure dicti
regni Sardinie et Corsice ipso facto cadatis
ex toto ac regnum ipsum ad romanam
ecclesiam libere devolvatur, nisi forte tu
vel idem electus vel assumptus filium habeat successurum sibi in regno Aragonie,
quem si voluerit emancipare legitime po-

terit sine fraude renuntiando dicto regno Sardinie et Corsice nichil unquam iuris-habiturus in eo publice vel occulte et dicta regnum romanum seu Theotonie ac imperium retinere. Quod si contra tu vel tui in predicto regno Sardinie et Corsice heredes feceritis et moniti ab ipsa ecclesia non destiteritis, a iure dicti regni Sardinie et Corsice ipso facto cadatis et regnum ipsum ad romanam ecclesiam libere devolvatur. Ad hec ut tibi plus presidii et favoris accrescat, te, regna et bona tua stabilia ubilibet constituta sub beati Petri et nostra protectione suscipimus, disponentes te et ipsa gladio spirituali defendere ac tueri, prout expediens fore videbimus et tibi fuerit oportunum. Demum in nostra presentia confiteberis et recognosces expresse, ex gratia et liberalitate nostra et dicte ecclesie dictum regnum Sardinie et Corsice tibi tuisque heredibus fore concessum in feudum et sic te illud recipere vel recepisse sub conditionibus, conventionibus sive pactis, modo, tenore ac forma, que in presentibus nostris litteris continentur, quos per stipulationem solennem promittes et iurabis te inviolabiliter servaturum, pro quibus etiam servandis dictum regnum Sardinie et Corsice, iura tibi in eo competentia et competitura et bona tua, que ibidem consistent, nobis et ipsi ecclesie obligabis et promittes nichilominus, quod successores tui heredes in dicto regno Sardinie et Corsice eo tempore, quo facient et prestabunt vassallagium, homagium et fidelitatis iuramentum sub forma predicta, similia confessiones, recognitiones, promissiones, iuramentum et obligationes facient et prestabunt romano pontifici qui erit pro tempore et ecclesie sepedicte. Insuper tam tu, quam quilibet heredum tuorum in dicto regno Sardinie et Corsice illis temporibus, quibus feceritis et prestiteritis vassallagium, homagium et fidelitatis iuramentum pro eodem regno Sardinie et Corsice, dabitis

infra mensem post privilegium seu litteras aurea bulla bullata, in quo vel quibus fatebimini et recognoscetis expresse dictum regnum Sardinie et Corsice a nobis et romana ecclesia recepisse in feudum sub conditionibus, conventionibus, modo et forma atque tenore, que in presentibus nostris litteris continentur, quos tenorem, modum, conditiones, conventiones et formam promittetis vos inviolabiliter servaturos, pro quorum observantia obligabitis vos et dictum regnum Sardinie et Corsice, iura et bona vobis competentia et competitura in eo. Omnium autem predictorum, que in presentibus nostris litteris continentur, declaratio et interpretatio, quotiens opus fuerint faciende, ad romanum pontificem seu ad romanam ecclesiam pertinebunt, quotienscunque super ipsis vel eorum aliquo vel aliquibus ambiguitatis aliquid vel dubii oriri continget, cuius romani pontificis vel romane ecclesie interpretationi et declarationi stabitur verbo seu litteris prout ipsis romanis pontificibus vel ecclesie placuerit faciendis. Nulli ergo omnino hominum liceat hanc paginam nostre collationis, concessionis, donationis, investiture, promulgationis et voluntatis infringere vel ei ausu temerario contraire. Si quis autem etc. usque incursurum. Data Rome apud sanctum Petrum, pridie nonas aprilis, pontificatus nostri anno tertio.

Idcirco reducto ad memoriam nos iam tempore donationis premisse memorato domino Pape Bonifacio iuxta continentiam dicti rescripti ex causis in eo scriptis iuramentum, fidelitatem, vassallagium et homagium personaliter prestitisse, et postmodum etiam per Vitalem de Villanova militem et Guillelmum de Lateria, civem Barchinonensem, procuratores nostros, ambasciatores et nuntios speciales olim per nos ad romanam curiam destinatos, homagium et alia predicta renovasse, fecisse et prestitisse felicis recordationis domino Benedicto, prefato domino

Bonifacio in apostolatus officio succedenti, et per eosdem nuntios prefato domino Benedicto, summo pontifici, dedisse litteras nostras aurea bulla nostra bullatas recognitionis et acceptationis contentorum in rescripto predicto iuxta eiusdem tenorem, de quorum homagii et aliorum predictorum prestatione nec minus de traditione litterarum regiarum aurea nostra bulla bullatarum fuerunt concepta seu mandata papalia rescripta, que sunt in cancellaria papali aut penes cancellarium dicti quondam domini Benedicti Pape, quia eidem domino Pape morte superveniente expediri non potuerunt neque bullari, ut hoc habuimus per assertionem nostrorum nuntiorum ad nos revenientium predictorum, quodque nuper in Monte Pesulano nos vobis presentialiter obtulimus homagium et alia supradicta, considerato etiam nos nunc ex eiusdem rescripti serie inductos nostrum constituisse procuratorem solennem ad eadem vestre Sanctitati prestanda, providimus propterea sanctissime pater has fieri litteras bullatas bulla aurea nostra Sanctitati vestre per predictum procuratorem nostrum tradendas et dandas, prout fieri debere iam dicti rescripti tenor inducit. Per quas siquidem litteras nunc prout ex tunc modos, conventiones, conditiones, tenorem et formam in dicto papali rescripto conscriptos acceptamus expresse et per quas etiam fatemur et recognoscimus expresse, dictum Sardinie et Corsice regnum a domino summo pontifice et romana ecclesia recepisse in feudum sub conditionibus, modo et forma atque tenore, qui in dicto papali rescripto continentur, quos tenorem, modum, conditiones, conventiones et formam promittimus nos inviolabiliter observaturos, pro quorum observantia obligamus nos et dictum regnum Sardinie et Corsice, iura et bona nobis competentia et competitura in eo. Humani generis Conditor et Redemptor personam vestram ad sua sancta servitia con-

servare dignetur per tempora longiora. Dat. Perpiniani, IIII kal. novembris, anno Domini millesimo trecentesimo quinto.

Noverint universi, quod nos Iacobus Dei gratia rex Aragonum, Valentie, Sardinie et Corsice, comesque Barchinone ac sancte romane ecclesie vexillarius, ammiratus et capitaneus generalis considerantes, quod tempore donationis et concessionis per felicis recordationis dominum Bonifacium Papam VIII nobis et nostris facte in feudum de regno Sardinie et Corsice personaliter prestitimus dicto domino summo pontifici, prout prestare debuimus iuxta continentiam rescripti papalis pro dicta concessione confecti homagium, vassallagium et fidelitatis iuramentum sub forma in eodem rescripto contenta, attendentes etiam, quod homagium et alia predicta nos et nostri tenemur secundum conditiones in dicto rescripto conscriptas renovare, facere et prestare. unicuique romano pontifici et dicte ecclesie infra annum a die, quo in romanum pontificem electus fuerit computandum per ydoneum vel ydoneos substitutos, postquam nos et nostri in dicto regno prestiterimus personaliter uni romano pontifici iuramentum, fidelitatem, homagium seu vassallagium supradicta, idcirco nominamus, facimus, ordinamus et loco nostri substituimus procuratores nostros, nuntios et ambasciatores solemnes discretos viros Iohannem Burgundi, sacristam Maioricensem et canonicum Valentinum, ac Petrum Martini de Godor militem, consiliarios et familiares nostros presentis procuratorii exibitores ambos insimul et utrumque in solidum sic, quod unus sine altero possit procedere et processus unius alterius minime processum impediat, ad presentandum se nomine, loco et pro parte nostra ante sacram presentiam sanctissimi in Christo patris ac domini, domini Clementis divina providentia noviter in romane et universalis ecclesie summum pontificem ordinati, et ad prestandum loco,

nomine et pro parte nostra tamquam regis
Sardinie et Corsice et pro ipso regno
Sardinie et Corsice memorato domino summo pontifici Clementi homagium, vassallagium et fidelitatis iuramentum iuxta tenorem dicte donationis rescripti et ad dandum etiam dicto domino summo pontifici
et romane ecclesie loco, nomine et vice
nostra litteras nostras patentes bulla aurea
nostra bullatas, confectas super acceptatione conventionum et aliarum conditionum,
sub quibus dictum Sardinie et Corsice regnum nobis et nostris collatum extitit et
concessum, ad quas dandas summo pontifici et romane ecclesie predicti papalis rescripti series nos astringit, et ad postulandum et recipiendum de prestatione homagii,
vassallagii, fidelitatis et iuramenti predictorum et de datione dictarum litterarum nostrarum rescriptum seu rescripta papalia
aut alia publica instrumenta in eternam
certitudinem, memoriam et testimonium premissorum. Nos autem ipsis et eorum alteri
circa ista plenarie committimus vices nostras, ratum et gratum habituri perpetuo,
quod per ipsos vel eorum alterum actum
fuerit in premissis et quolibet eorundem.
In evidentiam cuius rei presens scriptum
per subscriptum notarium nostrum inde
fieri et maiestatis nostre sigillo iussimus
communiri. Dat. Valentie, X kal. maii, anno
Domini millesimo trecentesimo sexto. Signum Iacobi Dei gratia regis Aragonum,
Valentie, Sardinie et Corsice comitisque
Barchinone ac sancte romane ecclesie vexillarii, ammirati et capitanei generalis.
Testes sunt Petrus de Ayerbe, Gondisalvus
Eximini de Arenoso, Iacobus de Hericha,
Berengarius de Enteza, Iohannes Martini de
Luna. Signum meum Bernardi de Avarsone
notarii domini regis Aragonum predicti, qui
de mandato suo hec scribi feci et clausi
loco, die et anno prefixis.

Nulli ergo omnino hominum liceat hanc
paginam nostre acceptationis infringere etc.

Si quis etc. Dat. Burdegalis, V kal. iunii,
anno primo.

1445. — Burdegalis, 23 iun. 1306.
Concedit facultatem recipiendi resignationem
Iohannis de Parvo Parisii canonicatuum et praebendarum, quos in s. Mariae Gratiacen. et s. Iterii
de Aiis Bituricen. dioec. ecclesiis obtinet eosdemque conferendi alicui personae idoneae etsi iam
beneficiatae. (cap. 259, f. 73 a).
Dil. filio Stephano tit. s. Ciriaci in Termis presb. cardinali. Cum dilectus filius....
Dat. Burdegalis, VIIII kal. iulii, anno primo.

1446. — Apud Pessacum, 3 nov. 1306.
Vacanti per translationem Alphonsi ad ecclesiam Salamantin. ecclesiae Lamecen. praeficitur
Didacus [1], decanus ecclesiae Salamantin., in episcopum et pastorem. (cap. 260, f. 73 a).
Dil. filio Didaco electo Lamecen. Apostolatus officium.... Dat. apud Pessacum
prope Burdegalas, III non. nov., anno primo.
In eundem modum dil. filiis.. decano et capitulo ecclesiae Lamecen.
In e. m. dil. filiis clero civitatis et dioecesis
Lamecen.
In e. m. dil. filiis populo civitatis et dioecesis
Lamecen.
In e. m. carissimo in Christo filio Dionysio
regi Portugaliae illustri.

1447. — Burdegalis, 2 nov. 1306.
Gaufredo [2], abbati mon. Malliacen. ord. s. Ben.,
concedit facultatem contrahendi mutuum usque ad
summam decem milium florenorum auri, quam
ipse vel successores eius statuto termino creditoribus persolvant. (cap. 261, f. 73 b).
*Dil. filio Goffredo abbati mon. Maliacen.
ord. s. Ben. Pictaven. dioc.* Cum sicut in
nostra proposuisti presentia.... Dat. Burdegalis, IIII non. novembris, anno primo.

---

[1] Didacum hunc non recenset GAMS, l. c. p. 102.
[2] Gaufredus de Pommerueil aut Pouvrelle ex abbate ultimo Malleacensi primus episcopus Malleacen. seu
Rupellen. creatur 1317 a Ioh. XXII. *Gallia chr.*, II. p. 1369.

1448. — Lugduni, 22 nov. 1305.
Fidelibus vere poenitentibus et confessis, qui
ad reparandum pontem iuxta hospitale de La-
runde, ad prioratum de Solaco ord. s. Benedicti
Burdegalen. dioec. pertinens, eleemosynas et subsidia erogaverint, concedit ad decennium indulgentiam unius anni et quadraginta dierum, quas
mitti per quaestuarios inhibetur. (cap. 262, f. 74 a).

*Vniversis Christi fidelibus presentes litte-
ras inspecturis.* Quum ut ait apostolus....
Dat. Lugduni, X kal. decembris, anno primo

1449. — Apud Montem Vespanum,
7 nov. 1306.
Sicardo Benedicti concedit officium tabellionatus, facta per Berengarium, tit. ss. Nerei et
Achillei presbyterum cardinalem, eius examinatione. (cap. 263, f. 74 a).

*Dil. filio Sycardo Benedicti clerico Bi-
terren. in minoribus ordinibus constituto.* Ne
contractuum memoria.... Dat. apud Montemvespanum, VII idus nov., anno primo.

1450. — Burdegalis, 19 aug. 1306.
Cum Iohanne de Monte Hermeri dispensat, ut
parochiales ecclesias de Fordinggebrigg. Wintonien. dioec. et de Calhan Ossorien. dioec., quas
absque dispensatione per triennium retinuit, retinere valeat, remissis ei fructibus inde perceptis,
et ut altera ex istis ecclesiis dimissa unicum aliud
beneficium recipere et cum non dimissa retinere
possit. (cap. 264, f. 74 a).

*Dil. filio Iohanni de Monte Hermeri
rectori parochialis ecclesie de Calhan Ossorien. dioc.* Tue bonitatis exigentibus meritis.... Dat. Burdegalis, XIIII kal. septembris, anno primo.

1451. — Petragoris, 1 maii 1306.
Infrascriptis concedit ecclesias s. Victoris de
Sagelaco et s. Iohannis Baptistae de Monte Pla-
centio Petragoricen. dioec., in quibus ipsae ius patronatus habent, in usus proprios perpetuo retinendas, reservata pro vicariis in eisdem ecclesiis
servituris congrua portione. (cap. 265, f. 74 a).

*Dil. in Christo filiabus.. abbatisse et con-
ventui mon. Fontis Gayferii ord. s. Ben.
Petragoricen. dioc.* Sacra vestra religio....
Dat. Petragoris, kal. maii, anno primo.

In eundem modum dil. filiis.. Agennen. et
Petragoricen. officialibus et Guillelmo de Baleto
canonico Lemovicen.

1452. — Burdegalis, 24 sept. 1306.
Consideratione Eduardi, regis Angliae, et
Eduardi, eius primogeniti, principis Walliae, concedit abbati et conventui mon. de Bardenay ord.
s. Ben. parochiales ecclesias de Hale ac de Hekinton
Lincolnien. dioec., in quibus obtinent ius patronatus, in usus proprios perpetuo retinendas, annuis portionibus vicario de Hale decem librarum
sterlingorum et vicario de Hekinton decem marcarum argenti reservatis. (cap. 266, f. 74 b).

*Dil. filiis.. abbati et conventui mon. de
Bardenay ord. s. Benedicti Lincolnien. dioc.*
Grate devotionis studia.... Dat. Burdegalis,
VIII kal. octobris, anno primo.

In eundem modum dil. filiis.. de s. Edmundo
et.. de Vestimonasterio Norwicen. et Londonien.
dioec. monasteriorum abbatibus ac.. archidiacono
Wintoniensi.

1453. — Burdegalis, 24 sept. 1306.
Intuitu Eduardi, regis Angliae, et Eduardi,
eius primogeniti, principis Walliae, Robertum, abbatem mon. de Bardenay ord. s. Ben., ac conventum et monasterium nec non membra ipsius monasterii in Lincolnien. dioec. constituta ab omni
iurisdictione episcopi et capituli Lincolnien. ad
eius vitam dumtaxat eximit et ab excommunicatione et interdicto ab eodem episcopo in eos prolatis absolvit. (cap. 267, f. 74 b).

*Dil. filio Roberto abbati mon. de Bar-
denay ord. s. Ben. Lincolnien. dioc.* Circumspecta apostolice sedis benignitas....
Dat. Burdegalis, VIII kal. octobris, anno
primo.

In eundem modum dil. filiis.. de s. Edmundo
et Vestimonasterii Norwicen. et Londonien. dioec.
mon. abbatibus ac.. archidiacono Wintonien.

1454. — Apud s. Ciricum, 22 februarii 1306.

Consideratione Landulphi, s. Angeli diaconi cardinalis, dispensat cum Ermengardo Olibe, ut archidiaconatum Confluentis in eccl. Elnen., praeposituram sive mensatam de Salellis in eadem ecclesia Elnen., canonicatus et praebendas in ipsa Elnen. et in s. Iohannis de Perpiniano ecclesiis necnon praestimonia s. Mariae de castro Rossilione et s. Marcelli de Villalonga et pensionem de Verneto Elnen. dioec., quae beneficia absque dispensatione retinuit, possit licite retinere, remissis ei. fructibus inde perceptis. (cap. 268, f. 75*b*).

Dil. filio Ermengardo Olibe archidiacono Confluentis et canonico in ecclesia Elnen. Exhibita nuper nobis.... Dat. apud s. Syricum, VIII kal. martii, anno primo.

1455. — In Valleviridi, 20 oct. 1305.

Monasteria, ecclesias et loca ecclesiastica in Pictavien. dioec. eximit a procurationibus solvendis decano ecclesiae Pictavien., et pro compensatione unit cum decanatu Pictavien. decanatum ruralem de Marolio eiusdem dioec., quem Andreas Laydeti ac deinde Guido Debitri, clerici dictae dioec., iniuste detinebant. (cap. 269, f. 75*b*).

Ad perpetuam rei memoriam. Ad universas orbis ecclesias.... Dat. in Valleviridi, XIII kal. novembris, anno primo.

1456. — Apud Villandradum, 20 octobris 1306.

Provisionem ecclesiae Dublinen., per obitum Richardi archiepiscopi vacantis, hac vice reservat dispositioni sedis apostolicae. (cap. 270, f. 76*a*).

Ad perpetuam rei memoriam. Cum ecclesia Dublinen.... Dat. apud Vignadraldum, XIII kal. novembris, anno primo.

1457. — Burdegalis, 19 aug. 1306.

Consideratione Augerii, decani mon. Soliacen. ord. s. Ben. Caturcen. dioec., dispensat cum eius fratre, ut, si eum contigerit ex collatione sui abbatis assequi beneficium consuetum monachis sui

monasterii assignari, possit unicum aliud beneficium ad cuiuscunque alterius prelati collationem pertinens, si ei offeratur, recipere ac retinere. (cap. 271, f. 76*a*).

Dil. filio Begoni de Castronovo monacho mon. Aureliacen. ord. s. Ben. Claromonten. dioc. Honestatem morum.... Dat. Burdegalis, XIIII kal. septembris, anno primo.

1458. — Lugduni, 28 nov. 1305.

Cum Iacobo Synibaldi dispensat, ut archidiaconatum ecclesiae Wintonien. et praebendalem portionem parochialis ecclesiae s. Laurentii de Romeseya cum capellis et pertinentiis suis, quae retinuit dispensatione non obtenta, remissis fructibus inde perceptis, retinere et unum adhuc vel plura beneficia cum annuis reditibus centum marcarum sterlingorum recipere ac retinere valeat. (cap. 272, f. 76*a*).

Dil. filio Iacobo Synibaldi archidiacono ecclesie Winctonien. Exigentibus tue probitatis meritis.... Dat. Lugduni, IIII kal. decembris, anno primo.

1459. — Nivernis, 22 mart. 1306.

Cum Iacobo de Dalileye dispensat super retentione ecclesiarum de Cranoleye, de Dumbreton, de Caledoure et de Kikinethin Wintonien., Glascuen., s. Andreae et Candidae Casae dioec. dispensatione non obtenta condonatque ei fructus inde perceptos et concedit, ut ipsis ecclesiis dimissis alia tria beneficia recipere ac retinere valeat. (cap. 273, f. 76*a*).

Dil. filio Iacobo de Dalileye canonico ecclesie de s. David Meneven. dioc. presbytero. Apostolice sedis copiosa benignitas.... Dat. Nivernis, XI kal. april., anno primo.

1460. — Matiscone, 12 mart. 1306.

Cum Rogerio dispensat, ut praeter suam ecclesiam de Wikingeston Lincolnien. dioec. unum adhuc vel plura beneficia cum annuis proventibus octoginta librarum sterlingorum recipere ac retinere valeat. (cap. 274, f. 76*b*).

Dil. filio magistro Rogerio nato nobilis viri Guidonis Buteturte presbytero rectori ecclesie de Wikingestone Lincolnien. dioc. Generis et morum honestas.... Dat. Matiscone, IIII idus martii, anno primo.

1461. — Burdegalis, 25 iun. 1306.
Helia ecclesiam s. Silani de Villapodii s. Frontonis Petragoricen. dioc. per suum procuratorem Bernardum Caprarii de Medulco, presbyterum Burdegalen. dioec., resignante, Raymundus, s. Mariae Novae diac. cardinalis, resignatione recepta, eandem ecclesiam de dato Burdegalis V idus iunii anno Domini millesimo trecentesimo sexto, ind. IIII, pontificatus domini Clementis Pp. V anno primo, contulit Petro Barcelerii, quam collationem Clemens Pp. V hisce confirmat. (cap. 275, f. 76b).

Dil. filio Petro Barcelerii rectori parochialis eccl. s. Silani de Villapodii s. Frontonis Petragoricen. dioc. Exigunt tue merita bonitatis.... Dat. Burdegalis, VII kal. iulii, anno primo.

Litterae sequentes continentur in quaternione chartaceo valde lacerato et madefacto, extante inter miscellanea archivi Vaticani.

1462. — Burdegalis, 22 iul. 1306.
Obtentu Amanevi de Lebreto suspendit excommunicationis sententiam, quam incurrit Arnaldus adhaerens comiti Fuxen. contra inhibitionem Papae, ad festum Assumptionis b. Mariae proxime venturum, ut possit interim contrahere legitimum matrimonium cum nobili muliere Almoidi. (capitulo 1008, f. 67).

Dil. filio Arnaldo vicecomiti de Lautrica. Cum tu ex eo.... Dat. Burdegalis, XI kal. augusti.

1463. — Burdegalis, 22 iul. 1306.
Amanevo de Lebreto, cui antea commisit rectoriam patrimonii s. Petri in Tuscia, donat omnes reditus et proventus ex rectoria obvenientes, ex castris, possessionibus et aliis romanae ecclesiae iuribus infra dictum patrimonium constitutis. (capitulo 1009, f. 67).

Dil. filio nobili viro Amanevo de Lebreto. Devotionis tue sinceritas.... Dat. Burdegalis, XI kal. augusti.

1464. — Burdegalis, 12 iun. 1306.
Petro in Morinen., Parisien., Remen., Tullen. et s. Martini Turonen. ecclesiis canonicatus et praebendas obtinenti reservavit in eccl. Morinen. dignitatem seu personatum. Nunc dispensat cum illo, ut, non obstante defectu ordinum et aetatis, dignitatem seu personatum percipere et cum canonicatibus et praebendis dictis retinere valeat. (cap. 1010, f. 67).

Dil. filio Petro nato dilecti filii nobilis viri Petri de Chambliaco domini de Wirmis canonico Morinen. Dudum volentes personam tuam.... Dat. Burdegalis, II idus iunii.

1465. — Apud s. Ciricum, 4 mart. 1306.
Cuidam confert canonicatum et praebendam in eccl. Lugdunen., non obstante quod ecclesiam s. Petri de Valle Mastla Biterren. dioec. obtineat et in Lodoven. eccl. sub expectatione praebendae in canonicum sit receptus. (cap. 1011, f. 67).

Apostolice sedis multa benignitas.... Dat. apud s. Ciricum prope Lugdunum, IIII non. martii.

Eod. mod. dilectis filiis priori de Benevento Lemovicen. dioec. et camerario Biterren. ac Guillelmo de Valhauquesio canonico Lodoven. ecclesiarum.

1466. — Bituris, 31 mart. 1306.
Reservat beneficium consuetum ab olim clericis secularibus assignari, cuius reditus centum librarum Turonen. parvorum secundum taxationem decimae valorem annuum non excedant, in civitate vel dioec. Nemausen. (cap. 1012, f. 68).

Dil. filio Petro Buxerie clerico Nemausen. dioc. Laudabilia tue merita probitatis.... Dat. Bituris, II kal. aprilis.

Eod. mod. dil. filiis priori de Vicario Nemausen. dioec. et.. Maioricen. ac Lodoven. archidiaconis ecclesiarum.

1467. — Bituris, 31 mart. 1306.
Obtentu magistri Guillelmi de Maseto, physici et familiaris sui, confert fratri eius canonicatum eccl. Biterren. et praebendam, personatum vel dignitatem seu officium ibi 'vacantes vel vacaturos. (cap. 1013, f. 68).

Dil. filio Mattheo de Maseto canonico Biterren. Probitatis tue laudabilia merita.... Dat. Bituris, II kal. aprilis.

Eod. mod. dilectis filiis Ananien. Magalonen. et.. de s. Guillelmo Lodoven. dioec. monasteriorum abbatibus ac magistro Bernardo Raymundi archidiacono ecclesiae Maioricarum.

1468. — Bituris, 31 mart. 1306.
Cum nonnulli doctores in scientia medicinae studii, quod apud Montem Pesulanum Magalonen. dioec. regitur, super eo quod Guillelmo de Iamosa in dicto studio commoranti legendi et docendi in eadem scientia contra iustitiam licentia fuerit concessa, ad sedem apostolicam appellassent, prorogat ad eorum supplicationem tempus prosequendae appellationis de iure statutum, quod nondum est elapsum, usque ad festum Nativitatis Domini proximo futurum. (cap. 1014, f. 69).

Ad perpetuam rei memoriam. Cum nonnulli doctores.... Dat. Bituris, II kal. aprilis.

1469. — Burdegalis, 9 iul. 1306.
Defuncto Roberto, infrascriptus, adhuc abbas mon. s. Ianuarii de Foris siti prope Neapolim ord. s. Ben., per viam scrutinii voce unanimi in abbatem mon. s. Laurentii de Aversa eiusdem ordinis eligitur, quae electio, facta per Theodoricum, Civitatis papalis episcopum, Berengarium tit. ss. Nerei et Achillei presb. et Richardum s. Eustachii diaconum card. examinatione, confirmatur. (cap. 1015, f. 69).

Dil. filio Lanfranco abbati mon. s. Laurentii de Aversa ad rom. eccl. nullo medio pertinentis ordinis s. Benedicti. Ecclesiarum

monasteriorumque cunctorum.... Dat. Burdegalis, VII idus iulii, pontificatus nostri anno primo.

1470. — Burdegalis, 5 iul. 1306.
Monasterio Athanacen. per liberam resignationem Anthelmi per Stephanum Arcaudi clericum Lugdunen. dioec. procuratorem eius in manibus Raymundi, s. Mariae Novae diac. card., apud sedem apostolicam sponte factam vacanti in abbatem praeficit Humbertum, priorem s. Symphoriani de Auzone ord. s. Ben. Lugdunen. dioec. (cap. 1016, f. 70).

Dil. filio Humberto abbati monasterii Athanacen. Lugdunen. ordinis s. Benedicti. Sedula nos cura sollicitat.... Dat. Burdegalis, III nonas iulii.

Item eodem modo scribitur dil. filiis conventui mon. Athanacen. Lugdunen. ord. s. Ben.

Item e. m. dil. filiis universis vasallis mon. Athanacen. Lugdunen. ord. s. Ben.

1471. — Burdegalis, 9 iul. 1306.
Infrascriptus defuncto Petro, episcopo Bosan., per viam compromissi in episcopum eligitur; appellante vero quodam alio ad sedem apostolicam, omne ius in manibus Guillelmi, s. Nicolai in carcere Tulliano diac. card., resignavit, quo facto ecclesiae Bosan. in episcopum et pastorem praeficitur. (cap. 1017, f. 70).

Dil. filio Nicolao electo (Bosan.) Pastoralis officii debitum.... Dat. Burdegalis, VII idus iulii.

Item eodem modo scribitur dil. filiis capitulo Bosan.

Item e. m. scribitur dil. filiis clero civitatis et dioec. Bosan.

Item e. m. scribitur dil. filiis populo civitatis et dioec. Bosan.

1472. — Lugduni, 29 ian. 1306.
Raymundo indulget, ut clerici eius domestici familiares, quamdiu obsequiis ipsius institerint, fructus beneficiorum suorum cum ea integritate percipere valeant, quotidianis distributionibus dum-

taxat exceptis, quacum illos perciperent, si personaliter residerent, quin ad residentiam teneantur. (cap. 1018, f. 71).

Dil. filio Raymundo s. Marie Nove diacono cardinali. Digne agere credimus.... Dat. Lugduni, IIII kal. februarii.

1473. — Lugduni, 29 ian. 1306.
Eidem dat facultatem faciendi ministrari eisdem clericis dictos fructus. (eodem cap., f. 72).

Dil. filio Raymundo s. Marie Nove diacono cardinali. Nuper tibi.... Dat. ut supra.

1474. — Burdegalis, 8 (?) iul. 1306.
Burchardus de Salustam, rector parochialis ecclesiae in Slaithám, procurator mon. Augiae maioris Constantien. dioec. retulit, quod eodem monasterio per obitum Margoldi de Veringen, electi in abbatem dicti monasterii, qui apud sedem apostolicam diem clausit extremum, vacante, conventus Henrico, episcopo Constantien., regimen et administrationem sui mon. ad decennium commisit, si super hoc a sede apostolica confirmationem obtineret et licet confirmationem dictam non ostenderet, administrationem tamen exercuit mon. Augiae supradicti. Decennio elapso cum ei administrationem ad aliud tempus committere recusassent, apud episcopum Basiliensem et abbates mon. Staffasen. dictae dioec. et Ditelmum de Petri Domo Constantien. dioec. praetextu litterarum a Bonifacio VIII sibi concessarum impetravit, quod illi de administratione dicti mon. provisum fuerit. Infrascriptis mandatur, ut Constantien. et Basilien. episcopos, abbatem Staffasen. et Ditelmum abbatem de Petri Domo peremptorie ad sedem apostolicam citent. (cap. 1019, f. 72.)

Dil. filiis abbati mon. in Vectingen. et preposito in Itingen. Constantien. dioc. ac Gobhardo de Friburch canonico Constantien. ecclesiarum. Licet grave feramus.... Dat. Burdegalis, VIII non. (sic) iulii.

1475. — Lugduni, 17 ian. 1306.
Hugoni confert parochialem eccl. in civitate vel dioec. Lincolnien. vacantem vel vacaturam,

non obstante quod in Lemovicen. et de s. Asterio ecclesiis canonicatus et praebendas et parochialem eccl. de Novovico Petragoricen. dioec. obtineat et quod in eccl. Petragoricen. sub expectatione praebendae ac personatus vel dignitatis seu officii in canonicum fuerit receptus, conceditque, ut uno alterove ex beneficiis dimisso aliud recipere valeat. (cap. 1020, f. 73).

Dil. filio magistro Hugoni Geraldi capellano nostro canonico Lemovicen. Attendentes conditiones et merita.... Dat. Lugduni, XVI kal. februarii.

1476. — Lugduni, 17 ian. 1306.
Eidem indulgetur, ut fructus ecclesiarum et omnium beneficiorum ecclesiasticorum, quae obtinet vel eum obtinere contigerit, quamdiu apud sedem apostolicam moram traxerit vel eius obsequiis duxerit immorandum, insistens vero scolasticis disciplinis aut residens in aliqua ecclesiarum, in quibus beneficiatus est vel fuerit, per quinquennium continuum vel interpolatum valeat percipere integre, quotidianis distributionibus exceptis, quin ad residendum teneatur. (cap. 1021, f. 73).

Dil. filio etc. ut supra. Apostolice sedis benignitas.... Dat. Lugduni, XVI kal. februarii.

1477. — Burdegalis, (sine data).
Monasterio s. Vitoni per obitum Baudeti vacante, duae fuerunt ibidem electiones, una de infrascripto, tunc cellerario, et altera de Alberto de Manonvilla, monacho eiusdem mon., in discordia celebratae. Verum electione per appellationem ad sedem apostolicam devoluta, ambo in manibus Petri, tit. s. Priscae presb. card., s. rom. eccl. vicecancellarii, resignarunt, qua resignatione accepta, Clemens Pp. V Nicolaum in abbatem praeficit. (cap. 1022, f. 74.)

Dil. filio Nicolao abbati mon. s. Vitonis Virdunen. dioc. ordinis s. Benedicti. Inter curas multiplices.... Dat. Burdegalis, (sine data).

Eodem modo priori et conventui mon. s. Vitoni Virdunen. ord. s. Ben.

Item scribitur in consimili forma universis vasallis eiusdem mon.

Scribitur e. m. ven. fratri episcopo Virdunen.

1478. — Apud Pessacum, 25 iul. 1306.

Obtentu Eduardi, regis Angliae, confert eius 'clerico et nuntio ad sedem apostolicam specialiter destinato canonicatum eccl. de Hovedene Eboracen. dioec. et praebendam ibidem vacantem vel proximo vacaturam, de quibus magistrum Thomam de Lugore, legum professorem, capellanum suum, per suum annulum ipsius nomine investivit; non obstante quod medietatem ecclesiae de Westlkali Norwicen. dioec., quae per duos consuevit gubernari rectores, et ecclesiam de Steyngreve Eboracen. dioec. ac canonicatus et praebendas in Cicestren. et Londonien. eccl. obtineat. (cap. 1023, f. 75).

Dil. filio magistro Thome de Suerchia canonico ecclesie de Hovedene Eboracen. dioc. Eximie devotionis affectus.... Dat. apud Pessacum prope Burdegalam, VIII kal. augusti.

Eod. modo ven. fratribus archiepiscopo Eboracen. et episcopo Conventren. et Lichefelden. ac cancellario eccl. Wintonien.

1479. — Apud Pessacum, 25 iul. 1306.

Consideratione Eduardi, regis Angliae, cuius clericus nuncque nuntius ad sedem apostolicam specialiter destinatus existit et « obtentu laudabilium meritorum, que nobis sunt utique non ignota, cum olim dum in minori fungebamur officio apud civitatem Aurelianensem in iure civili scolaris noster extiteris, » confert Thomae canonicatum eccl. Exonien. et praebendam ibi vacantem vel proximo vacaturam, non obstante quod in Wellen. cancellariam et in eadem ac in Hereforden. et in de Osmondelee et de Hastinghes Eboracen. et Cicestren. dioec. ecclesiis canonicatus et praebendas obtineat. (cap. 1024, f. 75).

Dilecto filio magistro Thome de Lugore legum professori capellano nostro canonico Exonien. Eximie devotionis affectus.... Dat. apud Pessacum prope Burdegalam, VIII kal. augusti.

Eodem modo. ven. fratri archiepiscopo Eboracen. et dil. filiis Guidoni de Baysio auditori .litt(erarum nostrarum contr)adictarum Bononien. et Hereforden. archidiaconis ecclesiarum.

1480. — Burdegalis, 16 iun. 1306.

Conferant canonicatum in ecclesia s. Stephani Wissenburgen. Spiren. dioec. ac praebendam et dignitatem ibidem vacantes vel vacaturas, quarum proventus viginti quinque marcarum argenti secundum taxationem decimae valorem annuum non excedant, spectantes ad collationem mon. Wissenburgen. ord. s. Ben. dictae dioec., Iohanni de Otterbach, rectori parochialis eccl. in Spingen Spiren. dioec., qui per Raymundum s. Mariae Novae diac. card. de litteratura examinatus inventus est convenienter idoneus; instituta tamen prius sollerti inquisitione, an sit vitae laudabilis et honestae conversationis aliudque canonicum non obsistat impedimentum. (cap. 1025, f. 75).

Dil. filiis archidiacono Bononien. et preposito s. Petri Argentinen. ac decano Surburgen. Argentinen. dioc. Dum conditiones et personarum merita.... Dat. Burdegalis, XVI kal. iulii.

1481. — Burdegalis, 24 iun. 1306.

Provideant Theodoricum de Futslaria presbyterum, rectorem parochialis ecclesiae Vndecim milium Virginum in Geysmar Maguntin. dioec., de aliquo beneficio ecclesiastico consueto ab olim clericis secularibus assignari, spectante ad collationem decani et capituli eccl. s. Martini Heiligenstaden. Maguntin. dioec., cuius reditus si cum cura fuerit quadraginta, si vero sine cura viginti quinque marcarum argenti secundum taxationem decimae valorem annuum non excedant, si quod in civitate vel dioec. Maguntin. vacat vel cum vacaverit; beneficio illo obtento, dimittat dictam parochialem eccl. (cap. 1026, f. 76).

Dil. filiis decano et Bernardo de Hartebere ac Bertrando archipresbytero canonico decumanorum Mediolanen. capellano nostro. Dum conditiones et merita.... Dat. Burdegalis, VIII kal. iulii.

1482. — Apud mon. Grandimonten.,
20 apr. 1306.

Consideratione Petri, s. Priscae presb. card.,
s. rom. eccl. vicecancellarii, confert camerario eius
canonicatum eccl. Caturcen. et praebendam ac dignitatem, personatum seu officium vacantia vel
vacatura, non obstante quod in quadam ecclesia
canonicatum et praebendam et hospitale de Pe-
trovilla consuetum per seculares clericos gubernari et quasdam decimas in Lectoren. dioec. obtineat. (cap. 1027, f. 76).

Dil. filio... Mainhauto canonico Caturcen.
Sedis apostolice circumspecta benignitas....
Dat. apud mon. Grandimonten., XII kal.
maii, pontificatus nostri anno primo.

Eodem modo dilectis filiis.. abbati monasterii
Lesaten. Apamiarum dioec. et.. archidiacono ec-
clesiae Aduren. ac Iohanni de Ferreria canonico
Aurelianen.

1483. — Apud Pessacum, 26 iul. 1306.

Facultas conferendi personae vel personis
idoneis praeposituram, canonicatus, praebendas,
ecclesias ceteraque beneficia ecclesiastica, quae Petrus Gantelmi Regen. electus in Forcqualquarien.
collegiata Sistaricen. dioec. et in Aquen., Biterren.,
Regen. et Sistaricen. cathedralibus eccl. necnon
civitatibus et dioecesibus obtinet, per consecrationem ipsius in proximo vacatura. (cap. 1028, f. 77).

*Dil. filio Berengario tit. ss. Nerei et
Achillei presbytero cardinali.* Cum prepo-
situra.... Dat. apud Pessacum prope Burdegalas, VII kal. augusti, anno primo.

1484. — Apud Subterraneam, 14 aprilis 1306.

Guillelmum de Podio Rudelli dudum providit
de canonicatu eccl. Petragoricen., in qua licet certus canonicorum sit numerus praebendarum tamen
distinctio non habetur, illa adiecta clausula, quod
ex tunc ei responderetur de communibus proventibus ecclesiae memoratae. Nunc declaratur dicto
Guillelmo tunc et non prius, cum infra numerum
canonicorum fuerit receptus, respondendum de
dictis proventibus. (cap. 1029, f. 78).

*Ven. fratri.. episcopo et capitulo Petra-
goricen.* Licet dudum volentes.... Dat. apud
Subterraneam, XVIII kal. maii.

1485. — Apud s. Ciricum, 3 martii 1306.

Datur facultas ad quinquennium eligendi sibi
confessarium, qui eos absolvere valeat etiam a
reservatis sedi apostolicae. (cap. 1030, f. 78).

*Carissimo in Christo filio Frederico regi
Trinaclie illustri ac karissime in Christo
filie Alienore eius consorti.* Consuevit apostolice sedis benignitas.... Dat. apud s. Cyricum prope Lugdunum, V non. martii.

1486. — Apud Pessacum, 12 iul. 1306.

Obtentu Thomae, tit. s. Sabinae presb. card.,
confert nepoti eius beneficium ecclesiasticum, quod
personatus vel dignitas non existat, in civitate,
dioec. vel provincia Eboracen. vacans vel proxime vacaturum, cuius proventus centum marcarum
sterlingorum secundum ultimam taxationem decimae valorem annuum non excedant, non obstante
defectu ordinum et aetatis, conceditque, quod non
teneatur, donec ad legitimam aetatem pervenerit,
ad susceptionem alicuius sacri ordinis. (cap. 1031,
f. 78).

*Dil. filio Roberto Ricardi de Iortz cle-
rico Eboracen. dioc.* Cum tibi laudabile
testimonium.... Dat. apud Pessacum prope
Burdegalam, IIII idus iulii.

Eod. mod. dil. filiis.. Bononien. et. Exonien.
ac.. Norhamton. Lincolnien. ecclesiarum archidiaconis.

1487. — Apud Pessacum, 12 iul. 1306.

Confert beneficium ecclesiasticum in civitate,
dioec. vel provincia Eboracen. vacans vel vacaturum ut supra. (eod. cap., f. 78).

*Dil. filio Roberto nato nobilis viri Ro-
berti de Iorz clerico Eboracen. dioc.* Cum
tibi laudabile testimonium.... Dat. eadem
sicut prius.

Eod. mod. dil. filiis Bononien. et Exonien. etc.,
ut in executoria praecedenti per totum.

1488.—Apud Pessacum, 12 iul. 1306.
Confert beneficium ecclesiasticum in civitate vel dioec. Lincolnien. vacans vel proxime vacaturum ut supra. (eod. cap., f. 78).

Dil. filio Roberto Guillelmi de Birthona clerico Eboracen. dioc. Cum tibi laudabile testimonium.... Dat. eadem.
Eod. mod. ven. fratri archiepiscopo Eboracen. et dil. filiis.. Santonen. ac Notinghamiae Eboracen. ecclesiarum archidiaconis.

1489.—Apud Pessacum, 12 iul. 1306.
Confert beneficium in civitate vel dioec. Lincolnien., ut supra. (eod. cap., f. 79).

Dil. filio Willelmo Guillelmi de Birton clerico Eboracen. dioc. Cum tibi laudabile testimonium.... Dat. est eadem ut supra.
Eod. mod. ven. fratri archiepiscopo Eboracen. et dil. filiis.. Santonen. ac Notinghamiae Eboracen. ecclesiarum archidiaconis.

1490.—Apud Pessacum, 12 iul. 1306.
Providetur de beneficio in Conventren. et Lichefelden. civitatibus aut dioec., ut supra. (eod. cap., f. 79).

Dil. filio Iohanni nato Roberti de Riseley clerico Eboracen. dioc. Cum tibi laudabile testimonium.... Dat. eadem per omnia ut supra.
Ven. fratri.. episcopo Conventren. et Lichefelden. et dil. filiis.. Santonen. ac Leycestriae Lincolnien. ecclesiarum archidiaconis.

1491.—Apud Pessacum, 12 iul. 1306.
Providetur de beneficio spectante ad collationem episcopi Elien. vel cuiuscunque in civitate vel dioec. Elien. vel alibi ubicunque extra ipsas civitatem et dioec., dummodo ad ipsius episcopi collationem pertineat. (eod. cap., f. 79).

Dil. filio Roberto nato Roberti de Riseley clerico Eboracen. dioc. Cum tibi laudabile testimonium.... Dat. eadem.
Dil. filiis magistris Guidoni de Baysio archidiacono Bononien. litterarum nostrarum contradictarum auditori et Nicolao de Vytcherche Lin-

colnien. ac Thomae de Cobeham Londonien. canonicis ecclesiarum.

1492.—Apud Pessacum, 20 iul. 1306.
Consideratione Thomae, tit. s. Sabinae presb. cardinalis, confert eius camerario et capellano canonicatum et praebendam in ecclesia Hereforden. vacantes per obitum magistri Simonis de Faversham, non obstante quod quartam partem rectoriae ecclesiae de Dickelburg Norwicen. dioecesis obtineat aut quod cum eo fuerit dispensatum, ut praeter dictam quartam partem adhuc unum aliud beneficium recipere posset, conceditque, ut eo dictam quartam partem vel illud beneficium dimittente loco ipsius aliud beneficium recipere et cum non dimisso retinere valeat. (eod. cap., f. 80).

Dil. filio Galtero de Chilton canonico Herforden. Tue merita probitatis.... Dat. apud Pessacum prope Burdegalas, XIII kal. augusti, pontificatus nostri anno primo.
Eodem modo ven. fratribus.. Mimaten. et.. Londonien. episcopis ac dil. filio.. archidiacono eccl. Santonen.

1493.—Apud s. Ciricum, 28 febr. 1306.
Obtentu Raymundi, s. Mariae Novae diac. cardinalis, dispensat cum eius capellano, ut non obstante defectu natalium quaecunque beneficia, dignitates et personatus, pontificali dignitate dumtaxat excepta, recipere et una cum canonicatibus et praebendis ac praestimoniis, quae in Salamantina et in s. Mariae Vallis Oleti Palentin. dioec. ecclesiis obtinet, retinere valeat. (cap. 1032, f. 83).

Dil. filio Fernando Velasci canonico Salamantin. Illegitime genitos.... Dat. apud s. Ciricum prope Lugdunum, II kal. martii, pontificatus nostri anno primo.

1494.—Lugduni, 29 ian. 1306.
Obligat se ac romanam ecclesiam suosque successores ad solvendam mutuatam pecuniam. (capitulo 1033, f. 84).

Dil. filiis Nicolao Philippi et Lambertucii de societate Circulorum de Florentia camere nostre mercatoribus. Quia nuper de peccunia vestre societatis pro expensis nostris et utilitatibus ecclesie romane recepimus mutuo a vobis filiis Nicholao et Bonsegnore pro dicta societate vestra mutuantibus quinque milia quingentos et triginta unum florenum auri, nos volentes in hac parte vestris et societatis vestre indempnitatibus precavere, licentiam vobis plenam presentium tenore concedimus, ut de peccunia nostra et dicte romane ecclesie iam a vobis a quocunque et (ex) quacunque causa percepta si habetis vel inantea percipienda possitis usque ad satisfactionem dicte quantitatis, quam pro predictis expensis et utilitatibus dicte romane ecclesie nomine atque nostro a vobis mutuo recepisse fatemur, licite retinere. Quod si forsitan de huiusmodi per vos vel aliquem de societate predicta et nomine ipsius societatis recepta vel recipienda peccunia taliter vobis et dicte societati satisfieri non contingat de quantitate huiusmodi mutuata, volumus quod nos eademque romana ecclesia et successores nostri romani pontifices, qui pro tempore fuerint, ad restituendum vobis et societati predicte quantitatem eandem quinque milium quingentorum et triginta unius florenorum auri ut premittitur mutuatam vel eius residuum si quod fuerit, de ipsius romane ecclesie proventibus, quos vobis et societati predicte propter hoc obligamus auctoritate presentium teneamur. Has vobis litteras nostra bulla munitas in premissorum testimonium concedentes. Dat. Lugduni, IIII kal. februarii.

1495. — Nemausi, 24 oct. 1305.
Concedit facultatem de proventibus romanae ecclesiae recipiendi ac retinendi decem milia florenorum auri. (eod. cap., f. 84).

Dil. filiis Francisco Bernardi et Michaeli Marchi et eorum sociis de societate Oliverii Gherardini de Circulis de Florentia camere nostre mercatoribus. Quia a vobis recepimus nomine romane ecclesie pro expensis no-

stris et aliis necessariis decem milia florenorum de auro, volentes in hac parte vestris indempnitatibus precavere tenore presentium vobis concedimus, quod de peccunia, quam de quibuscunque proventibus dicte ecclesie vos vel aliquis vestrum recepistis hactenus vel inantea recipere vos continget, possitis usque ad quantitatem huiusmodi decem milium de auro vobis pro satisfactione huiusmodi vobis debita licite retinere. Has litteras vobis in premissorum testimonium concedentes. Dat. Nemausi, IX kal. novembris.

1496. — Lugduni, 18 dec. 1305.
Obligat proventus romanae ecclesiae ad solvendum mutuum. (eod. cap., f. 84).

Dil. filiis Nicholao Philippi et Francisco Bernardi de societate Circulorum de Florentia camere nostre mercatoribus. Quia nuper de peccunia vestre societatis pro expensis nostris et utilitatibus romane ecclesie recepimus mutuo a vobis filiis Nicholao et Francisco pro dicta vestra societate mutuantibus sex milia ducentos viginti quinque florenos auri, nos volentes in hac parte vestris et dicte societatis indempnitatibus precavere licentiam vobis plenam concedimus, ut de peccunia dicte romane ecclesie iam a vobis a quocunque et ex quacunque causa percepta si habetis vel inantea percipienda possitis usque ad satisfactionem dicte quantitatis, quam pro predictis expensis et utilitatibus dicte romane ecclesie nomine a vobis mutuo recepisse fatemur, licite retinere. Quod si forsan de huiusmodi per vos vel aliquem de societate predicta et nomine ipsius societatis recepta vel recipienda peccunia taliter vobis et dicte societati (satisfieri) non contingat de quantitate huiusmodi mutuata, volumus quod nos eademque romana ecclesia et successores nostri romani pontifices qui pro tempore fuerint ad restituendum vobis et societati predicte quantitatem eandem sex milium

ducentorum viginti quinque florenorum auri
ut premittitur mutuatam vel eius residuum
si quod fuerit de ipsius ecclesie romane
proventibus, quos vobis et societati predicte
propter hoc obligamus, auctoritate presentium teneamur. Has vobis litteras nostra
bulla munitas in premissorum testimonium
concedentes. Dat. Lugduni, XV kal. ian.

1497. — Lugduni, 30 dec. 1305.
Obligat se ac romanam ecclesiam suosque successores ad solvendam mutuatam pecuniam (eod.
cap., f. 84).

*Dil. filiis Nicholao Philippi et Francisco
Bernardi de societate Circulorum de Florentia camere nostre mercatoribus.* Quia nuper de peccunia vestre societatis pro expensis nostris et utilitatibus ecclesie romane
recepimus mutuo a vobis filiis Nicholao et
Francisco pro dicta vestra societate mutuantibus duo milia septuaginta novem florenos
auri, nos volentes in hac parte vestris indempnitatibus precavere licentiam vobis
plenam concedimus, ut de pecunia dicte
romane ecclesie iam a vobis a quocunque
et ex quacunque causa percepta si habetis
vel inantea percipienda possitis usque ad
satisfactionem dicte quantitatis, quam pro
dictis expensis et utilitatibus dicte romane
ecclesie nomine a vobis mutuo recepisse
fatemur, licite retinere. Quod si forsan de
huiusmodi per vos vel aliquem de societate
predicta et nomine ipsius societatis recepta
vel recipienda peccunia taliter vobis et predicte societati satisfieri non contingat de
quantitate huiusmodi mutuata, volumus
quod nos eademque romana ecclesia et
successores nostri romani pontifices qui pro
tempore fuerint ad restituendum vobis et
societati predicte quantitatem eandem duorum milium septuaginta novem florenorum
auri ut premittitur mutuatam vel eius residuum si quod fuerit de ipsius ecclesie romane proventibus, quos vobis et societati
predicte propter hoc obligamus, auctoritate

presentium teneamur. Has vobis litteras
nostra bulla munitas in premissorum testimonium concedentes. Dat. Lugduni, III kal.
ianuarii.

1498. — Apud s. Ciricum, 4 mar-
tii 1306.
Concedit facultatem de proventibus romanae
ecclesiae recipiendi ac retinendi duo milia florenorum auri. (eod. cap., f. 84).

*Dil. filiis Nicholao de Circulis et aliis
de societate Circulorum de Florentia camere
nostre mercatoribus.* Cum vos de mandato
facto vobis ex parte nostra per dilectum
filium nostrum Petrum de Columpna, sancte romane ecclesie diaconum cardinalem,
cui id commisimus oraculo vive vocis, mu-
tuaveritis duo milia florenorum auri dilectis
filiis nobilibus viris Beltrando del God nepoti marchie Anconitane et Amanevo de
Lebreto consanguineo nostris, patrimonii
beati Petri in Tuscia rectoribus, singulis
videlicet mille pro ecclesie romane negociis
per rectores ipsos gerendis, nos volentes
in hac parte vestris et dicte vestre societatis indempnitatibus precavere, licentiam
vobis plenam concedimus, ut de peccunia
dicte romane ecclesie iam vobis a quocunque vel ex quacunque causa percepta si
habetis vel inantea percipienda possitis
usque ad satisfactionem dicte quantitatis
libere retinere. Dat. apud s. Ciricum prope
Lugdunum, IIII nonas martii, anno primo.

1499. — Apud Cluniacum, 11 mar-
tii 1306.
Concedit, ut in computo faciendo summa trium
milium centum et viginti quinque florenorum auri
ante omnia deducatur. (eod. cap., f. 85).

*Dil. filiis societati Circulorum de Flo-
rentia camere nostre mercatoribus.* Cum
vos dilecto filio nostro Iohanni, ss. Marcellini et Petri presbytero cardinali, camerario collegii cardinalium s. romane ecclesie
recipienti pro ipso collegio tria milia centum

36

et viginti quinque florenos auri de mandato nostro solveritis, nos indempnitati vestre precavere volentes volumus et presentium vobis tenore concedimus, ut in compoto inter vos et cameram nostram quantocius faciendo de hiis, que vos et societatem vestram ipsi camere ac nobis debere constiterit, huiusmodi florenorum quantitas ánte omnia deducatur nec ad eam cogamini a quoquam ulterius persolvendam. Dat. apud Cluniacum, V idus martii.

1500. — Lugduni, 1 febr. 1306.

Consideratione Eduardi, principis Walliae, remittit eius capellano fructus ex ecclesia parochiali de Resham Lincolnien. dioec. per triennium minus licite perceptos, conceditque, ut eadem dimissa parochialem ecclesiam de Hornsee et canonicatum ac praebendam in ecclesia s. Mariae Suthwellen. Eboracen. dioec. cum annuis proventibus sexaginta librarum sterlingorum retinere nec non unum adhuc vel plura beneficia, etiamsi dignitas vel personatus existant, dummodo proventus eorum centum librarum sterlingorum secundum taxationem Norwicen. valorem annuum non excedant, recipere valeat. (eod. cap., f. 85).

Dil. filio Willelmo de Melton rectori ecclesie parochialis de Hornsee Eboracen. dioc. Tue merita probitatis.... Dat. Lugduni, kal. februarii, anno primo.

1501. — Burdegalis, 8 iul. 1306.

Defuncto Stephano [1] canonici Colocen. et Bacsien. ecclesiarum, quae canonice sunt unitae, in archiepiscopum Colocen. elegerunt Vincentium [2], custodem eccl. Albien., qui vero propter capitales inimicitias et malum statum regni Hungariae pro confirmationis munere obtinendo sedem apostolicam adire non poterat. Mandatur itaque infrascripto, ut diligente electionis examinatione peracta eidem Vincentio munus consecrationis impendat eique constituat terminum, quo ad recipiendum

[1] Stephanus III 1303-1304. Gams, l. c. p. 371.
[2] Vincentius 1305-1312. *Ibidem.*

pallium conspectui apostolico personaliter se repraesentet. (cap. 1034, f. 85).

Ven. fratri episcopo Sirmien. [1] Pastoralis officii cura.... Dat. Burdegalis, VIII idus iulii, pontificatus nostri anno primo.

1502. — Burdegalis, 1 aug. 1306.

Collationem perpetuae capellaniae b. Mariae de Exilio archidiaconatus Lauragnesii Tolosan. dioec. cum suffraganeis ac iuribus et pertinentiis suis factam per Hugonem, olim Tolosan. episcopum, ratam habet et confirmat. (cap. 1035, f. 86).

Dil. filio Guillelmo de Collo perpetuo capellano ecclesie b. Marie de Exilio. Cum a nobis petitur.... Dat. Burdegalis, kal. augusti, anno primo.

1503. — Lugduni, 4 dec. 1305.

Obtentu Rogerii Ysarni militis domini de Durubanno confert eius filio canonicatum ecclesiae Conseranen. et praebendam ibi vacantem vel vacaturam. (cap. 1036, f. 86).

Dil. filio Raymundo nato dil. filii nobilis viri Rogerii Ysarni militis domini de Durubanno canonico Conseranen. Probitatis studiis.... Dat. Lugduni, II nonas decembris.

Eodem modo dilectis filiis.. Moisiacen. et Elnarum monasteriorum abbatibus ac priori s. Aviti Caturcen., Tolosan. et Petragoricen. dioec.

1504. — Burdegalis, (sine data).

Infrascripto, cui antea commisit rectoriam civitatis Beneventanae, donat omnes reditus et proventus ex dicta rectoria obvenientes. (cap. 1037, f. 86).

Dil. filio nobili viro Raymundo Guillelmi de Bussos militi nepoti. nostro rectori civitatis Beneventane. Devotionis tue sinceritas grandiaque in te vigentia merita, ex quibus nostram tibi vendicasti benivolentiam, promerentur, ut personam tuam paterne dilectionis brachiis amplectentes in hiis tibi simus in gratia liberales, que tui

[1] Georgius I ab anno 1292. Gams, l. c. p. 378.

honoris et comodi respiciant incrementa. Ex magna siquidem confidentia, quam de tue constantia fidei et circumspectionis industria reportamus, rectoriam civitatis Beneventane tibi in temporalibus duximus committendam. Vt igitur ad nos et romanam ecclesiam matrem tuam eo studiosius geras promptitudinem reverentie filialis, quo magis per nos et ecclesiam ipsam te prospexeris in gratia confoveri, omnes redditus et proventus tibi vel officialibus tuis ex rectoria obvenientes predicta tam ex aquis piscariis, silvis, molendinis, possessionibus, quam ex quibuscunque aliis predicte ecclesie iuribus pro preterito, tempore futuro, donec predictum regimen exercebis, tibi auctoritate apostolica donamus, ut de illis disponas pro tue libito voluntatis et ad restitutionem eorum cuiquam faciendam tu vel officiales predicti nullatenus teneamini seu ad reddendum nobis vel apostolice sedi de illis vel alicui alii computum seu etiam aliquam rationem. Nulli ergo etc. Dat. Burdegalis, (sine data).

1505.— Apud s. Ciricum, 2 mart. 1306.
Defuncta Felicitate in eligenda abbatissa mon. Romaricen. partibus exortis eliguntur Clementia et Iohanna. Mandatur itaque infrascripto, ut electione diligenter examinata Clementiam praeficiat in abbatissam, Iohannae vero conferat et assignet vacantem sacristiam. (cap. 1038, f. 86).

Ven. fratri archiepiscopo Bisuntino. Circa statum monasteriorum.... Dat. apud s. Ciricum prope Lugdunum, VI nonas martii, anno primo.

1506. — Lugduni, 18 ian. 1306.
Confert canonicatum ecclesiae Anicien. et praebendam ac dignitatem seu personatum vel officium ibi vacantes vel vacaturos. (cap. 1039, f. 87).

Dil. filio Bertrando nato dil. filii nobilis viri Bertrandi de Bausio domini Berre canonico Anicien. Tui nobilitas generis.... Dat. Lugduni, XV kal. februarii.

1507.
Dispensatio super quarto consanguinitatis gradu ad contrahendum matrimonium. (cap. 1040, f. 88).

Dil. filio Iohanni nato dil. filii nobilis viri Guygonis Alamandi domini Vallisbonesii et dilecte in Christo filie Anthonie nate quondam Guillelmi de Camera Gratianopolitan. dioc. Licet matrimonii contractum.... Dat. (sine data).

1508. — Lugduni 18 ian. 1306.
Concessionem et confirmationem, quam infrascriptis Vrbanus Pp. IV et Nicolaus Pp. III dederunt ratione cessionis prioratus seu ecclesiae de Palacio, pertinentis ad monasterium Conchen. ord. s. Ben. Ruthenen. dioec., peractae per Hugonem olim abbatem et Petrum de Regola eiusdem mon. Conchen. procuratorem seu syndicum, retento sibi annuo censu perpetuo quadraginta librarum Turonen. parvorum, ratam et gratam habet. (capitulo 1041, f. 88).

Dil. filiis abbati et conventui monasterii Vallismagne Cistercien. ord. Agathen. dioc. Religiosorum virorum indigentiis.... Dat. Lugduni, XV kal. februarii, anno primo.

1509. — Burdegalis, 18 iul. 1306.
Annuens supplicationibus abbatis et conventus mon. s. Iusti de Secusia ord. s. Ben. Taurinen. dioec. mandat infrascripto, ut, re diligenter examinata, eisdem concedat permutationem prioratus s. Hippolyti de Aquis Gratianopolitan. dioec. ad dictum mon. spectantis cum Amedeo, comite Sabaudiae, pro nonnullis villis et possessionibus eidem monasterio viciniribus. (cap. 1042, f. 90).

Ven. fratri.. episcopo Maurianen. Significarunt nobis.... Dat. Burdegalis, XV kal. augusti.

1510. — Lugduni, 17 ian. 1306.
Annuens supplicationibus L(eonardi), episcopi Albanen., et Isabellae, principissae Achaiae, counit et incorporat ecclesiam s. Mariae de Camina Olonen. dioec., consuetam olim per monachos monasterii b. Mariae de Strofaria ord. s. Ben. Cephaluden.

dioec. gubernari, et iuxta quam eadem principissa monasterium ord. s. Clarae construere intendebat, propter piratarum incursus aliasque difficultates monasterio de Dalphino Cistercien. ord. Athenien. dioec. (cap. 1043, f. 90).

Dilecto filio abbati et conventui monasterii de Dalfino Cistercien. ord. Athenien. dioc. Presignis ordinis vestri.... Dat. Lugduni, XVI kal. februarii.

Eodem modo ven. fratribus.. patriarchae Constantinopolitan. et.. Athenien. ac.. Theban. archiepiscopis.

1511. — Burdegalis, 1 iun. 1306.

Consideratione Petri, tit. s. Priscae presb. cardinalis, s. romanae ecclesiae vicecancellarii, confert eius capellano vacantes per obitum quondam magistri Iacobi... canonici Theanen. litterarum contradictarum correctoris, canonicatum et praebendam in ecclesia Theanen. nec non alia beneficia in Theanen., Suessan. et Calinen. dioecesibus, quae idem Iacobus obtinebat, conceditque, ut plura alia beneficia recipere ac retinere valeat. (cap. 1044, f. 90).

Dil. filio magistro Pagano de Aprano de Traiecto canonico Theanen. scriptori nostro. Laudabilia tue devotionis.... Dat. Burdegalis, kal. iunii.

Eodem modo dil. filiis Cassinen. et s.... monasteriorum abbatibus ac archidiacono Tiburtin.

1512. — Apud s. Ciricum, 5 mart. 1306.

Concedit licentiam de proventibus romanae ecclesiae recipiendi ac retinendi quandam summam. (cap. 1045, f. 91).

Dil. filio Gerardo et Andree ac aliis de societate Bardorum de Florentia camere nostre mercatoribus. Cum vos de mandato.... Dat. apud s. Ciricum prope Lugdunum, III nonas martii, pontificatus nostri anno primo.

ND - #0006 - 311022 - C0 - 229/152/33 [35] - CB - 9780428755737 - Gloss Lamination